U0857256

国际人权公约评注译丛

《消除对妇女一切形式歧视公约》评注

（上）

THE UN CONVENTION ON THE ELIMINATION OF ALL FORMS OF DISCRIMINATION AGAINST WOMEN

A COMMENTARY

[美] 玛莎 · A. 弗里曼 Marsha A. Freeman [英] 克莉丝蒂娜 · 钦金 Christine Chinkin [德] 贝亚特 · 鲁道夫 Beate Rudolf / 主编

戴瑞君 / 译

社会科学文献出版社
SOCIAL SCIENCES ACADEMIC PRESS (CHINA)

THE UN CONVENTION ON THE ELIMINATION OF ALL FORMS OF DISCRIMINATION AGAINST WOMEN: A COMMENTARY

By Marsha A. Freeman,Christine Chinkin and Beate Rudolf

THE UN CONVENTION ON THE ELIMINATION OF ALL FORMS OF DISCRIMINATION AGAINST WOMEN: A COMMENTARY was originally published in English in 2012.

This translation is published by arrangement with Oxford University Press. Social Sciences Academic Press is solely responsible for this translation from the original work and Oxford University Press shall have no liability for any errors, omissions or inaccuracies or ambiguities in such translation or for any losses caused by reliance thereon.

英文原著著作权归属于原作者，最初于 2012 年以英文出版。本译著经由牛津大学出版社授权社会科学文献出版社独家出版发行。社会科学文献出版社全权负责翻译原作，牛津大学出版社对译著中的任何错误、遗漏、不准确或含糊之处，或因此造成的任何损失概不负责。

序

联合国捍卫的事业中，很少有哪一项像促进和保护妇女的平等权利一样赢得如此广泛、有力的支持。《联合国宪章》重申男女平等的权利。联合国创制了一套由国际商定的规范、战略和方案组成的强有力的框架，以消除不论发生在何地的针对妇女的一切形式的歧视，确保妇女与男子平等享有所有人权。《消除对妇女一切形式歧视公约》（简称 CEDAW 或《公约》）及《消除对妇女一切形式歧视公约的任择议定书》（简称《任择议定书》）构成这一框架的基础。《公约》由联合国大会于 1979 年通过，截至 2010 年底，已拥有 186 个缔约国，覆盖世界所有地区。其中，又有 100 个国家批准或加入了《任择议定书》，后者规定了申诉（petitions）和调查（inquiries）程序。

《公约》凝聚了来自政府内外的国际女权活动家们的坚定决心。他们决心制定一份全面条约，阐明妇女人权及充分实现这些权利的障碍，并使其处于国际人权法的核心。《任择议定书》将同样的决心延续到了新的时代。

《公约》阐明了国家的义务，包括采取步骤消除针对妇女的歧视，并确保妇女在公民、文化、经济、政治和社会领域与男子平等。《公约》是首批贯彻所有人权皆为普遍、不可分割、相互依存理念的人权条约之一。《公约》特别要求缔约国采取一切适当措施消除针对农村妇女的歧视，确保她们能够与男子在平等的基础上参与农村发展并从中获益，它因此成为架起发展与人权桥梁的里程碑。《公约》是承认妇女实质平等概念的先锋，它要求妇女除享有法律和政策规定的形式平等外，还应在实际上同男子享有平等权利。《公约》要求缔约国采取一切适当措施改变妇女和男子的社会和文化行为模式，消除基于性别而分尊卑观念或基于男女定型任务的偏见或做法，它要求国家、社会和家庭为充分实现性别平等作出改变。

消除对妇女歧视委员会（简称“委员会”）监督国家执行《公约》的进展。委员会自1982年召开首次会议以来，在公约条款的解释方面发挥着独特而积极的作用。委员会的工作有助于我们理解人权，它将妇女人权置于国际议程的显要位置，并赋权妇女个人主张权利。一般性建议（general recommendation）反映了委员会对缔约国应当采取哪些措施来履行公约义务的集体意见。委员会的法理通过一般性建议及审议申诉（consideration of petition）后通过的“意见”（view）得到不断发展，产生了深远影响。事实上，委员会的法理已经为地区及国内法院和法庭提供了指南。最重要的是，委员会努力识别最佳解决方案及最佳做法的事例，使所有妇女都能从公约中受益。

vi 《公约》自通过以来，满足了世界妇女的预期，许多妇女运用《公约》改变了命运。汉娜·贝亚特·舍普-席林（Hanna Beate Schöpp-Schilling）作为委员会中任职时间最长的一位委员深知这一点，并下定决心通过一部实质性的评注，让《公约》、《任择议定书》以及委员会的工作广为周知。她把今天撰写本书的学者、活动家们召集起来，共同承担了这项工程。舍普-席林博士希望《公约》成为一部活的文件。在她的指导下，并受她理念的启发，本书的作者们于2008年开始了工作。不幸的是，舍普-席林博士于2009年因病逝世。然而，她的理念和承诺激励作者们完成了这一评注。

我坚信，本评注将成为国家、人权组织、政府间机构、民间社会，特别是妇女团体的重要工具，提升他们对《公约》及其《任择议定书》的理解，认识到这些文件如何用以实现妇女的真正平等。本评注也突出了这些文件所秉持的理念：它们所阐明的标准和程序可以为世界上每一个国家、每一个团体的所有妇女所用。我感谢对本书作出贡献的所有作者的专业性及其优质工作。我相信世界将感激他们在工作中所表现出的关怀与热情。

娜薇·皮拉伊（Navi Pillay）

联合国人权事务高级专员

2011年5月

献　词 vii

本评注源自汉娜·贝亚特·舍普－席林的灵感。1989 年至 2008 年她一直供职于消除对妇女歧视委员会。贝亚特的愿望是使本评注成为对委员会工作的总结和献礼。委员会通过其工作把《公约》确立为妇女人权的国际标准，为全世界朝着妇女与男子平等的方向努力提供了持续动力。她与贝亚特·鲁道夫（Beate Rudolf）一起组织了这个项目并招募作者，以求广泛而深刻地反映委员会的工作以及《公约》的内容与潜在影响。

2008 年 9 月，也就是第一次作者会议在柏林召开后几个月，舍普－席林被诊断出胰腺癌。在结束 20 年的委员会工作之际，在她所承担的所有工作中，她首先关切的是评注项目能否继续进行。在她的请求下，玛莎·A. 弗里曼（Marsha A. Freeman）承担了与贝亚特·鲁道夫共同主编的任务。几个月后，克莉丝蒂娜·钦金（Christine Chinkin）加入编者团队。

汉娜·贝亚特·舍普－席林于 2009 年 7 月去世，当时评注工作才刚刚启动。编者和作者们在项目的每一个阶段都失去了她的学识、她的热忱、她的洞见与判断力。

我们失去的不仅是一位伟大的专家，更是一位伟大的朋友。在将本评注献给她的同时，我们缅怀她对世界各地的妇女平等所作出的贡献。

感谢你，贝亚特！

前　言 ix

本评注反映了联合国消除对妇女歧视委员会30年的工作，以及它为适用《公约》的规范而建立的框架。30年中，有104位独立专家曾供职于该委员会，他们来自世界各个地区，正如《公约》所称，代表了“不同文化形式与各主要法系”。这30年也见证了全球政治与经济环境——《公约》所提到的“文明”——的急剧变化，这极大地影响了委员会的组成以及摆在它面前的问题。

本评注也反映了作者和编者30年间的经历，首先是汉娜·贝亚特·舍普-席林。她与共同主编贝亚特·鲁道夫合作组织了这个项目。项目于2008年在柏林的第一次作者会议上启动，最初的14位作者中除一人外全部出席了会议。作者团队由来自5个地区的代表组成，他们各个学识渊博。在这次会议上，作者们为所有章节制订出一个共同框架，并列出了导论部分要讨论的历史性和概念性问题。他们还建立了一个程序来分享对每一章节的评论，原计划只召开启动会和总结会，但最终决定增加一些会议以便对所有章节进行讨论，同时探讨写作中出现的其他问题。随后，作者们先后于2009年5月在海牙、2009年8月在柏林、2010年在贝拉焦召开了会议。主编们于2010年12月在伦敦完成了实质性工作。

在项目随着后来的三次作者会议向前推进的过程中，我们遇到的最大困难莫过于失去汉娜·贝亚特·舍普-席林。当舍普-席林于2009年7月去世后，显然需要不止一个人来接替她的主编位置，但事实上没有人能够取代她。后来，主编团队扩展到三人，增加了玛莎·A. 弗里曼和克莉丝蒂娜·钦金。贝亚特·鲁道夫仍然是主持人，她借助自己在柏林自由大学的职位建立了编辑支持团队。2010 年，她成为德国人权研究所的主任。在项目的最后几个月，该研究所聘请的一位研究人员给我们提供了很大帮助，她是编辑支持队伍中一位非常有价值的成员。然而在整个写作过程中，我们却失去了汉娜·贝亚特·舍普－席林的全面学识、清晰判断，最为重要的，是她的远见。

本评注旨在对《公约》的规范、含义与适用，包括消除对妇女歧视委员会对这些规范的发展进行深入描述。由于篇幅和关注点的限制，对不同制度下、不同地域的妇女所经历的实质问题只能留给他人去作细致探究。委员会在工作时会考虑来自非政府组织、联合国机构，有时也包括来自缔约国自身的经验。它的首要目的是形成可以衡量缔约国行为的法律标准，并让缔约国在审议程序和《任择议定书》程序下参与对话，向缔约国解释它们在哪些方面达到了标准，哪些方面还有欠缺，以及如何向前推进。本评注记录了
x 委员会为实现这一目的所取得的成就。各章均参考了学术著作、联合国及其他组织的报告、地区和国内对某一特定问题进行实质讨论的法理，但其重心仍是委员会的工作。导论部分反映了一些总体上适用公约的背景性、交叉性问题和关切。附录包含参考书目及表格，供进一步参考。

在撰写本书的过程中，编者及作者请教了全球各地的许多同事，对他们的致谢分别列在每一章中。此外，消除对妇女歧视委员会的专家塞斯·福林特曼（Cees Flinterman）在项目的早期作出了重要贡献。编者还收到消除对妇女歧视委员会前主席伊丽莎白·伊瓦特（Elizabeth Ewatt）和伊万卡·科尔蒂（Ivanka Corti）的鼓励以及她们经过深思熟虑的反馈，对此我们深表感谢。

我们还要感谢为评注项目的开展提供支持的机构。柏林自由大学在 2008 年 9 月和 2009 年 8 月为我们提供了人员和会议支持；德国人权研究所主办了 2008 年 9 月的会议；德国联邦外交部资助了 2009 年 8 月的会议；荷兰外交部和莱顿大学海牙校区支持了 2009 年 5 月的海牙会议；洛克菲勒基金会贝拉焦会议中心主办了 2010 年 7 月的会议；美利坚大学华盛顿法学院“法律中的妇女”项目为申请贝拉焦会议做了大量工作。明尼苏达大学法学院以及伦敦经济学院法律系分别为弗里曼博士和钦金教授提供了设备及学院

支持。牛津大学出版社的编辑约翰·卢（John Louth）和梅雷尔·阿尔斯坦（Merel Alstein）对整个项目都非常支持，对我们提出的技术和进度问题极其热情地帮助解决。

特别要提及我们的编辑人员，他们迅速、专业地处理各类特殊的、意料之外的额外研究请求，并处理更正引文、统一格式等琐碎工作。两位助理主编，萨拉·维特科普（Sarah Wittkopp）和苏珊娜·克罗沃施（Susann Kroworsch），是作者中的新生代，我们很高兴与她们合作。特别是苏珊娜，在原定的一位作者离开项目组后接替了她的工作。助理主编阿莉森·谢里尔（Allison Sherrier）作为德国人权研究所的一位研究人员，于2010年9月加入团队。事实证明，她不仅学习能力强，而且为人极其和善。她在处理多个章节版本以及不同标点符号样式的细小差别时展现出了极大的冷静与耐心。在整个项目进程中，我们得到了柏林自由大学学生研究助理的极大帮助，他们是萨拉·阿尔－纳斯特拉维－瑟泽里（Sahrah Al-Nastrawe-Sozeri）、本杰明·费延（Benjamin Feyen）、伊内斯·富兰克（Ines Franke）、迈克尔·格拉斯纳（Michael Glasner）、安娜－玛利亚·保卢斯（Anna-Maria Paulus）以及埃里克·维耶罗贝（Eric Veillerobe）。

我们还要感谢简·康纳斯（Jane Connors）在“保留”一章（第二十八条）的原作者无法参加时承担这一章的写作。最深沉的感谢要献给弗朗西丝·拉达伊（Frances Raday）和伊内克·伯尔内菲金（Ineke Boerefijn），他们同意撰写汉娜·贝亚特·舍普－席林原计划撰写的章节，并且远远超出了学界的预期，圆满完成了挑战。

玛莎·A. 弗里曼
克莉丝蒂娜·钦金
贝亚特·鲁道夫

明尼阿波利斯、伦敦和柏林
2011年4月

平装本前言 xi

作为编者，我们很高兴有机会为本书的平装本撰写前言。牛津大学出版社在出版精装本后又异常迅速地决定出版平装本。精装本非常受欢迎，所有的参与者都收到许多请求，希望得到更为经济的版本。我们深信，这一版本将帮助更多的妇女和组织通过他们的研究及倡导工作促进妇女人权。

平装本就是精装本的复制品，仅有几处由作者作了细小的文本更正。遗憾的是，出版进程要求与精装本保持分页的一致性，因此不允许作出大的修改或新增2010 年 12 月 31 日原版截止日期之后发生的事件或审议缔约国的有关资料。不过我们也注意到，此后委员会通过了许多个人申诉意见，并通过了《婚姻和家庭关系及其破裂的经济后果》的第 29 号一般性建议。当然，这些文件在联合国人权事务高级专员办公室的网站都可以找到。

我们感谢牛津大学出版社的编辑如此快速地出版了平装本。同时，再次表达我们对我们已故的朋友和导师汉娜・贝亚特・舍普－席林的感激，感谢她对我们的鼓舞，她希望评注成为那些关心或应当关心平等权的非政府组织、学者、联合国人权专家、政府官员的一份资源。我们希望这一版本能真正成为激励所有人的源泉。

玛莎・A. 弗里曼

克莉丝蒂娜・钦金

贝亚特・鲁道夫

作者分工 xiii

导论　克莉丝蒂娜·钦金、玛莎·A. 弗里曼

序言　克莉丝蒂娜·钦金、贝亚特·鲁道夫

第 1 条　安德鲁·伯恩斯

第 2 条　安德鲁·伯恩斯

第 3 条　克莉丝蒂娜·钦金

第 4 条　弗朗西丝·拉达伊

第 5 条　里基·霍尔特马特

第 6 条　贾尼·庄

第 7 条　萨拉·维特科普

第 8 条　萨拉·维特科普

第 9 条　萨维特里·古纳塞克雷

第 10 条　法丽达·班达

第 11 条　弗朗西丝·拉达伊

第 12 条　瑞贝卡·库克、韦罗妮卡·温杜拉加

第 13 条　贝亚特·鲁道夫

第 14 条　法丽达·班达

第 15 条　萨维特里·古纳塞克雷

第 16 条　玛莎·A. 弗里曼

针对妇女的暴力　克莉丝蒂娜·钦金

第 17 条　伊内克·伯尔内菲金

第 18 条　伊内克·伯尔内菲金

第 19 条　伊内克·伯尔内菲金

第 20 条　伊内克·伯尔内菲金

第 21 条　伊内克·伯尔内菲金

第 22 条　伊内克·伯尔内菲金

第 23 条　安德鲁·伯恩斯

第 24 条　安德鲁·伯恩斯

第 25 条　苏珊娜·克罗沃施

第 26 条　苏珊娜·克罗沃施

第 27 条　苏珊娜·克罗沃施

第 28 条　简·康纳斯

第 29 条　苏珊娜·克罗沃施

第 30 条　苏珊娜·克罗沃施

《任择议定书》　简·康纳斯

作者简介

法丽达·班达（Farada Banda） 荣誉法学学士、法学学士、博士，伦敦大学东方与非洲研究学院非洲法教授。著有《妇女、法律与人权：非洲视角》以及研究报告《歧视妇女的法律》。担任《非洲法杂志》《法律、家庭与政策国际杂志》编委会委员，（非洲）《家庭法国际调查》副主编，《非洲人权杂志》《非洲法律报告》《东非和平与人权杂志》国际咨询委员会委员。

伊内克·伯尔内菲金（Ineke Boerefijn） 博士，荷兰人权研究所副教授，受聘马斯特里赫特大学性别与多样性中心奥比希（Opzij）教席，新南威尔士大学和澳大利亚人权中心朱利叶斯·斯通（Julius Stone）客座研究员。担任《荷兰人权杂志》与《国际研究杂志（伊朗）》编辑，埃博学术大学人权研究所咨询委员会委员，国际法协会（ILA）国际人权法律与实践委员会特别报告员。

安德鲁·伯恩斯（Andrew Byrnes） 荣誉文学士、荣誉法学学士，法律硕士，新南威尔士大学法学教授，澳大利亚人权中心主任，先后任教于悉尼大学、香港大学及澳大利亚国立大学。担任《澳大利亚国际法年刊》《澳大利亚人权杂志》编委会委员，著有《国际妇女权利案例》（共同主编）以及《澳大利亚权利法案：历史、政治和法律》（合著）。

克莉丝蒂娜·钦金（Christine Chinkin） 法学学士、法律硕士、博士，伦敦政治经济学院国际法教授，密歇根大学威廉姆·库克（William W. Cook）全球法教授。她是矩阵事务所（Matrix Chambers）成员，英国学术院研究员、国际法协会研究主任，担任《美国国际法杂志》编辑。著有《国际法中的第三方》、《国际法的边界：女性主义视角》（合著）及《创制国际法》。

贾尼·庄（Janie Chuang） 美利坚大学华盛顿法学院法学副教授，美国国际法学会执行委员会成员、国际法协会“女性主义与国际法”委员会美国代表。

简·康纳斯（Jane Connors） 法律硕士，联合国人权事务高级专员办公室特别程序小组负责人。1980 年至 1996 年，在澳大利亚、英国的大学教授法律，在伦敦非洲与东方学院任职 14 年；1996 年加入联合国提高妇女地位司，负责妇女权利组；2002 年，在联合国人权事务高级专员办公室人权条约机构司任职。发表了多篇关于妇女权利（特别是针对妇女的暴力）以及《公约》的文章。

瑞贝卡·库克（Rebecca J. Cook） 法律博士（JD）、法学博士（JSD），多伦多大学法学院国际人权法教授，生育与性健康法国际项目共同主任、《妇产科国际杂志》编辑。著有《妇女人权：国际与国内视角》（主编）、《健康与人权》（共同主编）、《生殖健康与人权》（合著）、《性别角色定型：跨国法律视角》（合著）。

玛莎·A. 弗里曼（Marsha A. Freeman） 法学博士，明尼苏达大学人权中心资深研究员，国际妇女权利行动观察主任，明尼苏达大学法学院客座教授。主编《评估妇女地位》一书，为缔约国根据《公约》提交报告提供了指南。她出版了大量关于《公约》的内容和程序的论文、报告、技术文章，并倡导应用《公约》条款，1992 年至 2002 年指导了针对 50 多个缔约国的影子报告的撰写。

萨维特里·古纳塞克雷（Savitri W. E. Goonesekere） 法学学士、法学硕士、多项文学博士（名誉），律师，斯里兰卡科伦坡大学前副校长，荣誉（退休）法学教授。曾担任联合国消除对妇女歧视委员会委员，《南亚妇女权利与暴力法》主编、作者之一。

里基·霍尔特马特（Rikki Holtmaat） 法学硕士、博士，莱顿大学国际非歧视法教授，性别平等领域的自由研究者与顾问。欧洲委员会性别歧视领域法律专家网络成员、荷兰女性主义与国际法工作组成员，著有《走向差异性的法律与公共政策》《消除对妇女一切形式歧视公约第5条a项对消除结构性性别歧视的重要性》以及《妇女人权与文化：从僵局到对话》等。

苏珊娜·克罗沃施（Susann Kroworsch） 柏林自由大学博士研究生，研究员。曾在德国柏林洪堡大学和法国波尔多孟德斯鸠大学学习法律（通过第一次和第二次国家考试），担任过联邦外交部和德国联邦议会人权委员会见习法律文书。

弗朗西丝·拉达伊（Frances Raday） 法学学士、法学博士，2000～2003年担任消除对妇女歧视委员会委员。曾任科尔曼 Haim Stricks 法学院"将国际法纳入以色列协调研究中心"主任、以色列就业机会平等委员会咨询委员会主席、联合国人权理事会歧视妇女工作组成员，希伯来大学利伯曼劳动法教席（已退休），伦敦大学学院荣誉教授，哥本哈根大学名誉博士。在人权法、劳动法和女性主义法学理论方面著作颇丰。

贝亚特·鲁道夫（Beate Rudolf） 法学博士，法学教授，德国人权研究所（根据联合国巴黎原则建立的德国国家人权机构）主任、柏林自由大学法学院公法和平等法初级教授（至2010年）、欧洲女律师协会（EWLA）副主席、国际法协会"女性主义与国际法"委员会成员。 xxxv

韦罗妮卡·温杜拉加（Veronica Undurraga） 法学学士、法学硕士、法学博士候选人，智利大学法学院人权中心妇女项目主任、拉丁美洲法学教授网络成员、拉丁美洲宪法和政治理论论坛成员。她还是公益基金会董事会成员以及智利公共政策学会创始成员。

萨拉·维特科普（Sarah Wittkopp） 柏林自由大学博士研究生、柏林高级地方法院见习书记员，曾接受德国联邦经济合作与发展部的培训。她在柏林自由大学和瑞典斯德哥尔摩大学学习法律，是“有限国家领域治理”合作研究中心及柏林自由大学研究人员。

对引文格式的说明 xxxvii

评注参考的主要资料是消除对妇女歧视委员会审议缔约国报告的结论性意见。因《任择议定书》生效仅有 10 年，根据议定书决定的案件相对较少。鉴于评注引用了大量委员会对缔约国报告的结论性意见，经与牛津大学出版社商讨，编者决定采用一种简短的引文模式。

《公约》文件命名系统在过去一些年里一直在变化。委员会的具体结论意见和建议从开始形成到 2008 年 1 月第 40 届会议，一直被称为“结论性评论”。从 2008 年 7 月第 41 届会议开始，这些结论和建议被命名为“结论性意见”，以便与其他人权条约机构的用法保持一致。但一些搜索协议在总标题中将文件标注为“结论性意见”，在针对每一缔约国的文件中称为“结论性评论”。为简洁起见，评注在多数引文中使用“结论性意见”（或 CO）一词。

从委员会成立到 2008 年，委员会的结论性意见都包含在提交联合国大会的年度报告中（A/编号），从 1997 年开始划分为几个部分，分别对应于每一日历年举行的第 1、第 2 及第 3 届（如果举行的话）会议。2005 年，委员会秘书处开始为每届会议上每一缔约国的结论性意见提供独立的文件号（使用 CEDAW/C/编号的格式）。一些搜索工具，包括联合国人权文件通用索引（United Nations' Universal Index to Human Rights Documents），可能会用两者中任一种为文件命名。因此，本评注对在这些年出版的文件的引文可能会使用其中的一种。从 2009 年开始，《公约》的文件就只用 CEDAW/C 加编号的形式来命名了。

评注反映了截至 2010 年 12 月 31 日委员会的文件档案。

译者说明

本译著所涉国际条约，凡有作准中文本者，均使用各作准中文本的标题和约文。作准文本为国际条约的权威文本，未经所有参加国同意，任何国家或组织无权自行加以改变。联合国中文网站或联合国出版物中所载《公约》的中文本或与作准文本略有出入，皆应以作准文本为准。

原著反映了截至2010年12月31日的情况，没有纳入消除对妇女歧视委员会在此后的实践。故附录一“一般性建议表”仅包含截至2010年底发表的28份一般性建议。本译著遵从原著，没有对所涉国际条约的缔约状况及条约机构的实践作更新。截至2018年3月，消除对妇女歧视委员会已发表37份一般性建议。读者可访问消除对妇女歧视委员会网站（https://www.ohchr.org/en/hrbodies/cedaw/pages/cedawindex.aspx）跟踪委员会的最新实践。

本译著所引案例涉及人名的部分未予翻译，保留英文原名，便于感兴趣的读者查找案例原文，作更深入的研究。

本译著忠实于原著，除修正少数错漏外最大限度反映原貌。但原书在个别问题上的观点译者以为值得商榷，有必要予以澄清。例如，在原著第551页，即本译著第730页，原著者认为，《关于国家在条约方面继承的维也纳公约》第15条规定的“条约边界移动规则”适用于香港回归中国的情形。据此，香港回归后，中国参加的《公约》及相关保留延伸适用于香港特别行政区。译者认为，原著者对香港回归中国的性质存在错误理解，“条约边界移动规则”并不适用于香港和澳门回归中国的情形。首先，“条约边界移动规则”不是习惯国际法，中国不是《关于国家在条约方面继承的维也纳公约》的缔约国，自不受该规则约束。其次，该规则针对的是“对领土一部分的继承”，香港和澳门回归中国是中国恢复对两地行使主权，并非中国从英国和葡萄牙继承领土，这在《中英联合声明》和《中葡联合声明》中均有明确表述。所以，《公约》适用于香港（及澳门）特别行政区，并非适用“条约边界移动规则”的结果，而是中国对两地回归后如何适用国际条约所作的特别制度安排的结果。按照这一安排，回归前适用于两地的多边条约在回归后并非全部不再适用于特别行政区；而中国缔结的多边条约也并非全部自动适用于特别行政区。为解决多边条约在特别行政区的适用问题，中国政府分别在香港和澳门回归前夕照会联合国秘书长，具体说明了哪些多边条约将适用于香港特别行政区和澳门特别行政区，其中就包括《公约》（详见 https：//treaties. un. org/Pages/HistoricalInfo. aspx？ clang =_ en#China）。

由于本译著篇幅较大，对同一英文词组（特别是非专有名词）较难做到在中文表述上前后完全一致。为避免提取页码时出现疏漏，本书正文之后的“案例表”、“法律表”及“索引”部分所列页码均为原著页码，即本译著边码。读者可依边码检索相关内容。

在翻译过程中，对原著的一些笔误和错漏，译者以“译者注”方式作了更正。但由于精力有限，并未对书中所涉文件一一核查，因而难免还存在一些错漏之处，敬请读者批评指正。

目　　录 xv

导　论 …………………………………………………… 1

一　概述 …………………………………………………… 2

二　走向《公约》 ………………………………………… 4

三　《公约》的结构 ……………………………………… 10

四　定义与解释问题 ……………………………………… 18

五　解释程序与机制 ……………………………………… 28

六　解释与适用《公约》规范：实质问题与背景问题 ………… 33 xvi

七　21 世纪的《公约》 …………………………………… 43

序　言 …………………………………………………… 46

一　概述 …………………………………………………… 48

二　准备工作 ……………………………………………… 50

三　解释问题 ……………………………………………… 51

第一条 …………………………………………………… 66

一　概述 …………………………………………………… 67

二　准备工作 ……………………………………………… 75

三　解释问题 ……………………………………………… 77

四　保留 …………………………………………………… 91 xvii

第二条 …………………………………………………… 93

一　概述 …………………………………………………… 94

二　准备工作 ……………………………………………… 97

三　解释问题 …… 97
四　其他适用问题 …… 123
五　保留 …… 129

第三条 …… 132
一　概述 …… 133
二　准备工作 …… 135
三　解释问题 …… 135
四　本条语境中的平等 …… 149
五　缔约国的义务 …… 150
六　结论 …… 158

第四条 …… 161
一　概述 …… 162
xviii 二　准备工作 …… 170
三　解释问题——第 4 条第 1 款 …… 171
四　解释问题——第 4 条第 2 款 …… 179

第五条 …… 184
一　概述 …… 186
二　准备工作 …… 198
三　委员会对第 5 条的解释 …… 200
xix 四　解释问题 …… 211

第六条 …… 220
一　概述 …… 222
二　准备工作 …… 228
三　解释问题 …… 231
四　本条语境中的平等 …… 235
xx 五　缔约国的义务 …… 240

第七条 …… 258
一　概述 …… 260
二　准备工作 …… 263
三　解释问题 …… 264
四　本条语境中的平等 …… 275
五　缔约国的义务 …… 281 xxi
六　保留 …… 287

第八条 …… 289
一　概述 …… 290
二　准备工作 …… 291
三　解释问题 …… 292
四　本条语境中的平等 …… 297
五　缔约国的义务 …… 299

第九条 …… 304
一　概述 …… 305
二　准备工作 …… 307
三　解释问题 …… 309
四　本条语境中的平等 …… 320
五　缔约国的义务 …… 323 xxii

第十条 …… 329
一　概述 …… 331
二　准备工作 …… 334
三　解释问题 …… 338
四　本条语境中的平等 …… 355
五　缔约国的义务 …… 361

第十一条…… 367
一　概述…… 370
二　准备工作…… 373
xxiii 三　解释问题…… 375
四　本条语境中的平等…… 399
五　缔约国的义务…… 405

第十二条…… 409
一　概述…… 410
xxiv 二　准备工作…… 414
三　解释问题…… 415
四　本条语境中的平等…… 427
五　缔约国的义务…… 433
六　结论…… 440

第十三条…… 442
一　概述…… 444
二　准备工作…… 445
三　解释问题…… 446
xxv 四　缔约国的义务…… 468

第十四条…… 470
一　概述…… 472
二　准备工作…… 477
三　解释问题…… 480
四　本条语境中的平等…… 503
五　缔约国的义务…… 506
六　保留…… 510

第十五条…… 513
一 概述…… 514
二 准备工作…… 517
三 解释工作…… 520 xxvi
四 本条语境中的平等…… 531
五 缔约国的义务…… 537
六 结论…… 542

第十六条…… 544
一 概述…… 547
二 解释问题…… 553
三 缔约国的义务…… 586

针对妇女的暴力…… 591
一 概述…… 592
二 第 19 号一般性建议 …… 593
三 针对妇女的暴力：解释问题…… 601
四 对妇女基于性别的暴力：场所与形式…… 606
五 针对妇女的暴力：本条语境中的平等…… 618
六 缔约国的义务…… 622
七 结论…… 633

第十七条…… 636
一 概述…… 638
二 准备工作…… 638
三 内部组织及与其他实体的接触…… 640
四 委员会的实践…… 643

第十八条…… 653
一 概述…… 654

二　准备工作…………………………………………………… 655
三　委员会的实践……………………………………………… 656

第十九条………………………………………………………… 677
一　概述………………………………………………………… 677
二　准备工作…………………………………………………… 678
三　委员会的实践……………………………………………… 678

第二十条………………………………………………………… 683
一　概述………………………………………………………… 683
二　准备工作…………………………………………………… 684
三　委员会的实践……………………………………………… 685

第二十一条……………………………………………………… 690
一　概述………………………………………………………… 690
二　准备工作…………………………………………………… 691
三　委员会的实践……………………………………………… 692

第二十二条……………………………………………………… 700
一　概述………………………………………………………… 700
二　准备工作…………………………………………………… 701
三　委员会的实践……………………………………………… 701

第二十三条……………………………………………………… 705
一　概述………………………………………………………… 706
二　准备工作…………………………………………………… 706
三　解释问题…………………………………………………… 708
四　委员会的解释——一般方法……………………………… 712
五　保留、声明和谅解………………………………………… 713

第二十四条 ………………………………………………… 715
一　概述 ………………………………………………………… 716
二　准备工作 …………………………………………………… 716
三　解释问题 …………………………………………………… 717
四　委员会的解释——一般方法 ………………………………… 720
五　保留、声明和谅解 …………………………………………… 724

第二十五条 ………………………………………………… 725
一　概述 ………………………………………………………… 726
二　准备工作 …………………………………………………… 726
三　缔约国的实践 ……………………………………………… 727
四　解释问题 …………………………………………………… 727

第二十六条 ………………………………………………… 738
一　概述 ………………………………………………………… 738
二　准备工作 …………………………………………………… 739
三　缔约国的实践 ……………………………………………… 739
四　解释问题 …………………………………………………… 740

第二十七条 ………………………………………………… 743
一　概述 ………………………………………………………… 743
二　准备工作 …………………………………………………… 744
三　缔约国的实践 ……………………………………………… 744
四　解释问题 …………………………………………………… 745

第二十八条 ………………………………………………… 747
一　概述 ………………………………………………………… 748
二　准备工作 …………………………………………………… 748
三　对《公约》的保留 …………………………………………… 750
四　处理针对《公约》的保留的活动 …………………………… 759

五　保留的撤回与修改 …… 780
六　结论 …… 785

第二十九条 …… 786
一　概述 …… 787
二　准备工作 …… 787
三　缔约国的实践 …… 788
四　解释问题 …… 789

第三十条 …… 792
一　概述 …… 792
二　准备工作 …… 793
三　秘书长的实践 …… 793
四　解释问题 …… 794

《任择议定书》 …… 796
一　概述 …… 798
二　背景 …… 798
三　评注 …… 812

附录一　一般性建议表 …… 888
附录二　条约表 …… 890
附录三　缩略语表 …… 896
附录四　案例表 …… 898
附录五　法律表 …… 912
参考文献 …… 936
索　引 …… 977

导　论 1

一　概述…… 2

二　走向《公约》…… 4

　（一）国际联盟…… 4

　（二）《联合国宪章》…… 5

　（三）1967 年《消除对妇女歧视宣言》…… 7

　（四）联合国妇女十年（1975～1985）与十年世界大会…… 8

　（五）1979 年通过《公约》…… 9

三　《公约》的结构…… 10

　（一）序言…… 11

　（二）第 1～5 条…… 11

　（三）第 6～16 条…… 14

　（四）第 17～22 条…… 15

　（五）第 23～30 条…… 17

　（六）《任择议定书》…… 17

四　定义与解释问题…… 18

　（一）作为解释机构的委员会…… 18

　（二）定义…… 19

　　1. 妇女…… 19

　　2. 社会性别…… 20

　　3. 国内实施…… 22

　（三）核心概念…… 23

1. 平等的模式 …… 23
2. 平等与公正 …… 25
（四）妇女的多重身份 …… 25
（五）尊重、保护和实现 …… 26
五　解释程序与机制 …… 28
（一）一般性建议 …… 28
（二）结论性意见 …… 29
（三）个人来文和调查 …… 30
（四）建议、决定和声明 …… 31
（五）解释机制作为国际法渊源的地位 …… 32
（六）非政府组织的贡献 …… 33
六　解释与适用《公约》规范：实质问题与背景问题 …… 33
（一）作为人权文件的《公约》 …… 33
（二）与其他国际文件的关系 …… 35
（三）《公约》不可克减性与习惯国际法 …… 37
（四）在联合国人权工作中纳入性别视角 …… 38
（五）基于宗教和文化的挑战 …… 41
（六）全球化的挑战 …… 41
七　21世纪的《公约》 …… 43

2

一　概述

《公约》是一个核心的人权文件，也是唯一专门针对妇女的人权文件。它是联合国“为妇女权利斗争的里程碑”，构成“妇女权利的国际宪章”。[①]《公约》适用于针对妇女的一切形式的歧视，并不限于《公约》所规定的特

① 《联合国与提高妇女地位（1945～1995）》，联合国蓝皮书系列，第6册（1996年修订版），第5页。

定领域。针对妇女的歧视是从它是否影响妇女平等享有人权和基本自由的角度进行定义的，故范围广泛，因而要求缔约国处理基于性别的区别、排斥或刻板印象对妇女享有公认人权的不利影响。一方面，《公约》对缔约国的公共行为、法律、政策产生约束；另一方面，像之前的《消除一切形式种族歧视国际公约》一样，《公约》扩展了对人权的理解，要求缔约国预防或者制裁非国家（私人）行为体实施的歧视行为，包括发生在家庭、社区以及商业领域的歧视行为。

本书是第一部对《公约》、《任择议定书》及其监督机构——消除对妇女歧视委员会的工作进行全面评注的作品。本评注对《公约》序言、每一条款以及《任择议定书》的每一条款进行了详细分析。评注用专门一章来讨论暴力侵害妇女这一带有全局性的实质问题。每一章的资料主要包括所讨论条款的用语、一般性建议、结论性意见，以及根据《任择议定书》提起的案件。委员会通过这些工作对《公约》进行解释和适用。考虑到已有两本关于准备工作的评注，② 本评注对每一条款的起草过程只作简要描述。但鉴于既有评注未包括《任择议定书》的相关内容，因此本书对议定书的起草过程作了全面阐释。本评注还收录了国内法院或国际机构，包括区域性人权机构直接引用《公约》的案例。在特殊情况下，如果这些法理对理解妇女平等权利的法律保障作出了特别重要的贡献，本评注也会给予关注。

尽管每一章都可以独立成篇，但评注是一个内在统一的整体。在这方面，整个《公约》条款中重复出现的概念和观点也是相互印证的。虽然每一章由一位或几位作者写成，但所有作者都有机会对其他人的草稿作评论、提建议。我们通过工作会议（2008 年在柏林、2009 年在海牙和柏林、2010 年在贝拉焦）将各位作者召集起来，极大地便利了他们分享观点和方法。

② L. Rehof, *Guide to the Travaux Prepartoires of the United Nations Convention on the Elimination of All Forms of Discrimination against Women* (1993); Japanese Association of International Women's Rights, *Convention on the Elimination of All Forms of Discrimination against Women: A Commentary* (1995).

本书是对《公约》的评注，故不打算对妇女在国际法中的地位或是《公约》框架之外的保护妇女人权的国际进展作详细分析。

3 这些问题在其他研究和分析中已有大量讨论，在此对在写作中为我们提供参考和启发的作品深表感谢。

本评注的导论将对《公约》及其如何嵌入国际人权法提供一个概述，简要列出了《公约》的通过、结构及关键性概念，归纳了《公约》在适用和解释过程中最重要的问题，以及委员会为确保《公约》能始终对世界妇女发挥重要作用而采取的措施。导论部分还介绍了一些贯穿《公约》的普遍性问题，如果评注其他章节对这些问题作了更详细的讨论，它将告诉读者参考相关章节。也有个别问题仅在导论部分涉及，如影响解释和履行《公约》的一般国际法原则。

二 走向《公约》

（一）国际联盟

妇女人权理念的漫长历史，特别是在第三世界国家的发展，大部分没被记录下来。[3] 保障妇女权利的斗争发生在世界各地，形式多样，社会许多领域的妇女都参与其中。为争取确保提高妇女地位，人们投入了相当多的勇气和承诺，但也常常遭到暴力抵制。

在国际机制层面，故事开始于第一次世界大战之后国际联盟的建立。[4] 国际妇女理事会（International Council of Women）未能成功说服将妇女权利纳入《联盟盟约》。1935 年，妇女地位问题被提上国际联盟的议程，1937 年国联任命了一个专家委员会对世界妇女的法律地位展开调查。第二次世界大战的爆发以及后来国联的解散致使这一工作随之终结。

---

③ A. Fraser, "Becoming Human: The Origins and Development of Women's Human Rights" (1999) 21 *Human Rights Quarterly* 853 – 906.

④ H. Pietila, *The Unfinished Story of Women and the United Nations* (2007).

在缺乏关于妇女权利的一般国际规定的情况下，人们通过特定的措施来处理特定情况下的有限问题。例如，1919 年，国际劳工组织通过了《妇女产前产后就业公约》[5] 以及《关于夜间雇佣女工的公约》[6]。这些条约的适用范围有限，在性质上属于保护性的，[7] 并未指向妇女对权利的享有。事实上，这些保护性的姿态限制了妇女在就业形式（夜班）以及生育后果方面的选择，因此削弱了妇女的自主权，对此本书关于第 11 条的章节有更详细的讨论。为处理贩运妇女问题，国际联盟于 1921 年通过了《禁止贩卖妇女和儿童公约》、1933 年通过了《禁止贩卖成年妇女公约》。本书第 6 条一章 4
对相关公约有讨论。

在区域层面，1928 年，第六次美洲国家国际大会在古巴哈瓦那举行，会上成立了美洲妇女委员会（Inter-American Commission of Women），这是第一个明确为妇女地位相关问题工作的政府间机构。美洲妇女委员会负责起草了 1933 年《蒙得维的亚妇女国籍公约》，该公约成为 CEDAW 第 9 条的先导。

（二）《联合国宪章》

《联合国宪章》是第一个明确处理基于性别的歧视问题的国际协定。它在序言部分提到“男女权利平等”，并通过第 1 条第 3 款在联合国的宗旨中纳入不分“性别”地增进并激励对于全体人类之人权及基本自由之尊重。[8] 将基于性别的非歧视条款纳入宪章是 1945 年在旧金山参加联合国成立大会的妇女代表（特别是拉丁美洲国家的妇女）[9] 齐心协力游说的结果，也是非政府组织支持的结果。获得平等对待的权利以及在享有人权方面的非歧视，这双重焦点在一般性人权文件中继续得到关注，如《世界人权宣言》

⑤ 国际劳工组织第 3 号公约。

⑥ 国际劳工组织第 4 号公约。

⑦ 娜塔莉·赫文·考夫曼（Natalie Hevener Kaufman）将专门规定妇女问题的条约概括为三种类型：保护型、纠偏型、非歧视型。“International Law and the Status of Women: An Analysis of International Legal Instruments Related to the Treatment of Women”(1978) 1 *Harv Women's LJ* 131.

⑧ 另见《联合国宪章》第 55 条（c）项、56 条，以及关于托管制度的第 76 条（c）项。

⑨ 关于参加旧金山会议的妇女代表的更多信息，参见 Pietila（前注 4），第 9 ~ 10 页。

第7条[10]、《公民及政治权利国际公约》第2条第1款和第3条，以及《经济社会文化权利国际公约》第2条第2款和第3条。《公民及政治权利国际公约》第26条更进了一步，规定了法律面前的平等，并单独规定了禁止歧视，包括基于性别的歧视。

《联合国宪章》通过的时候，妇女发展与提高妇女地位的责任被分配给一个专门的单独的妇女委员会，这个委员会最初被指定为人权委员会的附属委员会。到了1946年，根据《联合国宪章》第68条，妇女地位委员会（CSW）是经济及社会理事会（ECOSOC）的一个独立的职司委员会，在联合国系统内与人权委员会具有相同的地位。妇女地位委员会的职能包括，就“增进妇女权利”和“妇女权利领域需要立即引起注意的迫切问题”向经济及社会理事会提出建议。[11] 经济及社会理事会同意，“当讨论国际人权宪章草案中涉及妇女特定权利的条款时”[12] 应当有妇女地位委员会的代表出席联合国人权委员会的会议。妇女地位委员会为确保在《世界人权宣言》中纳入《联合国宪章》序言规定的“男女权利平等”发挥了积极作用。[13] 后来，为解决妇女在特定领域遭遇的不利处境，它负责起草了三项“纠偏”公约，分别是1952年《妇女参政权公约》（在关于第7条的章节中讨论）[14]、1957年《已婚妇女国籍公约》以及1962年《关于婚姻之同意、结婚最低年龄及
5 婚姻登记之公约》(后两者在关于第16条的章节中讨论)。这些公约确立了重要的具有法律约束力的平等原则，但主题太过特定和狭窄，而且缺乏问责机制。[15]

到了20世纪60年代，尽管《联合国宪章》和《世界人权宣言》都包含了妇女享有权利的非歧视原则，但是显而易见，“歧视妇女的现象仍然普

---

[10] 《世界人权宣言》第7条声明：“法律之前人人平等，并有权享受法律的平等保护，不受任何歧视。”本条没有言明禁止歧视的类型。

[11] 经济及社会理事会第48号决议，E/RES/48（IV）（1947年3月29日）。

[12] 同上注，第3段。

[13] Pietila（前注4），第17~19页。

[14] UNGA Res 640（VII）（1952年2月20日）（建议会员国“赋予男女相同的政治权利”）。

[15] M. Galey,“Promoting Non-Discrimination against Women: The UN Commission on the Status of Women”(1979)23 *Intl Studies Quarterly* 273,277-281.

遍存在”。[16] 虽然妇女积极地参与民族自决运动，但反殖民化和发展项目并未给妇女带来预期的好处。[17] 为确保男女平等，必须改变妇女和男子的传统角色。[18] 事实上在联合国人权两公约《公民及政治权利国际公约》《经济社会文化权利国际公约》[19] 通过之前，妇女们就已经认识到了一般的平等和非歧视条款的缺陷，并尝试通过一个文件来鉴别和谴责世界各地妇女所面临的多种表现形式的特定歧视。人们随之开始呼吁对妇女更加全面、更富针对性的国际关注，包括在正在形成的人权法律框架中加入针对妇女的非歧视条款。

（三）1967 年《消除对妇女歧视宣言》

第一步是在发展中国家和社会主义国家的支持下[20]通过了《消除对妇女歧视宣言》（DEDAW）。[21] 它是由妇女地位委员会起草的，通过之前在联合国大会第三委员会进行了辩论。[22] 它沿袭了《世界人权宣言》的结构，包括序言和 11 个条款。第 1 条申明对妇女的歧视是对人的尊严的侵犯。第 2 条声明“应当采取适当措施……为男女平等权利建立充分的法律保护”。第 3 条承认习俗和偏见在否定妇女平等权中扮演的角色，要求采取适当措施根除这些习俗和偏见，并废除“基于妇女从属观念”的做法。之后的条款确认了歧视妇女的特定领域（公共事务、已婚妇女国籍、家庭、刑法典、贩运和卖淫剥削、教育、经济和社会生活等），并声明“应当采取适当措施”来解决这些问题。最后，《消除对妇女歧视宣言》声称“男女权利平等的一般原则要求所有国家按照《联合国宪章》和《世界人权宣言》中的原则予以执行”。

---

[16] 《公约》序言第 6 段。

[17] E. Boserup, *Women's Role in Economic Development* (1970).

[18] 《公约》序言第 6 段。

[19] 《公民及政治权利国际公约》和《经济社会文化权利国际公约》由联合国大会于 1966 年 12 月 16 日以决议 UNGA Res 2200 Part A（XXI）第 14 段通过。《经济社会文化权利国际公约》于 1976 年 1 月 3 日生效，《公民及政治权利国际公约》于 1976 年 3 月 23 日生效。

[20] UNGA Res 1921（XVⅢ）（1963 年 12 月 5 日），请经济及社会理事会邀请妇女地位委员会准备消除对妇女的歧视宣言草案。

[21] UNGA Res 2263（XXⅡ）（1967 年 11 月 7 日）。

[22] A. Fraser, "The Convention on the Elimination of All Forms of Discrimination against Women (The Women's Convention)", in A. Winslow (ed.), *Women, Politics and the United Nations* (1995), pp. 78 – 85.

6 （四）联合国妇女十年（1975～1985）与十年世界大会

为妇女的平等权利赢得法律承诺的过程是全球妇女运动[23]发展的一个要素，后者集中体现为（但完全不限于）三次世界妇女大会。1972 年，在妇女地位委员会第一次会议 25 周年之际，联合国大会接受了妇女地位委员会关于 1975 年在墨西哥城召开世界妇女峰会的建议，主题聚焦平等、发展与和平，并指定 1975 年为国际妇女年。[24] 墨西哥城会议之后，联合国大会宣布 1975～1985 年为联合国妇女十年。[25] 联合国大会同意在十年中间点[26]（1980 年，哥本哈根）[27] 以及十年结束时（1985 年，内罗毕）[28] 再次召开世界妇女大会。这些会议通过的最后文件尽管没有法律约束力，但为未来的战略与行动提供了重要蓝图。十年最后一次大会通过的《内罗毕前瞻性战略》（*Nairobi Forward Looking Strategies*）为"克服提高妇女地位十年目标的障碍"提出了具体措施。[29]

十年间召开的三次世界大会上，来自全球各地的参会妇女人数不断增长。三次大会促进了本土和国际层面的网络化和组织化发展。冷战结束后，政治环境更加开放。20 世纪 90 年代围绕发展的不同方面召开了"连续的会议"，而发展目标的实现"有赖于妇女地位的提高"。[30] 妇女们有效参加了这些全球性大会，并且在里约热内卢（1992）[31]、维也纳（1993）[32]、开罗（1994）[33]、哥本哈根（1995）[34] 的会议上赢得了对妇女人权的重要确认。这些活动在第

---

[23] P. Antrobus, *The Global Women's Movement: Origins, Issues and Strategies* (2004).

[24] UNGA Res 3010（ⅩⅩⅤⅡ）（1972 年 12 月 18 日），A/RES/3010（XXVII）。

[25] UNGA Res 3520（XXX）（1975 年 12 月 15 日），第 2 段。

[26] 同上注，第 20 段。

[27] 第二次世界妇女大会原定在德黑兰召开，但 1979 年伊朗爆发革命，因此更改了会议地点。

[28] UNGA Res 35/136（1980 年 12 月 11 日），A/RES/35/136，第 17 段。

[29] 1985 年 7 月 15 日～26 日，肯尼亚内罗毕，《回顾与评价联合国妇女十年成就世界大会报告：平等、发展与和平》，A/CONF. 116/28/Rev. 1（85. I. V. 10）（1986），第 8 段。

[30] 《联合国与提高妇女地位（1945～1995）》（前注 1），第 54 页。

[31] 1992 年 6 月 2 日～14 日，巴西里约热内卢，"联合国环境与发展大会"。

[32] 1993 年 6 月 14 日～25 日，奥地利维也纳，"世界人权大会"。

[33] 1994 年 9 月 5 日～13 日，埃及开罗，"联合国人口与发展国际大会"。

[34] 1995 年 3 月 6 日～12 日，丹麦哥本哈根，"社会发展世界峰会"。

四次世界妇女大会（北京，1995）时到达顶峰，达到了关于妇女人权与地位的国际行动的顶点。1998 年通过的《国际刑事法院罗马规约》是一份具有法律约束力的条约，它把针对妇女的暴力犯罪纳入国际刑法的范围。[35]《公约》的故事紧密围绕着这些全球承诺展开。

（五）1979 年通过《公约》

《消除对妇女歧视宣言》是联合国大会通过的决议，不具有法律约束力，而且用语大多是激励性的。尽管如此，对这些原则的合意加速了从无约束力的文件向有约束力的条约过渡的进程。《消除对妇女歧视宣言》通过不 7
到一年，妇女地位委员会的波兰代表便提出了一个国际公约议案，启动了这一进程。[36] 1972 年，妇女地位委员会收到联合国秘书长的报告，讨论了与妇女权利有关的各种国际文件以及各国政府对通过一个公约的意见。妇女地位委员会成立了一个工作组，考虑制定公约的可能性，菲律宾准备了一个文本草案，[37] 但同时说明这并不意味着该国政府要作出任何承诺。工作组继续采取非政府承诺的策略，不将任何立场归属于任何特定代表，这为成员国之间创造了一个“自由讨论的空间”。[38] 最终，菲律宾和苏联联合提出了一个《公约》草案。[39]

《消除对妇女歧视宣言》中的许多条款都反映在《公约》的最终文本中。尽管《公约》也受到 1965 年《消除一切形式种族歧视国际公约》的用语（包括歧视的定义）和结构的影响，但是像《消除对妇女歧视宣言》一样，《公约》主要是由妇女起草的，反映了对妇女生活和生命的理解。起草者必须考虑到种族歧视和基于性别的歧视的重要差异，最重要的是必须禁止发生在妇女的家庭和社区中的对妇女的歧视。

《1975 年墨西哥城世界行动计划》建议，“应将议定和通过消除对妇女

---

[35] 《国际刑事法院罗马规约》，特别是第 7 条第 1 款（g）、（h）项，第 7 条第 3 款，第 8 条第 2 款（b）（xxii）项，第 8 条第 2 款（e）（vi）项和第 36 条第 8 款（a）、（b）项。

[36] Fraser（前注 22），第 84 页。

[37] E/CN. 6/574（1973 年 11 月 6 日）。

[38] Fraser（前注 3），第 894 页。

[39] E/CN. 6/AC. 1/L. 4（1974 年 1 月 8 日）。

歧视公约及有效的执行程序作为高度优先事项”。[40] 妇女地位委员会于1977年完成了《公约》的起草工作，并提交联合国大会，由其第三委员会的一个工作组进行审查。1979年11月到12月初，整个第三委员会作为一个工作组对《公约》草案进行了审查。1979年12月18日联合国大会以第34/180号决议通过了《公约》，表决结果为130个国家赞成、0票反对、10票弃权。[41]《公约》于1980年在哥本哈根召开的十年中期大会上开放签字。64个国家在为此举行的专门仪式上签署了《公约》，两个国家提交了批准书。1981年9月3日在第20个国家圣文森特和格林纳丁斯根据《公约》第27条第1款向联合国秘书长提交加入书30天之后，《公约》正式生效。截至2010年12月31日，《公约》共有186个缔约国，缔约国数位居联合国人权条约体系的第2位。[42] 联合国会员国中未批准或加入《公约》的国家有伊朗、瑙鲁、帕劳、索马里、苏丹、汤加和美国（美国于1980年7月17日签署该《公约》）。签署《公约》后，美国有义务避免采取妨碍《公约》目的和宗旨的行动。[43]

8

三　《公约》的结构

《公约》形式上由序言和六个部分组成。六个部分在起草时曾被标出，但正式文本并未标注。第一部分（第1~6条）规定了缔约国的一般义务；第二部分（第7~9条）规定了公共生活以及公民及政治权利；第三部分（第10~14条）规定了经济与社会权利；第四部分（第15、16

[40] 《为实现国际妇女年目标的世界行动计划，关于妇女的平等地位及她们对发展与和平的贡献的墨西哥宣言》，E/CONF. 66/34（76. IV. 1）（1976），第一部分，第198段。

[41] A/RES/34/180，孟加拉国、巴西、科摩罗、海地、马里、毛里塔尼亚、墨西哥、摩洛哥、沙特阿拉伯和塞内加尔弃权，阿尔巴尼亚、吉布提、多米尼加、赤道几内亚、伊朗、马拉维、巴布亚新几内亚、圣卢西亚、塞舌尔、所罗门群岛、南非、喀麦隆未参加投票。

[42] 截至2010年12月31日，《儿童权利公约》共有193个缔约国。“日内瓦红十字四公约”有194个批准国，成为普遍适用的公约，见国际红十字委员会的网站 http：www. icrc. org/Web/eng/siteeng0. nsf/htmlall/genevaconventions#a1，访问日期2010年12月31日。

[43] 《维也纳条约法公约》第18条。

条）规定了法律地位，包括在家庭中的地位；第五部分（第17～22条）规定了委员会的职能；第六部分（第23～30条）是最后条款。从适用的角度看，将《公约》分为以下几个部分可能更容易理解：第1～5条规定了缔约国在《公约》下的一般义务，为第6～16条规定的特定主题的义务提供了总体解释框架；第17～22条建立了监督机制，而最后条款规定了《公约》的管理及其他细节。通过重复一些用语（如“一切适当措施”“消除对妇女的歧视”），《公约》达到了实质条款的前后一致性。有些问题不止在一个条款中提及，例如第4条、第5条（b）项和第11条第2款都提到了母性；第10条（h）项、第12条、第14条第2款（b）项和第16条第1款（e）项都提到了计划生育；第11条第2款和第12条第2款都提到了怀孕；第14条关于农村妇女的规定涉及许多问题，尤其是农村地区妇女在实现平等权方面所经历的特殊障碍。这些重复反映了妇女生活的现实，而不是对她们的职场生活、家庭生活、健康需求等领域进行机械的条块分割。

（一）序言

序言部分沿袭并发展了《消除对妇女歧视宣言》序言中的措辞。它的基本前提是，尽管存在其他的人权文件，但是歧视依然广泛存在，这有悖权利平等的原则。《公约》旨在通过要求缔约国承担具体的义务来实现《消除对妇女歧视宣言》中规定的原则。它将“增进男女平等”与当时重要的政治和经济关切联系起来，如新的国际经济秩序、根除种族隔离与殖民主义、核裁军与发展等。这些问题将在序言一章作进一步讨论。

（二）第1～5条

“《公约》是一个充满创新的人权条约”,[44] 在前五条规定《公约》宗旨及缔约国一般义务的条款中就可以发现许多创新之处。其宗旨是消除对

---

[44] H. B. Schöpp-Schilling, “The Nature and Scope of the Convention”, in H. B. Schöpp-Schilling and C. Flinterman (eds.), *The Circle of Empowerment: Twenty-five Years of the UN Committee on the Elimination of Discrimination against Women* (2007), pp. 10, 16.

妇女的歧视，用第 3 条的话说，目的在于“保证妇女得到充分发展和进
步”，以使她们“在与男子平等的基础上”享有人权。既然人权法是在以
国家为中心的框架下运作，那么《公约》规定的是一国内男人与女人的
平等，而不是不同国家妇女之间的平等。消除歧视、实现平等是《公约》
9 的核心。哲学、神学、政治学、法律以及女权主义理论方面的著作都对这
些概念的不同含义及理解进行了剖析。[45]《公约》对歧视作了一个广泛的界
定（借鉴了《消除一切形式种族歧视国际公约》第 1 条的定义），包括形
式（法律上的）平等与实质（事实上的）平等，这在关于第 1 条的章节
中有讨论。人权事务委员会[46]和经济、社会及文化权利委员会[47]对该定义的
接受强化了《公约》与两盟约之间的联系，稳固了它在国际人权法中的
地位。

《公约》不仅禁止基于性别的歧视，而且明确禁止对妇女的歧视，无论其已婚未婚，只要对其享有人权和基本自由产生了不利影响就在禁止之列。[48] 这样区分的重要性在于表明《公约》不是性别中立的，而是明确规定需要消除针对妇女的歧视。在这个前提之下，为了补救妇女在历史上的从属地位以及加快实现平等，《公约》规定可以实行一些区别对待，即采取暂行的特别措施对妇女实施优待。这在第 25 号一般性建议和关于第 4 条的章节中有讨论。另外，实现平等要求解决根植于第 5 条所描述的父权制、男女社会和文化行为模式的，基于男女定型任务的偏见、习俗和其他做法的结构性歧视。在《公约》通过的时候，它是唯一要求缔约国改变此类行为模式的公约，[49] 这在第 5 条的章节中有进一步的讨论。

---

[45] 参见关于第 1 ~5 条各章的讨论。

[46] 人权事务委员会第 18 号一般性意见（1989），HRI/GEN/1/Rev. 1，第 6 段。

[47] 经济、社会及文化权利委员会第 16 号一般性意见（2005），E/C. 12/2005/4，第 11 段；经济、社会及文化权利委员会第 20 号一般性意见（2009），E/C. 12/GC/20，第 7 段。

[48] 《公民及政治权利国际公约》和《经济社会文化权利国际公约》对“男女权利平等”地享有各公约中规定的权利作出了明确承诺；《公民及政治权利国际公约》第 3 条；《经济社会文化权利国际公约》第 3 条。

[49] 《残疾人权利公约》第 8 条第 1 款要求缔约国“立即采取有效和适当的措施……消除对残疾人的定见、偏见和有害做法，包括基于性别的定见、偏见和有害做法”。

第1~5条是相互补充的，应当相互结合（并结合第24条）进行解
读。[50] 放到一起后，它们体现了《公约》的全面愿景和缔约国的总体义
务。第2条和第24条要求缔约国在国家层面采取必要措施以确保消除针
对妇女的一切形式的歧视，并确保存在适格的国家机构使禁令发生效力。
《公约》并不限于实现形式平等和实质平等。事实上，缔约国应当在所
有领域"采取措施"以使"妇女得到全面发展和进步"（第3条）。这着
眼于变革社会和性别关系——可以被称为变革性平等。这些渐进式的变
革并不取决于严格地遵守男女适用"相同的"权利，而是赋予存在差异
的领域以效力和合法性。《公约》下的积极义务包括改变社会和制度结
构。如公共生活（第7、8条）、职场（第11条第2款）、教育（第10
条第2款），以及序言和第5条第2款、第11条第2款（c）项、第16
条第1款（d）至（f）项所规定的父母的共同责任。积极义务还要求考
虑妇女的特定处境并相应地给予不同的待遇，特别是对第4条第2款、
第11条第2款和第12条第2款规定的母性（怀孕和分娩）。人权法为妇 10
女和男子提供了美好生活的愿景——自主、免于恐惧和免于匮乏的自由。
通过社会变革所要达到的是男女有实现这一愿景的相同机会：通过承认
差异实现真正的平等。这些问题在关于第1~16条的章节中有深入的
讨论。

人权法集中关注个人与国家之间的关系，但在许多情况下，对妇女享有人权的威胁不是来自国家机构，而是来自私人，如她们的家人和社区。家庭等私领域的不平等削弱了妇女进入和享有职场、政治等公共领域的权利。因此，《公约》作为一个谴责针对妇女的歧视的文件，其成功的关键在于，不局限于国家与个人之间的垂直关系，还应通过国家机制，适用于个人与个人之间的水平关系。据此，第2条（e）项要求缔约国"采取一切适当措施消除任何个人、组织或企业对妇女的歧视"。这给缔约国施加了积极的义务，以保护个人免遭来自其他个人对其人权的侵犯。这一点通过"恪尽职守"（due diligence）的概念得到了发展，特别是在打击针对妇女的暴

[50] 第28号一般性建议，第7段。

力的领域。因此这些问题将主要在关于第 2 条和针对妇女的暴力的章节进行讨论。

（三）第 6 ~ 16 条

第 6 ~ 16 条涵盖了《公约》具体的实质性领域。第 6 条在形式上属于第一部分。虽然它规定的是特定的侵犯——贩运和卖淫、剥削，但它采用了一般义务的措辞。它是第一部分“一般义务”和第二部分“具体义务”的过渡条款。这一条与其他条款的区别还体现在它没有提及男女平等。第 6 条并未声明妇女享有与男子平等的免于被贩运的权利，或者免予被卖淫、剥削的权利，而是要求缔约国禁止这些伤害妇女的活动。第 6 条处理的问题与第 5 条有内在联系，这些做法都滋生于有关妇女从属地位的态度和偏见，因此必须予以根除。从这个意义上讲，第 6 条也应该属于《公约》的第一部分。第 6 条的重要性还体现在它确认了人口贩运的社会性别属性，并在刑事司法之外又将其纳入人权法的框架。然而，该条款欠缺具体化，特别是没有制止措施。在这方面，其他全球性和区域性的条约对公约作出了重要补充。这些问题将在关于第 6 条的章节中予以讨论。

《公约》的许多条款要求缔约国采取“一切适当措施消除歧视”：政治和公共生活（第 7 条）；国际组织（第 8 条）；获得和保留国籍以及将国籍传递给子女（第 9 条）；教育（第 10 条）；就业（第 11 条）；保健（第 12 条）；家庭福利，金融信贷，参加娱乐活动、体育及文化生活（第 13 条）；农村领域（第 14 条）；法律面前的平等、法律能力、迁徙自由（第 15 条）；家庭生活（第 16 条）；等等。这些条款有的非常具体，列出了多种情势和要求（如第 10、11、14 和 16 条），而有些可能过于简略（如第 12 条）。在
11 第 7 ~ 16 条中没有明确提及基于性别的暴力（仅在第 6 条中有隐含的意思）。然而，委员会通过其第 19 号一般性建议弥补了这一遗漏。该建议将基于性别的暴力解释为公约第 1 条所规定的一种歧视，并把它与所有实质性条款联系起来。[51]

---

[51] 参见关于“针对妇女的暴力”的讨论。

《公约》的实质条款“以全面的具有法律约束力的形式将国际社会接受的妇女权利原则汇集在一起，并明确表示它们适用于所有社会的妇女”。[52] 与国际人权两公约不同，《公约》定义了歧视，并且在单一的法律文件中要求采取适当措施消除在公民、政治、经济、社会和文化领域中的歧视。因此，《公约》承认，如果不考虑妇女生活的经济、社会和文化环境，那么对公民及政治权利的保障将是不完整的；行使公民和政治权利对于充分享有经济、社会和文化权利至关重要。《公约》以这种方式确定了歧视妇女最显著的领域以及缔约国需要特别关注的领域。它还对历史上国际法所遵从的公私二分法提出了挑战。[53] 例如，它声称妇女在所有层面均享有平等参与公共决策的权利，包括在国际层面（第7、8条），并且明确肯定了妇女在“私人”家庭领域（第15条第4款和第16条）以及缔结和管理私人合同方面的平等权（第15条第2、3款）。

（四）第17~22条

《公约》第五部分处理的是通过建立一个独立的监督机制——消除对妇女歧视委员会来执行《公约》的问题。然而，对此存有争议，当时在联合国人权条约体系中建立监督机构的先例并不统一。

《消除对妇女歧视宣言》并未规定执行机制。尽管《宣言》不具有正式的法律拘束力，但经济及社会理事会要求国家把“它们为履行宣言的原则所采取的行动”通知给联合国秘书长，并要求秘书长就所收到的信息提交报告，供妇女地位委员会审议。[54] 这一向妇女地位委员会报告的制度几乎没什么效果。因此，在《公约》中纳入有效的执行条款非常重要，这一点在墨西哥城“世界行动计划”中就提了出来。

《公民及政治权利国际公约》第28条和《消除一切形式种族歧视国际公约》第8条分别建立了人权事务委员会和消除种族歧视委员会，作

---

[52] 《联合国与提高妇女地位（1945~1995）》（前注1），第41页。

[53] H. Charlesworth and C. Chinkin, *The Bondaries of Internationonal Law—A Feminist Analysis* (2000), pp. 30–31, 56–59.

[54] ECOSOC Res 1325（XLIV）（1968年5月31日），第6~7段。

为它们各自的监督机构。与之不同，《经济社会文化权利国际公约》没有规定这样的机构。缔约国将它们执行《经济社会文化权利国际公约》的进展的报告提交给经济及社会理事会。[55] 经济及社会理事会由从联合国会员国中选出的代表组成，这些代表并不需要是《经济社会文化权利国际公约》的缔约国。妇女地位委员会是负责增进妇女权利、消除基于性别歧视的联合国机构，[56] 已经具有了接受报告的作用，并且《经济社会文化权利国际公约》的模式已经暗示它（妇女地位委员会）可以成为
12 《公约》的监督机构。一些代表不愿意再建立一个新的机构，因为新的机构将会有不同的成员并在形式上是独立的，这样可能降低妇女地位委员会在该领域的权威。然而，《公约》第 17 条还是获得通过，规定建立一个委员会，使其成为（当时）联合国人权条约机构中独立专家人数最多的委员会。关于委员会的选举及其成员资格将在关于第 17 条的章节中讨论。

第 18 条规定缔约国应向委员会提交报告，第 19 条赋予委员会自主决定工作程序的能力。委员会起草缔约国报告指南的工作以及正在进行的改进工作方法的实践将在关于第 19 条的章节中进行详细阐述。第 20 条规定，委员会“一般应每年召开为期不超过两星期的会议”以审议缔约国的报告。没有哪个联合国人权条约机构像这样限制委员会的会议时间，这一规定所产生的问题以及为修改第 20 条所进行的努力将在相关章节中讨论。第 21 条规定了委员会向经济及社会理事会和联合国大会履行报告义务，该条也为通过一般性建议提供了依据。

妇女的状况对所有专门机构的项目都非常重要，不少专门机构已经参加了委员会的会议。对专门机构和委员会之间的互动关系将在关于第 22 条的章节进行讨论。《公约》并没有像《儿童权利公约》第 45 条（b）项一样规定“其他适格的机构”（如非政府组织）可以向委员会提供建议。但是，在过去一些年里，委员会已经与非政府组织，特别是妇女非政府组织建立了非

[55] 《经济社会文化权利国际公约》第 17 条。

[56] ECOSOC Res 48（IV）（1947 年 3 月 29 日）。

常富有成效的关系，并与其他利益相关方，如国家人权机构、联合国人权理事会特别程序的任务负责人也建立了联系。[57]

（五）第23~30条

《公约》第六部分包括各人权条约各种共同的最后条款，这将在有关这些条款的章节中予以讨论。为对妇女平等权提供最高水平的保护，第23条规定，如果国内或国际规定更有利于实现妇女平等权，那么这些条款将得到优先适用。第24条规定缔约国应当承担在国家一级采取必要措施，以强化缔约国在本《公约》之下的义务，尤其是第2条和第3条规定的义务。第25~27条规定了国际法上的一系列技术问题：受《公约》约束的形式、修改、生效。第28条重申了一般的国际法立场："不得提出与本公约目的和宗旨抵触的保留。"[58] 第29条规定了争端解决，包括将关于本《公约》解释或适用的争端提交国际法院（ICJ）[59] 的可能性。最后，第30条规定了联合国6种工作语言的文本具有同等效力。

（六）《任择议定书》 13

与1979年已有的两个联合国人权条约机构（人权事务委员会和消除种族歧视委员会）不同，消除对妇女歧视委员会没有受理个人申诉或国家间针对未遵守《公约》义务而提出指控的权限。它最初的权限仅限于根据《公约》第18条审查缔约国报告。1993年维也纳世界人权大会呼吁制定新的程序"加强执行对妇女人权和妇女平等权的承诺"。[60] 妇女地位委员会和消除对妇女歧视委员会"迅速审查"了通过准备一项《任择议定书》引入

---

[57] 联合国秘书长的报告：《消除对妇女一切形式歧视公约状况》（2009），A/64/342。另参见 M. Freeman,"The Committee on the Elimination of Discrimination against Women and the Role of Civil Society in Implementing International Women's Human Rights Norms"(spring 2010) 16 *New England of Intl & Comparative L* 25。

[58] 《维也纳条约法公约》第19条（c）项。

[59] "刚果领土上的武装活动"（2002年提出的新申请）（民主刚果共和国诉卢旺达）（2006年2月3日），《2006国际法院报告》，第80~93段。

[60] 《维也纳宣言和行动纲领》第二部分，第40段。

个人申诉权的可能性。维也纳大会之后，一个非政府专家组拟定了草案，后来由消除对妇女歧视委员会和妇女地位委员会接手。[61] 1999年《任择议定书》获得通过。它规定了来自个人和团体的个人来文，以及对大规模系统侵犯人权的调查程序。对于接受《任择议定书》的国家，议定书极大地拓展了委员会在《公约》之下对其的管辖权。关于议定书的起草、文本及适用将在相关章节中予以阐释。

四　定义与解释问题

（一）作为解释机构的委员会

《公约》是唯一一个全面集中地规定实现妇女平等权的具有普遍法律约束力的文件。然而，由于《公约》在一定程度上是时代的产物，它对一些关键性术语没有界定；有些对妇女全面享有人权至关重要的问题，它也未提及或是因用语过于概括而具有不确定性。但是，像其他人权条约一样，《公约》也是一个“与国际法的发展相适应的动态的文件”。[62] 鉴于《公约》并未包含解释条款，它应当按照《维也纳条约法公约》规定的国际公法的一般规则进行解释。[63] 特别是《公约》的每一条款应当“依其用语按其上下文并参照公约的目的和宗旨所具有的通常意义，善意”[64] 予以解释，即把公约视为一个整体进行解释。准备工作是解释的补充方法，只有在上述程序导致意思仍属不明或是“显属荒谬或不合理”[65] 时才可以使用。

委员会负有解释《公约》的任务，于1982年在维也纳开始工作。它根

[61] A. Byrnes and J. Connors,“Enforcing the Human Rights of Women: A Complaints Procedure for the Women's Convention? Draft Optional Protocol to the Convention on the Elimination of All Forms of Discrimination against Women”(1996) 21 *Brooklyn J Intl L* 679.

[62] 第28号一般性建议，第2段。另参见第25号一般性建议，第3段：“公约是一个动态的文件。”

[63] 《维也纳条约法公约》的解释规则被公认为习惯国际法。

[64] 《维也纳条约法公约》第31条第1款。

[65] 同上注，第32条。

据《公约》担负的主要责任是接收缔约国的初次报告及定期报告。它早期的会议受阻于缔约国之间被冷战激发的意识形态分歧，因而“在最初的一些年未能有效发挥作用”。[66] 尽管如此，委员会成员从一开始就有着对妇女 14
权利的共同承诺、经验和专业知识，这一点一直持续至今。[67] 委员会通过一系列的活动，包括自我评估、与非政府组织的互动以及参加联合国人权条约机构主席会议，不断改进工作方法和做法，扩展活动范围，提高影响力和知名度。[68] 为了阐明缔约国在《公约》下的法律义务，委员会提供了权威的解释和界定。用第 28 号一般性建议第二段中的话说，委员会与“国家和国际层面的其他行动者一道，致力于阐明和理解公约条款的实质内容，歧视妇女的具体性质，以及为打击这类歧视所需要的各种手段”。这一部分考察委员会执行和监督《公约》的工作和实践经验如何扩展了世界对《公约》规范的理解，及其所遇到的障碍。下一部分考察委员会将《公约》适用于法律、社会和文化环境差异广泛的各缔约国时所运用的手段或机制。

（二）定义

1. 妇女

虽然《公约》在第 1 条界定了歧视，但它并未界定“妇女”[69]（或男子）或者“性”。尽管《公约》没有言明“妇女”包括 18 岁以下的女童[70]（《非洲妇女权利议定书》[71] 明确包括女童），但这是显而易见的。平等的受

---

[66] E. Evatt, “Finding a Voice for Women's Rights: The Early Years of CEDAW” (2002) 34 *George Washington Intl L Rev* 515, 520.

[67] 同上注，第 525 页。

[68] M. Bustelo, “The Committee on the Eliminaiton of Discrimination against Women at the Crossroads”, in P. Alston and J. Crawford (eds.), *The Future of UN Human Rights Treaty Monitoring* (2009), p. 79; H. B. Schöpp-Schilling, “The Nature and Mandate of the Committee”, in Schöpp-Schilling and Flinterman（前注 44），第 248～261 页。

[69] 国际劳工组织第 3 号公约第 2 条称：“妇女一词意味着任何女性，无论年龄和国籍，无论已婚或未婚；子女一词意味着任何子女，无论合法或非法。”

[70] 《儿童权利公约》第 1 条将儿童定义为“18 岁以下的任何人，除非对其适用之法律规定成年年龄低于 18 岁”。

[71] 《非洲妇女权利议定书》第 1 条（a）项规定“妇女”系指具有女性性别的人，包括女童。

教育权对女童是最基本的权利，这在第 10 条（f）项过早辍学的条款中有明确规定，而关于校舍［第 10 条（b）项］和教育项目［第 10 条（c）项］的规定也暗含了这一含义。《公约》所提及的许多关切，如贩运、婚姻、健康、剥削、暴力等都对女童有即刻的重要影响。实际上，社会所认可的从女童到妇女的转变可能取决于女童是否被认为做好了发生性关系、结婚、生子的准备。而这些往往在女童身体上或心理上做好准备之前就强加给她们，因
15 而构成了有害的歧视。委员会欣然将女童（或儿童）[72] 纳入其中，并要求缔约国对“（青少年）女童的具体需求给予”[73] 特别关注。

2. 社会性别

与《联合国宪章》、《世界人权宣言》、《公民及政治权利国际公约》以及《经济社会文化权利国际公约》一样，《公约》的用语——性别（sex）和基于性别（sex-based）的歧视，指的是一种生理上的分类。鉴于“社会性别”（gender）还不是一个被 1979 年的国际人权法所理解的概念，所以它没有出现在《公约》里，因此也就没有被定义。随着时间的推移，这一术语开始出现在国际文件中，但一些语言对它的翻译仍是有问题的。委员会在其一般性建议中引入这一概念，[74] 但是没有下定义。在第 25 号一般性建议中，委员会声称“必须考虑到妇女和男子的生理差异，以及社会和文化造成的差别”，并在注释中使用了《1999 年妇女角色世界概览》对社会性别的定义。[75] 在第 28 号一般性建议中，委员会给出了自己的定义。第五段规定：

(a)“社会性别”一词指的是社会意义上的身份、归属和妇女与男

[72] 包括纳入结论性意见中，如巴布亚新几内亚结论性意见，CEDAW/C/PNG/CO/3（2010），第 25 段（关切到构成歧视妇女和女童的习俗和做法）；以及纳入声明中，如《关于国际金融危机及其对妇女和女童人权的影响的声明》，A/64/38（Supp.），第 43 届会议（2009），第 43/Ⅱ号决定，第 144 页。

[73] 第 28 号一般性建议第 21 段；另见第 19、21、24 号一般性建议。

[74] 如第 17 号一般性建议（分性别的统计数据）、第 19 号一般性建议（“基于社会性别的暴力”）、第 24 号一般性建议（“社会性别歧视”和“社会性别平等”）、第 26 号一般性建议（对移民妇女基于性和社会性别的关切）。

[75] 《联合国 1999 年妇女在发展中的角色世界概览》（1999），第 ix 页，第 25 号（此处原文有误，误写为第 26 号。——译者注）一般性建议注释 2 引用。

> 子的作用，以及社会对这类生理差异赋予的社会和文化含义。正是这类生理差异导致男子与妇女之间的等级关系，还导致男子在权力分配和权利行使方面处于有利地位，妇女处于不利地位。妇女和男子的这种社会定位受到政治、经济、文化、社会、宗教、意识形态和环境因素的影响，也可通过文化、社会和社区的力量加以改变。

对社会性别的这一理解澄清了该术语并不等同于妇女（但情况常常如此），它的关注点是关系，特别是男女之间的权力分配关系。委员会致力于解决根源于社会结构的歧视妇女现象的不利的实际后果，例如，将妇女的角色定位为护理者，或者对偏离指定的社会性别角色的妇女施以暴力。

有必要将第28号一般性建议中对社会性别的定义与《国际刑事法院罗马规约》第7条第3款所作的更有限的定义进行比较：

> 为了本规约的目的，“性别”一词应被理解为是指社会上的男女两性。“性别”一词仅反映上述意思。

这意味着“在国际谈判中，社会性别已经成为一个‘另有所指’的术语”。[76] 一些宗教团体或其他团体以及国家不正确地将其归为指向性取向，并以此为由反对这一术语。

委员会处理同性恋妇女面临歧视这一具体问题的方法经历了较长的演进 16
过程。在1994~2001年，它曾在许多结论性意见中提到性取向的问题，但后来却不再提及。直到2008年，人权活动家们向委员会通报了国家和非国家暴力对同性恋、双性恋妇女以及变性人的影响。[77] 间性人在委员会面前主张《公约》应当保护“在身体上显然不属于男性性别的所有人”，对间性儿

[76] Schöpp-Schilling（前注44），第19~20页。

[77] International Gay and Lesbian Human Rights Commission,“30 Years of CEDAW: Achievements & Continuing Challenges towards the Realization of Women's Human Rights”(2009),可访问 http://www.iglhrc.org/cgi-bi/iowa/article/takeaction/partners/872.html，访问日期2010年12月31日。

童进行医学治疗构成了对妇女的歧视，因为其目的是“从外表上和心理上将他们调整为文化所认同的‘女性’”。[78] 于是，委员会再次开始对因其性取向或性别身份而受到歧视或骚扰的妇女表达关切。[79] 第28号一般性建议第31段承认，同性恋妇女尤易受歧视，但它并未明确提及双性、变性和间性人。

3. 国内实施

根据《公约》第2、5、6、7、8、10、11、12、13、14和16条，缔约国被要求采取“一切适当措施”消除上述各领域的歧视。这一措辞也出现在《消除对妇女歧视宣言》和《消除一切形式种族歧视国际公约》中，它允许缔约国灵活决定在其法律体系中如何最好地给予《公约》以效力。委员会一位卸任主席曾说，“鉴于各国处于不同的发展阶段，具有不同的文化和法律制度，因此对一个维护世界各地妇女利益的文件采取一种严格的或僵化的解释方法并无益处”。[80] 缔约国的义务既包括行为义务也包括结果义务，缔约国“必须能够证明它所采取的特定措施的适当性，并证实它能够达到预期的影响和结果”。[81] “适当”可能需要考虑可以获得的资源，但是《公约》的用语比《经济社会文化权利国际公约》第2条的用语更加有力。对后者来说，援引“可以获得的最大资源”以及“逐步实现”，也可以满足“一切适当措施”的要求。《公约》第2条还要求“立即”采取适当措施（这也与《经济社会文化权利国际公约》形成对比）。第2条详细地列举了缔约国关于适当措施的义务；第3条表明，这些措施包括但不限于立法。委员会对这些词组的解释在相关条款的章节中有更加

---

[78] 间性人/XY妇女协会，《对德国在联合国消除对妇女一切形式歧视公约下的国家报告的影子报告》，第5页，可访问 http://intersex.shadowreport.org/public/Association_of_Intersexed_People－Shadow_Report_CEDAW_2008.pdf，访问日期2010年12月31日。

[79] 如对吉尔吉斯斯坦的结论性意见，CEDAW/C/KGZ/CO/3（2008），第43段；对德国的结论性意见，CEDAW/C/DEU/CO/6（2009），第61～62段（要求“缔约国与间性人、变性人的非政府组织进行对话，以便更好地理解他们的诉求、采取更有效的措施保护他们的人权”）。

[80] Evatt（前注66），第536页。

[81] 第28号一般性建议，第23段。

全面的讨论。

《公约》在国内法律体系中的地位以及法院是否能够不经纳入或转化《公约》的国内法就可以直接适用《公约》，取决于各缔约国的宪法框架， 17
尤其要看它是一元主义还是二元主义的法律体系。[82] 对此，关于第 2 条的章节中有进一步的讨论。委员会敦促那些《公约》不能自动成为国内法律体系一部分的缔约国考虑采取必要步骤使其“国内化”，即通过立法明确将《公约》纳入国内法。[83] 无论《公约》是否被纳入国内法，缔约国都必须在其国内法律体系中保障这些权利[84]并规定有效的执行措施，包括《公约》第 2 条规定并经第 24 条强化的制裁和救济。在这方面，有必要指出，司法机构并不总是严格地遵守理论上的一元论 - 二元论的区分。有时，国内法官会裁定国家接受的国际义务应当在国内法律体系中获得效力，而并不考虑是否经过正式的纳入。英联邦秘书处于 1994 年通过了《促进妇女人权的原则的维多利亚瀑布宣言》，强调法官在《公约》指导下适用国内宪法和法律（包括普通法和习惯法）的重要性。国内法官适用《公约》的案例将在相关章节论及。法官和法律倡导者只有了解《公约》，才能促使《公约》被纳入或以其他形式进入国内法。委员会建议为律师和法官举办培训，其他国际组织和非政府组织正在开展此类培训。

（三）核心概念

1. 平等的模式

《公约》的关注点是对妇女的非歧视。它要求消除《公约》第 7 ~ 16 条所规定的特定领域对妇女的歧视，这些领域基本上为《公民及政治权利国际公约》和《经济社会文化权利国际公约》所涵盖。虽然两公约是以性别

---

[82] I. Brownlie, *Principles of International Law*, 7th edn. (2008), pp. 31 – 33; J. Combacau and S. Sur, *Droit International Public*, 6th edn. (2004), pp. 181 – 186; S. Kadelbach, “The Transformation of Treaties into Domestic Law” (1992) 42 *German Ybk Intl L* 66; J. Nijman and A. Nollkaemper, *New Perspectives on the Divide between National and International Law* (2007).

[83] 第 28 号一般性建议，第 31 段。

[84] 这与《维也纳条约法公约》第 27 条的规定一致。该条规定，“一当事国不得援引其国内法规定为理由而不履行条约”。

中立的语言表达的，但假定损害的性质是基于男性的生活经验。当女性的生活经验与男性经验不同时，这些非歧视/平等模式将不再适合，并且这已经限制了对“全面反映对妇女的侵犯”的理解。[85] 此外，在《公约》起草时，人们并未认识到对妇女的暴力问题如此广泛、严重和系统，需要缔约国在法律和政策中作出有效的回应；计划外的怀孕几乎是一个禁忌话题；堕胎在任何国际场合都不能被提及；家务劳动和照料工作的价值并不被政策制定者所承认。因此，妇女生活中的一些现实并未被《公约》考虑进去，如妇女的无偿劳动、针对妇女的基于性别的暴力等。

18 妇女养育子女的角色是许多刻板印象以及受到歧视的基础，但是《公约》关于生育的规定限于遵守平等模式，并将生育权利主要放在家庭领域加以规定。例如，缔约国被要求采取“一切适当措施消除针对妇女的歧视”以确保妇女“有接受特殊知识辅导的机会，以有助于保障家庭健康和幸福，包括关于计划生育的知识和辅导在内”［第10条（h）项］。类似的，第16条第1款（e）项要求妇女和男子“有相同的权利自由负责地决定子女人数和生育间隔”。第12条的用语虽然没有特别限定在家庭领域，但是它并未清晰地考虑到诸如未婚妇女的避孕、强迫怀孕或获得安全堕胎等需求。委员会不得不通过它的结论性意见和第24号一般性建议形成一个前提：“生育控制处于男女关系最核心的位置。”[86]

对生命权以及身体完整性的人权保障平等地适用于妇女和男子。然而，性别中立的方法未能考虑到通常发生在女性生活中的暴力、失去生命等情况如何区别于男性的类似遭遇，特别是当其发生在家庭成员等非国家行为体手中时。关于第1条、《公约》的其他实质条款以及对妇女的暴力的章节将描述委员会为弥补这些遗漏所作的努力，以及委员会努力让人们理解为实现实质平等有必要采取专门针对女性的措施，从而使《公约》的变革潜力发挥出来。

---

[85] S. Cartwright, “Interpreting the Convention”, in Schöpp-Schilling and Flinterman（前注44），第30页。

[86] Fraser（前注3），第882页。

2. 平等与公正

一些缔约国和其他行为体曾质疑“平等”的含义及其在《公约》和所有其他人权文件中的一贯用法，主张消除对妇女的歧视可以通过根据性别分配给男女不同的任务来实现，当然这些分工是相互补充的并被视为具有同等价值。他们提出了可供选择的概念，如公正、互补，或者“与男子相当的权利”，以替换“平等”。伊斯兰国家以及梵蒂冈和其他一些国家，提议在《北京宣言》和北京《行动纲领》中用“公正”代替“平等”。尽管这一提议未获采纳，却引起了激烈的争议。公正建立在公平等主观概念基础上，“公正是一个虚幻的社会目标，它允许政府在达不到目标时提出各种理由；而平等是人权，法律义务是不能合法逃避的”。[87]

对想要替换掉平等这一用语的企图，委员会给予了有力回应。它强调指出，平等和公正的规范概念并不相同，并对缔约国将两个词语作为同义替换的趋势表示关切。它指出，这种用法是不正确的，将导致概念的混乱[88]，因此敦促扩大“公共实体、民间社会和学界的对话，以便按照《公约》澄清对平等的理解”。[89] 在第 28 号一般性建议第 22 段中，委员会再次呼吁缔约 19
国“应只使用男女平等或两性平等的概念，避免在履行《公约》义务时使用两性公平的概念”。这表明，对任何淡化《公约》义务的企图都需要持续地予以抵制。最后，还需指出，即便到了 21 世纪，在承认妇女平等看起来可以被接受的社会，实现这一承诺仍需经过努力和抗争。[90]

（四）妇女的多重身份

委员会在第 25 号一般性建议中引用《1999 年妇女作用世界概览》中

---

[87] A. Facio and M. Morgan, “Equity or Equality for Women? Understanding CEDAW's Equality Principles”, *IWRAW Asia Pacific Occasional Papers Series*(2009), No. 14, p. 21.

[88] 对圭亚那的结论性意见，A/60/38，2005 年第 33 届会议，第 287～288 段；对巴拉圭的结论性意见，A/60/38，2005 年第 32 届会议，第 277～278 页；对多米尼加共和国的结论性意见，A/59/38，2004 年第 31 届会议，第 288～289 段。

[89] 如对瓦努阿图的结论性意见，CEDAW/C/VUT/CO/3（2007），第 14～15 段。

[90] 暴力侵害妇女问题特别报告员的报告：《文化与暴力侵害妇女行为之间的关系》，A/HRC/4/34（2007 年 1 月 17 日），第 23～26 段。

的话称，“社会性别是一个划分社会阶层的因素。在此意义上讲，它类似于种族、阶级、族裔、性行为和年龄等其他划分阶层的因素”。[91]《公约》本身除第14条关于农村妇女的规定是基于单一指向——妇女外，在性和性别之外并未强调社会指向的重要性。这便无法捕捉到妇女的多样性及其体验的广泛性。《公约》也未承认歧视做法的复杂性，因为这可能指向多重交叉身份。

不过，委员会已经将交叉性作为一个“理解缔约国义务范围的基本概念”。[92] 相应的，为确保所有妇女享有免遭歧视的自由，必须采取具体措施解决影响妇女享有权利的基于性别及其他身份因素的交叉歧视。交叉歧视可以确定歧视所具有的形式或性质、歧视发生的情况、歧视的后果以及适当的救济措施的可利用性。[93] 在对缔约国报告的结论性意见以及一般性建议中，委员会已经指出“某些妇女群体”更易遭受某些特定形式的歧视，包括“被剥夺自由的妇女、难民、寻求庇护者和移民妇女、无国籍妇女、同性恋妇女、残疾妇女、被贩运的妇女、丧偶妇女和老年妇女”，[94] 并一般性地建议缔约国采取必要措施来应对这些歧视。此外，委员会通过针对特定妇女群体的一般性建议，如残疾妇女[95]、移徙女工[96]、老年妇女[97]等，提出了更详细、更有针对性的建议以保护这些群体的人权。

（五）尊重、保护和实现

许多人权条款的用语不精确，给缔约国应当如何保证遵守它们的义务
20 带来了不确定性。人权机构试图纠正这种不确定性。其中，经济、社会及

[91] 第25号一般性建议，注释2，引用《1999年妇女作用世界概览》，联合国，纽约，第ix页。

[92] 第28号一般性建议，第18段。

[93] 消除种族歧视委员会第25号一般性建议，HRI/GEN/1/Rev.9（Vol Ⅱ），第287页（考虑了基于种族和性别的交叉歧视）。

[94] 第28号一般性建议，第31段。

[95] 第18号一般性建议。

[96] 第26号一般性建议。

[97] 第27号一般性建议。

文化权利委员会尝试发展和运用一种多层次国家义务模式：尊重、保护和实现权利的义务。[98] 消除对妇女歧视委员会采纳了这种分类方法，首先针对一些特定情势，如针对妇女的暴力[99]、妇女的保健权[100]，然后针对更一般的情况（如第4条）[101]，将其作为一种有用的分析工具。第25号一般性建议第4段申明：

> (b)《公约》缔约国有法律义务尊重、保护、促进和实现妇女不受歧视的权利，确保妇女发展和地位提高，以改善她们的处境，实现法律和事实上的男女平等。

对妇女的法律义务在她们的整个生命周期持续存在。[102] 在第28号一般性建议第9段中，委员会解释了不同层次的义务。尊重的义务，通常被称为缔约国的消极义务，要求缔约国避免通过制定法律、政策来直接或间接地干扰妇女平等享有她们的权利。缔约国因此必须保证它们的政策不会对妇女产生未预见的或意想不到的不利后果。国家更不可以在未提供合乎人权的替代方案的情况下，通过限制个人的代理人或禁止（或干扰）自助措施而使事情变得更糟。[103] 保护的义务，或称确保尊重的义务，是缔约国确保妇女免遭私人行为者的歧视的积极义务，并“采取步骤，其直接目标就是要消除主张某一性别低于或高于另一性别的偏见、习俗和所有其他做法”。[104] 实现（或增进）的义务是面向未来的，要求缔约国和其他相关行为人采取短期、

---

[98] 例如经济、社会及文化权利委员会第12号一般性意见，（1999）E/C.12/1999/5，第15段。在经济、社会及文化权利委员会第16号一般性意见中，委员会解释了在对妇女的非歧视背景下不同的义务层次，E/C.12/2005/4。

[99] A.T.诉匈牙利，消除对妇女歧视委员会2003年第2号来文，（2005）CEDAW/C/32/D/2003，第9.6段。

[100] 第24号一般性建议，第13段。

[101] 第25号一般性建议，第4段。

[102] 第28号一般性建议，第31段。

[103] 例如，委员会曾指出一位家庭暴力的受害妇女采取了“积极的决定性的努力”来保住自己的性命。Fatma Yildirim（已故）诉奥地利，消除对妇女歧视委员会2005年第6号来文，（2007）CEDAW/C/39/D/6/2005，第12.1.3段。

[104] 第28号一般性建议，第9段。

中期和长期的公共政策、方案和体制框架以打击针对妇女的各种表现形式的歧视，旨在最终全面实现与男子平等基础上的非歧视权利以及妇女潜能的充分发展。它要求缔约国采取积极措施，确保在实践中男女在平等基础上享有权利。本评注各章将酌情按照这种分类方法来讨论缔约国的义务。

五　解释程序与机制

（一）一般性建议

与联合国的其他人权条约机构一样，委员会也制定一般性建议（或一般性评论），对此，《公约》第 21 条作了间接的规定。一开始，委员会对于
21 第 21 条是否的确授权它通过一般性评论有分歧，并在 1986 年向联合国法律顾问寻求建议，这将在关于第 21 条的章节予以讨论。

截至 2010 年 12 月 31 日，委员会已经通过了 28 项一般性建议，其中一些是关于工作方法的，另一些则是针对《公约》的实质条款。[105] 早期的一般性建议往往比较简短，有一些只是程序性的主要针对缔约国的报告制度。从 1992 年开始，委员会通过了许多重要的实质性的一般性建议，阐明了缔约国对具体权利的义务内容。有些阐明了《公约》明确规定的权利内容，如家庭中的平等（第 21 号一般性建议，《公约》第 9、15、16 条）、参与政治和公共生活（第 23 号一般性建议，《公约》第 7、8 条）、保健（第 24 号一般性建议，《公约》第 12 条）。这些内容在关于相关条款的章节中都会讨论。而关于暴力侵害妇女的第 12 号和第 19 号一般性建议则是重要的具有实质内容的动态解释性建议，因为《公约》中并没有明确提到暴力。第 16 号和第 17 号一般性建议分别讨论了《公约》中的另一遗漏，即妇女在家族企业中的及一般性的无偿劳动。还有一些一般性建议阐明了《公约》对处于特定不利处境的妇女的可适用性。例如，受到艾滋病和艾滋病病毒感染的妇

[105] 参见附录的一般性建议表。

女（第15号一般性建议）、残疾妇女（第18号一般性建议）、移徙女工（第26号一般性建议）、老年妇女（第27号一般性建议）等，由此扩大了《公约》所处理的妇女生活和环境的覆盖面。其他的一般性建议解决共同关注的其他问题，如委员会需要足够的资源（第7号一般性建议）、统计数据（第9号一般性建议）、保留（第4、20号一般性建议）等。有关暂行特别措施的一项全面的一般性建议（第25号一般性建议）阐明了缔约国根据《公约》第4条第1款以及《公约》第一部分其他条款承担的义务。《公约》第2条则在第28号一般性建议中得到了全面阐释，其中还解释了委员会对性别、平等、交叉性等概念的理解。第25号一般性建议和第28号一般性建议将在关于第4条和第2条的章节中予以详述。截至2010年底，关于缔约国在《公约》第16条下的义务的一般性建议正在讨论中。[106]

一般性建议为缔约国及其他人理解《公约》的义务提供了指南，并有利于《公约》协调一致地得到适用。委员会在准备一般性建议时运用了它审议缔约国报告的广泛经验，同时也从秘书处、学术界和非政府组织的专家那里获得信息。

（二）结论性意见 22

1993年，在第12届会议上，为回应缔约国的报告，[107] 委员会一致通过了起草结论性意见（或评论[108]）的程序。从1994年开始，委员会采用了结论性意见来表达它对缔约国执行《公约》的关切。结论性意见让委员会在确定优先事项、履行《公约》的障碍、委员会认为与《公约》规范相悖的

---

[106] 《关于婚姻及其破裂的经济后果的一般性建议》的概念说明中列出了一般方法，CEDAW/C/2009/Ⅱ/WP.2（2009）。此外，委员会正在计划一份《关于武装冲突及冲突后情境下的妇女》的一般性建议，并计划与儿童权利委员会联合发布一份关于有害做法的一般性建议。参见邹晓巧女士在消除对妇女歧视委员会第47届会议上的闭幕致辞，2010年10月4日至22日，日内瓦。

[107] 在此之前，委员会对缔约国的关切和建议包含在审议每一缔约国的一般记录中，而未形成一个独立的全面的声明。

[108] 2008年，委员会将它过去使用的“结论性评论”改为“结论性意见”，以便与联合国其他条约机构保持一致。委员会的第40/Ⅲ号决定，A/63/38，第一部分，第一章。

做法时能“用一个声音说话”。[109] 与一般性建议适用的一般性不同，结论性意见是为每一缔约国的情况量身定制的，为解决缔约国报告中出现的特定问题提出实际的建议。随着缔约国数目增至几乎得到所有国家的普遍批准，以及许多缔约已经经过多次审议，委员会就有充分的机会来发展它的意见。结论性意见是有关委员会工作方法的主要信息来源，在整个评注中都将予以关注。

（三）个人来文和调查

《任择议定书》的生效为委员会提供了两条新的解释公约的途径：个人申诉和调查程序。截至 2010 年底，根据《任择议定书》第 8 条只完成了一次调查，即关于华雷斯城众多妇女死亡和失踪的调查，[110] 这在暴力侵害妇女一章将有进一步讨论。目前被认为可受理的个人来文中有 4 起案件的主题涉及对妇女基于性别的暴力问题。在关于暴力的章节中会对相关实质问题进行讨论。另一件可受理的个人来文是关于为一位吉卜赛妇女做绝育手术，涉及获得保健和健康信息的权利。[111]《任择议定书》的章节讨论了来文可受理的理由以及委员会作出决定之后的后续行动。目前一个尚未解决的重要问题是《公约》第 1 ~ 5 条（包括第 1 条关于歧视的定义）规定的一般义务可否被单独援引，还是必须结合《公约》的其他实质性条款才可加以援引。尽管委员会未直接回答这一问题，但它已经作出过结合第 16 条判定违反第 2、5 条，[112] 结合第 1 条判定违反第 2、3 条，[113] 结合第 1 条判定违反第 2、5 条的案例[114]。这一问题在关于《任择议定书》的章节会进一步讨论。

---

[109] Evatt（前注 66），第 534 页。

[110] 《消除对妇女歧视委员会根据公约任择议定书第 8 条发表的关于墨西哥的报告，以及墨西哥政府的回应》，CEDAW/C/2005/OP8/Mexico（2005 年 1 月 27 日），墨西哥调查。

[111] A. S. 诉匈牙利，消除对妇女歧视委员会 2004 年第 4 号来文，（2006）CEDAW/C/36/D/4/2004。

[112] A. T. 诉匈牙利（前注 99）。

[113] Şahide Goekce 诉奥地利，消除对妇女歧视委员会 2005 年第 5 号来文，（2007）CEDAW/C/39/D/5/2005；Fatma Yildirim（已故）诉奥地利（前注 103）。

[114] Vertido 诉菲律宾，消除对妇女歧视委员会 2008 年第 18 号来文，（2010）CEDAW/C/46/18/2008。

对来文的决定是以委员会的名义作出的。参照联合国其他人权条约机构 23
的做法，有时委员会的个别成员也会附上不同（反对）意见。对这种做法是否可取存有争议。个别意见（如国际法院的法官作出的个别意见）允许对《公约》适用于特定情况表达不同的观点，表明了未来可能倾向选择的一种路径，因此有助于渐进地、动态地解释《公约》。然而，不同意见和反对意见也表明委员会无法达成合意。

如同所有的条约监督机构一样，委员会不具备执行其意见的权力。尽管如此，它针对缔约国违反《公约》的行为作出建议的能力也很重要，因为这让委员会有机会通过具体案件的个别情况来寻找根本原因和结构性歧视。因此，无论是墨西哥调查还是个人来文意见，委员会所作的详细建议不仅针对眼前的特定案件，而且也考虑到了更广泛的情境。在墨西哥调查中，委员会对墨西哥政府，负责调查和惩处肇事者的官员，负责预防伤害、增进和保护妇女权利的官员提出了一系列广泛的建议。鉴于第 2 条没有详细阐释什么是对侵权行为的受害者提供“适当赔偿”，委员会在提出建议时就有了相当大的自由裁量权。[115]

（四）建议、决定和声明

委员会并未将自己局限于处理通过缔约国报告以及《任择议定书》程序提出来的眼前亟须处理的问题。通过发表声明和决定，委员会发挥了更广泛的作用，确认《公约》在各种异常情况下（自然灾害[116]、冲突[117]、和平进程[118]等）的重要作用，以及将妇女的利益和关切纳入政策和决策的必要性。[119]

---

[115] 详细讨论参见关于第 2 条的章节。

[116] 《消除对妇女歧视委员会关于海地局势的声明》，2010 年第 45 届会议，E/CN. 6/2010/CRP. 2，附件四。

[117] 委员会第 43/Ⅲ 号决定：《消除对妇女歧视委员会关于加纳局势的声明》，A/64/38 (Supp.)（2009），附件二。

[118] 例如《让阿富汗妇女融入和平建设进程、安全和阿富汗重建中的声明》，2010 年 1 月第 45 届会议通过，E/CN. 6/2010/CRP. 2，附件五。

[119] 例如《性别与可持续发展》，A/57/38（Supp.）（2002），第 429（j）段；委员会第 26/Ⅲ 号决定：《通过公约结束对老年妇女的歧视》，A/57/38（2002），第一部分，第 430 段（在马德里举行的第二次老龄化世界大会）。

委员会还通过了关于制定和扩充程序的建议，并向适格的联合国机构提出，例如，向妇女地位委员会提出关于《任择议定书》的建议，向联合国大会提出扩展会期的建议。这些内容将在关于《任择议定书》及第20条的章节中分别予以讨论。

（五）解释机制作为国际法渊源的地位

这些机制作为国际人权法渊源的地位并不确定。无论是一般性建议、结
24 论性意见、观点和意见，还是声明，所有这些在一般国际法上都是不具有法律约束力的文件。[120] 然而，必须根据其来源权衡它们在形式上的法律地位：委员会“是专门为监督和适用《公约》而建立的”。[121] 它的意见可以被视为提供了“几近权威的解释《公约》的陈述”。[122] 这一观点得到国际法院的支持。法院声称，对人权事务委员会解释《公民及政治权利国际公约》的观点“必须赋予足够的分量”。这一点对消除对妇女歧视委员会关于《公约》的意见同样适用。按照国际法院的说法，“此处的重点是实现国际法及法律保障的必要清晰度和基本一致性，无论是权利受到保障的个人还是承担条约义务的国家都有权要求这一点”。[123] 委员会通过这些不同的方法阐明了《公约》的适用范围以及缔约国根据《公约》承担的义务范围。根据《维也纳条约法公约》第31条第3款（b）项，缔约国的反应可以形成解释《公约》的嗣后国家实践。[124] 这些过程有助于达到所需的确定性和一致性，同时也允许一定的灵活性和发展性。

---

[120] 国际法的渊源规定在《国际法院规约》（1945）第38条第1款中，包括条约、习惯国际法以及一般法律原则。

[121] 艾哈迈杜·萨迪奥·迪亚洛案（几内亚共和国诉刚果民主共和国）（2010），《国际法院报告》（2010年11月30日判决），第66段。

[122] H. Steiner, P. Alston and R. Goodman, *International Human Rights in Context: Law Politics Morals*, 3rd edn. (2007).

[123] 艾哈迈杜·萨迪奥·迪亚洛案（前注121），第66段。

[124] 《维也纳条约法公约》第31条称，“条约应依其用语按其上下文并参照条约之目的及宗旨所具有之通常意义，善意解释之”。第31条第3款（b）项规定，“嗣后在条约适用方面确定各当事国对条约解释之协定之任何惯例”应当与上下文一并考虑。

（六）非政府组织的贡献

非政府组织对阐明《公约》规定的权利以及对人权原则进行性别分析作出了相当大的贡献。它们除了在准备一般性建议和委员会声明时提供学术分析、背景文献外，还不定期地围绕特定主题制定指南和建议。

《关于妇女经济、社会和文化权利蒙特利尔原则》（2004）[125]（以下简称《蒙特利尔原则》）和《关于妇女和女童获得救济和赔偿的权利的内罗毕宣言》（2007）[126]（以下简称《内罗毕宣言》）就是两个例子。《蒙特利尔原则》以之前非政府组织为帮助“理解和判定侵犯经济、社会及文化权利并提供相应救济”的指南[127]为基础，增加了社会性别的维度。《内罗毕宣言》解决的是联合国大会 25
《严重违反国际人权法和严重违反国际人道法行为受害人获得救济和赔偿的权利的基本原则和导则》[128]的决议未能虑及基于性别的违反人权和人道法的问题。

像其他非国家实体制定的文件一样，上述努力不属于《国际法院规约》第38条第1款列举的国际（人权）法的正式渊源。准备这些文件是希望它们能够被其他的国际行为体在作决定和制定政策时引用、实施，从而逐步承认它们对形成国际法文献的作用。这些文件的影响力在任何情况下均取决于文本的质量、作者的立场以及接受的程度等因素。

六 解释与适用《公约》规范：实质问题与背景问题

（一）作为人权文件的《公约》

1999年12月，即《公约》通过20年之后，也是《任择议定书》开放

[125] （2004）26 *Human Rights Quarterly* 760－780.

[126] 可访问 http：//www. womensrightscoalition. org/site/reparation/signature_ en. php，访问日期2010年12月31日。

[127] 《关于执行经济、社会及文化权利国际公约的林堡原则》（1987年1月8日通过），E/CN. 4/1987/17/Annex；《关于侵犯经济、社会及文化权利的马斯特里赫特指南》（1997），http：//www1. umn. edu/humanrts/instree/Maastrichtguidelines_ . html，访问日期2010年12月31日。

[128] UN GA Res 60/147（2005年12月16日），A/RES/60/147。

签字的时间，时任联合国秘书长科菲·安南指出，“这一‘妇女权利宪章’是一座里程碑”。[129] 然而，《公约》通过之际，国家乃至学者和人权活动家们并未立刻和普遍地赋予《公约》作为国际人权文件所应有的分量。

《公约》在联合国系统中的策源地拉开了它（及其委员会）与其他人权活动和人权发展的距离。与其他国际人权条约不同，《公约》是由妇女地位委员会起草的，而妇女地位委员会并不是《联合国宪章》规定的专门负责处理人权事务的机构。妇女地位委员会也不像之前的人权委员会、现在的人权理事会一样关注国家的责任。作为经济及社会理事会的一个职司委员会，妇女地位委员会主要是一个政策机构，由联合国提高妇女地位司（DAW）提供服务。提高妇女地位司是经济和社会事务部的组成部分，许多年前在日内瓦办公，目前将办公地点搬到了纽约。考虑到妇女地位委员会在联合国系统中的地位，《公约》草案由联合国大会第三委员会（负责社会事务）而非第六委员会（负责包括人权在内的法律事务）审查。《公约》通过时，提高妇女地位司（后来仅被指定作为一个分支）成为委员会的秘书处，委员会的人员和会议地点都位于维也纳和纽约，而不是人权事务高级专员办公室（简称“人权高专办”，前身是人权中心）所在地日内瓦。这段历史从现实和观念上切断了《公约》及其委员会与以日内瓦为中心的人权机构的联系。

尽管按照基本原则，不能将妇女人权与所有人的人权割裂开来，但《公约》在观念上还是被孤立了。《世界人权宣言》称“人人”有资格享受宣言所载的一切权利和自由，特别是不得基于性别而有任何区分，应以男女平等为基础。联合国人权两公约加强了非歧视的原则，并写入妇女有权平等享有一切人权的具体声明。

26 所有其他的国际或地区人权条约要么明确申明非歧视的原则，要么运用《世界人权宣言》中的语言规定这些文件的适用不得基于性别而有所区分。

尽管如此，在很长一段时间里，《公约》的存在似乎给国家和其他人权行动者把妇女人权边缘化提供了一个理由，认为它是委员会专门关注的问题。《公约》分配给委员会的极短的工作时间以及委员会为增加

[129] 联合国新闻报道（1999 年 12 月 10 日），SG/SM/7258 WOM/1152。

工作时间进行的努力，正如在关于第20条的章节中所讨论的，进一步强化了这种边缘化。[130]将委员会的秘书处与联合国其他人权条约机构（以及许多位于日内瓦的人权非政府组织）从地理上分隔开来，导致委员会在发展其法理和实践的过程中较少参考其他条约机构的意见，而情况本不该如此。[131] 地理分隔也让委员会的工作在其他条约监督机构面前不那么显眼。

有关委员会与其他条约监督机构之间的联系逐步增强的问题，将在本章第六（四）部分进行讨论。最重要的是，作为联合国改革进程的组成部分，从2008年1月开始，委员会的会议地点和人员已经搬到了位于日内瓦的人权高专办。

（二）与其他国际文件的关系

1979年《公约》通过后，特别是冷战之后，出现了大量与《公约》所处理的问题相关的国际文件，本导论不可能一一详述。这些文件主要由上文提到的世界大会以及联合国其他机构（包括专门机构）制定。其中最重要的一个文件是1993年维也纳世界人权大会形成的，主张“妇女和女童的人权是普遍人权不可剥夺的、内在的、不可分割的组成部分”。[132] 1994年在开罗举行的人口与发展大会确认了保障妇女的生育权利。[133] 1995年在北京举行的第四次世界妇女大会重申了对妇女人权的确认，[134] 这次会议还强调了妇女人权是一个值得关注的关键领域。《公约》中包含的其他问题在《北京宣言》和北京《行动纲领》中得到进一步强调：教育、健康、决策，以及一般性建议和结论性意见中提及的其他问题。特别是针对妇女的暴力，尤其是武装冲突中的暴力。

《北京宣言》和北京《行动纲领》和《公约》“在实现性别平等和为妇

---

[130] A. Byrnes, “The ‘Other’ Human Rights Treaty Body: The Work of the Committee on the Elimination of Discrimination against Women” (1989) 14 *Yale J Intl L* 1.

[131] Bustelo（前注68），第83页。

[132] 联合国世界人权大会《维也纳宣言和行动纲领》（下称“维也纳宣言”或“维也纳行动纲领”）（1993年6月25日），A/CONF. 157/23，第1、18段。

[133] 《开罗人口与发展国际大会报告》（1994），A/CONF. 171/13。

[134] 北京《行动纲领》（1995），A/CONF. 177/20，第213段。

27 女赋权方面互相加强”。[135] 大会号召各国政府批准、加入和履行《公约》,[136]《五年审查和评估结果文件》再次强调这一号召。[137] 另一方面，在北京大会之后联合国大会立即要求委员会“在审议缔约国报告时将宣言和行动纲领也列入考虑范围，并要求缔约国在它们的国家报告中纳入相关信息，说明为履行宣言和行动纲领而采取的措施”。[138] 对此，委员会主要考察缔约国报告中所包含的国家行动计划、资源分配以及国家执行机制等信息。有时(但并未形成制度)，委员会把对《北京宣言》和北京《行动纲领》的承诺与《公约》第 3 条和第 24 条联系起来进行考察。

在联合国内，妇女地位委员会和其他专注于妇女问题的机构继续针对《公约》所处理的事项或与之相关的事项开展工作。2010 年，联合国大会协商一致通过了一项关于《增强全系统的一致性》的决议，其中包括“增强支持性别平等和妇女赋权的制度安排”。[139] 联合国机构内四个负有处理性别问题的职能和职权机构，即提高妇女地位与性别问题特别顾问办公室(OSAGI)、提高妇女地位司（DAW)、联合国妇女发展基金（UNIFEM）以及提高妇女地位研究和培训国际学院（INSTRAW)，被一个单一机构“联合国性别平等与妇女赋权机构”［简称“联合国妇女”（UN Women)］所取代，该机构于2011 年 1 月 1 日开始运行。[140] 这一名称反映了人们所熟悉的关于“妇女”与“性别”的困惑。联合国妇女处理妇女人权的方法以及与委员会之间的互动层级还有待观察。

联合国的许多机构制定了与妇女有关的一般性问题或具体问题的决议和工作方案。联合国大会千年宣言称“必须确保男女权利和机会平等”,[141] 并

---

[135] 《第四次世界妇女大会十五周年宣言》，ECOSOC OR 2010（Supp.，No. 7） E/2010/27，E/CN. 6/2010/11，附件，第 4 段。

[136] 北京《行动纲领》(前注 134)，第 230 段。

[137] UN GA Res S-23/3，《执行〈北京宣言〉和〈行动纲领〉的进一步行动和倡议》（2000 年 11 月 16 日)，A/RES/S-23/3，第 68（c）段。

[138] UN GA Res 50/203（1996 年 2 月 23 日)，A/RES/50/203，第 36 段。

[139] UN GA Res 64/289（2010 年 7 月 2 日)，A/RES/64/289。

[140] 同上注，第 49 段。

[141] UN GA Res 55/2（2000 年 9 月 8 日)，A/RES/55/2，第 6、20 段。

决心执行《公约》。[142] 在结论性意见中，委员会通常都会强调遵守《公约》对于实现千年发展目标（MDGs）至关重要。反过来，实现千年发展目标将有助于《公约》第 3 条所规定的妇女地位的提高和发展。对此，关于第 3 条的章节将进一步讨论。委员会借鉴了联合国安全理事会关于妇女、和平与安全的决议，[143] 强调妇女参与和平进程的重要性，认为这是结束武装冲突中针对妇女暴力的重要因素。[144] 联合国人权理事会敦促所有利益攸关方“在普遍定期审议进程中，包括在准备提交审议的信息、审议对话、审议结果和后续行动中，充分考虑妇女权利和性别观点”。[145] 反过来，委员会利用缔约国在接受普遍定期审议过程中作出的承诺来强化它对缔约国的建议。[146] 人权理事会关于消除对妇女歧视的决议对委员会“关于妇女在法律面前平等”的 28
工作表示赞赏。[147]

与《公约》不同，国际机构（包括联合国安全理事会，除非是根据《联合国宪章》第七章）通过的决议，以及世界大会通过的文件并不具有正式的法律约束力，而只是一种对政治意愿和承诺的声明。其中许多文件承认《公约》的特殊地位，在序言部分援引《公约》或者在执行段落中提及《公约》。《公约》持续的重要性得到后来这些往往更具政治意义的文件的维持甚至强化。像与《北京宣言》和北京《行动纲领》的关系一样，《公约》与后来这些文件也是相互加强的。

（三）《公约》不可克减性与习惯国际法

作为一个国际人权条约，《公约》确认妇女有权不受基于性别或社会性别的歧视，并有权获得平等。第 1 条和第 3 条将所有“人权和基本自由”

---

[142] 同上注，第 25 段。

[143] UN SC Res 1325（2000 年 10 月 31 日），S/RES/1325；UN SC Res 1820（2008 年 6 月 19 日），S/RES/1820；UN SC Res 1888（2009 年 9 月 30 日），S/RES/1888；UN SC Res 1889（2009 年 10 月 5 日），S/RES/1889。

[144] 如对缅甸的结论性意见，CEDAW/C/MMR/CO/3（2008），第 25 段。

[145] 联合国人权理事会第 6/30 号决议（2007 年 12 月 14 日），A/HRC/RES/6/30。

[146] 如对芬兰的结论性意见，CEDAW/C/FIN/CO/6（2008），第 174 段。

[147] 联合国人权理事会第 12/17 号决议（2009 年 10 月 12 日），A/HRC/RES/12/17。

集成到《公约》中，为妇女的发展和进步提供了一种基于权利的路径，对此在相关条款的章节有更详细的讨论。《公约》不允许在公共紧急状态时克减对妇女平等的承诺，也不允许以保护国家安全、公共秩序、公共健康、道德或其他人的自由权利为由进行减损。事实上，规定克减条款的那些公约，所采取的措施也不得包括“单纯基于（特别是）性别”的歧视。[148] 不可克减性（即便没有履行）“在权利等级体系中占据着特殊的位置”。[149]

另一个问题是，基于性别的非歧视原则是否已经获得习惯国际法的地位，从而对包括非公约缔约国在内的所有国家都具有法律约束力。从某些方面讲，这个问题是纯理论的，因为既然它已被纳入《联合国宪章》并作为该组织的一项宗旨，那就意味着所有会员国已经作出了基本的承诺。《世界人权宣言》和联合国人权两公约对这一原则的重申加强了这一点。这一观点似乎获得了广泛的接受，并在主要的学术评论家之间取得了一致。[150] 的确，美洲人权法院的立场是它具有强行法的地位[151]——“国家之国际社会全体接受并公认为不许损抑……之规律”[152]。除了这个基本原则外，对《公约》中的具体条款或是对禁止针对妇女的暴力主张习惯国际法地位时，必须审查它们是否满足统一持续的国家实践和法律确信的标准。[153]

29 **（四）在联合国人权工作中纳入性别视角**

1993 年维也纳世界人权大会声称，“妇女的平等地位以及妇女人权应被纳入联合国全系统活动的主流”。[154] 1995 年，在联合国人权高专办将性别观

---

[148] 《公民及政治权利国际公约》第 4 条第 1 款；另可参见《欧洲人权公约》第 14 条、《美洲人权公约》第 27 条。

[149] M. Shaw, *International Law*, 6th edn. (2008), p. 275.

[150] 例如，Brownlie（前注 82），第 572～573 页；K. Doehring, Volkerrecht, 2nd edn. (2005) §20，旁注 987；Shaw（前注 149），第 286～287 页。

[151] 《司法条件与无证移民的权利》（咨询意见）OC－18/03（2003 年 9 月 17 日），第 23 页。

[152] 《维也纳条约法公约》第 53 条。

[153] 这是构成习惯国际法规则的条件；Brownlie（前注 82），第 6～10 页。参见“在尼加拉瓜和针对尼加拉瓜的军事和准军事活动”1986 ICJ Rep 14，第 188～189 段关于决议作为法律确信的地位。

[154] 《维也纳宣言和行动纲领》第二部分（前注 132），第 37 段。

点纳入为人权活动和方案制定指南的专家组会议[155]之后，人权条约机构主席年度会议接受了关于纳入问题的提议，[156] 人权委员会随后通过了一系列决议确认该原则。[157] 1998 年联合国《秘书长关于将妇女人权纳入联合国全系统工作的问题》的报告确认了 1995 年专家组的建议，声明这么做的目的在于：

> (c) 确保对男女各自作用的必然的社会塑造不允许使女子从属于男子或将女子置于任何低下地位的歧视或偏见。……在人权领域，这项工作主要是让人们理解，每次发生的侵犯人权行为都有其性别维度。[158]

人权高专办和条约监督机构在纳入性别观点方面取得了一些进展。人权事务委员会《关于男女权利平等》的第 28 号一般性意见，经济、社会及文化权利委员会《关于男女在享有所有经济、社会及文化权利方面的平等权》的第 16 号一般性意见从妇女经验和侵犯妇女人权的角度分别分析了《公民及政治权利国际公约》和《经济社会文化权利国际公约》。禁止酷刑委员会和消除种族歧视委员会也分别通过了将这些公约适用于妇女情境的一般性意见。[159] 所有的条约监督机构都处理侵犯妇女人权的问题，只是有些机构比另一些更具有一贯性。人权理事会的一些特别程序也在它们的报告中关注特定

---

[155] 《专家组报告》（1995 年 11 月 20 日），E/CN. 4/1996/105，第 71 段。

[156] 参见如《改进人权条约机构的运作：对第六次人权条约机构主席会议的结论和建议的后续行动》，HRI/MC/1996/2（1996），第 100 ~ 108 段；《人权条约机构主席第十次会议的报告》，A/53/432（1998），附件，第 53 ~ 54 段。

[157] 例如，《将妇女人权纳入联合国人权机制的问题》，人权委员会第 1995/86 号决议，ESCOR Supp.（No. 4）253，E/CN. 4/RES/1995/86（1995）（原文文件号 E/CN. 4/1995/86，有误。——译者注）；《将妇女人权纳入到联合国全系统的问题》，人权委员会第 1996/48 号决议，ESCOR Supp.（No. 3）159，E/CN. 4/RES/1996/48（原文文件号 E/CN. 4/1996/48，有误。——译者注）。

[158] 《秘书长关于将妇女人权纳入联合国全系统的问题的报告》，1998 年 3 月 25 日，E/CN. 4/1998/49，第 8 ~ 9 段。

[159] 禁止酷刑委员会，第 2 号一般性意见（2007），CAT/C/GC/2，第 22 段；消除种族歧视委员会，第 25 号一般性建议（2000），HRI/GEN/1/Rev. 9（Vol. Ⅱ）。

的妇女议题。[160] 截至2010年，人权理事会建立了一个新的特别程序（一个工作组）专门处理歧视妇女问题。[161] 人权理事会在一些普遍定期审议工作中也指出了侵犯妇女人权的问题。

30 人权事务高级专员在其2009年的一份报告中概括了这些进展，并建议对持续存在的缺陷作出补救。[162] 值得注意的是，报告使用了“纳入性别视角”这一术语，联合国人权高专办及其前身人权中心一贯使用该术语。这一用语更能说明问题。尽管该项目远非完美，只是逐步取得了一点成果，但“纳入性别视角”的用语在某种程度上比联合国系统其他地方使用的“主流化”这一用语更加具体。人权机制是一个确定的领域，其结果可以看到也可以被评估。相反，“主流化”这一术语及其运用都是很成问题的。这一词语本身意味着对妇女世界地位的狭隘和排斥的看法，意味着她们是一个需要掌权者有意纳入的群体，而不是作为人类的一半理所当然地享受她们的参与。事实证明，如何衡量主流化的影响及其问责制度都是有问题的。

1979年，性别主流化作为一个还不为国际机制所知悉的概念，并未被《公约》提及。尽管如此，根据联合国关于性别主流化的政策，委员会对将其作为一个提高妇女地位和妇女人权的实用的、适当的工具表示赞赏。委员会还承认，成功的性别主流化要求使用性别影响分析、汇编分性别的统计资料以及基于性别的预算分配等工具。第3条致力于“妇女的充分发展与进步”，可以被视为采纳性别主流化的依据，在关于第3条的章节中还将有所讨论。然而，委员会也清楚性别主流化的局限性，并追问缔约国对性别主流化的执行情况及影响。

---

[160] 如《酷刑问题特别报告员：对多哥的访问》（原文为“对柬埔寨的访问”，有误。——译者注）（2008），A/HRC/7/3/Add. 5，第88、97段；《关于适足住房权的特别报告员：对南非的访问》（2008），A/HRC/7/16/Add. 3，第84～87段；《人人有权享有可获得的最佳身心健康问题特别报告员：对印度的访问》（2010），A/HRC/14/20/Add. 2。

[161] 人权理事会报告（2010年9月24日），A/HRC/15/L. 15。

[162] 《在联合国全系统纳入妇女人权：联合国人权事务高级专员办公室的报告》（2009），A/HRC/12/46，第18段。

（五）基于宗教和文化的挑战

《公约》意在获得普遍的适用，即适用于全球的所有妇女，无论她们所生活的国家的主流意识形态或经济发展程度如何，也不论占主导的文化或宗教信仰制度是什么。《公约》并不支持任何特定的法律理论或政治理论，而是建立在不同的道德、文化、法律方法的相互重合的共识之上。然而，它对妇女平等和赋权的承诺与某些宗教团体和文化传统的信仰并不相容。

在《公约》的起草过程中，许多伊斯兰国家对第 9、15、16 条表达了特别的关切。大多数伊斯兰国家成为《公约》的缔约国，但是许多国家作出了重要的保留，既有一般性的保留也有具体的保留，主要针对《公约》第 2、9、15 和 16 条。对特定条款的保留将在各相关章节予以讨论，关于保留的一般问题将在关于第 28 条的章节中讨论。尽管其他缔约国也提出了保留，但是伊斯兰国家的保留直接或间接地以伊斯兰教法——宗教法——为基础。正如在第 28 条的章节中指出的，委员会发现对《公约》第 2 条和第 16 条的保留违反了《公约》的目的和宗旨。对《公约》第 9 条的许多保留已经被撤回，但是与《公约》第 2、15 和 16 条相关的保留仍然是个问题。

委员会对许多缔约国报告的结论性意见也反映出，在处理父权制文化和 31
抵制变革的问题时面临着持续的挑战。这一现象并不限于特定的宗教或传统，而是广泛存在于几乎所有社会。委员会强调指出，缔约国的义务是解决平等所面临的文化障碍，而不是以文化为幌子不作改变。在最近一些年，委员会鼓励缔约国将文化看作动态的而不是铁板一块或一成不变的，以此来处理文化问题。因此，它鼓励表达对文化的不同理解，同时鉴于一些伊斯兰缔约国已经开始发展地解释宗教法律，委员会致力于说服伊斯兰缔约国重新审查它们的保留。

（六）全球化的挑战

《公约》通过时，发展中国家推动的财富的全球再分配，确切地说是国际经济新秩序，反映在了《公约》的序言中。[163] 国际经济新秩序为许多经济发达国家所反对，尽管得到了联合国大会[164]的支持，但仍然存有争议。相反，从 20 世纪 80 年代开始全球经济发展被认为遵循了自由（市场导向）经济议程。尽管有时候全球化的经济也给妇女带来机会（例如通过就业和移民），但同时经济全球化也对妇女地位的提高产生了严重的不利影响，它以不同的方式导致了贫困的女性化。[165]

国家对妇女人权的承诺被“自上而来的全球化”的不民主力量弱化了，公司企业、市场、资本流动削弱了国家作出决定和决策的权力，特别是在制定经济和劳动政策时。如果维护工人的人权将有碍吸引投资，那么一些政府便不愿再这么做，而公司行为者基本上还不是国际法调整的对象。如此带来的后果，如社会排斥、失业、低收入就业、工会组织弱化等都具有性别维度，因为“重利的经济制度通常都以女性工人作为牺牲品”。[166]妇女被看作被动的、顺从的临时劳动力，她们非但不主张权利，而且能接受低工资（或是低于其男同事的工资）。对劳动的传统性别分工（妇女的就业岗位被认为天生就是适合她们的，如护理职业）通过增加新的岗位和工作形式（如服务业、旅游业）被进一步放大了，唯一不变的是这些岗位被赋予的低经济价值。它们主要
由妇女（通常是移民）从事，这使得她们常常处于贫困、不安全的工作环境
32 中，伴随着暴力和职业安全的缺位。[167] 全球化更趋向于加深妇女在财产上的
不利地位，因为现金经济已经取代了以社区或以家庭为单位的土地使用。[168]

---

[163] 《公约》序言（第 9 段）：“深信基于平等和正义的新的国际经济秩序的建立，将大有助于促进男女平等。”

[164] 《建立新的国际经济秩序宣言》，联合国大会第 3201（S－VI）号决议（1974 年 5 月 1 日），A/RES/S－6/3201；《国家的经济权利和义务宪章》，联合国大会第 3281（XXIX）号决议（1974 年 12 月 12 日），A/RES/29/3281。

[165] 北京《行动纲领》（前注 134），第 47～68 段；S. Fukuda-Parr, “What does Feminization of Poverty Mean? It isn't Just Lack of Income” (1995) 5 (2) *Feminist Economics* 99。

[166] 《针对妇女的暴力：原因与后果的特别报告员拉迪卡·库马拉斯瓦米女士的初步报告》，E/CN. 4/1995/42，第 55 段。

[167] 墨西哥调查已经发现了这些情况（前注 110）。

[168] 《世界妇女的进展 2000：联合国妇女发展基金双年报告》。另见亚肯·埃蒂尔克女士《针对妇女的暴力：原因与后果的特别报告员报告》，《妇女人权的政治经济学》，A/HRC/11/6（2009 年 5 月 18 日）。

经济私有化以及结构性调整方案对享有人权，特别是享有经济和社会权利的影响已经引起了委员会[169]、联合国其他人权机构[170]和非政府组织[171]的注意。委员会还注意到了经济危机对妇女的影响。这些问题在关于第3条的章节中还会讨论。与宗教和文化传统主义流露出的对提高妇女地位的反对一起，这些问题可能构成实现《公约》目标的最大挑战。

七 21世纪的《公约》

妇女地位委员会成立后的第一个任务就是对世界妇女的状况作一个全球调查。调查发现有四个领域尤其需要关注：妇女的政治权利、法律权利、受教育权及职业生涯。[172] 所有这些问题及其他问题都已通过具体的条约并通过《公约》中的非歧视原则得到了处理。

尽管如此，歧视妇女仍是世界各地生活中的一个现实。实际上没有一个地方的妇女能与男子平等地参与政府事务，只有22个国家的立法机关中女性代表的比例达到25%。[173] 尽管在过去30年中，主要得益于努力增加女童接受基础教育的机会，[174] 文盲率稳步下降，但全世界十几亿文盲人口的2/3仍然是女性。[175] 世界卫生组织监测的所有保健措施中，穷国和富国之间差距最大的是产妇死亡率。针对妇女的暴力普遍存在。歧视性的继承法和财

---

[169] 尤其要参见关于第3条的章节。

[170] 《结构调整政策对充分享有人权的影响》，独立专家范图·切鲁根据委员会第1998/102和1998/103号决定提交的报告，E/CN. 4/1999/50（1999年2月24日）；《对妇女的暴力、其原因与后果问题特别报告员拉迪卡·库马拉斯瓦米女士根据人权委员会第1997/44号决议就贩运妇女、妇女移徙和对妇女的暴力等问题提交的报告》，E/CN. 4/2000/68，第29页。

[171] 如《蒙特利尔原则》（前注125）。

[172] Pietila（前注4），第21页。

[173] 议会间联盟，可访问 http：//www. ipu. ovrg/wmn - e/world. htm，访问日期2010年6月30日。

[174] 同上注，第76页。

[175] 北京《行动纲领》（前注134），第70段。2010年联合国开发计划署宣布了这个持续存在的事实，即“通过识字为妇女赋权的过程是为我们所有人赋权的过程”，联合国开发计划署新闻室（2010年9月8日），可访问 http：//content. undp. org/go/newsroom/2010/september/empowering - women - through - literacy - empoers - us - all. en，访问日期2010年12月31日。

产所有权法在世界范围仍然广泛施行。财产歧视在农业经济中尤为突出：妇女在田野劳动、种植和收割粮食，但是无论根据民法、习惯法抑或宗教法都不能获得土地。如果妇女不能拥有或控制土地，她们就不能获得信贷。在工业化国家，拥有自己住房的妇女数量远少于男子。即便不存在法
33 律上的歧视，妇女所承受的社会压力或经济现状也使其不能平等地获得土地、财产和财富。

《公约》强有力地申明此类针对妇女的歧视不可接受。世界各地的国家即便不一定认可《公约》的所有条款，但对其重要性的认识是一致的。这一全球性的共识本身就是变革的催化剂。《公约》已经成为一个人权进程，正如委员会前任主席伊万卡·科尔蒂（Ivanka Corti）所言，《公约》的成功取决于这一进程。

《公约》通过30年后，许多缔约国已经修改了法律，确立了解决歧视的方案。在这些发生改变的地方，委员会将关注的重点从形式平等——制定法律和政策，转向了实质平等——对缔约国执行法律及其实际效果进行审查。委员会明确坚持一条，即文化、传统、宗教和社区身份不能成为在歧视问题上不作为的借口。国际公民社会的深度参与有助于委员会理解《公约》在国内执行的障碍与机遇，以及如何利用《公约》和委员会工作来促进国内执行。

改善妇女地位的法律和政策改革通常不能归因于一个单一变量。对妇女和女童教育权的更广泛的全球关注、通信及信息获取在全球的爆炸式增长、通信对组织能力的影响力等都是促进变革的主要因素。

进一步的社会变革不能仅仅通过立法和政府政策来引导。最重要的是，全世界妇女已经以各种不同的方式使用和依赖《公约》，她们通过与政府合作或是通过自我倡议来找到最适合自己的各种方法。在此过程中，国际机构可以予以协助。[176] 与立法和司法决定不同，对《公约》和委员会一般性建议的本地化适用虽然不会被载入联合国或国际法的史册，但它对开启妇女生活

[176] 如联合国妇女发展基金《在东南亚执行〈消除对妇女一切形式歧视公约〉行动时间表》(2009)。

的变革意义重大。[177]

从1975年开始的“妇女十年”激起了对妇女人权的全球讨论，讨论的广度和深度超出了1985年在内罗毕参加非政府组织论坛的14000名妇女的想象。《公约》的通过是妇女十年的最大成就。今天，委员会的成就在于发展了对《公约》的认知、转变态度和机制、纳入结构性平等愿景。当前和未来面临的挑战仍是将这一进程持续下去。

---

[177] S. E. Merry, *Human Rights and Gender Violence: Translating International Law into Local Justice* (2006).

35

序　言

本公约缔约各国，

（1）注意到《联合国宪章》重申对基本人权、人身尊严和价值以及男女平等权利的信念；

（2）注意到《世界人权宣言》申明不容歧视的原则，并宣布人人生而自由，在尊严和权利上一律平等，且人人都有资格享受该宣言所载的一切权利和自由，不得有任何区别，包括男女的区别；

（3）注意到有关人权的各项国际公约的缔约国有义务保证男女平等享有一切经济、社会、文化、公民和政治权利；

（4）考虑到在联合国及各专门机构主持下所签署旨在促进男女权利平等的各项国际公约；

（5）还注意到联合国和各专门机构所通过旨在促进男女权利平等的决议、宣言和建议；

（6）关心到尽管有这些各种文件，歧视妇女的现象仍然普遍存在；

（7）考虑到对妇女的歧视违反权利平等和尊重人的尊严的原则，阻碍妇女与男子平等参加本国的政治、社会、经济和文化生活，妨碍社会和家庭的繁荣发展，并使妇女更难充分发挥为国家和人类服务的潜力；

（8）关心到在贫穷情况下，妇女在获得粮食、保健、教育、训练、就业和其他需要等方面，往往机会最少；

（9）深信基于平等和正义的新的国际经济秩序的建立，将大有助于促进男女平等；

(10) 强调彻底消除种族隔离、一切形式的种族主义、种族歧视、新老殖民主义、外国侵略、外国占领和外国统治、对别国内政的干预，对于男女充分享受其权利是必不可少的；

(11) 确认国际和平与安全的加强，国际紧张局势的缓和，各国不论其社会和经济制度如何彼此之间的相互合作，在严格有效的国际管制下全面彻底裁军、特别是核裁军，国与国之间关系上正义、平等和互利原则的确认，在外国和殖民统治下和外国占领下的人民取得自决与独立权利的实现，以及对各国国家主权和领土完整的尊重，都将会促进社会进步和发展，从而有助于实现男女的完全平等；

(12) 确信一国的充分和完全的发展，世界人民的福利以及和平的事业，需要妇女与男子平等充分参加所有各方面的工作；

(13) 念及妇女对家庭的福利和社会的发展所作出的巨大贡献至今
没有充分受到公认，又念及母性的社会意义以及父母在家庭中和在养育
子女方面所负的任务的社会意义，并理解到妇女不应因生育而受到歧
视，因为养育子女是男女和整个社会的共同责任； 36

(14) 认识到为了实现男女充分的平等需要同时改变男子和妇女在社会上和家庭中的传统任务；

(15) 决心执行《消除对妇女歧视宣言》内载的各项原则，并为此目的，采取一切必要措施，消除一切形式的这种歧视及其现象。[①]

兹协议如下：

一　概述 ………………………………………………………… 48
二　准备工作 …………………………………………………… 50
三　解释问题 …………………………………………………… 51
（一）序言的结构 ……………………………………………… 51
（二）序言各段的内容 ………………………………………… 52

---

① 段落前的序号为作者为援引便利所加，沿用了 L. Rehof, *Guide to the Travaux Preparatoires of the UN Convention on the Elimination of All Forms of Discrimination against Women* (1993) 一书中的做法，第 30 ~ 31 页。

一　概述

一份条约的序言没有既定的形式或内容，“一切取决于具体情况”。[②]《公约》的序言，像大多数序言一样，介绍《公约》主题，解释《公约》的制定背景，预示《公约》条款，表明《公约》的语境、目标与宗旨。《公约》序言将《公约》置于国际人权法，尤其是禁止性别歧视的原则中，置于1979年国际政治和法律的大背景中。它勾勒了权利与经济发展、妇女与社会之间的联系。此外，它作了一些“本质上属于政治性的声明”。[③]序言的一些段落更像政治修辞，提出了同时期的问题而并未直接指向《公约》的核心目标——消除对妇女的歧视。

《公约》序言篇幅异常地长，包含15个段落，而《公民及政治权利国际公约》序言和《经济社会文化权利国际公约》序言各自只有5个段落，《消除一切形式种族歧视国际公约》序言有12个段落。《公约》序言起草时，一方面联合国人权委员会确立的人权标准不断演进，另一方面对在全球层面争取妇女平等的最佳路径存在不同的政治立场。前者是法律因素，已经间接地反映在之前的人权文件中。政治因素反映在联合国大会通过的国际妇女十年的主题中，包含了当时主要地缘政治的不同关切：西方国家关注的焦点是促进男女平等；发展中国家的关切是在整个发展努力中确保妇女的充分参与；苏联和东方集团的关切承认妇女对发展各国间友好合作关系、加强世
37 界和平作出越来越大贡献的重要性。[④]国际妇女年世界大会（1975年墨西哥城）对这些主题进行了广泛讨论。墨西哥城会议是国际妇女十年三次世界妇女大会中的第一次，在之后的两次世界大会，即1980年哥本哈根会议和1985年内罗毕大会上，这些议题继续成为讨论的焦点。从一开始，这“三

② A. Aust, *Modern Treaty Law and Practice*, 2nd edn. (2007), p. 425.

③ 同上注。

④ UN GA Res 3010（XXVⅡ）（1972年12月18日）。

个目标就被认为相互关联，互相促进，增强其一对于其余均有促进作用”。[5]《公约》序言中提出的许多问题在墨西哥城会议通过的宣言和决议中都有所涉及。[6] 平等和发展是《公约》的基本主题，但和平不是。[7]

除这些主题外，序言还反映了《公约》通过时国际事务和国际法规范的关切议题。同样，它的用语也具有时代局限性，例如，在1979年，“社会性别”一词尚未出现在国际议程中。在这方面，《公约》似乎有些过时。不过《公约》也含有渐进的、前瞻性的用语，如“妇女参与最大化”“改变男女在社会中的传统角色”，这得益于消除对妇女歧视委员会的作用。它利用这些渐进式用语，把《公约》打造成了一个“动态的法律文件”。[8]

序言不属于条约的可实施部分，因此并不直接创设具有法律约束力的义务，但它是条约不可分割的组成部分。根据《维也纳条约法公约》第31条[9]，它对条约的上下文解释具有重要意义。《维也纳条约法公约》第31条第2款规定，为解释条约的目的，条约应该包括序言。通常，援引序言是为了确定条约的目的宗旨。[10] 因此，保持条约约文和序言的一致性非常重要，[11] 后者有助于弥合文本上的空白。序言对于解释人权条约尤其重要，因为人权条约属于造法性条约，旨在确立“客观的”制度，而不像契约性条约一样

---

⑤ H. Pietila, *The Unfinished Story of Women and the United Nations* (2007), p. 42.

⑥ E/CONF. 66/34，《国际妇女年世界会议的报告》，1975年6月19日至7月2日，墨西哥城（下称“墨西哥城会议”）。

⑦ 关于妇女、和平与安全之间的关联直到2000年才重获关注。联合国安全理事会通过了开创性的1325号决议，强调“（妇女）平等参加和充分参与维持和促进和平与安全的一切努力都至关重要”。联合国安理会第1325号决议（2000年10月31日），S/RES/1325。另见联合国安理会第1889号决议（2009年10月5日），S/RES/1889（“需要妇女充分、平等、有效地参与到和平进程的所有阶段中”）。

⑧ 第28号一般性建议，第2段。

⑨ 《维也纳条约法公约》第31条第1款，“条约应依其用语按其上下文并参照条约之目的及宗旨所具有之通常意义，善意解释之”。《维也纳条约法公约》第4条声明，该公约仅适用于其生效后缔结的条约。该公约于1980年1月27日生效，在《公约》生效之后，但《维也纳条约法公约》被认为是对现代条约法的权威声明，Aust（前注2），第12~13页。

⑩ 国际法委员会《条约法公约草案评注》，reprinted in (1967) 61 *Am J Intl* 285，355。参见M. Villiger, *Commentary on the 1969 Vienna Convention on the Law of Treaties* (2009), p. 428。

⑪ Villiger（前注10），第426页。

是基于互惠，[12] 缔约各方在平衡各自权利义务方面的利益时需要考察各自的
38 意图。然而，《公约》序言并未作出一个强有力的声明来谴责歧视妇女，[13] 而只是大体提到平等总体上有助于增进家庭福利、国家与社会发展以及世界和平。[14] 这样的条款在当时是恰当的，因为《公约》没有像《消除对妇女歧视宣言》第1条那样包含一个可执行的条款，后者声称对妇女的歧视“实属不公平且侵犯人格尊严的罪行”。委员会在解释和适用《公约》的过程中鲜有引用序言的情形。[15]

二　准备工作

在《公约》的起草过程中，序言部分得到了颇多讨论。[16] 菲律宾提出的草案没有包含序言，[17] 但是苏联提出的草案遵循了联合国其他人权文件包括《世界人权宣言》《公民及政治权利国际公约》《经济社会文化权利国际公约》《消除一切形式种族歧视国际公约》，特别是《消除对妇女歧视宣言》[18] 的做法，包含序言。[19] 妇女地位委员会内部很快认可了在未来的《公约》中包含序言的提议。《消除对妇女歧视宣言》中的大部分段落被纳入《公约》序言，当然也作了相当程度的改写。唯一的例外是《消除对妇女歧视宣言》第8段，它认为“有必要确保男女平等原则在法律和事实上得到普遍承认”。而《公约》序言在相应位置指出了国家根据《公民及政治权利国际公

---

⑫ 国际法院在谈到《预防和惩治灭绝种族罪公约》时称，“在这样一个公约中，缔约国没有任何自己的利益；它们只有一个共同的利益，即实现之所以制定公约的崇高目标。因此，在这类公约中人们无法谈及国家的个别利益或不利，或者保持权利义务之间完美的契约平衡”。《对灭绝种族罪公约的保留》（咨询意见），1951年国际法院报告，第15、23页。

⑬ 与之相反，《消除一切形式种族歧视国际公约》序言强烈地谴责种族歧视。参见注56关于《消除一切形式种族歧视国际公约》序言和相关文本。

⑭ 序言第12、13段。

⑮ 第23号一般性建议第1段和第2段引用了《公约》序言第7段和第12段。

⑯ Rehof（前注1），第30~41页。

⑰ E/CN. 6/573(1973).

⑱ E/CN. 6/AC. 1/L. 2(1974).

⑲ 联合国大会第2263（XXⅡ）号决议（1967年11月7日）。

约》和《经济社会文化权利国际公约》承担“确保男女平等享有一切经济、社会、文化、公民和政治权利”的义务，以及根据其他国际公约承担的促进男女平等权利的义务。[20]《公约》序言的其他段落主要反映了1967～1979年国际政治和经济环境的变化。英国反对纳入这些段落，[21] 法国和荷兰在批准《公约》时作出了抵制这些段落的声明。[22] 这些声明的意图并不是作出保留，因而没有法律效力。

三　解释问题

（一）序言的结构

序言第1～5段提到了其他包含禁止基于性别歧视的国际法律文件。这些文本一方面是《公约》灵感的来源，另一方面也证明国际法律文件承诺
这一禁令及其必然结果是确保男女平等享有一切人权。紧接着，序言第6～ 39
8段指出了妇女的现实状况以及《公约》将要处理的主要问题：广泛的歧视妇女现象持续存在，阻碍了妇女在各自国家参与各领域的生活，这反过来也对宏观层面的国家以及微观层面的家庭的经济发展乃至整个人类都产生了消极影响。第8段尽管没有将贫困的影响归为一种对妇女人权的侵犯，但它承认贫困对妇女的影响。

序言坚称妇女的尊严体现了人的尊严的本质属性，也因此体现了对妇女人权及其不可分割性的普遍承诺。不过，与此同时，这些段落又是工具主义的，因为它认为平等对发掘妇女“服务于国家和全人类”的潜力是必要的。

序言第9～11段强调了国家认为有助于实现《公约》目的的因素，并

---

[20] 第3段和第4段。

[21] W. McKean, *Equality and Discrimination under International Law*（1983）, p. 192.

[22] 1343 UNTS 370（法国）；荷兰的声明，参见 http://www.un.org/womenwatch/daw/cedaw/reservations-country.htm，访问日期2010年12月31日。此外，德意志联邦共和国发表了它的一贯声明，据此自决权的主体不限于处于外国或殖民统治下的人民。同前注。

将其置于当时的国际事务背景下：建立国际经济新秩序、根除殖民主义和种族隔离、加强国际和平与安全。[23] 这些段落附和了1975年在墨西哥城召开的第一次世界妇女大会的声音，在那次会议上“许多男性代表……利用它来测试一些问题的政治环境［如发展、国际经济新秩序（NIEO）、殖民主义对发展中国家的影响，它们中许多是新独立的国家］。苏联和美国代表则在大会期间就冷战问题争吵不休”。[24] 这些段落并未在《公约》的执行条款中得到贯彻。

序言第12～14段强调了妇女在人类生活一切领域的作用（无论是否得到承认，并对改变男女之间的关系作出承诺），包括分担养育子女的责任以实现实质平等。最后，第15段强调了《公约》总的宗旨，即通过采取措施消除“一切形式和各种表现”的歧视妇女现象，以执行它的前身《消除对妇女歧视宣言》这一不具有法律约束力的文件所载之原则。

在协商一份国际文件时，代表们往往倾向于采用现有的已被接受的用语。尽管《公约》有一定的创新性，即它是一个非对称条约，目标不是禁止基于性别的歧视而是禁止歧视妇女，但其中许多条款的用语都忽视了它们与妇女的直接相关性，采用或附和了之前文件的用语。一些措辞为概念和想法的进一步演化作了铺垫。

（二）序言各段的内容

本公约缔约各国，

(1) 注意到《联合国宪章》重申对基本人权、人身尊严和价值以及男
40 **女平等权利的信念**

对第1段的措辞没有争议，[25] 因为它是对《联合国宪章》序言第2段的重申，《联合国宪章》之所以将其列为第2段是因为《联合国宪章》的主要目标是“欲免后世再遭战祸”。《公约》序言开篇段落只是略去了《联合国

[23] 在起草这些段落时的争论反映了各国不同的冷战思维，参见Rehof（前注1），第37～39页。

[24] A. Fraser, “Becoming Human: The Origins and Development of Women's Human Rights” (1999) 21 *Human Rights Quarterly* 853, 895.

[25] Rehof（前注1），第34页。

宪章》序言第2段最后“大小各国”几个字。《联合国宪章》通过增进并激励不加区分地，特别是不分性别地尊重人权，为后续人权文件的发展提供了授权。[26] 但《联合国宪章》没有为会员国规定这方面的义务，显然需要进一步的文件规定。第一份这类文件——《世界人权宣言》在其序言第5段重述了相同的措辞。[27] 在当前《公约》中纳入相同的文本，肯定了《公约》作为联合国人权条约的地位。它为联合国的会员国设定了义务，以实现《联合国宪章》和《世界人权宣言》的目标。

这一段强调了人权、尊严和平等是《公约》的三大支柱。这也非常类似于《消除对妇女歧视宣言》序言的开篇性段落，只是后者是以联合国人民的名义起草的（与《联合国宪章》序言一致）。《公约》与通常的条约实践一样，以缔约国的名义起草，[28] 这也确认了缔约国作为《公约》义务主体的地位。

（2）注意到《世界人权宣言》申明不容歧视的原则，并宣布人人生而自由，在尊严和权利上一律平等，且人人都有资格享受该宣言所载的一切权利和自由，不得有任何区别，包括男女的区别

序言第2段引用了《世界人权宣言》第1条和第2条。宣言第1条宣告，“人人生而自由，在尊严和权利上一律平等”。在尊严上平等指出了作为人的基本特质以及所有人的平等价值。[29] 在《世界人权宣言》的起草过程中，埃莉诺·罗斯福主张尊严的概念非常必要，因为它“强调每个人都值得尊重……它意在解释为什么人自始享有权利”。[30] 它包含了对所有人（作为对自己的选择和行为负责的自治主体）予以平等尊重的规范性假设。因此，“平等”排除了其他替换性概念，如“公正”或“公平对待”，因为这些概念对价值和尊重的度量是基于社会赋予男女各自的特征以及他们被构设

---

[26] 《联合国宪章》第1条第3款，第13、55、56、62、68条及第76条。

[27] 联合国大会第217（Ⅲ）号决议（1948年12月10日）。

[28] Aust（前注2），第424页。

[29] “尊严”一词在历史上及当代国际与国内文本中使用的概况，可参见 C. McCrudden, “Human Dignity and Judicial Interpretation of Human Rights”(2008) 19 *Eur J Intl L* 655。

[30] M. A. Glendon, *A World Made New: Eleanor Roosevelt and the Universal Declaration of Human Rights* (2001), p. 146.

的社会角色。[31]《世界人权宣言》第1条同时也申明权利来自尊严，既然尊严是平等的，那么权利也必须是平等的。该段的措辞还强调了平等与自由间的相互关系：平等对于确保人人有相同机会根据各自意愿和抉择过各自生活，及享有实现这些选择的自由不可或缺。《公约》序言第2段通过指出《世界人权宣言》中蕴含的这些概念，将《公约》与这一相同的概念框架连接起来。

41 将尊严作为人类价值与选择基础的这一说法已经被误用于暗示只要妇女的尊严已经得到保护，那她们就不需要权利了。这一论点可能会掩盖对妇女的歧视性角色定型。[32] 事实上，就在第四次世界妇女大会召开前夕，梵蒂冈曾试图利用这次全球受众远比平常多元的机会重新定义妇女尊严，将其作为对男性尊严的“补充”，而不是作出选择权的基础。[33]

《公约》的执行条款未重申尊严，而始终以平等和权利来设计缔约国的义务。然而，《公约》整体上保留了平等与尊严之间基本联系的积极意义。权利的行使基于自由和个人选择，据此确定他/她生活的目标并予以追求，而尊严的要素是哲学意义上的。[34] 人是责任的主体，在这方面人人平等。任何人不得通过将选择强加于人而减轻对方的责任，从而降低他/她作为人的尊严。

使用包容性的“所有人”（all human beings）一词取代《世界人权宣言》第1条中的“所有人”（all men）是联合国人权委员会大量妇女代表坚持的结果。印度代表汉萨·梅赫塔（Hansa Mehta）担心“all men”可能会被解释为排除妇女在内，[35] 并抵制“all men”通常可被理解为包含所有人的

---

[31] 参见对导论一章的讨论。

[32] S. Baer, “Dignity, Liberty, Equality: A Fundamental Rights Triange of Constitutionalism” (2009) 59 (4) *University of Toronto LJ* 417 – 468; Orit Kamir, “Honor and Dignity Cultures: The Case of Kavod and Kvod Ha-Adam in Israeli Society and Law”, in D. Kretzmer and E. Klein (eds.), *The Concept of Human Dignity in Human Rights Law* (2002), pp. 231 – 262.

[33] 1995年5月26日，约翰·保罗二世写给第四次世界妇女大会秘书长 Gertrude Mongella 女士的信，第3段，可访问 http://www.vatican.va/holy_father/john_paul_ii/letters/1995/documents/hf_jp-ii_let_19950526_mongella-pechino_en.html，访问日期2010年12月31日。

[34] N. Petersen, “Human Dignity”, in R. Wolfrum (ed.), *The Max Planck Encyclopedia of Pubic International Law* (2008), paras. 5, 9，网络版，www.mpepil.com，访问日期2010年12月31日。

[35] Fraser（前注24），第88页。苏联对确保在《世界人权宣言》中“不存在性别歧视”施加了“稳定的压力”。J. Morsink, *Universal Declaration of Human Rights* (1999), p. 117.

观点。她的观点得到了博迪尔·贝格特鲁普（Bodil Begtrup）（妇女地位委员会主席）以及多米尼加共和国的米内尔瓦·贝尔纳迪诺（Minerva Bernardino）（1953～1955年任妇女地位委员会主席）的有力支持。她们也认为承认“每个人”（everyone）的权利并不必然会被转化为包含妇女的权利。[36]

序言第1段的第2个短句（“人人……基于性别”）反映了《世界人权宣言》第2条的内容，该条规定在享有《世界人权宣言》所载权利时一般性地禁止任何区别，特别是基于性别的区别。《公约》序言对这一短句的重申将《世界人权宣言》中禁止基于性别的歧视带入《公约》。然而，《公约》并不是指向基于性别的歧视，而是指向针对妇女的歧视。此外，《世界人权宣言》第2条并不是一个独立的非歧视或平等条款，而是限定于宣言所规定的权利。

《公约》序言第1段大体承袭了《消除对妇女歧视宣言》序言第1段的内容，不同的是《公约》确认了“不容歧视的原则”，而《消除对妇女歧视宣言》则仅坚持“非歧视原则”。在起草过程中，《公约》的这一用语存有
争议并来回反复多次，[37] 其中的缘由并不十分清楚。可以说，“不可容忍”比 42
仅仅是“非歧视原则”对歧视的否定更加强烈。“不可容忍”的概念在《公约》的其他地方再未出现（“非歧视”也同样未出现）。因此，术语的不同并未产生法律后果。

（3）注意到有关人权的各项国际公约的缔约国有义务保证男女平等享有一切经济、社会、文化、公民和政治权利

序言第3段的措辞反映了《公民及政治权利国际公约》和《经济社会文化权利国际公约》第3条的内容，对两公约所载权利采用了与其完全相同的措辞。[38] 该段从消极的非歧视概念转向了平等的积极义务。在《公约》起草过程中，出现了一种想要降低《公约》的法律约束力的企图，但并未

---

[36] Morsink（前注35），第116～129页；J. Morsink, “Women's Rights in the Universal Declaration”(1991) 13 *Human Rights Quarterly* 229, 233－236.

[37] Rehof（前注1），第35页。

[38] 《公民及政治权利国际公约》第3条：“本盟约缔约国承允确保本盟约所载一切公民及政治权利之享受，男女权利一律平等。”《经济社会文化权利国际公约》第3条：“本盟约缔约国承允确保本盟约所载一切经济社会文化权利之享受，男女权利一律平等。”

得逞。[39] 有些国家认为应出现人权两公约的名称。[40] 两公约的第 3 条限于两公约各自保障的权利，而《公约》则更进一步，保障妇女在“所有领域”的平等，无论是否被两公约具体提及。[41]

与前一段结合起来看，《公约》明显与“国际人权宪章”联系了起来，邀请人们在解释《公约》时适用这些文件。[42] 这有助于转移一个问题：因为《公约》的某些缔约国尚不是两公约的缔约国，所以两公约第 3 条可能并不符合《维也纳条约法公约》规定的条约解释的附加渊源的条件，即“适用于当事国间关系的有关国际法规则”。[43] 故两公约第 3 条有助于确定“男女平等权利”的含义。尽管如此，对《公约》的任何解释必须考虑其非对称路径，由此妇女“在与男子平等基础上享有和行使人权和基本自由”得到保障。[44]

《消除对妇女歧视宣言》序言没有包含类似的条款。这可能是因为《宣言》通过时两公约刚通过一年，且尚未生效。[45]

（4）考虑到在联合国及各专门机构主持下所签署旨在促进男女权利平等的各项国际公约

序言该段没有列举相关文件，为的是确保全面覆盖。截至 1979 年，在妇女地位委员会的努力下通过了多项与妇女权利相关的联合国条约：
43 1952 年《妇女参政权公约》（在关于第 7 条的章节中讨论）、1957 年《已婚妇女国籍公约》（在关于第 9 条的章节中讨论）以及 1962 年《关于婚姻之同意、结婚最低年龄及结婚登记之公约》（在关于第 16 条的章节中讨

---

[39] 厄瓜多尔提议用“人权国际盟约表明了国家的义务”来取代“根据国际盟约……国家有义务”的措辞，Rehof（前注 1），第 35 页。

[40] 白俄罗斯和苏联，同上注。

[41] 参见讨论第 1 条和第 3 条的章节。

[42] 例如第 19 号一般性建议第 7 段列举了未直接包含在《公约》中但包含在人权两公约中的权利。

[43] 《维也纳条约法公约》第 31 条第 3 款（c）项。

[44] 《公约》第 3 条。

[45] 《公民及政治权利国际公约》和《经济社会文化权利国际公约》于 1966 年 12 月 16 日由联合国大会通过；《公民及政治权利国际公约》于 1976 年 3 月 23 日生效，《经济社会文化权利国际公约》于 1976 年 1 月 3 日生效。

论）。专门机构主持下缔结的公约包括国际劳工组织公约，例如《同酬公约》[46]、《保护生育公约（修订）》[47] 以及《（就业和职业）歧视公约》[48]。国际劳工组织在国际联盟时代也制定了大量与妇女权利有关的公约，严格说来不属于“在联合国主持下”通过。[49] 1960 年联合国教科文组织《取缔教育歧视公约》对《公约》第 10 条产生了很大影响。[50] 其他相关条约主要集中在镇压和打击贩运人口领域，为《公约》第 6 条埋下了伏笔。[51]

与序言上一段不同，该段没有明确提及国家根据这些条约承担的义务。可以说，其目的是在对《公约》进行解释时可以参照这些条约，或者将《公约》作为对这些条约的补充。

与《消除对妇女歧视宣言》序言第 2 段相比，《公约》序言第 4 段并未将提到的这些国际公约归为“旨在消除一切形式歧视”的公约，而是将其狭义地理解为“促进权利平等”的条约。对这些条约的影响的理解似乎有些局限，因为“一切形式的歧视”（至少）包括直接歧视和间接歧视，而权利平等似乎忽略了事实上的不平等，后者往往源于间接歧视。

（5）还注意到联合国和各专门机构所通过旨在促进男女权利平等的决议、宣言和建议

《消除对妇女歧视宣言》在同一个段落中援引了国际公约和其他法律文件如决议、宣言等，而《公约》序言则分别将其放在第 4 段和第 5 段。第 5 段实际上是序言前一段中曾被删除的措辞，在起草过程中又被加了进来。[52] 它是为确保将《公约》与之前存在的联合国主持下通过的所有文件联系起来，包括不具有法律约束力的决议和宣言，即所谓的“软法”。不过，序言维持了具有法律约束力的义务和软法之间的位阶关系，因为前者

---

[46] 国际劳工组织第 100 号公约。

[47] 国际劳工组织第 103 号公约。

[48] 国际劳工组织第 111 号公约。

[49] 其中之一是 1919 年《夜班（女工）公约》及其议定书，二者均于 1948 年得到修订。国际劳工组织第 89 号公约和第 89 号议定书。

[50] 1960 年 12 月 14 日由联合国教科文组织大会第 11 届会议在巴黎通过。

[51] 例如《禁止贩卖人口及意图营利使人卖淫公约》。

[52] Rehof（前注 1），第 36 页。新的段落由丹麦提议。

将被“考虑”，后者仅被“注意到”。截至1979年，联合国大会通过了许多此类决议，首份决议是在其第一次大会上通过的关于妇女政治权利的宣言。[53] 其他决议还有专门处理平等和非歧视的决议[54]；关于其他相关议题的，如提高妇女地位、妇女参与发展、妇女经济地位和农村妇女的决议。
44 在20世纪70年代，联合国大会通过了一系列与国际妇女年、国际妇女十年有关的决议，以及《1975年墨西哥城世界行动计划》后续决议。联合国大会决议中最重要的先导是《消除对妇女歧视宣言》，这也是《公约》序言最后一段明确的主题。

（6）关心到尽管有这些各种文件，歧视妇女的现象仍然普遍存在

序言第6段从规范背景转向现实：世界范围内歧视妇女的现象至今持续存在。[55] 令人惊讶的是《公约》序言并没有像《消除一切形式种族歧视国际公约》描述种族歧视那样，以强烈的用语将顽固的歧视妇女现象谴责为道德上的不公正。[56]《消除对妇女歧视宣言》序言第4段还写入一些正面内容（“尽管在权利平等方面取得一些进步”）；与之不同，《公约》聚焦于普遍的挑战。在《消除对妇女歧视宣言》序言第4段中，歧视妇女被描述为“屡见不鲜”，但《公约》序言第6段中使用的形容词是“普遍”，这意味着该现象愈发广泛和深远了。强调尽管有之前段落中提到的各种文件但歧视妇女现象仍持续存在，实际是为证明制定这一指向歧视妇女并覆盖所有领域的公约的正当性。

在起草过程中，许多国家反对写入这一段。一些国家主张用“在许多地区”或“在世界部分地区”等措辞来限制广泛的地理范围，而另一些国家声称它们在消除歧视妇女问题上已经取得了成功。[57] 最终文本采用了不受

---

[53] 1946年12月11日联合国大会第56（I）号决议。

[54] 1975年12月15日联合国大会第3521（XXX）号决议。

[55] 例如，在2010年，妇女地位委员会欢迎“在实现性别平等方面取得的进展”并强调挑战和阻力仍然存在。在第四次世界妇女大会十五周年会议上的宣言，经济及社会理事会，《第54届会议报告》（2010），E/CN. 6/2010/11。

[56]《消除一切形式种族歧视国际公约》序言第5段称：“深信任何基于种族差别的种族优越学说，在科学上均属错误，在道德上应予谴责，在社会上均属失平而招险。无论如何，理论上或实践上的种族歧视均无可辩解。”

[57] Rehof（前注1），第36页。社会主义国家声称已经消除歧视。

限制的措辞，意在强有力地提醒没有哪个国家或社会不存在基于性别的歧视。[58]

（7）考虑到对妇女的歧视违反权利平等和尊重人的尊严的原则，阻碍妇女与男子平等参加本国的政治、社会、经济和文化生活，妨碍社会和家庭的繁荣发展，并使妇女更难充分发挥为国家和人类服务的潜力

序言第 7 段经协商一致获得通过。它又转向了第 1 段和第 2 段涉及的权利平等和尊重人的尊严的主题。鉴于歧视妇女同时造成对二者的违反，毫无疑问歧视本身就是对权利的侵犯。此外，歧视阻碍了妇女参加《公约》第 3 条所规定的政治、社会、经济和文化生活。这一段还用“社会的繁荣发展”
一语将歧视与发展联系起来，为权利导向的发展理念埋下了伏笔。同一时期 45
的“联合国第二个发展十年国际发展战略”（始于 1971 年 1 月 1 日）坚持认为发展中国家保持 6% 的年均增长率非常重要，[59] 但同时宣布它的最终目标是“实现惠及所有人的个人福祉的可持续改善”，[60] 现在被称为“人的发展”。

根据序言这一段，歧视妇女同样影响家庭繁荣。人权两公约将家庭描述为“社会的自然和基本单位”。[61] 然而，这一思路并未在《公约》第 16 条中得到延续，该条将消除家庭中的歧视作为其目标之一。最后，该段转向了妇女的发展，并将其与服务于国家和人类的潜力联系起来。关于妇女服务的观点最先在《关于妇女的平等地位和她们对发展与和平的贡献的墨西哥宣言》中被提及。该宣言第 10 段指出，权利的平等伴随着相应的责任，因此“妇女有责任充分利用她们可以得到的机会，并履行她们对家庭、国家和人类的职责”。[62] 这与《公约》第 3 条存在冲突——根据第 3 条，妇女的充分发展

---

[58] 如联合国人权理事会第 15/23 号决议（2010 年 10 月 8 日），A/HRC/RES/15/23（深切关注各地妇女因歧视性法律和做法而仍处于非常不利的地位，而且世界各国均未实现法律上和事实上的两性平等）。

[59] 1970 年 10 月 24 日联合国大会第 2626（XXV）号决议，第二部分，第 13 段。

[60] 同上注，第一部分，序言第 7 段。

[61] 《经济社会文化权利国际公约》第 10 条第 1 款、《公民及政治权利国际公约》第 23 条第 1 款。

[62] 墨西哥城会议（前注 6），第 4 页。

和提高是“为了保障其享有和行使人权”，而非出于任何经济目的或令其提供任何服务。

(8) 关心到在贫穷情况下，妇女在获得粮食、保健、教育、训练、就业和其他需要等方面，往往机会最少

消除发达国家与发展中国家在财富方面的差距是20世纪70年代的主要关切，序言第9段提到的建立国际经济新秩序（NIEO）的承诺就是一个例证。同样，国家内部的贫困也值得关注，《1975年墨西哥城世界行动计划》即表达了这一关切，包括反复提及贫困，将其视为享有基本人权的一个障碍。[63] 它还断定否定妇女的权利是普遍贫困的根源。[64] 但它并没有将焦点放到男女之间的经济差距上，也没有指出妇女的贫困体验。[65]《消除对妇女歧视宣言》序言没有提及妇女贫困的现实情况。《公约》序言第8段弥补了这一遗漏:[66] 贫困妇女在获得生活的基本条件，食物与健康，摆脱贫困的服务与条件，教育、培训和就业方面的机会最少。《公约》的执行条款没有清晰地写明免予贫困或饥饿的权利，[67] 只是分别在第10、11、12条规定了缔约
46 国在教育、就业和保健领域的义务，第13条则更为广泛地要求消除“经济和社会生活其他方面”的歧视。[68]

(9) 深信基于平等和正义的新的国际经济秩序的建立，将大有助于促进男女平等

“发达国家和发展中国家间持续存在的严重的经济不平衡”[69] 使得建立新的国际经济秩序成为新独立国家特别是亚洲和非洲国家的重要目标。在

[63] 同上注，第98段。

[64] 同上注，第125段。

[65] 1985年7月15~26日肯尼亚内罗毕《审查和评价联合国妇女十年成就世界大会报告：平等、发展与和平》再次阐释了妇女贫困问题；北京《行动纲领》将“贫困的女性化”作为第一关键的关切领域。

[66] 孟加拉国、印度尼西亚、巴基斯坦、新加坡和索马里提议写入这一新段落。Rehof（前注1），第37页。

[67] 《世界人权宣言》第25条将食物作为适当生活水准的一个要素；《经济社会文化权利国际公约》第11条第2款确认“人人享有免于贫困的基本权利”。

[68] 第13条解决的是适当生活水准和其他经济、社会和文化权利。参见第13条章节的讨论。

[69] 1974年5月1日联合国大会第3202（S-VI）号决议。

20 世纪 70 年代，这些国家占据了联合国大会的多数席位。对国际经济新秩序的需求包括联合国妇女十年、平等、发展与和平，但它所设想的平等是国家间的而非国内个人之间的平等。与同时期其他文件一样，《国家经济权利义务宪章》[70] 申明了“消除殖民主义、种族隔离、种族歧视……”的权利和义务，但并未提及基于性别的歧视。事实上，任何关于国际经济新秩序的组织文件、宪章、宣言[71]或者行动计划中均未提及妇女。《消除对妇女歧视宣言》未包含与《公约》序言第 9 段对应的规定，该段落（在没有任何实证理由的情况下）断定执行基于公平和正义的新的国际经济秩序将有助于促进男女平等。

（10）强调彻底消除种族隔离、一切形式的种族主义、种族歧视、新老殖民主义、外国侵略、外国占领和外国统治、对别国内政的干预，对于男女充分享受其权利是必不可少的

序言第 9 段表达了联合国大会中新独立国家主要的经济关切，而序言第 10 段则表达了这些国家主要的政治关切。这些关切还与《建立国际经济新秩序宣言》相关联，该宣言包含了“所有处在外国占领、外国殖民统治或种族隔离下的国家、领土和人民”要求返还和赔偿的权利。类似的语言在这一年代的其他文件中得到了重申，例如《墨西哥宣言》[72] 和《联合国第二个发展十年国际发展战略》[73]。不干涉他国内政是 1970 年联合国大会《国家间友好关系宣言》的核心规范，该宣言于《联合国宪章》25 周年之际通过，被公认为是对《联合国宪章》原则的重申。[74]序言第 10 段并非仅仅指向妇女，根除这些弊病对于男女充分享有人权都非常必要。[75]

---

[70] 1974 年 12 月 12 日联合国大会第 3281（XXIX）号决议：《国家经济权利与义务宪章》；A/RES/3201（S－VI），1974 年 5 月 1 日联合国大会决议：《建立国际经济新秩序宣言》。

[71] 同上注。

[72] 参见前注 62，第 24～25 段。

[73] 1970 年 10 月 24 日联合国大会第 2625（XXV）号决议，第 5 段。

[74] 1970 年 10 月 24 日联合国大会第 2625（XXV）号决议：《各国依联合国宪章建立友好关系及合作之国际法原则宣言》。

[75] 荷兰主张该段应当包括妇女和男子。Rehof（前注 1），第 38 页。

47 **(11) 确认国际和平与安全的加强，国际紧张局势的缓和，各国不论其社会和经济制度如何彼此之间的相互合作，在严格有效的国际管制下全面彻底裁军、特别是核裁军，国与国之间关系上正义、平等和互利原则的确认，在外国和殖民统治下和外国占领下的人民取得自决与独立权利的实现，以及对各国国家主权和领土完整的尊重，都将会促进社会进步和发展，从而有助于实现男女的完全平等**

序言这一段继续讨论具有时代政治重要性的议题，并明确提到和平的主题。它指出一系列引起国际局势紧张的特定问题，将加强国际和平及安全与获得男女平等联系起来。“各国不论其社会和经济制度如何”，“彼此之间”应“相互合作”的措辞是冷战政治背景的证明。核裁军是新独立（无核）国家的另一关切。《核不扩散条约》于1968年通过并于1970年生效，裁军成为20世纪70年代联合国大会大量决议的主题。[76] 这同样是《墨西哥宣言》的一个特征，宣言号召“妇女与男子应当促进真正的、普遍的、彻底的裁军，使其处于有效的国际控制之下”。《勃兰特委员会报告》指出了裁军和发展间的重要关联，其中包括“军备竞赛给国民经济带来的负担，以及它挤占了用于和平发展的资源”。[77]

《联合国宪章》第1条第2款、《公民及政治权利国际公约》和《经济社会文化权利国际公约》的第1条都包含了自决权。[78] 此处，自决权的适用范围不仅包括殖民主义，还包括外国统治和外国占领。[79] 它的用语几乎复制了同时期另一文件的用语，即1977年《日内瓦公约第一议定书》。[80] 根据《日内

---

[76] 例如，1975年12月12日联合国大会第3484（XXX）号决议《全面彻底裁军》；1976年12月21日联合国大会第31/189号决议《全面彻底裁军》；1977年12月12日联合国大会第32/88号决议《专门讨论裁军问题的大会特别会议》；1978年12月16日联合国第33/91号决议《全面彻底裁军》。

[77] 勃兰特委员会：《北方－南方：生存计划》(1980)。

[78] 1960年12月14日联合国大会通过了重要的第1514（XV）号决议，自决权是其核心。这个决议在序言部分也写入了《公约》序言第1段的内容。

[79] 尽管在1979年还有许多外国占领的例子（包括但不限于西撒哈拉、东帝汶），墨西哥世界大会却只将这些联系指向了巴勒斯坦。墨西哥城会议（前注6），第111页。

[80] 1949年8月12日《日内瓦公约》关于保护国际武装冲突受害者的附加议定书（第一议定书），1977年6月8日通过，第1条第4款。

瓦公约》共同第2条，议定书将“人民行使自决权，对殖民统治、外国占领和种族主义政权”作战的武装冲突纳入国际武装冲突的范围。[81] 国家主权和领土完整是《联合国宪章》的核心概念，并在1970年《友好关系宣言》中得到重申。这些关切与增进妇女平等的联系非常间接：在这些领域共同合作将促进社会进步与发展，转而有助于男女的全面平等。这似乎假设了一种“涓滴”效应。

（12）确信一国的充分和完全的发展，世界人民的福利以及和平的事业，需要妇女与男子平等充分参加所有各方面的工作 48

序言第12段立意深远并高度工具化，将妇女参加“所有各方面的工作”与发展和和平联系起来。该段大体上重复了《消除对妇女歧视宣言》序言第7段和《墨西哥宣言》第15段的用语（“任何国家的全面充分发展均要求妇女与男子对所有各方面工作的最大限度参与”）。不过，《公约》这一段还强调了妇女在“与男子平等”条件下的参与。这段话与《联合国第二次发展十年国际发展战略》相比，对妇女在发展中的重要性赋予了更大权重，而后者并未纳入妇女，只是声称“应当鼓励将妇女全面融入总体发展努力中”。[82] 希尔卡·皮耶蒂莱（Hilkka Pietila）认为妇女地位委员会建议联合国大会通过“一项全面的决议以勾勒‘国际一致行动促进妇女地位方案’”[83] 是令人印象深刻的“对策”。联合国大会也强调“妇女应当在促进、实现和维持国际和平方面发挥重要作用”。[84] 序言这一段的思想一直延续到《千年发展目标》，其中性别平等和妇女赋权被认为是“战胜贫困、饥饿和疾病，以及刺激真正可持续发展的有效途径”，[85] 再次证明了平等在发展中的工具化路径。

---

[81] 参见1949年4个《日内瓦公约》及第一和第二议定书，附录条约表中也有引用。

[82] 1970年10月4日联合国大会第2626（XXV）号决议，第二部分，第18（h）段。

[83] Pietila（前注5），第38页。决议是指1970年12月15日联合国大会第2716（XXV）号决议。

[84] 1975年12月15日联合国大会第3520（XXX）号决议。

[85] A/RES/55/2，2000年9月18日联合国大会第55/2号决议，第20段。另见关于第3条一章的讨论。

（13）念及妇女对家庭的福利和社会的发展所作出的巨大贡献至今没有充分受到公认，又念及母性的社会意义以及父母在家庭中和在养育子女方面所负的任务的社会意义，并理解到妇女不应因生育而受到歧视，因为养育子女是男女和整个社会的共同责任

《消除对妇女歧视宣言》序言第6段逐一列举了妇女对社会（“社会、政治、经济和文化生活”）的贡献。《公约》序言第13段虽然没有使用“社会性别”一词，但将“母性”视为具有社会意义的问题（而不是“妇女的事”），暗含了它也是由社会形成的。第13段触及《公约》的核心，它暗示了以妇女在生育中的生理角色为由进行性别歧视，并声明不应如此。[86]《公约》序言第13段与《消除对妇女歧视宣言》第6段截然不同之处在于前者提到了家庭中父母双方的作用，而后者仅限于妇女在家庭中，“特别是在养育子女”中的作用。在这方面，《公约》更接近于《墨西哥宣言》，后者宣称“妇女和男子在家庭和社会中享有平等的权利和责任”。后面这两个文件的重要性还体现在它们指出了养育子女的责任。如《公约》规定，应当由
49 男女和整个社会来共同承担。序言这一段通过《公约》第5条第2款得以执行，二者在承诺社会转型和改变性别关系方面具有前瞻性。

（14）认识到为了实现男女充分的平等需要同时改变男子和妇女在社会上和家庭中的传统任务

序言第14段建立在前一段的基础上。[87] 与其他段落的工具性不同，本段的用语完全是关于实现男女的充分平等。《消除对妇女歧视宣言》中没有对应的段落，本段受到了《墨西哥宣言》的启发。《墨西哥宣言》隐含了同样的观点，它主张“为了家庭的健康发展，男子应更加积极地、创造性地和负责任地参与家庭生活，以使妇女能够更加深入地参与社区活动，以期双方均能实现家庭与工作的有效结合”。序言第14段通过《公约》第5条得到执行，这无论在联合国人权两公约抑或《消除一切形式种族歧视国际公约》中均无先例。

---

[86] 另见关于第16条一章的讨论。

[87] 该段由瑞典提议，Rehof（前注1），第40页。

(15) 决心执行《消除对妇女歧视宣言》内载的各项原则，并为此目的，采取一切必要措施，消除一切形式的这种歧视及其现象

最后一段确认了《公约》的目的，即赋予不具有法律约束力的《消除对妇女歧视宣言》以法律效力，并执行其所载原则。这并不意味着，《公约》实际上在本评注其他各章所描述的许多方面比《消除对妇女歧视宣言》走得更远。“采取一切必要措施”的措辞意指通过《公约》的各个执行条款施加给缔约国义务。

51 # 第一条*

为本公约的目的，“对妇女的歧视”一词指基于性别而作的任何区别、排斥或限制，其影响或其目的均足以妨碍或否认妇女不论已婚未婚在男女平等的基础上认识、享有或行使在政治、经济、社会、文化、公民或任何其他方面的人权和基本自由。

一　概述 …… 67

（一）背景 …… 67

（二）平等与歧视的概念 …… 69

1. 形式平等 …… 70

2. 实质平等 …… 71

3. 变革性平等 …… 72

4. 机会平等 …… 73

5. 结果平等 …… 73

（三）与其他人权文件对应条款的比较 …… 74

二　准备工作 …… 75

三　解释问题 …… 77

（一）文本分析 …… 77

1. “基于性别而作的任何区别、排斥或限制” …… 77

* 在此感谢 Dianne Otto 教授对本章和第 2 条一章的评论，感谢 Luke Beck，Renee Chartres，Maria Herminia Graterol 和 Eleanor Bath 协助研究，以及新南威尔士大学金星研究奖和法学院为本章及第 2 条、第 23 条、第 24 条章节的研究提供资金支持。

2. “性别、社会性别和性” …… 78
3. “其影响或目的” …… 78
4. “妨碍或否认妇女认识、享有或行使” …… 79
5. “无论已婚未婚” …… 79
6. “在男女平等的基础上” …… 80
7. “在政治、经济、社会、文化、公民或任何其他方面的人权和基本自由” …… 80
（二）委员会的解释 …… 81
1. 一般方法 …… 81
2. 性别与社会性别 …… 83
3. 性/性取向 …… 83
4. 平等的概念 …… 84
（1）形式和实质平等 …… 84
（2）法律和事实平等 …… 85
（3）直接和间接歧视 …… 85
（4）机会平等和结果平等 …… 86
（5）平等和公正 …… 86
5. 第1条和第4条的关系 …… 87
6. 适用于《公约》的权利和自由 …… 87
7. 交叉性 …… 89
四　保留 …… 91

52

一　概述

（一）背景

第1条定义的“对妇女的歧视”概念是《公约》的根基：该条约的几乎每一个实质条款都确认将消除这一歧视作为缔约国义务的核心。《公约》

的起草者对产生性别歧视及不公正的社会和政治环境有深刻的理解，并体现在起草工作中。他们认识到妇女的不平等以及对妇女的歧视是一个复杂的现象，反映在法律、习惯与传统、对成为男人或女人意味着什么的信念、社会和经济制度、社会当中及不同的社会之间以及男女之间的权力关系等因素中，并被这些因素所固化。歧视表现为多种形式：排斥或限制参与政治和社区公共生活的权利、经济的边缘化和依赖性、有限的生活机会或者与“女性”活动相比更看重“男性”活动或特征的价值等刻板印象的普遍存在、家庭中的不平等以及来自社区和家庭的对妇女的暴力。社会结构将许多歧视现象制度化了，使这些歧视似乎变得“自然”或者“正常”，以致常常掩盖系统性的“男性”利益偏好。起草者同样了解尽管一个人的“生理性别”是招致歧视的决定因素，但生理性别、社会性别与其他特征相互作用叠加了歧视的效果。

起草者的目标——消除对妇女一切形式的歧视——是非常远大的。尽管起草者参考了许多既存的国际文件，这些文件在特定领域要求或呼吁国家消除对妇女的歧视，但《公约》缔约国的义务范围远超出了这些文件。许多国家本来倾向于《公约》只以一般的生理性别为基础来处理歧视问题，因此也包含对男性基于性别的歧视，而不仅仅聚焦对妇女的歧视。然而，绝大多数观点认为，这种对称的路径将无法承认对妇女基于其性别的普遍歧视，真正需要的是以特定性别文件形式出现的不对称的保障。[①] 必须在这一背景下理解第一条对妇女的歧视的定义以及相关的平等概念。正如委员会所指出的：

> 《公约》超越了许多国家和国际法律标准与准则中使用的歧视概念。虽然这些标准与准则都禁止性别歧视，保护男女免遭专横、不公平和/或不合理的待遇，但《公约》的重点是歧视妇女问题，强调妇女只

① N. Burrows, “The 1979 Convention on the Elimination of All Forms of Discrimination against Women” (1985) 32 *Netherlands International Law Review* 419, 425; L. A. Rehof, *Guide to the Travaux Preparatoires of the United Nations Convention on the Elimination of All Forms of Discrimination against Women* (1993), p. 44.

因其是妇女便一直并且继续遭受形形色色的歧视。[②]

委员会对这一根本性条款的讨论多是在讨论《公约》的其他条款时作
出的，包括规定一般义务的第 2 条以及其他具体条款。委员会对第 1 条定义 53
最完整的讨论出现在第 25 号和第 28 号一般性建议中。

（二）平等与歧视的概念

平等的概念引发了哲学界、理论界及政治界上千年的争论。[③] 本章首先列出一系列对平等和歧视的不同理解以及实现平等、消除歧视的策略，然后研究它们是如何体现在《公约》文本中的。此外，本章还探讨了委员会是如何根据《公约》通过其实践发展实现平等、消除歧视的方法的。

《公约》的核心目的，如其标题所反映的，是消除对妇女一切形式的歧视；与之互补[④]的目的，即确保“在男女平等的基础上”享有权利，也出现在《公约》的许多条款中。这些概念中的任何一个都暗含了非歧视的义务：消除明确基于性别的或是间接产生歧视后果的归类、行为或做法，以使妇女能够获得现行社会结构中的利益和机会。除此之外，《公约》要求缔约国采取积极措施解决排斥妇女问题，以确保妇女不仅形式上有权利而且实质上享有这些机会；《公约》还要求进行系统性变革，以改变奉行特权集团的观点和利益的排斥性社会结构。

在人权背景下讨论平等需要启用一系列反映对这一概念不同理解的术语，如形式平等、实质平等、机会平等、结果平等、变革性平等等。学者和评论者并不一定以同样的方法来使用某一特定概念，而且这些术语和含义有交叉之处。

---

② 第 25 号一般性建议，第 5 段。

③ 一般参见 S. Gosepath, “Equality” (March 2001, revised June 2007), in Edward N. Zalta (ed.), *Stanford Encyclopedia of Philosophy*，可访问 http：//plato. stanford. edu/archives/spr2009/entries/equality，访问日期 2010 年 11 月 29 日。

④ 参见 A. Bayesfsky, “The Principle of Equality or Non-Discrimination in International Law” (1990) 12 *Human Rights Law Journal* 1；O. M. Arnardóttir, *Equality and Non-Discrimination under the European Convention on Human Rights* (2003), pp. 8 – 10.

1. 形式平等

这一术语通常用来指源于亚里士多德哲学的平等方法，据此平等和正义要求相同的事物以相同方式对待，不同的事物以不同方式对待。“形式平等”通常指的是这一方法的第一方面，有时被称为“相同”、“类似情形”或“相同对待”的平等方法。它体现了一种假设，即平等意味着所有人应当被同等对待，否则便构成歧视或对平等的否认。在制定法律时，它使立法者相信某些个人或群体的特征与特定的决定无关，根据这些特征进行决策是非法的。与此同时，它也允许对所有人都处于同等境遇的假设进行反驳，要求如果试图证明差别待遇具有正当性，那么必须表明这种待遇存在“客观合理的理由”。

54 这一平等方法的起点是男女应被认为在相关方面是相同的，因此应规定同等待遇。这一方法对基于性别的差别待遇，或基于对男女因性别而具有的能力或适当角色的假设的差别待遇表示怀疑，要求任何这类区别必须能被证明是合理的。在国际人权法中，这一方法反映在如《公民及政治权利国际公约》《欧洲人权公约》等文件及人权事务委员会[5]和欧洲人权法院所表达的法理中。[6]

形式平等关注法律和实践的内容及其不偏不倚的适用。当别人享有机会或权利时，它能为被剥夺机会或权利的人提供权利。在这方面，它促进了对权利的平等享有。然而，形式平等方法主要的关注点不在表面中立的标准或做法的影响，而在其未能适当考虑人与人之间的差异和多样性及潜在的歧视性社会结构而遭到批评。形式平等方法被批评为依赖于找到适当的比较对

---

⑤ 人权事务委员会采用的主要方法是，首先假设平等要求完全相同的对待，对此的任何偏离都必须能以“客观合理的标准”证明其合理性［参见 HRI/GEN/1/Rev. 9（Vol. Ⅰ），人权事务委员会第 18 号一般性意见（1989），第 8、13 段］。当然，它同时也支持《消除一切形式种族歧视国际公约》和《公约》采用的实质性的/不利处境方法（人权事务委员会第 18 号一般性意见，第 6、7 段）。可参见 M. Nowak, *UN Covenant on Civil and Political Rights: CCPR Commentary*, 2nd Rev. edn. (2005)，特别是第 76 ~ 82 页（第 3 条）以及第 597 ~ 634 页（第 26 条）。

⑥ Arnardóttir（前注 4）；D. J. Harris, M. O'Boyle, E. P. Bates and C. M. Buckley, *Law of the European Convention on Human Rights*, 2nd edn. (2009), 第 15 章，特别是第 581 ~ 590 页。

象，从而强化了现有的男性中心主义的社会结构和价值：妇女只能主张那些男性已经享有的东西，但是对这种主张的承认几乎没有改变现有的社会结构，也未承认妇女有与男性不同的方面。

2. 实质平等[7]

这一概念与形式平等相对，也在各种意义上被使用。首先，它被用于指亚里士多德规则的第二个方面，即平等意味着不同事物应以与其不同点相适应的不同方式对待。这种方法有时被称为“差异法”。它主张差别（或不同）待遇不仅可能不构成歧视，在某些情况下平等反而要求对处于不同境遇的人给予不同待遇。与“相同法”一样，这一方法本身并未对导致个人处境不同的具体差异提供指导，也没有说明应当如何考虑这些差异。这一方法作为亚里士多德平等方法的第二方面，也反映在国际机构（如人权事务委员会[8]和欧洲人权法院[9]）的法理中。

“实质平等”这一用语也被用于指特定的法律、政策或做法在实际上 55
（或事实上）产生的不利影响，无论它是性别中立抑或是性别特异的。有些表面上看起来中立的法律或政策很可能在事实上不成比例地或不合理地排除了妇女或一部分妇女群体的机会，导致有差别的影响或间接歧视。实质平等也被视为反映了“行动中的法律”分析方法，它批评法律和政策未能在实际上实现它们声称所追求的目标。实质平等方法基于间接歧视模式，尽管比形式平等方法更宽泛，但仍然是一种比较方法。通常如果能够证明存在反映普遍社会安排的正当性或合理性的例外，则可以满足避免间接歧视的义务。因此，这种方法往往完好地保持了基于男性中心主义假设和模式的排他性的社会制度结构。

“实质平等”概念还被用于性别或社会性别不平等理论，该理论关注

---

⑦ 参见 Arnardóttir 的讨论（前注 4），第 24 ~ 26 页（参考了 Kimber 的分析）。

⑧ HRI/GEN/1/Rev. 9（Vol. Ⅰ），人权事务委员会第 18 号一般性意见（1989），第 13 段。人权事务委员会注意到“并非所有区别待遇都是歧视，只要这种区别的标准是合理和客观的，并且是为了达到根据《公约》视为合法的目的”。但这似乎是一个比较被动的方法，而并未言明考虑差异及作出反应的积极义务。

⑨ 参见 C. Ovey and Robin White, *Jacobs & White*: *The European Convention on Human Rights*, 4th edn.（2006），pp. 412 – 431。

“权力结构的不对称性、在社会中工作上的优势和不利地位”。[10] “不利地位”模式对导致压迫妇女、否定妇女权利的结构性和意识形态条件进行审查，而不像其他模式一样必须找到相同范围的比较对象才能证实不平等待遇。举例来说，“不利地位”模式会很容易发现以怀孕为由对妇女的不公待遇，这种情况并不存在对应的男性比较者。而其他更有限的形式分析可能难以得出这样的结论。

3. 变革性平等

一些学者提出了另一种平等概念，即“变革性平等”（transformative equality），认为只有建立在性别或社会性别基础上的社会等级与支配结构发生变革时，全面、真实的平等才有可能实现。[11] 有些情况下生理性别是无关紧要的，而另一些情况下，男女之间的差异会在社会安排中得到适当的承认和重视。一位代表性学者这样描述变革性平等的概念：

> 平等作为一种变革，其目标不是性别中立的未来，而是一个社会性别得到适当考虑的未来。未来不是简单地允许妇女进入男性定义的世界。相反，妇女的平等包括对社会的重构，因此不再由男性来定义。变革要求重新分配权力和资源，并改变使压迫妇女永久化的制度结构。它要求废弃公－私划分，重建公共世界，使对子女的养育和照料成为得到父母和社会重视的共同责任。它的目标是帮助妇女充分表现自己的能力和选择，充分融入社会……这表明，平等作为一种变革不仅要求去除障碍，还需要能够带来变化的积极措施。[12]

---

⑩ 参见例如 Arnardóttir（前注 4），第 27 页；C. A. MacKinnon, *Feminism Unmodified*(1987), pp. 32－45；R. Hunter, *Indirect Discrimination in the Workplace*（1992）, pp. 1－9；J. Bridgeman and S. Millns, *Feminist Perspectives on Law: Law's Engagement with the Female Body*(1998), pp. 69－107。

⑪ S. Fredman, "Beyond the Dichotomy of Formal and Substantive Equality: Towards a New Definition of Equal Rights", in I. Boerefijn *et al.* (eds.), *Temporary Special Measures: Accelerating de facto Equality of Women under Article 4 (1) UN Convention on the Elimination of All Forms of Discrimination against Women*(2003), p. 111.

⑫ 同上注，第 115 页。

这也可以被看作一种具有系统性和结构性维度的实质平等，二者确实有重叠之处。本评注使用“变革性平等”一语来指具有根本性的深远的变革，《公约》的文本和精神已经包含了这个目标。 56

4. 机会平等

这个概念表面上直观易懂，实际上非常复杂。它引发了许多哲学探讨，⑬ 包括对衡量和实现机会平等的适当的、最有效的方法的争论。它反映了“公平竞争环境”的理念——在利用社会提供的机会时，人人应当处于相同的位置——当然它也承认人们将作出不同的选择，不同群体的成员将获得不同的结果。

机会平等包括形式和实质意义。“形式上”的机会平等指的是对受影响群体的参与不存在正式的法律障碍或其他明确的障碍，而无论实际环境是否会给弱势群体成员利用这些机会带来困难或使其变得不可能。

“实质”的机会平等指的是相同待遇和不存在形式上的障碍往往并不能使遭受歧视者真正有机会去利用这些参与机会，因此，为确保他们实际上能利用机会，有必要采取专门措施。⑭ 例如，如果妇女不能获得中等教育从而为大学学习打下基础，那么单是取消对妇女上大学的限制几乎不会产生多大的实际效果。确保机会平等包括采取措施确保女孩获得的教育在所有方面都与提供给男孩的一样，这样她们就能够按照相同的标准来申请进入大学，并对达到这些标准怀有合理的期待。

5. 结果平等

作为对平等的确认，这一概念假定社会中不同群体的参与程度或对特定利益或机会的分配水平是适当的、合乎比例的。有人主张机会平等只在能够带来结果平等时才是真正存在的，对此存有争议，考虑到“个人”选择对结果的影响作用以及经常性的外部因素限制，实质意义的机会平等可能并不

---

⑬ 参见 R. Arneson, “Equality of Opportunity”, in E. N. Zalta (ed.), *Stanford Encyclopedia of Philosophy* (2002) , http: //plato. stanford. edu/entries/equal - opportunity/, 访问日期 2010 年 12 月 31 日。

⑭ Fredman (前注 11，第 113 ~ 114 页) 在使用“机会平等”这一短语时指的是实质意义上的机会平等。

能带来结果平等。然而，不平等的结果可能表明事实上并不存在实质意义上的机会平等，结果平等本身可以作为一个合理的目标被提出。[15]

57 **（三）与其他人权文件对应条款的比较**

《公约》第1条“对妇女的歧视”的定义参考了之前人权条约中类似的定义。[16] 这些条约包括国际劳工组织第111号公约[17]、联合国教科文组织《取缔教育歧视公约》[18] 以及《消除一切形式种族歧视国际公约》。国际劳工组织和联合国教科文组织的公约一般性地规定了基于性别的歧视，并没有专门规定对妇女基于性别的歧视。《公约》第1条参考了《消除一切形式种族歧视国际公约》第1条对“种族歧视”的定义。

《消除一切形式种族歧视国际公约》的方法指向反对基于种族的歧视，因此是一种对称保护——任何形式的种族歧视都是被禁止的——而本《公约》只规定基于性别的歧视中的一类，即对妇女的歧视。除这一点不同外（《消除一切形式种族歧视国际公约》中的定义还包含了“优惠”一词），本《公约》定义与前者定义在措辞上的关键不同在于各自最后的短语：前者对种族歧视的定义适用于罗列出的特定领域以及“公共生活的其他领域”；而本《公约》不仅适用于这些领域，还适用于“公民和任何其他方面”。这一措辞体现了起草者深思熟虑的决定，反映了《公约》的范围并不限于公共生活领域，[19] 还包括妇女在私领域，特别是在家庭中遭受的根本性的不平等。[20]

---

[15] A. Phillips, "Defending Equality of Outcome" (2004) 12 (1) *Journal of Political Philosophy* 1, http://eprints.lse.ac.uk/533/1/equality_of_outcome.pdf，访问日期2010年12月31日。

[16] 《消除对妇女歧视宣言》没有包含歧视的定义，但最初曾有提议提出了一个与目前《公约》类似的定义。A. S. Fraster, "The Convention on the Elimination of All Froms of Discrimination against Women (the Women's Convention)", in A. Winslow (ed.), *Women, Politics, and the United Nations* (1995), pp. 81, 83.

[17] 第1条。

[18] 第1条。

[19] K. Hirose, "Article 1: Definition of Discrimination against Women", in Japanese Association of International Women's Rights, *Convention on the Elimination of All Forms of Discrimination against Women: A Commentary* (1995), pp. 46 – 47.

[20] 《非洲妇女权利议定书》第1条也包含一个与《公约》非常相似的歧视妇女的定义。

二 准备工作

起草者需要考虑的主要问题是：

- 《公约》是否应限于针对妇女的歧视，还是应该为反对基于性别的歧视提供一个更加广泛的保障；㉑
- “对妇女的歧视”定义中是否应该包含“［基于性别的］优惠”；
- 《公约》是否应表示只适用于“公共生活”领域；
- 如何保证纳入针对未婚母亲及其子女的歧视。

最终的协商结果是该条约应该只规定对妇女的歧视，而不应成为一个一般性地保护免遭基于性别的歧视的公约。

妇女地位委员会收到了许多关于歧视定义的草案，其中参考《消除 58
一切形式种族歧视国际公约》但又试图适应妇女处境的草案得到了最详细的考虑。两个最具影响力的提议是一组替代方案，一个由妇女地位委员会工作组在菲律宾草案㉒的基础上提出，另一个则是英国对菲律宾草案的修订版本。㉓

工作组的两个替代方案非常类似。第一个紧密结合菲律宾草案，内容如下：㉔

> 第 1 条
>
> 在本公约中，“对妇女的歧视”一词指基于性别而作的任何区别、排斥、限制，其影响或其目的均足以否认或妨碍在平等的基础上认识、

㉑ Rehof（前注 1），第 44、46 页。

㉒ E/CN. 6/573，附件一，草案第 1 条（1973 年）。

㉓ E/CN. 6/AC. 1/L. 3. 英国对菲律宾草案第 1 条的修正案内容为：“为本公约的目的，‘歧视’一词指任何区别、排斥、限制或优惠，其目的或其影响均足以否认或妨碍妇女在与男子平等的基础上认识、享有或行使在政治、经济、社会、文化或任何其他公共生活领域的人权和基本自由。”苏联提出了一个不同的定义［E/CN. 6/AC. 1/L. 2（1974）］。

㉔ E/CN. 6/574 7（1974）7.

享有或行使在政治、经济、社会、文化或任何公共生活领域的人权和基本自由。[25]

第二个方案遵从了英国对菲律宾草案的修正案，增加了“优惠”一词。妇女地位委员会协商后一致采纳了第一个方案，只作了细微修改：[26]

第 1 条

为本公约的目的，“对妇女的歧视”一词指基于性别而作的任何区别、排斥、限制，其目的或其影响均足以否认或妨碍妇女在与男子平等的基础上认识、享有或行使在政治、经济、社会、文化或任何其他公共生活领域的人权和基本自由。

妇女地位委员会略去了“优惠”一词，是因为一些国家担心禁止基于性别的“优惠”可能会限制它们为解决历史上或系统性歧视妇女问题采取积极行动的自由，[27] 也可能使根据劳动法或其他保护性方案给予妇女的特定好处或保护面临危险。[28]

随后联合国大会第三委员会工作组又对妇女地位委员会的草案作了两处修改。[29] 第一处修改是删除了“公共生活”一词，以确保《公约》也可适用于私人生活领域；此外还增加了“公民”领域。[30] 第二处修改是在妇女地位委员会的定义中增加了“无论已婚未婚”一语。[31] 这部分回应了与第
59 16 条有关的提议，即应当明确未婚母亲和非婚生子女不应因此而受到歧

㉕ E/CN. 6/574 7 (1974) 7.

㉖ Burrows（前注 1），第 425 页；Rehof（前注 1），第 47 页。

㉗ Hirose（前注 19），第 46 页。在这种情况下，删去这些词看上去并不会对《公约》的适用范围产生任何重要影响。

㉘ 同上注，第 46 页。

㉙ 同上注，第 46 ~ 47 页。

㉚ 同上注。

㉛ A/C. 3/33/L. 47/Add. 2，第 263 ~ 264 段；Hirose（前注 19），第 47 ~ 48 页；Burrows（前注 1），第 426 页。

视。[32] 后来因为了解到第 1 条将加入“无论已婚未婚”一语，这些提议就被撤回了。[33]

三　解释问题

（一）文本分析

1. “基于性别而作的任何区别、排斥或限制”

这一短语，结合后面的其他短语，意在使定义得到广义的解释以涵盖多种因性别化的假设、做法和社会结构而否认妇女平等权的情形。“区别”应包括明显基于性别而对男女的不同对待；“排斥”指的是剥夺妇女获得男子可以得到的机会或权利的信念及社会实践模式（包括性别刻板印象）；“限制”是指对妇女享有权利施加比男子享有相同权利更大程度的限制。[34]

第 1 条提到的“基于性别”而作的任何区别、排斥或限制，并不是说一项歧视性行为必须要求明确提及性别或与性别相关的特征。[35] 结合第 1 条的上下文及整个《公约》，并考虑《消除一切形式种族歧视国际公约》对相关用语的实践，显然，这样的明确引用不是必须的。“基于性别”一语包括明确以性别为由进行区别对待的情形（直接歧视），也包括适用“中立”的标准或一个特定做法对妇女产生了完全不同的影响（间接歧视）。坚持认为援用《公约》规范必须要求明确提及性别，将极大地阻挠《公约》目的的实现。

---

[32] A/C. 3/33/L. 47/Add. 2，第 258～262 段。

[33] A/C. 3/33/L. 47/Add. 2，第 194、258～264 段；Hirose（前注 19），第 47～48 页。

[34] 库克和库萨克提供了例证：R. J. Cook and S. Cusack, *Gender Stereotyping: Transnational Legal Perspectives*(2009), pp. 107－111。

[35] 例如，库克和库萨克主张“法律、政策或做法若不能以相同的方式对待男女的相似利益，或不能以充分尊重差异的方式对待男女间存在重大差异的利益，那么就形成了《公约》第 1 条所说的**基于性别的区分**”。同上注，第 108 页。

2. “性别、社会性别和性”

《公约》使用了“性别”(sex)一词作为核心标记，以判断什么类型的区别对待或不同影响是（不）被允许的。支撑《公约》的理论基础是假定存在性别差异（存在两种不同的性别并且男女之间存在重要的生理差异）、文化构筑的差异以及共同的人性：男女有许多共同特征并有权平等地获得对各自人格尊严的尊重。

《公约》起草时，“性别”与“社会性别”(gender)的区分在国际层面尚未被广泛援引。第5条在整个《公约》框架下的核心作用及它对社会塑
60 造男女角色的强调，表明《公约》的起草者决心处理以生理性别差异为基础构设对妇女不利的社会性别身份的各种问题。

另一个问题是“性别”是否包括性取向或性(sexuality)。无论将其作为一种性别歧视抑或这种歧视反映了对男女角色的有害的定型观念，总之应使《公约》可以适用于对妇女基于性取向的歧视。《公约》在多大程度上可以为变性或间性人提供保护也是不明确的。委员会在处理性取向的问题上非常谨慎，但已经表达了对以性取向或性别身份为由歧视妇女的关切。[36]

3. “其影响或目的”

基于性别之外的理由对妇女实施区别对待的行为，如果涉及不利的对待或影响，那么依然可能构成对妇女的歧视。歧视的意图并不是必要的，关键的标准是差别对待是否妨碍她们享有权利。这一解读与《公约》消除“一切形式”歧视的目的一致。正如委员会所指出的，定义的效果是“即使歧视并非有意为之”：

> 即便对妇女和男子给予相同或中立的待遇，如果不承认妇女在性别方面本已处于弱势地位且面临不平等，上述待遇的后果或影响导致妇女

---

[36] 如对阿尔巴尼亚的结论性意见，CEDAW/C/ALB/CO/3 (2010)，第42~43段；对乌干达的结论性意见，CEDAW/C/UGA/CO/7 (2010)，第43~44段。另参见第28号一般性建议，第18段；第29号一般性建议，第13段。还可参见关于第5条章节的讨论。

被拒绝行使其权利，则仍可能构成对妇女的歧视。[37]

4. “妨碍或否认妇女认识、享有或行使”

对什么构成歧视的测试是实质性的：必须证明受到质疑的行为或做法是基于性别的，并且对妇女享有其人权和基本自由产生了不利影响。按照《公约》的规定，基于性别的行为或做法如果促进了妇女享有其权利和自由，则不构成歧视。[38] 只要这一措施是为了实现实质平等——因此有“客观合理的理由”——或是为克服以往的不利地位而采取的《公约》及其他条约[39]所允许和要求的暂行特别措施，也不构成其他条约所规定的对男性基于性别的歧视。

在起草过程中，这一短语最后加上了“妇女”一词，其用意在于强调《公约》的目的是解决对妇女基于性别的歧视而不是一般意义上的性别歧视。[40]

5. “无论已婚未婚” 61

这一短语是在起草进程相对较晚的时候加上的。它承认妇女的婚姻状况常常成为她们遭受歧视的一个原因，有时是因为已婚，有时又因为未婚。禁止歧视妇女“无论已婚未婚”，可以保护已婚妇女与未婚妇女及已婚男性相比，免于因已婚而遭受歧视；也可以保护未婚妇女与未婚男性及已婚妇女相比，免于因未婚而遭受歧视。如果这一短语的含义延伸得如此深远，《公约》将事实上涵盖不同的妇女群体之间因婚姻状况遭受的歧视，以及在已婚/未婚妇女和已婚/未婚男性之间明确基于性别的歧视性待遇。

---

[37] 第 28 号一般性建议，第 5 段。

[38] 第 4 条第 1 款及第 28 号一般性建议第 18 段。

[39] 参见人权事务委员会第 18 号一般性意见（1989），HRI/GEN/1/Rev. 9（Vol. I），第 18 页，第 6、10 段，以及第 28 号一般性意见（2000），CCPR/C/21/Rev. 1/Add. 10，第 3 段；经济、社会及文化权利委员会第 16 号一般性意见（2005），E/C. 12/2005/4，第 15 段。

[40] 英国表达了这样一种关切：若不如此，“基于性别的区分导致妨碍男子的权利将……会被归入‘对妇女的歧视’”。E/CN. 6/591，第 33 段。

问题在于，《公约》第1条是否涵盖了上述所有类型的区别对待，还是仅仅包括已婚妇女与已婚男性之间或未婚妇女与未婚男性之间的歧视。从逻辑上讲，可以将《公约》解释为与未婚男性和已婚女性相比，保护未婚妇女免因未婚而受到歧视。如果这样理解，《公约》就将包括因婚姻状况而存在于妇女之间的歧视。《公约》承认，不是妇女遭受的任何一种不利对待都可以整齐划一地用一种简单的比较对象进行测试（例如生殖问题和产假问题）。许多情况涉及特定婚姻状况的妇女与相同婚姻状况的男性之间的歧视。此外，在某些领域，对已婚妇女和未婚妇女之间的区别对待可能反映出第5条所指的社会性别刻板印象，显然在《公约》上下文所阐释的平等范围之内。尽管如此，起草的历史也相当明确，起草者们考虑的是保护与已婚男性相比的已婚妇女，以及与未婚男性相比的未婚妇女免遭歧视性待遇。[41]

6. “在男女平等的基础上”

这一短语强调了《公约》的性质是一个专门解决对妇女歧视的条约。有些人认为这一短语（以及《公约》其他条款中出现的类似短语）强化了《公约》的“相同性平等”框架——换言之，妇女只被授权享有男性已经得到的东西。[42] 不过，得出这一结论取决于一个人如何理解平等，如前文所讨论的：对平等的广义理解不会将《公约》局限于仅仅保障妇女获得男子已有的权利。

62 **7. “在政治、经济、社会、文化、公民或任何其他方面的人权和基本自由”**

缔约国不仅有义务消除《公约》明确涵盖的领域中对妇女的歧视，而且还涉及更广泛的人权和基本自由。在这方面，《公约》采取了一种与《公民及政治权利国际公约》和《经济社会文化权利国际公约》各自第2条第1

---

[41] 参见 AB v Registrar of Birth, Deaths and Marriages 一案中对起草历史的讨论，［2007］FCAFC 140（2007）162 FCR 528。英国的批准文件声称，“只要已婚男性与已婚女性，以及单身男性和单身女性获得了平等对待，那么‘无论已婚未婚’这一短语就不应将对单身人士和已婚人士的差别待遇视为歧视性的”。1995 年，英国撤回了它的保留，并指出以上对该条款的解释是正确的，但“没有必要明确声明”。CEDAW/C/UK/3 Annex A126（1995）.

[42] 例如 H. Charlesworth, “Concepts of Equality in International Law”, in G. Huscroft & P. Rishworth (eds.), *Litigating Rights: Perspectives from Domestic and International Law* (2002), pp. 137, 145 ~ 146。

款（a）项或《欧洲人权公约》第14条不同的方法。[43] 三者都将非歧视的义务限定于它们各自列举的权利范围内。[44]《公约》规定的努力实现基于性别和社会性别的平等义务与许多人权和基本自由相关，《公约》文本没有专门提到这些人权与基本自由，但它们得到了其他条约和习惯国际法的确认，甚至可以说规定在一些不具有条约或习惯国际法地位的文件中。这些权利包括生命权，免遭酷刑的权利，表达自由，隐私权，见解、信仰和宗教自由，少数人权利，适足住房权以及国际人道法或国际法其他专门领域所保障的权利和保障——《公约》没有明确提及它们中的任何一项。这些问题由第2、3和24条规定的一般义务所涵盖。[45]

（二）委员会的解释

1. 一般方法

委员会对平等的含义及其在不同条款中出现的具体情况的适用采用了一种灵活的方法。《公约》自生效后，使用了许多关于平等的概念和模型，包括男女之间的相同待遇，以及要求对特定法律、政策和做法的效果进行背景和结构分析的实质平等模式。

委员会使用了许多与平等相关的术语，它经常提到法律与事实平等、形式平等、实质平等、直接歧视、间接歧视以及其他相关的词语。委员会第25号[46]和第28号[47]一般性建议对各种术语以及平等和非歧视不同方面的所指（及随之而来的义务）进行了广泛讨论。在第25号一般性建议中，委员会 63

[43] 与之形成对比的是，《消除一切形式种族歧视国际公约》除在第2条第1款（a）项规定了消除“一切形式的种族歧视”的一般性义务外，还在第5条详细列举了为保障平等而应当享有的具体权利清单。消除种族歧视委员会在关于第5条的第20号一般性意见中指出，“第五条提到的权利和自由并非详尽无遗”。HRI/GEN/1/Rev. 9（Vol. Ⅱ）.

[44] 然而，《公民及政治权利国际公约》第26条延伸到了该条约所规定的公民权利和政治权利之外，《欧洲人权公约》第12号议定书也规定了一个独立的平等与非歧视权利。

[45] 关于这一点，委员会在第28号一般性建议第7段中声明“《公约》的精神涵盖了另外一些权利”，这些权利未在《公约》中专门列举。这一声明有些保守——事实上不仅是《公约》的精神，《公约》的文字本身也涵盖了其他权利，对其适用范围产生影响。

[46] 第25号一般性建议，第12段。

[47] 第28号一般性建议，第4~5、18~19及22段。

列举了《公约》一般性条款（第1、2、3、4和24条）中所包含的缔约国的基本义务：[48]

> 首先，缔约国有义务确保在其法律中没有直接或间接歧视妇女的内容，并通过主管法庭及制裁和其他补救办法确保妇女在公共和私人领域都不受（公共当局、司法机构、机关、企业或私人的）歧视。其次，缔约国有义务通过实行具体、有效的政策和方案改善妇女的实际状况。再次，缔约国有义务处理普遍盛行的性别关系及基于性别的顽固的刻板印象，这一切不仅通过个人的个别行为而且在立法、法律与社会结构和制度中都对妇女产生影响。

灵活方法的本质是确保实质平等。[49] 委员会强调，为实现《公约》的目的，形式平等也是必要的——妇女应享有与男子相同的权利，如选举权、承包权、宗教信仰自由等。[50] 但是，委员会也强调这种方法并不足以消除对妇女的歧视：

> 仅仅采取正式法律或方案的方式不足以实现事实上的男女平等，委员会将其解释为实质平等。此外，《公约》要求给予妇女平等的起点，并通过创造有利于实现结果平等的环境赋予妇女权利。仅仅保证男女待遇相同是不够的，必须考虑到妇女和男子的生理差异以及社会和文化造

[48] 第25号一般性建议（原文误写为“同上注”。——译者注），第7段。这段话很大程度上受到 Groenman 委员会报告所采用的方法的影响（Groenman 委员会由荷兰政府设立，以提供荷兰执行《公约》的概况）：*Het Vrouwenverdrag in Nederland anno* 1997，*Verslag van de Rapportagecommissie Internationaal Verdrag tegen Discriminatie van Vrouwen*（1997），第2.1.2段［R. Holtmaat，*Towards Different Law and Public Policy*：*The Significance of Article 5a CEDAW for the Elimination of Structural Gender Discrimination*（2004）Appendix，第139页对此段作了翻译］。这份报告主张《公约》有三个分目标：（1）实现法律和公共管理领域的全面平等；（2）改善妇女的实际地位；（3）与占主导的社会性别意识形态进行斗争。

[49] 第25号一般性建议第6段指出缔约国在《公约》下的义务“已经超出了男女平等待遇的纯粹正式法律的义务范畴”。

[50] 参见 CEDAW/C/MWI/CO/6（2010），对马拉维的结论性意见，第12～15段；A/61/38，2006年委员会第36届会议，对牙买加的结论性意见，第391～392段；A/56/38，2001年委员会第24届会议，对布隆迪的结论性意见，第55～56段。

> 成的差别。在某些情况下，必须给予男女不同待遇以纠正这些差别。实现实质平等的目标还需要有效的策略，目的是纠正妇女代表名额不足的现象，在男女之间重新分配资源和权力。[51]

最后，委员会强调全面实现《公约》的目标需要朝着变革性平等努力，这需要进行根本的社会变革，因为“必须有效解决歧视妇女及其不平等的根本原因，才能改善妇女的状况”。[52]

2. 性别与社会性别 64

委员会在“性别”（sex）与“社会性别”（gender）间作出区分，但又确认《公约》涵盖了基于性别或社会性别的对妇女（和女童[53]）的歧视：

> 这里的“性别”一词指的是男子与妇女的生理差异。而“社会性别”一词指的是社会塑造的男女的身份、属性和角色以及社会对这类生理差异赋予的社会和文化含义。正是这类差异导致了男子与妇女之间的等级关系，还导致男子在权力分配和行使权利方面处于有利地位，妇女处于不利地位。妇女和男子的这种社会定位受到政治、经济、文化、社会、宗教、意识形态和环境因素的影响，也可通过文化、社会和社区的力量加以改变。第 1 条所载关于歧视的定义明确表明《公约》适用于基于社会性别的歧视。[54]

3. 性/性取向

委员会在处理基于性取向对妇女的歧视问题时非常谨慎。它曾提到赞成

---

[51] 第 25 号一般性建议，第 8 段。另见对东帝汶的结论性意见，CEDAW/C/TLS/CO/1（2009），第 17 段（宪法中的“机会平等”与《公约》中的“平等”并不相同）；CEDAW/C/SGP/CO/3（2007）对新加坡的结论性意见，第 14 段。

[52] 第 25 号一般性建议，第 10 段。

[53] 第 28 号一般性建议，第 21 段。

[54] 同上注，第 5 段。委员会在第 25 号一般性建议的第 7 段注释 2 中作了类似效果的声明。

禁止基于性取向的歧视性立法[55]，对将同性关系定罪表示关切，[56] 并建议一个缔约国删除其刑法典中对同性关系的刑罚。[57] 原则上，没什么理由阻止《公约》为因为性取向而遭受歧视的妇女提供保护。性取向“已经被用于贬低女性并强化男性的优越地位”，例如，“如果女同性恋者不遵从处于支配地位的异性恋规范便会面临死亡威胁，这是对其生命权的侵犯”。[58] 第 21 号一般性建议强调了妇女在婚姻关系和家庭中的自治，承认存在“多种形式的家庭”，[59] 但尚不明确在同性伴侣的待遇问题上将会走多远。在关于多重歧视的第 27 号和第 28 号一般性建议中，委员会指出，妇女所经历的歧视不仅因为她们是妇女，还基于“其他因素”，这其中就包括性取向。[60] 委员会在与缔约国的对话中也会提出这一问题。[61]

4. 平等的概念

(1) 形式和实质平等

委员会虽然在许多场合坚持认为《公约》要求保障形式平等以达到
65 消除歧视，但也强调缔约国需要采取包含实质平等方法的法律措施。[62] 例如，委员会称赞一个缔约国采取立法措施，但同时表达了它的关切：“现

---

[55] 参见 T. B. Hui, “Exploring the Potential of the UN Treaty Body System in Addressing Sexuality Rights”, *International Women's Rights Action Watch Asia Pacific Occasional Paper Series*, No. 11 (2007), pp. 7 – 11; J. E. Bond, “International Intersectionality: A Theoretical and Pragmatic Exploration of Women's International Human Rights” (2003) 52 *Emory LJ* 71。

[56] A/53/38 (Supp.), 1998 年第 18 届会议，对墨西哥的结论性意见，第 420 段。

[57] A/54/38 (Supp.), 1999 年第 20 届会议，对吉尔吉斯斯坦的结论性意见，第127 ~ 128 段。

[58] Hui（前注 55），第 8 页。参见 CEDAW/C/GUA/CO/7 (2009)，对危地马拉的结论性意见，第 19 ~ 20 段；CEDAW/C/LTU/CO/4 (2008)，对立陶宛的结论性意见，第 23 段；CEDAW/C/KGZ/CO/3 (2008)，对吉尔吉斯斯坦的结论性意见，第 43 段。

[59] 第 21 号一般性建议，第 16 段。

[60] 第 27 号一般性建议，第 13 段；第 28 号一般性建议，第 18 段。

[61] Hui（前注 55），第 10 ~ 11 页。

[62] 例如，A/60/38，2005 年第 33 届会议，对贝宁的结论性意见，第 145 ~ 146 段；A/61/38，2006 年第 35 届会议，对马来西亚的结论性意见，第 64 ~ 65 段；A/61/38，2006 年第 35 届会议，对圣卢西亚的结论性意见，第 254 段；A/61/38，2006 年第 36 届会议，对中国的结论性意见，第 425 ~ 426 段；CEDAW/C/ARM/CO/4/Rev. 1，2009 年第 43 届会议，对亚美尼亚的结论性意见，第 12 ~ 13 段；CEDAW/C/DEU/CO/6，2009 年第 43 届会议，对德国的结论性意见，第 25 ~ 26 段。

行法律在消除包括性别在内的各种原因的歧视方面范围有限。现行法律的目的仅为实现个人的平等待遇，而没有充分反映《公约》中包含的实质性平等原则。”[63] 委员会在第25号一般性建议中表达了相同的观点。[64]

（2）法律和事实平等

委员会同样也经常表达这样的关切，即缔约国不仅要保证法律上的平等，也要保障事实上的平等。这似乎是另一种表达形式平等与实质平等的区别的方式。[65] 这一点明确体现在第25号一般性建议以及对缔约国执行情况的审议中。[66] 委员会经常表达它对应当超越法律平等的关切。一个例子是，委员会曾批评某些缔约国，因其“主要侧重于法律上的平等，而不是实现《公约》要求的事实上或实质性的妇女平等”，以及“并未致力于评估法律和政策在决策、教育、就业和健康领域对妇女平等的影响”。[67]

（3）直接和间接歧视

如上文所讨论的，《公约》第1条的用语及其历史表明，直接歧视和间接产生差别影响的歧视都在《公约》的调整范围之内。委员会在实践中强调了解决两种歧视对实现实质平等的重要性。直接歧视是“明显以性别或社会性别差异为由实施区别对待”，[68] 而：

> 对妇女的间接歧视指的是，一项法律、政策、方案或做法看似对男性和女性无任何倾向，但在实际中有歧视妇女的效果，因为明显中性的措施没有考虑原本存在的不平等状况。此外，因为不承认歧视妇女的结

---

[63] A/63/38，2008年第41届会议，对斯洛伐克的结论性意见，第22段。

[64] 第25号一般性建议，第8段［引用了《1999年妇女作用世界概览》（联合国，1999）］第9页。

[65] 第25号一般性建议，第7段。

[66] 参见例如A/59/38，2004年第31届会议，对赤道几内亚的结论性意见，第185～186段；A/60/38，2005年第33届会议，对朝鲜民主主义人民共和国的结论性意见，第38段。

[67] A/60/38，2005年第33届会议，对贝宁的结论性意见，第145段。另见A/58/38（Supp.），2003年第29届会议，对厄瓜多尔的结论性意见，第301段；A/58/38，2003年第29届会议，对巴西的结论性意见，第98段；A/56/38，2001年第25届会议，对安道尔的结论性意见，第49～50段。

[68] 第28号一般性建议，第16段。

> 构性和历史模式以及男女之间不平等的权力关系，间接歧视可能加剧现有的不平等状况。[69]

66 委员会经常呼吁缔约国确保解决法律和政策中的间接歧视，最好的方法是将《公约》第1条的定义纳入国内法。[70]

（4）机会平等和结果平等

委员会在许多场合提到机会平等和结果平等的概念，批评一些缔约国只关注实现机会（形式）平等而牺牲了实质平等。[71] 委员会还声明：

> 结果平等是事实上或实质平等的逻辑推论。这些结果可能是数量和/或质量性质的，即妇女与男子在各领域享有有关权利的人数几乎相等，享有同等的收入、同等的决策权和政治影响力，妇女享有免遭暴力的自由。[72]

（5）平等和公正

委员会在许多场合强调《公约》所声称的平等的规范概念与公正的概念并不相同。[73]一些缔约国主张它们对“公正”目标的追求与《公约》是一致

---

[69] 第28号一般性建议，第16段。另见第25号一般性建议，注释1。

[70] 例如，CEDAW/C/BOT/CO/3（2010），对博茨瓦纳的结论性意见，第9~10段；CEDAW/C/MDG/CO/5（2008），对马达加斯加的结论性意见，第10~11段；CEDAW/C/KGZ/CO/3（2008），对吉尔吉斯斯坦的结论性意见，第9~10段；A/59/38，2004年第30届会议，对不丹的结论性意见，第99段；A/59/38，2004年第30届会议，对科威特的结论性意见，第64~65段；A/58/38，2003年第29届会议，对日本的结论性意见，第357~358段；A/58/38，2003年第29届会议，对摩洛哥的结论性意见，第161段。

[71] 例如A/63/38，2008年第41届会议，对英国的结论性意见，第264~265段。

[72] 第25号一般性建议，第9段。

[73] 例如，A/60/38，2005年第33届会议，对圭亚那的结论性意见，第287~288段；A/60/38，2005年第32届会议，对巴拉圭的结论性意见，第277~278段；A/59/38，2004年第31届会议，对多米尼加共和国的结论性意见，第288~289段；CEDAW/C/VEN/CO/6（2006），对委内瑞拉的结论性意见，第22段；A/62/38，2007年第38届会议，对瓦努阿图的结论性意见，第316~317段；CEDAW/C/NIC/CO/6（2007），对尼加拉瓜的结论性意见，第16段。一般参见A. Facio and M. I. Morgan，“Equity or Equality for Women? Understanding CEDAW's Equality Principles”（2009）60 *Alabama L Rev* 1133。

的，因为“公正”在本质上是《公约》所要求的实质平等。[74] 然而，这一观点将“平等”的含义假定为仅限于形式平等，而不包含实质平等。[75] 另一些国家声称，它们的目标是通过保证男女根据其性别而分配的相互补充、同等价值的不同角色，来实现消除对妇女的歧视。对这种做法，委员会已经坦率地作出回应，指出尽管缔约国声明“公正”意为“实质上或事实上平等”，但“‘公正’和‘平等’并不是同义词，也不可相互替代，否则将导致概念的混淆”。[76] 委员会还关切地注意到一个缔约国“对平等原则的不同理解”，“这种理解意味着男女权利相似、男女相辅相成，而不是男女权利平等”。[77]

5. 第1条和第4条的关系 67

禁止歧视和允许施行暂行特别措施（或积极行动、肯定行动）之间的关系常常引发疑惑。为纠正过去或持续的歧视影响而采取的积极的或优惠的措施，给了有利于妇女的“区别对待”，这是否属于非歧视原则的正当例外，还是这些措施根本不具有歧视性，因为它们通过考虑社会背景和权力关系来促进实质平等。[78] 这些问题在关于第4条的评注中将进行详细讨论。

6. 适用于《公约》的权利和自由

“对妇女的歧视”定义将歧视的范围扩展到对任何领域的人权和基本自由的享有，而不限于《公约》明确提及的权利或领域。对《公约》的适用范围作如此广义的理解是委员会多年来工作方法的核心。这在第19号一般性建议中体现得尤为显著。在这一文件中，委员会提到了许多《公约》没有专门提及的权利，而这些权利在妇女遭受来自家庭、社区或国家的暴力时都可能受到侵犯。委员会清楚地指出缔约国的义务扩展到消除因基于性别的暴力而造成的在享有这些权利方面的不平等。这种广义解释还体现在委员会

[74] Facio（前注73），第1135～1137页。

[75] 同上注。

[76] 例如，A/60/38，2005年第33届会议，对圭亚那的结论性意见，第288段。类似的建议还出现在前注73的结论性意见中。另见第28号一般性建议，第22段。

[77] A/63/38，2008年第40届会议，对沙特阿拉伯的结论性意见，第28段。

[78] 参见第25号一般性建议，第18段，呼应了第4条第1款，“委员会认为，根据《公约》采用并执行此类措施的缔约国并没有歧视男子”。

对交叉歧视（特定妇女群体，如少数民族或土著居民、移徙工人以及残疾妇女，她们都可能遭受多重歧视）[79] 及其他跨领域问题的分析中。

在 Cristina Muñoz-Vargas y Sainz de Vicuña 诉西班牙案中，委员会的许多专家认为《公约》可能并不适用于反映男女定型任务的基于性别的一切形式的区别对待。本案涉及的申诉是申诉人称其弟弟继承了伯爵头衔，因为根据西班牙法律，男性在继承贵族头衔方面享有优先权。申诉人主张这些规定构成对《公约》的一般性违反，特别是违反了第 2 条（f）项。[80] 委员会多数人拒绝了申诉，理由是有关事件发生在《公约》和《任择议定书》对西班牙生效之前。另有 8 位委员给出的拒绝理由与此不同，认为：“有关的贵族头衔纯属象征和尊称性质，没有任何法律或实际影响”；该申诉中的要求之所以不符合《公约》，是因为《公约》旨在保护妇女免遭确实妨碍或否认其享有权利的歧视。[81] 有 1 位委员明确反对上述观点，认为《公约》指向消除“基于文化、习俗、传统的行为和划分定型角色使妇女处于卑劣地位的
68 消极影响”，长子继承规则是这种传统定型角色的具体体现，“本案所涉行为模式及其直接的实质后果是不言而喻的”，认为申诉不符合《公约》条款的结论没有考虑到该条约的“目的和精神”。[82]

解析《公约》定义的各个要素并不一定要抓住每一种解释《公约》的方法来处理各种各样的歧视妇女的问题。《公约》作为一项人权文件必须得到动态的解释，以应对未来的发展或者在《公约》形成时没有考虑到的问题——或在当时不被认为是人权的问题。[83]

委员会在许多领域采用了一种宽泛的补救性解释方法。首先是关于对妇

---

[79] 例如第 18 号一般性建议（残疾妇女）；第 25 号一般性建议，第 12 段。

[80] A/62/38，2007 年第 39 届会议，附件七 C，第 7/2005 号来文，关于可受理性的决定，第 474 页。

[81] 同上注，第 482 页［委员会成员的个别意见：Magalys Arocha Dominguez，Cees Flinterman，Pramila Pattern，Silvia Pimentel，Fumiko Saiga，Glenda P. Simms，Anamah Tan，Zou Xiaoqiao（附议）］。

[82] 同上注，第 483 页，Shanthi Dairiam 的反对意见。

[83] 第 25 号一般性建议第 3 段：“《公约》是一项活的文书。自 1979 年《公约》通过以来，委员会及国家一级和国际一级的其他行动者一直以循序渐进的思维协助阐明和理解《公约》各项条款的实质性内容、歧视妇女的特别性质及消除此种歧视的其他文件。”另见第 28 号一般性建议，第 15 段。

女的暴力，委员会将其解释为一种涉及侵犯一系列基本权利和自由的歧视妇女问题，包括许多《公约》没有明确提及的权利和自由。这种方法在第19号一般性建议中首次得到全面阐释，[84] 自此以后持续地出现在委员会的结论性评论和意见以及它根据《任择议定书》对个人来文发表的意见中。在第19号一般性建议中，委员会指出：[85]

> 《公约》第1条界定了对妇女的歧视。歧视的定义包括基于性别的暴力，即因为她是妇女而对之施加的暴力或不成比例地影响妇女的暴力。它包括施加身体的、心理的或性的伤害或痛苦，威胁施加这类行动，压制和其他剥夺自由的行动。基于性别的暴力可能违反《公约》的具体条款，不论这些条款是否明文提及暴力。
>
> 基于性别的暴力损害或阻碍妇女依照一般国际法或特定的人权公约享受人权和基本自由，符合《公约》第1条所指的歧视。

7. 交叉性

尽管《公约》没有明确指出妇女因其性别和其他身份而遭受的多重歧视，[86] 但它承认特定群体的妇女可能同时因为其性别和其他特征而遭受某种形式的歧视。[87] 这一点反映在《公约》序言提及的贫困妇女以及《公约》其他地方 69
提到的特定婚姻状况的妇女、怀孕妇女以及农村妇女。委员会在实践中已经确认了许多妇女群体，她们因其性别而受到《公约》的保护，同时又具有其他身份。委员会在其第28号一般性建议中解释了交叉性的概念及其重要性：

---

[84] 第19号一般性建议提到了下列《公约》没有专门规定的权利：（1）生命权；（2）不受酷刑、不人道或有辱人格的待遇或处罚的权利；（3）在国际或国内武装冲突时享受人道主义规范的平等保护的权利；（4）自由和人身安全权利。参见关于“针对妇女的暴力”一章的讨论。

[85] 第19号一般性建议，第6~7段。另见第28号一般性建议，第19段。

[86] 比较《残疾人权利公约》序言第（p）段。

[87] 一般参见 Bond（前注55）以及亚太国际妇女权利行动观察 *Addressing Internaitonal Discrimination with Temporary Special Measures*, Inernational Women's Rights Action Watch Asia Pacific Occasional Paper Series, No. 8(2006), pp. 25－26。

交叉性是理解第2条所载缔约国一般义务范围的根本概念。以性别和社会性别为由对妇女的歧视与影响妇女的其他因素息息相关，如种族、族裔、宗教或信仰、健康状况、年龄、阶级、种姓、性取向和性别认同等。以性别或社会性别为由的歧视对这些妇女群体的影响程度或方式不同于对男子的影响。缔约国必须从法律上承认这些交叉式的歧视以及对相关妇女的综合负面影响，并禁止这类歧视。[88]

关于移徙女工的第26号一般性建议同样运用了这一方法。委员会称，移徙女工的人权应根据《公约》、其他条约以及《世界人权宣言》得到保护，[89] 指出“基于种族、族裔、文化特征、民族、语言、宗教或其他情况的歧视也会具体表现为性别歧视和社会性别歧视”。[90]

在关于保健权的第24号一般性建议中，委员会指出，男女之间除了生物学差异之外，“还有一些社会性的因素，对男女的健康状况有决定作用；这些因素在妇女相互之间也可能各个有别”，因此“应特别重视脆弱群体和处境不利群体妇女的保健需求与权利，如移徙妇女、难民和国内流离失所妇女、女童和老年妇女、卖淫妇女、土著妇女，以及身体或智力残障的妇女”。[91]

委员会在其他场合也提到了许多不同的妇女群体，包括农村妇女、残疾妇女[92]、少数民族妇女（包括吉卜赛人）[93]、移民与难民妇女、土著妇女、移

---

[88] 第28号一般性建议，第18段。另见第25号一般性建议，第12段。

[89] 第26号一般性建议，第6~7段。

[90] 同上注，第14段。

[91] 第24号一般性建议，第6段。

[92] 例如，CEDAW/C/TJK/CO/3（2007），对塔吉克斯坦的结论性意见，第39~40段；CEDAW/C/MLI/CO/5（2005），对马里的结论性意见，第32段。

[93] 具体参见第27号一般性建议和委员会早先的决定《通过公约消除对老年妇女的歧视》，A/57/38（2002）第一部分，消除对妇女歧视委员会第26/Ⅲ号决定，《借助公约消除对老年妇女的歧视》，第430~436段。另见A/56/38（2001），对芬兰的结论性意见，第305段；A/56/38（Supp.），2001年第25届会议，对瑞典的结论性意见，第356段；A/57/38，2002年特别会议，对希腊的结论性意见，第293段；CEDAW/C/BRA/CO/6（2007），对巴西的结论性意见，第27段；CEDAW/C/MKD/CO/3（2006），对前南斯拉夫马其顿共和国的结论性意见，第28（r）（i）段；CEDAW/C/SVK/CO/4（2008），对斯洛伐克共和国的结论性意见，第23段；A/60/38，2005年第32届会议，对意大利的结论性意见，第35段；A/57/38，2002年第27届会议，对丹麦的结论性意见，第343段。

徙妇女、老年妇女[94]、被监禁妇女以及属于性少数群体的妇女[95]。在关于定期报告的《公约》专项报告准则中，委员会要求提供“关于《公约》适用于不同的妇女群体，特别是受到多重歧视的妇女群体的情况”的资料，[96] 并呼吁缔约国通过立法和其他措施解决“交叉歧视”问题。[97] 70

四 保留

尽管很少有专门针对第 1 条的保留，还是有一些对《公约》的概括性保留——实际上拒绝接受对妇女的歧视定义的范围。许多保留与继承王室或其他贵族头衔以及世袭特权有关，这些国家保留了男性的优先继承权。[98] 例如，英国就特别提及第 1 条，声称它的批准“须理解为它根据《公约》承担的任何义务不得被视为扩展至继承或占有和享有王权、贵族身份、荣誉、社会优先或徽号”，也不得扩展至宗教教派事务或皇家武装力量的招募或服役（从 2005 年开始，这一保留限于旨在确保皇家武装力量战斗力的任何行动）。[99] 尽管并不存在继承君主权力或贵族头衔的特定人权，但是在传递这些头衔时对男女的差别待遇若被视为与公共生活和政治生活相关，似乎就属于《公约》第 7 条的适用范围；如果被视为与私人和家庭生活相关，则属

---

[94] 例如，CEDAW/C/TJK/CO/3（2007），对塔吉克斯坦的结论性意见，第 39 段。

[95] 例如，CEDAW/C/ECU/CO/7（2008），对厄瓜多尔的结论性意见，第 28 段。另见第 28 号一般性建议，第 18、31 段。

[96] A/63/38（Supp.），2008 年第 40 届会议，附件一，CEDAW Decision 40/I，《消除对妇女歧视委员会公约专项报告准则》，第 21 段。另见 HRI/GEN/2/Rev. 6（2009），《包括共同核心文件和特定条约文件准则在内的根据国际人权条约提交报告的协调准则》，第 51、54 和 55 段。

[97] CEDAW/C/BLR/CO/7（2001），对白俄罗斯的结论性意见，第 12 段；CEDAW/C/HUN/CO/6（2007），对匈牙利的结论性意见，第 30 段。另见 CEDAW/C/ALB/CO/3（2010），对阿尔巴尼亚的结论性意见，第 18～19 段。

[98] 参见如列支敦士登、摩纳哥、卢森堡（2008 年撤回）的保留。另见关于“保留”一章的讨论。

[99] 参见 L. Lijnzaad, *Reservations to UN-Human Rights Treaties: Ratify and Ruin?*（1995），pp. 306－307。该文指出，究竟《公约》哪些条款涉及这些问题并不十分清楚，但第 5、7 和 15 条可能与此有关。

于第 2 条一般义务的范围，同时涉及第 1 条或第 15、16 条的人权和基本自由。

英国同时声明，它理解“根据第 1 条包含的定义，按照其条款，《公约》的主要目标是降低对妇女的歧视，因此不应将《公约》视为要求废除或修改现有法律、规章、习俗或做法中给予妇女比男子更优待遇的规定，无论这些待遇是暂时的还是长期的；英国对《公约》第 4 条第 1 款及其他条款将按此理解”。这似乎本质上是肯定《公约》是指向对妇女的歧视，重申了英国对《公约》第 23 条效果的立场。[100]

---

[100] 参见第 31 章对《公约》第 23 条的讨论。

第二条[*] 71

缔约各国谴责对妇女一切形式的歧视，协议立即用一切适当办法，推行政策，消除对妇女的歧视。为此目的，承担：

（a）男女平等的原则如尚未列入本国宪法或其他有关法律者，应将其列入，并以法律或其他适当方法，保证实现这项原则；

（b）采取适当立法和其他措施，包括适当时采取制裁，禁止对妇女的一切歧视；

（c）为妇女与男子平等的权利确立法律保护，通过各国的主管法庭及其他公共机构，保证切实保护妇女不受任何歧视；

（d）不采取任何歧视妇女的行为或作法，并保证公共当局和公共机构的行动都不违背这项义务；

（e）应采取一切适当措施，消除任何个人、组织或企业对妇女的歧视；

（f）应采取一切适当措施，包括制定法律，以修改或废除构成对妇女歧视的现行法律、规章、习俗和惯例；

（g）同意废止本国刑法内构成对妇女歧视的一切规定。

一　概述 …………………………………………………………………… 94

二　准备工作 ……………………………………………………………… 97

---

* 感谢 Dianne Otto 教授对本章和第 1 条一章的评论，感谢 Luke Beck，Renée Chartres，Maria Herminia Graterol 和 Eleanor Bath 协助研究，以及新南威尔士大学金星研究奖和法学院为本章及第 1 条、第 23 条、第 24 条章节的研究提供资金支持。

三　解释问题 …… 97
（一）引言 …… 99
1. “缔约各国谴责对妇女一切形式的歧视” …… 99
2. “协议立即用一切适当办法，推行政策，消除对妇女的歧视” …… 100
3. “一切适当办法”/“（一切）适当措施” …… 102
4. “为此目的，承担” …… 103
（二）第2条（a）项 …… 103
1. 将《公约》直接纳入国内法 …… 105
2. “并以法律或其他适当方法，保证实现这项原则” …… 108
（三）第2条（b）项 …… 109
（四）第2条（c）项 …… 111
（五）第2条（d）项 …… 113
（六）第2条（e）项 …… 114
（七）第2条（f）项 …… 119
（八）第2条（g）项 …… 122
四　其他适用问题 …… 123
（一）联邦国家/具有分权治理安排或权力下放安排的国家 …… 123
（二）《公约》的领土适用 …… 123
（三）《公约》的域外适用 …… 124
（四）作为国际组织参加者的缔约国行为 …… 127
（五）对其他文件的批准 …… 129
五　保留 …… 129

72

一　概述

第2条被委员会描述为“《公约》的真正本质”，“对全面履行《公约》

至关重要”。[①] 本条与第 1、3、4、5 条（a）项以及第 24 条列出了缔约国承担的一般义务。[②] 这些条款申明了《公约》恢宏的愿望，以及缔约国在所有领域在国际和国家层面的法律义务。[③] 虽然《公约》在具体条款（第 6 ~ 16 条）中讨论了许多最重要的领域以及各种形式的歧视，但它并没有明确论及所有问题。这些一般性的条款确保《公约》的涵盖范围足够全面以实现《公约》的宗旨，即消除各个领域针对妇女的所有形式的歧视。

尽管第 2、3、24 条有较大重叠，但每一条款都有不同的侧重点，体现了《公约》起草者的原意和赋予它们的不同作用。根据条约解释的一般原则，纳入这三个条款都经过了深思熟虑而不是简单的重复。不同的措辞对于确定各条款的范围起着重要作用。

第 2 条关注的是法律、立法和法律机制对确保妇女免遭形式（法律上）或实质（事实上）歧视的作用。它强调为平等和免遭歧视提供实在的法律保障以及消除现有的歧视性法律和习俗的重要性。但第 2 条并不局限于法律措施，它还要求缔约国通过政策或其他“适当措施”消除歧视。

第 3、24 条与第 2 条之间的关系并不十分清晰。第 3 条要求缔约国采取“一切适当措施”保障在平等基础上充分享有权利。它所要求的措施类型以及涵盖的范围非常广泛，强调了享有和行使权利的积极方面以及妇女发展、进步等更广泛的目标。[④] 第 3 条与第 2 条及第 1 条“对妇女的歧视”的广泛定义一起，确认了《公约》要求缔约国朝着在享有一切基本权利和自由方面消除对妇女的歧视的方向努力，而不限于条约明文规定的领域。[⑤] 对《公
约》范围的这一理解是委员会多年来工作方法的核心。[⑥] 这一方法体现在第 73
19 号一般性建议中，委员会在其中提到了妇女在遭受来自国家、社区或家庭

---

① 第 28 号一般性建议，第 6、41 段。

② 第 6 条也可以被视为一般性条款，参见关于第 6 条的讨论。

③ 第 19 号一般性建议，第 10 段。

④ 参见关于第 3 条的讨论。

⑤ 参见关于第 1 条的讨论。与之相反，《消除一切形式种族歧视国际公约》第 5 条列出了公约保障平等享有的具体权利的详细清单。

⑥ 虽然委员会评论说《公约》的“精神”使其扩展至保护在享有“《公约》未明确提及的”权利时免遭歧视（第 28 号一般性建议，第 7 段），但实际上《公约》的文字坚定地支持了这类保护，特别是第 1、2 和 3 条。

的暴力时可能受到侵犯的多种权利，并强调缔约国的义务扩展到消除因基于性别的暴力引发的在享有这些权利方面的不平等。[7] 这一方法还体现在委员会对交叉性问题（委员会处理针对如少数民族和土著人、移徙工人、残疾妇女等特定妇女群体的歧视问题时的方法）[8] 及其他跨领域议题的讨论中。

第24条要求缔约国“在国家层面采取一切必要措施”以充分实现《公约》中的权利。它对在国家层面采取行动的强调重申了国际法的基本原则。它着重指出，《公约》不仅仅是一系列意愿的声明，还施加了在国家层面采取措施的法律义务，以使“本公约所承认的权利”[9] 得以落实。在报告程序中，委员会倾向于根据第2条讨论许多与执行《公约》的制度程序和安排有关的问题，这些问题也可能根据第3条和第24条进行讨论。

在第28号一般性建议中，委员会全面阐释了它对缔约国根据《公约》（特别是第2条）应承担的义务的理解。联合国其他人权条约机构也通过了相应的声明，说明缔约国根据这些人权条约承担的一般义务；其他机构所通过的一般性意见中，尤以人权事务委员会[10]与经济、社会及文化权利委员会[11]通过的意见最为重要。[12] 这些解释性声明合在一起，构成了一套解释和适用《公约》第2条及其他条款的法理及评注。

---

⑦ 第19号一般性建议提到了下列《公约》没有专门规定的权利：（1）生命权；（2）不受酷刑、不人道或有辱人格的待遇或处罚的权利；（3）在国际或国内武装冲突时享受人道主义规范的平等保护的权利；（4）自由和人身安全权利。参见关于“针对妇女的暴力”一章的讨论。

⑧ 参见如第18号一般性建议、第25号一般性建议第12段以及第26号一般性建议。

⑨ 参见关于第24条的讨论。

⑩ HRI/GEN/1/Rev. 9（Vol. I），人权事务委员会第31号一般性意见：公约缔约国的一般法律义务的性质（2004）。

⑪ E/1991/23，经济、社会及文化权利委员会第3号一般性意见（1991）。另见E/C. 12/1998/24，经济、社会及文化权利委员会第9号一般性意见（1998）；E/C. 12/1998/25，经济、社会及文化权利委员会第10号一般性意见（1998）；E/C. 12/GC/20，经济、社会及文化权利委员会第20号一般性意见（2009）。另见CCPR/C/21/Rev. 1/Add. 10，人权事务委员会第28号一般性意见（2000）以及E/C. 12/2005/4，经济、社会及文化权利委员会第16号一般性意见（2005），这些评论讨论了男女平等享有两公约所规定的权利。

⑫ 另见HRI/GEN/1/Rev. 9（Vol. II），儿童权利委员会第5号一般性意见（2003），以及CAT/C/GC/2，禁止酷刑委员会第2号一般性意见（2007）。

二　准备工作

第 2 条主要参考了《消除对妇女歧视宣言》和《消除一切形式种族歧
视国际公约》，当然也借鉴了其他条约。在菲律宾和苏联提交妇女地位委员
会的原始草案以及二者的合并草案中包含有关第 2 条的一个版本，这个版本
成为大量讨论的基础。菲律宾原始草案中被删除的一个要素是“如果情况 74
允许，国家应当在可行的情况下尽快批准、加入和全面执行联合国及其专门
机构的与消除对妇女歧视有关的国际文件”。[13] 本条的最终结构是由比利时
在重新准备的草案中提出的。[14] 该草案包含了最终版本的绝大部分要素，其
中有一个未被采纳的要素是规定每一缔约国“承担义务促进旨在提高妇女
地位和消除对妇女一切歧视的组织和运动”。[15] 目前的第 2 条（g）项，在菲
律宾草案和菲律宾/苏联合并草案中曾是一个独立条款，后被加入第 2 条。

三　解释问题

委员会声称第 2 条“是《公约》目标和宗旨的核心”。[16] 缔约国“之所以批准《公约》是因为它们同意应谴责对妇女一切形式的歧视，也同意执行第 2 条（a）项至（g）项所载列的方略以消除这种歧视”。[17] 第 2 条包含了《公约》缔约国应当承担的三项主要义务：消除法律中及公共当局和私人行为中直接和间接的歧视；通过政策和方案改善妇女在事实上的地位；解决法律、社会结构和社会态度中普遍存在的社会性别关系及有害的性别刻板

⑬ E/CN. 6/573（1973），草案第 2 条（d）（ii）项。

⑭ E/CN. 6/591/Add 1（1976）.

⑮ E/CN. 6/591/Add 1（1976），草案第 2 条（g）项。

⑯ A/53/38，1998 年第 19 届会议《消除对妇女歧视委员会通过的对〈消除对妇女一切形式歧视公约〉的保留的声明》第 49 页，第 16 段。

⑰ 同上注。

印象。[18]

委员会也借鉴根据其他条约形成的对人权义务性质的分析来解释《公约》义务的含义和范围。其中最为重要的是三维分析框架，该框架最初在解释经济、社会和文化权利时形成，[19] 现在也运用于公民权利和政治权利，即尊重、保护和实现/促进受保障的权利的义务。尊重的义务要求国家自身避免采取涉嫌歧视妇女的行为；保护的义务要求国家保护妇女免遭来自非国家行为体的歧视；促进或实现的义务涉及采取一系列行动创造环境使妇女能够在法律上和事实上享有平等。[20] 这个三维分析框架的确可以向缔
75 约国阐明，根据《公约》第 2 条以及其他一般条款或具体条款（特别是那些要求缔约国采取“必要”或“适当”措施的条款）缔约国应承担哪些义务。[21]

委员会在早期的一般性建议中只是简要提及过这一方法，[22] 而在第 28 号一般性建议中，委员会全面运用这一方法描述和解释《公约》的义务，[23] 并在确定采取“适当措施”[24] 的义务范围时强调注意运用这一方法。因此，第 2 条（d）项反映的是尊重的义务，尊重个人权利免遭政府歧视；第 2 条（e）项规定了保护的义务，保护免受非国家行为体的歧视。实现的义务涉及根据第 2 条以及第 3、4、5、23 和 24 条要求采取的一些措施。

---

[18] 第 25 号一般性建议，第 7 段。

[19] 早期对这一方法的阐释，参见 A. Eide, *Right to Adequate Food as a Human Rights*(1989)，第 169 ~ 181 段，UN Sales No. E. 89 XIV. 2；以及 A. Eide, “Economic, Soical and Cultural Rights as Human Rights”, in A. Eide et al. (eds.), *Econmic, Social and Cultural Rights: A Textbook*(1995), pp. 21, 37 – 38。一般参见 M. Graven, *The International Covenant on Economic, Social and Cultural Rights: A perspective on its Development*(1995), pp. 109 – 114；M. M. Sepulveda, *The Nature of the Obligations under the International Coveneant on Economic, Social and Cultural Rights: Assessing the Economic Deficit*(2004), pp. 28 – 34。

[20] 第 28 号一般性建议，第 9 段。

[21] 库克和库萨克在详细阐释运用《公约》消除有害的性别刻板印象时运用了类型学。R. J. Cook and S. Cusack, *Gender Stereotyping: Transnational Legal Perspectives*(2009), pp. 76 – 84.

[22] 参见如第 25 号一般性建议，第 4 段。

[23] 第 28 号一般性建议，第 9 段。

[24] 同上注，第 37 段。

（一）引言

第2条的引言与该条的其他内容一样，严格遵循了《消除一切形式种族歧视国际公约》相应条款的措辞。[25] 缔约国：

- 谴责对妇女一切形式的歧视；
- 协议立即……推行政策，消除对妇女的歧视；
- 用一切适当办法。

引言的第一部分是一个重要的象征性声明，强有力地表达了国际社会对歧视妇女的态度——“谴责”一语同样运用在种族歧视的语境中。引言第二部分宣明了一项明确的法律义务，即（“同意”）制定消除歧视的政策并致力于“立即”推行这一政策。

1. “缔约各国谴责对妇女一切形式的歧视”

“谴责”一语是国际条约中使用的一种最强烈的表达不同意的形式，因此反映了缔约国对歧视妇女的极度厌恶[26]和对消除歧视的有力承诺，将其和种族歧视置于同一层级。[27] 在第28号一般性建议中，委员会指出缔约各国“有立即和持续谴责歧视的义务”，并且：

> 有义务向其民众和国际社会表明立场，其各级政府和各类政府机关

---

[25] 《消除一切形式种族歧视国际公约》第2条第1款：“缔约国谴责种族歧视并承诺立即以一切适当方法实行消除一切形式种族歧视与促进所有种族间的谅解的政策。”参见 E. Schwelb, “The International Convention on the Elimination of All Forms of Racial Discrimination” (1966) 15 *Intl and Comparative L Quarterly* 996, 1015。

[26] International Women's Rights Action Watch Asia Pacific, *Possible Elements for Inclusion in a General Recommendation on to Article 2 of CEDAW*, *Outcome Document of the Expert Group Meeting on CEDAW Article 2: National and Internaitonal Dimensions of State Obligation* (*IWRAW AP Article 2 Report*) (2007)，第21段。

[27] 同上注。一位评论者认为奉行消除歧视的政策“可以为谴责义务提供规范性内容”。N. Burrows, “The 1979 Convention on the Elimination of All Forms of Discrimination against Women” (1985) 32 *Netherlands Int L Rev* 419, 426.

完全反对各种形式的歧视妇女并有决心消除对妇女的歧视。[28]

76 采用“一切形式”的歧视的表述强调了起草者的意图是国家“本着警惕的态度谴责一切形式的歧视，包括《公约》未明确提及或可能新出现的歧视形式”。[29] 因此，《公约》适用于公共机构和私人主体实施的歧视，不论这些歧视是包含在法律、习俗、传统、文化或其他做法中，抑或直接的、蓄意的、间接的、个别的或系统的歧视。

2. “协议立即用一切适当办法，推行政策，消除对妇女的歧视”

这一一般性义务包含了许多重要的要素，委员会在第28号一般性建议中对此进行了详细解释。[30] 缔约国协议“推行政策”，这要求缔约国制定框架以识别对妇女一切形式的歧视、形成消除歧视的政策以及执行政策的方略。尽管国家在制定政策时享有相当程度的灵活性，但政策必须具体并指向具体的目标，最终目标是完全消除歧视。[31] 相应的，国家必须：

> 立即评估妇女在法律上和事实上的状况，并采取切实步骤制定和实施政策。这一政策的目标应尽可能明确，即完全消除对妇女一切形式的歧视，以及实现妇女与男子的实质性平等。其重点在于向前推进：从对情况的评估、制定和初步采取一套全面的措施，到根据这些措施的有效性和新出现的问题不断改进这类措施，以实现《公约》的目标。[32]

---

[28] 第28号一般性建议，第15段。

[29] 同上注，第15段。

[30] 同上注，第23～29段。

[31] 同上注，第23段。

[32] 同上注，第24段。委员会要求缔约国在形成一项性别平等的政策时对妇女的地位进行全面评估，并根据进展的具体指标监测政策的执行。参见A/62/38，2007年第37届会议，对哈萨克斯坦的结论性意见，第75段；A/62/38，2007年第37届会议，对纳米比亚的结论性意见，第258～259段；A/62/38，2007年第37届会议，对奥地利的结论性意见，第493～494段；A/62/38，2007年第37届会议，对波兰的结论性意见，第379～380段。

推行政策的义务具有紧迫性[33]——“立即”一词强调了这一点；[34] 缔约国不能“以任何理由，包括政治、社会、文化、宗教、经济、资源，或缔约国的其他考虑因素或面临的限制等理由”推迟执行《公约》。[35] “推行”政策的义务同样是持续的，缔约国有责任随着时间的推移监测进展和调整政策。

委员会列举了国家政策中许多有助于实现第 2 条义务的要素。[36] 政策应当包括法律和非法律措施，[37] 并应当覆盖《公约》范围内所有的生活领域；[38] 确保所有部门和各级政府适当承担起各自的执行任务；[39] 政策必须承认妇女是权利拥有者，“尤其应重视被边缘化最为严重的妇女以及遭受各种形式交叉歧视的妇女群体”；[40] 确保妇女能够“积极参与该政策的制定、执行和监测”[41] 以及有了解其在《公约》之下的权利的途径并能够主张这些权利[42] 77
[该政策必须以行动和结果为导向，[43] 具有适当的指标和时间表，有充分的资源（作为“主要的政府预算”的一部分）]；[44] 确保在行政机关中设立一个有效的全国妇女机构，可以直接向最高级别的政府提出建议；[45] 确保建立独立的监督机制，如国家人权机构或独立的妇女委员会，或者将现有国家机构的任务扩展到保护《公约》所保障的权利；[46] “吸纳企业、媒体、组织、社区团体和个人等私营部门的参与，争取在它们的参与下制定措施，以促进

[33] 第 28 号一般性建议，第 29 段。
[34] 同上注。
[35] 同上注。
[36] 参见 *IWRAW AP Article 2 Report*（前注 26），第 28～34 段。
[37] 同上注，第 24 段。
[38] 同上注，第 25 段。
[39] 同上注，第 25 段。
[40] 同上注，第 26 段。
[41] 同上注，第 27 段。
[42] 同上注，第 27 段。
[43] 同上注，第 28 段。
[44] 同上注，第 28 段。
[45] 同上注，第 28 段。关于国家机构，参见 E/CN.6/1999/4，第 43～78 段，以及北京《行动纲领》，第 201 段。建立有效的国家机构的义务可以看成是根据第 2、3 或 24 条中的任何一条承担的，但第 2 条和第 24 条似乎最为适当。参见第 25 号一般性建议，第 34 段。
[46] 第 28 号一般性建议，第 28 段。

私营经济领域实现《公约》目标”。[47]

在第28号一般性建议中，委员会坚持了一贯的做法，[48] 重申了以下措施的重要性：建立“机制收集按性别分类的相关数据，支持有效监测，为持续评估提供便利，允许对现有措施进行修改或补充并确定适当的新措施”。[49]

3. “一切适当办法”／“（一切）适当措施”[50]

“一切适当措施/办法”出现在《公约》的许多条款中。这一短语承认各国情况或有不同，允许缔约国可根据国情灵活选择和设计最有效的措施。鉴于歧视妇女的广泛性和多样性，“一切”一词强调了采取全面措施的义务。这些措施必须包含立法措施，[51] 但也包含其他类型的措施，第18条强调了这一点。该条要求缔约国就其为使《公约》生效所采用的“立法、司法、行政或其他措施”定期提出报告。

“适当措施”也包含暂行特别措施这一实现实质平等的措施。在第25号一般性建议中，委员会指出，这些措施属于第2条以及《公约》其他条款的范围，缔约国应当“就这些措施的法律或其他依据提出报告，并说明选择某种办法的理由。此外，还请缔约国详细说明关于暂行特别措施的立法，特别是该立法是否对暂行特别措施的强制属性或自愿属性作出规定”。[52]
委员会在第28号一般性建议中再次确认这一立场，指出采取暂行特别措施
78 是缔约国“实现”妇女的非歧视和平等权的一个方面，[53] 缔约国应当制定关

[47] 第28号一般性建议，第28段。

[48] 参见1989年第9号一般性建议，以及A/62/38，2007年第37届会议，对阿塞拜疆的结论性意见，第108～109段；A/62/38，2007年第37届会议，对印度的结论性意见，第151～152段；A/62/38，2007年第37届会议，对纳米比亚的结论性意见，第296～297段；A/62/38，2007年第37届会议，对波兰的结论性意见，第397～398段；A/62/38（Supp.），2007年第37届会议，对尼加拉瓜的结论性意见，第567～568段。

[49] 第28号一般性建议，第28段。

[50] 同上注，第23段。

[51] 如A/59/38，2004年第31届会议，对赤道几内亚的结论性意见，第187～188条。

[52] 第25号一般性建议，第30段。

[53] 第28号一般性建议，第9、20段和第37（d）段。

于暂行特别措施的立法框架。[54]

4. “为此目的，承担”

引言最后一部分也包含一个明确的义务（“缔约国……承担”），涉及许多具体的结果。在有些情况下，义务是具体的，要求立即执行，并且能够立刻实现［例如，第2条（a）、（c）、（d）和（g）项］。而另一些情况下，《公约》用语允许缔约国在确定实现目标（包括可能被视为或不被视为立刻实现的目标）的适当措施时有较大的自由裁量权。许多条款中提及“（一切）适当措施”，这虽在一定程度上增加了灵活性，但也因此为理解所讨论义务的含义以及采取措施的进度带来了不确定性。例如，第2条（a）项明白无误地要求采取立法措施，以及旨在消除歧视的其他措施。第2条（b）项和（f）项具有相似的效果。在这些情况下，挑战在于确定适合特定情况的措施。第2条（e）项没有提及立法措施（仅提到了“一切适当措施”），但除任何其他措施外某种形式的立法措施显然是必要的，特别是考虑到第2条（c）项要求为妇女人权建立有效的法律保护。这些义务还必须结合引言第一部分进行理解，特别是《公约》申明的目标必须毫不迟延地予以追求。

（二）第2条（a）项

第2条（a）项与第2条其他部分一样，非常重视法律在消除对妇女歧视方面的作用，同时也隐含地承认了法律在体现和固化歧视方面的作用。

第2条（a）项参考了《消除对妇女歧视宣言》第2条（甲）项。[55]该条款的基础是菲律宾[56]以及菲律宾/苏联[57]联合提案，1974年1月妇女地位委员会通过的草案[58]规定，每一缔约国“如尚未纳入，则应当在其宪法中体现权利平等原则，或者应通过法律保障在实际上实现这一原则”。

---

[54] 例如A/57/38，2002年第27届会议（原文有误。——译者注），对乌克兰的结论性意见，第282～283段；CEDAW/C/COD/CO/5（2006），对刚果民主共和国的结论性意见，第20段；CEDAW/C/MNG/CO/7（2008），对蒙古国的结论性意见，第12段。

[55] 《消除对妇女歧视宣言》第2条（甲）项：“权利平等原则应载入宪法或另以法律加以保证”。

[56] E/CN.6/573（1973），草案第2条（d）（i）项。

[57] E/CN.6/AC.1/L.4（1974），草案第2条（d）（i）项。

[58] E/CN.6/589（1974），第35页。

1976年妇女地位委员会通过的草案重申了宪法保障的要求，并进一步要求国家“通过法律或其他适当办法，确保在实际上实现”该原则，[59] 这表明对平等的宪法保障（不仅是立法保障）具有强制性。

79 该条款在后来的起草过程中得到了修改，被“或［在］其他有关法律”一语替换，表明一些弱于对平等的宪法保障的立法也可以满足义务要求。使用“有关”这一形容词并不意味着未在立法中体现该原则也是可以接受的——这么做将违背该条款的目的。事实上，该短语承认，鉴于缔约各国的法律传统和法律结构各异，平等原则可以通过不同的途径得到法律保障。例如，一部性别平等法、一部一般性的性别歧视法或者在部门法（例如劳动法典）中纳入平等保障，均可为平等原则提供有效的法律确认。尽管有这一用语，委员会还是经常建议缔约国在宪法中明确保障妇女的人权（以此确保它们优于低于宪法地位的不一致的法律[60]）并使这些权利在国内法庭具有执行力。[61] 委员会也敦促缔约国利用“宪法时刻”或转型形势确保在宪法或其他法律中纳入妇女平等权并落实缔约国根据《公约》承担的义务。[62]

---

[59] E/CN. 6/608（1976），第3页，草案第2条（a）项。

[60] 例如A/63/38（Supp.），2008年第41届会议，对也门的结论性意见，第361～362段；A/61/38，2006年第36届会议，对菲律宾的结论性意见，第517～518段；A/57/38，2002年第26届会议，对斐济的结论性意见，第46～47段；CEDAW/C/NER/CO/2（2007），对尼日尔的结论性意见，第11～12段；A/62/38，2007年第39届会议，对新加坡的结论性意见，第107～108段；下注82和83所引用的结论性意见。

[61] 例如A/57/38，2002年第27届会议，对苏里南的结论性意见，第39～40段。

[62] 例如CEDAW/C/KEN/CO/7（2011），对肯尼亚的结论性意见，第11～12段；CEDAW/C/TLS/CO/1（2009），对东帝汶的结论性意见，第14段；CEDAW/C/ESP/CO/6（2009），对西班牙的结论性意见，第11～12段；A/59/38，2004年第31届会议，对安哥拉的结论性意见，第142～143段；A/55/38，2000年第22届会议，对约旦的结论性意见，第168～169段。另见委员会关于伊拉克2003年战后重建的努力的声明《致秘书长伊拉克问题特别代表、人权事务高级专员的信》，A/58/38（Supp.），2003年第29届会议，附件七，第201页；《消除对妇女歧视委员会关于伊拉克妇女境况的声明》，A/59/38（Supp.），2004年第30届会议，附件二，第87页；《关于伊拉克妇女境况的声明，致伊拉克临时政府》，A/59/38（Supp.），2004年第31届会议，附件十一，第268页；以及《消除对妇女歧视委员会关于伊拉克妇女境况的声明》，A/60/38，2005年第33届会议，附件十，第244页。

1. 将《公约》直接纳入国内法

缔约国基本的国际法义务是确保国内立法和实践执行它们根据《公约》承担的义务，使妇女可以有效地享有免遭歧视的权利。只要《公约》要求立法执行，或只要立法是一项“适当措施”，缔约国就必须制定与《公约》义务一致的法律。

为确保《公约》条款在国家层面的执行力，“缔约国承诺将《公约》纳入其国内法律制度，或允许《公约》在其国内法律秩序中发挥适当的法律效力，以确保在国家层面执行《公约》条款”。[63] 因此，《公约》并没有明确要求将其条款作为一个整体纳入国内法，而是由缔约国根据其宪法制度来决定。在一元论制度的国家，批准即具有将《公约》纳入国内法的正式效
力，其条款因此可以像国内法一样予以执行。[64] 在这种情况下，《公约》条 80
款可能享有普通立法的地位或者在某些情况下享有更高的地位，这取决于缔约国的宪法安排。[65]《公约》的特定条款是否具有可诉性（即可以作为在国内法院或法庭面前提出申诉的基础并被该机构适用），既取决于条款本身的文本也取决于关于《公约》条款的直接适用性或直接效力（自动执行性）的国内规则。[66] 一些国内法院主张《公约》的条款总体上可以在国内法律秩序中直接适用，[67] 而其他法院则主张《公约》的大部分条款因其非自动执行性而不能被直接适用（但即便如此仍然承认《公约》的特定条款可能或多

---

[63] 第 28 号一般性建议，第 31 段。

[64] 参见导论部分。

[65] 一般参见 A. Byrnes and C. Renshaw, “Within the State”, in D. Moeckli, S. Shah, S. Sivakumaran and D. Harris (eds.), *International Human Rights Law* (2010), pp. 498, 500 – 506。

[66] 参见第 28 号一般性建议，第 31 段；另见 K. Kaiser, “Treaties, Direct Applicability”, in R. Wolfrum (ed.), *The Max Planck Encyclopedia of Public International Law* (2008), 网络版, www. mpepil. com, 2010 年 12 月 31 日访问。

[67] 例如在哥斯达黎加；A. Facio and M. I. Morgan, “Equity or Equality for Women? Understanding CEDAW's Equality Principles” (2009) 60 *Alabama L Rev* 1133, 1160 – 1165；N. C. Subedi, “Elimination of Gender Discriminatory Legal Provision by the Supreme Court of Nepal with Reference to Women's Rights to Property” (2009) 26 (1) *Tribhuvan University J* 37, 45 – 51 [尼泊尔条约法案 2047（1990）规定条约构成国内法的一部分]。

或少是可诉的)。[68]

委员会一直敦促缔约国将《公约》“国内化”，即无论这类条约是否属于国内法的一部分，都将其条款纳入国内法，这样个人可以将它们作为权利的渊源在国内法院或其他机构面前援引。[69] 委员会欢迎这种纳入，无论是通过执行将条约纳入法律制度的宪法规则，还是利用一部专门立法将《公约》制定为国内法（一般奉行二元论制度的缔约国需要采用这种方法）。[70] 委员会也经常要求澄清《公约》是否构成国内法的一部分及其在国内法中的法律位阶，[71] 并通过询问法院和法庭是否在其决定中援引过《公约》来判断当
81 条约构成国内法的一部分时它的实际影响如何。[72] 有时，委员会敦促缔约国确保《公约》在国内法中至少具有与其他人权条约相同的地位，以保证其条款优于与之不一致的法律。[73] 委员会已经表达了它对将《公约》条款的可

---

[68] 相关例子有德国、瑞士和日本。参见 B. Simma, D－E Khan, M. Zoeckler and R. Geiger, “The Role of German Courts in the Enforcement of International Human Rights”, in B. Conforti and F. Francioni(eds.), *Enforcing International Human Rights in Domestic Courts*(1997), pp. 71, 86; R. Kagi-Diener, “Die Bedeutung Internationaler Diskriminierungsverbote, Insbesondere von CEDAW, fur die Schweizerische Rechtsprechung”, *Frauenfragen* 1. 2009, pp. 42, 48; *Grune Bewegung Uri et al. v Landrat des Kantons Uri*, 瑞士联邦法院(Bundesgericht)1998 年 10 月 7 日判决, BGE 125 I 21, §4; 以及 Y. Iwasawa, *International Law, Human Rights, and Japanese Law: The Impact of International Law on Japanese Law*(1998), pp. 61－63。

[69] 参见例如 CEDAW/C/GNB/CO/6（2009），对几内亚比绍的结论性意见，第 10 段；CEDAW/C/DEN/CO/7（2009），对丹麦的结论性意见，第 14～15 段；CEDAW/C/BTN/CO/7（2009），对不丹的结论性意见，第 11～12 段；CEDAW/C/TLS/CO/1（2009），对东帝汶的结论性意见，第 15～16 段；CEDAW/C/TUV/CO/2（2009），对图瓦卢的结论性意见，第11～12 段；CEDAW/C/MAR/CO/5（2006），对毛里求斯的结论性意见，第 10～11 段；CEDAW/C/MYS/CO/2（2006），对马来西亚的结论性意见，第 7～8 段；A/59/38，2004 年第 31 届会议，对安哥拉的结论性意见，第 140 段。

[70] CEDAW/C/ARG/CO/6（2010），对阿根廷的结论性意见，第 13 段；A/60/38，2005 年第 33 届会议，对圭亚那的结论性意见，第 280 段；A/60/38，2005 年第 32 届会议，对加蓬的结论性意见，第 223 段；A/60/38，2005 年第 32 届会议，对土耳其的结论性意见，第 355 段。

[71] 参见例如 A/59/38，2004 年第 30 届会议，对科威特的结论性意见，第 62～63 段；CEDAW/C/ALB/CO/3（2010），对阿尔巴尼亚的结论性意见，第 12～13 段；CEDAW/C/PHI/CO/6（2006），对菲律宾的结论性意见，第9～10 段；A/56/38，2001 年第24 届会议，对哈萨克斯坦的结论性意见，第 88 段；CEDAW/C/LAO/CO/7（2009），对老挝民主主义人民共和国的结论性意见，第 9～10 段。

[72] 参见例如 A/61/38，2006 年第 34 届会议，对马里的结论性意见，第 185 段。

[73] 参见例如 CEDAW/C/NOR/CO/7（2007），对挪威的结论性意见，第 12～13 段。

诉性或自动执行性问题留给法院来解决的关切，担心因此导致在国家层面执行《公约》的空白。[74]

委员会曾评论道，“在《公约》自动或通过特定融合程序成为国内法律秩序的组成部分的国家，《公约》所保障的权利可能会得到更有力的保护”。[75] 然而，仅仅将《公约》作为一个整体纳入国内法并不能充分满足赋予《公约》法律效力的义务，因为履行《公约》还需要立法规定适用于具体情况的规范和救济手段。在一些缔约国，被纳入的条约的确切法律地位或[76]它们是否优于与之不一致的国内法并不明确，而且，在大多数直接纳入《公约》的缔约国，《公约》并没有频繁地得到国内法院的明确援引或适用。[77] 因此，委员会经常敦促缔约国采取措施保证《公约》被司法机关和法律职业者广泛知晓。[78] 委员会也曾指出，缔约国“必须确保法院……尽最大可能依照缔约国在《公约》之下的义务对法律进行解释”，如果做不到这一点，法院应当提请主管国家机关注意与《公约》不一致的国内法。[79]

---

[74] 参见例如 CEDAW/C/NLD/CO/5（2010），对荷兰的结论性意见，第 12～13 段。另见 CEDAW/C/CHE/CO/3（2009），对瑞士的结论性意见，第 15～16 段。

[75] 第 28 号一般性建议，第 31 段。

[76] 参见例如 CEDAW/C/TLS/CO/1（2009），对东帝汶的结论性意见，第 15～16 段；CEDAW/C/YEM/CO/6（2008），对也门的结论性意见，第 12～13 段；A/63/38，2008 年第 40 届会议，对摩洛哥的结论性意见，第 223～224 段；CEDAW/C/PHI/CO/6（2006），对菲律宾的结论性意见，第 9～10 段。

[77] 参见例如 CEDAW/C/BEL/CO/6（2008），对比利时的结论性意见，第 17～18 段；CEDAW/C/SLV/CO/7（2008），对萨尔瓦多的结论性意见，第 11 段；A/62/38，2007 年第 38 届会议，对阿拉伯叙利亚共和国的结论性意见，第 123 段；A/60/38，2005 年第 32 届会议，对巴拉圭的结论性意见，第 275 段；CEDAW/C/MLI/CO/5（2006），对马里的结论性意见，第 9 段。

[78] 参见例如 CEDAW/C/CHE/CO/3（2009），对瑞士的结论性意见，第 15～16 段；CEDAW/C/IDN/CO/5（2007），对印度尼西亚的结论性意见，第 9 段；A/62/38，2007 年第 37 届会议，对苏里南的结论性意见，第 293 段；A/58/38，2003 年第 29 届会议，对日本的结论性意见，第 358 段；A/60/38，2005 年第 32 届会议，对意大利的结论性意见，第 317 段；CEDAW/C/MDG/CO/5（2008），对马达加斯加的结论性意见，第 11 段；CEDAW/C/SLV/CO/7（2008），对萨尔瓦多的结论性意见，第 11～12 段；CEDAW/C/SYR/CO/1（2007），对阿拉伯叙利亚共和国的结论性意见，第 14 段。

[79] 第 28 号一般性建议，第 33 段。

即便《公约》构成国内法的一部分，委员会也强调需要具体的执行立
法，[80] 在《公约》不构成国内法一部分的国家更需如此。[81] 委员会还经常敦
促缔约国确保宪法和立法对平等和不得基于性别进行歧视的保障与《公约》
82 一致，并采纳《公约》第 1 条“对妇女的歧视”的定义，[82] 对平等仅仅给予
概括性的宪法或立法保障是不够的。[83]

2. “并以法律或其他适当方法，保证实现这项原则”

对平等的法律保障不仅是对妇女的形式保护，而且是有效的实际保护，这一要求出现在第 2 条的许多款项中。第 2 条（a）项强调除了正式的法律条款，在事实上享有权利非常重要，这种对事实和法律的区分也是委员会明确并反复强调的。[84] 为此，需要采取一系列措施。[85] 在条约

---

[80] 参见 CEDAW/C/ARG/CO/6（2010），对阿根廷的结论性意见，第 13 段；CEDAW/C/HTI/CO/7（2009），对海地的结论性意见，第 10～11 段；CEDAW/C/GUA/CO/7（2009），对危地马拉的结论性意见，第 11～12 段；A/57/38，2002 年（原文有误。——译者注）第 26 届会议，对爱沙尼亚的结论性意见，第 81 段。

[81] 参见例如 A/61/38，2006 年第 34 届会议，对泰国的结论性意见，第 231 段；A/60/38，2005 年第 33 届会议，对冈比亚的结论性意见，第 187～188 段；A/59/38，2004 年第 31 届会议，对孟加拉国的结论性意见，第 239～240 段。

[82] 参见 A/55/38，2000 年第 22 届会议，对德国的结论性意见，第 312 段；A/56/38，2001 年第 24 届会议，对哈萨克斯坦的结论性意见，第 87～88 段；A/56/38，2001 年第 25 届会议，对几内亚的结论性意见，第 118～119 段（原文为第 199 段，此处有误。——译者注）；A/57/38，2002 年第 26 届会议，对爱沙尼亚的结论性意见，第 87～88 段；A/58/38，2003 年第 28 届会议，对刚果的结论性意见，第 158～159 段；A/61/38，2006 年第 34 届会议，对泰国的结论性意见，第 270～271 段；CEDAW/C/JPN/CO/6（2009），对日本的结论性意见，第 21～22 段；CEDAW/C/TUV/CO/2（2009），对图瓦卢的结论性意见，第 13～14 段；CEDAW/C/URY/CO/7（2008），对乌拉圭的结论性意见，第 10～11 段。

[83] 参见例如 CEDAW/C/SGP/CO/3（2007），对新加坡的结论性意见，第 13～14 段；CEDAW/C/COD/CO/5（2006），对刚果民主共和国的结论性意见，第 19～20 段；A/60/38，2005 年第 32 届会议，对阿尔及利亚的结论性意见，第 139～140 段；CEDAW/C/CUB/CO/6（2006），对古巴的结论性意见，第 11～12 段；CEDAW/C/ERI/CO/3（2006），对厄立特里亚的结论性意见，第 10～11 段；CEDAW/C/CHN/CO/6（2006），对中国的结论性意见，第 9～10 段；CEDAW/C/JAM/CO/5（2006），对牙买加的结论性意见，第 19～20 段。

[84] 参见例如 A/62/38，2007 年第 39 届会议，对新加坡的结论性意见，第 108 段；A/60/38，2005 年第 33 届会议，对贝宁的结论性意见，第 145～146 段。

[85] 参见例如 A/62/38，2007 年第 37 届会议，对印度的结论性意见，第 149～150 段；A/62/38，2007 年第 37 届会议，对越南的结论性意见，第 451～452 段。

专项报告指南中，委员会要求缔约国在报告中提供“更具分析性的资料，说明法律的影响，有关妇女的多元法律体系、政策和方案之间的相互作用”，以及“在缔约国领土内或管辖范围内确保所有妇女群体终生享受《公约》规定的各项权利的进展情况”。[86] 在准备初次报告的指南中，委员会要求各缔约国“详细分析法律规范对妇女实际状况的影响、对违反《公约》条款行为有无实际的补救措施以及这种措施的实施情况和成效”。[87]

类似的，在对后续（定期）报告的公约专项指南中，委员会要求提供资料说明“妇女行使和享有人权和基本自由方面依然存在的或新出现的障碍，……并说明为克服这些障碍计划采取的措施”，[88] 报告应该“特别论述所用措施的影响”。[89] 委员会还要求缔约国在其共同核心文件（每一缔约国必须提交的供各条约监督机构使用的概括文件[90]）中描述所采取的法律措施及其影响。按照要求，缔约国应提供资料说明为促进形式平等和实质平等以及为促进在实际上享有平等权而采取的措施。[91]

（三）第2条（b）项 83

第2条（b）项和（c）项联系密切，实际上彼此在许多方面都有重叠，包括与第2条（a）项也有许多重叠之处。第2条（b）项要求缔约国采取一系列措施禁止对妇女的歧视。“禁止”一词表明对歧视需要有有效的法律加以禁止，“适当立法”措施一语指的是立法可能采取的特定形式，而不是说立法措施本身是否适当。

委员会经常呼吁尚未制定全面的性别平等法或性别歧视法的缔约国制定

---

[86] A/63/38，2008年第40届会议，附件一，消除对妇女歧视委员会第40/I号决议，《消除对妇女歧视委员会条约专项报告指南》，第6段。

[87] 条约专项报告指南（前注86），第14段。

[88] 同上注，第19（c）段。

[89] 同上注，第20段。

[90] 《包括共同核心文件和条约专项文件准则在内的根据国际人权条约提交报告的协调准则》，HRI/GEN/2/Rev.6（2009），第50~59段。

[91] 同上注，第51、53段。

这样的法律，并在这些法律中纳入与《公约》第 1 条一致的歧视妇女定义。[92] 例如，委员会指出，即便一缔约国已经制定了涵盖就业领域的直接和间接性别歧视的法律，但如果它没有“一部一般性的反歧视法（包含与《公约》第 1 条一致的歧视妇女的定义），包括直接和间接歧视，并覆盖《公约》的所有领域”，[93] 也是值得关注的问题。

委员会认为，第 2 条（b）项［以及第 2 条（c）项］规定了缔约国确保受歧视妇女获得救济的义务。[94] 该款为缔约国提供了一定的自由裁量权，但是针对歧视的有效的法律及实际保护需要某种形式的制裁。苏联草案提议的条款要求缔约国制定法律“规定惩罚措施”；[95] 比利时提议的修正版本略有不同，强调“应在最广泛意义上理解该条款，以包括所有类型的救济和所有类型的惩罚，不论是刑事的还是民事的”。[96] 妇女地位委员会对措辞作了修改，包括提及立法和“其他适当措施”，并用“制裁”取代了“惩罚”一词。[97] 因此，法律“禁止”歧视不能是劝告性的，而必须使违反规定者承担某种形式的法律后果或其他实质后果。然而，制裁的性质或范围可以因特定主体侵权性质的不同而有所不同。“制裁”应包含刑事、民事或行政制裁，这取决于对特定申诉具有管辖权的法庭的性质。

84 在第 28 号一般性建议中，委员会称，确保救济的义务意味着缔约国必

---

[92] 参见例如 CEDAW/C/LKA/CO/7（2011），对斯里兰卡的结论性意见，第 15 段；CEDAW/C/TLS/CO/1（2009），对东帝汶的结论性意见，第 18 段；A/63/38，2008 年第 41 届会议，对也门的结论性意见，第 360 段；A/63/38，2008 年第 40 届会议，对摩洛哥的结论性意见，第 222 段；A/62/38，2007 年第 38 届会议，对阿拉伯叙利亚共和国的结论性意见，第 126 段。当国家宪法或其他人权文件中包含性别平等的规定时，委员会就会提醒缔约国还需要一条禁止法律上和事实上基于性别歧视的具体条款。参见例如 A/55/38，2000 年第 22 届会议，对约旦的结论性意见，第 168 段。

[93] A/62/38，2007 年第 37 届会议，对波兰的结论性意见，第 374 ~ 375 段。另见 CEDAW/C/HTI/CO/7（2009），对海地的结论性意见，第 10 ~ 11 段；A/62/38，2007 年第 37 届会议，对马尔代夫的结论性意见，第 219 段；A/62/38，2007 年第 37 届会议，对哈萨克斯坦的结论性意见，第 75 段；CEDAW/C/CMR/CO/3（2009），对喀麦隆的结论性意见，第 10 ~ 11 段。

[94] 第 28 号一般性建议，第 32 段。

[95] E/CN. 6/AC. 1/L. 2（1974）.

[96] 第 3 条草案是“采取附有处罚的立法措施”，E/CN. 6/591/Add. 1/Corr. 1（1976）2。

[97] E/CN. 6/608（E/5909）（1976）Annex IV，102.

须“向其《公约》权利受到侵犯的妇女提供赔偿”：[98]

> 这类补救办法应包括不同形式的赔偿，如金钱赔偿、恢复原状、康复和复职，公开道歉、树立公共纪念碑和保证不再重犯，修改相关法律和做法以及将侵犯妇女人权的肇事者绳之以法。[99]

（四）第2条（c）项

第2条（c）项参考了《消除一切形式种族歧视国际公约》第6条。它要求为妇女与男子平等享有权利提供有效的司法和其他保护。本款提到的“国内”法庭，指的是国内所有层级的法庭。根据各缔约国的宪法结构，这些法庭可能包括全国或中央（联邦）法庭、州或省法庭或其他低层级的法庭。[100] 行政机构、国家人权机构、反歧视机构或督察专员程序也可以提供救济。[101]

承诺“保证”根据国家制度“切实保护”妇女人权是一项严格的结果义务。“切实”保护意味着不仅要为受到侵犯的权利提供具有法律约束力的有效救济，而且这项救济必须是实际可得的。[102] 委员会声称，“尽管……《公约》的文本没有明文规定获得救济的权利，但它认为《公约》，特别是第2条（c）项隐含了这一权利”。[103] 而且，在第28号一般性建议中，委员

---

[98] 第28号一般性建议，第32段。参见 A/RES/60/147（2005），联合国大会第60/147号决议，附件《严重违反国际人权法和严重违反国际人道法行为受害人获得补救和赔偿的权利基本原则和指南》。

[99] 第28号一般性建议，第32段。另见 CEDAW/C/TJK/CO/3（2007），对塔吉克斯坦的结论性意见，第11～12段。

[100] 参见 Schwelb（前注25），第1027～1028页，与《消除一切形式种族歧视国际公约》中类似的短语。

[101] 参见例如 CEDAW/C/PNG/CO/3（2010），对巴布亚新几内亚的结论性意见，第19～20段。关于国家人权机构在执行《公约》方面的作用的进一步讨论，参见第24条一章。

[102] 参见例如 A/63/38，2008年第40届会议，对布隆迪的结论性意见，第128～129段；A/60/38，2005年第32届会议，对加蓬的结论性意见，第229～230段；A/60/38，2005年第32届会议，对阿尔及利亚的结论性意见，第145～146段。

[103] CEDAW/C/46/D/18/2008，消除对妇女歧视委员会第18/2008号（2010）来文，Vertido 诉菲律宾，第8.3段。

会还声称第2条（b）项也要求缔约国确保提供适当的救济措施。[104]

该义务包含切实保护，要求保证有意在相关法院、法庭及其他机构面前主张权利的妇女实际上能够利用这些救济措施。为保证法律提供的保护是“切实的”，缔约国必须保证所有妇女知晓她们的权利，[105] 保证提供免费的法
85 律服务以便妇女有实际的手段为权利寻求辩护，[106] 并收集关于申诉的数量、性质及处理结果的数据。[107] 缔约国还有义务采取具体行动以保证法官、治安官、执法人员、雇主以及其他法律职业者熟悉相关的立法改革。[108] 该款还要求刑法执行程序获得充足的资源配给和关注，以保证对妇女人权的刑事侵犯得到妥善调查和起诉。

在关于暴力侵害妇女的第19号一般性建议中，委员会敦促缔约国提供“有效的申诉程序和救济，包括补偿”，[109] 以及“有效的法律措施，包括刑事制裁、民事救济和补偿规定，以保护妇女免遭任何形式的暴力，特别是来自家庭的暴力和虐待以及来自工作场所的性攻击和性骚扰”。[110]

在关于移徙女工的第26号一般性建议中，委员会讨论了法律保护的要求，强调了在权利受到侵犯时获得救济的必要性［引用了第2条（c）和（f）项以及第3条］，并称应建立“适当的法律救济和申诉机制”以及“使用方便的争端解决机制”；[111] 缔约国应当废除阻碍妇女向法院或其他当局提

---

[104] 第28号一般性建议，第32段。

[105] 参见例如 CEDAW/C/MDG/CO/5（2008），对马达加斯加的结论性意见，第11段；CEDAW/C/SYR/CO/1（2007），对阿拉伯叙利亚共和国的结论性意见，第16段；CEDAW/C/THA/CO/5（2006），对泰国的结论性意见，第16段；CEDAW/C/CHE/CO/3（2009），对瑞士的结论性意见，第15段。

[106] 参见例如 A/62/38，2007年第37届会议，对印度的结论性意见，第155～156段；关于移徙女工的第26号一般性建议，第26（c）段。

[107] 参见例如 CEDAW/C/MMR/CO/3（2008），对缅甸的结论性意见，第15段；CEDAW/C/AZE/CO/4，2009年第44届会议，对阿塞拜疆的结论性意见，第111段。

[108] 参见例如 A/60/38，2005年第32届会议，对克罗地亚的结论性意见，第189段。

[109] 第19号一般性建议，第24（i）段。

[110] 同上注，第24（t）（i）段。另见 CEDAW/C/PER/CO/6（2007），对秘鲁的结论性意见，第20段；CEDAW/C/2005/OP.8/MEXICO，《消除对妇女歧视委员会根据公约任择议定书第8条提交的关于墨西哥的报告，以及墨西哥政府的答复（墨西哥调查）》，第271～286段。

[111] 第26号一般性建议，第26（c）（i）段。

出申诉的法律；[112] 确保妇女“有机会获得法律援助，也有机会诉诸法院并向负责执行劳动和就业法的监管系统提出诉求，包括获得免费的法律援助”[113]、在审判期间有临时住所及安全的住宿设施。[114]

除了给予特定申诉者以救济，缔约各国还有义务解决可能导致侵权的制度性问题。《任择议定书》中存在类似的情况，比如，委员会曾建议缔约国解决申诉者的具体需求（保障人身安全、提供安全住所、提供支持和法律援助以及与所受伤害相称的赔偿等）[115]，同时采取一些制度性措施。[116]

（五）第2条（d）项

第2条（d）项要求缔约国承担义务保证国家及其机构不实施歧视妇女
的行为。这是对国家“尊重义务”的具体阐释，国家有义务尊重妇女使其
不受来自国家的歧视。这是一项基本义务，因为缔约国“承诺避免”从事
有关行为，并“承诺确保”所有公共当局及机构也不违反相关义务。这代 86
表了一种结果义务，未能达到特定结果便意味着违反了义务。它可能与第2
条（e）项对非国家行为体的行为的义务形成了对比，后者要求缔约国“采
取一切适当措施”消除非国家行为体的歧视行为，对于如何实现这一目标，
《公约》给缔约国留下了相当可观的自由裁量空间。后一义务被描述为对私
人和非国家行为体行为的“恪尽职守”义务。[117]

根据关于国家责任的国际法，第2条（d）项下的义务对国家的所有机构和各级政府都具有拘束力。[118] 这不仅包括政府行政部门以及根据法规建立的作为

---

[112] 第26号一般性建议，第26（c）（ii）段。

[113] 同上注，第26（c）（iii）段。

[114] 同上注，第26（c）（iv）段。

[115] 参见CEDAW/C/39/D/5/2005，消除对妇女歧视委员会第5/2005号（2007）来文，Goekce诉奥地利，第12.1.6段、第12.3段；CEDAW/C/39/D/6/2005，消除对妇女歧视委员会第6/2005号（2007）来文，Yildirim诉奥地利，第12.1.6段、第12.3段。

[116] CEDAW/C/32/D/2003，消除对妇女歧视委员会第2/2003号（2005）来文，A.T.诉匈牙利，第9.6段。

[117] 参见下文关于第2条（e）项的讨论。

[118] 比较HRI/GEN/1/Rev.9（Vol.I），人权事务委员会2004年第31号一般性意见，第4段。

独立机构的其他公共机构，也包括国家的司法和立法机构。[119] 该款中提及“公共当局”和“公共机构”意在使适用范围更广。[120] 按照一般国际法，国家的各级立法和司法机构，包括联邦、州和自治地区的组成单位，[121] 在任何情况下都应在《公约》的适用范围之内。因此，如果法院通过的一个裁决或程序构成或支持了对妇女的歧视，那么缔约国便违反了避免歧视的义务（如果有通过上诉得到改正或救济的可能性，或者上诉成功，则意味着国家已经履行了其义务）。[122]

该条款直接适用于国家机构的所有行为，根据国家责任法，也适用于其他人或实体可归因于国家的行为。[123] 第2条（a）至（c）项提到的立法框架是缔约国需要采取的保证公共官员和公共当局不从事歧视妇女行为的一项措施。此外，为预防歧视的发生，缔约国还需要采取培训、教育等适当的行政措施以及对出现歧视的案件进行调查的程序。一般来说，委员会会建议缔约国在批准实施任何新的法律、政策或项目提案之前，先采取措施对其进行性别影响评估。[124]

（六）第2条（e）项

该条款是《公约》非常重要的组成部分，强调了缔约国有义务处理私人或非国家行为体对妇女的歧视。这项义务既适用于《公约》第6~16条
87 规定的具体领域，也适用于享有其他受保障的人权和基本自由。[125] 该款的早

---

[119] 联合国国际法委员会《国家责任条款》（ILC Articles on State Responsibility），第4条以及评注第9~10段，A/56/10（Supp.）43（2001），《国际法委员会第53届会议的报告》，第84页。另见 Vertido 诉菲律宾（前注103），第8.4段。

[120] L. A. Rehof, *Guide to the Travaux Preparatoires of the United Nations Convention on the Elimination of All Froms of Discrimination against Women*(1993), pp. 57–58.

[121] 国际法委员会关于国家责任的条款（前注119），第4条以及评注第6~8段。

[122] 参见 Vertido 诉菲律宾（前注103），第8.2段。

[123] 参见对第2条（e）项的讨论。

[124] 参见例如 CEDAW/C/MEX/CO/6（2006），对墨西哥的结论性意见，第20~21段；A/60/38，2005年第32届会议，对萨摩亚的结论性意见，第63段；A/60/38，2005年第32届会议，对加蓬的结论性意见，第229~230段。

[125] 关于公司，一般参见《根据联合国核心人权条约规制和裁判公司活动的国家责任，关于联合国〈消除对妇女一切形式歧视公约〉的个别报告，第4号，为秘书长关于人权和跨国公司及其他商业企业特别报告员准备的报告》（*Ruggie CEDAW Report*）（2007）。

期草案紧密结合《消除一切形式种族歧视国际公约》第 2 条第 1 款（d）项，规定每一缔约国“承担义务不得资助、袒护或支持任何人或组织对妇女的歧视”。该规定被妇女地位委员会草案中的条款取代，后者规定缔约各国“应努力采取一切预防措施消除任何人或组织对妇女的歧视”。[126]

第 2 条（e）项明确要求缔约国采取措施消除非国家行为体的歧视行为［第 2 条（f）项和第 5 条也作了相关规定］。[127] 鉴于第 2 条第 1 款（d）项和（e）项的表述不同，可能有必要确定非国家行为体是否可以构成“公共当局和公共机构”。根据第 2 条第 1 款（d）项，缔约国自己必须“避免”歧视，并“保证”公共当局也不得歧视；而根据第 2 条（e）项国家的义务是“采取一切适当措施”以消除非国家行为体的歧视。可以说后者是一个不太严格的义务，因为缔约国不一定对非国家行为体，如私人、公司或其他组织的所有歧视行为承担责任。对这些行为体，缔约国承担“恪尽职守”的义务。在第 28 号一般性建议中，委员会解释相关义务时所使用的措辞似乎合并了第 2 条第 1 款（d）和（e）项的义务，称：[128]

> 第 2 条并不限于禁止直接或间接由缔约国引起的对妇女的歧视。该条还要求缔约国履行恪尽职守的义务，防止私人行为对妇女的歧视。在有些情况下，国际法可能将私人行为者的行为或不行为归咎于国家，因此，缔约国有义务确保防止私人行为者实施《公约》所界定的对妇女的歧视。

根据关于国家责任的国际法，[129] 在许多场合非国家行为体的行为可被视

---

[126] Y. Yamashita,“Article 2:Obligations of State Parties to Eliminate Discrimination agaisnt Women”, in Japanese Association of International Women's Rights, *Convention on the Elimination of All Froms of Discrimination against Women:A Commentary*(1995), pp. 59,67.

[127] 缔约国规范私人行为的义务在第 19 号一般性建议第 9 段、第 25 号一般性建议第 7 段以及第 28 号一般性建议中得到强调。第 28 号一般性建议第 36 段声称第 2 条（e）项确立了“消除任何公共或私人行为体的歧视”的义务。鉴于“公共行为体”是国家的一部分，在此意义上，该义务似乎已被纳入第 2 条（d）项。

[128] 第 28 号一般性建议，第 13 段。

[129] 参见国际法委员会关于国家责任的条款（前注 119）。

为国家行为。有时“非国家行为体”可能事实上是作为国家代表在行事，或者它们的作为或不作为可以直接归咎于国家，因为国家已经将其角色委派给非国家行为体或已经授权非国家行为体代表它采取行动。在这些情况下，非国家行为体的行为归因于国家，应当适用第 2 条第 1 款（d）项下的义务，因此缔约国必须保证非国家行为体不得从事《公约》禁止的歧视。例如，根据国家责任法，运营监狱的私人承包者的行为属于国家行为而不是非国家行为体的行为。《公约》要求缔约国确保承包者不参与歧视妇女，如不得对妇女实施暴力。

根据第 2 条（e）项，缔约国的义务是采取“一切适当措施”以“消
88 除”对妇女的歧视。乍一看，这似乎比缔约国自己避免歧视并保证公共机构不从事歧视行为的义务要宽松得多。然而，考虑到谴责歧视并立即推行消除歧视政策的义务，以及第 2 条（a）、（b）和（c）项中与立法措施有关的要求，该项义务的一个基本要素是制定法律解决私人企业及组织的歧视行为。委员会敦促缔约国保证禁止歧视的立法不仅调整国家行为体的行为，也应适用于私人行为体。[130] 恪尽职守的标准（采取“一切适当措施”）较为苛刻，正如委员会在第 25 号一般性建议中所强调的，缔约国除了采取立法措施外，还可能被要求采取包括暂行特别措施在内的其他措施：

> 缔约国应就未采取暂行特别措施作出充分解释，不能以下列方式证明有理由不采取暂行特别措施：声称无能为力；说明不作为的原因是占主导地位的市场力量或政治力量，如私营部门、私人组织或政党所固有的力量。此外，请缔约国注意，《公约》第 2 条应参照其他各条进行解释，它要求缔约国对这些行动者的行为负责。[131]

这里的关键问题是，什么构成了特定语境下的“适当措施”。从人权法已经形成的关于“恪尽职守”概念的法理中可以得到一些启发（尽管在某

---

[130] 参见例如 CEDAW/C/LKA/CO/7（2011），对斯里兰卡的结论性意见，第 15（b）段；A/55/38，2000 年第 22 届会议，对印度的结论性意见，第 66 ~ 67 段。

[131] 第 25 号一般性建议，第 29 段。

些情况下适当性标准可能比“恪尽职守”的行为标准要求更高)。此外，关于“保护”权利的义务的法理也可以为解释这一短语提供参考。

恪尽职守标准，最早来自一般国际法对伤害外国人的国家责任，[132] 目前被许多人权条约广泛考察，在美洲人权制度中还出现了一些代表性案例。[133]《美洲人权公约》及其他具有一般适用性的人权条约均向国家施加了与私人侵犯他人权利的行为相关的义务。[134] 国家在未能采取合理措施预防或调查和惩治非国家行为体侵犯条约保护的权利的行为时，将承担责任。[135] 如果可能，国家还应当努力恢复原状并对因侵权导致的损害提供赔偿。[136] 然而，尤 89
其是在讨论暴力侵害妇女的语境下，与传统上将这一概念运用于非国家行为体的行为不同，[137] 一些评论者将“恪尽职守”一语用于描述国家对国家机构的行为的义务，具体而言是在涉及对一个可归咎于国家的违反《公约》行为必须采取预防、惩罚和补偿措施时。[138] 这一方法令人担忧，因为它可能缓和国家就其本身机构行为承担的严格责任性质的义务，而将其淡化为基于过错的义务（即未能采取合理措施或恪尽职守)。

委员会在第 19 号一般性建议中认可了根据《公约》可以适用“恪尽职

---

[132] R. Pisillo-Mazzeschi,“The Due Diligence Rule and the Nature of the International Responsibility of States”(1992)35 *German Ybk of Intl L* 9,22 – 36;R. P. Barnidge Jr,“The Due Diligence Principle Under International Law”(2006)8 *Intl Community L Rev* 81,91 ~ 121.

[133] 一般参见 C. Benninger-Budel(ed.), *Due Diligence and its Application to Protect Women from Violence*(2008)。另见 Opuz 诉土耳其（2009)，欧洲人权法院第 33401/02 号案例。

[134] 参见，特别是 Velásquez Rodriguez 诉洪都拉斯，美洲人权法院 C 系列第 4 号（1988 年 7 月 29 日)；Maria da Penha Maia Fernandes 诉巴西，美洲人权委员会，第 12.051 号案件，2001 年 4 月 16 日第 54/01 号报告，第 56 段。

[135] 参见 J. Bourke-Martignoni,“The History and Development of the Due Diligence Standard in International Law and Its Role in the Protection of Women against Violence”, in Benninger-Budel（前注 133)，第 47 页。

[136] Godinez Cruz 案，美洲人权法院 C 系列第 8 号（1988 年 1 月 20 日)，第 175 段。

[137] 参见 I. Boerefijn,“De blinddoek opzij:een mensenrechtenbenadering van geweld tegen vrouwen”(2006), pp. 19 – 23，可访问 http：//arno. unimaas. nl/show. cgi? did = 16239，访问日期 2010 年 12 月 31 日，转引自 Benninger-Budel（前注 133)，“导论”，第 1、14 页。

[138] 参见例如 E/CN. 4/2006/61，暴力侵害妇女及其原因、后果问题特别报告员亚肯 · 埃蒂尔克提交的报告，《作为消除暴力侵害妇女手段的恪尽职守标准》，第 14 ~ 105 段，特别是第 30 段；2007 年 1 月 20 日，OEA/Ser. L/V//Ⅱ. Doc. 68，第 11 ~ 19 页，美洲人权委员会“Access to Justice for Women Victims of Violence in Americas”，第 23 ~ 45 段。

守”的概念。它强调对妇女基于性别的暴力属于《公约》规定的一种歧视，缔约国不仅对国家机构的行为直接负责，而且“缔约国如果没有尽力防止侵犯权利或调查暴力行为并施以惩罚及提供赔偿，也可能为私人行为承担责任”。[139]

委员会在根据《任择议定书》作出的许多决定以及对墨西哥的调查报告中，[140] 使用了“恪尽职守”的概念来解释缔约国有义务采取适当措施消除非国家行为体的歧视的性质。例如，在 Yildirim 诉奥地利[141]案中，委员会发现奥地利在处理家庭暴力方面有一套全面的立法及其他措施，但是“为使家庭暴力的个别受害妇女切实享有男女平等原则及其本人的人权和基本自由，上述奥地利全面制度所体现的政治意愿必须得到遵守恪尽职守义务的国家行为者的支持”。[142]

因此，国家官员必须制定适当的法律和政策，必须妥善管理并予以落实。委员会在涉及家庭暴力的案件中采用了较为严格的标准，所有这些案件均涉及持续的严重伤害或伤害威胁，当局对此很了解。例如，在 Yildirim 案中，它指出缔约国未能适当协调执法当局的活动；在已故申诉人的丈夫实施了一系列现实的暴力和暴力威胁后，仍未将其拘留；未能给受害人提供其他有效保护，这些违反了缔约国的恪尽职守义务。[143]

尽管恪尽职守义务的内容在国际层面在对妇女的暴力问题上得到了相当
90 广泛的讨论，但正如第 28 号一般性建议[144]所指出的，恪尽职守的概念不仅适用于因施加暴力而遭到侵犯的权利，也适用于非国家行为体侵犯《公约》所保障的或属于《公约》范围的其他权利——而恪尽职守在不同的案件中所要求的内容可能也有所不同。例如，在关于移徙女工的第 26 号一般性建议中，委员会引用了第 2 条（e）项，指出缔约国必须确保雇

[139] 第 19 号一般性建议，第 9 段。

[140] 墨西哥调查（前注 110）。另见委员会于 2002 年对古吉拉特邦大屠杀的评论；CEDAW/C/IND/CO/SP. 1（2010），对印度的结论性意见。

[141] 第 6/2005 号来文（原文误为 Communication No. 5/2005。——译者注）。

[142] 同上注，第 12. 1. 2 段。另见 A. T. 诉匈牙利（前注 116）及 Goekce 诉奥地利（前注 115）。

[143] Yildirim 诉奥地利（前注 115），第 12. 1. 3 ~ 12. 1. 6 段（原文误为第 12. 13 ~ 12. 6 段。——译者注）。

[144] 第 28 号一般性建议，第 9、10、13、36 段，及第 37（b）段。

主和招募者不得通过没收旅行证件或防止她们离开工作地点的行为来歧视移徙女工。[145]

消除非国家行为体歧视妇女行为的“适当措施”不限于立法。例如，委员会曾敦促缔约国采取正式和非正式的策略来促进家庭和工作责任的协调，因此妇女不会在申请全职工作时处于不利地位。[146] 其他针对非国家行为体的政策包括：在主流媒体中宣传妇女的积极形象，并开展提高认识运动。[147]

（七）第2条（f）项

该款要求缔约国“修改或废除”歧视性“法律、规章、习俗和惯例”，这与第5条（a）项的义务密切相关。

根据第2条（f）项，缔约国有义务废除歧视妇女的立法规定。未能做到这一点将被委员会视为违反了缔约国在《公约》下的义务。委员会已经指出，许多法律和规章中存在对妇女的歧视，必须予以修改或废除。[148] 在这方面关键的关切领域有：离婚的法律依据和程序[149]以及离婚后的安排，包括子女监护和财产分割；规制继承权的法律，特别是允许男性亲属优先于女性的法律；[150] 允许一夫多妻的法律；[151] 关于婚内强奸和暴力侵害妇女的刑法；[152] 与外国人结婚时歧视女性国民及其子女的国籍法。[153]

委员会也关注其他来自社会生活几乎每个领域的法律。例如，关于移徙

[145] 第26号一般性建议，第26（d）段。

[146] 参见A/60/38，2005年第32届会议，对阿尔及利亚的结论性意见，第158段。

[147] 参见例如CEDAW/C/MMR/CO/3（2008），对缅甸的结论性意见，第21段；A/63/38，2008年第40届会议，对摩洛哥的结论性意见，第229～230段；A/62/38，2007年第37届会议，对塔吉克斯坦的结论性意见，第36～37段。

[148] 除下文注释中的例证外，另见关于第9、16条及对暴力侵害妇女章节的例证。

[149] 参见例如A/61/38，2006年第34届会议，对泰国的结论性意见，第274～275段。

[150] 参见例如A/57/38（Supp.），2002年特别会议，对乌干达的结论性意见，第153～154段；A/62/38，2007年第38届会议，对莫桑比克的结论性意见，第167～168段。

[151] 参见例如A/60/38，2005年第32届会议，对加蓬的结论性意见，第231段。

[152] 参见例如A/62/38，2007年第39届会议，对新加坡的结论性意见，第121～122段。

[153] 参见例如A/62/38，2007年第37届会议，对苏里南的结论性意见，第294～295段。

女工的第26号一般性建议（在第28号一般性建议中予以重申[154]），专门提到了根据第2条（f）项，缔约国有义务解除对女性移民的歧视性限制，以及“禁止移徙女工与国民或永久居民结婚、怀孕或获得独立住所”的法律。[155] 其
91 他被委员会确定为“易受民法和刑法、规章、习惯法及惯例的歧视”的群体是“被剥夺自由的妇女、难民、寻求庇护者和移徙妇女、无国籍妇女、同性恋妇女、残疾妇女、人口贩运的女性受害者、丧偶及老年妇女”。[156]

虽然《公约》要求修改个别不一致的法律，但履行第2条（f）项义务的最有效方法是批准《公约》后对立法进行初步的全面审查、对新立法进行性别影响分析以及定期更新评估（报告程序可以成为这一进程的一部分）。[157] 委员会建议缔约国对新的立法及现行法律定期进行性别影响分析[158]及经常性的评估。[159]

对存在多元法律制度的国家，委员会经常指出必须修改或废除歧视妇女的个人身份法。[160] 委员会呼吁缔约国在改革歧视性法律和惯例的过程中，与

---

[154] 第28号一般性建议，第31段。

[155] 第26号一般性建议，第26（a）段。

[156] 第28号一般性建议，第31段。

[157] 比较CRC/GC/2003/5，儿童权利委员会第5号一般性意见（2003），第18段（为确保与《儿童权利公约》的标准一致，《公约》向缔约国施加了承担全面、整体和持续审查立法和行政准则的义务）。

[158] CEDAW/C/KGZ/CO/3（2008），对吉尔吉斯斯坦的结论性意见，第11~12段；CEDAW/C/KEN/CO/6（2007），对肯尼亚的结论性意见，第17~18段。

[159] 参见例如CEDAW/C/TUV/CO/2（2009），对图瓦卢的结论性意见，第15~16段；CEDAW/C/MNG/CO/7（2008），对蒙古的结论性意见，第17段；A/56/38，2001年第25届会议，对几内亚的结论性意见，第119段；CEDAW/C/CMR/CO/3（2009），对喀麦隆的结论性意见，第14~15段；A/62/38，2007年第38届会议，对莫桑比克的结论性意见，第165、168段；A/62/38，2007年第37届会议，对尼加拉瓜的结论性意见，第561~562段；CEDAW/C/PHI/CO/6（2006），对菲律宾的结论性意见，第11~12段；A/61/38，2006年第34届会议，对泰国的结论性意见，第268~269段；A/60/38，2005年第33届会议，对黎巴嫩的结论性意见，第97~98段；A/60/38，2005年第32届会议，对加蓬的结论性意见，第231~232段。

[160] 参见例如CEDAW/C/CMR/CO/3（2009），对喀麦隆的结论性意见，第14段；CEDAW/C/NAM/CO/3（2007），对纳米比亚的结论性意见，第28~29段；CEDAW/C/PHI/CO/6（2006），对菲律宾的结论性意见，第11~12段；A/60/38，2005年第33届会议，对黎巴嫩的结论性意见，第99~100段。

相关团体特别是妇女进行磋商。[161]

广泛盛行的歧视性传统做法和习俗强化了定型任务的刻板印象，委员会反复指出，正是它们延迟了妇女地位的提高和获得全面平等。委员会在第 2 条（e）项和第 2 条（f）项下讨论了这些问题，认为这些条款［以及第 5 条（a）项］为缔约国施加了义务，要求它们积极介入宗教、文化或民族团体的直接或间接歧视妇女的活动和做法。委员会提醒缔约国，一项不干预政策如果“固化性别刻板印象……并歧视妇女”，就是违反《公约》的。[162] 委员会指出，采取措施解决包含在个人身份法、宗教法或习俗中的歧视性态度[163]以及一般意义上的性别刻板印象非常重要。[164]

委员会已经确定了若干种履行该项义务的适当措施。这些措施包括将歧视性做法定罪和为受害人提供民事救济。非法律措施应包括通过一些方案提高对《公约》的意识、向对男女角色和责任的定型化态度和认知发起挑战。 92
按照委员会的意见，这类政策应该让非政府组织、国家部门或其他妇女机构、媒体和知识分子都参与进来，其首要目标是鼓励人们改变思维方式。特别是在农村地区，法律改革、信息、教育和交流对达到这一目标至关重要。[165] 努力把平等原则纳入指导教师和培训者的课程也有助于实现第 2 条（f）项的目标。[166]

---

[161] 参见例如 CEDAW/C/PHI/CO/6（2006），对菲律宾的结论性意见，第 11 ~ 12 段。

[162] A/55/38，2000 年第 22 届会议，对印度的结论性意见，第 60 段。

[163] 第 21 号一般性建议，第 50 段。

[164] 参见例如第 28 号一般性建议，第 22 段；第 27 号一般性建议，第 16、36 段；CEDAW/C/NAM/CO/3（2007），对纳米比亚的结论性意见，第 16 ~ 17 段；CEDAW/C/YEM/CO/6（2008），对也门的结论性意见，第 15 ~ 16 段；CEDAW/C/ESP/CO/6（2009），对西班牙的结论性意见，第 17 ~ 18 段。另见 Vertido 诉菲律宾（前注 103），第 8.9 段。

[165] 参见例如 A/55/38，2000 年第 22 届会议，对布基纳法索的结论性意见，第 266 段。

[166] 参见例如 CEDAW/C/ARG/CO/6（2010），对阿根廷的结论性意见，第 34 段；CEDAW/C/LBR/CO/6（2009），对利比里亚的结论性意见，第 32 ~ 33 段；A/63/38，2008 年第 41 届会议，对芬兰的结论性意见，第 181 ~ 182 段；A/62/38，2007 年第 38 届会议，对巴基斯坦的结论性意见，第 285 ~ 286 段；A/60/38，2005 年第 32 届会议，对克罗地亚的结论性意见，第 200 ~ 201 段；CEDAW/C/BHR/CO/2（2008），对巴林的结论性意见，第 32 ~ 33 段。

(八) 第2条 (g) 项

在《公约》的早期草案中，本项是独立的一条，但最终被写入第2条作为最后一项。许多国家指出这个条款是多余的，因为其他要求修改或废除歧视性立法的一般义务同样适用于具有歧视性的刑法规定。[167] 基于这一理由，曾有提议建议将该条款从草案中删去，但该提议并未被采纳：在印度、塞内加尔及其他代表的支持下，埃及成功地以“歧视性规则在刑法典中尤为突出”[168] 的理由将该项保留了下来。根据该项承担的义务须立即予以履行。

委员会指出，许多立法属于这一条款的调整范围，包括将堕胎定罪的法律[169]、不禁止婚内强奸的法律[170]、允许以“荣誉”为由为杀人或袭击指控辩护[171]、歧视妇女的证据规则（如性侵犯案件中的确证要求）、确立针对妇女的“公共道德”罪行[172]、责备女性受害人或将其定罪的刑法规定[173]等。委员会还对规定实施强奸的男性若与受害人结婚将免予起诉的立法表示关切；[174] 对性侵犯罪行只规定最高刑期而未规定最低刑期的立法，委员会担心可能“导致对性犯罪处以与其严重程度不相称的轻刑”[175]。

---

[167] 参见 E/CN. 6/SR. 638，第 29 ~ 39 段。

[168] 同上注，第 32 段。

[169] 参见例如 CEDAW/C/PHI/CO/6（2006），对菲律宾的结论性意见，第 28 段。

[170] 参见例如 CEDAW/C/TUV/CO/2（2009），对图瓦卢的结论性意见，第 31 ~ 32 段；CEDAW/C/LBN/CO/3（2008），对黎巴嫩的结论性意见，第 26 段；A/62/38，2007 年第 39 届会议，对新加坡的结论性意见，第 121 ~ 122 段；A/62/38，2007 年第 38 届会议，对阿拉伯叙利亚共和国的结论性意见，第 129 ~ 130 段。

[171] 参见例如 A/60/38，2005 年第 33 届会议，对黎巴嫩的结论性意见，第 103 ~ 104 段；A/55/38，2000 年第 23 届会议（原文有误。——译者注），对伊拉克的结论性意见，第 193 ~ 194 段；A/55/38，2000 年第 22 届会议，对约旦的结论性意见，第 178 ~ 179 段；A/62/38，2007 年第 38 届会议，对阿拉伯叙利亚共和国的结论性意见，第 129 ~ 130 段。

[172] CEDAW/C/YEM/CO/6（2008），对也门的结论性意见，第 18 ~ 19 段。

[173] 参见例如 CEDAW/C/TUV/CO/2（2009），对图瓦卢的结论性意见，第 31 ~ 32 段（任何 15 岁以上的女性若允许其祖父、父亲、兄弟或儿子与其发生性关系，则犯有重罪）。

[174] CEDAW/C/BOL/CO/4（2008），对玻利维亚的结论性意见，第 7 段；CEDAW/C/CMR/CO/3（2009），对喀麦隆的结论性意见，第 14 段；A/62/38，2007 年第 38 届会议，对阿拉伯叙利亚共和国的结论性意见，第 129 ~ 130 段。

[175] CEDAW/C/TUV/CO/2（2009），对图瓦卢的结论性意见，第 31 段。

四　其他适用问题 93

（一）联邦国家/具有分权治理安排或权力下放安排的国家

一些缔约国宪法对权力进行了划分，据此，联邦或中央政府在国际层面代表国家，而采取必要的立法或其他措施来执行条约的权力仅属于政治分支，或者与联邦当局共享。[176] 根据国际法，缔约国通过中央政府对任何未能履行条约义务的情形承担责任，即便这种未履行是由于国家的组成部分拒绝执行条约条款而造成的。[177] 对有这种分权安排的缔约国，委员会已经表达了它的关切，要求缔约国确保各级政府一致实施《公约》并建立保障一致性的协调机制。[178]

（二）《公约》的领土适用

与其他人权条约不同，《公约》没有对属地（领土）适用和属人适用作明确规定。因此，《维也纳条约法公约》第 29 条规定的一般规则将得到适用，即条约适用于缔约国的全部领土，缔约国的义务及于其领土范围内的所有人。委员会经常呼吁缔约国确保对免遭歧视的保护在法律上和事实上适用

---

[176] 这是一个默认规则。一些条约，如《公民及政治权利国际公约》第 50 条明确规定该条约适用于联邦国家的所有组成部分。

[177] 国际法委员会关于国家责任的条款（前注 119），第 4 条及评注第 8～10 条。这也可以看作《维也纳条约法公约》第 27 条规则的具体事例，即一国不得以其国内法规定为由而不履行其国际条约义务。

[178] 参见例如 CEDAW/C/IND/CO/SP. 1（2010），对印度的结论性意见，第 6 段；CEDAW/C/AUL/CO/7（2010），对澳大利亚的结论性意见，第 16～17 段；CEDAW/C/ARG/CO/6（2010），对阿根廷的结论性意见，第 11～12 段；CEDAW/C/CAN/CO/7（2008），对加拿大的结论性意见，第 11～12 段；A/63/38，2008 年第 41 届会议，对尼日利亚的结论性意见，第 312 段；CEDAW/C/MEX/CO/6（2006），对墨西哥的结论性意见，第 8～9 段；A/60/38，2005 年第 32 届会议，对意大利的结论性意见，第 320～321 段；A/58/38，2003 年第 28 届会议，对瑞士的结论性意见，第 110～111 段；A/57/38，2002 年第 27 届会议，对比利时的结论性意见，第 143～144 段。

于其领土的所有组成部分，例如，敦促缔约国确保出口加工区或自由贸易区不得免除约束或适用低于国内法规定的标准。[179]

委员会还强调缔约国有责任维护所有妇女和女童，包括在其领土内或处于它的管辖或控制范围内的非本国公民的权利。因此，缔约国必须确保非本国公民的妇女知晓她们的权利，以便当她们的权利受到侵犯时能够获得有效救济。[180] 委员会也经常关注为寻求庇护的妇女提供的立法和社会保护，它敦促缔约国采取措施解决寻求庇护妇女和其他少数群体持续遭受的歧视问题，除其他外，可以批准专门针对这些个人情况的国际条约，如《保护所有移徙工人及其家庭成员权利国际公约》。[181]

94 **（三）《公约》的域外适用**

缔约国在其领土外的行为对个人权利产生了影响，这时便提出了条约义务是否适用于缔约国正式的地理边界之外的问题。[182] 在第 28 号一般性建议中，委员会表示缔约国“对其影响人权的所有行动负责，不论受影响的个人是否在该国领土内”。[183]

在缔约国领土外由国家代理人实施的涉及行使国家职能的行为（如颁发护照），通常属于人权条约的范围（例如，如果领事馆以公民的政治活动为由或因性别歧视的理由拒绝更新护照）。[184] 一个更具争议性的问题是条约义务是否适用于在地理上不属于一国但可能受该国有效控制的领土内的活动——例如，一块租给缔约国的领土（例如古巴租给美国的关塔那摩湾），

[179] 参见例如 A/56/38，2001 年第 24 届会议，对牙买加的结论性意见，第 229～230 段；A/59/38，2004 年第 31 届会议，对多米尼加共和国的结论性意见，第 307 段；A/62/38（Supp.），2007 年第 37 届会议，对尼加拉瓜的结论性意见，第 577～578 段；A/57/38，2002 年第 26 届会议，对斐济的结论性意见，第 56～57 段。

[180] 参见例如 A/55/38，2000 年第 22 届会议，对德国的结论性意见，第 318 段。

[181] 参见例如 A/59/38，2004 年第 30 届会议，对埃塞俄比亚的结论性意见，第 266 段。

[182] 一般参见 F. Coomans and M. T. Kamminga（eds.），*Extraterritorial Application of Human Rights Treaties*（2004），and M. Gondak，*The Reach of Human Rights in a Globalising World：Extraterritorial Application of Human Rights Treaties*（2009）.

[183] 第 28 号一般性建议，第 12 段。

[184] 参见例如 Lichtensztejn 诉乌拉圭，人权事务委员会第 77/1980（1983）号来文，A/38/40（Supp.），第 38 届会议，第 146 页。

或者是一国代理人在另一国领土内在相对较短的时间内行使权力的行为（例如，在外国土地上的绑架或诱拐）。在这些情况下，许多国际机构认为，如果一国在另一国领土内行使这类权力，只要相关个人或情势处于该国的有效控制中，它就应当履行其人权义务。[185]

此外，如果一个国家出现在另一国的领土上，或出现在一块不属于任一主权国家的领土上，人权事务委员会和联合国其他人权条约机构及区域人权条约机构所采取的立场是，只要个人或领土处于占领国的“有效控制”下，它就必须遵守其在条约和习惯国际法下的人权义务。[186] 这些情况大多涉及军事行动或交战占领。例如，人权事务委员会和国际法院均认为以色列在《公民及政治权利国际公约》下的义务延伸到以色列当局在约旦河西岸和加沙的行动；[187] 在“隔离墙咨询意见案”中，国际法院认为即便《经济社会文化权利国际公约》没有包含与《公民及政治权利国际公约》相类似的领土条款，《经济社会文化权利国际公约》依然适用于以色列在被占领土的行为。[188] 这一观点得到了经济、社会及文化权利委员会的附议（尽管以色列争辩说占领方面仅受关于武装冲突的人道法调整）。

国际法院还在格鲁吉亚诉俄罗斯联邦要求采取临时措施的申请中表达了 95
如下观点：即便《消除一切形式种族歧视国际公约》第 2 条和第 5 条未包含具体的领土适用条款，“像此类性质的文书的其他条款一样，它们似乎也一般适用于缔约国在领土之外实施的行为”。[189] 类似的，前欧洲人权委员会和欧洲人权法院曾在不同场合指出，土耳其在北塞浦路斯的占领和存在令土

---

[185] 参见例如 Lopez Burgos 诉乌拉圭，人权事务委员会第 52/1979（1981）号来文，A/36/40（Supp.），第 36 届会议，第 176 页。

[186] HRI/GEN/1/Rev. 9（Vol. I），人权事务委员会第 31 号一般性意见（2004），第 10 段；CAT/C/GC/2，禁止酷刑委员会第 2 号一般性意见（2007），第 16 段（义务延伸至“缔约国直接或间接、整体或部分、法律上或事实上有效控制的所有领域”）。

[187] 参见 CCPR/CO/78/ISR（2003），人权事务委员会对以色列的结论性意见，第 11 段；国际法院“在巴勒斯坦被占领土上建设隔离墙的法律后果（咨询意见）”（“隔离墙案意见”），（2004）ICJ Rep 136，第 112 段。

[188] 隔离墙案意见（前注 187），第 112 段。

[189] “关于适用《消除一切形式种族歧视国际公约》案（格鲁吉亚诉俄罗斯联邦），要求临时措施的指示”，2008 年 10 月 15 日令，（2008）ICJ Rep 353，第 386 页，第 109 段。

耳其承担了《欧洲人权公约》下的义务，尽管存在一个自称是独立的“北塞浦路斯土耳其共和国”政府，但土耳其有效控制着这片土地。[190]

虽然《公约》没有关于领土范围的专门规定，但《公约》下的义务适用相同的原则。[191] 例如，委员会与以色列讨论了有关问题，[192] 令人遗憾的是，该缔约国声称“《公约》不适用于其领土之外”，并因此拒绝提供关于被占领土的报告、拒绝回应关于该地域妇女的问题。[193] 委员会在第 28 号一般性建议中声明《公约》也适用于武装冲突的情势，[194] 表明缔约国在其领土外从事武装冲突或占领期间的行为可能受到《公约》约束。[195]

对具有有限国际人格的被占领土内临时地方管理当局的行为，当该管理当局已被委派多项责任时（正如以色列和巴勒斯坦当局在约旦河西岸的情况），缔约国的责任范围有多大，是一个复杂的问题，但委员会的立场是《公约》的缔约国对报告和确保该地区遵守《公约》负有全面责任。[196]

相反，当缔约国不能控制其领土的一部分时，它不会被一般性地要求确保在那片领土上落实人权。[197] 委员会在塞浦路斯案中承认了这一观点，塞浦路斯于 2004 年向委员会报告，“因其 37% 的领土被土耳其军队持续非法占领和有效控制，（塞浦路斯）政府不能确保该领土享有《消除对妇女一切形

---

[190] 参见例如 Loizidou 诉土耳其（初步反对），A 系列第 310 号（1995）20 EHRR 99；塞浦路斯诉土耳其，Reports 2001 - IV，以及 Gondak（前注 182），第 126 ~ 131 页，及 R. Lawson, “Life after Bankovic: on the Extraterritorial Application of the European Convention on Human Rights”, in Coomans and Kamminga（前注 182），第 83、96 ~ 99 页讨论的案件。

[191] 第 28 号一般性建议，第 12 段。

[192] 参见 CEDAW/C/SR. 685（2005）（以色列外交部长和司法部长与委员会讨论《公约》在约旦河西岸和加沙地带的适用性问题）。

[193] A/60/38，2005 年第 33 届会议，对以色列的结论性意见，第 243 ~ 244 段。委员会在 2011 年（原文误写为 2001 年。——译者注）对以色列的结论性意见中重申了其观点，CEDAW/C/ISR/CO/5（2011），第 12 ~ 13 段（提到了第 28 号一般性建议，第 12 段）。

[194] 第 28 号一般性建议，第 11 段。

[195] 另见《消除对妇女歧视委员会对加沙局势的声明》，A/64/38，2009 年第 43 届会议，附件二，第 43/Ⅲ号决定，第 3 段。

[196] CEDAW/C/ISR/CO/5（2011），对以色列的结论性意见，第 12 ~ 13 段。

[197] 国际法委员会关于国家责任的条款（前注 119），第 23 条（不可抗力）及评注第 3 段。

式歧视公约》规定的权利”。[198] 委员会“关切地注意到阻碍在塞浦路斯共和国全境执行《公约》的政治环境”。[199] 96

《公约》没有明确讨论缔约国是否有义务规制其国民或公司在领土外的行为。在第 28 号一般性建议中，委员会声称缔约国为妇女权利建立有效的法律保护的义务“也适用于在海外经营的国营（私人）公司的行为”。[200] 虽然委员会有时也对缔约国管制其海外国民的某些活动（例如协助或进行女性生殖器切割[201]、性旅游、人口贩卖）表示肯定，但它尚未在很大程度上发展《公约》在这方面的适用。[202]

（四）作为国际组织参加者的缔约国行为

尽管对国际组织在多大程度上受到国际人权义务的约束存有争议，但有当局表示缔约国不得通过建立处理特定领域事务的国际组织来为自己的人权义务开脱。[203] 确实有人认为，缔约国在参加国际组织时应当按照与其义务一致的方式行事，并努力确保这些组织的行为不涉及或不会造成对人权的侵犯。考虑到国际组织的集体性质及其作为独立的法律实体的地位，缔约国义务的内容是一个复杂的问题，尤其是当一个缔约国不处于控制地位甚或不能对决定产生显著影响，而该决定的后果又可能侵犯他国公民的人权时。

委员会和联合国其他人权条约机构敦促缔约国确保它们所接受的所有国际协定或决定均不会违反相应的人权条约。这包括：

---

[198] CEDAW/C/CYP/3－5（2004），《塞浦路斯第 3～5 次合并报告》，第 10 段。

[199] CEDAW/C/CYP/CO/5（2006），对塞浦路斯的结论性意见，第 33 段。土耳其并未在其根据《公约》提交的报告中包括关于北塞浦路斯的资料，委员会似乎也没有在任何阶段向土耳其提出它根据《公约》在北塞浦路斯的责任范围。

[200] 第 28 号一般性建议，第 36 段。

[201] CEDAW/C/DEN/CO/6（2006），对丹麦的结论性意见，第 20 段。

[202] 参见 *Ruggie CEDAW Report*（前注 125），第 53～58 页。

[203] A. Clapham, *Human Rights Obligations of Non-State Actors*(2006), p. 109；同时参见“Maastricht Guidelines on Violations of Economic, Soical and Cultrual Rights”, para. 19, in(1998) 20(3) *Human Rights Quarterly* 691, 698。

- 确保在涉及、提供或接受发展援助时考虑性别影响；[204]
- 在缔约国与国际金融机构磋商为国内项目提供贷款或其他形式的资金时考虑《公约》义务；[205]

97 • 确保关于贸易自由化的国际协定不会对受保护的权利产生有害影响；[206]

- 作为国际组织，包括国际金融机构成员，在能力范围内采取措施，确保这些机构在其活动中适当虑及受保护的权利。[207]

委员会也在其他场合呼吁缔约国与其他国家缔结双边或区域协定以解决跨界问题。例如，在关于移徙女工的第26号一般性建议中，委员会引用了《公约》第3条，指出为预防对移徙女工的歧视，凡属输出国、接受国和过境国的缔约国应当“签订保护移徙女工权利的双边协定或谅解备忘录”并共享相关信息，包括最佳做法以及涉嫌违反有关法律的细节。[208] 反过来，委员会呼吁缔约国仔细分析自由贸易协定及贸易自由化政策对其管辖下的妇女

---

[204] 参见例如 A/58/38，2003年第28届会议，对加拿大的结论性意见，第340段；CEDAW/C/ESP/CO/6（2009），对西班牙的结论性意见，第8段；CEDAW/C/CHE/CO/3（2009），对瑞士的结论性意见，第8段；A/58/38，2003年第28届会议，对卢森堡的结论性意见，第299段；A/58/38，2003年第29届会议，对新西兰的结论性意见，第404段；A/58/38，2003年第29届会议，对日本的结论性意见，第355段；A/60/38，2005年第33届会议，对爱尔兰的结论性意见，第377段；CEDAW/C/GNB/CO/6（2009），对几内亚比绍的结论性意见，第16段，以及 CEDAW/C/TUV/CO/2（2009），对图瓦卢的结论性意见，第56段。

[205] 参见例如 HRI/GEN/1/Rev. 9（Vol. Ⅰ），经济、社会及文化权利委员会第18号一般性意见（2005），第30段；HRI/GEN/1/Rev. 9（Vol. Ⅰ），经济、社会及文化权利委员会第12号一般性意见(1999)，第36段；HRI/GEN/1/Rev. 9（Vol. Ⅱ），消除种族歧视委员会第29号一般性意见（2002），第7（ii）段。另见《关于妇女经济、社会和文化权利蒙特利尔原则》第19号原则，载（2004）26（3）*Human Rights Quarterly* 772。

[206] 参见 HRI/GEN/1/Rev. 9（Vol. I），经济、社会及文化权利委员会第15号一般性意见(2002)，第35段；HRI/GEN/1/Rev. 9（Vol. I），经济、社会及文化权利委员会第14号一般性意见（2000），第39段；HRI/GEN/1/Rev. 9（Vol. I），经济、社会及文化权利委员会第13号一般性意见（1999），第56段；HRI/GEN/1/Rev. 9（Vol. I），经济、社会及文化权利委员会第12号一般性意见（1999），第19~36段。另见《蒙特利尔原则》第19号原则(前注205)。

[207] 参见例如 HRI/GEN/1/Rev. 9（Vol. I），经济、社会及文化权利委员会第14号一般性意见(2000)，第39段。另见《蒙特利尔原则》第19号原则（前注205）。

[208] 第26号一般性建议，第27（a）段。

的影响。[209]

（五）对其他文件的批准

除立法措施外，委员会鼓励缔约国考虑批准其他尚未参加的国际条约，以增进妇女对各领域人权和基本自由的享有。[210] 与妇女相关的区域公约，如《帕拉贝伦公约》（*Convention of Belem do Para*），也是增强缔约国在特定领域的方案的有效途径。[211]

五 保留

第 2 条引发了大量保留，[212] 缔约国意图一般性地限制它们根据本条承担的义务[213]或限制其在特定款项下的义务。许多保留与对第 5、15 和 16 条的保留相结合，指向《公约》义务与宗教、习惯法或传统做法、态度的要 98
求之间实际上的或已经认识到的不一致，或者试图保持现有的宪法规定或国内法的运行——但通常并不具体指出存在哪些可能的不一致。还有大量针对《公约》的一般性保留，[214] 这对第 2 条的义务有特别影响；其中许多保留也指向与其宗教、习惯法或传统做法的不一致，或与现行宪法安排之间可能的不一致，但常常也不会详细指出不一致之处。

---

[209] 参见例如 CEDAW/C/GUA/CO/6（2006），对危地马拉的结论性意见，第 32 段；CEDAW/C/MEX/CO/6（2006），对墨西哥的结论性意见，第 20 段；CEDAW/C/COL/CO/6（2007），对哥伦比亚的结论性意见，第 28 段；CEDAW/C/PHI/CO/6（2006），对菲律宾的结论性意见，第 26 段；CEDAW/C/NER/CO/2（2007），对尼日尔的结论性意见，第 35 段；CEDAW/C/JAM/CO/5（2006），对牙买加的结论性意见，第 38 段。

[210] A/63/38，2008 年第 41 届会议，附件十，“对其他条约的批准”成为“在结论性意见中使用的主题标题”中的一项常规标题，第 261 页。

[211] 参见例如 A/56/38，2001 年第 24 届会议，对牙买加的结论性意见，第 226 段。

[212] 保留和反对的文本，参见联合国秘书长保存的多边条约，第四章，http://treaties.un.org/pages/ParticipationStatus.aspx，访问日期 2010 年 12 月 31 日。

[213] 参见埃及、摩洛哥、孟加拉国和新加坡提出的保留。

[214] 参见沙特阿拉伯、突尼斯、毛里塔尼亚、马尔代夫和马拉维（于 1991 年撤回了最初的保留）提出的保留（前注 212）。

许多这类保留可能与条约的目的和宗旨相冲突，根据《维也纳条约法公约》第28条规定的关于该问题的一般国际法，这是不被允许的。但通常，因为保留中没有细节，很难评估所援引的作为保留理由的各种法律、做法在多大程度上与《公约》义务不一致。[215]

一些国家对第2条的具体款项作出保留，这些保留看起来影响重大，可能与《公约》的目的和宗旨不符。[216] 许多国家对第2条提出了相对有限的保留，例如有些国家声称《公约》与其规定继承王位、其他头衔、荣誉或传统的领导地位的法律或惯例不一致。[217]

委员会针对第2条的保留问题发表了大量声明，不断鼓励提具这类保留的缔约国对保留的影响作出解释、对其进行审查并最终撤回这些保留。委员会声称，它认为第2条是“缔约国《公约》义务的核心内容”，[218] 第2条（和第16条）是“《公约》的核心条款”，“针对这些条款的保留的数量和范围”[219] 一直令它感到担忧。在条约专项报告指南中，委员会要求缔约国提供有关一般性保留的影响的详细资料及其努力撤回保留的计划。[220] 委员会还申明，它认为这类一般性保留与《公约》的目的和宗旨不符。[221]

委员会认为针对《公约》的一般性保留和对第2条的具体保留，特别是保留如果没有具体说明国内情况与《公约》何处不符，那它们将是不符合《公约》的。对此，委员会立场非常坚定。[222]

99 委员会的目的是鼓励缔约国持续地审查保留、修改或撤回保留，尤其是

---

[215] 许多缔约国反对这些宽泛的保留，但仍然声称《公约》在保留国和它们之间继续有效。参见对第28条一章的讨论。

[216] 参见例如阿拉伯联合酋长国［第2条（f）项］，朝鲜民主主义人民共和国［第2条（f）项］。

[217] 参见例如莱索托、密克罗尼西亚联邦、西班牙、卡塔尔、摩洛哥、英国以及库克群岛（最后一次撤回是在2007年，委员会对此表示欢迎：CEDAW/C/COK/CO/1）提出的保留。

[218] 第28号一般性建议，第41段。

[219] 消除对妇女歧视委员会1998年声明（前注16），第6段。

[220] 条约专项报告指南（前注86），第10段。

[221] A/49/38（Supp.）（1994），第13～14页，以及第28号一般性建议，第41段。

[222] 参见例如A/62/38，2007年第39届会议，对新加坡的结论性意见，第105～106段。

当缔约国并未对其他条约的相似义务提出类似的保留时；[223] 而每当缔约国撤回保留，委员会都予以肯定[224]。截至 2010 年 12 月底，委员会尚未根据《任择议定书》收到任何涉及对第 2 条保留的有效性的案例。

---

[223] 参见例如 CEDAW/C/NER/CO/2（2007），对尼日尔的结论性意见，第 9 段。

[224] 参见例如 A/62/38，2007 年第 38 届会议，对阿拉伯叙利亚共和国的结论性意见，第 121 ~ 122 段。

101 第三条*

缔约各国应承担在所有领域，特别是在政治、社会、经济、文化领域，采取一切适当措施，包括制定法律，保证妇女得到充分发展和进步，其目的是为确保她们在与男子平等的基础上，行使和享有人权和基本自由。

一 概述 …… 133

二 准备工作 …… 135

三 解释问题 …… 135

（一）“缔约各国应承担在所有领域” …… 136

（二）“特别是在政治、社会、经济、文化领域” …… 138

（三）“一切适当措施” …… 140

（四）“包括制定法律” …… 142

（五）“保证妇女得到充分发展和进步” …… 142

（六）“其目的是为确保她们”“行使和享有人权和基本自由” …… 147

（七）“在与男子平等的基础上” …… 149

四 本条语境中的平等 …… 149

（一）形式的、实质的和变革性平等 …… 149

五 缔约国的义务 …… 150

（一）执行：尊重、保护、促进和实现 …… 150

1. 尊重的义务 …… 152

* 感谢 Lena Skoglund 作为研究助理的可贵贡献，感谢 Hilary Charlesworth 教授对第 3 条和针对妇女的暴力章节的有益评论以及她一直以来的鼓励和支持。

2. 保护的义务 …………………………………………………………… 155
3. 促进和实现的义务 ………………………………………………… 157
六　结论……………………………………………………………………… 158

一　概述

第 3 条位于《公约》的第一部分，是规定缔约国在《公约》下的一般义务的条款之一。将第 3 条与第 1、2、4、5 和 24 条结合起来理解，它构成适用第 6 ~ 16 条规定的具体义务的总体解释框架的一部分。[①] 第六部分的第 24 条在一定程度上是对第 3 条的重复。这些初始条款中引入的义务和概念适用于《公约》的所有其他条款。委员会有时认为第 3 条“抓住了”其他 102
条款明文规定之外的事项。然而，它在援引第 3 条的同时又常常提及其他条款，特别是第 2 条，因此该如何划分这些条款，或者在多大程度上作出划分合适，并不总是很清晰。

第 3 条在整个《公约》中都显得很特殊，因为它并未明确指出消除对妇女的歧视是它的目标。相反，它强调缔约国有义务采取积极措施确保妇女在与男子平等的基础上得到充分发展和进步。因此第 3 条确认并补充了《公民及政治权利国际公约》及《经济社会文化权利国际公约》各自第 3 条呼吁男女之间积极平等的条款，以及《公民及政治权利国际公约》第 2 条第 1 款、第 26 条及《经济社会文化权利国际公约》第 2 条第 2 款的非歧视条款。

第 3 条也是《公约》的实质条款中唯一明确保障妇女人权和基本自由的条款。它呼应了《联合国宪章》第 1 条第 3 款、第 55 条以及《世界人权宣言》序言的用语，将《公约》与这些文件联系起来。但第 3 条不只是对妇女人权保障的简单规定。它把妇女的充分发展和进步与行使和享有人权联系起来，意在为妇女生活的结构性（转型性）变革提供法律基础。《公约》序言第 7 段也提到了“充分发挥妇女的潜力”，但也注意到对妇女的歧视使

① 例如，第 25 号一般性建议，第 6 段；第 28 号一般性建议，第 7 段。

这一目标变得更难实现。然而，与序言规定“为国家和人类社会服务”中寻求妇女的充分发展不同，第 3 条将妇女的充分发展和进步作为其自身权利的一个目标。因此，该条的引人注目之处在于强调了男女平等作为一个独立的法律目标的重要性。

第 3 条与《消除一切形式种族歧视国际公约》第 2 条第 2 款有些类似，后者规定：

> 缔约国应于情况需要时在社会、经济、文化及其他方面，采取特别具体措施确保属于各该国之若干种族团体或个人获得充分发展与保护，以期保证此等团体与个人完全并同等享受人权及基本自由。

但第 3 条与《消除一切形式种族歧视国际公约》在文本上又有所不同，这些不同在起草过程中大多是讨论的主题。第 3 条略去了限制条款“于情况需要时”，因而规定了一种更直接的义务；《公约》明文包含了“政治”领域而《消除一切形式种族歧视国际公约》未包含，但也可能暗含在“其他方面”中；《消除一切形式种族歧视国际公约》要求缔约国采取“特别具体措施”，而《公约》规定的义务是采取“一切适当措施”；《消除一切形式种族歧视国际公约》第 2 条第 2 款没有明确提及立法，而《公约》在第 2 条（b）项提及；《消除一切形式种族歧视国际公约》要求“充分”（adequate）* 发展，而《公约》要求“充分”（full）发展，并加上了“和进步”。《消除一切形式种族歧视国际公约》第 2 条第 2 款最后一句在《公约》中没有对应的规定：

> 此等措施于所定目的达成后，绝不得产生在不同种族团体间保持不平等或个别行使权利之后果。

《公民及政治权利国际公约》和《经济社会文化权利国际公约》没有与

* 作准中文本为“充分”，译者认为用“适足”更为恰当。——译者注

本《公约》第3条直接对应的规定，而第3条通过纳入人权和基本自由以
及“政治、社会、经济、文化领域”的规定，将人权两公约引入《公约》。 103
像第3条一样（第2条更充分），《公民及政治权利国际公约》和《经济社会文化权利国际公约》也将立法作为履行缔约国义务的一种办法。[②]

无论是缔约国还是委员会均未对第3条报以太多关注。《消除对妇女歧视宣言》也没有与第3条对等的条款。没有一个缔约国明确对第3条作出保留，委员会也没有制定关于第3条的一般性建议。

二　准备工作

最终通过的第3条与菲律宾提交的最初草案文本区别不大，它在整个起草过程中受到极少的讨论。菲律宾的提案如下：[③]

> 缔约国应于情况需要时在社会、经济、文化及其他方面，采取具体措施确保妇女的充分发展和进步，其目的是保障她们行使和享有人权和基本自由。

菲律宾和苏联的联合草案删去了“于情况需要时”，但其他方面没有变化。菲律宾草案的措辞紧密参照了《消除一切形式种族歧视国际公约》第2条第2款，并获得了广泛支持。但芬兰持不同意见，它认为考虑到第10～14条的实质性规定，没有必要再写入该条。

三　解释问题

第3条重复并加强了《公约》的其他条款。该条中一些用语的开放性

② 《公民及政治权利国际公约》第2条第2款；《经济社会文化权利国际公约》第2条第1款。

③ （1973年11月6日）E/CN. 6/573, L. Rehof, *Guide to the Travaux Preparatoires of the United Nations Convention on the Elimination of All Forms of Discrimination against Women* (1993), pp. 62-65。

为将《公约》作为一个动态的[4]、活的文件进行目的解释创造了条件。它对“进步”的关注使其尤其具有前瞻性。

（一）“缔约各国应承担在所有领域”

根据国际法，条约义务由缔约国承担，而不论该国国内的宪法秩序，包括联邦结构。[5] 因此，缔约国须保证国家的组成部分遵守条约。强制性用语（“应承担”）意味着国家须“在所有领域”积极行动。这种整体性方法“预料未来将会出现在拟定《公约》时尚未确定的新的歧视形式”,[6] 同时强调《公约》并不像联合国人权两公约一样适用于限定的领域，而是适用于与妇女及其生活相关的所有领域，包括公共的和私人的领域。

英国提供了它对缔约国如何看待《公约》范围的见解。它在提交给委员会的“一年后报告”（2009）中解释了英国正在规划的平等立法和《公
104 约》的差别。前者仅保护“在特定领域，即工作，提供食物、设施和服务，行使公共职能，住房，学校、高等教育机构、协会包括私人俱乐部的教育”免遭歧视。相反，英国（在未援引第 3 条的情况下）声称，“《公约》涵盖了所有领域，特别是包括了社会和文化领域”。[7]

“所有领域”这一用语具有足够的模糊性，赋予了对《公约》进行扩大解释的权限，以涵盖《公约》后续条文中没有阐明的活动领域。委员会对缔约国报告的结论性意见、一般性声明以及一般性建议表明，它毫无疑问赞同这种方法。除其他外，“所有领域”包括提供食物、设施和服务，经济和

---

④ 例如，第 25 号一般性建议第 3 段、第 28 号一般性建议第 2 段予以重复：“公约是一个活的文件。”

⑤ 例如，CEDAW/C/NGA/CO/6（2008），对尼日利亚的结论性意见，第 9 段。

⑥ 第 28 号一般性建议，第 8 段。

⑦ 政府平等办公室，“2008 年 7 月 10 日英国和北爱尔兰第 5 和第 6 次定期报告后英国和北爱尔兰对联合国消除对妇女一切形式歧视委员会部分建议的回应”（2009）（简称英国“一年后报告”）。

可持续发展[8]，财产[9]，技术[10]，武装冲突[11]，拘留[12]，气候变化[13]和污染，自然灾难的后果[14]（例如海啸[15]和飓风[16]）以及冲突后重建[17]和管理[18]。

“所有领域”也保证了《公约》对所有妇女的适用性。例如，第18号一般性建议专门提到第3条，并且只将第3条作为委员会向缔约国提出有关残疾妇女的建议的依据。尽管这是委员会唯一的明确依据第3条获得权限的一般性建议，但在其他的一般性建议中，委员会也会通过援引第3条来强化其立场。因此，关于针对妇女的暴力的第19号一般性建议明确声明，“在第5至16条所规定的具体义务外”，第3条（连同第2条）构成确立“消除一切形式歧视的全面义务”的基础。[19] 第21号一般性建议第43段同时提及第3条和第2、24条，要求逐步提高家庭中的平等，为此缔约国应当撤回保留；根据第25号一般性建议第6段，第3条与第1、2、4、5和24条一 105
起构成了对缔约国在《公约》下的义务的“一般解释框架”；在第28号一般性建议第8段中，委员会指出第2条和第3条“预计会出现在《公约》起草时尚未确定的新形式的歧视”。

---

⑧ CEDAW/C/2002/I/WP.2，2002年第26届会议，消除对妇女歧视委员会《可持续发展问题世界首脑会议工作文件》。

⑨ K. Rittich,“The Properties of Gender Equality”, in P. Alston and M. Robinson (eds.), *Human Rights and Development Towards Mutual Reinforcement*(2005), p. 87.

⑩ 第14条第2款（g）项。委员会也向缔约国提出了这一问题，例如A/59/38，2004年第30届会议，对不丹的结论性意见，第113~114段。

⑪ 例如A/50/38，1995年第14届会议，对克罗地亚的结论性意见，第585~586段；A/49/38 (Supp.)，1994年第13届会议，对波斯尼亚和黑塞哥维那的结论性意见，第736段；A/64/38（Supp.），2009年第43届会议，附件二，第43/Ⅲ号决定，《消除对妇女歧视委员会对加沙局势的声明》。

⑫ A/57/38，2002年第26届会议，对俄罗斯联邦的结论性意见，第392段。

⑬ A/65/38，2009年第44届会议，第44/Ⅱ号决定，《消除对妇女歧视委员会对性别与气候变化的声明》。

⑭ 第28号一般性建议，第11段。

⑮ CEDAW/C/IDN/CO/5（2007），对印度尼西亚的结论性意见，第38段。

⑯ CEDAW/C/MMR/CO/3（2008），对缅甸的结论性意见，第22段；A/65/38（Supp.），2010年第45届会议，《消除对妇女歧视委员会关于海地局势的声明》。

⑰ A/59/38（Supp.），2004年第30届会议，附件二，第30/Ⅲ号决定，《消除对妇女歧视委员会对伊拉克妇女状况的声明》。

⑱ 消除对妇女歧视委员会，“性别与可持续发展”（2002），第423段。

⑲ 第19号一般性建议，第10段。参见下文关于“针对妇女的暴力”一章的讨论。

(二)“特别是在政治、社会、经济、文化领域”

第3条虽然规定《公约》适用于不特定的领域，但它也列出了“尤其需要”适用的领域：“政治[20]、社会、经济、文化领域”。这一用语很大程度上呼应了第1条，只是经过讨论，第3条略去了民事活动领域[21]（第1条和第15条第2款中包含了民事领域）。虽然不清楚为什么第1条和第3条在这方面有所不同，但若将二者放在一起，便发现它们纳入了未被《公约》明确提及但包含在《世界人权宣言》、《公民及政治权利国际公约》及《经济社会文化权利国际公约》中的所有权利。[22] 委员会认可了这一方法，[23] 声称“《公约》的精神涵盖了未在《公约》中明确提及但对实现男女平等有一定影响及可能导致对妇女的某种歧视的另一些权利”。[24] 例如，第19号一般性建议第16段规定其适用于难民妇女，第14段规定其适用于单身母亲，二者均未被《公约》明确提及。

此外，与《公民及政治权利国际公约》、《经济社会文化权利国际公约》和北京《行动纲领》[25] 规定政治、经济、社会和文化权利不同，第3条描述的是相关活动领域，这使得解释时可以超越《公约》所规定的权利。这一点非常重要，因为否认妇女在政治、社会、经济和文化领域的权利“造成了她们的经济依附性，否定个人自治”[26]，从而一般性地限制了她们的权利。

---

[20] 菲律宾草案第3条没有包括“政治”领域（前注3）。

[21] Rehof（前注3）。

[22] Andrew Byrnes 指出，《公约》未明确提及的权利包括表达自由权、隐私权、免遭任意拘留的权利。A. Byrnes,“The Convention on the Elimination of All Forms of Discrimination against Women”, in W. Benedek, E. Kisaakye and G. Oberleitner (eds.), *Human Rights of Women International Instruments and African Experiences* (2002), pp. 119, 124.

[23] 第28号一般性建议第3段声称“《公约》是全面的国际人权法律框架的组成部分”，并列举了一系列明示或默示地“根植于基于性别或社会性别的不歧视理念”基础上的国际条约。

[24] 第28号一般性建议，第7段。

[25] 北京《行动纲领》，1995年9月15日第四次世界妇女大会通过，第213段。

[26]《关于妇女经济、社会和文化权利蒙特利尔原则》，(2004) 26 *Human Rights Quarterly* 760, 762。

列举多种活动领域突出了在政治组织、代表、参与及行动中，[27] 在分配
和获得经济和社会资源时，以及在文化生活中妇女人权的重要性。关于政治
和公共生活的第23号一般性建议第1段忆及《公约》序言，指出不平等的
政治参与和政治代表性妨碍了妇女在国家发展中的作用。委员会关切地指 106
出，“缺乏一个有利环境……阻碍了妇女根据《公约》第3条、第7和第8
条全面参与公共生活的所有方面”。[28] 公共生活被广义地理解为包括政府机
构[29]、执法机关、司法部门以及外交使团[30]。经济和社会权利[31]有所重叠又相
互加强，二者都指向保障妇女的经济独立性和在社会中的自由选择权。否定
妇女的就业、继承和财产权利（包括夫妻财产）会妨碍妇女的经济活动。[32]
经济领域[33]既包括定期给薪的部门也包括非正规经济。妇女在非正规经济中
的表现非常活跃，但可能仍然被忽视而且得不到社会和法律保护。[34] 社会权
利被描述为旨在“保障每个人在不依赖他人（除国家外）的情况下可以过
上有尊严的生活的能力，同时合理地满足所有基本需求，包括福利权、就业
领域的权利、受教育权和健康权”。[35]

将文化领域纳入其中是为了提醒文化可以为妇女赋权（也可以成为有害做法的基础）。它呼应了《经济社会文化权利国际公约》第15条第1款，《公

[27] 第3条（以及第2条和第7条）“要求保证妇女平等参加组织的机会”。N. Hevenr Kaufman and S. A. Lindquist, “Critiquing Gender-Neutral Treaty Language: The Convention on the Elimination of All Forms of Discrimination against Women”, in J. Peters and A. Wolper (eds.), *Women's Rights, Human Rights* (1995), pp. 114, 120.

[28] A/55/38，2000年第22届会议，对白俄罗斯的结论性意见，第355段。

[29] A/59/38，2004年第30届会议，对不丹的结论性意见，第108段。

[30] A/59/38，2004年第30届会议，对科威特的结论性意见，第75段。

[31] L. Farha, “Women Claiming Economic, Social and Cultural Rights - The CEDAW Potential”, in M. Langford (ed.), *Social Rights Jurisprudence Emerging Trends in International and Comparative Law* (2008), p. 553.

[32] Rittich（前注9），第87页；消除对妇女歧视委员会第21号一般性建议，第30~35段。

[33] 第13条提及“经济和社会生活领域”，参见第13条章节的讨论。

[34] CEDAW/C/PHI/CO/6（2006），对菲律宾的结论性意见，第25段；CEDAW/C/VNM/CO/6（2007），对越南的结论性意见，第22~23段。另见 R. King and C. Sweetman, *Gender Perspectives on the Economic Crisis* (2010), p. 6。

[35] D. Barak-Erez, “Social Rights as Women's Rights”, in D. Barak-Erez and A. M. Gross (eds.), *Exploring Soical Rights Between Theory and Practice* (2007), pp. 397 - 398.

约》中虽然没有与之直接对应的条款,但第 13 条(c)项要求缔约国采取一切适当措施消除"文化生活所有方面"对妇女的歧视。文化作为一个"广泛、包容性的概念,包括人类生存的一切表现……塑造并反映个人、个人组成的团体和社区的幸福价值观和经济、社会和政治生活"。[36] 因此,当妇女从社区中获得依靠和支持时,文化将赋予妇女权利。然而,妇女又不成比例地受到社会和文化边缘化的影响,这对她们获得和享有其他权利非常不利。[37] 第 3 条必须与第 5 条第 1 款结合起来理解,后者要求改变文化中维持对男女定型任务的偏见进而阻碍妇女享有权利的方面。

第 19 号一般性建议强调在针对妇女的暴力的语境下解决政治、经济、社会和文化等所有领域的歧视的重要性。该建议解释道,第 3 条(及第 2 条)确立的"消除所有领域的歧视的全面义务"包括要求缔约国在经济领域采取积极行动,打击对妇女的暴力。该建议指出,将女性视为从属于男性的男性至上主义者的文化态度"助长了色情的传播和描绘以及将妇女作为性客体而不是个人的其他商业剥削"。第 25 号一般性建议强化了这一点,它(与第 1、2、4 和 5 条一起)提到了第 3 条,要求缔约国在所有领域采取措施"处理普遍的性别关系及基于性别的顽固的定型观念"。[38]

107 **(三)"一切适当措施"**

缔约国有采取"一切适当措施"实现第 3 条规定的目标的积极义务。这是除第 2 条规定的包括宪法和法律改革的具体措施之外的措施。最初草案中规定的是"具体措施"[39],后来改为"一切适当措施",采用了《经济社会文化权利国际公约》第 2 条第 1 款("一切适当办法")的用语。它的力度弱于《消除一切形式种族歧视国际公约》第 2 条第 2 款,后者规定的是"特别具体措施"[40]。《经济社会文化权利国际公约》第 2 条第 2 款提出了并行的要求,根据

㊱ E/C. 12/GC/21,经济、社会及文化权利委员会第 21 号一般性意见(2009)。

㊲ 《关于妇女经济、社会和文化权利蒙特利尔原则》(前注 26),第 760 页。

㊳ 第 25 号一般性建议,第 7 段。

㊴ 比利时提议修改为"一切适当措施";Rehof(前注 3),第 64 页。

㊵ 委员会要求缔约国提供"具体措施"的例子,例如 CEDAW/C/NER/Q/2(2003),对尼日尔的问题清单,第 3 条,第 9 段。

经济、社会及文化权利委员会第3号一般性意见，对该款应作“完整和准确的理解”。[41]

“适当措施”使缔约国可以灵活决定在本国特定的社会、经济和政治环境下，什么是实现《公约》目标的最好方法，并承认这种方法并不总是立法。[42] 委员会没有明确说明它对“适当措施”的理解，但是在一般性建议中，为监督和履行《公约》，它提出了一系列有关社会（如清除障碍[43]）、经济（如性别预算[44]和资源分配[45]）、教育[46]和行政[47]机制的建议，表明它采用的是和经济、社会及文化权利委员会类似的广泛方法。因此，缔约国应当在所有领域采取“适当措施”使妇女可以享有所有人权，而不仅限于规定在《公约》第6～16条实质性条款中的权利。

第3条的用语（“应”“采取”）以及委员会对“一切适当措施”的适用表明，《公约》义务应当立即予以执行，而不是逐步实现。第3条也没有采用《经济社会文化权利国际公约》第2条第1款中关于逐步实现的措辞。可能有人会争辩说第21号一般性建议削弱了这一结论，因为该建议第43段声称“按照第2、第3和第24条，……委员会要求所有缔约国逐步进展到以下阶段，……每个国家都撤回其保留”。然而，这一段并不是指向缔约国在《公约》下的整体义务，而仅仅是针对保留，因此并不适用于第3条本身。

第4条以及第25号一般性建议中规定的暂行特别措施，在必要时也应
包括在适当措施中。后者（第25号一般性建议）复述了第3条的措辞，声 108
称“《公约》的缔约国有法律义务……确保妇女发展和地位提高，以改善她

㊶ E/1991/23，经济、社会及文化权利委员会第3号一般性意见，第4段。

㊷ 第28号一般性建议，第23段。例如，英国声称“用立法来解决此类义务，既不适当也不可能”。英国“一年后报告”（前注7），第6段。

㊸ 第23号一般性建议，第45(c)段；第24号一般性建议，第31(b)段。

㊹ H. Hofbauer, “Gender-Sensitive Budget Analysis: A Tool to Promote Women's Rights” (2002) 14 *Candian J of Women and the L* 98－117.

㊺ 例如，第24号一般性建议，第30段。

㊻ 例如，第19号一般性建议，第24（f）段：“各国应展开教育和新闻方案，帮助消除妨碍妇女平等的偏见（1997年第3号一般性建议）”。

㊼ 例如，第19号一般性建议，第24（c）段；第23号一般性建议，第45（c）段；第24号一般性建议，第31（d）段。

们的处境，实现法律上和事实上的男女平等”。[48] 第3条为引入暂行特别措施奠定了基础，第25号一般性建议（与第1、2、5和24条一起）提及第3条，确定了缔约国可能有义务对第6~16条规定的任一实质条款采取此类措施。[49]

（四）“包括制定法律”

第3条确认在“适当措施”中纳入立法措施，是对第2条的巩固和加强。在一般性建议中，委员会充分阐释了制定和执行有效的法律改革对实现《公约》目标的重要性。[50] 委员会在未明确提及第3条的情况下，可能会提醒缔约国，它们有义务“提高立法者对需要优先重视立法改革的意识，以实现妇女在事实上的平等，遵守缔约国的国际条约义务”。[51]

在多个法律领域可能都需要立法，如处理家庭、民事、刑事、劳动、商事和行政事项的领域。“北京+5”联大特别会议通过的结果文件承认，在许多国家，性别观点尚未纳入这诸多领域的法律、法典、行政法规或规章。[52] 第3条为要求国家采取上述措施提供了法律依据，包括全面和系统地将《公约》纳入国内法，[53] 并且这类立法应该优于其他国内法。[54]

委员会还提及许多其他的实践和法律手段，相关内容将在本章关于“缔约国的义务”部分（下文第五部分）予以详细讨论。

（五）“保证妇女得到充分发展和进步”

这句话阐明了消除对妇女歧视的根本目标，也即《公约》的目标：[55] 保

---

[48] 第25号一般性建议，第4段。

[49] 同上注，第24段。

[50] 例如，第19号一般性建议，第24（r）（ii）段；第21号一般性建议，第49段；第23号一般性建议，第47（a）段。

[51] 例如，CEDAW/C/MMR/CO/3（2008），对缅甸的结论性意见，第11段。

[52] 联合国大会第23届特别会议通过的结果文件《妇女2000：21世纪的性别平等、发展与和平》（2000），第27段。

[53] 例如，CEDAW/C/IDN/CO/5（2007），对印度尼西亚的结论性意见，第8段。

[54] 例如，CEDAW/C/MMR/CO/3（2008），对缅甸的结论性意见，第9段。

[55] D. Gierycz, “Human Rights of Women at the Fiftieth Anniversary of the United Nations”, in Benedek, Kisaakye and Oberleitner（前注22），第30、34页。

证妇女的充分发展和进步。语气更强的“充分”（full）一词优于最初提议的语气较弱的“适足”（adequate）一词。[56]《公约》对“发展”和“进步”均未作出界定，但二者都包含多方面含义。特别是将二者结合起来理解时，它们表明了一种前进和进展。因此，推迟妇女进步的做法和政策不符
合第 3 条的精神，委员会表达了对这种情况的关切，有时会[57]但并不总会提 109
及第 3 条。[58]

妇女与经济发展和增长的政策及计划之间存在某种不稳定关系。国家发展并不总是为了或者能够带来妇女的进步，鉴于发展项目缺乏对性别维度的探讨，其对妇女的不利后果在绝大多数情况下并未被发现。[59] 委员会在主张“急需确保全球化和向市场经济过渡的政策能够改善妇女的生活水平”时，[60] 在建议从性别视角评估发展项目时，[61] 以及在强调“大型项目”和全球经济趋势不得给妇女带来不利时隐含地援引了第 3 条。

委员会与其他机构一样，将注意力转向了性别不平等对发展的影响。它指出，“要想实现可持续发展的经济、社会和环境目标，就必须同等重视妇女的需求和关切”。[62] 北京《行动纲领》强调妇女赋权和平等参与是发展的核心要素。[63] 与之类似，世界银行报告称，“忽视性别差异，对人民的福祉，

---

[56] 菲律宾草案（前注 3）。

[57] 例如在“第 3 条”的标题下，委员会表达了它对荷兰解放政策内阁委员会的惋惜。A/49/38（Supp.），1994 年第 13 届会议，对荷兰的一般性意见，第 267 段。

[58] 例如，A/57/38，2002 年第 26 届会议，对俄罗斯联邦的结论性意见（政治领域的妇女代表持续减少），第 383 段（“妇女在就业领域日益恶化的局势”）；A/59/38，2004 年第 30 届会议，附件二，第 30/Ⅲ号决定，《消除对妇女歧视委员会对伊拉克妇女情势的声明》（废除了调整婚姻、离婚、子女抚养和继承的民事法案）；A/60/38，2005 年第 32 届会议，对意大利的结论性意见，第 318 段。

[59] 关于发展政策的性别差异，参见 E. Boserup, *Women's Role in Economic Development*（1970）；F. Banda, *Women, Law and Human Rights: an African Perspective*（2005），pp. 269 – 295。

[60] 消除对妇女歧视委员会《可持续发展问题世界首脑会议工作文件》（前注 8），第 2 段。另见关于第 14 条章节的讨论。

[61] 例如，A/60/38，2005 年第 32 届会议，对萨摩亚的结论性意见，第 63 段。

[62] 消除对妇女歧视委员会《可持续发展问题世界首脑会议工作文件》（前注 8），第 4 段。这一点在结论性意见中得到重申，例如 CEDAW/C/BOT/CO/3（2010），对博茨瓦纳的结论性意见，第 40 段。

[63] 北京《行动纲领》（前注 25），第 56 段。

对国家可持续发展、有效治理以及减少贫困的能力造成了巨大的代价”。[64] 北京《行动纲领》在第一个关键的关切领域中指出贫困也是女性化的。[65] 因此，促进性别平等至关重要，包括在国家发展计划中，将其作为“旨在使所有人——包括男人和女人——摆脱贫困、改善生活水平的发展战略的重要组成部分”。[66] 这还需要考虑妇女获得保健、社会保障、教育、清洁的水和卫生服务、肥沃的土地、创收机会，以及对决策过程的参与等问题。[67]

110 第3条将妇女自身的发展进步放在了首位，而不是国家或人民整体的发展与进步。此外，第3条明确保证将享有和行使人权和基本自由作为妇女充分发展和进步的目的，将妇女定位为权利的拥有者，而不仅仅是发展政策的对象（或主体）或潜在的受益者。[68]

基于权利的方法要求承认妇女享有发展和进步的合法权利本身就是目的，而不是主要被当作国家经济发展的一个手段。它摆脱了发展经济学家[69]的功利主义的用语，转移到纳入正式法律体系的享有平等选择和机会的权利。《公约》“承认从属关系与产生和固化从属性的经济和社会结构不可分割”。[70] 以这种方式理解，第3条从性别特性角度，预示了《联合国发展权宣言》所声称的“发展权是一项不可剥夺的人权”。[71]

委员会也曾论及这些问题，但多数情况下未提及第3条。委员会讨论了

---

[64] 世界银行政策研究报告《性别化发展：借助权利、资源和呼声的性别平等》（2001）。

[65] “贫困的女性化”指的是妇女致贫途径的性别化（例如，因为离婚或歧视性的财产法）以及她们对贫困的体验，北京《行动纲领》（前注25），第48段；消除对妇女歧视委员会《可持续发展问题世界首脑会议工作文件》（前注8），第6（a）段；A/57/38，2002年第26届会议，对俄罗斯联邦的结论性意见，第338段。

[66] 世界银行政策研究报告（前注64）。

[67] CEDAW/C/PHI/CO/6（2006），对菲律宾的结论性意见，第30段。

[68] 联合国大会第41/128号决议（1986）声称，“人应当成为发展权利的积极参与者和受益人”。

[69] H. Steiner,“Social Rights and Economic Development: Converging Discourses”(1998) 4 *Buffalo Human Rights L Rev* 25.

[70] C. Romany, “State Responsibility goes Private: the Feminist Critique of the Public/Private Distinction in International Human Rights Law”, in R. J. Cook (ed.), *Human Rights of Women: National and Internatonal Perspectives* (1994), pp. 85, 108（引用了第3条）。

[71] 联合国大会第41/128号决议（1986）。在这一决议之前，人权委员会于1977年2月21日通过了第4（XXXⅢ）号决议。另见A/CONF. 157/23（1993年7月12日）世界人权大会《维也纳宣言和行动纲领》第10段。

性别与经济发展之间的关系，对经济危机、结构性调整计划[72]、宏观经济政策[73]对妇女的影响，包括经济增长和发展对女性的惠益可能不及男性[74]等情况进行了解并表达关切。它要求缔约国确保所有减贫项目全面惠及妇女[75]并加强“对经济发展变化对妇女的影响的监测，采取主动措施和纠偏措施，包括增加社会支出，使妇女能够充分、平等地从经济增长和减贫中受益”[76]。委员会欢迎引入小微贷款或小微企业项目，这些项目可以提高妇女的经济自给能力从而有助于其独立。[77]

经济全球化可能会在正规经济领域为妇女创造新的就业机会，提高她们经济独立的能力。然而，它也有负面影响，例如“经济结构的改革，以及不少国家还有持久、失控的外债和结构调整方案”。[78] 劳动的性别分工，让 111
妇女陷于低薪、不受监管的工作，如在出口加工区的工作，这对特别脆弱的妇女构成特殊的风险。[79] 委员会解释道，虽然它赞成“经济增长”的需求，但它“担心部族人口等脆弱群体的人权可能会受到大规模经济项目的不利影响”。[80] 委员会还从更广泛的意义上表达了对妇女贫困和社会排斥[81]的关切，全球经济低迷使这些问题进一步加剧。[82] 委员会建议，“国家发展计划

---

[72] A/57/38，2002 年第 26 届会议，对特立尼达和多巴哥的结论性意见，第 156 段。

[73] CEDAW/PSWG/2005/I/CRP. 1/Add. 8，对土耳其的问题清单，第 1 段。它指出“缺乏缔约国在经济计划中纳入性别视角的信息”。A/60/38，2005 年第 32 届会议，对土耳其的结论性意见，第 379 段。

[74] CEDAW/C/CHN/CO/6（2006），对中国的结论性意见，第 15～16 段。

[75] A/59/38，2004 年（原文有误。——译者注）第 30 届会议，对白俄罗斯的结论性意见，第 354 段。

[76] CEDAW/C/CHN/CO/6（2006），对中国的结论性意见，第 15～16 段。

[77] 例如，消除对妇女歧视委员会《可持续发展问题世界首脑会议工作文件》（前注 8），第 6（i）段；CEDAW/C/MAR/CO/5（2006），对毛里求斯的结论性意见，第 8 段。

[78] 北京《行动纲领》（前注 25），第 47 段。

[79] S. E. Sweeney, “Government Respect for Women's Economic Rights”, in S. Hertel and L. Minkler (eds.), *Economic Rights Conceptual, Measurement and Policy Issues* (2007), pp. 233, 236 – 239.

[80] CEDAW/C/IND/CO/3（2007），对印度的结论性意见，第 46 段。

[81] 参见 E. Evatt, “Private Global Enterprises, International Trade and Finance”, in H. B. Schöpp-Schilling and C. Flinterman (eds.), *The Circle of Empowerment: Twenty-Five Years of the UN Committee on The Elimination of Discrimination against Women* (2007), pp. 106, 117。

[82] A/64/38（Supp.），2009 年第 43 届会议，附件一，第 43/Ⅱ号决议，《消除对妇女歧视委员会关于国际金融危机及其对妇女和女童人权的影响》。

和政策，特别是旨在减少贫困、可持续发展和管理自然灾害的计划和政策，应明确纳入促进性别平等及对性别平等问题保持敏感度的内容，并全面予以实施”。[83]

消除对妇女歧视委员会将可持续发展与“性别敏感的、以人为本的人类发展联系起来，其基础是平等与公正、政府与民间社会参与、透明与可问责的治理”。[84]《公约》中的公民、政治权利与社会-经济权利，《北京宣言》和北京《行动纲领》以及《“北京+5”结果文件》构成了“重要的法律、政策和纲领性文件，提供了必须纳入人类可持续发展的明确议程”。[85]

除了与经济发展相关的问题，委员会还明确讨论了与健康和家庭相关的妇女发展问题，例如承认家庭责任会抑制个人发展[86]以及指出妇女的心智发展速度与男子不同的谬误。[87] 它将家庭成员的“健康、发展和福祉”看作相互联系的目标，并指出“如有自愿调节生育的免费可得的适当措施”，[88] 这些目标都可获改善。《公约》在保障妇女人权上虽未明确采用生命周期方法，但第3条的用语隐含了这一方法，委员会在第24号一般性建议[89]（未提及第3条）中对此予以确认：确保将妇女的进步和充分发展作为从婴儿到儿童再到老人的终身项目。[90] 令人略感意外的是，第19号一般性建议没有描述基于性别的暴力如何阻碍妇女的发展。[91]

112 缔约国必须确定哪些地方存在基于性和性别的不平等，并确保其措施、政策和做法，包括经济发展政策能够提高妇女地位，而不仅仅是适应妇女的差异。委员会常规性地要求提供按性别分类的统计数据，这反映出委员会的

---

[83] 例如CEDAW/C/IDN/CO/5（2007），对印度尼西亚的结论性意见，第39段；A/60/38，2005年第33届会议，对爱尔兰的结论性意见，第393段；A/65/38，2010年第45届会议，《消除对妇女歧视委员会对海地局势的声明》。

[84] 消除对妇女歧视委员会《可持续发展问题世界首脑会议工作文件》（前注8），第2段。

[85] 同上注，第425段。

[86] 第21号一般性建议，第21段。

[87] 同上注，第38段。

[88] 同上注，第23段。

[89] 第24号一般性建议，第7段。另见北京《行动纲领》（前注25），第216段。

[90] 第28号一般性建议，第31段（使用了“lifespan”即寿命一词）。

[91] 联合国大会第48/104号决议（1993）承认对妇女的暴力导致“对妇女全面发展的障碍”。

关切：如果没有这些数据，任何相关领域的妇女进步都将无法衡量或监测。这些措施并不需要平等地适用于男女，相反，需要“通过各级政府不同机构的共同参与”[92] 对这些措施进行有效的性别影响分析，并将其适用于纠正任何事实上的不平等。有些妇女面临进一步的特别不利的情况，这就需要额外的、特殊的或纠正的措施来确保她们有权获得进步并享有人权。[93]

第 3 条为对发展战略进行彻底反思提供了依据，这也是一个基于权利的具有性别敏感度的发展路径的要求。因此，政府行为，不论其性质是立法、行政、政策抑或方案，必须考虑人权固有的义务[94]：个人权利以及国家不履行的责任。

（六）“其目的是为确保她们”“行使和享有人权和基本自由”

缔约国在第 3 条下的义务，是明确保证妇女行使和享有国际条约和习惯国际法中规定的人权和基本自由。第 3 条（与第 1 条一起）隐含地为《维也纳宣言和行动纲领》的主张奠定了基础：“妇女和女童的人权是普遍人权中不可剥夺、不可分割的内在组成部分。”[95] 第 19 号一般性建议也以类似的用语提到妇女享有“一般国际法和国际人权公约规定的人权和基本自由”，并指出基于性别的暴力妨碍了对这些权利的享有，因而构成《公约》第 1 条规定的歧视。

第 3 条没有列举相关的人权和基本自由（或其他国际文件），这使得可以随着对权利理解的扩展，通过“相关的联合国会议、首脑会议、特别会议通过的宣言、方案和行动计划”[96] 而逐步发展。确保妇女在社会、政治和经济领域的进步有助于她们享有人权，而充分、平等地享有人权是妇女进步

---

[92] CEDAW/C/VEN/CO/6（2006），对委内瑞拉玻利瓦尔共和国的结论性意见，第 18 段。

[93] 例如，第 18 号一般性建议；CEDAW/C/MMR/CO/3（2008），对缅甸的结论性意见，第 33 段；CEDAW/C/IND/CO/3（2007），对印度的结论性意见，第 15 段。《残疾人权利公约》第 6 条确认残疾妇女面临的多重歧视。

[94] S. Goonesekere, "The Conceptual and Legal Dimensions of a Rights-Bsed Appraoch, and its Gender Dimensions", in UN Division for the Advancement of Women, *A Rights-Based Approach to Women's Empowerment and Advancement and Gender Equality* (1998).

[95] A/CONF. 157/23（1993），《维也纳宣言和行动纲领》第一部分第 18 段、第二部分第 36 段。

[96] 委员会在许多结论性意见中列举了相关会议，例如 A/60/38，2005 年第 32 届会议，对萨摩亚的结论性意见，第 68 段。

与发展的基础，也是实现进步的关键。[97]

113 《联合国千年宣言》[98] 阐明了千年发展目标（MDGs），但它采用了“为妇女赋权”而不是发展和进步的措辞。[99] 千年发展目标是目标，而不是权利。[100] 它们的“阐述非常有限，仅提到消除在教育领域的性别差距，提高妇女在正规领域的就业以及在国家议会中的政治参与”，因此没有反映出“《消除对妇女一切形式歧视公约》的广泛性”。[101] 它们也不受条约监督体系的监督。

联合国人权高专办将千年发展目标作为全球发展计划的核心，声称“基于人权的路径意味着确保千年发展目标能够充分聚焦于妇女权利，尤其是《消除对妇女一切形式歧视公约》中规定的权利”。[102] 委员会常规性地询问缔约国执行千年发展目标的情况，这对千年发展目标和权利之间的相互作用产生了一定影响。[103] 委员会也使用为妇女赋权的用语，“旨在提高妇女的自知、自尊、自信和自立”。[104]

尽管从受害到赋权的语言转变[105]明显对妇女有利，但也必须谨慎行事。这可能会将人们的注意力从国家确定并消除障碍、提供适当法律环境确保妇女发展和进步的义务转向妇女，认为妇女需要确定自己的行动来实现这些目标。自立不能取代缔约国的义务。如果特定社会中的妇女被认为“已获赋权”，那么未能实现发展和进步则可能被归咎于她们自身的失败，包括个人或群体的失败，而这些目标在《公约》权利用语中的位置则强调了缔约国的义务。委员会反复强调“全面有效履行《公约》对实现千年发展目标不

[97] 北京《行动纲领》(前注 25)，第 213 段。

[98] A/RES/55/2 (2000)，联合国大会第 55/2 号决议，《联合国千年宣言》第 20 段。

[99] 例如，千年发展目标，目标三：“促进性别平等和赋予妇女权利”。

[100] P. Alston,“Ships Passing in the Night:The Current State of Human Rights and Development Debate seen through the Lens of the Millennium Development Goals”(2005)27 *Human Rights Quarterly* 755.

[101] S. Goonesekere,“Universalizing Women's Human Rights through CEDAW”,in Schöpp-Schilling and Flinterman(eds.)（前注 81），第 52、65 页。

[102] 联合国人权事务高级专员办公室，《主张千年发展目标：人权路径》(2008)，第 7 页。

[103] P. Alston and M. Robinson(eds.),*Human Rights and Development:Towards Mutual Reinforcement* (2005).

[104] *The Mandate of the Special Rapporteur on Violence against Women (1994 - 2009)—A Critical Review*,35.

[105] “从受害到赋权”，同上注，第 34 页。

可或缺”,[106] 强调在一个基于权利的框架内采取综合办法的重要性，包括妇女的自治和赋权。它经常呼吁缔约国在为实现千年发展目标“所进行的一切努力中纳入性别视角并明确反映《公约》的规定”，并要求缔约国报告它们在这方面所作的努力。第 3 条概括的基于权利的妇女发展和进步的方法包括参与、机构、透明和问责。

（七）“在与男子平等的基础上” 114

第 3 条最后这句话曾被妇女地位委员会删除，后又被文法委员会（style committee）重新写入。[107] 它们将第 3 条置于《公约》的整体背景下：消除对妇女的歧视，实现男女平等。这一短语自第 1 条开始便反复出现，当结合第 3 条先前的措辞以及所有其他实质条款，特别是第 2 条（没有提及男女平等）进行阅读时，就会发现妇女的平等并不总是需要以男性为参照。这一短语实际上明确了必须根除“这类”对妇女有害的做法，以使妇女有与男子相同的机会来实现她们作为妇女[108]的“充分发展和进步”。如下文所论，第 3 条蕴含着变革性平等。

四　本条语境中的平等

（一）形式的、实质的和变革性平等

第 3 条必须与第 1、2、4、5 和 24 条结合起来理解，[109] 它们一起阐明了缔约国在《公约》下的核心义务。它们要求形式平等（如通过制定法律来

---

[106] CEDAW/C/IDN/CO/5（2007），对印度尼西亚的结论性意见，第 43 段；CEDAW/C/MMR/CO/3（2008），对缅甸的结论性意见，第 53 段；CEDAW/C/IND/CO/3（2007），对印度的结论性意见，第 63 段；CEDAW/C/ISR/CO/3（2005），对以色列的结论性意见，第 45 段。

[107] Rehof（前注 3），第 64 页。

[108] R. Cook，“State Accountability under the Convention on the Elimination of All Forms of Discrimination against Women”，in Cook(ed.)（前注 70），第 228、236 页。

[109] 第 25 号一般性建议，第 6 段。

保障非歧视性的法律框架）以及实质平等（如通过暂行特别措施）。第 3 条规定了“那些不属于第 1 条定义范围内的歧视性做法”。[110] 第 19 号一般性建议采用的“第 2 条和第 3 条确立了消除一切形式歧视的全面义务”[111] 的强有力用语包含了直接和间接歧视、骚扰、文化偏见以及定型观念。因此第 3 条补充并加强了第 1、2 和 5 条。

确保妇女充分发展和进步的目标要求采取积极措施和纠偏行动，以实现事实平等，同时确保消除阻碍妇女享有权利的结构性不平等。这就需要消除之前存在的不平等。第 3 条为第 4 条和第 5 条规定的结构转型的具体措施提供了框架，加强了必须采取的办法（“包括立法在内的一切适当措施”，对此第 2 条也有规定）。英国在其“一年后报告”中提到了第 3 条，指出《公约》标准高于通常规定在非歧视立法中的标准（比如它本国的法律）；英国法律的目标是“禁止歧视并促进机会平等”。《公约》的规定“与赋予权利无关”[112] 而是要转变制度结构（如工作场所的制度结构）以及社会和经济假设与行为模式。委员会解释道，《公约》要求国家逐步达到“机会、机构和制度的真正改变，使它们不再以历史上确立的男性范式的权力和生活方式为基础”。[113]

115 第 3 条处于这一义务的核心位置，它明确了需要在所有领域采取积极行动，包括经上文广义解释的政治、社会、经济和文化领域，以确保妇女在生活的各个方面都取得进步。因此它要求重新评估立法、政策、方案，包括经济发展和减少贫困的方案，以评定其对妇女平等和进步的影响。

五　缔约国的义务

（一）执行：尊重、保护、促进和实现

第 25 号一般性建议借鉴了第 3 条的用语，声称“《公约》缔约国有法

[110] 第 25 号一般性建议，第 6 段。

[111] 早前关于对妇女暴力的第 12 号一般性建议没有提及第 3 条。

[112] 英国“一年后报告”（前注 7），第 6 段。英国提到了第 5 条（b）项。

[113] 第 25 号一般性建议，第 10 段。

律义务尊重、保护、促进和实现妇女不受歧视的权利，确保妇女发展和地位提高，以改善她们的处境，实现法律上和事实上的男女平等”。[114] 委员会邀请缔约国提出报告，说明“负责拟定、执行、监督、评价和推行此类暂行特别措施的机构”。[115] 既然委员会认为第 3 条构成要求缔约国报告它们所采取的暂行特别措施的一个依据，那么缔约国也应当报告在其管辖范围内旨在实现妇女发展进步的所有措施。

委员会常常询问缔约国选择的确保妇女进步的方法，并且总会在结论性意见中重提这一问题。正如我们已经看到的，第 3 条的概括性和不精确性使其与第 1、2、4 和 5 条，特别是第 24 条有所重合。委员会依据第 3 条向缔约国询问有关全国妇女机构的问题，但它是根据第 3 条还是第 24 条对这类机构作出评价并不是很明确。委员会还依据第 3 条向缔约国代表询问其他问题，而这些问题也很可能根据另一条款提出，[116] 或者已经暗示缔约国可以根据另一条款进行答复。[117]

委员会还在未援引任何具体条款的情况下提出一般性的问题，但这些问题可以理解为在第 3 条的范围之内。委员会在表达对通过赞助创收活动、获得小微信贷或贷款计划来减贫、为妇女经济赋权、促进妇女自治等问题的关切时通常并未提及第 3 条，但这些问题的确与第 3 条及其他条款（如第 14 条[118]）有关。委员会也没有阐明每一层义务的要求，或者为履行第 3 条缔约国必须做些什么。因此，有必要考察委员会成员向缔约国提出了哪些问题，对缔约国采取的哪些措施给予肯定，对执行过程中的哪些差距和忽略表达了关切，由此确定委员会如何阐释第 3 条的规范性内容。 116

---

[114] 另见第 28 号一般性建议，第 16 段。

[115] 第 25 号一般性建议（原文为“同上注”，有误。——译者注），第 34 段。

[116] 例如向日本提出的妇女教育项目的问题，也可以根据第 10 条提问。A/49/38（Supp.），1994 年第 13 届会议，对日本的结论性意见，第 3 条，第 561 段。

[117] 例如询问关于妇女进步项目的问题，俄罗斯代表描述了支持妇女参加公共生活的项目，这一信息也可以根据第 7 条提供，参见 A/50/38（原文有误。——译者注），1995 年第 14 届会议，对俄罗斯的结论性意见，第 3 条，第 504 段。

[118] 例如，CEDAW/C/MDG/CO/5（2008），对马达加斯加的结论性意见，第 32 段。

1. 尊重的义务

尊重的义务要求缔约国避免采取妨碍妇女充分发展和进步，或是妨碍她们享有人权和基本自由的措施。第3条还要求采取积极的国家行动，例如，将性别问题有效地纳入预算政策，使政府直接或通过国家机构履行促进妇女发展的义务。它还要求缔约国扫除障碍，采取措施鼓励充分遵循《公约》各项原则，特别是当宗教或私法或习俗与这些原则存在冲突时。[119] 缔约国为此采取的行动可能各不相同，“在委员会的帮助下，（缔约国必须）决定为履行条约义务需要采取什么行动”。[120]

通常，委员会更关注国家提高妇女地位[121]的立法和政治机制，[122] 尤其欢迎为此目的增加人力和物力配给。第3条要求缔约国为妇女提供适当的机制，以满足她们与男性不同的需求。[123] 这一解释得到了第24条和第25号一般性建议的支持，后者在第34段（原文误为第24段。——译者注）提出了一系列机制建议，包括“妇女部、各部或总统办公室内的妇女司、监察专员、法庭或其他公共或私营实体等，这些机构都应具有拟定具体方案、监督方案执行及评价方案影响和成果的任务规定”。缔约国报告了为实现《公约》目标进行机构能力建设和增强意识的措施。各国的做法因各自宪法、政治、社会、经济秩序的不同而有所差异，委员会乐于接受不同的方法。总的来说，它欢迎“在法律、政策和制度领域采取各种措施，以使妇女提高到与男子平等的地位”。[124] 但如果缺乏此类措施，它将表示关切。[125]

委员会建议缔约国采取的措施包括：制定平等机会法；在地方、区域和

---

[119] 第21号一般性建议，第50段。这一义务对第2、3和24条来说被认为是必要的。

[120] HR/PUB/91/1(1991)，Z. Ilic and I. Corti，*UNITAR Manual on Human Rights Reporting*.

[121] CEDAW/C/VEN/CO/6（2006），对委内瑞拉玻利瓦尔共和国的结论性意见，第6段（欢迎努力加强促进妇女地位的国家机制）。

[122] 第6号一般性建议没有提及第3条或第24条。

[123] S. Cusak and R. J. Cook，“Combating Discrimination Based on Sex and Gender”，in C. Krause and M. Scheinin(eds.)，*International Protection of Human Rights：A Textbook*(2009)205，p. 208.

[124] CEDAW/C/VEN/CO/6（2006），对委内瑞拉玻利瓦尔共和国的结论性意见，第7段。

[125] A/60/38，2005年第32届会议，对意大利的结论性意见，第318段。

联邦政府中设立机构，就妇女关心的事项提供咨询意见，或“协调、支持、
监测和倡导妇女平等”；[126] 建立适当的办公室，如平等督察专员[127]、性别问题
协调中心[128]、妇女联络处（特别是在农村地区）[129]、区域办事处[130]；制定和通 117
过与《北京宣言》和北京《行动纲领》一致的[131]国家性别政策[132]、策略[133]或
行动计划[134]。如果缔约国不成立政府部门（或在部门中设立一个单位）或法
定机构，也可以指定一个非政府组织作为促进妇女发展和进步的主要机构。
虽然委员会赞赏有关的非政府机构可能具有重要的专业知识和倡导技能，但
它也指出需谨慎对待这种方法，因为非政府地位可能限制其在国家结构层级
中的“权威性和影响力”，并削弱政府对履行《公约》的责任。[135]

委员会对只是简单列举或描述促进妇女地位的机构而没有详细说明其任务[136]、运行、责任分配或评估方法[137]的报告表示不满。委员会成员希望对协调处理妇女问题的国家政策进行定量和定性评估，并向缔约国询问这些政策有何缺点。[138] 它们还询问在全国、地区和省一级的财务责任问题，包括妇女中心的资金来源。[139] 对制定了平等法的国家，委员会询问妇女是否经常利用

[126] 例如，CEDAW/C/IDN/CO/5（2007），对印度尼西亚的结论性意见，第14段。

[127] A/49/38，1994年第13届会议，对日本的结论性意见，第3条，第563段。

[128] CEDAW/C/MYS/CO/2（2006），对马来西亚的结论性意见，第5段。

[129] A/60/38，2005年第32届会议，对萨摩亚的结论性意见，第41段。

[130] 例如，CEDAW/C/SLE/Q/5（2007），对塞拉利昂的结论性意见，第3条，第8段（询问关于政府在弗里敦外部署区域办事处的计划）。

[131] 委员会经常提到北京《行动纲领》，例如CEDAW/C/NZL/CO/6（2006），对新西兰的结论性意见，第6段。

[132] CEDAW/C/VEN/CO/6（2006），对委内瑞拉玻利瓦尔共和国的结论性意见，第17段；CEDAW/C/NGA/CO/6（2008），对尼日利亚的结论性意见，第9段。

[133] A/60/38，2005年第33届会议，对爱尔兰的结论性意见，第385段。

[134] 例如，CEDAW/PSWG/2005/Ⅱ/CRP.1/Add.3（2005），对朝鲜民主主义人民共和国的问题清单，第3条，第5段。

[135] CEDAW/C/ERI/CO/3（2006），对厄立特里亚的结论性意见，第12段。

[136] 例如，CEDAW/PSWG/2005/Ⅱ/CRP.1/Add.1（2005），对贝宁的问题清单（原文误为结论性意见。——译者注），第3条，第7段。

[137] 例如，A/57/38，2002年特别会议，对危地马拉的结论性意见，第180段。

[138] 例如，A/50/38（Supp.），1995年第14届会议，对俄罗斯联邦的一般性意见，第503段。

[139] 例如，A/49/38（Supp.），1994年第13届会议，对荷兰的一般性意见，第265段。

这些法律寻求保护、结果如何。[140]

一个特别受关注的领域是缔约国赖以保证妇女进步和性别平等的机构，往往存在人力、法律和物力资源[141]支持不足的问题。当国家机构可能缺乏充分的决策权，或是财力和人力资源不足时，[142] 委员会均表示关切，并要求对资金水平的适当性作出说明。[143] 它建议缔约国应从预算中划拨足够的资金，以确保相关机构“有能力有权威来开展工作”。[144] 委员会还询问性别敏感预算编制[145]和审计，并对相关机构表示赞赏。[146]

118 委员会还就一国政府内负责促进妇女地位的部门的地位、可见性和工作量提出建议，以确保此类任务获得适当的优先级和权重。[147]

委员会尤其赞成将各级政策中的性别主流化[148]作为确保妇女平等的工具，鼓励引入这一工具，建议对性别主流化和性别敏感性进行培训。它赞赏发展方略中的性别主流化，[149] 包括发展援助[150]和合作[151]。然而，委员会并非无保留地认为性别主流化是令人满意的，它对其能否获得有效执行及其影响表达了关切。[152]

---

[140] CEDAW/C/LCA/Q/6（2006），对圣卢西亚的问题清单（原文误为结论性意见。——译者注），第3条，第5段；CEDAW/C/PAK/Q/3（2007），对巴基斯坦的问题清单（原文误为结论性意见。——译者注），第3条，第6段。

[141] 例如，CEDAW/C/LTU/CO/4（2008），对立陶宛的结论性意见，第72段。

[142] 例如，CEDAW/C/PER/CO/6（2007），对秘鲁的结论性意见，第14段。

[143] 例如，CEDAW/C/MKD/Q/1－3（2005），对马其顿共和国的问题清单，第3条，第3段。

[144] 例如，CEDAW/C/LTU/CO/4（2008），对立陶宛的结论性意见，第73段。

[145] 例如，CEDAW/C/MAR/Q/5（2006），对毛里求斯的问题清单，第5段。

[146] 例如，CEDAW/C/DEN/CO/6（2006），对丹麦的结论性意见，第5段。

[147] 例如，CEDAW/C/DEN/CO/6（2006），对丹麦的结论性意见，第5段（关切到性别平等组只有4名职员，而性别问题联络点的工作是他们常规工作之外的任务）。

[148] 例如，CEDAW/C/IDN/CO/5（2007），对印度尼西亚的结论性意见，第5段；A/57/38，2002年第26届会议，对爱沙尼亚的结论性意见，第91段。

[149] 例如，CEDAW/PSWG/2005/I/CRP. 1/Add. 5（2005），对老挝人民民主共和国的问题清单，第3条，第4段。

[150] A/60/38，2005年第33届会议，对爱尔兰的结论性意见，第377段。

[151] 例如，A/59/38，2004年第30届会议，对德国的结论性意见，第382段。

[152] 一般参见 H. Charlesworth，“Not Waving But Drowning：Gender Mainstreaming and Human Rights in the United Nations”(2005)18 *Harvard Human Righs J* 1－18；S. Kouvo，“The United Nations and Gender Mainstreaming：Limits and Possibilities”，in D. Buss and A. Manji(eds.)，*International Law：Modern Feminist Approaches*(2005)，pp. 237－252。

其中一个关切是负责执行性别主流化的相关机构可能缺乏必要的可见性、决策权或人力和财力资源，以致难以“在全国和地方各级政府的所有机构和部门有效促进妇女进步和性别平等”。[153]

另一相关的关切是在一个非专业的政府部门或单位将妇女问题主流化，可能冲淡其重要性，并降低对“歧视妇女问题，包括其压倒性数量和跨领域性质”的重视。[154] 但包括在商业、政治和行政领域全面融入性别主流化的方法是非常必要的，委员会赞赏实现这一目标的努力。[155] 为确定现存的政策、惯例和法律是否对男女有不同的影响，以及在采取一切潜在的新措施之前，都有必要在最高政治层面[156]进行性别影响研究。[157] 负责监督性别问题的政府机构间若缺乏协调，或是没有划分履行责任，都将使性别主流化活动打折扣。[158] 委员会希望得到关于性别主流化影响的具体信息，[159] 并建议缔约国采取评估措施。[160]

委员会还关注妇女参与制定政策及参加实现性别平等的实践活动的重要
性。第25号一般性建议第34段在暂行特别措施的背景下，提出全体妇女， 119
特别是受影响的妇女群体，应能够参与国家机制和政策的设计、执行和评估。这一原则必须得到普遍适用。

2. 保护的义务

保护的义务包括缔约国有义务恪尽职守，确保妇女的发展与进步不受非国家行为人（包括私营企业的经济政策）的阻碍。[161] 委员会建议为跨国公

---

[153] CEDAW/C/IDN/CO/5（2007），对印度尼西亚的结论性意见，第14段。

[154] CEDAW/C/LTU/CO/4（2008），对立陶宛的结论性意见，第72段。

[155] 例如，A/59/38，2004年第30届会议，对德国的结论性意见，第378段。

[156] 例如，CEDAW/C/NZL/CO/6（2006），对新西兰的结论性意见，第15段；CEDAW/C/CZE/CO/3（2006），对捷克共和国的结论性意见，第12段。

[157] 例如，CEDAW/C/CHN/CO/6（2006），对中国的结论性意见，第16段。

[158] 例如，A/57/38，2002年第26届会议，对特立尼达和多巴哥的结论性意见，第143段。

[159] 例如，A/57/38，2002年第26届会议，对冰岛的结论性意见，第254段。

[160] 例如，CEDAW/C/MRT/CO/1（2007），对毛里塔尼亚的结论性意见，第24段。

[161] E. Evatt, “Private Global Enterprises, International Trade and Finance”, in Schöpp-Schilling and Flinterman(eds.)（前注81），第106页。

司，特别是在出口加工区运营的公司制定并执行道德规范和行为方案。[162] 委员会运用第3条（以及第1、2、5、6和15条）解释在其调查的华雷斯城多名妇女死亡和失踪事件中，墨西哥未能履行恪尽职守的责任，[163] 以及根据《任择议定书》提交的两件个人来文。[164] 在Şahide Goekce诉奥地利[165]案中，来文作者指控在Şahide Goekce被其丈夫杀害事件中，缔约国违反了第1、2、3和5条，因为缔约国没有积极地采取一切适当措施保护她的人身安全权和生命权。委员会的结论是，结合第1条和第19号一般性建议，奥地利违反了它在《公约》第2条和第3条下的义务。[166] 相关案件Fatma Yildirim诉奥地利[167]的推理和结论与本案类似。[168]

在上述任何一个案件中，委员会都没有说明缔约国究竟违反了第3条下的哪项具体义务，或者它的结论是依据该条的哪些措辞得出的。然而，每一案件的事实（包括在墨西哥华雷斯城多名妇女死亡和失踪事件调查中确定的事实）都表明缔约国当局未能按照第3条的要求确保受害人免遭来自第三方的侵害，也未能保证她们的发展、进步或充分享有人权。《公约》并没有明确规定生命权或身体完整权，而是通过第3条和第19号一般性建议将其纳入。更确切地说，行使促进妇女地位的恪尽职守义务要求缔约国确保平等诉诸司法权，[169] 包括提供可获得的法律援助和咨询，以及提供程序以处理

---

[162] 消除对妇女歧视委员会《可持续发展问题世界首脑会议工作文件》（前注8）第6（g）段。

[163] CEDAW/C/2005/OP.8/MEXICO，《消除对妇女歧视委员会根据〈公约〉任择议定书第8条制作的关于墨西哥的报告，以及墨西哥政府的答复》，第50段。

[164] 在早期的个人来文中未提及第3条：CEDAW/C/32/D/2003，消除对妇女歧视委员会第2/2003（2005）号来文，A.T.诉匈牙利；CEDAW/C/36/D/4/2004，消除对妇女歧视委员会第4/2004（2006）号来文，A.S.诉匈牙利。消除对妇女歧视委员会第10/2005号来文，N.S.F.诉英国案未援引《公约》的任何条款，但委员会评论说庇护要求似乎“是根据《公约》第2条和第3条提出的问题”。该来文因未用尽当地救济而不予受理。

[165] CEDAW/C/39/D/5/2005，第5/2005号来文（2007年8月6日）。

[166] 同上注，第12.1.6段。

[167] CEDAW/C/39/D/6/2005，第6/2005号来文（2007年10月1日）。

[168] 同上注，第3.1段及第12.1.6段。另见关于“针对妇女的暴力”一章的讨论。

[169] 例如，CEDAW/PSWG/2005/Ⅱ/CRP.1/Add.4（2005），对冈比亚的问题清单，第3条，第3段。

基于性别歧视的申诉。[170]

3. 促进和实现的义务 120

促进和实现的义务是一种持续的动态的义务，它要求缔约国采取和适用保障妇女进步所需的措施。许多被委员会肯定的措施被归为尊重的义务，而从长远看，这些措施指向实现第 3 条规定的缔约国义务。然而，“长远”并不意味着延迟或延期采取积极行动，或直到“情况允许时”[171] 才采取行动，这不符合第 3 条的精神。缔约国有义务确定一个实现男女平等的时间表，[172] 如有必要，加快所提出的促进妇女地位的战略。[173]

在经济赋权中，对所有妇女，包括偏远地区的妇女[174]开展教育和培训，是得到第 10 条认可的促进妇女地位的重要措施。委员会的专家们根据第 3 条询问缔约国妇女接受教育的情况。[175]

缔约国必须确保在全国范围内将《公约》及委员会对缔约国的结论性意见以一种方便妇女获得的方式广泛传播（特别是针对农村地区以及面临多重不利处境的妇女），确保《公约》和结论性意见的推广。这对于促进国家层面的妇女倡议和游说至关重要，也是实现缔约国义务的另一关键要素。

委员会反复强调设定标准和可衡量的指标，收集随时间发展的适当、准确的按性别分列的统计数据[176]非常重要。缺少这样的数据库将无法分析趋势，也无法确定实际上实现妇女事实平等和进步的进展程度。[177] 缺少持续的统计数据“还可能给缔约国自身在设计和执行有针对性的政策和方案时形

---

[170] CEDAW/PSWG/2005/Ⅱ/CRP. 1/Add. 3（2005），对朝鲜民主主义人民共和国的问题清单，第 3 条，第 6 段。

[171] 这一短语原为菲律宾草案所采用，后在起草过程中被删除了。Rehof（前注 3），第 63 页。

[172] 例如，CEDAW/C/2000/Ⅱ/CRP. 3/Add. 7（2000），对罗马尼亚的结论性意见，第 300 段；CEDAW/C/COK/CO/1（2007），对库克群岛的结论性意见，第 13 段。

[173] A/60/38，2005 年第 33 届会议，对爱尔兰的结论性意见，第 385 段。

[174] CEDAW/C/COK/CO/1（2007），对库克群岛的结论性意见，第 27 段。

[175] A/49/38（Supp.），1994 年第 13 届会议，对日本的结论性意见，第 3 条，第 561 段。另见关于第 10 条一章的讨论。

[176] 第 9 号一般性建议没有提到第 3 条，而委员会在关于统计的其他地方提到了第 3 条。

[177] 例如，CEDAW/C/CHN/CO/6（2006），对中国的结论性意见，第 16 段。

成障碍”。[178] 数据不仅应按性别分列，还应按照其他不利地位或排斥类型进行分列，如种姓、少数民族身份、种族[179]、城乡定位[180]。

《公约》没有明确提及妇女非政府组织在实现第 3 条目标中的作用。尽管如此，委员会已经注意到了它们的有益工作[181]并建议缔约国与“代表不同妇女团体”[182] 的民间社会进行合作，征求它们的意见，包括邀请它们参与立
121 法进程[183]及参与准备缔约国报告[184]。委员会曾询问非政府组织的登记程序，[185]并对缺乏有利环境[186]或任何对妇女非政府组织有效运行的威胁[187]表示关切。

委员会承认实现第 3 条的目标（以履行《公约》）并不容易，需要专业知识和财政资源。它建议缔约国根据北京《行动纲领》和联合国大会第 23 届特别会议的成果文件，[188] 利用国际社会现有的援助，包括国际资助和联合国专门机构（如开发计划署）。[189]

六　结论

第 3 条的用语不精确，但在很大程度上为支持妇女充分发展和进步的渐进解释埋下了伏笔。尽管委员会在许多场合都没有明确将第 3 条单独作为义务的依据（第 18 号一般性建议例外），但它（与《公约》的其他条款一起）

[178] CEDAW/C/PER/CO/6（2007），对秘鲁的结论性意见，第 10 段。

[179] CEDAW/C/IND/CO/3（2007），对印度的结论性意见，第 15 段。

[180] CEDAW/C/PER/CO/6（2007），对秘鲁的结论性意见，第 11 段。

[181] 例如，CEDAW/C/UZB/CO/3（2006），对乌兹别克斯坦的结论性意见，第 17 段。

[182] 第 25 号一般性建议，第 34 段；CEDAW/C/KHM/Q/1 - 3（2005），对柬埔寨的问题清单，第 3 条，第 8 段。

[183] CEDAW/C/NGA/CO/6（2008），对尼日利亚的结论性意见，第 7 段。

[184] 例如，CEDAW/C/MYS/CO/2（2006），对马来西亚的结论性意见，第 32 段。

[185] 例如，CEDAW/C/TKM/Q/2（2006），对土库曼斯坦的问题清单，第 3 条，第 9 段。

[186] 例如，A/59/38，2004 年第 30 届会议，对白俄罗斯的结论性意见，第 343 ~ 344 段。

[187] 例如，CEDAW/C/UZB/CO/3（2006），对乌兹别克斯坦的结论性意见，第 17 段。

[188] 例如，CEDAW/C/ERI/CO/3（2006），对厄立特里亚的结论性意见，第 32 段。

[189] 例如，CEDAW/C/COK/CO/1（2007），对库克群岛的结论性意见，第 17 段；CEDAW/C/SYR/Q/1（2006），对叙利亚的问题清单，第 3 条，第 9 段。

被用于主张缔约国在下述方面的义务：对妇女的暴力、撤回保留以及建立实现《公约》目标的有效国家程序。它开放性的用语赋予《公约》以承载力，使其可以纳入其他条款没有明确表达的事项。对将哪些问题放在特定条款的义务之下，委员会的意见并不一致。有时，它以“第 3 条”为标题，但有时也使用主题词作为标题（如“机制框架”或“国家机制”），由此提出与第 3 条及其他条款（尤其是第 2 条和第 24 条）有关的问题。标题的选择似乎与缔约国是否在其报告中使用了《公约》框架没有关联。

委员会根据第 3 条提出的主要问题有：

- 收集按性别分列的数据；
- 促进妇女地位的“国家机制”［许多问题与资源、任务、“权威性”、建立（缺乏）机制对实现性别平等的影响有关］；
- 执行《公约》的国家计划和政策以及包括根据北京《行动纲领》、《“北京 +5”结果文件》和千年发展目标监测政策的影响；
- 调查阻碍妇女进步的因素；
- 政策，包括发展政策的性别主流化；
- 监测发展战略的性别影响；
- 民间社会（包括妇女非政府组织和基于身份的少数群体）在制定法律和发展策略中的作用；
- 一般意义上妇女非政府组织的地位和作用，包括它们是否参与准备 122
国家报告；
- 平等获得司法与救济；
- 宣传《公约》的措施；
- 结构调整和宏观经济政策的性别影响，以及妇女与贫困；
- 用于提高妇女地位的财政资源，包括划拨给指定机构的，及给指定部门之外的资源。

自《公约》通过后，其他国际法文件中的硬法和软法已经有所突破，将妇女的人权扩展到许多领域。这些文件来自多个机构，如联合国安全理事会［第 1325 号决议（2000）、第 1820 号决议（2008）、第 1888 和 1889 号决议（2009）及第 1960 号决议（2010）］；联合国大会（第 23 届特别会议结果文件、千年发展目标）；联合国机构；全球大会的结果文件（如世界人权大会、人口与发展大会、第四次世界妇女大会及其后续进程）。其中许多文件巩固了《公约》，提到了缔约国在《公约》下的义务。第 3 条的开放性用语以及它的根本目的——“保证妇女得到充分发展和进步”——允许采用整体的方法对妇女人权进行渐进的动态解释。

第四条* 123

1. 缔约各国为加速实现男女事实上的平等而采取的暂行特别措施，不得视为本公约所指的歧视，亦不得因此导致维持不平等或分别的标准；这些措施应在男女机会和待遇平等的目的达到之后，停止采用。

2. 缔约各国为保护母性而采取的特别措施，包括本公约所列各项措施，不得视为歧视。

一　概述 …… 162

（一）背景 …… 162

（二）第 4 条的概念框架 …… 165

1. 特别措施对事实平等不可或缺 …… 165

2. 保护母性对发展与可持续性不可或缺 …… 167

3. “特别” …… 167

4. 强制性质 …… 168

5. 为特别措施提供资金 …… 169

6. 时间范围 …… 169

（三）与其他人权文件相应条款的比较 …… 170

二　准备工作 …… 170

三　解释问题——第 4 条第 1 款 …… 171

（一）增进平等 …… 171

* 在此，感谢我的首席研究助理 Revital Tordjman 以及研究助理 Belle Spivak 和 Julie Asila，感谢她们对本章及第 11 条章节所作的杰出的不可替代的协助。

1. 加速实现事实平等 …… 171
2. “暂行特别措施” …… 172
3. 暂行特别措施不是歧视 …… 173
4. 对不同情境下的暂行特别措施的系统化 …… 173
5. 暂行 …… 175
（二）政策问题 …… 176
1. 才干 …… 176
2. 目标受益人 …… 177
3. 第三方的责任 …… 177
（三）适用范围 …… 178
1. 增进性特别措施的范围 …… 178
2. 交叉性 …… 179
四　解释问题——第 4 条第 2 款 …… 179
（一）母性 …… 179
1. 生育—生理差异 …… 180
2. 育儿 …… 181

124

一　概述[1]

（一）背景

第 4 条各款将特别措施的概念引入《公约》，其中第 1 款引入暂行特别措施（TSMs）以加速实现妇女事实上的平等，第 2 款规定的保护母性的特

① 谨以本章向汉娜·贝亚特·舍普－席林致敬。她主持起草了第 25 号一般性建议，我也参与其中。她对妇女的实质平等权有清晰的认识，是一位非凡的解说者和杰出的朋友。非常不幸的是她的意外去世让她再也无法对第 4 条作出评注，而最初计划这章由她来撰写。我只希望自己能正确领会她的远见。

别措施不是暂时性的。[②] 两款中提及的“特别措施”服务于不同的目的，基于不同的概念基础。第 4 条第 1 款暂行特别措施是协助、补偿和纠正的促进措施，以保障妇女在所有生活领域的平等机会。第 4 条第 2 款关注的是保护母性的特别措施，使与女性生育相关的保护性措施合法化。

第 4 条在整体上包括促进事实平等和保护母性的特别措施，规定了保护妇女平等权以及保障妇女能力的义务。能力方法承认有必要保护那些对女性尤为重要的功能，妇女作为有尊严的自由主体，通过与他人的合作与互惠来塑造自己的生活。核心的能力包括：持有财产的权利或在与他人平等的基础上谋求职业的权利；有效参与政治选择；迁徙自由；像对待主权一样保护身体的边界；获得免遭性虐待的保障；获得自尊和不受屈辱的社会基础；被作为一个有尊严的主体对待，其价值与他人平等。[③]

并非所有指向改善妇女境遇的措施都属于暂行特别措施或保护母性的措施。除第 4 条要求的特别措施外，缔约国还有义务采取恒久的措施，确保如第 3 条所要求的妇女的充分发展与进步以及妇女的平等与尊严。委员会提醒注意这一区别：

> 缔约国应明确区分根据第 4 条第 1 款采取的暂行特别措施和其他一般性社会政策，前者旨在加速实现妇女事实上或实际平等的具体目标，后者旨在改善妇女和女童的状况。并非所有可能或将会有利于妇女的措施都是暂行特别措施。提供一般条件保证妇女和女童的公民、政治、经济、社会和文化权利并确保她们过上有尊严、不受歧视的生活，这些不能被称为暂行特别措施。[④]

---

② H. B. Schöpp-Schilling, “Reflections on a General Recommendation on Article 4 (1) of the Convention on the Elimination of Discrimination against Women”, in I. Boerefijn, F. Coomans, J. Goldschmidt, R. Holtmaat and R. Wolleswinkel (eds.), *Temporary Special Measures: Accelerating de facto Equality of Women under Article 4 (1) UN Convention on the Elimination of All Forms of Discrimination against Women* (2003), p. 18.

③ M. C. Nussbaum, *Sex and Social Justice* (1999), pp. 39, 105.

④ 第 25 号一般性建议，第 19 段。

第4条讨论了实现妇女实质平等的两个主要障碍。首先，实现妇女的实
质平等受阻于性别定型观念和持续的歧视性做法；其次，妇女对社会、政治
125 和经济生活的参与因社会和经济结构未能纳入妇女的生育功能而受到阻碍。
这导致在平等权与将其转化为活的法律和社会实践之间存在较大差距。第4
条提供了缩小这一差距的工具。

第4条第1款规定的暂行特别措施作为一种促进措施，确保妇女在生活的各个领域的平等。第4条第1款在第1、2、3和5条已经规定的保障事实平等的定义之外又增加了概念工具，承认需要加速实现男女间事实平等的进程。“加速”一词在《公约》通过时[⑤]是一个独特用语，无论是国际劳工组织的公约还是《消除一切形式种族歧视国际公约》均没有使用这一词语。没有哪种偏见比性别角色社会化带给社会期望和社会行为的印记更为深刻。第4条第1款在规定加速执行妇女事实平等权的强制义务时，承认了阻碍妇女平等的文化和机制障碍的顽固性和不妥协性，以及消除这些障碍的紧迫性。

第4条第1款的促进措施，与国内采取的扶持行动或积极行动类似，属于《公约》中最受争议的条款之一，引起了政治界和学术界的广泛讨论。如联合国人权委员会小组委员会关于扶持行动的概念和实际做法问题特别报告员所指出的：

> 扶持性优惠是扶持行动中最具争议的形式……对社会商品的配给将导致歧视，因为这意味着当社会商品供应有限时，其他群体的某些成员将不再作为配给的考虑对象。[⑥]

在《公约》的语境下，促进措施构成妇女事实平等的一个内在方面。第4条第1款已阐明，暂行特别措施是实现事实平等的合法和必要的战略。

⑤ 在后来的《残疾人权利公约》中也被采用。

⑥ E/CN. 4/Sub. 2/2000/11，联合国人权委员会小组委员会《全面审查与种族歧视有关的专题问题，扶持行动的概念和实际做法特别报告员马克·博叙伊先生按照小组委员会第1998/5号决议提交的初步报告》，第38、78段。

此外，委员会在其结论性意见和一般性建议中对第 4 条第 1 款的解释和适用，对特别报告员提出的理论问题提供了具有说服力的回应。

第 4 条第 2 款规定的特别措施针对保障适当的生育条件，并促进将妇女的生育功能纳入妇女全面参与公民、社会和经济生活的所有方面。鉴于其关系到养育子女的职能，生育，包括怀孕、分娩及哺乳，代表着一种生理差异，因此需要对妇女采取持久的特别措施。

为保护生育给予特别措施，这一点仅适用于分娩还是也适用于育儿，对
此并不清晰。虽然分娩是由生理特征决定的，但将育儿归为妇女的任务却是
社会构筑的。在《公约》的不同条款中生育的概念范畴有所差异。在第 5
条（b）项中，生育被视为一种“社会功能”，而抚育和培养子女是男女共
同的责任。[⑦] 第 11 条第 2 款禁止基于“婚姻或生育”的歧视，显然既与养 126
育子女的任务又与生殖的生理功能有关。然而，第 11 条第 2 款（b）项要
求缔约国支持社会服务，以使父母可以兼顾家庭义务和工作责任、参与公共
生活，这里提到的是父母而不是母亲。第 16 条第 1 款（d）项和（f）项也
强调了育儿是共同责任这一前提。

《公约》清楚地表明要消除男女定型任务。然而，从一个妇女只负责养育子女的传统的父权制家庭转变为以性别中立方式对所有任务进行分担的平权家庭，这在缔约各国的社会现实中远未得到充分履行。作为一种过渡，在传统家庭背景下，对妇女生育和育儿提供特别保护措施是非常必要的。

（二）第 4 条的概念框架

1. 特别措施对事实平等不可或缺

第 4 条各款都引入特别措施作为实现妇女事实和实质平等的一种手段。[⑧] 因此，这些特别措施是《公约》规定的平等概念中固有的含义，而不是例外：第 4 条第 1 款“为加速实现男女事实上的平等而采取的暂行特别措施”是通过自我定义实现事实平等的一种途径。第 4 条第 2 款

---

⑦ 参见对第 5 条一章的讨论。

⑧ 参见对第 1 条一章的讨论。

“为保护母性而采取的特别措施”亦是事实平等的内在部分，而非例外。对不同境遇的人给予与其差异性相匹配的差别对待，是平等概念的内在组成部分。

针对第4条第1款，委员会在第25号一般性建议中声称，特别措施构成平等概念的固有组成部分：

> 委员会认为，实施这些措施并非不歧视准则的例外，而是作出一种强调，即暂行特别措施是缔约国的一项必要方略的组成部分，其目的是在享受人权和基本自由方面实现事实或实质上的男女平等。[9]

委员会的方法与特别报告员不同，后者认为扶持行动是不歧视原则的例外。[10] 不同的区域文件及缔约各国的法律制度在扶持行动或积极行动是平等的内在部分还是不歧视原则的例外这一问题上，持有不同的立场。[11] 一位学者有效地概括了将暂行特别措施归为例外的问题：

> 将扶持行动作为反歧视法的例外意味着扶持行动措施原则上有歧视之“嫌”，因此需要特别的理由。
>
> 127 相应的，这意味着，现有的排除了目标群体的社会规则非但没有歧视之嫌反而被认为是大体公允的，这些规则的社会性别特征因此被忽略了。[12]

⑨ 第25号一般性建议，第18段。类似评论参见CERD/C/GC/32，消除种族歧视委员会第32号一般性建议（2009），第20段。

⑩ E/CN. 4/Sub. 2/2002/21，联合国人权委员会小组委员会《防止歧视，扶持行动的概念和实际做法特别报告员马克·博叙伊先生按照小组委员会第1998/5号决议提交的最后报告》，第113段；另见B. Hepple, M. Cousey and T. Choudhury, *Equality: A New Framework: Report of the Independent Review of the Enforcement of UK Anti-discrimination Legislation*（2000）。

⑪ J. Swiebel, “What Could the furopean Union Learn from the CEDAW Convention?”, in Boerefijn et al. (eds.)（前注2），第51、52~61页。

⑫ C. Bacchi, “The Practice of Affirmative Action Policies: Explaining Resistances and How These Affect Results”, in Boerefijn et al. (eds.)（前注2），第75、79页。

第 4 条第 1 款的措辞以及委员会对它的解释，清晰地表明缔约国根据第 4 条第 1 款有义务接受包容性的观点，即将暂行特别措施作为事实平等的内在要素，而不是非歧视原则的例外。⑬

类似的，第 4 条第 2 款对母性的保护性特别措施也应被认为是平等的内在方面，或以相同的语言解释："不得视为歧视。"第 4 条第 2 款的特别措施与暂行特别措施一样，对实现事实上的平等非常必要。

2. 保护母性对发展与可持续性不可或缺

对母性的特别保护措施不仅对保障妇女事实平等是必要的，对经济发展及其可持续性也必不可少。保护母性对实现发展和可持续的目标至关重要：优化利用包括妇女在内的人力资本资源；避免女性和儿童的贫困，缺乏对母性适当的社会和经济支持将加剧其贫困；为确保下一代成长条件作出规划，这对长远的社会和经济发展十分必要。

3. "特别"

第 4 条各款都使用了"特别"这一术语。像《消除一切形式种族歧视国际公约》一样，两款中使用的"特别"一语表示缔约国承诺采取措施使妇女能够在与男子平等的基础上进入社会并在社会中竞争。

第 25 号一般性建议解释了第 4 条第 1 款中使用的"特别"一词：

> 虽然"特别"这一术语与人权论述相符，但仍然应对其作出缜密的解释。有时使用该术语会让妇女和其他受歧视群体显得脆弱、易受伤害并需要额外或"特别"措施才能进入社会或在社会中竞争。但在制定第 4 条第 1 款时，"特别"的真正含义是这些措施旨在实现具体目标。⑭

使用特别措施并不意味着施舍而是权利。运用第 4 条第 1 款暂行特别措

---

⑬ S. Fredman, "Beyond the Dichotomy of Formal and Substantive Equality: Towards a New Definition of Equal Rights", in Boerefijn et al. (eds.)（前注 2），第 111、117 页。

⑭ 第 25 号一般性建议，第 21 段。

施要达到的目标是实现妇女在事实上的机会平等。在第4条第2款中，“保护”母性的概念确认妇女有权获得促进“母性的社会功能”的条件。[15] 特别措施对确保妇女在社会生活各个领域参与和竞争的平等机会非常必要，由于性别定型观念及妇女在生育中的作用，这些领域的社会、健康和经济负担都可能由妇女来承担。

128 **4. 强制性质**

采取暂行特别措施的义务可以从《公约》的目的和宗旨来理解，或者更具体地说，可以从采取一切适当措施以确保实际实现平等原则和有效保护妇女免遭歧视的义务来理解。[16] 暂行特别措施在许多情况下具有强制性，因为它们是构成加速实现妇女在第6~16条下的事实平等的最适当措施。

第4条第1款规定暂行特别措施不应被认为具有歧视性，因此没有明确指出暂行特别措施具有强制性；有观点认为它们仅仅是被允许采取的措施。[17] 然而，委员会在第25号一般性建议第24段中阐明了暂行特别措施的义务属性：

> 委员会认为，如果能够说明暂行特别措施对这些条款中的任何一条

---

⑮ 第5条。

⑯ R. Cook, “Obligations to Adopt Temporary Special Measures Under the Convention on the Elimination of All Froms of Discrimination Agaisnt Women”, in Boerefijn et al. (eds.)（前注2），第119、129~131页；Schöpp-Schilling（前注2）；联合国人权委员会，Bossuyet（前注6），第38段；E. Vogel-Polsky, *Positive Action and the Constitutional and Legislative Hindrances to its Implementation in the Member States of the Council of Europe*(1989), p. 13。消除种族歧视委员会在讨论《消除一切形式种族歧视国际公约》下的促进和保护性特别措施时也申明了它们的强制性质。只是委员会直接依据的是该公约第2条第2款的用语，据此缔约国应当在情况允许时采取“特别和具体措施”。CERD/C/GC/32，（2009）消除种族歧视委员会第32号一般性建议，第30、32段。

⑰ E/CN. 4/Sub. 2/2000/11，联合国人权委员会小组委员会《全面审查与种族歧视有关的专题问题，扶持行动的概念和实际做法特别报告员马克·博叙伊先生按照小组委员会第1998/5号决议提交的初步报告》；欧洲自由贸易联盟监察委员会诉挪威王国（Case E－1/02）（2003年1月24日），第58段；欧洲自由贸易联盟法院说，第4条第1款如同各国际公约涉及扶持行动的所有规定一样，“显然是一种许可而不具有强制性”。

> 是必要而恰当的，缔约国就应通过并执行暂行特别措施，以便加速实现妇女事实或实际平等的总体或特定目标。

类似的，第4条第2款也是强制性的，因为它显然也与《公约》其他要求缔约国采取保护母性的适当措施的条款相关联。

5. 为特别措施提供资金

特别措施可能需要资金支持，保护母性的特别措施尤其需要资金支持。孕产妇保健、额外的营养、因母性的要求而离开工作场所，如生育治疗、怀孕、生产、产后恢复、母乳喂养等，这些都会产生成本。潜在的成本承担者可能是公共机构（国家或国家保险）或者私人——妇女或其家庭或是私营雇主或私营保险公司。

委员会指出，将这些成本分配给私人会阻碍育龄妇女的就业，政府若不将生育作为一项社会职能，就会给妇女的“就业权利带来结构性损害”。[18]因此，原则上所有特别措施（包括暂行特别措施）的成本应当最后由国家而非相关的私人负担。

6. 时间范围 129

委员会谨慎地阐释了适用特别措施的不同时间范围的合理性：

> 第4条第1款的目的是加速改善妇女状况以实现事实上或实质的男女平等，寻求必要的结构、社会和文化变革以纠正过去和现在歧视妇女的形式和后果，并向妇女提供补偿。这些措施是暂行措施。[19]
>
> 第4条第2款规定了由于妇女与男子生理上的差异而给予她们的不同待遇。这些措施是永久性的，至少直至第11条第3款提到的科学技术知识证明有理由进行审查。[20]

---

[18] A/55/38，2000年第22届会议，对约旦的结论性意见；A/53/38/Rev. 1，1998年第19届会议，对新西兰的结论性意见，第269段。

[19] 第25号一般性建议，第15段。

[20] 同上注，第16段。

(三) 与其他人权文件相应条款的比较

特别措施的概念由国际劳工组织第 111 号公约首次引入，该公约规定，为满足“由于性别、年老失能、家庭责任及社会或文化地位的原因而公认为需要特殊保护或扶助的人”的特定需求而设计的特殊措施不应视为歧视。[21]《消除一切形式种族歧视国际公约》规定，特别措施“不应视为种族歧视”，缔约国“应于情况需要时……采取特别措施”。[22] 1975 年国际劳工组织《关于女工机会和待遇平等宣言》声称，在转型期为促进两性间的有效平等而采取的积极特殊待遇不应被视为歧视。[23] 1979 年联合国教科文组织决定在达到教育和培训机会的“充分平等”之前，为弥合差距，有必要施行针对女童和妇女的特别方案。[24]

第 4 条进一步拓展了上述国际文件为妇女规定的特别措施。它要求通过促进措施加速实现妇女在生活的所有领域的事实平等。它还为母性规定了范围广泛的保护性措施。[25] 一项对欧共体和国际法下对妇女扶持行动的比较研究得出结论说，“在对妇女的扶持行动中，最重要的具有拘束力的国际规范是《消除对妇女一切形式歧视公约》第 4 条第 1 款”。[26]

130 二　准备工作

起草工作初期，各国对苏联提出的“实现男女事实上的平等的措施”存在不同意见。法国和英国反对“有利于妇女的歧视”，而加拿大、瑞典和丹麦希望看到男女平等的规定。英国主张，暂行措施可以施行，但并不是每

㉑ 《歧视（就业和职业）公约》第 5 条。

㉒ 《消除一切形式种族歧视国际公约》，第 1 条。

㉓ 国际劳工大会（第 60 届）:《关于女工机会和待遇平等宣言》（1975 年 6 月 25 日）。

㉔ E/CN. 6/632, UNESCO (1979).

㉕ 其他公约对保护母性的规定将在下文关于第 4 条第 2 款的部分进行讨论。

㉖ A. Peters, *Women, Quotas and Constitutions: A Comparative Study of Affirmative Action for Women under American, German, EC and International Law* (1999), p. 275.

一个需要克服历史性歧视的地方都需要它来为妇女提供平等机会。一些国家的代表（美国、荷兰和哥伦比亚）强调，一旦目标达到，不平等的标准就必须停止。工作组采纳了由加拿大、丹麦、肯尼亚、苏联和美国建议的第 4 条第 1 款的最终文本。

对保护母性的措施也存在不同意见。英国提出了一项草案条款，即因其“生理特征”以及为“促进母亲的福利”保护职场妇女并不违反平等原则。加拿大在巴拿马、葡萄牙和匈牙利的支持下，建议将此条改为“保护母性”。有些国家的代表建议删除该款（挪威），或考虑到第 11 条的详细规定，认为该款有些多余（葡萄牙和法国）。美国、瑞典和联邦德国基于不同的原因对该款持保留态度，瑞典的观点是，保护生育的社会职能应同时覆盖男性和女性。对此，苏联表示无法理解，因为“生育功能是女性的天职”。埃及建议限制对怀孕的保护性措施，遭到了菲律宾和苏联的反对。最终结果是，第 4 条第 2 款规定保护母性的特别措施不应被视为歧视。[27]

三 解释问题——第 4 条第 1 款

（一）增进平等

第 4 条第 1 款暂行特别措施是促进协助、补偿和纠正的措施，以加速事实平等，从而确保妇女在生活各个领域的平等机会和能力。

1. 加速实现事实平等

加速实现事实平等的措施是必要的，因为形式上的平等权不足以为妇女提供一个真正的平等起点。从形式上移除对妇女的机会障碍并禁止歧视并不足以确保实现事实上的平等。如果仅仅通过对已被证明的歧视案件作出反应来执行平等权，将无法引发系统的变革进而带来事实平等。系统性的歧视需

[27] L. A. Rehof, *Guide to the Travaux Preparatoires of the United Nations Convention on the Elimination of All Forms of Discrimination agaisnt Women*(1993), pp. 66 – 76.

要系统的解决方案。

按照委员会的观点：

> 仅仅采取正式法律或方案的方式不足以实现被委员会解释为实际平
> 131 等的事实上的男女平等。此外，《公约》要求男女起点平等，并通过创
> 造有利于实现结果平等的环境赋予妇女权利。[28]

第4条第1款所要求的特别措施的作用，就是创造可以为妇女提供平等起点并赋权妇女在社会、政治、经济生活所有领域参与和竞争的有利环境。特别措施对于破除剥夺妇女权利的社会机制和性别结构非常必要。

2. “暂行特别措施”

加快事实平等的方法是采取暂行特别措施。这类特别措施显然要求区别对待妇女与男子，给予妇女优惠。事实上，委员会在第25号一般性建议中声称：

> 仅仅保证男女待遇相同是不够的。必须考虑妇女和男子的生理差异以及社会和文化造成的差别。在某些情况下，必须给予男女不同待遇，以纠正这些差别。实现实际平等还需要有效的战略，目的是纠正妇女代表名额不足的现象，在男女之间重新分配资源和权力。[29]

“暂行特别措施”这一术语可能在功能上与缔约国采取的一些措施类似，后者被冠以不同的名称：扶持行动、积极行动、积极措施或优惠待遇。尽管如此，第4条第1款规定的特别措施应被认为具有自主意义，是在《公约》的背景下依据《公约》的原则形成的。实际上，委员会也避免使用“暂行特别措施”以外的术语。[30]

㉘ 第25号一般性建议，第8段。

㉙ 同上注，第8段。

㉚ 同上注，第17段。

3. 暂行特别措施不是歧视

暂行特别措施有时被定性为“反向歧视”或“积极歧视”或被认为歧视男性。这些术语曲解了暂行特别措施的目的，即在《公约》消除对妇女的歧视的非对称目标的背景下促进事实平等。“反向歧视”也与第4条第1款明确规定的暂行特别措施不得被视为歧视背道而驰。[31]

4. 对不同情境下的暂行特别措施的系统化

促进措施必须设计得当，以满足加快事实平等的目标。[32] 委员会阐明了所需措施的类型，并警告说措施的类型必须与特定情境及措施的具体目标相适应：

> 选择特定“措施”将取决于第4条第1款适用的情况以及旨在实现的具体目标。[33]

欧洲法院裁定某些类型的暂行特别措施与欧共体法律关于平等的规定相 132
悖，[34] 在一些国家某些类型的扶持行动被认为违宪。[35] 不管怎样，将不同类型暂行特别措施的适用系统化，使它们与特定情况相称，有助于证明这些措施对男女平等的影响是正当的。[36]

委员会关于执行暂行特别措施的指南表明它已经意识到制定适当措施的

㉛ CERD/C/GC/32，消除种族歧视委员会第32号一般性建议（2009），第12段；E/CN. 4/Sub. 2/2002/21，联合国人权委员会小组委员会《防止歧视，扶持行动的概念和实际做法特别报告员马克·博叙伊先生按照小组委员会第1998/5号决议提交的最后报告》，第5段。

㉜ 参见本章第三部分（二）“政策问题”以下。

㉝ 第25号一般性建议，第22段。

㉞ Katarina Abrahamsson 与 Leif Anderson 诉 Elisabet Fogelqvist(Case C－407/98)[2000] ECR I－5539；H. B. Schöpp-Schilling，“Background Paper for a General Recommendation on CEDAW Article 4. 1”(2001)，CEDAW/C/2002/I/WP. 1，第34段。

㉟ CEDAW/C/2001/Ⅱ/5，秘书处的报告《委员会对待公约第4条第1款的方式》，第13页。

㊱ F. Raday，“Systematizing the Application of Different Types of Temporary Special Measures Under Article 4 of CEDAW”，in Boerefijn et al. (eds.)（前注2），第35、36页。有四种关于社会正义的理论可以用来证明使用暂行特别措施的合法性，即分配正义（分配社会产品时确保公正）、补偿正义（补偿群体歧视的纠正措施）、社会功利主义（增加社会成员的整体幸福）以及自由主义（经济效益理论）。

必要性，主要体现在以下几个方面。

(1) 委员会建议在下述领域采取暂行特别措施分配资源，以纠正之前的歧视和不利地位：教育和培训[37]；性别研究；消除成年妇女中的文盲；公众意识项目[38]。为纠正系统性歧视，这些措施在目标和影响方面是成比例的。

(2) 委员会系统地呼吁制定行动计划，无论是由国家还是私人机构，设定目标和时间表，并建立监测机制。[39] 这些暂行特别措施促进自我规制，因此本质上是相称的。

(3) 委员会几乎都是在政治代表和担任公职的场合建议采取配额制，仅在非常罕见的场合建议在私领域采取配额。[40] 配额制为妇女代表性不足的职位设定了提高妇女比例的数值目标。配额制可能要求全部任命女性，直到达到男女平等或它可能要求降低任命女性的比例。对于公领域内的歧视，配额制是适当的，因为正如委员会所声称的，“在任命、甄选或选举担任公职和政治职务的人员时，除资格和才干外其他因素或许也应起作用，包括实行民主公正原则和选举原则”。[41] 特别报告员也同意这一点，“尤其是在公领域……‘代表性’是决定性因素”。[42] 这一方法得到了人权事务委员会法理的支持，该委员会曾裁定在任命高级司法委员会时提出性别要求并不违反《公民及政治权利国际公约》。[43]

---

[37] 《委员会对待公约第 4 条第 1 款的方式》(前注 35)，第 10 ~ 11 页。

[38] 同上注，第 12 页。

[39] A/60/38，2005 年第 33 届会议，对以色列的结论性意见，第 252 段；A/59/38，2004 年第 30 届会议，对尼泊尔的结论性意见，第 215 段；A/59/38，2004 年第 31 届会议，对安哥拉的结论性意见，第 155 段；A/58/38 (Supp.)，2003 年第 28 届会议，对加拿大的结论性意见，第 372 段。

[40] 参见本章第三部分(三)“适用范围”以下的讨论。

[41] 第 25 号一般性建议，第 23 段。

[42] E/CN. 4/Sub. 2/2002/21，联合国人权委员会小组委员会《防止歧视，扶持行动的概念和实际做法特别报告员马克·博叙伊先生按照小组委员会第 1998/5 号决议提交的最后报告》，第 104 段。

[43] CCPR/C/81/D/943/2000，Guido Jacobs 诉比利时，人权事务委员会第 943/2000 号来文 (2004)。

（4）与配额不同，优惠待遇仅限于当女性资格与男性候选人平等时。[44] 133
当妇女具有与男性平等的资格时，优惠待遇仅仅是转移了举证责任，要求任命男性的缔约国证明其在女性代表不足的岗位选择男性候选人的正当性。转移举证责任有助于克服看重男性而排斥女性的定型观念。[45] 这种形式的优惠待遇是第 4 条第 1 款要求加速实现事实平等的核心，可以适当地适用于公私领域的就业[46]、培训和教育机会、经济活动、信贷等。

5. 暂行

第 4 条第 1 款明确规定据其采取的促进措施是“暂行”性的：“暂行特别措施不得因此导致维持不平等或分别的标准。这些措施应在男女机会和待遇平等的目的达到之后，停止采用。”因此，对暂行性的时间测试是有用的。

委员会表示监测可以作为确保特别措施时间范围适当的一种方法。[47] 当然，这并不影响其他方法的效力，如“落日条款”（包括预先确定失效日期或者运用统计或其他指标作为停止特别措施的基准）。然而，如果特别措施尚未达到它的目标，缔约国可能被要求续用该措施以实现第 4 条第 1 款下的义务。[48] 澳大利亚高等法院[49]在解释《消除一切形式种族歧视国际公约》关于在采取特别措施的目标达到后停止使用该措施的要求时称，“如果事实证明需要无限期地继续该制度，则并不违反限制性条款，因为《公约》所要

㊹ A. H. Goldman, “Affirmative Action”, in M. Cohen, T. Nagel and T. Scanlon (eds.), *Equality and Preferential Treatment* (1977), p. 192；Schöpp-Schilling（前注 2），第 30 页。

㊺ Bacchi（前注 12，第 94 页）认为优惠待遇的术语使用不当，“‘扶持行动’不是‘优惠待遇’，但是承认权力和偏见在任命中发挥作用”。相反，特别报告员博叙伊将弱优惠待遇和最强形式的优惠待遇不加区分地都作为“最具争议的扶持行动”；E/CN. 4/Sub. 2/2000/11，联合国人权委员会小组委员会《全面审查与种族歧视有关的专题问题，扶持行动的概念和实际做法特别报告员马克·博叙伊先生按照小组委员会第 1998/5 号决议提交的初步报告》，第 78 段。

㊻ 参见欧洲法院，如 Katarina Abrahamsson 与 Leif Anderson 诉 Elisabet Fogelqvist（前注 34），第 60 段；Marschall 诉 Land Nordrhein-Westfalen（Case C－409/95）（1997）ECR I－6363。

㊼ 第 25 号一般性建议第 11 段，“需要继续监测旨在实现妇女事实上或实际平等的法律、方案和措施，以避免使可能已失去理由的不同待遇永久化”。

㊽ Cook（前注 16），第 127～128 页。

㊾ David Alan Gerhardy 诉 Robert John Brown（1985）HCA11；（1986）159 CLR70（Gibbs C. J.）第 21 段，（Mason J.）第 47 段，（Deane J.）第 9 段。

求的是采取特别措施的目标达到后停止该措施”。

暂行特别措施的目标中两个相互竞争的愿望是机会平等和结果平等。[50]机会平等作为一个目标是基于以下观点：反歧视法的作用是消除获得机会和
134 选择的歧视，如果个人从不同起点开始竞赛将无法实现平等；它反映了建立在尊重效率及个人能力和成就基础上的社会愿望。[51] 结果平等作为一个目标，它所依据的观点是技能和人才分布均匀，不论在何种意义上检验机会是否平等的方法是看结果是否平等。虽然汉娜·贝亚特·舍普－席林认为结果平等的目标是有争议的，但她仍主张“实质平等要求取得成果……结果平等是实质平等”的逻辑推论。[52]

委员会的观点是：

> 结果平等是事实平等或实际平等在逻辑上的必然结果。这些结果可能是数量和（或）质量性质的结果，即妇女与男子在各领域享有有关权利的人数几乎相等，享有同等的收入以及同等的决策权和政治影响力，并且妇女不遭受暴力。[53]

（二）政策问题

1. 才干

当暂行特别措施被用于促进妇女进入具有才干要求的职位时，它通常以妇女具有同等资格为条件。确立配额制时，对有才干要求的职位须以同等资格为条件，否则可能被指控配额内被推选的人不适格、该方法使定型观念永久化或破坏经济效率等问题。

---

[50] E/CN. 4/Sub. 2/2000/11，联合国人权委员会小组委员会《全面审查与种族歧视有关的专题问题，扶持行动的概念和实际做法特别报告员马克·博叙伊先生按照小组委员会第 1998/5 号决议提交的初步报告》，第 31 段。

[51] 同上注，第 32 段。

[52] Schöpp-Schilling（前注 2），第 26～27 段。

[53] 第 25 号一般性建议，第 9 段。

委员会指出，才干要求本身可能就会将妇女从适格人选中排除出去，因此有必要谨慎审查要求本身的性别偏见：“应认真审查资格和才干问题是否涉及性别偏见，特别是在公营和私营部门就业领域，因为资格和才干是由规范和文化确定的。”[54] 然而，委员会并不认为才干本身天然就是一个性别化的概念。[55]

2. 目标受益人

对妇女的歧视非常普遍，影响着每一个社会领域和背景中的妇女。因此，暂行特别措施意图将加速事实平等作为一个系统目标，不受个别女性受益人的社会背景的影响。

委员会对第 4 条第 1 款的监督针对在所有社会经济层面和社会、政治和经济活动的所有领域的妇女。[56] 这一政策回应了对优惠待遇的各种忧虑，[57] 即认为优惠待遇只对女性社会精英有利，忽视了因社会歧视处于弱势的妇女，因而可能产生倒退性的社会影响。

3. 第三方的责任 135

人们批评优惠措施要求那些既不应对过往的歧视性做法负责也未从中受益的无辜个人为补偿目标群体中的成员而作出牺牲。[58] 但情况并非总是如此。尽管在某些情况下可能会对某个特定的男性第三方产生不利影响，但大多数情况下该措施的成本分布弥散，并不特定。[59] 当第三方受到直接影响时，只要暂行特别措施是适当的（如上文讨论），[60] 加速妇女事实平等的明确目标将优先考虑，某些男性经历的暂时挫折是促进男女平等不可避免的代

---

[54] 同上注，第 23 段。

[55] T. Rees, *Mainstreaming Equality in the European Union: Education, Training and Labour Market Policies*(1998), p. 39. 另见 Bacchi（前注 12），第 89 页。二者均认为，才干本身是一个性别化的概念。

[56] 参见本章第三部分（三）2“交叉性”以下。

[57] E/CN. 4/Sub. 2/2000/11，联合国人权委员会小组委员会《全面审查与种族歧视有关的专题问题，扶持行动的概念和实际做法特别报告员马克·博叙伊先生按照小组委员会第 1998/5 号决议提交的初步报告》，第 11、12 和 37 段。

[58] 同上注，第 37 段。

[59] 同上注，第 74 段。

[60] 参见本章第三部分（一）4“对不同情境下的暂行特别措施的系统化”以上。

价。人权事务委员会裁定公共服务中的优惠待遇作为对之前遭受不利的个人的一种“救济”是可以接受的，尽管它给其他雇员带来了不利影响。[61]

(三) 适用范围

1. 增进性特别措施的范围

委员会声称：

> “措施”这一术语内容广泛，包括各种立法、执行、行政和其他管理手段、政策和做法，如推广方案或支持方案；分配和（或）重新分配资源；优惠待遇；定向招聘、雇用和晋升；与一定时期有关的数目指标和配额制度。[62]

这一对所需措施的描述既包括需要采取暂行特别措施的监管部门，也包括可以采取的暂行特别措施的类型。

委员会阐明了可以适用暂行特别措施的广泛领域：[63]“各级教育和培训、经济、政治、就业、政治和公共生活、在国际层面代表政府、参加国际组织的工作、健康服务、信贷、体育、文化娱乐以及法律宣传。”[64] 这些领域在关于第7~16条的章节中分别进行了讨论。委员会适用第4条第1款的核心焦点是增加妇女在公共生活各个领域的代表性，包括在决策层面、执法、司法和外交使团中的代表性。它呼吁缔约国推动在选举中为妇女候选人采用配额制，[65] 或者采用数目指标和时间表增加女性在各层级的决策岗位的代表性[66]。

---

[61] A/42/40，第198/1985号来文（1987），RD Stalla Costa诉乌拉圭，第10~11段。

[62] 第25号一般性建议，第22段。

[63] 同上注，第37~38段。

[64] 另见Schöpp-Schilling（前注2），第32页。

[65] CEDAW/C/HTI/CO/7（2009），对海地的结论性意见，第29段；CEDAW/C/DEN/CO/7（2009），对丹麦的结论性意见，第23段；A/57/38，2002年特别会议，对危地马拉的结论性意见，第190~191段。

[66] CEDAW/C/HTI/CO/7（2009），对海地的结论性意见，第19段；CEDAW/C/TUV/CO/2（2009），对图瓦卢的结论性意见，第26和36段；A/58/38（Supp.），2003年第28届会议，对加拿大的结论性意见，第371~372段。

2. 交叉性 136

必要时，暂行特别措施应当面向遭受多重歧视的妇女（包括农村妇女[67]和少数民族妇女[68]）。委员会呼吁缔约国运用暂行特别措施消除贫困和文盲，特别是农村妇女及吉卜赛妇女的贫困和文盲。[69]

四　解释问题——第 4 条第 2 款

（一）母性

第 4 条第 2 款将旨在保护母性的特别措施排除在歧视之外。这项规定对在政治、经济、社会、文化、公民或其他领域纳入女性与生育有关的特殊需求至关重要。[70] 委员会对第 4 条第 2 款评论较少，第 25 号一般性建议也未包含对该款的分析。

根据第 5 条（b）项，生育应被理解为一种社会功能。缔约国应当采取一切适当措施确保家庭教育中纳入对生育作为社会功能的恰当理解，并承认抚育和培养子女是男女的共同责任。根据第 16 条第 1 款（e）项，各国还必须采取一切适当措施，确保在男女平等的基础上妇女“有相同的权利自由负责地决定子女人数和生育间隔”。然而，这些目标在许多社会尚未达到。此外，成为母亲并不都是自愿的。它可能是缺少避孕措施、强奸或父权专制等妇女别无选择的结果。委员会指出了可能施加在妇女身上使其成为母亲的压力：

---

[67] CEDAW/C/VUT/CO/3（2007），对瓦努阿图的结论性意见，第 21 段；A/57/38，2002 年特别会议，对阿根廷的结论性意见，第 356 ~ 357 段。

[68] A/60/38，2005 年第 33 届会议，对以色列的结论性意见，第 251 ~ 252、255 ~ 256 及 259 ~ 260 段。

[69] CEDAW/C/BOL/CO/4（2008），对玻利维亚的结论性意见，第 33 段；CEDAW/C/VUT/CO/3（2007），对瓦努阿图的结论性意见，第 31 段；CEDAW/C/PER/CO/6（2007），对秘鲁的结论性意见，第 27 段。

[70] 参见关于第 1 条一章的讨论。

> 委员会关切妇女对决定子女数量以及生育间隔的自主权有限，对性教育及计划生育也认识不足。委员会还对社会上普遍以子女数量多少作为衡量男子气概的标准的态度表示关切。[71]

保护母性要求在所有文化背景下采取措施确保母亲的自愿性质。[72]

1. 生育—生理差异

第 4 条第 2 款特别措施的目标是“保护母性”。在这一背景下，“母性”主要指的是“妇女由其生理决定的与生殖功能相关的长期不变的需要和经历”：[73] 生育治疗、怀孕、生产、产后生理表现及哺乳。为实现事实上的平
137 等，妇女在生理上的生育需求必须得到满足，使其在与男性平等的基础上将父母身份与社会、经济、政治生活中的平等机会结合起来。

解决生育的生理方面的平等措施既包括消除歧视措施也包括特别措施。[74] 即便已经实现形式平等及平等分配资源，它们也可能还不足以保护生育的生理方面。例如，将因为生育而休假的权利与病假相类比便不是一个适当的比较。它也不能适当地覆盖到妇女的怀孕、产后或哺乳期的生理需求并为之提供保护。

将生育需求作为例外而非准则遭到一些女权主义作家的质疑。他们认为，这制造了一种“差别困境”，导致那些被贴上差异标签的人或“外群体”的需求被边缘化。[75] 正如一位学者所指出的：

> 一些理论家看待生育的方式证实了这样一种趋势，即视外群体成员为麻烦。有些地方，处理生育问题的措施被称为某种积极行动，是反歧视法的“例外”。这种理解框架不会对那些法律的性别特征提出质疑。

[71] A/57/38，2002 年特别会议，对危地马拉的结论性意见，第 194 段。

[72] 参见对第 12 条章节及对第 16 条第 1 款（e）项部分的讨论。

[73] 第 25 号一般性建议，第 11 段。

[74] 参见关于第 12 条一章的讨论。

[75] M. Minow, *Making All the Difference: Inclusion, Exclusion and American Law* (1999).

> 如果那些法律是真正性别中立的，妇女的身体就不会被当作例外。[76]

如果通过消除歧视的措施就可以实现保护母性的目的，上述批评就是有效和有价值的。然而，当需要额外措施来保护生育的生理方面时，很难做到如何把女性当作“群体内”成员来满足她们的需求。生育的生理方面需要专门的保健、工作场所的特定权利以及额外的营养，而这些对未怀孕的人（包括男人和女人）来说是不需要的。妇女本身在生命的大部分时间里是没有怀孕或产后需求的，因此要确保保护生育的生理方面的措施是为女性的特殊阶段提供便利的措施。为实现事实上的平等，规定妇女在生育中的角色，并为妇女这一角色的特殊需求提供必需的特别措施，是合法和必要的。尽管这些措施因为只针对妇女，且只针对生育妇女而显得特殊，但它们应被视为正常措施，并属于第 4 条第 2 款下的义务。

2. 育儿

与生育不同，为人父母或养育子女是生育的非生理方面。无论是父母还是没有血缘关系的照顾者都可以承担育儿的角色。然而，育儿却被性别化地构建为“女性的当然角色”。女性被构建为母亲或妻子，她们的主要义务是养育子女、照顾家和家人。她即便有有偿工作，也被当作对家庭生计的次要贡献。[77]

对性别分工的刻板印象限制了妇女选择的范围，束缚了她们参加公共、 138
政治和经济生活的能力。委员会对下述情形表达了关切：

> 家庭和育儿的责任全部施加于妇女身上，特别是人口政策鼓励妇女拥有大家庭。这种情况促成了妇女在经济中的边缘化，加剧了她们的贫困。[78]

---

[76] Bacchi（前注 12），第 90 页。

[77] S. Fogiel-Bijaoui, “Familism, Post-Modernity and the State: the Case of Israel” (2002) 21 *The Journal of Israeli History* 38. 参见关于第 5 条一章的讨论。

[78] A/56/38，2001 年第 24 届会议，对蒙古的结论性意见，第 269 段。

将育儿责任分配给妇女与公共权力排斥妇女以及她们在家庭中屈从于父权直接相关。赋予妇女排他的养育和照顾子女的角色不是一个“分别但平等”的任务分工问题那么简单，而是处于构建女性劣等、从属和/或“异常”[79] 的刻板印象的核心。

为妇女育儿提供特殊保护措施可能固化对妇女参与市场和公共生活能力不利的刻板印象。委员会意识到了这种危险，对“持续盛行的性别角色刻板印象以及重新引入如母亲节、母亲奖等符号，表示担心这会被视为鼓励女性的传统角色”[80]，在对女性的陈规定型观念中，她们完全被视为照顾者和家庭主妇，在教育和就业中相应地将她们分配到适合其“特征”的领域。[81]

鉴于这种复杂性，保护育儿职能的特别措施应在性别中立的基础上提供给父母双方。性别中立的育儿服务设计有助于第 5 条（b）项要求的变革性平等，也有助于承认男女在抚育和培养子女方面的共同责任。消除对妇女歧视委员会和经济、社会及文化权利委员会鼓励引入育儿假，呼吁鼓励男人休育儿假，[82] 并对许多成功引入育儿假的国家表示赞扬。[83]

尽管如此，第 4 条第 2 款还允许采取特别措施保护母性，包括母亲养育。因此，鼓励妇女整合工作和家庭的特别措施，例如在儿童照料项目中优先考虑为女职工的子女提供场所，或者为妇女参加额外的课程培训项目发放特殊家庭补贴。这些措施增加了子女年龄较小的妇女参加工作的机会或提升了她们的潜力，可以正当使用。由国家保险将社会保障儿童利益转移给母亲，或者给予妇女对在离婚或死亡时是否保留对子女的监护的第一选择权，

---

[79] 参见例如 N. J. Chodorow, *Feminism and Psychoanalytic Theory* (1989)。

[80] A/55/38，2000 年第 22 届会议，对白俄罗斯的结论性意见，第 361 段。

[81] A/60/38，2005 年第 33 届会议，对朝鲜民主主义人民共和国的结论性意见，第 53 段。

[82] E/2004/22（2003），经济、社会及文化权利委员会对新西兰的结论性意见，第 181 段；A/58/38，2003 年第 28 届会议，对加拿大的结论性意见，第 381 段；A/58/38，2003 年第 28 届会议，对卢森堡的结论性意见，第 381 段；A/56/38，2001 年第 24 届会议，对芬兰的结论性意见，第 298 段；E/2006/22（2005），经济、社会及文化权利委员会对中国澳门特别行政区的结论性意见，第 248 段。

[83] A/58/38，2003 年第 28 届会议，对卢森堡的结论性意见，第 298 段；A/58/38（Supp.），2003 年第 29 届会议，对新西兰的结论性意见，第 400 段；A/58/38，2003 年第 29 届会议，对斯洛文尼亚的结论性意见，第 199 段。更详细的讨论参见关于第 11 条和第 16 条的章节。

在某些情况下也是合理的，因为通常在多数家庭中妇女仍然是主要的照料
者。在母亲作为主要照料者的家庭角色大体没有改变的情况下，这些措施对 139
于持续保护母亲养育是必要的。

若使妇女像男人一样，在养育子女的同时可以充分参加社会、政治、经济各个领域的活动，就需要变革性措施。

变革要求重新分配权力和资源，变革持续压迫妇女的制度结构。它要求拆除公私两分，重构公共世界，使养育子女和为人父母被看作父母和社区有价值的共同责任……作为变革的平等不仅要求去除障碍，而且要求采取实现平等的积极措施。[84]

第 4 条为实现“改变男女在社会上和家庭中的传统任务”所需的积极措施提供了工具，《公约》序言承认这一点对实现男女充分平等是必不可少的。

---

[84] Fredman（前注 13），第 115 页。

141

第五条*

绨约各国应采取一切适当措施：

(a) 改变男女的社会和文化行为模式，以消除基于性别而分尊卑观念或基于男女定型任务的偏见、习俗和一切其他作法；

(b) 保证家庭教育应包括正确了解母性的社会功能和确认教养子女是父母的共同责任，但了解到在任何情况下应首先考虑子女的利益。

一　概述 …… 186

(一) 第5条在《公约》中的位置与功能 …… 186

1. 性别刻板印象与固定的父母性别角色 …… 186

2. 第5条在《公约》中的位置 …… 187

3. 变革性平等与结构性歧视 …… 187

4. 第5条与歧视妇女的关系 …… 189

5. 平等、尊严与多样性 …… 189

(二) 性别刻板印象与固定的父母性别角色 …… 190

1. 基于性别的尊卑观念 …… 190

2. 社会性别与性别刻板印象 …… 192

3. 固定的父母性别角色 …… 193

4. 性别刻板印象的顽固性 …… 194

5. 性别刻板印象与交叉歧视 …… 195

* 在此感谢 Anna van Duin 提供的研究协助。

（三）第 5 条语境下的文化概念 …………………………………… 196
（四）其他人权文件中的相关条款 …………………………………… 197
二　准备工作……………………………………………………………… 198
（一）本条的基础 ……………………………………………………… 198
（二）起草过程中的发展 ……………………………………………… 198
三　委员会对第 5 条的解释…………………………………………… 200
（一）委员会对第 5 条的引用 ………………………………………… 200
（二）第 5 条与禁止歧视妇女的关联 ………………………………… 201
1. 直接歧视 ……………………………………………………………… 201
2. 间接歧视 ……………………………………………………………… 203
3. 结构性歧视 …………………………………………………………… 203
（三）委员会对文化的解释方法 ……………………………………… 203
1. 委员会对文化本质主义的回应 ……………………………………… 203
2. 第 5 条范围内的文化实践与信仰 …………………………………… 204
（1）传统的有害做法与信仰 ………………………………………… 205
（2）大男子主义 ……………………………………………………… 206
（3）对母性的保护性法律 …………………………………………… 206
（4）养家糊口模式和在家庭中分担责任 …………………………… 206
（5）教育和媒体中的性别刻板印象 ………………………………… 208
3. 文化与宗教不能使歧视妇女正当化 ………………………………… 209
四　解释问题……………………………………………………………… 211
（一）第 5 条下义务的性质 …………………………………………… 211
1. 改变行为模式以及保证受教育的一切适当措施 …………………… 211
2. 改变教材、广告和媒体中陈规定型的妇女形象的
措施 ……………………………………………………………………… 212
（1）缔约国改变刻板印象的义务 …………………………………… 212
（2）缔约国对公众表达中的性别刻板印象进行干预的义务 ……… 212
3. 消除结构性歧视与促进家庭责任分担的措施 ……………………… 213
（1）揭示结构性歧视 ………………………………………………… 213

(2) 废除和修改维持结构性歧视的法律和政策 …………… 214
(3) 制定新的法律和公共政策 ………………………………… 214
4. 执行第5条的暂行特别措施 ………………………………… 215
(二) 义务的范围 …………………………………………………… 216
1. 立即执行还是逐步执行 …………………………………… 216
2. 公共和私人生活 …………………………………………… 217
3. 可诉性 ………………………………………………………… 218
4. 保留 …………………………………………………………… 218

142 一 概述

(一) 第5条在《公约》中的位置与功能

1. 性别刻板印象与固定的父母性别角色

《公约》的起草者们强调需要将生育视为一种积极的价值而不是歧视妇女的理由。他们充分了解改变男女在社会和家庭中的传统角色是实现男女充分平等的前提。[①] 第5条(a)项要求缔约国消除"基于性别而分尊卑观念或基于男女定型任务"的一切有害做法,而第5条(b)项关切的是"不利于妇女的最普遍的传统主义文化规范,即将养育子女的主要或全部责任分配给妇女的定型观念"。[②] 关于妇女在私人和公共生活中角色的消极、有害的传统、文化、习俗或宗教信仰、观念、规则和做法应当由妇女对社会贡献的积极评价和分担父母任务的做法取代。因此,第5条的两部分是一枚硬币的两面。

第5条(a)项提到的行为的社会和文化模式、偏见、习俗以及所有其他做法以及基于性别的尊卑观念都可以包含在一个单一术语"性别刻板印

① 《公约》序言第13~14段。

② F. Raday, "Culture, Religion and CEDAW's Article 5(a)", in H. B. Schöpp-Schilling and C. Flinterman(eds.), *The Circle of Empowerment: Twenty-Five Years of the UN Committee on Elimination of Discrimination against Women*(2007), p. 74.

象”中。与之类似，第5条（b）项的核心关注点（即承认男女在教养子女 143
中的共同责任），是父母的性别角色。因此，第5条的内容和范围可以概括为改变性别刻板印象和固定的父母性别角色的义务。

2. 第5条在《公约》中的位置

第5条作为一个一般条款，其规范应与第一部分的其他条款一起结合各自特点进行考虑。这些规定为将《公约》作为一个整体进行解释和执行建立了框架。委员会明确承认第5条的交叉关联性，例如，它曾这样描述一个缔约国的歧视状况：“分配给男子和妇女极端定型化的社会、经济、政治和文化角色；这种状况导致……妇女在《公约》条款所涵盖的几乎所有领域和所有层次上处于从属地位。”③ 第5条与第2条（f）项和第10条（c）项尤其相关，它们分别提到“现行法律、规章、习俗和惯例”以及“对男女任务的任何定型观念”。④ 这两款具体规定了缔约国为达到全面改变性别刻板印象和固定的父母性别角色应当采用的方法。

3. 变革性平等与结构性歧视

第5条集中体现了《公约》是一个活的文件，对它的条款需要进行持续的动态和渐进解释。⑤ 看起来，起初它的含义和范围被广泛低估了。尽管许多缔约国提出了保留（特别是对第2条和第16条），辩称它们的宗教或传统与妇女的全面（法律）平等原则不一致，但很少有国家对第5条提出保留。⑥ 第5条的用语没有阐明它应当如何执行。该条的措辞表明它仅仅针对改变男子与妇女的社会和文化行为模式，确保家庭教育，这只需要缔约国开展宣传和教育活动。⑦ 直

---

③ A/49/38，1994年第13届会议，对危地马拉的结论性意见，第78段。

④ 参见关于第2条和第10条章节的讨论。

⑤ 第25号一般性建议，第3段。

⑥ Raday（前注2）；E. Sepper,“Confronting the ‘Sacred and Unchangeable’: the Obligation to Modify Cultural Patterns under the Women's Discrimination Treaty”(2008) 30 *University of Pennsylvania Intl L* 585,596。另见关于第28条一章的讨论。

⑦ 例如 L. Lijnzaad,“Over Rollenpatronen En De Rol Van Het Verdrag”, in A. W. Heringa, J. Hes and L. Lijnzaad (eds.), *Het Vrouwenverdrag. Een beeld van een verdrag* (1994), pp. 43 – 57; M. Wadstein,“Implementation of the UN Convention on the Elimination of All Forms of Discrimination against Women”(1988) 10 *Human Rights Quarterly* 5 – 21。

至20世纪90年代，法律文献对第5条普遍采用了狭义的理解。[8] 整个《公约》被批评为不够进步，恰恰是因为人们认为《公约》仅涉及性别意识形态，而非针对妇女的系统性或结构性歧视。[9]

委员会对第5条的内容和范围的解释，以及该条共同确定整个《公约》范围的方式，驳斥了这些批评。早在1986年的第5届会议上，委员会就向
144 缔约国呼吁应考虑引入适当措施执行第5条（a）项。[10] 委员会最早的一般性建议中有一项就是关于第5条的。[11] 多年来，委员会一直强调性别刻板印象和固定的父母性别角色对妇女人权有“显著影响”。[12] 这一进程在第25号一般性建议中达到高潮，其中第5条被认为是《公约》第3个目标的支柱，即“处理普遍的性别关系及基于性别的定型观念”。[13] 按照委员会的说法，这些现象“不仅通过个别人的个别行为影响妇女，而且存在于立法、法律与社会结构及制度中”。[14] 因此，《公约》通过写入第5条，不仅讨论性别意识形态，而且讨论妇女面临的系统性和结构性不平等；并且，为克服由此产生的歧视，呼吁将平等理解为一种变革性原则。[15]

---

⑧ R. Holtmaat, *Towards Different Law and Public Policy: The Significance of Article 5a CEDAW for the Elimination of Structural Gender Discrimination* (2004), pp. 61 – 68；Sepper（前注6），第589页，注释13。

⑨ H. Charlesworth, C. Chinkin and S. Wright, “Feminist Approaches to International Law” (1991) 85 *American J of Intl L* 613, 634.

⑩ A/41/45，消除对妇女歧视委员会第5届会议报告第365段。转引自Wadstein（前注7），第13页。

⑪ 1987年通过的第3号一般性建议。

⑫ 例如，CEDAW/C/PRK/CO/1（2005），对韩国的结论性意见，第35段。

⑬ 第25号一般性建议，第7段。这一解释首先在一位独立专家提供给荷兰政府的报告中提出；L. Groenman, T. van Vleuten, R. Holtmaat, I. van Dijk and J. de Widt Groenman, *Het Vrouwenverdrdg in Nederland anno 1997*, The Hague: Ministerie van SZW（1997）。

⑭ 第25号一般性建议，第7段；例如A/55/38，2000年第22届会议，对卢森堡的结论性意见，第404段。

⑮ S. Fredman, “Beyond the Dichotomy of Formal and Substantive Equality: Towards a New Definition of Equal Rights”, in I. Boerefijn, F. Coomans, J. Goldschmidt, R. Holtmaat and R. Wolleswinkel (eds.), *Temporary Special Measures: Accelerating De Facto Equality of Women under Article 4 (1) UN Convention on the Elimination of all Forms of Discrimination against Women* (2003), p. 116; D. Otto, “Rethinking the ‘Universality’ of Human Rights Law” (1997 – 1998) 29 *Columbia Human Rights L Rev* 1 – 46.

4. 第 5 条与歧视妇女的关系

尽管第 5 条没有提及歧视，并且第 1 条关于歧视的定义也没有提到性别刻板印象或固定的父母性别角色，但这些现象与歧视妇女密切相关。首先，第 5 条承认性别刻板印象或固定的父母性别角色是歧视妇女的基础。若不根除这些缘由，就不可能实现消除对妇女一切形式的歧视。[16] 其次，偏见以及所有基于女性卑微和男女定型任务的习俗和做法本身就是歧视性的。[17] 委员会兼顾了这两种方法，声称：

> （委员会）对顽固的父权制态度和根深蒂固的歧视妇女的对男女在社会中的作用和职责的定型观念仍深表关切。委员会还担忧，维持不良的文化习俗和传统行为，造成妇女在家庭和社会中继续处于附属地位，很大程度上妨碍了妇女行使基本权利。[18]

委员会使用各种不同的术语来表达性别刻板印象和歧视妇女之间的关
系。例如，它声称定型任务“构成障碍”，[19] “它们构成最严重的障碍”，[20] 145
或者它们“造成了阻碍……”，是妇女不利地位的“根源”。[21] 有时，定型任务被描述为本身具有歧视性。[22]

5. 平等、尊严与多样性

《公约》序言提到权利平等和尊重人的尊严的原则。[23] 这是参考了《世

---

⑯ 委员会有时提到“有害的文化规范”，例如 CEDAW/C/MDG/CO/5（2008），对马达加斯加的结论性意见，第 16 段。

⑰ 得到了第 2 条（f）项及经济、社会及文化权利委员会第 20 号一般性意见（2009）的确认，E/C. 12/GC/20，第 20 段。性别刻板印象的歧视性也得到一些重要的法院案例的承认，例如美国最高法院 Price Waterhouse 诉 Hopkins 案，490 US 228（1989）。R. J. Cook and S. Cusack，*Gender Stereotyping*：*Transnational Legal Perspectives*（2010）.

⑱ CEDAW/C/BDI/CO/4（2008），对布隆迪的结论性意见，第 17 段。

⑲ CEDAW/C/COK/CO/1（2007），对库克群岛的结论性意见，第 28 段。

⑳ A/51/38，1996 年第 15 届会议，对塞浦路斯的结论性意见，第 45 段。

㉑ CEDAW/C/NZL/CO/6（2007），对新西兰的结论性意见，第 22 段。

㉒ CEDAW/C/GIN/CO/6（2007），对几内亚的结论性意见，第 23 段。

㉓ 序言第 7 段，参见关于序言一章的讨论。

界人权宣言》第1条，后者也提到了相同的原则。其中的基本假设是，所有人，无论民族或人种、阶级或阶层、种族、性别、性取向或任何人类可能构建的彼此间的其他区分，都是有潜在理性和道德责任的人，有掌握自己人生的真实愿望。第5条提到的行为的社会和文化模式以及对男女角色的定型观念，均基于偏见和贬低女性的传统或习俗观念，否定了妇女个人以其自身权利成为一个人，并运用作为一个人的所有能力过有意义生活的可能性。[24]因此，性别刻板印象以及固定的父母性别角色不仅否定了妇女作为一个平等的有尊严的人受到尊重的权利，而且否定了妇女根据自我选择进行生活的自主性以及她们对自己为人类持续和发展作出独特贡献的信念。

作为一项基本权利，妇女和男子有权不被限定于文化所界定和构筑的女性气质或男性气质中，或“文化”[25] 和主流社会、法律制度中根深蒂固的预先设定（并固化）的男女作为父母的角色。[26] 委员会已经阐明，执行《公约》要求“承认妇女在社会中可以发挥各种各样的作用，她们不仅起母亲和妻子的重要作用，完全负责照管子女与家庭，而且还是在各自社区和整个社会中的独立个人和行动者”。[27] 所有人都是平等的，有平等的权利，其人格尊严受到平等的尊重，但与此同时他们对自己真正想要怎样的生活可能有完全不同的想法和愿望。[28] 因此，个人自治和多样性原则对于恰当理解第5条及《公约》整体的内容和范围非常关键。[29]

146 **（二）性别刻板印象与固定的父母性别角色**

1. 基于性别的尊卑观念

第5条讨论了基于性别区分尊卑观念的观点。起草者对男女关系不平等

---

[24] M. Nussbaum, *Women and Human Development. The Capabilities Approach*(2000).

[25] 除非另有说明，本章在广义上使用“文化”一词，包括文化表达、语言、习俗、宗教、传统、制度设置等。

[26] Cook and Cusack（前注17），第68页。

[27] A/57/38，2002年第27届会议，对苏里南的结论性意见，第48段；类似的例如A/56/38，2001年第24届会议，对乌兹别克斯坦的结论性意见，第169段。

[28] Lijnzaad（前注7），第57页。

[29] 南非最高法院也持类似的观点，1999 1 SA 6(CC), National Coalition for Gay and Lesbian Equality v Ministry of Justice（全国男女同性恋平等联盟诉司法部），第143段。

的顽固性展现出深刻的洞察力。按照父权制传统，妇女注定是这样一个物种：她的存在来自并取决于男人的存在。在人类的历史长河中，除极少数母系文化的例外，“妇女”一直并继续被构建为“其他人”，即非男人。[30] 这个二元构造的基础是两种性别的等级，妇女是两极中负面或劣等的一极，以此为男性统治的合理性辩护。父权制和厌女症时时处处存在，包括 21 世纪以及世界上最“解放”的社会。根本的问题不是社会或文化是不是父权制的，而是它们的父权制如何不同。[31] 父权制和成为一个“真正的男人”意味着什么以及持续的对妇女的暴力之间有密切的关联。[32]

在许多关于性别的父权制叙述中，妇女没有被描述为低等，而是在本质上与男性不同。男女在价值和尊严上平等是首要原则，但这常常被表述为“公平”而非平等。一些缔约国在与委员会进行建设性对话时曾作出这样的声明：它们强调“妇女在家庭中的角色不应被改变。对平等的误解不会让任何社会受益。鼓励男女之间的协调配合更为重要”。[33] 有时，“妇女”被定性为优于“男性”，特别是她们的照料和培养能力。妇女因此而受到崇拜，应得到男子、民间社会以及/或政府特殊程度的尊重和关注。然而，只有当妇女满足了由传统、习俗或宗教所决定的主要或完全是作为母亲/照料者的责任时，她才可以占据这一神圣的位置。歌颂妇女的“关系取向”或她的“特殊培养能力”的另一面是她对传统性别身份或性别角色的任何违反在法律上都不可能或不可想象，并且/或者可能受到社会和家庭的严厉惩罚，甚至遭到谋杀。在许多国家，存在一种世俗的和国家控制的父权制再生制度，妇女被想象为需要根据特殊的法律和政策措施，主要是与生育和母亲身份相关的政策措施加以保护。这种保护往往被构建为限制妇女的人权，其中最重要的是经济参与和财政独立的权利以及选择教育或配偶的权利。在这种制度下，男人被视为户主或养家糊口者，因而在经济维持领域和控制家庭成员的

---

[30] S. de Beauvoir, *The Second Sex*(1949)，有多个版本和译本。

[31] L. Volpp, “Feminism versus Multicultrualism” (2001) 101 *Columbia L Rev* 1181, 1217.

[32] 联合国人权理事会《文化与暴力侵害妇女行为之间的关系，暴力侵害妇女、其原因及后果问题特别报告员提交的报告》，亚肯·埃蒂尔克（2007 年 1 月 17 日），A/HRC/4/34。

[33] 例如，A/49/38，1994 年第 13 届会议，对危地马拉的结论性意见，第 68 段。

行为方面应享有特殊的权利。

147 **2. 社会性别与性别刻板印象**

“社会性别”这一术语指的是“男女差异的社会构建以及‘女性气质’和‘男性气质’的观念——与生理性别相关的沉重的文化包袱”。[34] 社会性别被持续地制造和复制，这是一个过程而非具有稳定内容的固定状态。社会性别是活跃的，每个人和每个现存的社会结构，包括法律，[35] 都在制造社会性别。[36] 男性和女性的社会性别身份体验是真实的，却是社会强加的，就像（尤其是）民族、种族、人种或性取向身份可能会以现实或真理的形式出现。[37] 委员会强调社会性别是文化和社会的产物，但它紧接着补充道，它“也可以通过文化、社会和社区的力量加以改变”。[38]

刻板印象是“对特定群体成员所具有的属性或特征，或他们承担或应当承担的角色的普遍化的观念或先入之见”。[39] 性别刻板印象往往冻结性别身份和性别角色，使它们看起来像是真的、普遍的、永恒的、自然的、基本的以及/或者不可改变的。性别刻板印象可以是关于生理性别、假想或真实的心理特征、男性和女性的性行为、性角色的差异，也可以是这些因素的混合产物。[40] 它们以两种主要的形式出现：描述性和规范性。[41] 描述性和规范

---

[34] H. Charlesworth, “Feminist Methods in International Law” (1993) 93 *Am J Intl L* 379, 379. 另见联合国经济与社会事务部提高妇女地位司《1999 年关于妇女在发展中的作用的世界概览》(1999)，ST/ESA/326，ix。如在概述部分所讨论的，委员会在第 28 号一般性建议第 5 段也对性别作出了界定。

[35] C. Smart, “The Women in Legal Discourse” (1992) 1 *Social and Legal Studies* 29 – 44; R. Holtmaat, “The Power of Legal Concepts: the Development of a Feminist Theory of Law” (1989) 5 *Intl of the Sociology of L* 481 – 502.

[36] S. Gherardi, “The Gender We Think, the Gender We Do in Our Everyday Organizational Lives” (1994) 6 *Human Relations* 591 – 610.

[37] A. M. Gross, “Sex, Love and Marriage: Questioning Gender and Sexuality Rights in International Law” (2008) 21 *Leiden J of Intl L* 235, 251.

[38] 第 28 号一般性建议，第 5 段。

[39] Cook and Cusack（前注 17），第 9 页。

[40] 同上注，第 25 页。

[41] S. T. Fiske et al., “Social Science Research on Trial: Use of Sex Stereotyping Research in Price Waterhouse v Hopkins” (1991) 46 *American Psychologist* 1049 – 1060. 描述性刻板印象又进一步划分为“统计的”和“虚假的”刻板印象。

性刻板印象之间的界限非常细微，因为许多对妇女应当是什么的描述也充当着对妇女应当如何行为的规定。[42]

刻板印象，包括性别刻板印象，在塑造人们的个人身份方面发挥着积极作用。然而，并非所有的性别刻板印象在塑造有尊严的个人身份时都可以充当有效工具。[43] 按照第 5 条的用语，只有那些在构建社会、经济、文化及法律上剥夺女性或男女不平等中发挥作用，或者导致妇女从属地位的“妇女”或“女性特征”的刻板表现才需要作出改变。[44] 有利于妇女的刻板印象（有时被称作仁慈的刻板印象[45]）也应受到质疑，例如因歌颂母亲而尊重妇女。

3. 固定的父母性别角色

在许多文化中，妇女的性、生育能力以及她对子女、丈夫乃至大家庭的养育和照顾在形成她的劣势、从属性和/或她与男性的差异方面发挥着关键 148
作用。[46] 妇女不仅是下一代的生身母亲，而且负责培育所在群体的文化；她们不仅以她们准备的食物喂养子女，还以对群体或民族身份至关重要的规范、惯例、价值、信仰以及传统来教育子女。因此，性别关系被视为构成特定文化的根本，通过妇女代代相传。[47] 这种“天然的女性角色”充当了让女性待在男性掌控的家庭这一“安全避风港”的终极借口。[48] 在性别关系不平等的父权制下，“男人”的性别身份或角色是负责维护和维持“天然的家庭秩序”，防止“他的”女人（妻子、姐妹、女儿或任何其他女性亲属）使家庭蒙受耻辱。性别刻板印象和固定的父母性别角色同样给男性造成压迫。未能按此生活的男人会使家庭蒙羞，可能受到社会和/或法律的惩治。

---

[42] K. A. Appiah, “Stereotypes and the Shaping of Identity” (2000) 88 *Californian L Rev* 41, 49.

[43] Appiah（前注 42），第 52 页。

[44] 同上注，第 43 页。

[45] M. Baretto and N. Ellemers, “The Burden of Benevolent Sexism: How it Contributes to the Maintenance of Gender Inequalities” (2005) 35 *European J of Social Psychology* 633 - 642.

[46] 例如 N. Chodorow, *Feminism and Psychonanlytic Theory* (1989)。

[47] M. van den Brink, “Gendered Sovereignty? In Search of Gender Bias in the International Law Concept of State Sovereignty”, in I. Boerefijn and J. Goldschmidt (eds.), *Changing Perceptions of Sovereignty and Human Rights. Essays in Honour of Cees Flinterman* (2008), p. 77.

[48] Raday（前注 2），第 69 页。

4. 性别刻板印象的顽固性

有时，有人主张当对妇女的歧视消除后，或者当妇女参与社会和经济或政治生活的人数与男性平等时，性别刻板印象和固定的父母性别角色将自动消失。[49] 然而，妇女法律解放的历史以及她们更多地参与公共和经济生活（例如在北美和欧洲国家）显示，性别刻板印象以及男女在分担家庭责任中的不平等仍然是妇女实现事实平等的顽固障碍。

废除、根除或消除[50]性别刻板印象，或即使是修改它们，都是一个漫长和缓慢的过程。[51] 性别刻板印象实现了一个重要的认知功能，因为它们“规定结构和含义，并且当数据本身有多种解释方法时，它们最能塑造认知”。[52] 反过来，这种功能是基于人类最基本的认知结构，据此认知事物最简单的方法是将它们纳入彼此相反的成对概念中。“女性”和“男性”特征和行为的固定性别刻板印象系统地促成了这样一对概念。构建“男人”和“女人”之间的差异与性欲或性吸引力（对异性或同性）也密切相关。[53] 因为性别刻
149 板印象在构建个人、社会和国家[54]身份时发挥了重要作用，消除或废除它们就会移除性别身份的基础，很有可能导致不确定和焦虑。

性别刻板印象还深深刻入我们的语言、形象、习惯、规范和价值，但我们并未意识到我们在持续地使用它们。只有当这些“自然而然的”习惯或信仰与其他社会或世界其他地方的习惯和信仰发生对立时，它们才能显现出来。改变性别刻板印象及以其为基础的习惯，最终的障碍是刻板印象已经嵌入强

---

[49] 例如，N. Burrows, “The 1979 Convention on the Elimination of all Forms of Discrimination against Women” (1985) 32 *Netherlands Intl L Rev* 419, 248；C. Jolls, “*Antidiscrimination's Law's Effects on Implicit Bias*”，第 148 号工作文件，第 16 页，可访问 http：//ssrn. com/abstract = 959228，访问日期 2010 年 12 月 31 日；Cook and Cusack（前注 17），第 174 页。

[50] 这一用语曾在第 5 条第一稿草案中使用。

[51] J. Wyttenbach, “Violence against Women, Culture/Religious Traditions and the International Standard of Due Diligence”, in C. Benninger-Budel (ed.), *Due Diligence and its Application to Protect Women from Violence* (2008), pp. 225, 237；R. Holtmaat and J. Naber, *Women's Human Rights and Culture: From Deadlock to Dialogue* (2010), p. 68 ff..

[52] Fiske et al.（前注 41），第 1050 页。

[53] Appiah（前注 42），第 43 页。

[54] 同上注，第 52 页。

大的社会规范。这类规范的一个特征是个人甚至一个家庭很难采取与之相左的习惯或行为。只有当整个社区都参与进来时，才可能发生改变。[55]

因为刻板印象在人的思想和行动中如此根深蒂固，《公约》的目的不可能是根除或废除所有的性别刻板印象，而只能是改变或修改那些对实现妇女人权有害的刻板印象。第 5 条（a）项说到消除偏见和习俗以及所有其他导致歧视的做法，这不同于要求消除所有的性别刻板印象。

5. 性别刻板印象与交叉歧视

构建性别刻板印象和固定的父母性别角色的最终依据是存在两种相反的、互斥的生理性别的假设。按照这一界定，这意味着间性人并不在该图景中。[56] 异性恋性取向处于该图景的中心位置。[57] 对父权制下女性性别身份及其固定的性别（慈母）角色最公然的违反是女同性恋者选择放弃男性性伴侣、拒绝男性户主的保护以及所有其他男性对其生活的监督和控制。女同性恋者遭遇着严重的暴力侵害，包括（集体）强奸以“治疗”她们“不正常”的性偏好。[58] 通过性别刻板印象的机制，基于性取向的歧视和对变性人、间性人的歧视与基于性别的歧视相互交叉，[59] 从第 5 条的规定来看，所有缔约国都应消除和打击这类歧视。

性别刻板印象还可能与社会、法律和文化秩序所构建的一系列其他身份交叉，例如离婚者、单身妇女、无子女的妇女、家庭主妇、有工作的母亲、
受福利救济的母亲、寡妇、受虐妇女、移民妇女、土著妇女、农村妇女、有 150
色人种的妇女、卖淫女或者犯罪妇女。经济地位、阶级或阶层、宗教、性取向、法律地位、健康、年龄、社会地位、国籍、民族或种族，所有这些都是以描述性和规定性刻板印象为基础的歧视，并且与性别刻板印象相结

[55] G. Mackie and J. Lejeune, “Social Dynamics of Abandonment of Harmful Practices”, UNICEF Innocenti Working Papers Series, IWP – 2009 – 06 (2009) V and 10.

[56] J. Butler, *Gender Trouble: Feminism and the Subversion of Identity* (1990), pp. 1 – 34, 110 – 128.

[57] Gross（前注 37，第 251 页）概括了 Judith Bulter 的论述。

[58] 例如 E/CN. 4/2006/6/Add. 1，联合国人权委员会《酷刑和其他残忍、不人道或有辱人格的待遇或处罚，特别报告员曼弗雷德·诺瓦克的报告》（2006 年 3 月），第 180 和183 段。

[59] K. Crenshaw, “Demarginaalizing and Intersection of Race and Sex, a Black Feminist Critique of Antidiscrimination Doctrine, Feminist Theory, and Antiracist Politics” (1989) *University of Chicago Legal Forum* 139 – 167. 相关术语有“复合歧视”或“多重歧视”。

合和交叉。[60] 委员会承认，某些妇女群体“除受到性别刻板印象的影响外，还面临多种形式的歧视，例如因其民族或性取向而受到歧视”。[61]

(三) 第5条语境下的文化概念

第5条以“行为模式”和“习俗”、“做法”等术语来讨论文化，并未提及传统或宗教这些词。实践中，委员会在第5条的背景下使用宗教、文化、传统和习惯等术语。宗教信仰和做法被看作社会、文化或传统做法和习俗的样本，(当损害妇女权利时) 都必须加以修改。这个广义的文化概念还包括社会和经济安排、政治结构以及法律规章。

文化可以成为构建性别身份的积极资源。[62] 但是，大多数情况下，它促成的是有害的或消极的性别刻板印象或固定的父母性别角色，有碍于妇女的平等和尊严，导致对妇女的歧视。第5条不是仅讨论了“外来的”、“落后的”、“传统主义的”或“压迫性”的文化，而是讨论了包括所有以有害于充分实现妇女人权的方式使用性别刻板印象和固定父母性别角色的人际关系、制度或结构。文化与人类的存在相伴相生，应避免将其异化。[63] 与之类似，文化也不应被视为有一个整体的、稳定不变的特定本质。[64] 鉴于每一种文化的内

---

[60] 例如，CERD/C/36/D/1/1984 (1988年9月29日)，消除种族歧视委员会受理的 Yilmaz-Dogan 诉荷兰案是一个明显的性别与种族/民族刻板印象交叉的案件。

[61] 委员会在对危地马拉的结论性意见中提到性取向，CEDAW/C/GUA/CO/7 (2009)，第19段；在对巴拿马的结论性意见中提到性取向和性别认同，CEDAW/C/PAN/CO/7 (2010)，第22段。在下述结论性意见中提到少数人或移民身份：CEDAW/C/NZL/CO/6 (2007)，对新西兰的结论性意见，第22段；CEDAW/C/FRA/CO/6 (2008)，对法国的结论性意见，第18段；CEDAW/C/NLD/CO/5 (2010)，对荷兰的结论性意见，第24段；CEDAW/C/CYP/CO/5 (2006)，对塞浦路斯的结论性意见，第31段。在下述意见中提到吉卜赛妇女：CEDAW/C/HUN/CO/6 (2007)，对匈牙利的结论性意见，第31段；CEDAW/C/ROM/CO/6 (2006)，对罗马尼亚的结论性意见，第26、27段。在对尼泊尔的结论性意见中提到丧偶妇女，A/59/38，2004年第31届会议，第206段。在对喀麦隆的结论性意见中提到农村妇女，CEDAW/C/CMR/CO/3 (2009)，第42段。

[62] 委员会在对安提瓜和巴布达的结论性意见中承认这一点，A/52/38，1997年第17届会议，第270段。

[63] 一般参见联合国人权理事会特别报告员提交的报告 (前注32)；L. Volpp,“Blaming Culture for Bad Behaviour”(2000) 12 *Yale J of the Humanities* 89 - 115; S. E. Merry, *Human Rights and Gender Violence: Translating International Law into Local Justice*(2006)。

[64] 文化本质主义方法不仅可以在某种文化价值的捍卫者中找到，也可以在人权倡导者中找到。Holtmaat and Naber (前注51)。

容都是由人构建的，它的结构和内容也处于持续的变化之中。[65] “‘文化生活’这一表述明确提到文化是一个历史的、动态的和不断演变的生命过程，有过去、现在和未来。”[66] 改变文化不仅是可能的，按照第5条的规定，也是必需的。

（四）其他人权文件中的相关条款 151

许多国际人权文件都规定了修改性别刻板印象和固定的父母性别角色的必要性。[67] 最明显的例证是经济、社会及文化权利委员会第16号一般性意见。它承认性别刻板印象和固定的父母性别角色阻碍妇女人权的全面实现。[68] 经济、社会及文化权利委员会将性别刻板印象称为一种对妇女的歧视，[69] 这也反映了消除对妇女歧视委员会对歧视妇女的原因及后果的分析获得了广泛的接受。有些国际文件使用了与第5条类似的措辞。[70] 许多文件承认生育是一种积极的社会功能，分担父母责任是重要的价值观和方法。[71] 传统的性别角色、偏见和刻板印象被视为充分实现妇女社会和经济权利的重大障碍。[72] 其他国际人权文件承认刻板印象是许多不同形式的歧视的根源，最主要的是种族和民族歧视[73]以及基于残疾的歧视[74]。

---

[65] M. Sunder, “Piercing and Veil” (2002 - 2003) 112 *Yale L J* 1399, 1423，在讨论宗教问题时提到了这一观点。

[66] 例如，E/C. 12/GC/21，经济、社会及文化权利委员会第21号一般性意见（2009），第11段。

[67] Cook and Cusack（前注17），第145~146页，第174页注释2。

[68] E/C. 12/2005/4，经济、社会及文化权利委员会第16号一般性意见（2005），第14段。

[69] E/C. 12/GC/20，经济、社会及文化权利委员会第20号一般性意见（2009），第20段。

[70] 例如，《帕拉贝伦公约》第7条（e）项和第8条（b）项，《非洲妇女权利议定书》第2条第2款、第4条（d）项以及第6条和第13条。

[71] 例如，《儿童权利公约》序言和第18条第1款；《美洲人权公约》第17条及HRI/GEN/1/Rev. 1；人权事务委员会第19号一般性意见（1990），第8段。

[72] 例如，E/C. 12/2005/4，经济、社会及文化权利委员会第16号一般性意见（2005），第14段；CCPR/C/21/Rev. 1/Add. 10，人权事务委员会第28号一般性意见（2000），第5、25段。

[73] 《消除一切形式种族歧视国际公约》序言、第4条和第7条；A/55/18，2000年第57届会议，消除种族歧视委员会第27号一般性建议；A/59/18，2004年第64届会议，消除种族歧视委员会第30号一般性建议。

[74] 《残疾人权利公约》第8条第1款（b）项。

二　准备工作

（一）本条的基础

第5条源于《消除对妇女歧视宣言》第3条：[75]

为教导舆论，导引国民意愿同心扫除偏见，取消基于妇女卑下观念的惯例及所有其他办法，应采取一切适当措施。[76]

菲律宾和苏联的提案相结合形成了以下草案：

1. 缔约国应当采取一切必要措施，以教导舆论全面扫除基于妇女卑下观念的偏见、惯例和所有其他办法，承认保护母亲是整个社会的共同利益，对此全社会都负有责任。

2. 法律应禁止一切关于某一性别优越或基于性别的歧视的宣传。[77]

152 ## （二）起草过程中的发展

第5条（a）项最终文本的范围与《消除对妇女歧视宣言》第3条相比，既有扩展也有限缩。最终文本没有包含“导引国民意愿同心”这一要素。教导舆论的要素移到了第5条（b）项，第5条这一部分因此就成为（积极）指导公众“恰当”理解生育的社会功能，以及男女在教养子女方面的共同责任。第5条（a）项仍保留消除偏见的义务，但原来的动词“教

[75] L. A. Rehof, *Guide to the Travaux Preparatoires of the United Nations Convention on the Elimination of All Forms of Discrimination against Women*（1993），pp. 79 – 88，提到了相关的联合国文件。

[76] 《消除对妇女歧视宣言》第3条；Rehof（前注75），第78段。

[77] 第6条，后重新排序为第5条；Rehof（前注75），第79页。

导”被“改变”取代。改变人基于社会和文化行为模式行事的义务，是一项不可推卸又非常困难的任务。在这方面，人们可能不同意雷霍夫（Rehof）的观点。雷霍夫认为最终文本在这一点上语气较弱。[78] 雷霍夫还指出，最终文本“以语气较弱的‘消除偏见’取代了‘扫除偏见’。它同时提到男女的定型角色，而不仅仅是妇女的定型任务”。[79] 最终文本没有明确指出习惯观念中关于妇女卑劣的问题，取而代之的是基于性别而分尊卑观念。它承认有时妇女（主要是母亲）被置于受人尊敬的位置，然而这并不意味着她们被当作社会的正式成员，可以平等地参与各方面的公共生活。

第一版（联合）草案包括了禁止“任何构成煽动歧视妇女的仇恨女性宣传”的规定。[80] 这一提议最终被否决了，因为有人主张，考虑到言论自由，这样的禁止性规定是成问题的。关于这一问题的讨论并不彻底、深入。例如，它没有说明为什么类似的禁止性规定在《消除一切形式种族歧视国际公约》（第4条）中是可能的，而在本《公约》背景下就不可行。

苏联提案中关于保护母亲包含三个方面的内容：“使妇女能够将履行生育义务与参加国家生活的所有方面相结合”的责任；确保“保护母亲和儿童”的义务；“对女性劳工的特殊保护”。事实上，后两个要素已经以不同的方式包含于第11条第2款。[81] 在第5条（b）项的框架中，由国家通过社会法提供保护的因素被修改为教导公众认识生育的积极社会价值以及父母共担教养子女责任的义务。其效果是缔约国承担教育的义务，而不是制定适当法律的义务。许多国家的代表注意到，保护母亲往往导致损害妇女权利或使其污名化，并以下面两种方式使刻板印象受到尊重：“保护”一词被整体去除；随后“母亲”一词被“母性”取代。对“母性”一词的选择表明起草者只想保护生育孩子的生理方面，[82] 他们清楚保护社会和文化构建的母亲角色都会导致固定的父母性别角色这一事实，而后者根据第5条（b）项应当

[78] Rehof（前注75），第84页。

[79] 同上注。

[80] 菲律宾以及苏联、菲律宾联合提案第2段。

[81] 参见对第11条一章的讨论。

[82] 这反映在第4条第2款中。参见对第4条一章的讨论。

得到纠正。

153 “首先考虑子女的利益”一语是在起草过程的最后阶段才加上的，看似一种补充，然而如果由此将第5条（b）项的主要目的解释为服务于儿童的最佳利益的话，实际上将弱化对妇女权利的改善。但是，在解释和执行这一概念时不应强化性别刻板印象或固定的父母性别角色。[83]

三　委员会对第5条的解释

（一）委员会对第5条的引用

1987年，委员会在第6届会议上通过了第3号一般性建议，其中强调了执行第5条（a）项的重要性。在许多其他的一般性建议中，委员会直接或间接地提到了第5条，[84] 并提出“它对性别刻板印象以及缔约国未能充分处理这一现象的关切”。[85] 许多根据《任择议定书》提交来文的作者都是（专门）依据第5条提出的主张。[86] 在一个涉及匈牙利的关于保护妇女免遭

---

[83] 参见对第16条一章的讨论。M. van den Brink, *Moders in de Mainstream*; *Een genderanalyse van het werk van het VN-kindercomité*，乌得勒支大学学位论文，附有英文摘要《主流中的母亲——对联合国儿童权利委员会工作的性别分析》（2006）。

[84] 第12号一般性建议，序言、论题1；第14号一般性建议，序言，论题2、5、6，以及建议（a）（iii）、（iv）及（b）；第19号一般性建议，评论与建议11、12、21~23以及24（d）、（e）、（f）、（t）（ii）；第21号一般性建议，论题3及评论11、12、14、16~21、32、41~44、46、48（b）和50；第23号一般性建议，评论8、10~12、20（c）及44；第24号一般性建议，评论12（b）和28；第25号一般性建议，论题6、7、10和38。

[85] Cook and Cusack（前注17），第134页。

[86] 例如消除对妇女歧视委员会根据《任择议定书》对下述案件的决定/意见：B. -J. 诉德国，消除对妇女歧视委员会第1/2003号来文（2004），节选自A/59/38，第31届会议；A. T. 诉匈牙利，委员会第2/2003号来文（2005）；Şahide Goekce诉奥地利，委员会第5/2005号来文（2007），CEDAW/C/39/D/5/2005；Fatma Yildirim（已故）诉奥地利，委员会第6/2005号来文（2007），CEDAW/C/39/D/6/2005；Vertido诉菲律宾，委员会第18/2008号来文（2010），CEDAW/C/46/D/18/2008；Cook and Cusack（前注17），第135~137页。

家庭暴力的案件中，委员会判定存在对第5条（a）项的违反。[87] 另外两个案件均涉及奥地利缺乏对妇女免遭家庭暴力的保护措施，委员会认识到妇女被视为从属于男人的传统态度与家庭暴力之间的联系。[88] 菲律宾案件的主要问题是违反了第2条（f）和第5条（a）项，本案中，委员会认为刑事法院关于强奸的判决反映了关于男女性取向和性行为的性别刻板印象和“迷思”（myths）。[89] 在一件并非基于第5条提起的案件中，一位持不同意见者广泛地讨论了该条款。[90] 委员会在根据《任择议定书》对墨西哥华雷斯城及其周边发生的强奸和谋杀事件的调查报告中也讨论了第5条。[91]

委员会在结论性意见中举例说明了第5条在共同确定《公约》中所有 154
其他实质性条款的内容和范围方面的作用。有时，委员会也会表达它对“遍布于家庭、职场、政治生活和社会中的对男女角色和责任的父权制态度和根深蒂固的刻板印象”的总体关切。[92] 但委员会通常是在对《公约》保障的实质性权利的评论和意见中讨论性别刻板印象及固定的父母性别角色问题。[93]

（二）第5条与禁止歧视妇女的关联

1. 直接歧视

通常，正式的法律和政策基于性别刻板印象和固定的父母性别角色为男女规定了不同（不平等）的权利和责任。[94] 这类直接歧视的事例有时会借助

---

[87] A. T. 诉匈牙利（前注86）。

[88] Şahide Goekce 诉奥地利和 Fatma Yildirim（已故）诉奥地利（前注86），第12.2段。这些案件都是根据《公约》的其他条款作出的决定。

[89] Vertido 诉菲律宾（前注86）。

[90] S. Dairam 在 Cristina Muñoz-Vargas y Sainz de Vicuña 诉西班牙案中发表了不同意见，委员会第7/2005号来文（2007），CEDAW/C/39/D/7/2005，第13.5和13.7段。

[91] CEDAW/C/2005/OP. 8/Mexico（2005），《消除对妇女歧视委员会根据公约任择议定书第8条作出的对墨西哥的报告，以及墨西哥政府的答复》。另见第9条一章关于暴力侵害妇女的讨论。

[92] CEDAW/C/GUA/CO/7（2009），对危地马拉的结论性意见，第19段。

[93] 因此，本评注的大部分章节都会讨论性别刻板印象和固定的父母性别角色问题。

[94] 这一问题与第2条（f）项下的义务密切相关，参见对第2条一章的讨论。

文化保护的理由来证明其正当性，或者辩称妇女因为其母亲或照料者的角色需要特殊的保护。[95] 在这样的制度下，男性作为养家糊口者和户主享有特殊的权利。委员会建议缔约国“修改法律和行政规章，承认妇女也可以成为户主，并承认共同的经济贡献和共同的家庭责任的概念”。[96] 在其他场合，委员会对“刻板印象，包括缔约国明确承认妇女在养育子女、照顾家庭成员和为社会提供道德建议方面所谓的首要责任”[97] 表示关切，并对国家法律中“规定男性为户主、将妇女限定在家庭任务、允许一夫多妻、为女童设定法定最低结婚年龄为16岁等使性别刻板印象永久化”[98] 的歧视性规定表示关切。

许多缔约国，尽管不允许在它们自己的法律和政策中出现性别歧视，但是在宪法和/或州（联邦）法律中正式承认习惯或宗教法律的效力，不论这些规则是否与性别平等原则相悖。[99] 这个问题涉及一个一般性问题，即缔约国可以在多大程度上以依法保障特定文化或宗教团体（尤其是民族或宗教上的少数人）[100] 的自治为由为其领土上发生的侵犯人权行为辩护。根据第5条和/或
155 第2条（f）项，委员会拒绝接受官方承认的宗教或习惯法中对妇女的直接歧视。[101] 委员会对以宗教或习惯法为由提出的保留持相同的态度。[102]

对妇女的直接歧视有时是因为缔约国在事实上承认习俗、传统或宗教法律和做法。缔约国当局，包括司法机关，一般并不反对宗教当局或社区领袖

---

[95] 此类辩解也被欧洲人权法院否定：“鉴于差别（待遇）是建立在传统性别角色的基础上的，即认为妇女是主要的子女照顾者，男人是主要的养家糊口者，这些性别偏见本身不能被本法院采纳作为实施差别待遇的充分理由，它们并不比基于种族、人种、肤色或性取向的类似偏见强多少。”Konstantin Markin 诉俄罗斯，2010年10月7日，ECHR，第30078/06号申诉，第58段。

[96] A/57/38，2002年第26届会议，对斐济群岛的结论性意见，第32段。

[97] CEDAW/C/UZB/CO/3（2006），对乌兹别克斯坦的结论性意见，第19段。

[98] CEDAW/C/IDN/CO/5（2007），对印度尼西亚的结论性意见，第18段。

[99] 例如，CEDAW/C/BOT/CO/3（2010），对博茨瓦纳的结论性意见，第23段。

[100] 参见对第2条一章的讨论。

[101] 例如，CEDAW/C/BDI/CO/4（2008），对布隆迪的结论性意见，第13段；CEDAW/C/VUT/CO/3（2007），对瓦努阿图的结论性意见，第10段；CEDAW/C/NAM/CO/3（2007），对纳米比亚的结论性意见，第16段；CEDAW/C/NER/CO/2（2007），对尼日尔的结论性意见，第15段；CEDAW/C/IDN/CO/5（2007），对印度尼西亚的结论性意见，第12段。

[102] 例如，CEDAW/C/ISR/CO/3（2005），对以色列的结论性意见，第25段；CEDAW/C/IND/CO/3（2007），对印度的结论性意见，第10段。

所说的他们的习俗或宗教规定不允许妇女获得平等权。委员会“非常关切地指出，尽管国家法律保障妇女的平等地位，但是习惯法的持续存在及被持续遵从固化了对妇女的歧视，尤其是在家庭领域”。[103]

2. 间接歧视

委员会明确指出，仅以法律规定形式平等权，或者使法律在形式上性别中立是不够的，还必须拷问这些法律背后的性别刻板印象。[104] 法律中性别中立的归类实际上反映和/或维持了既存的不平等的性别关系和性别刻板印象，可能导致间接歧视。例如，委员会将顽固存在的刻板印象和传统态度与兼职工作中多为妇女的现象及她们在社会法律、政策中受到的差别待遇联系起来。[105]

3. 结构性歧视

委员会在第25号一般性建议[106]和许多结论性意见中指出，传统的陈规定型态度“体现在人们的行为以及立法和政策中，限制了妇女充分享有《公约》保障的所有人权”。[107] 这使第5条的影响力远远超出了仅仅是改变某些关于男女不同（本质上是卑微或不平等的）特点或任务的“观念”或“意识”，从而包含了终结结构性歧视、实现变革性平等的义务。

（三）委员会对文化的解释方法

1. 委员会对文化本质主义的回应

文化概念对两性关系有着固定和永恒的本质，阻碍了第5条的执行。[108]

---

[103] A/53/38，1998年第18届会议，对津巴布韦的结论性意见，第139段；A/58/38，2003年第28届会议，对阿尔巴尼亚的结论性意见，第68段。

[104] A/52/38，1997年第16届会议，对斯洛文尼亚的结论性意见，第89段。

[105] A/55/38，2000年第22届会议，对德国的结论性意见，第313、314段；类似的例如A/54/38，1999年第21届会议，对英国的结论性意见，第308段；A/53/38，1998年第19届会议，对斯洛伐克的结论性意见，第74段。

[106] 第25号一般性建议，第7段。

[107] A/55/38，2000年第22届会议，对卢森堡的结论性意见，第404段（原文误为1997年第17届会议。——译者注）。

[108] “本质主义”指的是一种认识论方法，其中假设我们可以通过确定的描述捕捉到“事物”的本质。这与下述认识相反，即认为文化和性别不是某种“存在”的事物，而是可以被持续制造和复制的流动的过程。Holtmaat and Naber（前注51），第68段。

委员会一再“敦促缔约国将文化视为国家社会结构和社会生活的动态方面，
156 因此是可以改变的”。[109]

委员会在早期的工作中，在某些问题上走得相当远，它建议可以或应当改变甚至废除某种文化或宗教。[110] 现在，委员会在处理这些关切时更加谨慎，但它仍然十分坚定地认为当妇女的权利因为文化，包括宗教做法或信仰而受到侵犯时，缔约国有必要进行干预。[111] 委员会认为改变一种文化需要缔约国有强大的政治意愿。[112] 它经常向缔约国强调应有意愿与民间社会就改变文化的必要性进行对话，敦促缔约国“在这方面强化与民间社会组织、妇女团体和社区领袖、传统和宗教领袖、教师以及媒体的合作”[113] 以“助力社会和文化的改变并创造支持性别平等的有利环境”[114]。

2. 第5条范围内的文化实践与信仰

委员会承认，所有人类社会都受到性别刻板印象和固定的父母性别角色的困扰。[115] 委员会在与缔约国的建设性对话及在起草结论性意见时，很大程度上依据的是缔约国报告以及非政府组织的影子报告中提出的问题。[116] 基于这些信息，委员会通常在第5条（a）项语境下针对经济发展中国家妇女的情况，提到源自与文化相关的性别刻板印象的有害做法；对东欧国家、苏联和西方国家，委员会主要讨论固定的父母性别角色的有害影响，以及对第5条（b）项的执行。[117] 由于委员会不经常将后一类国家的某些做法（例如色

---

[109] 例如，A/59/38，2004年第31届会议，对安哥拉的结论性意见，第147段；CEDAW/C/JOR/CO/4（2007），对约旦的结论性意见，第20段；CEDAW/C/MOZ/CO/2（2007），对莫桑比克的结论性意见，第20～21段；CEDAW/C/MDG/CO/5（2008），对马达加斯加的结论性意见，第17段。

[110] 例如，A/49/38，1994年第13届会议，对阿拉伯利比亚民众国的结论性意见，第130段；A/52/38，1997年第16届会议，对摩洛哥的结论性意见，第71段。

[111] 例如，CEDAW/C/PAK/CO/3（2007），对巴基斯坦的结论性意见，第29段。

[112] A/49/38，1994年第13届会议，对厄瓜多尔的结论性意见，第524段。

[113] CEDAW/C/NGA/CO/6（2008），对尼日利亚的结论性意见，第20段（原文误为“CEDAW/C/NGA/6”以及“Para. 323”。——译者注）。

[114] CEDAW/C/NIC/CO/6（2007），对尼加拉瓜的结论性意见，第12段。

[115] 例如，第15号一般性建议，第10段。

[116] Merry（前注63），第90页。

[117] Holtmaat and Naber（前注51）。

情、性别歧视广告或整容手术）明确称作“文化”，这一过程存在将文化异化或东方化的风险。[118]

（1）传统的有害做法与信仰

委员会除了经常表达它总体上担忧性别刻板印象和因其产生的有害文化做法（包括暴力侵害妇女）的歧视性影响外，[119] 还对各种特定的有害习俗、传统或宗教法律和做法发表评论。委员会讨论过一夫多妻制，丧偶妇女遭受的不人道仪式，女性割礼和类似习俗，[120] 男孩偏好和非法选择性堕
胎，[121] 与嫁妆、通奸相关的传统习俗以及婚前安排的做法，[122] 聘礼与嫁妆，[123] 157
逼婚和早婚，女性生殖器切割，仪式束缚，收继婚及断绝关系，[124] 守寡仪式和食物禁忌，[125] 礼节奴役（Trokosi），[126] 以及已婚男人享有像对待未成年子女一样对待其妻子的习惯权利[127]。此外，委员会还经常提请缔约国注意是否存在阻碍妇女拥有土地和参与决策的文化障碍。[128] 它对可能使妇女在遗产继承、婚姻制度、受赠[129]方面的权利受到有害影响的习惯法以及基于男子对妇女的监护权（mehrem）概念的习惯法表示关切。[130]

---

[118] 联合国人权理事会特别报告员提交的报告（前注32），第3章。

[119] 例如，CEDAW/C/MOZ/CO/2（2007），对莫桑比克的结论性意见，第20、21段。S. Koukoulis-Spiliotopoulos，“The Limits of Cultural Traditions”（2008）*Annuaire International des Droits de l'Homme* Ⅲ 412，420，注释33。

[120] A/53/38，1998年第19届会议，对尼日利亚的结论性意见，第153段。

[121] CEDAW/C/CHN/CO/6（2006），对中国的结论性意见，第17段。

[122] A/58/38，2003年第28届会议，对刚果的结论性意见，第180段；A/59/38，2004年第30届会议，对不丹的结论性意见，第125、126段（原文有误。——译者注）。

[123] CEDAW/C/TLS/CO/1（2009），对东帝汶的结论性意见，第29段；CEDAW/C/BOT/CO/3（2010），对博茨瓦纳的结论性意见，第23段；A/58/38，2003年第28届会议，对阿尔巴尼亚的结论性意见，第69段。

[124] CEDAW/C/TGO/CO/5（2006），对多哥的结论性意见，第14段。

[125] CEDAW/C/GNB/CO/6（2009），对几内亚比绍的结论性意见，第23段。

[126] CEDAW/C/GHA/CO/5（2006），对加纳的结论性意见，第21段。

[127] CEDAW/C/BOT/CO/3（2010），对博茨瓦纳的结论性意见，第23段。

[128] 例如，A/51/38，1996年第15届会议，对巴拉圭的结论性意见，第126段；A/59/38，2004年第30届会议，对吉尔吉斯斯坦的结论性意见，第171段。

[129] CEDAW/C/BDI/CO/4（2008），对布隆迪的结论性意见，第13段。

[130] CEDAW/C/SAU/CO/2（2008），对沙特阿拉伯的结论性意见，第15段（原文文件号误为CEDAW/C/SAU/CO/4。——译者注）。

(2) 大男子主义

委员会对拉丁美洲和加勒比国家的大男子主义文化的影响表示担忧，这种文化怂恿青少年和年轻男子从事高风险的性行为以此证明自己的男子气概。委员会明确指出，“只要教育中的定型角色持续存在，母亲鼓励她们的儿子接受大男子主义的态度、教育女儿要温顺和服从的做法就不会产生变化”。[131] 委员会还注意到，“盛行的性别刻板印象和对大男子主义的父权文化态度，影响到各行各业的妇女并表现在大部分被接受的对妇女的暴力行为上”。[132]

(3) 对母性的保护性法律

一些对母性的保护性法律超出了仅仅是保护怀孕和生产的生理或身体影响，从而固化了妇女的主要角色是母亲或子女照料者的刻板印象，委员会对这些法律的持续存在进行了有力批评。[133] 它指出，“保护性的劳动法只会产生限制妇女经济机会的后果，既非合法也非有效促进妇女生育健康的措施。妇女应有对职业的自由选择权”。[134] 过分强调对妇女的母亲或家庭角色的立
158 法保护和文化促进，而忽视其作为个体的权利，就会限制妇女的机会，鼓励父亲在育儿中的缺位。[135]

(4) 养家糊口模式和在家庭中分担责任

令委员会担忧的还有持续存在的男性养家糊口模式以及欠缺能够刺激在

---

[131] A/49/38，1994 年第 13 届会议，对厄瓜多尔的结论性意见，第 523 段；类似的例如 A/53/38，1998 年第 18 届会议，对多米尼加共和国的结论性意见，第 334 段；A/56/38，2001 年第 25 届会议，对尼加拉瓜的结论性意见，第 294 段。

[132] A/49/38，1994 年第 13 届会议，对厄瓜多尔的结论性意见，第 524 段；类似的例如 A/55/38，2000 年第 23 届会议，对古巴的结论性意见，第 261 段；CEDAW/C/JAM/CO/5 (2006)，对牙买加的结论性意见，第 15 段。

[133] 这一问题在关于第 4 条和第 11 条的章节中也进行了讨论。

[134] A/51/38，1996 年第 15 届会议，对乌克兰的结论性意见，第 286 段；类似的例如 A/52/38，1997 年第 17 届会议，对亚美尼亚的结论性意见，第 58 段；A/53/38，1998 年第 18 届会议，对捷克的结论性意见，第 196 段；A/54/38，1999 年第 20 届会议，对中国的结论性意见，第 280、296 段；A/56/38，2001 年第 24 届会议，对哈萨克斯坦的结论性意见，第 101 ~ 102 段；A/59/38，2004 年第 30 届会议，对科威特的结论性意见，第 72 段。

[135] A/53/38，1998 年第 19 届会议，对斯洛伐克的结论性意见，第 74 段；类似的例如 A/52/38，1997 年第 17 届会议，对亚美尼亚的结论性意见，第 58 段。

家庭内部分担责任的便利设施。[136] 这种情况是建立在“对妇女在社会中根深蒂固的成见以及唯有男性可以成为户主的观念”基础上的，它“助长了就业中的隔离，否定妇女的经济贡献”。[137] 委员会将这一问题与“兼职工作中妇女占多数、她们在家庭和养育子女方面负主要责任、职业隔离、男性极少请育儿假……以及对已婚夫妇的税收”[138] 联系起来。委员会明确反对将鼓励参加非全职工作作为兼顾有偿工作和照料活动的解决方案。[139] 委员会将兼职工作主要由妇女从事的事实看作隐蔽的或间接歧视的象征。[140] 它敦促缔约国采取措施使妇女可以选择全职工作。[141] 与之类似，委员会将性别刻板印象与持续存在的男女薪资差距[142]联系起来，并警告说工作评估和报酬方案可能受到性别刻板印象的影响。[143] 性别刻板印象和固定的父母性别角色可能导致在私人领域和公共领域均欠缺有助于男女协调有偿工作和照料义务的社会安排。在这样的背景下，委员会提出育儿设施和育儿假是同时提供给父亲和母亲的。[144]

---

[136] CEDAW/C/AUT/CO/6（2007），对澳大利亚的结论性意见，第 17 段。类似的例如 CEDAW/C/GRC/CO/6（2007），对希腊的结论性意见，第 13 段；A/59/38，2004 年第 30 届会议，对德国的结论性意见，第 384 段；CEDAW/C/CPV/CO/6（2006），对佛得角的结论性意见，第 17 段；CEDAW/C/CHN/CO/6（2006），对中国的结论性意见，第 17 段；CEDAW/C/POL/CO/6（2007），对波兰的结论性意见，第 16 段；CEDAW/C/ITA/CC/4－5（2005），对意大利的结论性意见，第 25 段；A/57/38，2002 年第 26 届会议，对爱沙尼亚的结论性意见，第 95、96 段（原文有误。——译者注）；A/55/38，2000 年第 23 届会议，对立陶宛的结论性意见，第 138～139 段；A/56/38，2001 年第 24 届会议，对埃及的结论性意见，第 332 段。

[137] A/57/38，2002 年第 26 届会议，对斐济群岛的结论性意见，第 31 段。在关于第 11 条和第 13 条的章节中对妇女的经济和社会权利有进一步的讨论。

[138] A/55/38，2000 年第 22 届会议，对德国的结论性意见，第 313～314 段；类似的例如 A/59/38，2004 年第 30 届会议，对德国的结论性意见，第 384 段。

[139] A/50/38，1995 年第 14 届会议，对澳大利亚的结论性意见，第 600 段。

[140] A/51/38，1996 年第 15 届会议，对比利时的结论性意见，第 187 段；A/51/38，1996 年第 15 届会议，对冰岛的结论性意见，第 96 段；A/55/38，2000 年第 22 届会议，对德国的结论性意见，第 313～314 段。

[141] 例如，A/56/38，2001 年第 25 届会议，对荷兰的结论性意见，第 214 段。

[142] 例如，A/54/38，1999 年第 21 届会议，对英国的结论性意见，第 308 段；A/55/38，2000 年第 22 届会议，对德国的结论性意见，第 313～314 段；A/50/38，1995 年第 14 届会议，对挪威的结论性意见，第 491 段。

[143] A/56/38，2001 年第 24 届会议，对芬兰的结论性意见，第 298 段。

[144] 例如，CEDAW/C/FRA/CO/6（2008），对法国的结论性意见，第 27 段；CEDAW/C/SAU/CO/2（2008），对沙特阿拉伯的结论性意见，第 32 段（原文文件号误为 CEDAW/C/SAU/CO/4。——译者注）。

有时，委员会发现有的国家在这方面树立了一个好的榜样，它表扬某缔约国“注意到必须改变男性的角色和任务作为实现真正的性别平等的一项要素，包括鼓励男子利用陪产假权利和增加男子在劳动市场中担任照料者的岗位”。[145]

159 (5) 教育和媒体中的性别刻板印象

委员会经常声明，它“担心课程里面性别陈规定型观念所造成的后果，以及下列事实的影响：在关于妇女就业选择和收入的课程方面，女孩修读的是传统上属于‘女性’的课程，而男孩修读的则是传统上属于‘男性’的课程”，[146] 并呼吁缔约国注意劳动力市场和男孩、女孩教育选择中的隔离所反映出的陈规定型的文化态度。[147] 到头来，“妇女仍然集中在非常窄的就业领域”。[148] 在这一背景下，委员会经常敦促缔约国消除教材中的性别刻板印象，以促进“男孩和女孩教育选择的多样化”。[149]

委员会也经常评论广告和媒体中将妇女描述为性玩物或按照传统角色描述妇女的方法。[150] 有几次，委员会关切地注意到“缔约国正在发生将色情纳入主流的进程，或称为‘公共领域性化’”，[151] 媒体和广告“正变得日益淫秽，对妇女过分色情化的描绘强化了现有的关于妇女是性玩物的定型观念，使女孩缺少自尊”。[152]

---

[145] A/50/38，1995 年第 14 届会议，对挪威的结论性意见，第 489 段；类似的例如 A/50/38，1995 年第 14 届会议，对芬兰的结论性意见，第 388 段。

[146] 例如，A/57/38，2002 年第 26 届会议，对特立尼达和多巴哥的结论性意见。另见对第 10 条一章的讨论。

[147] CEDAW/C/NOR/CO/7（2007），对挪威的结论性意见，第 17 段。

[148] 例如，CEDAW/C/FRA/CO/6（2008），对法国的结论性意见，第 18 段；CEDAW/C/LBN/CO/3（2008），对黎巴嫩的结论性意见，第 24 段；CEDAW/C/BLZ/CO/4（2007），对伯利兹的结论性意见，第 23 段。

[149] 例如，CEDAW/C/EST/CO/4（2007），对爱沙尼亚的结论性意见，第 13 段。

[150] A/59/38，2004 年第 30 届会议，对德国的结论性意见，第 384 段；类似的例如 CEDAW/C/DEU/CO/6（2009），对德国的结论性意见，第 27 段；CEDAW/C/ITA/CC/4 - 5（2005），对意大利的结论性意见，第 25 段。在这一语境中，委员会经常使用“性别歧视”（sexist 或 sexism），例如 CEDAW/C/UKR/CO/7（2010），对乌克兰的结论性意见，第 24 段。

[151] CEDAW/C/SWE/CO/7（2008），对瑞典的结论性意见，第 22 段。

[152] CEDAW/C/FIN/CO/6（2008），对芬兰的结论性意见，第 19 段［原文误为 CEDAW/C/FIN/5and 6（2008），Para. 177。——译者注］。

3. 文化与宗教不能使歧视妇女正当化

委员会承认，“文化是影响妇女地位提高的一个积极工具，建议将文化艺术形式作为促进尊重妇女的手段”。[153] 然而，紧随这种考虑，委员会往往严重关切同样的文化可能对妇女人权产生的负面影响。[154] 面对有害的文化信仰和做法时，委员会常常提醒缔约国注意第 5 条，并结合第 2 条（f）项，主张“文化特殊性并不能成为推翻人权普遍性原则的理由，人权依然是不可剥夺的绝对权利，文化特殊性也不得妨碍采取有利于妇女的适当措施”。[155] 关于宗教，委员会注意到缔约国并未足够努力以反击某些（原教旨主义）宗教信仰或做法的有害影响。[156] 它将打着保持民族认同 160
的幌子的传统主义视为歧视的一个原因。[157] 类似的，它对以下情况表示关切，即“体现亚洲价值[158]的家庭观念，包括丈夫作为一家之主的法律地位的观念，可被用来永久固化男女两性在家庭中的定型角色，巩固对妇女的歧视”。[159]

按照委员会的观点，平等和非歧视原则以及尊重妇女的尊严显然优于宗教、文化或传统的价值以及缔约国对保留这些价值的愿望。这个问题触及对人权普遍性概念的争论，因为一些文化或宗教主张它们的（内部）规范即

---

[153] A/52/38，1997 年第 17 届会议，对安提瓜和巴布达的结论性意见，第 270 段；类似的例如 A/49/38，1994 年第 13 届会议，对圭亚那的结论性意见，第 101 段。

[154] A/59/38，2004 年第 30 届会议，对不丹的结论性意见，第 115 段；CEDAW/C/KHM/CO/3（2006），对柬埔寨的结论性意见，第 17 段；CEDAW/C/COK/CO/1（2007），对库克群岛的结论性意见，第 22 段。

[155] A/52/38，1997 年第 16 届会议，对摩洛哥的结论性意见，第 64 段；类似的例如 A/53/38，1998 年第 18 届会议，对印度尼西亚的结论性意见，第 282 段；CEDAW/C/VUT/CO/3（2007），对瓦努阿图的结论性意见，第 10 段；A/54/38，1999 年第 20 届会议，对阿尔及利亚的结论性意见，第 71 段。

[156] A/53/38，1998 年第 18 届会议，对阿塞拜疆的结论性意见，第 58 段；A/52/38，1997 年第 16 届会议，对土耳其的结论性意见，第 164 段；CEDAW/C/IND/CO/5（2007），对印度尼西亚的结论性意见，第 12 段。

[157] CEDAW/C/MOZ/CO/2（2007），对莫桑比克的结论性意见，第 22 段。

[158] A/CONF. 157/ASRM/8 - A/CONF. 157/PC/59，参考了《曼谷宣言》（1993 年 4 月 7 日）。

[159] A/56/38，2001 年第 25 届会议，对新加坡的结论性意见，第 79 段。

便在与妇女人权相抵触时也应当受到尊重、保护和维持。[160] 委员会经常谈及它认为有必要进行对话，以便为基于文化的规范和做法与《公约》确立的人权标准之间可能的冲突找到解决方案。[161] 对此，委员会敦促缔约国“创造条件，扩大不同文化的对话，尊重多样性，保证全面遵守保护人权，特别是妇女权利的原则、价值观和国际规范”。[162]

委员会的立场符合其他许多国际法律文件的规定，后者承认所有人按照文化传统生活的权利以及实践自己信仰的权利。这些权利存在的前提是不以任何方式限制或侵犯其他人，包括妇女的人权。[163] 联合国教科文组织《保护和促进文化表达多样性公约》（2005）反映了这一立场，该公约第 2 条称“任何人不得援引本公约的规定侵犯《世界人权宣言》规定的或受到国际法保障的人权或基本自由或限制其适用范围”。类似的，1981 年《联合国消除基于宗教或信仰原因的一切形式的不容忍和歧视宣言》第 5 条第 5 款规定不得以宗教或信仰为借口伤害儿童。[164]

某些保障宗教自由的国际文件同样包含以其他人的权利和自由限制该项自由的条款。[165] 从这类例外条款中并不能自动推导出妇女人权优于宗教
161 自由。在援引这一规定时必须证明某一宗教做法确实损害了妇女的权利和利益，以此证明限制宗教自由是正当的。[166] 人权事务委员会在关于《公

---

[160] 例如 S. Moller Okin, “Is Multiculturalism Bad for Women?” (1997) *Boston Review* 22, 25 - 32; C. I. Nyamu, “How Should Human Rights and Development Respond to Cultural Legitimization of Gender Hierarchy in Development Countries?” (2004) 41 *Havard Intl L J* 381 - 418; Volpp (前注 31)，第 1181 - 1218 页; F. Raday, “Culture, Religion, and Gender” (2003) 1 *Intl J of Constitutional L* 663 - 715; Sunder(前注 65)，第 1393 ~ 1472 页; A. Phillips, *Multiculturalism Without Culture* (2007); D. Otto, “Rethinking the ‘Universality’ of Human Rights Law” (1997 - 1998) 29 *Columbia Human Rights L Rev* 1 - 46; Holtmaat and Naber(前注 51)。

[161] 例如 CEDAW/C/NGA/6（2008），对尼日利亚的结论性意见，第 323 段；CEDAW/C/NIC/CO/6（2007），对尼加拉瓜的结论性意见，第 12 段。

[162] 例如 CEDAW/C/BOL/CO/4（2008），对玻利维亚的结论性意见，第 23 段。

[163] Koukoulis-Spiliotopoulos（前注 119），第 418 段。

[164] A/RES/36/55，联合国大会第 36/55 号决议（1981 年 11 月 25 日）。C. Packer, *Using Human Rights to Change Tradition* (2002), p. 74.

[165] 例如《公民及政治权利国际公约》第 18 条第 3 款。

[166] F. Raday, “Traditionalist Religious and Cultural Challengers: International and Constitutional Human Rights Responses” (2008) 41 *Israel L Rev* 596, 600.

民及政治权利国际公约》第 18 条的一般性意见中声称“某一宗教被确认为国教、或被建立为正式宗教或传统宗教、或其信徒包括全体居民中的大多数，这些事实不应对《公约》下人权的享受造成损害”。[167] 类似的，人权事务委员会明确申明，《公民及政治权利国际公约》第 27 条保障的权利并未授权任何国家、团体或个人侵犯妇女根据该公约享有的人权。[168]

四　解释问题

（一）第 5 条下义务的性质

1. 改变行为模式以及保证受教育的一切适当措施

《公约》的起草者对缔约国应当采取哪些措施来执行第 5 条下的义务没有作出规定。[169] 第 5 条的引言提到为“改变”（a 项）和“保证”（b 项）采取“一切适当措施”。缔约国在国际人权法下的义务可以划分为尊重、保护和实现的义务。[170] 委员会在讨论第 5 条下的义务时并未使用这一分类方法。[171] 它首先提到的是采取措施改变教材、广告和媒体中表达的陈规定型观念或意识形态；其次，缔约国有审查其法律、政策和惯例以及社会结构特征的义务，以揭露和纠正其中存在的性别刻板印象及固定的父母性别角色，并修改法律和政策，特别是去除阻碍男女共担家庭责任的障碍。

---

[167] CCPR/C/21/Rev. 1/Add. 4（1993），人权事务委员会第 22 号一般性意见，第 9 段。

[168] CCPR/C/21/Rev. 1/Add. 10（2000），人权事务委员会第 28 号一般性意见，第 32 段；联合国人权委员会《关于宗教和信仰自由以及从宗教和传统角度看妇女地位的研究，特别报告员阿布德尔法塔赫·奥马尔先生按照人权委员会第 2001/42 号决议提交的报告》（2002），第 58、64 段。

[169] Rehof（前注 75），第 77 页；Holtmaat（前注 8），第 64 页。

[170] 参见对第 1 条及导论部分的讨论。

[171] Cook and Cusack（前注 17），第 76 页顺着这些思路分析了第 5 条（a）项下的义务。

2. 改变教材、广告和媒体中陈规定型的妇女形象的措施

（1）缔约国改变刻板印象的义务

缔约国有责任消除有害的性别刻板印象。[172] 这可以通过广泛宣传有别于
162 传统成见的妇女形象来实现。[173] 委员会提到，在这方面（大众）媒体和教育是两个最重要的领域。[174] 缔约国对教材负有特别的责任，第 10 条（c）项中再次强调了这一点。缔约国有义务通过修改教学课程及教材的内容以及开展性别敏感教师培训项目来消除职业教育和就业中的性别隔离。[175]

（2）缔约国对公众表达中的性别刻板印象进行干预的义务

虽然在起草过程中关于国家有义务禁止煽动歧视妇女的提议遭到了否决，但是缔约国确有责任保护妇女免遭非国家（私人）行为体制造的性别刻板印象的损害。根据第 5 条，缔约国有义务确保媒体、教材及类似的表达渠道中不存在有害的刻板印象，即便它们是由私人行为体所表达的。[176] 委员会对相关立法措施（例如设立道德守则的法律义务）[177] 表示肯定，但缔约国也可以采取措施激励私人行为体自愿合作。[178] 关于色情问题，委员会欢

[172] 第 3 号一般性建议。

[173] A/53/38，1998 年第 18 届会议，对捷克共和国的结论性意见，第 206 段；A/57/38，2002 年第 26 届会议，对爱沙尼亚的结论性意见，第 95、96 段（原文有误。——译者注）。委员会积极评价一些国家的此类运动，例如 A/51/38，1996 年第 15 届会议，对塞浦路斯的结论性意见，第 51 段。

[174] A/55/38，2000 年第 23 届会议，对立陶宛的结论性意见，第 139 段；类似的例如 A/55/38，2000 年第 23 届会议，对罗马尼亚的结论性意见，第 303 段；A/56/38，2001 年第 24 届会议，对埃及的结论性意见，第 334 ~ 335 段；A/56/38，2001 年第 25 届会议，对越南的结论性意见，第 251 段；A/57/38，2002 年第 26 届会议，对爱沙尼亚的结论性意见，第 95、96 段。

[175] 例如，CEDAW/C/FRA/CO/6（2008），对法国的结论性意见，第 18 段；CEDAW/C/LBN/CO/3（2008），对黎巴嫩的结论性意见，第 24 段；CEDAW/C/BLZ/CO/4（2007），对伯利兹的结论性意见，第 23 段；CEDAW/C/EST/CO/4（2007），对爱沙尼亚的结论性意见，第 13 段；CEDAW/C/BEL/CO/6（2008），对比利时的结论性意见，第 24 段；CEDAW/C/GNB/CO/6（2009），对几内亚比绍的结论性意见，第 23 段。

[176] 这可以被视为保护的义务。

[177] A/55/38，2000 年第 23 届会议，对立陶宛的结论性意见，第 139 段；A/55/38，2000 年第 23 届会议，对罗马尼亚的结论性意见，第 303 段；A/56/38，2001 年第 24 届会议，对埃及的结论性意见，第 334 ~ 335 段；A/56/38，2001 年第 25 届会议，对越南的结论性意见，第 251 段；A/57/38，2002 年第 26 届会议，对爱沙尼亚的结论性意见，第 95、96 段。

[178] CEDAW/C/FRA/CO/6（2008），对法国的结论性意见，第 18 段。

迎制定新的审查法，“这将对暴力和色情材料的取得施加更严格的限制，对传播这些材料实行新的控制措施，对拥有违禁材料设立惩罚措施”。[179] 当有的政府因为担心侵犯表达自由、宗教自由及/或教育自由而无权直接干预时，[180] 委员会便“敦促缔约国按照《公约》第5条的要求，鼓励大众传媒促进改变关于男女角色和分工的文化观念”。[181] 有时，委员会“呼吁缔约国加强打击公共领域性化的战略，并采取主动积极的措施，确保媒体制作和报道没有歧视性，增加媒体经营者和这一行业其他相关行为体对这些问题的了解”。[182]

3. 消除结构性歧视与促进家庭责任分担的措施 163

(1) 揭示结构性歧视

第5条要求缔约国让对妇女的系统性或结构性歧视浮出水面。[183] 陈规定型的性别身份以及固定的父母性别角色在所有的文化中都根深蒂固。[184] 它们反映在国家法律中并因而得以维持。[185] 要想揭露性别刻板印象和固定的父母性别角色在法律、政府实践和政策中根深蒂固的存在，就必须对律师以及公务员进行关于性别刻板印象问题的教育和培训。[186] 缔约国必须进行性别影响评估，并将性别视角融入政府行动的所有领域，例如“关于已婚夫妇税收的法律规定（‘分担制’）以及这种税收制度对延续有关已婚妇女的陈旧观念的影响”。[187] 这需要政府高层具有性别专业知识以及主要的

---

[179] A/49/38，1994年第13届会议，对新西兰的结论性意见，第641段。

[180] 委员会在对德国的结论性意见中承认这一宪法限制。CEDAW/C/DEU/CO/6（2009），第28段。

[181] A/57/38，2002年第27届会议，对乌克兰的结论性意见，第296段；类似的例如CEDAW/C/SLV/CO/7（2008），对萨尔瓦多的结论性意见，第23段；CEDAW/C/BHR/CO/2（2008），对巴林的结论性意见，第23段。

[182] CEDAW/C/SWE/CO/7（2008），对瑞典的结论性意见，第23段；类似的例如CEDAW/C/JPN/CO/6（2009），对日本的结论性意见，第29段。

[183] 这可以看作是实现的义务。在Holtmaat（前注8）第15章包含了揭示和废除结构性歧视的方法。Cook and Cusack（前注17），第45页。

[184] Cook and Cusack（前注17）在第2章强调，揭露对消除性别刻板印象非常关键。

[185] A/49/38，1994年第13届会议，对厄瓜多尔的结论性意见，第523段。

[186] A/52/38，1997年第17届会议，对意大利的结论性意见，第357段；CEDAW/C/COK/CO/1（2007），对库克群岛的结论性意见，第15段。

[187] A/55/38，2000年第22届会议，对德国的结论性意见，第314段；类似的例如CEDAW/C/DEU/CO/6（2009），对德国的结论性意见，第30段。

政治和行政利益攸关者的承诺。非政府组织的参与应当被看作一种资源而不是义务承担者。委员会“建议政府运用现有的关于间接的和结构性歧视的知识。委员会强调，关于执行消除这类歧视的战略的主要责任在政府，而不在妇女自己”。[188] 为履行第 5 条（a）项和第 2 条（f）项下的义务，委员会建议“缔约国进一步澄清男女不平等现象顽固存在的根源，为此不妨研究强化男女定型观念的体制规则，以及陈规定型观念在缔约国的具体表现”。[189]

（2）废除和修改维持结构性歧视的法律和政策

第 5 条呼吁变革性平等，包括废除因性别刻板印象和固定父母性别角色而产生和存在的所有形式的直接、间接或结构性歧视。[190] 委员会经常敦促缔约国“审查和改革不同民族和宗教团体的身份法，确保遵守《公约》和法律上的性别平等”。[191] 委员会对一个缔约国发出了意义深远的警示，因其宪
164 法反映了妇女“在家庭和作为母亲”的陈规定型形象，敦促议会委员会致力于修改宪法，以充分认识其“根据《公约》，特别是第 5 条承担的义务”。[192] 对此，委员会建议“缔约国考虑宪法中以性别敏感的语言替代男性导向的语言，更加明确地传递性别平等的观念”。[193]

（3）制定新的法律和公共政策

委员会也呼吁在经济和社会权利领域，特别是儿童保育权和享受育儿假权利领域制定新的法律和政策，例如，它要求缔约国确保“立法和政策能

[188] A/53/38，1998 年第 18 届会议，对克罗地亚的结论性意见，第 113 段；类似的例如 A/59/38，2004 年第 31 届会议，对赤道几内亚的结论性意见，第 195 段；CEDAW/C/TGO/CO/5（2006），对多哥的结论性意见，第 14 段。

[189] CEDAW/C/GRC/CO/6（2007），对希腊的结论性意见，第 14 段；类似的例如 A/52/38，1997 年第 16 届会议，对摩洛哥的结论性意见，第 72 段。

[190] 这可以看作尊重的义务。

[191] 例如，CEDAW/C/IND/CO/3（2007），对印度的结论性意见，第 11 段；A/57/38，2002 年第 26 届会议，对斐济群岛的结论性意见，第 32 段；CEDAW/C/IDN/CO/5（2007），对印度尼西亚的结论性意见，第 18 段。

[192] A/54/38，1999 年第 21 届会议，对爱尔兰的结论性意见，第 193 ~ 194 段。此处委员会指的是爱尔兰宪法第 41 条第 2 款。

[193] CEDAW/C/IRL/CO/4 - 5（2005），对爱尔兰的结论性意见，第 25 段。

够创造使妇女在与男子平等基础上长期参与劳动力市场的结构性和系统性框架”。[194] 委员会在讨论第 5 条和/或第 11 条时，反复坚称有必要采取具体措施促进男性在无偿的照料工作中发挥作用。[195] 为此目的，仅仅是制定产假和/或育儿假制度是不够的，因为这并不能保证给（固定的）性别角色带来实质性改变。[196] 事实上，这些措施可能“继续将主要的家务劳动和育儿责任施加在妇女身上，而非强调男女共担责任”。[197]

4. 执行第 5 条的暂行特别措施

如果缔约国不采取措施对个人、私人主体以及国家层面的态度、信念和惯例作出必要的改变，那么改变性别刻板印象和固定的父母性别角色的义务将无法实现。[198] 在第 25 号一般性建议中，委员会提醒缔约国“应采取暂行特别措施加速改变和消除歧视妇女或对妇女不利的文化、定型态度和行为”。[199] 有时，委员会申明它对缺乏“消除这些刻板印象的暂行特别措施”表示关切。[200] 委员会在讨论改变男性在家庭中的角色时也提到暂行特别措施。[201] 缔约国提出的对妇女的积极措施可能本身就是刻板印象的反映，例如当一个方案是关于“作为积极的差别待遇方案举办的刺绣、工业缝纫等非学术训练”，“只会进一步将妇女限制在经济体系中妇
女占多数的部门”。[202] 165

[194] A/54/38，1999 年第 21 届会议，对爱尔兰的结论性意见，第 182 段。

[195] 例如，A/51/38，1996 年第 15 届会议，对乌克兰的结论性意见，第 300 段；A/57/38，2002 年第 26 届会议，对冰岛的结论性意见，第 28 段。

[196] A/51/38，1996 年第 15 届会议，对冰岛的结论性意见，第 94 ~ 95 段；CEDAW/C/SWE/CO/7（2008），对瑞典的结论性意见，第 28 段。

[197] A/54/38，1999 年第 21 届会议，对爱尔兰的结论性意见，第 183 段；类似的例如 A/56/38，2001 年第 24 届会议，对芬兰的结论性意见，第 298 段。

[198] Cook and Cusack（前注 17），第 82 页。

[199] 第 25 号一般性建议，第 38 段。

[200] A/57/38，2002 年第 26 届会议，对爱沙尼亚的结论性意见，第 95、96 段；A/55/38，2000 年第 23 届会议，对立陶宛的结论性意见，第 138 ~ 139 段；A/54/38，1999 年第 21 届会议，对爱尔兰的结论性意见，第 190 段。

[201] A/53/38，1998 年第 18 届会议，对捷克共和国的结论性意见，第 206 段。

[202] A/50/38，1995 年第 14 届会议，对毛里求斯的结论性意见，第 213 段。

（二）义务的范围

1. 立即执行还是逐步执行

在所有情况下缔约国都需要及时、善意履行《公约》下（包括第5条）的义务。[203] 第5条的实质内容表明，该条要求缔约国在批准《公约》后立即开始执行其规定。有时，委员会“强调尽管目前缔约国存在经济问题，但仍必须采取措施，以最低限度的经费来促进平等”。[204] 委员会经常强调缔约国应当“毫不迟延”[205] 地执行这一条下的义务。在此基础上，委员会有时也促请缔约国“毫不拖延地制定一项有明确目标和时间表的全面战略，以便根据《公约》第2条（f）项和第5条（a）项的规定，改变和消除歧视妇女的消极文化态度、习俗和根深蒂固的定型观念”。[206] 消除结构性歧视的义务要求缔约国（重新）审视和修改它们的法律和政策。这需要性别专业知识，并有能够履行这项义务的适格机构，这需要花些时间来建立。

2002年，委员会决定仅在最特殊的情况下才在结论性意见中纳入影响执行《公约》的“因素和困难”部分。“顽固存在的对男女角色的陈规定型态度将不会被归入这样的因素或困难”。[207] 委员会拒绝接受一个缔约国以歧视性做法获得社会支持为由而不予处理的主张，由此确认了它的上述立场。[208]

性别刻板印象与认为妇女卑下的观念，以及传统（固定）的父母性

---

[203] R. J. Cook, "State Accountability under the Convention on the Elimination of All Forms of Discrimination against Women", in R. J. Cook (ed.), *Human Rights of Women, National and International Perspectives* (1994), p. 229.

[204] 例如，A/49/38，1994年第13届会议，对厄瓜多尔的结论性意见，第540段；类似的例如A/52/38，1997年第16届会议，对摩洛哥的结论性意见，第71段。

[205] 例如，CEDAW/C/GAB/CC2-5（2005），对加蓬的结论性意见，第31段；CEDAW/C/NER/CO/2（2007），对尼日尔的结论性意见，第18段；CEDAW/C/MWI/CO/5（2006），对马拉维的结论性意见，第20段。

[206] 例如，CEDAW/C/NIC/CO/6（2007），对尼加拉瓜的结论性意见，第12段。

[207] A/57/38（Part Ⅱ）第6章“加速委员会工作的方式和方法”，第374段。

[208] CEDAW/C/GAB/CC2-5（2005），对加蓬的结论性意见，第30段。

别角色，在所有的文化和社会中都根深蒂固。为避免对抗，[209] 需要逐步实施第5条并得到民众的支持。[210] 委员会表示，它“承认改变思想需要长期的努力，呼吁缔约国继续全面努力，直到消除这些性别角色的刻板印象”。[211]

2. 公共和私人生活 166

从第5条（a）项的措辞似乎可以看出它首先针对的是公共领域的男女角色，包括横向或纵向关系的消极或不利的刻板印象的（公开或秘密）表达。[212] 此外，第5条（b）项讨论了教育问题，大体上也是公共生活的一个方面。然而，打击有害的陈规定型的表达以及教导公众正确理解父母分担责任会对男女之间的私人或亲密关系以及他们组织家庭生活的方式产生影响。委员会承认，某个缔约国通过法律和政策禁止性别刻板印象并尝试改变固定的父母性别角色将会影响家庭中的私人关系。它评论道：“这种情况使政府很难宣传男女角色的新概念而又不显得是在再次干预个人的选择和愿望。”[213]

即便缔约国将执行第5条的行为限定在公共领域，也可能出现宪法保障的其他人权（如表达自由、宗教或教育自由）在多大程度上受到限制的问题。对于第5条（b）项和第10条（c）项，可能出现缔约国是否以及在多大程度上有权规定某种教材或方案的问题，特别是对那些属于特定宗教教派或是受私人资助的学校。尽管如此，这些自由也不能阻却第5条的适用或执行。在理论上和实践中，它们可以被其他的权利所限制，如免遭性别歧视的权利。[214]《公约》保护妇女免遭性别刻板印象或鼓吹妇女卑下等观念的歧视。缔约国如果真正想要结束此类歧视并采取措施达至这种效果，就必须主张，这些措施是根据第5条的要求必须采取的，因而是合

[209] Raday（前注166，第596～634页）提到，宪法法院谴责传统或宗教的做法侵犯妇女人权的判决引起了激烈反应。

[210] A/52/38，1997年第16届会议，对摩洛哥的结论性意见，第71段。

[211] CEDAW/C/LUX/CO/5（2008），对卢森堡的结论性意见，第16段。

[212]《公约》具有横向效应的事实从第2条（e）项也可推导出来，参见对第2条一章的讨论。

[213] A/53/38，1998年第18届会议，对保加利亚的结论性意见，第233段。

[214] Cook and Cusack（前注17），第241页。

理的。[215]

3. 可诉性

许多根据《任择议定书》提出来文的作者引用第5条（a）项。委员会也曾判定缔约国对违反该条规定下的义务负责。这意味着，在个人申诉程序的框架内，第5条被认为是一项可以被个人援引以对抗其政府的权利。第5条的可诉性在国内层面（个别法院的案例）是一个有争议的问题。一些评论者认为这一条款缺乏确定性，因为它没有对陈规定型任务和任一性别的尊卑地位等关键概念作出定义[216]；而且该条包括“根除角色定型从而扩大妇女的选择自由，这是一个法律外的目标，其实现不在法律的范围之内”。[217] 然而，第5条的功能可能具有不同的性质，不仅为评估一个社会的规范和习俗提供了依据，而且为改变造成和维持侵犯人权的社会及文化行为和信仰提供
167 了依据。它强调的是缔约国在具体执行第5条方面积极主动的义务。因此，将第5条描述为软法似乎并不正确。[218] 另外，第5条对确定国内案件中什么构成对妇女直接或间接的歧视可以发挥重要作用。[219] 在这个意义上，这一条款有助于加强妇女在法律上和事实上的地位，使其在权利方面不受任何形式的歧视，特别是来自性别刻板印象的歧视。

4. 保留

鉴于第5条深远的范围和内容，对其提出保留的缔约国寥寥无几。[220] 第5条与第2条（f）项相结合，属于《公约》最核心的内容。[221] 因此，正如许多反对保留的缔约国（如墨西哥、挪威、法国和荷兰）所主张的，根据第28条第2款，这些保留与《公约》的目的和宗旨不相符。委员会指出，

---

[215] Lijnzaad（前注7），第55页。

[216] 同上注，第45、47页。

[217] 同上注，第46页。

[218] Packer（前注164，第54页）声称“这是一个比法律要求更柔和的承诺”。

[219] Cook and Cusack（前注17）讨论了一系列直接或间接参照第5条标准的国内、国际或区域法院的判决。

[220] 另见关于第28条一章的讨论。

[221] Cusack and Cook, “Combating Discrimination on Sex and Gender”, in C. Krause and M. Scheinin (eds.), *International Protection of Human Rights: A Textbook* (2009), p. 223.

传统或宗教不能成为对《公约》提出保留的理由。[222] 这一观点也被写入关于保留可接受性的一般性声明:“无论是传统、宗教或文化上的习俗,还是不一致的国内法和政策,都不能成为违反《公约》的理由。”[223]

[222] 例如,A/52/38,1997 年第 17 届会议,对以色列的结论性意见,第 157 段。

[223] A/53/38,1998 年第 19 届会议,消除对妇女歧视委员会《关于保留影响的一般声明》,第 17 段。

169 第六条*

缔约各国应采取一切适当措施，包括制定法律，以禁止一切形式贩卖妇女和强迫妇女卖淫对她们进行剥削的行为。

一　概述 …… 222

（一）历史背景与主要概念 …… 222

（二）《公约》的作用 …… 224

（三）消除对妇女歧视委员会的实践 …… 225

1. 结论性意见 …… 225

2. 一般性建议 …… 226

3. 《任择议定书》 …… 227

二　准备工作 …… 228

（一）第6条的位置与简洁性 …… 228

（二）主题范围 …… 230

1. “一切形式的贩运” …… 230

2. “卖淫剥削” …… 230

3. 其他损害 …… 231

三　解释问题 …… 231

（一）“一切形式的贩运” …… 231

（二）“卖淫剥削” …… 232

* 感谢 Anne Gallagher，Nathan Briggs，Matthieu Riviere，Kyle Ingram，Meredith Owen 与 Sara Waldron。

四　本条语境中的平等 …… 235
（一）形式与实质平等 …… 236
（二）变革性平等 …… 237
（三）直接与间接歧视 …… 238
（四）交叉歧视 …… 238
五　缔约国的义务 …… 240
（一）义务的性质 …… 240
1. “一切适当措施” …… 240
2. 立即执行 …… 241
3. 特定与非特定义务 …… 241
（二）执行 …… 241
1. 尊重义务 …… 242
（1）不因身份违法而起诉被贩运妇女 …… 242
（2）不对被贩运妇女实施常规拘留 …… 243
（3）尊重既定权利 …… 244
（4）被贩运妇女和女童的公民身份与国籍权 …… 245
（5）对卖淫者的歧视 …… 245
（6）及时准确地识别被贩运妇女 …… 246
2. 保护义务 …… 246
（1）终结有罪不罚的刑事司法回应 …… 247
（2）对受害人的保护和支持 …… 247
（3）法律援助、保护及暂时居留许可 …… 248
（4）在适当的情况下安全并（最好是）自愿地返回以及选择居所 …… 249
（5）安全、公平和平等的劳动力流动机会 …… 250
（6）冲突背景下特殊的保护性和惩罚性措施 …… 250
（7）对人口贩运的儿童受害人的专门保护 …… 251
3. 实现义务 …… 251
（1）获得救济 …… 251

（2）数据收集 …………………………………………………… 252
（3）处理贩运的根源：需求 …………………………………… 253
（4）增进社会各领域对人口贩运的认识 ……………………… 254
（5）解决人口贩运及卖淫剥削成因的结构性救济 ………… 255
（6）双边与多边合作 ………………………………………… 256
（7）在设计和执行反对贩运的干预措施时与民间
社会合作 …………………………………………………… 257

170 一 概述

（一）历史背景与主要概念

《公约》第6条讨论了缔约国禁止贩运人口和卖淫剥削[①]妇女的义务。《公约》起草时，这些问题已经在国际条约中得到了讨论，尤其是1949年《禁止贩运人口和剥削他人卖淫公约》[②]（简称“1949年《贩运人口公约》”）。1949年《贩运人口公约》宣布（以性为目的）贩运人口和卖淫“与人的尊严和价值不相符”，“对个人、家庭和社区的福利形成威胁”，它惩治（未予界定的）贩运、购买和卖淫剥削行为，无论受害人的年龄及是否同意，也无论贩运发生在国内还是跨境进行。鉴于既有的国际法已经包含这一内容，《公约》起草者认为贩运人口问题仅需要简要提及便可。然而，将贩运人口写入人权条约制度框架意味着一种重要的概念转变，这是首次将国家打击贩运人口的努力纳入条约专家监督机构的审查范围。

与1949年《贩运人口公约》一样，《公约》第6条也没有给“贩运”和“卖淫剥削”下定义。尽管卖淫剥削一般被理解为淫媒（拉皮条），但随

① 为与第6条的用法一致，本章使用“卖淫”或“卖淫者”的术语，而未使用“性工作”或“性工作者”的术语。

② 《禁止贩运人口和剥削他人卖淫公约》（1950年3月21日开放签字，1951年7月15日生效），96 UNTS 271。

着时间的推移贩运的概念已经发生变化（并饱受争议）。[③] 消除对妇女歧视委员会采用了一个比1949年《贩运人口公约》更宽泛的概念。例如，委员会在第19号一般性建议中，认定“新型的人口贩运”包括“向发展中国家征聘劳工到发达国家去工作，安排发展中国家妇女同外国人结婚”。但这一归类也已经过时了，因为现在的移民流被认为是从较贫穷的国家向相对较富有的国家流动，而不一定是从发展中国家到发达国家的流动。

2000年联合国《打击跨国有组织犯罪公约关于预防、禁止和惩治贩运 171
人口特别是妇女和儿童行为的补充议定书》[④]（简作《贩运人口议定书》），补充了2000年联合国《打击跨国有组织犯罪公约》[⑤]（简作《有组织犯罪公约》），最终将“贩运人口”定义为一项国际法问题，并明确了国家处理这一问题的义务。委员会呼吁缔约国批准《贩运人口议定书》，并接受其中包含的对贩运人口的国际法新定义。[⑥]

(a)“人口贩运”系指为剥削目的而通过暴力威胁或使用暴力手段，或通过其他形式的胁迫，通过诱拐、欺诈、滥用权力或滥用脆弱境况，或通过授受酬金或利益取得对另一人有控制权的某人的同意等手段招募、运送、转移、窝藏或接收人员。剥削应至少包括利用他人卖淫进行剥削或其他形式的性剥削、强迫劳动或服务、奴役或类似奴役的做法、劳役或切除器官；

(b) 如果以使用本条 (a) 项所述任何手段，则人口贩运活动被害人对 (a) 项所述的预谋进行的剥削所表示的同意并不相关。[⑦]

因此对人口贩运的国际法定义发生了重要演变，把对妇女、男人和儿童

---

③ A. Gallagher, *The International Law of Human Trafficking* (2010), pp. 12 – 42.

④ 联合国《打击跨国有组织犯罪公约关于预防、禁止和惩治贩运人口特别是妇女和儿童行为的补充议定书》(2000年11月15日通过，2003年12月25日生效)，2237UNTS 319。

⑤ 《打击跨国有组织犯罪公约》(2000年11月15日通过，2003年9月29日生效)，2225UNTS 209。

⑥ CEDAW/C/POL/CO/6 (2007)，对波兰的结论性意见，第21段；CEDAW/C/GNB/CO/6 (2009)，对几内亚比绍的结论性意见，第30段。

⑦ 《贩运人口议定书》第3条 (a) ~ (b) 项。

的贩运都包括进来，并且不限于强迫卖淫，而是置其于更加广泛的剥削性劳动的做法中。委员会的立场与这一广泛观点一致，例如，它在审议缔约国的报告时，呼吁缔约国保护妇女和女童免遭强迫婚姻，[8] 保护作为家庭佣工和在边境加工厂工作的妇女和女童免遭剥削和虐待。[9]

（二）《公约》的作用

委员会的实践已经确认，贩运人口现象与全球化的社会经济影响无情地联系在了一起，财富差距的拉大以及欠富裕国家和地区的生计选择减少，加大了跨国和内部的劳动力迁移。女性在为生存而移民的人群中占大多数，这种性别差异反映了现存社会结构未能向妇女提供平等、公正的教育和就业机会而导致
172 的“贫穷的女性化”。[10] 这也导致移民的女性化，因为妇女为了逃脱根深蒂固的歧视，特别是不平等的就业、基于性别的暴力以及缺乏基本的资源，只好接受危险的移民安排。[11] 现有数据表明，妇女和女童构成被贩运人口的主体，这意味着贩运人口是一项基于性别的伤害。[12] 妇女在人口贩运的各个环节均遭到歧视。妇女所在社区的基于性别的歧视和暴力使她们在人贩子面前更加脆弱；妇女被迫承担针对女性的剥削劳动（如强迫卖淫、家庭佣工）；她们在贩运过程中遭受着针对女性的伤害（如意外怀孕、强迫婚姻、强奸、强迫堕胎、性传染病）。《公约》关于消除生活各个方面歧视妇女的广泛框架，为解决导致妇女和女童特别易受贩运之害的根本原因提供了独特的潜力。

---

[8] A/55/38，2000 年第 22 届会议，对印度的结论性意见，第 62 段；A/55/38，2000 年第 22 届会议，对刚果民主共和国的结论性意见，第 215 段；A/55/38，2000 年第 23 届会议，对喀麦隆的结论性意见，第 54 段。

[9] A/56/38，2001 年第 25 届会议，对尼加拉瓜的结论性意见，第 315 段；CEDAW/C/MRT/CO/1（2007），对毛里塔尼亚的结论性意见，第 32 段。

[10] A/59/38，2004 年第 30 届会议，对白俄罗斯的结论性意见，第 350～354 段；CEDAW/C/PRT/CO/7（2007），对葡萄牙的结论性意见，第 32 段。

[11] E/CN. 4/2000/68，联合国人权委员会《纳入妇女人权和性别视角：暴力侵害妇女问题》（2000），第 54～60 段。

[12] 例如，美国国务院《贩运人口报告》（2008），第 7 页（声称 80% 的跨国贩运的受害人是女性）。然而，这一统计数据反映了直到最近一些年，贩运人口才完全被视为影响妇女和儿童的性剥削问题。

《公约》是众多与预防和惩治贩运人口、保护贩运幸存者相关的国际法渊源之一。这些法律渊源除打击贩运的专门条约[13]外，还包括与奴隶制和奴隶贸易[14]、强迫劳动[15]、人权以及刑事司法[16]相关的条约。仅在人权领域，就可以从许多不同的视角讨论贩运人口问题——如妇女权利、劳工权利、儿童权利、移徙工人权利。只有两个国际人权条约专门提及人口贩运问题，一个是《儿童权利公约》[17]，另一个是本《公约》。尽管后来的法律和政策发展大大扩展了《公约》的起草者们对贩运人口的理解（例如，贩运人口也影响男人和男孩，并且包括非性剥削），《公约》还是将人口贩运归为一个根植于歧视的问题，这对于发掘这一现象的根源及确定具体权利和国家义务提供了重要的范式。此外，尚无缔约国对第 6 条作出保留，这一事实提升了《公约》对贩运妇女和女童行为制定基本的反歧视方法的潜力。

（三）消除对妇女歧视委员会的实践 173

1. 结论性意见

针对缔约国关于第 6 条的报告，委员会的评估包括建议采取广泛的纲领性措施，但委员会对第 6 条的范围特别是卖淫问题的解释有时并不一致。例如，委员会呼吁缔约国采取并执行立法措施预防人口贩运，并追诉贩运者；采取措施以减轻贫困、为妇女经济赋权；通过咨询、重新融入社会和康复为

---

⑬ 《欧洲理事会打击人口贩运行动公约》（简作《欧洲理事会人口贩运公约》，2005 年 5 月 16 日开放签字，2008 年 2 月 1 日生效），CETS197；《南亚区域合作联盟预防和打击贩卖妇女和儿童卖淫公约》（简作《SAARC 公约》，2002 年 1 月 5 日通过）。

⑭ 《禁止奴隶贩卖和奴隶制公约》（简作《奴隶制公约》，1926 年 9 月 25 日通过，1927 年 5 月 9 日生效），60 LNTS253；《废除奴隶制、奴隶贩卖及类似奴隶制之制度与习俗补充公约》（简作《补充奴隶制公约》，1956 年 9 月 7 日通过，1957 年 4 月 30 日生效），226UNTS3。

⑮ 国际劳工组织《关于强迫或强制劳动公约》（国际劳工组织第 29 号公约，1930 年 6 月 28 日通过，1932 年 5 月 1 日生效），39UNTS55；国际劳工组织《关于废除强迫劳动公约》（国际劳工组织第 105 号公约，1957 年 6 月 25 日通过，1959 年 1 月 17 日生效），320UNTS291；国际劳工组织《关于禁止和立即行动消除最有害的童工形式公约》（国际劳工组织第 182 号公约，1999 年 6 月 17 日通过，2000 年 11 月 19 日生效），2133UNTS161。

⑯ 《罗马规约》第 7 条第 2 款（c）项；《有组织犯罪公约》。

⑰ 《儿童权利公约》（1989 年 11 月 20 日通过，1990 年 9 月 2 日生效），1577UNTS3，第 32、34、35 条。

受害人提供帮助；搜集反映人口贩运以及反贩运干预措施影响的数据；增强与其他国家的国际、区域和双边合作。[18] 委员会还讨论了诱发贩运的歧视，例如农村妇女无法平等获得食物，缺乏获得替代生计的机会，针对卖淫女而非淫媒、嫖客或贩运者的歧视性措施。但是委员会并没有将缔约国解决这些诱因的义务与《公约》的特定条款联系起来，而是将它们一般性地放在了第 6 条的背景下进行讨论。[19] 因此，缔约国根据第 6 条承担的义务仍然是广泛的、纲领性的，若能以一般性建议的形式对人口贩运和卖淫剥削作出具体阐释对确定缔约国义务将大有助益。然而，在卖淫问题上委员会对缔约国报告的意见不一致，这对围绕第 6 条形成一般性建议构成了潜在障碍。考虑到国际女权主义团体在卖淫改革问题上的深刻分歧，委员会成员自身在缔约国应如何解决卖淫的问题上出现不同意见也不足为奇。[20] 委员会成员在缔约国到底该取缔所有的卖淫或只取缔卖淫剥削问题上的对立立场在委员会对缔约国报告的评论中显而易见。[21] 尽管近些年委员会较为一致地遵从《公约》文本，呼吁缔约国处理卖淫剥削，但它作出的具体指导中也包括建议处理更一般意义上的卖淫，例如致力于预防妇女从事卖淫以及抑制对卖淫的需求。

2. 一般性建议

委员会在关于暴力侵害妇女的第 19 号一般性建议中讨论了贩运和卖淫剥削的问题，并在关于移徙女工的第 26 号一般性建议中简要提到贩运问题。委员会最初考虑在关于移徙女工的第 26 号一般性建议中讨论贩运问题，但最后决定贩运问题应单独予以讨论。[22]

174 第 19 号一般性建议认定贩运人口是暴力侵害妇女的一种形式，因此是

---

⑱ 参见第五部分“缔约国的义务”及以下。

⑲ 联合国亚洲及太平洋经济与社会委员会《作为歧视症状的暴力侵害妇女和贩运妇女：〈消除对妇女一切形式歧视公约〉作为校正方法的潜力》（2005 年性别与发展讨论文件第 17 号）。

⑳ E. Novikova, "Poverty, Prostitution, and Trafficking" and K. Morvai, "Personal Reflection: Rethinking Prostitution and Trafficking", in H. B. Schöpp-Schilling and C. Flinterman (eds.), *The Circle of Empowerment: Twenty-Five Years of the UN Committee on the Elimination of Discrimination against Women* (2007), pp. 124 - 140, 141 - 144.

㉑ 参见第三部分的讨论（后注 50 ~ 51）。

㉒ 第 26 号一般性建议，注释 4。

一种基于性别的歧视。贩运作为一种基于性别的暴力，侵犯的权利范围非常广泛，包括生命权，免遭酷刑或其他残忍、不人道或有辱人格的待遇或处罚的权利，根据国际或国内武装冲突时期的人道主义规范获得平等保护的权利，人身自由与安全权，法律面前的平等保护权，家庭平等权，可达到的最高身心健康权，工作条件公平有利的权利。[23] 第19号一般性建议第15段指出，贫穷和失业加大了妇女被贩运的概率，逼迫妇女（包括少女）从事卖淫。鉴于卖淫女的身份，她们“尤其容易遭受暴力”。由于地位不合法，她们“往往受到排斥”，“需要平等的法律保护，以免遭强奸和受到其他形式的暴力”。第19号一般性建议第16段进一步指出，“战争、武装冲突和领土被占领往往导致卖淫、贩运妇女和对妇女的性攻击，这需要具体的保护性和惩罚性措施”。[24]

第26号一般性建议讨论了从事低收入工作的移徙女工。她们遭受虐待和歧视的可能性很大，在所就业的国家可能根本不具有永久居留资格或公民资格。[25] 委员会承认，“尽管移徙女工可能因面临各种程度的脆弱性而被贩卖”，但贩运人口现象“错综复杂，需要给予更多关注”。委员会强调，该一般性建议中有许多内容也涉及移徙妇女被贩卖的情况。[26]

3.《任择议定书》

在 *Zhen Zhen Zheng* 诉荷兰案中，申请者根据第6条提起《任择议定书》下的个人来文。[27] 委员会裁定该来文所涉争议未穷尽国内救济而不予受理，因此还未及讨论申诉的事实部分。来文作者是一名未成年人，被从中国贩运至荷兰从事强迫卖淫。她在荷兰当局面前并不认为自己是人口贩运的受害人，在怀孕并脱离被贩运的境况后，她未能成功申请到庇护以及留在荷兰的居住许可。申请者声称，荷兰因为没有告知她可以根据B9计划寻求救济

---

[23] 第19号一般性建议，第7段。

[24] 另见关于“针对妇女的暴力”一章的讨论。

[25] 第26号一般性建议，第4段（原文误为 note 4。——译者注）。

[26] 第26号一般性建议，注释4。

[27] CEDAW/C/42/D/15/2007，第15/2007（2008）号来文，Zhen Zhen Zheng 诉荷兰，第7.4段。

而违反了根据《公约》第6条承担的义务（B9计划允许被贩运的人申请临时居留身份)。委员会裁定申请人尚未穷尽国内救济，因为她在得知B9计划后尚未尝试寻求这一救济。此外，对申请人申请居住许可的司法审查尚处于待定状态。

委员会三位委员表达了不同意见，认为上述申诉是可以受理的，强调缔约国在识别潜在的人口贩运受害人以及向其告知权利方面有恪尽职守义务。显然反对意见是按照《贩运人口议定书》来解释缔约国根据《公约》第6
175 条承担的义务。反对意见认为存在对第6条的违反，建议荷兰采取步骤确定申请人是否被贩运，如果是，则按照《贩运人口议定书》的要求向其提供保护。此外，反对意见建议荷兰采取措施确保对执法官员进行适当培训，培养他们必要的技能，使其在早期阶段就能与贩运行为受害者妥善面谈并识别他们的受害者身份；对面谈技巧提供指导，应考虑到被贩运者处于患有创伤后应激障碍的弱势处境。缔约国还必须将那些确定为被贩运的人员送去接受服务和咨询，并告知他们可根据哪些程序寻求保护。[28]

二　准备工作

（一）第6条的位置与简洁性

与《公约》其他条款相比，第6条的位置和简洁度非常引人注目。它与其他框架性条款一起位于第一部分，乍看起来有点怪，因为它的主题——贩运和卖淫剥削——与《公约》第二至六部分的实质性条款更加类似。起草的准备工作显示将贩运人口条款放在第一部分是有意为之，但并未对这一选择背后的理由作详细阐释。

除苏联早期提出的草案将贩运人口条款放在《公约》靠后的位置并标

[28] CEDAW/C/42/D/15/2007，第15/2007（2008）号来文，Zhen Zhen Zheng诉荷兰，第9.1段。

注为“民事和家庭权利”[29] 条款外，所有的草案都将该条款与框架条款一起置于条约的第一部分。直到提出最终草案前不久，第一部分的标题是“总则”，与之对应，剩余条款按照“政治权利”、“社会和经济权利”及“民事和家庭权利”的标题进行编写。[30]《公约》的最终草案删去了这些标题，只保留了“第一部分”至“第六部分”的标注。

人们只能推测为什么将贩运人口条款放在《公约》第一部分（过去的“总则”部分）。一种可能性是与其他实质条款相比，人口贩运和卖淫剥削危害的严重程度致其地位上升到《公约》的前部。对该条款位置的另一可能理由是，承认有效制止人口贩运和卖淫剥削需要遵守《公约》的所有实质性义务。还有一种可能是，起草者认为人口贩运和卖淫剥削反映的歧视问题与其他框架性条款虽有不同，但地位相当。其他框架性条款为缔约国在实现平等的措施方面设定义务，与之不同，第 6 条要求缔约国“取缔”人口贩运和卖淫剥削。这一独特规定表明人口贩运是一种特殊的歧视形式，尽管直到第 19 号一般性建议才确切地阐明了这一点。然而，委员会在解释人口贩运条款时似乎并未考虑其在第一部分的位置。

至于第 6 条文本的简洁性，准备工作明确指出起草者认为人口贩运和卖
淫剥削已经在 1949 年《贩运人口公约》中得到充分讨论，因此“认为没有必 176
要制定详细的条款”。[31] 第 6 条的最终文本几乎完全来自《消除对妇女歧视宣言》第 8 条。[32]《公约》该条草案最早的版本在《消除对妇女歧视宣言》文本的基础上增加了要求缔约国“依照相关国际公约和协定”[33] 打击人口贩运和卖淫剥削的义务，但很快，这一对国际法的明确援引就被删除了。[34]

---

[29] E/CN. 6/AC. 1/L. 2 （1974），第 9 页。

[30] 例如，E/CN. 6/AC. 1/L. 6 （1974），第 3 页；E/CN. 6/591 （1976），第 113 页；A/C. 3/34/WG. 1/CRP. 6 （1979），第 3 ~ 5 页。

[31] E/CN. 6/573 （1973），第 77 段。A/32/218，秘书长的报告《消除对妇女一切形式歧视公约草案》（1977），第 50 段。

[32] 《消除对妇女歧视宣言》第 8 条：“为打击以一切形式贩卖妇女及意图营利使妇女卖淫的行为，应采取一切适当措施，包括制定法律在内。” UNGA Res 2263 （XXⅡ）（1967 年 11 月 7 日），A/RES/48/104。除将“打击”改为“取缔”外，第 6 条与该条款完全一致。

[33] E/CN. 6/AC. 1/L. 6 （1974），第 3 页。

[34] E/CN. 6/AC. 1/L. 17 （1974），第 10 页。

（二）主题范围

1. “一切形式的贩运”

《公约》没有界定“一切形式的贩运”。不过准备工作表明，虽然人们逐步认识到基于性以外的目的也可以导致贩运，但起草者的意图是该术语仅包括与性相关的贩运。起草《公约》时，联合国系统内，妇女地位委员会、人权委员会及其防止歧视和保护少数小组委员会以及国际劳工组织对性领域之外“通过非法秘密贩运剥削劳动”正在进行积极的研究。然而，每当涉及妇女和女童，“剥削劳动和非法秘密贩运外国劳工”问题便被放在以强迫卖淫为目的的贩运背景下进行讨论。[35] 的确，在联合国的研究进程中，妇女地位委员会被明确要求关注“受虚假的海外工作承诺引诱进入卖淫活动的妇女和年轻女子的境遇”。[36]

2. “卖淫剥削”

正如《公约》文本及其准备文件所明确的，《公约》无意取缔所有的卖淫，而仅仅是取缔“卖淫剥削”。在起草过程中，一些代表试图扩大该条的范围，使其涵盖所有的卖淫。早期，挪威提议将条款草案重写为“缔约国同意采取一切适当措施，包括立法，打击卖淫和对妇女的非法贩运”，使其与《墨西哥城世界行动计划》的措辞一致。[37]不久后，丹麦提出一个具有相同效果的修正案，[38] 但后来又撤回了。在起草接近尾声时，摩洛哥提出了以下口头修正案：“缔约国应采取一切适当措施，包括立法，以取缔卖淫、贩
177 运妇女以及对妇女一切形式的卖淫剥削。”[39] 荷兰和意大利对此提出反对，认为摩洛哥修正案与1949年《贩运人口公约》不符，后者只提到了卖淫剥

---

[35] E/CN. 4/Sub. 2/L. 640，联合国人权委员会《特别报告员的报告：以非法和秘密贩运剥削劳动》（1975），第82~89段。

[36] 同上注，第6、31、32段；另见E/CN. 6/SR. 613 - 628（1974），第71~73页。

[37] E/CN. 6/591（1976），第19、61页；E/CONF. 66/34（1976），《执行国际妇女年目标的世界行动计划》，1975年6月19日至7月2日，墨西哥城，第159段。

[38] E/CN. 6/SR. 638（1976），第40~49段。

[39] A/C. 3/34/SR. 72（1979），第17段。

削，因此修正案实际上引入了一个新的要素，对此他们的代表无法接受。爱尔兰、埃塞俄比亚和赞比亚的反对意见认为“对妇女一切形式的卖淫剥削”一语含义模糊、不精确。摩洛哥的修正案遭到48票反对、9票赞成，另有46票弃权。[40] 最后的文本中，第6条只针对“卖淫剥削”。

3. 其他损害

起草过程曾经论及将第6条的适用范围扩大到包括除卖淫和贩运外的其他损害。其中一个修正议案是将第6条扩展至包括“对妇女身体完整性的攻击”，[41] 但最终因缺乏支持而撤回。后来有人指出需要一个处理对妇女身体完整性的攻击的条款，[42] 并提议第6条应该包括“打击违背人格尊严使用女性身体的商业广告和剥削”。[43] 另一项建议是应将媒体的剥削考虑进来。[44] 然而，起草者最终决定保持该条款最初的文本，将其适用范围限定于人口贩运和卖淫剥削。

三　解释问题

（一）“一切形式的贩运”

考虑到《贩运人口议定书》对贩运的定义，[45] 现在国际法所支持的“人口贩运”一词的概念比《公约》起草者所预期的更加宽泛。尽管委员会仍然将关注重点放在与性相关的贩运上，但为与国际反人口贩运法的发展一致，它在解释“一切形式的贩运”时也包括非性目的的贩运。第19号一般

---

[40] A/C. 3/34/SR. 72（1979），第17～32段。在讨论《公约》的最终文本时，几内亚和约旦声明它们倾向于第6条包括取缔卖淫本身，13 UNYB（1979年12月31日），第849页。

[41] E/CN. 6/SR/638（1976），第40段（比利时）；A/32/218（1977），第51段（葡萄牙）。

[42] L. Rehof, *Guide to the Travaux Preparatoires of the United Nations Convention on the Elimination of All Forms of Discrimination against Women*（1993）, p. 91.

[43] E/CN. 6/591（1976），第68段和附件一第61页。

[44] Rehof（前注42），第92页。

[45] 《贩运人口议定书》第3条。

性建议第14段指出，“除既有的贩运妇女形式外，还有新形式的性剥削，
例如性旅游、向发展中国家征聘劳动力到发达国家去工作、安排发展中国家
妇女同外国人结婚”。这些做法“与妇女平等享有权利以及尊重其权利和尊
严都不相容”，将妇女置于遭受暴力和虐待的特殊风险之下。因此，委员会
178 呼吁缔约国监测并解决持续存在的性旅游[46]现象，解决非性目的的人口贩运
问题，[47] 特别是以从事剥削性家务劳动[48]和强迫婚姻[49]为目的贩运妇女和女童
的问题。

（二）“卖淫剥削”

《公约》也未对“卖淫剥削”作出定义，它被解释为任何从卖淫中获利的行为，如淫媒。[50]《公约》旨在取缔卖淫剥削，而非一般性地取缔卖淫。《公约》之后通过的国际文件，特别是《贩运人口议定书》，也没有要求一般性地取缔卖淫，而是将重点放在抑制其剥削上。正如《贩运人口议定书》的解释性说明所解释并被后来的联合国指南所重申的，缔约国决定将对卖淫的法律处置留给各个国家自由裁量。[51]

“人口贩运”是否也包括非胁迫的卖淫，关于这个问题，毫无疑问在国际法上是不可知的，仍然处于激烈的讨论中。辩论一方自称为“废除派”。他们坚信，所有的卖淫在本质上都带有剥削性，贬低妇女，构成性奴役。因此，“废除派”认为国家若不能禁止所有的卖淫便会侵犯妇女的性自主权。辩论另一方基于不同的理由反对“废除派”的观点。其中一些人认为妇女可以将卖淫作为一种可行的生计选择，是缺乏对卖淫者的充分保护而非性行

---

[46] CEDAW/C/THA/CO/5（2006），对泰国的结论性意见，第28段。

[47] CEDAW/C/GAB/CC/2-5（2005），对加蓬的结论性意见，第28～29段；CEDAW/C/SAU/CO/2（2008），对沙特阿拉伯的结论性意见，第24段。

[48] CEDAW/C/MRT/CO/1（2007），对毛里塔尼亚的结论性意见，第31～32段；CEDAW/C/SGP/CO/3（2007），对新加坡的结论性意见，第22段。

[49] CEDAW/C/CHN/CO/6（2006），对中国的结论性意见，第33～34段。

[50] CTOC/COP/WG.4/2010/2，人口贩运工作组《对贩运人口议定书关键概念的分析》（2009年12月9日），第9～12段。

[51]《贩运人口议定书》第3条；A/55/383/Add.1，《对贩运人口议定书的解释性说明》（2000），第64段。

业本身向人口贩运和其他虐待敞开了大门。根据这一观点，国家处罚选择从事卖淫行业的成人的行为便侵犯了个人自由。其他人尽管承认对将性作为劳动的概念感到不适，但仍以一些务实的理由反对“废除派”的提议。他们认为这些政策（即便那些试图将卖淫者非罪化，但仍惩罚性行业所有参与者的政策）可能会对卖淫者产生伤害，例如，它可能导致性产业进一步转入地下。

国家的实践反映了这一深刻分歧。它们的国内法在如何归类和解决卖淫问题上大相径庭，可以归纳为三种处理方法：（1）罪行化；（2）非罪行化；（3）合法化/监管卖淫业。将卖淫罪行化的模式认为卖淫是社会罪恶，应受到刑事制裁，但对于卖淫者自身是否应受制裁的规定各不相同。“禁止派”的方法是将所有的参与者罪行化，而“容忍”卖淫者免受刑事制裁。非罪行化方法认为卖淫是成人之间相互同意的个人选择，将卖淫者与淫媒、妓院所有者和客户之间的关系置于刑法框架之外，只对非自愿的行为作出处罚。 179
合法化方法也试图在刑法之外处理卖淫问题，并且通过划定区域、许可以及经常性的强制健康检查来监管卖淫业。

委员会在审查缔约国报告时对卖淫问题的处理方法不尽一致，一定程度上反映出《公约》文本的模糊性和围绕卖淫改革的争论。[52] 一方面，委员会表达了它对将买春（嫖娼）罪行化的担忧，因为这可能导致卖淫的隐蔽化，相随地进一步增加了妇女和女童受到贩运的脆弱性。[53] 另一方面，委员会将卖淫等同于第 6 条规定的剥削，[54] 特别是指出非罪行化可能对外来的卖淫者产生意料之外的负面影响。[55] 委员会没有对法律如何处理卖淫问题表明立

---

[52] A. Gallager, “Human Rights and the New UN Protocols on Trafficking and Migrant Smuggling: A Preliminary Analysis” (2001) 23 *Human Rights Quarterly* 975, 1001 – 1002.

[53] A/56/38，2001 年第 25 届会议，对瑞典的结论性意见，第 354 ~ 355 段；CEDAW/C/NOR/CO/7（2007），对挪威的结论性意见，第 22 段；CEDAW/C/FIJI/CO/4（2010），对斐济的结论性意见，第 25 段。

[54] A/58/38，2003 年第 29 届会议，对厄瓜多尔的结论性意见，第 313 段；CEDAW/C/KOR/CO/6（2007），对韩国的结论性意见，第 20 段。

[55] A/56/38，2001 年第 25 届会议，对荷兰的结论性意见，第 210 段；A/58/38，2003 年第 29 届会议，对新西兰的结论性意见，第 414 段；CEDAW/C/NZL/CO/6（2007），对新西兰的结论性意见，第 28 ~ 29 段；CEDAW/C/NLD/CO/4（2007），对荷兰的结论性意见，第 21 ~ 22 段。

场，而是将重点放在缔约国必须评估它所采取的（无论何种）框架对卖淫者的影响，例如康复措施可能使卖淫者污名化，或者对卖淫者的行政拘留可能侵犯其获得正当程序的权利。[56] 但是，委员会清楚，相对于贩运者、安排以性换金钱的人（淫媒）、买春的人（嫖客），任何对卖淫的法律处罚都不应不成比例地惩处卖淫者。[57]

然而，委员会开始越来越多地关注一般性的卖淫，它对一些国家卖淫活动依然兴盛（甚至涉及“受过教育”的妇女）表示担忧。[58] 它呼吁缔约国抑制对卖淫的需求，[59] 开展一些预防妇女从事卖淫活动的方案，[60] 提供关于
180 卖淫的原因及规模的信息，[61] 监测和处理性旅游和卖淫之间的关联。[62] 例如，委员会指出，它对存在非法脱衣舞俱乐部[63]、缺乏关于在按摩院进行秘密卖

---

[56] CEDAW/C/CHN/CO/6（2006），对中国的结论性意见，第 19 段；CEDAW/C/VNM/CO/6（2007），对越南的结论性意见，第 18 段。

[57] A/56/38，2001 年第 25 届会议，对圭亚那的结论性意见，第 180 段；CEDAW/C/MAR/CO/5（2006），对毛里求斯的结论性意见，第 21 ~ 21 段；CEDAW/C/CHN/CO/6（2006），对中国的结论性意见，第 19 段。

[58] CEDAW/C/MWI/CO/5（2006），对马拉维的结论性意见，第 23 段；CEDAW/C/THA/CO/5（2006），对泰国的结论性意见，第 28 段；CEDAW/C/CUB/CO/6（2006），对古巴的结论性意见，第 21 段；CEDAW/C/EGY/CO/7（2010），对埃及的结论性意见，第 25 段。

[59] A/59/38，2004 年第 31 届会议，对拉脱维亚的结论性意见，第 60 段；A/59/38，2004 年第 31 届会议，对西班牙的结论性意见，第 337 段；CEDAW/C/SYR/CO/1（2007），对阿拉伯叙利亚共和国的结论性意见，第 24 段；CEDAW/C/COK/CO/1（2007），对库克群岛的结论性意见，第 27 段；CEDAW/C/HON/CO/6（2007），对洪都拉斯的结论性意见，第 21 段；CEDAW/C/JPN/CO/6（2009），对日本的结论性意见，第 40 段；CEDAW/C/LBY/CO/5（2009），对利比亚的结论性意见，第 28 段；CEDAW/C/BOT/CO/3（2010），对博茨瓦纳的结论性意见，第 28 段。

[60] CEDAW/C/AUS/CO/5（2006），对澳大利亚的结论性意见，第 21 段；CEDAW/C/DEN/CO/6（2006），对丹麦的结论性意见，第 25 段；CEDAW/C/LUX/CO/5（2008），对卢森堡的结论性意见，第 30 段。

[61] CEDAW/C/VEN/CO/6（2006），对委内瑞拉的结论性意见，第 28 段；CEDAW/C/LCA/CO/6（2006），对圣卢西亚的结论性意见，第 20 段；CEDAW/C/MAR/CO/5（2006），对毛里求斯的结论性意见，第 21 段；CEDAW/C/LUX/CO/5（2008），对卢森堡的结论性意见，第 29 段。

[62] CEDAW/C/COK/CO/1（2007），对库克群岛的结论性意见，第 27 段；CEDAW/C/BLZ/CO/3（2007），对伯利兹的结论性意见，第 22 段；CEDAW/C/KEN/CO/6（2007），对肯尼亚的结论性意见，第 30 段。

[63] CEDAW/C/ICE/CO/6（2008），对冰岛的结论性意见，第 23 ~ 24 段。

淫活动的数据[64]表示担忧。它还促请缔约国支持想停止卖淫的妇女，为她们提供关于替代性生计的培训和/或教育，采取措施使卖淫者康复并重新融入社会。[65] 例如，委员会注意到饥馑和自然灾害对农村妇女的特别影响，可能导致其更易陷入卖淫，呼吁朝鲜确保农村妇女能够平等地获得食品供应。[66]与之类似，委员会呼吁缔约国为农村妇女（特别是那些因为农业部门调整而失去生计的妇女[67]）提供替代卖淫的经济选择。[68]

委员会也关注卖淫产生的根源，要求改变将女性作为性玩物的社会认知。例如，它促请缔约国“鼓励积极改变助长色情电话服务的社会氛围，因为这些活动与在媒体上塑造妇女正面形象而不是将她们描绘为‘性玩物’的努力是背道而驰的”；[69] “采取适当措施保护［歌舞表演者］免受一切形式的剥削，并采取行动改变男性和社会将女性作为性玩物的观念”；[70] 它也赞同经常性地举行关于暴力、人口贩运、卖淫和消除刻板印象的大众传媒项目、会议和研讨。[71]

四　本条语境中的平等

尽管委员会对第 6 条的分析较为有限，但它对人口贩运和卖淫剥削的过

---

[64] CEDAW/C/FIN/CO/6（2008），对芬兰的结论性意见，第 17 段。

[65] A/56/38，2001 年第 25 届会议，对荷兰的结论性意见，第 210 段；A/58/38，2003 年第 29 届会议，对新西兰的结论性意见，第 414 段；A/59/38，2004 年第 31 届会议，对安哥拉的结论性意见，第 157 段；CEDAW/C/MDV/CO/3（2007），对马尔代夫的结论性意见，第 22 段；CEDAW/C/SUR/CO/3（2007），对苏里南的结论性意见，第 22 段；CEDAW/C/BOT/CO/3（2010），对博茨瓦纳的结论性意见，第 28 段；CEDAW/C/EGY/CO/7（2010），对埃及的结论性意见，第 26 段；CEDAW/C/FJI/CO/4（2010），对斐济的结论性意见，第 25 段。

[66] CEDAW/C/PRK/CO/1（2005），对朝鲜民主主义人民共和国的结论性意见，第 41～42 段。

[67] CEDAW/C/LCA/CO/6（2006），对圣卢西亚的结论性意见，第 20 段。

[68] CEDAW/C/COL/CO/6（2007），对哥伦比亚的结论性意见，第 21 段。

[69] A/56/38，2001 年第 24 届会议，对芬兰的结论性意见，第 304 段。

[70] A/58/38，2003 年第 28 届会议，对瑞士的结论性意见，第 123 段。

[71] A/57/38，2002 年特别会议，对匈牙利的结论性意见，第 308 段。

程及其对妇女的影响的全面解读揭示了这些现象如何根植于各种各样的歧视之中。

（一）形式与实质平等

第19号一般性建议明确认定人口贩运是一种对妇女基于性别的暴力，因此违反了禁止基于性别歧视的规范。[72] 在贩运的整个周期，在来源国、中转国和目的地国，都充斥着法律上和事实上的歧视。

在来源国，由于女性在公民身份、继承及其他财产权利、就业、教育机会以及获得财政资源方面缺乏形式上的平等权利，促成了移民的女性化，使
181 妇女不得不在她们的家园之外寻找维持生计的机会。与这种脆弱性相叠加的还有对妇女外迁权利的正式限制，这些限制要么基于性别，要么基于性别与年龄、婚姻状况、怀孕或生育状况、特定的职业限制，或是要求女性获得护照或移徙需得到男性亲属的书面同意。

妇女不能平等地获得培训和教育妨碍了她们获得可靠的移民信息，从而增加了她们被贩卖的脆弱性。这些因素反而使妇女更易接受第三方关于协助移民、找工作等带有剥削性的要约。鉴于一般情况下妇女的财产少于男性，她们往往在财政上更加依赖第三方，后者可能向她们收取高额利息，或利用其权力地位来剥削妇女。[73]

妇女一来到目的地国就可能面临法律和事实上各种形式的歧视。[74] 政府可能禁止正式雇佣妇女，以遵从社会性别观念所认为的适合妇女从事的工作，即延续妇女作为家庭照顾者和性提供者的传统角色。[75] 因此，妇女不得不转向非正式的劳动力市场，劳动权利[76]（如最低工资及加班工资保障）常常受到侵犯。鉴于卖淫在大多数国家都是非法的，卖淫者往往不能获得劳动保护。另外，卖淫者常常被诬蔑为自找不幸，在面对强奸和其他形式的暴力

---

[72] 第19号一般性建议，第13～16段。

[73] 第26号一般性建议，第13段。

[74] 同上注，第14段。

[75] 参见对第11条一章的讨论。

[76] CEDAW/C/SAU/CO/2（2008），对沙特阿拉伯的结论性意见，第38～39段（将移徙女工排除在劳动法的保护之外）。

时，她们可能无法获得法律的平等保护。

一旦返回到她们的祖国，除了最初导致她们移民的因素外，被贩运的妇女还可能因受过拐卖而面临来自社会的侮辱，被贩卖从事强迫卖淫的妇女更是如此。[77] 有些来源国可能并不承认她们作为人口贩运的受害者的身份，剥夺她们的国籍，拒绝向其提供其他犯罪受害人可以得到的社会服务。另一些来源国可能还会以被贩运者未经许可离境为由进行起诉。[78]

因此，取缔人口贩运和卖淫剥削需要在《公约》规定的政治、社会、经济和文化领域的即便不是所有方面也应是在众多方面实现形式和实质的平等。[79] 只有在这些领域实现实质平等，才能解决人口贩运的根源，消除妇女和女童易被贩运的脆弱性。

（二）变革性平等

《公约》第5条要求消除基于性别的刻板印象或偏见。对妇女在法律、政治和经济上的限制造成了她们易被贩卖和强迫卖淫的脆弱性，而这些限制往往深深扎根于刻板印象、习俗和社会规范，促成了对妇女在家庭及社区中的角色的狭隘认识。[80]

变革性平等必须消除消极的文化刻板印象及对妇女的预期，需要在更大 182
程度上承认和重视女工（尤其是非正式就业领域的女工）对社会和经济的贡献。基于传统性别角色和劳动分工的家庭结构阻碍妇女进入正规劳动部门、获得法律规定的劳动保护。[81] 此外，对妇女应服从于家庭的社会文化预期可能使她对自己收入的期望值降到男性无法接受的程度；甚至，收入流可能完全绕过女性工薪阶层，直接流向其配偶或其他家庭成员。维持收入流的家庭责任感甚至可能抵消对妇女剥削性工作条件的任何关注。

在色情行业对女性的刻板印象使她们更容易受到剥削和暴力。卖淫者是

---

[77] CEDAW/C/ARM/CO/4/Rev. 1（2009），对亚美尼亚的结论性意见，第24段；CEDAW/C/AZE/CO/4（2009），对阿塞拜疆的结论性意见，第23段。

[78] Gallagher（前注3，第161页）讨论了老挝人民民主共和国的例子。

[79] 参见关于第3条章节的讨论。

[80] 参见关于第5条章节的讨论。

[81] 参见关于第11条和第16条章节的讨论。

被边缘化的社会群体，她们遭受着严重的社会污名化。正如南非宪法法院的萨克斯（Sachs）和奥里甘（O'Regan）法官在Jordan案中发表的不同意见所说，反卖淫法将卖淫者作为主要罪犯强化了一种关于性关系的刻板印象，与性别平等相悖。卖淫者，一般是女性，被定型为被社会排斥的人，一个堕落的妇女“自招不幸、无视自己的身体”；而另一方面，男性客户被认为是“屈于诱惑，或者做了那种男人做的事”，因此，他“所做的事情并不受道德上的谴责”。社会歧视的差异“遵循了在性行为上对男女适用不同标准的模式”。[82]

（三）直接与间接歧视

对妇女的直接和间接歧视可以引起并加剧人口贩运和卖淫剥削的后果。直接以性别为由限制妇女在正规领域就业的权利，限制其受教育权，迁徙权，建立银行账户的权利，主张、保留和变更国籍的权利以及财产继承权等，这些都属于直接歧视，加大了妇女受到贩卖和卖淫剥削的风险。此外，从法律对妇女的间接歧视中[83]也可以发现因果关系，例如劳动法并不适用于家庭佣工、卖淫等非正规就业领域。与之类似，将卖淫活动罪行化的法律规定卖淫者要承担比淫媒和嫖客更加严重的制裁，这也可能构成基于性别的间接歧视。这类歧视可能将对卖淫者的污名永久化，从而在实际上否认了她们在遭遇强奸和身体虐待时获得法律平等保护的权利。尽管委员会没有直接表明这些联系，但它认为第1条也适用于人口贩运的语境。

（四）交叉歧视

正如人权事务委员会所指出的，“种族主义、种族歧视和仇外心理助长
183 了对妇女的歧视以及对她们其他权利的侵犯，包括跨境贩卖妇女儿童、强制贩运以及其他被家庭佣工或各种私人服务所掩盖的强迫劳动”。[84]

---

[82] Jordan与其他人诉国家（2002年10月2日），南非宪法法院CCT/31/01（萨克斯法官和奥里甘法官的不同意见）第64、87段。

[83] 参见对第1条章节的讨论。

[84] A/CONF. 189/PC. 2/14，人权事务委员会《向反对种族主义、种族歧视、仇外心理和相关不容忍现象世界会议提交的文件》（2000年3月13日），第18段。

人口贩运通常是多重歧视同时作用的产物，包括基于性别、阶级、种族、民族、国籍、移民身份以及年龄的歧视。[85] 社会学家对被贩卖来从事家务劳动或卖淫的人的需求进行研究后发现，种族主义、仇外心理以及对少数民族群体的偏见让这一类剥削的消费者更容易为自己的行为寻找借口。[86] 来自贫困和“不文明”国家的移民，“既不熟悉也未获得当地劳动者所拥有的权利、自由和尊重，甚至连向其支付劳动报酬都被理解为一种恩惠”。[87] 妇女和女童在社会、经济和政治上被边缘化，也被雇主和客户贬低，并被认为是家务劳动和卖淫中最低地位的“自然”和“理想”人选。[88]

对家务劳动和卖淫进行监管本身并不能抵挡针对移民和少数民族群体的种族主义、偏见或仇外心理。政府必须直接处理社会对移民的贬低以及他们在社会、政治和经济上被边缘化的问题。[89] 委员会在第 26 号一般性建议中对移徙女工权利的分析展示了基于性别的歧视如何使这一人群“因面临不同程度的脆弱性”而处于被贩卖的危险中。移徙女工可能在事实上和法律上都不享有来源国、中转国或目的地国的法律保护。[90] 女性移民在获得合法的移民渠道、移民后从事的行业、遭受暴力的形式及其后果等方面和男性移民处于不同的地位。来源国促使妇女迁移的推动和拉动因素——贫困、获得新机会的愿望、自然灾害和战争、性别化的文化习俗以及基于性别的暴力——“通过目的地国对正规、非正规制造业和服务行业的性别分工而进一步加剧，以及以男性为中心的娱乐文化”造成了对女性的需求。[91]

---

[85] 例如，A/59/38，2004 年第 30 届会议，对德国的结论性意见，第 394 段；CEDAW/C/PHI/CO/6（2006），对菲律宾的结论性意见，第 21 段；CEDAW/C/ECU/CO/7（2008），对厄瓜多尔的结论性意见，第 23 段；CEDAW/C/ALB/CO/3（2010），对阿尔巴尼亚的结论性意见，第 29 段。

[86] 国际移民组织（IOM）移民研究系列，第 15 号，J. O'Connell Davidson and B. Andersen，“Is Trafficking in Human Rights Demand Driven?”，第 42 页。

[87] 同上注。

[88] 同上注；CEDAW/C/ECU/CO/7（2008），对厄瓜多尔的结论性意见，第 22 段。

[89] 需求研究（前注 86），第 44 页。

[90] 第 26 号一般性建议，第 4 段。

[91] 同上注，第 8 段。

五　缔约国的义务

(一) 义务的性质

1. “一切适当措施”

分析禁止人口贩运和卖淫剥削应当同时考虑《公约》对消除对妇女歧视以及促进男女平等的总体承诺，特别是《公约》第2条和第5条规定的要求。

184 鉴于人口贩运和卖淫剥削主要是由非国家行为体实施的，需要将缔约国的责任范围扩大到包含私人、组织和企业，因此在人口贩运背景下第2条(e)项至关重要。如第19号一般性建议第9段所述，根据一般国际法及特定人权盟约的规定，“国家如果没有尽力防止侵犯权利或调查暴力行为并施以惩罚，也可能为私人行为承担责任”，也可能有义务提供赔偿。[92] 国际反人口贩运法的新近发展也为本《公约》引入恪尽职守义务提供了依据。国际反人口贩运法已经清晰地确立了缔约国的下列义务：将人口贩运定罪，[93] 迅速、准确识别人口贩运受害人，[94] 恪尽职守调查和起诉人口贩运案件，[95] 为受害人提供支持和保护，[96] 预防人口贩运，[97] 以及与其他国家进行国际合作。[98] 落实尊

[92] 对缔约国恪尽职守义务的分析，参见关于“针对妇女的暴力”一章以及关于第2条章节的讨论。另见第28号一般性建议，第13、19段。

[93] 《贩运人口议定书》第5条。

[94] 《欧洲理事会人口贩运公约》第10条。

[95] E/2002/68/Add.1，联合国人权委员会《人权与人口贩运问题推荐的原则与准则，联合国人权事务高级专员提交经济及社会理事会的报告》(《联合国推荐原则与准则》)(2002年5月20日)，原则2；Velasquez-Rodriguez案，美洲人权法院C系列第4号(1988年7月29日)，28 ILM291 (1989)。

[96] 《贩运人口议定书》第6~8条；《欧洲理事会人口贩运公约》第11~16条；《联合国推荐原则与准则》(前注95)，原则7~11，准则6。

[97] 《贩运人口议定书》第9条；《欧洲理事会人口贩运公约》第5~6条；《联合国推荐原则与准则》(前注95)，原则4~6，准则7。

[98] 《贩运人口议定书》第2条(c)项；《欧洲理事会人口贩运公约》第32条；《联合国推荐原则与准则》(前注95)，准则11。

重、保护和实现义务的措施不仅包括立法措施，也包括行政措施和方案，更理想的是能融入民间社会组织的贡献。[99] 下文将予以详细讨论。[100]

2. 立即执行

第 6 条赋予缔约国立即采取措施取缔人口贩运和卖淫剥削的义务。第 6 条使用了“缔约各国应采取一切适当措施”的用语——而非要求缔约国“致力于”或“考虑”这类措施等期望性用语，表明第 6 条没有考虑逐步执行的可能性。

3. 特定与非特定义务

在它所追求的最终结果——取缔人口贩运和卖淫剥削方面，第 6 条用语非常明确，但对缔约国应如何实现这一结果并不明确。如下文所论，国际反人口贩运法已经确立的规范及最近十年的发展有助于确定第 6 条的实质内容。通过委员会对缔约国报告的反馈可以看出，委员会对这些发展非常了解。

（二）执行 185

国际反人口贩运法近期的发展产生了一系列具体规范，补充和增加了委员会指导缔约国遵守第 6 条义务的实践。

2000 年《贩运人口议定书》的通过开启了国际、区域和国家层面反人口贩运规范迅速、渐进发展的十年。《贩运人口议定书》构设了一个预防人口贩运、追诉贩运者和保护贩运受害人的急需国际合作的框架。为回应国家关于人口贩运对犯罪和边界管理的影响的关切，《贩运人口议定书》侧重于人口贩运的刑事司法方面。与之相比，《公约》将人口贩运置于人权的框架内。2002 年，联合国人权高专办认识到反人口贩运的措施常常忽略被贩运者的权利，于是提出了《人权与人口贩运推荐原则与准则》（《联合国推荐原则与准则》，UNRPGs）。[101] 《联合国推荐原则与准则》吸收了既有的国际

---

[99] 《贩运人口议定书》第 6 条第 3 款；《欧洲理事会人口贩运公约》第 35 条；《联合国推荐原则与准则》（前注 95），准则 1（3）、1（7）、5（2）。

[100] 参见第五部分标题二及以下。

[101] 《联合国推荐原则与准则》（前注 95）。

人权法（包括《公约》第6条），附随的评注为人口贩运问题提供了实用的基于权利的政策指南，反映了规范发展的趋势。2005年通过的《欧洲理事会人口贩运公约》对其中的许多标准进行了编纂，确认了人权保护对反人口贩运努力的有效性至关重要，从而（对该公约的欧洲缔约国而言）弥补了《贩运人口议定书》的一个关键性缺陷。[102]

委员会呼吁缔约国批准《贩运人口议定书》,[103] 遵守《联合国推荐原则与准则》,[104] 就人口贩运专门立法[105]（包括处理强迫劳动的法律[106]）以及制订包含性别、种族与年龄维度的国家行动计划,[107] 并确保相关法律和政策得到全面执行。[108] 尽管委员会很少举例说明第6条的具体要求是什么，但它的建议与国际及区域反人口贩运文件、国际人权法以及相关软法所包含的具体规范是一致的。

186 **1. 尊重义务**

（1）不因身份违法而起诉被贩运妇女

被贩运者是犯罪和侵犯人权行为的受害人。然而，在中转国和目的地

---

[102] A. Gallagher,"Recent Legal Developments in the Field of Human Trafficking: A Critical Review of the 2005 European Convention and Related Instruments"(2006)8 *Eur J of Migration and L* 163.

[103] 例如，CEDAW/C/MAR/CO/5（2006），对毛里求斯的结论性意见，第21段；CEDAW/C/VNM/CO/6（2007），对越南的结论性意见，第19段；CEDAW/C/MNG/CO/7（2008），对蒙古的结论性意见，第28段；A/63/38，2008年第41届会议，对也门的结论性意见，第370段；CEDAW/C/PNG/CO/3（2010），对巴布亚新几内亚的结论性意见，第32段。

[104] CEDAW/C/CHE/CO/3（2009），对瑞士的结论性意见，第30段。

[105] A/55/38，2000年第23届会议，对罗马尼亚的结论性意见，第309段；A/57/38，2002年第26届会议，对爱沙尼亚的结论性意见，第102段；A/60/38，2005年第33届会议，对爱尔兰的结论性意见，第389段；CEDAW/C/MYS/CO/2（2006），对马来西亚的结论性意见，第24段；CEDAW/C/SYR/CO/1（2007），对叙利亚的结论性意见，第22段；CEDAW/C/GUA/CO/7（2009），对危地马拉的结论性意见，第24段；CEDAW/C/EGY/CO/7（2010）（原文将此文件号误为“CEDAW/C/EGY/CO/Y”。——译者注），对埃及的结论性意见，第26段。

[106] CEDAW/C/MRT/CO/1（2007），对毛里塔尼亚的结论性意见，第32段。

[107] CEDAW/C/BRA/CO/6（2007），对巴西的结论性意见，第23~24段。

[108] CEDAW/C/MKD/CO/3（2006），对马其顿的结论性意见，第22段；CEDAW/C/KAZ/CO/2（2007），对哈萨克斯坦的结论性意见，第35段；CEDAW/C/BHR/CO/2（2008），对巴林的结论性意见，第27段；CEDAW/C/LAO/CO/7（2009），对老挝人民民主共和国的结论性意见，第28段；CEDAW/C/USR/CO/7（2010），对俄罗斯联邦的结论性意见，第27段。

国，被贩运者往往因与贩运经历相关的非法活动而被逮捕、拘留甚至起诉，这些活动包括非法入境、未经许可参加工作、从事卖淫或乞讨。在来源国，被贩运者有时因非法离境后返回而受到惩治。委员会明确声明，被贩运妇女不应因人口贩运所引起的违反移民法、反卖淫法或卷入非法活动的其他法律而被判刑或受到制裁。[109]

（2）不对被贩运妇女实施常规拘留

被贩运者往往被按常规羁押在移民拘留中心或其他场所，有时被长期拘留。这类拘留经常发生在受害人不能被正确辨别并被作为等待遣返的非法移民对待时，或者当受害人虽被正确辨别但在对被指称的贩运者进行刑事调查中不愿或不能与执法者合作时。[110]

拘留受害人的做法具有高度的性别化，[111] 女性占据了其中的压倒性多数。[112] 妇女和女童更易通过官方渠道被确定为被贩卖者，而男性和男童则经常被错误地识别为非法移民。与男性相比，女性一旦被确定为被贩运者，往往被假定为需要更多保护以防受到伤害，因而更易被拘留。[113]

尽管委员会已阐明受害人不应被关押在监狱或少年拘留所，[114] 但它并未对拘留的实践作出实质性评价。《联合国推荐原则与准则》提供了相关指

---

[109] CEDAW/C/KHM/CO /3 （2006），对柬埔寨的结论性意见，第19～20段；CEDAW/C/MYS/CO/2 （2006），对马来西亚的结论性意见，第23段；CEDAW/C/UZB/CO/3 （2006），对乌兹别克斯坦的结论性意见，第25段；CEDAW/C/VNM/CO/6 （2007），对越南的结论性意见，第18～19段；CEDAW/C/SYR/CO/1 （2007），对叙利亚的结论性意见，第24段；CEDAW/C/PAK/CO/3 （2007），对巴基斯坦的结论性意见，第30段；CEDAW/C/SGP/CO/3 （2007），对新加坡的结论性意见，第21～22段；CEDAW/C/COK/CO/1 （2007），对库克群岛的结论性意见，第26段；CEDAW/C/LBN/CO/3 （2008），对黎巴嫩的结论性意见，第28～29段。

[110] A. Gallagher and E. Pearson, "The High Cost of Freedom: A Legal and Policy Analysis of Shelter Detention for Victims of Trafficking" (2010) 74 *Human Rights Quarterly* 73；联合国人权事务高级专员办公室，《联合国推荐原则与准则：评注》（2009），7.1。

[111] 《联合国推荐原则与准则：评注》（前注110），7.4。

[112] 同上注。

[113] 同上注。

[114] 例如，CEDAW/C/SYR/CO/1 （2007），对叙利亚的结论性意见，第24段；CEDAW/C/NLD/CO/5 （2010），对荷兰的结论性意见，第29段。

南，强烈建议反对这类拘留做法。[115] 当拘留压倒性地针对妇女和女童时，它便构成了基于性别的暴力，并可能也足以支持非法剥夺自由和/或任意拘留的指控。[116]

（3）尊重既定权利

在预防人口贩运的努力中，来源国可以采取措施预防个人移民（包括
187 处于某一年龄群体的妇女移民）到特定目的地国从事特定职业。[117] 此外，目的地国可能对人口贩运的外国受害人采取“保护性”监护（或者不阻止私人行为体的类似行为），并可能在满足一定的条件之前阻止他们返回家乡，比如要求被贩运者在对贩运者的刑事指控中提供证词。[118] 如果国家将被贩运者错误地识别为需要遣返的非法移民而不是犯罪行为或侵犯人权的受害人，就将导致无法确认被贩运者寻求庇护者的身份或得到其他的国际难民保护。[119] 若某人被识别为人口贩运的受害人，国家可能会错误地认为人口贩运或其涉及的非法迁移的事实可以构成否定难民身份的理由。此外，国家可能不会尊重个人“不被推回”的权利，[120] 该权利适用于有实质理由相信个人若返回来源国将受到追诉或酷刑的情况。

反人口贩运措施不应影响国家与个人在国际人权法下的权利、义务和责任。[121] 委员会已经（以讨论人口贩运的名义）具体讨论了移民限制措施是违反个人的迁徙自由的。[122] 不过，委员会也呼吁目的地国要么确保来源国为被贩卖妇女提供充分保护，要么根据国际难民法中规定的基于性别的迫害理由

---

[115] 《联合国推荐原则与准则》（前注 95），准则 2（6）、6（1）。

[116] 《联合国推荐原则与准则：评注》（前注 110），7.4。

[117] Gallagher（前注 3），第 161 ~ 164 页；联合国人权委员会，E/CN.4/2000/68（2000），《暴力侵害妇女特别报告员的报告》，第 48 段。

[118] 《联合国推荐原则与准则：评注》（前注 110），3.3。

[119] 同上注，3.4。

[120] 参见《禁止酷刑公约》第 3 条第 1 款；《公民及政治权利国际公约》第 7 条；《儿童权利公约》第 22 条；CAT/C/SR.422，CAT（2000），第 31 段。

[121] 《贩运人口议定书》第 14 条；《欧洲理事会人口贩运公约》第 40 条第 4 款；《联合国推荐原则与准则》（前注 95），原则 3。

[122] Gallagher（前注 3，第 162 ~ 164 页）讨论了离开权。

给予被贩卖妇女庇护或难民身份。[123]

（4）被贩运妇女和女童的公民身份与国籍权

有报告称，被贩运妇女及其在外国出生的子女在返回祖国重新安置时面临社会和法律困难，并丧失国籍。委员会对此表示关切。[124] 委员会明确指出，适用关于公民身份和国籍的法律不得造成被贩运妇女丧失国籍或剥夺将其国籍传递给在国外出生的子女的能力，法律尤其应保护被贩运为新娘或从事商业性剥削的妇女。[125]

（5）对卖淫者的歧视

第 19 号一般性建议第 15 段指出，卖淫者因其地位不合法，往往受到排斥，尤其容易遭受暴力。而作为移民的卖淫者，移民身份又为其增加了一层歧视，加之移民卖淫者在性行业中较低的地位，使她们可能更易遭到剥削和
暴力。委员会已经注意到将卖淫定罪的法律实际上只是对卖淫者而非淫媒或 188
嫖客等卖淫剥削者作出刑事处罚。[126] 反卖淫法应当只对从性剥削妇女中获利的行为作出惩罚，而不是妇女本身。[127] 委员会进一步指出，允许妇女从事卖淫活动的法律不应歧视卖淫者中的移民。[128] 但委员会在关于移徙女工的第 26 号一般性建议中并未讨论这一问题。

---

[123] 例如，A/56/38，2001 年第 25 届会议，对荷兰的结论性意见，第 21 段；A/59/38，2004 年第 31 届会议，对西班牙的结论性意见，第 337 段；CEDAW/C/ESP/CO/6（2009），对西班牙的结论性意见，第 22 段；CEDAW/C/ARG/CO/6（2010），对阿根廷的结论性意见，第 46 段。关于被贩运者何时具备难民资格的讨论，参见联合国难民事务高级专员办事处，《国际保护指南：人口贩运受害人或有被贩运风险的人根据 1951 年公约和/或 1967 年议定书提出关于难民地位的申请》（2006），HCR/GIP/06/07。

[124] CEDAW/C/SR. 759，消除对妇女歧视委员会，“第 759 次会议（B 分组）简要记录”（2007），第 30、33 段；CEDAW/C/VNM/CO/6（2007），对越南的结论性意见，第 18 段。

[125] 例如，CEDAW/C/IDN/CO/3（2007），对印度尼西亚的结论性意见，第 28 段。另见对第 9 条一章的讨论。

[126] 例如，CEDAW/C/JPN/CO/6（2009），对日本的结论性意见，第 29 段。

[127] 例如，A/57/38，2002 年第 26 届会议，对斐济的结论性意见，第 65 段；CEDAW/C/KOR/CO/6（2007），对韩国的结论性意见，第 20 段；CEDAW/C/KEN/CO/6（2007），对肯尼亚的结论性意见，第 28 ~ 29 段。

[128] 例如，A/56/38，2001 年第 25 届会议，对荷兰的结论性意见，第 209 ~ 210 段；CEDAW/C/NLD/CO/4（2007），对荷兰的结论性意见，第 21 ~ 22 段。

(6) 及时准确地识别被贩运妇女

及时准确的识别对于确保被贩运者权利免遭进一步侵犯至关重要。[129] 如果移民和执法官员未经适当培训，那么一些区别贩运和非法移民及偷渡者的附加因素——是否存在以剥削贩运者为目的而使用暴力、胁迫或欺骗的情形[130]——就可能难以被监测到，或需经积极调查才可以证明。

与《联合国推荐原则与准则》以及《欧洲理事会人口贩运公约》[131] 一致，委员会呼吁缔约国确保培训边境警察和执法官员，使他们具备识别人口贩运受害者的必要技能，并向这些受害者提供支持。[132]

2. 保护义务

《公约》要求缔约国"克服所有形式的基于性别的暴力，包括公共行为和私人行为"，[133] 缔约国对非国家行为体的行为必须恪尽职守。如欧洲人权法院在 Rantsev 诉俄罗斯案中判定，国家可能对其未能预防、起诉和惩治非国家行为体而使人遭受奴役和强迫劳动以及未能为受害人提供适当保护的失职行为承担责任。[134] 与之类似，缔约国根据第 6 条承担的恪尽职守义务要求采取广泛的措施。有时，委员会避免详细讨论在国际法的其他场合已经讨论过的问题，或者委员会之前已经暗示过的问题——例如，第 19 号一般性建
189 议只是提及贩卖女童及在武装冲突背景下的人口贩运。第 6 条的开放性用语

[129] 参见 Zhen Zhen Zheng 诉荷兰（前注 27）不同意见。

[130] 对比参阅《联合国打击跨国有组织犯罪公约关于打击陆海空偷运移民的补充议定书》（2001 年 1 月 8 日通过，2004 年 1 月 28 日生效），2241UNTS507。

[131] 参见《欧洲理事会人口贩运公约》第 10 条；《联合国推荐原则与准则》（前注 95），准则 2。另见《联合国推荐原则与准则》（前注 95），准则 2（1）~（3）。

[132] 例如，A/57/38，2002 年第 26 届会议，对葡萄牙的结论性意见，第 336 段；A/58/38，2003 年第 28 届会议，对挪威（原文误为斯洛文尼亚。——译者注）的结论性意见，第 424 段；A/59/38，2004 年第 31 届会议，对孟加拉国（原文误为尼日利亚。——译者注）的结论性意见，第 244 段；CEDAW/C/MDV/CO/3（2007），对马尔代夫的结论性意见，第 20 段；CEDAW/C/GUA/CO/7（2009），对危地马拉的结论性意见，第 24 段；CEDAW/C/TZA/CO/6（2008），对坦桑尼亚的结论性意见，第 28 段。

[133] 第 19 号一般性建议，第 24（a）段。参见《公约》第 2 条（e）~（f）项以及第 5 款；第 28 号一般性建议，第 13 ~ 19 段。对恪尽职守义务的深入分析，参见关于"针对妇女的暴力"一章的讨论。

[134] Rantsev 诉塞浦路斯和俄罗斯（2010）ECHR25965/04。需要指出的是，该案的决定在《欧洲理事会人口贩运公约》之前通过，因此决定本身并未提及"人口贩运"。

为委员会更加详细地讨论这些问题提供了宽阔场域，特别是当与《公约》其他条款结合起来解读时更是如此。

(1) 终结有罪不罚的刑事司法回应

如果缺少将人口贩运定罪的义务，任何对人口贩运的禁止都毫无意义，因而将人口贩运定罪是《贩运人口议定书》的核心和强制性条款，[135] 也是所有其他区域和国际反人口贩运文件的要求。[136] 委员会呼吁缔约国加强针对人口贩运的执法，包括增加对人口贩运者的起诉和惩罚。[137] 委员会还鼓励缔约国将卖淫需求作为整治对象，但并未明确呼吁将其定罪。

(2) 对受害人的保护和支持

与《贩运人口议定书》、《欧洲理事会人口贩运公约》、《南亚区域合作联盟预防和打击贩卖妇女和儿童卖淫公约》以及《联合国推荐原则与准则》[138] 的标准一致，委员会呼吁缔约国通过咨询、重返社会和康复方案为受害人提供协助，[139] 并为受害人提供专门的庇护所。[140] 委员会建议保护措施应当以人权为基础，重返社会应是长期措施。[141]

---

[135] 《贩运人口议定书》第5条。

[136] 《欧洲理事会人口贩运公约》第18条；《南亚区域合作联盟预防和打击贩卖妇女和儿童卖淫公约》第1条。

[137] 例如，A/55/38，2000年第22届会议，对印度的结论性意见，第77段；A/56/38，2001年第24届会议，对哈萨克斯坦的结论性意见，第98段；A/58/38，2003年第28届会议，对瑞士的结论性意见，第125段；CEDAW/C/KOR/CO/6（2007），对韩国的结论性意见，第20段；CEDAW/C/NIC/CO/6（2007），对尼加拉瓜的结论性意见，第22段。

[138] 《贩运人口议定书》第6条第3款；《欧洲理事会人口贩运公约》第12条；《南亚区域合作联盟预防和打击贩卖妇女和儿童卖淫公约》第9条第3款；《联合国推荐原则与准则》（前注95），原则7～11、准则6。

[139] A/55/38，2000年第23届会议，对立陶宛的结论性意见，第153段；A/56/38，2001年第25届会议，对越南的结论性意见，第261段；A/57/38，2002年第26届会议，对爱沙尼亚的结论性意见，第102段；CEDAW/C/NLD/CO/4（2007），对荷兰的结论性意见，第24段；CEDAW/C/HON/CO/6（2007），对洪都拉斯的结论性意见，第21段；CEDAW/C/PAK/CO/3（2007），对巴基斯坦的结论性意见，第31～32段；CEDAW/C/ARM/CO/4/Rev.1（2009），对亚美尼亚的结论性意见，第25段；CEDAW/C/TUR/CO/6（2010），对土耳其的结论性意见，第27段。

[140] 例如，A/59/38，2004年第31届会议，对拉脱维亚的结论性意见，第58段；CEDAW/C/AZE/CO/4（2009），对阿塞拜疆的结论性意见，第24段；CEDAW/C/CMR/CO/3（2009），对喀麦隆的结论性意见，第31段；CEDAW/C/UKR/CO/7（2010），对乌克兰的结论性意见，第31段。

[141] 例如，CEDAW/C/SCG/CO/1（2007），对塞尔维亚的结论性意见，第26段；CEDAW/C/BRA/CO/6（2007），对巴西的结论性意见，第24段。

在许多国家的法律框架中，对受害人的支持和保护明确规定需以受害人与执法者的合作为条件，即便法律没有规定条件限制，受害人迫于压力也不得不提供信息和证词。[142]《联合国推荐原则与准则：评注》解释道，将对受害人的保护和支持与受害人的合作相剥离，是“解决人口贩运的人权路径的基本原则”。[143] 附加条件的援助会产生消极的后果，在这种情况下，特别是当被贩运者遭受了心理和身体伤害时，她/他被迫作出的证词不可能有助于起诉，还可能导致被贩运者与执法机构之间的不信任。

与其他人权条约机构的做法[144]以及《联合国推荐原则与准则》和《欧洲理事会人口贩运公约》的规定一致，[145] 委员会承认有必要切断支持、帮助受
190 害人与配合执法之间的联系。委员会呼吁缔约国为人口贩运的所有受害人，包括那些因害怕遭到贩运者报复而不能或不愿在调查和起诉贩运者时进行配合的人，延长临时保护签证，提供重新融入社会及支持性服务。[146] 委员会也强调了给予受害人一段“反思和恢复期”的重要性。这一措施允许没有移民身份的被贩运者暂时不被驱逐出境，允许他们恢复身心并避开贩运者的影响，对是否配合调查和追诉他们的贩运者作出明智的决定。[147] 尽管委员会没有为反思期规定一个可以接受的时间长度，但它认为 30 天“不足以让受害人从其痛苦的经历中恢复过来，并准备重返他们的来源国”。[148]

(3) 法律援助、保护及暂时居留许可

国际法要求为被贩运者提供必要的法律及其他援助，以确保他们能够充分知晓并以安全的方式参加针对贩运者的任何诉讼。[149] 鉴于这些安全

---

[142] 《联合国推荐原则与准则：评注》(前注 110)，8.2。

[143] 同上注。

[144] CAT/C/AUS/CO/1 (2008)，禁止酷刑委员会对澳大利亚的结论性意见，第 32 段。

[145] 《联合国推荐原则与准则》(前注 95)，原则 8；《欧洲理事会人口贩运公约》第 5 条第6 款。

[146] 例如，CEDAW/C/NLD/CO/4 (2007)，对荷兰的结论性意见，第 24 段；CEDAW/C/UK/CO/6 (2009)，对英国的结论性意见，第 283 段；CEDAW/C/NLD/CO/5 (2010)，对荷兰的结论性意见，第 28 段。

[147] 参见《欧洲理事会人口贩运公约》第 13 条。

[148] CEDAW/C/DEN/CO/6 (2006)，对丹麦的结论性意见，第 22~23 段。

[149] 《贩运人口议定书》第 6 条第 2 款；《南亚区域合作联盟预防和打击贩卖妇女和儿童卖淫公约》第 5 条；《欧洲理事会人口贩运公约》第 12 条第 1 款 (c) ~ (e) 项；《联合国推荐原则与准则》(前注 95)，原则 9、准则 6 (5)。

考虑，《联合国推荐原则与准则》及《欧洲理事会人口贩运公约》建议以专门措施保护受害人的隐私。[150] 尽管委员会没有具体讨论隐私问题，但它呼吁缔约国向被贩运者提供必要的支持使他们能够参与对贩运者的指控，[151] 包括证人保护[152]和居留许可[153]，而无论受害人是否作证[154]或者肇事者是否受到了惩罚[155]。

（4）在适当的情况下安全并（最好是）自愿地返回以及选择居所

即便有时当局已经知道存在人口贩运，被贩运者通常因其身份未被识别
还是会被按照常规的做法从中转国或目的地国驱逐出境。驱逐出境可能导致 191
被贩运者遭受来自贩运者的恐吓和暴力、来自家庭与社区的污名化和排斥以及因其未经许可离境和其他被指罪行而被来源国拘留和起诉。[156] 这些情况可能使被贩运者再次受害或再次被贩运。另外，一些被贩运者愿意返回他们的来源国，按照国际人权法他们有权这样做，且不被不合理或不当地迟延。[157]

---

[150] 例如，《联合国推荐原则与准则》及《欧洲理事会人口贩运公约》建议采取保护受害人隐私的具体措施。《联合国推荐原则与准则》（前注 95），原则 9；《联合国推荐原则与准则：评注》（前注 110），9.4；《欧洲理事会人口贩运公约》第 11 条第 3 款。然而，被害人保护不应该以牺牲被告人获得公平审判的权利为代价，见《联合国推荐原则与准则：评注》（前注 110），8.4。

[151] 例如，A/57/38，2002 年第 26 届会议，对葡萄牙的结论性意见，第 336 段；A/58/38，2003 年第 28 届会议，对阿尔巴尼亚的结论性意见，第 71 段；A/59/38，2004 年第 31 届会议，对孟加拉国的结论性意见，第 244 段；CEDAW/C/SGP/CO/3（2007），对新加坡的结论性意见，第 22 段；CEDAW/C/GUA/CO/7（2009），对危地马拉的结论性意见，第 24 段；CEDAW/C/PAN/CO/7（2010），对巴拿马的结论性意见，第 31 段。

[152] 例如，A/57/38，2002 年第 26 届会议，对俄罗斯的结论性意见，第 396 段；CEDAW/C/NGA/CO/6（2008），对尼日利亚的结论性意见，第 26 段；CEDAW/C/ALB/CO/3（2010），对阿尔巴尼亚的结论性意见，第 29 段。

[153] 例如，A/58/38，2003 年第 28 届会议，对瑞士的结论性意见，第 125 段；CEDAW/C/BEL/CO/6（2008），对比利时的结论性意见，第 42 段；CEDAW/C/CHE/CO/3（2009），对瑞士的结论性意见，第 30 段。另见《贩运人口议定书》第 8 条第 2 款，《欧洲理事会人口贩运公约》第 16 条第 2 款和第 14 条第 1 款（b）项。

[154] 例如，A/58/38，2003 年第 29 届会议，对法国的结论性意见，第 274 段；CEDAW/C/NLD/CO/4（2007），对荷兰的结论性意见，第 27 ~ 28 段；CEDAW/C/UK/CO/6（2008），对英国的结论性意见，第 283 段。

[155] 例如，A/58/38，2003 年第 29 届会议，对法国的结论性意见，第 274 段。另见《欧洲理事会人口贩运公约》第 28 条、《有组织犯罪公约》第 24 条。

[156] 《联合国推荐原则与准则：评注》（前注 110），11.1。

[157] 《世界人权宣言》第 13 条第 2 款、《公民及政治权利国际公约》第 12 条第 4 款。

在任何一种情况下，安全[158]以及最好是自愿的遣返，结合重返社会的援助，[159]对保护被贩运者免遭二次伤害或再次被贩运至关重要。[160]

《联合国推荐原则与准则》以及《欧洲理事会人口贩运公约》明确规定，当返回会使被贩运者面临持续的风险或存在人道主义的担忧时，应当考虑替代遣返的措施，比如暂时或永久居留许可。[161] 与这些标准一致，委员会呼吁要么被贩运妇女的来源国确保为其提供充分保护，要么由中转国或目的地国以如 1951 年《难民公约》[162] 规定的基于性别的迫害为由给予庇护或难民地位。[163]

(5) 安全、公平和平等的劳动力流动机会

第 26 号一般性建议指出移徙女工更易遭受贩卖。[164] 造成妇女脆弱性的重要原因是她们缺乏安全的劳动力流动机会并且缺乏关于人口贩运危险性的信息。

《欧洲理事会人口贩运公约》要求缔约国采取措施，特别是通过传播关于合法进入及在该领土合法居留的条件的准确信息，使移徙活动依法进行。[165] 与之类似，委员会建议缔约国保证提供适当的薪水和体面的工作条件，如休假、福利、医疗保险以及获得利用申诉和补偿机制的机会。[166] 它还促请缔约国保证，要求雇主为家庭佣工交安全保证金的法律在任何情况下都不得限制家庭佣工的迁徙自由。[167]

(6) 冲突背景下特殊的保护性和惩罚性措施

第 19 号一般性建议第 16 段指出，战争、武装冲突和占领领土等行为往往导致卖淫、贩运妇女和对妇女进行性攻击等行为的增加，需要采取具体的

---

[158] 《联合国推荐原则与准则：评注》(前注 110)，11.2。

[159] 同上注，11.3。

[160] 《贩运人口议定书》第 8 条和第 9 条、《欧洲理事会人口贩运公约》第 16 条第 1～4 款。

[161] 《欧洲理事会人口贩运公约》第 14 条第 1 款；《联合国推荐原则与准则》(前注 95)，原则 11。

[162] 例如，CEDAW/C/ESP/CO/6 (2009)，对西班牙的结论性意见，第 22 段；CEDAW/C/ARG/CO/6 (2010)，对阿根廷的结论性意见，第 46 段。

[163] 例如，A/56/38，2001 年第 25 届会议，对荷兰的结论性意见，第 212 段；CEDAW/C/DEN/CO/7 (2009)，对丹麦的结论性意见，第 33 段。

[164] 第 26 号一般性建议，第 4 段。

[165] 《欧洲理事会人口贩运公约》第 5 条第 4 款。

[166] 例如，CEDAW/C/SGP/CO/3 (2007)，对新加坡的结论性意见，第 23～24 段。

[167] 同上注。

保护性和惩罚性措施。在冲突期间，个人可能被军事团体贩卖用以补充劳
工、士兵或提供性服务；而冲突后，平民可能因极端的经济和其他压力而迁
徙，因此容易遭受贩运者的威胁、胁迫以及欺骗。[168] 软弱的刑事司法制度可 192
能造成一种人口贩运免受惩罚的文化，即便有国际军事干预和维和部队出现
也会对（尤其是）贩运妇女和女童造成威胁。[169]

委员会第 19 号一般性建议指出在冲突背景下需要特殊保护，这扩展了国际反人口贩运法，但委员会并未在结论性意见中进一步论证这一问题。因此，《联合国推荐原则与准则》在这一领域提供了有用的指导，它建议国家专注于变革规定性别角色和鼓励基于性别的特权的社会文化规范，重建家庭和社区支持制度，改善归责机制，等等。[170]

（7）对人口贩运的儿童受害人的专门保护

虽然人口贩运的儿童受害人有权获得与成人同样的权利和保护，但鉴于他们更易遭受剥削及特殊的心理和身体伤害，他们应与成人区别对待并获得专门保护。[171] 委员会尚未论及这一问题，但相关国际规范已经确立儿童的最大利益在任何时候都是最重要的。[172] 相应的措施包括指定监护人、为儿童参与刑事诉讼制定专门程序，等等。[173]

3. 实现义务

（1）获得救济

被贩运者作为犯罪和侵犯人权的受害人，根据国际人权法有权获得有效和适当的救济。在第 19 号一般性建议中，委员会认定在为打击基于性别的暴力提供对妇女的有效保护的必要措施中，应包括“民事救济和补偿措施，

---

[168] 《联合国推荐原则与准则：评注》（前注 110），5.6。

[169] 同上注。

[170] 同上注。

[171] 《联合国推荐原则与准则》（前注 95），准则 8；《联合国推荐原则与准则：评注》（前注 110），10。

[172] 《儿童权利公约》第 32 ~ 39 条；《南亚区域合作联盟预防和打击贩卖妇女和儿童卖淫公约》第 3 条；联合国儿童基金会《保护人口贩运儿童受害人权利的准则》（2006），准则 2；《联合国推荐原则与准则》（前注 95），原则 10。

[173] 同上注。

以保护妇女免受各种暴力”。[174] 委员会特别强调缔约国需要保障被贩运妇女获得救济的权利。[175] 虽然委员会没有详细阐释这一建议，但不断发展的国际反人口贩运规范建议国家采用民事或刑事手段打击人口贩运者，为被贩运者提供补偿措施，并提供居留许可以便被贩运者可以运用这些救济。[176]

（2）数据收集

对人口贩运现象的性质和内容的理解仍然让人难以捉摸。贩运活动的隐蔽性使数据收集和统计分析更加复杂。尽管《贩运人口议定书》对人口贩运作出了国际法界定，但缔约国在解释构成“人口贩运活动”的范围时仍
193 各不相同。此外，对世界各地采取的人口贩运干预措施的影响尚未进行考察，仅有的研究远远无法反映这种严重的缺失。[177]

与《贩运人口议定书》《欧洲理事会人口贩运公约》《联合国推荐原则与准则》一致，委员会呼吁缔约国收集数据，包括关于人口贩运及其应对措施的影响的全面统计数据。[178] 缔约国尤其应该评估人口贩运的成因，[179] 监

---

[174] 第19号一般性建议，第24（t）（i）和24（i）段。

[175] 例如，CEDAW/C/SGP/CO/3（2007），对新加坡的结论性意见，第22段；CEDAW/C/AUS/CO/7（2010），对澳大利亚的结论性意见，第31段。

[176] 《贩运人口议定书》第6条第6款；《对〈有组织犯罪公约〉及其议定书的立法指南》（2004），第368段；《欧洲理事会人口贩运公约》第15条第2~4款；《联合国推荐原则与准则》（前注95），原则17、准则9（3）。

[177] 例如，全球反贩运妇女联盟《附带性伤害：反人口贩运措施对世界人权的影响（2007）》；Gallagher and Pearson（前注110）。

[178] A/56/38，2001年第24届会议，对哈萨克斯坦的结论性意见，第98段；A/57/38，2002年第26届会议，对葡萄牙的结论性意见，第336段；A/58/38，2003年第28届会议，对萨尔瓦多的结论性意见，第313段；A/59/38，2004年第30届会议，对不丹的结论性意见，第124段；CEDAW/C/KOR/CO/6（2007），对韩国的结论性意见，第20段；CEDAW/C/NER/CO/2（2007），对尼日尔的结论性意见，第26、32段；CEDAW/C/PER/CO/6（2007），对秘鲁的结论性意见，第31段；CEDAW/C/MMR/CO/3（2008），对缅甸的结论性意见，第27段；CEDAW/C/GNB/CO/6（2009），对几内亚比绍的结论性意见，第30段；CEDAW/C/EGY/CO/7（2010），对埃及的结论性意见，第26段。另见《贩运人口议定书》第9条第2款，《联合国推荐原则与准则》（前注95），准则3，《欧洲理事会人口贩运公约》第5条第2款和第6条（a）项。

[179] A/59/38，2004年第30届会议，对白俄罗斯的结论性意见，第350段；CEDAW/C/AUT/CO/6（2007），对奥地利的结论性意见，第25~26段；CEDAW/C/NIC/CO/6（2007），对尼加拉瓜的结论性意见，第22段。

测并汇编关于受害人年龄和国籍的数据，[180] 人口贩运的趋势，法院受理的案件、起诉、援助被害人情况，以及预防措施所取得的成果。[181] 考虑到脆弱性因素，委员会呼吁缔约国收集关于移民妇女在就业、教育、健康领域的情况及其遭受的各种形式的暴力的统计数据，由此委员会可以对实际情况有一个清晰的了解。[182] 缔约国应监测反人口贩运的法律和政策的效果，[183] 进行性别影响评估，特别是对移民[184]和卖淫法律及政策进行性别影响评估。对卖淫法预期外的效应——无论将该行为定罪与否——进行评估，特别应评估对移民卖淫者的影响。[185]

（3）处理贩运的根源：需求

追求廉价、可剥削的劳动力及其产品的全球市场固化了人口贩运问题。降低需求是任何有效的预防策略的一个重要因素。[186] 探索人口贩运的需求，需要调查是什么形成了需求、是哪些个人在剥削或消费被贩运的劳工，以及国家是如何通过作为或不作为的方式构建或促成了此类剥削发生的条件。[187]

国际法要求国家采取（立法、教育、社会或文化）措施抑制那些助长 194

---

[180] A/58/38，2003 年第 29 届会议，对日本的结论性意见，第 364 段。

[181] CEDAW/C/IDN/CO/3（2007），对印度尼西亚的结论性意见，第 25 段。

[182] A/58/38，2003 年第 28 届会议，对瑞士的结论性意见，第 123 段。

[183] CEDAW/C/BLZ/CO/3（2007），对伯利兹的结论性意见，第 22 段；CEDAW/C/SCG/CO/1（2007），对塞尔维亚的结论性意见，第 26 段；CEDAW/C/BRA/CO/6（2007），对巴西的结论性意见，第 20、24 段；CEDAW/C/KAZ/CO/2（2007），对哈萨克斯坦的结论性意见，第 28 段；CEDAW/C/AUT/CO/6（2007），对奥地利的结论性意见，第 26、30 段；CEDAW/C/IDN/CO/3（2007），对印度尼西亚的结论性意见，第 25 段；CEDAW/C/HUN/CO/6（2007），对匈牙利的结论性意见，第 23 段；CEDAW/C/SLE/CO/5（2007），对塞拉利昂的结论性意见，第 29 段。

[184] A/58/38，2003 年第 28 届会议，对加拿大的结论性意见，第 357 ~ 358 段。

[185] A/56/38，2001 年第 25 届会议，对瑞典的结论性意见，第 355 段；A/56/38，2001 年第 25 届会议，对荷兰的结论性意见，第 210 段；A/58/38，2003 年第 29 届会议，对新西兰的结论性意见，第 414 段；CEDAW/C/NLD/CO/4（2007），对荷兰的结论性意见，第 22 段；CEDAW/C/ICE/CO/6（2009），对冰岛的结论性意见，第 24 段。

[186] 《联合国推荐原则与准则》（前注 95），原则 4；《贩运人口议定书》第 9 条第 5 款；《欧洲理事会人口贩运公约》第 6 条。

[187] 需求研究（前注 86），第 44 页。

各种剥削的需求。[188] 迄今委员会只讨论过性行业人口贩运的需求问题。它呼吁缔约国抑制对卖淫的需求[189]（包括打击性旅游），[190] 以及采取措施改变男性和社会将妇女作为性对象的看法。[191]

（4）增进社会各领域对人口贩运的认识

打击人口贩运的关键是在公共官员和普通大众中提高对人口贩运问题的认识。尽管多数国家已经制订了某种形式的反人口贩运立法和/或行动计划，但仍有必要向司法和执法官员提供更多的关于识别和解决人口贩运问题的培训。

国际法要求国家开展公共宣传运动，抑制对被贩运者劳力或剥削的需求，降低对风险人群进行贩运的可能性。[192] 与之类似，并与《公约》第5条一致，第19号一般性建议呼吁缔约国确保媒体尊重妇女并促进对妇女的尊重，利用公共信息和教育方案消除偏见，改变关于男女角色和地位的态度。[193] 委员会特别呼吁缔约国激发所有领域，尤其是司法和公安机关、教育者和父母的意识，以期执行预防性剥削的措施。[194] 应当向司法部门及执法机构，包括边境警察、公职人员和社会工作者提供反人口贩运法的信息和培训。[195]

---

[188] A/56/38，2001年第25届会议，对瑞典的结论性意见，第355段；A/56/38，2001年第25届会议，对荷兰的结论性意见，第210段；A/58/38，2003年第29届会议，对新西兰的结论性意见，第414段；A/59/38，2004年第30届会议，对白俄罗斯的结论性意见，第352段。

[189] A/59/38，2004年第31届会议，对拉脱维亚的结论性意见，第60段；CEDAW/C/SYR/CO/1（2007），对叙利亚的结论性意见，第24段；CEDAW/C/COK/CO/1（2007），对库克群岛的结论性意见，第27段；CEDAW/C/HON/CO/6（2007），对洪都拉斯的结论性意见，第21段。

[190] CEDAW/C/COK/CO/1（2007），对库克群岛的结论性意见，第27段；CEDAW/C/KEN/CO/6（2007），对肯尼亚的结论性意见，第29～30段；CEDAW/C/BLZ/CO/3（2007），对伯利兹的结论性意见，第21～22段。

[191] A/58/38，2003年第28届会议，对瑞士的结论性意见，第123段；A/56/38，2001年第24届会议，对芬兰的结论性意见，第285段。

[192] 《贩运人口议定书》第9条第2款、《欧洲理事会人口贩运公约》第6条。

[193] 第19号一般性建议，第24（d）、（f）和（t）（ii）段。

[194] A/59/38，2004年第30届会议，对尼日利亚的结论性意见，第312段；CEDAW/C/NER/CO/2，对尼日尔的结论性意见，第26段；CEDAW/C/COL/CO/6（2007），对哥伦比亚的结论性意见，第21段。

[195] CEDAW/C/MOZ/CO/2（2007），对莫桑比克的结论性意见，第29段。

(5) 解决人口贩运及卖淫剥削成因的结构性救济

正如第 19 号一般性建议第 14 段所指出的，贫困和失业增加了妇女被贩运的概率，迫使许多妇女从事卖淫。因为贫困严重束缚个人追求福祉的基本能力（如充足的食品、衣物及住房），它可能导致人们冒着被贩运的风险作出决定。[196] 一国内以及国与国之间的不平等、不同性别的机会不平等——例
如，带有歧视性的国籍法、财产法、移民法、移徙工人法——进一步叠加了 195
这种脆弱性。

国际法要求国家减轻贫困和不平等，降低个人遭受贩运的风险。[197] 委员会建议的措施包括：改善教育机会；改善对信贷、资金和生产资源的获取；消除事实上和法律上的就业障碍；保障就业权的法律和社会措施，如最低工资、确保适当的生活标准；向来源国提供技术和其他援助使它们有能力解决导致易被贩运的不平等因素。[198] 委员会呼吁缔约国通过采取旨在减轻贫困和对妇女进行经济赋权的措施关注人口贩运和卖淫剥削的成因。[199] 委员会认识到受剥削的脆弱性在人很小的时候就开始了，它特别呼吁缔约国保护未成年女性家庭佣工免遭剥削和虐待，并确保她们能够享有受教育的权利。[200] 它鼓励缔约国与非政府组织合作，[201] 发起倡议项目，预防强迫卖淫和人口贩运。[202]

---

[196] 《联合国推荐原则与准则：评注》（前注 110），5.3。

[197] 《贩运人口议定书》第 9 条第 4 款。

[198] 《联合国推荐原则与准则：评注》（前注 110），5.3。

[199] 例如，A/55/38，2000 年第 23 届会议，对罗马尼亚的结论性意见，第 309 段；A/56/38，2001 年第 25 届会议，对越南的结论性意见，第 269 段；A/58/38，2003 年第 29 届会议，对厄瓜多尔的结论性意见，第 310 段；A/59/38，2004 年第 30 届会议，对吉尔吉斯斯坦的结论性意见，第 164 段；CEDAW/C/MRT/CO/1（2007），对毛里塔尼亚的结论性意见，第 32 段；CEDAW/C/COK/CO/1（2007），对库克群岛的结论性意见，第 27、32 段；CEDAW/C/NER/CO/2（2007），对尼日尔的结论性意见，第 26、32 段；CEDAW/C/AUT/CO/6（2007），对奥地利的结论性意见，第 26 段；CEDAW/C/IDN/CO/3（2007），对印度尼西亚的结论性意见，第 25 段；CEDAW/C/NIC/CO/6（2007），对尼加拉瓜的结论性意见，第 22 段；CEDAW/C/EST/CO/4（2007），对爱沙尼亚的结论性意见，第 13 段；CEDAW/C/COL/CO/6（2007），对哥伦比亚的结论性意见，第 21 段；CEDAW/C/HUN/CO/6（2007），对匈牙利的结论性意见，第 23 段；CEDAW/C/SLE/CO/5（2007），对塞拉利昂的结论性意见，第 29 段。

[200] 例如，CEDAW/C/MRT/CO/1（2007），对毛里塔尼亚的结论性意见，第 31~32 段。

[201] 例如，A/55/38，2000 年第 23 届会议，对立陶宛的结论性意见，第 153、168 段。

[202] 例如，A/55/38，2000 年第 22 届会议，对刚果民主共和国的结论性意见，第 220 段。

委员会还鼓励缔约国设立卖淫者康复和重返社会项目，支持想停止卖淫的妇女，[203] 为她们提供庇护场所、基本生活需求、健康服务以及替代生计的教育和培训。[204] 然而，委员会告诫缔约国，康复措施［例如管理营地(administrative camp)］可能会使卖淫的受害人污名化，剥夺她们获得正当程序的权利。[205]

委员会的实践与关于人口贩运的专门条约所遵循的方法一样，有助于国际反人口贩运法的协调一致发展，同时，委员会确保妇女和女童的人权仍是优先考虑的事项。这些措施，结合委员会在《公约》其他条款下建议的措施，特别是第 10 条（教育）、第 11 条（就业）、第 13 条（经济和社会生
196 活）、第 14 条（农村妇女）以及第 15 条（法律能力），为消除使妇女和女童易受贩运的因素提供了一个全面的路径。

（6）双边与多边合作

打击人口贩运的有效努力需要来源国、中转国和目的地国之间进行全面协作。人口贩运案件通常涉及被指控的罪犯、被贩运者，证据分布在不止一个国家，需要在多个司法主权领域进行刑事调查和起诉。[206] 因此，各国执法机构以及引渡、司法协助等法律机制之间的合作，对确保人口贩运者不逃脱惩罚至关重要。在制定和执行劳务移民协议方面进行合作也有助于消除人口

---

[203] 例如，A/59/38，2004 年第 31 届会议，对赤道几内亚的结论性意见，第 204 段；CEDAW/C/NOR/CO/7（2007），对挪威的结论性意见，第 22 段；CEDAW/C/KOR/CO/6（2007），对韩国的结论性意见，第 20 段；CEDAW/C/MDV/CO/3（2007），对马尔代夫的结论性意见，第 22 段；CEDAW/C/KEN/CO/6（2007），对肯尼亚的结论性意见，第 30 段；CEDAW/C/TJK/CO/3（2007），对塔吉克斯坦的结论性意见，第 24 段。

[204] A/56/38，2001 年第 25 届会议，对圭亚那的结论性意见，第 181 段；A/57/38，2002 年第 26 届会议，对俄罗斯联邦的结论性意见，第 394 段；A/58/38，2003 年第 28 届会议，对瑞士的结论性意见，第 123 段；A/59/38，2004 年第 31 届会议，对拉脱维亚的结论性意见，第 58 段；CEDAW/C/KOR/CO/6（2007），对韩国的结论性意见，第 20 段；CEDAW/C/NLD/CO/4（2007），对荷兰的结论性意见，第 32 段；CEDAW/C/SUR/CO/3（2007），对苏里南的结论性意见，第 30 段；CEDAW/C/MDV/CO/3（2007），对马尔代夫的结论性意见，第 22 段。

[205] CEDAW/C/VNM/CO/6（2007），对越南的结论性意见，第 18 段。

[206] 国际反人口贩运法确立了管辖规则以协调各国在人口贩运案件中行使管辖权。例如，参见《欧洲理事会人口贩运公约》第 15、21、31 条。

贩运及相关剥削。[207] 与国际反人口贩运法的核心目标一致，[208] 委员会呼吁缔约国进行致力于打击人口贩运的双边和多边协作与合作。[209]

（7）在设计和执行反对贩运的干预措施时与民间社会合作

在打击人口贩运的努力中，民间社会组织发挥着极为重要的作用。非政府组织通常是被贩运者的第一联系点，它们有不可多得的有价值的方法来获得受害者的想法，理解受害人的实际需求。委员会明确声称，政府应当与民间社会组织合作，并增加对它们的资助。[210] 但政府也应该充分资助全国反人口贩运计划，而不能将其外包给非政府组织执行。[211]

前文确定的缔约国在多重领域或有交叉的义务凸显了应对贩卖妇女和女童问题需要一个全局性的社会和法律方法。《公约》关于在生活各个领域消除对妇女歧视的广泛框架对解决这一人权问题具有巨大价值。

---

[207] 《联合国推荐原则与准则》（前注95），准则11。

[208] 《贩运人口议定书》第2条、《欧洲理事会人口贩运公约》第1条。

[209] A/55/38，2000年第23届会议，对立陶宛的结论性意见，第153段；A/56/38，2001年第24届会议，对芬兰的结论性意见，第304段；A/57/38，2002年第26届会议，对冰岛的结论性意见，第248段；A/58/38，2003年第29届会议，对巴西的结论性意见，第116段；A/59/38，2004年第30届会议，对不丹的结论性意见，第124段；CEDAW/C/ISR/CO/3（2005），对以色列的结论性意见，第30段；CEDAW/C/GMB/CO/1-3（2005），对冈比亚的结论性意见，第28段；CEDAW/C/MYS/CO/2（2006），对马来西亚的结论性意见，第24段；CEDAW/C/CPV/CO/6（2006），对佛得角的结论性意见，第22段；CEDAW/C/COL/CO/6（2007），对哥伦比亚的结论性意见，第21段；CEDAW/C/MAR/CO/4（2008），对摩洛哥的结论性意见，第23段；CEDAW/C/NGA/CO/6（2008），对尼日利亚的结论性意见，第26段；CEDAW/C/SAU/CO/2（2008），对沙特阿拉伯的结论性意见，第24段。

[210] CEDAW/C/AUS/CO/5（2006），对澳大利亚的结论性意见，第32段；CEDAW/C/PHI/CO/6（2006），对菲律宾的结论性意见，第20段。

[211] CEDAW/C/MDA/CO/3（2006），对摩尔多瓦的结论性意见，第25段。

197

第七条*

缔约各国应采取一切适当措施，消除在本国政治和公众事务中对妇女的歧视，特别应保证妇女在与男子平等的条件下：

(a) 在一切选举和公民投票中有选举权，并在一切民选机构有被选举权；

(b) 参加政府政策的制订及其执行，并担任各级政府公职，执行一切公务；

(c) 参加有关本国公众和政治事务的非政府组织和协会。

一　概述 …… 260

二　准备工作 …… 263

三　解释问题 …… 264

(一) 引文 …… 264

(二) 第7条 (a) 项 …… 265

1. 政治制度 …… 265

2. 选举制度的选择 …… 266

(三) 第7条 (b) 项 …… 267

1. 政府政策 …… 267

2. 公职与公务 …… 267

* 感谢 Sahrah Al-Nasrawe-Sozeri, Andrea Eriksson, Benjamin Feyen, Ines Franke, Heidi Matthews, Annz-Maria Paulus, Eric Veilerobe 以及苏珊·威廉姆斯 (Susan Williams) 教授，感谢他们的协助以及对本评注第7条、第8条章节的有益评论。

3. 军队中的妇女 …… 268
4. 私有化 …… 269
5. 妇女进入传统的权力机构 …… 270
6. 冲突后重建中的妇女 …… 270
（四）第7条（c）项 …… 271
1. 非政府组织 …… 272
2. 与政治和公共事务相关的协会 …… 272
3. 政党中的妇女 …… 273
4. 工会中的妇女 …… 274
5. 公司董事会中的公平代表性 …… 275
四 本条语境中的平等 …… 275
（一）形式平等 …… 275
（二）实质平等 …… 275
（三）包括消除结构性障碍和性别角色定型的变革性平等 …… 277
（四）直接与间接歧视 …… 279
（五）交叉歧视 …… 280
五 缔约国的义务 …… 281
（一）义务的性质 …… 281
1. 包括需要适用暂行特别措施的“一切适当措施” …… 281
（1）政治与公共事务中暂行特别措施的类型 …… 281
2. 立即或逐步执行 …… 283
（二）执行 …… 283
1. 尊重义务 …… 283
2. 保护义务 …… 284
3. 实现义务 …… 285
（三）可诉性 …… 286
六 保留 …… 287

198

一 概述

第7条全面讨论了缔约国在实现妇女政治权利方面的义务。这些权利包括作为被选举的代表直接参与公共政策的制定［第7条（a）项］或者担任公职［第7条（b）项］以及通过投票间接参与［第7条（a）项］。第7条在人权法中非常独特，因为它还包括参与非政府组织和协会时不受歧视［第7条（c）项］。在这些方面，缔约国必须努力实现形式的、实质的以及变革性的平等，包括根据第4条第1款采取暂行特别措施加速平等的实现。本条在委员会的工作中发挥着主要作用，委员会在1994年分析第7条和第8条时[①]、在1997年发表的第23号一般性建议中对第7条的含义及范围进行了详细阐释。[②]

古往今来，男性主导着公共和政治领域，而女性完全被分配到包括家庭和家人的私人领域。[③] 20世纪通过妇女运动的努力，对妇女参与生活各个领域的认识发生了转变。[④] 尽管构成这种二分基础的令人愤怒的刻板印象持续存在，妇女对政治和公共生活的参与已被视为实现民主的要求，[⑤] 也是发展权的固有内容。[⑥]《公约》的总体目的，即实现男女实质平等以及增进妇女地位，要求妇女必须有影响决策过程的相同机会，从而影响调整经济、社会、文化生活所有领域的国家法律和政策的结果。[⑦] 为

① CEDAW/C/1994/4，消除对妇女歧视委员会《执行〈消除对妇女一切形式歧视公约〉第21条。对〈公约〉第7条和第8条的分析。秘书处的报告》（1993年11月3日）。

② 第23号一般性建议。

③ F. Gaspard,"Unfinished Battles: Political and Public Life", in H. B. Schöpp-Schilling and C. Flinterman, *The Circle of Empowerment*(2007), pp. 145 - 158.

④ 同上注，第146页。

⑤ 第23号一般性建议，第14段；A/RES/58/142，联合国大会决议《妇女与政治参与》（2004年2月10日），序言第8段；议会间联盟，关于"在冲突后国家提高妇女对选举进程的参与"专家组会议，为联合国性别问题和提高妇女地位问题特别顾问办公室准备的文件，EGM/ELEC/2004/E3（2004）3，第27页。

⑥ A/RES/41/128，联合国大会决议《发展权宣言》第二节（1986年12月4日）。

⑦ S. Fredman, *Discrimination Law*(2002), p. 22.

实现这一目的，第 7 条旨在提高妇女在公共和政治生活中的存在及代表性。然而，妇女仅仅出现在决策机构中本身不是目标，而是要有意义地
出现，这要求妇女在所有的决策过程中都有切实参与的机会。鉴于妇女 199
长期代表性不足，国家有必要采取措施补偿历史上的歧视，并预防未来的歧视。

有许多方法来解释增加妇女参与的目标。尽管人们通常认为妇女担任民选政治职位的人数的增加必然会对结果的变化产生实质性影响，[8] 但二者之间的关联并不易说清。有些学者认为男女之间的本质区别使得不可能实现跨性别的代表性，“只有妇女可以代表妇女”。[9] 只有吸收“数量可观”的妇女才能确保所有妇女的关切和需求能够被考虑进来。这可能意味着只有当妇女的优先事项和立法活动“区别”于男性时，妇女代表的人数才有意义，[10] 这种观点存在复制对妇女的陈规定型观念的风险。[11] 但是，妇女出现在决策机构中对于决定的内容和形式的影响并不确定，[12] 例如，忠于政纲的政治背景可能限制其体现妇女的利益。[13] 此外，鉴于妇女的异质性以及相互交叉的歧视理由，“妇女的利益”这一术语似乎也具有误导性。[14] 因此，由于妇女并非对所有的问题都持共同的观点，为了反映该群体内复

---

⑧ B. Meyer, “Much Ado About Nothing? Political Representation Policies and the Influnece of Women Parliamentarians in Germany” (2003) 20 *Review of Policy Research* 401 – 421, 416; S. Thomas, “The Impact of Women on State Legislative Policies” (1991) 53 *J of Politics* 958 – 976, 974.

⑨ C. Boyle, “Home Rule for Women: Power Sharing between Men and Women” (1983) 7 *Dalhousie L J* 790 – 809, 797.

⑩ K. Cowell-Meyers, “Gender, Power and Peace: A Preliminary Look at Women in the Northern Ireland Assembly” (2002) 23 *Women & Politics* 55 – 88, 57, 60.

⑪ Fredman（前注 7），第 154 页。

⑫ K. Beckwith and K. Cowell-Meyers, “Sheer Numbers: Critical Representation Thresholds and Women's Political Representation” (2007) 5 *Perspectives on Politics* 553 – 556, 553f.

⑬ H. Charlesworth and C. Chinkin, *The Boundaries of International Law* (2000), p. 192. 桑德拉·弗里德曼（Sandra Fredman）以玛格丽特·撒切尔（Margaret Thatcher）为例说明当权的女性并不必然代表妇女的利益，见 Fredman（前注 7），第 154 页。S. Childs and M. L. Krook, “Theorizing Women's Political Representation: Debates and Innovations in Empirical Research” (2008) 17 *Femina Politica* 20 – 30, 23.

⑭ A. Phillips, *Engendering Democracy* (1991), p. 72; Childs and Krook（前注 13），第 25 页。

杂、多样的视角、观点和利益，有必要给予妇女充分的比例代表性。[15]

其他学者通过历史理由以及男女之间持续存在的支配和服从模式来解释需要提高参与度的目标。[16] 妇女分享的是缺乏获得政治权利的机会。的确，男性主导的决策机构往往排斥代表性不足的另一性别的观点，使现有的组成结构永久化。[17] 因此，基于历史理由对妇女的排斥造成了对妇女更大的“规定代表性”[18] 的需求。由于共同的被边缘化的经历，妇女有能力将其他妇女的利益带入审议过程，尤其是对那些对性别关系有影响的新近出现的问题。

200 增加妇女的参与是许多其他领域的社会变革的先决条件，因此也是实现妇女的经济、社会和文化权利的前提条件。[19] 委员会在第 23 号一般性建议中指出，只有当妇女能够充分、平等地参与决策时，对《公约》的执行才能得到改善。[20] 因此，第 7 条的目标是实现在政治和公共事务中的平等参与，这是实现男女在总体上充分平等的不可或缺的内在价值。

在联合国系统内，妇女的政治权利在 1952 年《妇女参政权公约》中得到主张，并由《消除对妇女歧视宣言》在未作太多改动的情况下加以重申。[21] 尽管这两个文件都提到了选举权、被选举权、不受歧视地担任公职和行使公共职能的权利，但《公约》第 7 条、第 8 条增加了一些实质性要素。

---

⑮ J. Mansbridge, “The Descriptive Political Representation of Gender: An Anti-Essentialist Argument”, in J. Klausen and C. S. Maier (eds.), *Has Liberalism Failed Women*? (2001), pp. 19 – 38, 24f.. 委员会关于交叉歧视的结论性意见也反映了多种方法，参见下文第四部分标题 5。

⑯ 例如，Mansbridge（前注 15），第 19 ~ 38 页。

⑰ Fredman（前注 7），第 155 页。

⑱ Mansbridge（前注 15），第 19 ~ 38 页。

⑲ K. Kawamata, “Article 7: Equality in Political and Public Life”, in Japanese Associate of Women's Rights (ed.), *Convention on the Elimination of All Forms of Discrimination against Women: A Commentary* (1995), pp. 139 – 150, 139.

⑳ 第 23 号一般性建议，第 14 段；CEDAW/C/KWT/CO/2（2004），对科威特的结论性意见，第 60 段。

㉑ A/6880，联合国大会第 2263 号决议（1967 年 11 月 7 日）（XXII），第 4 条。

二　准备工作

整个起草过程对菲律宾草案[22]、苏联草案[23]及其联合草案[24]以及妇女地位委员会工作组报告中的草案版本仅作了几处实质性修改。[25] 对政治参与领域的非歧视几乎没有什么争议，之所以进行讨论主要是希望该条更加全面。对文本的引言作了修改，使其更加具体和坚定：缔约国“应采取一切适当措施”并“保证”该项权利。[26] 苏联草案中的第 7 条（a）项[27]规定的选举权或有资格参选“任何中央或地方的民选国家机构或公众组织”被“一切选举和公民投票”以及“一切民选机构”等措辞取代，使其内容得到了实质性扩展。[28] 关于第 7 条（b）项，联合草案中[29]关于“在国家和地方一级”参与政府政策和担任公职的措辞被修改为包括“各级政府”，为的是能涵盖 201
地区和省一级。[30] 第 7 条（c）项，在“本国的公众和政治领域”中提到有关的非政府组织。增加这一规定是为了回应关于该权利可能干扰私人单性（Single-sex）社交俱乐部的结社自由以及干涉处于国家权力之外的组织的自

㉒ E/CN. 6/573，经社理事会，菲律宾提议的《消除对妇女歧视公约草案文本》（1973 年 11 月 6 日），第 5 条。

㉓ E/CN. 6/AC. 1/L. 2，经社理事会关于以一个或多个新的国际法文件消除对妇女的歧视工作组，苏维埃社会主义共和国联盟提交的工作文件（1974 年 1 月 7 日），第 7 条。

㉔ E/CN. 6/AC. 1/L. 4/Add. 1，经社理事会关于以一个或多个新的国际法文件消除对妇女的歧视工作组，菲律宾和苏维埃社会主义共和国联盟提交的工作文件（1974 年 1 月 9 日），第 1 页。

㉕ E/CN. 6/AC. 1/L. 12，经社理事会妇女地位委员会关于以一个或多个新的国际法文件消除对妇女的歧视工作组，妇女地位委员会工作组草案报告（1974 年 1 月 14 日），第10 页。

㉖ L. A. Rehof, *Guide to the Travaux Preparatoires of the United Nations Convention on the Elimination of All Forms of Discrimination against Women* (1993), p. 94.

㉗ 经社理事会，E/CN. 6/AC. 1/L. 2，第 7 条。

㉘ Rehof（前注 26），第 94 页。

㉙ 经社理事会，E/CN. 6/AC. 1/L. 4/Add. 1，第 1 页。

㉚ E/CN. 6/591，经社理事会妇女地位委员会《消除对妇女一切形式歧视公约草案》，秘书长准备的工作文件（1976 年 6 月 21 日），附件一，提议的修正案与新版本，第 62 页。

治等担忧。[31] 在国际层面的政府代表性被认为暗含在了第7条（b）项“担任公职和履行公共职能”的含义中，[32] 后来起草者协议决定就此问题写入一个单独的条款（最终的第8条）。[33]

三 解释问题

（一）引文

“引文规定了缔约国采取一切适当措施消除在本国政治和公众事务中对妇女的歧视的总体义务。缔约国特别应确保妇女在与男子平等的基础上，享有第7条（a）至（c）项包含的权利。”这并非穷尽式列举，如引言中的措辞“特别是”所暗示的，它赋予了妇女在所有其他的政治和公众事务中不被歧视的权利。[34] 第7条的三个分项提出的问题都超出了它们关于一国政治生活的机构和组织的精确措辞。在《公民及政治权利国际公约》关于政治和公共事务的第25条背景下，人权事务委员会声称表达自由（暗含出版和其他媒体自由）以及集会和结社自由也属于本条保护的政治和公共权利所涵盖的必不可少的附属权利。[35] 尽管《公约》其他条款没有规定这些权利，但《公民及政治权利国际公约》第25条保护的权利与第7条保护的权利非常类似，足以证明这些权利已经纳入实现第7条的权利，这一观点得到了第3条的强化。[36]

“本国政治和公众事务”一语与《公民及政治权利国际公约》第25条

---

[31] 同上注，第84段。第一项关切由加拿大和英国提出，第二项关切由芬兰提出。

[32] Rehof（前注26），第100页。

[33] A/C. 3/33/WG. 1/CR1/Add. 1，联合国大会《秘书长报告附录，联合国大会第32届会议期间〈消除对妇女歧视公约〉整体工作组作出的决定》（1978年10月2日），第9页。

[34] 第23号一般性建议，第5段。

[35] CCPR/C/21/Rev. 1/Add. 7（1996），人权事务委员会第25号一般性意见，第26~27段。

[36] 参见关于第3条一章的讨论。

中使用的“公共事务”的概念非常接近甚至含义更广。根据《公约》，这一概念如第 7 条（c）项规定，延伸到了民间社会，包括“公共委员会、地方理事会以及诸如各政党、工会、专业或行业协会、妇女组织、社区基层组织和其他与公共生活和政治生活有关的组织和活动”。[37] 因此，《公民及政治权利国际公约》第 25 条中的公共事务的概念更接近和类似于第 7 条（b）项规定的“政府政策”的狭义概念。

（二）第 7 条（a）项 202

第 7 条（a）项与始于 18 世纪晚期的妇女实现选举权斗争运动遥相呼应。该项运动源于法国和英国，旨在与将妇女排除在政治领域之外的行为、现象作斗争，以获得妇女的选举权。[38] 第 7 条（a）项包含确保选举权和被选举权的两层义务；在这些方面，妇女应与男子享有同样的权利。选举权指的是个人有权通过自由选择的代表参与治理自己的国家。能够充分实现选举权的选举包括普遍和平等的投票权、无记名投票[39]以及定期举行。这些要求确保了代表行使赋予他们的立法或行政权力时的责任，并保证政府权力继续以选民意志的自由表达为基础。[40] 就范围而言，（a）项涵盖了所有的选举，包括议会、政府、参议院和地方政府的选举。“公民投票”的概念补充了选举概念，以包括所有的直接投票以及需要选区人民就接受或反对某项政策或立法提案进行的公民投票。被选举权指的是妇女被提名为选举候选人的权利以及在民选机构中赢得席位的民主机会。它也可以延伸到在政治职位任期内不被歧视的权利。“民选机构”这一术语与选举的概念对应，甚至包含那些仅具有咨询地位的机构。

1. 政治制度

《公约》并未明确要求采取任何特定形式的政治制度。一国的政治制度

㊲ 第 23 号一般性建议，第 5 段。

㊳ 比较 A. S. Fraser，“Becoming Human：The Origins and Development of Women's Human Rights”（1999）*Human Rights Quarterly* 4，853 - 906。

㊴ 《公民及政治权利国际公约》第 25 条（b）项。

㊵ 比较 CCPR/C/21/Rev. 1/Add. 7（1996），人权事务委员会第 25 号一般性意见，第 9 段。

是诸多因素中决定妇女融入政治和公众事务的程度的因素，到目前为止，没有一个政治制度实现了妇女的充分融入。[41] 尽管如此，第23号一般性建议要求，至少“每个公民均享有在真正的定期选举中的选举权和被选举权，这种选举应是普遍的并以无记名投票方式进行，以保证选举人的意志的自由表达”。[42] 因此，执行第7条需要的治理形式是人民意志在决定国家政策中发挥着实质性作用。

2. 选举制度的选择

在与缔约国的对话中，委员会没有提及这一问题，也没有规定选举制度的形式。第23号一般性建议第22段指出投票方式、立法机构席位的分配以及选区的选择对被选举权的影响。研究也表明，某些制度对提高妇女在民选职位中的数目更加有效。[43]

203 多成员区的比例代表制被证明比多数决制度[44]更有利于提高妇女的代表性。这是因为，如果政党提名多个候选人，便可以激励其提名妇女（以及来自社会其他群体的候选人）以创造更大的多样性，从而吸引各类选民。与之相比，多数决制度通常只允许每个选区提名一个成员，这样一来，政党往往提名最有实力或者最可能当选（通常是男性）的候选人。[45] 其他可能影响妇女参与水平的选举因素包括选举门槛、选区规模，以及使用封闭或开放的选举人名单。[46] 在短期内，改变选举制度有望增强对妇女的包容性，因

---

[41] E/CN. 6/1995/3/Add. 6，妇女地位委员会1995年第39届会议，《秘书长的报告》第1页第21段以下。比较在不同的政治制度中妇女参与遇到的障碍：IWRAW Asia Pacific，*Regional Consultation on Women's Rights to Participate in Political and Public Life*：*Report*（2003），p. 23。

[42] 第23号一般性建议，第6段。

[43] S. Larserud and R. Taphorn，*Designing for Equality. Best-fit*，*Medium-fit and Non-favourable Combinations of Electoral Systems and Gerder* Quotas(2007)，p. 12ff. .

[44] R. E. Matland，“Enhancing Women's Political Participation：Legislative Recruitment and Electoral Systems”，in J. Ballington and A. Karam，*Women in Parliament*：*Beyond Numbers*(2005)，pp. 93 - 111，99；联合国提高妇女地位司：《关于妇女和男子平等参与决策过程，尤其强调政治参与和领导力的专家组会议报告》，EGM/EPDM/2005/Report 15。

[45] J. Ballington and R. E. Matland，“Political Parties and Special Measures：Enhancing Women's Participation in Electoral Processes”，EGM/ELEC/2004/E8，p. 3.

[46] 联合国提高妇女地位司（前注44），第15页；Ballington and Matland（前注45），第5～6页。

为与改变整体的文化和女性社会地位相比，改变选举制度更有可塑性，也易于实现。[47]

（三）第7条（b）项

第7条（b）项从形式的参与和投票转移到实质问题：不受歧视地参与制定和执行政府政策的权利、担任公职和执行公务的权利。它涵盖了广泛的非选举性公共领域的就业，以及不仅通过投票还通过其他不太正式的渠道影响政治的权利。

1. 政府政策

“政府政策”这一术语是一个宽泛的概念，等同于《公民及政治权利国际公约》第25条规定的“公共事务”的概念。在第23号一般性建议第5段中，委员会采纳了人权事务委员会在其第25号一般性意见第5段的解释：“公共事务……是一个广泛的概念，是指行使政治权力，尤其是行使立法、司法、行政和管理权力。这一措辞包括公共行政的所有方面以及在国际、国家、区域和地方各级制定和执行政策。”

2. 公职与公务

作为对第7条（a）项的补充，“公职”包括所有非选举性的公共职位。第7条（b）项没有给“公职”下定义，这使其具有了更大的灵活性，各缔约国的国内法对这一术语的解读各不相同。公共部门指的是每一制度层级下的由公共当局控制和主要由其资助的所有市场和非市场活动。[48] 公共部门的职位涵盖了从行政管理职位到政府部门职位、法官、警察与安全力量、军 204
队、宗教事务（在有国教的情况下）、教育和学术机构[49]、根据公法成立的

---

[47] Ballington and Matland（前注45），第4页。

[48] M. Hammouya, *Statistics on Public Sector Empoyment. Methodology, Structures and Trends* (1999), pp. 3－4;“System of National Acounts”，欧共体委员会、国际货币基金组织、经济合作与发展组织、联合国、世界银行（1993），第四章：机构单位和部门，第102～104页。

[49] CEDAW/C/HUN/CO/6（2007），对匈牙利的结论性意见，第22、25段；CEDAW/C/LIE/CO/3（2007），对列支敦士登的结论性意见，第17段；CEDAW/C/AUT/CO/6（2007），对奥地利的结论性意见，第28段。第7条（b）项只包括国立大学，私人大学属于第7条（c）项的范围。

基金董事会、地区卫生局、市政委员会、顾问委员会、市长、政府咨询委员会以及公有公司。

与之类似，缔约国对“公务”这一术语也有不同的理解。根据《公约》，该术语发挥着总括条款的作用，补充“公职”一词，包括在公共和政治生活中每一个与国家相关的职业。委员会对这一术语的解释比关于国家责任的国际法下的解释更加宽泛，不仅包括国际法委员会《关于国际不法行为的国家责任条款》第二章规定的可以归因于国家的个人行为，[50] 也包括受到国家严重管制的私有化公司的行为。总之，“公务”是为了公共利益所开展的所有活动。它们不需受公共当局（比如司法机构）控制，并且在公共职能外包给私人实体的情况下也不必由公共官员执行。

“各级”一语既指公职也指公务，它是在起草过程中被加入的，用以阐明妇女有权在各级政府及其所有分支机构以及各级别的职位中拥有代表。在Calderon诉共和国总统案中，哥斯达黎加最高法院宪法分庭认为提交给议会的公共服务监督机构董事会候选人名单中没有女性候选人，这与该国根据《公约》第7条承担的确保公共事务中的平等义务不一致。它命令政府采取积极措施，通过未来纳入有代表力的妇女人数来实现这一目标。[51]

3. 军队中的妇女

对妇女参加各级武装力量存在争议。有些缔约国对该问题提出了保留(尽管许多国家后来又将保留撤回)。[52] 在许多缔约国，妇女整体上被禁止加入军队，或者至少不得在涉及武装斗争的部队中服役。[53] 欧洲法院（ECJ）在两个案例中，即1999年Sirdar案[54]以及2000年Kreil案[55]中，要求对男女一体

---

[50] A/56/10，国际法委员会《关于国际不法行为的国家责任条款草案》（2001年第53届会议）。

[51] Calderon v President of the Republic and another(Vote No. 716 – 798),(1998)6 BHRC 306.

[52] 参见对第28条一章的讨论。

[53] 如澳大利亚、新西兰、意大利、葡萄牙、西班牙、英国、美国。

[54] ECJ Case C – 273/97, Angela Maria Sirdar v The Army Board and Secretary of State for Defence [1999] ECR I – 7403.

[55] ECJ Case C – 285/98, Tanja Kreil v Bundesrepublik Deutschland [2000] ECR I – 69.

开放军队中的职位。[56] 除其他外，法院认为不应以妇女与男性相比通常需要更多保护以免遭风险的理由将她们排除在特定的职业之外，这与妇女的具体需求毫不相关。[57] 将妇女排除在兵役之外是基于对典型的男女生活领域的陈规定型观念并固化了这种观念，它还将妇女刻画为“二等公民”。她们既不能 205
与男性享有同样的权利，同时也无须承担同样的义务。缔约国必须开放军队，为妇女提供职业机会以及参与制订关于军队事务的公共政策的可能性。[58] 这甚至要求缔约国适应妇女的差异，例如修改构成间接歧视的准入身体要求。

4. 私有化

私有化，即将政府的公共职能转移给私人部门，是市场经济下一个通行的经济政策。然而，将公共服务外包不应导致侵蚀或规避缔约国的人权义务，[59] 包括妇女进入这些私有化实体的机会。委员会似乎认为这些职能仍然是第 7 条（b）项规定的“公共职能”，要求国家对私有化实体的行为适用严格责任标准。根据许多缔约国的国内法，这一高标准可能难以实现。然而，这在国际公法上没有抗辩理由。私有化职能也可以被第 7 条（c）项包含，但只涉及参与。根据《公约》第 2 条（e）项和第 7 条（c）项，缔约国对非国家行为体的义务会成为恪尽职守义务。在采取任何私有化措施之前，必须评估它对妇女的影响，所采取的措施必须避免产生有害的后果。[60] 此外，在私有化过程中，缔约国必须予以规制、设定规范标准，确保

---

[56] B. Rudolf, “European Union: Compulsory Military Service” (2005) I – CON 637 – 679, 674, 678.

[57] ECJ（前注 55），第 30 段。

[58] 消除对妇女歧视委员会《执行〈消除对妇女一切形式歧视公约〉第 21 条。对〈公约〉第 7 条和第 8 条的分析。秘书长的报告》（1993 年 11 月 30 日）CEDAW/C/1994/1，第 29 段以下。

[59] 联合国人权高级专员，经济、社会和文化权利《服务业贸易自由化与人权》，高级专员的报告，E/CN. 4/Sub. 2/2002/9，2002 年 6 月 25 日，第 4 ~ 14 段；K. de Feyter/F. Gomez Isa, “Privatisation on Human Rights. An Overview”, in Id. (eds.), *Privatisation and Human Rights in the Age of Globalisation* (2005), pp. 1, 3。

[60] 例如，A/53/38/Rev. 1，1998 年第 19 届会议，对新西兰的结论性意见，第 276 段。

妇女的平等参与，并在起草、谈判和执行协议的过程中予以监测。[61]

5. 妇女进入传统的权力机构

对农村地区[62]的妇女来说，正式的政治领域与她们的日常生活相距遥远，她们更多地受到传统的纠纷解决机制和决策机制的影响。这二者与建立在任命基础上的地方行政和司法制度通常相互重叠，如家族委员会、领导委员会、长老委员会、传统的首领、土地管理委员会和地方市政法庭。[63] 这些领导岗位传统上都是男性主导的。[64] 例如，妇女往往不被允许参加家族会议
206 或是在决策过程中发表意见，尽管家族成员身份对妇女的生活产生了影响。[65] 根据第7条（b）和（c）项，缔约国必须确保妇女融入这些习惯性机制，包括通过采取暂行特别措施。除其他外，委员会要求缔约国对传统的首领开展提高认识项目。[66] 一些调整传统机制的法律规定了性别敏感条款，[67] 取得了成功。[68]

6. 冲突后重建中的妇女

北京《行动纲领》在关键关切领域“E·妇女与武装冲突”部分，致

[61] 对一般意义上的人权：联合国人权高级专员，经济、社会和文化权利《服务业贸易自由化与人权》高级专员的报告，E/CN. 4/Sub. 2/2002/9，2002年6月25日，第39、50段。

[62] 参见关于第14条一章的讨论。第14条没有明确提及参与政治决策，但是提到“所有”社区活动以及发展计划的执行。

[63] 关于非正式的司法制度，参见 C. Nyamu-Musembi,“For or against Gender Equality? Evaluating the Post-Cold War ‘Rule of Law’ Reforms in the Sub-Saharan Africa”(2005) UNRISD Occasional Paper No. 7,14;关于肯尼亚的情况，参见 C. Nyamu-Musembi,“Are Local Norms and Practices Fences or Pathways? The Example of Property Rights”, in Abdullahi A An-Na'im(ed.), *Cultural Transformation and Human Rights in Africa*(2002), pp. 126 - 150, 129ff. 。

[64] S. Dusing, *Traditional Leadership and Democratisation in Southern Africa. A Comparative Study of Botswana, Namiabia and South Africa*(2002), p. 252.

[65] Nyamu-Musembi（前注63），第139页以下。

[66] CEDAW/C/NER/CO/2（2007），对尼日尔的结论性意见，第28段；CEDAW/C/TGO/CO/5（2006），对多哥的结论性意见，第21段。

[67] 《纳米比亚传统领袖委员会法案》，1997年10月16日政府官方公报第1706号，1997年第13号法案，第3条第1款（g）项；《南非共和国公共土地权利法案》，2003年10月3日政府公报第25492号，第30条第4款，第34条第1款（d）（i）项；《1999年坦桑尼亚乡村土地法案》，第53条第2款。

[68] L. Khadiagala,“The Failure of Popular Justice in Uganda: Local Councils and Women's Property Rights”(2001) 32 *Development and Change* 55 - 76, 64.

力于将妇女融入和平进程的所有方面。[69] 2000年，妇女在重建战争撕裂的社会中的重要作用，即在维护国际和平与安全中的作用，得到安全理事会关于妇女、和平与安全的第1325号决议的认可。[70] 决议规定了一个在和平进程中所有与性别相关的问题的全面政治框架。第7条以规范性优势加强了对妇女参与权的规定，[71] 并得到委员会的运用。[72] 缔约国有义务确保妇女进入和有效参与正式的和非正式的和平进程，并在所有创造和平的努力中纳入性别视角。[73] 上述义务同样适用于自然灾害后的恢复工作以及灾难管理。[74]

（四）第7条（c）项

第7条（c）项在人权法中非常独特，它规定了妇女在参与有关公共和政治生活的非政府组织和协会时不被歧视的权利。该条款将私人行为纳入政治权利的范围，因此挑战了公－私之间的划分。

这一段可能会引发与结社自由权的冲突，结社自由允许协会规定自己的准入规则。准备工作显示，《公约》的起草者们考虑到了这一问题，最终决定对涉及公共生活的组织和协会，禁止歧视优于结社自由。委员会将第7条 207
（c）项与第7条（b）项结合，要求缔约国通过协商过程、合作、成为工作组或委员会成员、对立法进程的参与以及资金支持等确保妇女非政府组织和

[69] A/CONF. 177/20（1995），A/CONF. 177/20/Add. 1（1995），北京《行动纲领》，战略目标E. 1，第142（a）段。

[70] S/RES/1325（2000），安全理事会第1325号决议。另见后续决议S/RES/1820（2008），第1820号决议；S/RES/1888（2009），第1888号决议，以及S/RES/1889（2009），第1889号决议。

[71] 联合国妇女发展基金《妇女、和平与安全。〈消除对妇女一切形式歧视公约〉与安理会第1325号决议。快速指南》(2001)，第5页。

[72] CEDAW/C/SCG/CO/1（2007），对塞尔维亚的结论性意见，第28段。

[73] 比较CEDAW/C/SCG/CO/1（2007），对塞尔维亚的结论性意见，第27段；CEDAW/C/RWA/CO/6（2009），对卢旺达的结论性意见，第5段；委员会《对伊拉克妇女的形势的声明》，A/59/38（Supp.），2004年第30届会议，附件二，第30/III号决定；参见关于“针对妇女的暴力”一章的讨论。

[74] CEDAW/C/IDN/CO/5（2007），对印度尼西亚的结论性意见，第38段；CEDAW/C/MMR/CO/3（2008），对缅甸的结论性意见，第22段。

协会有效发挥作用。[75]

1. 非政府组织

国际法中没有普遍接受的对非政府组织的定义。[76] 在关于国际组织向非政府组织咨询的规则背景下,[77] 该术语通常被理解为指向国内和国际的私人组织。[78] 在实际运用中，该术语通常仅用于形容非营利性组织。[79] 作为政府性组织的反义词，该术语涵盖了既非由政府创设也非由政府指挥的种类繁多的组织，包括妇女非政府组织和人权非政府组织。

2. 与政治和公共事务相关的协会

委员会在审议缔约国的报告时，对“协会”的概念进行了宽泛的解释，涵盖了所有属于私有性质，但在公共和政治领域运行的协会。因此，它适用于政党、工会[80]、宗教组织[81]、雇主协会[82]以及雇员协会。尽管第 23 号一般性建议没有明文包括公司，但委员会经常在结论性意见中纳入国家根据第 7 条对公司行为承担的义务。除其他外，委员会敦促缔约国在私营企业部门[83]

---

[75] 妇女地位委员会工作组的一份草案规定“每一缔约国应致力于促进其目标在于提高妇女地位、消除对妇女的歧视的组织和运动”。E/CN. 6/608，1976 年第 26 届会议的报告正式记录，第 4 页，妇女地位委员会工作组公约草案第 2 条；CEDAW/C/MOZ/CO/2 (2007)，对莫桑比克的结论性意见，第 8 段；CEDAW/C/NGA/CO/6 (2008)，对尼日利亚的结论性意见，第 310 段；CEDAW/C/PRK/CO/1 (2005)，对朝鲜民主主义人民共和国的结论性意见，第 52 段。

[76] A. K. Lindblom, *The Legal Status of Non-Governmental Organisations in International Law* (2001), p. 46.

[77] 例如,《联合国宪章》第 71 条；欧洲理事会第 (51) 30 F 号决议,《与政府间和非政府间国际组织的关系》, 1951 年 5 月 3 日；OAS, AG/RES. 57 (I-0/71)《美洲国家组织与联合国及其专门机构和其他国内、国际组织的合作关系标准》, 1971 年 4 月 23 日。

[78] Lindblom (前注 76), 第 48 页以下。

[79] Kawamata (前注 19), 第 142 页；Lindblom (前注 76), 第 48 页；比较《世界银行关于非政府组织良好实践的手册》, 第 19 页；欧洲理事会《承认国际非政府组织法律人格公约》, 1986, ETS No. 124, 第 1 条 (a) 项。

[80] 例如，CEDAW/C/GRC/CO/6 (2007)，对希腊的结论性意见，第 23 段。

[81] 例如，CEDAW/C/COK/CO/1 (2007)，对库克群岛的结论性意见，第 28 段。

[82] 例如，CEDAW/C/GRC/CO/6 (2007)，对希腊的结论性意见，第 23 段。

[83] 例如，CEDAW/C/FIN/CO/6 (2008)，对芬兰的结论性意见，第 22 段；CEDAW/C/LIE/CO/3 (2007)，对列支敦士登的结论性意见，第 17 段；CEDAW/C/KOR/CO/6 (2007)，对韩国的结论性意见，第 24 段；CEDAW/C/NLD/CO/4 (2007)，对荷兰的结论性意见，第 17 段；CEDAW/C/BIH/CO/3 (2006)，对波斯尼亚和黑塞哥维那的结论性意见，第 30 段。

及经济领域[84]采取措施，包括担任高级经理职位以及成为董事会成员。[85]“非政府组织”在联合国内的说法一般指的是非营利性组织；纳入“协会”意在强调第 7 条也涵盖了营利导向的组织的活动。[86]

3. 政党中的妇女 208

因为政党在选民和正式的政治进程中发挥着调解作用，所以在选举和提名潜在政治候选人时它们对正式政治的性别平衡和敏感性可以发挥重要影响。[87] 但是，它们的内部组织结构可能成为妇女参与的障碍。[88] 政党作为正式政治的“守门员”应当成为性别导向战略的有用目标。缔约国的义务是确保政党通过增加女性候选人的数目来实现平等。[89] 潜在的措施包括宣传和增强意识运动、培训现在的候选人[90]、为女性候选人的竞选活动提供财政资助、鼓励政党采取配额制[91]。然而，委员会更倾向于在宪法或法律中采取法定配额，[92] 因为正当措施的执行依赖于政党领袖的意愿。[93]

缔约国根据第 7 条（c）项承担义务的一个显著例子是禁止政党的内部政策否定妇女的成员权。在荷兰某基督教政党 SGP 案中，委员会两次批评缔约国未能阻止此类政党政策的不作为态度。[94] 荷兰法院在下列问题上产生

---

[84] 例如，CEDAW/C/AUT/CO/6（2007），对奥地利的结论性意见，第 27、28 段。

[85] 例如，CEDAW/C/FIN/CO/6（2008），对芬兰的结论性意见，第 21 段；CEDAW/C/SWE/CO/7（2008），对瑞典的结论性意见，第 24 段；CEDAW/C/ICE/CO/6（2008），对冰岛的结论性意见，第 25 段。

[86] Kawamata（前注 19），第 144 页。

[87] 第 23 号一般性建议，第 34 段；消除对妇女歧视委员会（前注 58），第 13 段。

[88] 联合国提高妇女地位司（前注 44），第 15 页。

[89] CEDAW/C/GIN/CO/6（2007），对几内亚的结论性意见，第 31 段。

[90] 联合国提高妇女地位司（前注 44），第 18 页；CEDAW/C/GIN/CO/6（2007），对几内亚的结论性意见，第 31 段；CEDAW/C/SYR/CO/1（2007），对阿拉伯叙利亚共和国的结论性意见，第 26 段。

[91] 例如，CEDAW/C/BHR/CO/2（2008），对巴林的结论性意见，第 29 段；CEDAW/C/JOR/CO/4（2007），对约旦的结论性意见，第 28 段；CEDAW/C/SYR/CO/1（2007），对阿拉伯叙利亚共和国的结论性意见，第 26 段。

[92] CEDAW/C/MAR/CO/4（2008），对摩洛哥的结论性意见，第 25 段。

[93] T. Sacchet,“Political Parties: When do they Work of Women?”(2005) EGM/EPWD/2005/E10 3.

[94] A/56/38，2001 年第 25 届会议，对荷兰的结论性意见，第 219～220 段；CEDAW/C/NLD/CO/4（2007），对荷兰的结论性意见，第 25～26 段。

了分歧：国家未采取措施确保遵守非歧视原则是否构成对第7条的违反，以及它是否超出了结社自由和宗教自由的限度。[95] 然而，《公约》明确声明宗教信仰和文化传统不能证明侵犯平等权利的合理性。[96] 如果缔约国没有其他适当措施来促使政党允许妇女参选，那么国家根据第7条（c）项和第2条（f）项，有义务修改其法律。[97]

4. 工会中的妇女

确保男女平等参与工会是根据第7条（c）项承担的另一项义务。工会在妇女平等中发挥着关键作用，[98] 它们可以解决妇女仍被边缘化的地位、低收入工作以及在职场中高度易遭歧视的困境（参见第11条）。缔约国必须
209 根据第2条（e）项和第7条（c）项采取充分措施，增加妇女在工会中的人数。[99] Jacomb诉澳大利亚市政管理文书与服务协会案很具有说明性。澳大利亚联邦法院需要判定协会的行政分支和国务会议的肯定性行动措施是否构成了对男性的歧视。法院引用《公约》第4条第1款和第7条（c）项得出，《性别歧视法案》相关条款允许按照与《公约》一致的方式解释此类措施，因此并不构成歧视。[100] 从《公约》的立场来看，该决定意味着第7条（c）项不仅要求缔约国确保进入非政府组织的形式平等，而且结合第4条第1款，要通过肯定性行动措施达到实质平等。

---

[95] 荷兰一审法院，Stichting Proefprocessenfonds Clara Wichmann et al. 诉荷兰（2005年9月7日）LJN：AU2088；荷兰上诉法院，荷兰王国与SGP诉Stichting Proefprocessenfonds Clara Wichmann et al.（2007年12月20日）LJN：BC0169。国务院行政审判部门，SGP诉内政部（2007年12月5日）LJN：BB9493。

[96] 比较第5条（a）项、第2条（f）项以及关于第2条、第5条章节的讨论。

[97] I. Boerefijn, "The Right to Political Participation: the Case of the SGP", in R. Holtmaat and I. Boerefijn (eds.), *Women's Human Rights and Cultural Religion/Tradition: International Standards as Guidelines for Discussion*? (2010) SIM Special No. 32, pp. 121 – 139.

[98] 国际劳工组织《工会在促进性别平等中的作用》(2002)，第5页。

[99] 例如，CEDAW/C/GRC/CO/6（2007），对希腊的结论性意见，第24段；CEDAW/C/ARG/CO/5（2004），对阿根廷的结论性意见，第368段（阿根廷于2002年通过了一部《工会配额法》，要求在所有的内部选举以及所有的集体谈判单元中，妇女名额占到整个名单的30%）。

[100] Jacomb v Australian Municipal Administrative Clerical and Services Union，2004年9月24日澳大利亚联邦法院的决定，(2004) FCA 1250，第44、60段。

5. 公司董事会中的公平代表性

将私营企业纳入第7条（c）项的“非政府协会”一语的效果是缔约国的义务延及确保妇女在公司管理委员会中的公平、平等的代表性。[101] 委员会赞扬缔约国采取适用于私营部门的暂行特别措施，[102] 例如旨在增加妇女在此类职位中的人数的国家行动计划。[103]

四　本条语境中的平等

（一）形式平等

妇女在公共领域的形式平等权几乎得到了普遍认可，虽然仍有一些缔约国将某些领域的公职保留给男性，包括军事职位，对王位、贵族头衔及宗教职位的继承。[104] 尽管形式平等仍是一项重要措施，但它不足以满足第7条的要求。

（二）实质平等

在实践中，妇女在政治和公共事务中的代表性和参与度仍然远未达到平等。[105] 只有当妇女拥有实质上的平等机会，即男女按照他们认为适当的方式以大致相同的起始职位参与公共和政治事务时，才达到了事实上的平等。根据
第7条，委员会甚至在要求缔约国采取配额制时使用了结果平等的概念。[106] 根 210

---

[101] 该问题与第11、13条也有关联，但委员会将关注点集中到了第7条上。

[102] 例如，CEDAW/C/SWE/CO/7（2008），对瑞典的结论性意见，第25段；CEDAW/C/MAR/CO/5（2006），对毛里求斯的结论性意见，第23段。

[103] CEDAW/C/FIN/CO/6（2008），对芬兰的结论性意见，第21段。

[104] 参见对第28条一章的讨论。比较第7/2005号来文，Cristina Muñoz-Vargas y Sainz de Vicuña 诉西班牙，CEDAW/C/39/D/7/2005。

[105] 根据国际议会联盟关于国内议会中的妇女的数据库，国内议会中妇女人数的平均占比为19.2%。见 http://www.ipu.org/wmn-e/world.htm，访问日期2010年12月31日。

[106] 第24号一般性建议，第8、9段；D. Dahlerup，“Women in Parliament: Beyond Numbers”（1998）；更新后的第4章《使用配额提高妇女的政治代表性》（2002），http://www.onlinewomeninpolitics.org/beijing12/Chapter4_Dahlerup.pdf，访问日期2010年12月31日。

据第7条(a)项，这不仅要求有选举和被选举的法律能力，而且要求创造一种局面使男女都有在民选机构中赢得席位的大致相同的民主机会。确保这种局面可能需要不平等地对待妇女和男子，以克服历史上形成的代表性不足的问题。按照这种解释，第7条(a)项中的“平等”包括能够有意义地行使参与政治的权利，以及缔约国相应的为这种参与创造鼓励性、支持性和有利条件的义务。

根据第7条(b)项，实质平等指的是女性可以平等获得以及能够满足进入和保留公职的所有要求和条件，这些条件不再以男性的生活方式为样板，而是适当地考虑女性的不同需求。仅有非常少的缔约国实现了这一目标。[107] 参加制定和执行政府政策的平等权很难衡量，但同样实质性的平等机会也包含具有性别敏感性的有利条件。

第7条(c)项要求的平等是实质性的。参加所有的非政府组织和协会的权利必须得到有效保证，所有阻碍妇女参与的公开和隐蔽的障碍必须予以消除。第7条(c)项规定的平等有一个更加实质性的方面：结合并补充第7条(b)项，非政府组织必须被赋予参与制定和执行政府政策的机会。[108]

实现实质平等的临界值并不明确。同等的代表性可以成为公共和政治事务中的实质性平等机会的一个有力指标，但是由于个人选择，实际的代表性可能缺乏同等性。许多关于增加妇女参与公共事务的倡议都聚焦到所谓的可以产生性别敏感和女性友好结果的“关键人数”上。活动家们在政治和公共事务中广泛运用这一概念。委员会在北京《行动纲领》[109] 和第23号一般性建议中都提到了“关键人数”，认为当妇女的参与比例达到30%~35%时，就会对政治方式和决定的内容产生显著影响。委员会引用北欧缔约国的例子说明，妇女在决策职位的关键人数带来了平等权利、妇女对自己身体的

[107] (截至2008年7月)在芬兰，妇女占据60%的政府部门职位，CEDAW/C/FIN/CO/6(2008)，对芬兰的结论性意见，第6段。在瑞典，妇女占到中央政府、地方议会、市、县管理人员的52%，见 http: www. sweden. se/eng/Home/Society/Equality/Facts/Gender - equality - in - Sweden，访问日期2010年12月31日。

[108] Kawamata(前注19)，第144页。

[109] 第23号一般性建议，第16段；北京《行动纲领》(前注69)，战略目标G.1，第194(a)段。

主导、育儿、免遭暴力等领域的改善。[110] 在政治事务中对“关键人数”概念 211
的运用后来遭到一些批评。[111] 尽管如此，当决策岗位上有关键数量的妇女时，更易于形成性别敏感观念。[112]

（三）包括消除结构性障碍和性别角色定型的变革性平等

政治和公共领域的变革性平等意味着所有的公共和政治机制及广大社会都要进行真正的转型，使得公共和政治领域的性别关系不再是基于历史形成的男性权利范式。这要求消除实现妇女政治权利的结构性障碍，以及转变社会关系和公共事务中对妇女的社会态度。

人类生活和法律制度的两个领域，即私领域和公领域，长久以来被认为是截然分开的，[113] 其中男性总是在包括政治、政府、经济和职场的公领域处于支配地位。[114] 尽管委员会质疑这种二分法，[115] 但关于妇女属于私领域的陈规定型观念在许多社会仍然盛行。[116] 一般认为，妇女在政治中不应该有发言权，因为她们缺乏相关的知识、能力或兴趣。《公约》第 7 条和第 5 条要求

---

[110] 消除对妇女歧视委员会《执行〈消除对妇女一切形式歧视公约〉第 21 条。对公约第 7、第 8 条的分析。秘书处的报告》（1993） CEDAW/C/1994/1，第 11 段。

[111] S. Grey, “Does Size Matter? Critical Mass Treory and New Zealand's Women MPs” (2002) 55 *Parliamentary Affairs* 19 – 29, 29; S. Childs and M. L. Krook, “Critical Mass Theory and Women's Political Representation” (2008) 56 *Political Studies* 725 – 736; Childs and Krook （前注 13），第 22 页。

[112] E. Rehn and E. Johnson Sirleaf, *Women, War, Peace. The Independent Expert Assessment on the Impact of Armed Conflict on Women and Women's Role in Peacebuilding* (2002), p. 80.

[113] S. B. Boyd (ed.), *Challenging the Public/Private Divide: Feminism, Law and Public Policy* (1997); J. Motijunaite (ed.), *Women's Rights: the Public/Private Dichotomy* (2005).

[114] CEDAW/C/TKM/CO/2 （2006），对土库曼斯坦的结论性意见，第 14 段；D. Sullivan, “The Public/Private Distinction in International Human Rights Law”, in J. Peters and A. Wolper (eds.), *Women's Rights, Human Rights, International Feminist Perspectives* (1995), pp. 126 – 133, 128; H. Charlesworth, “Human Rights as Men's Rights”, in J. S. Peters and A. Wolper (eds.), *Women's Rights, Human Rights: International Feminist Perspectives* (1995), pp. 103 – 113, 106.

[115] CEDAW/C/CPV/CO/6 （2006），对佛得角的结论性意见，第 24 段（要求缔约国鼓励男子公平分担家庭责任，以使妇女有时间投入公共和政治领域）。

[116] 例如，斯洛伐克解释妇女的低代表性是因为对这类参与的社会需求不足，委员会认为这反映了缔约国缺乏对妇女平等参与的重要性以及缔约国促进和支持参与的责任的理解。CEDAW/C/SVK/CO/4 （2008），对斯洛伐克的结论性意见，第 38 段。

缔约国消除对男女在政治和公共领域的行为和作用的陈规定型的认识。文化、社会，有时包括宗教的刻板印象阻碍了妇女行使她们的政治权利，而且往往是造成妇女不利地位的根源。[117] 因此，委员会常常强调对妇女不公正的刻板印象与她们的代表性不足之间的关系，建议缔约国采取措施改变关于妇女在政治领域的角色的定型观念，[118] 例如，可以修改学校的教科书和教学材料。[119]

212 许多结构性障碍的出现是这种对行为领域进行二元划分的结果，后者仍旧在加剧着妇女缺席政治领域的情况。妇女在教育领域的不平等（导致与男性相比不成比例的高文盲率）[120] 以及获取有关权利信息的不平等、暴力侵害妇女、移徙限制、获取资源受阻，以及财政制约，所有这些都在阻碍妇女担任政治职位。[121] 媒体对男性和女性政治候选人的报道也不同。[122] 经济依赖和家庭责任这双重负担阻碍或限制妇女在公共事务中发挥积极作用。[123] 民选或非民选机构中的工作条件，特别是时间长、不灵活的工作时间，都妨碍妇女从事这类职业，尤其当她们还要负担额外的家庭责任时更是如此。此外，仍然由男性主导的政治领域，是由男性网络模式塑造的，为妇女设置了进一步的障碍。当妇女从事公共活动时，往往被限定在“柔和”的领域，如教育、健康、“女性事务”、儿童或环境。金融、安全、外交政策以及经济仍然是男性主导的部门，而媒体报道往往固化了基于这些分配的刻板印象。[124] 在一些国家，对妇女的政治暴力和骚扰成为臭名昭著的问题。在这方面，委员会

---

[117] 例如，CEDAW/C/IDN/CO/3（2007），对印度尼西亚的结论性意见，第 16 段；CEDAW/C/AZE/CO/3（2007），对阿塞拜疆的结论性意见，第 21 段；CEDAW/C/KGZ/CO/3（2008），对吉尔吉斯斯坦的结论性意见，第 23 段。

[118] 例如，A/57/38，2002 年第 26 届会议，对乌拉圭的结论性意见，第 27 段；A/56/38，2001 年第 24 届会议，对哈萨克斯坦的结论性意见，第 89、90 段；CEDAW/C/EST/CO/4（2007），对爱沙尼亚的结论性意见，第 12 段；A/55/38，2000 年第 23 届会议，对古巴的结论性意见，第 262 段；CEDAW/C/HUN/CO/6（2007），对匈牙利的结论性意见，第 17 段。

[119] 例如，CEDAW/C/EST/CO/4（2007），对爱沙尼亚的结论性意见，第 13 段；CEDAW/C/TKM/CO/2（2006），对土库曼斯坦的结论性意见，第 15 段。

[120] 参见对第 10 条一章的讨论。

[121] IWRAW Asia Pacific（前注 41），第 3 页；议会间联盟（前注 5），第 5 页以下。

[122] 黎巴嫩第三次缔约国报告，CEDAW/C/LBE/3（2006），第 154 段。

[123] 消除对妇女歧视委员会（前注 58），第 35 ~ 36 页。

[124] 第 23 号一般性建议，第 12 段。

肯定玻利维亚通过法律反对对政府职位的妇女的政治骚扰，但同时表达了对这类暴力仍然存在的关切。[125]

如果不处理这些结构性阻碍，“将无法实现对妇女长远的政治赋权”。[126]然而，制度自身不会发生改变；缔约国必须采取主动措施改变它们的制度和社会规范；所有的政治机构和社会制度必须从根本上改变它们的态度。

（四）直接与间接歧视

缔约国实施的直接歧视非常罕见，因为大部分国家都在宪法或其他法律中保障形式平等。然而，也存在一些国家顽固地禁止妇女参加选举或被选举。[127] 但直接歧视更经常地发生在私人（特别是家庭成员）阻碍妇女行使她们的选举权和被选举权。招募公职的法定要求中的歧视非常少见，但也的确存在，例如一些法律将妇女排除在某些职位之外：皇家头衔和权力、宗教或传统法庭中的法官，或军队中的职位。[128] 这些机构是一个社会中象征性的，有时是真实的权力的传统承载者。委员会认为，这种排除显然是对妇女的歧 213
视，违反了《公约》的原则，特别是第 2 条。[129]

然而，间接歧视无所不在。许多表面上性别中立的因素对妇女的参与造成了障碍，例如投票程序可能给妇女制造难以克服的障碍，比如，选民登记要求提供照片[130]或者距离投票点的路程很远。[131] 关于被选举权的间接歧视体

---

[125] CEDAW/C/BOL/CO/4（2008），对玻利维亚的结论性意见，第 30 段。

[126] D. Dahlerup, “Conclusion”, in Drude Dahlerup (ed.), *Women, Quotas and Politics* (2006), pp. 293 – 294；同意：Phillips（前注 14），第 82 页。

[127] CEDAW/C/SAU/CO/2（2008），对沙特阿拉伯的结论性意见，第 25 段。

[128] F. Banda, *Project on a Mechanism to Address Laws that Discriminate against Women* (2008), http://www.ohchr.org/Documents/Publications/laws_that_discriminate_against_women.pdf，访问日期 2010 年 12 月 31 日。

[129] 第 23 号一般性建议，第 31 段；CEDAW/C/MDV/CO/3（2007），对马尔代夫的结论性意见，第 12 段。

[130] 阿富汗允许妇女使用没有照片的选民注册卡，以解决妇女担心行使选举权遭到报复的问题。Human Rights Watch, *Campaigning against Fear. Women's Participation in Election in Afghanistan's 2005 Elections* (2005), p. 9.

[131] A. Lippincott, “Is Uganda's ‘No Party’ System Discriminatory of Women and a Violation of International Law?” (2002) 3 *Brooklyn J of Intl L* 1137 – 1166, 1146.

现在某些男性候选人优先的要求中，例如在某些国家进入高等教育阶段的要求存在性别偏见，或要求最低财产资格、读写能力，[132] 或要求支付提名或注册费。[133] 广泛存在的家庭投票构成通过私人实施的间接歧视（和选举舞弊），不成比例地剥夺了妇女及年轻的家庭成员个人的投票权。[134] 缔约国有义务制裁和预防这类做法。

这些障碍同样适用于担任公职的权利。根据第 7 条（b）项，招募和晋升要求可以构成间接歧视，特别是当由于现实或历史上形成的生活模式的不同而使男性比女性更易满足这些要求时，如教育或工作经验。对候选人的简介和生活履历的期望必须适当地结合性别差异进行评估并作出修改。

（五）交叉歧视

与一国中属于支配民族的妇女相比，土著妇女和少数民族妇女通常面临更严重的代表性不足的问题。委员会认为，政治和公共机构必须能够充分反映人口的多样性。[135] 因此，它呼吁缔约国通过实行暂行特别措施，增加少数民族、土著群体以及宗教少数人妇女的参与。[136] 委员会还要求缔约国提供关
214 于移民、难民、少数民族妇女参与政治和公共生活的分类统计数据。[137] 然

---

[132] 第 23 号一般性建议，第 23 段。

[133] 在蒙古，政党章程要求候选人如果想被提名，必须向其所在政党支付 2000 万蒙古图格里克（MNT），这对妇女尤其是一种障碍，见 CEDAW/C/MNG/CO/7（2008），第 29 段。类似的例如，在塔吉克斯坦候选人也需要支付注册费。委员会要求缔约国免除女性候选人的费用，见 CEDAW/C/TJK/CO/3（2007），对塔吉克斯坦的结论性意见，第 26 段。

[134] Congress of Local and Regional Authorities of Europe Rec III(2002)，第 10 段。

[135] CEDAW/C/FRA/CO/6（2008），对法国的结论性意见，第 25 段；CEDAW/C/NLD/CO/4（2007），对荷兰的结论性意见，第 18 段。

[136] CEDAW/C/NZL/CO/6（2007），对新西兰的结论性意见，第 31 段；另见 CEDAW/C/COL/CO/6（2007），对哥伦比亚的结论性意见，第 26 ~ 27 段（要求缔约国加强努力增加非洲后裔和土著妇女的数量）；CEDAW/C/SUR/CO/3（2007），对苏里南的结论性意见，第 26 段（要求缔约国将暂行特别措施延伸适用于土著妇女和来自其他少数民族的妇女）；CEDAW/C/PHI/CO/6（2006），对菲律宾的结论性意见，第 24 段（要求缔约国对土著妇女和穆斯林妇女采取暂行特别措施）。

[137] CEDAW/C/NOR/CO/7（2007），对挪威的结论性意见，第 24 段；CEDAW/C/NLD/CO/4（2007），对荷兰的结论性意见，第 18 段。

而，应当指出，选举权和被选举权，以及履行对国家安全至关重要的某些公职的权利，可以限于一国的公民，《公民及政治权利国际公约》第 25 条即如是规定。因此，如果情况相同的男性未被授予第 7 条下的参与权，则女性非公民（如移民妇女和避难者）也不能主张这项权利。

五 缔约国的义务

（一）义务的性质

1. 包括需要适用暂行特别措施的“一切适当措施”

第 7 条要求缔约国采取“一切适当措施”确保妇女的某些政治权利。为保障这些权利，除其他外，缔约国必须采取第 2、4、5 条规定的措施。因此，需要采取的措施包括立法、行政及其他政策措施，尤其是暂行特别措施。[138] 委员会一直建议缔约国在第 7 条的领域采取暂行特别措施。[139] 鉴于第 3 条规定的义务（缔约国采取“一切适当措施……保证妇女得到充分发展和进步”）以及《公约》生效以来许多缔约国在政治和公共领域采取的无效措施，大多数缔约国有正当理由通过暂行特别措施来加速执行第 7 条。

（1）政治与公共事务中暂行特别措施的类型

委员会建议缔约国采用多种暂行特别措施，介入的程度大小不一。第 23 号一般性建议第 15 段以及结论性意见中提到过招募、财政支援、对女性候选人进行领导力和谈判技巧培训[140]、修改选举程序[141]、开展平等参与运动、

[138] 参见对第 4 条一章的讨论。

[139] 委员会从 2007 年 6 月 23 日至 7 月 10 日的第 39 届会议到 2011 年 1 月 17 日至 2 月 14 日的第 48 届会议期间，在其对缔约国报告的结论性意见中，对所有采用和加强政治和公共领域的暂行特别措施的缔约国提出了表扬。

[140] 例如，CEDAW/C/EST/CO/4（2007），对爱沙尼亚的结论性意见，第 21 段；CEDAW/C/HUN/CO/6（2007），对匈牙利的结论性意见，第 25 段。

[141] 例如，CEDAW/C/CHI/CO/4（2006），对智利的结论性意见，第 14 段。

建立标准、设定数量目标和时间表，[142] 以及制定针对妇女的配额（供选举和被任命担任公共职位所用，如在司法机关以及在所有社会日常生活中发挥关键作用的职业团体中任职）。

委员会经常建议缔约国采用配额制，[143] 未能或不愿采取此类制度会招致
215 委员会批评。[144] 对于配额制是否构成暂行特别措施，委员会的态度并不明确：有时配额制被当作应当采取的暂行特别措施来列举，有时它们又被单独提及（想必是因为它们被当成了永久措施）。有必要将配额制和执行配额制的措施相区分：即便配额是永久性的，即它确定了一个应当达到并予以维持的最低比例，[145] 但在目标尚未达到期间执行配额的措施在性质上是临时性的，限于若缔约国不采取进一步的特别措施就无法达到配额或代表比例的这一段时间使用。按照委员会的观点，有必要为配额建立法律基础，可以通过缔约国的宪法也可以通过其他法律。[146] 配额必须是强制性[147]和有效率的，[148] 意味着它必须包含确保遵守配额的措施，如制裁或其他执行措施[149]以及激励措施。[150] 必须建立有效的监督和追责机制并系统地适用，执行程序必须易于操作。委员会指出，非常重要的一点是，配额不应被当作封顶比例，而是最低

---

[142] 例如，CEDAW/C/EST/CO/4（2007），对爱沙尼亚的结论性意见，第21段。

[143] 例如，CEDAW/C/HON/CO/6（2007），对洪都拉斯的结论性意见，第19段；CEDAW/C/SLE/CO/5（2007），对塞拉利昂的结论性意见，第19段；CEDAW/C/MDV/CO/3（2007），对马尔代夫的结论性意见，第24段。

[144] 第23号一般性建议，第29段；CEDAW/C/BLZ/CO/3（2007），对伯利兹的结论性意见，第17段；CEDAW/C/NLD/CO/4（2007），对荷兰的结论性意见，第17段。

[145] 一个永久性措施的例子是法国的平等法。Loi no 2000－493 du 6 juin 2000 tendant à favoriser l'égal access des femmes et des hommes aux mandats électoraux et fonctions électives, in: Journal Officiel 2000 No 131 8560.

[146] 例如，CEDAW/C/BLZ/CO/3（2007），对伯利兹的结论性意见，第18段。

[147] 非强制性规定招致委员会的批评（特别是政党只作出道德承诺是不够的），例如，CEDAW/C/MAR/CO/4（2008），对摩洛哥的结论性意见，第25段；CEDAW/C/IDN/CO/3（2007），对印度尼西亚的结论性意见，第27段；CEDAW/C/VUT/CO/3（2007），对瓦努阿图的结论性意见，第27段。

[148] 例如，CEDAW/C/BRA/CO/6（2007），对巴西的结论性意见，第25段。

[149] 例如，CEDAW/C/IDN/CO/3（2007），对印度尼西亚的结论性意见，第26～27段；CEDAW/C/HON/CO/6（2007），对洪都拉斯的结论性意见，第22段。

[150] 例如，CEDAW/C/MRT/CO/1（2007），对毛里塔尼亚的结论性意见，第6段。效率的另一个方面是要求选举制度符合所选择的配额；比较 Larserud and Taphorn（前注43）。

要求。[151] 另一备选方案是“反向配额”，规定民选机构中任一性别所占比例不得超过三分之二。[152] 配额应规定一个适当的目标，至少达到30%（关键数目），否则配额会被认为过低。[153] 委员会对配额的比例采用了广义的解释，[154] 称即便给被指略不符合条件的妇女以优惠，也是允许的，因为资格和才干问题需要进行认真审查，以防止可能的性别偏见。[155]

2. 立即或逐步执行

在委员会的工作中，很少提及立即或逐步执行的问题。对妇女在立法机
关和公共事务中的政治代表性问题，委员会的观点似乎是，妇女总体上的低
代表性表明存在对第7条的违反。[156] 在这种情况下，委员会要求缔约国遵守
或提高对第7条和第8条的遵守程度。[157] 这表明，代表性的最低门槛对缔约 216
国来说是一项即刻执行的义务；相反，达到在政治领域的均衡代表性的义务
则被视为一项逐步实现的目标。因此，对国家来说，证明其已经采取了一切
适当措施来提高妇女的比例就足够了。对措施的适当性的评估由委员会进
行，委员会在审议缔约国报告的程序中审查这些措施，建议其他的或者更适
当的解决方案。

（二）执行

1. 尊重义务

该义务指的是国家自己的行为，通过制定相关的宪法或立法规定达到法

[151] 例如，CEDAW/C/BDI/CO/4（2008），对布隆迪的结论性意见，第19、20段。

[152] 例如，CEDAW/C/LIE/CO/3（2007），对列支敦士登的结论性意见，第17段。

[153] 例如，CEDAW/C/JOR/CO/4（2007），对约旦的结论性意见，第28段（10%的配额）；CEDAW/C/NER/CO/2（2007），对尼日尔的结论性意见，第28段（10%的配额）。

[154] 参见对第4条一章的讨论以及欧洲法院（ECJ）的做法。

[155] 第23号一般性建议，第23段。

[156] 例如，CEDAW/C/MAR/CO/4（2008），对摩洛哥的结论性意见，第24段；CEDAW/C/NGA/CO/6（2008），对尼日利亚的结论性意见，第27段；CEDAW/C/YEM/CO/6（2008），对也门的结论性意见，第22段；CEDAW/C/UK/CO/6（2008），对英国的结论性意见，第37段；CEDAW/C/KEN/CO/6（2007），对肯尼亚的结论性意见，第27段。

[157] 例如，CEDAW/C/KEN/CO/6（2007），对肯尼亚的结论性意见，第27、28段；CEDAW/C/VUT/CO/3（2007），对瓦努阿图的结论性意见，第27段。

律上的实现。然而，事实上实现这些权利要求采取额外的立法措施，以废除公共和政治领域的间接歧视。担任公职和执行公务的要求必须予以仔细设计以便与妇女和男性生活方式的现实相协调，[158] 追求某一职业的教育机会必须同等开放给男性和女性，适用类似的合格标准。

2. 保护义务

尤其是根据第7条（c）项，它包含的主要是间接义务，缔约国必须对非政府组织和协会的活动恪尽职守，通过采取预防性、救济性、惩罚性或补偿性措施来对抗第三方，特别是来自政党、工会、公司和媒体的侵犯行为。在这方面，第2条（e）项值得密切关注。相比较而言，第三方对第7条（b）项规定的权利的侵犯非常少见。

缔约国有义务调整一些程序以防止侵犯妇女参与公共事务的权利，例如通过完善选民登记程序确保妇女自由行使选举权。[159] 刑法规定以及其他法律救济可以保护妇女在行使她们的政治权利时免遭第三方（如丈夫或亲属）的报复。男同事针对女性代表的嘲讽或威胁行为应当受到有效的制裁。

委员会认为，增强意识和公共宣传教育行动是解决对男女在公共领域的角色与责任的根深蒂固的刻板印象及父权制态度的颇为适当的措施。[160] 这些措施，以公众或公司和政党为目标，可以引导舆论，改变他们（包括男性和女性）对各自在家庭、家人、工作以及整个社会的角色的认识，[161] 改变抑
217 制女性参与政治和公共事务的态度。必须采取法律措施，确保平等分配对男女政治候选人的媒体报道，必须采取各种政策措施解决媒体在固化歧视性性

[158] H. B. Schöpp-Schilling, "Reflections on a General Recommendation on Article 4 (1) of the Convention on the Elimination of All Forms of Discrimination against Women", in I. Boerefijn et al. (eds.), *Temporary Special Measures. Accelerating the de-facto Equality of Women under Art. 4(1) UN Convention on the Elimination of All Forms of Discrimination against Women*(2003), pp. 15, 26.

[159] 例如，CEDAW/C/GUA/CO/7（2009），对危地马拉的结论性意见，第25~26段。

[160] 例如，CEDAW/C/KOR/CO/6（2007），对韩国的结论性意见，第25~26段。

[161] 例如，CEDAW/C/URY/CO/7（2008），对乌拉圭的结论性意见，第31段。

别刻板印象中扮演的角色的问题。[162]

缔约国必须制定法律禁止非政府组织和协会歧视妇女或拒绝接受妇女入会。[163] 有一种机制是，为那些采纳了性别平等观念的非政府组织提供财政援助。[164]

3. 实现义务

按照委员会的意见，除了法律上实现确保有效享有第 7 条规定的权利外，还需要采取额外措施——例如，为提名、选拔和晋升设定数量目标、基准、时间表和配额。[165]

为使委员会有效评估缔约国执行第 7 条的情况，缔约国必须在报告中提供足够的信息和分性别统计的数据，以反映妇女在不同部门、不同级别的政治和公共事务中的参与度和代表性。[166] 缔约国必须监测所采取的这些措施的有效性，并报告成效与不足。[167]

缔约国应当为女性候选人以及希望取得公职的妇女制定关于领导力和谈判技能的有针对性的培训和指导计划。[168] 关于有效参与决策的培训项目也可

---

[162] 黎巴嫩在其报告中已经注意到媒体分配给男女参选候选人的报道比例并不平等。CEDAW/C/LBN/3，黎巴嫩第三次国家报告，第 154 段。

[163] A/56/38，2001 年第 25 届会议，对荷兰的结论性意见，第 219 ~ 220 段。

[164] CEDAW/C/SWE/7（2008），瑞典第六、第七次合并报告，第 198 段。鉴于黎巴嫩对此并未采取任何纠正措施（CEDAW/C/LBN/Q/3/Add. 1，《对消除对妇女歧视委员会关于审议黎巴嫩执行〈公约〉的第三次定期报告的问题清单的答复》，问题 13），委员会建议缔约国鼓励媒体展现男女在私领域和公领域的平等地位。CEDAW/C/LBN/CO/3（2007），对黎巴嫩的结论性意见，第 25 段；另见 CEDAW/C/CHE/CO/3（2009），对瑞士的结论性意见，第 33 段。

[165] 第 23 号一般性建议，第 15 段。

[166] 例如，CEDAW/C/SVK/CO/4（2008），对斯洛伐克的结论性意见，第 24 段；CEDAW/C/FIN/CO/6（2008），对芬兰的结论性意见，第 22 段；CEDAW/C/FRA/CO/6（2008），对法国的结论性意见，第 25 段。

[167] 例如，CEDAW/C/KOR/CO/6（2007），对韩国的结论性意见，第 24 段；CEDAW/C/BEL/CO/6（2008），对比利时的结论性意见，第 20、21 段。

[168] 例如，CEDAW/C/EST/CO/4（2007），对爱沙尼亚的结论性意见，第 21 段；CEDAW/C/GIN/CO/6（2007），对几内亚的结论性意见，第 31 段；CEDAW/C/MLI/CO/5（2006），对马里的结论性意见，第 26 段。

以针对非政府组织。[169] 此外，缔约国可以资助正规教育以提升参与度，例如为法学院或公共政策学院的女生提供奖学金，[170] 为高中女生开展领导力项目（“管道工程”）。

缔约国有义务支持旨在辨别和排除降低职业女性比例的具体障碍的措施。它们应当支持平等分担家庭责任，采取措施使公共部门的男女职员能够
218 加强对工作/生活的平衡。[171] 相关措施包括增加请假的机会、获得育儿补偿，[172] 以及为公职人员提供高质量的公共日托服务。[173]

对妇女非政府组织提供充足和持续的政府财政支持有助于提升它们支持妇女人权的能力。[174] 同时，财政援助必须以公正的方式提供，以确保非政府组织的工作和行为能够继续保持独立。

改善公共及政治领域的妇女的条件，与便利民间社会组织的工作直接相关。这包括与政党合作，鼓励其采用配额或数量目标以增加女性候选人的数量；或通过立法为那些在自己的领导层实现了更大性别平衡的政党提供财政激励。[175] 第 23 号一般性建议也提议，缔约国必须征求和吸取代表妇女意见和利益的民间社会团体的意见。[176] 缔约国应当鼓励提名合乎条件的女性成为政府咨询机构的成员。[177]

（三）可诉性

引文包含了“采取一切适当措施”的义务，附随规定了“确保”第 7 条（a）~（c）项规定的权利的具体义务。对采取一切适当措施的义务是否可

---

[169] CEDAW/C/LTU/CO/4（2008），对立陶宛的结论性意见，第 83 段（建议制定如何有效参与“欧洲性别平等计划”的培训计划）。

[170] Mansbridge（前注 15），第 31 页。

[171] 例如，CEDAW/C/SGP/CO/3（2007），对新加坡的结论性意见，第 32 段；CEDAW/C/MDA/CO/3（2006），对摩尔多瓦共和国的结论性意见，第 27 段。

[172] 瑞典第六、第七次合并定期报告（前注 164），第 170 段。

[173] Mansbridge（前注 15），第 19、31 页。

[174] 例如，CEDAW/C/LTU/CO/4（2008），对立陶宛的结论性意见，第 83 段。

[175] 例如，CEDAW/C/CZE/CO/3（2006），对捷克共和国的结论性意见，第 20 段。

[176] 第 23 号一般性建议，第 26 段。

[177] 同上注，第 29 段。

诉存有疑问，因为其表述非常宽泛、模糊。尽管如此，它创设了某种最低限度的可诉诸司法的履行义务，包括缔约国评估该领域的歧视并制订计划解决歧视问题。[178] 委员会能够评估某一缔约国是否采取了最低限度的必要措施以反映其履行义务的真诚努力，[179] 并可以建议额外的措施。

第 7 条（a）～（c）项创设了保障权利的义务。（a）项下的义务，即确保选举和被选举权，是可诉的，因为权利内容及为履行义务而采取的具体措施是清晰可辨的。[180]（b）项第一部分“政府政策”的措辞非常模糊。然而，它的内容可以通过援引《公民及政治权利国际公约》第 25 条（a）项中“参与政事”的概念予以确定。[181] 第 7 条（b）项第二部分，要求缔约国确保妇女在担任各级政府公职方面与男子享有平等的权利，这一规定比较清晰。因为有确定活动及职位的范围的可能性，所以该义务是可诉的。[182] 最后，第 7 条（c）项创设的义务非常清晰，因此也是可诉的。

六　保留

许多国家作出的保留，虽然并未全部表明是针对第 7 条，但对执行第 7
条产生了实质性影响。[183] 其中多数保留涉及第 7 条（b）项下的义务。[184] 委员 219

[178] A. Byrnes and J. Connors, "Enforcing the Human Rights of Women: A Complaints Procedure for the Women's Convention? Draft Optional Protocol to the Convention on the Elimination of All Forms of Discrimination against Women" (1996) 21 *Brooklyn Intl L* 679－797, 729.

[179] 同上注，第 717 页。

[180] 同上注，第 721 页。

[181] 同上注。

[182] 同上注。

[183] 详细讨论见第 28 条一章。

[184] 2000 年 8 月 30 日澳大利亚关于战斗任务的保留，UN Treaty Series，Vol. 1325，378；大不列颠和北爱尔兰联合王国，关于为确保皇家武装部队战斗力采取的任何行为，UN Treaty Series，Vol. 1423，412，art.（c），2005 年 6 月 6 日作出修改；摩纳哥关于警察执行职务；新西兰和库克群岛关于参与暴力或有暴力威胁的警察职责。库克群岛于 2007 年 7 月 30 日撤回保留，消除对妇女歧视委员会，CEDAW/C/COK/CO/1（2007），对库克群岛的结论性意见，第 5 段；以色列，关于当任何宗教社区的法律禁止妇女担任宗教法庭的法官时，对任命妇女担任宗教法庭的法官作出保留。

会已经敦促有关政府撤回这些保留。[185] 许多对第 7 条提出的关于服兵役的保留已经被撤回。[186]

[185] A/56/38，2001 年第 24 届会议，对马尔代夫的结论性意见，第 131 段；CEDAW/C/MYS/CO/2（2006），对马来西亚的结论性意见，第 10 段；CEDAW/C/ISR/CO/3（2005），对以色列的结论性意见，第 26 段。

[186] 2007 年 7 月 5 日，新西兰撤回了保留；2007 年 7 月 30 日，库克群岛撤回了保留；奥地利也曾作出类似的保留，UN Treaty Series，Vol. 1272，457，但于 2000 年 9 月 11 日撤回；比利时分别于 1998 年 9 月 14 日和 2000 年 7 月 8 日撤回保留，UN Treaty Series，Vol. 1402，376；类似的，德国也于 2001 年 12 月 10 日撤回保留，UN Treaty Series，Vol. 1402，378；瑞士于 2004 年 4 月 29 日撤回保留；泰国于 1996 年 8 月 1 日撤回保留，UN Treaty Series，Vol. 1404，419。

第八条* 221

缔约各国应采取一切适当措施，保证妇女在与男子平等不受任何歧视的条件下，有机会在国际上代表本国政府参加各国际组织的工作。

一　概述…………………………………………………………………… 290

二　准备工作……………………………………………………………… 291

三　解释问题……………………………………………………………… 292

（一）有机会在国际上代表本国政府 ………………………………… 292

（二）有机会参加国际组织的工作 …………………………………… 293

（三）各国际组织对第 8 条的相关阐释 ……………………………… 294

（四）国际公务员制度 ………………………………………………… 295

（五）冲突解决、维和及建设和平特派团中的妇女 ………………… 296

四　本条语境中的平等…………………………………………………… 297

（一）形式平等 ………………………………………………………… 297

（二）实质平等 ………………………………………………………… 297

（三）包括消除结构性障碍及性别刻板印象的变革性平等 ………… 298

（四）直接与间接歧视 ………………………………………………… 299

（五）交叉歧视 ………………………………………………………… 299

五　缔约国的义务………………………………………………………… 299

* 感谢 Sahrah Al-Nasrawe-Sozeri，Andrea Eriksson，Benjamin Feyen，Ines Franke，Annz-Maria Paulus，Eric Veilerobe 以及苏珊·威廉姆斯（Susan Williams）教授，感谢他们的协助以及对本评注第 7 条、第 8 条章节的有益评论。

（一）义务的性质 …………………………………………………… 299
1. “一切适当措施” …………………………………………… 299
2. 适用暂行特别措施的必要性 ……………………………… 300
3. 立即执行与逐步执行 ……………………………………… 300
（二）执行 ………………………………………………………… 301
1. 尊重义务 …………………………………………………… 301
2. 保护义务 …………………………………………………… 301
3. 实现义务 …………………………………………………… 301
（三）可诉性 ……………………………………………………… 302
（四）保留 ………………………………………………………… 303

一 概述

第8条规定了妇女参与国际事务的权利，从而补充了第7条规定的参与权。缔约国在第7条（b）项下的许多义务与第8条下的义务相对应，因
222 此，缔约国必须确保妇女充分参与各级、各领域的国际事务。[①] 在起草第7条时，参与谈判的国家决定将妇女参与国际事务作为单独一条，而不是作为第7条的一款。这一决定体现了国际领域决策的极端重要性。相关的决策事项包括缔造和平、冲突解决、军费开支与核裁军、发展与环境、外交事务与经济重构。尽管这类决定对人们的生活影响很大，[②] 并且第23号一般性建议也多次提到第8条，但它在委员会的审议以及对《公约》的学术研究中发挥的作用相对较为微小。

《公约》是唯一一个明确提及参与国际事务的人权条约。[③] 比较之下，

① 第23号一般性建议，第35段。

② 同上注，第39段。

③ K. Nose, "Article 8: Participation in International Activities", in Japanese Association of International Women's Rights (ed.), *Convention on the Elimination of All Forms of Discrimination against Women: A Commentary* (1995), pp. 151, 157.

《世界人权宣言》第 21 条以及《公民及政治权利国际公约》第 25 条（c）项分别提到的是“本国政府”和“本国公职”。不过，人权事务委员会将第 25 条（a）项提到的“参与政事”解释为包括“国际、国家、区域和地方各级的公共管理，以及制定和执行公共政策的所有方面”。④

与第 7 条相似，第 8 条的目的是实现男女在公共领域所有方面的平等。鉴于国际层面作出的决定对国家政治乃至日常生活的巨大影响，必须给予妇女平等参与这一进程的机会。平等参与可以最大可能地保障国际机构的审议过程纳入多元、多样的观点，以防产生带有性别偏见的结果。⑤

二　准备工作

菲律宾和苏联的最初草案均未提及妇女在国际层面代表本国政府的权利，⑥ 可以说它已经隐含在“担任公职和履行公务”的概念中了。⑦ 在起草过程中，起初有人提议在第 7 条中提及国际一级，⑧ 但后来起草者同意为国际代表权制定单独的条款。⑨ 人们对新产生的第 8 条的措辞没有争议，乌克兰苏维埃社会主义共和国草案吸纳了早先对（后来的）第 9 条的三项提议，

---

④ 人权事务委员会第 25 号一般性意见，CCPR/C/21/Rev. 1/Add. 7（1996），第5 段。

⑤ S. Fredman, *Discrimination Law*(2002), p. 155.

⑥ L. A. Rehof, *Guide to the Travaux Preparatoires of the United Nations Convention on the Elimination of All Forms of Discrimination against Women*(1993), pp. 99 – 100.

⑦ 同上注，第 100 页。

⑧ 经社理事会妇女地位委员会《消除对妇女一切形式歧视公约草案》，秘书长准备的工作文件（1976 年 6 月 21 日），E/CN. 6/591，第 83 段；经社理事会妇女地位委员会《消除对妇女一切形式歧视公约草案》，秘书长准备的工作文件，附录（1976 年 6 月 25 日）E/CN. 6/591/Add. 1，第 4 页（比利时提供的草案）。

⑨ 联合国大会《秘书长准备的工作文件附录，大会第 32 届会议期间消除对妇女歧视公约全部工作组作出的决定》，A/C. 3/33/WG. 1/CRP. 1/Add. 1（1987），第 9 页；Rehof（前注 6），第 100 页。

223 在讨论中只作了微小的修改便获得通过。[10]《公约》成为首个明确解决妇女在国际一级的参与问题的国际条约。[11]

三 解释问题

第8条阐明了两方面的义务：缔约国必须采取一切适当措施确保妇女有在国际一级代表本国政府的机会，以及有在国际组织工作的机会。与第7条不同，第8条没有提到缔约国必须保障的“权利”，而使用了“机会”。这并不意味着第8条不是一项法律义务。鉴于《公约》是一项针对国家的非歧视条约，所有条款，无论其义务如何构成，都具有拘束力。[12] 第8条作为人权条约的一部分，为单个妇女创设了相应的不受歧视的主观权利。

（一）有机会在国际上代表本国政府

第8条的措辞——代表本国政府——多少有些惊人，因为在国际层面的代表性归于国家，而非某个特定的政府。该措辞可能指的是通常由行政机关在国际上代表缔约国的实践。[13] 委员会在第8条下的工作主要集中于外交。[14] 缔约国必须在大使馆和使团（包括国际组织常驻使团）的外交人员［《维也纳外交关系公约》第1条（d）项］的所有职位履行它们对妇女的义务，在这些职位的招募、选拔和晋升中必须给予妇女同样的机会。此外，必须分配给妇女处理实质问题的岗位，特别是传统上由男性主导的领域，如国际安全和经济政策。[15] 该项义务适用于外交部门和行政机构的其他国际部门的所有

---

⑩ 联合国大会《第三委员会工作组报告，乌克兰苏维埃社会主义共和国提议的补充》（1977年12月6日），A/C.3/32/WG.1/CRP.6/Add.7，第1~2页。

⑪ 消除对妇女歧视委员会《执行〈消除对妇女一切形式歧视公约〉第21条。对公约第7、第8条的分析，秘书处的报告》，(1993年11月30日)，CEDAW/C/1994/1，第22段。

⑫ 参见导论部分。

⑬ 人权事务委员会第31号一般性意见：盟约缔约国的一般法律义务的性质，CCPR/C/21/Rev.1/Add.13（2004），第4段。

⑭ 《维也纳外交关系公约》第3条第1款（a）项。

⑮ 第23号一般性建议，第35段。

岗位。如果广义地理解“代表”，第 8 条还包括缔约国行政、立法和司法机构的国际合作。

（二）有机会参加国际组织的工作

国际组织的工作包括两种类型的“参与”：作为职员（国际公务员）以及作为特别代表在短期内代表该组织。国际公务员按照专门的国际法律制度，[16] 以连续、排他的方式在国际组织中履行公共职能，他们的行为直接归属于国际组织。特别代表被任命为特别报告员或其他使团的专家，为某种专 224
门的任务代表国际组织。[17] 他们以个人能力执行任务，但他们的行为可以归属于赋予其任务的组织。

缔约国对保障上述两类参与权的义务仅限于它对规则的形成有能力施加影响的情况。[18] 在创设国际组织时，缔约国所磋商和达成的组织内部规则、职员规定、任命规则等必须具有与第 8 条一致的性别敏感视角。据此，缔约国有时会报告本国妇女当选国际公务员的情况。[19] 因此，缔约国在向国际组织及其附属机构的选举或任命进行提名时必须确保性别平衡。[20]

根据国际法委员会的观点，“国际组织”一词指的是根据条约或其他受国际法调整的文件建立起来的具有独立国际法律人格的组织。除国家外，国

---

[16] Y. Beigbeder, "International Civil Service", in R. Wolfrum (ed.), *Max Plank Encyclopedia of International Law*, online edition para 1, http: //www. mpepil. com，访问日期 2010 年 12 月 31 日。

[17] H. Keller, "Special Representative", in R. Wolfrum (ed.), *Max Plank Encyclopedia of International Law*, online edition para 1，http: //www. mpepil. com，访问日期 2010 年 12 月 31 日。

[18] 国家可能会为一个国际组织的机构实施的违反《公约》行为承担责任。比较《国际组织责任的条款草案》，联合国大会《国际法委员会第 58 届会议工作报告》，A/61/10，第七章，第 252 页以下。草案条款是国际法委员会（ILC）正在进行的关于国际组织责任的工作，这可以成为当前关于该领域的习惯国际法的立场的有价值的指南。

[19] 比较德国第 6 次缔约国定期报告，CEDAW/C/DEU/6（2007），第 34 ~ 35 页；比利时第 5 ~ 6 次合并缔约国定期报告，CEDAW/C/BEL/6（2007），第 73 ~ 74 页；厄瓜多尔第 6 ~ 7 次合并缔约国定期报告，CEDAW/C/ECU/7（2007），第 253 段；尼日利亚第 6 次缔约国定期报告，CEDAW/C/NGA/6（2006），第 65 ~ 66 页；印度尼西亚第 4 ~ 5 次合并缔约国定期报告，CEDAW/C/IDN/4 - 5（2005），第 88 段；新西兰第 6 次缔约国定期报告，CEDAW/C/NZL/6（2006），第 125 段以下。

[20] 北京《行动纲领》重申了确保性别平衡的义务；A/CONF. 177/20（1995）与 A/CONF. 177/20/Add. 1（1995），第 190（j）段。

际组织可以吸纳其他实体成为其成员。[21] 第8条也包含区域性国际组织。这些组织的所有部门都在范围之内，包括法院、附属机构、基金、方案、专门机构以及条约机构。[22] 鉴于第8条的目的和宗旨是有效地为妇女提供在国际层面影响决策的机会，因此，该条规定也包括不以国际公法为基础的非正式、非常设合作机制，如国际大会和专家会议。[23]

（三）各国际组织对第8条的相关阐释

许多国际组织制定了与缔约国在《公约》第8条下义务相关的规则，
要求成员国将妇女纳入代表团成员或纳入候选人提名。按照现在的理解，
《联合国宪章》第8条只对联合国机构有约束力，而不约束会员国，但是
225 它对会员国是“一种鼓舞”。[24] 然而，第8条的措辞允许对其进行广义解释，
并不限于仅讨论联合国机构。与之类似，欧洲理事会[25]和非洲联盟[26]也制定了
在其组织内部促进性别平衡的规则；国际刑事法院规约及规则[27]、欧洲人权法
院[28]，以及卢旺达和南斯拉夫国际刑事法庭[29]对法官的人选作出了类似规定。

---

[21] 联合国大会2006年第61届会议，《国际法委员会第58届会议报告》，A/61/10，第277～278页；《国家的国际责任条款草案》，第2条。

[22] Nose（前注3），第156页。

[23] 第23号一般性建议，第35段。

[24] S. V. Schorlemer, "Article 8", in B. Simma (ed.), *The Charter of United Nations. A Commentary*, 2nd edn. (2002) Vol. I, pp. 230, 232. 原来人们认为第8条既适用于会员国也适用于联合国机构。R. B. Russell, *A History of the United Nations Charter: The Role of the United States 1940–1945* (1958), pp. 793–794.

[25] 欧洲理事会第4届关于男女平等的欧洲部长会议《作为民主的根本标准的男女平等宣言》（1997年11月13～14日，伊斯坦布尔）；部长委员会《男女平衡参与政治和公共决策的建议3》（2003年3月12日）H/Inf（2003），第6页；议会大会，第1348号决议（2003）《议会大会性别平衡的代表性》（2003年9月30日）；欧洲理事会议会大会，2009年程序规则，规则6.2a及7.1b。

[26] 非洲联盟《对建立与泛非议会相关的非洲经济共同体条约的议定书》（2001年3月2日，利比亚苏尔特），第4条第2款；非洲联盟《非洲联盟性别政策》，Rev 2（2009年2月10日），第1页以下；《性别主流化与妇女有效参与非洲联盟的马普托宣言》，2003年6月24日。

[27] 《国际刑事法院罗马规约》，第36条第8款（a）（iii）项。

[28] 欧洲人权法院《法院规则》，2008年12月斯特拉斯堡，规则14；欧洲理事会议会大会，第1366号决议（2004）《欧洲人权法院候选人》（2004年1月30日），第3（ii）段。

[29] 《卢旺达国际刑事法庭规约》第12条第1款（b）项；《南斯拉夫国际刑事法庭规约》第13条第1款（b）项。

(四) 国际公务员制度

第 8 条对国际组织并没有直接的约束力。然而，不少国际性和区域性组织规定了国际公务员制度中的机会平等。[30]《联合国宪章》第 8 条规定了在其机关中男女平等的条件。[31] 联合国行政法庭在 Mullan 诉秘书长案中裁定第 8 条创设了法律义务，[32] 并将该条规定的含义扩展到雇佣条件平等。[33] 联合国大会声明联合国系统需要性别平等，[34] 为此秘书处制定了暂行特别措施，以在该组织系统内实现这一目标。[35] 然而，第 8 条的适用因 226
《联合国宪章》第 101 条第 3 款的规定而复杂化了，后者也调整联合国内职员的任命。[36] 在条约机构系统内，几乎所有条约机构中女性的代表性都非常低，只有处理妇女和儿童问题的两个机构例外。[37]

---

[30] 欧洲理事会，第 4 届关于男女平等的欧洲部长会议，《作为民主的根本标准的男女平等宣言》(1997 年 11 月 13 ~ 14 日，伊斯坦布尔)，第 11 段；《非洲联盟关于非洲性别平等的庄严声明》(2004 年 7 月 6 ~ 8 日，亚的斯亚贝巴)，Assembly/AU/Decl. 12 (III)，序言；非洲联盟大会《非洲联盟委员会规约》(2002 年 7 月 9 ~ 10 日) ASS/AU/2 (I) - d，第 6 条第 3 款；《秘书长关于执行"美洲间妇女人权和性别公正与平等项目"的报告》，根据联合国大会第 2124 号决议 (XXXV - O/05)，附件一；美洲国家组织大会，AG/RES. 1303 (XXIV - O/94)；AG/RES. 1422 (XXVI - O/96)；AG/RES. 1588 (XXVIII - O/98)；AG/RES. 1627 (XXIX/O - 99)。

[31] Schorlemer (前注 24)，第 230 页。

[32] 联合国行政法庭第 162 号决定 (Mullan v Secretary General)，1972 年 10 月 10 日，AT/DEC/114 - 166 (1974)，第 392 页。

[33] 同上注，第 394 页。

[34] 联合国大会，A/RES/47/226 (1993 年 4 与 30 日)，第三部分；A/RES/51/67 (1997 年 1 月 31 日)，第 3 段；A/RES/53/119 (1999 年 2 月 5 日)，第三部分 (原文时间有误。——译者注)；A/RES/52/96 (1997 年 12 月 10 日)，第 4 段；A/RES/53/119 (1999 年 2 月 5 日) 第 2 段；A/RES/54/139 (2000 年 2 月 10 日)，第 2 ~ 4、8、12、18 段；A/RES/57/180 (2003 年 1 月 30 日)，第 3 段。

[35] 联合国秘书处行政指示《实现性别平等特别措施》，ST/AI/1999/9 (1999 年 9 月 21 日)，第 1.1、1.8 (a) 段。问题的症结似乎在于，秘书处认为有必要强调应优先考虑有优秀条件的妇女这一不言而喻的义务。

[36] 联合国大会第 3416 (XXX) 号决议，《秘书处雇佣妇女》(1975 年 12 月 8 日)，第 3 段。进一步的信息可参见 H. Charlesworth and C. Chinkin, *The Boundaries of International Law A Feminist Analysis* (2000), p. 185。

[37] A. F. Bayefsky, *The UN Human Rights Treaty System: Universality at the Crossroads* (2001), pp. 104 - 105.

(五) 冲突解决、维和及建设和平特派团中的妇女

第8条包含的其他领域包括冲突解决、维持和平及建设和平特派团。[38] 根据第8条，国家有义务在所有的国际冲突解决努力中吸纳妇女参加，如和平大会、调停和磋商。在向联合国特派团输送军事人员时，妇女也应被包括在内。[39] 维和部队持续缺乏妇女，反映了参加国军队缺乏妇女，这本身就是联合国会员国在《公约》第7条下的一项不足。[40]

联合国安全理事会开始承认纳入妇女对在冲突地区恢复和平与安全的努力至关重要。[41] 安理会关于妇女、和平与安全的第1325号决议呼吁提高妇女对维持和平的参与，特别是担任军事观察员、民警、人权和人道主义工作人员，[42] 以及在冲突解决[43]中作为秘书长特别代表和特使。[44] 它敦促安理会在实地行动中设立处理妇女问题的部门。[45] 联合国使团中的人权部门担负临时管理者的角色，它援用《公约》作为使团活动的法律基础。[46] 因此，第8条可以成为特派团选举和提拔国际职员的标准。北大西洋公约组织和欧洲安全与合作组织均制定了关于增加本组织内妇女人数的行动计划。[47]

㊳ 第23号一般性建议，第40段。

㊴ 参见联合国安理会《关于妇女、和平和安全的第1325号决议》（2000年10月31日），S/RES/1325（2000），第1段。

㊵ 消除对妇女歧视委员会《执行〈消除对妇女一切形式歧视公约〉第21条。对〈公约〉第7条和第8条的分析。秘书处的报告》（1993年11月30日），CEDAW/C/1994/1，第33段。

㊶ C. Pampell Conaway and J. Shoemaker, "Women in United Nations Peace Operations: Increasing the Leadership Opportunities" (2008) *Women In International Security* 10 – 11.

㊷ 联合国安理会（前注39），第4、6段。

㊸ 同上注，第1、2段。

㊹ 同上注，第3段。

㊺ 同上注，第5段。

㊻ 联合国东帝汶过渡当局《东帝汶过渡当局权力规章》，UNTAET/REG/1999/1（1999年11月27日），第2条；联合国科索沃特派团《关于科索沃适用法律的规章》，UNMIK/REG/1999/24（1999年12月12日），第1.3（f）段。可以说，这些国际管理当局鉴于其实际上行使着主权权利，因此有义务遵守国际承认的人权标准。F. Megret and F. Hoffmann, "The UN as a Human Rights Violator? Some Refections on the United Nations Changing Human Rights Responsibilities" (2003) 25 *Human Rights Quarterly* 314 – 342, 328.

㊼ 北约《2007~2010性别平衡与多样性》（2007年6月）；欧安组织部长理事会《2004年欧安组织促进性别平等行动计划》（2004年12月7日），MC. DEC/14/02 Annex。

四　本条语境中的平等 227

（一）形式平等

大多数缔约国已经在宪法或法律中确认保障平等，[48] 这保证了在国际层面代表国家的形式平等。[49]

（二）实质平等

像在公共和政治生活的所有其他领域一样，对平等的形式保障并未反映在现实中。在缔约国的外交使团和国际及区域组织中，尤其是在高级别的岗位上，[50] 妇女的代表性仍然严重不足。委员会经常表达它对妇女在外交服务及外交活动中数量过低的关切。[51] 妇女在这些正式机构中的低代表性与非政府组织中妇女广泛参与国际关切事项形成了鲜明的对比。[52]

第 8 条的最终目标是实现实质平等，[53] 这需要有一个扶持性的环境令事实平等切实可行。为此，必须对外交服务和其他国际职位的招募要求作出适当修改，以便将性别差异纳入考虑范围；妇女的受教育机会需得到改善；定向招聘需要特别考虑大学里的年轻女性。

㊽ 第 23 号一般性建议，第 13 段。比较缔约国报告：厄瓜多尔第 6 ~ 7 次合并缔约国定期报告，CEDAW/C/ECU/7（2007），第 245 段；尼日利亚第 6 次缔约国定期报告，CEDAW/C/NGA/6（2006），第 65 页。

㊾ 例如，厄瓜多尔第 6 ~ 7 次合并缔约国定期报告，CEDAW/C/ECU/7（2007），第 245 段；尼日利亚第 6 次缔约国定期报告，CEDAW/C/NGA/6（2006），第 65 页。

㊿ 第 23 号一般性建议，第 36 段。

(51) CEDAW/C/SUR/CO/3（2007），对苏里南的结论性意见，第 25 段；CEDAW/C/CUB/CO/6（2006），对古巴的结论性意见，第 23 段；CEDAW/C/MEX/CO/6（2006），对墨西哥的结论性意见，第 28 段；CEDAW/C/KWT/CO/2（2004），对科威特的结论性意见，第 74 段。

(52) 第 23 号一般性建议，第 39 段。

(53) 第 25 号一般性建议，第 8 段。

(三) 包括消除结构性障碍及性别刻板印象的变革性平等

结构性平等旨在消除令人愤懑的性别刻板印象，它构成妇女持续的代表性不足的基础，并由此导致结构性障碍。[54] 关于妇女在社会中的天然地位的陈规定型观念源于公/私划分，长久以来，这种观念将妇女限定在家庭和家人的私人生活，视其为妇女的主要活动领域：[55] 相应的，妇女在政治及国际事务中不应有发言权。认为已婚妇女无法承担这类工作，特别是当这些岗位在海外时，将与她们的家庭责任产生冲突，这阻碍了妇女在外交使团中工作，[56] 而一些缔约国外交服务的薪酬政策反映了这一刻板印象。在外交服务中，妇女并不能普遍获得与男性相同的婚姻和家庭福利，因为人们相信丈夫也应有工作。获得国际职位的妇女继续遭受着
228 刻板印象之害，通常被分配到被视为“适合”女性从事的部门和项目，如人权、儿童、妇女和健康。国际安全、武装冲突、裁军、金融、贸易和全球经济政策仍然是男性主导的领域。除此之外，这些刻板印象还将妇女排除在领导岗位的竞聘之外。[57] 尤其是在联合国实地特派团，这些岗位的危险性及紧急性成为将妇女的低代表性正当化的基础。令人生厌的陈规定型观念认为妇女在身体上和心理上没有能力处理艰苦的局势，这成为妇女参军最重要的障碍。[58]

多重结构性障碍给有意从事国际事务工作的妇女造成了困难，其中许多障碍与实现第 7 条（b）项所保障的权利的障碍相当。在许多缔约国，获得教育的不平等限制了妇女的职业选择。外交部门和国际组织时间长、不灵活的工作条件使得负担家庭责任的妇女个人难以选择这一职

---

[54] 参见对第 5 条一章的讨论。

[55] 第 23 号一般性建议，第 8 段；F. Raday, “Culture, Religion and CEDAW's Article 5(a)”, in H. B. Schöpp-Schilling and C. Flinterman, *The Circle of Empowerment: Twenty-Five Years of The UN Committee on The Elimination of Discrimination against Women* (2007), pp. 68, 71.

[56] IWRAW Asia-Pacific, “Report of the Regional Consultation on Women's Rights to Participate in Political and Public Life” (2004), p. 11.

[57] CEDAW/C/NGA/CO/5 (2004)，对尼日利亚的结论性意见，第 309 段。

[58] GJ DeGroot, “A Few Good Women: Gender Stereotypes, the Military and Peacekeeping”, in L. Olsson and T. L. Tryggestad, *Women and International Peacekeeping* (2001), p. 23.

业——并且在现在的结构性条件下，受影响的主要是妇女。外交部门和国际组织中的男性主导，产生了封闭的男性网络，也因此更青睐男性候选人。

（四）直接与间接歧视

在国际代表性问题上的直接歧视明显地体现在妇女被排除在可能承担国际职责的公职之外，如军队中的某些职位。[59] 一个缔约国拒绝接受来自其他国家的女性外交官同样构成歧视，尤其与第2条相违背。[60] 间接歧视非常广泛，例如外交部门在上文所述条件下的招募和晋升要求。

（五）交叉歧视

第8条要求缔约国增加少数民族、土著群体妇女的参与度，因为所有的政治和公共机构均应全面代表一国的多样性。[61] 委员会还要求提交少数妇女参与政治和公共事务的分类统计数据。[62]

五　缔约国的义务

（一）义务的性质

1. “一切适当措施”

第8条要求的“一切适当措施”包括《公约》第2、4、5条所规定的

---

[59] 例如，在澳大利亚、新西兰、意大利、葡萄牙、西班牙、英国、美国。

[60] 第23号一般性建议，第31段；CEDAW/C/MDV/CO/3，对马尔代夫的结论性意见（2007年2月2日），第12段。

[61] CEDAW/C/FRA/CO/6（2008），对法国的结论性意见，第25段；CEDAW/C/NLD/CO/4（2007），对荷兰的结论性意见，第18段。

[62] CEDAW/C/NZL/CO/6（2007），对新西兰的结论性意见，第31段；CEDAW/C/COL/CO/6（2007），对哥伦比亚的结论性意见，第26、27段；CEDAW/C/SUR/CO/3（2007），对苏里南的结论性意见，第26段；CEDAW/C/NOR/CO/7（2007），对挪威的结论性意见，第24段；CEDAW/C/NLD/CO/4（2007），对荷兰的结论性意见，第18段。

229 一般要求。根据第 8 条承担的尊重、保护和实现的义务，要求采取一系列立法及行政措施和方案以及暂行特别措施。

2. 适用暂行特别措施的必要性

鉴于对平等的形式保障并不充分，在几乎所有的国际平台上妇女的代表性仍然严重不足，显然需要暂行特别措施。委员会第 23 号和第 25 号一般性建议的论证同样适用于第 8 条。[63] 缔约国有义务采取暂行特别措施，这对实现包括国际一级的公共和政治领域的实质平等非常必要，且最为适当。[64] 许多暂行特别措施适用于对第 8 条的执行，包括招募、定向、财政援助以及为外交部门或类似代表岗位的潜在候选人提供培训；开展旨在实现平等参与的运动，设定基准、时间表、数量目标以及配额。[65] 在为国际组织职位制定提名名单时适用配额制尤其合适。然而，欧洲人权法院在关于欧洲人权法院法官选举的咨询意见中声称，尽管有《公约》第 4、7、8 条的规定，但是对候选人提名的配额要求在必要时可以有例外。[66]

3. 立即执行与逐步执行

为执行第 8 条，缔约国必须保证为男女参与国际事务提供实质上相同的机会。与第 7 条（b）项类似，第 8 条产生的义务中尊重和保护的义务必须立即执行。实现男女在国际层面机会均等的义务要求缔约国采取具体措施，该目标本身只能逐步得到执行。缔约国应向委员会报告所采取的措施，供委员会在审议对话中予以评估。

---

[63] 参见对第 7 条一章的讨论。

[64] 第 23 号一般性建议，第 15 段；第 25 号一般性建议，第 24 段。比较 CEDAW/C/GIN/CO/6 (2007)，对几内亚的结论性意见，第 31 段；CEDAW/C/HUN/CO/6 (2007)，对匈牙利的结论性意见，第 25 段；CEDAW/C/IDN/CO/3 (2007)，对印度尼西亚的结论性意见，第 27 段；CEDAW/C/SCG/CO/1 (2007)，对塞尔维亚的结论性意见，第 27 段；CEDAW/C/TJK//CO/3 (2007)，对塔吉克斯坦的结论性意见，第 25 段；CEDAW/C/CUB/CO/6 (2006)，对古巴的结论性意见，第 24 段。

[65] 第 23 号一般性建议，第 15 段。

[66] 欧洲人权法院《关于某些涉及提交候选人名单以期选举欧洲人权法院法官的法律问题的咨询意见》(2008 年 2 月 12 日)；比较 A. Mowbray, "The Consideration of the Gender in the Process of Appointing Judges to the European Court of Human Rights" (2008) 8 *Human Rights L Rev* 549, 559。

（二）执行

1. 尊重义务

尊重的义务要求缔约国保证为在国际层面代表本国政府的平等机会制定宪法或法律保障，废除影响平等机会的间接和直接的歧视性立法。它要求缔约国审查现有的关于在外交部门或其他国际性代表领域招募、选拔、提拔程序的立法和做法中是否存在性别偏见。例如，对进入外交部门的年龄要求必 230
须根据男女的生活现实进行审查和设置。

2. 保护义务

第 8 条的义务可能仅由缔约国来履行，因此，第三方的介入非常少见。尽管如此，缔约国必须有效防止来自私人的干预。在根据第 8 条承担保护义务方面尚无委员会的实践。

3. 实现义务

根据第 8 条，委员会的工作主要关注缔约国的实现义务。如果通过其他途径无法实现实质平等，那么必须采取包括暂行特别措施在内的措施。国家在其报告中应当提交有关执行情况的充分信息，以及关于外交或国际组织代表团中的妇女的分性别统计数据。[67] 它们必须同时监测所采取措施的有效性、所取得的成果，并报告进展和不足。[68]

外交部门提供的职业选择宣传活动如果能将女学生作为目标群体，[69] 将会是一种有用的工具。这类宣传活动对外交部门和国际组织中的妇女给予正面宣传，设法改变所谓适合女性的职业选择的陈规定型观念，因此也应针对

---

[67] CEDAW/C/SVK/CO/4（2008），对斯洛伐克的结论性意见，第 24 段；CEDAW/C/FIN/CO/6（2008），对芬兰的结论性意见，第 22 段；CEDAW/C/FRA/CO/6（2008），对法国的结论性意见，第 25 段。

[68] CEDAW/C/KOR/CO/6（2007），对韩国的结论性意见，第 24 段；CEDAW/C/BEL/CO/6（2008），对比利时的结论性意见，第 20、21 段。

[69] CEDAW/C/BEL/CO/6（2008），对比利时的结论性意见，第 22 段。

一般公众开展。它们应强调妇女平等参与公共事务的重要性。[70]

缔约国有义务增加为从事外交服务行业而进行学习的女性人数。[71] 面向女学生的奖学金尤其重要。类似的，高级中学中针对年轻女生的教育项目（“管道工程”）将会对妇女如何社会化并承担领导角色产生变革性的影响。

国际职位招募中的积极措施必须明确论及女性，并优先考虑女性候选人。选拔、招募和晋升妇女的目标和基准应配合这些措施。缔约国应当确定并废除妇女在外交部门就业过程中遇到的障碍。它们必须支持鼓励男女平等分担家庭责任的措施，为育儿提供补偿，并设法安排兼职或其他时间灵活的工作模式。

缔约国有义务以其影响力支持在制定法规及向国际组织任命工作人员时以平等为核心。

（三）可诉性

第8条包含“采取一切适当措施”以达到特定目标的义务，无进一步
231 的条件限制。对措施的评价可以通过评估妇女在外交部门中的人数以及缔约国在任命妇女担任国际组织职位方面的记录来实现。鉴于缔约国义务的范围已经足够明确，这些问题在国际层面是可诉的。[72] 缔约国的表现在国家一级也是可诉的，已经有国内诉讼指向第8条下的义务。[73]

---

[70] CEDAW/C/MWI/CO/5（2006），对马拉维的结论性意见，第26段；CEDAW/C/GAB/CC/2-5（2005），对加蓬的结论性意见，第34段；CEDAW/C/VUT/CO/3（2007），对瓦努阿图的结论性意见，第27段；CEDAW/C/GUA/CO/7（2009），对危地马拉的结论性意见，第26段；CEDAW/C/BRA/CO/6（2007），对巴西的结论性意见，第26段；CEDAW/C/KGZ/CO/2（2004），对吉尔吉斯斯坦的结论性意见，第165段。

[71] CEDAW/C/CHI/CO/4（2006），对智利的结论性意见，第14段。

[72] A. Byrnes and J. Connors, "Enforcing the Human Rights of Women: A Complaints Procedure for the Women's Convention? Draft Optional Protocol to the Convention on the Elimination of All Forms of Discrimination against Women" (1996) 21 *Brooklyn Int'l L* 679, 728.

[73] 参见 Secretary of the Dep't of Foreign Affairs & Trade v Styles［1989］EOC 第92段（质疑外交部门作出的海外职位决定）。

（四）保留

尚无针对第 8 条的保留。然而，对继承王室头衔及服兵役的保留与第 8 条有关，因为这些职能包含国际层面的代表职责。

233

第九条*

1. 缔约各国应给予妇女与男子有取得、改变或保留国籍的同等权利。它们应特别保证，与外国人结婚或于婚姻存续期间丈夫改变国籍均不当然改变妻子的国籍，使她成为无国籍人，或把丈夫的国籍强加于她。

2. 缔约各方在关于子女的国籍方面，应给予妇女与男子平等的权利。

一　概述…… 305

二　准备工作…… 307

三　解释问题…… 309

（一）第 9 条第 1 款对妇女国籍的平等与非歧视 …… 311

1. 消除依附性国籍概念 …… 314

（二）第 9 条第 2 款儿童国籍平等 …… 317

（三）获得护照的权利与第 9 条 …… 319

四　本条语境中的平等…… 320

（一）形式平等 …… 320

（二）实质平等 …… 321

（三）交叉歧视 …… 321

五　缔约国的义务…… 323

（一）义务的性质 …… 323

* 感谢 Allison Sherrier 对第 9 条和第 15 条两章研究的协助。

（二）执行 …………………………………………………………………… 324
1. 尊重和保护的义务 ………………………………………………… 324
2. 实现义务 ………………………………………………………………… 324
（三）保留 …………………………………………………………………… 326

一 概述

《公约》第 9 条讨论的是缔约国有义务赋予妇女在本人国籍及其子女国籍方面与男子平等的权利。“国籍”一词在历史上区别于“公民身份”（citizenship），被认为具有更广泛的含义。①“国籍”是一个国际法概念，据此个人与某一主权国家的联系受到认可，并在与其他国家的关系中得到该主权国家的国际保护。公民身份是拥有一国或其国内管辖范围内的正式成员资 234
格的权利。因此，国籍被认为是一个国际法术语，不同于某个国家国内管辖范围内及其法律体系内的公民身份。然而，“作为一个保障个人在国家和国际领域权利的工具”，国籍和公民身份已经被视为同义词。② 委员会第 21 号一般性建议阐明《公约》中的“国籍”一语包括公民身份的概念，在使用时二者被视为具有相同含义。该一般性建议承认“国籍对于一个社会的全面参与非常关键”，并举例说明因缺乏“国民或公民身份”而被否定国内管辖范围的权利的情况。③

“民族”（nation）一词被世界范围内许多非西方社会广泛用于描述它们作为一个有着共同民族、宗教或文化身份的群体的关联性。一个国家内的部落或少数群体可能将自己描述为“一个民族”，有时用以主张自决权或国内的领土范围。第 9 条源自西方国际法传统，并没有包含民族的概念。当缔约

① 国际法协会第 69 届会议报告《关于国际法中的妇女平等和国籍的最终报告》，2000 年，伦敦，第 248 ~ 304 页，特别是第 258 ~ 259 页；联合国妇女地位司，经济和社会事务部，《2000 年及以后的妇女：妇女国籍与公民身份》，2003 年 6 月，第 2 ~ 22 页。

② H. Lauterpacht, “Foreword to the First Edition”, in P. Weis (ed.), *Nationality and Statelessness in International Law*, 2nd edn. (1979), p. xi.

③ 第 21 号一般性建议，第 5 ~ 6 段。

国在适用该条规定的男女国籍平等的普遍规范时，它们面临的挑战是要在尊重国内基于民族、宗教和文化多样性的少数群体权利这一相竞争的主张背景下适用普遍规范。

第9条的文本回应了受到关于家庭关系的英国普通法和大陆法影响的法律制度的发展。[④] 英国普通法上关于已婚妇女的“保护”概念或法学家布莱克斯通（Blackstone）所描述的妇女在其丈夫的“羽翼之下”，意味着妇女没有独立的个人身份。[⑤] 缺乏个人身份以及男性作为养家糊口者/户主的概念造成了已婚妇女的国籍从属性，或她的国籍完全根据其丈夫的国籍来确定。接下来，子女的国籍通过与其原生家庭的联系来取得，也源于已婚男性。鉴于母亲在出生时即已确定，与母亲的原生关系决定着一个非婚生子女的法律地位。大陆法传统受到罗马法父权制（patria potestas）的影响，但并不承认保护的概念。然而，大陆法中丈夫的婚姻权力、优先监护权以及非婚姻关系的非法性，创造了类似的规范。[⑥] 毫不奇怪，许多受到这些法律概念影响的国内法律制度承认已婚妇女国籍从属、无能力将其国籍传递给子女的原则。

国籍法中的性别偏见问题成为早期女权主义者追求平等和不得以性别为由进行歧视运动的组成部分。因此，消除该领域的歧视与妇女更广泛地进入
235 公共事务的权利间的联系很早便得以确立。[⑦] 国籍被认为是一项“获取权利的权利”，对于性别平等、政治参与、妇女在公私领域享有人权以及作为一国的完全成员都至关重要。[⑧]

关于妇女国籍权的国际法发轫于20世纪30年代。该问题于1930年在

④ 《关于国际法中的妇女平等和国籍的最终报告》（前注1）。

⑤ W. Blackstone, *Commentaries on the Laws of England*, 16th edn. (1825), pp. 366, 454 - 459.

⑥ 同上注。另见 Lord Advocate v Jaffrey [1921] AC 146, Attorney General for Albert v Cook [1926] AC 144; H. R. Hahlo and E. Kahn, *The South African Law of Husband and Wife*, 5th edn. (1985), p. 13; E. Spiro, *Law of Parent and Child*, 4th edn. (1985)。

⑦ K. Knop and C. Chinkin, “Remembering Chrystal Macmillan: Women's Equality and Nationality in International Law” (2001) 22 *Michigan J of Intl L* 523, 524;《关于国际法中的妇女平等和国籍的最终报告》（前注1）。

⑧ Perez v Brownell 356 US 44, 64 (1958); Knop and Chinkin（前注7）; A. Shachar, “The Worth of Citizenship in an Unequal World” (2007) 8 *Theoretical Inquiries in Law* 367。

海牙编纂大会上被提出来，随后在国际联盟内部进行了一场制定消除国籍法中的歧视的独立条约的运动。1933 年由美洲间委员会通过的《蒙特维的亚妇女国籍公约》[9] 规定该委员会有处理妇女公民和政治平等问题的职权。[10]《世界人权宣言》第 2、7、15 条也承认国籍是所有男人和女人的一项人权，作为实现基于性别的平等和非歧视的一个维度非常重要。

妇女国籍的国际标准的演进反映了家庭关系规则的变化，后者曾阻碍妇女享有平等的公民权。第一部影响妇女国籍的公约是《已婚妇女国籍公约》,[11] 该公约第 1 条规定，结婚、丈夫改变国籍或者解除婚姻均不得自动影响妻子的国籍。

《消除对妇女歧视宣言》第 5 条紧随第 4 条关于政治权利的规定，专门规定了国籍，强调平等的国籍权是一项重要的公民身份平等、享有一国完全成员身份的公民和政治权利，赋予妇女在私人和公共生活的所有领域平等权。然而，与 1957 年公约类似，《消除对妇女歧视宣言》关注的是与婚姻相关的妇女国籍权这一私领域的特定问题，解决的是可能由适用歧视性的国籍法引起的双重国籍或无国籍问题。[12] 国籍权作为公共领域平等的公民权利和政治权利的一个维度，它与家庭和私法中对妇女角色的陈规定型态度之间的关联，依然是第 9 条以及不断演进的关于妇女国籍权的国际法标准的重要方面。

二　准备工作

参与起草《公约》的国家在讨论第 9 条第 1 款时参考了《消除对

---

⑨ 参见第 7 次美洲国家国际会议通过的《国家权利与义务公约》（蒙得维的亚公约）（1933 年 12 月 26 日通过，1934 年 12 月 16 日生效），165 LNTS19。

⑩ 《关于国际法中的妇女平等和国籍的最终报告》（前注 1）；Knop and Chinkin（前注 7）。

⑪ 《已婚妇女国籍公约》（1957 年 1 月 29 日通过，1958 年 8 月 11 日生效），209UNTS65，第 1、3 条。

⑫ 《消除对妇女歧视宣言》第 1、3 条。

236 妇女歧视宣言》第5条以及《已婚妇女国籍公约》的规定。[13] 鉴于国内法律制度在处理国籍问题上的多元方法，以及协调伊斯兰司法制度中的宗教教义与统一标准之间的困难，当初曾讨论过是否要纳入国籍问题。最终，起草者们就纳入一条国籍条款达成了共识，该条款涵盖了获得、变更、保留国籍，婚后的归化程序，将国籍传递给子女等问题。

关于是否应在取得、变更或保留国籍以及婚后归化程序中用性别中立的语言，如用“个人”或“配偶”来替代“妇女”，存在一些不同意见。加拿大希望使用性别中立的语言，这样也可以包括男性的权利。[14] 比利时和肯尼亚也支持这一做法。[15] 其他代表认为，《已婚妇女国籍公约》关注的是专门针对妇女权利的标准，如果使用性别中立的语言将冲淡这一关注点。最终的用语由苏联提议，为妇女的国籍平等权设立了一个总括标准，并特别要求消除任何依附国籍的概念。对男女双方权利的关切通过接受墨西哥的一个修正案得到了解决，即在宣明获得、改变和保留国籍时将男性作为比较对象。[16]

最初的提议还包括建议允许缔约国以国家安全、公共政策等为由限制归化程序。[17] 但这些提议未获接受。

原始提议中有一份提到承认妇女在将国籍传递给子女方面拥有与男性平等的权利。对此，有批评意见认为当父母对将谁的国籍传递给子女存在分歧时，可能导致子女具有双重国籍或成为无国籍人。[18] 最后采纳了由荷兰提交的一份折中草案，这份草案将该规范称为“在子女国籍方面”

---

⑬ L. A. Rehof, *Guide to the Travaux Preparatoires of the UN Convention on the Elimination of All Forms of Discrimination against Women* (1993), p. 103; T. Junko, “Article 9: Equality with Respect to Nationality”, in Japanese Association of International Women’s Rights (ed.), *Convention on the Elimination of All Forms of Discrimination against Women: A Commentary* (1992), pp. 163, 164 – 169.

⑭ E/CN. 6/591 (1976)，第92段；E/CN. 6/SR. 638 (1976)，第75段。

⑮ E/CN. 6/591/Add. 1 (1976)，第4段。

⑯ Rehof（前注13），第105页。

⑰ 同上注。

⑱ A/C. 3/32/L. 59 (1977)，第158～159段。

妇女与男性享有平等权利。这种表述表明，父亲的国籍并非其子女国籍的唯一决定因素，但并未特别提到父母双方自行决定将国籍传递给子女的权利。[19] 这还意味着不承认通过血统传递国籍的国家可以通过父母双方传递国籍。

伊斯兰国家对子女国籍问题表达了不同的意见。巴基斯坦提到妇女依据伊斯兰教有权获得法律能力和监护能力，因此支持国籍条款，[20] 但阿拉伯叙利亚共和国强调子女自动获得父亲的国籍。[21]

三 解释问题 237

《公约》是首个同时特别提到妇女自己及其对子女的国籍权的国际条约。《公约》不仅反映了国籍权的历史，也开辟了新天地。它在《公约》第二部分第 9 条纳入了妇女的国籍平等权，其他条款规定了公民及政治权利。第 9 条第 1 款承认妇女作为社会中与男子平等的伙伴，国籍对其全面参与政治和享有发言权至关重要。平等公民身份是赋予妇女权利和承认妇女作为本国完整一员而享有全部权利的身份的基本方面。第 21 号一般性建议强调了赋予妇女权利和国籍之间的联系，声明“国籍对于［妇女］充分参加社会生活至为重要”，“没有国民或公民地位，妇女就没有选举或担任公职的权利，并且可能无从获得公共福利和选择居所”。[22] 这巩固了《公约》规定的妇女人权不可分割的概念，具体到本条就是国籍权与行使公民权利和政治权利以及诸如获得教育、保健和住房等经济、社会权利之间的联系。

第 9 条第 1 款令消除妇女依附性国籍运动达到了高潮。第 9 条第 2 款专门解决了早先的国籍标准欠缺的一个方面，即承认妇女在子女国籍方面与男

---

⑲ Rehof（前注 13），第 107 页。

⑳ E/CN. 6/606（1976），第 2 页。

㉑ A/C. 3/34/SR. 79（1979），第 35 段。

㉒ 第 21 号一般性建议，第 6 段。

子平等的权利。因此,《公约》致力于消除通过合法婚姻创建的男性户主/养家糊口者家庭单位中所有家庭成员拥有一个国籍的观念,因其对女性的国籍权产生了消极影响。国籍不仅涉及妇女身份和充分参与政治进程和公共事务的问题,而且对承认男女作为家庭平等成员或伙伴关系的责任至关重要。《公约》通过十年后,《儿童权利公约》纳入了相同的价值,在家庭中共同分担父母责任,承认了家庭关系中的性别平等与儿童权利之间的关系。《公约》其他条款对此也有规定。

《公约》在制定这些标准的过程中形成的规范要求全面推翻只关注单个男性户主/养家糊口者的法律制度对家庭关系的处理方式。在这个意义上,第 9 条的私法维度巩固了《公约》第 5 条和第 16 条的规范,要求消除基于男性优越观念的陈规定型态度,规定家庭中平等的作用和责任。[23] 委员会在第 21 号一般性建议中确认并强调了国籍与家庭关系的联系。一般性建议提及国籍问题并对第 9 条作出分析,认为它"对妇女在家庭中的地位具有特别重要意义"[24],实际上承认了在许多国家,关于妇女在家庭中的作用和责任的父权制价值观念阻碍了缔约国消除国籍法中与妇女自身及其子女相关的歧视性规定。

238 以男性为参照对象,将其作为第 9 条各款中的平等和非歧视标准,强调了公民身份和地位对男女的重要性。然而,第 9 条的用语并不是性别中立的,而是关注在实现平等获得国籍的标准时,需要考虑妇女状况的特质。对第 9 条第 1 款和第 2 款的讨论表明,消除这一歧视可能确实涉及将国籍传递给妇女及其子女的措施。根据国际法,每一主权国家有权按照关于公民身份和移民的国内法酌情决定谁是自己的国民,以及授予国籍的前提条件。《公约》阐明,这一自由裁量权现在受到根据国际人权法[25]和区域人权文件[26]实

㉓ 参见第 5 条关于消除刻板印象的讨论。

㉔ 第 21 号一般性建议,第 5～6 段。

㉕ "11 月 8 日在突尼斯和摩洛哥颁布的国籍法令",咨询意见(1923 年)常设国际法院 B 系列,第 4 号,第 24 页;"诺特鲍姆案"(1955),ICJ Rep 4;I. Brownlie, *Principles of Public International Law*, 7th edn. (2008), p. 573。

㉖ 《非洲人权和民族权宪章》第 1、20 条;《非洲妇女权利议定书》第 6 条(g)、(h)项。

现平等标准的义务的限制。

第 9 条第 1 款并非保证妇女获得某一缔约国国籍的权利。在这方面它与区域文件不同，后者赋予每个人在无权获得任何其他国籍的情况下获得出生地国国籍的权利。[27]《公约》条款与其他的一些国际公约以及《世界人权宣言》第 15 条第 1 款也有所不同。《公民及政治权利国际公约》第 24 条第 3 款以及《消除一切形式种族歧视国际公约》第 5 条（d）（iii）项承认了享有国籍的权利。《儿童权利公约》第 7 条第 1 款规定了儿童获得国籍的权利。《公约》只要求不以可能构成对妇女基于性别的歧视的专断方法传递国籍。

（一）第 9 条第 1 款对妇女国籍的平等与非歧视

大多数国家在其国内管辖权内确定了如何取得国籍的一般原则。这些原则被描述为血统——国民与其后代的血缘关系，或出生地——出生于一国领土之内。有些国家在国籍传递方面可能兼采这两个原则。[28]

当国籍的取得完全以出生在一国内为基础时，男人、女人、儿童，无论性别都可以获得这一地位，当然，以出生地决定国籍这一性别中立的原则也可能对妇女产生歧视性的影响并导致间接歧视。然而，按血统取得国籍的原则，除非能够将其解释得与《公约》的性别平等规范相协调，否则往往会强化获取国籍过程中的歧视性做法。

在一国司法管辖范围内，将按血统取得国籍解释为完全与已婚家庭中的丈夫或父亲相关联，而仅在非婚姻家庭才与母亲相关联的做法，可以追溯到源于英国普通法或罗马大陆法传统的父权制法律价值。如此一来，国籍法在解释家庭团结和决定婚生子女通过生物联系和父亲的血统取得国籍时必将反
映家庭关系中的父权制观念。委员会对许多亚洲、非洲和中东国家的结论性 239

[27] 《欧洲国籍公约》（1997 年 11 月 6 日开放签字，2000 年 3 月 1 日生效），ETS166 第 4 条（a）项；《非洲人权和民族权宪章》第 20 条。

[28] Brownlie（前注 25），第 388 ~ 391 页；Shachar（前注 8）。

意见[29]以及学术研究[30]揭示了殖民主义如何影响法律制度并强化英国普通法和大陆法的做法，这也影响了国籍法。

在许多新独立的国家，妇女与男人一道参与了对自由的抗争。然而，这些国家在摆脱了殖民统治进入新独立时代的开端以及通过新宪法之际，却未能承认妇女的平等权，包括作为一国正式成员的政治参与权和发言权，这在某种程度上重述了新的精英阶层所认可的“传统”家庭价值或一种对殖民主义法律价值不加审查的自动接受。

第 21 号一般性建议以及委员会的结论性意见[31]确认这种对以血统确定国籍进行带有性别偏见的解释违反了第 9 条第 1 款。这也与第 15 条和第 16 条关于妇女法律能力的平等权及其在家庭关系中的平等权相冲突。以血统确定国籍的观念，若想符合《公约》第 9 条第 1 款，就必须根据与母亲有生

---

[29] A/63/38，2008 年第 41 届会议，对尼日利亚的结论性意见，第 316 段；A/63/38，2008 年第 40 届会议，对布隆迪的结论性意见，第 127 ~ 128 段；A/63/38，2008 年第 40 届会议，对黎巴嫩的结论性意见，第 202 段；A/63/38，2008 年第 40 届会议，对摩洛哥的结论性意见，第 215、252 段；A/62/38，2007 年第 39 届会议，对约旦的结论性意见，第 182 段；A/62/38，2007 年第 38 届会议，对巴基斯坦的结论性意见，第 254、265 ~ 266 段；CEDAW/C/KEN/CO/6（2007），对肯尼亚的结论性意见，第 32 段；CEDAW/C/GHA/CO/5（2006），对加纳的结论性意见，第 25 ~ 26 段；CEDAW/C/MYS/CO/2（2006），对马来西亚的结论性意见，第 9 ~ 14 段；CEDAW/C/JPN/CO/6（2009），对日本的结论性意见，第 6 段。

[30] A. E. Mayer, "Reform of Personal Status Laws in North Africa: A Problem of Islamic or Mediterranean Laws" (1995) 49 *Middle East J* 432; S. Sardar Ali, "A Comparative Perspective of the Convention on the Rights of the Child and the Principles of Islamic Law: Law Reform and Children's Rights in Muslim Jurisdictions", in *Protecting the World's Children* (2007), pp. 141 – 148; S. Sardar Ali (ed.), *Conceptualising Islamic Law, CEDAW and Women's Human Rights in Plural Legal Settings*, UNIFEM South Asia Regional Office New Delhi (2006); P. Kasemsup, "Reception of Law in Thailand—a Buddhist Society", in M. Chiba (ed.), *Asian Indigenous Law in Interaction with Received Law* (1986), p. 267; E. S. Yassin, "Development of Plural Structures of Law in Egypt", in M. Chiba (ed.), *Asian Indigeous Law in Interaction with Received Law* (1986), p. 13.

[31] A/63/38，2008 年第 41 届会议，对尼日利亚的结论性意见，第 316 段；A/63/38，2008 年第 40 届会议，对布隆迪的结论性意见，第 128 段；A/63/38，2008 年第 40 届会议，对黎巴嫩的结论性意见，第 202 段；A/63/38，2008 年第 40 届会议，对摩洛哥的结论性意见，第 252 ~ 253 段；CEDAW/C/SAU/CO/2（2008），对沙特阿拉伯的结论性意见，第 27 ~ 28 段；A/62/38，2007 年第 39 届会议，对约旦的结论性意见，第 182 段；A/62/38，2007 年第 38 届会议，对巴基斯坦的结论性意见，第 265 ~ 266 段；CEDAW/C/KEN/CO/6（2007），对肯尼亚的结论性意见，第 32 段；CEDAW/C/GHA/CO/5（2006），对加纳的结论性意见，第 25 ~ 26 段；CEDAW/C/JPN/CO/6（2009），对日本的结论性意见，第 6 段。第 21 号一般性建议，第 2、6、9、10 段。

物学联系的证据，或在证明或承认生物亲子关系的基础上进行解释。家庭法和家庭政策中否定婚生或非婚生子女与母亲或父亲的生物学联系而进行的父权制杜撰不得再用以解释国籍法中的血统主义。鉴于养子女将获得养父母亲生子女的法律地位，这样的孩子也将从血统主义中获益。[32]

国籍还可以通过归化程序取得。国家有权决定这些程序以及申领居民签证的要求。第 21 号一般性建议阐明，根据第 9 条第 1 款，“成年妇女应能改变国籍”。[33] 然而，一些国家对已婚男人和已婚女人适用不同的标准。例如，在这些国家，外国妇女与本国男子结婚，可以通过选择或降低要求归化为本国公民，而外国男子与本国妇女结婚则必须满足严格的条件才可归化为公民。这些区别建立在男人是养家糊口者和已婚家庭的户主的法律概念基础 240
上，国家担心外国男性更有可能凭借自己的性别而利用经济机会。他们歧视妇女以及妇女不同国籍的结婚对象，尤其歧视公民配偶中的女性。

区域法院及人权事务委员会关于国籍的法理在解释一般性保障平等时，也阐明在签证和归化程序中对与本国男子结婚的外国妻子和与本国妇女结婚的外国丈夫的区别对待，构成基于性别的歧视。[34] 一些国内法院以平等和非歧视的宪法保障为依据拒绝执行签证要求中的区别，判定这些区别构成基于性别的歧视和对妇女平等权的否定。[35] 然而，巴基斯坦最高法院给出了不同的解释。该法院的关注点是与巴基斯坦男性结婚的外国妇女获得的好处，认

㉜ Brownlie（前注 25），第 392 页。

㉝ 第 21 号一般性建议，第 6 段。

㉞ CEDAW/C/THA/CO/5（2006），对泰国的结论性意见，第 31～32 段；CEDAW/C/EGY/CO/7（2010），对埃及的结论性意见，第 37 段；A/59/38，2004 年第 31 届会议，对孟加拉国的结论性意见，第 249～250 段；Abdulaziz，Cabales 与 Balkandali 诉英国，第 9214/80，9473/81，9474/81 号申请，（1985）7 EHRR 471；《哥斯达黎加宪法归化条款修正议案》，美洲人权法院，OC－4/84 号咨询意见，A 系列第 4 号（1984）；A/36/40，人权事务委员会第 35/1978 号来文（1981），In re Aumeeruddy-Cziffra 诉毛里求斯。

㉟ Meera Gurung 诉移民部，尼泊尔最高法院第 4858 号决定，NLR2051（1994）；D' Souza 诉总检察长、Fisher 诉入境管理局，斯里兰卡未报道案例，引自 S. Goonesekere（ed.），*Violence, Law and Women's Rights in South Asia*（2004），p. 46；Unity Dow 诉博茨瓦纳总检察长，（1992）LRC Const 623（CA，Botswana）；Rattigan 与其他人诉入境管理局局长，（1994）2 ZLR54；Salem 诉入境管理局局长，（1994）2 ZLR28，后续案件有 Kohilhas 诉入境管理局局长，（1997）2 RLR441；Hambly 诉入境管理局局长，（1999）9 BCLR966（ZS，Zimbabwe）。

为这构成对这些妇女的积极歧视，拒绝接受如下抗辩：否定与巴基斯坦妇女结婚的外国男性的权利侵犯了关于性别平等的宪法规范。后来巴基斯坦修改国籍法，允许子女获得母亲的国籍，但依然保留了歧视女性配偶的条款。[36]

第 9 条第 1 款所保障的权利除得到区域和国内法院的巩固外，对国籍的非歧视权还经由相关权利的司法解释得到强化。博茨瓦纳和津巴布韦的国内法院运用国内宪法及其他法律所保障的妇女移徙自由以及选择居所的权利、与家人团聚的权利以及配偶对家庭支持的贡献，来质疑行政机关拒绝向女性国民的配偶颁发居住签证。[37] 这些权利也被其他主要的决定引用。[38] 南非宪法法院也以妇女的尊严权来质疑在签证程序中专断的自由裁量权，判定其干
241 扰了家庭生活。[39] 这一法理和第 21 号一般性建议说明了一般性的平等规范、《公约》的其他人权保障（尤其是第 15 条第 4 款和第 16 条）是如何强化第 9 条第 1 款的国籍权的。

1. 消除依附性国籍概念

破坏平等权和个人自治的已婚妇女依附性国籍原则被标准的国际公法教科书表述为若干非自愿归化的“原则”之一，[40] 而实际上它根植于对家庭的父权制观念。如果已婚妇女处于“保护”或婚姻权力之下，当她与外国人结婚时她将成为“他者”，而一个外国已婚妇女将被吸收到她丈夫的国家中。在伊斯兰法或亚洲和非洲的习惯法中并未包含同样的原则，但它们受到殖民者的普通法或大陆法的影响，认为传递国籍是男性独享的特权。[41]

---

[36] 1994 年第 275 号诉状，Sharifan 诉巴基斯坦联邦，（1998） Lahore 59（巴基斯坦高等法院）；1951 年巴基斯坦国籍法（第 5 条作了修正，但第 10 条第 2 款关于外国配偶的歧视依然存在）；Sardar Ali，*Conceptualising Islamic Law*（前注 30），第 348 页。

[37] Unity Dow 诉博茨瓦纳总检察长（前注 35）；Rattigan 与其他人诉入境管理局局长（前注 35）；Salem 诉入境管理局局长（前注 35）；Hambly 诉入境管理局局长（前注 35）。

[38] Abdulaziz，Cabales 与 Balkandali 诉英国（前注 34）；《哥斯达黎加宪法归化条款修正议案》（前注 34）；In re Aumeeruddy-Cziffra 诉毛里求斯（前注 34）。

[39] Dawood 诉内政部长，（2000） 3 SA936。

[40] 例如，Brownlie（前注 25），第 391 页。

[41] Mayer（前注 30）；Sardar Ali，“A Comparative Perspective of the Convention on the Rights of the Child and the Principles of Islamic Law”（前注 30）；Sardar Ali，*Conceptualising Islamic Law*（前注 30）。

第21号一般性建议以及委员会的结论性意见[42]强调，在接受殖民者法律传统的国家有必要修改关于家庭关系的法律，以营造拒绝依附性国籍规则的改革环境。

第9条第1款的用语特别强调缔约国保护已婚妇女国籍的义务，呼吁缔约国应“特别”保证，“与外国人结婚或于婚姻存续期间丈夫改变国籍均不当然改变妻子的国籍，使她成为无国籍人，或把丈夫的国籍强加于她”。

妻子的无国籍，包含妇女在结婚时丧失了本来的国籍，而当她无法获得丈夫的国籍或她虽在结婚时获得了丈夫的国籍但因后来解除婚姻关系而失去国籍从而成为无国籍人的可能性。第21号一般性建议承认这种无国籍的风险，强调国籍“不应由于结婚或婚姻关系的解除或由于丈夫或父亲改变国籍而被专横地改变”。[43] 因此，第9条第1款补充了关于减少无国籍人的国际文件，[44] 这个问题对受到移徙影响和人口贩运的受害妇女而言尤为重要。

委员会很少讨论无国籍问题。2009年委员会与联合国难民事务高级专员召开联合会议，旨在弥合这一缺口。[45] 联合会议的背景文件提出一些方 242

[42] A/63/38，2008年第41届会议，对尼日利亚的结论性意见，第316段；A/63/38，2008年第40届会议，对布隆迪的结论性意见，第127段；A/63/38，2008年第40届会议，对黎巴嫩的结论性意见，第202段；A/63/38，2008年第40届会议，对摩洛哥的结论性意见，第215、252段；CEDAW/C/SAU/CO/2（2008），对沙特阿拉伯的结论性意见，第27~28段；A/62/38，2007年第39届会议，对约旦的结论性意见，第182段；A/62/38，2007年第38届会议，对巴基斯坦的结论性意见，第265~266段；CEDAW/C/KEN/CO/6（2007），对肯尼亚的结论性意见，第32段；CEDAW/C/GHA/CO/5（2006），对加纳的结论性意见，第25~26段；CEDAW/C/MYS/CO/2（2006），对马来西亚的结论性意见，第13~14段；CEDAW/C/JPN/CO/6（2009），对日本的结论性意见，第6段；A/56/38，2001年第25届会议，对几内亚的结论性意见，第124~125段；A/56/38，2001年第24届会议，对埃及的结论性意见，第330段；A/56/38，2001年第24届会议，对牙买加的结论性意见，第209、214段；A/56/38，2001年第25届会议，对越南的结论性意见，第235段；CEDAW/C/SGP/CO/3（2007），对新加坡的结论性意见，第26段。

[43] 第21号一般性建议，第6段。

[44] 《减少无国籍人公约》（1961）；《世界人权宣言》第15条第1款；《公民及政治权利国际公约》第24条第3款；《消除一切形式种族歧视国际公约》第5条（d）（iii）项。

[45] PPLAS/2009/02，联合国难民事务高级专员《流离失所、无国籍人与〈消除对妇女一切形式歧视公约〉下的性别平等》（2009年8月），第1、38页。可访问 http://www.unhcr.org/refworld/docid/4a9aa9bd2.html，访问日期2010年12月31日；CEDAW/C/BTN/CO/3（2004），对不丹的结论性意见，第127~128段。

法，委员会可以通过更有力地执行《公约》关于国籍权方面性别平等的规范来协助确保减少无国籍人。[46]

第9条第1款重申了《已婚妇女国籍公约》第1条，将已婚妇女依附性国籍的概念替换为妇女在这方面享有自治权并独立于其丈夫。因此，无论是庄严的婚姻还是婚姻的解体，抑或是丈夫后来通过归化获得国籍，均不应影响妻子的国籍。然而，第9条第1款并未保留《已婚妇女国籍公约》中关于仅有本国公民的外国妻子有权通过归化程序获得其丈夫国籍的规定。[47] 上文提到的关于签证和归化程序的法理已澄清，这类法律和程序构成对公民配偶基于性别的歧视，尽管它们给人以一种保护妇女权利的印象。委员会也反复申明这一立场，[48] 并表明这样的规定违反了第9条第1款。

一些缔约国对外国配偶的归化作出规定，这可能置已婚妇女遭受暴力或虐待的险境，尤其是那些被贩卖或在移徙就业情况下进入象征性婚姻的妇女在等待获得丈夫国籍期间。委员会已经指出存在这种可能性，并要求缔约国对此作出回应。[49]

第9条第1款不能按照不利于已婚妇女的方式进行解释，已婚妇女有权在国籍方面行使个人选择权。第9条第1款促进了允许已婚妇女在其丈夫及子女居住的国家生活和工作，同时保留她的国籍的双重国籍概念及居民签证规定。不能因为她希望与家人一起生活而使其面临失去她自己国籍的压力。与签证规则有关的平等和非歧视的法理[50]对解释第9条第1款的标准及第21

---

[46] 联合国难民事务高级专员（前注45），第57~58页。

[47] 《已婚妇女国籍公约》第3条第1款。

[48] 参见本章第三部分标题一的讨论。另见国内法院的案例：Meera Gurung诉移民部（前注35）；D' Souza诉总检察长（前注35）；Fisher诉入境管理局（前注35）；Unity Dow诉博茨瓦纳总检察长（前注35）；Rattigan与其他人诉入境管理局局长（前注35）；Salem诉入境管理局局长（前注35）；Hambly诉入境管理局局长（前注35）。CEDAW/C/THA/CO/5(2006)，对泰国的结论性意见，第31~32段；A/63/38，2008年第40届会议，对摩洛哥的结论性意见，第252段。

[49] Knop and Chinkin（前注7）；《关于国际法中的妇女平等和国籍的最终报告》（前注1）；A/62/38，2007年第37届会议，对荷兰的结论性意见，第348段；CEDAW/C/SGP/CO/3(2007)，对新加坡的结论性意见，第26段。

[50] Abdulaziz，Cabales与Balkandali诉英国（前注34）；《哥斯达黎加宪法归化条款修正议案》（前注34）；In re Aumeeruddy-Cziffra诉毛里求斯（前注34），（另见前注35）。

号一般性建议（关于成年妇女独立选择变更或保留国籍的权利）有一定帮助。这一权利与给予妇女自愿获得其丈夫国籍的权利一样重要。[51] 如果国籍 243
法强迫妇女放弃国籍，以达到在其丈夫国籍国与其配偶或子女生活的目的，那么显然就违反了平等规则。第21号一般性建议在解释第9条时也纳入一个关于歧视的新维度，指出［成年妇女的］国籍“不得因……其父亲改变了国籍而被任意剥夺”。[52]

（二）第9条第2款儿童国籍平等

许多国家在解释以血统决定国籍时认为，婚生子女从其父亲的国籍，只有非婚生子女从其母亲的国籍。[53] 虽然《已婚妇女国籍公约》否定了妻子的依附性国籍原则，但它并未提到男女在将国籍传递给子女方面的平等权。[54]《公约》是第一个承认非歧视和性别平等规则、要求男女在“关于子女的国籍方面”享有平等权利的国际条约。尽管第9条第2款没有专门提到预防子女无国籍状态的要求，但完全通过父亲血统决定论来解释国籍可能导致父亲未知或父亲无国籍的儿童成为无国籍人。在母亲不能将国籍传递给子女的情况下，如果父亲所在国是以出生地决定国籍而子女出生在该国之外，也可能使子女面临无国籍的风险。[55]

第9条第2款补充了第9条第1款以及《儿童权利公约》第7条第1款关于儿童获得国籍的权利的规定。妇女国籍权和儿童国籍权之间存在明显的对接之处。参加与北京第四次世界妇女大会平行举行的非政府组织会议的妇女强调了基于男性偏见的对国籍的血统主义解释导致子女与其国籍不同时所面临的问题。Unity Dow 诉博茨瓦纳总检察长创造了一项具有全球重要性的判例，强调了当妇女国籍权与子女国籍权之间的联系不被承认时妇女所面临

---

[51] 参见《欧洲国籍公约》（前注27）。它是一个承认双重国籍可能性的区域文件，关注的焦点是避免无国籍人、确保国籍法的平等和非歧视性。

[52] 第21号一般性建议，第6段。

[53] Brownlie（前注25），第389、392页。

[54] Knop and Chinkin（前注7），第572页。

[55] 联合国难民事务高级专员（前注45），第40~42页。

的歧视。[56] 在妇女拥有国籍权却不能将其国籍传递给子女的情况下，妇女在子女监护、个人旅行和迁徙自由方面的一系列人权，以及子女的健康权、受教育权及获得母亲国籍国的子女支持的权利，都将受到损害。妇女作为国民的迁徙自由、尊严权、维持家庭生活、关心和支持包括子女在内的家庭成员的权利，以及这些权利所带来的责任，都可用以质疑阻止子女获得母亲国籍的国籍法和管理程序。

《公约》及《儿童权利公约》中关于其他权利的具体规定对解释《公约》第 9 条第 2 款同样有用。第 16 条第 1 款（d）项和第 15 条第 4 款以及
244 《儿童权利公约》规定的男女共同及分担父母责任的条款可被理解为包含妇女将国籍传递给子女的权利，与《公约》第 9 条第 2 款一致。类似的，儿童根据《儿童权利公约》第 7 条第 1 款享有的与其父母相联系的权利，在国籍权的维度上，与妇女不受歧视地将其国籍传递给子女的权利建立了重要联系。根据《儿童权利公约》的范围和标准，儿童不得基于国籍出身或身份而受到歧视的权利、平等获得保健服务和教育的权利、得到符合其最佳利益的决定的权利有助于国家制定赋予男女在传递国籍方面相同权利的法律和政策。[57]

《公约》的准备工作显示，起草者们之所以采用第 9 条第 2 款的用语是为了避免承认传递国籍的相同权利，因为有意见认为这在父母意见不一致的情况下可能导致子女获双重国籍或成为无国籍人。第 21 号一般性建议关于成年妇女对国籍的个人选择权[58]以及国内和区域法庭在归化和签证事项上形成的法理表明，目前对《公约》必须作出传递国籍方面权利平等的解释，即便这可能导致出现子女双重国籍的情况。委员会指出，《公约》的平等规范支持儿童的双重国籍，并非一个需要避免的问题，双重国籍的可能性并不能成为缔约国在外国父亲和本国母亲的子女出生于海外时仅依父亲国籍确定

[56] Unity Dow 诉博茨瓦纳总检察长（前注 35）；Meera Gurung 诉移民部（前注 35）。

[57] 《公约》第 15 条第 4 款，第 16 条第 1 款（c）、（d）、（f）项和第 11 条第 2 款（c）项；《儿童权利公约》第 2、3、4、18、24、28 条。另见，第 21 号一般性建议第 6 段；经济、社会及文化权利委员会第 20 号一般性意见（2009 年 5 月 25 日），E/C. 12/GC/20，第 40 段。

[58] 第 21 号一般性建议，第 6 段。

子女国籍的理由。[59] 委员会还申明不能以文化或宗教的多样性来为未能修改这方面的歧视性法律辩护。[60]

在提到男女在“其子女”国籍方面的平等权利时，第 9 条第 2 款考虑到了亲生和收养关系，因为后者寻求拟制父母子女关系。在亲生关系方面，第 9 条第 2 款和《儿童权利公约》第 2 条也不同于国际法和许多缔约国的国内法传统上接受的在国籍领域区分婚生和非婚生子女的规定。[61] 依血统决定国籍现在必须解释为依父母中任意一人的国籍决定。唯一的要求是证明存在亲子关系。委员会已经指出，承认将国籍传递给在本国出生的子女，但当父亲是外国人时又否认这一观念；或者允许母亲将国籍传递给子女但当子女出生于外国及父亲是外国人时又否认这一权利，显然都违反了第 9 条第 2 款。[62]

（三）获得护照的权利与第 9 条 245

国籍的一个属性是离开和返回国籍国的权利。《公约》第 15 条第 4 款宣明了移徙自由方面性别平等的规则。该权利与国籍一道，赋予妇女获得护照的权利（尽管根据缔约国的法律可能还需要满足其他要求，但这些要求必须是非歧视的）。缔约国在行使自由裁量权时必须与第 15 条第 4 款宣明的移徙自由的平等权保持一致。

限制妇女作为一个自治个体携带护照旅行及将未成年子女纳入其护照的权利，违反了第 9 条的规定。这些限制通常表现为需要获得丈夫或父亲的同意。国内的法理在解释对平等权和移徙自由权的宪法保障时已澄清，这些限

---

[59] A/56/38，2001 年第 25 届会议，对新加坡的结论性意见，第 75 段；A/56/38，2001 年第 25 届会议，对几内亚的结论性意见，第 124 ~ 125 段；A/55/38，2000 年第 23 届会议，对伊拉克的结论性意见，第 187 ~ 188 段。

[60] A/56/38，2001 年第 25 届会议，对新加坡的结论性意见，第 74 段；A/56/38，2001 年第 24 届会议，对埃及的结论性意见，第 318、319、326 段；CEDAW/C/MYS/CO/2（2006），对马来西亚的结论性意见，第 9 段。

[61] Knop and Chinkin（前注 7），第 548 页；联合国儿童基金会《保护世界儿童》（2007），第 34、209 页；Brownlie（前注 25），第 389、392 页。

[62] 例如马来西亚宪法第 14、15 条；1967 年修订的新加坡宪法第 122 条第 1 款和第 123 条第 2 款；A/56/38，2001 年第 25 届会议，对新加坡的结论性意见，第 75 段；A/56/38，2001 年第 25 届会议，对几内亚的结论性意见，第 124 ~ 125 段。比较 Naguyen 诉移民与归化服务局，121 S Ct 2053（2001）。

制违反了第 9 条。[63] 委员会认为，限制妇女获得单独的护照或限制将子女名字写入其护照的国内法与第 9 条第 1 款和第 2 款相违背。[64] 鉴于《公约》也规定了共同和分担父母责任，当父母对将子女带出一国管辖范围内有争议时，需要获得法院令状。对允许子女获得父母双方任一方国籍的缔约国以及子女有双重国籍的情况，将子女名字写入父母一方的护照，需要得到父母双方的同意。这些程序的设定须与第 9 条的含义一致。

四　本条语境中的平等

（一）形式平等

缔约国必须在宪法或法律条款的适当位置写入在国籍这一特定领域实现男女平等的目标。消除歧视及依附性国籍的法律概念，承认成年妇女独立的国籍权，及将国籍通过血统传递给子女的能力是实现第 1、2、16 条等核心条款的宗旨和目的的重要的形式平等措施。对违反这些规定的情形通过法院或督察专员、国家人权机构等机制提供救济，这对实现形式平等非常重要。《公约》第 2 条（a）、（b）、（c）项，委员会的许多结论性意见，以及国家和区域的法理阐明了通过法律改革实现形式平等的要求。[65]

---

[63] Unity Dow 诉博茨瓦纳总检察长（前注 35）；Nawakw 诉赞比亚总检察长，（1993）3 Law Rep Commonwealth 231。

[64] A/56/38，2001 年第 24 届会议，对埃及的结论性意见，第 315 段；A/56/38，2001 年第 24 届会议，对牙买加的结论性意见，第 214 段；A/56/38，2001 年第 24 届会议，对马尔代夫的结论性意见，第 118 段；A/57/38，2002 年特别会议，对乌干达的结论性意见，第 141 段；A/62/38，2007 年第 39 届会议，对约旦的结论性意见，第 182 ~ 183 段。

[65] 参见 Abdulaziz，Cabales 与 Balkandali 诉英国（前注 34）；《哥斯达黎加宪法归化条款修正议案》（前注 34）；In re Aumeeruddy-Cziffra 诉毛里求斯（前注 34）；Meera Gurung 诉移民部（前注 35）；Fisher 诉入境管理局（前注 35）；Unity Dow 诉博茨瓦纳总检察长（前注 35）；Rattigan 与其他人诉入境管理局局长（前注 35）；Salem 诉入境管理局局长（前注 35）；Hambly 诉入境管理局局长（前注 35）；A/56/38，2001 年第 25 届会议，对安道尔的结论性意见，第 34 段；A/56/38，2001 年第 25 届会议，对新加坡的结论性意见，第 89 段；A/56/38，2001 年第 25 届会议，对圭亚那的结论性意见，第 157 段；A/56/38，2001 年第 25 届会议，对越南的结论性意见，第 244 段；A/62/38，2007 年第 38 届会议，对巴基斯坦的结论性意见，第 266 段；A/62/38，2007 年第 37 届会议，对马尔代夫的结论性意见，第 217、219 段。

（二）实质平等 246

正式的国籍法的歧视性影响，特别是关于签证、归化程序、避免无国籍人、承认双重国籍等，属于实质平等问题。为实现实质平等，有必要采取积极措施。这些措施可以包括为移徙妇女、家政工人、家庭暴力受害妇女或被贩运的妇女提供法律知识和援助，使其获得入籍程序前的居住许可。正式法律给予男女获得、保留和改变国籍的平等权利为妇女和儿童获得双重国籍提供便利，将有助于妇女实际上从中受益。经济、社会及文化权利委员会第20号一般性意见指出，确保国籍法有助于而非阻碍获得充足的食物和保健、儿童获得教育机会非常重要。[66] 简言之，缔约国必须关注国籍法实施的具体效果，确保妇女不仅能够平等、有效地取得形式地位，而且能实际获得该地位带来的利益。建立无障碍的出生和婚姻登记制度也是保证国籍法及相关程序规则非歧视性的重要支持。

设法解决并消除机制和结构性障碍以及陈规定型态度是实现实质平等的关键方面。本章早先提到的国内法院案例表明，即便是承认形式平等的法律，性别偏见的态度也可能让司法机构在解释法律时戴上有色眼镜，或放任行政规章破坏宪法和/或国籍法规定的形式平等。

（三）交叉歧视

实现实质平等的普遍标准需要解决针对特定领域妇女的事实和法律上的歧视问题，这些妇女因为贫穷、移民身份、民族、宗教、社会经济地位和其他身份原因而遭受着多重歧视。社会及经济地位的区别问题可以通过对法律和政策的性别影响评估以及消除否定平等的消极后果的暂行特别措施予以解决。当多重歧视的原因是民族或宗教的多样性时，问题会变得更加复杂。

基于习惯或宗教法中的父权制价值观的文化差异，可以依据宪法规范、《公约》、其他关于性别平等的条约标准以及缔约国以公共利益为由限制文

[66] E/C.12/GC/20（2009年5月25日），第30段。

化或宗教表达的权利来对其提出挑战。这是许多拥有多种法律制度的国家根据统一的国内法来规制国籍问题的正当理由。国内法院的案例以及委员会的结论性意见表明，可以在法院面前对基于当地习俗或宗教做法的歧视性国籍法提出挑战。[67]

247 委员会要求缔约国改革习俗或身份法，使其与《公约》关于实质平等的一般性规范一致。[68] 这对少数群体妇女的国籍问题尤为重要，因为她们可能虽然在平等基础上获得了国籍，却不能像男性和其他妇女一样充分享有公民身份。委员会已阐明需要确保少数民族妇女不会失去公民权。[69] 它还提到行政管理要求对移徙女工和那些遭受跨国贩运的妇女的消极影响，她们面临失去公民权的危险，故要求缔约国在进行法律改革时考虑其影响。委员会尚未处理世俗国家以公共政策为由拒绝授予来自奉行一夫多妻制等歧视性做法的社会的申请者以国籍的问题。

与《公约》及第9条的实质平等规范相冲突的宗教教义或价值观体现了一种重大挑战。伊斯兰国家频繁援引基于伊斯兰教法的宗教价值来证明其在国籍方面歧视妇女的正当性。[70] 然而，学术研究支持下述观点，即伊斯兰世界并不限制获得国籍的平等权或将母亲的国籍传递给子女的权利。歧视性的法律价值通常反映的是后殖民时代大陆法或普通法或父权制传统习惯的影

---

[67] Unity Dow 诉博茨瓦纳总检察长（前注 35）；Meera Gurung 诉移民部（前注 35）；DNF v HMG, Nepal, Writ 3303/06, 2005 年 5 月 2 日；Reshma Thapa v HMG, HMG, Nepal, 12 SCB 2004/2005, 24；D' Souza 诉总检察长及 Fisher 诉入境管理局（前注 35），33；P. Fournier, "The Reception of Muslim Family Law in Western Liberal States", in *Dossier 27*; *Muslim Minorities*（*Women Living Under Muslim Law*）(2005), pp. 63, 66；A/59/38, 2004 年第 30 届会议，对不丹的结论性意见，第 127 ~ 128 页。

[68] A/56/38, 2001 年第 25 届会议，对新加坡的结论性意见，第 74 段；A/62/38, 2007 年第 37 届会议，对印度的结论性意见，第 147 ~ 148 段；A/61/38, 2006 年第 35 届会议，对马来西亚的结论性意见，第 14 段；A/57/38, 2002 年第 26 届会议，对斯里兰卡的结论性意见，第 274 ~ 275 段；A/63/38, 2008 年第 40 届会议，对黎巴嫩的结论性意见，第 177 段；A/63/38, 2008 年第 40 届会议，对布隆迪的结论性意见，第 127 段。

[69] CEDAW/C/BTN/CO/3（2004），对不丹的结论性意见，第 127 ~ 128 段；CEDAW/C/IDN/CO/3（2007），对印度尼西亚的结论性意见，第 28 ~ 29 段。

[70] CEDAW/C/MYS/CO/2（2006），对马来西亚的结论性意见，第 9、13 段；CEDAW/C/SAU/CO/2（2008），对沙特阿拉伯的结论性意见，第 4 段。

响，破坏了伊斯兰法中关于妇女是乌玛（Umma）或社区中的一员的概念。[71]委员会提请缔约国注意有必要用比较的方法解释伊斯兰法理，以消除伊斯兰缔约国的国籍法对妇女的歧视。[72]

五　缔约国的义务

（一）义务的性质

引文中以强制性用语表明缔约国根据第 9 条承担的义务：国家在第 9 条第 1 款和第 2 款下“应给予同等权利”。第 9 条第 1 款的用语还要求缔约国“应特别保证”消除妇女依附性国籍的特定方面。这表明了一种尊重这些权
利的即刻义务，例如通过宪法修正、立法或行政规章制定形式平等措施。一 248
些缔约国已经使宪法规定或国内立法遵循《公约》并与其保持一致。[73]

---

[71] Mayer（前注 30）；Sardar Ali，*Conceptualising Islamic Law*（前注 30）；Kasemsup（前注 30）；Yassin（前注 30）。A/63/38，2008 年第 41 届会议，对尼日利亚的结论性意见，第 316 段；A/63/38，2008 年第 40 届会议，对布隆迪的结论性意见，第 127 段；A/63/38，2008 年第 40 届会议，对黎巴嫩的结论性意见，第 202 段；A/63/38，2008 年第 40 届会议，对摩洛哥的结论性意见，第 215、252 段；A/62/38，2007 年第 39 届会议，对约旦的结论性意见，第 182 段；A/62/38，2007 年第 38 届会议，对巴基斯坦的结论性意见，第 254、265、266 段；CEDAW/C/KEN/CO/6（2007），对肯尼亚的结论性意见，第 32 段；CEDAW/C/GHA/CO/5（2006），对加纳的结论性意见，第 25～26 段；CEDAW/C/MYS/CO/2（2006），对马来西亚的结论性意见，第 13～14 段；CEDAW/C/JPN/CO/6（2009），对日本的结论性意见，第 6 段。

[72] A/62/38，2007 年第 39 届会议，对约旦的结论性意见，第 183～184 段；CEDAW/C/MYS/CO/2（2006），对马来西亚的结论性意见，第 14 段；A/62/38，2007 年第 37 届会议，对马尔代夫的结论性意见，第 242 段。

[73] CEDAW/C/BTN/CO/3（2004），对不丹的结论性意见，第 127～128 段；A/59/38，2004 年第 30 届会议，对尼泊尔的结论性意见，第 198 段；A/61/38，2006 年第 36 届会议，对加纳的结论性意见，第 236～237 段；A/62/38，2007 年第 39 届会议，对肯尼亚的结论性意见，第 445 段；A/56/38，2001 年第 24 届会议，对马尔代夫的结论性意见，第 118 段；CEDAW/C/SGP/CO/3（2007），对新加坡的结论性意见，第 26 段（修改了宪法，撤回了保留）。关于需要修改法律的问题：A/56/38，2001 年第 25 届会议，对几内亚的结论性意见，第 124～125 段；A/56/38，2001 年第 24 届会议，对埃及的结论性意见，第 330～331 段；A/56/38，2001 年第 25 届会议，对越南的结论性意见，第 235 段；A/57/38，2002 年第 26 届会议，对斯里兰卡的结论性意见，第 274 段（2003 年修改了法律）；A/60/38，（转下页注）

(二) 执行

1. 尊重和保护的义务

委员会已经表明，作为尊重妇女权利的义务的一部分，应采取一系列执行措施以确保妇女因受国家行为侵犯而获得救济。缔约国应当对其机构直接侵犯妇女权利的行为负责。委员会还提请缔约国注意其保护的责任以及因其不作为而对非国家行为体的行为承担的责任。对非国家行为体的行为（包括雇主或家人阻止妇女申请护照的行为，或传统法庭阻碍妇女行使其在第9条下的权利的行为），均可在区域或国家的法院进行起诉。[74]

《公约》的标准，尤其是关于暴力侵害妇女、人口贩运以及就业的标准，营造了一种新的环境，据此，“保护的义务”可以解释为向缔约国施加了开展双边安排和合作的义务，据以为人口贩运和家庭暴力的受害人以及在东道国遭受暴力和虐待的移徙女工提供保护。[75] 区域性条约，如《南亚区域合作联盟公约》尝试提供这类措施。

2. 实现义务

缔约国有积极的义务为行使第9条规定的权利创造有利环境——实现义

(接上页注[73]) 2005年第32届会议，对萨摩亚的结论性意见，第42段（修改了法律）；A/60/38，2005年第32届会议，对阿尔及利亚的结论性意见，第141、142、144段；A/62/38，2007年第38届会议，对瓦努阿图的结论性意见，第331段；A/62/38，2007年第38届会议，对巴基斯坦的结论性意见，第254段；A/62/38，2007年第39届会议，对约旦的结论性意见，第182段；A/63/38，2008年第40届会议，对摩洛哥的结论性意见，第252~253段（修改了国籍法典，以与《公约》一致）；A/63/38，2008年第41届会议，对尼日利亚的结论性意见，第317段（未作修改）；A/63/38，2008年第40届会议，对黎巴嫩的结论性意见，第202段。

[74] Abdulaziz, Cabales 与 Balkandali 诉英国（前注34）；《哥斯达黎加宪法归化条款修正议案》（前注34）；In re Aumeeruddy-Cziffra 诉毛里求斯（前注34）；Meera Gurung 诉移民部（前注35）；Fisher 诉入境管理局（前注35）；Unity Dow 诉博茨瓦纳总检察长（前注35）；Rattigan 与其他人诉入境管理局局长（前注35）；Salem 诉入境管理局局长（前注35）；Hambly 诉入境管理局局长（前注35）；A/57/38，2002年第26届会议，对斯里兰卡的结论性意见，第274~275段；Velasquez Rodriguez 案（解释补偿性损害），美洲人权法院C系列第4号（1988年7月29日），28 ILM291（1989）。

[75] 第21号一般性建议，第10段；《减少无国籍人公约》（1961）；《世界人权宣言》第15条第1款；《公民及政治权利国际公约》第24条第3款；《消除一切形式种族歧视国际公约》第5条（d）（iii）项。

务。第 21 号一般性建议表明必须采取措施使家庭关系法与第 9 条的强制性
标准一致。此外，委员会一般性地建议，需要采取适当的护照程序、提供信 249
息和法律援助等行政管理措施，使妇女有能力行使这些权利。[76] 缔约国为实
现这些权利可以采取的措施包括使法官和移民局官员具有性别敏感度、在国
家以及私人机构的国际公法和人权课程中纳入国籍问题，以取代在该问题上
通常采取的性别中立方法。提供便利的出生和婚姻登记程序、在平等的基础
上教育子女、为有居住签证及等待入籍的人提供保健服务，这些也是实现第
9 条的标准的重要方面。这些义务被纳入经济、社会及文化权利委员会第 20
号一般性意见，特别是其第 30 段。消除对妇女歧视委员会也曾指出获得便
利的登记程序和国籍权之间的联系。[77]

委员会强调，缔约国有在解决结论性意见中的优先事项方面不断取得进展的持续义务。有时，委员会引用之前的结论性意见以强调缔约国未能解决这些问题。[78] 这一方法用来提醒缔约国，履约报告不是对某一阶段单独的特别回应。这可能有助于在执行第 9 条方面取得更大进展。结论性意见还指

[76] A/61/38，2006 年第 36 届会议，对加纳的结论性意见，第 226 段；A/62/38，2007 年第 38 届会议，对毛里塔尼亚的结论性意见，第 266 段；A/62/38，2007 年第 37 届会议，对希腊的结论性意见，第 527 ~ 528 段；A/62/38，2007 年第 37 届会议，对马尔代夫的结论性意见，第 223 段；A/62/38，2007 年第 37 届会议，对印度的结论性意见，第 155 ~ 156 段；A/63/38，2008 年第 40 届会议，对布隆迪的结论性意见，第 128 段；A/63/38，2008 年第 40 届会议，对玻利维亚的结论性意见，第 85 段；A/62/38，2007 年第 39 届会议，对印度尼西亚的结论性意见，第 284 段。

[77] 经济、社会及文化权利委员会第 20 号一般性意见，E/C. 12/GC/20（2009 年 5 月 25 日），第四部分第 30 段；CEDAW/C/PER/CO/6（2007），对秘鲁的结论性意见，第 33 段。

[78] A/62/38，2007 年第 37 届会议，对越南的结论性意见，第 445、447、450 段；A/62/38，2007 年第 37 届会议，对秘鲁的结论性意见，第 601 段；A/62/38，2007 年第 37 届会议，对印度的结论性意见，第 144 ~ 145 段；A/62/38，2007 年第 38 届会议，对巴基斯坦的结论性意见，第 260 段；A/62/38，2007 年第 37 届会议，对阿塞拜疆的结论性意见，第 107 段；A/62/38，2007 年第 37 届会议，对荷兰的结论性意见，第 329、367 段；A/62/38，2007 年第 37 届会议，对纳米比亚的结论性意见，第 257 段；A/63/38，2008 年第 40 届会议，对法国的结论性意见，第 313 段；CEDAW/C/SAU/CO/2（2008），对沙特阿拉伯的结论性意见，第 8 段；A/63/38，2008 年第 40 届会议，对黎巴嫩的结论性意见，第 177 段；A/63/38，2008 年第 40 届会议，对布隆迪的结论性意见，第 127 段；A/63/38，2008 年第 40 届会议，对玻利维亚的结论性意见，第 66 段；A/62/38，2007 年第 39 届会议，对约旦的结论性意见，第 180 段。

出，有必要在实现千年发展目标中纳入性别视角，[79] 尽管没有明确提及国籍问题，但这也有助于激励缔约国消除国籍法中的歧视。

（三）保留

委员会不断提到有必要审查和撤回对第 9 条的保留。[80] 当有国家以宪法
250 规定为由为其无法撤回保留作辩解时，委员会则呼吁修改宪法以使国内法与第 9 条的规定一致。[81] 委员会还指出，双重国籍不能成为在将国籍传递给在海外出生的子女时歧视妇女的理由，因为对于将国籍传递给子女的男子也会出现同样的情况。[82]

委员会反复强调，当法律已经与《公约》一致时，撤回保留或声明非常重要。[83] 缔约国可能仅是部分撤回了对第 9 条的保留，而仍留下部分保

[79] A/62/38，2007 年第 37 届会议，对印度的结论性意见，第 200 段；A/62/38，2007 年第 37 届会议，对阿塞拜疆的结论性意见，第 134 段；A/62/38，2007 年第 37 届会议，对纳米比亚的结论性意见，第 280 段；A/62/38，2007 年第 37 届会议，对荷兰的结论性意见，第 363 段；A/62/38，2007 年第 37 届会议，对希腊的结论性意见，第 551 段；A/62/38，2007 年第 37 届会议，对秘鲁的结论性意见，第 631 段；A/63/38，2008 年第 40 届会议，对玻利维亚的结论性意见，第 110 段；CEDAW/C/SAU/CO/2（2008），对沙特阿拉伯的结论性意见，第 42 段；A/62/38，2007 年第 37 届会议，对马尔代夫的结论性意见，第 245 段。

[80] A/56/38，2001 年第 24 届会议，对牙买加的结论性意见，第 209 段（撤回）；A/62/38，2007 年第 39 届会议，对新加坡的结论性意见，第 99 段（撤回）；A/56/38，2001 年第 24 届会议，对埃及的结论性意见，第 326、330、331 段；A/60/38，2005 年第 32 届会议，对阿尔及利亚的结论性意见，第 141、142、144 段；CEDAW/C/MYS/CO/2（2006），对马来西亚的结论性意见，第 4、9、10 段；A/62/38，2007 年第 39 届会议，对约旦的结论性意见，第 182 段；CEDAW/C/SAU/CO/2（2008），对沙特阿拉伯的结论性意见，第 27 段；A/63/38，2008 年第 40 届会议，对黎巴嫩的结论性意见，第 202 ~ 203 段；A/63/38，2008 年第 40 届会议，对摩洛哥的结论性意见，第 215 ~ 225 段。泰国、斐济和列支敦士登撤回了对第 9 条第 2 款的保留。

[81] A/59/38，2004 年第 30 届会议，对尼泊尔的结论性意见，第 198 段；A/59/38，2004 年第 30 届会议，对尼日利亚的结论性意见，第 23 段。

[82] A/56/38，2001 年第 25 届会议，对新加坡的结论性意见，第 75 段；A/56/38，2001 年第 25 届会议，对几内亚的结论性意见，第 124 ~ 125 段；A/56/38，2001 年第 24 届会议，对埃及的结论性意见，第 326 段。

[83] A/62/38，2007 年第 39 届会议，对约旦的结论性意见，第 182 段；A/60/38，2005 年第 32 届会议，对土耳其的结论性意见，第 353 段；A/63/38，2008 年第 40 届会议，对摩洛哥的结论性意见，第 215、225 段。

留。委员会提醒缔约国应采取一种整体方法撤回对两款的保留或声明。[84]

委员会还经常表达它对概括性保留的关切。这些保留常常以伊斯兰教法为基础，有损《公约》的目的和宗旨，即其基本规范。委员会也拒绝接受伊斯兰教法不受宗教法与《公约》协调解释的约束的观点。虽然对第 9 条提出保留的大多是伊斯兰国家，但委员会指出，也有对伊斯兰法的解释支持在国籍方面男子、妇女和儿童权利平等。委员会采取的方法是既认为有必要尊重宗教和民族多样性，又强调维护人权标准的普遍性非常重要。委员会援引实行伊斯兰法的不同国家的比较判例和法律改革，作为其协调国内法与《公约》规范主张的基础。尽管委员会有时在关于国籍的结论性意见中专门提到这一策略，但它更经常地发表协调伊斯兰法和《公约》的一般性声明，这对国籍尤为重要，也得到了已经废除歧视性国籍法的伊斯兰国家的实践支持。[85]

随着全球化的发展，对移徙工人或作为人口贩运对象而跨越国界的大批低收入妇女而言，国籍法的重要性与日俱增。然而，国籍并未得到北京《行动纲领》的特别确认。它在国际层面并未被作为优先事项，也未得到关于妇女赋权的“千年发展目标”之三的具体确认。委员会在第 21 号一般性建议及结论性意见中对国籍法改革的关注有助于妇女团体为法律改革进行游说，这将推动一些国家使国内法与《公约》保持一致。委员会的工作也为区域组织关注国籍法改革提供了动力。关于国家性别平等行动的南亚区 251
域提案指向废除和修改歧视性国内法。[86]《非洲妇女权利议定书》关于非歧

[84] CEDAW/C/MYS/CO/2（2006），对马来西亚的结论性意见，第 4、9 段；CEDAW/C/THA/CO/5（2006），对泰国的结论性意见，第 31～32 段；CEDAW/C/SGP/CO/3（2007），对新加坡的结论性意见，第 26 段；A/62/38，2007 年第 39 届会议，对约旦的结论性意见，第 182～184 段；A/63/38，2008 年第 40 届会议，对摩洛哥的结论性意见，第 252 段。

[85] Sardar Ali, *Conceptualising Islamic Law*（前注 30）；Sardar Ali，“A Comparative Perspective on the Rights of the Child and Principles of Islamic Law”（前注 30）。基于伊斯兰法的宽泛保留参见 A/62/38，2007 年第 39 届会议，对约旦的结论性意见，第 183～184 段；A/62/38，2007 年第 38 届会议，对巴基斯坦的结论性意见，第 254、265、266 段；CEDAW/C/MYS/CO/2（2006），对马来西亚的结论性意见，第 13、14 段；CEDAW/C/SAU/CO/2（2008），对沙特阿拉伯的结论性意见，第 4、27、28 段。

[86]《伊斯兰堡宣言：庆祝“北京 +10”，评估和未来行动》，第五届南亚部长会议，2005 年 5 月 3～5 日，巴基斯坦伊斯兰堡，第 5（c）、7（a）（3）段。

视性国籍法的具体规定强调了国籍法对妇女的歧视与家庭价值观之间的重要关联。[87]

然而，在该领域，国内法尚未达到普遍规范的要求。[88] 尽管有国际法的发展、委员会的努力以及国籍地位的重要性，但只有少数缔约国撤回了它们的保留。[89] 第15条第4款涉及妇女的移徙自由权，对该条款的保留强化了对国籍的歧视性做法，否定了妇女的平等权。[90] 国内法院挑战歧视性国籍法的判决有时会对国内法律改革产生积极影响。[91] 然而，这些判决并未被用以激励有着共同法律传统的地区或国家的法律改革。结论性意见建议缔约国在该领域参考使用比较区域判例，突出了区域内或有类似法律传统的国家之间寻求法律改革的共同方法的重要性，从而促使缔约国审查并撤回保留。

---

[87] 《非洲妇女权利议定书》第6条（婚姻）。

[88] Knop and Chinkin（前注7）。关于法律改革的讨论，参见《斯里兰卡提交消除对妇女歧视委员会的影子报告》，妇女与媒体团体，斯里兰卡科隆坡，2010年7月，可访问 http：//www2. ohchr. org/english/bodies/cedaw/docs/ngo/WMD_ Srilanka48. pdf（访问日期2010年12月31日）；I. Jalal，"The Campaign for Gender Equality in Family Law"，in *Dossier 27*：*Musilim Minorities*（*Women Living Under Muslim Law*）（2005），p. 27；"Discriminatory Law in Nepal and their Impact on Women"，Forum for Women，Law and Development，Kathmandu，Nepal（2006）xi - xii，para 96。

[89] 泰国、斐济和列支敦士登撤回了对第9条第2款的保留。对《公约》的保留，CEDAW/SP/1982/2。

[90] A/62/38，2007年第39届会议，对约旦的结论性意见，第182～183段（撤回对第9条第2款和第15条第4款的保留）。对这两个条款作出保留的国家有阿尔及利亚、约旦和突尼斯。对《公约》的保留，CEDAW/SP/1982/2，可访问 http：//treaties. un. org（访问日期2010年12月31日）。

[91] 参见 In re Aumeeruddy-Cziffra 诉毛里求斯（前注34）；Meera Gurung 诉移民部（前注35）；D' Souza 诉总检察长，Fisher 诉入境管理局（前注35）；Unity Dow 诉博茨瓦纳总检察长（前注35）。一般参见 A. M. Sood，"Gender Justice through Public Interest Litigation：Case Studies from India"（2008）41 *Vanderbilt J Transnational L* 833。

第十条[*] 253

缔约各国应采取一切适当措施以消除对妇女的歧视，并保证妇女在教育方面享有与男子平等的权利，特别是在男女平等的基础上保证：

(a) 在各类教育机构，不论其在农村或城市，职业和行业辅导、学习的机会和文凭的取得，条件相同。在学前教育、普通教育、技术、专业和高等技术教育以及各种职业训练方面，都应保证这种平等；

(b) 课程、考试、师资的标准、校舍和设备的质量一律相同；

(c) 为消除在各级和各种方式的教育中对男女任务的任何定型观念，应鼓励实行男女同校和其他有助于实现这个目的的教育形式，并特别应修订教科书和课程以及相应地修改教学方法；

(d) 领受奖学金和其他研究补助金的机会相同；

(e) 接受成人教育、包括成人识字和实用识字教育的机会相同，特别是为了尽早缩短男女之间存在的教育水平上的一切差距；

(f) 减少女生退学率，并为离校过早的少女和妇女办理种种方案；

(g) 积极参加运动和体育的机会相同；

(h) 有接受特殊教育性辅导的机会，以保障家庭健康和幸福，包括关于计划生育的知识和辅导在内。

---

* 非常感谢 Elizabeth Asham 为本章及第 14 条一章提供的非常宝贵的研究协助。还要感谢 Sara Waldron 和 Meredith Owen，特别感谢 Frances Raday，Janie Chuang 和 Rikki Holtmaat。

一　概述………………………………………………………………………… 331
二　准备工作……………………………………………………………………… 334
（一）第10条（a）项 ………………………………………………………… 336
（二）第10条（b）项 ………………………………………………………… 336
（三）第10条（c）项 ………………………………………………………… 336
（四）第10条（f）项 ………………………………………………………… 337
（五）第10条（g）项 ………………………………………………………… 337
（六）第10条（h）项 ………………………………………………………… 338
三　解释问题……………………………………………………………………… 338
（一）采取一切适当措施 ……………………………………………………… 339
（二）平等 ……………………………………………………………………… 340
1. 第10条（a）项 …………………………………………………………… 340
2. 第10条（b）项 …………………………………………………………… 342
254 3. 第10条（c）项 …………………………………………………………… 345
（1）鼓励男女同校教育 …………………………………………………… 347
4. 第10条（d）项 …………………………………………………………… 347
5. 第10条（e）项 …………………………………………………………… 349
6. 第10条（f）项……………………………………………………………… 350
7. 第10条（g）项 …………………………………………………………… 353
8. 第10条（h）项 …………………………………………………………… 353
四　本条语境中的平等…………………………………………………………… 355
（一）形式平等 ………………………………………………………………… 356
（二）超越形式平等 …………………………………………………………… 356
（三）实质平等 ………………………………………………………………… 356
（四）变革性平等 ……………………………………………………………… 357
（五）直接歧视 ………………………………………………………………… 358
（六）间接歧视 ………………………………………………………………… 359
（七）暂行特别措施 …………………………………………………………… 360
（八）交叉歧视 ………………………………………………………………… 360

五　缔约国的义务 …… 361
（一）国家义务的性质 …… 361
（二）执行 …… 362
1. 尊重义务 …… 363
2. 保护义务 …… 363
3. 实现义务 …… 363
（三）保留 …… 366

一　概述

教育对提高妇女地位尤为重要，女孩和妇女教育水平低仍然是最严重的障碍，使她们不能充分享有人权和获得妇女赋权。[①]

第 10 条是《公约》规定的第一项经济、社会和文化的权利，也可以说是最重要的一项权利，因为它有助于其他权利的享有。[②] 第 10 条关注的是对妇女和女童实现教育权利的歧视所产生的消极影响。教育的含义非常广泛，包括小学教育、职业培训和功能性扫盲计划。第 10 条也要求满足被迫过早离开教育的妇女和女童[③]的教育需求。最关键的是，第 10 条要求缔约国提供关于家庭健康和福利的信息，以及“关于计划生育的信息和建议”。[④]此外，第 10 条还要求国家在提供教育时，不得以性别为由进行歧视，确保

① CEDAW/C/SLE/CO/5（2007），对塞拉利昂的结论性意见，第 30 段。另见 CEDAW/C/MWI/CO/5（2006），对马拉维的结论性意见，第 28 段；CEDAW/C/TUR/CO/6（2010），对土耳其的结论性意见，第 32 段。

② N. Burrows, “The 1979 Convention on the Elimination of all Forms of Discrimination against Women” (1985) 32 *Netherlands Intl L Rev* 419, 435; CEDAW/C/VNM/CO/6 (2007), 对越南的结论性意见，第 19 段；CEDAW/C/HTI/CO/7（2008），对海地的结论性意见，第 31 段；CEDAW/C/GNB/CO/6（2009），对几内亚比绍的结论性意见，第 34 段。

③ 第 10 条此处仅明确提到了女童，但《公约》应解释为适用于妇女和女童，参见第 28 号一般性建议（第 21 段）及关于第 1 条章节的讨论。

④ 第 10 条（h）项。

（人力和物质）资源在数量和质量上的平等。为帮助女童进入和留在学习机
255 构，第10条规定应当给予妇女和女童获得奖学金和教育资助或从中获益的相同机会。第10条进一步要求缔约国给予妇女和女童从事体育和教育中的其他运动的相同机会。

在第5条（b）项关于父母角色、第11条第1款（c）项关于就业、第14条第2款（b）和（d）项关于农村妇女以及第16条第1款（e）项关于家庭和婚姻关系的条款都专门提到了教育和提供信息。消除对妇女歧视委员会尚未制定专门针对第10条的一般性建议。然而，委员会在许多其他的一般性建议中提到了教育和提供信息的重要性。⑤ 委员会还在结论性意见中要求缔约国为服务提供者和公众提供培训。⑥

委员会在《任择议定书》下的来文和调查程序的建议中，责成缔约国培训服务提供者和包括警察、法官在内的人员，以解决提出的问题。⑦ 委员会已经收到一份直接关于第10条的来文，将在本章解释部分进行讨论。⑧

---

⑤ 第5号一般性建议；第6号一般性建议，第2段；第9号一般性建议；第10号一般性建议，第1、2、4段；第14号一般性建议，第（a）（i）、（iii）、（iv），（b），（c）段；第15号一般性建议，第（a）～（c）段；第18号一般性建议；第19号一般性建议，第11，24（b）、（d）、（f）、（q）、（t）（ii）段；第21号一般性建议，第22段；第23号一般性建议，第20（a）、32、45（c）、48（h）、50（c）～（d）段；第24号一般性建议，第13、18、28、31（b）～（c）段；第25号一般性建议，第2、23、31、32、37段；第26号一般性建议，第10、13、24（b）（i）～（vi）、26（g）段；第28号一般性建议，第37（d）和（e）段。

⑥ CEDAW/C/TLS/CO/1（2009），对东帝汶的结论性意见，第46段；CEDAW/C/USR/CO/7（2010），对俄罗斯的结论性意见，第35、53段；CEDAW/C/FRA/CO/6（2010），对法国的结论性意见，第30段；CEDAW/C/TUR/CO/6（2010），对土耳其的结论性意见，第13、21段；CEDAW/C/SLE/CO/5（2007），对塞拉利昂的结论性意见，第13段。另见《消除对妇女一切形式歧视公约的任择议定书》第13条。

⑦ A. T. 诉匈牙利，消除对妇女歧视委员会第2/2003号来文（2005），CEDAW/C/32/D/2/2003，第32届会议通过的意见，第（d）段；委员会根据《消除对妇女一切形式歧视公约的任择议定书》第8条提交的对墨西哥的报告及墨西哥政府的答复，CEDAW/C/2005. OP. 8/Mexico，第278段。

⑧ A. S. 诉匈牙利，消除对妇女歧视委员会第4/2004号来文（2006），CEDAW/C/36/D/4/2004。

教育权得到了国际[9]和区域[10]人权文件的承认。联合国教科文组织《取缔教育歧视公约》尤为重要，该公约不仅涉及预防和消除歧视，而且要求促进实质性实现所有人的教育权。[11]

经济、社会及文化权利委员会关于教育权的第 13 号一般性意见对分析缔约国关于教育的义务尤其有用，因为它归纳了关于全面实现教育权的目标的类型。[12] 它以四个“A”来概括与教育权相互关联的基本要素：可提供性
（Availability）、可获取性（Accessibility）、可接受性（Acceptability）、可调 256
适性（Adaptability）。[13] 可获取性要求国家确保教育在实际上和经济上“在法律和事实上为所有人可得，特别是最易受害的群体”。可接受性要求确保课程设置和教学方法的最低标准和良好质量。它还要求教育在文化上是适当的。可调适性要求教育足够灵活，能满足变动中的社会需求，并对这些需求作出回应。

人权框架中的许多机制关注教育权（特别是女童的教育）以及性别平

---

⑨ 参见 M. Ssenyonjo,“Non-State Actors and Economic, Social and Cultural Rights”, in M. Baderin and R. McCorquodale, *Economic, Social and Cultural Rights in Action*(2009), pp. 359 – 373；《世界人权宣言》第 26 条；《难民地位公约》第 4、22 条；《经济社会文化权利国际公约》第 13、14 条；《公民及政治权利国际公约》第 18 条第 4 款；《儿童权利公约》第 28、29 条；国际劳工组织第 169 号公约，第 26 ~ 29 条、第 31 条；《保护所有移徙工人及其家庭成员权利国际公约》第 30、43 条、第 45 条第 1 款（a）~（b）项、第 45 条第 2 ~ 4 款；《残疾人权利公约》第 4 条第 1 款（h）项、第 4 条第 2 款、第 8 条第 1 款（a）~（c）项、第 8 条第 2 款（b）项以及第 24 条。

⑩ Ssenyonjo（前注 9），第 373 ~ 376 页；《欧洲人权公约》第一议定书，第 2 条；《欧洲社会宪章》第 7 条第 3 款和第 17 条第 1 款；《欧盟宪章》第 14 条；《班珠尔宪章》第 17、25 条；《非洲儿童权利和福利宪章》第 11 条第 3 款；《非洲妇女权利议定书》第 1 条（f）项，第 2 条第 2 款，第 4 条第 2 款（d）~（f）项，第 5 条（a）、（c）项，第 8 条（c）项，第 10 条第 2 款（a）项，第 12 条，第 14 条第 2 款（g）项，第 18 条第 2 款（b）、（c）项；《圣萨尔瓦多议定书》第 13 条；《帕拉贝伦公约》第 2 条（b）项，第 6 条（b）项，第 8 条（a）、（c）、（e）、（f）、（i）项；《阿拉伯宪章》第 41 条。

⑪ 联合国教科文组织《取缔教育歧视公约》第 5 条（e）、（v）项、第 7 条。

⑫ 经济、社会及文化权利委员会第 13 号一般性意见（1999），E/C. 12/1999/10。另见经济、社会及文化权利委员会第 10 号一般性意见（1999），E/C. 12/1999/4。

⑬ 经济、社会及文化权利委员会第 13 号一般性意见，第 6 段。另见经济、社会及文化权利委员会第 16 号一般性意见（2005），E/C. 12/2005/5，第 30 段；联合国人权委员会《受教育权特别报告员初步报告，卡塔琳娜·托马舍夫斯基女士》（1999），E/CN. 4/1999/49。另见 K. Tomasevski, *Human Rights Obligations in Education*（2005）。

等的总体实现。[14] 联合国教育问题特别报告员分析了女童受教育的权利通常是如何被阻碍的。[15] 北京《行动纲领》审查了女童接受教育的水平低于男童的原因，并向政府提出了纠正这一情况的建议。[16]

联合国教科文组织“全民教育”（EFA）的目标包括性别平等的目标。[17] 这些目标促使“千年发展目标”（MDGs）中纳入了普遍性基础教育和促进性别平等、妇女赋权的内容。[18] 千年发展目标是一项不具有拘束力的全球蓝图的一部分，旨在减少极端贫困，并促进到2015年实现设定的八项目标。现在消除对妇女歧视委员会的工作进程中纳入了报告落实千年发展目标的进展内容。[19]

二　准备工作

第一版草案由菲律宾和苏联在1967年《消除对妇女歧视宣言》的基础上提出。为良好教育的目标愿景，菲律宾草案还参考了《经济社会文化权利国际公约》第13条第1款。[20] 瑞典在《消除对妇女歧视宣言》的基础上

---

⑭ 另见联合国大会《联合国人权教育十年及人权事务高级专员办事处中期评估》（2000），A/55/360。

⑮ 联合国人权委员会《受教育权问题特别报告员穆尼奥斯·比利亚洛沃斯先生提交的报告：女童的受教育权》（2006），E/CN. 4/2006/45。

⑯ 参见北京《行动纲领》（1995）战略目标二（“妇女的教育和培训”）及战略目标十二（“女童”）。

⑰ 联合国教科文组织《达喀尔行动框架》（2000）；联合国教科文组织《全民教育监测报告》，特别是联合国教科文组织《平等的飞跃》（2003）。另见联合国教科文组织《全民教育世界宣言》（1990）。还可访问 http：//www. right－to－education. org（访问日期2010年12月31日）。

⑱ 《联合国千年发展宣言》（2000）目标二（“实现普遍初等教育”）的目的之一是“确保到2015年，各地的儿童（包括男童和女童）能够完成初等教育的全部课程”。

⑲ CEDAW/C/KHM/CO/3（2006），对柬埔寨的结论性意见，第26段；CEDAW/C/VNM/CO/6（2007），对越南的结论性意见，第21段；CEDAW/C/SWE/CO/7（2008），对瑞典的结论性意见，第43段；CEDAW/C/UK/CO/6（2008），对英国的结论性意见，第298段；CEDAW/C/CMR/CO/3（2009），对喀麦隆的结论性意见，第53段。

⑳ L. A. Rehof, *Guide to the UN Convention on the Elimination of all Forms of Discrimination against Women*（1993），p. 112.

参考了联合国教科文组织公约，强调了它的重要性。[21]《消除对妇女歧视宣言》第9条原文如下：

> 为确保女童及妇女不论已婚未婚，皆能于各级教育享有与男子平等的权利，尤其下列各项，应采取一切适当措施：
>
> （甲）各种教育机关，包括大学、职业、工业及专业学校在内，入 257
> 学与肄业条件相等；
>
> （乙）不论是否男女同校，课程的选择、考试、教员的资格标准、校舍及设备的品质，均应相同；
>
> （丙）领受奖学金及其他研究补助费的机会均等；
>
> （丁）接受补习教育，包括成人识字教育的机会均等；
>
> （戊）接受教育知识借以保障家庭健康与幸福的机会。

第10条的最终版本反映了上述大部分内容，同时增加了3个新的条款。这包括：第10条（c）项消除关于男女任务的定型观念；第10条（f）项降低女学生的辍学率，为确保过早离校的学生重新进入学校开展各种方案；第10条（g）项关于参加体育和运动教育的相同机会。有一个用语上的区别，即在第10条的最终文本中，“平等权利”和“在平等基础上”的用语只出现在了该条引言部分及第10条（a）项；在该条的其他部分都使用了“相同”一词，而在《消除对妇女歧视宣言》中“平等”与“相同”两个词在整个条款中交替使用。这并无含义上的差异，本条乃至整个《公约》的核心目标是它要求缔约国消除对妇女的一切歧视，确保妇女有权在相同（平等）条件下，利用同等质量的教员和教材，获得所有类型的教育。

本条对《消除对妇女歧视宣言》的条款也作了一些改动。最重要的是，根据英国的建议（印度尼西亚反对该建议）删去了《消除对妇女歧视宣言》第9条引言中“无论已婚未婚”一语。

---

[21] 同上注。

（一）第10条（a）项

《公约》第10条（a）项对进入“所有类型的教育机构”进行了修改，明确包含了“无论农村还是城市”都可以获得所有类型的教育。另外，还增加了学前教育机构。[22] 比利时主张增加“职业指导”。[23] 国际劳工组织的观察员指出职业教育不应该与关于就业的第11条规定的职业培训相分离，认为第10条（a）项应该增加这一短语，即现在的版本。[24] 雷霍夫评论道，该条款在起草过程中得到了“相当大的重视”。[25]

（二）第10条（b）项

日本建议将第10条（b）项关于平等获得相同的课程和考试改为“平等地获得具有相同或相当标准的相同课程和考试”。尽管“相当”一语是联合国教科文组织公约第2条（a）项使用的措辞，但英国建议改为“相同”，英国的建议得到起草者的青睐和接受。[26] 在摩洛哥和新西兰的建议下，“无论是否男女同校教育”一语被删去了。

印度曾建议，在（b）项中再增加一个段落，规定专门的教育机构和奖学
258 金，以弥合男女教育之间的差距，人们认为这一条最好放在第4条暂行特别措施中进行考虑。[27] 在讨论（f）项关于降低女性失学率的问题时，印度再次提出使用暂行特别措施的问题，但再次被认为更适合放在第4条进行讨论。[28]

（三）第10条（c）项

该款是在比利时的建议下增加的，它呼吁“加快实现男女同校教育”。

---

[22] 同上注，第113~114页。

[23] 同上注，第114~115页。

[24] 同上注。另见关于第11条一章的讨论。

[25] Rehof（前注20），第112页。

[26] 同上注，第116页。

[27] 同上注，第116页。

[28] 同上注，第116、119页。

妇女地位委员会采纳了这一条款，并增加了消除性别刻板印象的内容。[29] 随后引发的争论中，匈牙利指出这一内容已经反映在第5条中了。另有一些讨论涉及男女合校教育的目标是不是消除刻板印象。美国质疑合校教育是不是消除性别刻板印象的唯一途径，得到联合国教科文组织观察员的支持。[30] 雷霍夫指出："该条款的目的是'加快实现合校教育'，而这一阶段的次要点（'陈规定型的观念'）在最终版本中反倒成了主要观点。"[31] 伊朗建议的草案最接近最终版本。[32]

（四）第10条（f）项

除了致力于降低辍学率外，以塞内加尔为首的国家乐于提供救济性措施，以帮助因环境所迫过早离开学校的妇女和女童重获教育，因此增加了"为离校过早的女童办理种种方案"。[33] 这一规定非常特别，因为它是《公约》中唯一明确提到女童的条款。[34]

（五）第10条（g）项

这是一个新增条款，《消除对妇女歧视宣言》中没有提及运动。比利时关于国家还应提供"性心理教育"的建议遭到了抵制。包括阿根廷、法国和苏联在内的国家建议，为确保《公约》获得尽可能广泛的批准，应避免"过于具体"的规定。这一短语被适时地删去了，古巴提供的草案"积极参加运动和体育的机会相同"成为最终的版本。[35]

---

[29] 同上注，第116页。另见公约第5条以及关于第5条一章的讨论。

[30] Rehof（前注20），第117页。该争论持续进行，第118页。

[31] Rehof（前注20），第117页。

[32] 同上注，第118页。

[33] 同上注，第119页。另见第120页。

[34] 第28号一般性建议指出，女童包括在《公约》整体的覆盖范围内，"因为女童是妇女这一广泛群体的一部分，而在获得基础教育方面更易遭受歧视"，第21段。比较《非洲妇女权利议定书》第1条（k）项，明确界定妇女包括女童。

[35] Rehof（前注20），第120页。

(六) 第 10 条 (h) 项

许多国家和组织参加了对最后一款的讨论。[36] 菲律宾指出，没有哪个国际文件提到计划生育教育。[37] 瑞士的观点是，《公约》不应“特别将妇女和
259 计划生育教育联系起来，因为这应被视为共同的责任”，而不仅仅是妇女的责任。[38] 联合国教科文组织的代表作为观察员参加，关注的是教育的内容，建议写入提供关于“计划生育、学龄前儿童育儿教育及社区发展”的教育和信息。[39] 来自国际计划生育联合会的观察员，提议写入“辅导和服务”，这也得到了法国的支持。[40] 然而，哥伦比亚对此表示反对，指出“服务”一词适用于夫妻双方决定子女数量及生育间隔的权利，结果“服务”一词被删去了，取而代之的是获得“知识和辅导”，从而也改变了《消除对妇女歧视宣言》第 9 条（戊）项的用语。[41]

最后，召集成立工作组讨论最终成为第 14 条的那七个国家建议写入农村妇女获得计划生育教育和服务的权利。这一建议现在被写入第 14 条第 2 款（b）项。[42]

三　解释问题

缔约各国应采取一切适当措施以消除对妇女的歧视，并保证妇女在教育方面享有与男子平等的权利，特别是在男女平等的基础上保证

尽管委员会没有制定关于第 10 条的一般性建议，但通过分析委员会的

---

[36] 另见关于第 12 条一章的讨论。

[37] Rehof（前注 20），第 120 页。

[38] 同上注，第 120 页。

[39] 同上注，第 121 页。

[40] 同上注。

[41] 同上注。

[42] 另见关于第 14 条一章的讨论。

第 28 号一般性建议也可以获知缔约国在该条下的义务。[43] 第 10 条为国家施加了消极义务和积极义务。缔约国既有义务消除在获得教育方面对妇女的一切形式的歧视，也有义务采取措施帮助实现受教育权。[44] 第 10 条的要素关注妇女和女童获得教育及平等的机会（既有消极义务也有积极义务），其他要素则指向有必要修改教材和课程内容，使它们不再构成妇女获得平等机会的障碍，或不再继续强化性别刻板印象。后面这些要素指向缔约国对教材和课程作出根本性修改的积极义务。

（一）采取一切适当措施

委员会在解释“一切适当措施”时采取了一种整体方法。它给缔约国留有灵活度，缔约国可针对消除阻碍妇女享有权利的歧视，制定适合自己特定情况的政策。每个缔约国都必须对该国“选择的方式的适当性”作出合理解释，并证明“该方式能够达到预期的效力和结果”。[45] 在审查第 10 条时，委员会经常敦促缔约国：

> 采取措施消除固化歧视和不符合《公约》第 10 条规定的传统观
> 念。委员会建议缔约国采取措施，使女童和妇女同等接受各级教育并确
> 保女童不辍学，尤其包括依照《公约》第 4 条第 1 款和委员会第 25 号
> 一般性建议采取暂行特别措施。委员会请缔约国提高女童和妇女的识字 260
> 水平，包括通过全面彻底的校内外教育方案、成人教育和培训并划拨适
> 当财政资源。[46]

---

[43] 第 28 号一般性建议，第 6 段。

[44] Burrows（前注 2），第 437 页。

[45] 第 28 号一般性建议，第 23 段。另可参见本章关于缔约国义务的标题五。

[46] CEDAW/C/BDI/CO/4（2008），对布隆迪的结论性意见，第 32 段。另见 A/59/38，2004 第 31 届会议，对安哥拉的结论性意见，第 159 段；CEDAW/C/IND/CO/3（2007），对印度的结论性意见，第 33、34、35、49 段；CEDAW/C/JOR/CO/4（2007），对约旦的结论性意见，第 30 段；CEDAW/C/TJK/CO/3（2007），对塔吉克斯坦的结论性意见，第 28 段；CEDAW/C/SCG/CO/1（2007），对塞尔维亚的结论性意见，第 30 段；CEDAW/C/CHE/CO/3（2009），对瑞士的结论性意见，第 36 段；CEDAW/C/MWI/CO/6（2010），对马拉维的结论性意见，第 31 段；CEDAW/C/MRT/CO/1（2007），对毛里塔尼亚的结论性意见，第 25 段。

(二) 平等

第10条要求“在男女平等的基础上”享有教育权，重申了《消除对妇女歧视宣言》和《公约》序言中关于男女在尊严和权利上平等的原则。第10条要求缔约国为男女提供“相同”的教育。[47] 这里的“相同”超越了对平等的形式理解。第10条中的“相同”不是等同，或是“同等”对待或仅仅是制定法律，当然这显然也很重要。更重要的是，《公约》要求缔约国认识到对平等政策需作实质性的理解和执行。[48] 此外，委员会呼吁变革性的平等，即要求缔约国采取措施对教育制度和教材内容作出结构性的改变，取缔其中的性别刻板印象。第10条使用了“应采取”这样不容置疑的措辞，这表明缔约国有义务采取尽可能全面的方法以保证妇女毫无歧视地获得教育。[49]

1. 第10条(a)项

《公约》采用了一种教育进程从学龄前到成人的生命周期模式。《世界人权宣言》、《经济社会文化权利国际公约》以及《儿童权利公约》规定只有基础教育是强制性的，应当免费提供。与之不同，消歧委员会并未作这样的区分，而是认为各级各方面的教育都是同等重要的。对女童接受教育的歧视通常从很小的年龄就开始了。在学前教育阶段开始学习陈规定型的性别角色将对儿童未来的教育经历产生影响。

委员会以含义最广的术语来构建缔约国为所有人提供教育的义务，例如，它关切地指出“为女性罪犯提供的教育和矫正方案并不充分”。[50] 委员会还强调了战争（包括国内冲突）对儿童整体上，特别是女童接受教育的

---

[47] 第10条(a)、(b)、(d)、(e)、(g)项。另见下文关于平等的标题(四)。

[48] 第25号一般性建议，第8段；第28号一般性建议，第24段；《关于妇女经济、社会和文化权利蒙特利尔原则》，(2004) *Human Rights Quarterly* 760，第9段。另见经济、社会及文化权利委员会第16号一般性意见(2005)，E/C.12/2005/4，第7、8、14段；S. Fredman, “Providing Equality: Substantive Equality and the Positive Duty to Provide” (2005) 21 *South African J on Human Rights* 163, 165–166。

[49] 第28号一般性建议，第21段。

[50] A/63/38，2008年第41届会议，CEDAW/C/UK/CO/6，对英国的结论性意见，第266段。另见，CEDAW/C/DEU/CO/6(2009)，对德国的结论性意见，第58段。

影响。[51] 此外，委员会也确认其他群体，尤其是移民和其他少数群体的妇女 261
以及“无家可归的女童”所遭遇的获得教育的困难。[52]

除第 14 条外，第 10 条（a）项是《公约》中唯一明确提到农村妇女的条款。[53] 委员会指出，农村妇女，包括土著妇女、不同种姓或民族的妇女文盲率更高。委员会在一个缔约国的结论性意见中明确表达了它的关切：“只有 0.2% 的女性农民接受过农业领域的正规职业培训，而该领域的理工或大学学位只占到 0.3%。”[54]

相同的“学习机会”要求缔约国废除歧视性的政策以及阻碍妇女和女童获得教育的法律的、物质的、社会经济的或文化的障碍。[55] 此外，委员会指出，侵犯获得教育的平等权利还包括提供质量差的不充分的教育以及剥夺

---

[51] CEDAW/C/SLE/CO/5（2007），对塞拉利昂的结论性意见，第 30 段；CEDAW/C/COL/CO/6（2007），对哥伦比亚的结论性意见，第 30 段；CEDAW/C/LBR/CO/6（2008），对利比里亚的结论性意见；受教育权特别报告员的报告（2006）（前注 15），第 114～120 段。

[52] CEDAW/C/EGY/CO/7（2010），对埃及的结论性意见，第 31 段。另见 CEDAW/C/LAO/CO/1－5（2005），对老挝人民民主共和国的结论性意见，第 23 段；CEDAW/C/KHM/CO/3（2006），对柬埔寨的结论性意见，第 26 段；CEDAW/C/SCG/CO/1（2007），对塞尔维亚的结论性意见，第 29～30 段；CEDAW/C/IND/CO/3（2007），对印度的结论性意见，第 32～33 段；CEDAW/C/DEU/CO/6（2009），对德国的结论性意见，第 34 段；CEDAW/C/VNM/CO/6（2007），对越南的结论性意见，第 21 段；CEDAW/C/SAU/CO/2（2008），对沙特阿拉伯的结论性意见，第 28～29 段；CEDAW/C/LUX/CO/5（2008），对卢森堡的结论性意见，第 25～26 段。

[53] 另见《公约》第 14 条第 2 款（d）项以及对第 14 条一章的讨论。

[54] CEDAW/C/PRT/CO/7（2008），对葡萄牙的结论性意见，第 48 段。另见 A/59/38，2004 年第 30 届会议，对不丹的结论性意见，第 117～118 段；A/59/38，2004 年第 31 届会议，对阿根廷的结论性意见，第 376 段；A/59/38，2004 年第 30 届会议，对尼日利亚的结论性意见，第 304 段；A/59/38，2004 年第 30 届会议，对尼泊尔的结论性意见，第 204 段；A/60/38，2005 年第 33 届会议，对爱尔兰的结论性意见，第 392 段；CEDAW/C/MWI/CO/5（2006），对马拉维的结论性意见，第 27 段；CEDAW/C/FJI/CO/4（2010），对斐济的结论性意见，第 29 段；CEDAW/C/ALB/CO/3（2010），对阿尔巴尼亚的结论性意见，第 30～31 段。

[55] CEDAW/C/VUT/CO/3（2007），对瓦努阿图的结论性意见，第 30～31 段；CEDAW/C/MWI/CO/5（2006），对马拉维的结论性意见，第 27～28 段；CEDAW/C/SAU/CO/2（2008），对沙特阿拉伯的结论性意见，第 29 段；CEDAW/C/GNB/CO/6（2009），对几内亚比绍的结论性意见，第 33～34 段。经济、社会及文化权利委员会将可获取性划分为三类：实际上可获取、经济上可获取以及不歧视。经济、社会及文化权利委员会第 13 号一般性意见（1999），E/C.12/1999/10，第 6（b）段 [原文误为“第 6（a）段”。——译者注]。

教育。[56]

尽管委员会赞扬缔约国的“妇女和女童在各级教育中的高入学率”，[57]但很显然，男女学生在中等和高等教育中的录取率以及获得职业培训方面还存在实质性的差距。[58]因此，委员会表达了它对“在博士阶段以及竞争性的研究机构中女性学生数量较低”的担忧。[59]

262 **2. 第10条（b）项**

无论是消除对妇女歧视委员会还是受教育权特别报告员都指出，教育的质量是平等的前提。[60] 委员会对薄弱的教育基础设施对妇女和女童的影响表示关切：

> 表现在预算拨款很少、学校和教师缺乏或数量不足以及教育质量差等方面。委员会关切的是，这些不足造成了女童和妇女的文盲率很高，

---

[56] S. Pimentel, “Education and Legal Literacy”, in H. B. Schöpp-Schilling and C. Flinterman (eds.), *The Circle of Empowerment: Twenty Five Years of the UN Committee on the Elimination of Discrimination against Women* (2007), pp. 90, 95.

[57] CEDAW/C/KWT/CO/2（2004），对科威特的结论性意见，第59段。另见CEDAW/C/DZA/CO/2（2005），对阿尔及利亚的结论性意见，第14段；CEDAW/C/WSM/CO/1－3（2005），对萨摩亚的结论性意见，第17段。

[58] CEDAW/C/NLD/CO/5（2010），对荷兰的结论性意见，第34段；《联合国千年发展目标报告》（2009），第15～16页。

[59] CEDAW/C/CYP/CO/5（2006），对塞浦路斯的结论性意见，第23段。另见CEDAW/C/ARM/CO/4/Rev. 1（2009），对亚美尼亚的结论性意见，第30～31段；A/58/38，2003年第29届会议，对新西兰的结论性意见，第409～410段；A/59/38，2004年第30届会议，对尼泊尔的结论性意见，第204段；CEDAW/C/ALB/CO/3（2010），对阿尔巴尼亚的结论性意见，第30段；CEDAW/C/RWA/CO/6（2009），对卢旺达的结论性意见，第31段；A/59/38，2004年第31届会议，对安哥拉的结论性意见，第158段；CEDAW/C/GMB/CO/1－3（2005），对冈比亚的结论性意见，第37段；CEDAW/C/TUR/CO/6（2010），对土耳其的结论性意见，第30段；CEDAW/C/KEN/CO/6（2007），对肯尼亚的结论性意见，第33段；CEDAW/C/VUT/CO/3（2007），对瓦努阿图的结论性意见，第30段；A/57/38，2002年第27届会议，对赞比亚的结论性意见，第247段；CEDAW/C/EGY/CO/7（2010），对埃及的结论性意见，第31段。另见《联合国千年发展目标报告》（2009），第16～17页。

[60] A/59/38，2004年第30届会议，对尼泊尔的结论性意见，第362段；CEDAW/C/HTI/CO/7（2009），对海地的结论性意见，第23段；A/59/38，2004年第30届会议，对尼日利亚的结论性意见，第303段；联合国人权委员会《受教育权问题特别报告员穆尼奥斯·比利亚洛沃斯先生提交的报告：受教育权》（2005），E/CN. 4/2005/50，第107～108段。

她们在城市和农村地区小学、中学、职业教育和高等教育中入学率低，以及辍学率很高等问题。[61]

即便是采取男女分校教育的国家，课程、设备、教师必须具有相同的质量，不得有任何歧视。委员会与缔约国的互动也包括课程内容的设置：

报告指出，正在对从幼儿园到中学的男女课程实现性别标准化。请详细说明这项标准化工作及其在各级学校教育中的具体内容。请特别阐释是否正在采取措施消除教材、课程和师资培训中关于男女作用及责任的陈规定型观念，鼓励女孩参与非传统的教育、职业和专业，并向妇女和女孩开放科学技术领域的所有学科。[62]

与之类似，农村儿童以及有时被安排到单独的学校的儿童（特别是残疾儿童）不能因质量差的、不充分的设备和教育而处于不利境地。[63] 此外，委员会指出，不得以包括少数群体或其他身份在内的理由在提供质量相同的教育方面进行差别对待。[64]

---

[61] A/59/38，2004 年第 31 届会议，对安哥拉的结论性意见，第 158 段。另见 CEDAW/C/LBR/CO/6（2009），对利比里亚的结论性意见，第 32 段；CEDAW/C/TJK/CO/3（2007），对塔吉克斯坦的结论性意见，第 27 段。

[62] 对沙特阿拉伯第一次和第二次报告的问题清单，CEDAW/C/SUA/Q/2（2007），第 21 段（原文文件号及段次有误。——译者注）。另见 CEDAW/C/MYS/CO/2（2006），对马来西亚的结论性意见，第 15 段；CEDAW/C/EST/CO/4（2007），对爱沙尼亚的结论性意见，第 12 段；CEDAW/C/HTI/CO/7（2009），对海地的结论性意见，第 20～21 段。另见 CEDAW/C/JAM/CO/5（2006），对牙买加的结论性意见，第 31 段；CEDAW/C/MDA/CO/3（2006），对摩尔多瓦的结论性意见，第 19 段；CEDAW/C/IND/CO/3（2007），对印度的结论性意见，第 34～35 段；CEDAW/C/JOR/CO/4（2007），对约旦的结论性意见，第 19 段；CEDAW/C/NER/CO/2（2007），对尼日尔的结论性意见，第 30 段。

[63] CEDAW/C/VUT/CO/3（2007），对瓦努阿图的结论性意见，第 30 段；CEDAW/C/FJI/CO/4（2010），对斐济的结论性意见，第 20 段。

[64] A/60/38，2005 年第 32 届会议，对巴拉圭的结论性意见，第 291～292 段；A/59/38，2004 年第 30 届会议，对尼泊尔的结论性意见，第 204 段；A/60/38，2005 年第 32 届会议，对土耳其的结论性意见，第 371～372 段；CEDAW/C/ISR/CO/3（2005），对以色列的结论性意见，第 35 段；A/58/38，2003 年第 28 届会议，对加拿大的结论性意见，第 363 段；CEDAW/C/IND/CO/3（2007），对印度的结论性意见，第 32 段。

第10条（b）项还要求在进入教师行业方面不得歧视妇女，因为她们出现在教育机构担负着重要的象征和监督作用，可以挑战关于妇女的工作、能力的性别刻板印象，并提供就业机会。[65] 委员会对“在学术领域，教授、高级讲师和研究人员中，以及教育领域的决策层中女性数量较低”表示关
263 切。[66] 委员会建议，“通过进一步增加薪资、借助媒体和其他公共论坛等渠道来改善教师形象。委员会还建议在当前性别平等背景下，对教师进行更多培训以更新他们的知识并改进教育方法”。[67]

为监测联合国教科文组织全民教育目标而开展的研究表明，尤其是在农村地区，教师的高流失率是女童受教育水平低的原因之一。[68] 缔约国有义务解决这些区域性不平等，通过提供足够的资金、住房及其他基础设施服务以便利教师留任。此外，还需提供充分的保健服务，包括抗反转录病毒药物，以解决教师中与艾滋病毒相关的高死亡率，特别是那些受到不成比例影响的女教师。

影响妇女从教能力的歧视性措施包括从学院开除怀孕的女生。津巴布韦发生的一个案例通过援引《公约》质疑一所私立的基督教教师培训学院的决定。该学院决定开除一位已婚女学生，因为她在上学期间怀孕违反了学校规定。她的律师以及法院引用《公约》的规定，指出要求怀孕学生离开学校的规定只会对女生产生影响，侵犯了她们的受教育权，是基于生理性别和

---

[65] A/58/38，2003年第29届会议，对巴西的结论性意见，第122～123段；CEDAW/C/FJI/CO/4（2010），对斐济的结论性意见，第29段；CEDAW/C/JAM/CO/5（2006），对牙买加的结论性意见，第31段；CEDAW/C/MLI/CO/5（2006），对马里的结论性意见，第27段；CEDAW/C/NOR/CO/7（2007），对挪威的结论性意见，第17段；Pimentel（前注56），第93页。另见受教育权特别报告员的报告（2005）（前注60），第107～108段。

[66] CEDAW/C/ARM/CO/4/Rev.1（2009），对亚美尼亚的结论性意见，第30段。另见CEDAW/C/NLD/CO/3（2010），对荷兰的结论性意见，第35段；CEDAW/C/RWA/CO/6（2009），对卢旺达的结论性意见，第31段；CEDAW/C/JPN/CO/6（2009），对日本的结论性意见，第43段；CEDAW/C/JOR/CO/4（2007），对约旦的结论性意见，第29～30段。

[67] CEDAW/C/TJK/CO/3（2007），对塔吉克斯坦的结论性意见，第28段；CEDAW/C/NPL/CO/3（2004），对尼泊尔的结论性意见，第204～205段；CEDAW/C/NOR/CO/7（2007），对挪威的结论性意见，第18段。

[68] 联合国教科文组织《撒哈拉以南非洲教师流失率》（2010），第11页以下。

社会性别的歧视。[69]

中国香港发生的一起关于刻板印象的案件“平等机会委员会诉教育主任”案引用了《公约》第 10 条。[70] 该案由平等机会委员会提出，质疑向中学分配男女学生的做法。虽然所有的学校都是公立的，但一些学校被认为特别好，因此报名人数超额。当局在分配时，决定通过增加男生的名额配比来努力“平衡”性别。支持这一做法的理由是，在中学入学考试（这是分配的基础）中女孩考得更好，这是因为“女孩比男孩成熟得早”因而有内在优势，男孩不应因其成熟较迟而在进入较好的学校时受到不公正对待。平等机会委员会质疑这一基于性别刻板印象的做法，认为它构成对女孩的歧视。法院支持了委员会的立场，为此引用了《公约》第 2 条（a）~（d）项、第 4 条第 1 款和第 10 条。[71] 法院判定，该歧视可以直接归因于支持相关政策的性别刻板印象。

3. 第 10 条（c）项

该条款建立在第 10 条（b）项的基础上，并加强了（b）项。对第 10 条的准备工作表明国家间的共同目标是，如肯尼亚代表所言：

> “消除各级各类教育中关于男女角色的陈规定型观念。”[72] 为此目 264
> 的，教材编制应做到不含性别刻板印象。[73] 与之类似，教育方法应作出
> 调整，以适于挑战一切形式的歧视，包括“《公约》没有明确提及的或

---

⑲ *Mandizvidza v Chaduka NO, Morgenster College and the Minister of Higher Education* 1999(2)ZLR 375(HC)。另见 CEDAW/C/BLZ/CO/4(2007)，对伯利兹的结论性意见，第 23 段。

⑳ 平等机会委员会诉教育主任，HCLA 1555/2000，2001 年报告，2HKLRD 690。

㉑ 同上注，第 88 段以下（特别参见第 109~110 段）。

㉒ Rehof（前注 20），第 117 页。另见第 5 条；R. Holtmaat, *Towards Different Law and Public Policy: the Significance of Article 5a CEDAW for the Elimination of Structural Gender Discrimination* (2004)；E. Sepper, “Confronting the ‘Sacred and Unchangeable’: The Obligation to Modify Cultural Patterns under the Women's Discrimination Treaty” (2008) 30 *University of Pennsylvania J Intl L* 585, 594。

㉓ 受教育权特别报告员的报告（2006）（前注 15），第 104 段指出“女教师和女童的期望过低，得到了教科书、课程内容及教育评估材料的强化，在这些教材中看不到女性形象”。另见第 18~31 段，尤其是第 19、21、24、25 段（关于《公约》和委员会）以及第 28 段。

正在出现的歧视形式”。[74]

委员会敦促缔约国解决陈规定型教育以及课程对妇女人生机会和职业选择的影响。[75] 为女孩提供围绕“女性”的课程以助长性别刻板印象，这样的政策是不被允许的。[76]委员会评论道，“女孩和妇女在中级和高等教育中，特别是与技术和科学相关的课程中参与率较低”，将女孩“输送”到某些特定的研究领域可能也指向基于性别的歧视。[77] 委员会还与缔约国讨论了“传统态度构成女孩接受教育的障碍”。[78] 它还担忧，“交叉时间表或冲突的课程安排等做法，实际上阻碍了女孩学习传统上提供给男孩的课程”。[79] 委员会敦

---

[74] 第28号一般性建议，第15段。

[75] CEDAW/C/BIH/CO/3（2006），对波斯尼亚和黑塞哥维那的结论性意见，第20段；CEDAW/C/KOR/CO/6（2007），对韩国的结论性意见，第26段；CEDAW/C/SCG/CO/1（2007），对塞尔维亚的结论性意见，第19段；CEDAW/C/MDV/CO/3（2007），对马尔代夫的结论性意见，第18段；CEDAW/C/PAK/CO/3（2007），对巴基斯坦的结论性意见，第36～37段；CEDAW/C/FRA/CO/6（2008），对法国的结论性意见，第18～19段；CEDAW/C/AUS/CO/7（2010），对澳大利亚的结论性意见，第36～37段；CEDAW/C/TUR/CO/6（2010），对土耳其的结论性意见，第30～31段；CEDAW/C/BOL/CO/4（2008），对玻利维亚的结论性意见，第20段。

[76] CEDAW/C/BHR/CO/2（2008），对巴林的结论性意见，第32～33段；CEDAW/C/TUR/CO/6（2010），对土耳其的结论性意见，第30段；CEDAW/C/FRA/CO/6（2008），对法国的结论性意见，第18段；CEDAW/C/AZE/CO/4（2009），对阿塞拜疆的结论性意见，第29段；CEDAW/C/AUS/CO/7（2010），对澳大利亚的结论性意见，第36～37段；A/58/38，2003年第29届会议，对巴西的结论性意见，第122段。

[77] A/59/38，2004年第30届会议，对不丹的结论性意见，第113段。另见CEDAW/C/CRO/CO/2－3（2005），对克罗地亚的结论性意见，第33段；CEDAW/C/ISR/CO/3（2005），对以色列的结论性意见，第35～36段；CEDAW/C/LCA/CO/6（2006），对圣卢西亚的结论性意见，第27段；CEDAW/C/BIH/CO/3（2006），对波斯尼亚和黑塞哥维那的结论性意见，第31段；CEDAW/C/SVK/CO/4（2008），对斯洛伐克的结论性意见，第18段；CEDAW/C/LUX/CO/5（2008），对卢森堡的结论性意见，第15、25段；CEDAW/C/CHE/CO/3（2009），对瑞士的结论性意见，第35段。

[78] A/59/38，2004年第30届会议，对尼日利亚的结论性意见，第304段；CEDAW/C/BEN/CO/1－3（2005），对贝宁的结论性意见，第30段；CEDAW/C/LCA/CO/6（2006），对圣卢西亚的结论性意见，第28段；CEDAW/C/BTN/CO/7（2009），对不丹的结论性意见，第25段；CEDAW/C/GNB/CO/6（2009），对几内亚比绍的结论性意见，第33～34段；CEDAW/C/VUT/CO/3（2007），对图瓦卢的结论性意见，第31段；CEDAW/C/LBR/CO/6（2009），对利比里亚的结论性意见，第33段；CEDAW/C/BOL/CO/4（2008），对玻利维亚的结论性意见，第20段；CEDAW/C/PAR/3－4（2005），巴拉圭第3、4、5次合并定期报告，第263页；CEDAW/C/BOT/CO/3（2010），对博茨瓦纳的结论性意见，第31段。

[79] CEDAW/C/JAM/CO/5（2006），对牙买加的结论性意见，第31段。

促缔约国采取一种全面的、整体的方法来解决性别刻板印象问题，鼓励它们“利用一切形式的教育（正规、非正规的），包括通过家长言传身教、社区社交互动等社会化进程，消除消极的定型观念、态度和习俗”。[80]

（1）鼓励男女同校教育 265

鼓励男女同校教育并不要求缔约国将其作为强制性义务，因为正如在起草《公约》时美国所指出的，“这不是消除对男女角色的刻板印象的唯一方法”。[81] 实际上，男女合校教育也可能并不适当，在一些地区，分校教育已成为规则，推翻这一规则可能导致女童不再被允许去上学。[82]

如果尚未实现男女同校教育，缔约国必须通过确保教育质量——获得相同的课程以及按照相同的标准培训教师——来保证分校教育尊重平等。[83] 如某些缔约国存在单一性别教育机构，则必须确保具有相同数量的高质量的男性和女性教师。[84] 委员会指出，事实上的隔离是成问题的，不仅仅因为它“对妇女职业机会的影响，而且因为在老年妇女尤其是吉卜赛妇女和女童中的高文盲率”。[85]

4. 第 10 条（d）项

如果贫困或缺少手段是妇女和女童获得教育的主要障碍，那么提供奖学金和其他形式的帮助就变得至关重要。[86] 委员会将提供奖学金看作加速妇女接受教育、实现男女平等的关键。它称赞为女童设立奖学金计划

---

[80] CEDAW/C/LAO/CO/7（2009），对老挝的结论性意见，第 22 段；另见 CEDAW/C/LBN/CO/3（2008），对黎巴嫩的结论性意见，第 25 段；CEDAW/C/HTI/CO/7（2009），对海地的结论性意见，第 21 段；CEDAW/C/JOR/CO/4（2007），对约旦的结论性意见，第 20 段。

[81] Rehof（前注 20），第 117 页。

[82] CEDAW/C/SAU/2（2008），沙特阿拉伯第一、第二次合并报告，第 30 页。另见经济、社会及文化权利委员会第 13 号一般性意见，第 6（c）段：“可接受性”规定教育的“形式和内容”必须“适切、文化上适当和优质”。E/C.12/1999/10（1999），第 6（c）段。

[83] CEDAW/C/MAR/CO/5（2006），对毛里求斯的结论性意见，第 24 ~ 25 段。

[84] Rehof（前注 20），第 116 页。

[85] CEDAW/C/BIH/CO/3（2006），对波斯尼亚和黑塞哥维那的结论性意见，第 24 段。另见 CEDAW/C/EGY/CO/7（2010），对埃及的结论性意见，第 32 段。

[86] A/57/38，2002 年第 26 届会议，对斐济的结论性意见，第 60 ~ 61 段。

的缔约国。[87] 它还表扬一个缔约国在学生贷款计划中为女性排忧解难。[88] 委员会强调，农村女童（及其父母）尤其需要财政支持和其他的激励措施以鼓励她们留在学校。[89] 委员会还敦促缔约国“确保妇女与男子平等地获得政府贷款和奖学金，以便到国外寻求更高级别的教育”。[90]

受教育权特别报告员指出，尽管在许多国家取消费用带来了女童入学人数的增加，但是教育质量却急剧下滑，因为并没有为此额外招募必需的教职员工。[91] 这一情况说明，有必要为妇女提供资助和奖学金以帮助她们进入教师培训学院。

266 委员会已经提请缔约国注意存在一些额外的收费和开支，如购买校服、征收板凳税及其他辅助费用，这些很有可能对女童获得教育产生不成比例的影响，特别是当其家庭财力有限时。[92] 考虑到这一点，委员会肯定了某缔约国采取的措施：

在教育领域，在国际社会、捐赠组织和非政府组织的协助下，实施

---

[87] CEDAW/C/CMR/CO/3（2009），对喀麦隆的结论性意见，第22段；CEDAW/C/TUR/CO/6（2010），对土耳其的结论性意见，第30段；A/59/38，2004年第30届会议，对埃塞俄比亚的结论性意见，第240段；A/57/38，2002年第27届会议，对赞比亚的结论性意见，第229段。

[88] A/58/38，2003年第29届会议，对新西兰的结论性意见，第409段。另见CEDAW/C/ETH/CO/1（2004），对埃塞俄比亚的结论性意见，第240段。

[89] CEDAW/C/VUT/CO/3（2007），对瓦努阿图的结论性意见，第31段；CEDAW/C/BTN/CO/7（2009），对不丹的结论性意见，第26段；CEDAW/C/HTI/CO/7（2009），对海地的结论性意见，第31段。沙特阿拉伯对问题清单的答复，CEDAW/C/SAU/Q/2/Add. 1（2007），第20段（第19页）；CEDAW/C/ECU/CO/7（2008），对厄瓜多尔的结论性意见，第31段。

[90] A/59/38，2004年第30届会议，对不丹的结论性意见，第114段。另见CEDAW/C/SAU/Q/2/Add. 1（2007），沙特阿拉伯对问题清单的答复，第23段。

[91] 见受教育权问题特别报告员的报告（2005）（前注60），第29~30段。

[92] CEDAW/C/NLZ/CO/6（2007），对新西兰的结论性意见，第32~33段；CEDAW/C/ALB/CO/3（2010），对阿尔巴尼亚的结论性意见，第30段；CEDAW/C/FJI/CO/4（2010），对斐济的结论性意见，第28段。参见T-170/03号决定，Mora诉波哥大地区教育部长及其他人（2003年2月28日），哥伦比亚宪法法院判定，让一位低收入母亲将子女送到居住地外的另一区域的学校，增加了其交通和机会成本，侵犯了其受教育权，命令当局给她重新分配一个离家近的学校。另见Mohini Jain诉卡纳塔克邦，（1992）3 SCC666，1992 AIR 1858，印度最高法院。

了学校供餐方案、为送女童入学的家长提供小额贷款方案……2006 年决议……在设立的奖学金中设定了 50% 的配额。[93]

5. 第 10 条（e）项

准备工作表明，国家在写入这一条款时愿意减轻过早离开学校或从未接受过教育的妇女所面临的困难和不利条件。[94]“实用”一词加在“识字”之前是按照联合国教科文组织观察员的建议“以涵盖在传授实用知识的同时教授读写的方案”。[95]

委员会表达了它对男女识字率的持续差距的关切，例如“高文盲率，在 2004 年，71% 的文盲是女童和妇女……明显体现了第 10 条规定的歧视模式”。[96] 委员会还指出了老年、农村、土著及少数群体妇女面临的特定问题。[97]

---

[93] CEDAW/C/GNB/CO/6（2009），对几内亚比绍的结论性意见，第 33 段。另见 A/57/38，2002 年特别会议，对巴巴多斯的结论性意见，第 222 段；A/57/38，2002 年第 27 届会议，对赞比亚的结论性意见，第 229 段；CEDAW/C/MRT/CO/1（2007），对毛里求斯的结论性意见，第 36 段。

[94] 参见 Rehof（前注 20），第 118 页。SIDA，*Lifelong Learning in the South-Critical Issues and Opportunities for Adult Education*（2004）；《非洲妇女权利议定书》第 12 条第 2 款（a）、（c）项。

[95] Rehof（前注 20），第 118 页。另见经济、社会及文化权利委员会第 13 号一般性意见（1999），E/C. 12/1999/10，第 15 ~ 16 段。

[96] CEDAW/C/SLE/CO/5（2007），对塞拉利昂的结论性意见，第 30 ~ 31 段；CEDAW/C/BEN/CO/1 - 3（2005），对贝宁的结论性意见，第 29 段；CEDAW/C/MRT/CO/1（2007），对毛里塔尼亚的结论性意见，第 35 段；CEDAW/C/MAW/CO/4（2008），对摩洛哥的结论性意见，第 26 段；CEDAW/C/SAU/CO/2（2008），对沙特阿拉伯的结论性意见，第 29 段。

[97] 第 27 号一般性建议，第 19 段；CEDAW/C/MWI/CO/5（2006），对马拉维的结论性意见，第 27 段；CEDAW/C/TUR/CO/6（2010），对土耳其的结论性意见，第 30 段；CEDAW/C/AUS/CO/7（2010），对澳大利亚的结论性意见，第 41 段；A/60/38，2005 年第 32 届会议，对巴拉圭的结论性意见，第 291 段；A/58/38，2003 年第 28 届会议，对萨尔瓦多的结论性意见，第 263 段；A/59/38，2004 年第 31 届会议，对赤道几内亚的结论性意见，第 193 段；A/60/38，2005 年第 32 届会议，对老挝人民民主共和国的结论性意见，第 94 段；A/58/38，2003 年第 29 届会议，对摩洛哥的结论性意见，第 171 段；A/57/38，2002 年特别会议，对也门的结论性意见，第 386 段；A/57/38，2002 年特别会议，对秘鲁的结论性意见，第 490 段；A/60/38，2005 年第 33 届会议，对冈比亚的结论性意见，第 207 段；A/57/38，2002 年第 27 届会议，对赞比亚的结论性意见，第 246 ~ 247 段；CEDAW/C/GUA/CO/7（2009），对危地马拉的结论性意见，第 27 ~ 28 段；CEDAW/C/ECU/CO/7（2008），对厄瓜多尔的结论性意见，第 30 ~ 31 段。

267 委员会强调将解决文盲问题作为一个紧迫事项的重要性，为此，可以采取暂行特别措施。[98] 委员会对缔约国拿出资源解决妇女文盲的问题表示肯定。[99]

委员会指出，成人和实用识字方案可以超越基本的计算和读写技能，纳入对妇女生活产生变革性影响的性别和法律知识。[100] 委员会的专家西尔维雅·皮门特尔（Silvia Pimentel）评论道：

> 法律文化是赋予妇女权利的根本工具，它让妇女能够通过所有站在她们道路上的“守门员”最终达到并穿过法律的“大门”。《公约》及其委员会向世界各地的妇女提供了关键性的概念和工具，让她们能够越过“门卫”、穿过“大门”，享有她们的权利。[101]

基于这个原因，委员会敦促缔约国公布委员会对《任择议定书》下的个人来文的决定。[102]

6. 第 10 条（f）项

通常由于早婚或怀孕等原因，许多缔约国的女童和妇女过早地离开学校。[103]

---

[98] CEDAW/C/LAO/CO/7（2009），对老挝人民民主共和国的结论性意见，第 33 段；A/57/38，2002 年特别会议，对秘鲁的结论性意见，第 491 段；CEDAW/C/YEM/CO/6（2008），对也门的结论性意见，第 25 段；A/59/38，2004 年第 30 届会议，对尼日利亚的结论性意见，第 304 段；A/59/38，2004 年第 31 届会议，对安哥拉的结论性意见，第 159 段。

[99] A/60/38，2005 年第 32 届会议，对萨摩亚的结论性意见，第 45 段；A/59/38，2004 年第 31 届会议，对孟加拉国的结论性意见，第 233 段；A/57/38，2002 年特别会议，对乌干达的结论性意见，第 128 段。

[100] CEDAW/C/BOL/CO/4（2008），对玻利维亚的结论性意见，第 17、32 段；CEDAW/C/LBN/CO/3（2008），对黎巴嫩的结论性意见，第 15、25 段。

[101] Pimentel（前注 56），第 97 页。

[102] A. T. 诉匈牙利，消除对妇女歧视委员会第 2/2003 号来文（2005），CEDAW/C/32/D/2003，第 9（7）段。另见 CEDAW/C/USR/CO/7（2010），对俄罗斯联邦的结论性意见，第 15 段。

[103] A/59/38，2004 年第 31 届会议，对赤道几内亚的结论性意见，第 193 段；CEDAW/C/LBR/CO/6（2009），对利比里亚的结论性意见，第 32 段；A/59/38，2004 年第 30 届会议，对尼泊尔的结论性意见，第 204 段；A/57/38，2002 年第 27 届会议，对苏里南的结论性意见，第 57 ~ 58 段；A/57/38，2002 年第 27 届会议，对赞比亚的结论性意见，第 246 段；CEDAW/C/BEN/CO/1 - 3（2005），对贝宁的结论性意见，第 30 段；CEDAW/C/BLZ/CO/4（2007），对伯利兹的结论性意见，第 23 ~ 24、27 段；CEDAW/C/BTN/CO/7（2009），对不丹的结论性意见，第 26 段。

委员会在第 24 号一般性建议及结论性意见中敦促缔约国停止因为怀孕而开除学生的做法。[104] 它还敦促缔约国为过早离开学校的学生提供机会完成学业，并肯定了提供完成学业机会的国家。[105] 在向一个缔约国提问时，委员会要求提供以下信息：

> 已经或计划采取何种措施以创造一种教育氛围，消除阻碍怀孕少女
> 和未成年母亲接受教育的各种障碍，包括提供便利的托儿设施并鼓励有 268
> 养育责任的未成年母亲完成学业。[106]

委员会还指出早婚和强迫婚姻问题，责成缔约国制定最低结婚年龄，并确保男女相同。[107] 将 18 岁作为指定的结婚年龄，一方面确保生理上足够成

---

[104] 第 24 号一般性建议，第 28 段；CEDAW/C/TGO/CO/3（2006），对多哥的结论性意见，第 24 ~ 25 段；A/57/38，2002 年第 27 届会议，对苏里南的结论性意见，第 57 段；A/57/38，2002 年第 27 届会议，对赞比亚的结论性意见，第 246 段；CEDAW/C/JAM/CO/5（2006），对牙买加的结论性意见，第 32 段；CEDAW/C/MWI/CO/6（2010），对马拉维的结论性意见，第 31 段；CEDAW/C/KEN/CO/6（2007），对肯尼亚的结论性意见，第 33 段；CEDAW/C/COK/CO/1（2007），对库克群岛的结论性意见，第 30 段。

[105] A/57/38，2002 年第 27 届会议，对苏里南的结论性意见，第 57 ~ 58 段；A/58/38，2003 年第 28 届会议，对刚果的结论性意见，第 171 段；A/59/38，2004 年第 31 届会议，对赤道几内亚的结论性意见，第 194 段；CEDAW/C/CPV/CO/6（2006），对佛得角的结论性意见，第 26 段；CEDAW/C/RWA/CO/6（2009），对卢旺达的结论性意见，第 31 段；CEDAW/C/FJI/CO/4（2010），对斐济的结论性意见，第 28 段；CEDAW/C/PAN/CO/7（2010），对巴拿马的结论性意见，第 36 ~ 37 段。另见 Pimentel（前注 56），第 97 页；联合国儿基会《世界儿童状况（2004）》，第 86 页。受教育权问题特别报告员的报告（2005）（前注 60），第 71 ~ 79、94、133 段。

[106] CEDAW/C/KGZ/Q/3/Add. 1（2008），议题和问题清单：吉尔吉斯斯坦，第 42 届会议会前工作组，第 19 段。另见 CEDAW/C/BLZ/CO/4（2007），对伯利兹的结论性意见，第 23 段；CEDAW/C/LBR/CO/6（2009），对利比里亚的结论性意见，第 33 段；CEDAW/C/SLV/CO/7（2008），对萨尔瓦多的结论性意见，第 30 段。

[107] 第 21 号一般性建议，第 36、38 ~ 39 段。CEDAW/C/KHM/CO/3（2006），对柬埔寨的结论性意见，第 26 段；CEDAW/C/JAM/CO/5（2006），对牙买加的结论性意见，第 40 段；CEDAW/C/JOR/CO/4（2007），对约旦的结论性意见，第 35 ~ 36 段；CEDAW/C/BOL/CO/4（2008），对玻利维亚的结论性意见，第 44 ~ 45 段；CEDAW/C/BOT/CO/3（2010），对博茨瓦纳的结论性意见，第 31 ~ 32 段。另见《公约》第 16 条第 2 款；《非洲儿童福利和权利宪章》第 21 条第 2 款、《非洲妇女权利议定书》第 6 条（b）项；经济、社会及文化权利委员会第 14 号一般性意见（2000），E/C. 12/2000/4，第 22 段；人权事务委员会第 28 号一般性意见（2000），CCPR/C/21/Rev. 1/Add. 10，第 23 段；受教育权问题特别报告员的报告（2006）（前注 15），第 73 ~ 75、78 段。

熟，可以生育子女，另一方面也让女孩尽可能长时间地留在学校。研究表明，随着女孩接受中等教育的增加，早婚率有所降低。[108]

委员会也讨论了性骚扰有时也是导致女孩过早辍学的一个因素。它指出，“缺乏经过培训的合格教师，尤其是女教师，可能增加女孩在学校遭受暴力和虐待的脆弱性”。[109] 它还指出，农村女孩在上学路上经常成为性骚扰的目标，这也对女孩的出勤率和继续上学造成影响。[110]

缺少厕所也导致缺勤和过早离开学校。这对女孩造成了不成比例的影响，特别是当女孩月经来潮后。[111] 劳动，包括拾柴、挑水等家务，也对女孩接受教育、留在学校的可能性造成限制。[112] 在设计教育政策时如果不考虑这些劳动的影响，将构成基于性别的歧视。委员会还指出，高发的童工事件也阻碍了女童接受教育。它要求一个缔约国采取措施，确保儿童“特别是女童能够获得基本教育……并符合国际劳工组织制定的最低劳工标准”。[113] 为补偿上学的机会成本，缔约国有必要考虑让因生存压力不得不放弃接受正规

---

[108] 千年项目《行动起来：实现性别平等和妇女赋权》，教育和性别平等工作组（2005），第36页以下，特别参见第40、49页的表格；K. Watkins, *The OXFAM Education Report*（2000）195～198；北京《行动纲领》（1995）战略目标L4，第279～280段。另见CEDAW/C/BOL/CO/4（2008），对玻利维亚的结论性意见，第44段；A/57/38，2002年第26届会议，第60～61段。

[109] CEDAW/C/GNB/CO/6（2009），对几内亚比绍的结论性意见，第33～34段。另见CEDAW/C/LAO/CO/7（2009），对老挝人民民主共和国的结论性意见，第24段；CEDAW/C/HTI/CO/7（2009），对海地的结论性意见，第23段；CEDAW/C/PAR/3－5（2005），巴拉圭第3、4、5次合并报告，第263页；CEDAW/C/ECU/CO/7（2008），对厄瓜多尔的结论性意见，第32段；《非洲妇女权利议定书》第12条第1款（c）项。

[110] CEDAW/C/ZAF/1（1998），南非初次报告，第119段；CEDAW/C/TLS/CO/1（2009），对东帝汶的结论性意见，第35段；CEDAW/C/LBR/CO/6（2009），对利比里亚的结论性意见，第32～33段。

[111] CEDAW/C/YEM/CO/6（2008），对也门的结论性意见，第25段；经济、社会及文化权利委员会《关于卫生权利的声明》（2010），E/C.12/45/CRP.1，第5段。

[112] CEDAW/C/MOZ/CO/2（2007），对莫桑比克的结论性意见，第30段；CEDAW/C/MMR/CO/3（2008），对缅甸的结论性意见，第34段；CEDAW/C/MAW/CO/4（2008），对摩洛哥的结论性意见，第26～27段；联合国开发计划署《权力、贫困和全球水危机》（2006），第47页。

[113] A/57/38，2002年特别会议，对危地马拉的结论性意见，第202～203段。另见CEDAW/C/IND/CO/3（2007），对印度的结论性意见，第49段。

教育的妇女和女孩有机会获得财政支付或资助。[114] 最后，委员会指出，令人 269
关切的是，农村、少数群体和土著人中女孩的复读率和辍学率居高不下。[115]

7. 第 10 条（g）项

委员会对该条款关注不多。然而，它也指出妇女和女童繁重的劳动负担阻碍了她们参加体育和运动。根据一个缔约国报告提供的信息，“刻板印象实质上限制了贫穷女孩参加文化、体育和其他休闲活动”，因为女孩必须帮助母亲从事能够创收的活动。委员会要求该缔约国“提供相关信息，说明政府正在考虑采取哪些可能策略，来促进女孩尤其是农村地区的女孩参与文化、体育和其他休闲活动，以及改变限制参与这些活动的性别角色定型观念”。[116] 委员会有时也采用交叉方法，它敦促一个缔约国“确保监狱中的少女能够获得全面的教育活动方案，包括体育”。[117]

8. 第 10 条（h）项

该项规定说明了，提供决定家庭规模和其他与健康问题相关的知识非常重要。[118] 第 24 号一般性建议规定，在为妇女及女孩提供关于性健康、教育和服务的信息时不应存在歧视。[119] 尽管第 10 条（h）项是以性别中立的语言写的，但妇女在生育方面承担着不成比例的负担。委员会第 21 号一般性建议对此予以认可：

---

[114] CEDAW/C/ALB/CO/3（2010），对阿尔巴尼亚的结论性意见，第 30 段。

[115] CEDAW/C/URY/CO/7，对乌拉圭的结论性意见，A/59/38，2004 年第 31 届会议，对西班牙的结论性意见，第 346～347 段；A/60/38，2005 年第 33 届会议，对以色列的结论性意见，第 256 段。

[116] CEDAW/C/HTI/Q/7（2008），对海地的问题清单，关于第 13 条的第 26 段。受教育权问题特别报告员在其关于女童受教育权的报告中指出，男孩有练习某些体育运动的场所，“却没有给女孩提供类似的场所”。受教育权问题特别报告员的报告（2005）（前注 60），第 104 段。另见第 150 段。

[117] CEDAW/C/DEU/CO/6（2009），对德国的结论性意见，第 58 段。

[118] 必须结合第 5 条（b）项、第 12 条、第 14 条第 2 款（b）项、第 16 条第 1 款（e）项和第 16 条第 2 款来理解。另见关于第 12 条一章的讨论。

[119] 另见联合国人权委员会《受教育权：特别报告员卡塔琳娜·托马舍夫斯基提交的报告》（2004），E/CN. 4/2004/45，第 36 段引用了第 10 条（h）项；儿童权利委员会第 3 号一般性意见（2004），A/59/41。

> 关于是否生养孩子，最好是与配偶或伴侣协商作出决定，但绝不应受到配偶、父母亲、伴侣或政府的限制。为对安全可靠的避孕措施作出知情决定，妇女必须获得有关避孕措施及使用的信息，并能按照《公约》第10条（h）项获得接受性教育和计划生育服务的保证。[120]

委员会将第10条（h）项和第10条（f）项结合起来解读过早离开学校是怀孕的结果。它建议缔约国“确保广泛开展针对男孩和女孩的性教育方案，其中特别注意预防早孕”。[121]

270 尽管总体上承认教育的益处，但是提供计划生育知识，特别是向学龄儿童提供这些信息，是有争议的。[122] 受到社会、文化和宗教的影响，一些缔约国不愿在其教学课程中纳入性教育或计划生育的内容。[123] 关于受教育权的首任特别报告员卡塔琳娜·托马舍夫斯基（Katarina Tomasevki）指出，政治斗争决定着学校关于人类性行为的课程和教材，而女童却要为此付出最大的代价。[124] 委员会坚定而明确地呼吁缔约国向学校和社会公众提供与健康和生育有关的信息。[125] 在第24号一般性建议中，委员会指出，缔约国有义务确保男女少年获得性保健和生殖保健教育的权利，“此种教育应在专门制定、尊重隐私和保密权的方案内由经过适当培训的人

---

[120] 第21号一般性建议，第22段。另见 CEDAW/C/JAM/CO/5（2006），对牙买加的结论性意见，第35段。

[121] CEDAW/C/TLS/CO/1（2009），对东帝汶的结论性意见，第38段；CEDAW/C/NAM/CO/3（2007），对纳米比亚的结论性意见，第22段。另见 Pimentel（前注56），第101页。

[122] 参见如 Gillick 诉诺福克郡西部和维斯贝奇地区健康当局（1985），3 All ER 402。比较第45/2007号申诉，人权法律保护国际中心（INTERIGHTS）诉克罗地亚（2009年3月30日），欧洲社会权利委员会，第47、52、59段，设定了在欧洲提供性教育和性知识的标准。

[123] 受教育权问题特别报告员的报告（2004）（前注119），第37、39段。

[124] 同上注，第37段。

[125] 第28号一般性建议，第21段；CEDAW/C/CPV/CO/6（2006），对佛得角的结论性意见，第26段；CEDAW/C/CHI/CO/4（2006），对智利的结论性意见，第17~18段；CEDAW/C/NAM/CO/3（2007），对纳米比亚的结论性意见，第23段；CEDAW/C/URY/CO/7（2008），对乌拉圭的结论性意见，第39段。

员提供”。[126] 此外，在第28号一般性建议中，委员会责成缔约国关注“（青少年）女孩的特别需求……实施旨在预防艾滋病毒/艾滋病、性剥削和少女早孕的方案”。[127]

第10条（h）项也成为向委员会提交个人来文的主题事项。一位吉卜赛妇女在未被告知过程的性质和后果的情况下做了绝育手术。在手术进行之前，她并未表示同意。[128] 她主张缔约国违反了第10条（h）项。[129] 缔约国辩称来文作者已有三个子女，可以说已经了解必要的生育知识。委员会最终作出了支持来文作者的决定，指出缔约国的保健当局在做绝育手术之前没有为申请者提供必要的辅导和信息，因而违反了第10条（h）项。[130]

四　本条语境中的平等

平等和非歧视是首要的原则。缔约国有义务消除无论何地发生的无
论何种原因引起的歧视，并有义务采取积极措施确保在教育领域实现男女 271
平等。[131]

---

[126] 第24号一般性建议，第18段；儿童权利委员会第3号一般性意见（2004），A/59/41，第6、7、9、11、15~18、20、23、38段；儿童权利委员会第4号一般性意见（2004），A/59/41，第10、16、25~28、30、31段，第39（b）段和第40段；北京《行动纲领》（1995），第267段。

[127] 第28号一般性建议，第21段。另见第15号一般性建议；联合国妇女发展基金《反转潮流：〈消除对妇女一切形式歧视公约〉与艾滋病流行的性别维度》（2001）。

[128] A.T.诉匈牙利，消除对妇女歧视委员会第4/2004号来文（2006），CEDAW/C/36/D/4/2004，第3.3段。

[129] 同上注，第5.5、9.6段。作者为支持自己的主张，援引了第21号一般性建议第22段。作者还结合第19号和第24号一般性建议以及人权事务委员会的第28号一般性意见，声称缔约国违反了第12条、第16条第1款（e）项；参见人权事务委员会第28号一般性意见（2000），CCPR/C/21/Rev.1/Add.10，第3.2、3.4、3.5、3.6段。

[130] A.T.诉匈牙利，消除对妇女歧视委员会第4/2004号来文（2006），CEDAW/C/36/D/4/2004，第11.2段。

[131] 第28号一般性建议；第25号一般性建议，第6~10段。

（一）形式平等

结合第1条，第10条中的形式平等要求缔约国采取必要措施，修改法律和政策，删去其中的歧视性条款或补足法律中的遗漏。[132] 委员会在审查某一缔约国报告后的结论性意见中表达了它的关切："尽管遭到强烈反对，但该国还是修改了《基本教育法案》，删除了提及增进两性平等的第5条。"[133] 考虑到第10条（f）项，委员会敦促一个缔约国制定法律禁止包括教育领域在内的广泛存在的针对妇女和女孩的性骚扰。[134]

（二）超越形式平等

委员会要求缔约国超越建立在假想基础上的同样对待男女的表面"中立"的形式平等，努力实现实质平等。它评论道："尽管法律规定对怀孕期间和怀孕后的少女实行强制继续教育（第29号法律），但并不存在有效的机制来确保该规定得到执行。"[135] 委员会还要求采取旨在对教育制度和教材内容进行结构性改变从而取缔性别刻板印象的措施，呼吁变革性平等。[136]

（三）实质平等

除了废除歧视性法律，实质平等要求缔约国保证妇女有能力实际享有教育权，制定政策促进妇女平等地接受教育，对有可能阻碍妇女获得和享有教育权的社会性别归属提出质疑，取缔各个层级阻碍妇女作为老师和学生获得教育的结构性障碍，承认并设法解决作为交叉歧视结果的复合性歧视，规定

[132] A/58/38，2003年第28届会议，对加拿大的结论性意见，第362段；CEDAW/C/CAN/CO/7（2008），对加拿大的结论性意见，第43段。

[133] CEDAW/C/JPN/CO/6（2009），对日本的结论性意见，第43段。

[134] CEDAW/C/HTI/CO/7（2009），对海地的结论性意见，第16、23、24段。

[135] CEDAW/C/PAN/CO/7（2010），对巴拿马的结论性意见，第36段。另见CEDAW/C/IND/CO/3（2007），对印度的结论性意见，第49段；CEDAW/C/BLZ/CO/4（2007），对伯利兹的结论性意见，第24段。

[136] 第28号一般性建议，第5、9段。另见受教育权问题特别报告员的报告（2006）（前注15），第104段。

采用暂行特别措施实现全民平等获得教育的目标：[137]

委员会要求缔约国加大努力，通过教育系统解决对妇女长期歧视态度的结构根源问题。委员会要求缔约国尽快解决教育系统中实际存在的隔离问题，积极鼓励为男女提供教育和职业的多样选择，并为青年妇女进入传统上以男性为主的学习领域提供激励。委员会要求缔约国制定明确的时限，引入性别敏感的教育课程和教学方法以解决对妇女歧视的结构和文化根源问题，并为教师增加职前和在职的性别敏感培训。委员会还请缔约国系统监视在既定目标方面采取的措施，并在必要时采取矫正措施。[138] 272

（四）变革性平等

变革性平等涉及挑战普遍存在的性别意识形态，按照第 25 号一般性建议的用语，呼吁在男女之间重新分配权力和资源。[139] 在第 10 条的语境中，缔约国面临的最大挑战是它们参与构建了导致否定妇女和女童受教育权的狭隘和歧视性的文化。变革性的平等模式要求缔约国破解文化难题，制定政策

---

[137] 参见对第 1 条一章的讨论；第 28 号一般性建议；第 25 号一般性建议，第 6 ~ 10 段；CEDAW/C/FRA/CO/6（2008），对法国的结论性意见，第 22 段；CEDAW/C/CP/FJI/CO/4（2010），对斐济的结论性意见，第 29 段；CEDAW/C/AUS/CO/7（2010），对澳大利亚的结论性意见，第 2、13、26、40、41 段；CEDAW/C/TUR/CO/6（2010），对土耳其的结论性意见，第 31 段；CEDAW/C/ALB/CO/3（2010），对阿尔巴尼亚的结论性意见，第 23、31 段；CEDAW/C/SLE/CO/5（2007），对斯洛文尼亚的结论性意见，第 18 段；CEDAW/C/RWA/CO/6（2009），对卢旺达的结论性意见，第 32 段；CEDAW/C/YEM/CO/6（2008），对也门的结论性意见，第 25 段；CEDAW/C/GNB/CO/6（2009），对几内亚比绍的结论性意见，第 34 段。

[138] CEDAW/C/JAM/CO/5（2006），对牙买加的结论性意见，第 32 段。另见 CEDAW/C/BEL/CO/6（2008），对比利时的结论性意见，第 24 段；CEDAW/C/LBR/CO/6（2009），对利比里亚的结论性意见，第 32 段；CEDAW/C/EGY/CO/7（2010），对埃及的结论性意见，第 32 段。

[139] 第 25 号一般性建议，第 8 段。另见受教育权问题特别报告员的报告（2006）（前注 15），第 16、20 段；R. J. Cook and S. Cusack, *Gender Stereotyping: Transnational Legal Perspectives* (2010)；R. Holtmaat and J. Naber, *Women's Human Rights and Culture: From Deadlock to Dialogue* (2010)。

减轻性别刻板印象对女孩受教育机会产生的负面影响。委员会已经指出，基于性别的歧视是一个普遍问题，无论是最富裕的国家还是最贫困的国家，妇女们都受到了影响：

> 虽然制定了宣传方案，但委员会感到关切的是，对男女在家庭中、在教育制度中和一般社会中的角色和职责的传统的陈规定型观念仍然持续存在，加深了男尊女卑的观念，影响了妇女在所有生活领域及其一生的地位。委员会表示关注的是，最近的教育改革并未深入解决这一问题。[140]

第10条（c）项关于消除性别刻板印象，指向了一种革命性的教育观念，要求将教育作为变革的载体，对社会进行根本性重组。委员会专门呼吁一个缔约国以“解决歧视妇女的结构和文化根源”的教材取代性别中立的教学课程，这可能需要缔约国“进行关于性别问题及性别敏感度培训，并将其作为所有教师培训的一个实质性组成部分”。[141]

273 **（五）直接歧视**

委员会已经确认以生理性别或社会性别不同而对妇女加以区别对待构成直接歧视。[142] 考虑到第10条（f）项，委员会关切的是，“在有些教育机构中，未成年母亲不一定能回初中念书，因为人们认为‘未成年母亲会对其他女孩产生不良影响’，但不会阻止未成年父亲上学”。[143]

---

[140] CEDAW/C/BOL/CO/4（2008），对玻利维亚的结论性意见，第20段。另见CEDAW/C/NOR/CO/7（2007），对挪威的结论性意见，第17~18段；CEDAW/C/HON/CO/6（2007），对洪都拉斯的结论性意见，第26段；CEDAW/C/PAK/CO/3（2007），对巴基斯坦的结论性意见，第37段；CEDAW/C/JOR/CO/4（2007），对约旦的结论性意见，第19段；CEDAW/C/LUX/CO/5（2008），对卢森堡的结论性意见，第15段；CEDAW/C/MDA/CO/3（2006），对摩尔多瓦共和国的结论性意见，第19段；CEDAW/C/TZA/CO/6（2008），对坦桑尼亚的结论性意见，第35段；CEDAW/C/ARM/CO/4/Rev. 1（2009），对亚美尼亚的结论性意见，第20段；CEDAW/C/DEU/CO/6（2009），对德国的结论性意见，第33段。

[141] CEDAW/C/FIN/CO/6（2008），对芬兰的结论性意见，第23~24段（原文误为182段。——译者注）。

[142] 第28号一般性建议，第16段。

[143] A/57/38，2002年第27届会议，对苏里南的结论性意见，第57段。

（六）间接歧视

禁止间接歧视要解决的是法律或政策问题，它们虽然看似性别中立，但可能对妇女产生有害的或不成比例的影响。形式上的性别中立可能掩饰妇女在历史上的不利地位。此外，这些政策可能实际上反映了男性的经验而忽视了妇女生活的现实，因此远不是“中立”的。[144] 委员会指出，在许多缔约国，女性的高文盲率同时反映了直接歧视和间接歧视的模式。[145]

委员会指出，尤其是在欧洲，一个值得质疑的问题是，法律禁止在公共场所穿戴宗教服饰。尽管表面上看是中立的，但禁令可能对（主要是穆斯林）女孩及妇女构成间接歧视，因为在被拒绝进入教育场所而违反第 10 条（a）项的情况下她们受到的影响更大。[146] 委员会与儿童权利委员会及人权事务委员会一道，确定了宗教服饰规则对妇女和女童产生的性别影响。委员会要求缔约国对因相关立法而被驱逐出学校的女童的情况进行密切监测，并说明“在各级教育中的移民和移徙女孩的教育进展”。[147] 针对一个缔约国关于在学校和大学禁戴头巾的命令，委员会要求“在下一次报告中说明为消除

[144] 第 28 号一般性建议，第 16 段。另见经济、社会及文化权利委员会第 13 号一般性意见（1999），E/C. 12/1999/10，第 13 段；经济、社会及文化权利委员会第 16 号一般性意见（2005），E/C. 12/2005/4，第 13 段。

[145] CEDAW/C/SAU/CO/2（2008），对沙特阿拉伯的结论性意见，第 29 段；CEDAW/C/MAW/CO/4（2008），对摩洛哥的结论性意见，第 26 段；CEDAW/C/MRT/CO/1（2007），对毛里塔尼亚的结论性意见，第 35 段。

[146] 第 25 号一般性建议，第 1 款；经济、社会及文化权利委员会第 13 号一般性意见（1999），E/C. 12/1999/10，第 13 段；经济、社会及文化权利委员会第 16 号一般性意见（2005），E/C. 12/2005/4，第 13 段。一般参见 D. McGoldrick, *Human Rights and Religion: The Islamic Headscarf Debate*（2006）; Human Rights Watch, *Discrimination in the name of Neutrality: Headscarf Bans for Teachers and Civil Servants in Germany*（2009）; Human Rights Watch, *Beyond the Burqa*（2009）。

[147] CEDAW/C/FRA/CO/6（2008），对法国的结论性意见，第 20 ~ 21 段；CRC/C/155/Add. 240（2004），儿童权利委员会对法国的结论性意见，第 25 ~ 26 段；CCPR/C/FRA/CO/4（2008），人权事务委员会对法国的结论性意见；CEDAW/C/TUR/CO/4 - 5（2005），对土耳其的结论性意见，第 33 ~ 34 段；CEDAW/C/BEL/CO/6（2008），对比利时的结论性意见，第 35、38 段。另外，MEC for Education, KwaZulu-Natal and Others v Pillay 2008 1 SA 474（CC）认为禁止印度教的女孩戴鼻环上学构成对其宗教权利及受教育权免遭歧视的侵犯。

禁令的歧视性后果所采取的措施”。[148]

要求购买校服或征收管理费或其他费用也可能构成间接歧视。委员会关
274 切因为“教育的二次成本”[149] 而导致的中学农村女孩及语言或宗教少数群体女孩的高辍学率。

(七) 暂行特别措施

在第25号和第28号一般性建议中，委员会阐明暂行特别措施对加速实现男女平等可能至关重要。[150] 委员会建议缔约国在包括体育、文化和休闲领域使用暂行特别措施：“必要时，这些措施应当针对遭受多种歧视的妇女，包括农村妇女。”[151] 它关注的重点是增加女性（无论是学生还是教师）参加中等和高等教育的情况。[152] 在第18号一般性建议中，委员会责成缔约国提供关于残疾妇女的情况，包括“为确保她们能同样获得教育和就业，……以及确保她们能参与各方面社会和文化生活而采取的特别措施”。[153]

(八) 交叉歧视

委员会敦促缔约国设法解决交叉歧视的问题。[154] 交叉性表明有些妇女群体，除受到生理性别和社会性别的歧视外，可能还同时遭受基于年龄、残

---

[148] CEDAW/C/TUR/CO/6（2010），对土耳其的结论性意见，第16~17段。Rahime Kayan 诉土耳其，消除对妇女歧视委员会第8/2005号来文（2006），CEDAW/C/34/D/8/2005（不可受理）。另见 CEDAW/C/FRA/CO/6（2008），对法国的结论性意见，第20~21段。

[149] CEDAW/C/ALB/CO/3（2010），对阿尔巴尼亚的结论性意见，第30段。

[150] 第25号一般性建议；第28号一般性建议，第20段。

[151] 第25号一般性建议，第38段；A/60/38，2005年第33届会议，对以色列的结论性意见，第256段；CEDAW/C/LAO/CO/7（2009），对老挝人民民主共和国的结论性意见，第34段。

[152] CEDAW/C/JPN/CO/6（2009），对日本的结论性意见，第44段；CEDAW/C/TUR/CO/6（2010），对土耳其的结论性意见，第31段；CEDAW/C/ALB/CO/3（2010），对阿尔巴尼亚的结论性意见，第23、31段；CEDAW/C/URY/CO/7（2008），对乌拉圭的结论性意见，第33段；CEDAW/C/SLE/CO/5（2007），对塞拉利昂的结论性意见，第31段。CEDAW/C/USR/CO/7（2010），对俄罗斯联邦的结论性意见，第34~35段；CEDAW/C/FRA/CO/6（2008），对法国的结论性意见，第24~25段；CEDAW/C/SWE/CO/7（2008），对瑞典的结论性意见，第24段。

[153] 第18号一般性建议。

[154] 第28号一般性建议，第18段；第27号一般性建议，第19段。

疾、贫穷、种族以及性取向等理由的歧视。[155] 委员会指出，特别是未能保障
来自少数群体或其他社区的妇女获得教育的权利，这对她们的影响是不成比
例的，因为这将损害她们一生的机会和机遇。委员会指出了教育领域的地区
差异以及尤其是对少数群体妇女产生的消极影响。[156] 此外，委员会尤为关切
对少数民族或土著居民居住的特定地区的预算资源分配不足以及拒绝向其提
供适当的语言便利。[157] 它敦促一个缔约国考虑引入多语言教育，并建议调配
大学生到农村地区帮助教授语言课程。[158] 委员会呼吁缔约国采取暂行特别措 275
施消除土著妇女及少数群体妇女获得教育的障碍。[159]

五　缔约国的义务

（一）国家义务的性质

第 10 条引言部分规定缔约国应采取“一切适当措施”消除对妇女的

---

[155] K. Crenshaw, “Demarginalizing the Intersection of Race and Sex: A Black Feminist Critique of Antidiscrimination Doctrine, Feminist Theory and Antiracist Politics” (1989) *University of Chicago Legal Forum* 139；消除种族歧视委员会第 25 号一般性意见（2000），A/55/18，附件五；经济、社会及文化权利委员会第 15 号一般性意见（2002），E/C. 12/2002/11，第 5 段；经济、社会及文化权利委员会第 20 号一般性意见（2009），E/C. 12/GC/20，第 17 ~ 36 段；受教育权问题特别报告员的报告（2005）（前注 60），第 87、97 ~ 101 段。

[156] CEDAW/C/SCG/CO/1（2007），对塞尔维亚的结论性意见，第 29 段；CEDAW/C/TUR/CO/6（2010），对土耳其的结论性意见，第 31 段；CEDAW/C/ALB/CO/3（2010），对阿尔巴尼亚的结论性意见，第 30 段。

[157] CEDAW/C/TUR/CO/6（2010），对土耳其的结论性意见，第 31 段。另见欧洲社会权利委员会第 13/2002 号申诉，Autism Europe 诉法国案（2002）。

[158] CEDAW/C/LAO/CO/7（2009），对老挝人民民主共和国的结论性意见，第 34 段。

[159] CEDAW/C/ROM/CO/6（2006），对罗马尼亚的结论性意见，第 27 段；CEDAW/C/URY/CO/7（2008），对乌拉圭的结论性意见，第 45 段。另见 CEDAW/C/BOL/CO/4，对玻利维亚的结论性意见，第 15、17、32 段；A/60/38，2005 年第 33 届会议，对以色列的结论性意见，第 256 段。另外，《非洲儿童权利与福利宪章》第 11 条第 3 款（e）项呼吁缔约国“对女童、有天赋的及处境不利的儿童采取特别措施”。

歧视，以帮助她们享有受教育权。[160] 对何谓“适当”，委员会采用了一种全面的综合性方法。[161] 它建议可以包括以下措施：修改法律，确保教育及社会政策具有性别敏感度并促进妇女和女孩平等获得优质教育，确保包括交通和卫生在内的充足的基础设施服务，促进培训和留住高等教育阶段的女性教职员工，否定并排除对女性获得教育产生消极影响或导致她们过早离开学校的文化或其他障碍，在各级教育中使用分性别统计数据以监测进展，提供接受语言差异、解决城乡划分以及具有性别敏感度的教育。委员会还呼吁缔约国向女孩提供资金支持，使其能够获得教育，并建议利用国际援助以帮助实现第 10 条的目标，同时委员会认可已经为此作出的努力。[162]

（二）执行

委员会在第 24 号和第 28 号一般性建议中对缔约国尊重、保护、实现权利的义务已经作了详细的分析，这些建议同样适用于第 10 条。[163] 委员会指出：

> 缔约国有责任确保立法、行政行为和政策遵守这三项义务。它们还必须建立确保有效司法行动的制度。不这么做将构成违反……[164]

---

[160] Burrows（前注 2），第 437 页，关于国家的双重义务。

[161] 第 28 号一般性建议，第 33 段。

[162] CEDAW/C/TLS/CO/1（2009），对东帝汶的结论性意见，第 36 段；CEDAW/C/USR/CO/7（2010），对俄罗斯联邦的结论性意见，第 34 段；CEDAW/C/FJI/CO/4（2010），对斐济的结论性意见，第 28～29 段；CEDAW/C/GNB/CO/6（2009），对几内亚比绍的结论性意见，第 33 段；CEDAW/C/VUT/CO/3（2007），对瓦努阿图的结论性意见，第 31 段；CEDAW/C/CYP/CO/5（2006），对塞浦路斯的结论性意见，第 23～24 段；CEDAW/C/SLE/CO/5（2007），对塞拉利昂的结论性意见，第 31 段；CEDAW/C/ALB/CO/3（2010），对阿尔巴尼亚的结论性意见，第 31 段；CEDAW/C/UK/CO/6（2008），对英国的结论性意见，第 263 段；A/63/38，2008 年第 41 届会议，对芬兰的结论性意见，第 165 段。

[163] 第 24 号一般性建议，第 13～18 段；第 28 号一般性建议，第 9 段、第 16 段以下。另见经济、社会及文化权利委员会第 13 号一般性意见（1999），E/C. 12/1999/10，第 46～47、50 段。经济、社会及文化权利委员会进一步指出三项义务必须被理解为“四个 A”（见本条“概述”部分。——译者注）。

[164] 第 24 号一般性建议，第 13 段。

1. 尊重义务

尊重义务要求缔约国避免采取阻碍享有教育权的行动。[165] 它还对缔约国
施加了使教育免遭任何形式的歧视的义务。委员会为帮助缔约国排除第 10 276
条（a）项规定的获得教育的障碍做了很多工作，它呼吁一个缔约国“提供
往来学校的安全的交通以及免遭歧视和暴力的安全的教育环境”。[166] 委员会
对包括教育领域在内的针对女孩的高发的性骚扰表示关切，指出“缺乏对
教师如何处理这类骚扰的适当培训”。[167]

2. 保护义务

保护义务要求缔约国采取积极行动，规定有效享有权利，确保第三方不以其行动侵犯妇女和女童的受教育权，尤其是不得拒绝她们去上学。[168] 当教育是由私立机构、宗教团体或其他非国家实体提供时，仍需符合平等标准，确保在课程设置和教学传播中不存在基于性或性别的歧视。在对一个缔约国报告的结论性意见中，委员会重申：

> 对教会对女孩和青年妇女受教育权利的影响感到关切。在这方面，委员会重申对下述情形的关切：学校仍然有权以怀孕为由开除女孩，只有为数不多的几所中学允许女孩怀孕后继续接受教育，学校被允许解雇未婚怀孕的教师。[169]

3. 实现义务

实现义务要求缔约国便利妇女获得权利并为实现权利提供支持。这可能

---

[165] 第 28 号一般性建议，第 9 段。

[166] CEDAW/C/TLS/CO/1（2009），对东帝汶的结论性意见，第 36 段。

[167] A/63/38，2008 年第 41 届会议，对芬兰的结论性意见，第 181 段。

[168] 第 28 号一般性建议，第 9 段；CEDAW/C/TJK/CO/3（2007），对塔吉克斯坦的结论性意见，第 28 段。

[169] CEDAW/C/BLZ/CO/4（2007），对伯利兹的结论性意见，第 23 段。另见 CEDAW/C/JOR/CO/4（2007），对约旦的结论性意见，第 19 段；CEDAW/C/TJK/CO/3（2007），对塔吉克斯坦的结论性意见，第 28 段。

要求缔约国采取包括立法、行政及司法行动以及充足的预算拨款在内的适当措施，并制定政策强化对教育权的享有。[170] 委员会赞赏地注意到一个缔约国“教育法中的不歧视条款、旨在提高女孩接受学校教育比例的各种积极措施和计划、主要以妇女为对象的扫盲计划以及允许辍学女孩继续学习的灵活性安排”。[171]

委员会责成缔约国确保修改歧视性法律，并保证修改后的法律得以执行和实施。尽管委员会对一个缔约国制定法律禁止性骚扰表示肯定，但它也注意到实际上在学校里性骚扰仍然频繁发生。[172] 委员会也曾提醒某缔约国确保其占领领土内的人获得包括教育权在内的经济、社会及文化权利，这也是其法律义务。[173] 在审查 A. S. 诉匈牙利案时，委员会根据第 10 条（h）项建议
277 缔约国考虑修改《公共健康法案》中给予医生不经告知患者即可在他/她认为必要时进行绝育手术的酌情处理权的有关规定。[174]

委员会敦促缔约国为警察、法官、保健人员、媒体从业者、社区工作人员、宗教领袖提供关于修改后的法律及其执行措施的培训。它还建议开展针对性的提高认识运动，以造福受影响的妇女和女童。[175] 委员会强调，媒体在实现第 10 条（c）项和（h）项中可以发挥作用，敦促一个缔约国：

> 鼓励举行公开对话，讨论女孩和妇女作出的教育选择以及她们随后在劳动力市场中的机会和机遇。委员会建议同时针对妇女和男子开展提高认识的宣传运动，鼓励媒体宣传妇女的正面形象以及妇女和男子在私

---

[170] 第 28 号一般性建议，第 9、20 段；经济、社会及文化权利委员会第 13 号一般性意见（1999），E/C. 12/1999/10，第 46 段。

[171] CEDAW/C/SLV/CO/7（2008），对萨尔瓦多的结论性意见，第 29 段。

[172] 同上注，第 23 段。另见 CEDAW/C/AUT/CO/6（2007），对澳大利亚的结论性意见，第 30 段。

[173] CEDAW/C/ISR/CO/3（2005），对以色列的结论性意见，第 23～24 段。

[174] A. S. 诉匈牙利，消除对妇女歧视委员会第 4/2004 号来文（2006），CEDAW/C/36/D/4/2004，第 11.5（II）段。

[175] A/63/38，2008 年第 41 届会议，对英国的结论性意见，第 277、279 段；CEDAW/C/BOL/CO/4（2008），对玻利维亚的结论性意见，第 20 段；CEDAW/C/URY/CO/7（2008），对乌拉圭的结论性意见，第 21 段。

人和公共领域的平等地位和责任。[176]

委员会一直保持警惕，提醒缔约国注意某些做法和政策对妇女和女童生活的歧视性影响，敦促缔约国通过采取暂行特别措施来弥合教育机会的差距。[177]

委员会强调了监测进展的重要性，包括“为引入性别敏感的教育课程及教学方法”设定明确的时间表和指标。[178] 在收集数据方面，要求“有关在校就读、完成学业、识字和识数成就的数据应当分别开列，按性别、族裔和地理位置交叉分组列表，以确保可以查明特定组别的需要，采用适当干预措施以消除男女差别”。[179]

委员会承认为获得教育，特别是为少数群体及其他代表性不足的妇女提供充足的预算支持的重要性。在这方面，委员会建议提供奖学金。[180] 具体到农村女孩和妇女，委员会敦促缔约国采取措施，包括提供课本、交通费及便利上学的附带费用，减轻她们遭遇的特定不利处境和歧视。[181] 委员会还建议

---

[176] CEDAW/C/LBN/CO/3（2008），对黎巴嫩的结论性意见，第25段。另见CEDAW/C/HTI/CO/7（2009），对海地的结论性意见，第21段。

[177] CEDAW/C/LBR/CO/6（2009），对利比里亚的结论性意见，第33段。另见第25号一般性建议，第31～32、37段；CEDAW/C/YEM/CO/6（2008），对也门的结论性意见，第25段；CEDAW/C/GNB/CO/6（2009），对几内亚比绍的结论性意见，第34段；CEDAW/C/TLS/CO/1（2008），对东帝汶的结论性意见，第36段。

[178] CEDAW/C/CO/5（2006），对牙买加的结论性意见，第32段。另见CEDAW/C/IND/CO/3（2007），对印度的结论性意见，第33段。

[179] CEDAW/C/AUS/CO/7（2010），对澳大利亚的结论性意见，第37段。另见CEDAW/C/LBY/CO/5（2009），对阿拉伯利比亚民众国的结论性意见，第32段。

[180] A/60/38，2005年第32届会议，对萨摩亚的结论性意见，第43段；CEDAW/C/ALB/CO/3（2010），对阿尔巴尼亚的结论性意见，第30段；CEDAW/C/MMR/CO/3（2008），对缅甸的结论性意见，第34段；CEDAW/C/IND/CO/3（2007），对印度的结论性意见，第32～33段。

[181] CEDAW/C/URY/CO/7（2008），对乌拉圭的结论性意见，第33段（原文文件号及段次均有误。——译者注）；CEDAW/C/LAO/CO/7（2009），对老挝人民民主共和国的结论性意见，第33段；CEDAW/C/HTI/CO/7（2009），对海地的结论性意见，第31段；CEDAW/C/MWI/CO/5（2006），对马拉维的结论性意见，第27段；CEDAW/C/VUT/CO/3（2007），对瓦努阿图的结论性意见，第31段；CEDAW/C/GNB/CO/6（2009），对几内亚比绍的结论性意见，第34段；CEDAW/C/FJI/CO/4（2010），对斐济的结论性意见，第28段。

278 为女孩提供适当的寄宿条件。[182] 委员会还强调，援助或支持教育权的其他国际合作也非常重要。[183]

（三）保留

没有针对第10条的保留。然而，许多对《公约》其他条款的保留可能影响免遭性和性别歧视的受教育权。其中包括对第16条关于婚姻和家庭关系的保留，这些保留以国家的个人身份法为由，可能为男孩和女孩规定不同的结婚年龄。另外，以男性监护权为由对第15条第4款提出的保留可能影响女孩和妇女出国学习或离家生活的机会。这对妇女的直接影响是侵犯了她们的迁徙自由，间接影响是剥夺了她们受教育的机会。[184] 与之类似，对第5条关于刻板印象的保留对妇女不受歧视地享有第10条规定的权利也有潜在的消极影响。

---

[182] CEDAW/C/VUT/CO/3（2007），对瓦努阿图的结论性意见，第30段；CEDAW/C/MDV/CO/3（2007），对马尔代夫的结论性意见，第27段。

[183] CEDAW/C/SLE/CO/5（2007），对塞拉利昂的结论性意见，第31段；CEDAW/C/NER/CO/2（2007），对尼日尔的结论性意见，第30段；CEDAW/C/MRT/CO/6（2007），对毛里塔尼亚的结论性意见，第36段；CEDAW/C/BDI/CO/4（2008），对布隆迪的结论性意见，第32段。

[184] F. Banda, *Project on a Mechanism to Address Laws that Discriminate against Women*(2008), p. 90.

第十一条* 279

1. 缔约各国应采取一切适当措施，消除在就业方面对妇女的歧视，以保证她们在男女平等的基础上享有相同权利，特别是：

（a）人人有不可剥夺的工作权利；

（b）享有相同就业机会的权利，包括在就业方面相同的甄选标准；

（c）享有自由选择专业和职业，提升和工作保障，一切服务福利和条件，接受职业训练和再训练，包括实习训练、高等职业训练和经常训练的权利；

（d）同样价值的工作享有同等报酬包括福利和享有平等待遇的权利，在评定工作的表现方面，享有平等待遇的权利；

（e）享有社会保障的权利，特别是在退休、失业、疾病、残废和老年或在其他丧失工作能力的情况下，以及享有带薪假的权利；

（f）在工作条件中享有健康和安全保障，包括保障生育机能的权利。

2. 缔约各国为使妇女不致因结婚或生育而受歧视，又为保障其有效的工作权利起见，应采取适当措施：

（a）禁止以怀孕或产假为理由予以解雇，以及以婚姻状况为理由予以解雇的歧视，违反规定者得受处分；

---

* 在此感谢我的首席研究助理 Revital Tordjman 以及研究助理 Belle Spivak 和 Julie Asila，感谢他们对本章及第 4 条章节所作的优秀且不可或缺的协助。

（b）实施带薪产假或具有同等社会福利的产假，不丧失原有工作、年资或社会津贴；

（c）鼓励提供必要的辅助性社会服务，特别是通过促进建立和发展托儿设施系统，使父母得以兼顾家庭义务和工作责任并参与公共事务；

（d）对于怀孕期间从事确实有害于健康的工作的妇女，给予特别保护。

3. 应参照科技知识，定期审查与本条所包含的内容有关的保护性法律，必要时应加以修订、废止或推广。

一　概述…………………………………………………………………… 370

（一）国际劳工组织与其他联合国机构 ………………………………… 371

（二）北京《行动纲领》 ………………………………………………… 372

（三）《千年发展目标》 ………………………………………………… 372

二　准备工作……………………………………………………………… 373

（一）西方、社会主义和发展中经济体的不同观点 …………………… 373

（二）生育机能 …………………………………………………………… 373

（三）家庭责任 …………………………………………………………… 374

（四）生育保护和社会服务的成本 ……………………………………… 374

280 （五）退休年龄及兼职工作 ……………………………………………… 374

三　解释问题……………………………………………………………… 375

（一）概念 ………………………………………………………………… 375

（二）第 11 条第 1 款 …………………………………………………… 375

（三）第 11 条第 1 款（a）项 …………………………………………… 376

1. 不可剥夺性与对妇女工作权利的文化限制……………………… 377

2. 实现充分就业………………………………………………………… 378

3. 体面劳动的可得性与可及性………………………………………… 379

（四）第 11 条第 1 款（b）项 …………………………………………… 380

1. 就业机会……………………………………………………………… 381

2. 就业甄选…… 382
（五）第 11 条第 1 款（c）项 …… 382
1. 自由选择专业与职业…… 382
2. 职业条件的平等对待…… 382
3. 性骚扰…… 383
4. 职业培训、再培训与经常培训…… 384
5. 兼职工作…… 384
（六）第 11 条第 1 款（d）项 …… 385
（七）第 11 条第 1 款（e）项 …… 387
1. 社会保障计划的覆盖范围…… 388
2. 退休…… 389
3. 带薪休假…… 390
（八）第 11 条第 1 款（f）项 …… 390
1. 安全与健康的工作条件…… 390
2. 保障生育机能…… 391
3. 工作环境中的性暴力…… 392
（九）第 11 条第 2 款 …… 393
（十）第 11 条第 2 款（a）项 …… 394
1. 禁止解雇…… 394
2. 就业条件及录用中的歧视…… 395
（十一）第 11 条第 2 款（b）项 …… 395
1. 休假的权利…… 395
2. 带薪或同等社会福利…… 396
3. 保护就业状态…… 397
（十二）第 11 条第 2 款（c）项 …… 397
1. 可负担和可获得的育儿设施…… 397
2. 鼓励或提供…… 398
（十三）第 11 条第 2 款（d）项 …… 398
（十四）第 11 条第 3 款 …… 399

四　本条语境中的平等 …… 399
（一）形式与实质平等 …… 399
（二）直接歧视与间接歧视 …… 400
（三）消除包括性别角色定型在内的结构性歧视 …… 401
（四）变革性平等 …… 402
（五）交叉歧视 …… 402
五　缔约国的义务 …… 405
（一）禁止歧视的性质 …… 405
1.“一切适当措施”，包括有必要适用暂行特别措施 …… 405
2. 立即执行或逐步执行 …… 405
（二）执行 …… 406
（三）保留 …… 407

281
一　概述

《公约》第 11 条全面讨论了缔约国消除就业和职业领域对妇女的歧视的义务，这是可持续发展以及个人人格尊严与个性的关键。第 11 条的独特贡献是以承认妇女经济、家庭和就业情况的复杂现实为基础，设定了妇女就业和职业权利的整体标准。“妇女的主要任务是在家庭的私人领域工作，这往往给她们与男人平等获得劳动力市场的机会带来严重影响：她们在家庭中的工作仍然不被认可，不被纳入国民生产总值之内，更不会赋予妇女经济权力。”①

第 11 条涵盖了为确保妇女进入劳动力市场及保证她们作为雇员享有平等机会和条件所需的一系列措施。它要求缔约国消除就业和职业领域对妇女的歧视，保证工作权、就业机会、就业条件、报酬、社会保障及健康和安全

① H. B. Schöpp-Schilling, “Impediments to Progress: The Formal Labor Market”, in H. B. Schöpp-Schilling and C. Flinterman (eds.), *The Circle of Empowerment: Twenty-Five Years of The UN Committee on The Elimination of Discrimination against Women* (2007), p. 161.

方面的平等。它要求缔约国预防以婚姻或怀孕为由对妇女的歧视，确保她们有效地享有工作权。本条规定了形式平等和实质平等，以及消除就业和职业领域的结构性歧视的框架。

（一）国际劳工组织与其他联合国机构

第 11 条处理的就业和职业领域的歧视以及保护母性问题，与国际劳工组织和其他联合国机构监管的议题相平行。然而，第 11 条有自己的独特之处，即它非对称性地要求消除这些经济活动领域对妇女的歧视，而其他机构则是性别中立地禁止性别歧视。

国际劳工组织从 1919 年成立以来，就颁布了旨在专门保护妇女的标准，所涉事项包括矿山、夜班工作以及母性保护。1951 年，它规定对男女工人同值工作同等报酬。1958 年，国际劳工组织制定了第 111 号公约，[②] 旨在促进机会平等和待遇平等，消除基于种族、肤色、性别、宗教、政治见解、国籍、社会出身的就业歧视。1981 年，国际劳工组织制定了《负有家庭责任的工人公约》（第 156 号公约）[③]；受到《公约》的启发，[④] 1998 年该公约将消除就业和职业歧视作为《工作权基本原则宣言》 282
的四项原则之一。[⑤]

《世界人权宣言》所采用的禁止包括基于性别的歧视[⑥]的模式成为其后联合国人权条约的基础。在《世界人权宣言》中，不受性别歧视的权利和自由包括工作权，自由选择职业的权利，获得公正适当的工作条件和报酬、免于失业、同工同酬、社会保护、参加工会、特别照顾以及“母亲”获得协助的权利。[⑦] 1966 年，《经济社会文化权利国际公约》再次写入这些原

② 国际劳工组织《就业和职业歧视公约》（国际劳工组织第 111 号公约）（1958 年 6 月 25 日通过，1960 年 6 月 15 日生效），362 UNTS 31。

③ 国际劳工组织《负有家庭责任的工人公约》（国际劳工组织第 156 号公约）（1981 年 6 月 23 日通过，1983 年 8 月 11 日生效），1331 UNTS 295。

④ E. C. Landau and Y. Beigbeder, *From ILO Standards to EU Law: The Case of Equality Between Men and Women at Work*(2008), p. 17.

⑤ 《工作权基本原则宣言》，国际劳工大会第 86 届会议（1998 年 6 月 19 日）通过。

⑥ 《世界人权宣言》第 2 条。

⑦ 同上注，第 23 条、第 25 条第 2 款。

则，并进一步细化和扩充了《世界人权宣言》中的就业和职业权。例如，引入获得培训计划的权利、晋升机会平等、安全健康的工作条件，同时明确规定保证男女平等获得这些权利。[8]

(二) 北京《行动纲领》

北京《行动纲领》[9] 重申国际文件，特别是《公约》对男女平等权利和人格尊严的承诺，责成各国确保充分落实妇女和女童的人权，将其作为所有人权和基本自由不可剥夺的、完整的、不可分割的组成部分。北京《行动纲领》包括更广泛的“妇女和经济”背景下的就业和职业权利。北京《行动纲领》采用《公约》第11条的整体方法，分析了妇女的经济自治在以下领域所面临的障碍：经济政策制定，有酬和无酬工作，正式和非正式劳动力市场，非标准的职业，教育、培训、雇佣中的歧视，同值工作的报酬，晋升，家庭责任分担不足与无偿家务劳动，减少公共服务及公共服务岗位，失业以及全球化。它提出了政府和非政府组织要追求的战略目标，确保妇女获得并平等参与经济生活的所有方面。

(三)《千年发展目标》

《千年发展目标》设定了到2015年消除极端贫困和饥饿的目标，包括增加妇女在非农业部门有酬工作中的份额。[10] 从2005年开始，委员会在结论性意见中增加了标准段落，提请缔约国注意《千年发展目标》与《公约》之间的关联。

---

⑧ 《经济社会文化权利国际公约》第2条第2款，第3、6~9条及第10条第2款。

⑨ 北京《行动纲领》(1995年9月15日通过)，A/CONF. 177/20，A/CONF. 177/20/Add. 1。

⑩ 《千年发展目标监测指标》，“妇女在非农业部门有酬工作中所占份额”，http://unstates. un. org/unsd/mdg/SeriesDetail. aspx? srid = 722，访问日期2010年12月31日。

二　准备工作 283

（一）西方、社会主义和发展中经济体的不同观点

在开始讨论序言时，苏联强调，“所有国家的整体发展和繁荣依赖于妇女充分参与国家和当地生活的所有领域。它们认为应当提到妇女对‘……社会的物质和精神价值……[11]’的贡献，母亲及妇女在家庭中的重要作用……”。西方、社会主义和发展中经济体的观点、方法差异明显。[12] 西方国家采用的是一种促进机会平等观念的自由模式，而社会主义阵营和发展中国家则坚持对妇女健康、安全、母性及其在家庭中的作用的具体保护措施。

（二）生育机能

在讨论“妇女的生育机能”时，美国主张“对职业妇女的特别保护立法实际上与妇女的利益相冲突，应当延伸适用于男性”。苏联的观点是，《公约》旨在消除对妇女的歧视，“提到男性这一就（代表们）所知在就业中并不处于特定劣势的群体，是不合时宜的”。在白俄罗斯的支持下，苏联提议限制妇女从事重体力劳动或会伤害其身体或“会损害其生育的社会机能”的工作。英国、印度和比利时建议采取一种折中方案，即最终通过的第 11 条（f）项“在工作环境中享有健康和安全保障，包括保障生育机能的权利”，以及第 11 条第 2 款（d）项“对于怀孕期间从事确实有害于健康的工作的妇女，给予特别保护”。

---

⑪ L. A. Rehof, *Guide to the Travaux Preparatoires of the United Nations Convention on the Elimination of All Forms of Discrimination against Women* (1993), p. 32.

⑫ 同上注，第 122 ~ 143 页。

(三) 家庭责任

关于保护家庭责任，比利时提出三种类型的保护：婚姻状况、生育及母亲或负责任的父母身份。苏联、捷克斯洛伐克和菲律宾的观点是应当采取保护性措施“使妇女有能力将母亲和家庭责任结合起来”。瑞典、加拿大和芬兰认为，男人也应有机会承担他们对家庭和子女的责任，并且“应该概括性地提‘父母’而不是专门规定‘母亲’”。第 11 条第 2 款采用的版本提到妇女不应“因结婚或生育”而受到歧视，以及“使父母得以兼顾家庭义务和工作责任”。

284 (四) 生育保护和社会服务的成本

法国、比利时和国际劳工组织的观点是生育保护的成本不应由单个的雇主承担，而应当由社会保障和公共基金承担。美国反对这一观点。[13] 最终的结果是，第 11 条规定了“带薪产假”而没有提及成本由谁承担，此外并未向国家施加义务要求其提供“社会服务使父母能够兼顾家庭义务和工作责任”，而只要求它们支持提供这类服务。

(五) 退休年龄及兼职工作

苏联的一些更加深远的具有社会主义色彩的提议，例如为从事兼职工作的女性提供与全职工作一样的权利、利益和特权，最终并未被写入《公约》。[14] 苏联、埃及和保加利亚倾向于降低妇女领取养恤金的年龄，而加拿大、法国和英国以及“国际社会进步协会”认为为妇女提供特殊的养老条件是一种保护主义，带有歧视性，因此并不适当。[15]

---

⑬ Rehof (前注 11)，第 139 页。

⑭ 同上注，第 125 页。

⑮ 同上注，第 136 页。

三　解释问题

(一) 概念

第11条将消除就业领域对妇女的歧视划分为两个单独的概念：首先，第11条第1款关于消除对妇女的歧视，是为了确保她们在男女平等的基础上享有相同的就业权利；其次，第11条第2款关于有必要防止以结婚或生育为由歧视妇女以确保她们有效地享有工作权。这种概念化指出了对妇女的二元歧视以及消除歧视所需的措施。

关于第11条第1款，要消除的是针对妇女的歧视。为确保平等的就业机会，需要采取形式平等和实质平等措施，预防直接和间接歧视，以及采取暂行特别措施。关于第11条第2款，需要消除的对妇女的歧视是基于结婚或生育，是对妻子或母亲的歧视，需要采取实质上或实际上的平等措施，消除包括刻板印象在内的结构性歧视，以及采取观念和制度的变革性平等措施，以确保妇女有效享有工作权。把第11条与第1~5条结合起来解读，要求缔约国采取各种不同的方法来消除一切形式的歧视。

根据第2条（e）项，缔约国消除就业和职业歧视的义务既适用于公领域也适用于私领域，这就要求消除任何来自“个人、组织或企业”的歧视。《公约》第二部分和第三部分恐怕没有哪个条款像第11条一样如此直接地受到第2条（e）项的影响。虽然在政治和公共事务、教育、健康、家庭法、金融业及农村发展方面很大程度上受到国家的直接控制，但在决定就业政策方面私人雇主发挥着核心作用。

(二) 第11条第1款 285

缔约各国应采取一切适当措施，消除在就业方面对妇女的歧视，以保证她们在男女平等的基础上享有相同权利。

采取一切适当措施以“在男女平等的基础上”保证妇女的权利，而不是“与男性相同”的权利。根据准备工作，这一措辞的选择是有目的的。[16]

选择这一标准的重要性在于,既然妇女和男子的处境并不相似,那么就需要实质性的平等措施来确保机会平等。在经济、社会及文化权利的背景下,经济、社会及文化权利委员会在第20号一般性意见中指出：

> 自《公约》通过以来,“性别”这一禁止理由的概念发生了很大变化,现在,它不仅包括身体特征,还包括性别成见、偏见和预期角色,这些都构成了平等享有经济、社会及文化权利的障碍。因此,以可能怀孕为由拒绝雇用妇女,或基于一种成见认为,比方说,她们不愿意像男人那样把很多时间用在工作上,因而给她们分配低级或非全日工作,这都属于歧视。[17]

如下文将要讨论的那样,[18]为消除就业领域对妇女的间接和直接歧视,有必要防止使用对妇女产生不同或不利影响的做法或标准,因为妇女与男人的情况不同。一部歧视妇女的法律应当根据其对妇女产生的不利影响进行客观判断,并无必要证明它本身有歧视的意图。避免任何需要显示歧视意图的要求至关重要,因为引起歧视性做法的持有陈规定型观念的人“可能并不自知,如果指出他/她是一个性别歧视分子,可能使之愤怒、绝望或感到迷惑”。[19]

(三) 第11条第1款 (a) 项

> 人人有不可剥夺的工作权利。

第11条语境下工作权利的核心要求是，缔约国保护妇女不被歧视性地

---

⑯ Rehof(前注11),第136页。

⑰ 经济、社会及文化权利委员会第20号一般性意见(2009),E/C.12/GC/20,第20段。

⑱ 参见下文第四部分标题二“直接和间接歧视”的讨论。

⑲ R. Cook and S. Cusack, *Gender Stereotyping: Transnational Legal Perspectives*(2009),p. 18.

排除在劳动力市场之外。[20] 经济、社会及文化权利委员会在第 18 号一般性意见中将工作权利视为“实现其他人权的根本所在，并构成人的尊严的不可分割和固有部分”。工作权利有助于维持个人及其家庭的生存。[21]

1. 不可剥夺性与对妇女工作权利的文化限制

与其他国际或区域人权文件中规定的工作权利不同，在《公约》中工作权利被界定为不可剥夺的。[22] 将工作权利置于依其性质不可被夺去的一类
权利中，为妇女的经济自由提供了基本保障。这一点在传统主义文化限制的 286
背景下尤为重要，因为这种文化可能禁止妇女参加经济事业。[23]

反过来，不可剥夺的工作权利引起了传统主义妇女的申诉，她们声称她们因为自己的传统主义而被解雇。土耳其一位公立学校的老师被高等纪律委员会解雇后，根据《任择议定书》向委员会提出申诉，主张学校以佩戴穆斯林头巾违反着装要求为由将其解雇违反了第 11 条。[24] 委员会未审查本案的实质问题，因此没有讨论禁止教师在世俗学校佩戴穆斯林头巾是否构成基于性别的歧视，或者这么做也是有道理的，因为头巾可能传递出的父权制世界观，妨碍了在世俗环境中开展教学（欧洲人权法院在 Leyla Sahin 案中对土耳其大学生所持的观点[25]）。

将妇女视为家庭主妇或服务提供者的性别刻板印象，[26] 把照料职能施加在妇女身上的文化习俗，以及妇女不具备全面参与劳动力市场的同等资格的社会态度，所有这些都对妇女的工作权利产生了不利影响。这些歧视性的做法和观念很有可能导致缔约国不为妇女提供平等的就业机会。这些问题也是

---

[20] M. Risse, “A Right to Work? A Right to Leisure? Labor Rights as Human Rights” (2009) 3 *J of Law & Ethics of Human Rights* 1, 3.

[21] 经济、社会及文化权利委员会第 18 号一般性意见（2005），E/C.12/GC/18，第 1 段。

[22] 同上注，第 3 段。

[23] A/59/38（Supp.），2004 年第 30 届会议，对科威特的结论性意见，第 72 ~ 73 段。

[24] Rahime Kayhan 诉土耳其，消除对妇女歧视委员会第 8/2005 号来文（2006），CEDAW/C/34/D/8/2005。

[25] F. Raday, “Traditionalist Religious and Cultural Challengers: International and Constitutional Human Rights Responses” (2008) 41 *Israel L Rev* 596 – 634；Sahin 诉土耳其，第 44774/98 号申诉，(2005) 41EHRR8。

[26] Cook and Cusack（前注 19），第 18 ~ 20 页。

不能为育儿及其他需要照顾的家庭成员提供适当社会服务和设施的核心要素，而这些服务和设施又是照料者（实际上通常是女性）行使其工作权利的前提条件。

2. 实现充分就业

落实工作权利要求缔约国采取旨在实现充分就业的措施。[27] 缔约国有义务采取一切适当措施促进妇女参与经济，尤其是降低妇女的高失业率。

委员会经常论及妇女对经济的低参与率，[28] 呼吁缔约国采取适当措施确
保妇女平等获得有酬工作。此外，委员会对劳动力中妇女的高失业率表示担
忧，[29] 敦促缔约国采取暂行特别措施为妇女创造就业机会。[30] 委员会指出，
287 它尤为关切的是妇女的高教育水平似乎并未带来工作机会，女性首次求职者
失业率的上升让人震惊。[31]

与之形成对比的是，委员会注意到在一些国家妇女的参与率稳步提升，有一个缔约国妇女在劳动力市场的参与率高达“75%，这让人印象深刻”。[32] 2008 年《千年发展目标报告》指出，妇女的工作机会正在出现，妇女有了较以往更多的创收可能，2006 年妇女占据超过 40% 的非农业工作机会，1990 年仅占 35%；然而，她们仍主要集中在没有保障的低收入

---

[27] 经济、社会及文化权利委员会第 18 号一般性意见（2005），E/C.12/GC/18，第 3 段。

[28] A/58/38，2003 年第 29 届会议，对摩洛哥的结论性意见，第 174 ~ 175 段；A/57/38，2002 年第 26 届会议，对斯里兰卡的结论性意见，第 290 ~ 293 段；A/57/38，2002 年第 27 届会议，对突尼斯的结论性意见，第 200 ~ 201 段。

[29] A/58/38，2003 年第 29 届会议，对法国的结论性意见，第 259 ~ 262 段；A/57/38，2002 年第 26 届会议，对俄罗斯联邦的结论性意见，第 383 ~ 386 段；A/57/38，2002 年第 27 届会议，对赞比亚的结论性意见，第 248 ~ 249 段；A/57/38，2002 年特别会议，对乌干达的结论性意见，第 143 段。

[30] A/58/38，2003 年第 29 届会议，对新西兰的结论性意见，第 411 ~ 412 段；A/57/38，2002 年第 27 届会议，对赞比亚的结论性意见，第 248 ~ 249 段；A/57/38，2002 年第 26 届会议，对俄罗斯联邦的结论性意见，第 383 ~ 386 段。

[31] A/58/38，2003 年第 29 届会议，对斯洛文尼亚的结论性意见，第 212 ~ 213 段。

[32] A/58/38，2003 年第 28 届会议，对瑞士的结论性意见，第 130 段；A/57/38，2002 年第 27 届会议，对丹麦的结论性意见，第 325 段。

职位上。[33]

3. 体面劳动的可得性与可及性

工作权利还要求获得体面的工作。[34] 国际劳工组织强调性别平等关切是促进体面劳动议程的核心，这项议程有四个战略目标：工作权利、就业保护、社会保护和社会对话。国际劳工组织在政策目标中纳入社会性别主流化，将其作为制订体面劳动议程的重点，这一做法值得肯定。然而，认为男女平等可以通过国际劳工组织不分性别地保护所有劳工的政策得以实现的观点令人怀疑。就妇女在劳动力市场中充分、平等地发挥作用来说，需要结构性的变革，需要在劳动力市场提高妇女地位的针对性方案，保护她们的生育以及在家庭中平等分担养育责任。此处，对《公约》的强调为国际劳工组织标准和欧盟法的坚实结构增添了关键基石，这提醒我们体面劳动的理想观点尚未取代对女性视角的需求。

在许多国家，妇女无法在正规经济领域获得体面工作的问题尤为突出。根据第 11 条第 1 款（a）项，缔约国有义务解决妇女集中在非正规经济部门、无偿家务劳动、出口加工区等没有执行劳工标准的领域的问题，有义务确保将普遍的劳工标准适用于这些领域。大多数非正规工人（没有定期合同的工人、没有固定雇主的休闲日工、临时代理工人、兼职工人、正规公司的外包工人、非正规企业的雇员）被剥夺了安全工作、工人福利、社会保护以及代表或发言权，他们中大部分人比在正规经济中就业的人贫困。[35] 2008 年《千年发展目标报告》记录显示，发展中国家 2/3 的妇女从事脆弱工作，如自营户或无偿家务劳动者，在南亚和非洲，从事这类工作的妇女占到整个就业妇女的 80% 以上。[36]《非洲妇女权利议定书》明确纳入了对保护 288
非正规经济中的妇女权利的关切。[37]

---

[33] 秘书长的报告，《千年发展目标报告》（2008），第 18 页，http：//www.un.org/millenniumgoals/2008highlevel/newsroom/mdg%20reports/MDG_ Report_ 2008_ ENGLISH.pdf，访问日期 2010 年 12 月 31 日。

[34] 经济、社会及文化权利委员会第 18 号一般性意见（2005），E/C.12/GC/18，第 12 段。

[35] 国际劳工组织《非正规经济中的妇女与男性：统计图景》（2002），第 12 页。

[36] 《千年发展目标报告》（前注 33），第 18 页。

[37] 《非洲妇女权利议定书》第 13 条。

委员会在第16号一般性建议中指出，在通常为男性家庭成员所拥有的城乡家庭企业工作的妇女中大部分人没有获得薪酬、社会保障和社会福利，并确认这种无酬劳动构成一种对妇女的剥削。委员会建议缔约国收集关于妇女在家庭企业无酬劳动的数据，采取必要措施保障在家庭企业工作的妇女获得薪酬、社会保障和社会福利。[38] 令委员会关切的是，一些缔约国对在家政服务等非正规领域就业的妇女完全没有保护，对保护在出口加工区、组装产业中工作的妇女执法不力。[39] 它呼吁缔约国提供适当的保护，确保劳动法适用于各领域的女性工人。[40]

在第17号一般性建议中，委员会将关注点集中于女性的无偿家务劳动，呼吁缔约国收集按性别编制的关于参与家务劳动和劳动力市场活动所花时间的统计数据，并报告将妇女的无偿家务劳动纳入国民生产总值的情况。[41]

国际劳工组织将兼职工作纳入了非正规就业的概念框架。[42] 委员会对在非正规部门就业及从事兼职工作的妇女面临的不稳定工作条件表示担忧，她们没有劳动保护、无法获得社会保障，其劳动权利得不到应有尊重。[43] 下文关于第11条第1款（b）项的讨论将论及针对兼职工作应采取的措施。

（四）第11条第1款（b）项

享有相同就业机会的权利，包括在就业方面相同的甄选标准。

㊳ 第16号一般性建议，第241段（原文段次有误。——译者注）。

㊴ A/58/38，2003年第29届会议，对巴西的结论性意见，第124~125段；A/57/38，2002年特别会议，对墨西哥的结论性意见，第441~442段；A/57/38，2002年特别会议，对秘鲁的结论性意见，第478段；A/57/38，2002年第26届会议，对斯里兰卡的结论性意见，第290~293段。

㊵ A/57/38，2002年特别会议，对秘鲁的结论性意见，第479段；A/57/38，2002年第26届会议，对斯里兰卡的结论性意见，第291段。

㊶ 第17号一般性建议，第242段（原文段次有误。——译者注）。

㊷ 前注35，第7~8页。

㊸ A/59/38，2004年第30届会议，对德国的结论性意见，第388~389段。

1. 就业机会

构成本条款第一部分的“相同就业机会”的权利应当被理解为包括相同就业机会所必要的教育和培训权利，以及获得妇女能够胜任的就业机会的权利。

横向隔离的就业市场，总是涉及妇女被排除在某些就业领域之外，这表明未能达到第 11 条第 1 款（b）项的标准。委员会经常呼吁缔约国消除职业隔离，尤其是通过教育和培训实现这一目标。[44] 尽管如此，委员会注意到，即便妇女拥有较好的教育水平，妇女在劳动力市场中的职位仍然以伴随 289
工资差异的强职业隔离为特点。[45] 有时，委员会也会对妇女在某些专业和公共生活领域能够胜任的岗位上代表性不足的问题表达关切，如司法部门和公共事务。[46] 监狱、警察及军队的岗位通常都禁止招录女性，欧洲法院已经判决这种做法违反了妇女平等获得职业的原则。[47]

委员会将劳动力市场存在的隔离以及妇女的低收入与性别刻板印象联系起来，后者使下述态度永久化，即认为妇女在劳动力市场发挥次要作用，愿意成为廉价、兼职劳动力。[48] 男女在工作场所的物理隔离也许来自传统主义禁止男女混合工作的宗教教义。国际劳工组织讨论过根据伊斯兰教法在工作场所进行隔离的问题，指出在工作场所将男女分开或者对妇女的职业指导仅针对典型的女性行业，无论是禁止混合工作或是对妇女进行有限的培训，都可能导致基于性别的职业隔离。[49] 显然，根据第 11 条第 1 款（b）项和第 5 条，缔约国必须采取一切适当措施修改这些限制性的文化模式，因为这些做

---

[44] A/57/38，2002 年特别会议，对秘鲁的结论性意见，第 478 ~ 479 段；A/58/38，2003 年第 28 届会议，对瑞士的结论性意见，第 130 ~ 133 段；A/58/38，2003 年第 29 届会议，对斯洛文尼亚的结论性意见，第 212 ~ 213 段；A/58/38，2003 年第 29 届会议，对日本的结论性意见，第 370 段（原文段次有误。——译者注）；A/58/38，2003 年第 29 届会议，对新西兰的结论性意见，第 412 段；A/59/38，2004 年第 30 届会议，对吉尔吉斯斯坦的结论性意见，第 155 ~ 156 段。

[45] A/57/38，2002 年第 26 届会议，对爱沙尼亚的结论性意见，第 105 ~ 108 段。

[46] 同上注。

[47] Landau and Beigbeder（前注 4），第 105 ~ 109 页。

[48] CEDAW/C/ICE/CO/6（2009），对冰岛的结论性意见，第 29 ~ 30 段；CEDAW/C/NOR/CO/7（2007），对挪威的结论性意见，第 17、18、25、26 段。

[49] 国际劳工组织《就业和职业平等专项调查》（1996），第 173 段。

法导致将妇女排除在外，使她们无法获得与男性相同的就业机会。

2. 就业甄选

在就业方面按照相同的选拔标准提出申请的权利——接受就业方面的平等对待——不论在概念上还是法律上都非常重要。无论是公共雇主还是私人雇主，在招募新职员时，即便在建立合同关系之前，也不得任意歧视妇女，其招募政策必须符合《公约》的非歧视原则，第 11 条第 1 款（b）项所加的“相同的甄选标准”的要求已经说得非常清楚。

（五）第 11 条第 1 款（c）项

> 享有自由选择专业和职业，提升和工作保障，一切服务福利和条件，接受职业训练和再训练，包括实习训练、高等职业训练和经常训练的权利。

1. 自由选择专业与职业

第 11 条第 1 款（c）项继续了前面条款的主题，讨论的是进入劳动力市场和保障妇女自由选择专业和职业的权利。为此目的，委员会敦促在教
290 育、培训方面作出努力，[50]进行反对传统态度的课程改革，营造有利于妇女在高级别、高薪酬的岗位就业的环境。[51]

2. 职业条件的平等对待

第 11 条第 1 款（c）项要求在男女平等的基础上在职务晋升、工作保障、接受服务的福利和条件、培训、再培训和经常性培训方面享有相同的权利。委员会关于就业条件方面的平等对待的结论性意见，讨论的几乎都是关

---

[50] A/57/38，2002 年第 26 届会议，对爱沙尼亚的结论性意见，第 108 段；A/57/38，2002 年特别会议，对捷克共和国的结论性意见，第 99 ~ 100 段；A/57/38，2002 年特别会议，对墨西哥的结论性意见，第 444 段；A/57/38，2002 年第 27 届会议，对乌克兰的结论性意见，第 293 ~ 294 段。

[51] A/57/38，2002 年第 26 届会议，对特立尼达和多巴哥的结论性意见，第 151 ~ 152 段。

于升职问题。委员会认为，妇女集中于低酬工作不仅是横向隔离（职业隔离）的结果，也是纵向隔离（晋升隔离）的结果。[52] 它尤为关切的是，在一些缔约国尽管妇女的受教育水平高于男性，但这并未转化为将妇女擢升到公共及私人部门的高级别岗位上[53]；而在另一些国家，尽管妇女获得更高水平的大学教育，她们在议会、学术界以及经济领域的代表性仍然不足。[54] 委员会敦促采取包括配额在内的积极的暂行特别措施，鼓励符合条件的妇女申请学术界更高层次的职位。[55]

3. 性骚扰

委员会把性骚扰问题解释为一种助长广泛歧视妇女的现象。[56]

性骚扰被界定为“任何形式的与性相关的不受欢迎的口头、非口头或身体行为……其目的或效果在于侵犯人的尊严，特别是当形成一种恐吓、敌对、有辱人格、羞辱或冒犯性的环境时”。[57] 它的影响是歧视性的，因为性骚扰的受害职员经常会在工资、晋升或解职（交换性性骚扰）方面受到影响，或者，即便不存在直接的经济勒索做法，当性骚扰形成一种敌对环境时，她也无法在工作中发挥其职业潜能。[58] 显然，性骚扰是工作场所歧视性组织文化的结果。[59]

不同的国际和区域语境对性骚扰的界定不同，它被认为是就业条件的歧

---

[52] A/58/38，2003 年第 28 届会议，对瑞士的结论性意见，第 124 段；A/58/38，2003 年第 29 届会议，对巴西的结论性意见，第 124 段。

[53] A/57/38，2002 年第 27 届会议，对圣基茨和尼维斯的结论性意见，第 99 段。

[54] A/57/38，2002 年特别会议，对希腊的结论性意见，第 287 段。

[55] 同上注，第 288 段。

[56] A/60/38，2005 年第 32 届会议，对萨摩亚的结论性意见，第 54 ~ 55 段；A/59/38，2004 年第 30 届会议，对不丹的结论性意见，第 121 ~ 122 段；A/58/38，2003 年第 28 届会议，对刚果的结论性意见，第 166 ~ 167 段；A/53/38/Rev. 1，1998 年第 19 届会议，对南非的结论性意见，第 104 段。

[57] （EC）2002/73，《在获得就业、职业培训和晋升、工作条件方面执行男女平等对待的原则的理事会指令》（2002），OJL269/15，第 2 条第 2 款。

[58] 国际劳工组织《关于第 111 号公约的一般性意见》（2002）；（EC）2006/54，《在就业和职业问题上执行男女平等机会和平等待遇的原则的理事会指令》（修订）（2006），OJL204/23，第 6 段。

[59] 欧洲委员会《欧洲联盟工作场所性骚扰》（1998），http：//www. un. org/womenwatch/osagi/pdf/shworkpl. pdf，访问日期 2010 年 12 月 31 日。

视、工作场所的性暴力、对雇员人格尊严的侵犯。委员会主要在关于暴力侵
291 害妇女的第19号一般性建议中讨论了工作场所的性骚扰问题,强调这不仅是工作场所的歧视现象,也是针对妇女的性暴力:“妇女遭受基于性别的暴力(例如在工作单位遭到性骚扰)时,就业平等权利也会严重受损。”[60] 委员会将性骚扰认定为工作场所的暴力的政策在下文关于工作场所的健康和安全部分还将详述。[61]

4. 职业培训、再培训与经常培训

鉴于妇女的工作模式往往会在职业生涯或参与劳动力市场时出现中断,对职业培训、再培训以及经常培训的强调就显得尤为重要了。[62] 委员会建议将教育、培训、再培训作为消除职业隔离的一个途径,[63] 并建议对不同群体的失业女性提供职业培训方案。[64]

5. 兼职工作

兼职工作议题所引发的问题既涉及妇女自由选择职业的权利,也涉及她们在就业条件中获得平等对待的权利。

委员会对妇女高度集中于兼职工作的状况表示担忧。[65] 有批评观点认为,这意味着不接受妇女的家庭角色。然而,放到具体的语境下来理解,委员会表示,妇女高度集中于兼职工作可能是未能促进妇女充分就业的结构性失败的证据,无论这种状况是缺乏儿童照料设施导致的,还是因为未能消除依然将育儿责任全部施加在妇女身上并将她们在劳动力市场就业视为次要的事情的文化刻板印象所致。缔约国“必须改善职业女性的条件,使她们能够选择全职而非兼职的工作,目前她们在后者中占据了太大比例”。[66] 委员会在指出妇女被迫进入兼职工作领域的问题以及强调缔约国有义务采取一

[60] 第19号一般性建议,第17段。

[61] 参见下文第三部分关于工作场所健康与安全的讨论。另见关于“针对妇女的暴力”一章的讨论。

[62] Schöpp-Schilling(前注1),第174~175页。

[63] A/57/38,2002年第27届会议,对乌克兰的结论性意见,第294段;A/57/38,2002年特别会议,对秘鲁的结论性意见,第479段。

[64] A/58/38,2003年第29届会议,对新西兰的结论性意见,第412段。

[65] 同上注,第411段;A/58/38,2003年第29届会议,对日本的结论性意见,第369段。

[66] A/56/38,2001年第25届会议,对荷兰的结论性意见,第214段。

切适当措施使她们能够依意愿选择全职工作方面发挥着重要作用。委员会处理兼职工作的方法与国际劳工组织《非全日制工作公约》所反映的方法不同，更关注妇女被降格从事兼职工作的问题，而事实的确如此。国际劳工组织公约认为兼职工作是一种增加就业机会的适当途径，并只要求为曾经从事全职工作的工人提供不从事兼职工作的自由选择权。[67] 委员会认为，缔约国有义务确保提供条件，允许所有妇女自主决定从事全职或是兼职工作。

根据《任择议定书》提起的 Nguyen 来文，提出了判断兼职工人受到的 292
不利对待是否构成间接歧视的问题。[68] 兼职工作获得平等对待的权利由国际劳工组织《非全日制工作公约》[69]、欧洲委员会《兼职工作指令》[70] 以及欧洲法院的案例[71]确立，认为对从事兼职工作工人的不利对待构成对妇女的间接歧视，因为受其不利影响的妇女人数远远多于男性。上述来文提出的问题是，自营妇女产假福利中的非累积条款剥夺了她们在付薪工作中可以同时获得的同等福利。委员会判定不存在违反《公约》的情况，大多数委员会成员认为《公约》给予了缔约国设计产假福利制度的一定的自由裁量权。而持反对意见的委员则认为，非累积条款除对在自己丈夫的企业中充当家庭帮工的自营妇女构成歧视外，还可能对从事兼职付薪工作的妇女构成间接歧视，因为这剥夺了她们基于双重工作情况的总时数的产假福利。

（六）第 11 条第 1 款（d）项

同样价值的工作享有同等报酬包括福利和享有平等待遇的权利，在

[67] 国际劳工组织《非全日制工作公约》（国际劳工组织第 175 号公约，1994 年 6 月 24 日通过，1998 年 2 月 28 日生效），2010 UNTS51，第 9～10 条。

[68] Dung Thi Thuy Nguyen 诉荷兰，第 3/2004（2006）号来文，CEDAW/C/36/D/3/2004。

[69] 国际劳工组织第 175 号公约，第 1 条（c）（ii）项和第 5 条。

[70] （EC）97/81，《关于联合国儿童基金会、欧洲提供公共服务和大众利益服务的雇主和企业中心、欧洲工会协会达成的关于兼职工作的框架协议的指令》（1997），OJL14/9；SI 2000/1551，《兼职工人（预防不利待遇）（兼职工人指令）条例 2000》（英国）。

[71] Landau and Beigbeder（前注 4），第 183～205 页。

评定工作的表现方面，享有平等待遇的权利。

1989年，委员会在关于同等价值工作获得同等报酬的第13号一般性建议中鼓励缔约国批准国际劳工组织1951年《同酬公约》（国际劳工组织第100号公约），[72] 该公约被视为国际劳工组织的核心公约之一，但缔约国并未响应委员会的号召。

第11条第1款（d）项中的“报酬”一词意在纳入国际劳工组织第100号公约中对工资的广泛界定，这一点在准备工作中已达成一致。[73] 因此，报酬包括“因工人就业而由雇主直接或间接以现金或实物向其支付的常规的、基本或最低的工资或薪金，以及任何附加报酬”。[74] 广义定义中的工资或福利形式包括外派津贴、退休金计划缴款、遣散费、不公平解雇补偿、退休职工免费旅行设施、节日奖金。[75]

同等价值工作获得同等报酬的权利考虑了妇女的低薪水平不仅是直接歧视的结果，而且可能主要是职业横向隔离以及向女性化职业或行业
293 支付较低工资的结果。[76]委员会经常提请缔约国注意工资差距和职业隔离之间的因果关系。[77] 委员会促请缔约国加强对职业价值的衡量，加快消除工资歧视[78]或者提高女性主导的公共就业部门的工资以缩小工资差距。[79]

1989年第13号一般性建议指出，落实同工同酬原则“还有许多工作要

---

[72] 国际劳工组织《对男女工人同等价值的工作付予同等报酬公约》（国际劳工组织第100号公约，1951年6月29日通过，1953年5月23日生效），165UNTS303。

[73] Rehof（前注11），第136页。

[74] 国际劳工组织第100号公约，第1条（a）项。

[75] Landau and Beigbeder（前注4），第69、81~88页。

[76] 国际劳工组织《委员会关于适用标准的报告》（2007）。

[77] A/57/38，2002年第26届会议，对爱沙尼亚的结论性意见，第107段；A/57/38，2002年第26届会议，对特立尼达和多巴哥的结论性意见，第151段；A/57/38，2002年第27届会议，对乌克兰的结论性意见，第293段；A/57/38，2002年特别会议，对匈牙利的结论性意见，第327段。

[78] A/57/38，2002年第27届会议，对丹麦的结论性意见，第326段；A/57/38，2002年特别会议，对匈牙利的结论性意见，第328段；A/58/38，2003年第28届会议，对卢森堡的结论性意见，第315段；A/58/38，2003年第28届会议，对挪威的结论性意见，第430段。

[79] A/57/38，2002年第26届会议，对爱沙尼亚的结论性意见，第108段。

做”。它呼吁在可能的情况下创建执行机制。近20年之后，国际劳工组织专家委员会仍然指出，法律上和实践中适用国际劳工组织第100号公约的困境，主要是对同值工作概念的范围与影响缺乏理解造成的。证明同值工作中存在歧视非常困难，要想有效执行同工同酬的原则，就必须将证明责任转移给各个雇主，由其证明其男性员工和女性员工之间的收入差距是与性别无关的客观因素造成的。[80]

第11条第1款（d）项规定的工作评价是证明在职场中妇女的工作表现与男子的工作表现具有同等价值的内在组成部分，[81] 这与欧洲法院的做法不同，后者认为提出申诉的权利不应以工作评价为条件。[82] 工作评价要求评估员工执行任务和完成要求的情况，如技能、努力与责任。[83] 在评估过程中，鉴于由妇女执行的任务普遍被低估，因此存在性别偏见的风险。国际劳工组织第100号公约要求，需要进行工作评价时，评估必须“客观”。[84]《公约》第11条第1款（d）项明确要求“在评价工作表现时平等对待”，委员会在第13号一般性建议[85]以及对缔约国的审议[86]中建议缔约国考虑以性别中立标准为基准研究、开发、制定职业评估制度。

（七）第11条第1款（e）项 294

享有社会保障的权利，特别是在退休、失业、疾病、残废和老年或

---

[80] A/60/40，人权事务委员会2005年第83届会议，对冰岛的结论性意见，第87.5段（指出“证明责任由雇主承担，它必须证明男女对同等价值的工作获得不同的工资收入是基于除员工性别以外的其他因素”）；另见案件C－236/98，Jämställdhetsombudsmannen v Örebro Läns Landsting（2000），ECR I－2189。

[81] 在工作组内，对包含这些内容对缔约国尤其是对发展中国家是否负担过重存在不同意见。Rehof（前注11），第135页。

[82] 案件61/81，Commission v UK（1982），ECR 2601。

[83] 案件C－127/92 Dr. Pamela Enderby v Sec of State for Health（1993），ECR I－5535。国家适用同等价值工作获得同等报酬的例子包括庇护所的看护人员（主要是女性）相对于办公室的保安（主要是男性），学校用餐主管相对于花园和公园主管，言语治疗师相对于药剂师。

[84] 国际劳工组织第100号公约，第3条。

[85] 第13号一般性建议，第2段。

[86] A/58/38，2003年第28届会议，对瑞士的结论性意见，第131段；A/56/38，2001年第24届会议，对芬兰的结论性意见，第283段。

在其他丧失工作能力的情况下，以及享有带薪假的权利。

社会保障是对为特定需求情境提供保护的社会保险方案的总称。在第11条的语境下，所提及的需要帮助的情境包括暂时或长期丧失工作能力的各种情形，“退休、失业、疾病、残废和老年或在其他丧失工作能力”的情况。社会保障可能通过雇主资助的社会保险方案以及/或者雇员缴款的公共或私人保险计划来提供，或者可能直接由国家资助。

在有需要的人群中，妇女的人数不成比例地多。委员会已经注意到贫困对妇女的影响更大，并对贫困的女性化表示担忧。[87] 委员会对有很高比例的妇女生活在贫困中表示关切。[88] 委员会提醒注意脆弱的妇女群体在获得教育、就业、保健及其他社会服务方面所面临的障碍。[89] 它讨论了移徙女工的问题，并建议将遭遣返后的残疾或失业妇女纳入保险范围。[90] 它认为缔约国未能在消除贫困的国家活动中纳入社会性别视角，敦促缔约国评估其反贫困措施的性别影响。它呼吁缔约国加大消除妇女贫困问题的力度，特别是弱势妇女群体中的贫困，确保妇女获得生产资料、教育和技术培训。[91]

1. 社会保障计划的覆盖范围

从事不稳定工作的妇女往往不符合参加社会保障的条件。委员会对非正规经济部门的妇女的社会保障资格问题表示担忧，[92] 促请缔约国确保女性家政工人（包括移徙女工）、临时工、非正规部门的妇女、农村妇女和土著妇女均能获得社会保障。[93] 在 Nguyen 来文中，持不同意见的委员会成员提醒注意有必要确保兼职工作的妇女获得充分的社会保障利益。[94] 经济、社会及

[87] A/59/38，2004 年第 30 届会议，对白俄罗斯的结论性意见，第 353 段。

[88] A/58/38，2003 年第 28 届会议，对加拿大的结论性意见，第 357 段；A/57/38，2002 年第 26 届会议，对斯里兰卡的结论性意见，第 296~297 段。

[89] 参见下文第四部分标题五“交叉歧视”。

[90] A/57/38，2002 年第 26 届会议，对斯里兰卡的结论性意见，第 293 段。

[91] A/58/38，2003 年第 28 届会议，对加拿大的结论性意见，第 346、357、358 段；A/58/38，2003 年第 29 届会议，对哥斯达黎加的结论性意见，第 66~67 段。

[92] CEDAW/C/PHI/CO/6（2006），对菲律宾的结论性意见，第 25 段。

[93] A/58/38，2003 年第 29 届会议，对哥斯达黎加的结论性意见，第 63 段。

[94] Dung Thi Thuy Nguyen（前注 68），第 10.5 段（反对意见）。

文化权利委员会也注意到一些社会保障计划除其他外，将家庭主妇排除在外，因为她们无法提供足够的自愿缴费。[95]

社会保障的平等权否定了剥夺已婚妇女可以享有已婚男子享有的好处的做法。人权事务委员会认为荷兰侵犯了女性雇员获得法律平等保护的权利， 295
因为它以已婚妇女不是家庭的“养家糊口者”为由，否定了她们获得长期失业救济金的权利；而对已婚男性而言，即便他们的妻子是主要的收入来源方，他们仍可以获得失业救济金。[96]

2. 退休

老年妇女是人口中最易陷入贫困的人群。一般说来，曾经受雇于劳动力市场的老年妇女拿到的退休金低于男性，这是因为一方面妇女获得的工资低于男性，另一方面她们的平均工作年数少于男性。[97] 委员会对妇女的退休金水平表示关切。[98] 它指出，老年妇女在整个经济活跃的岁月中都曾遭受各种形式的歧视，因此处于不利地位；为避免歧视性影响，建议将妇女的有酬和无酬工作都考虑进来。[99] 她们离开劳动力市场后的收入受到领取退休金年龄资格的影响。在准备工作中曾有人提出允许女性适用较低的退休金领取年龄的意见，但这是一个有争议的问题。[100] 妥协的结果是，第 11 条保留了允许选择提前退休的可能性，并规定退休条件不需要“与男性相同”但必须“与男性平等”。[101]

第 11 条第 1 款（e）项的规定非常清楚，不得强迫妇女比男性提前退休，但是保留了允许选择提前退休的可能，而且也是可取的。委员会对劳动力市场中超过 40 岁的女性的处境表示担忧，[102] 有资格提前领取退休金可以

---

[95] E/C. 12/2005/5，经济、社会及文化权利委员会报告 E/2006/22（2005），第 207（e）段。

[96] CCPR/C/29/D/182/1984，人权事务委员会第 182/1984 号来文（1987），FH Zwanne-de Vries 诉荷兰。

[97] 参见下文第四部分标题五“交叉歧视”。

[98] A/57/38，2002 年第 26 届会议，对冰岛的结论性意见，第 250 段。

[99] A/58/38，2003 年第 29 届会议，对法国的结论性意见，第 263 ~ 264 段。

[100] Rehof（前注 11），第 136 页。

[101] 同上注。

[102] A/60/38，2005 年第 32 届会议，对克罗地亚的结论性意见，第 194 段。

降低这一群体中的一些妇女陷入贫困的风险。经济、社会及文化权利委员会对男女不同龄退休表示关切，认为这导致妇女获得较低的养老金，因此建议采取男女同龄退休。[103] 但该委员会没有考虑到允许妇女选择提前退休的可能性，而后者允许个别妇女为自己选择最佳的行动方案。

3. 带薪休假

即便对妇女与男子平等享有带薪休假的权利作最狭义的解释，也应相当于所有劳动者根据《经济社会文化权利国际公约》第7条（d）项［原文误为（b）项。——译者注］享有的“定期给薪休假和公共假日报酬”的权利。此外，《经济社会文化权利国际公约》第7条（d）项还包括“休息、闲暇和工作时间的合理限制”，与男性相比，这项规定应该引起人们对女性休闲时间这个更广泛问题的关注：“目前几乎各地的妇女都比以往更多地在家庭之外工作，然而她们在社区和家庭中的无偿劳动责任并未相应地减轻。”[104] 在《公约》第11条第1款（e）项下讨论（《经济社会文化权利国际公约》）第7条
296 （d）项的全面范围，可以为灵活工作、分担工作或其他形式的安排提供基础，以确保妇女在与男子平等基础上休息和休闲。

（八）第11条第1款（f）项

> 在工作条件中享有健康和安全保障，包括保障生育机能的权利。

1. 安全与健康的工作条件

第11条第1款（f）项保障妇女享有与男子相同的安全、健康的工作条件的权利，同时增加了保障生育机能的权利。[105] 该条款非常重要，因为妇女

[103] 经济、社会及文化权利委员会的报告，E/2003/22（2003），第360、382段。

[104] 经济、社会事务部（统计司）《2005年世界妇女统计进展情况》（纽约），第47页。

[105] 《经济社会文化权利国际公约》以及国际劳工组织《职业安全健康公约》保护所有工人安全、健康的工作条件的权利。《经济社会文化权利国际公约》第7条（b）项；国际劳工组织《关于职业安全与健康以及工作环境的公约》（国际劳工组织第155号公约，1981年6月22日通过，1983年8月11日生效），1331UNTS279。

受雇于低收入、不稳定的职业，很可能同时使她们暴露于不安全、不健康的工作环境中。委员会表达了对妇女职业健康的担忧，曾在一个场合提到烟草种植行业的条件，还有一次提到12%的妇女的工作条件未达到健康、安全标准。[106]

国际劳工组织的公约，从20世纪初开始，就禁止妇女从事夜班、矿山井下作业及负重搬运工作。[107] 这些禁止性规定通过对妇女的定型观念以及将其排除在有酬工作之外而使妇女在劳动力市场处于不利地位。[108] 在逐步取消对妇女除生育保护之外的保护性措施的进程中，一个关键性突破是1975年国际劳工组织决议和行动计划，它要求依据科学知识和技术进步对保护性立法进行持续审查。[109] 与之类似，《公约》第11条第3款要求根据科学和技术变革，对保护性措施进行定期审查。

国际劳工组织系统内逐步修正了对夜班工作及矿山井下作业的禁止；[110] 欧洲法院认为任何禁止妇女从事夜班工作的规定都构成歧视。[111] 委员会尚未处理禁止妇女从事此类工作的问题。

2. 保障生育机能 297

以在男女平等的基础上确保享有相同的权利为引言，第11条第1款（f）项专门要求缔约国在工作场所采取一切适当措施保障生育机能。对男人

---

[106] A/55/38，2000年第23届会议，对摩尔多瓦共和国的结论性意见，第109～110段；A/57/38，2002年第26届会议，对俄罗斯联邦的结论性意见，第385段。

[107] 国际劳工组织《关于夜间工作的公约》（国际劳工组织第171号公约，1990年6月26日通过，1995年1月4日生效），1855UNTS305；《矿山井下作业公约》（国际劳工组织第45号公约，1935年6月21日通过，1937年5月30日生效），40UNTS63；国际劳工组织《关于工人搬运的最大负重量公约》（国际劳工组织第127号公约，1967年6月28日通过，1970年3月10日生效），721UNTS305。参见Landau（前注4）（注意到第127号公约正在修订），第129页。

[108] W. B. Creighton, *Working Women and the Law*（1979）, pp. 26－37；Schöpp-Schilling（前注1），第172～174页。

[109] Landau and Beigbeder（前注4），第116页。

[110] 国际劳工组织第171号公约；国际劳工组织第45号公约；《矿山安全与卫生公约》（国际劳工组织第176号公约，1995年6月22日通过，1998年6月5日生效），2029UNTS207。

[111] Case C－345 Ministere Public v Stoeckel（1989）ECR I－4047；Case C－197/96 Commission v France（1996）ECR I－1489。欧洲法院认为，禁止妇女从事夜班工作违反了平等待遇原则，如果在夜晚妇女可能面临更大的被袭击的风险，那么可以采取适当措施减少这种风险。

和女人来说，保护他们的生育机能要求禁止将他们暴露于某些工业过程或化学品中，如辐射。对怀孕妇女来说，应受保护的另一理由是保护胎儿，或保护母亲哺乳的新生儿。[112] 委员会讨论了在立法中执行哺乳假的必要性。[113]

鉴于第 11 条第 1 款（f）项规定的在工作场所保护生殖健康的义务尚未成为普遍接受的观点，这一规定尤为重要。[114] 第 11 条第 1 款（f）项不允许“平等地”去除对生殖健康的保护，相反它表明需要为保障男女的生殖健康提供平等的保护措施。

3. 工作环境中的性暴力

作为性暴力的后果之一，在工作环境中，妇女还遭受着性别化的健康和安全风险。委员会第 19 号一般性建议分析了工作场所的性骚扰，声称性骚扰可以是侮辱人的，构成健康和安全问题，并建议采取一些预防措施。[115] 这一方法在区域研究中得到了很好的运用，其结论是：“性骚扰污染了工作环境，会对受其影响的人的健康和安全产生毁灭性后果。”[116]

印度最高法院在 Vishaka 诉拉贾斯坦邦案中根据印度对《公约》的批准判定，尽管没有禁止工作场所性骚扰的法律，但是对社会工作者的轮奸是被禁止的。随后印度引入一系列约束公共和私人雇主的指南，这些指南严格遵循了第 19 号一般性建议中规定的标准。[117] 在后续的一个案件中，[118] 印度最高法院认为，在一名雇员声称有人企图对其实施性骚扰的指控被驳回后，解雇这名雇员是违法的。法院指出，《公约》和其他国际文件传递的信息是指导

---

[112] 如关于引入措施鼓励改善怀孕工人或近期刚刚分娩或正在哺乳的工人在工作中的安全和健康的理事会指令，(EC) 92/85 (1992) OJL348。

[113] A/60/38，2005 年第 33 届会议，对朝鲜民主主义人民共和国的结论性意见，第 32 段；A/57/38，2002 年第 26 届会议，对爱沙尼亚的结论性意见，第 83 段；A/40/45，1985 年第 4 届会议，对巴拿马的结论性意见，第 197～198 段。

[114] 美国最高法院的立场与之相反，认为“胎儿保护政策”限制了妇女的平等就业机会，构成歧视性做法，International Union v Johnson Controls 499 US 187, 111 SCt 1196(1991)。

[115] 第 19 号一般性建议，第 18 段。

[116] M. Rubenstein, *The Dignity of Women at Work: A Report on the Problem of Sexual Harassment in the Member States of the European Communities*(1987), Appendix.

[117] Vishaka 诉拉贾斯坦邦（1997），AIR 1997 SC3011（印度最高法院）；EOC92－222 Aldridge v Booth(1988) 80 ALR 1。

[118] 服饰出口促进会诉 A. K. Chopra（1999），1 SCC 759（印度最高法院）。

缔约国“除采取措施保护妇女的荣誉和尊严之外，还应采取适当措施预防对妇女任何形式的歧视”。

在极端情况下，妇女在工作场所遭受的性暴力达到了强奸和谋杀的程 298
度。委员会根据《任择议定书》对墨西哥华雷斯城几百名妇女遭受绑架、强奸和谋杀案的调查将问题定位于建立出口加工厂、主要为女性创造了就业机会，而妇女角色的社会变化并未随之引发传统的父权制态度和心态的变化。[119] 委员会评论道：“一些级别较高的官员……甚至还公开指责受害人，归咎于其命运，归因于她们的着装方式、她们工作的地点、她们的行为、她们单独出行或是其父母的疏忽。”[120] 此类风险曾是过去禁止妇女从事夜班工作的一个理由。根据《公约》，必须通过消除暴力将工作场所改变为对妇女安全的环境来解决性暴力的风险，而不是限制妇女的自由选择和工作权利。

（九）第11条第2款

> 缔约各国为使妇女不致因结婚或生育而受歧视，又为保障其有效的工作权利起见，应采取适当措施。

第11条第2款要求消除以结婚和生育为由对妇女的歧视。平等原则强调要消除妇女进入和参加劳动力市场时面临的不利条件，这些条件反映了对男女的性别刻板印象，即妇女主要负责与照顾家庭、担任与妻子或母亲相关的无偿工作，而来自经济活动的有酬工作则主要由男性负责。

委员会表示：

> 关注过分强调对妇女的为母之道和家庭角色的立法保护和文化强化，而不是将重点放在妇女作为个人所应有的地位方面。因此，对妇女作为母亲的传统的、陈规定型观念更加巩固，否定了父亲参与育儿的情

---

[119] 《消除对妇女歧视委员会根据〈公约〉任择议定书第8条关于墨西哥的报告，以及墨西哥政府的答复》（2005），CEDAW/C/2005/OP.8/MEXICO，第25段。

[120] 同上注，第67段。

况。这种看法反映出对诸如性别角色、间接歧视和事实上不平等等关键概念的误解。[121]

确保妇女有效的工作权不仅要求去除刻板印象而且要保护妇女在怀孕和产假期间的就业地位，提供支持性的社会服务，使父母能够协调家庭义务和工作责任。在这一背景下，第11条第2款要求缔约国采取适当措施确保职业安全以及带薪休产假的权利，鼓励提供儿童照料设施，提供怀孕期间免于从事有害工作的特殊保护。生育保护原则已经得到了普遍接纳，至少生育保护的一些基本要素已经被世界上几乎每一个国家写入法律。[122]

299 **(十) 第11条第2款 (a) 项**

禁止以怀孕或产假为理由予以解雇，以及以婚姻状况为理由予以解雇的歧视，违反规定者得受处分。

1. 禁止解雇

第11条第2款 (a) 项禁止以怀孕、休产假或婚姻状况为由解雇女工。委员会呼吁缔约国采取措施，预防在怀孕或分娩情况下非法解雇妇女的做法。[123]

伯利兹最高法院曾援引第11条第2款 (a) 项。一位教师被一所天主教学校解雇，理由是她是一位未婚母亲，未能遵守所谓的按照耶稣关于婚姻和性的教导生活的契约承诺。法院在判决时以第11条第2款 (a) 项为主

---

[121] A/53/38，1998年第19届会议，对斯洛伐克的结论性意见，第74段。类似的立场，参见A/57/38，2002年特别会议，对希腊的结论性意见，第285段；A/41/45，1986年第5届会议，对捷克共和国的结论性意见，第185段。

[122] 第88届国际劳工会议《关于农业领域生育保护、健康与安全》(2000年5月29日，日内瓦)。

[123] CEDAW/C/JPN/CO/6 (2009)，对日本的结论性意见，第45～46段；CEDAW/C/FIN/CO/6 (2008)，对芬兰的结论性意见，第25～26段；A/59/38，2004年第31届会议，对多米尼加共和国的结论性意见，第306段。

要依据，判定解雇的做法是以怀孕和婚姻状况为由的歧视，侵犯了她的宪法权利。[124]

2. 就业条件及录用中的歧视

第11条第2款引言强调确保妇女“有效的工作权利”，在这一背景下第11条第2款（a）项所关注的解雇问题就不应作狭义的解释。第11条第2款针对的总体问题是有效工作权，它要求不仅预防解雇中的歧视，而且要预防就业条件中的歧视，就业条件的恶化可能构成变相解雇（constructive dismissal）。它也要求预防录用中的歧视，这种歧视可能导致拒绝录用怀孕妇女或作为幼儿母亲的妇女。因此，委员会对以怀孕为由或将强制性的怀孕测试作为雇佣条件而持续将妇女排除在职场之外表示担忧。[125] 此外，基于怀孕或产假的不利待遇可能构成第11条第1款（b）项规定的对妇女的就业歧视。[126]

（十一）第11条第2款（b）项

> 实施带薪产假或具有同等社会福利的产假，不丧失原有工作、年资或社会津贴。

1. 休假的权利

休产假的权利将妇女的育儿角色纳入工作场所，这对保障有效实施妇女的工作权利至关重要。[127]

第11条并未规定最短的产假时长。第一个关于产假的国际最低标准由 300

---

[124] Roches v Wade（2004年4月30日）Action No. 132（伯利兹最高法院），摘录自M. Schivas and S. Coleman(eds.),*Without Prejudice: CEDAW and the Determination of Women's Rights in a Legal and Cultural Context*(2010),p. 149。

[125] CEDAW/C/MEX/CO/6（2006），对墨西哥的结论性意见，第30段；A/59/38，2004年第31届会议，对多米尼加共和国的结论性意见，第306段。

[126] 参见如第2006/54号理事会指令（前注58），第24段：“法院的判例法已经清楚表明对妇女与怀孕或休产假相关的不利对待构成基于性别的直接歧视。”

[127] 德里市政公司诉女职员（Muster Roll）（2000），AIR2000 SC 1274（印度最高法院）。印度最高法院授予非“正规雇员”以充分的休产假的法定权利，指出公司和女性雇员之间的“服务合同必须按照”《公约》第11条关于婚姻和产假的规定予以解释。

国际劳工组织1919年《妇女产前产后就业公约》确立，规定为6周，2000年延长至14周。[128] 国际劳工组织《2000年生育保护建议》设定了一个理想的标准，18周。[129] 为分娩母亲提供强制性假期的要求是为了满足心理方面的需求，因此，这是一项母性权利而非父母权利。[130] 委员会应当考虑，根据第11条第2款（b）项是否可以区分强制性和选择性的假期，使妇女可以选择不休非强制性的产假部分。相应的，产假中可选择的部分应当是育儿假，如下文将要讨论的，可以转给父亲。

2. 带薪或同等社会福利

第11条第2款（b）项的核心是要求产假期间带薪或获得同等的社会福利。大多数职业妇女依赖她们的工资收入，无法负担无薪产假。国际劳工组织2000年第183号公约设定了妇女维持自己及子女适当健康条件和适当生活水准的最低福利层级，根据国内的法律和实践，这一福利标准基于先前的收入，并不得低于该妇女先前收入的2/3。[131]

国际劳工组织第103号和第183号公约确立了以下原则：为保护妇女在劳动力市场中的状况，必须通过强制性的社会福利或公共资金来提供产假福利，未经雇主特别同意，不得要求雇主单独承担直接成本。然而，在2000年，国际劳工组织为该规则创设了例外。允许雇主成为成本的承担者将增加育龄妇女在就业中遭受歧视的可能性。[132] 尽管如此，第11条第2款（b）项留下两种可能：要么由雇主直接向雇员支付假期工资，要么由国家提供相当的社会福利。[133] 委员会称国家有义务在立法中规定产假制度，有义务规制雇主支付产假工

---

[128] 国际劳工组织第100号公约；国际劳工组织《关于保护生育的公约》（1952年修订）（国际劳工组织第103号公约，1952年6月28日通过，1955年9月7日生效），214UNTS321；国际劳工组织《关于修订保护生育公约的公约》（修订）（国际劳工组织第183号公约，2000年6月15日通过，2002年2月7日生效），2181 UNTS253。

[129] 国际劳工组织第191号建议《关于修改（1952年）生育保护建议的生育建议》，2000年5月30日，日内瓦，第88届大会。

[130] Schachter诉女王（1988），Trial Div. T. 2345－86（加拿大联邦法院）。

[131] 国际劳动组织第183号公约，第6条第3款。

[132] A/55/38，2000年第22届会议，对约旦的结论性意见，第185段；A/53/38/Rev. 1，1998年第19届会议，对新西兰的结论性意见，第269段。

[133] Rehof（前注11），第139～140页。

资的义务或者必须通过国家保险或公共资金提供相当的社会福利。[134]

3. 保护就业状态 301

第11条第2款（b）项保护妇女免于因为产假而造成失去工作、年资（Seniority）或社会津贴的后果。这一小节超越了之前讨论的免遭解雇或失去薪水的保护。它致力于维持妇女与开始休产假时一样的持续就业状态。[135]

（十二）第11条第2款（c）项

> 鼓励提供必要的辅助性社会服务，特别是通过促进建立和发展托儿设施系统，使父母得以兼顾家庭义务和工作责任并参与公共事务。

1. 可负担和可获得的育儿设施

提供可负担和可获得的育儿设施对于允许父母双方或一方加入劳动力市场非常关键。因为在绝大多数家庭，妇女仍然是主要的照料者，育儿设施总体上来说对保障妇女而非男性的平等就业机会至关重要。根据联合国儿基会的研究，[136] 在经济发达社会，成长起来的一代中大多数人的童年生活有相当一部分时间是在家庭之外的育儿机构度过的。

《公约》是第一个明确提及需要提供育儿设施使父母能够将家庭义务和工作责任相结合、参与公共生活的国际公约。在《公约》通过后不久，国际劳工组织于1981年规定应当采取与国情相称的所有措施以发展和促进诸

[134] A/59/38，2004年第31届会议，对孟加拉国的结论性意见，第254段；A/59/38，2004年第31届会议，对多米尼加共和国的结论性意见，第303段；A/58/38，2003年第28届会议，对瑞士的结论性意见，第133段；A/56/38，2001年第25届会议，对圭亚那的结论性意见，第169段。

[135] CEDAW/C/TLC/CO/1（2009），对东帝汶的结论性意见，第39～40段；A/55/38，2000年第22届会议，对约旦的结论性意见，第185段。

[136] P. Adamson, "The Child Care Transition: A League Table of Early Childhood Education and Care in Economically Advanced Countries", in *Innocenti Research Centre Report Card 8*（联合国儿基会，2008年）。

如育儿、家庭服务及设施等公共或私人的社区服务。[137]

非用以满足母亲心理需求的假期更适合被视为育儿假，以及作为《公约》第5条（b）项规定的父母义务（该条款要求缔约国承认男女在教养子女方面的共同责任）。委员会鼓励引入育儿假并呼吁缔约国激励男性休育儿假。[138] 委员会赞赏一些缔约国鼓励男性雇员行使休育儿假的权利，增加他们对照料工作的参与。[139]

2. 鼓励或提供

《公约》并未向缔约国施加提供育儿服务的义务，而只施加了鼓励提供
302 的义务。它也并未施加任何要求国家对育儿提供资助的义务。这有赖于委员会制定指南，将“必要的辅助性社会服务”解释为使育儿服务成为可负担和可获得的服务。从委员会对缔约国的建议中可以看出，委员会已经准备向缔约国施加提供此类服务的义务。它建议“缔约国……确保在所有的公共和私人就业中均可获得产假，尤其是通过制定关于产假的法律，以及增加职业母亲可利用的托儿所的数量”。[140]

（十三）第11条第2款（d）项

> 对于怀孕期间从事确实有害于健康的工作的妇女，给予特别保护。

本款与第11条第1款（f）项有相当的重合。不同之处是第11条第1

---

[137] 前注3，第5条。

[138] CEDAW/C/DEU/CO/6（2009），对德国的结论性意见，第38段；CEDAW/C/SWE/CO/7（2008），对瑞典的结论性意见，第27段；CEDAW/C/CZE/CO/3（2006），对捷克共和国的结论性意见，第26段；A/58/38，2003年第28届会议，对加拿大的结论性意见，第381段；A/56/38，2001年第24届会议，对芬兰的结论性意见，第298段。

[139] CEDAW/C/CAN/CO/7（2008），对加拿大的结论性意见，第6段；A/58/38，2003年第28届会议，对卢森堡的结论性意见，第298段；A/50/38，1995年第14届会议，对挪威的结论性意见，第486段；A/50/38，1995年第14届会议，对芬兰的结论性意见，第388段。

[140] CEDAW/C/MDV/CO/3（2007），对马尔代夫的结论性意见，第30段；A/59/38，2004年第31届会议，对孟加拉国的结论性意见，第253～254段；A/58/38，2003年第28届会议，对瑞士的结论性意见，第133段；A/56/38，2001年第25届会议，对圭亚那的结论性意见，第169段。

款（f）项指向的是男人和女人的生殖健康，而本款仅关注怀孕状态。

委员会关切地指出职业健康的保护性规定可能导致歧视怀孕妇女的危险，建议一个缔约国审查其职业健康与安全的立法和标准以降低保护标准，因为这些标准往往对妇女特别是怀孕妇女产生歧视性影响。[141] 当然，委员会的意图并不是降低孕妇真正必要的保护标准，而是消除以保护妇女的生育职能为借口对妇女的歧视。

（十四）第 11 条第 3 款

应参照科技知识，定期审查与本条所包含的内容有关的保护性法律，必要时应加以修订、废止或推广。

第 11 条第 3 款反映了审查和修改保护性立法的必要性，根据科技知识的变化来确定这些保护措施是否仍然需要。不必要的强制性保护限制了妇女在职场的平等机会，将她们排除在特定的工作或任务之外，并使她们需要保护的消极刻板印象更加根深蒂固。有评论曾指出，中东欧社会主义经济体对职业母亲的保护性立法“在新自由主义或福利国家导向的政府之下已经成为阻碍妇女在新兴私营劳动力市场中的平等就业机会的主要消极影响因素”。[142] 委员会需要考虑在保护妇女整合生育和就业的能力与不干预妇女在自由主义劳动力市场竞争的机会的可取性之间保持适当平衡。解决这一难题的一个可能办法也许是将强制性排除转变为选择性保护，从而留给妇女个体选择的机会。

四　本条语境中的平等 303

（一）形式与实质平等

第 11 条要求在就业领域既保障形式平等，也保障实质平等。委员会促

[141] A/55/38，2000 年第 22 届会议，对白俄罗斯的结论性意见，第 374 段。

[142] Schöpp-Schilling（前注 1），第 174 页。

请缔约国既要确保男女在劳动力市场的平等机会（形式平等），也要加快实现妇女在公共和私人就业领域与男子事实上的平等（实质平等）。[143] 尤其是，第 11 条第 1 款（c）项要求缔约国保障妇女职业培训、再培训和经常培训的权利，这一规定是为了回应妇女因为家庭责任或集中于低收入职业领域而致使职业生涯中断的现实。北京《行动纲领》详述了为实现事实上的平等所需的措施，呼吁采取措施确保失业妇女及因为家庭责任之故较长时间暂时离职后重新进入劳动力市场的妇女获得培训的机会；确保为非传统领域的妇女提供培训；为进入和重新进入劳动力市场的妇女制定就业促进方案；促进妇女对高技能工作的平等参与；鼓励她们从事非传统工作，特别是科学和技术工作。[144] 第 11 条第 1 款（d）项关于同值工作获得同等报酬的权利是保障事实平等的另一项措施，这一规定考虑到了需要改变职业隔离对妇女报酬造成的消极影响。最后，所有确保妇女有效工作权不因婚姻状况、怀孕或生育而受到偏见的措施都是为了促进事实上的平等。

（二）直接歧视与间接歧视

在就业关系的所有方面，包括进入职场、就业条件、解雇，妇女都有可能遭受直接或间接歧视。将第 11 条与第 1 条结合起来解读，无论直接歧视还是间接歧视都是被禁止的。

“直接歧视”发生于妇女因受到区别对待而处于不利地位的情形。因此，如果毫无信义地禁止妇女从事某些职业、职业资格要求雇佣男性，都属于直接歧视。相同的工作却向女性支付较少的报酬也是直接歧视。直接歧视还包括在不具有可比较的类似情形下（例如妇女怀孕的情况）基于禁止理由的有害行为或不作为。[145]

“间接歧视”指的是法律、政策或做法表面看起来是价值中立的，但会对妇女产生不成比例的影响。一项要求具备某种资格的标准，可能因妇女的平均生理状况无法达到而将妇女排除在外，例如警察职业对身高和体重的要

---

[143] A/59/38，2004 年第 31 届会议，对多米尼加共和国的结论性意见，第 303 段。

[144] 北京《行动纲领》（前注 9），战略目标 F.5，第（e）、（g）段。

[145] 经济、社会及文化权利委员会第 20 号一般性意见（2009），第 10（a）段。

求；或者因为生理差异而使妇女处于不利地位，例如基于预期寿命经过精算
计算而向妇女支付较低的养老金。这些都属于间接歧视。如上文所讨论的， 304
欧洲法院认为兼职工人的不利地位也属于一种对妇女的间接歧视，因为其对妇女的不利影响远远超过男人；在根据《任择议定书》提起的一个案件的决定中，委员会多数专家也采纳了这一意见。[146] 第 11 条第 1 款（d）项要求同等价值工作获得同等报酬的权利也涉及一种间接歧视。妇女集中于被隔离的职业领域是同值工作在报酬方面存在性别差异的根源，第 11 条第 1 款（d）项要求的预防措施是消除间接歧视和直接歧视措施的组成部分。

（三）消除包括性别角色定型在内的结构性歧视

《公约》第 5 条（a）项要求消除基于性别而分尊卑观念的性别角色定型或偏见。第 11 条的本质是将该要求适用于妇女进入劳动力市场所涉及的所有问题。在所有的文化、宗教和俗世中对妇女最普遍、最盛行的性别刻板印象仍然是她们主要是家庭主妇，她们在整个公共领域尤其是在劳动力市场中从属于男性。因此，第 11 条各款项，以及委员会针对妇女在就业和晋升方面机会平等的权利、她们获得同工同酬的权利以及有必要消除劳动力市场的职业隔离等问题的所有结论性意见，均指向消除将妇女视为劣势劳动者的文化刻板印象和偏见。

第 11 条第 2 款明确论及这一问题，要求缔约国预防以结婚或生育为由对妇女的歧视。委员会指出，过分强调妇女在家庭中的作用并将其作为一种性别角色定型，将极大地影响妇女在劳动力市场中的平等机会。[147] 对于那些只针对妇女的便于其将有酬工作和照料活动结合起来的措施，委员会予以否认，认为其本身就带有性别刻板印象。[148] 委员会呼吁修改“既存的将男人视为一家之主和养家糊口者而将妇女限定在母亲和妻子地位的社会、宗教和文

---

[146] Dung Thi Thuy Nguyen 诉荷兰（前注 68）。

[147] CEDAW/C/GEO/CO/3（2006），对格鲁吉亚的结论性意见，第 17 段。

[148] 例如 A/56/38，2001 年第 24 届会议，对埃及的结论性意见，第 332 段。

化规范”。[149] 这一号召并不是要妇女忽略她们的家庭责任，相反，《公约》基本的人权主题是，对妇女家庭角色的刻板印象不应为妇女享有工作权和平等就业机会制造障碍，也不得以此为由将对妇女低酬或无酬劳动的剥削正当化。

（四）变革性平等

第 11 条第 2 款建立了概念和制度层面的变革性平等制度，它要求缔约
305 国预防以结婚和生育为由歧视妇女，确保她们有效的工作权。它要求消除因为妇女在家庭中的角色而将她们完全或部分排除在劳动力市场之外的性别刻板印象。委员会有力地论证了变革性平等和结构性变革的必要性，提出“通过立法和政策建立结构性和系统性框架，让妇女在与男子平等的基础上长期参加劳动市场”的要求。[150] 委员会致力于推行变革性平等，要求为父母提供育儿假。

在制度层面，第 11 条第 2 款要求职场作出改变，预防因怀孕、生育或结婚而歧视妇女或将妇女排除在外，并要求提供适应妇女需求的带薪产假。它还要求缔约国鼓励提供社会服务，使父母可以将家庭义务和就业结合起来。北京《行动纲领》详细说明了政府必须采取行动，与非政府组织和私营部门协作，提供诸如高质量的育儿服务等可负担的支持性服务，以满足职业男性和女性的需求。[151] 在此背景下，有效发展《公约》下的变革性平等要求由仅仅是鼓励提供育儿和照顾其他受供养家属的社会服务，转变为获得这些服务的完整成熟的社会和经济权利。

（五）交叉歧视

委员会指出许多妇女群体在劳动力市场遭受着交叉歧视。这些群体可以

---

[149] CEDAW/C/YEM/CO/6（2008），对也门的结论性意见，第 15 段；CEDAW/C/SYR/CO/1（2007），对阿拉伯叙利亚共和国的结论性意见，第 28 段；CEDAW/C/UZB/CO/3（2006），对乌兹别克斯坦的结论性意见，第 20 段；A/53/38，1998 年第 18 届会议，对印度尼西亚的结论性意见，第 289 段；A/53/38，1998 年第 18 届会议，对克罗地亚的结论性意见，第 103 段；A/53/38/Rev. 1，1998 年第 18 届会议，对捷克共和国的结论性意见，第 185、196 段。

[150] A/54/38，1999 年第 21 届会议，对爱尔兰的结论性意见，第 182 段。

[151] 北京《行动纲领》（前注 9），战略目标 F. 3（f）、（g）段。

归入一般的歧视类别（如种族、民族、国籍、家庭状况、残疾和年龄），也可以归入劳动力歧视类别（如从事不稳定工作的就业）。在所有这些情况下，妇女额外的群体身份所带来的歧视加剧了性别歧视。

关于这些妇女群体，委员会的关注点是解决她们在劳动力市场的低参与度，以及与种族和民族问题相结合的职业隔离问题。[152] 令委员会担忧的是，相当高比例的妇女生活在贫困中，特别是独自生活的老年妇女、单亲女性、土著妇女、有色人种的女性、移民妇女以及残疾妇女。[153] 它提请注意弱势妇女群体面临的获得教育和就业的障碍，包括农村妇女、老年妇女、移徙中的妇女、单亲母亲以及残疾妇女。[154]

委员会对老年妇女的困境尤为关切，这很大程度上源于妇女对劳动力 306
市场的参与模式：

> 出于各种原因，老年妇女通常没有足够的医疗保健和养老金。这些原因包括她们在家从事非正规部门不领取薪酬的工作、打散工、半途辞工和主要从事低收入工作等。委员会建议通过采取公共政策措施，确定社会要为老年妇女的福利承担的责任，解决为她们提供必要照料的问题。应在社会上并在财政方面承认家庭成员提供的照料并鼓励他们这样做。应特别确认妇女在一生中对家庭、国家经济和民间社会作出的贡献，应消除那些阻止或限制老年妇女继续作出贡献的陈规和忌讳。[155]

交叉歧视不仅可以用于描述妇女遇到的一般歧视类别中的双重歧视，而且可以用于描述受歧视的某一经济阶层的妇女所遭遇的歧视，其特点是贫困、受教育程度和技术水平低下、受社会排斥或脆弱性。劳动力类别的交叉

---

[152] A/58/38，2003 年第 29 届会议，对巴西的结论性意见，第 124 段；A/58/38，2003 年第 29 届会议，对新西兰的结论性意见，第 421～422 段。

[153] A/59/38，2004 年第 30 届会议，对埃塞俄比亚的结论性意见，第 259 段；A/58/38，2003 年第 28 届会议，对加拿大的结论性意见，第 357 段。

[154] A/60/38（Supp.），2005 年第 33 届会议，对爱尔兰的结论性意见，第 392～393 段。

[155] A/57/38（2002），第一部分，消除对妇女歧视委员会第 26/Ⅲ号决定，《借助公约消除对老年妇女的歧视》，第 430～436 段。

歧视影响着受雇于不稳定的、非正规职业的妇女，她们薪水低、没有保障、没有保护措施、不能支持一个家庭。不稳定的工作具有性别特征，妇女在下列工作中的人数过多：家政工人、自由贸易区或出口加工区的工人、临时工人、非正规部门工作的工人。[156] 委员会关注受雇于不稳定工作的妇女的特殊问题，呼吁缔约国解决这类工作中存在的缺乏社会保障和其他劳动福利（包括带薪产假）的问题。它还呼吁缔约国采取措施确保为受雇于不稳定职业的妇女提供保护的劳动立法得到实施和执行，惩治违反相关规定的人。[157]

第 26 号一般性建议对移徙女工在劳动力市场遭受的双重歧视进行了分析：

> 虽然移徙者中有男有女，但是移徙现象并非与性别无关。女性移徙者与男性移徙者相比，在合法移徙渠道、移徙进入的部门、受到的虐待形式及后果等方面并不相同。为了解妇女所遭受的具体影响，应从两性不平等、女性传统角色、存在性别差异的劳动力市场、普遍存在的基于性别的暴力以及全世界陷入贫穷和进行劳工移徙的女性人数日增的角度，来研究妇女移徙问题。[158]

委员会责成来源国和目的地国制定全面的、性别敏感的和基于权利的
307 政策，规制和管理移民的所有方面和所有阶段。特别是，委员会呼吁缔约国帮助移徙女工在海外获得工作机会，确保移徙女工的权利。[159] 国家应当设法让移徙女工和相关非政府组织积极参与政策制定、执行、监督和评估的整个过程。[160]

---

[156] J. Fudge and R. Owens, *Precarious Work, Women, and the New Economy: The Challenge to Legal Norms*(2006), pp. 3 - 27.

[157] A/59/38，2004 年第 31 届会议，对多米尼加共和国的结论性意见，第 303、306 ~ 309 段；A/57/38，2002 年特别会议，对墨西哥的结论性意见，第 441 ~ 442、445 ~ 446 段。

[158] 第 26 号一般性建议，第 5 段。

[159] 同上注，第 23（a）段。

[160] 同上注，第 23（b）段。

五 缔约国的义务

（一）禁止歧视的性质

1. “一切适当措施”，包括有必要适用暂行特别措施[161]

第 11 条第 1 款在引言部分明确要求缔约国采取一切适当措施消除就业领域对妇女的歧视。第 11 条第 2 款要求缔约国采取“适当措施”而非“一切适当措施”，可能是为了强调确立社会、经济权利的大多数条款的性质。尽管如此，“适当”和“一切适当”措施之间的区别或多或少是语义上的，并不减损缔约国根据第 11 条第 2 款承担的义务的即刻性和完整性。

2. 立即执行或逐步执行

第 11 条第 1 款和第 11 条第 2 款（a）项规定的消极权利在本质上是政治和公民权利，并具有社会和经济含义，因此要求立即执行。这些规定要求消除对妇女的歧视，保障其在就业领域与男子相同的权利，禁止基于结婚和生育的歧视。“免遭歧视的权利以及行使和享有经济、社会和文化权利的权利向国家施加了立即履行的义务。”[162]

第 11 条第 2 款（b）、（c）、（d）项向缔约国施加了提供社会和经济权利和福利的积极义务。与《经济社会文化权利国际公约》不同，《公约》并未纳入“缔约国尽其资源能力所及”这一限制执行进度的一般条款。因此，执行所需的即时性取决于每一条款的用语。相应的，引入带薪产假的义务以及在怀孕期间对从事有害工作的妇女提供保护的义务都是需要立即实施的。只有第 11 条第 2 款（c）项［原文误为第 2 条（c）项。——译者注］使用

---

[161] 参见对第 4 条的讨论。

[162] F Banda, “Understanding Women's Economic and Social Human Rights” (2006) 12 *East African J of Peace & Human Rights* 233, 239；E/C. 12/2005/4，经济、社会及文化权利委员会第 16 号一般性意见（2005），第 16 段；E/C. 12/GC/20，经济、社会及文化权利委员会第 20 号一般性意见。

的语言意味着逐步执行的可能性：缔约国只需通过“促进”建立和“发展”育儿设施来“鼓励”提供支持性服务。

（二）执行

对妇女在《公约》下的平等权的尊重义务是缔约国及所有国家机构遵守《公约》规定，保证这些规定将在缔约国负责的立法、司法、行政机构
308 或公共机构的所有活动中得到适用和执行的直接责任。为此目的，委员会呼吁缔约国为公共和私人就业部门制定就业机会平等的法律。[163] 它还号召缔约国为公共和私人就业部门制定同工同酬的法律。[164]

对妇女在第 11 条下的权利免受侵犯的保护义务，大体而言属于缔约国的间接义务，必须通过对私营雇主和工会的活动行使恪尽职守义务来执行。第 2 条（e）项要求缔约国采取一切适当措施消除来自任何个人、组织或企业的对妇女的歧视，构成第 11 条有效性的一个基本要素。委员会呼吁缔约国要求私人和公共雇主保障妇女在第 11 条下的权利。[165] 对私人雇主而言，缔约国的义务是恪尽职守；而对公共雇主而言，国家除恪尽职守义务外，还对侵犯行为负有额外的直接责任。

实现的义务要求缔约国采取一切适当措施实施和执行《公约》规定。根据这一义务，缔约国必须制定制度、机制和战略以确保《公约》的规定成为活的法律和实践。委员会呼吁缔约国确保通过法院或法庭为妇女被侵犯的第 11 条权利提供有效救济。[166] 但是，委员会尚未制定关于执行第 11 条的

---

[163] CEDAW/C/NZL/CO/6（2007），对新西兰的结论性意见，第 19 段；A/59/38，2004 年第 31 届会议，对多米尼加共和国的结论性意见，第 303 段；A/57/38，2002 年第 27 届会议，对突尼斯的结论性意见，第 201 段。

[164] A/60/38，2005 年第 32 届会议，对萨摩亚的结论性意见，第 54 ~ 55 段；A/60/38，2005 年第 33 届会议，对黎巴嫩的结论性意见，第 110 段；A/59/38，2004 年第 31 届会议，对孟加拉国的结论性意见，第 254 段；A/57/38，2002 年第 26 届会议，对俄罗斯联邦的结论性意见，第 384 段；E/2002/22（2001），经济、社会及文化权利委员会对瑞典的结论性意见，第 737 段。

[165] A/59/38，2004 年第 31 届会议，对多米尼加共和国的结论性意见，第 303 段。

[166] CEDAW/C/BIH/CO/3（2006），对波斯尼亚和黑塞哥维那的结论性意见，第 14 段；A/58/38（Supp.），2003 年第 28 届会议，对阿尔巴尼亚的结论性意见，第 63 段；A/58/38，2003 年第 28 届会议，对瑞士的结论性意见，第 107 段。

详细政策。对此，国际劳工组织“1996 年特别调查”毫无疑问提供了一个重要参考。[167] 它预示着国家政策出现了从设定标准向经济和社会措施的实质性转移。[168] 报告提及的措施包括建立专门的机制部门、界定一系列惩罚措施、对个人权利的司法执行、歧视案件中的转移举证责任，[169] 以及执行肯定性行动方案。[170] 国际劳工组织提出的建议中包括国家应确保雇主不得通过给付赔偿而终止雇佣歧视受害人，[171] 应当为没有财力提起诉讼的受害人提供免费的法律援助，[172] 并应促进妇女参与工会。[173] 北京《行动纲领》要求政府、
工会和妇女组织建立机制裁定工资歧视，鼓励职业评估方案，认可集体谈判 309
作为一项权利和一项消除妇女工资不平等的重要机制。[174]

有效落实就业机会平等涉及男女协调工作和家庭责任。北京《行动纲领》要求政府确保男女可以自由选择全职和兼职工作，确保劳动法和社会保障福利为二者提供适当的保护，提供保留职位的育儿假，[175] 以及促进灵活工作安排和现场托儿服务。[176]

（三）保留

针对第 11 条的保留很少。爱尔兰提出暂时保留爱尔兰立法在社会保障领域更有利于女性的规定，这些规定可能与第 11 条关于消除在社会保障权方面对妇女的歧视的要求并无实质冲突。英国保留适用所有本国关于退休金

---

[167] 国际劳工组织 1996 年特别调查（前注 49），第 165 段。

[168] 国际劳工组织《关于就业和职业平等的一般调查》（1988），第 75 届会议，日内瓦，第 163 段。

[169] N. Rubin (ed.), *Code of International Labour Law: Law, Practice and Jurisprudence* (2005), p. 485. 更多关于农村妇女权利的理论，参见 Rubin 书，第 492 页；另见第 14 条一章的讨论。

[170] 同上注，第 488 页。国际劳工组织的报告称，许多国家对在传统的男性行业招募女性的雇主给予补助，同上注，第 484 页。

[171] 同上注，第 493 页。

[172] 同上注，第 493 页。

[173] 同上注，第 493 ~ 495 页。

[174] 北京《行动纲领》（前注 9），战略目标 F. 4（h）；国际劳工组织《性别平等与体面工作：职场的良好做法》（2004），第 37、27 ~ 29 页。

[175] 北京《行动纲领》（前注 9），战略目标 F. 6。

[176] 同上注，另见《性别平等与体面工作：职场的良好做法》（前注 174），第 8、63 ~ 64 页。

方案的立法和规则，这些规则影响退休金、幸存者福利、与死亡或退休(包括因裁员而退休）相关的其他福利；对这些法案的规定是否与第 11 条相冲突并不十分清楚。唯一明显与第 11 条要求相冲突的保留来自密克罗尼西亚联邦，它声称目前尚无法制定价值相当的立法，或规定带薪产假或提供相当的社会福利；芬兰对此保留提出反对，认为它与《公约》的目的和宗旨相背离。

第十二条[*] 311

1. 缔约各国应采取一切适当措施以消除在保健方面对妇女的歧视，保证她们在男女平等的基础上取得各种保健服务，包括有关计划生育的保健服务。

2. 尽管有本条第1款的规定，缔约各国应保证为妇女提供有关怀孕、分娩和产后期间的适当服务，于必要时给予免费服务，并保证在怀孕和哺乳期间得到充分营养。

一　概述……………………………………………………………… 410

二　准备工作………………………………………………………… 414

三　解释问题………………………………………………………… 415

（一）健康及其性与性别维度 ………………………………… 415

（二）保健的领域 ……………………………………………… 417

（三）获得保健服务 …………………………………………… 418

（四）生育与性健康服务 ……………………………………… 422

---

* 感谢 Monica Arango, Luisa Cabal, Oscar Cabrera, Alejandra Cardenas, Simone Cusack, Bernard Dickens, Sandra Dughman, Joanna Erdman, Linda Hutjens, Eszter Kismodi, Adriana Lamackova, Jenny Leon, Charles Ngwena, Mindy Roseman, Iqbal Shah 以及 Christina Zampas，感谢他们对本章前几版草稿的评论和帮助；感谢全球司法中心（Global Justice Center）提供关于参考《公约》的案例库；感谢女权联盟（Articulacion Feminista）的司法判决观察（Observatorio de Sentencias Judiciales）提供州法院提及《公约》的判决。

四　本条语境中的平等 …… 427
（一）形式平等 …… 427
（二）实质平等 …… 427
（三）变革性平等 …… 429
（四）直接与间接歧视 …… 430
（五）交叉歧视 …… 431
（六）暂行特别措施 …… 432
五　缔约国的义务 …… 433
（一）义务的性质 …… 433
1. “一切适当措施” …… 433
2. 立即执行与逐步执行 …… 435
3. 特定与非特定 …… 436
（二）执行 …… 436
1. 尊重义务 …… 436
2. 保护义务 …… 437
3. 实现义务 …… 439
（三）保留 …… 439
六　结论 …… 440

312 一　概述

第 12 条要求缔约国“消除在保健方面对妇女的歧视”。缔约国有义务解决这类歧视，以“保证她们在男女平等的基础上取得各种保健服务”。第 12 条第 1 款要求缔约国保证妇女在男女平等基础上得到一般的保健服务以及主要适用于妇女的服务，如本条专门说明的计划生育。

第 12 条第 2 款通过要求为妇女提供怀孕、分娩、产后期间所需的适当服务及孕期和哺乳期的充分营养，明确了平等包括性保健所需的治疗。第 12 条第 2 款与序言中的段落“妇女不应因生育而受到歧视”，以及第 4 条第

2 款“缔约各国为保护母性而采取的特别措施……不得视为歧视”一致。第 12 条第 2 款承认需要适应妇女在生育中的性别差异，从而强调了在保健领域确保实质平等的重要性。

第 24 号一般性建议为适用第 12 条提供了基本指南。许多其他的一般性建议也与此相关，例如与特定健康问题相关的建议，[①] 或某些妇女群体面临的健康问题，[②] 以及涉及整体义务（如暂行特别措施[③]或核心义务[④]）的一般性建议。第 24 号一般性建议承认第 12 条与《公约》其他条款相关联。[⑤] 例如，第 10 条（h）项规定获得与健康相关的教育，“包括关于计划生育的知识和辅导”。[⑥] 第 11 条第 2 款保护受雇妇女免遭与怀孕和产假相关的歧视。[⑦] 第 14 条第 2 款（b）项要求确保农村地区的妇女“有权利用充分的保健设施，包括计划生育方面的知识、辅导和服务”。[⑧] 为确保婚姻和家庭关系中的平等，第 16 条第 1 款（e）项确认妇女有权“自由负责地决定子女人数和生育间隔，并有机会获得她们能够行使这种权利的知识、教育和方法”。[⑨]

其他条款也与健康相关，特别是当它们涉及决定健康的社会因素时，[⑩] 例如在分配权力、金钱和资源时的不平等。[⑪] 这类不平等可以通过第 7 条解决，该条保障妇女平等参与政府事务的权利。[⑫]

委员会有关适用第 12 条的其他指南包含在委员会对缔约国报告的结论

---

① 第 14、15、19 号一般性建议。

② 第 18、26、27 号一般性建议。

③ 第 25 号一般性建议。

④ 第 28 号一般性建议。

⑤ 第 24 号一般性建议，第 28 段。

⑥ 参见关于第 10 条一章的讨论。

⑦ 参见关于第 11 条一章的讨论。

⑧ 参见关于第 14 条一章的讨论。

⑨ 第 21 号一般性建议，第 21 ~ 23、36 段；另见关于第 16 条一章的讨论。

⑩ 世界卫生组织《弥合同代人的差距：对健康的社会决定因素采取行动以实现健康平等》（健康的社会决定因素委员会最后报告）（2008），http://www.who.int/social_determinants/thecommission/finalreport/en/index.html，访问日期 2010 年 12 月 31 日。

⑪ 同上注，第四部分，第 109 ~ 175 页。

⑫ 参见关于第 7 条一章的讨论。

313 性意见中。委员会在对根据《任择议定书》提起的来文决定[13]以及调查[14]程序中进一步阐释了缔约国保证平等获得保健服务的义务；相关程序下尚待作出的决定将会对缔约国关于健康义务的性质和范围给出更富有洞见的指导。[15] 国内法院适用第12条处理本国具体的健康问题的决定也具有启发性。例如，曾有法院适用《公约》的第5、11、12条作出决定：妇女有权获得避孕和绝育，即便她并未满足为限制绝育而必须给出治疗理由的法律要求。[16]

第12条的内容和含义随着对妇女健康[17]、医疗法律[18]及方案[19]指南、联合国会议的结果文件[20]以及联合国健康问题特别报告员报告[21]的理解的发展

---

⑬ A. S. 诉匈牙利，CEDAW/C/36/D/4/2004，消除对妇女歧视委员会第4/2004（2006）号来文（一位吉卜赛妇女遭到非自愿绝育）。

⑭ CEDAW/C/2005/OP. 8/MEXICO，《消除对妇女歧视委员会根据公约任择议定书第8条对墨西哥的报告，以及墨西哥政府的答复》（2005）（未能就华雷斯城妇女的失踪问题作出调查）。

⑮ Alyne da Silva Pimentel 诉巴西（可以避免的产妇死亡）（2007年11月30日提起，未决）；I. C. 诉秘鲁（怀孕女孩试图自杀，随后拒绝治疗）（2009年6月18日提起，未决）；由生育权中心、亚太国际妇女权利行动观察、菲律宾非政府组织联盟向消除对妇女歧视委员会提起的关于马尼拉市公共卫生体系禁止发放激素避孕药的调查请求，2010年。

⑯ Superior Tribunal de Justicia de Corrientes F, ML c/Hospital Vidal de la Ciudad de Corrientes y/o Ministerio de Salud Pública de Corrientes y/o Estado de la Provincia de Corrientes s/Amparo(12/04/06),第6段。

⑰ 世界卫生组织《妇女与健康：当今的证据、未来的议程》（2009），http://www.who.int/gender/documents/9789241563857/en/index.html，访问日期2010年12月31日。

⑱ 世界卫生组织《针对性暴力受害人的医学法律护理准则》（2003），http://www.who.int/violence_injury_prevention/publications/violence/med_leg_guidelines/en/index.html，访问日期2010年12月31日；世界卫生组织《安全堕胎：卫生系统技术与政策准则》（2003），http://www.who.int/reproductivehealth/publications/unsafe_abortion/9241590343/en/index.html，访问日期2010年12月31日（修订版于2011年出版）。

⑲ 世界卫生组织《在卫生部门将性别视角纳入艾滋病毒/艾滋病方案》（2009），http://www.who.int/gender/documents/hiv/9789241597197/en，访问日期2010年12月31日。

⑳ 第24号一般性建议，第3段；A/CONF.171/13/Rev.1（ICPD），《开罗国际人口与发展会议报告》（1994）；北京《行动纲领》；A/CONF.189/12（德班）联合国大会《反对种族主义、种族歧视、仇外心理和有关不容忍行为的世界大会报告》（2001）。

㉑ 联合国《人人有权享有可达到的最高水准身体和精神健康问题特别报告员》，http://www.ifhhro.org/information-centre/documents-un-special-rapporteur，访问日期2010年12月31日。

而演变。此外，经济、社会及文化权利委员会[22]，消除种族歧视委员会[23]，
儿童权利委员会[24]对健康权的适用，以及人权事务委员会[25]对与健康相关的
权利的适用将继续影响第 12 条的含义。欧洲人权委员会[26]、欧洲人权法院[27]、 314
美洲人权委员会[28]、美洲人权法院[29]将继续为第 12 条的含义注入新的理解维
度，非洲人权体系也不例外。[30]

㉒ E/C. 12/2000/4，经济、社会及文化权利委员会第 14 号一般性意见（2000）。

㉓ A/55/18，附件五，消除种族歧视委员会第 25 号一般性意见（2000）。

㉔ CRC/GC/2003/4，儿童权利委员会第 4 号一般性意见（2000）；CCPR/C/21/Rev. 1/Add. 10，人权事务委员会第 28 号一般性意见（2000）。

㉕ CCPR/C/85/D/1153/2003，人权事务委员会第 1153/2003 号来文（2005），K. L. 诉秘鲁；CCPR/C/101/D/1608/2007，L. M. R. 诉阿根廷。

㉖ Brüggemann 和 Scheuten 诉德意志联邦共和国，App 6959/75，1981，3 EHRR 244（堕胎管制并不总是侵犯妇女权利的原因）；Paton 诉英国，App 8416/78，1980，EHRR 408（配偶授权不合法）；R. H. 诉挪威，App 17004/90，1992，73 DR 155（配偶授权不合法）；Tavares 诉法国，App 16593/90，1991（关于产妇非法死亡的请求不可受理，但认定存在防止失去生命的积极义务）。

㉗ A、B 和 C 诉爱尔兰（大法庭），App 25579/05，2010（澄清堕胎所需的生命体征）；Boso 诉意大利，App 50490/99，2002（配偶授权不合法）；Evans 诉英国（大法庭），App 6339/05，2007（允许因捐精者拒绝而否定妇女接近胎儿的权利）；K. H. 与其他人诉斯洛伐克，App 32881/04，2009（拒绝医疗记录不合法）；Open Door Counselling 诉爱尔兰，App 14234/88，1993（支持获得国外合法堕胎信息的权利）；Pichon 与 Sajous 诉法国，App 49853/99，2001（药剂师以良心为由反对出售避孕药具，对此的申诉不可受理，但当妇女健康所必要时允许对良心作出限制）；S. H. 与其他人诉奥地利，App 57813/00，2001 大审判庭待决（禁止某种形式的不育症治疗）；Ternovsky 诉匈牙利，App 67545/09，2010（卫生专业人员无法协助在家分娩），可能上诉至大审判庭；Tysiac 诉波兰，App 5410/03，2007（获得堕胎妇女的透明度）；V. O. 诉法国（大法庭），App 53924，2005（刑法不要求对胎儿的过失死亡追究责任）；Women on Waves 及其他人诉葡萄牙，App 31276/05，2009（限制关于堕胎的表达自由是非法的）。

㉘ 2141 号案（“男婴”诉美国），第 23/81 号决议（1981 年 3 月 6 日），*Hum Rts L. J.* 2（1981）110（堕胎合法）；12. 041 号 Marina Machaca 案，秘鲁（2000 年 3 月 6 日）友好解决（强奸女孩，后拒绝提供救济）；12. 191 号 Maria Mamérita Mestanza Chávez 案，秘鲁（2003 年 10 月 22 日）友好解决（非自愿绝育导致死亡）；Paulina del Carmen Ramirez Jacinto，墨西哥，第 21/07 号报告，161－2 号申诉（2007 年 3 月 9 日）友好解决（强奸女孩导致非意愿怀孕，随后拒绝堕胎）。

㉙ De la Cruz Flores 诉秘鲁（2004），对实体问题的判决，美洲人权法院 C 系列第 115 号（对秘密提供护理的医生提起刑事指控是非法的）；Xákmok Kásek Indigenous Community 诉巴拉圭，实体问题、赔偿与费用，2010 年 8 月 24 日判决，C 系列第 214 号（未能防止一位土著产妇的死亡）。

㉚ 《班珠尔宪章》第 16 条、《非洲妇女权利议定书》第 14 条。

妇女健康的人权视角也受到联合国专门机构，如世界卫生组织[31]、联合国人口活动基金会[32]、国际劳工组织[33]及联合国艾滋病规划署[34]的关注和讨论。委员会根据《公约》第12条与这些机构保持合作。[35]

二　准备工作

起草历史显示，妇女地位委员会和经济及社会理事会起草的所有最终形成《公约》的工作文件中，没有单独的关于消除保健领域对妇女歧视的条款。[36] 对妇女健康的关切最初是在第11条关于就业的条款中作为
315 一个独立主题出现的，这可能源于国际劳工组织保护职场妇女健康的历史。[37]
然而，在讨论这个问题的过程中，考虑到第11条的篇幅和细节，起草者决定将对健康问题的关注放在一个自成体系的独立条款中，这就有了现在的第12条。

《消除对妇女歧视宣言》没有直接涉及妇女保健问题的专门规定。它仅

㉛ 世界卫生组织《针对妇女健康和暴力侵害妇女的多国研究：关于发生率、健康后果、妇女的反应的初步结论》(2005)，http：//www.who.int/gender/violence/who_ multicountry_ study/en/，访问日期2010年12月31日。

㉜ 联合国人口活动基金会《出版物：瘘管（及女性生殖器切割)》，http：//www.unfpa.org/public/home/publications/pubs_ fistula，访问日期2010年12月31日。

㉝ 联合国关于青少年女孩的机构间工作组《女孩的权力与潜力：落实被边缘化的青少年女孩权利的联合规划框架》(2007)，http：//www.unicef.org/adolescence/files/FINAL - UNJointFrameworkpdf.pdf，访问日期2010年12月31日。

㉞ 联合国艾滋病联合规划署《艾滋病毒、艾滋病与人权国际准则，2006合并版本》(2006)，HR/PUB/06/9，http：//data.unaids.org/Publications/IRC - pub07/jc1252 - internguidelines_ en.pdf，访问日期2010年12月31日；联合国艾滋病规划署《联合国艾滋病规划署关于艾滋病毒与性工作的指导说明》(2009)，http：//data.unaids.org/pub/BaseDocument/2009/jc1696_ guidance_ note_ hiv_ and_ sexwork_ en.pdf，访问日期2010年12月31日。

㉟ 世界卫生组织《妇女健康与人权：监测〈消除对妇女一切形式歧视公约〉的执行》(2007)，http：//www.who.int/reproductivehealth/publications/gender_ rights/9789241595100/en/index.html，访问日期2010年12月31日。参见对第22条一章的讨论。

㊱ L. A. Rehof, *Guide to the Travaux Preparatoires of the United Nations Convention on the Elimination of All Forms of Discrimination against Women*(1993), p. 145.

㊲ 同上注，第241页。

在第9条（e）项提到“确保健康和家庭福利”的教育信息，在第10条第2款和第3款提到对职业女性的生育保护。[38]《消除对妇女歧视宣言》没有包含相关条款令人不解，因为它是在《经济社会文化权利国际公约》通过一年后制定的，而后者第12条规定了“人人有权享有可获得的最高标准的身体和精神健康”以及实现这一权利的措施。

《消除对妇女歧视宣言》遗漏了关于妇女健康的条款也许恰恰说明了为什么《公约》文本中获得保健服务的权利不发达。《公约》的最终版本在第12条第1款极其简要地声明消除保健领域的歧视，要求在男女平等基础上获得保健服务。本条通过时没有引言，与它来自第11条的背景是一脉相承的。

三　解释问题

（一）健康及其性与性别维度

委员会在解释“健康”这一术语时采用了世界卫生组织对健康的描述方法，即一种“身体、精神和社会福利状态，而不仅是没有疾病或身体虚弱（infirmity）”。[39] 这是因为，世界卫生组织的描述几乎被普遍使用，并且《公约》缔约国同时也是世界卫生组织的成员。一个国内法院在适用第12条时声明必须按照世界卫生组织的描述来理解健康，要求国家为一个因受到父亲强奸而怀孕的女孩提供适当的服务。[40]

第24号一般性建议解释了与男性相比，妇女或某些妇女群体不同的健

---

[38] J. Tadaakira, "Article 12: Elimination of Discrimination against Women in Health Care", in Japanese Association of International Women's Rights (ed.), *Convention on the Elimination of All Forms of Discrimination against Women: A Commentary* (1995), pp. 241, 242 – 245.

[39] 《世界卫生组织宪章》序言。

[40] Juzgado de Instrucción No. Ⅱ-San Carlos de Bariloche, Argentina, NRF s/abuso sexual. Incidente de solicitud de interrupción de embarazo formulado por TN (05/04/2010), para. XI.

康特征和因素，[41] 包括：

• 生理因素，如她们的生育功能；[42]

• 对妇女整体，特别是对某些妇女群体而言有差别的社会－经济因素，例如不平等的权力关系对妇女与男人协商安全的性行为的能力产生负面影响，增加了她们感染艾滋病毒/艾滋病的风险；[43]

316 • 社会心理因素，例如一般的抑郁症特别是产后抑郁症，以及导致饮食失调，尤其是厌食症或贪食症的其他心理状况；[44]

• 健康制度因素，例如制定标准，确保为妇女提供保健服务时做到保密。[45]

委员会要求缔约国，“从妇女的需求和利益的角度”解释与健康相关的权利。[46] 因此，在解释第 12 条时要求理解健康的性与性别维度。性主要涉及生理需求，例如，关涉妇女的生殖保健要求；性别涉及对妇女的社会构建，[47] 包括她们的社会角色以及自我决定自身保健的能力。性别从属关系的社会做法加剧了整个生命周期中妇女健康状况不佳的多重风险因素。风险因素指的是那些使人处于更严重的健康风险的情况。委员会一再要求缔约国解决妇女所面临的普遍的和特别的风险因素，如吸烟[48]、酗酒[49]、与压力相关的情况[50]、精神不稳定[51]、不安全堕胎[52]、营养不良和贫血[53]，以及贫困[54]。缔约国有义务确保妇女能够获得解决这些风险因素的服务，并有义务收集关

㊶ 第 24 号一般性建议，第 12 段。

㊷ CEDAW/C/MRT/CO/1 (2007)，对毛里塔尼亚的结论性意见，第 39 ~ 40 段。

㊸ CEDAW/C/SLV/CO/7 (2008)，对萨尔瓦多的结论性意见，第 35 ~ 36 段；CEDAW/C/KEN/CO/6 (2007)，对肯尼亚的结论性意见，第 39 ~ 40 段；A/63/38，2008 年第 41 届会议，对坦桑尼亚的结论性意见，第 138 ~ 139 页。

㊹ A/63/38，2008 年第 41 届会议，对芬兰的结论性意见，第 185 ~ 186 段。

㊺ 第 24 号一般性建议，第 12 (d) 段；另见第 18、22 段，第 31 (e) 段。

㊻ 同上注，第 12 段。

㊼ 第 28 号一般性建议，第 5 段。

㊽ CEDAW/C/LUX/CO/5 (2008)，对卢森堡的结论性意见，第 27 ~ 28 段。

㊾ A/63/38，2008 年第 41 届会议，对冰岛的结论性意见，第 234 ~ 235 段。

㊿ CEDAW/C/SWE/CO/7 (2008)，对瑞典的结论性意见，第 34 ~ 35 段。

51 CEDAW/C/CHN/CO/6 (2006)，对中国的结论性意见，第 28 段。

52 CEDAW/C/IND/CO/4 (2007)，对印度的结论性意见，第 40 ~ 45 段。

53 CEDAW/C/MMR/CO/3 (2008)，对缅甸的结论性意见，第 38 ~ 39 段。

54 CEDAW/C/COL/CO/6 (2007)，对哥伦比亚的结论性意见，第 30 ~ 33 段。

于某些妇女群体的情况和疾病的统计数据。[55]

理解健康的性与性别维度有助于使过去未被识别的侵犯人权行为显现出来。例如，委员会反复提出孕产妇死亡率是一个人权问题。[56] 孕产妇死亡被定义为，“妇女于孕期或终止怀孕后 42 天内，无论怀孕持续的时间及怀孕地点，因与怀孕有关或因怀孕而恶化，或者因与孕期管理相关的原因而导致的死亡，不包括意外或偶然因素导致的死亡”。[57] 据预测目前每年的孕产妇死亡人数在 358000 名左右。[58] 尽管孕产妇死亡的规模大于许多侵犯人权的后果，但直到最近孕产妇死亡的问题才引起国际人权界的重视，委员会、其他条约机构[59]、联合国人权高专办[60]、人权理事会[61]以及联合国关于健康问题 317
的特别报告员[62]已经就此展开工作。

（二）保健的领域

整体看来，第 12 条表明本条规定的权利同时具有个人和集体维度，因为个人获得保健服务往往不仅具有服务于个别情况的功能，而且具有保健系统的集体属性。

---

[55] 第 24 号一般性建议，第 9～10 段；CEDAW/C/NLD/CO/4（2007），对荷兰的结论性意见，第 35～36 段。

[56] CEDAW/C/KHM/CO/3（2006），对柬埔寨的结论性意见，第 29～30 段；CEDAW/C/SLE/CO/5（2007），对塞拉利昂的结论性意见，第 34～35 段；CEDAW/C/PER/CO/6（2007），对秘鲁的结论性意见，第 24～25 段；CEDAW/C/AZE/CO/3（2007），对阿塞拜疆的结论性意见，第 25～26 段。

[57] 世界卫生组织《孕产妇死亡率的趋势（1990～2008）：世界卫生组织、联合国儿童基金会、联合国人口活动基金会、世界银行的预测》（2010），http：//whqlibdoc. who. int/publications/2010/9789241500265_ eng. pdf，访问日期 2010 年 12 月 31 日。

[58] 同上注，第 17 页。

[59] E/C. 12/2000/4，经济、社会及文化权利委员会第 14 号一般性意见（2000），第 21 段；《从人权视角看孕产妇保健》，OEA/Ser. L/V/Ⅱ. Doc 69，2010 年 6 月 7 日，http：//cidh. org/women/SaludMaterna10Eng/MaternalHealth2010. pdf，访问日期 2010 年 12 月 31 日。

[60] A/HRC/14/39，联合国人权理事会第 14 届会议，《联合国人权事务高级专员办公室关于可预防的孕产妇死亡率、发病率与人权的报告》（2010 年 4 月 16 日）。

[61] A/HRC/11/L. 16/Rev. 1，联合国人权理事会《可预防的孕产妇死亡率、发病率与人权》（2009 年 6 月 16 日）；A/HRC/15/L. 27，联合国人权理事会《可预防的孕产妇死亡率、发病率与人权》（2010 年 9 月 27 日）。

[62] A/HRC/14/20/Add. 2，联合国人权理事会《人人有权获得可达到的最高标准的健康问题特别报告员的报告，附录：对印度的访问》（2010 年 4 月 15 日）。

委员会要求缔约国“将性别观点置于影响妇女保健的各项政策和方案的核心，并让妇女参与规划、实施和监测这类政策和方案，参与向妇女提供保健服务”。[63] 缔约国必须从妇女的视角[64]以及包括农村妇女在内的妇女群体的视角[65]考虑卫生系统的这些方面。它要求缔约国制定和执行一项全面的性别敏感的国家战略，以促进妇女整个生命周期的健康。[66] 委员会要求缔约国设法解决对妇女健康产生积极影响的基本决定因素（例如良好的公共健康与卫生服务），[67] 以及对妇女健康产生消极影响的因素，包括暴力侵害妇女[68]、女性生殖性切割（FGM）等文化与传统做法，[69] 以及法律、规章和制度实践。[70] 遵守第 12 条要求采取适当措施对诸如乳腺癌、子宫颈癌等疾病进行早期检测和治疗。[71] 此外，还需要考虑“对妇女或某些妇女群体的健康造成有别于男子的有害影响的疾病或情况”。[72]

（三）获得保健服务

第 12 条保护的是无歧视地获得保健服务的权利，而不是健康权本身。“保健服务”一语应当在普及覆盖的语境下进行解释，世界卫生组织将其界定为“所有人以可负担得起的成本获得促进、预防、治疗和康复的关键性
318 健康干预措施”。[73] 它所包含的三个维度是：（1）获得服务的人口比例；（2）

[63] 第 24 号一般性建议，第 31（a）段。

[64] A/63/38，2008 年第 41 届会议，对尼日利亚的结论性意见，第 334 ~ 335 段。

[65] CEDAW/C/SUR/CO/3（2007），对苏里南的结论性意见，第 31 ~ 32 段。

[66] 第 24 号一般性建议，第 2 段。

[67] CEDAW/C/COK/CO/1（2007），对库克群岛的结论性意见，第 8 段。

[68] 第 24 号一般性建议，第 15、29 段；第 19 号一般性建议，第 1 ~ 5、19、22 段，第 24（m）段；另见关于“针妇女的暴力”一章的讨论；A/63/38，2008 年第 41 届会议，对坦桑尼亚的结论性意见，第 120 段。

[69] 第 14 号一般性建议；第 24 号一般性建议，第 18 段；A/63/38，2008 年第 41 届会议，对也门的结论性意见，第 379 ~ 380 段。

[70] 第 24 号一般性建议，第 9、14 ~ 15、17、19 段，第 31（c）段。

[71] CEDAW/C/BHR/CO/2（2008），对巴林的结论性意见，第 36 ~ 37 段。

[72] 第 24 号一般性建议，第 10 段。

[73] A/58/20，世界卫生组织《社会健康保险：秘书处的报告》（2005 年 4 月 7 日），第 2 段，http：//apps. who. int/gb/ebwha/pdf_ files/WHA58/A58_ 20 - en. pdf，访问日期 2010 年 12 月 31 日。

服务的水平；（3）预付统筹基金担负的保健成本比例。[74]

应当涵盖的保健服务将部分取决于妇女疾病的发病率以及她们生活的社区中有害其健康的情况，但需要纳入针对性别的服务。第12条的适用不受保健提供者的法律地位或职业状况的限制，也不受缔约国所确定的资助对象的限制。保健提供者可以包括医生、牙医、临床心理医生、社工、护士、助产士等。[75]

遵守第12条的一个关键标准是获得（预设为）存在的可持续的服务，包括与服务相关的信息。委员会要求缔约国"在报告中说明采取了何种措施来消除妨碍妇女获得保健服务的因素，采取了何种措施来确保妇女及时经济地获得这些服务"。[76] 它还敦促缔约国确定一种测试方法，以评估健康立法、政策或实践中的差别对待是否会妨害妇女获得保健服务。[77] 许多健康立法、政策和做法在男女之间作出了区别对待。一些区别待遇是正当的，例如为满足妇女在生殖性癌症（包括子宫颈癌）中的性别差异等合法目的而作出的区别对待。

另一些差别对待则并不正当，它们并非服务于合理目的而否定妇女获得服务的权利，例如刻板地认为女性没有能力作出医疗决定的差别对待。委员会一再鼓励缔约国摒弃妨碍妇女与男子平等获得保健服务的不正当的区别对待，包括性别化的障碍、法律或规制障碍、源于妇女缺乏服务信息的障碍、与缺乏自由和知情同意有关的障碍，以及经济障碍。

对保健服务的性别化障碍可以理解为妇女因为是妇女而在获得卫生服务的各种途径上面临的多种障碍。[78] 性别化的障碍有时与其他障碍如基于年龄

---

[74] 世界卫生组织《世界卫生报告：健康系统筹资：通往普遍覆盖之路》（2010）xv，12，http：//www. who. int/whr/2010/en/index. html，访问日期2010年12月31日。

[75] CEDAW/C/GUA/CO/7（2009），对危地马拉的结论性意见，第35～36段。

[76] 第24号一般性建议，第21段。

[77] 同上注，第19段。

[78] 同上注，第2段；CEDAW/C/LIE/CO/3（2007），对列支敦士登的结论性意见，第25～26段。

的障碍[79]及文化归属[80]相结合。消除卫生工作者的负面态度对确保妇女平等获得卫生服务非常必要。[81] 另一种性别化的障碍是服务提供者以良心为由拒绝提供妇女尤其依赖的医疗服务，而且他们也没有把妇女转介给有意愿的服务提供者。[82]

第12条应与《公约》序言第二段声称个人“尊严”平等结合起来理
解，要求缔约国保护妇女整个生命周期在保健领域的人格尊严。[83] 缔约国有
319 义务采取措施确保妇女获得保健服务。这要求卫生服务应当以妇女能够接受
的方式提供，特别是体现尊重的、有尊严的治疗。[84] 不可接受的、侵犯尊严
的治疗表现为多种形式，包括未能获得自愿、知情同意，[85] 例如以属于少数
民族为由实施非自愿绝育[86]、对女童进行生殖器切割[87]。委员会要求缔约国
通过保护妇女的隐私确保可接受地、有尊严地获得卫生服务，[88] 确保妇女免
遭残忍、不人道和有辱人格的治疗。[89]

委员会识别出多种获得卫生服务的法律和监管障碍。将避孕和堕胎等医疗程序定罪的法律构成妇女获得有效的卫生服务的法律障碍。[90] 一个国内法院解释道：“消除对妇女歧视委员会强调将专门影响妇女的医疗干涉定罪的法律构成妇女获得必需的医疗护理的障碍，削减了妇女在卫生领域的性别平等权。”[91]

---

[79] CEDAW/C/CAN/CO/7（2008），对加拿大的结论性意见，第41～42段；CEDAW/C/KOR/CO/6（2007），对韩国的结论性意见，第18段；CEDAW/C/LUX/CO/5（2008），对卢森堡的结论性意见，第27～28段。

[80] CEDAW/C/ECU/CO/7（2008），对厄瓜多尔的结论性意见，第38～39段。

[81] CEDAW/C/KEN/CO/6（2007），对肯尼亚的结论性意见，第37～38段；A/63/38，2008年第41届会议，对坦桑尼亚的结论性意见，第136～137段。

[82] 第24号一般性建议，第21段。

[83] 同上注，第21段。

[84] 同上注，第22段。

[85] CEDAW/C/KOR/CO/6（2007），对韩国的结论性意见，第29～30段。

[86] A. S. 诉匈牙利（前注13）；CEDAW/C/CZE/CO/5（2010），对捷克共和国的结论性意见，第34～35段。

[87] CEDAW/C/TGO/CO/5（2006），对多哥的结论性意见，第15段。

[88] 第24号一般性建议，第22段、第31（e）段。

[89] CEDAW/C/CMR/CO/3（2009），对喀麦隆的结论性意见，第28～29段。

[90] 第24号一般性建议，第14、26段，第31（c）段。

[91] 哥伦比亚宪法法院，C－355/06（2006年5月10日），第7节。

其他的法律和监管障碍包括要求获得第三方授权，例如由法院、父母、监护人、伴侣（partner）或丈夫授权。[92] 一个国内法院根据第 12 条建议废除为挽救妇女的健康需获法院授权才能使堕胎合法化的要求。令法院担忧的是，卫生当局采取措施阐释法律时因缺乏透明度，尤其可能妨碍年轻女性获得服务的机会。[93] 服务提供者、潜在的接受者以及受法律影响的更广泛群体应当知晓与提供卫生服务相关的法律。[94] 透明的进入渠道要求提供人们能够获得和易于理解的有关保健治疗方案的服务和咨询信息，以确保妇女可以获得服务。此外，所提供的信息和咨询的用语应易于理解，以保障存在语言障碍的妇女可以获得服务。[95]

妇女实际上能否获得服务取决于她们的职业和对必要信息的理解，例如护理的种类、护理的有效性、风险及好处、服务地点、操作时间以及服务是否合法许可。[96] 关于护理类型的风险和好处的信息对保健服务的知情决定权至关重要。[97] 卫生部门必须确保妇女知晓可用的服务以及如何获得这些服务，确保通过诸如媒体等途径公开提供这些服务。[98]

委员会要求缔约国保证妇女无论身处何处，都能实际获得保健。[99] 委员会尤为关切的是，农村地区的妇女可能缺乏保健服务，[100] 包括治疗的药物 320

---

[92] 第 24 号一般性建议，第 14 段；CEDAW/C/COK/CO/1（2007），对库克群岛的结论性意见，第 34～35 段；CEDAW/C/SAU/CO/2（2008），对沙特阿拉伯的结论性意见，第 33 段；CEDAW/C/SYR/CO/1（2007），对阿拉伯叙利亚共和国的结论性意见，第 29～30 段；CEDAW/C/BEN/CO/1－3（2005），对贝宁的结论性意见，第 31 段；CEDAW/C/LCA/CO/6（2006），对圣卢西亚的结论性意见，第 32 段。

[93] Juzgado de Instruccion No. Ⅱ（前注 40），第 8、10 段。

[94] 第 24 号一般性建议，第 9、17、21、23 段；CEDAW/C/PRT/CO/7（2008），对葡萄牙的结论性意见，第 42～43 段。

[95] CEDAW/C/NZL/CO/6（2007），对新西兰的结论性意见，第 38～39 段。

[96] 第 24 号一般性建议，第 20 段。

[97] CEDAW/C/CUB/CO/6（2006），对古巴的结论性意见，第 27 段。

[98] CEDAW/C/KGZ/CO/3（2008），对吉尔吉斯斯坦的结论性意见，第 37～38 段。

[99] CEDAW/C/SYR/CO/1（2007），对阿拉伯叙利亚共和国的结论性意见，第 29～30 段。

[100] CEDAW/C/MRT/CO/1（2007），对毛里塔尼亚的结论性意见，第 41～42 段；CEDAW/C/LCA/CO/6（2006），对圣卢西亚的结论性意见，第 32 段；CEDAW/C/MDV/CO/3（2007），对马尔代夫的结论性意见，第 31～32 段；CEDAW/C/CHN/CO/6（2006），对中国的结论性意见，第 28 段；CEDAW/C/BIH/CO/3（2006），对波斯尼亚和黑塞哥维那的结论性意见，第 36 段。

(如紧急避孕药),[101] 以及预防自杀的适当服务。[102] “实际上获得”要求缔约国确保居住在偏远地区的妇女、残疾妇女或其他不利处境的妇女都能得到保健服务。[103]

令委员会关切的还有消除获得保健服务的经济障碍,以便所有的妇女,无论收入水平如何,均能与男人一样获得负担得起的服务,并获得她们的特殊健康需求所必要的合理服务,如生育护理。[104] 经济障碍对妇女来说尤为突出,因为她们总的来说经济地位低下,机会少,无法获取家庭资源。委员会要求缔约国报告“不利于妇女取得保健服务的要求或条件,例如保健服务费用高昂……”。[105] 官方、用户或保健服务的“非正规”费用[106]增加了贫困妇女接受或寻求不符合标准的服务的风险,而这些服务很可能来自不合格的提供者。[107] 对妇女健康至关重要的药物,如避孕药,应列入国家基本药物清单以保持低成本并使可用性最大化。[108] 第 12 条第 2 款明确要求缔约国为“怀孕、分娩和产后期间”的妇女“于必要时给予免费服务”,因此委员会肯定一些缔约国保证提供免费生育护理的做法,[109] 并要求所有缔约国报告它们的负担能力。[110]

(四) 生育与性健康服务

《公约》是首个明确要求缔约国确保妇女获得计划生育服务的人权条约。[111] 委员会要求缔约国采取适当措施确保妇女获得“在计划生育方

---

[101] CEDAW/C/PER/CO/6 (2007),对秘鲁的结论性意见,第 24 ~25 段。

[102] CEDAW/C/CHN/CO/6 (2006),对中国的结论性意见,第 28 段。

[103] 第 24 号一般性建议,第 7 段;CEDAW/C/LBN/CO/3 (2008),对黎巴嫩的结论性意见,第 34 段。

[104] 第 24 号一般性建议,第 7 段,第 12 (b) 段,第 21、26 ~ 27 段,第 30 ~ 31 (d) 段;CEDAW/C/ECU/CO/7 (2008),对厄瓜多尔的结论性意见,第 38 ~39 段。

[105] 第 24 号一般性建议,第 21 段。

[106] 同上注,第 21、27 段。

[107] CEDAW/C/CHN/CO/6 (2006),对中国的结论性意见,第 27 ~28 段。

[108] CEDAW/C/AZE/CO/3 (2007),对阿塞拜疆的结论性意见,第 25 ~26 段。

[109] CEDAW/C/ECU/CO/7 (2008),对厄瓜多尔的结论性意见,第 38 ~39 段。

[110] 第 24 号一般性建议,第 26 ~27 段。

[111] 第 12 条第 1 款、第 10 条 (h) 项、第 14 条第 2 款 (b) 项、第 16 条第 1 款 (e) 项。

面、怀孕、分娩及产后期间”的服务，[112] 以及性与生殖健康服务。[113] 如果缔约国未能消除妇女有效获得生育及性健康服务的障碍，则构成对妇女的歧视。[114]

委员会一直都按照[115] 1994 年“联合国人口与发展行动方案国际会议”[116]以及 1995 年联合国第四次世界妇女大会行动纲领[117]给出的定义来解释性与生殖健康。根据这些文件的解释，“生殖健康是指在生殖系统及其功能和过程所涉一切事宜上身体、精神和社会等方面的健康状况，而不仅仅指没有疾
病或不虚弱”。[118] 这一解释涉及一生各个阶段的生殖过程、功能和系统，在 321
“身体、精神和社会等方面的全面的健康状态”。[119] 在签署这些文件时，缔约国同意“男女均有权获知并能实际获取他们所选定的安全、有效、负担得起和可接受的计划生育方法，以及他们所选定的、不违反法律的调节生育率的方法，有权获得适当的保健服务，使妇女能够安全地怀孕和生育，向夫妇提供生育健康婴儿的最佳机会”。[120]

这些文件申明生殖健康包括性健康，“其目的是增进生活和个人关系，而不仅仅是与生殖和性传播疾病有关的咨询和保健”。[121] 世界卫生组织将性健康的定义细化如下：

> 与性相关的身体、情绪、精神、社会方面的健康状态；它不仅仅是没有疾病、无机能障碍或不虚弱。性健康要求一种积极的、体现尊重的性行为和性关系，以及免受暴力、歧视、胁迫而获得愉快、安全的性体验的可能性。为获得和维持性健康，必须尊重、保护和实现所有人的性

---

[112] 第 24 号一般性建议，第 2 段。
[113] 同上注，第 11、29 段。
[114] 第 24 号一般性建议，第 11、14、17 段。
[115] 同上注，第 3 段。
[116] ICPD（前注 20），第 7.2 段。
[117] 北京《行动纲领》（前注 20），第 94 段。
[118] ICPD（前注 20），第 7.2 段；北京《行动纲领》（前注 20），第 94 段。
[119] 同上注。
[120] 同上注。
[121] 同上注。

权利。[122]

委员会强调确保获得生殖健康服务非常重要，因为忽视这些服务的后果将不成比例地由妇女来承担。它鼓励改善对各种避孕方法的使用，[123] 建议废除禁止展示或销售避孕药物的法律。[124] 它要求也将避孕药物提供给男性，以改变由妇女承担计划生育主要责任的状况，[125] 应当将生殖和性健康理解为男女双方共同的责任。[126]

此外，委员会要求缔约国报告它们所采取的影响怀孕、分娩和产后期间的特定性别服务，它们如何降低孕产妇死亡率和发病率，[127] 以及没有支付能力的妇女是否可以获得免费服务。[128] 国家必须报告妇女弱势群体的孕产妇死亡率，以及它们采取了哪些措施来确保合理分配资源，实现最大限度的安全孕育、减少孕产妇死亡率，[129] 包括由不安全堕胎导致的死亡。[130]

委员会抓住每一次机会强调确保青春期女孩获得性和生殖健康服务的重
322 要性。[131]它对一个缔约国未能执行人权事务委员会对一项个人来文的决定表示关切。[132] 人权事务委员会在对该来文的决定中认定缔约国侵犯了一位青春

---

[122] 世界卫生组织《发展性健康方案》(2010)，第3页，http://whqlibdoc.who.int/hq/2010/WHO_ RHR_ HRP_ 10.22_ eng.pdf，访问日期2010年12月31日。

[123] CEDAW/C/KAZ/CO/2 (2007)，对哈萨克斯坦的结论性意见，第25~26段；CEDAW/C/CHI/CO/4 (2006)，对智利的结论性意见，第19段；CEDAW/C/SCG/CO/1 (2007)，对塞尔维亚的结论性意见，第33段；CEDAW/C/MKD/CO/3 (2006)，对马其顿的结论性意见，第32段；CEDAW/C/AZE/CO/3 (2007)，对阿塞拜疆的结论性意见，第25~26段。

[124] CEDAW/C/SUR/CO/3 (2007)，对苏里南的结论性意见，第31~32段。

[125] CEDAW/C/PRT/CO/7 (2008)，对葡萄牙的结论性意见，第42~43段；CEDAW/C/THA/CO/5 (2006)，对泰国的结论性意见，第39~40段。

[126] CEDAW/C/PRK/CO/1 (2005)，对朝鲜民主主义人民共和国的结论性意见，第46段；CEDAW/C/GMB/CO/1-3 (2005)，对冈比亚的结论性意见，第36段。

[127] 第24号一般性建议，第26段；CEDAW/C/MRT/CO/1 (2007)，对毛里塔尼亚的结论性意见，第39~40段。

[128] 第24号一般性建议，第27段。

[129] 第24号一般性建议，第18段；CEDAW/C/COD/CO/5 (2006)，对刚果民主共和国的结论性意见，第35段。

[130] CEDAW/C/URY/CO/7 (2008)，对乌拉圭的结论性意见，第38~39段。

[131] 第24号一般性建议，第18、23段，第31 (b) 段；第28号一般性建议，第21段。

[132] CEDAW/C/PER/CO/6 (2007)，对秘鲁的结论性意见，第24~25段。

期女孩免遭残忍、不人道和有辱人格的待遇的权利，原因是一所公立医院强迫她足月分娩一个无脑畸形儿（因缺乏上脑而无法存活的胎儿）并哺乳垂死的婴儿。该医院知道在这种情况下刑法允许堕胎且已预测到新生儿出生后最多只能存活几天。[133]

一个国内法院以第 12 条和第 24 号一般性建议为依据，认定一部要求向所有有生育能力的人（特别是青春期女孩）提供性和生殖健康服务的法律合宪。[134] 另一国内法院根据第 12 条判定一位因遭强奸而怀孕的 15 岁女孩的堕胎请求合法，因为如果强迫她足月分娩，将侵犯其人格尊严的平等权，并把她当作“一个工具”。[135] 该法院引用第 19 号一般性建议，要求缔约国采取措施预防在生育方面对妇女的胁迫，确保她们不必因缺乏生育控制的适当服务而经历诸如非法堕胎等高风险程序。[136]

委员会最主要的关切的是，惩罚性堕胎法增加了孕产妇死亡率和发病率上升的可能性，侵犯了妇女的实质平等权，因此违反了第 12 条。[137] 它将第 12 条和第 2 条（g）项结合起来理解，要求废除“本国刑法内构成对妇女歧视的一切规定”[138]，并不断要求缔约国取消对接受堕胎的妇女的惩罚。[139]

---

[133] K. L. 诉秘鲁（前注 25）。

[134] 阿根廷布宜诺斯艾利斯市高等法院，Liga de Amas de Casa, Consumidores y Usuarios de la República Argentina y otros c/CGBA s/acción declarativa de inconstitutionalidad, 14/10/2003, Judge Alicia E. C. Ruiz, paras. 3 – 4.

[135] 阿根廷丘比特省高等法院，F, AL s/Medida Autosatisfactiva, 08/03/2010, Judge Passuti, para. IV, subpara. VⅡ。

[136] 同上注，Judge Royer，第 VI. 3 段。

[137] 第 24 号一般性建议，第 14、26 段，第 31（c）段。

[138] 第 28 号一般性建议，第 31 段。

[139] A/56/38，2001 年第 25 届会议，对安道尔的结论性意见，第 48 段；A/54/38，1999 年第 21 届会议，对伯利兹的结论性意见，第 57 段；A/55/38，2000 年第 22 届会议，对布基纳法索的结论性意见，第 276 段；A/55/38，2000 年第 23 届会议，对喀麦隆的结论性意见，第 60 段；CEDAW/C/CHI/CO/4（2006），对智利的结论性意见，第 19 ~ 20 段；A/54/38，1999 年第 21 届会议，对爱尔兰的结论性意见，第 186 段；A/55/38，2000 年第 22 届会议，对约旦的结论性意见，第 181 段；A/52/38/Rev. 1，1997 年第 17 届会议，对纳米比亚的结论性意见，第 127 段；A/54/38，1999 年第 21 届会议，对尼泊尔的结论性意见，第 139、148 段；CEDAW/C/NIC/CO/6（2007），对尼加拉瓜的结论性意见，第 17 ~ 18 段；CEDAW/C/PAK/CO/3（2007），对巴基斯坦的结论性意见，第 40 ~ 41 段；A/54/38，1999 年第 21 届会议，对英国的结论性意见，第 310 段。

委员会对缔约国在某些情况下将堕胎合法化的做法表示肯定，例如，当
危及生命、胎儿畸形及遭遇强奸时。[140] 它对一些缔约国缺乏对不安全堕胎的
了解表示担忧。[141] 当一些缔约国试图限制允许堕胎的理由时，[142] 例如将治疗
性堕胎定罪，[143] 委员会将表示关切。委员会还对一些缔约国不允许在遭遇强
323 奸的情况下实施堕胎表示关注。[144] 它要求执行允许进行治疗性和道德性堕胎
的法律规定，以便服务提供者和妇女了解关于堕胎的规定。[145]

国内法院和议会根据第12条的规定，保证妇女获得合法堕胎。一个法院在解释本国宪法时运用了第12条，认为刑法禁止在任何情况下实施堕胎是一项不合比例的措施，因为它侵犯了怀孕妇女的健康权。[146] 另一个国内法院以《公约》第12条为依据，支持一部允许妇女在孕期前12周内要求堕胎的法律，因为该法律对消除保健领域对妇女的歧视非常重要。[147] 一国议会在一部法律的序言部分引用《公约》第12条解释道，性别平等要求在孕期前14周内可以根据请求，或在22周之前基于治疗和优生的考虑进行堕胎。[148] 该部法律还要求由国家卫生系统支付避孕药物，以预防非自愿的怀孕和堕胎。

委员会一直强调有必要解决艾滋病流行的性别化问题。它要求缔约国采取措施消除对受艾滋病毒/艾滋病感染的妇女或女童的歧视，[149] 对制定法律预防艾滋病毒/艾滋病扩散的缔约国表示肯定，[150] 尤为赞赏那些计划解决艾滋病毒/艾滋病女性化及性传播疾病问题的国家。[151]

---

[140] CEDAW/C/COL/CO/6 (2007)，对哥伦比亚的结论性意见，第22~23段。

[141] CEDAW/C/GUA/CO/7 (2009)，对危地马拉的结论性意见，第35~36段。

[142] A/63/38，2008年第41届会议，对立陶宛的结论性意见，第80~81段。

[143] CEDAW/C/NIC/CO/6 (2007)，对尼加拉瓜的结论性意见，第18段。

[144] CEDAW/C/CMR/CO/3 (2009)，对喀麦隆的结论性意见，第40~41段。

[145] CEDAW/C/BOL/CO/4 (2008)，对玻利维亚的结论性意见，第42~43段。

[146] 哥伦比亚宪法法院C-355/06（前注91），第10.1节。

[147] 斯洛伐克共和国宪法法院，Decision-PL. US 12/01-297（2007年12月4日）。

[148]《西班牙关于性与生殖健康及自愿终止妊娠的法律》，Ley Organica 2/2010，2010年3月3日，http://www.boe.es/boe/dias/2010/03/04/pdfs/BOE-A-2010-3514.pdf，访问日期2010年12月31日。

[149] CEDAW/C/JAM/CO/5 (2006)，对牙买加的结论性意见，第36段。

[150] CEDAW/C/AZE/CO/3 (2007)，对阿塞拜疆的结论性意见，第5段；CEDAW/C/KEN/CO/6 (2007)，对肯尼亚的结论性意见，第39~40段。

[151] CEDAW/C/BRZ/CO/6 (2007)，对巴西的结论性意见，第29~30段。

四　本条语境中的平等

（一）形式平等

如果将第 1 条关于“对妇女的歧视”的定义运用于保健领域，便要求国家确定不同的法律、政策或做法如何作出“区分、排斥或限制”从而妨碍或否认妇女在男女平等基础上获得保健服务。[152] 给予相似健康状况的男女以差别待遇或者无合理的理由限制妇女获得保健均构成歧视。[153] 委员会评论道，男性对妇女对自身健康的决定享有否决权违背形式平等。这不合理地否认了妇女平等获得保健服务的权利，加剧了妇女在婚姻、家庭和社会中的不利地位，将妇女负面定型为无决定能力的人。[154]

并非所有在获得保健服务领域基于性别的区别、排斥或限制都违反第
12 条。例如，正如第 12 条第 2 款所表明的，为满足妇女特殊的性保健需求 324
而提供的差别服务是必要的，因此并不构成歧视。

（二）实质平等

消除事实上的歧视以实现实质平等，除其他措施外，要求改革表面上性别中立但实际上会对妇女或特定群体妇女的健康产生消极影响的法律、政策及做法。例如，将避孕定罪是性别中立的，因为它同时适用于男女。然而，缺乏避孕措施却对妇女产生了不成比例的影响，因为只有妇女会怀孕。委员会还对强迫性暴力受害人在寻求保健之前立即向警察报告的性别中立的法律表示担忧，因为此类报告可能不成比例地妨害女性受害人获得健康（尤其

---

[152] 第 24 号一般性建议，第 19 段。

[153] CEDAW/C/SWE/CO/7（2008），对瑞典的结论性意见，第 34～35 段。

[154] 第 24 号一般性建议，第 14 段；CEDAW/C/IDN/CO/5（2007），对印度尼西亚的结论性意见，第 16～17 段。

是心理）服务。[155]

委员会声称，“如果对男女相同或中立的对待导致或产生剥夺妇女行使权利的效果，那么此类对待也构成对妇女的歧视，因为它没有认识到以前存在的妇女所面临的基于性别的不利地位和不平等”。[156] 在保健领域基于性别的不利地位或不平等通常是由，比如忽视、缺乏适应性，对专门的性保健需求和疾病投入不足，主要影响妇女健康状况的风险因素所导致的。实质平等要求有必要关注不成比例地影响妇女健康的风险因素。[157]

委员会一直要求缔约国满足被边缘化妇女，如吉卜赛妇女[158]或穆斯林妇女[159]、卖淫妇女[160]、单身妇女[161]、难民及国内流离失所妇女[162]特定的性健康需求，采取措施解决她们被边缘化的问题，以确保她们获得保健服务。实质平等不仅要求比较类似情况的个人在形式上的待遇，还要求对曾经或持续遭受侵害的妇女给予足够的重视。实现实质平等，有必要使受到污名化的妇女（如艾滋病毒、艾滋病感染者），[163] 以及从事污名化工作（如性工作）的妇女[164]获得合法待遇，因为将她们定罪将剥夺其平等获得保健的权利。

委员会将实质平等解释为当为获得保健服务所必要，对不同处境的男女
提供不同的待遇便是合法的。[165] 在这种情况下，问题的关键是男人和妇女是
325 否根据他们基于性和性别的健康差异而得到了适当的待遇。委员会阐释道，
尽管“缺乏对病人秘密的尊重会同时影响男人和妇女，但是它可能阻止妇

---

[155] CEDAW/C/MMR/CO/3（2008），对缅甸的结论性意见，第 22 ~ 23 段。

[156] 第 28 号一般性建议，第 5 段。

[157] 第 24 号一般性建议，第 12 段。

[158] CEDAW/C/SVN/CO/4（2008），对斯洛文尼亚的结论性意见，第 35 ~ 36 段。

[159] CEDAW/C/MMR/CO/3（2008），对缅甸的结论性意见，第 42 ~ 43 段。

[160] 第 24 号一般性建议，第 6、18 段。

[161] CEDAW/C/MDV/CO/3（2007），对马尔代夫的结论性意见，第 33 ~ 34 段。

[162] CEDAW/C/AZE/CO/3（2007），对阿塞拜疆的结论性意见，第 31 ~ 32 段。

[163] CEDAW/C/MMR/CO/3（2008），对缅甸的结论性意见，第 40 ~ 41 段。

[164] 联合国艾滋病规划署《联合国艾滋病规划署关于艾滋病毒和性工作的指导说明》（2009），第 8 ~ 14 页，http://data.unaids.org/pub/BaseDocuments/2009/jc1696_ guidance_ note_ hiv_ and_ sexwork_ en.pdf，访问日期 2010 年 12 月 31 日；A/HRC/14/20，联合国人权理事会《人人有权享有最佳身心健康问题特别报告员的报告》（2010 年 4 月 27 日），第 36 ~ 45 段。

[165] CEDAW/C/COK/CO/1（2007），对库克群岛的结论性意见，第 35 段。

女寻求咨询和治疗，从而对她们的健康和福祉产生不利影响”，而男人却不会被阻却。[166]

当一个明显是性别中立的规则不成比例地妨害妇女健康，并且无法论证这一规则的合理性时，缔约国必须对法律作出改革，确保实质平等。一些缔约国试图以成本考虑为借口使不成比例损害妇女健康的政策正当化，对此委员会拒绝接受。[167] 一家国内法院称本国宪法关于获得保健的规定与《公约》第 12 条的内容一致，根据宪法规定否定了一部允许私人保健系统向妇女收取显著高于男性的保健费用的法律。法院认为，这些高费用加重了妇女获得服务的负担，因此侵犯了其获得服务的平等权。[168]

（三）变革性平等

实现保健领域的变革性平等[169]需要理解一个社会中法律、社会、经济、政治或文化领域中妇女的从属地位结构如何阻碍妇女获得保健。[170] 缔约国应当“划拨充足的预算、人力和行政资源，确保保健预算总量中分配给妇女保健的份额与分配给男子保健的份额相仿，同时考虑到妇女的不同保健需要”。[171] 变革性平等要求重新划拨或重新定位保健资源，包括预算和保健人员，以实现对妇女在与男子平等基础上的普遍覆盖。令委员会关切的是，卫生部门的结构调整减少了妇女可以获得的诊所数量和健康资源。[172] 当缔约国未能合理地满足男女不同的健康需求时便会出现不公平的歧视现象。为实现健康费用的公平，缔约国应当参考男女的不健康状况或疾病在其各自人口中的相对发生率。[173]

变革性平等要求缔约国破除健康领域贬低女性或贬低某些妇女群体的刻

---

[166] 第 24 号一般性建议，第 12（d）段。

[167] CEDAW/C/KGZ/CO/3（2008），对吉尔吉斯斯坦的结论性意见，第 37～38 段。

[168] 智利宪法法庭，Constitutionalidad del articulo 38 ter de la Ley No. 18.933，Rol No. 1710 - 10 Inc.（2010 年 8 月 6 日），第 103、155～156 段。

[169] 第 25 号一般性建议，第 6～7 段。

[170] CEDAW/C/HTI/CO/7（2009），对海地的结论性意见，第 38～39 段。

[171] 第 24 号一般性建议，第 30 段。

[172] CEDAW/C/POL/CO/6（2007），对波兰的结论性意见，第 24 段。

[173] CEDAW/C/ARM/CO/4/Rev. 1（2009），对亚美尼亚的结论性意见，第 36～37 段。

板印象，加速实现事实上的平等。[174] 限制女性平等获得保健的顽固的刻板印象指的是认为妇女没有能力作决定或作决定时缺乏理性，欠缺承担医疗或道德责任的能力及自我决定能力，因此剥夺了她们自己作出保健决定的能力。[175] 委员会将第12条与第2条（f）项、第5条（a）项结合起来理解，要求缔约国披露妨害妇女获得卫生服务的定型观念，揭示它们如何歧视妇女或否认她们的权利。[176] 令委员会关切的是，一些定型观念视妇女为疾病的载
326 体,因此责备妇女传播疾病，特别是艾滋病毒、艾滋病，忽略了男性在预防此类疾病中的责任。[177]

（四）直接与间接歧视

委员会解释道：

> 对妇女的直接歧视包括明显以性或性别差异为由实施区别待遇。对妇女的间接歧视指的是，一项法律、政策、方案或做法看似对男性和女性无任何倾向，但在实际中有歧视妇女的效果，因为明显中性的措施没有考虑原本存在的不平等状况。此外，因为不承认歧视的结构和历史模式以及男女之间不平等的权力关系，可能使现有的不平等状况因间接歧视而更为恶化。[178]

当适用性别中立的规范或做法导致妇女不成比例地受到消极影响时，就出现了间接歧视。当法律、政策或实践不承认、不适应妇女与男性不同的方式或所处的不同境遇时也会发生间接歧视。委员会解释说，“如果一个保健系统缺乏预防、检测和治疗妇女特有的疾病的服务”，那它就是歧视性的。[179]

---

[174] CEDAW/C/IDN/CO/5（2007），对印度尼西亚的结论性意见，第16~17段。

[175] A.S.诉匈牙利（前注13）；CEDAW/C/CAN/CO/7（2008），对加拿大的结论性意见，第43~44段。

[176] A/56/38，2001年第24届会议，对马尔代夫的结论性意见，第142段。

[177] CEDAW/C/GUY/CO/3-6（2005），对圭亚那的结论性意见，第38段。

[178] 第28号一般性建议，第16段。

[179] 第24号一般性建议，第11段。

例如，如果未向女性犯人以及怀孕妇女提供保健服务，便构成了歧视。[180]

允许保健服务的提供者以良心为由拒绝提供合法保健服务的措施，也可能构成间接歧视。这些措施看似性别中立，因为未专门指向妇女。然而，保健服务提供者一般以良心为由拒绝的主要是为妇女提供性和生殖保健服务，不成比例地妨碍了妇女。委员会承认尊重保健服务提供者按良心行事的重要性，但是要求缔约国使妇女知晓所有的选择，及时将妇女转介给不拒绝的服务提供者，确保转诊不会阻挠或妨害妇女获得合法保健。[181]

（五）交叉歧视

通常，因其身份而被边缘化的特定妇女群体的健康状况差距证明了交叉歧视的存在。这些群体包括女童[182]、青春期妇女[183]、包括单亲母亲在内的未婚妇女[184]、同性恋妇女[185]、老年妇女[186]、卖淫妇女[187]、土著妇女[188]、被种族化
的妇女[189]、农村妇女[190]、女性移民、国内流离失所的妇女、寻求庇护的妇女或 327
者难民妇女[191]。委员会解释道，“基于性或性别的歧视对属于这些群体的妇

---

[180] A/63/38，2008 年第 41 届会议，对也门的结论性意见，第 391～392 段。

[181] 第 24 号一般性建议，第 11 段；CEDAW/C/SVK/CO（2008），对斯洛伐克的结论性意见，第 29 段；CEDAW/C/PRT/CO/7（2008），对葡萄牙的结论性意见，第 42～43 段；CEDAW/C/POL/CO/6（2007），对波兰的结论性意见，第 24～25 段。

[182] 第 24 号一般性建议，第 6 段。

[183] 同上注，第 18 段；CEDAW/C/SWE/CO/7（2008），对瑞典的结论性意见，第 34～35 段。

[184] CEDAW/C/ARM/CO/4/Rev. 1（2009），对亚美尼亚的结论性意见，第 36～37 段。

[185] 第 28 号一般性建议，第 18、31 段。

[186] 第 27 号一般性建议，第 11～12、14、21、32、45～46 段；CEDAW/C/KAZ/CO/2（2007），对哈萨克斯坦的结论性意见，第 26～27 段；CEDAW/C/FRA/CO/6（2008），对法国的结论性意见，第 38～39 段。

[187] 第 24 号一般性建议，第 6、18 段。

[188] 同上注，第 6 段；CEDAW/C/ECU/CO/7（2008），对厄瓜多尔的结论性意见，第 24～25 段。

[189] CEDAW/C/NZL/CO/6（2007），对新西兰的结论性意见，第 38～39 段。

[190] CEDAW/C/BOL/CO/4（2008），对玻利维亚的结论性意见，第 42～43 段；CEDAW/C/COL/CO/6（2007），对哥伦比亚的结论性意见，第 22～23 段。

[191] 第 24 号一般性建议，第 6、16 段。CEDAW/C/AUT/CO/6（2007），对奥地利的结论性意见，第 29～30 段。

女的影响在程度和方式上与男性不同”。[192]

对这些群体的妇女的歧视往往又与基于健康状况的歧视相结合，例如精神健康问题[193]、感染艾滋病毒[194]或者残疾，[195] 否认出现这些状况的妇女获得适当的保健服务的权利。一个国内法院以《公约》为依据，要求国家为受武装冲突之害流离失所的妇女提供专门的精神卫生服务。[196] 另一国内法院根据第12条判决公共卫生服务系统取缔对不育症的治疗，构成对不育妇女的一种歧视。[197]

(六) 暂行特别措施

缔约国可以通过暂行特别措施确保妇女在保健领域的平等权。[198] 这些措施须为消除歧视的影响专门设计，且须具有暂时性。其暂行性质可以通过一个时间框架来衡量，例如如果历史上某些群体宫颈癌发病率一直高于一般妇女，为加快降低发病率而引入疫苗所需的时间。委员会建议采用暂行特别措施消除对土著妇女、少数民族妇女[199]或农村妇女的歧视，[200] 以加速实现她们获得保健的权利，这类措施可以一直持续到她们可以与一般妇女同等获得保健。

---

[192] 第28号一般性建议，第18段。

[193] CEDAW/C/GUA/CO/7（2009），对危地马拉的结论性意见，第41~42段；A/63/38，2008年第41届会议，对英国的结论性意见，第292~294段；CEDAW/C/LUX/CO/5（2008），对卢森堡的结论性意见，第27~28段；CEDAW/C/CHN/CO/6（2006），对中国的结论性意见，第28段。

[194] CEDAW/C/MMR/CO/3（2008），对缅甸的结论性意见，第40~41段。

[195] CEDAW/C/AUS/CO/5（2006），对澳大利亚的结论性意见，第27段；CEDAW/C/PAK/CO/3（2007），对巴基斯坦的结论性意见，第42~43段。

[196] 哥伦比亚宪法法院，T-045/10（2010年2月2日），S. 6. 4 No. 5。

[197] Cámara Segunda de Apelaciones en lo Civil, Sala Primera, Provincia de Entre Ríos, Argentina, Panmnuto Martin Javier y Otra c/Instituto de Obra Social de la Provincia de Entre Ríos (I. O. S. P. E. R.) s/Accion de Amparo（2009年6月2日）。

[198] 《公约》第4条第1款；第25号一般性建议，第7段。

[199] CEDAW/C/CAN/CO/7（2008），对加拿大的结论性意见，第43~44段；A/63/38，2008年第41届会议，对斯洛伐克的结论性意见，第36~37段；CEDAW/C/VEN/CO/6（2006），对委内瑞拉的结论性意见，第16段。

[200] CEDAW/C/MAR/CO/4（2008），对摩洛哥的结论性意见，第32~33段。

五 缔约国的义务

（一）义务的性质

1. “一切适当措施”

缔约国必须对它们为确保平等获得保健服务所选择的特定措施的适当性
作出合理解释。[201] 尽管缔约国在选取实现保健领域的平等所采用的措施时有
一定的自由裁量权，“缔约国是否为充分实现《公约》所承认的权利确实在 328
国家层面采取了一切适当措施，最终由委员会来认定”。[202]

适当性要求缔约国“表明，保健立法、计划和政策所依据的是对本国妇女保健状况和需要的科学性和道德性研究与评价”。[203] 如果对妇女健康的法律、政策或做法不是基于可靠的科学证据，而是基于偏见、伪科学或父权制习俗，那么有必要采取适合妇女健康需求和情况的、基于证据的透明的替代性措施。[204]

一项“政策必须以行动和结果为导向，即必须制定指标、基准和时间表，确保向所有相关行为者提供适当资源，或允许这些行为者在实现商定的基准和目标方面发挥各自的作用”。[205] 为确保在保健领域所采取的措施的适当性，需要采用健康指标来监测为妇女提供的服务，确保它们是适当的并可负担得起，并持续地监测健康报告是否纳入了性别及多样性视角。[206]

---

[201] 第 28 号一般性建议，第 23 段。

[202] 同上注。

[203] 第 24 号一般性建议，第 9 段。

[204] 同上注。

[205] 第 28 号一般性建议，第 28 段。

[206] 第 24 号一般性建议，第 29 段、第 31（d）段；CEDAW/C/CAN/CO/7（2008），对加拿大的结论性意见，第 41 ~ 42 段。

委员会使用了各种指标，包括健康状况指标、健康服务指标及结构性指标。[207] 健康状况指标用以衡量健康服务的结果，例如孕产妇死亡率（每10万活产中的产妇死亡数）。[208] 健康服务指标，也叫过程指标，用以衡量一项服务的性质和提供情况。它包括妇女分娩时接受熟练的卫生人员帮助的比例，[209] 以及显示健康服务是否可负担的指标。[210]

结构性指标包括健康法，与健康相关的宪法规定，医疗、护理、助产协会的职业道德准则，以及对人权条约的批准。这些指标显示了对妇女人权的遵守程度，包括自治权、隐私权和知情选择权。[211] 这些指标决定了是否确立了保障妇女平等获得保健服务的法律和政策。[212] 一旦平等获得服务的权利遭到否定，这些指标将显示已经在多大程度上使用了调查或申诉的救济程序。[213]

一般的申诉程序，通过如法院、国家人权机构、公共维权者或督察专员，[214] 来调查被指称发生在卫生系统的侵犯人权行为。保健系统内也可以建
329 立专门的调查和申诉程序，例如任命女性健康督察专员，调查涉嫌违法的行为。与法院相比，健康督察专员更易接触，因此在确保缔约国满足健康领域的义务要求方面可能更加有效。[215]

指标的设计往往是性别中立的，但是为确保所采取的措施对实现事实上的平等是适当的，还需要更精细的具有性别敏感度的指标，这对于某些妇女

---

[207] A/HRC/7/11，联合国人权理事会《特别报告员关于人人有权获得可得的最高标准的健康问题的报告》（2008）。

[208] 第24号一般性建议，第17段；世界卫生组织（前注57）。

[209] 世界卫生组织《在国家层面对普遍获得生殖健康成果的监测：概念与实践考虑及相关指标》，世界卫生组织/联合国人口基金技术咨询报告（2007），http：//www.searo.who.int/LinkFiles/Publications_ national_ level_ monitoring.pdf，访问日期2010年12月31日。

[210] 第24号一般性建议，第9段。

[211] 同上注，第31（e）段。

[212] 同上注，第9段；CEDAW/C/COL/CO/6（2007），对哥伦比亚的结论性意见，第6段。

[213] 第24号一般性建议，第15（c）段；第28号一般性建议，第34段；消除对妇女歧视委员会第18/2008号来文，Karen Tayag Vertido 诉菲律宾，第8.3段。

[214] CEDAW/C/CZE/CO/5（2010），对捷克共和国的结论性意见，第17段。

[215] 第24号一般性建议，第29～31段。

群体，特别是因为社会经济因素而致其健康状况面临更高风险的妇女尤为重要。[216] 这些指标将会显示，为满足所有妇女的需求，这些服务在多大程度上是适当的、可负担的、充分的，并且在性质上可被妇女接受。[217] 可接受性是一个质的评估，包括与服务提供的私密性，对生命周期、性别和文化[218]要求的敏感度相关的标准。

委员会要求缔约国“收集按性别分列的相关数据，以支持有效检测，为持续评估提供便利，考虑对现有措施进行修改或补充，并确定可能的新的适当措施”，[219] 以满足妇女或特定妇女群体的需求。[220] 委员会经常要求缔约国提交按照年龄、城乡身份、民族等分列的数据，以显示特定妇女群体缺乏平等获得服务的程度。[221] 当缔约国不能提供“按性别分列的危害妇女健康的疾病和情况出现频率和严重程度的可靠数据”时，[222] 委员会要求它们必须确保所采取的措施对实现指标和基准是适当的。[223]

2. 立即执行与逐步执行

缔约国负有即刻遵守消除保健领域对妇女的歧视，确保妇女平等获得保健服务的义务。即刻义务包括识别并废除歧视性法律、政策及阻碍妇女平等获得服务的医疗保健做法。这要求缔约国确保妇女可以获得只有妇女需要的保健服务，[224] 例如与怀孕及其并发症有关的服务。

当特定妇女群体已经受到伤害时，例如政府未能确保充足的卫生服务配给，则缔约国负有消除对该群体的歧视的即刻义务。当健康状况的恶化可以

[216] CEDAW/C/POL/CO/6（2007），对波兰的结论性意见，第28～29段。

[217] 第24号一般性建议，第22段。

[218] CEDAW/C/ECU/CO/7（2008），对厄瓜多尔的结论性意见，第38～39段。

[219] 第28号一般性建议，第28段。

[220] 第24号一般性建议，第10段。

[221] A/63/38，2008年第41届会议，对立陶宛的结论性意见，第84～85段；CEDAW/C/CMR/CO/3（2009），对喀麦隆的结论性意见，第40～41段。

[222] 第24号一般性建议，第9段。

[223] 第28号一般性建议，第23段。

[224] 第24号一般性建议，第14段；CEDAW/C/SWE/CO/7（2008），对瑞典的结论性意见，第34～35段。

预防时，如孕产妇死亡率、发病率[225]以及结核病[226]等可预防的疾病，此时的义务也具有即刻性。根据第12条第2款，缔约各国“应保证为妇女提供有关怀孕、分娩和产后期间的适当服务”。使用“保证”一语意味着第12条2款下义务的性质是立即执行。

如果一种治疗药物在其安全性和有效性得到批准的初期，由于价格昂贵
330 而无法公开销售，缔约国的义务便是渐进的。慢慢随着通用的可替代药品的
出现使价格逐步降低时，缔约国将有义务向公共健康诊所发放药物。

3. 特定与非特定

第12条要求缔约国确保妇女获得“有关计划生育的”特定服务以及“有关怀孕、分娩和产后期间的适当服务”，“在怀孕和哺乳期间得到充分营养”。第12条第2款关于“必要时给予免费服务”的义务也是特定的。委员会具体要求缔约国制定全面的性别敏感的国家战略，以促进妇女整个生命周期的健康，[227] 收集按性别分列的统计数据。[228] 第12条第1款包括非特定义务，缔约国可以选择它们认为适合本国国情的适当措施，以确保妇女平等获得保健服务，[229] 当然缔约国的选择将受到委员会的审查。[230]

（二）执行

1. 尊重义务

尊重权利的义务要求缔约国：

> 不阻碍妇女为寻求健康而采取的行动……缔约国不应由于以下原因限制妇女获得保健服务或到提供保健服务的医务所就诊：没有得到

---

[225] 第24号一般性建议，第17段。

[226] 同上注，第17段。

[227] 同上注，第2段；CEDAW/C/BOL/CO/4（2008），对玻利维亚的结论性意见，第42~43段。

[228] 第24号一般性建议，第9段；CEDAW/C/PRT/CO/7（2008），对葡萄牙的结论性意见，第42~43段。

[229] 第24号一般性建议，第9段。

[230] 第28号一般性建议，第23段。

> 丈夫、伴侣、父母或卫生当局的同意，因为她们未婚，或因为她们是妇女。[231]

该义务还要求缔约国改革“将接受只有妇女需要的医疗服务定为犯罪行为的法律，以及惩罚接受这类医疗的妇女的”法律。[232] 委员会建议国家审查关于堕胎的法律，以废除对接受这一程序的妇女的惩罚性规定。[233]

卫生部门有义务向妇女提供获得合法服务的有效途径，通过诸如收集正式的统计数据等形式调查妇女是否真正获得了这类服务，并考虑到不可得、不可用或不安全的服务所带来的健康成本。[234] 缔约国对卫生部门任意行使权力导致妇女出现第 12 条要求缔约国预防的死亡和残疾负有责任。[235] 如果妇女无法有效地获得安全的服务，无法确定、应对和补救缺陷，将加重缔约国的违法行为。[236]

2. 保护义务 331

保护妇女健康权利的义务“要求各缔约国、其机构及官员采取行动，防止个人和组织侵犯这些权利，并对违反行为进行制裁”。[237] 预防和对非国家行为体的歧视行为作出应对的积极义务要求在卫生领域履行恪尽职守的标

---

[231] 第 24 号一般性建议，第 14 段。

[232] 同上注。

[233] A/56/38，2001 年第 25 届会议，对安道尔的结论性意见，第 48 段；A/54/38，1999 年第 21 届会议，对伯利兹的结论性意见，第 57 段；A/55/38，2000 年第 22 届会议，对布基纳法索的结论性意见，第 276 段；A/55/38，2000 年第 23 届会议，对喀麦隆的结论性意见，第 60 段；CEDAW/C/CHI/CO/4（2006），对智利的结论性意见，第 19 ~ 20 段；A/54/38，1999 年第 21 届会议，对爱尔兰的结论性意见，第 186 段；A/55/38，2000 年第 22 届会议，对约旦的结论性意见，第 181 段；A/52/38/Rev. 1，1997 年第 17 届会议，对纳米比亚的结论性意见，第 127 段；A/54/38，1999 年第 21 届会议，对尼泊尔的结论性意见，第 139、148 段；CEDAW/C/NIC/CO/6（2007），对尼加拉瓜的结论性意见，第 17 ~ 18 段；CEDAW/C/PAK/CO/3（2007），对巴基斯坦的结论性意见，第 40 ~ 41 段；A/54/38，1999 年第 21 届会议，对英国的结论性意见，第 310 段。

[234] K. L. 诉秘鲁（前注 25）。

[235] CEDAW/C/MNG/CO/7（2008），对蒙古国的结论性意见，第 33 ~ 34 段。

[236] CEDAW/C/CMR/CO/3（2009），对喀麦隆的结论性意见，第 40 ~ 41 段。

[237] 第 24 号一般性建议，第 15 段。

准。[238] 这一标准要求缔约国建立有效制度、采取有效措施，以预防和应对特定非国家行为体实施的歧视行为。[239] 委员会每年都会报告缔约国为执行它关于系统改革的建议采取什么措施，以及为特定申诉的个体受害人提供了什么救济。[240]

建立有效的制度需要对提供保健服务的机制进行监督，并制定和有效执行相关政策，包括“保健程序和医院程序，以处理对妇女的暴力行为和对女童的虐待”。[241]

将缔约国的保健服务移交私人机构可能对妇女获得这类服务的能力产生不利影响，[242] 对来自贫困的农村地区的妇女和女童以及残疾妇女而言影响尤为严重。[243] 因此，缔约国应当对保健私有化及其对妇女健康的影响进行认真监督，[244] 并且报告它们做了什么，“以组织政府系统和各种机构行使公共权力，促进和保护妇女健康”。[245]

根据恪尽职守标准，保护的义务要求确保侵犯妇女权利的个人受到应有的起诉和惩罚，如那些从事女性生殖器切割的人。[246] 在家庭暴力案件中发现侵犯行为时，缔约国同样有义务作出应对，有义务确保受害人“获得与其所遭受的身体和精神伤害及其权利受到侵犯的严重程度相称的赔偿”。[247]

---

[238] 第28号一般性建议，第13段。

[239] CEDAW/C/39/D/5/2005，消除对妇女歧视委员会第5/2005（2007）号来文，Goekce诉奥地利，第12.1.1、12.1.2及12.1.4段；CEDAW/C/39/D/6/2006，消除对妇女歧视委员会第6/2005（2007）号来文，Yildirim诉奥地利，第12.1.5段和第12.3段。

[240] A/65/38，联合国大会《消除对妇女歧视委员会第44和第45届会议报告》（2010），第110~115页。

[241] 第24号一般性建议，第15（a）段；CEDAW/C/KOR/CO/6（2007），对韩国的结论性意见，第18段；A.S.诉匈牙利（前注13），第11.5.Ⅱ段。

[242] CEDAW/C/HTI/CO/7（2009），对海地的结论性意见，第34~35段；CEDAW/C/IND/CO/3（2007），对印度的结论性意见，第40~41段。

[243] CEDAW/C/LBN/CO/3（2008），对黎巴嫩的结论性意见，第34段。

[244] CEDAW/C/ITA/CC/4-5（2005），对意大利的结论性意见，第33段。

[245] 第24号一般性建议，第17段。

[246] CEDAW/C/MRT/CO/1（2007），对毛里塔尼亚的结论性意见，第27~28段。

[247] CEDAW/C/32/D/2003，消除对妇女歧视委员会第2/2003号来文，A.T.诉匈牙利，第9.6段。

保护的义务要求缔约国“保护妇女免受私人行为者的歧视，并采取措施，其直接目标就是要消除主张某一性别低于或高于另一性别的偏见、习俗和所有其他惯例，以及对男子和妇女社会功能的陈旧的刻板印象”。[248] 这要求至少应制定规程，确保妇女有尊严地获得公共和私人保健系统的服务，以及执行诸如消除女性割礼等项目。[249]

保护妇女获得保健服务的义务要求缔约国预防将患有被污名化的疾病 332
（如艾滋病毒、艾滋病[250]等通过性传播感染的疾病）以及处于被污名化状况（如产科瘘[251]和精神健康障碍[252]）的妇女边缘化。

3. 实现义务

实现义务要求缔约国“为充分实现妇女权利提供途径和条件”。[253] 这一总体义务要求缔约国“最大限度使用现有资源，采取适当的立法、司法、行政、预算、经济和其他措施，以确保妇女实现保健权利”。[254] 它要求建立性别敏感的公共卫生基础设施，以解决大量的妇女健康状况不佳的问题，尤其是当这些问题来自可以预防的条件时。[255] 它要求缔约国为“预防、检测和治疗妇女的特定疾病”划拨必要的预算资源。[256] 委员会对补贴避孕药具[257]和避孕套[258]等基础药物的做法表示肯定。

（三）保留

没有国家对第 12 条提出保留。

---

[248] 第 28 号一般性建议，第 9 段。

[249] CEDAW/C/PRT/CO/7（2008），对葡萄牙的结论性意见，第 31 段。

[250] A/63/38，2008 年第 41 届会议，对坦桑尼亚的结论性意见，第 138 ~ 139 段。

[251] CEDAW/C/SLE/CO/5（2007），对塞拉利昂的结论性意见，第 22 段。

[252] CEDAW/C/GUA/CO/7（2009），对危地马拉的结论性意见，第 35 ~ 36 段。

[253] 第 28 号一般性建议，第 20 段。

[254] 第 24 号一般性建议，第 17 段。

[255] 同上注，第 17 段。

[256] 同上注，第 11 段。

[257] CEDAW/C/BFA/CO/4 - 5（2005），对布基纳法索的结论性意见，第 35 段。

[258] CEDAW/C/GHA/CO/5（2006），对加纳的结论性意见，第 32 段。

六 结论

在当前需要迫切关注的妇女健康的具体领域，已经出现了许多关于妇女平等获得保健服务的法律、政策和做法。尽管本章阐释的是截至目前第12条是如何被适用的，但它还是一个解释指南，可用以阐释该条如何适用于尚未出现的歧视情形以及正在出现或未来妇女所关注的健康问题。

随着医药、公共卫生及社会科学领域对妇女健康需求的理解逐步深化，消除保健领域对妇女的歧视的具体和一般义务的性质和范围也会随之发展演变。第12条的内容和含义将继续通过委员会的工作[259]及缔约国的实践而得
333 到阐释，并受到其他人权机构的工作的影响，如欧洲人权法院[260]和美洲人权委员会[261]尚未审结的案例。

解决保健领域对妇女的歧视还需要不同学科和方法的参与，以提供区别、排斥或限制的证据及改善妇女获得保健服务的措施。这些学科和方法可以从如医药科学、公共卫生科学、社会科学、卫生制度[262]及伦理[263]等分析中

---

[259] Alyne da Silva Pimentel 诉巴西（前注15）；L. C. 诉秘鲁（前注15）。

[260] Červeňaková 诉捷克共和国（对吉卜赛妇女的非自愿绝育）（2009年5月提起，第26852/09号申请）；Ferencíková 诉捷克共和国（对吉卜赛妇女的非自愿绝育）（2010年4月）；I. G.，M. K. 及 R. H. 诉斯洛伐克（对吉卜赛妇女的非自愿绝育）（2004年4月提起）；N. B. 诉斯洛伐克（对吉卜赛女的非自愿绝育）（2010年5月提起）；R. K. 诉捷克（对吉卜赛妇女的非自愿绝育）（2008年1月提起）；S. 和 T. 诉波兰（限制青少年获得合法堕胎）（2009年5月提起）；R. R. 诉波兰（基于怀孕的状况而拒绝提供获得遗传状况的适当护理）（2004年12月提起）；V. C. 诉斯洛伐克（对吉卜赛妇女的非自愿绝育）（2007年4月提起）；Z. 诉摩尔多瓦（尽管持续出血但拒绝提供堕胎后的适当护理）（2009年2月提起）；Z. 诉波兰（基于怀孕状况拒绝为治疗溃疡性结肠炎提供适当护理而导致死亡）（2008年9月提起）。

[261] A. N. 诉哥斯达黎加（拒绝为怀有严重脑异常胎儿的高危妊娠实施堕胎）（2008年10月提起）；F. S. 诉智利（对艾滋病毒呈阳性妇女实施非自愿绝育）（2009年2月提起）；I. V. 诉玻利维亚（对一名妇女实施非自愿绝育）（2008年7月23日受理）；Ana Victoria Sanchez Villalobos 与其他人诉哥斯达黎加（禁止人工授精治疗）（2004年3月提起）。

[262] 世界卫生组织《大家的事业：加强卫生系统、改善健康状况》（2007），第3页，http：//who. int/healthsystems/strategy/everybodys_ business. pdf，访问日期2010年12月31日。

[263] 国际妇产科联盟关于人类繁殖和妇女健康的伦理方面研究委员会《妇产科中的伦理问题》（2009），http：//www. figo. org/about/guidelines，访问日期2010年12月31日。

得出。对妇女健康[264]以及对影响特定妇女群体获得（如预防宫颈癌的）新疫苗的特定障碍的研究也可以提供证据。[265]对证据的解释往往需要纳入跨学科的知识，用以确定不断演进的义务，确保妇女在保健领域的平等权，或用以评估相关的“政治、经济、社会、文化、公民或任何其他领域的人权和基本自由”。[266]

---

[264] G. Sen and P. Ostlin (eds.), *Gender Equality in Health: The Shifting Frontiers of Evidence and Action* (New York: Routledge, 2010).

[265] J. N. Erdman, "Human Rights in Health Equality: Cervical Cancer and HPV Vaccines" (2009) 35 *Am J of Law & Medicine* 365 – 387.

[266] 参见对第1条一章的讨论。

335

第十三条*

缔约各国应采取一切适当措施以消除在经济和社会生活的其他方面对妇女的歧视，保证她们在男女平等的基础上有相同权利，特别是：

(a) 领取家属津贴的权利；

(b) 银行贷款、抵押和其他形式的金融信贷的权利；

(c) 参与娱乐活动、运动和文化生活所有各方面的权利。

一　概述 …… 444

二　准备工作 …… 445

三　解释问题 …… 446

(一) 引文 …… 447

1. “消除……歧视，保证……有相同权利” …… 447

2. “在经济和社会生活的其他方面” …… 448

(1)《公约》其他条款没有规定的经济和社会权利 …… 448

(2) 参加经济和社会生活所必要的公民和政治权利 …… 450

(3) 获得参加经济和社会生活的资源和机会 …… 450

(4) 结论：引文的适用范围 …… 452

* 感谢 Anna Maria Paulus 卓越的研究协助。

a. 自雇经济活动的权利 …………………………… 452
b. 食物权 ………………………………………… 453
c. 适足住房权 …………………………………… 454
d. 适当生活水准权 ……………………………… 457
e. 水权 …………………………………………… 458
f. 卫生权利 ……………………………………… 459
g. 税法 …………………………………………… 460
h. 参与社会生活的权利 ………………………… 460
i. 在经济和社会生活中进行交流的权利 ……… 461
(二) 第 13 条 (a) 项：领取家属津贴的平等权 ……………………………………………… 462
1. 概念……………………………………………… 462
2. 本条款语境中的平等…………………………… 463
(三) 第 13 条 (b) 项：银行贷款、抵押和其他形式的金融信贷的平等权 ………………………… 464
1. 概念……………………………………………… 464
2. 本条款语境中的平等…………………………… 464
(四) 第 13 条 (c) 项：参与娱乐活动、运动和文化生活所有各方面的平等权 …………………… 465
1. 概念……………………………………………… 465
2. 本条款语境中的平等…………………………… 467
四 缔约国的义务……………………………………… 468
(一) 义务的性质 …………………………………… 468
(二) 执行：尊重、保护和实现 …………………… 468
(三) 保留 …………………………………………… 469

336

一　概述

第13条要求缔约国在经济和社会生活的其他方面，包括文化生活方面，确保妇女的平等权。它对《公约》对政治生活以及涉及私领域的规定作了补充。因此，第13条再次确认了所有人权的不可分割性，以及《公约》的核心前提，即妇女有权在平等基础上参与所有的生活领域。[1] 根据《世界人权宣言》第22条，经济、社会和文化权利对有尊严地生活以及自由发展人的个性必不可少。委员会在第28号一般性建议中强调了这一前提，指出平等原则“的含义是所有人……都有发展个人能力、从事其专业和作出选择的自由，不受任何陈旧观念、僵化的性别角色和偏见的限制”。[2] 第13条承认，妇女和男人一样，有权按照自己的意愿自由选择经济活动，该条保证妇女谋生的权利以及在经济领域独立自主的权利。[3]这一独立性对实现《公约》的其他权利至关重要：经济独立使妇女有权对她们的个人生活作出决定，特别是在选择是否以及与谁缔结婚姻的问题上。经济独立也是妇女参与公共事务的入口。[4]

第13条承认人有社会交往的需求，以及个人自由而充分地发展个性的重要性。[5] 它还承认社会生活中存在并延续着许多基于性别的刻板印象，要么阻碍妇女参与超出家庭圈子的社会交往，要么对她们担当具体的社会角色作出限制。在这一领域实现妇女平等尤其需要根除将性别刻板印象永久化的社会习俗和规范（第5条）。

第13条全面阐释了经济和社会领域的妇女的平等权，这与其他人权条

---

① 序言、第2段和第7段。

② 第28号一般性建议，第22段（原文段次有误。——译者注）。

③ 另见《妇女经济、社会和文化权利蒙特利尔原则》，(2004) 26 *Human Rights Quarterly* 760，762。

④ 同上注。

⑤ 另见《世界人权宣言》第29条第1款，该款将人类社会的生活与人的个性发展联系了起来。

约的做法不同，后者列举的只是与要保障的平等权相关的具体权利。[6] 第 13 条要求缔约国对妇女的经济和社会现状进行全方位的考察，以便采取适当措施实现平等。《公约》第 3 条采取了同样的做法。正如《北京宣言》和北京《行动纲领》所强调的，必须把矛头指向产生或固化妇女不平等的经济结构和政策，例如妇女在获得诸如土地、信贷等资源方面的不平等。[7]

第 13 条的潜力尚未通过委员会的工作充分体现出来。其他人权机构的实践，特别是经济、社会及文化权利委员会的实践及人权理事会的特别程序，可以为理解和适用该条提供启发。

二 准备工作 337

第 13 条的起草历史体现了对妇女在经济、社会和文化生活方面的平等权的理解朝着更加全面的方向发展。1976 年妇女地位委员会工作组通过的草案并未包含对妇女在经济和社会方面的平等权的专门规定。[8] 有关就业的条款包含了一些要素，例如家庭津贴方面的非歧视权利；随后平等获得金融信贷的问题得到了讨论，但只与农村妇女有关。[9] 草案送交第三委员会讨论时，有人提议加入一个单独的条款。它由第 11 条不限于就业领域的那些要素组成。[10] 后来，在这一提议中又加入金融信贷的权利，[11] 此外，通过一个介绍性的引文，提及经济和社会生活领域整体的平等，使得该条更加全

---

⑥ 有关这一做法的其他例证，可参见《消除一切形式种族歧视国际公约》第 5 条、《公民及政治权利国际公约》第 2 条第 1 款，以及《经济社会文化权利国际公约》第 2 条第 2 款。

⑦ 北京《行动纲领》，战略目标 F（妇女与经济）及第 44 段重大关切领域第 6 项。另见《北京宣言》，第 35 段。

⑧ L. Rehof, *Guide to the Travaux Preparatoires of the United Nations Convention on the Elimination of All Forms of Discrimination against Women*(1993), p. 148. 《消除对妇女歧视宣言》第 10 条包含这样一项权利，但关注的是处于就业状态中的妇女。

⑨ 埃及、印度、印度尼西亚、伊朗、巴基斯坦、泰国以及美国提议，E/CN. 6/L. 687 以及 E/CN. 6/L. 681/Add. 1，第 23 ~ 25 页，参见 Rehof（前注 8）。

⑩ A/C. 3/33/L. 47（丹麦和荷兰），参见 Rehof（前注 8），第 149 页。

⑪ A/C. 3/33/WG. 1/CRP. 5/Add. 4（圭亚那），参见 Rehof（前注 8），第 150 页。

面。[12] 最后，参加休闲和文化活动的权利曾经被提议写入就业领域的非歧视规定，后来被移到这里，并重新表述，规定将娱乐活动、体育运动及所有的文化活动都纳入其中。[13] 由此，本条第三项规定的权利从受雇妇女的附属权利提升到所有妇女的权利，不论她是否处于雇佣关系中。

三　解释问题

第13条的结构反映了起草的历史。引文规定妇女在经济和社会生活的“其他方面”不受歧视的权利。因此，这里的保障是全面的，补充了《公约》其他条款规定的具体权利，例如教育权、正规或非正规就业以及与就业相关的经济利益、农村妇女的社会保障权、缔结合同的权利、婚姻中的经济平等权以及选择职业的权利。从某些方面看，本条可以被视为对其他更加具体的条款的辅助，但它在第1项至第3项所列举的特定事项上也带有自己的独特性。

它的结构可以很好地解释为什么委员会在实践中很少明确提及第13条，也尚未通过关于第13条的一般性建议。然而，委员会通过在第13条所涵盖的领域内提出建议，隐含地处理了与该条相关的问题，这些建议通常与缔约国根据第1、2、3条承担的总体义务相联系。相关例证有，委员会要求所有
338 的减贫方案必须全面惠及妇女；[14] 缔约国应制定促进妇女经济独立的方案；[15]
发展合作方案要解决歧视妇女的社会、经济原因；[16] 所有的社会、经济政

---

⑫ 参见 Rehof（前注10）。

⑬ A/C. 3/33/WG. 1/CRP. 5/Add. 4，参见 Rehof（前注8），第150页。古巴提议采取一种不同的措施，但并未有实质性的改变，A/C. 3/33/L. 47，第126~127段。

⑭ A/59/38，2004年第30届会议，对白俄罗斯的结论性意见，第354段；A/59/38（原文文件号有误。——译者注），2004年第31届会议，对多米尼加共和国的结论性意见，第283段。

⑮ A/60/38，2005年第33届会议，对冈比亚的结论性意见，第198段。

⑯ A/59/38，2004年第31届会议，对安哥拉的结论性意见，第149段；A/60/38，2005年第33届会议，对布基纳法索的结论性意见。

策、方案、项目中必须纳入性别视角。[17] 委员会还强调缔约国必须使妇女成为制定社会和经济政策、方案的平等参与者和行动者，而不仅仅是这些措施的受益者。[18]

对于由国际机构或通过国家间合作确定的经济政策，如果缔约国决定的效力影响到其他地方的妇女，那么第 13 条的域外影响将面临考验。[19] 缔约国必须努力确保经济和社会权利受到国际政策的保护，这些政策必须为实现所有的经济和社会权利创造有利条件。[20]

第 13 条具有相当的潜力，因为它适用于全面的经济社会政策以及社会交往的广泛领域，而这正是产生、强化并延续性别刻板印象的地方。[21] 更加重视确保妇女在经济领域的平等权将大大有助于赋予妇女在所有其他领域的权利。

（一）引文

1. "消除……歧视，保证……有相同权利"

与第 11 条类似，第 13 条在引文部分也提到"相同权利"，这可能会引起误解，认为该规定的目标仅仅是形式平等。然而，缔约国有义务"消除对妇女的歧视"。因此，该规定指向的是第 1 条所载的对歧视的全面理解。它要求缔约国解决直接、间接以及结构性歧视。消除歧视的目的得到了确保妇女能

---

⑰ A/59/38，2004 年第 31 届会议，对阿根廷的结论性意见，第 373 段。

⑱ 同上注，第 372 段以下。

⑲ 关于域外适用参见对第 2 条一章的讨论。

⑳ A/60/38，2005 年第 33 届会议，对布基纳法索的结论性意见，第 348 段；CEDAW/C/COD/CO/5，2006 年第 36 届会议，对刚果民主共和国的结论性意见，第 16 段（关于发展合作）。一般参见 S. I. Skogley and M. Gibney, "Transnational Human Rights Obligations" (2002) 24 *Human Rights Quarterly* 781 – 798, 790 – 793，参考了经济、社会及文化权利委员会第 2 号一般性意见：国际技术援助措施（第 22 条）（1990），第 86 ~ 88 段，以及《维也纳宣言和行动纲领》第一部分，第 13 段。另见 M. Ssenyonio, "Non-State Actors and Economic, Social and Cultural Rights", in M. Baderin and R. McCorquodale, *Economic, Social and Cultural Rights in Action* (2007), pp. 109, 120；M. Gondek, *The Reach of Human Rights in a Globalising World, Extraterritorial Application of Human Rights Treaties* (2009), p. 336。

㉑ 详细的讨论参见第 5 条一章。

够行使全部权利并能获得本国及社会中可得的一切机会和福利的补充。[22] 引文通过“在男女平等的基础上”的措辞明确表达了这一点，规定了保证“相同权利”的义务。其最终目标并非权利的相同性，而在于事实上平等享有权利。

339 **2. “在经济和社会生活的其他方面”**

第13条引文紧跟第11条引文的模式，后者适用于“就业领域”。这也解释了为什么第13条涵盖的是经济和社会生活的“其他”方面。采用生活方面而非权利的措辞也呼应了第1条所载歧视定义的范围，以及缔约国根据第3条承担的义务的范围。除其他外，二者皆指向经济和社会“方面”的人权和基本自由。因此，它们将《公约》的范围从不同方向进行了延伸：它们包括所有未明确提及但与经济和社会方面相关的权利。这包括为参加经济和社会生活所必需的公民和政治权利。最后，“生活……方面”的措辞要求超越所保障的权利，将否定获得资源和机会的情况也纳入考虑范围。[23] 因此，第13条可以被视为《公约》内的“公约”。[24]

(1)《公约》其他条款没有规定的经济和社会权利

正如委员会所强调的，《公约》是全面的国际人权框架的组成部分，其明示或隐含的目标是确保所有人享有所有权利。[25] 因此，如第1条所示，与经济和社会领域相关的权利可以在其他国际条约中找到，无论它是否对《公约》的缔约国具有法律拘束力，也可以在习惯国际法甚至不具有法律拘束力的文件中找到。[26] 此外，通过一般性地提及这些领域的“权利”可以说第13条甚至超越了前述国际渊源。因此，它允许考虑国内法在这些领域赋予的超越国际人权法的权利。

---

[22] 关于两个概念的互补性，参见 A. Bayefsky,“The Principle of Equality or Non-Discrimination in International Law”(1990) 12 *Human Rights L J*, 1; O. M. Arnardóttir, *Equality and Non-Discrimination under the European Convention on Human Rights*(2003), pp. 8 – 10。

[23] 参见对第3条一章的讨论。

[24] 关于将其他权利纳入《公约》的讨论，参见 A. Byrnes,“The Convention on the Elimination of All Forms of Discrimination against Women”, in W. Benedek, E. Kisaakye, and G. Oberleitner (eds.), *Human Rights of Women International Instruments and African Experiences*(2002), pp. 119, 124.

[25] 第28号一般性建议，第3段。

[26] 参见对第1条一章的讨论。

因此，确定此类权利的最重要的渊源是《经济社会文化权利国际公约》以及区域人权条约。[27] 它们的规定揭示了以下社会和经济权利，其中一些在第13条中也有明确列举：

适当生活水准和全面改善生活条件的权利，[28] 包括：

——获得适足的食物和免于饥饿的权利；[29]

——适足住房权[30]

——衣着适足的权利；[31]

——获得社会服务[32]及基本公共服务的权利[33]（这一权利部分包含 340
在第11条中，部分包含在第13条第1项中）；

——免于贫困和免遭社会排斥的权利；[34]

——水权；[35]

——卫生权利；[36]

——健康的生活环境权[37]（这一权利已部分包含在第12条中）；

——进入公共场所或得到服务的权利（例如交通、酒店、餐厅、

---

[27] 《非洲人权和民族权宪章》（特别是第14~17条）、《非洲妇女权利议定书》（2003）（特别是第13条）、《欧洲社会宪章》及修订后的《欧洲社会宪章》和《圣萨尔瓦多议定书》。

[28] 《经济社会文化权利国际公约》第11条第1款、《儿童权利公约》第27条第1款。

[29] 《经济社会文化权利国际公约》第11条第1款和第2款。

[30] 《消除一切形式种族歧视国际公约》第5条（e）（iii）项、《经济社会文化权利国际公约》第11条第1款；修订后的《欧洲社会宪章》第31条。

[31] 《经济社会文化权利国际公约》第11条第1款。

[32] 《消除一切形式种族歧视国际公约》第5条（e）（iv）项，《欧洲社会宪章》第13条（所有没有足够资源的人获得社会援助的权利）以及第14条（从社会保障服务中受益的权利）。另见《蒙特利尔原则》（前注3），第Ⅱ.1.（c）点。

[33] 《圣萨尔瓦多议定书》第11条第1款。

[34] 修改后的《欧洲社会宪章》第30条。

[35] 参见E/C.12/2002/12，经济、社会及文化权利委员会第15号一般性意见：水权（第11条和第12条）（2000）。水权也源自可得的最高健康状况的权利。其更深一步的来源是生命权和人的尊严（同前，第3段）。

[36] 参见A/HRC/12/24，《与享有安全饮用水和卫生设施有关的人权义务问题，独立专家卡塔里娜·德·阿尔布开克的报告》，第60~81段。

[37] 《圣萨尔瓦多议定书》第11条第1款；另见《蒙特利尔原则》（前注3），Ⅱ.1.（j）。

咖啡馆、剧院和公园)；[38]

——平等参加文化活动的权利[39]以及参与制定各级文化政策的权利[40]（第 13 条第 3 项明确保护这一权利)；

——平等参加娱乐、休闲、体育活动的权利[41]（对此第 13 条第 3 项也有明确规定)；

——作者的权利[42]（同样载于第 13 条第 3 项)。

此外，缔约国必须考虑其国内法所保障的社会和经济权利。

(2) 参加经济和社会生活所必要的公民和政治权利

参加经济和社会生活需要与社会其他成员进行交往。有鉴于此，必须保障妇女在平等基础上获得为保证交往所需的公民和政治权利。委员会也认识到了这种联系，不过只具体说明通过第 5 条和第 24 条实现第 1 条。[43] 举例来说，结社自由对建立商业协会、行业学会或社交俱乐部非常必要；意见自由对于与其他人就经济和社会生活进行有意义的交流，以及宣传自己的经济活动至关重要。此外，在居住国境内享有移徙自由对经商和保持社会联系都是必不可少的。[44] 最后，隐私权保护通过邮件、电话或其他技术手段进行通信联络，这对于有效开展经济或社会活动也至关重要。

341 (3) 获得参加经济和社会生活的资源和机会

如上所示，根据第 3 条系统地解释第 13 条还需要考虑在哪些情况下妇女无法平等获得社会和经济生活的资源和机会。这一方法不是以权利为中

[38] 《消除一切形式种族歧视国际公约》第 5 条 (f) 项。

[39] 《消除一切形式种族歧视国际公约》第 5 条 (e) (vi) 项；《经济社会文化权利国际公约》第 15 条第 1 款 (a) 项；《儿童权利公约》第 31 条第 1 款和第 2 款；《残疾人权利公约》第 30 条第 1 款。

[40] 《非洲妇女权利议定书》第 17 条第 1 款。

[41] 《儿童权利公约》第 31 条第 1 款；《残疾人权利公约》第 30 条第 5 款。

[42] 《经济社会文化权利国际公约》第 15 条第 1 款 (c) 项。

[43] 第 28 号一般性建议，第 7 段。

[44] CCPR/C/21/Rev. 1/Add. 9，人权事务委员会第 27 号一般性意见 (1999)，第 1 段（移徙自由是“个人自由发展必不可少的条件之一”)。

心，而是关注参加经济和社会活动的障碍。有些条约反映了这一方法，强调必须保障妇女在特定经济和社会领域的平等，例如在税法领域，[45] 或者承认妇女家务劳动的经济价值。[46] 其他文件有的也采纳这一方法，强调国家有义务为自营就业、创业经营、创建合作社和个体开业提供机会。[47] 为发现其他障碍，有必要对“经济”和“社会”这两个术语作出澄清。

一般来说，“经济”指的是生产、开发和经营物质资源。这种收益是通过自担风险的个体经营者或通过雇员生产和销售商品或服务而获得。就第13条而言，只有个体经营活动属于“经济生活”，因为委员会一直认为非正规的依赖性就业[48]属于第11条的范畴。[49] 此外，物质资源也可以通过金融活动得以增加，例如把钱存入银行或投资他人的经济活动。最后，国家或私人行为者也可以通过社会保障或保险方案向个人提供物质资源。同样，如果它们取决于雇佣关系，则属于第11条的范围。“经济生活”也可以扩展到支持获得物质资源的活动。获得专业网络和知识等非物质资源可以作为这方面的例子。

“社会”具有双重含义：一方面，它表示影响人类福利的事项，如“社会政治”；另一方面，它与社区生活息息相关。在所提到的第一层含义中，“社会”与“经济”有重叠之处。这些重叠反映在经济和社会权利的某些理论概念中。[50] 相对其他权利而言，社会权利从根本上讲是关于分配的正义，它们的目标是

---

[45] 《非洲妇女权利议定书》第13条（j）项。

[46] 同上注，第13条（i）项。另见《蒙特利尔原则》（前注3），第24段。

[47] 《残疾人权利公约》第27条第1款（f）项。

[48] 关于委员会对“非正规”的理解，参见 P. Patten, “Opportunities and Traps—The Informal Labor Market”, in H. B. Schöpp-Schilling and C. Flinterman (eds.), *The Circle of Empowerment: Twenty Five Years of the UN Committee on the Elimination of Discrimination against Women* (2007), pp. 179 - 182。

[49] 参见对第11条一章的讨论。

[50] 对“经济”的广义理解，即包括社会保障权和允许有尊严地生活的适足水准，参见 S. Hertel, “Why Bother? Measuring Economic Rights—The Research Agenda” (2006) 7(3) *Intl Studies Perspectives* 215 - 230; S. Hertel and L. P. Minkler, “Introduction”, in S. Hertel and L. P. Minkler (eds.), *Economic Rights: Conceptual, Measurement, and Policy Issues* (2008), pp. 3 - 4。类似的广义定义是将经济权利界定为获得创造或交换商品和服务不可或缺的资源。对此，可参见 C. Gorga, “Toward the Definition of Economic Rights” (1999) 2 *J of Markets & Morality* 88 - 101, 89; M. Langford (ed.), *Social Rights Jurisprudence* (2008)。

带来社会凝聚力、团结精神和包容性。[51] 这种方法更接近于将“社会”理解为在社区共同生活。就第 13 条而言，适用后一种理解可能更有帮助，
342 因为它包含发展人的个性的各种形式的人际交往。它反映了人作为“社会动物”的本性以及个人自主的基本权利。未被第 16 条涵盖的家庭中的互动也可以归入“社会”生活，但它并不包括第 7 条范围内的公共和政治生活。

接下来的部分汇总了上述三个组成部分［如前文（1）（2）（3）所描述的］，明确了第 13 条引文的具体适用范围。除了下面列举的权利和领域外，缔约国必须持续监测是否存在阻碍妇女参加经济和社会生活的障碍。

（4）结论：引文的适用范围

a. 自雇经济活动的权利

妇女作为自雇经营者开展经济活动的平等权利与“经济活动”的定义一致。委员会甚少讨论这一问题，即便在论及这一问题时，它的关注点也是发展中国家的女企业家。[52] 然而，工业化国家的妇女在独立的经济活动中也同样面临代表性不足的问题。[53] 更加强调女性创业将有助于对抗基于性别的刻板印象，将对女性的认知从侵犯人权的受害者转向自己掌握自己命运的人。

第 13 条禁止对开展自雇经营活动和自雇经营者的社会保障采取直接和间接的歧视性规则。第 15 条禁止对妇女法律能力带有歧视性的法律。国家还有义务预防和惩治经济生活中发生的来自第三方的歧视，特别是在妇女追求独立的经济活动遭到阻碍或骚扰时。实质性平等要求缔约国在制定法律和设计政策措施时考虑妇女的社会现实情况。尤为重要的是，实质平等包括为育儿和养老提供足够的可选项，使妇女能够从事自己的职业。[54] 在这种情况下，缔约国必须特别注意导致将残疾妇女排除在独立经济活动之外的交叉歧

[51] K. Rittich, “Social Rights and Social Policy—Transformation of the International Landscape”, in D. Barak-Erez and A. A. Gross (eds.), *Exploring Social Rights* (2007), pp. 107 – 134, 109.

[52] CEDAW/C/GIN/CO/6，2007 年第 39 届会议，对几内亚的结论性意见，第 37 段；CEDAW/C/TZA/CO/6，2008 年第 41 届会议，对坦桑尼亚的结论性意见，第 38 段。

[53] 《经济合作与发展组织 2008 年事实概况：经济、环境和社会统计数据》（2008），第 138 ~ 139 页；另见 29 个工业化国家的比较，http://www.nationmsater.com/graph/lab_emp_sel_sel_rat_wom-labor-employment-self-rates-women，访问日期 2010 年 12 月 31 日。

[54] CEDAW/C/WSM/CC/1-3，2005 年第 32 届会议，对萨摩亚的结论性意见，第 28 段。

视情况。

变革性平等呼吁消除结构性障碍，例如消除关于“典型的女性职业”（零售业、个人服务业、保健业）的刻板印象，呼吁国家倡导为自雇妇女提供信息、培训、支持、公共或私人资助。在公共采购决定中，尽可能采取暂行特别措施，优先考虑妇女拥有的企业或在员工队伍施行提高妇女地位政策以及增加女性在经济生活决策机构中的代表性的企业。[55]

b. 食物权

国家很少报告妇女获得食物的平等权，委员会对此的一般性建议也不充分。[56] 委员会讨论过在紧急状况下妇女平等获得食物的问题，[57] 农村妇女根据第 14 条享有食物权的问题，[58] 以及根据第 12 条妇女享有在孕期、哺乳期得到充分营养的权利，营养不良是威胁妇女健康的因素等问题。[59]

世界饥饿人口中 70% 是妇女，她们不成比例地受到营养不良和不安全食品的影响。[60] 食物权不仅包括免遭饥饿的权利（《经济社会文化权利国际公约》第 11 条第 2 款），也包括获得适足食物的权利（《经济社会文化权利国际公约》第 11 条第 1 款）。为对抗饥饿、实现适足食物权所采取的措施必须平等对待男人和妇女。实现食物权的国家战略必须包含性别敏感的对象、目标和指标。[61] 这需要收集按性别分列的数据。千年发展目标之一要求到 2015 年将饥饿人口的比例减少一半，女性同样要达到这一目标，即与女性遭受饥饿的人口的百分比成比例。在（自然或人为的）灾害后出现饥馑

---

[55] CEDAW/C/AUT/CO/6，2007 年第 37 届会议，对奥地利的结论性意见，第 27 段。

[56] I. Rae, *Women and the Right to Food* (2008)，第 29 ~ 30 段。

[57] A/60/38，2005 年第 33 届会议，对朝鲜民主主义人民共和国的结论性意见，第 53 段；A/60/38，2005 年第 32 届会议，附件二，《消除对妇女歧视委员会关于 2004 年 12 月 26 日东南亚国家遭遇海啸灾害的声明》，第 2 段。

[58] 参见关于第 14 条一章的讨论。A/60/38，2005 年第 33 届会议，对朝鲜民主主义人民共和国的结论性意见，第 60 段强调了农村妇女的权利；另见第 27 号一般性建议，第 24 段（农村地区的老年妇女）。

[59] CEDAW/C/MMR/CO/3（2008），对缅甸的结论性意见，第 38 ~ 39 段（营养不良）。另见关于第 12 条一章的讨论。

[60] A/HRC/AC/6/CRP. 1，人权理事会咨询委员会《食物权语境中的歧视研究》（2010），第 38 段。

[61] E/C. 12/1999/5，经济、社会及文化权利委员会第 12 号一般性意见（1999），第 29 段。

的情况下，在制定援助战略时必须虑及贬低女童和妇女价值的性别刻板印象。

如果人人在任何时候都能具备取得适足食物的实际和经济条件，那么适足的食物权就充分实现了。[62] 适足性以可提供性、可获取性和可接受性为前提假设。[63] 为确保妇女在事实上的平等必须满足这三个标准。“可提供性”指的是食物的数量和质量足以满足个人的饮食需求，特别是妇女在生命周期中的不同需求。[64] “可获得性”指的是在实际上和经济上可获得，妇女在这方面的障碍包括距离食物遥远以及旅途的不安全风险。可接受性取决于对食物的营养价值之外的适宜性的信念。

国家不得妨碍妇女实现她们的食物权（尊重的义务），例如阻碍妇女获得及控制粮食生产方式。缔约国也有义务采取保护性措施，防止这一权利受到私人干涉，例如打击禁止妇女在男人吃饭前吃饭的习俗惯例，或仅允许妇女吃营养较少的食物，[65] 或对妇女的食物禁忌。[66] 缔约国还有义务实现妇女平等获得食物的权利，这要求缔约国促进妇女获得生产和购买食物的方法、知识和机会。[67]

344 c. 适足住房权

妇女在实现她们的适足住房权方面面临着多重障碍。[68] 它包括获得和享有土地和住所。[69] 委员会在讨论妇女的适足住房权时关注点相对有限，例如考

---

[62] 同上注，第 6 段。

[63] 同上注，第 7 ~ 13 段。

[64] 如经济、社会及文化权利委员会所强调的，第 12 号一般性意见，第 9 段。

[65] E/C. 12/2005/4，经济、社会及文化权利委员会第 16 号一般性意见（2005），第 28 段。

[66] A/55/38，2000 年第 22 届会议，对刚果民主共和国的结论性意见，第 232 段。

[67] 参见对第 14 条一章的讨论。

[68] 参见 L. Farha, “Women and Housing”, in K. Askin and D. Koenig (eds.), *Women and International Human Rights Law*, *Vol.* 1 (1999), p. 483。

[69] 北京《行动纲领》，第 31 段；Habitat Ⅱ Agenda，第 40（b）段。另见 L. Farha, “Is there a Women in the House? Reconceiving the Human Rights to Housing” (2002) 14 *Canadian J of Women and the L* 118 - 136。一般参见 B. Wilson, “Le droit à un Logement suffisant au sens du Pacte international relatif aux doits économiques, sociaux et cluturels des Nations Unies (Pacte I)” (2008) 18 *Revue Suisse de Droit International et Europeen* 431 - 456.

察难民及国内流离失所妇女[70]、少数民族妇女[71]以及处于弱势状态的妇女的情况。[72]

适足住房权取决于多种因素，例如对居住权的法律保障、服务的可提供性（能源、水）、设备和基础设施、可负担性、可居住性（特别是健康的环境）、可获得性、位置以及文化的适当性。[73] 根据第 13 条，缔约国必须结合妇女的实际情况考虑这些因素。[74] 例如，对居住权的法律保障也延伸到保护妇女免遭传统做法的侵害，即在其父亲或丈夫死后，允许亲戚或公婆将其赶出住处。服务的可提供性必须考虑妇女在夜间使用公共厕所或从遥远的地方取水可能面临的危险。在确定可负担性时必须考虑妇女较低的平均工资。

妇女平等的适足住房权可能被法律规范或文化驱动的行动所破坏。第 15 条第 2 款规定了法律保护，确保妇女在缔结合同时法律能力平等，包括土地销售、出租协议、包括不动产在内的财产管理以及财产继承。离婚或丧偶时平等获得婚姻财产的权利受到第 16 条第 1 款的保护。第 13 条适用于所有其他的法律规范，包括国家承认的歧视妇女的习俗或宗教法，例如如果土著妇女与其部落外的男子结婚，则国家或部落的规则可能剥夺她继续在部落居住的权利。[75] 废除这些规则是缔约国尊重义务的一部分。

---

⑳ CEDAW/C/UK/CO/6，2008 年第 41 届会议，对英国的结论性意见，第 295 段（不安全的移民身份的妇女）；CEDAW/C/AZE/CO/4，2009 年第 44 届会议，对阿塞拜疆的结论性意见，第 37 段。

㉑ A/59/38，2004 年第 31 届会议，对西班牙的结论性意见，第 345 段（吉卜赛妇女）；A/60/38，2005 年第 33 届会议，对以色列的结论性意见，第 259 段（贝都因妇女）；CEDAW/C/SVN/CO/4，2008 年第 42 届会议，对斯洛文尼亚的结论性意见，第 35 段（吉卜赛妇女）；CEDAW/C/LTU/CO/4，2008 年第 41 届会议，对立陶宛的结论性意见，第 28 段（老年妇女、残疾妇女、移民妇女、少数民族妇女）。

㉒ CEDAW/C/2005/OP. 8/MEXICO，2005 年第 32 届会议，《委员会对墨西哥的报告》，第 289 段（贫困和极端贫困）；第 27 号一般性建议，第 12 段（老年妇女）。

㉓ E/1992/23，经济、社会及文化权利委员会第 4 号一般性意见：适足住房权（第 11 条第 1 款）（1991），第 8 段。

㉔ 以下分析可参见 I. Westendorp, *Women and Housing, Gender Makes a Difference*(2008), pp. 242 - 243。

㉕ E/CN. 4/2006/118（2006 年 2 月 27 日），《适当生活水准权所含适足住房问题及在此方面不受歧视权问题特别报告员米隆·科塔米的报告》，第 13 页，第 44 段。

第13条与损害妇女平等住房权的歧视性的社会和文化规范关系密切,
例如房东拒绝将房子出租给单身女性，或由于存在男性掌控所有财产的规范
345 导致妇女在主张继承权时迟疑犹豫。[76]缔约国必须采取保护性行动预防私人
的干涉，必须打击相关的基于性别的刻板印象。

土地和房屋的私有化也使平等享有适足住房权面临风险。如果关于私有化的改革方案没有考虑妇女在获得信贷方面面临的具体障碍，那么这对妇女来说尤为艰难。缔约国还必须确保平等地赋予妇女财产所有权，而不是将这项权利授予男性代理人（亲属）；确保丈夫和妻子均可获得所有权[77]，防止土著部落分配公共土地时歧视妇女，因为在决策机构中妇女的代表性往往不足。[78] 被迫驱逐，无论发生在私有化还是其他项目中，对妇女的影响往往比对男性的影响更大。[79] 缔约国必须提供非歧视措施预防流落街头，并减轻因搬迁造成的创伤和生计损失等其他后果。[80] 在这些情况下，属于弱势群体的妇女——老年妇女、残疾妇女、难民和移民妇女、少数民族或土著妇女、感染艾滋病毒/艾滋病的妇女[81]——遭受着多重歧视。

尊重的义务要求缔约国避免以这些方式歧视性地驱逐妇女。保护的义务要求缔约国制定和执行法律，禁止私有住房的所有人在受害者得不到任何其他保护的情况下将其驱逐出去。根据实现的义务，缔约国必须提供以下保护，比如符合妇女特定情况的搬迁政策。

不适当的住房可致妇女更易遭受暴力，特别是当其住房无法抵挡侵犯时，在受到驱逐或因为自然或人为灾害而需要搬迁即属于此类情况。[82] 反过来，对妇女的暴力可能会侵犯她们获得适足住房的权利，例如在家庭暴力的

---

[76] 同上注，第12~13页，第41~44段。

[77] 同上注，第15页，第54段；第13页，第45段。

[78] 同上注。

[79] HRI/GEN/1/Rev. 7，经济、社会及文化权利委员会第7号一般性意见，第46页，第3段。

[80] 同上注，第10段。

[81] 同上注。前注75，第10页，第30段；第14~15页，第47~53段。

[82] A/60/38，2005年第32届会议，附件二，《消除对妇女歧视委员会关于2004年12月26日东南亚发生海啸灾害的声明》，第4段。

情况下妇女无法找到安全的住处。[83] 委员会已经认识到二者之间的联系，但并未将这一问题放在第 13 条的范围内讨论，而是置于第 2、5、16 条之下。[84]

d. 适当生活水准权

适当生活水准权的含义广于衣食住的权利。它包括自主的、有尊严的生活的所有方面。充足的财政和其他物质资源对于实现这一权利不可或缺。缔约国必须通过非缴费社会保障以及老年福利，[85] 满足因个人不可控的原因导
致无法维持生计的人的这一需求。第 11 条规定了临时无法工作（生育、疾 346
病、工伤、失业）的社会保障；第 13 条第（1）项规定了家庭福利。第 13 条引文部分规定了妇女平等享有其他社会保障的权利，这要求缔约国考虑妇女在家的无偿劳动，特别是照顾家庭成员所付出的时间（这使她们无法基于自己的收入缴纳社会保障费）。[86] 对前述基于缴费的社会保障计划，在设计时必须考虑妇女的情况。[87]

道路和交通基础设施也可能对妇女和男人产生不同的影响。如果妇女对公共交通的依赖程度大于男性，那么缔约国必须按时提供交通运输，以保护妇女获得生计，并保障她们的安全。[88]

---

[83] 前注 75，第 32 段。更为具体的论述，参见 G. Paglione，"Domestic Violence and Housing Rights"(2006)28 *Human Rights Quarterly* 125。

[84] CEDAW/C/32/D/2003，消除对妇女歧视委员会第 2/2003（2005）号来文，A. T. 诉匈牙利，第 9.6 段，第 I.（b）项建议。另见关于"针对妇女的暴力"一章的讨论。

[85] 关于非缴费性社会保障，参见 E/C. 12/GC/19，经济、社会及文化权利委员会第 19 号一般性意见（2008），第 4（b）段、第 23 段；对非缴费性老年福利，参见 E/1996/22，经济、社会及文化权利委员会第 6 号一般性意见（1995），第 20～21、30 段。一般参见 C. Krause and M. Scheinin，"The Right Not to be Discriminated against：The Case of Social Security"，in T. S. Olin，A. Rosas，and M. Scheinin (eds.)，*The Jurisprudence of Human Rights Law. A Comparative Interpretative Approach* (2000)，pp. 253 – 286；L. Lamarche，"Le Pacte international relatif aux droits economiques，sociaux et culturels，les femmes et le droit a la securite sociale：des considerations et des propositions pour un droit 'universel' a la securite sociale"(2002)14 *Canadian J of Women and the L* 53 – 97。

[86] E/C. 12/GC/19，经济、社会及文化权利委员会第 19 号一般性意见（2008），第 32 段。

[87] 同上注。

[88] 参见 CEDAW/C/2005/OP. 8/MEXICO，2005 年第 32 届会议，《委员会对墨西哥的报告》，第 289 段。

正如《公约》序言所强调的，遭受贫困的妇女的比例远远大于男性。[89] 委员会发现，对持续存在性别薪酬差距或正在进行经济结构调整的国家，情况尤为如此。[90] 此外，委员会要求关注贫困的“女性化”问题，尤其是那些担当户主的妇女、老年妇女及农村妇女等脆弱群体的妇女。[91] 根据《经济社会文化权利国际公约》第 11 条，缔约国必须采取措施消除极端贫困（缺乏生存手段）[92] 并解决相对贫困，即通常所界定的收入等于或低于一国平均收入 50% 的状况。[93]《公约》第 13 条要求缔约国在涉及政策措施时审查妇女的真实情况，并相应地处理这些问题。[94] 此外，缔约国必须分析它们的行为对妇女的可能影响，如果预见这些行为会对妇女产生不利的消极影响，则必须予以调整。[95] 反过来，促进性别平等、为妇女赋权是打击贫困的有效途径。[96]

347 e. 水权

水权与生命权和人的尊严、适当生活水准权以及可得的最高标准的健康权密切相关。[97] 委员会已经讨论过妇女特别是农村地区妇女平等获得水的权利。[98] 当然，该项权利同样适用于生活在其他地区的妇女，尤其是贫民

---

[89] 序言第 8 段。参见对序言部分的讨论。

[90] CEDAW/C/GEO/CO/3（2006），对格鲁吉亚的结论性意见，第 84 ~ 85 段。

[91] A/59/38，2004 年第 30 届会议，对白俄罗斯的结论性意见，第 353 段。

[92] C. Apodaca，“Measuring Women's Economic and Social Advancement”（1998）20 *Human Rights Quarterly* 139 – 172，166.

[93] M. Langford，“Poverty in Developed States：International Human Rights Law and the Right to a Remedy”（2008）51 *German Ybk of Intl L* 251 – 289，252.

[94] A/59/38，2004 年第 30 届会议，对白俄罗斯的结论性意见，第 354 段；A/59/38，2004 年第 31 届会议，对安哥拉的结论性意见，第 149 段；A/59/38，2004 年第 31 届会议，对多米尼加共和国的结论性意见，第 238 段；CEDAW/C/GIN/CO/6（2007），对几内亚的结论性意见，第 42 段。

[95] A/59/38，2004 年第 31 届会议，对阿根廷的结论性意见，第 373 段。

[96] A/55/2，《联合国千年宣言》（2000 年 9 月 18 日）Ⅲ. 20。另见 A/65/259（2010），《人权与赤贫问题独立专家玛格达莱娜·塞普尔韦达·卡尔莫纳向联合国大会提交的关于社会保护措施在实现千年发展目标中的重要性的报告》。

[97] A/RES/64/292（2010），第 1 段；A/HRC/RES/15/9（2010），第 3 段。

[98] A/59/38（Supp.），2004 年第 30 届会议，对埃塞俄比亚的结论性意见，第 260 段；A/59/38，2004 年第 31 届会议，对孟加拉国的结论性意见，第 260 段；A/60/38，2005 年第 33 届会议，对贝宁的结论性意见，第 159 段；CEDAW/C/COD/CO/5，2006 年第 36 届会议，对刚果民主共和国的结论性意见，第 17 段。

窟或其他未被承认的定居点。[99] 委员会没有指出在这些情况下缔约国义务的内容。

与食物权一样，（供个人及家庭使用的）可提供性、质量、实际可得性以及可负担性是确定水权的具体内容的决定性因素。[100] 按照对家务劳动的传统性别分工，妇女与女童负责取水。因为她们经常需要到很远的地方去取，在路上常常面临被袭击的危险。缔约国必须保障在位置和安全性方面的可获得性。

水必须能负担得起。必要时，缔约国必须提供补贴，并按照妇女的个人收入及对受抚养家庭成员的责任进行分配。如果水资源有限，第13条要求保障妇女平等参与对使用水（个人使用、灌溉、生产货物）的决策。

f. 卫生权利

适当的卫生权利是适当生活水准权的组成部分，并且可以说已经发展为一项保护人的尊严的独立人权。[101] 第13条包含了未被《公约》其他条款包含的所有社会权利，卫生权利也在这一条的范围内。委员会主要根据第14条讨论了农村地区妇女的卫生权，[102] 但对城市妇女（包括贫民窟或其他非正规住房中妇女）的卫生权利关注不多。[103]

---

[99] A/60/38，2005年第33届会议，对以色列的结论性意见，第259段（贝都因妇女）。

[100] E/C. 12/2002/11，经济、社会及文化权利委员会第15号一般性意见（2003），第12段。

[101] 前注36，第14~19、59段；E/C. 12/45. CRP. 1（2010），经济、社会及文化权利委员会关于卫生权的声明，第7~8段。

[102] A/60/38（Supp.），2005年第32届会议，对加蓬的结论性意见，第247段（关于农村妇女）；CEDAW/C/PAK/CO/3（2007）对巴基斯坦的结论性意见，第42~43段（关于农村妇女）；CEDAW/C/COD/CO/5（2006），对刚果民主共和国的结论性意见，第17段；CEDAW/C/TZA/CO/6（2008），对坦桑尼亚的结论性意见，第44段；CEDAW/C/SUR/CO/3（2007），对苏里南的结论性意见，第31段（关于农村妇女）；CEDAW/C/THA/CO/5（2006），对泰国的结论性意见，第288段（关于农村和山地部落妇女）；CEDAW/C/PHI/CO/6（2006），对菲律宾的结论性意见（关于棉兰老的穆斯林妇女）。另见对第14条一章的讨论。

[103] CEDAW/C/2005/OP. 8/MEXICO，2005年第32届会议，《委员会对墨西哥的报告》，第289段；A/60/38，2005年第33届会议，对以色列的结论性意见，第259段（在未被承认的村庄中的贝都因妇女）。

缺乏卫生设施对妇女和女童带来了不成比例的消极影响。[104] 如果没有适当的卫生设施，她们在处理身体需求时便会面临被袭击的风险，并可能因为缺乏设施而辍学。与其他出自适当生活水准权的权利一样，确定适当性的标准包括可提供性、质量、可得性、可负担性和可接受性。[105] 因此，卫生设施必
348 须在数量上足够多，不必不合理的长时间等待，这些设施必须考虑靠近住处、工作场所及学校、健康机构等公共机构，必须保证使用的安全性。如果文化规范要求为男女分别提供独立的卫生设备，则必须按照适当的比例分别提供。

g. 税法

妇女根据第13条平等参与经济生活的权利也延伸到税法的影响。委员会讨论过一些税收问题。比如，有两个缔约国为使某些情况下将已婚妇女的收入作为其丈夫可纳税收入的一部分正当化，对第13条提出了保留。[106] 即便这些税法并不对妇女的收入产生消极影响，也不直接妨碍妇女平等参与经济生活，委员会还是认为它们可能使基于性别的刻板印象更加顽固，从而构成间接歧视，因为这些规定期望妇女放弃自己的职业承担家庭责任。[107] 鉴于税收制度的复杂性，对妇女的歧视往往是间接的，[108] 并通过不同税收之间复杂的相互作用而产生。因此，第13条要求缔约国监测税收规则的影响并适时作出调整，以确保妇女的实质平等作为其平等参与经济生活的条件。

h. 参与社会生活的权利

委员会很少讨论妇女参与“社会生活”的平等权。如前文讨论的［标题三（一）2（3）］，这项权利延伸至家庭之外不属于政治和公共生活的所有活动，不论是亲自为之还是通过通信实现。妇女平等享有该项权利要

---

[104] 前注36，第51段；经济、社会及文化权利委员会关于卫生权的声明（前注101），第5段。

[105] 前注36，第70~80段。

[106] 英国的保留（涉及收入及资产增值税），1995年撤回。马耳他的保留（收入税，保留仍然存在）本意是过渡性的，“直到那些法律被完全取代”。30年后，并无任何特殊情况妨碍国家修改法律，而这些法律仍然存在，委员会对此表示强烈不满。CEDAW/C/MLT/CO/1-3，2004年第31届会议，对马耳他的结论性意见，第99段。

[107] CEDAW/C/DEU/CO/6（2009），对德国的结论性意见，第30段。

[108] 具体分类参见K. Barnett and C. Grown, *Gender Impacts of Government Revenue Collection: The Case of Taxation*(2004), pp. 26-49; D. Elson, *Budgeting for Human Rights*(2006), pp. 76-95。

求平等进入供公众使用的任何场所或得到服务，不管服务的提供者是私人还是国家。[109] 这分别源于国家的尊重义务和保护义务。当一项服务不计接受者的身份提供给所有人时便是供公众使用的服务。[110] 这类服务包括交通、旅店、餐厅和咖啡屋、购物中心、公园及其他公共空间，等等。保健服务属于第 12 条规定的范围；教育机构包含在第 10 条之内，文化机构被第 13 条第（3）项涵盖。

平等参与公共生活也延伸适用于个人与外界接触的条件，这与移徙自由相关。干涉这一权利的例子有禁止妇女在没有男性亲属在场的情况下公开露面或禁止她们驾驶汽车的法律规则或社会规范。[111] 其他例子有，国家
强制执行或受国家保护的对妇女出现在公共场合的着装限制，例如要求在户 349
外必须穿罩袍或禁止在公共场所穿罩袍。[112] 移徙女工平等的迁徙自由权遭受侵犯的情况有，雇主或招聘人员没收她们的护照，或者雇主将家庭佣工锁在房间里。[113]

结构性歧视以受文化支持的刻板印象为基础，往往限制妇女对社会生活的平等参与。妇女在公共场合乃至社会生活中的“正确”行为规则，常常来自基于性别的刻板印象。[114] 这些规则和观念必须通过教育、提高公众认知的运动以及对此类刻板印象和潜在文化规则的严肃的公开讨论予以根除。第 13 条要求必须保障妇女平等参与这些辩论以重塑文化。[115]

i. 在经济和社会生活中进行交流的权利

经济和社会交往也通过书信、电信、新媒体等通信手段予以实现。[116] 因

---

[109] 另见赞比亚高等法院，Longwe 诉洲际酒店，1992 年 11 月 4 日由 Musumali 法官判决（根据《公约》第 1、2、3 条确立进入权）。

[110] M. Fries, *Die Bedeutung von Art.* 5（*f*）*der Rassendiskriminierungskonvention im deutschen Recht*（2003）, pp. 24 – 40.

[111] CEDAW/C/SAU/CO/2（2008），对沙特阿拉伯的结论性意见，第 15 ~ 16 段。

[112] 关于有义务穿着罩袍的例子参见《暴力侵害妇女：原因及后果问题特别报告员亚肯·埃蒂尔克访问沙特阿拉伯的报告》，A/HRC/11/6/Add. 3（2009），第 48 段。

[113] 第 26 号一般性建议，第 26（d）段。

[114] 参见第 5 条一章的讨论。

[115] 参见下注 136。

[116] 经济、社会及文化权利委员会予以确认。E/1995/22，经济、社会及文化权利委员会第 5 号一般性意见（1994），第 37 段（关于残疾人）。

此妇女平等参与经济和社会生活的权利要求确保她们平等的意见自由以及有权平等获得这些通信手段。[117] 保障这一权利的前提是妇女至少接受过小学教育（有基本的读写能力）并具备基本的电脑技能。如果基于性别的刻板印象阻碍妇女利用现代技术，那么提高电脑知识的项目必须有专门针对妇女的方案。妇女因为收入低、受教育水平低等原因而缺少接触电脑的机会也可能导致男女之间的“数码鸿沟”。[118] 国家提供在线服务时，例如远程教育、经济活动许可或申请社会服务，必须考虑性别化的数字鸿沟，必须确保妇女能够获得这些服务。

（二）第 13 条（a）项：领取家属津贴的平等权

1. 概念

第 13 条（a）项保障妇女在经济生活一个特别重要的领域享有平等权利，即由缔约国或私人行为者提供物质资源。“家属津贴”是由社会保障体系或对家庭的其他公共援助计划付款给家庭或向家庭提供其他与财政相关的好处，以改善家庭福利。如果发放津贴与雇佣关系相关联，则属于第 11 条规定的内容。

“家属津贴”的表述具有广泛的适用范围，因为在起草过程中，草案的原有表述“家庭补贴”被修正为“家属津贴”。因此，这一术语不仅包括
350 （直接或通过税收优惠）提供财政支持，而且可以扩展到提供给家庭的所有其他物质支持，例如优先获得公共住房、以优惠利率或无须支付额外费用便可获得覆盖整个家庭的健康保险、公积金抵押贷款。教育福利，例如降低学费或提供免费的校服或课本，若在男女童之间出现差别待遇，则属于第 10 条的调整范围。家属津贴方面的非歧视是对第 16 条第 1 款（c）项配偶平等原则的另一种表达，与对子女的物质支持尤为相关。

消除对妇女歧视委员会没有界定“家属”一词。它与人权事务委员会

---

[117] 也得到了“信息社会世界峰会，突尼斯承诺”的确认。UN/ITU Doc. WSIS/05/ZUNIS/DOC7 - E（2005），第 23 段。

[118] J. Cooper, “The Digital Divide: The Special Case of Gender” (2006) 22 *J of Computer-Assisted Learning* 320 - 334.

的观点类似，考虑到世界范围内对家庭存在许多不同的概念，难以确立一个统一的标准定义。[119] 因此，“家属”这一术语留给国内法来界定，但国内法的定义必须尊重第16条第1款（d）项规定的男女平等的原则。只要国内法将一对夫妇视为一个“家庭”，夫妻双方就有领取家属津贴的平等权利。[120]

此外，国内法对“家属”的定义必须尊重《公民及政治权利国际公约》第17条保障的家庭生活权。该项权利涉及亲生父母、收养父母以及为失去父母的孩子提供家庭的人与子女或孩子之间的关系。第13条（a）项要求缔约国在男女平等的基础上为照顾孩子的成人提供家属津贴，而无论其婚姻状况：津贴可以提供给养育子女的未婚（异性及同性）配偶，[121] 以及单亲家庭。在有配偶的情况下，只要他们是合法的父母，为保证妇女的平等权，必须向伴侣双方支付家属津贴。对作为户主的单亲母亲，必须保证她们与作为户主的单亲父亲实质上的平等权。[122]

2. 本条款语境中的平等

在家属津贴方面确保妇女法律上的平等权，要求支付方式必须使男女平等获得福利。因此，假设丈夫是户主的情况下，未获妻子同意，缔约国不能将津贴支付给丈夫。[123]

确保事实上的平等权的义务要求缔约国保证妇女能够有效获得家属津贴。缔约国必须考虑阻碍单亲或离异母亲独立于男性家庭成员获得银行账户的社会规则。缔约国也不得设置实质性障碍，如要求单身母亲在穷尽要求父亲支付子女抚养费的法律救济的前提下才可以获得家庭福利。消除家庭福利

---

[119] 第21号一般性建议，第13段；HRI/GEN/1/Rev.9（Vol. I），人权事务委员会第19号一般性意见（1990），第2段。参见对第16条一章的讨论。

[120] CEDAW/C/GIN/CO/6（2007），对几内亚的结论性意见，第40～41段（支付给充当“户主”的丈夫）。

[121] CCPR/C/75/D/902/1999，人权事务委员会，Joslin诉新西兰，附件Rajsoomer Lallah与Martin Scheinin的独立意见（排除同性配偶获得福利需要额外的理由）。该意见在Young诉澳大利亚中得到确认，见CCPR/C/78/D/941/2000，第10段。

[122] HRI/GEN/1/Rev.7，第46页，经济、社会及文化权利委员会第7号一般性意见（1997），第6段，特别强调获得适足住房的权利。

[123] 参见委员会对马耳他作出的相关保留的强烈反应，见CEDAW/C/MLT/CO/1－3（2004），对马耳他的结论性意见，第99段。

方面的结构性歧视包括根除将男性作为户主的法律和社会规范，以及歧视未婚母亲的规范。

351 此外，缔约国不得制定更加有利于女性的社会保障规定，除非这些规定是为了实现妇女的实质平等。[124] 然而，如果这些规定建立在基于性别的刻板印象基础之上，则与《公约》第5条相悖。

（三）第13条（b）项：银行贷款、抵押和其他形式的金融信贷的平等权

1. 概念

第13条（b）项是为了确保妇女的经济自主权。[125] 根据第13条和第2条（d）项、（e）项不设限的措辞，相应的义务延伸至通过公共和私人机构提供这些服务。起草过程中，草案文本从"获得"金融服务修改为"权利"，强调了该项权利不仅包括提供金融服务，还包括它们的授予条件。

"银行贷款"一词指的是银行提供资金以及个人偿还这笔款项的义务。贷款合同可能包含抵押贷款的部分，但并不是必要内容。提供资金包含其他形式的营利性银行业务，例如伊斯兰银行业务（Islamic banking）、无息贷款，这通常由公共实体为实现特定目的而授予。"抵押"指的是以转让不动产权益作为偿还借款的保证。"金融信贷"包含通过银行之外的信用机构（如小额贷款、信用合作社、自助小组）或其他途径（如推迟履行偿还财务义务）来提供可用资金的任何其他情况。

2. 本条款语境中的平等

为确保妇女在（b）项列举的所有金融工具方面的平等权利，缔约国需要特别关注间接歧视问题。在许多缔约国，妇女在获得银行贷款、公共补贴方面面临困难，也较少有机会为商业目的获得资金。典型的障碍是由于既存的歧视，妇女往往无法满足获得信贷的条件，例如要求一定量的先前经验、不间断的就业史、个人拥有财产等。从贷方利益来看，这类为保障偿还债务

---

[124] 这类条款是爱尔兰针对第13条（a）项的保留对象，参见ST/LEG/SER. E/27（2010），联合国秘书长保存的多边条款，第四章第28项。

[125] 参见本章第一部分。

的条件通常是合理的，因此缔约国必须采取积极措施，帮助妇女在谈判中获得一席之地，[126] 包括制定政策弥合性别薪酬差距、增强妇女对房产的所有权、规定平等的财产权。为此，可能有必要采取暂行特别措施，例如针对妇女的公共贷款方案或者由国家为私人银行提供给妇女的贷款担保。此外，关于确定信用质量的做法应当透明和无歧视。

教育措施与媒体宣传可能有助于消除结构性歧视。妇女往往缺乏金融 352
教育及获得相关信息的机会。小学和中学应当向所有孩子提供基本的金融教育。此外，除了教育体系，还可以为妇女设立专门的咨询服务。

国家在采取所有这些措施时均应当考虑交叉歧视的情形。老年妇女、残疾妇女、少数民族妇女或其他遭受歧视的群体的妇女在获得贷款方面的处境因对其个人能力的陈规定型假设而尤为不利，这些假设与她们金融信贷资格的事实本来并无关系。移徙女工可能在到正规金融机构进行安全汇款方面面临困难。[127]

（四）第13条（c）项：参与娱乐活动、运动和文化生活所有各方面的平等权

第13条（c）项保证妇女在文化生活中的平等权，《公约》将其作为经济生活的一部分。文化生活是人的尊严的重要组成部分，[128] 因为它与个人世界观乃至身份的发展与表达相关联。[129] 娱乐活动和体育运动是社会和文化生活的组成部分，妇女在与男子平等的基础上参加这些活动，有助于保持身体和精神健康，为享有其他所有权利奠定基础。[130]

1. 概念

文化被理解为“社会或某个社会群体的一套独特的精神、物质、智力

---

[126] Farha（前注68），第123～124页。

[127] 第26号一般性建议，第24（g）段。

[128] 参见序言一章对尊严概念的讨论。

[129] A/HRC/14/36，《文化权利领域独立专家法里达·沙希德的报告》（2010），第3段。

[130] 一般参见UNGA RES/A/58/5，《体育是促进教育、健康、发展和和平的途径》（2005）；联合国提高妇女地位司《妇女、性别平等与体育》（2007）。

及情感特征”。[131] 它包括艺术和文学、礼仪和仪式、运动和游戏、技术生产方式、生活方式、聚居方式、价值体系、传统和信念。[132] 个人有权独立地或与他人一起表达、享有和塑造文化，这包括对自己所属社区的主流规范和价值观提出质疑的权利。[133] 自由选择所参与的文化对实现自我至关重要。[134] 文化群体如果讨论自身生存问题，那么它在确定自己的成员方面可能有最终的发言权，[135] 但是第 13 条规定的非歧视原则为此类决定设置了边界。必须确
353 保妇女与男性平等参与制定和界定文化规范的过程。[136]《非洲妇女权利议定书》第 17 条第 1 款体现了这一要求的必要性，它明确规定妇女有权生活在积极的文化氛围中，并有权参与各项文化政策的制定。第 13 条强调了“文化权利”的个人维度，特别是决定是否加入某种文化的权利，[137] 并强调“文化”是一个动态的概念而非固定的状态。[138]

娱乐活动包括休闲和业余爱好、消遣或其他娱乐，可以单独也可以与其他人一起进行，目的在于放松和休息。如果这些活动需要付费才可以获得，那它便属于平等享有供公众使用的服务的权利范畴。体育指的是身体活动，不论它是否以公认的形式及/或按照特定的规则进行。最低限度的身体活动是必要的，但智力活动可能是主要的（比如象棋）。以经济活动形式进行的

---

[131] 联合国教科文组织《世界文化多样性宣言》，2001 年 11 月 2 日，序言第 5 段。

[132] 联合国教科文组织《世界文化多样性宣言》；E/C. 12/CG21，经济、社会及文化权利委员会第 21 号一般性意见（2009），第 13 段。

[133] 前注 129，第 10 段。

[134] E. Stamatopoulou, *Cultural Rights in International Law*(2007), pp. 129 - 132.

[135] A/36/40（1983），人权事务委员会第 24/1977 号来文，Sandra Lovelace 诉加拿大，第 16 段；在人权事务委员会第 197/1985 号来文 Kitok 诉瑞典案中得到确认，见 A/43/40，附件七 G（1988），第 9.8 段。

[136] 参加 1993 年世界人权大会的妇女强调这一过程往往将妇女排除在外。参见 D. J. Sullivan, “Women's Human Rights and the 1993 World Conference on Human Rights”(1994)88 *Am J of Intl L* 152,157。另见 E/C. 12/CG21，经济、社会及文化权利委员会第 21 号一般性意见（2009），第 15（a）段，第 22、25 段，第 49（a）段，第 52（b）段。

[137] 经济、社会及文化权利委员会在第 21 号一般性意见（2009）中也强调了这一点，见 E/C. 12/CG21，第 15 段。关于个人维度的影响，参见 L. Reidel, “What are Cultural Rights? Protecting Groups with Individual Rights”(2010)9 *J of Human Rights* 65 - 80,75。

[138] E/C. 12/CG21，经济、社会及文化权利委员会第 21 号一般性意见（2009），第 11 段；Y. Donders, *Towards a Right to Cultural Identity*? (2002), p. 33。

体育运动属于第13条引文规定的内容。体育运动可以由国家也可以由私人行为体组织。

2. 本条款语境中的平等

形式平等要求法律不得将妇女从上述任何领域中排除出去。如果国家支持文化和运动，它必须平等地支持妇女和男性的活动，它也必须保障公共或私人组织者尊重妇女的平等权。[139]

缔约国也不得间接歧视妇女。因此，如果缔约国对主要由男性从事的文化、休闲或体育活动提供财政支持，则也必须平等地支持女性从事的活动。此外，保护义务要求缔约国预防文化或体育赛事的私人组织者直接或间接歧视妇女参与者，包括基于性别刻板印象拒绝妇女参加某些体育活动。

缔约国必须消除有文化支持的刻板印象，包括限制妇女只能从事“妇女文化活动”以及“女子运动”。[140] 女艺术家和运动员应当被推崇为榜样。缔约国必须制订方案，允许女童和妇女参加学校及社区的体育运动。为实现实质平等，它们必须确保妇女能获得体育设施。[141] 缔约国必须时刻考虑女童、老年妇女、残疾妇女及属于少数群体的妇女面临的交叉歧视问题。[142]

变革性平等对妇女参与文化生活而言尤为重要。必须确保妇女可以在男女平等基础上塑造（上文所定义的）文化。因此，妇女必须有平等的机会参与正式和非正式的文化规范创造进程，在社会辩论中她们的意见必须受到 354
平等重视。文化和体育机构必须建立制度确保人们认识到性别平等问题，确保妇女和男性在这些机构中平等的代表性。[143] 对此，第4条规定的暂行特别措施（例如配额制）可能正是一项有效措施。[144]

---

[139] 参见关于第2条一章对第2条（e）项的讨论。

[140] 《妇女、性别平等与体育》（前注130），第12页。

[141] 北京《行动纲领》，重大关切领域B，对妇女的教育和培训，战略目标B.2，第83（m）段；重大关切领域C，妇女健康，战略目标C.2，第107（f）段。

[142] 第27号一般性建议，第47段（关于老年妇女）；E/1995/22，经济、社会及文化权利委员会第5号一般性意见（1994），第36段（关于残疾妇女）。

[143] 北京《行动纲领》，重大关切领域G，妇女与权力和决策。

[144] 第25号一般性建议，第38段。

四　缔约国的义务

（一）义务的性质

缔约国必须“采取一切适当措施”“保证”妇女在经济和社会生活中的平等。这些措施可以是宪法和法律改革或其他的政策措施。[145] 所选择的措施必须是实现妇女平等权的最佳方案。因此，缔约国负有立即评估这些领域的歧视、制定或废除法律以及制订解决这些问题的计划的即刻性义务。[146] 缔约国必须不断调整改革蓝图，为此需要监测按计划采取的措施的效果。必须立即废除歧视性法律和政策，并毫不迟延地弥补禁止第三方歧视及救济措施方面的制度空白。

（二）执行：尊重、保护和实现

根据尊重义务，缔约国有责任废除上文描述的所有歧视性法律规则，确保国家当局不因作为或不作为实施歧视。在第 13 条的语境中，保护义务至关重要，因为歧视往往是由私人单独或共同实施的。缔约国必须履行恪尽职守义务以预防和消除来自这类非国家行为体的歧视。[147] 反歧视法案是一个有效工具，它应适用于经济和社会生活的所有领域，并对私人行为体具有约束力。这些法律必须为声称是歧视受害者的人提供救济，并确保她们有效地获得司法审查。消除对妇女歧视委员会认可的良好做法还包括反歧视法应允许由受害者代表而不仅仅是受害者本人提起申诉。[148] 如果能够减轻甚或转移申诉者的举证责任，则程序将更加有效。[149] 对歧视的制裁必

---

[145] 参见对第 3 条一章的讨论。

[146] 同上注。

[147] 第 28 号一般性建议，第 13 段。

[148] CEDAW/C/DEU/CO/6（2009），对德国的结论性意见，第 19 ~ 20 段。

[149] 同上注，第 17 ~ 18 段。

须有力，并且应当包含对所遭受的非物质损害的赔偿。缔约国还应当宣传相关的法律。

实现的义务需要创造一个有助于实现所涉权利的环境。为履行该义务，缔约国可以采取的一个可能的有效方法是，建立具有调查和制裁权的独立的反歧视机构。[150] 此外，在分配预算时，缔约国必须确保授予经济、社会和文化活动领域的福利（包括补助或税收优惠）时必须在男女平等基础上惠及 355
妇女。[151] 经济领域的法律和政策措施常常被视为“性别中立”的，但它们可能因为强化了基于性别的刻板印象或因为没有虑及妇女不同的社会实际而具有间接的歧视性。因此，缔约国在制定经济、社会和文化政策的战略时，还必须在法律颁布前后对其进行性别影响分析。

（三）保留

鉴于第 13 条的范围如此之广，对该条提出保留的数量之少着实令人惊讶。曾对该条提出的一项总体性保留是基于宗教理由，现在已经撤回。[152] 其他的保留涉及税法，[153] 或对妇女更有利的社会保障福利。[154] 然而，对《消除对妇女一切形式歧视公约》的其他保留，特别是对第 15 条的保留（法律面前的平等及民事平等）[155] 极大地影响到妇女经济和社会权利的实现。

---

[150] 同上注，第 19 ~ 20 段。

[151] 参见对第 3 条一章的讨论。

[152] 孟加拉国对第 13 条（a）项的保留［还与第 2 条、第 16 条第 1 款（c）项、（f）项有关］“因为它们与基于圣洁古兰经和圣训的伊斯兰教法相冲突”。1997 年撤回。

[153] 前注 106。

[154] 前注 124。

[155] 参见对第 15 条一章的讨论。

357 # 第十四条

1. 缔约各国应考虑到农村妇女面对的特殊问题和她们对家庭生计包括她们在经济体系中无金钱交易的部门的工作方面所发挥的重要作用，并应采取一切适当措施，保证对农村地区妇女适用本公约的各项规定。

2. 缔约各国应采取一切适当措施以消除对农村地区妇女的歧视，保证她们在男女平等的基础上参与农村发展并受其益惠，尤其是保证她们有权：

(a) 充分参与各级发展规划的拟订和执行工作；

(b) 有权利用充分的保健设施，包括计划生育方面的知识、辅导和服务；

(c) 从社会保障方案直接受益；

(d) 接受各种正式和非正式的训练和教育，包括实用识字的训练和教育在内，以及除了别的以外，享受一切社区服务和推广服务的益惠，以提高她们的技术熟练程度；

(e) 组织自助团体和合作社，以通过受雇和自雇的途径取得平等的经济机会；

(f) 参加一切社区活动；

(g) 有权取得农业信贷，利用销售设施，获得适当技术，并在土地改革和土地垦殖计划方面享有平等待遇；

(h) 享受适当的生活条件，特别是在住房、卫生、水电供应、交通和通讯方面。

一　概述 …… 472
（一）谁是农村妇女？ …… 473
（二）农村妇女：从发展到权利 …… 475
（三）联合国体系中的农村妇女 …… 476
二　准备工作 …… 477
（一）其他议题及所作修改 …… 478
1. 适用范围 …… 478
2. 平等 …… 479
3. 健康与计划生育 …… 479
4. 教育 …… 479
5. 自助团体与合作社 …… 479
三　解释问题 …… 480
（一）第 14 条第 1 款 …… 481
1. 农村妇女在家庭生计中发挥的重要作用 …… 481
（二）第 14 条第 2 款 …… 482
1. 参与 …… 482
2. 第 14 条第 2 款（a）项 …… 483
3. 第 14 条第 2 款（b）项 …… 484
4. 获得信息 …… 486
5. 第 14 条第 2 款（c）项 …… 487
6. 第 14 条第 2 款（d）项 …… 489 358
7. 第 14 条第 2 款（e）项 …… 492
8. 第 14 条第 2 款（f）项 …… 493
9. 第 14 条第 2 款（g）项 …… 494
（1）适当技术 …… 495
（2）土地方面的平等对待 …… 495
（3）土地改革与重新安置 …… 497
10. 第 14 条第 2 款（h）项 …… 498
（1）住房 …… 499

（2）水 …………………………………………………………… 500
（3）电、通讯和交通 ………………………………………… 502
四　本条语境中的平等…………………………………………………… 503
（一）形式平等 ……………………………………………………… 503
（二）实质平等 ……………………………………………………… 503
（三）变革性平等 …………………………………………………… 504
（四）直接歧视 ……………………………………………………… 504
（五）间接歧视 ……………………………………………………… 505
（六）交叉性 ………………………………………………………… 505
（七）暂行特别措施 ………………………………………………… 506
五　缔约国的义务…………………………………………………………… 506
（一）尊重义务 ……………………………………………………… 507
（二）保护义务 ……………………………………………………… 507
（三）实现义务 ……………………………………………………… 507
六　保留……………………………………………………………………… 510

一　概述

农村妇女“生产了所有种植食物中一半以上的粮食”，但“她们仅拥有2%的土地，……仅获得1%的农业信贷”，“占所有文盲人口的三分之二”。[①]

农村妇女的特殊经历是第14条关注的焦点。[②] 该条要求缔约国在执行

① 粮食2050，《妇女：粮食安全的关键》，2010年11月9日在线博客（引用了国际农业生产者联合会的数据），http：//food2050. eu/women - the - linchpin - to - food - securi/，访问日期2010年12月31日。

② A. Gonzalez Martinez, “Rights of Rural Women: Examples from Latin America”, in H. B. Schöpp-Schilling and C. Flinterman (eds.), *The Circle of Empowerment: Twenty Five Years of the UN Committee on the Elimination of Discrimination against Women* (2007), p. 212; L. A. Rehof, *Guide to the Convention on Discrimination against Women* (1993), pp. 151 - 161.

《公约》的过程中采取必要措施纳入农村妇女，提醒缔约国农村妇女的经历和需求不应被遗忘或忽略。第 14 条一方面确认《公约》其他所有条款都适用于农村妇女，另一方面指出不成比例地影响着农村妇女群体的问题。首要问题是在获得土地方面的歧视，其中暗含对享有食物权的歧视。该条也强调了水权的性别维度。关注农村妇女参与发展规范的权利也非常关键，并具有独特性。

尽管其他人权文件也提到了农村人口，但《公约》是唯一包含一个直接和全面处理农村妇女问题的条款的人权条约。[3] 实际上，第 14 条也是
《公约》中唯一指向某一特定群体的条款。第 14 条是《公约》中争议最小的 359
条款之一，起草者普遍支持纳入该条。然而，这一重要条款在法律学术著作中受到的关注相对较少。[4] 截至目前，尚无与该条或与农村妇女相关的申诉根据《任择议定书》申诉程序提交委员会。

（一）谁是农村妇女？

委员会从地理及被排斥于服务和机会之外两方面来界定“农村”。[5] 它指出，农村生活由于缺乏获得健康、教育、水、卫生、交通的机会而加剧了妇女社会、经济方面的不利地位。法律和社会政策否定妇女对土地的所有权，否定妇女在地方治理及规划发展中表达意见的权利，进一步加剧了妇女

---

③ 比较《残疾人权利公约》第 9 条第 1 款、第 25 条（c）项、第 26 条第 1 款（b）项。《非洲妇女权利议定书》包含了与《公约》第 14 条类似的规定，分别规定在第 13 条至第 21 条的多个条款中。另见《联合国土著人民权利宣言》第 2、22～23 条。A/HRC/13/32，《人权理事会咨询委员会关于获得食物权方面歧视的初步研究》，附件《农民权利宣言：妇女与男子》（2009）（无拘束力）。

④ 参见如 C. I. Nyamu, “The International Human Rights Regime and Rural Women in Kenya” (2000) *East African J of Peace and Human Rights* 1; C. I. Nyamu, “Rural Women in Kenya and the Legitimacy of the Human Rights Discourse and Institutions”, in E. K. Quashigah and O. C. Okafor (eds.), *Legitimate Governance in Africa* (1999), p. 263; L. Pruitt, “Migration, Development and the Promise of CEDAW for Rural Women” (2009) 30 *Micigan J of Intl L* 710。

⑤ A/58/38，2003 年第 29 届会议，对摩洛哥的结论性意见，第 170～171、176 段；CEDAW/C/ALB/CO/3（2010），对阿尔巴尼亚的结论性意见，第 36 段；CEDAW/C/IRL/CO/4－5（2005），对爱尔兰的结论性意见，第 392～393 段。另见 A/64/190，秘书长的报告《改善农村地区妇女境遇》（2009），第 29 页；世界银行、国际农业发展基金、粮食与农业组织《性别与农业资料手册》（2009）。

遭受贫困的脆弱性。[⑥]

已经确定残疾、年老等其他因素对农村妇女的影响更加严重。[⑦] 此外，虽然原住民并不总是与农村生活联系在一起，但许多事例表明土著妇女所面临的交叉歧视因为她们的农村生活环境而进一步加剧。例如，委员会在审议一份报告的结论性意见中表达了如下关切：“农村少数民族妇女，面临基于性别、民族或文化背景以及经济社会地位等多种形式的歧视。”[⑧]

虽然广泛的城镇化使农村人口大大降低，但在世界许多非工业化地区，
360 仍有大量妇女生活在农村，充当着维持生计的农业劳动力。[⑨] 她们往往被排除在利润丰厚的农业（如商业种植或种植经济作物）之外，因此被剥夺了与男性享有同样的经济赋权的机会。

农村妇女面临的挑战并不仅限于发展中国家。一个欧洲国家在 2008 年递交委员会的报告中指出，“与男性相比，农村地区的妇女专业水平较低、较少有固定职位、很少有机会独立创业、更可能从事兼职工作、接受的教育往往不合格”。[⑩]

---

⑥ A/58/38，2003 年第 28 届会议，对阿尔巴尼亚的结论性意见，第 76 段；CEDAW/C/IRL/CO/4 - 5（2005），对爱尔兰的结论性意见，第 392 段；CEDAW/C/CHN/CO/6（2006），对中国的结论性意见，第 27 段；CEDAW/C/URY/CO/7（2008），对乌拉圭的结论性意见，第 42 段；CEDAW/C/SLE/CO/5（2007），对塞拉利昂的结论性意见，第 36 段；CEDAW/C/MNG/CO/7（2008），对蒙古国的结论性意见，第 35、37 段。

⑦ 第 27 号一般性建议，第 12、19、24、32、44、47 段；CEDAW/C/ARG/CO/6（2010），对阿根廷的结论性意见，第 41 ~ 42 段；秘书长的报告（2009）（前注 5），第 56 ~ 60、66 ~ 69 段，第 72（j）、（k）段。

⑧ CEDAW/C/ISR/CO/3（2005），对以色列的结论性意见，第 39 段；CEDAW/C/PHI/CO/6（2006），对菲律宾的结论性意见，第 29 ~ 30 段；CEDAW/C/PER/CO/6（2007），对秘鲁的结论性意见，第 36 段；CEDAW/C/CAN/CO/7/Add. 1/Corr. 1（2008），对加拿大的结论性意见，第 43 段；CEDAW/C/AUS/CO/7（2010），对澳大利亚的结论性意见，第 26、41 段。另见《性别与土著人的人权》（2010），土著问题常设论坛、秘书长关于性别问题与提高妇女地位特别顾问办公室（OSAGI）、提高妇女地位司，第 6 号简报。

⑨ CEDAW/C/PNG/CO/3（2010），对巴布亚新几内亚的结论性意见，第 45 段；CEDAW/C/LAO/CO/7（2009），对老挝人民民主共和国的结论性意见，第 44 段。联合国提高妇女地位司《妇女在发展中的作用调查（2009）》，第 29 页。A/50/257/Rev. 1，秘书长的报告《改善农村地区妇女状况》（1995）。

⑩ CEDAW/C/NLD/5（2008），荷兰关于《公约》执行情况的第五次报告，第 93 段。

（二）农村妇女：从发展到权利

对农村妇女的关切一般被视为发展议程的组成部分。[11] 对农村妇女关切的概念化方法始于20世纪中叶，关注点从发展中的妇女（WID）[12] 转向妇女与发展（WAD）再到性别与发展（GAD），[13] 最后到基于权利的发展路径（RBAD）。[14] 联合国妇女大会反映了这些概念的发展。[15] 消除对妇女歧视委员会采用的是人权路径。[16] 它要求缔约国汇报在实现“千年发展目标”（MDGs）方面取得的进展。[17] 委员会强调，“全面有效地履行《公约》对实

---

⑪ I. Rae, *Women and the Right to Food*(2008)；A/RES/3523(XXX)，联合国大会第3523号决议（1975年12月15日）；A/RES/3524（XXX），联合国大会第3524号决议（1975年12月15日）；A/RES/62/136，联合国大会第62/136号决议（2007年12月18日）；“Rural Women in Kenya and the Legitimacy of the Human Rights Discourse and Institutions”（前注4），第266页。

⑫ 发展中的妇女（WID）强调将妇女纳入发展的重要性。E. Boserup，*Women's Role in Economic Development*（1970）.

⑬ 妇女与发展（WAD）强调了考虑全球不平等对国家间经济关系的影响及对妇女影响的重要性，而性别与发展（GAD）关注的则是认可妇女生育以及妇女特别是在不具货币性质的经济部门工作的重要性，并承认社会性别对妇女生活的重要影响。E. M. Rathgeber，“WID，WAD，GAD：Trends in research and practice”（1990）*J of Developing Areas*，489.

⑭ 基于权利的发展路径（RBAD）以Sen的能力路径为基础，将议题从福利推进到权利与赋权。A. Sen，*Development as Freedom*（1989）；M. Nussbaum，*Women and the Human Right to Development：The Capabilities Approach*（2000）；联合国开发计划署《人权与人的发展》（2000）。

⑮ E. CONF. 66/34，《国际妇女年世界会议的报告》（1975年6月19日至7月2日，墨西哥城）（下称“墨西哥城会议”），第8～9、14、16、18、22、145、147、163、169段；A/CONF. 94/35，《联合国妇女十年世界大会报告：平等、发展与和平》（1980年7月14～30日，哥本哈根）（下称“哥本哈根大会”），第3～4、8、10～16、43～45段；A/CONF. 116/28/Rev. 1，《审查和评估联合国妇女十年“平等、发展与和平”成果的世界大会报告》（1985年7月15～26日，内罗毕）（下称“内罗毕大会”），第17～18、25～26、123、134、174、196段。1995年北京大会并未将农村妇女列入十二个重大关切领域，但在文件第16、26～27、36段均有提及。秘书长的报告（1995）（前注9），第2段。另见《北京+10宣言》（2005），第4段。

⑯ CEDAW/C/JAM/CO/5（2006），对牙买加的结论性意见，第37段。

⑰ A/RES/55/2，联合国大会第55/2号决议，《联合国千年宣言》（2000年9月18日）；另见C. Hayes，“Out of the Margins：The MDGs through a CEDAW lens”（2005）13 *Gender and Development* 67。参见导论部分。

现千年发展目标必不可少”。[18]

361 ### (三) 联合国体系中的农村妇女

《公约》通过后的第一年，联合国系统内对农村妇女权利的制度支持主要来自粮食和农业组织（FAO)。它最初根据《公约》第22条有关专门机构的规定来支持委员会的工作，包括生成报告、为缔约国起草报告提供技术援助以及提供关于第14条的报告指南。[19] 联合国妇女发展基金（UNIFEM）是敦促国家通过国内发展项目执行《公约》的重要力量。[20] 2007年，联合国大会投票确立农村妇女国际日，认可“农村妇女，包括土著妇女在提升农业和农村发展、改善粮食安全、消除农村贫困方面发挥的关键性作用和贡献”。[21]

关于食品[22]、健康[23]、住房[24]、土著人[25]、贫困[26]及水[27]问题的特别报告员均将性别作为各自的一个重点任务，他们在工作中考虑了农村妇女的情况。[28]

---

⑱ CEDAW/C/SLE/CO/5（2007)，对塞拉利昂的结论性意见，第44段；另见马拉维第六次定期报告，CEDAW/C/MWI/6（2008)，第71、80、102段；CEDAW/C/MWI/CO/6（2010)，对马拉维的结论性意见，第47段；CEDAW/C/NLD/CO/5（2010)，对荷兰的结论性意见，第49段；CEDAW/C/PAN/CO/7（2010)，对巴拿马的结论性意见，第55段；CEDAW/C/USR/CO/7（2010)，对俄罗斯联邦的结论性意见，第52段。

⑲ 粮农组织《消除对妇女一切形式歧视公约：对第14条的报告指南》(2005)。另见 http://www.fao.org，访问日期2010年12月31日。

⑳ 联合国妇女发展基金《消除对妇女一切形式歧视公约及以人权为基础的规划：联合国妇女发展基金指南》(2007)。

㉑ A/RES/62/136，联合国大会第62/136号决议（2007年12月18日)，第8段。

㉒ A/HRC/RES/6/2，人权理事会《粮食问题特别报告员的任务》（2007年9月27日)，第2(c）段。

㉓ 联合国人权委员会《人权委员会关于人人享有可得的最高标准的身体和精神健康权问题特别报告员》，人权委员会第2002/31号决议（确立任务)，第2005/24号决议（延长任务期限)。

㉔ 联合国人权委员会《关于作为适当生活水准权组成部分的适足住房权问题，以及关于在该领域的非歧视权利的特别报告员》，联合国人权委员会第2000/9号决议（确立任务)。

㉕ 联合国人权委员会《土著人的人权和基本自由状况特别报告员》，联合国人权委员会第2001/57号决议（确立任务)，第2004/62号决议（延长任务期限)。

㉖ 联合国人权委员会《关于人权和极端贫困问题独立专家》，联合国人权委员会第1998/25号决议（确立任务)，第2004/23号决议（延长任务期限)。

㉗ A/HRC/RES/7/22，人权理事会《人权与获得安全饮用水及卫生设施》（2008年3月28日)，第2(d）段。

㉘ 另见 A/HRC/14/36，《文化权利领域独立专家法里达·沙希德的报告》（2010)，第34、37、61~63段。

二　准备工作

第 14 条的起草过程不存在争议。[29] 一开始仅在关于就业和教育的规定
中对农村妇女有所考虑。[30] 1976 年妇女地位委员会第 26 次会议上，粮农组
织的代表提出了农村妇女困境的问题。她认为当时的《公约》草案对农村
妇女面临的挑战关注不够充分。粮农组织的代表提醒与会各国代表注意墨西
哥城会议及其他会议所表达的关切。[31] 墨西哥城会议之后，国家热衷于强调 362
将农村妇女纳入发展的重要性，这也是“发展中的妇女”（WID）分析方法
的一个例证。[32]

于是，埃及、印度、印度尼西亚、伊朗、巴基斯坦、泰国和美国代表组成一个小型工作组，开始考虑起草一个关于农村妇女的条款。印度向妇女地位委员会提交了条款草案，指出世界上三分之二的妇女生活在农村地区，故这一问题值得特别关注。[33] 提议起草一个单独条款的目的是使农村妇女能够“与男性平等地参加农业与农村发展，享有所有由此带来的福利，例如规划、健康、培训、社区活动、信贷、农业改革，等等”。[34] 草案第一版规定：

> 缔约国应当采取一切措施消除对农村地区妇女的歧视，保证她们平等地成为农业和农村发展的参与者和受惠人，尤其是保证她们有权：

[29] N. Burrows,“The Convention on the Elimination of all Forms of Discrimination against Women” (1985) *Netherlands Intl L. Rev* 419,446；Rehof（前注 2），第 153 页；“Rural Women in Kenya and the Legitimacy of the Human Rights Discourse and Institutions”（前注 4），第 266 ~ 267 页；Pruitt（前注 4），第 731 ~ 733 页。

[30] Rehof（前注 2），第 153 页。

[31] 参见例如，A/RES/3521（XXX），联合国大会第 3521 号决议（1975 年 12 月 15 日）；A/RES/3523（XXX），联合国大会第 3523 号决议（1975 年 12 月 15 日）。

[32] A/RES/3505（XXX），联合国大会第 3505 号决议（1975 年 12 月 15 日）；墨西哥城会议（前注 15）。

[33] E/CN. 6/L. 687；Burrows（前注 29），第 446 页；Rehof（前注 2），第 153 页；同上注。

[34] Rehof（前注 2），第 153 页。

(a) 充分参与从地方到国家各级发展规划的拟定和执行；

(b) 获得充分的医疗和保健设施，包括有关计划生育的咨询和服务；

(c) 接受各种正式和非正式的培训，以及社区和推广服务；

(d) 平等参与一切社区活动，包括参加合作社；

(e) 平等获得信贷、利用销售设施，并在土地改革和土地垦殖计划方面享有平等待遇。[35]

工作组的草案得到了热烈欢迎和广泛认可。[36] 第一版草案未包含社会保障规定，后在白俄罗斯、埃及和苏联的提议和支持下得以补足。[37] 另外，肯尼亚提议增加关于适当生活条件的规定，包括提供住房、水、电、交通和卫生设施。这成为最终版本的第 14 条第 2 款（h）项。法国建议《公约》的其他实质部分均应纳入对农村妇女的规定，而不是单独规定在一个条款中。这一建议未被采纳。[38] 在第 14 条中重申《公约》其他部分已经涵盖的问题，这对“强调农村妇女的处境”非常重要。[39]

（一）其他议题及所作修改

1. 适用范围

阿根廷建议引文段落应扩展为包括农村妇女及农村和城市的其他弱势群体。匈牙利认为应维持对农村地区的关注。[40] 孟加拉国提议纳入关于农村妇女为维持家庭生计所作的重要工作的规定。后来，这一提议被扩大到包括农村妇女在非货币化部门的工作。[41] 这一提议最终成为第 14 条第 1 款。

㉟ E/CN. 6/L. 687（1976）.

㊱ Rehof（前注 2），第 154 页。

㊲ 同上注，第 159 页。

㊳ 同上注，第 156 页；另见 E/CN. 6/L. 687（1976），第 3 段。

㊴ Rehof（前注 2），第 157 页。

㊵ 同上注，第 156 页。在健康、社会保障、自助组与合作社以及生活条件的规定中也提出了关于涵盖范围的问题。Rehof（前注 2），第 158 ~ 160 页。

㊶ Rehof（前注 2），第 157 页。

2. 平等 363

英国建议删去每款中的“平等”一词，而总括性地规定在本条的引文部分。这一建议得到采纳，现在仅在第 14 条第 2 款中有“男女平等”的措辞。英国还建议在“措施”一词前增加修饰词“适当的”，以防止为消除对妇女的歧视而采取极端措施。这一建议也获采纳。[42]

3. 健康与计划生育

在这一议题下提出了三个相关问题。新西兰提议作出修订，以确保男女获得品质相同的护理；此外，男性也应平等获得计划生育的咨询服务。希腊对在（b）项中纳入计划生育内容持保留意见，认为这可能引发负面反应。[43]孟加拉国建议扩大覆盖范围，加入在孕期和哺乳期得到充足营养的内容。后来，这一意见被第 12 条采纳。[44]

4. 教育

在古巴的建议下，工作组草案第（c）项关于培训的规定进一步扩大到包含“教育”在内。[45] 此外，在“正规和非正规”的规定之后还增加规定了“包括实用识字”。最后，草案指明获得这些不同类型的教育和培训的目的是“提高技术熟练程度”。[46]

5. 自助团体与合作社

苏联曾对当前第 14 条第 2 款（e）项如此具体地提及组织自助组与合作社的机会提出质疑，它更倾向于使用获得“各种经济机会”的权利这一概括性的用语。然而，最终还是保持了孟加拉国建议的初始草案。[47]

---

[42] 同上注，第 155 页。

[43] 同上注，第 156 页。在健康、社会保障、自助组与合作社以及生活条件的规定中也提出了关于涵盖范围的问题。Rehof（前注 2），第 158 页。

[44] Rehof（前注 2），第 158 页。

[45] 同上注，第 159 页。

[46] 同上注，第 159 ~ 160 页。

[47] 同上注，第 160 页。

三 解释问题

缔约国对第 14 条的报告以及委员会的相关结论性意见均反映出实践的不一致。委员会对农村妇女的关注并不系统。对第 12 条各款项的评注均暗含农村妇女的情况。第 14 条也许并不需要专门讨论，农村妇女可以包含在“弱势群体”[48] 或“经济赋权”[49] 的标题下，或者完全无须专门提及。[50] 农村妇女的问题似乎主要被放在交叉歧视的背景下加以讨论——在分析歧视时同
364 时考虑到妇女在性别之外因其身份因素或境遇而遭受的其他不利条件。不论是委员会的结论性意见还是委员会向缔约国的提问，其中经常提到解决这种多重歧视的重要性。[51]

在讨论第 14 条时，缔约国总是选择性地关注其中的某些规定。[52] 对此，委员会关切地指出，“欠缺有关农村妇女情况的全面信息和统计数据”。[53]

---

[48] CEDAW/C/PAN/CO/7 (2010)，对巴拿马的结论性意见，第 46、49 段；A/53/38/Rev. 1，1998 年第 19 届会议，对南非的结论性意见，第 135 ~ 136 段。

[49] CEDAW/C/BOT/CO/3 (2010)，对博茨瓦纳的结论性意见，第 39 ~ 40 段。但在经济赋权之外，阿拉伯联合酋长国仍有必要单独考虑农村妇女问题。CEDAW/C/ARE/CO/1 (2010)，对阿拉伯联合酋长国的结论性意见，第 41 ~ 42 段。

[50] CEDAW/C/UK/CO/6 (2008)，对英国的结论性意见。

[51] CEDAW/C/PAN/CO/7 (2010)，对巴拿马的结论性意见，第 46 段；CEDAW/C/UGA/Q/7 (2010)，对乌干达的问题清单，第 26 ~ 27 段；CEDAW/C/EGY/CO/7 (2010)，对埃及的结论性意见，第 43 段；CEDAW/C/BOL/CO/4 (2008)，对玻利维亚的结论性意见，第 2、17 段；CEDAW/C/LBN/CO/3 (2008)，对黎巴嫩的结论性意见，第 36 ~ 37 段；CEDAW/C/ALB/CO/3 (2010)，对阿尔巴尼亚的结论性意见，第 18 ~ 19、23、35 ~ 37 段。

[52] Rae (前注 11)，第 28 ~ 30 页。Pruitt (前注 4)，第 736 页。另见 Gonzalez Martinez (前注 2)，第 222 页。比较斯里兰卡第 5 ~ 7 次定期报告 [CEDAW/C/LKA/5 - 7 (2010)] 中所采用的简要概括方法，与乌克兰第 7 次定期报告 [CEDAW/C/UKR/7 (2008)] 所采用的较为全面的方法。

[53] CEDAW/C/2004/CRP. 3/Add. 3/Rev. 1 (2004)，对不丹的结论性意见，第 112 段；A/60/38，2005 年第 32 届会议，对阿尔及利亚的结论性意见，第 159 段；CEDAW/C/NLD/CO/5 (2010)，对荷兰的结论性意见，第 44 段；CEDAW/C/TUR/CO/6 (2010)，对土耳其的结论性意见，第 36 ~ 37 段；CEDAW/C/URY/CO/7 (2008)，对乌拉圭的结论性意见，第 43 段；CEDAW/C/ARE/CO/1 (2010)，对阿拉伯联合酋长国的结论性意见，第 41 段。

（一）第 14 条第 1 款

第 14 条要求缔约国采取一切适当措施确保《公约》适用于农村妇女。何谓“适当”？它一方面指的是相关缔约国的社会、经济、政治和法律框架，另一方面包括为解决某一特定问题可以采取的措施的类型。委员会要求每个缔约国给出为履行义务而选择这类措施的理由，并“说明它是否能达到预期的影响和结果”。[54] 委员会希望采取超出单纯的法律关注的全面措施。缔约国将缺乏资源作为阻碍其全面执行某些规定的主要因素，委员会也承认这方面的局限。[55]

1. 农村妇女在家庭生计中发挥的重要作用

第 16 号一般性建议是唯一一个在标题中明确提及农村妇女的一般性建议，它关注的是农村和城镇家庭企业中的妇女无偿劳动。委员会指出无酬劳动构成对妇女的剥削，指出缔约国报告中不提及妇女贡献的问题，要求缔约国提供更多关于在家庭企业中工作的妇女的法律和社会状况的资料。[56]

第 16 号一般性建议建立在第 9 号一般性建议（关于收集统计数据）的基础上，关注的是承认非货币化部门中妇女对国民核算的贡献。与之类似，在第 17 号一般性建议中，委员会责成缔约国量化妇女无偿家务劳动，并将其计入国民生产总值和国民核算。[57] 该一般性建议提到了《内罗毕宣言》，宣言呼吁缔约国采取具体步骤量化妇女对“农业、粮食生产、
生育及家庭活动”的贡献。[58]低估妇女的工作与她们较低的社会地位之间 365
存在显而易见的联系。不在领取工资的部门工作的农村妇女尤其处于不利地位。

---

[54] 第 28 号一般性建议，第 23 段。

[55] Gonzalez Martinez（前注 2），第 212 ~ 213 段。

[56] A/57/38，2002 年第 26 届会议，对爱沙尼亚的结论性意见，第 113 页；CEDAW/C/TUR/CO/6（2010），对土耳其的结论性意见，第 36 段。

[57] 第 17 号一般性建议，第（b）、（c）段。

[58] 内罗毕大会（前注 15），第 120 段。

(二) 第14条第2款

《公约》及委员会工作的主要议题是消除对妇女一切形式的歧视，无论其根源或声称的理由是什么。[59] 正如一个拥有大量农村人口的缔约国所描述的情况：

> 农村地区的生活质量仍然远远低于城市地区。很大比例的农村人口主要是自给农民，其中妇女占80%……农村妇女比城市妇女遭受更多的歧视。她们在陈旧的观念中被认为比男子弱，是男子的附庸……习惯法保护了某些此类态度……在家庭中，权力关系仍然由男子掌握。大多数农村妇女面对着包括人身攻击在内的暴力行为。对于子女人数和生育间隔，她们没有发言权，或者发言权有限。任何干预丈夫重要决定的企图，往往导致离婚或肉体虐待。不幸的是，社会和文化都希望农村妇女容忍这种虐待，传统的宗教信仰和习俗进一步强化了这一点。[60]

1. 参与

"参与"是第14条和委员会工作中反复出现的一个议题。[61] 第14条第2款承认，在制定规划的过程中妇女没有发言权，导致规划者未能考虑她们的

---

[59] 第25号一般性建议，第5段；第28号一般性建议，第24~29段。参见对第1条一章的讨论。另见下文第四部分关于平等的讨论。

[60] CEDAW/C/MWI/6 (2008)，马拉维第6次定期报告，第266~267段。另见CEDAW/C/IND/2-3 (2005) 印度第2~3次定期报告，第289、317~319段；CEDAW/C/NIC/CO/6 (2007)，对尼加拉瓜的结论性意见，第29段；CEDAW/C/MNG/CO/7 (2008)，对蒙古国的结论性意见，第35段；CEDAW/C/USR/CO/7 (2010)，对俄罗斯联邦的结论性意见，第42段；CEDAW/C/ZAF/2-4 (2009)，南非第2~4次合并定期报告，第14.12段。

[61] 第14条第2款 (a) 项、(f) 项。另见第23号一般性建议，第5、9、17、30~31段；A/58/38，2003年第28届会议，对阿尔巴尼亚的结论性意见，第76段；A/59/38，2004年第31届会议，对阿根廷的结论性意见，第377段；CEDAW/C/MNG/CO/7 (2008)，对蒙古国的结论性意见，第35段；CEDAW/C/NGA/CO/6 (2008)，对尼日利亚的结论性意见，第339段。另见第7条、第8条章节的讨论。

需求。[62] 在第23号一般性建议中，委员会指出，对各缔约国报告的审议显示出妇女充分、平等参与公共生活与履行《公约》的情况有所改善之间存在联系。[63] 委员会对“农业贸易自由化以及妇女在谈判中的低参与度对妇女可能产生的不利影响”表示关切。[64] 委员会还指出，除其他外，“土著妇女、
偏远和农村地区的妇女”在领导和决策岗位上以及在“平等获得教育、就业 366
和保健”方面代表性不足的问题是执行中的重要问题。[65]

2. 第14条第2款（a）项

准备工作显示，各国对确保妇女能够参与各级政府，无论是地方、国家或区域的治理表示关注。[66] 这一规定加强了《公约》序言“确信一国的充分和完全的发展……需要妇女与男子平等充分参加所有各方面的工作”。委员会在第28号一般性建议和与缔约国的对话中强调了确保妇女参加规划制定的重要性。例如，委员会：

> 敦促缔约国把促进两性平等作为国家发展计划和政策的明确组成部分，尤其是作为那些旨在减少贫困和可持续发展的计划和政策的组成部分。委员会敦促缔约国特别关注农村地区的需求，以确保她们参与决策过程。[67]

---

[62] 在2009年农村妇女国际日，国际农业发展基金指出，“在农村，妇女的发言权和决策作用与她们对农业销售、生产和生计的巨大贡献之间存在严重失衡”。IFAD International Day of Rural Women 2009，可参见 http://www.ifad.org/media/events/2009/rural_women.htm，访问日期2010年12月31日。

[63] 第23号一般性建议，第14段。

[64] CEDAW/C/NER/CO/2（2007），对尼日尔的结论性意见，第35段。

[65] CEDAW/C/AUS/CO/7（2010），对澳大利亚的结论性意见，第26段。另见CEDAW/C/NIC/CO/6（2007），对尼加拉瓜的结论性意见，第31段；CEDAW/C/VNM/CO/6（2007），对越南的结论性意见，第29段；CEDAW/C/PER/CO/6（2007），对秘鲁的结论性意见，第37段；第27号一般性建议，第49段。

[66] 参见Rehof（前注2），第158页；CEDAW/C/ARE/CO/1（2010），对阿拉伯联合酋长国的结论性意见，第44段。

[67] A/59/38，2004年第31届会议，对赤道几内亚的结论性意见，第190段。另见第28号一般性建议，第27段；A/60/38，2005年第32届会议，对巴拉圭的结论性意见，第290段；A/60/38，2005年第33届会议，对冈比亚的结论性意见，第211段；CEDAW/C/IND/2-3（2005），印度第2~3次合并定期报告，第292段；CEDAW/C/NGA/CO/6（2008），对尼日利亚的结论性意见，第36段；CEDAW/C/UZB/CO/4（2010），对乌兹别克斯坦的结论性意见，第37段；CEDAW/C/TUR/CO/6（2010），对土耳其的结论性意见，第37段。另见对序言一章的讨论。

委员会还指出了发展方案的国际维度，指出关注农村妇女的重要性，促请一个缔约国“在国际组织和双边捐助者的所有发展合作方案中强调妇女的权利”。[68] 委员会肯定一个缔约国制定的区域和部门发展政策促进了农村妇女生活质量的改善。[69]

第23号一般性建议指出了妇女参与面临的障碍，包括家务劳动的负担、对男性的经济依赖、长期不灵活的工作时间，特别是来自不被承认的家务劳动和家庭之外的有酬工作的“双重负担”、社会的刻板印象、文化水平低以及妇女自身缺乏自信。[70] 这些障碍当然会对妇女参与发展规划的公共努力产生影响。

3. 第14条第2款（b）项

第12条规定的保健问题，[71] 是农村妇女需得到特别关注的问题，发生
367 在她们的整个生命周期。[72]与第24号一般性建议的描述一致，她们缺乏获得可接受的、可负担的、适当而充分的保健服务的机会。[73] 大多数保健服务集中在城镇意味着农村人只能获得基本的且往往并不充分的初级保健设施。[74]

---

[68] A/60/38，2005年第33届会议，对布基纳法索的结论性意见，第348段。另见A/59/38，2004年第31届会议，对赤道几内亚的结论性意见，第190段；A/60/38，2005年第33届会议，对圭亚那的结论性意见，第308段；CEDAW/C/PER/CO/6（2007），对秘鲁的结论性意见，第37段；A/RES/62/136，联合国大会第62/136号决议（2007年12月18日），第7段。

[69] A/57/38，2002年第27届会议，对突尼斯的结论性意见，第187段。另见A/59/38，2004年第30届会议，对埃塞俄比亚的结论性意见，第259段。

[70] 第23号一般性建议，第8～12、20段。

[71] 参见对第12条一章的讨论。另见《公约》第14条第2款（h）项；第24号一般性建议，第28段。

[72] CEDAW/C/SCG/CO/1（2007），对塞尔维亚的结论性意见，第33段；CEDAW/C/PAN/CO/7（2010），对巴拿马的结论性意见，第41段；第24号一般性建议，第2、7、8、28段。另见秘书长的报告（2009）（前注5），第40～48段。

[73] 第24号一般性建议，第21～22、28段。另见第27号一般性建议，第21、45段；E/2001/22，经济、社会及文化权利委员会第14号一般性意见（2000）；CEDAW/C/NIC/CO/6（2007），对尼加拉瓜的结论性意见，第17段。

[74] 该问题在起草过程中被指出来，见Rehof（前注2），第154页。A/57/38，2002年特别会议，对危地马拉的结论性意见，第193段；A/58/38，2003年第28届会议，对刚果的结论性意见，第174段；A/58/38，2003年第29届会议，对摩洛哥的结论性意见，第172、173、177段；A/59/38，2004年第31届会议，对阿根廷的结论性意见，第376段；A/59/38，2004年第31届会议，对赤道几内亚的结论性意见，第205段；A/60/38，2005年第32届会议，对老挝人民民主共和国的结论性意见，第96段。

对农村妇女的“预算歧视”在《公约》起草过程中已经提出来，但至今仍是一个问题。[75] 令委员会感到担忧的是某缔约国重组卫生部门的影响，这导致“妇女，特别是农村地区妇女可获得的诊所和卫生服务数量进一步减少”。[76] 它建议一个缔约国为所有农村地区提供免费的卫生服务，并建议其通过“增加可负担得起的合格心理健康和咨询服务的可得性”以降低农村地区居高不下的自杀率。[77] 委员会指出某个缔约国宫颈癌的高死亡率是由于高昂的医疗成本及无可得的服务造成的，并要求该国“详细说明为提高对常规巴氏涂片的认识所作的努力，为妇女，特别是农村地区妇女提供宫颈癌筛查服务”。[78]

委员会和联合国秘书长均指出，基于性别的歧视性因素将妇女置于从属地位，增加了她们遭受暴力和感染艾滋病毒的风险。[79] 秘书长的报告指出，“在许多国家，农村妇女和女童不成比例地受到感染”。[80] 农村妇女与地处中心地带的卫生系统相距遥远，这意味着她们较少有机会获得抗逆转录的药物和信息。[81] 委员会敦促一个缔约国向妇女“特别是农村地区的妇女”传授关于该疾病的知识，以及如何进行自我保护。它还促请该缔约国确保妇女和女童有权平等获得艾滋病毒/艾滋病监测及相关保健与社会服务。[82]

---

[75] Rehof（前注 2），第 158 页。Gonzalez Martinez（前注 2），第 220 页；CEDAW/C/MMR/CO/3（2008），对缅甸的结论性意见，第 38～39 段。

[76] CEDAW/C/POL/CO/6（2007），对波兰的结论性意见，第 24 段。

[77] CEDAW/C/CHN/CO/6（2006），对中国的结论性意见，第 28 段；第 24 号一般性建议，第 25 段。

[78] CEDAW/C/UGA/Q/7（2010），提给乌干达的问题清单，第 24 段。

[79] 第 24 号一般性建议，第 5、12、18 段；第 15 号一般性建议；秘书长的报告（2009）（前注 5），第 42 段；A/58/38，2003 年第 28 届会议，对刚果的结论性意见，第 175～176 段；A/58/38，2003 年第 28 届会议，对萨尔瓦多的结论性意见，第 260 段；CEDAW/C/PNG/CO/3（2010），对巴布亚新几内亚的结论性意见，第 43 段；CEDAW/C/BOT/CO/5（2010），对博茨瓦纳的结论性意见，第 37～38 段。

[80] 秘书长的报告（前注 5），第 42 段。

[81] 第 24 号一般性建议，第 18 段、第 31（b）段。另见 CRC/GC/2003，儿童权利委员会第 3 号一般性意见（2003），第 21 段。

[82] CEDAW/C/PAN/CO/7（2010），对巴拿马的结论性意见，第 45 段。另见 A/57/38，2002 年第 27 届会议，对苏里南的结论性意见，第 65 段；CEDAW/C/PNG/CO/3（2010），对巴布亚新几内亚的结论性意见，第 43 段；A/59/38，2004 年第 30 届会议，对尼泊尔的结论性意见，第 213 段。另见第 27 号一般性建议，第 21 段。比较《非洲妇女权利议定书》第 14 条第 1 款（e）项。

第19号一般性建议专门指出农村妇女遭受的暴力问题，以引起关注，它
368 要求缔约国“报告农村妇女面临的危险、她们遭受暴力和虐待的程度与性质、她们对支持及其他服务的需求及获得情况，以及反暴力措施的有效性”。[83]

委员会强调了农村地区孕产妇（及婴儿）死亡率的问题，呼吁缔约国解决这一问题。[84] 委员会还指出拒绝堕胎和孕产妇死亡率增高之间存在联系，对“许多妇女，尤其是农村地区的妇女仍然在家中分娩，以及实施非法和不安全的堕胎导致孕产妇死亡率增高”等表示关切。[85]

委员会强调并感到担忧的另一领域是过度使用化肥和杀虫剂对农村妇女及其家属造成的伤害。[86]

4. 获得信息

许多农村妇女，特别是青少年女性，由于取水、食物和燃料等家务负担而无法上学。[87] 而高文盲率妨碍了她们获得关于性和生殖问题的信息。[88] 这导

---

[83] 第19号一般性建议，第24（q）段，另见第24（a）段和第21段。A/58/38，2003年第29届会议，对巴西的结论性意见，第114段；CEDAW/C/NIC/CO/6（2007），对尼加拉瓜的结论性意见，第20段。秘书长的报告（前注5）第50段也指出，农村妇女尤其容易遭受暴力，因为她们“无法获得执法和保护性服务”。

[84] A/57/38，2002年特别会议，对危地马拉的结论性意见，第192～193段；A/57/38，2002年特别会议，对乌干达的结论性意见，第147段；A/59/38，2004年第31届会议，对多米尼加共和国的结论性意见，第309段；CEDAW/C/MMR/CO/3（2008），对缅甸的结论性意见，第38段；CEDAW/C/YEM/CO/6（2008），对也门的结论性意见，第28段；CEDAW/C/PAN/CO/7（2010），对巴拿马的结论性意见，第42段；CEDAW/C/SLE/CO/5（2007），对塞拉利昂的结论性意见，第34段；CEDAW/C/NGA/CO/6（2008），对尼日利亚的结论性意见，第337段。

[85] CEDAW/C/TLS/CO/1（2009），对东帝汶的结论性意见，第37段。另见A/57/38，2002年特别会议，对乌干达的结论性意见，第147段；CEDAW/C/BOT/CO/3（2010），对博茨瓦纳的结论性意见，第35段；CEDAW/C/MLI/CO/5（2006），对马里的结论性意见，第34段；A/60/38，2005年第33届会议，对贝宁的结论性意见，第157～158段；CEDAW/C/CPV/CO/6（2006），对佛得角的结论性意见，第30段；CEDAW/C/SLE/CO/5（2007），对塞拉利昂的结论性意见，第35段；CEDAW/C/NGA/CO/6（2008），对尼日利亚的结论性意见，第337段；A/58/38，2003年第28届会议，对刚果的结论性意见，第151段。另见第24号一般性建议，第31（c）段。

[86] A/60/38，2005年第32届会议，对巴拉圭的结论性意见，第289段。

[87] CEDAW/C/ZAF/2-4（2010），南非第2～4次合并定期报告，第14.4段；CEDAW/C/SLE/CO/5（2007），对塞拉利昂的结论性意见，第31、36段；A/59/38，2004年第31届会议，对安哥拉的结论性意见，第158、164段。另见北京《行动纲领》（1995），第92段。

[88] 第28号一般性建议，第28段；A/58/38，2003年第29届会议，对厄瓜多尔的结论性意见，第317～318段；A/58/38，2003年第28届会议，对萨尔瓦多的结论性意见，第259段。

致意外怀孕的增加，[89] 也导致儿童发育不良的受孕率和出生率高于平均水平。[90] 它还使贫困的代际循环永久化。[91] 委员会敦促一个缔约国增强并扩大努力，提高农村妇女对可负担得起的避孕措施的了解和利用、提供紧急避孕措施，并建议该缔约国在计划生育教育方案中“适当考虑传统及其他对农村地区妇女的有形障碍”。[92]当委员会得知一个国家的避孕普及率仅有3%时，它建议 369
加速审查并废除禁止“宣传避孕药具从而限制妇女进行计划生育”的法律。[93]

5. 第 14 条第 2 款（c）项

《公约》起草的历史显示，各国围绕社会保障是只应支付给正规就业的人还是也应涵盖包括从事自给农业的农村妇女在内的每一个公民，进行了激烈的争论。[94] 在发展中国家，很少有缔约国提供社会保障。[95] 提供社会保障的国家则要求受益人只有为中央计划（central scheme）作出贡献才可以获得收益。[96] 农村妇女因为没有途径作出贡献，特别是因为她们的收入常常不规律并

---

[89] A/58/38，2003 年第 29 届会议，对巴西的结论性意见，第 127 段；A/60/38，2005 年第 33 届会议，对贝宁的结论性意见，第 157 ~ 158 段；CEDAW/C/PHI/CO/6（2006），对菲律宾的结论性意见，第 27 段；CEDAW/C/SCG/CO/1（2007），对塞尔维亚的结论性意见，第 33 段；CEDAW/C/EGY/CO/7（2010），对埃及的结论性意见，第 39 ~ 40 段；CEDAW/C/TUR/CO/6（2010），对土耳其的结论性意见，第 34 ~ 35 段；第 24 号一般性建议，第 21 段。

[90] A/58/38，2003 年第 28 届会议，对萨尔瓦多的结论性意见，第 259 ~ 260 段；CEDAW/C/MWI/6（2008），马拉维第 6 次定期报告，第 269 段。

[91] A/HRC/13/32，《人权理事会咨询委员会关于获得食物权方面歧视的初步研究》，第 58 段。另见第 24 号一般性建议，第 7 段。

[92] CEDAW/C/LAO/CO/7（2009），对老挝人民民主共和国的结论性意见，第 38 段。另见 CEDAW/C/PER/CO/6（2007），对秘鲁的结论性意见，第 23 段；CEDAW/C/YEM/CO/6（2008），对也门的结论性意见，第 29 段。

[93] A/58/38，2003 年第 28 届会议，对刚果的结论性意见，第 175 段；比较斯里兰卡第 5、6、7 次合并定期报告，CEDAW/C/LKA/5 - 7（2010），第 136 段。

[94] Rehof（前注 2），第 153、159、161 页。《公约》关于就业的第 11 条第 1 款（e）项也规定了社会保障问题，参见对第 11 条一章的讨论。另见《世界人权宣言》第 22 条、第 25 条第 1 款；《经济社会文化权利国际公约》第 9 条；E/C. 12/GC/19，经济、社会及文化权利委员会第 19 号一般性意见（2008）。

[95] A/57/38，2002 年第 27 届会议，对赞比亚的结论性意见，第 248 段；CEDAW/C/MRT/CO/1（2007），对毛里塔尼亚的结论性意见，第 41 段。

[96] 第 27 号一般性建议，第 2 段；E/C. 12/GC/19，经济、社会及文化权利委员会第 19 号一般性意见（2008），第 7 段（建议缔约国制定涵盖所有人的非缴费方案）。

且无据可查，所以处境尤为不利。委员会特别担忧的是，“女性农业劳动力被排除在劳动法典适用范围之外，因此无法从社会保障或其他福利中受益”。[97]委员会在第16号一般性建议中呼吁缔约国“采取必要步骤，保障在家庭成员拥有的企业中工作但没有薪酬、社会保障或社会福利的妇女获得这些待遇”。[98]

其他人权条约也强调了缔约国在社会保障方面的义务。经济、社会及文化权利委员会第19号一般性意见得到消除对妇女歧视委员会第27号一般性建议的援引，[99] 该意见确认缔约国有义务确保社会保障的可提供性、适足性、可获取性（不加歧视地覆盖到所有人）及可负担性。[100]

消除对妇女歧视委员会和经济、社会及文化权利委员会都强调考虑妇女不成比例的养育责任和独特的工作模式非常重要，她们在生育和抚养子女中也需要得到休息。[101] 令人关切的还有缔约国强制妇女以低于男性的年龄退休的普遍做法，这可能导致妇女对社会保障基金的贡献较低从而获得的养老金也较低。[102] 农村妇女可能遭受更多的不公正对待，因为她们无法获得必要的身
370 份证明文件以证明有权获得国家援助，并且国家往往将办事处设在城镇。[103]

---

[97] CEDAW/C/LBN/CO/3（2008），对黎巴嫩的结论性意见，第36段。关于将家务劳动者排除在外，参见A/56/38，2001年第24届会议，对牙买加的结论性意见，第215段；A/58/38，2003年第28届会议，对加拿大的结论性意见，第365～366段；A/58/38，2003年第29届会议，对哥斯达黎加的结论性意见，第63段；CEDAW/C/PHI/CO/6（2006），对菲律宾的结论性意见，第25段。

[98] 第16号一般性建议，第（c）段。另见《非洲妇女权利议定书》第13条（f）项；E/C.12/GC/19，经济、社会及文化权利委员会第19号一般性意见（2008），第50～51段；CEDAW/C/TUR/CO/6（2010），对土耳其的结论性意见，第32～33段。

[99] 消除对妇女歧视委员会第27号一般性建议，第20段。

[100] E/C.12/GC/19，经济、社会及文化权利委员会第19号一般性意见（2008），第11～28段。

[101] CEDAW/C/2003/1/CRP.3/Add.5/Rev.1（2003），对加拿大的结论性意见，第49～50、57～58段；E/C.12/GC/19，经济、社会及文化权利委员会第19号一般性意见（2008），第32段。

[102] A/55/38，2000年第23届会议，对奥地利的结论性意见，第236段；第27号一般性建议，第20、24、42、44段。

[103] CEDAW/C/CHN/CO/6（2006），对中国的结论性意见，第32段；CEDAW/C/PER/CO/6（2007），对秘鲁的结论性意见，第32～33段；CEDAW/EGY/CO/7（2010），对埃及的结论性意见，第43～44段；E/C.12/GC/19，经济、社会及文化权利委员会第19号一般性意见（2008），第27段。

例如，南非在提交委员会的一份报告中指出政府努力补救无法获得“社会服务，如社会补助金、住房和发展机会”的情况，这些问题源于种族隔离时代拒绝颁发身份卡的做法。受影响最大的是“农村的黑人居民，其中许多是老年妇女、单身母亲、为亲属照看小孩的妇女以及残疾妇女”。[104] 委员会也强调了没有出生证明和身份文件的少数民族和土著妇女在获得社会服务和福利方面面临的不成比例的不利处境。[105]

委员会还指出婚姻状况对丧偶、未婚或离婚妇女的歧视性影响。在第27号一般性建议中，委员会把老年妇女遭受的贫穷以及她们缺乏获得社会保障的机会与其购买食物的能力联系起来。它建议缔约国平等地提供充分的非缴费型养老金，只要老年妇女没有足够的收入保障，她们就可以获得津贴。此外，考虑到对孙子女及其他家属的代际抚养义务，第27号一般性建议明确指出老年妇女总体上应当得到育儿福利和支持。[106]

6. 第14条第2款（d）项

这一规定关注的是不分等级、所有类型的教育。[107] 与《经济社会文化权利国际公约》和《儿童权利公约》不同，《公约》并未将某种形式的教育描述为强制性的，这意味着所有的教育都同等重要。[108]《公约》第14条第2款（d）项强化了《公约》第10条（a）项有关农村地区的教育的规定，二者必须结合起来理解。[109] 根据第10条（a）项的部分规定，缔约国承担确保“在各类教育机构，不论其在农村或城市……学习的机会和文凭的取得，条件相同”。[110] 缔约国不得限制，或狭义地将农村妇女的受教育权限定在第14

---

[104] CEDAW/C/ZAF/2 - 4（2010），南非的第2、3、4次合并定期报告，第14.32段。

[105] CEDAW/C/BOL/CO/4（2008），对玻利维亚的结论性意见，第19段。

[106] 第27号一般性建议第24、43 ~ 44段。另见A/59/38，2004年第30届会议，对白俄罗斯的结论性意见，第353段；CEDAW/C/CHN/CO/6（2006），对中国的结论性意见，第32段；CEDAW/C/BGD/Q/7（2010），对孟加拉国的问题清单，第22、27段。

[107] A/59/38，2004年第30届会议，对尼泊尔的结论性意见，第205段。

[108] CEDAW/C/SLE/CO/5（2007），对塞拉利昂的结论性意见，第31段；比较《经济社会文化权利国际公约》第13 ~ 14条；《儿童权利公约》第28 ~ 29条。

[109] 见Gonzalez Martinez（前注2），第214页。另见关于第10条一章的讨论。

[110] 在第10条的起草过程中，芬兰曾质疑期望农村地区获得与城市地区相同的教育是不是太雄心勃勃了。E/CN.6/591（1976），第115段。它倾向于保障“妇女能够不论居住地址，参加各类教育机构”。Rehof（前注2），第115页。

条列举的范围之内。试图限制另一条款的适用范围将与第 10 条关于不论城市还是农村的妇女平等获得各类教育的规定相悖。试图这么做的结果只能是制造双层教育体系，这构成基于住址的歧视，简言之，将违反《公约》的核心目标：消除一切形式的歧视。[111]

371 第 14 条第 2 款（d）项的关注点是提供正规的、基于教室教学模式之外的教育，这对农村妇女尤为重要，特别是因为她们在进入教育机构方面存在困难，导致接受正规教育的层次较低及职业文盲率上升。与城镇女性相比，她们更易辍学。[112] 在起草过程中，起草者指出正规和非正规教育的目的均在于提高技术熟练程度，这显然对农村妇女非常重要。[113] 委员会向缔约国询问“城市和农村地区的教育质量”的不同以及“技术/职业教育和高等教育层次的性别差距”。[114] 委员会尤其担忧的是，“只有 0.2% 的女性农民接受过正规的农业职业培训，只有 0.3% 的理工学院或大学本科学位开设这一专业”，[115] 此外农村妇女“参加农业和畜牧业培训计划的机会有限”，因而它建议缔约国确保农村妇女和女童有机会获得职业培训。[116]

尽管《公约》强调了在提供教育方面不得歧视妇女和女童的重要性，但尚无关于该主题的一般性建议，因此经济、社会及文化权利委员会（关于教育的）第 13 号一般性意见可以视为执行受教育权的参考指南。根据经

[111] 第 28 号一般性建议。另见 E/C.12/GC/20，经济、社会及文化权利委员会第 20 号一般性意见（2009），第 34 段。

[112] CEDAW/C/PER/CO/6（2007），对秘鲁的结论性意见，第 26 段。另见 A/58/38，2003 年第 28 届会议，对阿尔巴尼亚的结论性意见，第 76 段；CEDAW/C/NER/CO/2（2007），对尼日尔的结论性意见，第 30 段；CEDAW/C/NGA/CO/6（2008），对尼日利亚的结论性意见，第 35～36 段。关于土著妇女和少数民族妇女遭受的困难，参见 CEDAW/C/CAN/CO/7/Add.1/Corr.1（2008），对加拿大的结论性意见，第 43 段；CEDAW/C/AZE/CO/3（2007），对阿塞拜疆的结论性意见，第 31 段。另见第 27 号一般性建议，第 19、40 段。

[113] Rehof（前注 2），第 159 段；另见 CEDAW/C/SLE/CO/5（2007），对塞拉利昂的结论性意见，第 31 段。

[114] CEDAW/C/BGD/Q/7（2010），对孟加拉国的问题清单，第 14 段。另见 CEDAW/C/TUV/CO/2（2007），对图瓦卢的结论性意见，第 39 段。

[115] CEDAW/C/PRT/CO/7（2008），对葡萄牙的结论性意见，第 48 段。另见第 49 段。

[116] A/59/38，2004 年第 30 届会议，对不丹的结论性意见，第 117～118 段。另见 CEDAW/C/CHN/5-6（2004），中国第 5、6 次合并定期报告，第 33～34 段。

济、社会及文化权利委员会的意见，缔约国有义务确保教育的可提供性、可获取性、可接受性和可调适性。[117]

不论是缔约国的报告还是委员会的结论性意见都明确指出农村妇女和女童在获取高质量的教育和信息方面不成比例地处于不利境地。[118] 如果学校距离女孩家路途遥远，她们可能因为担心在上学途中遭受骚扰或暴力而不上学。[119] 在一些地方，寄宿制学校可能有助于解决这一问题。[120] 类似的，委员会也指出收取费用和相关成本，如交通、购买校服和设备，也构成农村妇女和女童接受教育的障碍。[121]

干预措施包括提供奖学金及其他财政援助。委员会对一个缔约国免除 372
学生贷款的利息表示欢迎，委员会曾指其之前的做法“对妇女存在潜在的不利影响”。[122]

土著妇女和女童还进一步面临语言歧视的不利处境。例如，委员会曾对一个缔约国指出，“如果妇女和女童的母语不是主要的官方语言，她们将继

[117] E/C.12/1999/10，经济、社会及文化权利委员会第13号一般性意见（1999），第6段。另见对第10条一章的讨论。

[118] A/58/38，2003年第29届会议，对厄瓜多尔的结论性意见，第319段；A/59/38，2004年第30届会议，对尼泊尔的结论性意见，第204～205段；CEDAW/C/TJK/CO/3（2007），对塔吉克斯坦的结论性意见，第33段；CEDAW/C/KEN/CO/6（2007），对肯尼亚的结论性意见，第33段；CEDAW/C/URY/CO/7（2008），对乌拉圭的结论性意见，第32、42～43段；CEDAW/C/YEM/CO/6（2008），对也门的结论性意见，第36段；CEDAW/C/TUR/CO/6（2010），对土耳其的结论性意见，第30段；CEDAW/C/CHN/CO/6（2006），对中国的结论性意见，第27段；CEDAW/C/BTN/CO/7（2009），对不丹的结论性意见，第26段；CEDAW/C/LAO/CO/7（2009），对老挝人民民主共和国的结论性意见，第33段；CEDAW/C/ZAF/2－4（2010），南非第2～4次合并定期报告，第14.33段。

[119] CEDAW/C/BTN/CO/7（2009），对不丹的结论性意见，第26段；CEDAW/C/TLS/CO/1（2009），对东帝汶的结论性意见，第35～36段。

[120] CEDAW/C/IND/2－3（2005），印度第2～3次合并定期报告，第98段；CEDAW/C/MDV/CO/3（2007），对马拉维的结论性意见，第27段；CEDAW/C/VUT/CO/3（2007），对瓦努阿图的结论性意见，第30段。

[121] CEDAW/C/CHN/CO/6（2006），对中国的结论性意见，第28段；CEDAW/C/FJI/CO/4（2010），对斐济的结论性意见，第28段。

[122] CEDAW/C/NZL/CO/6（2007），对新西兰的结论性意见，第9段；另见CEDAW/C/ALB/CO/3（2010），对阿尔巴尼亚的结论性意见，第30段；CEDAW/C/VUT/CO/3（2007），对瓦努阿图的结论性意见，第31段。

续面临教育不利，特别是在农村地区，……对这个问题国家提供的信息和数据不充分”。[123]

委员会促请缔约国采用特别措施改善农村妇女和女童的受教育机会，降低她们的辍学率。[124] 委员会强调缔约国有义务确保农村妇女具备法律知识，这样她们才能维护自己的权利，同时建议“在教育系统中，特别是农村（周边）地区的教育系统传播有关《公约》内容的信息”。[125]

7. 第 14 条第 2 款（e）项

在同一条款中同时包含自助组和合作社看上去有点同义反复，但起草历史显示了二者的区别：起草小组主席解释说自助组是“一种未建立正式合作社的合作制安排”。[126] 该项规定承认，由于歧视，妇女并不总有机会获得经济自主权，因此有必要建立自己的促进性组织。[127] 委员会专门指出这些机会的重要性，询问有多少妇女参与农业合作社的管理以及是否与男性拥有相同的获得信贷的机会，[128] 要求一个缔约国提供使妇女在创收活动中实现平等机会的详细信息。[129] 委员会肯定另一缔约国的经济赋权举措，但对“妇女中，特别是农村妇女和女户主中的普遍贫困”表示担忧。它敦促该缔约国

[123] CEDAW/C/TUR/CO/6（2010），对土耳其的结论性意见，第 30 段。另见 CEDAW/C/TLS/CO/1（2009），对东帝汶的结论性意见，第 36 段；CEDAW/C/PAN/CO/7（2010），对巴拿马的结论性意见，第 35 段；CEDAW/C/IND/2－3（2005），印度第 2～3 次合并定期报告，第 97 段。另见《非洲妇女权利议定书》第 18 条第 2 款（a）项（呼吁国家保护并发展妇女的原住民知识体系）。

[124] A/53/38，1998 年第 19 届会议，对南非的结论性意见，第 135～136 段；A/57/38，2002 年特别会议，对秘鲁的结论性意见，第 491 段；CEDAW/C/MKD/CO/3（2006），对前南斯拉夫马其顿共和国的结论性意见，第 28 段。

[125] CEDAW/C/MDV/CO/3（2007），对马尔代夫的结论性意见，第 18 段。另见 CEDAW/C/VNM/CO/6（2007），对越南的结论性意见，第 29 段；CEDAW/C/USR/CO/7（2010），对俄罗斯联邦的结论性意见，第 42、53 段。

[126] Rehof（前注 2），第 160 页。

[127] 同上注。参见 CEDAW/C/ARE/1（2006），阿拉伯联合酋长国初次报告，第 56 段。

[128] CEDAW/C/USR/Q/7（2009），对俄罗斯联邦的问题清单，第 27 段。另见 CEDAW/C/BGD/Q/7（2010），对孟加拉国的问题清单，第 21 段。

[129] CEDAW/C/SLE/CO/5（2007），对塞拉利昂的结论性意见，第 33 段。A/58/38，2003 年第 28 届会议，对阿尔巴尼亚的结论性意见，第 77 段；A/57/38，2002 年第 26 届会议，对爱沙尼亚的结论性意见，第 114 段。

确保农村妇女能够参加“经济创收项目”。[130]

8. 第 14 条第 2 款（f）项 373

第 14 条第 2 款（f）项关注的是妇女的参与。第 14 条第 2 款（f）项试图解决通常基于社会和文化理由将妇女排除在外的问题，因此必须与第 5 条（a）项与第 7 条结合起来理解。[131] 第 23 号一般性建议将妇女的不平等地位与她们对公共和政治生活的低参与率联系在一起。[132] 参加社区生活对农村妇女尤其重要，因为她们与国家正式机构之间的互动距离遥远，所以只能依赖男性家庭成员以及地方当局和机构来帮助她们享有权利。[133] 委员会评论道：

> 考虑到 80% 的人口在农村生活、村长和村委会处理大部分日常事务，委员会感到十分关切的是，不到 1% 的村长为妇女，只有一名老挝妇女联盟成员在村委会里代表妇女。[134]

委员会强调，缔约国需要解决妇女在社区组织中代表性不足的问题。[135]

---

[130] CEDAW/C/NGA/CO/6（2008），对尼日利亚的结论性意见，第 35～36 段。另见 CEDAW/C/SCG/CO/1（2007），对塞尔维亚的结论性意见，第 32 段；CEDAW/C/IND/2－3（2005），印度第 2～3 次合并定期报告，第 282、294 段；CEDAW/C/IND/CO/3（2007），对印度的结论性意见，第 37 段；CEDAW/C/MOZ/CO/2（2007），对莫桑比克的结论性意见，第 41 段。

[131] CEDAW/C/FJI/CO/4（2010），对斐济的结论性意见，第 26 段；CEDAW/C/SLE/CO/5（2007），对塞拉利昂的结论性意见，第 21 段；第 23 号一般性建议，第 8～10 段。另见《非洲妇女权利议定书》第 17 条关于妇女有权参加阐释文化价值的规定。

[132] 第 23 号一般性建议，第 13 段；CEDAW/C/PNG/CO/3（2010），对巴布亚新几内亚的结论性意见，第 46 段。

[133] 第 23 号一般性建议，第 12 段。另见“Rural Women in Kenya and the Legitimacy of the Human Rights Discourse and Institutions”（前注 4），第 263 页；前注 28，第 34、61～64 段。另见 Shilubana 与其他人诉 Nwamitwa（性别平等委员会作为法庭之友参加），2007（2）SA 432。

[134] A/60/38，2005 年第 32 届会议，对老挝人民民主共和国的结论性意见，第 104 段。另见 CEDAW/C/LKA/5－7（2010），斯里兰卡第 5～7 次合并定期报告，第 144 段。

[135] 第 27 号一般性建议，第 23 段；CEDAW/C/MOZ/CO/2（2007），对莫桑比克的结论性意见，第 40 段；CEDAW/C/NGA/CO/6（2008），对尼日利亚的结论性意见，第 36 段。另见 CEDAW/C/IND/2－3（2005），印度第 2～3 次合并定期报告，第 286 段。

它呼吁缔约国“确保妇女参加老龄委员会”,[136] 并关切地指出“对村民委员会组织法的修改没有规定在村民委员会中妇女应有平等的代表性”。[137] 它呼吁社区机构，特别是处理暴力问题的村级调解单位应具有性别敏感性。[138]

委员会也承认，对土著妇女和其他属于少数群体的妇女而言，参加社区活动非常重要。[139] 虽然承认不同群体间的文化和其他差异相当重要，但是保持文化规范不是歧视妇女的正当理由。[140] 委员会一方面对缔约国承认文化的差异表示赞同，但也谨慎地指出：“承认社区司法制度虽然更便于土著人和农村民众利用，但它有可能成为使歧视妇女、侵犯《公约》规定的人权的定型观念、偏见永久存在的一种机制。”[141]

374 **9. 第14条第2款（g）项**

委员会已经确认，拒绝向妇女发放信贷已经成为各国不同收入水平的妇女作为平等公民参与经济生活的障碍。[142] 委员会指出，在一个经济发达缔约国的重点行业，基于性别和社会性别的歧视导致妇女在渔业领域参与水平低下，并影响妇女“获得补助金和贷款”。[143] 对另一缔约国，委员会关切地指出，“妇女无法获得信贷和银行便利，这是限制她们参与小型商业项目的主

---

[136] CEDAW/C/USR/CO/7（2010），对俄罗斯联邦的结论性意见，第44段。

[137] CEDAW/C/CHN/CO/6（2006），对中国的结论性意见，第25段；CEDAW/C/LAO/CO/7（2009），对老挝人民民主共和国的结论性意见，第44段。

[138] CEDAW/C/LAO/CO/7（2009），对老挝人民民主共和国的结论性意见，第24段。

[139] A/60/38，2005年第33届会议，对圭亚那的结论性意见，第307～308段；CEDAW/C/ARG/CO/6（2010），对阿根廷的结论性意见，第41段；CEDAW/C/PER/CO/6（2007），对秘鲁的结论性意见，第36段。

[140] 前注28，第64段。

[141] CEDAW/C/BOL/CO/4（2008），对玻利维亚的结论性意见，第22段。

[142] 见对第13条一章的讨论。另见第27号一般性建议，第47段；A/57/38，2002年第26届会议，对爱沙尼亚的结论性意见，第114段；A/58/38，2003年第28届会议，对阿尔巴尼亚的结论性意见，第76段；CEDAW/C/URY/CO/7（2008）对乌拉圭的结论性意见，第33段；CEDAW/C/LBN/CO/3（2008），对黎巴嫩的结论性意见，第36～37段；CEDAW/CO/NGA/CO/6（2008），对尼日利亚的结论性意见，第35段。

[143] CEDAW/C/ICE/CO/6（2008），对冰岛的结论性意见，第31段。另见A/58/38，2003年第29届会议，对摩洛哥的结论性意见，第174段；CEDAW/C/FJI/CO/4（2010），对斐济的结论性意见，第34段。

要障碍”。它紧接着促请该缔约国保障妇女“有创收的机会，包括获得培训、营销和信贷”。[144] 委员会感到担忧的是，另一支持建立妇女银行的缔约国“仍以高额利息及难以负担的条件向妇女发放贷款，妨碍妇女发展的情况仍然相当普遍”。[145]

妇女无法获得固定资产、在能够保证规律收入的正规经济中参与度低，这意味着她们没有抵押品，这对她们获得贷款和信贷的能力产生了消极影响。委员会要求一个缔约国在下一次定期报告中提供农村妇女的情况，“特别是与男性相比，妇女在拥有土地和全面获得信贷服务方面的比例较低的原因”。[146]

（1）适当技术

长期以来，农村妇女都与非机械化的自给自足的粮食生产联系在一起。这一结果很大程度上是由于歧视以及农村地区普遍缺少技术、她们没有机会获得更先进的生产手段造成的。[147] 委员会指出，发展的福利之一是让农村妇女可以获得（环境友好的）技术进步。[148]

（2）土地方面的平等对待

可以说该款是对农村妇女最重要的规定，委员会对此投入了大量关

[144] CEDAW/C/PNG/CO/3（2010），对巴布亚新几内亚的结论性意见，第45～46段；CEDAW/C/SLE/CO/5（2007），对塞拉利昂的结论性意见，第33段；CEDAW/C/BGD/Q/7（2010），对孟加拉国的问题清单，第23段。

[145] CEDAW/C/TZA/CO/6（2008），对坦桑尼亚的结论性意见，第37段。另见CEDAW/C/AZE/CO/3（2007），对阿塞拜疆的结论性意见，第23段；CEDAW/C/IND/CO/3（2007），对印度的结论性意见，第36段。

[146] CEDAW/C/UZB/CO/4（2010），对乌兹别克斯坦的结论性意见，第37段。另见CEDAW/C/IND/2－3（2005），印度第2～3次合并定期报告，第283段；CEDAW/C/NGA/CO/6（2008），对尼日利亚的结论性意见，第338～339段；CEDAW/C/UGA/Q/7（2010），对乌干达的结论性意见，第26段；CEDAW/C/MVI/6（2008），马拉维第6次定期报告，第266段；CEDAW/C/ARE/1（2006），阿拉伯联合酋长国初次报告，第56页；CEDAW/C/ARE/CO/1（2010），对阿拉伯联合酋长国的结论性意见，第43段；CEDAW/C/PNG/CO/3（2010），对巴布亚新几内亚的结论性意见，第45～46段。

[147] CEDAW/C/LKA/5－7（2010），斯里兰卡第5～7次合并定期报告，第141段。

[148] A/60/38，2005年第32届会议，对老挝人民民主共和国的结论性意见，第93段；A/60/38，2005年第32届会议，对巴拉圭的结论性意见，第290段。

375 注。[149] 土地没有保障使妇女极易遭受贫困、驱逐，对她们的经济选择产生了消极影响。获得土地的能力之所以重要还缘于它与粮食安全之间的联系。[150] 在许多地方，妇女获得土地的权利受到来自法律和文化的双重限制。[151] 多种多样的属人法并存，其中一些允许歧视妇女，社区规则有可能不承认妇女的权利，而土地所有权和使用权均以其规定为条件。[152] 这构成对妇女的歧视，违反了《公约》第2条（f）项、第15条、第16条以及第21号一般性建议，关于死亡及离婚时的财产分配规则尤其如此。[153] 即便宪法框架保证法律面前人人平等，性别偏见也可能导致否定妇女获得土地的权利。[154] 有些宪

---

[149] 国际土地联盟、国际农业发展基金、粮食和农业组织，《农村妇女、土地与〈消除对妇女一切形式歧视公约〉》（2004）；A/58/38，2003年第28届会议，对肯尼亚的结论性意见，第223~224段；CEDAW/C/UZB/CO/3（2006），对乌兹别克斯坦的结论性意见，第29段；CEDAW/C/IND/CO/3（2007），对印度的结论性意见，第47段；CEDAW/C/PAK/CO/3（2007），对巴基斯坦的结论性意见，第42段；CEDAW/C/TJK/CO/3（2007），对塔吉克斯坦的结论性意见，第19、34段；CEDAW/C/BOL/CO/4（2008），对玻利维亚的结论性意见，第11段；CEDAW/C/LBN/CO/3（2008），对黎巴嫩的结论性意见，第36段；CEDAW/C/NGA/CO/6（2008），对尼日利亚的结论性意见，第35~36段；CEDAW/C/TLS/CO/1（2009），对东帝汶的结论性意见，第42段；CEDAW/C/PNG/CO/3（2010），对巴布亚新几内亚的结论性意见，第45段。

[150] 第21号一般性建议，第26段；第24号一般性建议，第7段；第27号一般性建议，第24段；Rae（前注11），第12页。粮食与农业组织《提高获得土地的性别公正》（2006），第2页。另见C. Chinkin and S. Wright, "The Hunger Trap: Women, Food and Self-Determination" (1993) 4 *Michigan J of Intl L* 262。

[151] 第27号一般性建议，第26段；CEDAW/C/PNG/CO/3（2010），对巴布亚新几内亚的结论性意见，第45~46段；CEDAW/C/NGA/CO/6（2008），对尼日利亚的结论性建议，第338段；E/CN.4/2002/53，联合国人权委员会《适足住房权特别报告员关于妇女平等拥有、利用和控制土地的权利以及平等拥有财产和获得适当住房的权利的报告》（2002）。

[152] CEDAW/C/MWI/6（2008），马拉维第6次定期报告，第272段；A/57/38，2002年特别会议，对乌干达的结论性意见，第151~153段；CEDAW/C/UGA/CO/7（2010），对乌干达的结论性意见，第41~42段；A/58/38，2003年第28届会议，对肯尼亚的结论性意见，第223~224段。

[153] 消除对妇女歧视委员会第21号一般性建议，第26、34~35段。

[154] A/57/38，2002年特别会议，对乌干达的结论性意见，第151~153段；CEDAW/C/UGA/CO/7（2010），对乌干达的结论性意见，第41~42段；CEDAW/C/LBN/CO/3（2008），对黎巴嫩的结论性意见，第37段；CEDAW/C/PNG/CO/3（2010），对巴布亚新几内亚的结论性意见，第45段；CEDAW/C/FJI/CO/4（2010），对斐济的结论性意见，第34段。另见B. Oomen, *Chiefs in South Africa: Law, Power and Culture in the Post-Apartheid Era* (2005), p. 158。

法赋予个人身份法优先于平等权的地位，这有损妇女的财产权利。正如委员会所指出的，即便宪法形式上提供了平等保护，“但实践中并不总能保证宪法优于习惯法”。[155]

（3）土地改革与重新安置

委员会将执行土地法和政策作为一个专门问题。把男人视为户主的性别刻板印象意味着妇女如果没有男人的保护便会被排除在土地安置计划之外，这加剧了贫困，尤其是包括土著妇女、丧偶妇女以及女户主在内的脆弱群体的贫困。委员会指出，“私有化的过程使妇女处境相当不利，因为绝大多数土地和牲畜都登记在男户主的名下，这使妇女没有合法的所有权，无法控制她们的财产”。[156] 委员会在第 21 号一般性建议中呼吁缔约国在向不同族裔群体重新分配土地时，应保证妇女不论其婚姻状况均能享有重新分配土地的权利。[157] 委员会欢迎某缔约国制定《农村土地承包法》，规定应向已婚、离异及丧偶妇女分配土地，同时也指出，“70% 的农村无地户是妇女”。委员会建 376
议采取包括“改变导致歧视妇女的习俗的措施和步骤”等救济措施。[158] 委员会责成一个缔约国“确保分配给农村和部落中居无定所的妇女的剩余土地是适合耕种的”。[159] 委员会明确指出“农村妇女参与土地改革方案的必要性”，并建议“国家妇女机构……为土地改革政策问题和农村妇女问题积极工作，确保她们有效参与这些领域的活动”。[160] 该缔约国在随后提交委员会的报告中承认，召开会议时妇女对发展项目以及如何进行征地补偿往往没有发言和表达意见的机会。缔约国称，为解决妇女的参与权问题它已经开始为男女分别召开会议。[161]

---

[155] CEDAW/C/BOT/CO/3（2010），对博茨瓦纳的结论性意见，第 13 段。另见 Magaya v. Magaya，（1999）1 ZLR 100。另见对第 15、16 条章节的相关讨论。

[156] CEDAW/C/MNG/CO/7（2008），对蒙古国的结论性意见，第 37 段。

[157] 第 21 号一般性建议，第 27 段。

[158] CEDAW/C/CHN/CO/6（2006），对中国的结论性意见，第 5、27 段。另见 CEDAW/C/MOZ/CO/2（2007），对莫桑比克的结论性意见，第 40 段；CEDAW/C/TJK/CO/3（2007），对塔吉克斯坦的结论性意见，第 34 段。

[159] CEDAW/C/IND/CO/3（2007），对印度的结论性意见，第 47 段。

[160] A/53/38/Rev. 1，1998 年第 19 届会议，对南非的结论性意见，第 135 ~136 段。

[161] CEDAW/C/CO/ZAF/2 -4（2010），南非第 2 ~4 次合并定期报告，第 14. 12 段。

许多由妇女提起的案件援引《公约》来质疑习惯法规范因其性别而剥夺她们的财产继承权的做法。在 Ephraim 诉 Pastory 案中,[162] 一位来自坦桑尼亚农村地区的妇女对哈亚（Haya）习惯规则只允许妇女继承土地却不允许出售土地提出质疑：她们的继承权仅限于在有生之年使用（终身财产或使用权），当这位妇女试图出售土地时，她的侄子对出售行为提出质疑，理由是这违反了习惯规范。法院判决支持了这位妇女，指出习惯法必须让位于包括《公约》在内的关于平等和非歧视的国际规范。这一判决与《公约》第 2 条（f）项和第 15 条第 1 款一致。Ephraim 案的判决也符合第 21 号一般性建议，并被肯尼亚的两个案例所承袭。这两个案例均认定《公约》第 1 条是坚持非歧视原则的基础，允许妇女与男性平等享有继承权。[163]

10. 第 14 条第 2 款（h）项

第 14 条第 2 款（h）项保证妇女享有“特别是在住房、卫生、水电供应、交通和通讯方面”适当的生活条件的权利。委员会并未深入关注本条款所涵盖的问题，而是倾向于将其概括性地列入所关切的问题中，敦促缔约国采取措施
377 改善对这些资源的供应。[164] 委员会有时会对缔约国未提供这方面的资料表示关切。[165] 委员会还承认资源匮乏可能成为限制缔约国履行该条款的原因。[166]

---

[162] Ephraim v Pastory, (1990) LRC 757。另见 Dhungana v Nepal, Supreme Court Writ No. 3392, 1995 年 8 月 2 日；Bhe v Magistrate Khayelitsha, (2005) 1 BCLR 1。

[163] 第 21 号一般性建议，第 34 ~ 35 段。Rono 诉 Rono 与另一人，（2008）1KLR 803，812 - 813。关于 Lerionka Ole Ntutu（已去世）的遗产继承问题，2000 第 1263 号继承案，（2008）KLR1，5 - 6。

[164] CEDAW/C/MRT/CO/1（2007），对毛里求斯的结论性意见，第 41 ~ 42 段；CEDAW/C/PAK/CO/3（2007），对巴基斯坦的结论性意见，第 40、42 段；CEDAW/C/MOZ/CO/2（2007），对莫桑比克的结论性意见，第 41 段；CEDAW/C/CAN/CO/7/Add. 1/Corr. 1（2008），对加拿大的结论性意见，第 43 段；CEDAW/C/YEM/CO/6（2008），对也门的结论性意见，第 36 段；CEDAW/C/NGA/CO/6（2008），对尼日利亚的结论性意见，第 36 段；CEDAW/C/TLS/CO/1（2009），对东帝汶的结论性意见，第 42 段；CEDAW/C/UGA/CO/7（2010），对乌干达的结论性意见，第 42 段。

[165] CEDAW/C/ARE/CO/1（2010），对阿拉伯联合酋长国的结论性意见，第 42 段；CEDAW/C/CO/4（2010），对乌兹别克斯坦的结论性意见，第 36 段。

[166] Gonzalez Martinez（前注 2），第 213 页。

在多份一般性建议中，委员会确认获得第 14 条第 2 款（h）项的权利非常重要。[167]

（1）住房

第一次世界妇女大会指出，妇女花费在家中或家庭附近的时间远远超过男性，因此在选择住房的位置和类型时应征询妇女的意见，另外，应当系统地减少“为满足获取水、粮食、燃料和其他必需品等重要需求所花费的劳动力和旅行路途”。[168] 农村妇女在获得适足住房方面持续处于不利地位，这主要源于法律和社会因素否认她们购买或获得土地和住房的权利。[169] 在许多缔约国，妇女的住房权由其父亲和作为户主的丈夫来居间解决，她们没有独立的住房权。[170] 这忽视了相当多的户主是女性（包括丧偶妇女）的情况。[171] 除其他问题外，剥夺独立的住房权已确定会给妇女带来更大的遭受暴力的风险。[172]

分割离婚财产的歧视性法律也可能使妇女无家可归。[173]

委员会采用交叉视角，认定某些群体，包括土著人、少数人、难民和流离失所的妇女和女童在获得和享有住房权方面处境尤为不利。委员会在审议一缔约国报告的结论性意见中，特别关切“贝都因妇女的情况，她们居住

---

[167] 第 21 号一般性建议，第 26 段；第 24 号一般性建议，第 28 段；第 27 号一般性建议，第 24、47 ~ 49 段；第 28 号一般性建议。

[168] 墨西哥城会议（前注 15），第 148 ~ 153 段。E/1992/23，经济、社会及文化权利委员会第 4 号一般性意见，第 8 段关于适足住房权的核心构成要件。

[169] E/CN. 4/2006/118，联合国人权事务高级专员《适足住房权特别报告员关于妇女和适足住房的报告》。

[170] 第 21 号一般性建议，第 30 ~ 35 段；第 27 号一般性建议，第 26 ~ 28、51 ~ 53 段。另见 A/HRC/13/32，《人权理事会咨询委员会关于食物权方面歧视的初步研究》，第 58 段；《非洲妇女权利议定书》第 16 条（不论婚姻状况，授予妇女住房权）。比较 CEDAW/C/IND/2 - 3 (2007)，印度第 2 ~ 3 次合并定期报告第 299 段提到一个向农村妇女建房子提供资金的方案，此外妇女可以作为房屋的单独或共同所有人。

[171] CEDAW/C/MNG/CO/7 (2008)，对蒙古国的结论性意见，第 37 段；CEDAW/C/NGA/CO/6 (2008)，对尼日利亚的结论性意见，第 36 段；CEDAW/C/FJI/CO/4 (2010)，对斐济的结论性意见，第 34 段；CEDAW/C/BOT/CO/3 (2010)，对博茨瓦纳的结论性意见，第 41 段。

[172] 前注 169，第 16 段。另见关于“针对妇女的暴力”一章的讨论。

[173] 第 21 号一般性建议，第 25 ~ 33 段。另见对第 15、16 条章节的讨论。

在无人知晓的村庄，住房条件差，得不到或只有有限的水、电和卫生设施。”[174] 在接下来的报告周期中，委员会再次询问了贝都因妇女的情况，并
378 要求缔约国说明“为确保巴勒斯坦阿拉伯贝都因妇女的权利得到充分保护所采取的措施，由于强行拆迁，这些妇女失去了祖传的土地”。[175]

关于适足住房问题的特别报告员在工作中咨询了委员会的意见，指出委员会已表示愿意按照他的提议准备一份关于住房权和土地权的一般性建议。[176] 但目前尚未制定。

(2) 水

委员会没有深入关注水权，也未剖析使用和获得水的性别维度。[177] 不过，委员会在第24号一般性建议中指出，第14条第2款 (h) 项所包含的权利“对预防疾病和促进良好的健康极为重要”。[178] 委员会有时也会在建议缔约国考虑改进的问题清单中简要提及水权和提供卫生设施。[179]

经济、社会及文化权利委员会第15号一般性意见援引了《公约》第14条第2款 (h) 项，指出不能获得清洁的水供应构成对妇女的歧视。[180] 它接着说，“缔约国有义务考虑妇女和儿童的需求，逐步推广安全的卫生设施，特别应在农村和城市贫困地区推广”。[181]

---

[174] CEDAW/C/ISR/CO/3 (2005)，对以色列的结论性意见，第39段。另见 CEDAW/C/AZE/CO/3 (2007)，对阿塞拜疆的结论性意见，第31段；CEDAW/C/CAN/CO/7/Add. 1/Corr. 1 (2008)，对加拿大的结论性意见，第43段。

[175] CEDAW/C/ISR/Q/5 (2010)，对以色列的问题清单，第33段。另见第34~35段。

[176] 前注169，第16、81段。

[177] 参见 A. Hellum, “Engendering the Right to Water and Sanitation: A Women Focused and Grounded Approach”, in M. Langford and A. Russell (eds.), *The Right to Water: Theory, Practice and Prospects*, 2011。

[178] 第24号一般性建议，第28段。

[179] CEDAW/C/LAO/CO/7 (2008)，对老挝人民民主共和国的结论性意见，第38段；CEDAW/C/YEM/CO/6 (2008)，对也门的结论性意见，第36段；CEDAW/C/CAN/CO/7/Add. 1/Corr. 1 (2008)，对加拿大的结论性意见，第43段；CEDAW/C/MAR/CO/4 (2008)，对摩洛哥的结论性意见，第32段；CEDAW/C/MNG/CO/7 (2008)，对蒙古国的结论性意见，第36段。

[180] E/C. 12/2002/11，经济、社会及文化权利委员会第15号一般性意见 (2003)，第4段。另见第13、15段，第16 (a) 段，第17段。

[181] 同上注，第29段。

水对于农村妇女尤其重要，因为在对劳动的性别分工中，取水以及做饭、清洁和洗涤等活动都是“妇女的工作”。[182] 环境变化导致更严重的水资源短缺，增加了她们距水源的距离，使她们在取水过程中暴露于暴力的风险之下，这对妇女的影响更为严重[183]。在一个缔约国，已经确定存在被砷污染的水，委员会在结论性意见中指出这对农村育龄妇女的影响尤其严重。它敦促缔约国设法让造成砷污染的直接或间接责任人向受害者提供赔偿，并且：

> 采取措施，确保向所有人，特别是受影响的农村妇女及其家庭提供安全饮水。委员会呼吁该缔约国不再拖延，制订一项行动计划，其中应包括一些预防的和补救措施，优先向农村妇女及其家庭和当地社区提供所需的无风险、成本效益高的技术，并提供其他办法，来替代汲取地下水的做法。[184]

缺乏适足的卫生设施与剥夺受教育权，特别是女童的受教育权相关 379
联。[185] 鉴于水供给的私有化程度不断提高，经济可及性对妇女来说尤为重要，因为她们往往不具备与男性相同的经济资源来购买水。[186] 经济、社会及文化权利委员会指出缔约国的义务包括在个人无法依靠自己的力量获得水时为其提供便利，[187] 并要求缔约国减轻妇女所负担的沉重的取水责任。它进一步强调了确保妇女参加关于水的决策过程的重要性。[188]

---

[182] EDAW/C/NPL/4 -5 (2010)，尼泊尔第 4 ~5 次合并定期报告，第 251 (c) 段；E/C. 12/2002/11，经济、社会及文化权利委员会第 15 号一般性意见 (2003)，第 12 (a) 段。

[183] CEDAW/C/MNG/CO/7 (2008)，对蒙古国的结论性意见，第 35 ~36 段。

[184] A/59/38，2004 年第 31 届会议，对孟加拉国的结论性意见，第 259 ~260 段。

[185] E/C. 12/2002/11，经济、社会及文化权利委员会第 15 号一般性意见 (2003)，第 16 (b) 段；联合国发展规划署《2006 年人类发展报告：水》。

[186] E/C. 12/2002/11，经济、社会及文化权利委员会第 15 号一般性意见 (2003)，第 27 段、第 44 (a) 段。

[187] 同上注，第 25 段。

[188] 同上注，第 16 (a) 段。另见 CEDAW/C/IND/2 -3 (2005)，印度第 2 ~3 次合并定期报告，第 300、319 段。

(3) 电、通讯和交通

第27号一般性建议强调，由于没有交通手段，农村老年妇女在参与经济和社区活动以及获得服务方面面临困难。[189] 第24号一般性建议确定，“缺乏方便和负担得起的公共交通”阻碍获得保健服务。[190] 缺乏资金，加之在农村地区缺乏可通行的道路都阻碍了妇女的交通。一些缔约国的报告确认妇女必须走很远的路，这是她们无法获得卫生设施、孕产妇及婴儿死亡率高以及无法获得避孕及计划生育建议的关键问题。[191] 委员会在对墨西哥的调查中调查了超过300名妇女失踪或被杀害事件，以及缔约国未尽到恪尽职守义务的问题，强调缺乏安全的交通以及电力供应对妇女的影响。[192] 除此之外，委员会极少对电供应作出评论。[193]

沟通可以通过多种形式进行。前文已经指出，委员会鼓励国家确保公民能够通过自己的语言知晓《公约》以及缔约国的义务。[194] 联合国妇女发展基金的一个方案采用了创新艺术项目来提高对《公约》的知晓程度，它将200名被边缘化的妇女，特别是贫困的农村妇女聚在一起，确定她们面临的挑战，并以《公约》为中心议题寻求解决办法。农村妇女的困难包括“获得农业设备、种子、化肥、交通途径的机会有限，因此
380 无法从农业活动中获利”。[195] 许多农村妇女无法从全球技术繁荣中获利，

[189] 第27号一般性建议，第24、27段。

[190] 第24号一般性建议，第21段。

[191] CEDAW/C/MWI/6（2008），马拉维第6次定期报告；CEDAW/C/YEM/6（2007），也门第6次定期报告。

[192] A/59/38（2004），第二部分，《消除对妇女一切形式歧视公约的任择议定书》第8条对性别歧视的调查：墨西哥，第64、69、188、290段。关于缺乏安全的交通对女童获得教育的影响，参见CEDAW/C/BTN/CO/7（2009），对不丹的结论性意见，第25段；CEDAW/C/ZAF/Q/4/Add. 1（2010），南非对问题清单的答复，第2.9.1.6.2段。

[193] CEDAW/C/NGA/CO/6（2008），对尼日利亚的结论性意见，第339段；CEDAW/C/YEM/CO/6（2008），对也门的结论性意见，第36段；CEDAW/C/ISR/CO/3（2005），对以色列的结论性意见，第39段。

[194] CEDAW/C/PNG/CO/3（2010），对巴布亚新几内亚的结论性意见，第15、17~18、58段；CEDAW/C/UZB/CO/3（2006），对乌兹别克斯坦的结论性意见，第14、38段。

[195] A. Divinskaya,“CEDAW in Kyrgyzstan:Movement towards Justice”，联合国妇女发展基金社区艺术项目（无日期）2，http://www.unifem.org/cedaw30/attachments/success_stories/3ADCommunityArtProject_en.pdf，访问日期2010年12月31日。

因为她们受教育水平低下、缺乏对可用技术的了解，即便知晓也缺乏获得该技术的资金资源。[196]

四　本条语境中的平等

《公约》的目标是消除所有领域的歧视。[197]

（一）形式平等

缔约国在《公约》之下的一个核心义务是确保不存在歧视妇女的法律或政策。在拥有多元法律制度的社会，形式平等要求缔约国确保它所有的法律与《公约》的每一条款均保持一致，并得到适用。委员会曾不无担忧地指出，习惯法虽然从属于宪法和制定法，却得到乡村法庭的适用，导致“对妇女的歧视持续不断”。[198]

（二）实质平等

委员会在第25号和第28号一般性建议中指出，修订法律、删除歧视性规定只是一个开始，仅此并不足够。[199]

实质平等要求缔约国超越形式的法律平等，考察妇女的生活经历。它要求考虑法律、政策或做法对享有权利的影响，或者考虑有关权利。委员会要求一个缔约国提供信息说明其政策对农村妇女的影响：

> 请提供资料说明在西岸所实行的关闭制度和有关行动限制，以及它们对西岸农村地区妇女的生活及其享有《公约》所赋予的权利，尤其是第14条所规定的权利的能力所造成的影响。这一信息与妇女

[196] 第27号一般性建议，第12段。

[197] 第28号一般性建议，第4、14~15段。

[198] CEDAW/C/PNG/CO/3（2010），对巴布亚新几内亚的结论性意见，第17段。

[199] 第25号一般性建议，第8段；第28号一般性建议，第16段。

> 获得以下权利尤其相关，即适当保健服务、正规和非正规教育、适当的生活条件和赋权、经济生活平等以及享有家庭生活的权利。另请向委员会说明采取了哪些措施来确保生活在农村地区的妇女能够前往自家位于隔离墙另一面和定居点周围的土地上进行耕作。[200]

有效性对实现实质平等非常重要。例如，委员会担忧地指出，虽然制定了新的法律，农村妇女“仍然只能获得有限的土地所有权、信用及推广服
381 务，这使其低下的社会、经济条件永久化”。[201] 实质平等还可能要求缔约国利用暂行特别措施解决妇女所面临的历史上遗留在法律和政策中的歧视，以加速实现平等。[202]

（三）变革性平等

变革性平等关注的是解决结构性歧视问题。委员会在审议第14条时关切地指出，“传统上对女性的刻板印象在农村地区最为盛行，农村妇女常常被局限于从事与耕种和养育子女相关的工作，没有机会得到有薪工作”。[203] 它呼吁缔约国解决根植于社会和文化构建的男女角色（社会性别）以及刻板印象的歧视，关注“限制妇女充分享有财产权的消极习俗和传统做法的影响”。[204]

（四）直接歧视

第28号一般性建议将直接歧视界定为“明显以性或性别差异为由实施

---

[200] CEDAW/C/ISR/Q/5（2010），对以色列的问题清单，第35段。

[201] A/60/38，2005年第32届会议，对巴拉圭的结论性意见，第289段。另见CEDAW/C/MNG/CO/7（2008），对蒙古国的结论性意见，第36段。

[202] A/60/38，2005年第32届会议，对阿尔及利亚的结论性意见，第160段。

[203] CEDAW/C/MMR/CO/3（2008），对缅甸的结论性意见，第44段。

[204] CEDAW/C/UGA/CO/7（2010），对乌干达的结论性意见，第42段。另见CEDAW/C/SLE/5（2007），对塞拉利昂的结论性意见，第20段；CEDAW/C/IND/2-3（2005），印度第2~3次合并定期报告，第307、317段；CEDAW/C/BOT/CO/3（2010），对博茨瓦纳的结论性意见，第23段；A/57/38，2002年第27届会议，对乌干达的结论性意见，第134段；CEDAW/C/EGY/CO/7（2010），对埃及的结论性意见，第21~22段。另见第25号一般性建议，第38段。一般参见R. Cook and S. Cusack, *Gender Stereotyping: Transnational Legal Perspectives*(2009)。

差别对待”。[205] 委员会在第 24 号一般性建议以及审议缔约国对第 14 条第 2 款（b）项的报告时已经确定，拒绝提供仅有妇女需要的服务（如堕胎）构成直接歧视。[206] 委员会还确认歧视性的继承法和土地法构成直接歧视，需要根据第 14 条第 2 款（g）项对其进行审查。[207]

（五）间接歧视

委员会在第 28 号一般性建议中指出，间接歧视可能包括表面上中立但实践中会对妇女产生更为严重影响的法律和政策。[208] 例如，委员会对“几乎是性别中立的”农村政策和方案表示担忧，因为它们“在制定时并未从性别视角出发，没有关注妇女和女童面临的歧视和不平等”。[209] 此外，委员会提请一个缔约国注意“对妇女的间接歧视，因为她们由于缺乏抵押品而在获得信贷方面受限”。[210]

（六）交叉性 382

委员会非常关注交叉歧视的影响。[211] 它在审议第 14 条第 2 款（b）项时对“农村妇女的状况，特别是老年妇女、土著妇女的极端贫困、被边缘化、经常缺乏保健的机会”表示担忧。[212] 委员会要求一个缔约国提供“关于以下

---

[205] 第 28 号一般性建议，第 16 段。

[206] 第 24 号一般性建议，第 11、14、19 段。CEDAW/C/NGA/CO/6（2008），对尼日利亚的结论性意见，第 337 段。另见 A/58/38，2003 年第 28 届会议，对刚果的结论性意见，第 151 段。

[207] A/58/38，2003 年第 28 届会议，对肯尼亚的结论性意见，第 223 ~ 224 段；CEDAW/C/SLE/CO/5（2007），对塞拉利昂的结论性意见，第 37 段；CEDAW/C/LBN/CO/3（2008），对黎巴嫩的结论性意见，第 37 段；CEDAW/C/ZAE/Q4/Add. 1（2010），南非对问题清单的答复，第 2. 12. 1. 2 段。比较 CEDAW/C/IND/2 - 3（2005），印度第 2 ~ 3 次合并定期报告，第 279、319 段。

[208] 第 27 号一般性建议，第 16 段。

[209] CEDAW/C/2004/1/CRP. 3/Add. 3/Rev. 1（2004），第 105 段。

[210] CEDAW/C/BOT/CO/3（2010），对博茨瓦纳的结论性意见，第 39 段。

[211] 第 28 号一般性建议，第 18 段。

[212] CEDAW/C/ARG/CO/6（2010），对阿根廷的结论性意见，第 41 段。另见 CEDAW/C/CHN/CO/6（2006），对中国的结论性意见，第 28 段；CEDAW/C/IND/2 - 3（2005），印度第2 ~ 3 次合并定期报告，第 317 段。

方面的全面信息，包括按性别分列的数据和长期趋势：农村和少数民族妇女实际的整体状况、所采取措施的影响以及在执行有关这些妇女和女孩的政策和方案过程中取得的成果”。[213]

（七）暂行特别措施

暂行特别措施是为加快实现平等而采取的措施，它处理的是历史上或结构性歧视政策和做法造成妇女面对的不公正的歧视问题。[214] 为解决妇女参与发展规划的障碍，第23号和第25号一般性建议建议缔约国利用暂行特别措施解决妇女代表性不足的问题。[215] 委员会具体指出，在农村妇女占多数的缔约国非常适合使用“特别是关于教育、公共服务、司法、保健和小额贷款”的暂行特别措施。[216]

五 缔约国的义务

第14条第1款和第2款要求缔约国采取“一切适当措施”。在第28号一般性建议中，委员会为缔约国应该采取哪些措施提供了指南。[217] 针对第14条，委员会建议缔约国制定政策消除妇女享有权利的障碍。委员会责成缔约国修改法律、为农村妇女提供充足的预算支持、提供可得的奖学金以克服农村女孩受教育水平偏低的问题、提供涵盖农村地区的分性别统计数据、在发展和农业政策执行之前对其进行性别影响评估，并使用暂行特别措施加速消

[213] CEDAW/C/VNM/CO/6（2007），对越南的结论性意见，第29段。另见CEDAW/C/SCG/CO/1（2007），对塞尔维亚的结论性意见，第37~38段；CEDAW/C/MRT/CO/1（2007），对毛里塔尼亚的结论性意见，第42段。

[214] 见《公约》第4条以及对第4条一章的讨论。另见第25号一般性建议；CEDAW/C/AUS/CO/7（2010），对澳大利亚的结论性意见，第26段。

[215] 第23号一般性建议，第15段；第25号一般性建议，第32段。

[216] CEDAW/C/YEM/CO/6（2008），对也门的结论性意见，第37段。另见第25号一般性建议，第38段。

[217] 第28号一般性建议，第23~42段。

除对妇女的歧视，实现她们的权利。[218]委员会指出缔约国承担尊重、保护和 383
实现的义务。[219]

（一）尊重义务

这要求缔约国避免从事或支持任何导致侵犯《公约》权利的活动或做法。[220] 虽然委员会指出有时候缔约国需要开展非常大型的发展项目，但它也担心这将导致部落妇女被迫迁移。它促请缔约国“研究大型项目对部落妇女和农村妇女的影响，制定措施保障她们免于流离失所、人权免受侵犯”。[221]

（二）保护义务

该义务要求缔约国采取措施消除非国家行者体行为所导致的歧视。[222] 具体到第 14 条第 2 款（b）项，委员会注意到缺少卫生服务，包括对避孕用具的低使用率，建议缔约国改善获得生殖健康及计划生育服务的机会，“无须获得丈夫的允许”。[223] 在讨论第 14 条第 2 款（d）项时，委员会敦促某缔约国“采取措施克服农村地区的传统态度对妇女和女童接受教育造成的障碍，保证女孩能够上学”。[224]

（三）实现义务

该义务要求缔约国采取积极措施促使有效享有和实现《公约》权利。

---

[218] CEDAW/C/EGY/CO/7（2010），对埃及的结论性意见，第 43 段；CEDAW/C/UZB/CO/4（2010），对乌兹别克斯坦的结论性意见，第 16、34、36 段；CEDAW/C/UKR/CO/7（2010），对乌克兰的结论性意见，第 37、43 段；CEDAW/C/YEM/CO/6（2008），对也门的结论性意见，第 37 段；CEDAW/C/BOL/CO/4（2008），对玻利维亚的结论性意见，第 33 段；CEDAW/C/TUR/CO/6（2010），对土耳其的结论性意见，第 37 段；CEDAW/C/CHN/CO/6（2006），对中国的结论性意见，第 16、23、28、32、36、38 段。

[219] 第 24 号一般性建议，第 13 ~ 18 段；第 28 号一般性建议，第 9 段、第 16 段以下。

[220] 第 28 号一般性建议，第 35 段、第 37（a）段。

[221] CEDAW/C/IND/CO/3（2007），对印度的结论性意见，第 47 段。

[222] 第 28 号一般性建议，第 9 段。

[223] A/60/38，2005 年第 33 届会议，对贝宁的结论性意见，第 158 段。

[224] CEDAW/C/EGY/CO/7（2010），对埃及的结论性意见，第 32 段。另见 CEDAW/C/UGA/CO/7（2010），对乌干达的结论性意见，第 42 段。

委员会在审查缔约国对第 14 条的报告时提出了许多建议，包括要求缔约国“建立明确的法律框架，保护妇女的继承权和土地所有权”。[225] 在审查第 14 条第 2 款（a）项时，委员会建议发展项目“只有在进行了包括农村妇女在内的性别影响评估之后”才可以执行，“缔约国应当提高负责农业改革的主要政府官员对性别平等问题的认识，以农村发展所涉性别平等问题为重点。”。[226] 对第 14 条第 2 款（b）项，委员会强调缔约国非常有必要提供充足的预算资源，以及获得可负担的保健服务，特别是包括紧急情况下的“产前和产科服务”。[227] 它建议一个缔约国提供覆盖所有农村地区的免费医疗服务，并通过“提供可得的、价格合理的、合格的心理健康和咨询服务”来
384 降低农村地区居高不下的自杀率。[228]委员会已确定国际合作和提供援助对实现第 14 条非常重要。它鼓励缔约国“为努力达到它们提供适足住房、教育和保健的义务而向国际社会寻求帮助”。[229] 委员会还强调，缔约国解决交叉歧视问题也非常重要，并建议为农村地区的弱势妇女群体制定并执行特别方案。[230]

委员会在审查第 14 条第 2 款（h）项时，在第 27 号一般性建议中责成缔约国提供“价格合理的可用的公共交通，以满足老年妇女的需求”。[231]

---

[225] A/60/38，2005 年第 33 届会议，对布基纳法索的结论性意见，第 348 段；另见 A/60/38，2005 年第 33 届会议，对黎巴嫩的结论性意见，第 118 段；CEDAW/C/LBN/CO/3（2008），对黎巴嫩的结论性意见，第 37 段。

[226] CEDAW/C/UZB/CO/4（2010），对乌兹别克斯坦的结论性意见，第 37 段；另见 CEDAW/C/TUR/CO/6（2010），对土耳其的结论性意见，第 37 段；CEDAW/C/CHN/CO/6（2006），对中国的结论性意见，第 28 段；CEDAW/C/NGA/CO/6（2008），对尼日利亚的结论性意见，第 339 段。

[227] CEDAW/C/NGA/CO/6（2008），对尼日利亚的结论性意见，第 337 段。

[228] CEDAW/C/CHN/CO/6（2006），对中国的结论性意见，第 28 段；第 24 号一般性建议，第 25 段。

[229] CEDAW/C/PNG/CO/3，对巴布亚新几内亚的结论性意见，第 45 段。另见第 28 号一般性建议，第 29 段；A/60/38，2005 年第 33 届会议，对朝鲜民主主义人民共和国的结论性意见，第 60 段；A/60/38，2005 年第 33 届会议，对圭亚那的结论性意见，第 308 段；CEDAW/C/SLE/CO/5（2007），对塞拉利昂的结论性意见，第 17、31、34 段；CEDAW/C/UKR/CO/7（2010），第 45 段。

[230] 第 27 号一般性建议，第 24、32、47 段。

[231] 同上注，第 24 段。

针对第14条第2款（d）项，委员会促请缔约国使用特别措施，改善农村妇女和女童的受教育机会。[232] 它还请缔约国认识到向农村人口宣讲权利的重要性，特别是让他们用自己熟悉的语言了解《公约》。它强调缔约国有义务确保农村妇女接受基本教育的合法权利，并使她们有能力维护自己的权利。[233]

委员会明确要求缔约国必须采取有针对性的、具体和可衡量的措施来实现第14条规定的权利。[234] 2010年，委员会赞赏一个缔约国采取的制定“性别平等指标（包含土著人、残疾人、来自较低社会经济背景以及偏远农村地区的居民的信息）”的措施。[235] 在审查第14条第2款（b）项时，委员会要求一个缔约国提供关于城乡婴儿死亡率的分性别统计数据，[236] 并敦促另一缔约国“评估孕产妇死亡率的真正原因，在一段时间内为降低该数值设定目标和标准”。[237] 针对第14条第2款（c）项，委员会曾要求一个缔约国确保向农村土著妇女颁发出生证和身份证，它建议该国“为这一进程建立具体目标和时间表，并在下一份定期报告中提供信息说明所取得的进展”。[238] 在审查第14条第2款（f）项时，委员会要求一个缔约国“建立监测机制，并请部落首领和妇女组织参加，定期评估在实现既定目标方面取得的进展”。[239]

---

[232] A/53/38/Rev. 1，1998年第19届会议，对南非的结论性意见，第135~136段。

[233] A/60/38，2005年第33届会议，对圭亚那的结论性意见，第291段；CEDAW/C/PAN/CO/7（2010），对巴拿马的结论性意见，第15段；CEDAW/C/UZB/CO/4（2010），对乌兹别克斯坦的结论性意见，第11~12段；CEDAW/C/UGA/Q/7（2010），对乌干达的问题清单，第1、5、26段；CEDAW/C/BOL/CO/4（2008），对玻利维亚的结论性意见，第17段；CEDAW/C/EGY/CO/7（2010），对埃及的结论性意见，第17段；CEDAW/C/USR/CO/7（2010），对俄罗斯联邦的结论性意见，第42、53段；CEDAW/C/CHN/CO/6（2006），对中国的结论性意见，第11段；比较非洲议定书，第8条。

[234] CEDAW/C/LBN/CO/3（2008），对黎巴嫩的结论性意见，第37段；CEDAW/C/POL/CO/6（2007），对波兰的结论性意见，第27段。

[235] CEDAW/C/AUS/CO/7（2010），对澳大利亚的结论性意见，第2段。

[236] CEDAW/C/UZB/CO/4（2010），对乌兹别克斯坦的结论性意见，第34~35段。

[237] CEDAW/C/SLE/CO/5（2007），对塞拉利昂的结论性意见，第35段。

[238] CEDAW/C/BOL/CO/4（2008），对玻利维亚的结论性意见，第19段。

[239] CEDAW/C/SLE/CO/5（2007），对塞拉利昂的结论性意见，第21段。

385 六　保留

法国对第 14 条提出了两项正式的保留。第一项保留可以说是一个声明，它与第 14 条第 2 款（c）项对社会保障的规定相关。法国保证“满足法国法律规定的关于个人参与家庭或雇佣条件的妇女，应在社会保障框架内获得自己的权利”。第二项保留针对第 14 条第 2 款（h）项，声称该条款“不应被解释为暗示在实际提供该款所提及的服务时不收取费用”。

在审议法国的第六次定期报告时，委员会委员弗林特曼先生（Flinterman）提出了关于保留的问题。他指出，“对第 14 条第 2 款（h）项的保留看上去并未缩限缔约国在《公约》之下的义务”，所以应予撤回。[240]法国代表回应说，撤回对第 14 条第 2 款（h）项的保留“即将发生”。关于第 14 条第 2 款（c）项，法国代表指出，自批准公约后，法国的法律制度已经发生了重大变化，政府正准备就此问题“开展新一轮咨询”。[241] 委员会鼓励缔约国尽快撤回对第 14 条第 2 款（c）项的保留。它进一步指出，缔约国应当“尽快启动撤回对第 14 条第 2 款（h）项的声明和保留的程序，在委员会看来其性质不过是解释性声明”。[242]

一些国家虽然在保留中没有提及第 14 条，但是对第 2 条（f）项关于修改或废除歧视性习俗和做法的保留以及对第 5 条（a）项的保留也会对农村妇女产生消极影响。此外，对继承习俗或继承其他头衔的保留对农村妇女来说也是成问题的，因为这意味着她们不能继承酋长及其他世袭头衔，这些头衔虽然大多数是象征性的，但有时也具有实际的重要性。这限制了农村妇女

---

[240] CEDAW/C/SR. 817（2008），消除对妇女歧视委员会第 817 次会议简要记录，第 14 段。

[241] 同上注，第 31～32 段。

[242] CEDAW/C/FRA/CO/6（2008），对法国的结论性意见，第 11 段。

的参与权。[243]

此外，对第15条关于法律面前的平等及迁徙自由，以及第16条关于家庭生活的保留，对农村妇女享有权利也影响重大。尤其是对妇女平等获得财产的限制（包括歧视性的继承法），对农村妇女有特别的影响，因为她们的福利往往与获得土地和相关财产连接在一起。这些问题将影响对第14条第2款（g）项的执行。遗憾的是，委员会要求缔约国撤回保留的建议很少得到回应。[244]

[243] 参见库克群岛、莱索托、密克罗尼西亚联邦和尼日尔的保留，http：//treaties. un. org，访问日期2010年12月31日。另见CEDAW/C/PNG/CO/3（2010），对巴布亚新几内亚的结论性意见，第25~26、45段。

[244] 参见第21号一般性建议，第41~42、44~47段；CEDAW/C/EGY/CO/7（2010），对埃及的结论性意见，第13段。F. Raday，"Culture，Religion and Gender"（2003）*International J of Constitutional L* 663；J. Connors，"The Women's Convention in the Muslim World"，in JP Gardener（ed.），*Human Rights as General Norms and a State's Right to Opt Out*（1997），p. 85.

国际人权公约评注译丛

《消除对妇女一切形式歧视公约》评注

（下）

THE UN CONVENTION ON THE ELIMINATION OF ALL FORMS OF DISCRIMINATION AGAINST WOMEN

A COMMENTARY

［美］玛莎 · A. 弗里曼 ［英］克莉丝蒂娜 · 钦金 ［德］贝亚特 · 鲁道夫 / 主编

Marsha A. Freeman Christine Chinkin Beate Rudolf

戴瑞君 / 译

社会科学文献出版社
SOCIAL SCIENCES ACADEMIC PRESS (CHINA)

目　　录 xv

导　论 …… 1

一　概述 …… 2

二　走向《公约》 …… 4

三　《公约》的结构 …… 10

四　定义与解释问题 …… 18

五　解释程序与机制 …… 28

六　解释与适用《公约》规范：实质问题与背景问题 …… 33 xvi

七　21 世纪的《公约》 …… 43

序　言 …… 46

一　概述 …… 48

二　准备工作 …… 50

三　解释问题 …… 51

第一条 …… 66

一　概述 …… 67

二　准备工作 …… 75

三　解释问题 …… 77

四　保留 …… 91 xvii

第二条 …… 93

一　概述 …… 94

二　准备工作 …… 97

三　解释问题 …… 97
四　其他适用问题 …… 123
五　保留 …… 129

第三条 …… 132
一　概述 …… 133
二　准备工作 …… 135
三　解释问题 …… 135
四　本条语境中的平等 …… 149
五　缔约国的义务 …… 150
六　结论 …… 158

第四条 …… 161
一　概述 …… 162
xviii 二　准备工作 …… 170
三　解释问题——第4条第1款 …… 171
四　解释问题——第4条第2款 …… 179

第五条 …… 184
一　概述 …… 186
二　准备工作 …… 198
三　委员会对第5条的解释 …… 200
xix 四　解释问题 …… 211

第六条 …… 220
一　概述 …… 222
二　准备工作 …… 228
三　解释问题 …… 231
四　本条语境中的平等 …… 235
xx 五　缔约国的义务 …… 240

第七条…… 258
一　概述…… 260
二　准备工作…… 263
三　解释问题…… 264
四　本条语境中的平等…… 275
五　缔约国的义务…… 281 xxi
六　保留…… 287

第八条…… 289
一　概述…… 290
二　准备工作…… 291
三　解释问题…… 292
四　本条语境中的平等…… 297
五　缔约国的义务…… 299

第九条…… 304
一　概述…… 305
二　准备工作…… 307
三　解释问题…… 309
四　本条语境中的平等…… 320
五　缔约国的义务…… 323 xxii

第十条…… 329
一　概述…… 331
二　准备工作…… 334
三　解释问题…… 338
四　本条语境中的平等…… 355
五　缔约国的义务…… 361

第十一条 …… 367
一　概述 …… 370
二　准备工作 …… 373
xxiii 三　解释问题 …… 375
四　本条语境中的平等 …… 399
五　缔约国的义务 …… 405

第十二条 …… 409
一　概述 …… 410
xxiv 二　准备工作 …… 414
三　解释问题 …… 415
四　本条语境中的平等 …… 427
五　缔约国的义务 …… 433
六　结论 …… 440

第十三条 …… 442
一　概述 …… 444
二　准备工作 …… 445
三　解释问题 …… 446
xxv 四　缔约国的义务 …… 468

第十四条 …… 470
一　概述 …… 472
二　准备工作 …… 477
三　解释问题 …… 480
四　本条语境中的平等 …… 503
五　缔约国的义务 …… 506
六　保留 …… 510

第十五条…………………………………………………………… 513
一 概述………………………………………………………………… 514
二 准备工作…………………………………………………………… 517
三 解释工作…………………………………………………………… 520 xxvi
四 本条语境中的平等………………………………………………… 531
五 缔约国的义务……………………………………………………… 537
六 结论………………………………………………………………… 542

第十六条…………………………………………………………… 544
一 概述………………………………………………………………… 547
二 解释问题…………………………………………………………… 553
三 缔约国的义务……………………………………………………… 586

针对妇女的暴力…………………………………………………… 591
一 概述………………………………………………………………… 592
二 第 19 号一般性建议 ……………………………………………… 593
三 针对妇女的暴力：解释问题……………………………………… 601
四 对妇女基于性别的暴力：场所与形式…………………………… 606
五 针对妇女的暴力：本条语境中的平等…………………………… 618
六 缔约国的义务……………………………………………………… 622
七 结论………………………………………………………………… 633

第十七条…………………………………………………………… 636
一 概述………………………………………………………………… 638
二 准备工作…………………………………………………………… 638
三 内部组织及与其他实体的接触…………………………………… 640
四 委员会的实践……………………………………………………… 643

第十八条…………………………………………………………… 653
一 概述………………………………………………………………… 654

二　准备工作…………………………………………………… 655
三　委员会的实践………………………………………………… 656

第十九条……………………………………………………… 677
一　概述……………………………………………………… 677
二　准备工作…………………………………………………… 678
三　委员会的实践………………………………………………… 678

第二十条……………………………………………………… 683
一　概述……………………………………………………… 683
二　准备工作…………………………………………………… 684
三　委员会的实践………………………………………………… 685

第二十一条…………………………………………………… 690
一　概述……………………………………………………… 690
二　准备工作…………………………………………………… 691
三　委员会的实践………………………………………………… 692

第二十二条…………………………………………………… 700
一　概述……………………………………………………… 700
二　准备工作…………………………………………………… 701
三　委员会的实践………………………………………………… 701

第二十三条…………………………………………………… 705
一　概述……………………………………………………… 706
二　准备工作…………………………………………………… 706
三　解释问题…………………………………………………… 708
四　委员会的解释——一般方法……………………………………… 712
五　保留、声明和谅解……………………………………………… 713

第二十四条 …… 715
一 概述 …… 716
二 准备工作 …… 716
三 解释问题 …… 717
四 委员会的解释——一般方法 …… 720
五 保留、声明和谅解 …… 724

第二十五条 …… 725
一 概述 …… 726
二 准备工作 …… 726
三 缔约国的实践 …… 727
四 解释问题 …… 727

第二十六条 …… 738
一 概述 …… 738
二 准备工作 …… 739
三 缔约国的实践 …… 739
四 解释问题 …… 740

第二十七条 …… 743
一 概述 …… 743
二 准备工作 …… 744
三 缔约国的实践 …… 744
四 解释问题 …… 745

第二十八条 …… 747
一 概述 …… 748
二 准备工作 …… 748
三 对《公约》的保留 …… 750
四 处理针对《公约》的保留的活动 …… 759

五　保留的撤回与修改……………………………………………… 780
六　结论………………………………………………………………… 785

第二十九条………………………………………………………………… 786
一　概述………………………………………………………………… 787
二　准备工作…………………………………………………………… 787
三　缔约国的实践……………………………………………………… 788
四　解释问题…………………………………………………………… 789

第三十条…………………………………………………………………… 792
一　概述………………………………………………………………… 792
二　准备工作…………………………………………………………… 793
三　秘书长的实践……………………………………………………… 793
四　解释问题…………………………………………………………… 794

《任择议定书》 …………………………………………………………… 796
一　概述………………………………………………………………… 798
二　背景………………………………………………………………… 798
三　评注………………………………………………………………… 812

附录一　一般性建议表…………………………………………………… 888
附录二　条约表…………………………………………………………… 890
附录三　缩略语表………………………………………………………… 896
附录四　案例表…………………………………………………………… 898
附录五　法律表…………………………………………………………… 912
参考文献…………………………………………………………………… 936
索　引 ……………………………………………………………………… 977

第十五条[*] 387

1. 缔约各国应给予男女在法律面前平等的地位。

2. 缔约各国应在公民事务上，给予妇女与男子同等的法律行为能力，以及行使这种行为能力的相同机会。特别应给予妇女签订合同和管理财产的平等权利，并在法院和法庭诉讼的各个阶段给予平等待遇。

3. 缔约各国同意，旨在限制妇女法律行为能力的所有合同和其他任何具有法律效力的私人文书，应一律视为无效。

4. 缔约各国在有关人身移动和自由择居的法律方面，应给予男女相同的权利。

一　概述…………………………………………………………… 514

二　准备工作……………………………………………………… 517

（一）第 15 条第 1 款 ………………………………………… 517

（二）第 15 条第 2 款 ………………………………………… 518

（三）第 15 条第 3 款 ………………………………………… 519

（四）第 15 条第 4 款 ………………………………………… 519

三　解释工作……………………………………………………… 520

* 感谢 Allison Sherrier 协助研究第 9 条和第 15 条两章。

（一）第 15 条第 1 款 …… 520
1. 平等与刑事司法…… 521
（二）第 15 条第 2 款 …… 524
1. 同等的法律行为能力…… 525
2. 签订合同和管理财产的平等权利…… 526
3. 民事法院和法庭诉讼程序中的平等…… 528
（三）第 15 条第 3 款 …… 529
（四）第 15 条第 4 款 …… 530
四 本条语境中的平等…… 531
（一）形式平等 …… 531
（二）实质平等 …… 532
（三）包括消除结构性障碍和性别刻板印象的变革性平等 …… 533
（四）交叉歧视 …… 534
五 缔约国的义务…… 537
（一）义务的性质 …… 537
（二）执行 …… 538
（三）保留 …… 540
六 结论…… 542

388 一 概述

第 15 条第 1 款以简明扼要的语言申明了支撑整个《公约》的男女在法律面前平等的规范。紧随第 15 条第 1 款之后的其他各款规定了以下情况下的平等：在具体的民事法律领域妇女的法律行为能力，与男子相同的获得住房的权利，以及通过自由迁徙和定居接受自己选择的法律制度的约束。对本条“法律面前平等”的概念和含义必须发展地理解。

各国宪法关于平等的规定以及国际人权文件均使用“法律面前平等”以及“法律的平等保护”等短语。“法律的平等保护”代表了对 18、19 世纪西方自由民主传统中启蒙意识形态里出现的平等概念的扩张解释。[1] “法律面前平等”意指人人受到相同法律制度的约束，平等地诉诸相同的法院和法庭，有相同的权利获得非歧视的执法。因此，“法律面前平等”与执法及民事、刑事、行政等所有法庭中的非歧视理念有内在的联系。[2] 这一概念经扩展后成为“法律的平等保护”。后者范围更广，包括法律实质内容的平等和非歧视观念。法律及程序均应符合某种平等、非歧视、非任意的标准，通过法律制度为所有人提供平等保护。

随着时间的推移，这两个短语在界定平等的法律保障时已经被结合在一起。《世界人权宣言》第7条宣布“法律之前人人平等，并有权享受法律的平等保护，不受任何歧视”。《公民及政治权利国际公约》第26条使用了相同的用语将两个概念结合起来。但它又扩展了这一规范，增加规定“法律应禁止任何歧视，并保证人人享受平等而有效之保护，以防因（包括性别在内的任何原因）而生之歧视”。各国宪法及区域人权条约也将“法律面前平等”和“法律的平等保护”结合起来作为一个规范。[3]《公约》建立在这些先前的规范之上，并具体适用于妇女。

有些国家的宪法仅规定了“法律面前平等”，但法院将其解释为在所有治理领域提供法律的平等保护。[4] 1868年通过的美国宪法第14号修正案仅提到“法律的平等保护”，但被法院和行政机关解释为也包括不得任意执法
的概念。[5] 加拿大权利宪章以及南非的新宪法均在1981年《公约》生效后 389
制定，它们纳入了平等的定义，其含义甚至超越了“平等权及法律的平等

① M. Nowak, “Civil and Political Rights”, in J. Symonides (ed.), *Human Rights Concepts and Standards* (2000), pp. 69, 98.

② P. G. Polyviou, *The Equal Protection of the Laws* (1980), pp. 1 – 5;《西德宪法》第3条第1款；《冰岛宪法》第40条第1款；《加拿大权利法案》（1960）第1条（b）项。

③ 例如，《印度宪法》第14条；《斯里兰卡宪法》第12条第1款；《南非共和国宪法》（1996）第9条；《哥伦比亚宪法》第13条；《加拿大权利和自由宪章》（1985）第15条；《班珠尔宪章》第3条；《美洲人权公约》第24条；《欧洲人权公约》第14条和第12号议定书（TS 177，2000）。

④ G. Hogan and G. Whyte, J. M. Kelly (eds.), *The Irish Constitution*, 3rd edn. (1994), pp. 712 – 743. 比较 P. W. Hogg, *Constitutional Law of Canada*, 4th edn. (1997), pp. 1240 – 1241。

⑤ L. G. Forer, *Unequal Protection: Women, Children, and the Elderly in Court* (1991), pp. 36 – 44; Polyviou（前注2），第4页。

保护”的结合标准，扩展到包括“法律的平等利益”。[⑥]

《公约》第15条仅仅解决了法律面前的平等。然而，《公约》第2条为缔约国创设了确保对妇女权利的法律保护并通过司法机构执行该保护的积极义务。第15条令妇女能够有效利用第2条规定的法律保护。两条一起为妇女提供了主张《公约》规定的所有其他权利的必要法律支持。有了法律面前的平等以及有保障的法律平等保护，妇女便有权要求《公约》所列举的平等标准。[⑦]

委员会在解释“法律面前平等”这一术语时，并未专门参考第15条。第15条和第16条总是被放在一起讨论。原因之一是两条均以《消除对妇女歧视宣言》第6条为基础，给人以第15条是强化第16条的印象。人们似乎并未设想对法律面前的平等加以解释，认为它不过是为了加强第1条和第2条。第21号一般性建议体现了同样的思路。它讨论了家庭中的平等，评论了第15条中与第16条相关联的款项。此外，在委员会与缔约国耗时的建设性对话接近尾声时才会轮到讨论第15条，此时有一种感觉是第15条提出的平等问题已经讨论过了，因此往往倾向于直接进入对第16条的讨论。加之第15条规定的问题，如关于法律行为能力或合同的民事法律标准等，对大多数发达国家的妇女并没有影响，这也是促成上述做法的一个原因。

然而，委员会在一般性建议和结论性意见中使用该术语时，确立了一个广泛的平等准则，解决影响方面的歧视问题。事实上，这种对平等的关注显然源于它在一般性建议[⑧]中使用的“法律面前平等”以及“在与男子平等的基础上”等术语，以及它在许多结论性意见[⑨]中强调的结合禁止基于性别歧

---

⑥ 《加拿大权利和自由宪章》(1985) 第15条第1款；《南非共和国宪法》(1996) 第9条。

⑦ 参见对第2条、第3条章节的讨论。

⑧ 第21号一般性建议（关于第9、15、16条）以及第25号一般性建议反映了实质平等的概念。第19号一般性建议在第7(e)段纳入“依法平等保护”，这也是《公约》第1条的一个方面。

⑨ A/55/38，2000年第22届会议，对约旦的结论性意见，第168段；A/57/38，2002年特别会议，对巴巴多斯的结论性意见，第225段；A/58/38，2003年第29届会议，对哥斯达黎加的结论性意见，第52段。参见下文第四部分标题二：实质平等。

视的法律纳入法律面前平等的规范。对平等权的承认是《消除对妇女歧视宣言》以及《公约》序言所强调的尊重人的尊严的体现。

二 准备工作

《公约》第15条脱胎于《消除对妇女歧视宣言》第6条，后者处理的问题被《公约》第15条和第16条所涵盖。[10] 将这些条款放在《公约》第四部分，并且最初被冠以“民事和家庭权利”的标题，[11] 也反映出其中的联系。《消除对妇女歧视宣言》第6条第1款规定妇女的平等权利，在引文部分首先提及“以不妨碍对仍为任何社会基本单位的家庭的团结与和谐所予 390
保障为限”，然后解决平等的法律行为能力以及妇女的迁徙自由权。《消除对妇女歧视宣言》第6条第2款讨论的是丈夫和妻子的平等地位。因此第15条强化了第16条，将家庭权利和个人的法律地位与非歧视的法律标准联系起来。

《公约》起草过程中讨论的焦点是专门承认妇女在“履行有法律约束力的行为”时的法律行为能力和法律地位的重要性。[12] 讨论中有人提出，在妇女平等的人身权利和财产权利方面以男性为参照对象，这表明“法律面前平等”还指向法律内容的平等和非歧视，或称“法律的平等保护”。还有人提出，在民事和刑事案件中的陈述权（Locus standi）或地位以及在法院和法庭程序各个阶段的平等权利也是相当重要的问题，也应由第15条规定。

（一）第15条第1款

在讨论第15条第1款时，有建议指出，某些法律制度未能“承认和尊

---

⑩ E/CN. 6/573（1993），第71段。

⑪ A/C. 3/33/L. 47/Add. 2（1978）.

⑫ L. A. Rehof, *Guide to the Travaux Preparatoires of the UN Convention on the Elimination of All Forms of Discrimination against Women*(1993), pp. 162, 167; A. Tomoko, “Article 15: Equality of Men and Women before the Law”, in Japanese Association of International Women's Rights (ed.) *Convention on the Elimination of All Forms of Discrimination against Women: A Commentary*(1995), pp. 281, 283 - 286.

重妇女作为成年个体的地位”，[13] 主张去除制度造成的障碍。欠缺资格通常源于国内法律制度将妇女视为未成年人看待。对法律面前平等的总体承认与《公民及政治权利国际公约》第 26 条的保障相似，强调该保障作为基本人权同样适用于妇女。[14] 此外，这一保障覆盖面广泛，因为第 15 条第 1 款显然意在包含刑事和民事法律程序。《公约》这一款的文本本身已经表明这一点，因为它有意使用了“法律”一词，没有限制范围；与之形成对比的是第 15 条第 2 款具体提到了“公民事务”，第 15 条第 3 款也默示适用于民事事务。

（二）第 15 条第 2 款

对第 15 条第 2 款中“相同机会”行使法律行为能力的讨论与有必要为男女规定相同的成年年龄相联系。[15] 起草阶段的讨论表明，承认妇女缔结合同的法律行为能力并不意味着取消对法律行为能力的其他限制，如精神失常。[16] 这些意见反映出人们认识到，某些法律文化将妇女、未成年人和精神失常者一起归为欠缺法律行为能力的人。[17]

除此之外，一些国家的代表指出，《公民及政治权利国际公约》第 16 条关于法律人格的起草过程无意解决法律行为能力问题。[18] 因此，当时没有国际公约具体保障“妇女以与男性相同的条件执行具有法律约束力的行为的权利”。[19] 第 15 条第 2 款专门承认妇女有与男性相同的缔结法律协议和合
391 同的法律行为能力，解决了上述问题。这一用语反映出一方面有必要承认妇女的法律行为能力，另一方面也有必要避免与对法律行为能力的其他限制相冲突，如精神失常或未成年。

---

[13] E/CN. 6/591（1976），第 153 段。另见 Rehof（前注 12），第 164 页。

[14] 《公民及政治权利国际公约》第 26 条。

[15] Rehof（前注 12），第 165 页。

[16] A/C. 3/33/L. 47/Add. 2（1978），第 186 段。

[17] Rehof（前注 12），第 165 页。

[18] E/CN. 6/552（1972），第 58 段。

[19] E/CN. 6/573（1973），第 94 段。

（三）第15条第3款

第15条第3款与其他条款显著不同，因为它并未以强制性的“缔约各国应”作为开始，而是用“缔约各国同意”让那些属于该条规定范围内的合同或其他的法律文件无效。这是妇女地位委员会通过的最初草案中的用语。[20]“各国同意”的用语可能来自妇女地位委员会工作组最早的一项建议，即新公约应纳入一个规定缔约各国“承担消除对妇女权利能力和行为能力的任何限制”的条款。[21] 1976年，妇女地位委员会审议并通过了第15条第3款，采用了“各国同意”这一用语，没有修改建议，这表明起草者对早先使用的语言达成了共识。[22]

第15条第3款比较有争议的部分是增加的用语“其他任何具有法律效力的私人文书”。一些国家认为这一用语可能产生令现有私人协议无效的后果，因此可能产生“令人不安的法律真空”。[23] 这一疑虑被驳回了，理由是应将该用语的目的理解为不允许妇女放弃该项权利，以预防滥用《公约》所授予的缔约权。[24] 此外，“其他私人文书”的措辞意指允许将该规定广泛适用于包括商事合同和其他私人性质的民事事务。[25]

（四）第15条第4款

第15条第4款对移徙自由权的保障来自《消除对妇女歧视宣言》第6条第1款。《公约》起草者增加规定了妇女有权选择自己的居住地或住所。对第15条第4款的讨论显示同时使用了“住所”和“居住地”两个词，因为住所指的是“永久居所”，与“居住地”并不是同义词，后者可以指某人当前的但并不一定是永久的居住地。第15条第4款的一些草案版本仅使用

---

[20] E/CN. 6/589 (1974)，第41页；E/CN. 6/608 (1976)，第137段。另见A/C. 3/33/L. 47/Add. 2 (1978)，第181段。

[21] E/CN. 6/AC . 1/L. 2 (1974)，第7页。

[22] E/CN. 6/608 (1976)，第137段。

[23] A/C. 3/33/L. 47/Add. 2 (1978)，第180段。

[24] 同上注，第183段。

[25] 同上注，第184段。

了“居住地”一词，[26] 但比利时建议增加规定“住所”，因为一些法律制度对这两个概念作了区分，因此该规定意在包含妇女自由选择她们的住所和居住地的权利。[27]

这一规定必须平等适用于已婚和未婚妇女，因为它必须与第 1 条结合起来理解，后者在界定对妇女的歧视时申明“不论其婚姻状况如何”。一些国家反对第 15 条第 4 款，理由是根据伊斯兰法或一些国家的法律，妇女的确没有移徙自由或选择居住地的自由。[28]

392 三　解释工作

（一）第 15 条第 1 款

第 15 条各款均遵循第 15 条第 1 款对法律面前平等的概括性规定，只是其他各款具体指向法律行为能力和民事事务方面的平等。这可能会被解释为第 15 条中“法律面前平等”一语仅限于平等进入民事法院和法庭以及非歧视性司法。然而，委员会也将该款用于解决法律的平等保护问题。因此，必须广义地理解法律面前平等的权利。它包括行政或司法的所有的决策机构，包括民事、刑事和行政法院和法庭。第 15 条也适用于传统法律制度。

平等的法律行为能力与妇女在家庭中获得平等地位有关。许多关于妇女民事法律行为能力的问题也规定在第 16 条第 1 款（d）项、第 16 条第 1 款（f）项以及第 16 条第 1 款（g）项中。妇女管理财产的权利具体规定在第 15 条第 2 款及第 16 条第 1 款（h）项中。

第 21 号一般性建议承认法律行为能力与妇女家庭地位之间的联系，并作了进一步的剖析，阐明了执行第 15 条所需的具体干预行为。委员会在第 21 号一般性建议第 25～29 段讨论了第 15 条和第 16 条之间的联系，强调有

---

[26] E/CN. 6/591/Add. 1/Corr. 1（1976），第 87、95、104 段。

[27] 同上注，第 6 页。

[28] E/CN. 6/608（1976），第 134 段；Rehof（前注 12）。

必要根据第 15 条声明的基本平等标准变革家庭关系，并为应对第 15、16 条讨论的歧视问题创造条件。

委员会很少专门讨论第 15 条，但许多概括性的结论性意见提到，为与第 15 条和第 16 条一致，需要进行法律改革。[29] 第 15 条第 1 款是一个对妇女法律地位的概括性基本声明，因此可以被援引用于处理其他条款没有具体提及的领域。例如，第 15 条第 1 款可被用于提出与工会以及应对冲突和自然灾害相关的性别平等问题。[30] 实体法和程序法中拒绝依法为受到暴力影响的妇女提供平等保护的规定也可以根据第 15 条第 1 款进行适当审查。这一方法有助于强化本款推动变革的潜力。

1. 平等与刑事司法

第 15 条第 2 款至第 4 款显然为与民法有关的程序设计了法律面前平等的标准。但是，既然第 15 条第 1 款中“法律面前平等”一语一般性地规定了执法中的平等，它也应该被理解为包括刑事程序。[31] 准备工作也表明存在 393
将刑事程序纳入第 15 条的关切。[32] 第 19 号一般性建议在暴力侵害妇女问题上也纳入了刑事司法。

第 15 条第 1 款是对法律制度，特别是刑法和家庭法中的性别偏见的回应。例如，根据英国普通法的原则，丈夫和妻子之间人格统一的概念意味着

---

[29] A/57/38，2002 年第 27 届会议，对苏里南的结论性意见，第 68 段；CEDAW/C/MRT/CO/1（2007），对毛里塔尼亚的结论性意见，第 44 段；CEDAW/C/KEN/CO/6（2007），对肯尼亚的结论性意见，第 44 段；CEDAW/C/TZA/CO/6（2008），对坦桑尼亚的结论性意见，第 51 段；CEDAW/C/MWI/CO/6（2010），对马拉维的结论性意见，第 43 段；CEDAW/C/GNB/CO/6（2009），对几内亚比绍的结论性意见，第 42 段；CEDAW/C/MMR/CO/3（2008），对缅甸的结论性意见，第 47 段；CEDAW/C/TUV/CO/2（2009），对图瓦卢的结论性意见，第 52 段；CEDAW/C/VUT/CO/3（2007），对瓦努阿图的结论性意见，第 39 段；CEDAW/C/TLS/CO/1（2009），对东帝汶的结论性意见，第 46 段。

[30] A/56/38，2001 年第 25 届会议，对尼加拉瓜的结论性意见，第 293、297 段；A/57/38，2002 年第 26 届会议，对斯里兰卡的结论性意见，第 286、298、299 段；CEDAW/C/IND/CO/3（2007），对印度的结论性意见，第 50 段；A/63/38，2008 年第 40 届会议，对黎巴嫩的结论性意见，第 200、266 段；A/63/38，2008 年第 40 届会议，对摩洛哥的结论性意见，第 256~257 段；A/63/38，2008 年第 40 届会议，对布隆迪的结论性意见，第 137 段；第 19 号一般性建议，第 7（c）段、第 16 段。

[31] Polyviou（前注 2），第 2 页。

[32] Rehof（前注 12），第 164 页。

通奸是一种犯罪行为，并且无论根据家庭法还是刑法，对该罪行妇女将受到更为严厉的惩罚。[33] 此外，关于强奸的实体法，包括婚内强奸，并不承认存在对妇女保持身体完整权的侵犯，[34] 虽然既存的各种法律可能都适用于暴力袭击（如攻击和殴打）的情况，但直到20世纪家庭暴力的概念才获得承认。程序法也同样存在偏见，爱德华·科克（Edward Coke）阁下说，“在一些情况下，法律完全排除了妇女的作证责任”。[35] 排除妇女的理由是，妇女因为她们的“脆弱”所以是不可靠的证人。[36] 妇女也没有资格作为陪审团成员参与审理根据普通法起诉的刑事案件。[37]

其他法律制度也反映了刑事司法中的父权制价值观。大陆法受到罗马法家长权（patria potestas）概念或全能的男性家长概念的影响，在性犯罪和刑事司法方面也存在歧视性规定。[38] 基于这个理由，大陆法将通奸定罪，不对婚内强奸进行刑事起诉，并将妇女排除在法官或陪审团成员之外。

伊斯兰法虽然规定妇女有独立的法律身份，有缔约权和财产权，但是刑事司法制度对待妇女的做法也反映了其内在的性别偏见。就程序法而言，妇女提供的证据被认为只有男性所提供的证据的一半价值。[39] 然而，应当指出，古兰经已经被解释为给予男女平等对待，[40] 性别偏见主要出现在不同国家的法典编纂、法学理论及其适用过程中。[41]

㉝ 一般参见 W. Blackstone, *Commentaries on the Laws of England*, 16th edn.（1825），144ff.。另见 Edward Coke, *Institutes of the Laws of England*（1797），Vol. I, 被 Forer 援引（前注5），第96、238页。一般性参见 H. Barnett, *Introduction to Feminist Jurisprudence*（1998），该书基于传统的法律制度和女性主义理论，对暴力侵害妇女进行了分析。

㉞ Blackstone（前注33）；Hogan and Whyte（前注4），第713页。

㉟ 被 Forer 援引（前注5），第96页。

㊱ 同上注。

㊲ 同上注。

㊳ 例如 Mendez, “A Comparative Study of the Impact of the Convention on the Rights of the Child: Law Reform in Selected Civil Law Countries”, in *Protecting the World's Children*(2007), p. 100。C. F. Amerasinghe, *Aspects of the Actio Injuriarum in Roman Dutch Law*(1966), pp. 180 - 181。

㊴ S. Sardar Ali (ed.), *Conceptualising Islamic Law, CEDAW and Women's Human Rights in Plural Legal Settings*, UNIFEM South Asia Regional Office New Delhi（2006），pp. 19 - 20；巴基斯坦证据规则，1984年证据法，第17条。

㊵ Sardar Ali（前注39）。

㊶ 参见 E. Y. Krivenko, *Women, Islam and International Law*（2009），pp. 44，57 - 58。

曾受英国、法国、西班牙及其他欧洲强国殖民统治的亚洲、非洲、拉丁美洲国家的法律制度，吸收了大量殖民者的法律价值，许多内容在独立之后
仍然予以保留。[42]举例来说，法制的殖民残余表现为许多国家对婚内强奸没 394
有进行刑事惩罚，缺乏禁止家庭暴力的刑法规定。[43] 英国对刑法、证据法和程序法的编纂被印度引入，也被亚洲和非洲的其他殖民地吸收。这部 18～19 世纪的殖民地法律仍然是许多前殖民地国家的刑法基础（即便在印度次大陆的国家），几个世纪都没有变化。委员会对废除或修改此类歧视性规定的做法表示肯定。[44]

国际刑事司法的变化考虑了女性主义对性别偏见的关切，例如国际刑事法院主张对强奸、性奴役、强迫卖淫、强迫绝育以及其他形式的性暴力等犯罪拥有管辖权。[45] 此外，区域法庭已经作出判决，承认强奸和家庭暴力是对妇女身体完整权的侵犯。[46] 国际和区域关于强奸和性暴力的法理为缔约国国内法的类似发展提供了支持，从而也使缔约国能够落实第 15 条提供的保障。

各国宪法以及对免遭酷刑的自由、平等权与平等保护、生命权等基本权

---

[42] 关于更加详细的历史，参见 E. S. Burrill, R. L. Roberts, and E. Thornberry (eds.), *Domestic Violence and the Law in Colonial and Postcolonial Africa* (2010)。

[43] A/60/38，2005 年第 32 届会议，对老挝人民民主共和国的结论性意见，第 109 段；A/60/38，2005 年第 32 届会议，对加蓬共和国的结论性意见，第 236 段；A/56/38，2001 年第 25 届会议，对几内亚的结论性意见，第 96 段；CEDAW/C/HTI/CO/7（2009），对海地的结论性意见，第 24 段。另见 Jessica Neuwirth, "Inequality Before the Law: Holding States Accountable for Sex Discriminatory Laws under the Convention on the Elimination of All Forms of Discrimination against Women and through the Beijing Platform for Action" (2005) 18 *Harvard Human Rights J* 19, 24。

[44] CEDAW/C/URY/CO/7（2008），对乌拉圭的结论性意见，第 24、25 段；CEDAW/C/CHI/CO/4（2006），对智利的结论性意见，第 6 段；A/57/38，2002 年第 26 届会议，对特立尼达和多巴哥的结论性意见，第 136 段；CEDAW/C/CPV/CO/6（2006），对佛得角的结论性意见，第 19 段。

[45] Barnett（前注 33），第 251～275 页；《国际刑事法院罗马规约》（1998），第 7 条第 1 款（g）项反人类罪，以及第 8 条第 2 款（b）项（xxii）违反战争法规和习惯。

[46] M. C. 诉保加利亚，第 39272/98 号申诉（欧洲人权法院，2003 年）；检察官诉库纳拉茨（Kunarac）、科瓦奇（Kovac）和武科维奇（Vukovic）（判决）ICTY－96－23/1－T（2001 年 2 月 22 日）。

利的保障已被用于改革处理家庭暴力、强奸和酷刑的法律方法。[47] 然而，许多缔约国仍然将刑法及程序法中的歧视性原则强加于妇女身上，没有根据对《公约》的承诺制定全面或一致的法律改革方案。刑事调查、量刑政策、为性犯罪受害人发放赔偿中存在的性别偏见，以及缔约国在执法方面的不作为，仍然是实现平等的重大障碍。[48] 2008 年，委员会在审查个人申诉案件时审查了国内司法程序中的性别偏见问题。[49] 在 Vertido 诉菲律宾案中，委员
395 会发现该国强奸法以及对强奸法的司法解释和适用中存在大量基于性别的臆断和刻板印象，违反了该国在《公约》第 2 条、第 5 条下的义务。[50]

（二）第 15 条第 2 款

第 15 条第 2 款和第 15 条第 3 款密切相关。第 15 条第 2 款设定了调整民事事务的法律行为能力的一般规范。第 15 条第 3 款禁止缔结与第 15 条第 2 款的标准相冲突的合同。

第 15 条第 2 款所声明的标准明确限定在非刑事事项上，因为它使用了“公民事务”这一术语。普通法制度将法律区分为刑事和非刑事（民事）两个分支。与之类似，大陆法制度中，“民事”指的是私人之间的法律关系，以区别于私人与国家权力持有者之间的法律关系。第 15 条第 2 款使用“公

---

[47] 案例法可参见《尼泊尔歧视性法律及其对妇女的影响》，“妇女、法律和发展论坛”，尼泊尔加德满都（2006），以及 S. Goonesekere（ed.），*Violence, Law and Women's Rights in South Asia*（2004），pp. 13，30－32。

[48] A/56/38，2001 年第 25 届会议，对越南的结论性意见，第 258 段；A/56/38，2001 年第 24 届会议，对马尔代夫的结论性意见，第 137 段；A/56/38，2001 年第 24 届会议，对埃及的结论性意见，第 344 段；A/56/38，2001 年第 25 届会议，对尼加拉瓜的结论性意见，第 308～309 段；A/57/38，2002 年第 26 届会议，对斯里兰卡的结论性意见，第 284 段；A/62/38，2007 年第 37 届会议，对秘鲁的结论性意见，第 610 段；A/62/38，2007 年第 38 届会议，对巴基斯坦的结论性意见，第 17～18 段；A/62/38，2007 年第 39 届会议，对新加坡的结论性意见，第 27 段；CEDAW/C/IND/CO/3（2007），对印度的结论性意见，第 22 段；A/63/38，2008 年第 40 届会议，对玻利维亚的结论性意见，第 67 段；A/63/38，2008 年第 40 届会议，对黎巴嫩的结论性意见，第 186～187 段。

[49] CEDAW/C/46/D/18/2008，消除对妇女歧视委员会第 18/2008（2010）号来文，Vertido 诉菲律宾。另见对《任择议定书》章节的讨论。

[50] Vertido 诉菲律宾（前注 49），第 8.8、8.9 段。比较 CEDAW/C/32/D/2003，消除对妇女歧视委员会第 2/2003（2005）号来文，A. T. 诉匈牙利。

民事务”这一术语来表示这种区分。委员会并没有像欧洲人权法院那样对“民事”的含义作广义的解释，后者使用这一术语来涵盖所有涉及个人经济利益的问题。[51]

1. 同等的法律行为能力

在将男性作为比较对象时使用“同等”（identical）这一术语，而没有使用“相同”或“平等”，强调了对完全否认妇女的法律行为能力的法律文化的回应。在英国普通法和罗马成文法中，已婚妇女是受“保护”的或是“婚姻权力”的客体。这意味着她没有单独的法律地位或身份。妇女被视为欠缺完全行为能力的人，与未成年人和精神病人归为一类。非婚姻关系中的妇女在重要的法律领域，如家庭支持中同样遭受歧视。法律不承认同居关系，因此国家没有义务进行支持。证明非婚生子女的父亲非常困难，因为为了给孩子主张抚养费，妇女提供的亲子关系的证据必须得到确证。[52] 这些因素限制了妇女主张权利的法律行为能力。其他的法律传统也体现了类似的价值观。[53] 根据印度法中的摩奴文本，“女人幼时受父亲保护、成年受丈夫保护、老时受儿子保护；女人绝不适合独立”。[54] 尽管一些伊斯兰法的学说承认妇女有财产权及缔结合同的权利，但有一个缔约国在对第15条提出的保留中声称赋予妇女完全的法律行为能力和合同自由与伊斯兰 396

[51] 例如，Gorou 诉希腊（第2号），第12686/03号申请（欧洲人权法院，2009年），第26段；Syngelidis 诉希腊案，第24895/07号申请（欧洲人权法院，2010年），第29段。欧洲人权法院还判定人身权利以及受教育权也是民事性质的，参见 Ganci 诉意大利，第41576/98号申诉（欧洲人权法院，2004年），第25段；Emine Araç 诉土耳其，第9907/02号申诉（欧洲人权法院，2008年），第25段。另见 J. Frowein and W. Peukert, *Europaische Menschenrechtskonvention: EMRK Kommentar*（2009），第6条，第15~18段。

[52] 普通法：Blackstone（前注33）；Sir Edward Coke（前注33），第96、238页；Barnett（前注33），第二部分第83~117页，第三部分第121~204页；Hogan and Whyte（前注4），第713页。大陆法：Mendez（前注38）；HR Hahlo, *The South African Law of Husband and Wife*, 5th edn.（1985），pp. 1-13；RW Lee, *An Introduction to Roman-Dutch Law*, 5th edn.(1953), pp. 63, 241。S. Goonesekere, "Family Support and Maintenance: Emerging Issues in Some Developing Countries with Mixed Jurisdictions" (2006) 44 *Family Court Rev* 361, 361-375.

[53] 一般参见 R. J. Cook, "Reservations to the Convention on the Elimination of All Forms of Discrimination against Women" (1990) 30 *Virginia J Intl L* 643, 699-700。

[54] P. Diwan, *Law of Adoption, Minority Guardianship and Custody*（1989），p. 178.

教法相冲突。[55] 在一些国家，认为妇女缺乏能力因此总要依赖男人的观念在法律中的反映就是，法律行为的生效以男性监护人在场为条件。[56] 影响妇女法律行为能力的歧视性法律已经渗透到所有的法律领域，特别是财产法、获得保健的法律以及劳工法。[57]

《公约》通过关注获得与男性同等的法律行为能力，讨论了主要法律制度中包含的以妇女的性别为由剥夺其权利的问题。然而，实现形式平等并非《公约》的唯一标准。第 15 条第 2 款声称，妇女必须拥有行使法律行为能力的“相同机会”。这必然意味着通过行使《公约》规定的社会和经济权利来创造支持性的环境，尤其是第 10 条妇女的受教育权以及第 3 条和第 14 条暗含的解决妇女贫困问题。法律普及计划提供了有关行使法定权利的信息，这是第 15 条第 2 款所设定的标准的一个重要方面。执行第 5 条和第 16 条对妇女作为具有完全法律行为能力的个人行使权利非常关键。

2. 签订合同和管理财产的平等权利

第 21 号一般性建议强调了平等对签订合同和管理财产的重要性。第 13 条（a）项和（b）项对获得家庭福利、银行贷款、抵押、信贷的平等权的规定强化了第 15 条在此方面的重要性。第 15 条和第 13 条的关系是第 15 条的权利如何与《公约》所列举的其他权利相联系的又一例证。根据第 15 条第 2 款，妇女有权拥有和管理财产；第 13 条通过授予妇女平等获得获取和管理财产的必要金融工具，使妇女有可能行使她们的土地权利。此外，拥有财产通常是获得贷款和建立信用的前提条件。

在英国普通法中，已婚妇女在法律上的未成年人地位意味着她们处于监护之下，因此缺乏独立的签订合同的能力，依赖于被视为养家糊口者的男性

---

[55] D. Pearl, *A Textbook on Muslim Personal Law*, 2nd edn.（1987），p. 75；Sardar Ali（前注 39），第 20 页。阿拉伯联合酋长国对《公约》第 15 条第 2 款的保留；另见 Krivento（前注 41），第 126～127 页。其他伊斯兰缔约国对任何与伊斯兰教法相冲突的规定作出了一般性的保留。

[56] 例如，《津巴布韦家庭法典》，第 5/1917 号令，《习惯婚姻法案》；第 81－02 号令，《喀麦隆民法典》第 74 条。另见 CEDAW/C/LBY/CO/5（2009），对阿拉伯利比亚民众国的结论性意见，第 38 段；一般参见 Krivento（前注 41）。

[57] Neuwirth（前注 43），第 23～24 页。

户主。保护（coverture）意味着自结婚开始丈夫获得了对妻子财产的所有权。对已婚妇女法律地位的剥夺意味着妇女没有权利签订合同或者拥有及管理财产。[58] 已婚妇女立遗嘱的能力或者让渡及处分财产的权利也得不到承认。大陆法制度承认丈夫对合同和财产的婚姻权力，已婚妇女仅在一些例外情况下可以获得单独的财产权和签订合同的权利。英国法中首次授予妇女平等的财产权和缔约权的法律改革是（1882 年）《已婚妇女财产法案》，将已婚妇女的地位等同于“单身女性”（femme sole），一位独身的（不论未婚、丧偶、离异或是其他情况）不依赖男性的妇女可以拥有财产。然而，大陆法制度认为未婚妇女欠缺男性的完全法律行为能力，因此，她们从事法律行 397
为时需要一个男性监护人。两种法律制度均歧视有子女的未婚妇女或作为男性同居伴侣的未婚妇女。[59]

伊斯兰法以及亚洲和非洲的一些习惯法赋予妇女平等获得财产和签订合同的权利。这些制度通常承认妇女是经济生产者，是具有法律行为能力的人，拥有财产权和签订合同的权利以及对单独的经济资产的使用权、所有权和管理权。[60] 然而，习惯制度的数量和变化妨碍其考虑到所有的情况，许多习惯制度仍然否定妇女享有这些权利。许多缔约国的财产法和合同法仍未授予妇女在其生命各个阶段享有平等权利。[61] 即便进行了法律改革，妇女可能

---

[58] Forer（前注 5），第 33 页；《布罗姆利家庭法》第 10 版（2007），第 106 ~ 148 页。

[59] Hahlo（前注 52）；Barnett（前注 53），第 127、133 页；Lee（前注 52），第 63 ~ 71 页；Bromley（前注 58）。

[60] Sir J. Muria,“Personal Common Law Conflicts and Women’s Human Rights”, in A. Byrnes, J. Connors, and L. Bik (eds.), *Advancing the Human Rights of Women: Using International Human Rights in Domestic Litigation* (1997), p. 138；Sardar Ali（前注 39），第 21 页；P. Kameri-Mbote,“Gender Dimensions of Law, Colonialism and Inheritance in East Africa: Kenyan Women’s Experience”, International Environment Law Research Centre (2002)；S. Goonesekere,“Colonial Legislation and Sri Lankan Family Law: The Legacy of History”, in K. M. de Silve et al. (eds.), *Asian Panorama* (1990), p. 193；M. V. Tran,“The Position of Women in Traditional Vietnam”, in K. M. de Silve et al. (eds.), *Asian Panorama* (1990), pp. 274 – 283.

[61] CEDAW/C/KEN/CO/6（2007），对肯尼亚的结论性意见，第 41 ~ 42 段；CEDAW/C/LBR/CO/6（2009），对利比里亚的结论性意见，第 40 ~ 41 段；CEDAW/C/MRT/CO/1（2007），对毛里塔尼亚的结论性意见，第 43 ~ 44 段。一般参见女律师联合会 – 肯尼亚和国际妇女人权门诊，“限制妇女平等享有《经济社会文化权利国际公约》权利的肯尼亚法律和有害习俗”（2008），乔治城大学法律中心，第 12 ~ 13 页。

在事实上仍然缺乏对财产的管理权或获得财产的权利。

对签订合同和财产权的法律限制也会剥夺妇女在其他事项上的平等机会，例如获得信贷、贷款、保证人资格以及以她们自己的名义进行其他商业交易。丧偶妇女、女户主、同居关系中的女性伴侣以及未婚妇女也可能被排除在获得社会保障的福利和养老金之外。她们可能无法担任家庭财产的执行者和管理者。有时，国内法院可能援引反映这些规范的《公约》或宪法规定来挑战上述法律限制。[62]

委员会经常强调，缺乏一以贯之的努力以改革法律，规定妇女签订合同的能力以及财产管理权。[63]

398 **3. 民事法院和法庭诉讼程序中的平等**

鉴于第 15 条第 2 款将法院和诉讼程序中的平等对待作为民事法律行为能力的一个方面，那么它就包含陈述权的法律问题以及充分参与民事法庭、行政法庭及其他法庭的实际行为能力。根据第 2 条，缔约国有确保妇女进入法庭和其他公共机构的积极义务。第 21 号一般性建议和多项结论性意见强

---

[62] F. Butegwa, "Using the African Charter on Human and People's Rights to Secure Women's Access to Land in Africa", in R. J. Cook (ed.), *Human Rights of Women: National and International Perspectives* (1994), pp. 495 - 499; Ephraim v Pastory (前注 47); Joli v Joli 以及 Noel v Toto (前注 47); Case 5 SCC 125 Kishwar and others v State of Bihar and others AIR 1996 (1996); 印度最高法院（适用了反映《公约》标准的宪法规范）; Daniel Latifi v Union of India, Civil No. 868/1986 (2001 年 9 月 28 日决定); Annama v Ibrahim, CA 419/757 (1982) [斯里兰卡]。

[63] 财产权：A/59/38，2004 年第 30 届会议，对尼泊尔的结论性意见，第 217 段；A/57/38，2002 年第 26 届会议，对斯里兰卡的结论性意见，第 274 段；A/56/38，2001 年第 25 届会议，对越南的结论性意见，第 271 段；A/63/38，2008 年第 40 届会议，对玻利维亚的结论性意见，第 71 段；A/63/38，2008 年第 40 届会议，对摩洛哥的结论性意见，第 251 段；A/62/38，2007 年第 37 届会议，对纳米比亚的结论性意见，第 255、277 段。合同、商业交易和社会保障：A/63/38，2008 年第 40 届会议，对玻利维亚的结论性意见，第 67、78 段；A/63/38，2008 年第 40 届会议，对黎巴嫩的结论性意见，第 192 段；A/59/38，2004 年第 31 届会议，对孟加拉国的结论性意见，第 232 段；A/58/38，2003 年第 29 届会议，对摩洛哥的结论性意见，第 174 ~ 175 段。家庭责任：A/62/38，2007 年第 37 届会议，对纳米比亚的结论性意见，第 255 段；A/57/38，2002 年第 26 届会议，对斯里兰卡的结论性意见，第 297 段；A/61/38，2006 年第 34 届会议，对委内瑞拉的结论性意见，第 312 段；A/63/38，2008 年第 40 届会议，对布隆迪的结论性意见，第 123 段。

调了以这种方式获得司法救济的重要性。[64]

普通法和大陆法制度各自关于保护和婚姻权力的概念，意味着已婚妇女没有法庭上的诉讼地位或者在法庭上的法律行为能力和地位。在法庭上，如果没有丈夫协助，她没有以自己独立的能力起诉或被诉的权利。她在法庭上代表子女的权利也是有限的。未婚妇女在关于家庭支持的民事诉讼中同样面临歧视，因为她们主张维持生活的权利受到了限制。许多国内法已经废除了这些限制，但另一些国家在后殖民时期仍然保留着限制。[65]

（三）第 15 条第 3 款

“缔约各国同意”这一短语似乎是指存在下述共识：有必要设定有时间限制的目标，以确保试图限制妇女法律行为能力的合同或私人文书不具有任何法律后果。该款旨在防止妇女通过合同或协议签字放弃她们的权利。缔约国必须向委员会证明，在它们的法律制度中，限制妇女法律行为能力的合同条款或其他文书与公共政策相违背，因而是无效的。

第 15 条第 3 款提到“所有”“其他任何具有法律效力的私人文书”，因此也包括诸如医疗程序、婚约、获得药品等非商事协议和商业协议。尽管第 15 条第 2 款仅提到签订合同的平等权利，但它的文本也一般性地提到法律行为能力，结合第 15 条第 3 款，显然妇女也应有签订非契约性私人文书的平等权利，如订立遗嘱或信托。根据该款的准备文件，这种广泛措辞的目的是确保第 15 条尽可能具有包容性。[66]

第 15 条第 3 款使歧视性的合同和私人文书“无效”。据此产生了一个

---

[64] A/57/38，2002 年第 27 届会议，对突尼斯的结论性意见，第 184 段；CEDAW/C/ROM/CO/6（2006），对罗马尼亚的结论性意见，第 12 段；CEDAW/C/TKM/CO/2（2007），对土库曼斯坦的结论性意见，第 12 段；CEDAW/C/COL/CO/6（2007），对哥伦比亚的结论性意见，第 18 段；CEDAW/C/VUT/CO/3（2007），对瓦努阿图的结论性意见，第 39 段；CEDAW/C/KEN/CO/6（2007），对肯尼亚的结论性意见，第 41 段；CEDAW/C/TUV/CO/2（2009），对图瓦卢的结论性意见，第 18 段。

[65] Hahlo（前注 52）；Lee（前注 52），第 63 ~ 64 页；Forer（前注 5）；Bromley（前注 58），第 107 页。

[66] 参见上文第二部分：准备工作。另见 A/C. 3/33/L. 47/Add. 2（1978），第 184 段。

预期，即目标（或结果）在于歧视妇女的民事及私人法律文书不可执行。这一规定被狭义解释为仅使冒犯性条款而非整个文书无效。[67] 例如，根据第
399 15 条的期待，缔约国应制定和执行法律，确保妇女能够在无监护的情况下缔结自己的婚约。第 15 条第 3 款还可以解释为可使旨在“限制妇女法律行为能力”的婚约无效，包括作为已婚妇女拥有财产的行为能力。为避免婚约或其他重要的私人文书无效，缔约各国以及各国法院在适用第 15 条第 3 款时可以将其解释为仅仅令合同及私人文书的限制性条款无效，而非使整个合同无效。

（四）第 15 条第 4 款

本款讨论了妇女的迁徙自由权受到限制的具体情况。它补充了《公约》第 9 条以国籍为基础的标准，详细说明了《世界人权宣言》第 13 条和《公民及政治权利国际公约》第 12 条。《美洲人权公约》《非洲人权和民族权宪章》《欧洲人权公约》等区域人权文件以及各国宪法也承认这些权利。[68]

住所决定了管辖权及适用于个人地位的法律。[69] 住所与居住地是相互联系的概念，其中住所被界定为一个人的合法居所或永久居住地。[70] 无论是普通法还是大陆法，住所自出生时取得，可以通过在另一个国家获得新的自选住所而进行变更。对已婚妇女而言，配偶地位的概念以及婚姻的权利义务施加了以丈夫及妻子的身份共同居住的法律义务。普通法及大陆法中分别规定的保护或丈夫的婚姻权力的概念意味着在结婚时丈夫的住所决定了妻子的住所，包括妻子的住所也会随丈夫住所的改变而

---

[67] 例如，乌干达诉 Matovu，2001 年第 146 号刑事案件，乌干达坎帕拉高等法院 2002 年 10 月 21 日。另见英国对第 15 条第 3 款的理解（“理解该款的意图是合同或其他私人文书中只是所描述的歧视性的术语或要素才被视为无效，合同或文书整体并不必然无效”）。

[68] 《美洲人权公约》第 22 条；《班珠尔宪章》第 12 条；《欧洲人权公约第四议定书》第 2 条（TS 046，1963）；《加拿大权利和自由宪章》（1985）第 6 条第 1 款；《南非共和国宪法》（1996）第 21 条；《印度宪法》第 19 条（d）、（e）项。

[69] Hahlo（前注 52），第 128 页。例如《布罗姆利家庭法》（前注 58），第 265 ~ 266 页。

[70] Fawcett, Carruthers and North (eds.), *Cheshire, North & Fawcett: Private International Law*, 14th edn. (2008), pp. 154 – 171.

改变，即便她并不与丈夫住在一起。因此，丈夫的住所被视为夫妻双方的住所，根据普通法，妻子拒绝与丈夫一起搬迁将成为离婚的一个理由。想要寻求婚姻救济的妇女必须在对其丈夫住所地有管辖权的法院提起诉讼。[71] 在受到此类法律制度影响的国家，住所地原则严重限制了妇女对居住地的选择以及迁徙的权利，除非解除婚姻并获得新的住所。家庭支持法强调男性担任户主及养家糊口者的概念，进一步强化了住所地原则。

在伊斯兰法中，丈夫控制和领导家庭的权利被解释为限制妻子的迁徙自由的正当理由。然而，对相关文本的其他解读表明，丈夫的这一权利与妇女法律行为能力及地位的其他原则是相冲突的。[72]

《公约》第 15 条第 4 款拒绝承认附属住所原则。第 21 号一般性建议以及多项结论性意见强调，缔约国有必要废除妻子附属住所的概念、对迁徙自 400
由以及选择居所的限制。委员会呼吁缔约国终止男性对妇女享有监护权的做法，因为这事实上导致了对妇女迁徙自由的限制。[73]

四　本条语境中的平等

（一）形式平等

作为基本的第一步，第 15 条各款均以实现以男性为参照对象的形式平等为优先事项。但有些国家仍然通过一系列为妇女设置障碍的歧视性法律强

[71] 同上注，第 178、966 页；Le Mesurier v Le Mesurier（1895），1 NCR 160 PC，后被斯里兰卡最高法院在 Ashokan v Ashokan（1994）案中推翻，1 Sri LR 413。

[72] Sardar Ali（前注 39），第 35 页。

[73] 参见对第 9 条一章的讨论；第 21 号一般性建议，第 9 ~ 10 段；CEDAW/C/SAU/CO/2（2008），对沙特阿拉伯的结论性意见，第 15 ~ 16 段；CEDAW/C/MMR/CO/3（2008），对缅甸的结论性意见，第 42 ~ 43 段；CEDAW/C/ARE/CO/1（2010），对阿拉伯联合酋长国的结论性意见，第 46 段；CEDAW/C/LBY/CO/5（2009），对阿拉伯利比亚民众国的结论性意见，第 37 ~ 38 段；CEDAW/C/YEM/CO/6（2008），对也门的结论性意见，第 387 ~ 388 段。

化着形式上的不平等。委员会一直强调第一步的重要性。[74] 如上文概述部分的讨论，对第 15 条第 1 款的广义解释包括法律的平等保护概念，这要求缔约国还应采取措施实现实质平等。第 19、21、25 号一般性建议对理解这方面的努力尤为相关。

（二）实质平等

实现第 15 条规定的实质平等意味着妇女必须能够得到基本的法律知识和法律援助，以便在民事法院和法庭前主张她们的权利。这在贫困、文盲、缺乏权利意识、缺乏获得信息和普法项目、对妇女在公共场所活动有文化规范约束的缔约国尤为重要，因为这些国家的大多数妇女无法通过正式的法律制度、法院和法庭获得救济。司法和执法机构中的性别不敏感也阻碍了通过这些平台获得司法救济。[75] 委员会呼吁缔约国主动解决这些问题。[76]

---

[74] CEDAW/C/SCG/CO/1（2007），对塞尔维亚的结论性意见，第 8 段；CEDAW/C/MMR/CO/3（2008），对缅甸的结论性意见，第 47 段；CEDAW/C/TUV/CO/2（2009），对图瓦卢的结论性意见，第 52 段。参见对第 9 条一章的讨论。关于妇女的法律改革行动：《尼泊尔歧视性法律及其对妇女的影响》（前注 47）；I. Jalal, "The Campaign for Gender Equality in Family Law", in *Dossier 27: Muslim Minorities* (*Women Living Under Muslim Law*) (2005); S. Goonesekere (ed.), *Violence, Law and Women's Rights in South Asia* (2004), pp. 13, 30; M. I. Plata, "Reproductive Rights as Human Rights: The Colombian Case", in R. J. Cook (ed.), *Human Rights of Women: National and International Perspectives* (1994), p. 515。

[75] Goonesekere（前注 74）。

[76] A/56/38，2001 年第 25 届会议，对几内亚的结论性意见，第 135 段；A/56/38，2001 年第 25 届会议，对越南的结论性意见，第 257 段；A/56/38，2001 年第 24 届会议，对乌兹别克斯坦的结论性意见，第 177 段；A/56/38，2001 年第 24 届会议，对埃及的结论性意见，第 345 段；A/57/38，2002 年第 26 届会议，对斯里兰卡的结论性意见，第 285 段；A/59/38，2004 年第 30 届会议，对不丹的结论性意见，第 18 段；A/59/38，2004 年第 30 届会议，对尼日利亚的结论性意见，第 298 段；A/61/38，2006 年第 35 届会议，对马来西亚的结论性意见，第 12 段；A/62/38，2007 年第 37 届会议，对希腊的结论性意见，第 527 ~ 528 段；A/62/38，2007 年第 37 届会议，对秘鲁的结论性意见，第 614 ~ 615 段；A/62/38，2007 年第 38 届会议，对巴基斯坦的结论性意见，第 23 段；A/62/38，2007 年第 37 届会议，对马尔代夫的结论性意见，第 20 段；CEDAW/C/IND/CO/3（2007），对印度的结论性意见，第 18 ~ 19 段；A/63/38，2008 年第 40 届会议，对沙特阿拉伯的结论性意见，第 27、37 段；A/63/38，2008 年第 40 届会议，对玻利维亚的结论性意见，第 85 段；A/63/38，2008 年第 40 届会议，对布隆迪的结论性意见，第 129 段；Vertido 诉菲律宾（前注 49），第 8.9 段。

委员会在结论性意见中将第 15 条和第 16 条联系在一起，表明实现第
16 条设定的家庭关系中的平等标准也会对实现平等进入法院、法庭，特别 401
是在离婚、子女监护、抚养领域获得司法救济产生影响。[77]

妇女进入民事法院、法庭的一个重要方面是司法机关和行政法庭中的性别敏感和性别平衡。一些从事替代性纠纷解决的行政法庭和机构，如调解法庭和习惯法院，裁决人员中可能没有一个女代表，或者不允许妇女作为代理人。委员会强调有必要进行司法培训，在所有的法院和法庭中实现性别平衡，并有必要让非正式的纠纷解决机构遵守这些规范。[78]

（三）包括消除结构性障碍和性别刻板印象的变革性平等

第 15 条的一些具体方面，例如行使法律行为能力的“相同机会”以及“法院和法庭诉讼的各个阶段”获得平等对待的规定，强调需要实现变革性平等模式，消除司法程序中的性别刻板印象和制度化歧视，以及改变家庭及社区对待妇女的态度和价值观。缔约国必须解决影响妇女平等权或对平等权产生不利后果的间接歧视和区别。按照委员会的观点，相应的干

---

[77] 例如，A/57/38，2002 年第 27 届会议，对苏里南的结论性意见，第 68 段；CEDAW/C/MRT/CO/1（2007），对毛里塔尼亚的结论性意见，第 44 段；CEDAW/C/KEN/CO/6（2007），对肯尼亚的结论性意见，第 44 段；CEDAW/C/TZA/CO/6（2008），对坦桑尼亚的结论性意见，第 51 段；CEDAW/C/MWI/CO/6（2010），对马拉维的结论性意见，第 43 段；CEDAW/C/GNB/CO/6（2009），对几内亚比绍的结论性意见，第 42 段；CEDAW/C/MMR/CO/3（2008），对缅甸的结论性意见，第 47 段；CEDAW/C/TUV/CO/2（2009），对图瓦卢的结论性意见，第 52 段；CEDAW/C/VUT/CO/3（2007），对瓦努阿图的结论性意见，第 39 段；CEDAW/C/TLS/CO/1（2009），对东帝汶的结论性意见，第 46 段。

[78] A/56/38，2001 年第 24 届会议，对乌兹别克斯坦的结论性意见，第 177 段；A/62/38，2007 年第 38 届会议，对巴基斯坦的结论性意见，第 24 段；A/59/38，2004 年第 31 届会议，对孟加拉国的结论性意见，第 242 段；A/62/38，2007 年第 37 届会议，对纳米比亚的结论性意见，第 265 段。司法培训：CEDAW/C/TGO/5（2006），对汤加的结论性意见，第 11 段；CEDAW/C/TKM/CO/2（2006），对土库曼斯坦的结论性意见，第 12 段；CEDAW/C/GHA/CO/5（2006），对加纳的结论性意见，第 13 段；CEDAW/C/CHN/CO/6（2006），对中国的结论性意见，第 12 段；A/58/38，2003 年第 29 届会议，对哥斯达黎加的结论性意见，第 53 段。

预措施可以包括根据第4条第1款及第25号一般性建议引入暂行特别措施，特别是给予妇女获得法律援助和法律启蒙的机会、进入法院和法庭的机会。[79] 第21号一般性建议声明，必须实现财产权方面的实质平等，因为经济政策以及妇女对其权利的未知都会限制或否定她们获得土地所有权，即便在法律承认所有权、占有权平等的情况下也会影响其有效管理和控制财产的权利。[80]

因此，妇女平等获得司法救济与充分实现经济和社会权利密切相关。《非洲妇女权利议定书》第8条也强调了二者之间的关联，设定了具体的获得司法救济的区域标准，它所调整的社会－经济权利范围非常广泛。

402 **(四) 交叉歧视**

第25号一般性建议专门解决有必要确保妇女不因性别或其他因素遭受额外歧视的问题。在第15条各个条款之下，妇女都可能遭受多重歧视，尤其是基于民族或宗教的歧视。

第15条关于平等、法律行为能力、住所地的规定在许多国家受到挑战，这些国家的理由是，它们需要尊重少数社区的多样性和文化权利。类似的问题是，宗教信仰自由被视为一项与之相“冲突”的人权，妨碍消除该领域的歧视性规定。针对缔约国报告的结论性意见反映了一

---

[79] A/56/38，2001年第25届会议，对几内亚的结论性意见，第132段；A/56/38，2001年第25届会议，对瑞典的结论性意见，第346段；A/59/38，2004年第30届会议，对科威特的结论性意见，第79段；A/62/38，2007年第38届会议，对巴基斯坦的结论性意见，第32段；A/62/38，2007年第37届会议，对马尔代夫的结论性意见，第25段；A/62/38，2007年第39届会议，对新加坡的结论性意见，第19~20段；A/63/38，2008年第40届会议，对玻利维亚的结论性意见，第90~91段；CEDAW/C/IND/CO/3 (2007)，对印度的结论性意见，第42~43段。

[80] 第21号一般性建议。另见K. Rittich,“The Properties of Gender Equality”, in P. Alston and M. Robinson(eds.), *Human Rights and Development Towards Mutual Reinforcement* (2005), p. 87。

系列相关实践。[81] 诸如强奸犯与受害人结婚的习惯做法被当作社区的正当回应，因为这么做可以防止遭受性暴力的妇女在本社区被边缘化。

委员会在一般性建议或结论性意见中提到此类做法时，一贯采取普遍主义方法对待妇女人权问题。委员会强调，在存在多种人身法的情况下制定协调统一的民法典非常重要，它可以基于第 15 条和第 16 条的规范创造共同的法律权利。[82] 委员会鼓励比较、借鉴受相同法律传统滋养的类似司法管辖区的法律发展，例如基于伊斯兰法、普通法或大陆法的各国法律制度之间相关参考。[83]《非

[81] F. Raday, "Culture, Religion and CEDAW's art 5 (a)", in H. B. Schöpp-Schilling and C. Flinterman (eds.), *The Circle of Employment: 25 Years of the UN Committee on the Elimination of Discrimination against Women* (2007), pp. 68, 76; M. Siesling, "Cultural Defence in Criminal Law", 2009 年 5 月 12 日荷兰外交部"妇女的人权与宗教、文化和传统"论坛上的发言稿; A/56/38, 2001 年第 25 届会议，对几内亚的结论性意见，第 122、128 段; A/59/38, 2004 年第 30 届会议，对尼泊尔的结论性意见，第 208 ~ 209 段; CEDAW/C/IND/CO/3 (2007)，对印度的结论性意见，第 8、28 段; A/63/38, 2008 年第 40 届会议，对玻利维亚的结论性意见，第 67 段; A/63/38, 2008 年第 40 届会议，对沙特阿拉伯的结论性意见，第 232 段; A/63/38, 2008 年第 40 届会议，对黎巴嫩的结论性意见，第 187 段; A/56/38, 2001 年第 24 届会议，对埃及的结论性意见，第 344 段; A/60/38, 2005 年第 32 届会议，对土耳其的结论性意见，第 363 ~ 364 段; A/62/38, 2007 年第 39 届会议，对约旦的结论性意见，第 23 段; A/62/38, 2007 年第 38 届会议，对巴基斯坦的结论性意见，第 5 段。欧洲吉卜赛和伊斯兰妇女的文化与宗教做法: A/62/38, 2007 年第 37 届会议，对希腊的结论性意见，第 529、530、545 段; A/63/38, 2008 年第 40 届会议，对瑞典的结论性意见，第 378 段。

[82] 第 14 号一般性建议; 第 19 号一般性建议，第 11 段; 第 21 号一般性建议，第 7 ~ 8、16、25 ~ 26 段; A/62/38, 2007 年第 37 届会议，对希腊的结论性意见，第 545 段; A/62/38, 2007 年第 39 届会议，对约旦的结论性意见，第 12 段; A/62/38, 2007 年第 37 届会议，对印度的结论性意见，第 10 ~ 11 段; A/57/38, 2002 年第 26 届会议，对斯里兰卡的结论性意见，第 275 段; A/59/38, 2004 年第 31 届会议，对孟加拉国的结论性意见，第 248 段; A/63/38, 2008 年第 40 届会议，对布隆迪的结论性意见，第 127 段; A/63/38, 2008 年第 40 届会议，对黎巴嫩的结论性意见，第 178 段; CEDAW/C/TZA/CO/6 (2008)，对坦桑尼亚的结论性意见，第 51 段; CEDAW/C/TLS/CO/1 (2009)，对东帝汶的结论性意见，第 46 段; CEDAW/C/LBR/CO/6 (2009)，对利比里亚的结论性意见，第 41 段; CEDAW/C/COK/CO/1 (2007)，对库克群岛的结论性意见，第 23 段; CEDAW/C/PNG/CO/3 (2010)，对巴布亚新几内亚的结论性意见，第 26 段。

[83] A/61/38, 2006 年第 35 届会议，对马来西亚的结论性意见，第 14 段; A/56/38, 2001 年第 24 届会议，对马尔代夫的结论性意见，第 140 ~ 141 段; A/62/38, 2007 年第 37 届会议，对马尔代夫的结论性意见，第 241 ~ 242 段; A/62/38, 2007 年第 38 届会议，对巴基斯坦的结论性意见，第 29 段; A/62/38, 2007 年第 39 届会议，对新加坡的结论性意见，第 16 段; A/62/38, 2007 年第 39 届会议，对约旦的结论性意见，第 12 段; A/57/38, 2002 年第 26 届会议，对斯里兰卡的结论性意见，第 275 段; CEDAW/C/ARE/CO/1 (2010)，对阿拉伯联合酋长国的结论性意见，第 46 段。

洲妇女权利议定书》非常好地抓住了《公约》的变革性潜力。该议定书是唯一一个基于《公约》及委员会的观点，针对文化及传统的多变与演进性质设定广泛标准的区域文件。

将属人法适用于某些妇女群体深受来自殖民地法律制度中的人格统一、婚姻权力、男性养家等概念的影响。殖民地法律适用这些标准以确
403 保与一个男人结婚的妇女成为男方属人法的客体，受男方属人法律制度的管辖；一旦结婚，如果男方与女方不属于同一法律制度，则妇女就将失去受其自己的属人法管辖的权利。人权事务委员会收到的洛夫莱斯（Lovelace）诉加拿大案提出了这个问题，该案所针对的 1983 年前未修改的立法反映了这种做法。[84] 在洛夫莱斯案中，一位印第安妇女与一位非印第安男性结婚之时即失去了留在其印第安保留地的权利，这项限制在她婚姻解体后仍然存在。人权事务委员会判定，这一基于申请人性别和种族的复合性歧视构成对其权利的侵犯。[85] 正如洛夫莱斯案所指出的，这些男性偏见原则导致了对妇女居住地选择权的限制。它们显然违反了第 15 条第 1 款和第 15 条第 4 款。

第 15 条以及委员会的一般性建议引起了人们注意，必须关注农村妇女、低收入妇女、女户主，尤其是丧偶妇女和老年妇女遭受的多重歧视。由于经济因素、习惯做法以及只关注男性户主的法律和政策，她们很可能没有独立的法律地位，也没有第 15 条提到的任何具体的财产或其他权利。对丧偶妇女再婚的限制、家庭暴力，特别是强迫婚姻，以及对进入法院及法庭的权利的限制，妨碍了单身妇女（包括丧偶妇女和老年妇女）在民事事务上获得法律救济的平等机会。[86] 委员会在审查许多缔约国报告时已经阐明了这些现实，以及消除形式歧视及这些因素造成的不利影响

[84] A/36/40 (Supp.)，联合国人权事务委员会第 24/1977 号（1981）来文，洛夫莱斯诉加拿大。

[85] 同上注。

[86] 第 27 号一般性建议。

的重要性。[87]

精神残疾的妇女在法律上遭受着多重歧视，因为她们作为妇女和作为“精神病人”无法律行为能力的地位已经在法律体系中制度化了。在一些法律制度中，“精神病人”与未成年人归入一类，受到同样的法律限制。受监护人“保护”的概念可能实际导致侵犯她们的基本人权，包括身体完整权。《残疾人权利公约》专门讨论了这一问题，并纳入与《公约》第 1 条非常类似的歧视定义。委员会在第 15 号一般性建议以及在审议多个缔约国报告时讨论了精神残疾妇女问题。[88]

五　缔约国的义务 404

（一）义务的性质

缔约国根据第 15 条承担的义务采用了强制性的表达方式，第 15 条第 1 款、第 2 款和第 4 款均使用了“应给予”的措辞。委员会阐明缔约国有

[87] 第 21 号一般性建议，第 7、8、16、28 段；A/59/38，2004 年第 31 届会议，对孟加拉国的结论性意见，第 260 段；A/61/38，2006 年第 35 届会议，对马来西亚的结论性意见，第 30 段；A/61/38，2006 年第 34 届会议，对泰国的结论性意见，第 274 段；A/62/38，2007 年第 37 届会议，对秘鲁的结论性意见，第 628 段；A/62/38，2007 年第 37 届会议，对尼加拉瓜的结论性意见，第 585、593 段；A/63/38，2008 年第 40 届会议，对玻利维亚的结论性意见，第 71 段；A/56/38，2001 年第 25 届会议，对安道尔的结论性意见，第 47 段；A/56/38，2001 年第 25 届会议，对几内亚的结论性意见，第 122 段；A/57/38，2002 年第 26 届会议，对斯里兰卡的结论性意见，第 296 ~ 297 段；A/63/38，2008 年第 40 届会议，对布隆迪的结论性意见，第 125 段；A/61/38，2006 年第 34 届会议，对委内瑞拉的结论性意见，第 312 段；A/63/38，2008 年第 40 届会议，对法国的结论性意见，第 343 段；A/59/38，2004 年第 30 届会议，对埃塞俄比亚的结论性意见，第 268 段。

[88] A/56/38，2001 年第 25 届会议，对尼加拉瓜的结论性意见，第 293、297 段；A/57/38，2002 年第 26 届会议，对斯里兰卡的结论性意见，第 286、298、299 段；CEDAW/C/IND/CO/3（2007），对印度的结论性意见，第 50 段；A/63/38，2008 年第 40 届会议，对黎巴嫩的结论性意见，第 200、266 段；A/63/38，2008 年第 40 届会议，对摩洛哥的结论性意见，第 256 ~ 257 段；A/63/38，2008 年第 40 届会议，对布隆迪的结论性意见，第 137 段；A/63/38，2008 年第 40 届会议，对玻利维亚的结论性意见，第 78 段；A/59/38，2004 年第 30 届会议，对埃塞俄比亚的结论性意见，第 268 段。

义务通过法律改革消除对第 15 条第 2 款、第 4 款涵盖领域的法律行为能力的限制，而且促进和执行这些标准的义务是具体的、即刻性的。委员会一直使用强调法律改革的重要性以及尽可能执行这些法律的语言，要求将这类法律改革作为“优先事项”，要求缔约国“加速”或“加快”法律改革，[89] 有时也会明确提及第 15 条。[90] 按照委员会的解释，缔约国对第 15 条规定的法律面前平等的广泛标准的尊重义务，要求其在宪法或具体立法（如性别平等法等法律文件）中正式承认这些标准。[91] 家庭法改革与第 15 条解决的能力问题密切相关，因此常常与缔约国根据第 15 条作出的正式努力相伴。

第 15 条第 3 款使用了“缔约各国同意”的用语，为缔约国义务设定了一种不同标准。这一用语表明，以持续的义务而非即刻的法律改革来确保此类合同和文书因非法并与公共政策相悖而无效。缔约国在第 15 条第 3 款下的义务是消极的，要求其不得执行限制性协议。在起草过程中，有一个国家解释道，根据该款，“如果一位妇女自愿同意未经其丈夫同意她不签署任何支票或签订任何合同，那么第 3 款将会使丈夫和妻子之间的自愿协议无效”。[92] 缔约国为履行这一消极义务，可能需要制定法律，纳入第 15 条的规范，并对限制性协议进行司法审查。

（二）执行

国际、区域以及国内的宪法判例现在均承认国家有义务保护个人免受国

[89] CEDAW/C/MRT/CO/1（2007），对毛里塔尼亚的结论性意见，第 44 段；CEDAW/C/MWI/CO/6（2010），对马拉维的结论性意见，第 43 段；CEDAW/C/GNB/CO/6（2009），对几内亚比绍的结论性意见，第 42 段；CEDAW/C/TLS/CO/1（2009），对东帝汶的结论性意见，第 46 段。

[90] CEDAW/C/KEN/CO/6（2007），对肯尼亚的结论性意见，第 44 段；CEDAW/C/TZA/CO/6（2008），对坦桑尼亚的结论性意见，第 51 段；CEDAW/C/MMR/CO/3（2008），对缅甸的结论性意见，第 47 段；CEDAW/C/TUV/CO/2（2009），对图瓦卢的结论性意见，第 52 段；CEDAW/C/VUT/CO/392007），对瓦努阿图的结论性意见，第 39 段。

[91] 第 21 号一般性建议，第 49 段。参见如 CEDAW/C/CHI/CO/4（2006），对智利的结论性意见，第 9 段。

[92] A/C. 3/33/L. 47/Add. 2（1978），第 183 段。

家和非国家行为体的侵犯，[93] 这包括侵犯一个人的“法律面前平等”权。当具体立法规定保障一般的平等规则，或赋予平等权、清除障碍时，私人行为体也需要遵守这些标准。委员会强调，性别平等规范不应只是远大的抱负，缔约国必须提供有效的救济，如宪法诉讼以及针对国家及非国家行为体侵犯 405
个人权利的诉讼。[94]

“保护的义务”要求，当妇女的权利遭受侵犯时，她们有获得救济的平等机会。这可能包括监测调解程序的影响，为法庭面前的陈述权制定合理要求。[95] 国家应当允许人权团体或人权活动家代表权利受到侵犯的妇女进行申诉，这与《任择议定书》所包含的法庭面前的陈述权的广义概念一致。[96] 公益诉讼尤其重要，它不仅可以促使国家对实现获得健康、教育和住所的经济、社会权利承担责任，而且可以保障妇女进入审理宪法案件的上级法院。[97]

缔约国也负有实现《公约》所列举的社会、经济权利的积极义务——其中获得健康、教育和住房的权利尤为根本——应为妇女创造实质性的平等机会，以行使她们根据第 15 条第 2 款、第 3 款和第 4 款享有的权利。虽然作为一个实际问题，逐步落实具有正当性，但是委员会明确指出，无限

[93] 参见例如 Vertido 诉菲律宾（前注 49），第 8.9 段；A. T. 诉匈牙利（前注 50）；比较 Velasquez Rodriguez 案（解释了补偿性损害赔偿），美洲人权法院 C 系列第 4 号（1988 年 7 月 29 日），28 ILM 291（1989），第 172 ~ 173 段；Saheli Women's Resource Centre v Commissioner of Police, Delhi，AIR 1990 SC 513（印度最高法院，1990 年）；Faiz Mohomed 诉总检察长，1995 1 Sri LR372（斯里兰卡最高法院）。

[94] A/56/38，2001 年第 25 届会议，对安道尔的结论性意见，第 34 段；A/56/38，2001 年第 25 届会议，对新加坡的结论性意见，第 89 段；A/56/38，2001 年第 25 届会议，对越南的结论性意见，第 244 段；A/56/38，2001 年第 25 届会议，对尼加拉瓜的结论性意见，第 279 段；A/62/38，2007 年第 38 届会议，对巴基斯坦的结论性意见，第 8 段；CEDAW/C/COL/CO/6（2007），对哥伦比亚的结论性意见，第 18 段；CEDAW/C/TUV/CO/2（2009），对图瓦卢的结论性意见，第 21 ~ 22 段。另见第 19 号一般性建议；CEDAW/C/205/OP/8，《墨西哥调查报告的结论与建议》，2005 年 1 月 27 日，墨西哥。

[95] 参见前注 94，结论性意见。

[96] 参见对《任择议定书》章节的讨论。

[97] 《任择议定书》第 2 条。另见《尼泊尔歧视性法律及其对妇女的影响》中提到的案例（前注 47）；Goonesekere（前注 74），第 13、30 页。一般参见 A. M. Sood, "Gender Justice through Public Interest Litigation: Case Studies from India" (2008) 41 *Vanderbilt J Transnational L* 833。

期地推迟实现社会和经济权利是不可接受的。[98] 监测经济政策的影响对实现妇女的财产权和土地权利尤为关键，对解决基于性别的歧视和不利现实至关重要。[99]

（三）保留

委员会指出，文化多样性、宗教、国内法常被缔约国用来当作对第 15 条提出保留或声明的理由。[100] 提出保留的缔约国往往把协调当作主要问题，它们通过提具保留或声明来解决条约标准与国内法之间暂时的不协调问题。有些缔约国虽然没有提具保留或声明，但并未使国内法与《公约》协调一致。根据国际条约法，这些缔约国有义务立即使其国内法与《公约》一致，但它们往往采取某种特别的方式来协调，或根本未采取任何行动。[101]

406 一些缔约国，尤其是伊斯兰国家，对第 15 条各款提出保留，最常见的是对第 15 条第 4 款提具保留。这些保留通常与对第 9 条的保留结合在一起。[102] 少数国家提具概括性的保留以限缩它们的义务，避免引入与伊斯兰教

---

[98] CEDAW/C/CHI/CO/4（2006），对智利的结论性意见，第 9 段；A/60/38，2005 年第 33 届会议，对布基纳法索的结论性意见，第 335～336 段；A/60/38，2005 年第 32 届会议，对老挝人民民主共和国的结论性意见，第 95 段；A/59/38，2004 年第 30 届会议，对尼日利亚的结论性意见，第 294、304 段。

[99] 第 24 号、第 25 号一般性建议；经济、社会及文化权利委员会第 20 号一般性意见进一步强化了这一观点，E/C.12/GC/20，2009 年 5 月 25 日，第 40 段；Rittich（前注 80），第 87 页。CEDAW/C/PAN/CO/7（2010），对巴拿马的结论性意见，第 47 段；CEDAW/C/ECU/CO/7（2008），对厄瓜多尔的结论性意见，第 19 段；CEDAW/C/SLV/CO/7（2008），对萨尔瓦多的结论性意见，第 38 段；CEDAW/C/JAM/CO/5（2006），对牙买加的结论性意见，第 38 段；A/56/38，2001 年第 24 届会议，对埃及的结论性意见，第 351 段；A/57/38，2002 年第 26 届会议，对爱沙尼亚的结论性意见，第 114 段；A/55/38，2000 年第 23 届会议，对立陶宛的结论性意见，第 161 段。

[100] 摩洛哥、突尼斯、阿尔及利亚、巴基斯坦、巴林、尼日尔、阿曼、阿拉伯叙利亚共和国、印度和阿拉伯联合酋长国。

[101] A/59/38，2004 年第 30 届会议，对尼日利亚的结论性意见，第 295～296 段；CEDAW/C/NGA/CO/6（2008），对尼日利亚的结论性意见，第 17～18 段；CEDAW/C/YEM/CO/6（2008），对也门的结论性意见，第 46 段；CEDAW/C/CMR/CO/3（2009），对喀麦隆的结论性意见，第 13 段。

[102] 参见对第 9 条一章的讨论。阿尔及利亚、摩洛哥、卡塔尔、突尼斯、巴林、尼日尔、阿曼以及阿拉伯叙利亚共和国。对《公约》的保留参见 http://treaties.un.org，访问日期 2010 年 12 月 31 日。

法相冲突的举措，这些保留也涵盖第 15 条。针对这种情况，委员会无论在一般性建议还是结论性意见中，一贯采取的做法是，要求缔约国审查并撤回它们的保留及解释性声明，并为此设定时间表。委员会对基于文化多样性和宗教理由的宽泛保留尤为关切，即便一个缔约国声称保留并不妨碍其法律与《公约》保持一致。[103] 2008 年，委员会特别指出，针对第 15 条第 4 款的保留与《公约》的目的和宗旨相违背。[104]

有些缔约国撤回了保留，对此委员会表示欢迎。[105] 其他国家，主要是伊斯兰国家，即便已经修改了法律，但仍然保持对这些条款的保留。[106] 委员会鼓励那些国内法以伊斯兰教法为基础的缔约国借鉴比较法理，以使国内法与《公约》规范相协调。实践证明，已取得进展。

维持这些限制，以及国内法对选择住所、迁徙自由、缔约能力的法律障碍，并不符合一些提具保留和声明的缔约国的社会、经济现实。低收入妇女可以进入这些国家，也可以作为移徙工人到海外工作和生活。她们这样做是为了维持生存。从事商业或专业工作的人也同样可能出于经济原因而在海外生活、工作。各个阶层的妇女都作为经济生产者或从事契约交易的贸易商进行工作。保留反映出一种国内法中顽固地保持歧

[103] A/58/38，2003 年第 28 届会议，对瑞士的结论性意见，第 100 段；A/62/38，2007 年第 38 届会议，对巴基斯坦的结论性意见，第 13 段；CEDAW/C/SAU/CO/2（2008），对沙特阿拉伯的结论性意见，第 10 段；A/61/38，2006 年第 35 届会议，对马来西亚的结论性意见，第 9 段；CEDAW/C/NER/CO/2（2007），对尼日尔的结论性意见，第 10 段；第 4 号、第 20 号一般性建议；第 21 号一般性建议，第 41～47 段。

[104] CEDAW/C/BHR/CO/2（2008），对巴林的结论性意见，第 16 段。

[105] A/58/38，2003 年第 29 届会议，对巴西的结论性意见，第 91 段；CEDAW/C/FRA/CO/6（2008），对法国的结论性意见，第 8 段；A/56/38，2001 年第 24 届会议，对牙买加的结论性意见，第 210 段；CEDAW/C/LBY/CO/5（2009），对阿拉伯利比亚民众国的结论性意见，第 13 段；CEDAW/C/CHE/CO/3（2008），对瑞士的结论性意见，第 4 段；A/54/38/Rev. 1，1999 年第 20 届会议，对泰国的结论性意见，第 223 段；CEDAW/C/TUR/CO/6（2010），对土耳其的结论性意见，第 4 段；CEDAW/C/COK/CO/1（2007），对库克群岛的结论性意见，第 5 段；A/52/38/Rev. 1，1997 年第 17 届会议，对孟加拉国的结论性意见，第 424 段。

[106] 例如，CEDAW/C/MAR/CO/4（2008），对摩洛哥的结论性意见，第 14 段；A/57/38，2002 年第 27 届会议，对突尼斯的结论性意见，第 188 段。巴西、法国、爱尔兰、约旦、泰国和土耳其撤回了对第 15 条的保留，保留参见 http：//treaties. un. org，访问日期 2010 年 12 月 31 日。

视性规范的心态，而社会和经济现实迫切需要国内法与之保持一致，也与《公约》保持一致。

六　结论

乍一看，委员会在结论性意见和一般性建议中对第 15 条的讨论似乎相对较少。考虑到平等的法律地位和法律行为能力对实现众多其他权利，
407 如健康、住房、经济独立等的根本重要性，委员会似乎应该经常提及第 15 条。然而，仔细阅读委员会的结论性意见就会发现其中已然包含第 15 条的原则。例如，讨论经济安全的结论性意见以妇女拥有和控制土地的能力为基础，与第 15 条第 2 款直接相关，该款要求缔约国确保妇女具有与男人平等的管理财产的行为能力。[107] 其他结论性意见仅仅提到第 16 条，或没有提及具体条款，但这些法律也包含妇女的法律行为能力以及签订合同的自由。[108]

到目前为止委员会未能经常性地提及第 15 条确实有些遗憾，因为国家可能并不承认许多建议中暗含着联系。然而，第 15 条的原则经常得到讨论，应当被视为《公约》最重要的条款之一。法律行为能力、财产所有权、管理权以及法律上的平等，与其他社会、经济权利存在必然联系。委员会如能制定一项专门的一般性建议，为第 15 条的每一条款提供指南，而不是在其他规定中联想到第 15 条，将有助于突出这一条款的重要性。

---

[107] CEDAW/C/GUA/CO/7（2009），对危地马拉的结论性意见，第 34 段；CEDAW/C/CHN/6（2006），对中国的结论性意见，第 37 ~ 38 段；CEDAW/C/CHI/CO/4（2006），对智利的结论性意见，第 9 ~ 10 段；A/55/38，2000 年第 22 届会议，对刚果民主共和国的结论性意见，第 230 段。

[108] CEDAW/C/LBY/CO/5（2009），对阿拉伯利比亚民众国的结论性意见，第 38 段；CEDAW/C/SAU/CO/2（2008），对沙特阿拉伯的结论性意见，第 15 ~ 16 段；CEDAW/C/YEM/CO/6（2008），对也门的结论性意见，第 387 ~ 388 段；A/55/38，2000 年第 22 届会议，对约旦的结论性意见，第 172 段。这些结论性意见在表达对这些做法的关切时均未明确提及第 15 条第 2 款。

第 15 条没有规定具体的法律改革，因为不同的法律制度要求采取不同的执行措施。然而，第 15 条确为平等提供了一个共同标准，要求缔约国承认其法律制度中根深蒂固的性别偏见和歧视性假设，并解决这些假设以何种方式限制妇女行使法律人格。

409

第十六条*

1. 缔约各国应采取一切适当措施，消除在有关婚姻和家庭关系的一切事项上对妇女的歧视，并特别应保证她们在男女平等的基础上：

（a）有相同的缔婚权利；

（b）有相同的自由选择配偶和非经本人自由表示、完全同意不缔婚约的权利；

（c）在婚姻存续期间以及解除婚姻关系时，有相同的权利和义务；

（d）不论婚姻状况如何，在有关子女的事务上，作为父母亲有相同的权利和义务。但在任何情形下，均应以子女的利益为重；

（e）有相同的权利自由负责地决定子女人数和生育间隔，并有机会获得使她们能够行使这种权利的知识、教育和方法；

（f）在监护、看管、受托和收养子女或类似的制度方面，如果国家法规有这些观念的话，有相同的权利和义务。但在任何情形下，均应以子女的利益为重；

（g）夫妻有相同的个人权利，包括选择姓氏、专业和职业的权利；

（h）配偶双方在财产的所有、取得、经营、管理、享有、处置方面，不论是无偿的或是收取价值酬报的，都具有相同的权利。

2. 童年订婚和童婚应不具法律效力，并应采取一切必要行动，包括制订法律，规定结婚最低年龄，并规定婚姻必须向正式登记机构登记。

* 非常感谢 Ruth Halperin-Kaddari 教授和 Barthazar Rwezaura 教授对本章初稿的有益评论，以及 Taylor Pierce，Lindsey Smith 和 Kavinvadee Suppapongtevasadul 的协助研究。

一　概述……………………………………………………………… 547
（一）前期历史 ……………………………………………………… 549
（二）准备工作 ……………………………………………………… 550
（三）第 21 号一般性建议 ………………………………………… 552
二　解释问题………………………………………………………… 553
（一）引文 …………………………………………………………… 553
1. “一切适当措施……并特别” ………………………………… 553
2. “相同的权利和义务” ………………………………………… 554
3. “婚姻和家庭关系” …………………………………………… 554
4. 同居关系………………………………………………………… 556
5. 未注册的事实婚姻……………………………………………… 557
6. 多配偶制………………………………………………………… 559
7. 家庭中的平等与多重法律制度 ……………………………… 560
（二）第 16 条第 1 款 ……………………………………………… 562
1. 第 16 条第 1 款（a）项：有相同的缔婚权利 ……………… 562
2. 第 16 条第 1 款（b）项：有相同的自由选择配偶的权利
和非经本人自由表示、完全同意不缔婚约的权利………… 563
（1）包办婚姻与强迫婚姻 ……………………………………… 565
3. 第 16 条第 1 款（c）项：在婚姻存续期间以及解除婚姻
关系时，有相同的权利和义务………………………………… 567
（1）婚姻存续 …………………………………………………… 567
（2）婚姻解除 …………………………………………………… 567 410
①离婚的理由 ……………………………………………… 567
②过程和程序 ……………………………………………… 568
4. 第 16 条第 1 款（d）项：不论婚姻状况如何，在有关子女的
事务上，作为父母亲有相同的权利和义务。但在任何
情形下，均应以子女的利益为重……………………………… 569
（1）离婚中子女的监护：在任何情形下，均应以子女的利
益为重 ……………………………………………………… 571

(2) 非婚生子女 …… 572
5. 第16条第1款(e)项：有相同的权利自由负责地决定子女人数和生育间隔，并有机会获得使她们能够行使这种权利的知识、教育和方法 …… 573
6. 第16条第1款(f)项：在监护、看管、受托和收养子女或类似的制度方面，如果国家法规有这些观念的话，有相同的权利和义务。但在任何情形下，均应以子女的利益为重 …… 574
7. 第16条第1款(g)项：夫妻有相同的个人权利，包括选择姓氏、专业和职业的权利 …… 575
(1) 选择姓氏的权利 …… 575
(2) 选择专业和职业的权利 …… 576
8. 第16条第1款(h)项：配偶双方在财产的所有、取得、经营、管理、享有、处置方面，不论是无偿的或是收取价值酬报的，都具有相同的权利 …… 577
(1) 婚姻存续期间取得、所有、经营和管理财产 …… 577
(2) 在解除婚姻或同居关系时分割财产 …… 578
(3) 继承 …… 580
(三) 第16条第2款 …… 581
1. 定义："儿童" …… 582
2. 童年订婚和童婚 …… 583
3. 应不具法律效力 …… 583
4. 结婚最低年龄 …… 584
5. 婚姻登记 …… 585
(四) 本条中的平等 …… 585
1. 形式平等 …… 585
2. 实质平等与变革性平等 …… 585
三 缔约国的义务 …… 586
(一) 执行 …… 586

1. 尊重义务 …………………………………………………… 586
2. 保护义务 …………………………………………………… 587
3. 实现义务 …………………………………………………… 587
（二）保留 ………………………………………………………… 588
1. 保留的撤回 ………………………………………………… 589
2. 保留与《任择议定书》 …………………………………… 589

一　概述

第 16 条规定，男女在婚姻及解除婚姻的所有方面一律平等，禁止童婚；规定缔约国应制定结婚最低年龄，并要求结婚登记。该条的两个部分基于《世界人权宣言》第 16 条及后续条款所规定的权利，并对其用语进行了扩展。

因为“家庭是社会的自然和基本的群体单位”，[①] 又因为婚姻仍然是绝 411
大多数妇女生活中的某一时刻必须遵循的准则，婚姻结构中的男女不平等对妇女生活的影响深远而广泛。基于婚姻对妇女财产权、行动自由、职业选择的限制，以及基于婚姻的家庭责任，严重影响着妇女的教育、经济地位、健康、躲避和逃离暴力关系的能力以及自我照料、照顾子女及其负有责任的其他家庭成员的能力。[②]

《世界人权宣言》（以及《公民及政治权利国际公约》第 23 条、《经济社会文化权利国际公约》第 10 条第 1 款）的用语呈现出在“保护”家庭单位的

---

① 《世界人权宣言》第 16 条第 3 款。

② 关于妇女在家庭中遭遇歧视的著作非常多，关于不同法律制度及特定家庭法制度中的性别问题的资料也非常多。总体情况可参见 F. Banda, *Women, Law and Human Rights: An African Perspective* (2005); A. Hellum, J. Stewart, S. S. Ali, and A. Tsanga (eds.), *Human Rights, Plural Legalities and Gendered Realities: Paths are Made by Walking*, *Southern and Eastern African Regional Center for Women's Law* (2007); K. M. Cuno and M. Desai (eds.), *Family, Gender, and Law in a Globalizing Middle East and South Asia* (2009); Z. Anwar (ed.), *Wanted: Equality and Justice in the Muslim Family* (2009); International Council on Human Rights Policy, *When Legal Worlds Overlap: Human Rights, State and Non-state Law* (2009); Orgznising Committee of the Commission on European Family Law, Series: European Family Law in Action, Vols. I – IV (2003 – 2009)。

传统概念和配偶各自在“结婚、婚姻存续及解除”时权利平等概念之间的潜在紧张关系。对根除歧视的追求打破了假定的隐私障碍，这种障碍在历史上以“保护家庭”名义阻碍了对家庭平等及其权力互动关系的审查。第16条为审查这一互动关系提供了路线图，表明对家庭的保护要求保护配偶各自的人权、促进相互间的平等，而非以牺牲女性成员的利益为代价来维持对家庭的“保护”。

习俗、传统、宗教法律与实践以及性别刻板印象对执行第16条的影响比对执行《公约》其他条款的影响更大。家庭角色分配，以及整体的家庭身份，都是通过长期基于性别的刻板印象以及家庭系统的父权统治塑造而成的。与无可回避的生殖生物学相关的性别角色置妇女于主要的养育者及主要的受控对象的双刃地位。促进形式平等的法律规定可能产生难以意料的后果，例如基于平等就业法将会对妇女经济地位产生即刻影响这一毫无根据的假设而作出离婚后不给予充足支持金的裁判。根深蒂固的偏见以及特别与妇女生育和家庭角色相关的公认的文化传统及态度，使得实现实质平等可能尤为困难。因此，理解并执行第5条对执行第16条的所有内容极为重要。

结合第2条和第5条，第16条要求缔约国禁止歧视，消除个人身份法中的歧视，处理导致家庭中持续不平等的性别刻板印象、习俗及宗教法律与做法。委员会通常在第2条及第28号一般性建议的框架内审查这三项总体要求，肯定缔约国在实现这些目标方面的进展，指出仍有待解决的问
412 题。它促请仍然保留歧视性法律和习俗的缔约国修改相关规定。[③] 作出一

③ A/58/38，2003年第28届会议，对阿尔巴尼亚的结论性意见，第61段；A/59/38，2004年第31届会议，对孟加拉国的结论性意见，第248段；A/56/38，2001年第24届会议，对布隆迪的结论性意见，第56段；CEDAW/C/CMR/CO/3（2009），对喀麦隆的结论性意见，第15~17段；CEDAW/C/IDN/CO/5（2007），对印度尼西亚的结论性意见，第18~19段；CEDAW/C/JOR/CO/4（2007），对约旦的结论性意见，第18段；CEDAW/C/LBN/CO/3（2008），对黎巴嫩的结论性意见，第19段（“急需”；委员会在2005年给出了同样的建议，A/60/38，2005年第60届会议，第100段）；CEDAW/C/MWI/CO/5（2006），对马拉维的结论性意见，第14段；A/56/38，2001年第25届会议，对尼加拉瓜的结论性意见，第313段，以及CEDAW/C/NIC/CO/6（2007）第8段（重申2001年的建议）；CEDAW/C/RWA/CO/6（2009），对卢旺达的结论性意见，第42段；A/60/38，2005年第32届会议，对萨摩亚的结论性意见，第65段；CEDAW/C/SGP/CO/3（2007），对新加坡的结论性意见，第16段；CEDAW/C/SYR/CO/1（2007），对阿拉伯叙利亚共和国的结论性意见，第18段。

些努力的缔约国得到委员会的肯定，并被要求解决剩下的问题。[4] 对已经采取重要举措正式废除歧视性法律和习俗的缔约国，委员会要求它们将重点放在法律的实施上，强调转变态度、提升意识，促进妇女获得法律救济。[5]

（一）前期历史

1964 年《关于结婚之同意、结婚最低年龄及婚姻登记之公约》（简称《结婚公约》）[6] 声称，虐待性的婚姻“习俗、古代法和做法”违背《世界人权宣言》“关于结婚、婚姻期间及婚姻解除时”平等的强制规定。《结婚公约》是一个分水岭，它呼吁国家坚定承诺消除婚姻习俗和做法中的歧视。然而，该公约未能规定一个最低结婚年龄，并允许通过代理人结婚。[7] 这些局限今天仍然存在，在最难根除的歧视性做法中，早婚和强迫婚姻仍然在列。

1967 年《消除对妇女歧视宣言》对家庭中的平等的讨论更具体一些。

---

④ 这些结论性意见提到尚未颁布的拟议法律（法令）变更，或提到只解决了第 16 条下一部分而非全部平等义务的法律。A/60/38，2005 年第 33 届会议，对贝宁的结论性意见，第 148 段；A/55/38，2000 年第 22 届会议，对布基纳法索的结论性意见，第 282 段；CEDAW/C/KHM/CO/3（2006），对柬埔寨的结论性意见，第 34 段；CEDAW/C/JAM/CO/5（2006），对牙买加的结论性意见，第 18 段（原文国名有误。——译者注）；CEDAW/C/MDV/CO/3（2007），对马尔代夫的结论性意见，第 12、36 段；CEDAW/C/MAR/CO/4（2008），对摩洛哥的结论性意见，第 35～39 段；A/60/38，2005 年第 32 届会议，对土耳其的结论性意见，第 364 段；CEDAW/C/TZA/CO/6（2009），对坦桑尼亚的结论性意见，第 30 段；CEDAW/C/URY/CO/7（2008），对乌拉圭的结论性意见，第 47 段（引用了早先的评论以及儿童权利委员会的建议）。

⑤ CEDAW/C/CHE/CO/3（2009），对瑞士的结论性意见，第 38 段（税收结构）；CEDAW/C/ERI/CO/3（2006），对厄立特里亚的结论性意见，第 29 段；A/59/38（Supp.），2004 年第 30 届会议，对埃塞俄比亚的结论性意见，第 244 段；CEDAW/C/JAM/CO/5（2006），对牙买加的结论性意见，第 26 段；CEDAW/C/KGZ/CO/3（2008），对吉尔吉斯斯坦的结论性意见，第 18 段；CEDAW/C/MAR/CO/5（2006），对毛里求斯的结论性意见，第 33 段；CEDAW/C/MOZ/CO/2（2007），对莫桑比克的结论性意见，第 23、45 段；CEDAW/C/NLD/CO/4（2007），对荷兰的结论性意见，第 20 段；CEDAW/C/TGO/CO/5（2006），对多哥的结论性意见，第 13 段；CEDAW/C/UK/CO/6（2009），对英国的结论性意见，第 291 段（研究 1996 年家庭法的影响）。

⑥ 《关于结婚之同意、结婚最低年龄及婚姻登记之公约》（1962 年 11 月 7 日通过，1964 年 12 月 9 日生效），521UNTS231。

⑦ 《结婚公约》第 1 条第 2 款。《结婚公约》只有 54 个批准国和加入国，一些国家在《公约》生效后接受《结婚公约》。一些缔约国对第 1 条第 2 款作出了保留，因此拒绝任何代理结婚的可能性。

《消除对妇女歧视宣言》第6条第1款(甲)项规定取得、管理和继承财产的平等权,“包括在婚姻存续期间取得的财产”,第6条第2款提到对婚姻的平等同意、婚姻存续期间及解除婚姻关系的平等权利以及有关子女事项的
413 平等权。第6条第3款重申禁止童婚并要求最低结婚年龄,禁止“少女在青春期前”订婚。它还强调了婚姻登记的重要性。

(二)准备工作

雷霍夫(Rehof)指出,关于《公约》文本的谈判记录显示了不同的地缘政治和哲学间的矛盾,特别是“宗教在社会中的作用”。[8] 这类问题仍然影响着《公约》的执行。

在起草过程中,与未婚妇女的特征和权利有关的问题引发了最为复杂的讨论,特别是关于子女抚养、非婚生子女,监护权、看管与收养,以及平等的财产权。1978年11月第三委员会第8次会议上全体工作组讨论了第16条。

对引文部分的讨论集中在是否加入“无论已婚未婚”这一短语。该短语最终被删去了,原因是第1条对歧视的定义包含了这一语义。然而,古巴表示鉴于“该条的特殊性质”应予保留。[9] 在考虑第16条第1款(d)项有关子女的照料和抚养时出现了类似讨论。妇女地位委员会通过的草案用语表明妇女“无论已婚与否,享有相同的权利、承担相同的责任”。英国建议修改为“不论其婚姻状况如何”。埃及表示“对该款持保留意见”。[10] 不过,第16条第1款(d)项的最后版本采用了“不论婚姻状况如何”的用语。

由妇女地位委员会转给联合国大会并提交第三委员会审议的有关监护和收养的文本是:“(e)承认成为监护人和受托人的平等权利,并承认平等的收养子女的权利。”第三委员会工作组对该款的讨论聚焦于如何纳入遵守不同国家关于监护、看管、受托和收养的法律的用语。许多国家根本没有规定收养制度,因为这违反宗教法。另外有些国家规定父亲是子女的唯一监护

⑧ L. A. Rehof, *Guide to the Travaux Preparatoires of the United Nations Convention on the Elimination of All Forms of Discrimination against Women* (1993), p. 2.

⑨ A/34/60(1979),第192~193、195~196、198段。

⑩ 同上注,第209、211~213段。

人。巴林代表提供了解决这一问题的一个修正方案：

> 承认男女在看护子女方面的平等权利和责任，惟其不与子女的利益相冲突，并与出自所在社会当时可适用的宗教法和实在法规定的社会规章制度一致。[11]

瑞典提议使用与《儿童权利宣言》[12] 一致的措辞（“儿童利益优先”），摩洛哥则建议删去整款规定。工作组在“对该款的意思应予保留还是该删去进行了长时间讨论后”，决定“努力找到一种能被普遍接受的方案”。[13] 最后，巴林提议使用稍有不同的用语，兼顾了保护和管理儿童的不同形式的理念：“或者如果国家法律有这些观念的话，则采用类似的社会制度。”随之又 414
进行了讨论，阿尔及利亚、孟加拉国、巴基斯坦和摩洛哥的代表支持这一修改方案，葡萄牙代表指出，“国家立法的相符性应在批准的后期进行考虑。如果当初制定《禁止并惩治种族隔离罪行国际公约》时也采用类似程序，那么就不可能通过该公约了”。[14]

这一用语在经过进一步讨论后得到采纳。[15]

第 16 条第 1 款（h）项关于婚姻中平等的财产权问题也经历了长时间的讨论。争论源自不同国家的财产制度。摩洛哥提出的修改意见承认“配偶双方在拥有、获取、经营、管理、享有和处分财产方面的平等权利，不论免费还是可以获得与受益价值相等的回报”，不过接下来的另一款规定允许在继承方面的不平等或无继承权：“该规定同样适用于财产继承的情形，无论该财产为配偶一方所有还是共同‘取得’的财产，除非关于个人地位或继承的国内法有不同规定”。[16]

孟加拉国、巴林和毛里塔尼亚的代表支持这一修改方案，其他国家则主

---

⑪ A/34/60（1979），第 217 段。

⑫ 《儿童权利宣言》（1959 年 11 月 20 日），UN GA Res 1386（XIV）。

⑬ A/34/60（1979），第 223 段。

⑭ 同上注，第 230 段。

⑮ 同上注，第 217 ~ 232 段。

⑯ 同上注，第 234 段。

张删除。英国指出，该修改方案的用语将会允许一国修改其法律，以删除继承方面的平等规定，提出了一个不遵守个人身份法的模式。后又出现多个不同的修改意见。“鉴于无法达成共识”，[17] 工作组决定向第三委员会提交一个替代文本。在后一次工作组会议上，美国和摩洛哥提出一个修正案，没有提到继承。[18] 这一版本得到采纳，也即没有提及《消除对妇女歧视宣言》第6条第1款（甲）项包含的平等继承权的规定。这一问题对许多缔约国的妇女仍然存在，第21号一般性建议讨论了这个问题。

委员会在考虑是否在第16条第2款中纳入第三个段落时，继续讨论了未婚妇女问题，特别是非婚生子女及其母亲的权利问题。关于这一问题，妇女地位委员会写入了一个款项。第三委员会的讨论“再次引发了该公约是仅适用于妇女还是也纳入非婚生子女的争论。对此，意见不一，一些代表认为该问题太过敏感，不宜由国际文件处理”。[19] 西班牙代表指出，“如果《公约》是要恰当反映既存现实”，那么就应当纳入对“所谓的非婚生子女和未婚母亲”的歧视问题，比利时代表表示同意。苏联代表特别提请各国注意人权委员会当时正在起草《儿童权利公约》。大多数国家同意删去该款。[20]

起草过程中提出的建议、作出的妥协预示了《公约》的执行将面临来自文化、传统以及各缔约国对待个人身份法的不同方法的挑战。委员会制定
415 的第21号一般性建议指出了家庭中的平等所面临的不同情境障碍，为缔约国消除这些障碍提供了指南。

（三）第21号一般性建议

委员会于1994年针对第9、15、16条制定了第21号一般性建议。委员会在积累了十多年审议缔约国报告的经验之后，利用国际家庭年（1994）

---

⑰ 同上注，第252段。

⑱ 同上注，第253段。

⑲ Rehof（前注8），第185页。雷霍夫专门提到埃及、伊朗和巴基斯坦认为未婚母亲问题“非常敏感”，前注8，第186页。

⑳ A/34/60（1979），第256～258页。

的机会对“《公约》中对妇女在家庭中的地位具有特别重要的意义的三项条文”[21] 进行了分析。一般性建议的引文段落强调了《公约》比《世界人权宣言》和其他早先有关妇女权利的条约“更进了一步”，“承认文化和传统对塑造男女思想和行为的重要性，并对妇女行使其基本权利造成了重大限制”。[22] 第21号一般性建议清楚地确认了文化、传统与家庭中的平等以及妇女平等享有所有其他人权之间的关系。它毫不隐讳地指出，是父权制传统和习俗让不平等永久化，并建议消除这些传统和做法。第21号一般性建议在特别声明一夫多妻制“与男女的平等权利相抵触，应当予以抑制和禁止”方面有了新的突破。[23] 截至2010年12月，委员会正在研究制定一项关于婚姻、事实关系及其解除的经济后果的一般性建议。[24]

二　解释问题

（一）引文

引文包含的许多概念在《公约》中并未得到界定，它们的含义随着社会态度和结构的全球变化而得以发展。委员会也未直接讨论所有这些问题，但它作出的结论性意见和根据《任择议定书》作出的决定反映了它所采用的方法。

1. “一切适当措施……并特别”

大多数引文在用语上有许多共同之处，对此，在关于第2条的评注中已有较为深入的讨论。几名委员会成员对第16条的适用作了额外的阐释，她们在根据《任择议定书》作出的两个决定中对“特别”一语的含义发表了

---

[21] 第21号一般性建议，第5段。

[22] 同上注，第3段。

[23] 同上注，第14段。

[24] 2010年的工作主题。总体思路已经在关于婚姻及其解除的经济后果的一般性建议概念文件中列出，CEDAW/C/2009/Ⅱ/WP.2（2009）。

不同意见。她们认为，引文的措辞表明其意图是涵盖与家庭中的平等相关的所有问题，包括未被第16条具体列举的问题。[25] 委员会对此问题未作进一步的评论。然而，它在一般性建议以及结论性意见中的做法，例如对一夫
416 多妻制以及暴力侵害妇女的详尽阐释，已经远远超出了《公约》的具体用语。

2. “相同的权利和义务”

第16条的主题事项提出了一个有关缔约国义务的特殊问题，即虽然引文中没有表达但在第16条第1款（c）项、（d）项和（f）项中明确表达的规定——“相同的权利和义务”。缔约国有义务制定和执行法律，为作为配偶、父母及子女监护人的男女规定相同——平等——的权利和义务。然而，所有这些法律和体系都是在正式的公共层面上运转。顾名思义，它们无法触及家庭内部的运作，也不可能清楚列明潜在责任、争议及不平等的每一个细节。

大多数家庭中发生的不平等均未进入评估和公共决策的正式层面，一般只有家庭经历死亡或解体时才会动用这些机制。在每一个社会和文化背景下，在一个完整的家庭中分担责任的日常动态均发生在遮蔽着家庭的真实或虚拟的围墙之后。“相同的权利和义务”的运行通过协商来解决，协商的基础是可以或不可以讨论的不成文规则。这些协商是配偶之间或配偶与其他家庭成员之间私下进行的。

3. “婚姻和家庭关系”

引文提到了“婚姻和家庭关系”，提出了多个问题。它与《世界人权宣言》第16条的用语相比略显宽泛，后者提到的是“婚嫁和成立家庭”的权利。无论是《世界人权宣言》还是《公约》均未对“婚姻”、“家庭”或“家庭关系”作出定义。《世界人权宣言》和《结婚公约》规定了“结婚、婚姻期间和解除婚姻时的平等权利”，没有专门提到其他的家庭形式或个人关系。

---

[25] CEDAW/C/44/D/12/2007（2009），第12/2007号来文，Group d' Intérêt pour le Matronyme；CEDAW/C/44/D/13/2007（2009），第13/2007号来文，SOS Sexisme。在这两个案例中，大多数委员没有讨论引文的用语问题。

对“婚姻”的定义包含在各个缔约国及其地方的法律、文化及宗教中。《公约》在要求缔约国对缔结婚姻、婚姻存续及解除时男女平等作出规定时隐含着一个结构性的定义，即包含双方相互平等的义务。委员会未讨论同性婚姻或其他关系的界定问题，但它承认同性关系的现实，并表示缔约国必须规定伴侣之间的平等。[26]

其他国际文件也无助于解释“家庭”的概念。不论是《公民及政治权利国际公约》还是《经济社会文化权利国际公约》均未对如何下定义提供信息，不过它们的监督机构在有限的范围内讨论了这一问题。《经济社会文化权利国际公约》将家庭视为社会的基本单位，但只是专门讨论了同意结婚的问题。[27] 经济、社会及文化权利委员会第 4 号一般性意见（关于适足住房权）声明“必须从广泛的意义上理解‘家庭’的概念”。[28]《公民及政治权利国际公约》第 23 条第 3 款及第 4 款指出，结婚、婚姻存续及解除婚姻时的平等是基本的公民及政治权利，但没有提及其他关系。人权事务委员会在第 19 号和第 28 号一般性意见中承认“各种形式的家庭”,但它仅具体提 417
到单亲家庭及未婚父母，认为它们属于家庭的“不同形式”。

《保护所有移徙工人及其家庭成员权利国际公约》出于该公约的目的，将“家庭成员”定义为：

> 移徙工人的已婚配偶或依照适用法律与其保持具有婚姻同等效力关系的人，以及他们的受抚养子女和经适用法律或有关国家间适用的双边或多边协议确认为家庭成员的其他受养人。[29]

该定义与人权两公约一般性意见中建议的定义相比更有局限，对配偶之外的人的认定有一些迂回，因为它在授予家庭成员权时依据的是缔约国

---

[26] CEDAW/C/LTU/CO/4（2008），对立陶宛的结论性意见，第 23 段；CEDAW/C/SWE/CO/7（2008），对瑞典的结论性意见，第 9 段（肯定了其针对包括同性关系中的暴力问题的行动计划）；参见对第 1 条的评注中关于性取向的讨论。

[27] 《经济社会文化权利国际公约》第 10 条第 1 款。

[28] E/1992/23，经济、社会及文化权利委员会第 4 号一般性意见（1992），第 6 段。

[29] 《保护所有移徙工人及其家庭成员权利国际公约》第 4 条。

（立法或其他文件）正式承认的受养人，而非通过评估关系的性质来确定。

根据联合国秘书长1995年《关于国际家庭年的报告》，“不同国家以及一国之内家庭的形式和功能多种多样”。[30] 联合国家庭方案在家庭年十周年之际发表的文集中，探究了家庭形式和功能伴随国家和全球经济、社会发展而产生的变化，强调了定义的多样性和流变性。[31]

家庭作为“社会的基本单位”而“受到保护”，[32] 家庭在历史上一直是根本不平等的场所。国家以保护家庭的名义，支持男性对妻子、女儿及其他家庭成员的行为以及对财产积累和使用的权威。妇女提出离婚异常困难，并且离婚时妇女将比男性遭遇更加消极的财政和社会后果。父权制传统和态度充斥在与婚姻和家庭生活各个方面有关的法律、政策和习俗中。为了执行《公约》，第21号一般性建议第13段强调，核心的问题是消除家庭中对妇女的歧视，而不论该家庭的规模或成员状况如何。缔约国有义务解决所有不同类型的家庭和家庭关系中的歧视问题。这一点非常关键，它不仅对家庭内部事务非常重要，而且因为家庭内部的歧视也是家庭之外歧视妇女的一个根本要素。《公约》要求缔约国处理这些传统和态度，并将家庭法和家庭政策置于与个人及社区生活的“公共”方面相同的审查之下。

4. 同居关系

第21号一般性建议第18段声称消除同居关系（de facto relationships）中对妇女的歧视也属于缔约国根据第16条第1款承担的义务。令委员会关
418 切的是，对事实上的结合关系缺乏法律保护，解除这种关系时妇女可能对分割财产不具有明确的法律权利。[33] 委员会建议保障同居关系中伴侣双方平等的财产权。[34]

然而，委员会或是其他讨论过“家庭”议题的条约监督机构并未确切

---

[30] A/50/370，秘书长的报告，《庆祝国际家庭年》（1995），第14段。

[31] 联合国社会政策与发展司《国际家庭年，影响家庭的主要趋势》（2004），http://social.un.org/index/Family/Publications/MajorTrendsAffectingFamilies.aspx，访问日期2010年12月31日。

[32] 《世界人权宣言》第16条第3款。

[33] CEDAW/C/NOR/CO/7（2007），对挪威的结论性意见，第31段。

[34] 同上注，第32段。

地界定为伴侣双方赋予权利的同居关系的性质。[35]《保护所有移徙工人及其家庭成员权利国际公约》第 4 条提到“依据适用法律与其保持具有婚姻同等效力关系”的人。由于这一定义将确定此类关系的要素留给各国的国内法来解决，因此并未给国际人权法提供清晰的立场。

联合国粮农组织的立场相对较为清晰。它将同居关系界定为“一个男人和一个女人以一种长期伴侣关系同居”。[36] 对缔约国有关同居关系的立法的抽样调查显示，并无将此概念与普通法婚姻联系起来的统一的或清晰的定义或模式。例如，澳大利亚以法律后果来界定同居关系：“一个男人和一个女人虽然未结婚，但作为丈夫和妻子在真诚的家庭基础上生活在一起的一种关系。”[37] 在加拿大，同居伴侣的法律地位明确区别于民事结合、婚姻及普通法婚姻中的伴侣。[38]

所有这些定义都有一个共同的关于证据的实践问题：在任何国家，要想获得法律或政策的福利，个人必须证明他们处于一种被认可的关系中。这通常比证明存在已注册的婚姻关系复杂得多。鉴于为满足主张权利或保有权利的复杂要求时妇女往往处于劣势地位，她们在同居关系后果的谈判中可能也处境不利。

5. 未注册的事实婚姻

根据宗教或习俗缔结的婚姻不被缔约国承认，因此也无法登记，这造成了一个特定的平等问题。[39] 伴侣双方及其社区认为他们已经结婚，但国家并

---

[35] 人权事务委员会第 19 号一般性意见（1990，HRI/GEN/1/Rev. 6）第 2 段以及消除对妇女歧视委员会第 28 号一般性建议第 27 段均未建议承认“夫妻”的标准以便确定解除关系时受养人的社会保障福利或财产分割问题。

[36] 联合国粮农组织《“事实结合”：19 个拉丁美洲国家农村妇女的法律地位》（1994），第 2.4 段（“事实结合”），http：//www. fao. org/DOCREP/U5615e/u5615e03. htm#P457_ 72830，访问日期 2010 年 12 月 31 日。

[37] 《2006 家庭法修正法案》（分担父母责任），第四部分，§25（4）（1）。

[38] N. Roy, *De Facto Union in Quebec* (2005), http://www. canada - justice. org/eng/pi/icg - gci/dfu - udf/dfu - udf. pdf，访问日期 2010 年 12 月 31 日。

[39] CEDAW/C/KAZ/CO/2（2007），对哈萨克斯坦的结论性意见，第 29 段；CEDAW/C/AZE/CO/4（2009），对阿塞拜疆的结论性意见，第 39 ~ 40 段。参见对第 16 条第 2 款的评注，第二部分标题三以下。

不承认。这样的关系一旦通过离婚或因为死亡而解散，此类婚姻中的妇女将
受制于社区的歧视性习俗或宗教法。假设缔约国制定有民事婚姻法，她们的
权利无法像已经注册的婚姻一样受到民法的应有保护。[40] 如果缔约国承认并
规制这类事实关系安排，将有助于保护妇女的财产权和监护权。在南非，穆
斯林婚姻不得注册，因此也不被国家承认。宪法法院则判定必须承认此类关
419 系的性质，从而使一夫一妻和一夫多妻的穆斯林婚姻中的丧偶妇女都可以根
据继承法享有未亡“配偶”的权利。[41]

必须将这些未注册的婚姻与缔约国不要求将注册作为承认其效力前提的宗教或习俗婚姻区分开来，比如一些撒哈拉以南的非洲国家的习俗婚姻、阿拉伯叙利亚和巴基斯坦的宗教婚姻，以及印度的大多数婚姻。[42]

委员会声称，缔约国必须“将同居关系确认为一处权利来源”。[43] 在1992年，委员会仔细询问了一个缔约国关于（普通法）同居关系的状况，以及处于同居关系中的妇女的财产权问题。[44] 它还要求缔约国制定关于同居关系中财产权的分配框架，并全面报告“婚姻或同居关系解除时的财产分配情况”。[45] 它对同居关系或普通法上的关系结束时妇女权利所面临的不利处境向缔约国提出质疑。[46] 2007年，委员会声明，缔约国必须“确保对婚姻中或同居关系中的妇女给予相同的保护”。[47]

缔约国有义务承认并处理同居关系中的家庭暴力，目的是让施暴者承担

---

[40] CEDAW/C/AZE/CO/4（2009），对阿塞拜疆的结论性意见，第39~40段。

[41] Daniels v Campbell NO and Others(2004)CCT 40/03; Hassam v Jacobs NO and Others(2008)4 All SA350 C.

[42] CEDAW/C/BOT/CO/3（2010），对博茨瓦纳的结论性意见，第41段；CEDAW/C/IND/CO/3（2007），对印度的结论性意见，第58~59段；CEDAW/C/NAM/CO/3（2007），对纳米比亚的结论性意见，第28~29段；CEDAW/C/PAK/CO/3（2007），对巴基斯坦的结论性意见，第34~35段；CEDAW/C/SYR/CO/1（2007），对阿拉伯叙利亚共和国的结论性意见，第34段。

[43] A/59/38，2004年第31届会议，对多米尼加共和国的结论性意见，第287段。

[44] A/47/38，1992年第11届会议，对巴巴多斯的结论性意见，第42~48段。

[45] CEDAW/C/CAN/CO/7（2008），对加拿大的结论性意见，第48段；CEDAW/C/NOR/CO/7（2007），对挪威的结论性意见，第31段。

[46] A/52/38/Rev. 1，1997年第17届会议，对安提瓜和巴布达岛的结论性意见，第237、262、271段。

[47] CEDAW/C/EST/CO/4（2007），对爱沙尼亚的结论性意见，第31段。

责任。委员会表示，家庭暴力的立法和方案必须适用于伴侣、前伴侣、丈夫，[48] 及其他“亲密关系”[49]。

6. 多配偶制

委员会主张多配偶制（实践中意味着一夫多妻制）在根本上是不平等的，必须被法律“抑制和禁止”。[50] 虽然委员会在第21号一般性建议以及许多结论性意见[51]中已经清楚地说明多配偶制是对《公约》的违反，应当予以废除，但它也承认必须保护千百万处于一夫多妻婚姻中的妇女的 420
福祉。一些缔约国制定了法律，要求在娶另一个妻子之前必须征得第一位妻子的同意或者获得司法许可，[52] 或要求在离婚或丈夫死亡时的财产分

[48] CEDAW/C/ARM/CO/4/Rev. 1（2009），对亚美尼亚的结论性意见，第22段；A/47/38，1992年第11届会议，对巴巴多斯的结论性意见，第421段；CEDAW/C/JPN/CO/6（2009），对日本的结论性意见，第31段；CEDAW/C/SVN/CO/4（2008），对斯洛文尼亚的结论性意见，第24段。

[49] CEDAW/C/JPN/CO/6（2009），对日本的结论性意见，第31段；CEDAW/C/SVN/CO/4（2008），对斯洛文尼亚的结论性意见，第24段。参见关于“针对妇女的暴力”章节的讨论。

[50] 第21号一般性建议，第14段；CEDAW/C/BTN/CO/7（2009），对不丹的结论性意见，第34段（重申了A/59/38，2004年第30届会议，第116段）；CEDAW/C/GRC/CO/6（2007），对希腊的结论性意见，第34段；CEDAW/C/UZB/CO/4（2010），对乌兹别克斯坦的结论性意见，第42～43段［重申了CEDAW/C/UZB/CO/3（2006）第38段以及A/56/38，2001年第24届会议第187～188段的类似评论］；CEDAW/C/VUT/CO/3（2007），对瓦努阿图的结论性意见，第38段；A/60/38，2005年第32届会议，对阿尔及利亚的结论性意见，第143段；A/59/38，2004年第31届会议，对孟加拉国的结论性意见，第245～246段；CEDAW/C/EGY/CO/7（2010），对埃及的结论性意见，第47～48段（重申了A/56/38，2001年第24届会议，第354～355段）；CEDAW/C/GHA/CO/5（2006），对加纳的结论性意见，第35～36段；CEDAW/C/IDN/CO/5（2007），对印度尼西亚的结论性意见，第18段；A/60/38（Supp.），2005年第33届会议，对以色列的结论性意见，第261～262段；CEDAW/C/LAO/CO/7（2009），对老挝人民民主共和国的结论性意见，第48～49段；CEDAW/C/MDG/5（2008），对马达加斯加的结论性意见，第36～37段。

[51] 第21号一般性建议，第14段；A/53/38，1998年第19届会议，对南非的结论性意见，第115段；CEDAW/C/CPV/CO/6（2006），对佛得角的结论性意见，第33～34段；CEDAW/C/GHA/CO/5（2006），对加纳的结论性意见，第35～36段；CEDAW/C/KGZ/CO/3（2008），对吉尔吉斯斯坦的结论性意见，第21～22段；CEDAW/C/TJK/CO/3（2007），对塔吉克斯坦的结论性意见，第35～36段。

[52] 参见例如《坦桑尼亚1971年婚姻法法案》，第18～22条；CEDAW/C/TZA/CO/6（2008），对坦桑尼亚联合共和国的结论性意见，第21～22段。

割考虑所有妻子的财产权。然而，委员会认为这些规定并未充分解决相关问题。[53]

7. 家庭中的平等与多重法律制度

许多缔约国将家庭法问题降格为个人身份法，[54] 或是民族和宗教团体的法律或习俗。缔约国报告和委员会的审议频频揭露出在这些法律和习俗中存在严重的歧视妇女问题，与《公约》第1、2、5、15、16条相违背。

将个人身份法下放到宗教团体或其他团体可能是国家政策问题，反映在缔约国对《公约》的保留中。[55]一些缔约国在个人身份问题上仅适用宗教法。其中一些缔约国对第16条作出保留，或是提具一个概括性的保留，理由是《公约》与其各自宪法中宣布的国教相冲突。[56]

许多缔约国的宪法专门规定个人身份法不受宪法禁止歧视规定的约束。这意味着宪法的平等保护与非歧视规定是“自我封闭”的，并不保护妇女免受习俗婚姻的歧视性影响，因此对团体的宪法保护并不包括妇女。委员会建议这些缔约国修改宪法，废除此例外规定。[57]

委员会努力证明，虽然缔约国可能面临阻力，但在法律改革方面正不断取得进展。它注意到存在许多停滞不前的状况，例如一个缔约国虽然制定了

---

[53] 第21号一般性建议，第14段；A/53/38，1998年第19届会议，对南非的结论性意见，第115段；CEDAW/C/CPV/CO/6（2006），对佛得角的结论性意见，第33~34段；CEDAW/C/GHA/CO/5（2006），对加纳的结论性意见，第35~36段；CEDAW/C/KGZ/CO/3（2008），对吉尔吉斯斯坦的结论性意见，第21~22段；CEDAW/C/TJK/CO/3（2007），对塔吉克斯坦的结论性意见，第35~36段。

[54] 个人身份法指的是婚姻及其解除，子女监护、收养，以及继承。

[55] 新加坡、以色列和印度。参见联合国关于《公约》的保留的条约数据库，http://treaties.un.org，访问日期2010年12月31日。

[56] 例如，《阿拉伯埃及共和国宪法》第2条（伊斯兰教是国教，也是“立法的主要渊源”）；《突尼斯宪法》第1条（伊斯兰教是国教）；《马来西亚宪法》第3条（伊斯兰教是国教）。

[57] 许多英联邦国家在独立时制定了宪法，规定法律上和法律面前平等，以及/或者禁止基于性别的歧视，但是——本着自主决定的精神——个人身份法不受该禁止性规定的约束。这导致存在严重性别歧视的习惯做法得以保持，不受宪法约束。参见例如CEDAW/C/GMB/CO/1-3（2005），对冈比亚的结论性意见，第19~20段；A/57/38，2002年第27届会议，对赞比亚的结论性意见，第230~231段；CEDAW/C/BOT/CO/3（2010），对博茨瓦纳的结论性意见，第11段。

保障平等的宪法，但是在以立法消除多重家庭法制度的歧视方面并无进展；[58] 或者有些缔约国制定了当时看来比较进步的法律来处理多重家庭法制度问题，但几十年来没有重新审查这些法律以消除仍然存在的歧视性做法。现在变革的时机已经成熟。[59]

一些缔约国将个人身份问题留给社区的法律和习俗来解决，这限制了个人对根据何种法律制度结婚的选择权。缔约国可能没有民法典供个人据以结婚和离婚，或者国家可能要求宗教或民族团体的成员只能根据他们的属人法和习俗结婚，没有提供任何“退回到”民法的权利。[60] 这种做法把对家庭事务的法律规制限定在基于身份的制度中，后者维持着不平等，且并不为侵犯人权的行为对外负责。委员会明确声明，保存多重法律制度导致了对妇女的歧视，一直建议缔约国使其多重法律、习惯做法与《公约》原则“保持一致”。[61]

---

[58] A/57/38，2002 年特别会议，对乌干达的结论性意见，第 129～130 段；A/53/38，1998 年第 19 届会议，对南非的结论性意见，第 115 段；CEDAW/C/IND/CO/3（2007），对印度的结论性意见，第 10～11 段。

[59] CEDAW/C/TZA/CO/6（2008），对坦桑尼亚联合共和国的结论性意见，第 146～147 段（提及《1971 年婚姻法法案》）；CEDAW/C/KEN/CO/6（2007），对肯尼亚的结论性意见，第 41～44 段（提到《1979 年继承法法案》）。

[60] CEDAW/C/SGP/CO/3（2007），对新加坡的结论性意见，第 16 段（“确保穆斯林妇女能够以可负担的方式全面和便利地利用民法处理各项事务”）。2009 年 7 月 26 日在纽约召开的对第 16 条的公开咨询会议上，一些学界专家坚持认为有必要规定“退回权”。

[61] A/58/38，2003 年第 28 届会议，对刚果共和国的结论性意见，第 160～161 段；CEDAW/C/LBN/CO/3（2008），对黎巴嫩的结论性意见，第 18～19 段［提到 CEDAW/C/LBN/CO/2（2005）中对同一问题的意见］；A/59/38，2004 年第 31 届会议，对赤道几内亚的结论性意见，第 191 段；CEDAW/C/MYS/CO/2（2006），对马来西亚的结论性意见，第 13～14 段；CEDAW/C/PHI/CO/6（2006），对菲律宾的结论性意见，第 11～12 段；CEDAW/C/KEN/CO/6（2007），对肯尼亚的结论性意见，第 43～44 段；CEDAW/C/GRC/CO/6（2007），对希腊的结论性意见，第 33～34 段；CEDAW/C/NER/CO/2（2007），对尼日尔的结论性意见，第 15～16 段；CEDAW/C/CAN/CO/7（2008），对加拿大的结论性意见，第 17～19 段（废除根据印第安法律适用的歧视性婚姻财产法）；CEDAW/C/TZA/CO/6（2008），对坦桑尼亚联合共和国的结论性意见，第 146～147 段；CEDAW/C/CMR/CO/3（2009），对喀麦隆的结论性意见，第 15 段；CEDAW/C/MMR/CO/3（2008），对缅甸的结论性意见，第 47 段；CEDAW/C/NGA/CO/6（2008），对尼日利亚的结论性意见，第 18 段。

委员会经常评论说“文化是动态的，随时可能发生变化”，[62] 文化和宗教，常常被认为是歧视性家庭法的基础，但它们不是一成不变的，而是不断演化并服从于解释。委员会已经向缔约国表明希望作出改变。对于伊斯兰法，委员会“鼓励”缔约国“收集关于比较法学和比较立法的信息，了解哪些地方在立法改革中把对伊斯兰教法更为跟上时代的解释编入了法典”。[63]

存在民事结婚和离婚法并不能保证在婚姻和家庭关系中男女平等。民事家庭法可能完好地体现了刻板印象以及对配偶角色和责任的性别化预期。如下文将讨论的，委员会常常指出，缔约国并未一贯履行在民法中执行《公
422 约》规范的义务。[64] 将个人身份法和习俗留给社区，由并不对《公约》、一国宪法以及性别歧视与平等法负有责任的社区当局或机构来设计并执行这些法律或习惯，这么做显然未能履行《公约》的义务。

（二）第 16 条第 1 款

1. 第 16 条第 1 款（a）项：有相同的缔婚权利

缔结婚姻的权利可能受到姻亲关系、先前的婚姻、寡居、年龄以及/或者要求父母或监护人同意等正式限制的约束。根据《公约》，妇女拥有缔结婚姻的“相同权利”，若男人不受限制，妇女也不得受限。

事实上，妇女对缔婚权的享有受到宗教、习惯做法、社会态度的限制。例如：

---

[62] CEDAW/C/JOR/CO/4（2007），对约旦的结论性意见，第 20 段；CEDAW/C/ERI/CO/3（2006），对厄立特里亚的结论性意见，第 15 段；CEDAW/C/GIN/CO/6（2007），对几内亚的结论性意见，第 24 段；CEDAW/C/KEN/CO/6（2007），对肯尼亚的结论性意见，第 22 段；CEDAW/C/LAO/CO/7（2009），对老挝人民民主共和国的结论性意见，第 22 段；CEDAW/C/LBR/CO/6（2009），对利比里亚的结论性意见，第 19 段；CEDAW/C/MDG/CO/5（2008），对马达加斯加的结论性意见，第 17 段；CEDAW/C/MLI/CO/5（2006），对马里的结论性意见，第 18 段；CEDAW/C/MRT/CO/1（2007），对毛里塔尼亚的结论性意见，第 22 段；CEDAW/C/TLS/CO/1（2009），对东帝汶的结论性意见，第 28 段；CEDAW/C/TUV/CO/2（2009），对图瓦卢的结论性意见，第 28 段。

[63] CEDAW/C/MYS/CO/2（2006），对马来西亚的结论性意见，第 14 段；CEDAW/C/JOR/CO/4（2007），对约旦的结论性意见，第 12 段；CEDAW/C/IDN/CO/5（2007），对印度尼西亚的结论性意见，第 13 段；A/57/38，2002 年第 26 届会议，对斯里兰卡的结论性意见，第 275 段；CEDAW/C/SGP/CO/3（2007），对新加坡的结论性意见，第 16 段。

[64] 参见对第 2 条的评注。

• 离婚妇女的再婚权。一些国家规定，妇女离婚后要想再婚需经历 90 天到一年的等待期，[65] 而对男性并无类似的强制性限制。

• 寡居妇女的再婚权。委员会对歧视性的寡居仪式[66]或者要求丧偶妇女再婚前必须经历等待期表示关切。[67] 丧偶妇女可能被迫接受“清洗”或其他有辱人格的寡居仪式，并被要求远离社区或过一段时间的隐居生活。[68] 她们可能被迫嫁给或面临嫁给亡夫的一个兄弟的沉重压力（转房婚，或称寡妇继承），理由是寡妇和她的孩子以及她的生育能力都属于其丈夫的家庭。[69] 妇女还可能遭遇妻姊妹婚，该习俗要求妻家向鳏夫提供她们的姊妹以“替代”已故妻子。[70] 男人并不面临这些限制和压力。

2. 第 16 条第 1 款（b）项：有相同的自由选择配偶的权利和非经本人自由表示、完全同意不缔婚约的权利

《结婚公约》第 1 条规定了自由选择配偶和自由表示同意结婚的标准，

---

[65] CEDAW/C/JPN/CO/6（2009），对日本的结论性意见，第 17 ~ 18 段；CEDAW/C/THA/CO/5（2006），对泰国的结论性意见，第 19 段（310 天的等待期）；CEDAW/C/TLS/CO/1（2009），对东帝汶的结论性意见，第 45 段；CEDAW/C/TUR/CO/6（2010），对土耳其的结论性意见，第 40 ~ 41 段；CEDAW/C/MDG/CO/5（2008），对马达加斯加的结论性意见，第 36 ~ 37 段。

[66] CEDAW/C/TGO/CO/5（2006），对多哥的结论性意见，第 15 段；A/59/38，2004 年第 31 届会议，对赤道几内亚的结论性意见，第 196 段；A/60/38，2005 年第 32 届会议，对加蓬的结论性意见，第 239 段。

[67] CEDAW/C/LUX/CO/5（2008），对卢森堡的结论性意见，第 34 段（在两轮审议指出这一问题后，缔约国仍未予以解决）。

[68] 参见例如 NKA Busia, Jr.,“Ghana: Competing Visions of Liberal Democracy and Socialism”, in A. A. An-Na'im (ed.), *Human Rights under African Constitutions* (2003), pp. 52 - 96, 89; Banda（前注 2），第155 ~ 157 页；《非洲妇女权利议定书》（2003），第 20 条（a）项。

[69] CEDAW/C/MLI/CO/5（2005），对马里的结论性意见，第 18、35、36 段；A/60/38，2005 年第 33 届会议，对布基纳法索的结论性意见，第 341 段；CEDAW/C/GNB/CO/6（2009），对几内亚比绍的结论性意见，第 41 段；A/59/38，2004 年第 30 届会议，对埃塞俄比亚的结论性意见，第 251 ~ 252 段。委员会对乌干达的“寡妇继承”问题表示关切，A/57/38，2002 年特别会议，第 153 段。

[70] CEDAW/C/MLI/CO/5（2005），对马里的结论性意见，第 35 ~ 36 段；A/56/38，2001 年第 25 届会议，对几内亚的结论性意见，第 122 段；A/60/38，2005 年第 33 届会议，对布基纳法索的结论性意见，第 341 段。

内容如下：

> 婚姻非经当事人双方完全自由同意，不得依法缔结。此项同意应由当事人依法律规定，经适当之通告后，在主管婚姻之当局及证人前，亲自表示之。

423 第21号一般性建议第16段规定，缔约国必须通过法律保证妇女有权选择是否结婚、与谁结婚以及何时结婚：

> 选择配偶和自由缔婚的权利对妇女一生以及对其作为个人的尊严和平等而言是非常重要的。对缔约国报告的审查表明，有些国家基于习俗、宗教信仰或某一特殊族群的民族渊源，允许强迫结婚或强迫再婚。其他一些国家允许妇女屈服于钱财或出于某一方选择而安排的婚姻，在一些国家，妇女为贫穷所迫而嫁给外国公民以求得经济上的保障。除了由于例如年幼或因与对方有血缘关系等合理的限制条件外，妇女选择何时结婚、是否结婚、与谁结婚的权利，必须得到法律保护和执行。

对婚姻的“完全自由同意”只能依法授予经法律承认有能力作出同意表示的人，即第21号一般性建议定义的年满十八岁的成年人。

妇女在与男子平等基础上充分享有缔婚权利要求个人和团体对妇女角色的预期作出巨大转变。如果对妇女的主要预期是结婚、照顾子女和其他家庭成员、维持家庭，那她们可能被剥夺受教育权或放弃接受教育，可能仅有有限的或自限的职业预期。这些限制反过来强化了婚姻的必要性。缔约国有义务解决传统态度和性别刻板印象，消除教育和就业领域限制妇女选择是否、何时、与谁结婚的歧视。[71] 打破对婚姻的有限预期和选择的局限，对实现第16条下的实质平等至关重要。

---

[71] 参见对第5条的评注。

（1）包办婚姻与强迫婚姻

自由选择配偶和“完全自由同意”缔婚的人权概念的实施背景非常复杂。未来配偶及其家庭之间的婚姻协商属于父母和未来配偶同意的连续统一体。虽然法律保护当事人的自由和完全同意，但他们的选择可能受限于基于阶层、民族、宗教或其他身份因素等对婚姻的文化预期。如果家庭成员历来参与子女对配偶的选择，那么未来配偶一方或双方可能有权拒绝父母安排的婚配；或者子女可能选中了结婚对象，但必须请求父母或其他指定的亲属协商婚配，并安排与未婚对象会面；或者自愿选择的对象希望得到父母或大家庭中其他有威望的成员的同意。在所有的法律和文化背景下，婚姻都是一项社区内进行财富流通的经济交易，涉及财务协商，如未婚夫妇及他们的家庭之间交换礼物，大家庭及其朋友给新婚夫妇礼物，嫁妆、新婚安置、聘礼以及支付大型婚礼庆典等。

委员会一向对婚姻的形成在经济方面歧视妇女表示关切。第21号一般性建议第16段暗示为“钱财或出于某一方选择”而安排的婚姻侵犯了妇女
自由选择配偶的权利。委员会对任何聘礼、聘金（由未婚夫家支付给未婚 424
妻家的牲畜、物品或其他资产）或嫁妆（新娘家向丈夫家支付的物品及/或现金）的要求表示关切，建议将二者废除。[72]

表面看来，各种形式的包办婚姻可能并未侵犯对平等选择配偶及同意结婚的平等权的保障，因为夫妇双方的权利平等地受到限制。然而，实质上妇女在协商婚姻方面与男人并不平等。社会化的性别角色期待为妇女制造了结婚（且婚姻相配）、成为母亲以及优先考虑他人意愿的压力。[73] 性别化的权力关系导致家庭（通常是父亲）对年轻女性的行动及选择伴侣的控制比对年轻男性的控制更强。经济不平等限制了妇女的谈判力，她们可能需要通过婚姻来生存。她们被视为原籍家庭的财产流失，或者不可能增加

[72] A/57/38，2002年特别会议，对乌干达的结论性意见，第153～154段。CEDAW/C/IND/CO/3（2007），对印度的结论性意见，第26段（之前的审议表达了相同的关切）。这些术语有时可以相互替换，向夫家的支付被指定为“嫁妆”。无论使用什么术语，令人担忧的是要求支付或交换财产。

[73] 如对第5条的评注所指出的。

其家庭的经济福利，在父母年老时无力赡养他们，因此必须嫁到另一个家庭去。

在强迫婚姻中，父母或其他处于控制地位的某个人不经征求妇女的意见便决定妇女何时、与谁结婚，是对妇女完全自由同意结婚的根本否定，因此应该受到谴责。[74] 在这种情况下，妇女在任何意义上都被认为是小孩。她如果试图拒绝便可能受到暴力甚至死亡的威胁，或者被逐出家门，[75] 如果她真这么做可能确实会被处死。[76] 委员会对特定形式的强迫婚姻表示担忧，例如寡妇继承（强迫嫁给亡夫的兄弟）[77] 以及绑架新娘（新娘是否同意无关紧要，并可能是在新娘家庭的合谋下进行的）。[78]

一些缔约国通过提高认识[79]或刑事制裁[80]以及为（与未婚夫和配偶的）
425 家庭团聚设定年龄限制等移民政策试图解决移民群体中的强迫婚姻问题。委员会虽然认可这些努力但对限制性移民政策表示担忧，并建议审查其对家庭

---

[74] A/59/38，2004 年第 30 届会议，对不丹的结论性意见，第 126 段；CEDAW/C/MLI/CO/5（2006），对马里的结论性意见，第 17～18、35～36 段；CEDAW/C/PAK/CO/3（2007），对巴基斯坦的结论性意见，第 45～46 段；CEDAW/C/MWI/CO/6（2010），对马拉维的结论性意见，第 42 段；CEDAW/C/MOZ/CO/2（2007），对莫桑比克的结论性意见，第 22 段；A/57/38，2002 年特别会议，对乌干达的结论性意见，第 153 段；A/60/38，2005 年第 32 届会议，对土耳其的结论性意见，第 367 段；CEDAW/C/TUV/CO/2（2009），对图瓦卢的结论性意见，第 51 段；A/56/38，2001 年第 25 届会议，对越南的结论性意见，第 258 段。

[75] A/60/38，2005 年第 32 届会议，对土耳其的结论性意见，第 363～367 段；A/55/38，2000 年第 22 届会议，对约旦的结论性意见，第 179 段。

[76] 例如 A/60/38，2005 年第 33 届会议，对黎巴嫩的结论性意见，第 103 段。对该问题的讨论参见关于“针对妇女的暴力”的评注。

[77] 参见前注 69 以及其附文。

[78] A/59/38，2004 年第 30 届会议，对吉尔吉斯斯坦的结论性意见，第 169～170 段。参见 A/HRC/14/22/Add. 2，《暴力侵害妇女、其原因及后果问题特别报告员拉希达·曼朱的报告：对吉尔吉斯斯坦的访问》（2010），第 23 段，指出这种做法持续存在。坦桑尼亚高等法院判定根据《坦桑尼亚婚姻法法案》及《公约》第 16 条第 1 款（b）项，通过绑架结婚无效，Jonathan v Republic，Criminal Appeal No. 53/2001，坦桑尼亚莫希高等法院（2001）。

[79] CEDAW/C/DEN/CO/7（2009），对丹麦的结论性意见，第 40～41 段，跟进了先前的审议：A/57/38，2002 年第 27 届会议，第 345～346 段，以及 CEDAW/C/DEN/C/6（2006），第 30～31 段；CEDAW/C/UK/CO/6（2009），对英国的结论性意见，第 276～277 段。

[80] CEDAW/C/BEL/CO/6（2008），对比利时的结论性意见，第 43～44 段。

及制订行动计划的影响。[81] 它还对接收国移民妇女的强迫婚姻表示关切，建议通过次区域的努力予以打击。[82]

3. 第16条第1款（c）项：在婚姻存续期间以及解除婚姻关系时，有相同的权利和义务

第16条第1款（c）项是一个框架性声明，表明从婚姻关系开始到结束，配偶双方具有平等的行为能力和权利。第21号一般性建议第17段指出，缔约国依赖“适用普通法原则、宗教法或习惯法而非遵循《公约》所载原则”所导致的歧视，强调缔约国有义务为妇女在家庭结构中平等享有人权制定全面的法律框架。“婚姻关系存续期间及解除婚姻时的相同权利”也适用于对财产的所有和管理、解除婚姻或同居关系时分割财产，以及一方死亡时的财产继承。第16条第1款（c）项规定了这些问题。

（1）婚姻存续

委员会在许多场合指出，如第21号一般性建议声明的，“丈夫被给予一家之主或主要决策者的地位……与《公约》规定有所抵触”。[83]

（2）婚姻解除

第21号一般性建议没有涉及离婚程序在财产方面的问题。适用民法、习惯法或宗教法中的离婚理由及离婚程序常常导致违背《公约》的非歧视规定。

① 离婚的理由

委员会称所有离婚的理由，无论在立法中还是执法中，必须一体适用于妇女和男人。然而，它的结论性意见和判例均未详细说明这一问题。第21号一般性建议没有讨论第16条第1款（c）项规定的婚姻解除，仅在第28

[81] CEDAW/C/DEN/CO/7（2009），对丹麦的结论性意见，第40～41段；A/58/38，2003年第28届会议，对挪威的结论性意见，第425～426段，以及CEDAW/C/NOR/CO/7（2007），第29段。

[82] CEDAW/C/TJK/CO/3（2007），对塔吉克斯坦的结论性意见，第37～38段。

[83] 第17段。另见A/57/38，2002年第26届会议，对斐济的结论性意见，第54～55段；CEDAW/C/IDN/CO/5（2007），对印度尼西亚的结论性意见，第18段；A/56/38，2001年第25届会议，对新加坡的结论性意见，第79段；CEDAW/C/BDI/CO/4（2008），对布隆迪的结论性意见，第12段；CEDAW/C/GIN/CO/6（2007），对几内亚的结论性意见，第44段；CEDAW/C/MLI/CO/5（2006），对马里的结论性意见，第11段。

段提到离婚的财产问题。

如果根据民法或宗教法离婚是一个正式程序，要求发现配偶一方存在过错，那么就不得允许男人不说明理由随意离婚，或是提出妇女无法提出的离婚理由。[84] 如果不要求男性说明理由，也不得要求妇女说明；更不得将妇女
426 离婚的理由限定于相对极端的情况，比如被遗弃；或者排除妇女提出身体或心理受虐待等理由。

根据习俗，婚姻解除涉及行为标准和过错，但这些没有正式记载。[85] 婚姻行为和过错规则是由团体建立的，在许多方面反映该团体的性别刻板印象和不平等。妇女可能名义上有能力离婚，但与男性相比她们可能在经济上更依赖于留在家里，并迫于家庭的压力保持婚姻关系。委员会不无担忧地指出，根据社区规范，身体暴力和其他形式的虐待可能被视为家庭的标配，[86] 并不是解除婚姻的充分理由。[87] 如果根据可适用的法律或习俗，子女将归属丈夫的家庭，那么离婚还意味着将离开自己的子女，这对许多妇女来说成了维持婚姻的原因，尽管有充分理由解除婚姻（包括暴力）。

②过程和程序

妇女有权与男子平等参与离婚程序。在形式上，这要求缔约国承认男女有平等的法律行为能力和在任何有权准许解除婚姻的法院或法庭前的平等地位。[88] 任何对书证、证人、通知和记录过程的要求必须同等适用于男女。在提出并完成离婚方面，必须保证妇女与男子享有相同的权利；委员会专门建

---

[84] CEDAW/C/THA/CO/5（2006），对泰国的结论性意见，第19段（为通奸的理由设定不同标准）；CEDAW/C/SLE/CO/5（2007），对塞拉利昂的结论性意见，第38段。

[85] A. Armstrong et al.,"Uncovering Reality: Excavating Women's Rights in the African Family"(1993)7 *Intl of L, Policy and the Family* 314,350,引自 Banda（前注2），第127页。另见CEDAW/C/KEN/7（2010），《缔约国报告：肯尼亚》，第255段。

[86] CEDAW/C/GNB/CO/6（2009），对几内亚比绍的结论性意见，第23段；CEDAW/C/LBR/CO/6（2009），对利比里亚的结论性意见，第18段；CEDAW/C/MMR/CO/3（2008），对缅甸的结论性意见，第20段；CEDAW/C/TZA/CO/6（2009），对坦桑尼亚联合共和国的结论性意见，第21段。委员会还强调了"沉默文化"以及妇女对自己与暴力相关的权利缺乏认识：CEDAW/C/BTN/CO/7（2009），对不丹的结论性意见，第19段。

[87] A/56/38，2001年第25届会议，对越南的结论性意见，第258段。参见关于"针对妇女的暴力"章节的评注。

[88] 参见对第15条的评注。

议废除休妻。[89] 如果程序并不正规，例如在习惯制度中，团体必须承认妇女和男人有相同的终止婚姻的权利。

男女情况的差异导致在获得和使用婚姻解除程序方面存在实质性不平等。贫困、文盲、社会对妇女参加公共活动或对抗的预期以及缺乏信息，这些都限制妇女进入正规法院。[90] 即便是受过良好教育、经济富足的妇女也可能因为开支、担心被污名化以及民事法律程序的复杂性而被吓阻。许多缔约国的司法机构仍主要由男性掌控；宗教法庭可能是解除程序唯一可行的场所，而它的法官几乎总是男性。[91]

一些缔约国的程序包括咨询、审查，或由婚姻委员会或长老会、宗教当 427
局理事会作出决定。[92] 社区中建立的专家小组在其组成方面复制了该社区男女之间的不平等权力关系。[93] 委员会指出，这类法庭的运行“可能使歧视妇女的刻板印象和偏见永久化，侵犯了《公约》所载的人权”。[94]

4. 第 16 条第 1 款（d）项：不论婚姻状况如何，在有关子女的事务上，作为父母亲有相同的权利和义务。但在任何情形下，均应以子女的利益为重

《世界人权宣言》没有规定父母亲的相同权利和义务。其第 25 条第 2 款只规定“母亲和儿童有权享受特别照顾和协助。一切儿童，无论婚生或

---

[89] 根据伊斯兰法，休妻是丈夫单方面与妻子离婚的权利。A/56/38，2001 年第 25 届会议，对几内亚的结论性意见，第 134 段；CEDAW/C/MRT/CO/1（2007），对毛里塔尼亚的结论性意见，第 43 段；A/57/38，2002 年特别会议，对希腊的结论性意见，第 295 段；CEDAW/C/NER/CO/2（2007），对尼日尔的结论性意见，第 17 段；CEDAW/C/TGO/CO/5（2006），对多哥的结论性意见，第 14 段；对非伊斯兰国家提出离婚的平等权，A/54/38/Rev. 1，1999 年第 21 届会议，对智利的结论性意见，第 222 段；CEDAW/C/PHI/CO/6（2006），对菲律宾的结论性意见，第 32 段。

[90] CEDAW/C/BOT/CO/3（2010），对博茨瓦纳的结论性意见，第 13、17～18 段。

[91] 例如，以色列对第 7 条（b）项的保留；CEDAW/C/PAK/CO/3（2007），对巴基斯坦的结论性意见，第 24～25 段。

[92] 《坦桑尼亚 1971 年婚姻法法案》，第 102～104 条、第 106 条第 3 款；B. Rwezaura, “Gender Justice and Children's Rights: A Banner for Family Law Reform in Tanzania”, in A. Bainham (ed.), *International Survey of Family Law (1997)*, pp. 413, 421－425（描述了坦桑尼亚对社区婚姻法庭作用正规化和规范化的全面尝试，以及提出的改革建议）。

[93] A/57/38，2002 年第 27 届会议，对赞比亚的结论性意见，第 250 段。

[94] CEDAW/C/BOL/CO/4（2008），对玻利维亚的结论性意见，第 22 段；另见 CEDAW/C/MWI/CO/5（2005），对马拉维的结论性意见，第 17～18 段。

非婚生，都应享受同样的社会保护”。《消除对妇女歧视宣言》第6条第2款扩展了父母的权利和义务：“父母对于子女之事项应有平等的权利和义务。不论在任何情形下，子女的利益应居首要。”

在1967年，父母的“平等权利和义务（或责任）”是一个革命性的概念，至今在许多地方仍然未能实现。该用语贯穿整个《公约》，也出现在第5条（b）项和第11条第2款（c）项中。两项规定均支撑了委员会对该问题的声明，将传统的性别角色与刻板印象、工作场所结构、家庭角色与期望和照料子女问题联系起来。保持传统的性别角色可能导致法律和习俗规定父亲及其家庭对子女有相当大的权威，而不是实际的照料责任。缔约国有义务鼓励转变对父母亲平等责任的态度，利用一切可用的办法解决刻板印象问题，为父母双方照料子女提供经济支持和激励。

委员会并未在第16条下广泛讨论这一义务，但对将丈夫指定为一家之主的法律表示关切。[95] 它赞赏一个缔约国制定法律，“基于以下三个原则适用一项共同抚养的概念：双亲平等、子女平等、子女与双亲权利平等”。[96] 它建议一个缔约国将父亲养育的试点方案推广到全国。[97] 委员会还在对某缔约国的两次连续审议中重申其建议，要求该缔约国加强提高认识措施，“促进并执行平等分担家庭责任，包括男女双方共担父母责任的理念”。[98]

428 提到对子女的共同责任，最常出现在对育儿假政策或缺乏此类政策的评论中。委员会鼓励缔约国采取育儿假和子女照料政策，允许父母共担养育子女的责任，平衡工作与家庭。[99] 然而，进入21世纪，分担责任似乎仍是

---

[95] 参见前注83。

[96] A/58/38，2003年第29届会议，对法国的结论性意见，第249段。

[97] A/57/38，2002年第27届会议，对圣基茨和尼维斯的结论性意见，第104段。

[98] CEDAW/C/MNG/CO/7（2008），对蒙古国的结论性意见，第24段，重申了A/56/38，2001年第24届会议对蒙古国的结论性意见第270段的建议。

[99] CEDAW/C/LUX/CO/5（2008），对卢森堡的结论性意见，第17段；A/57/38，2002年特别会议，对匈牙利的结论性意见，第320段；CEDAW/C/JPN/CO/6（2009），对日本的结论性意见，第47~48段；A/58/38，2003年第29届会议，对新西兰的结论性意见，第411~412段，以及CEDAW/C/NZL/CO/6（2007），第36~37段；CEDAW/C/CHE/CO/3（2009），对瑞士的结论性意见，第37~38段。

一个挑战，因为委员会鼓励许多缔约国激励休育儿假。[100]

第16条第1款（d）项要求缔约国消除允许父亲成为对子女唯一有权威或有更大权威的人的法律和习俗。缔约国如果规定妇女实际享有对子女的平等权威，就必须确保国家机构及其雇员以及私人雇主接受母亲在与孩子有关的所有问题上有平等的权威，包括教育、同意接受保健以及旅行。[101]

（1）离婚中子女的监护：在任何情形下，均应以子女的利益为重

第16条第1款（d）项还涉及在婚姻或同居关系结束时确定子女监护的问题。应该评估每个父母照顾子女的能力，而不是依赖与育儿能力有关的性别刻板印象。这类刻板印象强调某个年龄段的孩子应当属于父母一方或另一方的规则或假设。[102] 基于性别刻板印象或血统的法律或习惯规则削弱了决定父母是否适合抚养子女的具体情况、能力以及关系，以及“儿童的最大利益”，因而在本质上是歧视性的。

“应以儿童利益为重”直接来自《消除对妇女歧视宣言》。该用语并未出现在《世界人权宣言》中。该标准在《儿童权利公约》中被表述为“儿童的最大利益”。[103]《公约》第5条（b）项称，“在任何情况下应首先考虑子女的利益”。委员会没有专门评论这一条款。然而，关于如何适用《儿童权利公约》的该项标准，包括对妇女的歧视性影响，已有大量文献。[104] 立法机关、法院或其他家

[100] CEDAW/C/DEN/CO/7（2009），对丹麦的结论性意见，第11～12段，重申了CEDAW/C/DEN/CO/6（2006）第14～15段；CEDAW/C/FIN/6（2008），对芬兰的结论性意见，第25～26段；CEDAW/C/DEU/CO/6（2009）对德国的结论性意见，第7、27、38～39段（也出现在之前的审议中：A/59/38，2004年第30届会议，第388～389段；A/55/38，2000年第22届会议，第314段）；CEDAW/C/LTU/4（2008），对立陶宛的结论性意见，第20～21段；CEDAW/C/SWE/CO/7（2008），对瑞典的结论性意见，第26～27段；CEDAW/C/UK/CO/6（2008），对英国的结论性意见，第287段；CEDAW/C/JPN/CO/6（2009），对日本的结论性意见，第47～48段。参见对第11条的评注。

[101] CEDAW/C/LBY/CO/5（2009），对阿拉伯利比亚民众国的结论性意见，第18～19段（关于旅行）。

[102] 参见例如，Rwezaura（前注92）概括了阻碍宗教及习惯法庭适用“儿童最大利益”标准的假设和刻板印象。

[103]《儿童权利公约》第3条。除此之外，唯一一个提及该标准的人权条约是《残疾人权利公约》第7.2条。

[104] 例如M. Freeman, *A Commentary on the United Nations Convention on the Rights of the Child: Article 3, The Best Interests of the Child*（2007），p. 53。

庭法庭可能通过授予父系社会中的父亲以监护权，通过适用歧视性的宗教法，或是通过授予财政实力更强的一方（通常为父亲）以监护权等形式判定“儿童
429 的最大利益”已经得到满足。[105]丧偶妇女或离异妇女在再婚时可能失去对子女的监护权。[106] 儿童权利委员会确定，这种做法不符合“最大利益”标准，对“儿童的生活受制于家庭习俗和宗教法而非国家的法律”表示担忧。[107]

（2）非婚生子女

未婚父母所生子女可能承受“非婚生”（或不雅语言）的污名化。第 16 条没有专门规定这个问题，但《世界人权宣言》第 2 条作了具体规定，第 21 号一般性建议第 19 段暗示了这一问题：“这种结合所生子女并不总是享有与婚生子女相同的地位。”委员会向多个缔约国表达过对未婚母亲所经历的法律和事实上的歧视的关切。[108]

有些制度规定，如果没有完成组成婚姻的所有要素，那么子女被视为仅属于母亲的血统，只有她和她的家庭对子女负有责任。[109] 当法律或习俗规定父亲有责任向非婚生子女提供经济支持时，一个现实问题是，如果父亲不能

---

[105] CRC/C/114（2002），儿童权利委员会对希腊的结论性意见，第 144 ~ 145 段；CRC/C/118（2002），儿童权利委员会对尼日尔的结论性意见，第 163 ~ 164 段；CRC/C/146（2005），儿童权利委员会对伊朗伊斯兰共和国的结论性意见，第 462 段；CRC/C/146（2005），儿童权利委员会对多哥的结论性意见，第 541 段；CRC/C/137（2004），儿童权利委员会对印度尼西亚的结论性意见，第 53 ~ 54、65 ~ 66、72 段；CRC/C/133（2003），儿童权利委员会对巴基斯坦的结论性意见，第 210 ~ 211 段。

[106] CRC/C/114（2002），儿童权利委员会对希腊的结论性意见，第 144 ~ 145 段；CRC/C/118（2002），儿童权利委员会对尼日尔的结论性意见，第 163 ~ 164 段；CRC/C/146（2005），儿童权利委员会对伊朗伊斯兰共和国的结论性意见，第 462 段；CRC/C/146（2005），儿童权利委员会对多哥的结论性意见，第 541 段；CRC/C/137（2004），儿童权利委员会对印度尼西亚的结论性意见，第 53 ~ 54、65 ~ 66、72 段；CRC/C/133（2003），儿童权利委员会对巴基斯坦的结论性意见，第 210 ~ 211 段。

[107] Freeman（前注 104），第 53 页［援引了 CRC/C/15/Add. 74（1997），儿童权利委员会对孟加拉国的结论性意见，第 12 段］。

[108] A/58/38，2003 年第 29 届会议，对日本的结论性意见，第 371 段，以及 CEDAW/C/JPN/CO/6（2009），第 17 段（2003 年指出的问题仍然存在）；A/57/38，2002 年第 27 届会议，对突尼斯的结论性意见，第 204 ~ 205 段；CEDAW/C/URY/CO/7（2008），对乌拉圭的结论性意见，第 48 ~ 49 段。

[109] Banda（前注 2），第 109 页（在父系文化中，一旦支付聘礼，子女就属于父亲的家族，父亲的责任由此开始）。

自愿承认其生父身份，母亲就将负担获得亲子证明、寻求子女抚养令以及收集证据的所有责任。即便对有足够机会获得子女抚养费的单亲（离异或未婚）母亲而言，她们也将比父亲承担更多的对子女身体和心理的照料。缔约国有责任作出一切努力，消除污名化，支持母亲寻求抚养子女的努力，促进未婚父亲参与子女抚养。[110]

5. 第16条第1款（e）项：有相同的权利自由负责地决定子女人数和生育间隔，并有机会获得使她们能够行使这种权利的知识、教育和方法

该条款呼应了第10、12、14条的用语，再次确认自由选择子女数量、生育间隔的权利，以及缔约国为行使该项权利提供教育和服务的义务。第16条将该权利专门放在婚姻的背景下，也包括委员会所说的同居关系中。第21号一般性建议第21～23段评论了生育对妇女生活及选择的影响，为妇女在相关情况下控制生育的权利提供了理由。它聚焦于妇女在决定子女数量和间隔方面的独立权利，将这种选择权与家庭中的平等权利直接联系起来。

关于妇女健康权（第12条）的第24号一般性建议阐释了妇女整个 430
生命周期的健康权，包括青少年时期和晚年。[111] 它的主要关注点是获得保健的权利，及其法律、文化和结构性障碍，[112] 特别是出现在家庭关系中的问题（主要有需经丈夫或其他男性亲属的同意[113]以及家庭中权力的不平衡）。[114]

第16条第1款（e）项的核心含义需要结合第16条的其他条款一起解读。[115] 妇女只有拥有与其配偶相同的对影响其个人及其家庭福利的决策力

[110] CEDAW/C/TUV/CO/2（2009），对图瓦卢的结论性意见，第51～52段；CEDAW/C/URY/CO/7（2008），对乌拉圭的结论性意见，第48～49段；CEDAW/C/KEN/CO/6（2007），对肯尼亚的结论性意见，第44段。

[111] 第24号一般性建议，第8、18段。

[112] 参见第12条关于信息和获取问题的全面讨论。

[113] 第24号一般性建议，第14、21段。

[114] 同上注，第12（b）段。

[115] 委员会没有专门对第16条第1款（e）项发表评论，但在评论第12条时纳入了这些平等问题。

时，才可以在决定子女数目及生育间隔方面行使与其配偶“相同”的权利。平等决策基于承认妇女与男子平等的缔结婚姻、选择姓氏、拥有和管理财产、选择职业、分担子女责任，以及结束婚姻的权利。如果在这些问题上妇女不能与男性享有相同的权利，她们决定生育的概念就是空谈（无法适用）。

决定是否以及何时生养子女是个人作出的最私密的决定，在某种意义上这是解决平等问题的所有语境中最私密的一个。如果缔约国未能满足关于在建立和维持家庭方面的平等的义务，那它们也无法满足确保决定子女数目及生育间隔的相同权利的义务。

6. 第16条第1款（f）项：在监护、看管、受托和收养子女或类似的制度方面，如果国家法规有这些观念的话，有相同的权利和义务。但在任何情形下，均应以子女的利益为重

这一措辞可以被理解为概括了被指定照料儿童的成人与该儿童间没有父母血缘关系的所有可能情况，在这些情况下，成人负有与第16条第1款（d）项对“其子女”的平等责任。然而，准备工作显示，该款意在解决的主要问题是成人具有与对亲生子女一样的权威。[116] 第21号一般性建议第20段表明“监护、看管、受托和收养等法律概念”也适用于亲生子女。这种拟制关系可以依据习俗、宗教法或民法建立。不论偏好于男性还是女性优先履行这些责任，都与《公约》相违背。虽然在起草过程中出现了相当数量的具有争议的讨论，但委员会很少对该条款作出解释。到目前为止，它没有剖析在非血缘父母照料儿童并为儿童的利益保护其财产的作用方面，“相同的权利和责任”的含义。

“监护、看管、受托”可以指：实际的监护；对包括教育、医疗决定等儿童福利的责任，而不论儿童是否与其生活；对管理未成年人的财产及金融事务的托管责任；这些责任的任意结合。委员会不无担忧地指出，某些习俗
431 事务的托管责任；这些责任的任意结合。委员会不无担忧地指出，某些习俗和宗教法倾向于男性担任亲生子女的监护人或受托人[117]（即便母亲有监护

[116] 参见与前注13、15相关的讨论。

[117] CEDAW/C/SLE/CO/6（2007），对塞拉利昂的结论性意见，第38段；A/59/38，2004年第30届会议，对科威特的结论性意见，第66～67段。

权[118]），这是基于刻板印象的假设，即妇女没有能力处理财政、教育或其他影响未成年人福利的决定。

7. 第16条第1款（g）项：夫妻有相同的个人权利，包括选择姓氏、专业和职业的权利

（1）选择姓氏的权利

《消除对妇女歧视宣言》中没有包含关于姓氏的规定。第21号一般性建议第24段认为，选择姓氏的权利是基于对个人在社区中的身份的考虑。妇女选择或保留不同于其丈夫的姓氏，丈夫决定采用妻子的姓氏，或者夫妻双方决定选择一个共同的姓氏，这些都与配偶之间的权力平衡有关。这一选择成为婚姻的公开面，象征着当事双方与社区和国家关系的身份。

除第21号一般性建议中的声明外，委员会在审议缔约国报告时很少对姓氏的个人身份问题发表评论。在根据《任择议定书》审议的两个案件中，[119] 委员会内部对这一权利的性质产生了分歧。两个案件中，多数意见认为该款“旨在使已婚妇女或处在夫妻关系中的妇女保持其婚前姓氏，这是她身份的一部分，并可以传递给其子女，因此它的受益人仅是已婚妇女或处于同居关系的妇女以及母亲”。[120] 然而，占少数的七位专家支持对该权利的广义理解，指出，首先，第16条第1款（a）~（g）项列举的权利并不是详尽无遗的；[121] 其次，缔约国此刻拒绝让受害人改变他们各自的姓氏，这种做法可以纠正妨碍受害人的母亲将她们的姓氏传给子女的歧视性（性别歧视的）法律和习俗，但这种做法本身是歧视性的，是违反《公约》的。[122] 根据这一观点，选择姓氏的平等权适用于该选择的每个方面，适用于生命中需

---

[118] CEDAW/C/MAR/CO/4（2008），对摩洛哥的结论性意见，第38~39段。

[119] Group d' Intérêt pour le Matronyme（前注25）；SOS Sexisme（前注25）。委员会在作出来文不可受理的决定时，对权利的性质进行了广泛的讨论。

[120] Group d' Intérêt pour le Matronyme（前注25），第11.10段；SOS Sexisme（前注25），第10.6段。

[121] 如文中与前注25相关的讨论。

[122] Group d' Intérêt pour le Matronyme（前注25），第12.15、12.17段；SOS Sexisme（前注25），第11.12、11.14段。

要作出选择的每个时刻。[123]

委员会一般会赞扬规定平等权利的法律改革，[124] 或者敦促缔约国这么做。[125] 它关于将姓氏传递给子女的评论表明：禁止婚姻或同居关系中的妇女
432 将她们的姓氏传递给子女，[126]规定如果父亲不同意则他有权否决母亲传递姓氏，[127] 以及在父母不能就姓名达成一致时给予父亲最终决定权，[128] 这些限制都构成性别歧视。

（2）选择专业和职业的权利

《消除对妇女歧视宣言》对此问题的规定包含在关于就业的条款中。[129] 在《公约》中它出现在“家庭中的平等”一条，强调了实质性问题：家庭权力格局和刻板印象对妇女基本的经济选择权的影响。第21号一般性建议第24段将就业选择作为促进家庭稳定的一个问题，为家庭成员提供了“平等、公正和个人满足”。它指出，如果法律和习俗要求妻子外出工作需获得丈夫的许可，并限制对某些职业作出许可，这就违反了《公约》。然而，委员会几乎毫无例外[130]都是在第11条下讨论职业和专业选择问题。缔约国有义务废除禁止妇女从事某些职业以及支持男性有权控制妇女工作和职业选择的法律。缔约国还有义务促进教育和工作场所的平等，通过制定法律和政策，要求雇主和教育机构清除妇女进入及成功的障碍。[131] 最重要的是，缔约国有义务尽一切努力，改变导致这些障碍及强化男性对妇女就业决定权的态度。

---

[123] Unal Tekeli诉土耳其案援引了第16条第1款（g）项（2004年11月16日），欧洲人权法院第29865/96号申诉，判定禁止已婚妇女使用其姓氏的法律具有歧视性。

[124] CEDAW/C/THA/CO/5（2006），对泰国的结论性意见，第6段；A/57/38，2002年第27届会议，对突尼斯的结论性意见，第184段；A/55/38，2000年第22届会议，对卢森堡的结论性意见，第402段。

[125] A/55/38，2000年第22届会议，对约旦的结论性意见，第175段；CEDAW/C/JPN/CO/6（2009），对日本的结论性意见，第17~18段。

[126] CEDAW/C/BEL/CO/6（2008），对比利时的结论性意见，第27~28段。

[127] CEDAW/C/FRA/CO/6（2008），对法国的结论性意见，第34段。

[128] CEDAW/C/NLD/CO/4（2007），对荷兰的结论性意见，第33~34段。

[129] 《消除对妇女歧视宣言》第10条第1款（甲）项。

[130] A/55/38，2000年第22届会议，对约旦的结论性意见，第174~175段。

[131] 参见对第10、11条的评注。

8. 第16条第1款（h）项：配偶双方在财产的所有、取得、经营、管理、享有、处置方面，不论是无偿的或是收取价值酬报的，都具有相同的权利

这一条款触及了妇女在婚姻及同居关系中财产权的核心。第15条规定的法律行为能力对列举的所有要素都至关重要。《消除对妇女歧视宣言》在一个单独的条款中纳入了法律行为能力和婚姻中的财产权，[132] 这一条款发展为现在的《公约》第15条和第16条。所有、取得、经营、管理、享有和处置财产的权利只能赋予法律行为能力在形式上和实质上得到承认的人。[133] 第21号一般性建议第25、26段把第15条与财产问题联系起来。委员会关于财产权的结论性意见建立在《公约》要求法律上和实际上承认妇女拥有和管理财产的法律行为能力的前提之上。[134]

（1）婚姻存续期间取得、所有、经营和管理财产

缔约国必须通过制定法律来改变民族或土著习俗，因为习俗可能并不承认妇女在拥有和管理财产方面的行为能力。按照习俗结婚的妇女，不论她们
贡献如何，对大多数婚姻存续期间积累的财产均不能主张利益。委员会已经 433
对某些缔约国习惯婚姻中的妇女缺乏财产权利表达了关切。[135]

对获得和管理财产权的限制对农村妇女的影响尤为深远，她们的生计和家庭福利主要取决于能否获得土地。妇女或妻子不被承认具有拥有或继承土地的法律行为能力，在土地分配方案中不具备以个人或与丈夫作为共同所有人分享土地的权利，由此导致的经济脆弱性削弱了平等。委员会在第14条下一般性地讨论了这个问题。[136]

委员会对许多缔约国存在的夫妇财产管理权的不平等表示关切。[137] 即便

---

[132] 《消除对妇女歧视宣言》第6条。

[133] 参见对第15条的评注。

[134] 第21号一般性建议，第25~29段。

[135] A/57/38，2002年特别会议，对乌干达的结论性意见，第153~154段；A/60/38，2005年第32届会议，对萨摩亚的结论性意见，第60~61段；A/58/38，2003年第28届会议，对阿尔巴尼亚的结论性意见，第68~69段；CEDAW/C/KEN/CO/6（2007），对肯尼亚的结论性意见，第41~42段。

[136] 参见对第14条的评注。

[137] CEDAW/C/GIN/CO/6（2007），对几内亚的结论性意见，第44段；CEDAW/C/CMR/CO/3（2009），对喀麦隆的结论性意见，第46段。

适用夫妻共有财产制度，并在名义上规定夫妇对婚姻财产权利平等，妇女仍可能不具有管理财产的权利。如果通过妇女的经济活动积累的财产被视为属于婚姻家庭，由丈夫管理，那么妇女仍然处于依赖地位。[138]

一些民事和宗教法律制度规定，男女在婚姻存续期间保持分别财产制，在一些缔约国，配偶在婚姻开始时可以选择建立共同或是分别财产制。委员会对分别财产制安排可能出现的任何管理或共同决策问题没有发表评论。

（2）在解除婚姻或同居关系时分割财产

妇女在解除关系时经济平等的核心问题是她们是否平等分享关系存续期间积累的财产。[139] 不同缔约国有不同的具体问题，包括：妇女是否具有拥有和管理财产的法律行为能力；对婚内财产或可用于双方分割的财产的界定；承认对婚内财产的非经济贡献，包括在发展双方的经济潜力中失去经济机会或财政及非财政投资；关于分割婚内财产的法律和习俗。

出于在解除关系时分割财产目的界定婚内财产，存在变数。全面的定义包括婚姻期间积累的财产，如不动产、家庭用品、存款与投资、商事企业、养老金利息、退休账户或其他在婚姻存续期间取得但在后来的生活中得到支
434 付的权利，以及非婚内财产[140]的价值增值。在承认妇女完全的法律行为能力及妇女在解除关系时获得婚内财产分割的缔约国，双方对婚内财产的贡献的性质可能成为问题：财产可能以所有权（title）为依据进行分割，实际上多有利于男性；或者以经济贡献所占比例进行分割，通常也有利于男

[138] A/56/38，2001 年第 24 届会议，对布隆迪的结论性意见，第 56 段，以及 CEDAW/C/BDI/CO/4（2008），对布隆迪的结论性意见，第 12 段（没有变化）；CEDAW/C/GIN/CO/6（2007），对几内亚的结论性意见，第 40～44 段；CEDAW/C/IDN/CO/5（2007），对印度尼西亚的结论性意见，第 18 段（强调了对先前审议中指出的歧视的关切）；CEDAW/C/MLI/CO/5（2006），对马里的结论性意见，第 11 段；A/56/38，2001 年第 25 届会议，对新加坡的结论性意见，第 79 段；A/57/38，2002 年第 26 届会议，对斐济的结论性意见，第 54～55 段。另见 ME Morales de Sierra，美洲人权委员会，2001 年 1 月 19 日第 4/10 号报告，第 28、37～39、41～44 段。

[139] CEDAW/C/LBN/CO/2（2008），对黎巴嫩的结论性意见，第 44～45 段；CEDAW/C/IND/CO/3（2007），对印度的结论性意见，第 54～55 段；CEDAW/C/TUR/CO/4－5（2002），对土耳其的结论性意见，第 25～26 段。

[140] 一般而言，非婚内财产是配偶一方在婚前单独所有，或作为个人遗产或馈赠获得的财物。

性。规定“公平”分割财产的法律通常并没有对“公平”作出界定，财产分割取决于法官的自由裁量或是配偶之间的协商，这可能导致妻子获得的婚内财产少于1/2。委员会建议通过承认对婚内财产的非经济贡献来纠正不平等的结果。[141]

委员会还建议缔约国承认妻子对丈夫受教育的经济和家务支持也构成对婚内财产的贡献，这是妻子对开发丈夫“人力资本”的投资。[142] 这无法用金钱来衡量，但构成对最终婚内财产增长的平等贡献。

一些缔约国较为盛行分别财产制度。每个人保持在婚姻开始时所拥有的财产，任何增值都属于最初的所有人。尽管这种安排表面上看似乎是平等的，但实际上妻子在进入婚姻时可能拥有的财产少于丈夫，加之家庭责任、缺乏教育、制度性的经济歧视以及类似的因素，她不太可能在婚姻期间增加财产。[143] 如果习俗、民法或宗教法限制婚后财政支持，一旦婚姻解体，这些妇女可能无家可归，没有财产，且无法获得持续的财政支持。

只要妇女的法律行为能力和婚内财产权利仍旧全部或部分得不到承认，她们便极有可能被从婚姻家庭中驱逐出去。习俗婚姻中的妇女，生活所依赖的财产来自丈夫的家庭或家族，权属落不在个人头上。一旦解除婚姻，传统上预计妇女会返回父母家中（将子女留给丈夫，因为子女被认为属于丈夫的家族）。[144] 这种预期受到经济和文化变革的影响，包括全球承认暴力侵害妇女的现象普遍存在，并承认不应要求妇女留在暴力的婚姻中。[145] 然而，一些缔约国，包括名义上承认家庭暴力现实的国家，并未制定婚内财产法律，规定妇女可以分享婚内积累的财产并留在家中。委员会对这些国家未能保护

---

[141] A/57/38，2002年第26届会议，对斐济的结论性意见，第54～55段；A/60/38，2005年第33届会议，对圭亚那的结论性意见，第289～290段。

[142] CEDAW/C/SVN/CO/4（2008），对斯洛文尼亚的结论性意见，第33～34段；CEDAW/C/CHE/CO/3（2009），对瑞士的结论性意见，第41～42段。

[143] “没有东西可用于自由消费等于根本没有自由”，Banda（前注2），第132页。

[144] 这适用于父系习俗和从父居婚姻；母系和从母居婚姻习俗会导致不同的结果。Banda（前注2），第129～132页。

[145] 参见关于“针对妇女的暴力”章节的评注。

妇女在婚姻解除时的权利表示担忧，建议其制定适当的法律。[146]

435 委员会指出，即便正式的法律规定妇女在名义上有获得和管理财产的平等权，离婚时有平等分配财产权，以及寡妇有继承权，对这些法律执行不力也可能产生不平等的经济后果。[147]

（3）继承

尽管《公约》没有专门的用语提到继承，但委员会一直对在继承方面歧视妇女表示担忧。它一般建议缔约国，“引入法律改革，规定妇女在继承方面有平等的权利”。[148] 许多缔约国，包括一些承认丧偶妇女继承权的国家，不承认女儿和其他女性亲属的继承权，或不承认其具有与儿子和其他男性亲属平等的继承权。委员会在审议缔约国报告时，对该问题的讨论并未明确区分丧偶妇女和女儿的继承权。[149] 然而，在关于老年妇女的第 27 号一般性建议中，委员会承认丧偶妇女面临的继承问题，特别是一夫多妻制婚姻中的问题。[150]

委员会也常常在第 14 条下提及继承问题，强调它作为农村妇女唯一的生存来源至关重要。围绕第 14 条的结论性意见通常建议或“促请”

---

[146] CEDAW/C/KEN/CO/6（2007），对肯尼亚的结论性意见，第 17～18 段；A/57/38，2002 年特别会议，对乌干达的结论性意见，第 153～154 段。

[147] CEDAW/C/BEN/CO/1－3（2005），对贝宁的结论性意见，第 19～22 段；CEDAW/C/BFA/CO/4－5（2005），对布基纳法索的结论性意见，第 27～28 段。

[148] CEDAW/C/ARE/CO/1（2010），对阿拉伯联合酋长国的结论性意见，第 48 段。

[149] CEDAW/C/AZE/CO/3（2007），对阿塞拜疆的结论性意见，第 28 段；CEDAW/C/BHR/CO/2（2008），对巴林的结论性意见，第 38 段；A/59/38，2004 年第 31 届会议，对孟加拉国的结论性意见，第 247～248 段；CEDAW/C/CMR/CO/3（2009），对喀麦隆的结论性意见，第 46 段（引用了 2000 年审议中提到的问题，A/55/38）；CEDAW/C/GHA/CO/5（2006），对加纳的结论性意见，第 35 段；CEDAW/C/GRC/CO/6（2007），对希腊的结论性意见，第 33 段，以及 A/57/38，2002 年特别会议，第 295 段；A/55/38，2000 年第 22 届会议，对印度的结论性意见，第 82～83 段；A/59/38，2004 年第 30 届会议，对吉尔吉斯斯坦的结论性意见，第 171～172 段；CEDAW/C/LBY/CO/5（2009），对阿拉伯利比亚民众国的结论性意见，第 17～18 段；CEDAW/C/MMR/CO/3（2008），对缅甸的结论性意见，第 44 段；CEDAW/C/TLS/CO/1（2009），对东帝汶的结论性意见，第 42、46 段；CEDAW/C/SGP/CO/3（2007），对新加坡的结论性意见，第 15 段；CEDAW/C/TZA/CO/6（2009），对坦桑尼亚联合共和国的结论性意见，第 18～19、44 段；CEDAW/C/VUT/CO/3（2007），对瓦努阿图的结论性意见，第 38～39 段。

[150] 第 27 号结论性意见，第 26～28、51～53 段。

缔约国“采取适当措施，消除与土地所有权和继承权相关的一切形式的歧视”。[151]

委员会指出“寡妇继承”，即要求丧偶妇女嫁给亡夫的兄弟以便留住家庭财产、得到亡夫家庭或家族的支持的歧视性习俗，与丧偶妇女缺少财产权有千丝万缕的联系，[152] 对农村妇女影响尤甚。如果妇女对其亡夫留下的土地和营生没有任何权利，那么转房婚可能是她唯一的经济选择。

委员会还对被生动准确地描述为“财产掠夺”的做法表示关切。[153] 虽然一些农村家庭赖以生存的土地属于家族或社区而非个人，个人没有权利继承这些
土地，但在一些缔约国，根据习俗，家族或社区所有权的概念排除了丧偶妇女 436
对任何财产的继承权。这可能导致亡夫家庭凌驾于丧偶妇女之上，要求得到婚姻存续期间积累的所有财产，包括并不在家族土地上的住房、商业、家具、汽车和银行账户，这是对因死亡解除婚姻关系时妻子平等财产权的根本侵犯。

（三）第16条第2款

在许多缔约国，童婚仍是一个值得关切的问题。国家规定最低结婚年龄、同意结婚的权利以及婚姻注册的义务最初载于1964年通过的同名公约中。[154] 童婚问题尽管在国际论坛上讨论了几十年并遭到普遍谴责，但根植于传统、以文化和宗教法为借口的童婚实际上仍顽固存在。[155] 虽然禁止童婚的规定平等适用于女孩和男孩，但它的影响大体上是不对称的，女孩更经常地

---

[151] CEDAW/C/BOT/CO/3（2010），对博茨瓦纳的结论性意见，第40段（提到了第14条）。另见A/60/38，2005年第33届会议，对布基纳法索的结论性意见，第348段；CEDAW/C/GIN/CO/6（2007），对几内亚的结论性意见，第43段；A/55/38，2000年第22届会议，对印度的结论性意见，第83段；CEDAW/C/MWI/CO/5（2006），对马拉维的结论性意见，第33段；CEDAW/C/CHE/CO/3（2009），对瑞士的结论性意见，第39段。另见对第14条的评注。

[152] A/59/38，2004年第30届会议，对埃塞俄比亚的结论性意见，第251～252段。

[153] CEDAW/C/MWI/CO/6（2010），对马拉维的结论性意见，第42～43段。

[154] 《结婚公约》（前注6）。

[155] 参见如联合国儿基会《早婚：一种有害的传统做法》（2005），http：//www.unicef.org/publications/files/Early_ Marriage_ 12.lo/pdf，访问日期2010年12月31日；A/60/38（2005），对以色列的结论性意见，第261～262段（缔约国称之为“隐私”）。

遭遇童婚。[156] 委员会一直对缔约国未能阻止早婚和强迫婚姻发表评论。[157]

1. 定义："儿童"

国际法对"儿童"的定义并不统一，也未正式划定成年年龄。《儿童权利公约》提供了一个指南而非绝对的定义："儿童系指 18 岁以下的任何人，除非对其适用之法律规定成年年龄低于 18 岁。"[158]《〈公民权利和政治权利国际公约〉评注》的观点是，根据《公民及政治权利国际公约》第 23 条，缔约国必须设定最低结婚年龄，而准备工作显示不得低于 15 岁。[159]《国际性诱拐儿童民事方面的公约》（海牙公约）仅适用于 16 岁以下的儿童。[160] 联合国青年方案视"青年"为 15 岁至 24 岁的个人。[161]《非洲儿童权利和福利宪章》
437 称，儿童是"低于 18 周岁的任何人"。委员会明确指出，"儿童"是低于 18 岁的人。[162]

---

[156] CEDAW/C/MAR/CO/4（2008），对摩洛哥的结论性意见，第 34 段（绝大多数法院批准的童婚都与女童有关）；联合国儿基会将其描述为只对女孩有影响的问题（前注 155）。

[157] A/60/38，2005 年第 32 届会议，对老挝人民民主共和国的结论性意见，第 110～111 段；A/60/38，2005 年第 32 届会议，对巴拉圭的结论性意见，第 281～282 段；A/59/38，2004 年第 31 届会议，对孟加拉国的结论性意见，第 257～258 段；CEDAW/C/IDN/CO/5（2007），对印度尼西亚的结论性意见，第 18 段；CEDAW/C/JPN/CO/6（2009），对日本的结论性意见，第 17～18 段（在之前的审议后未能对法律作出修改）；A/57/38，2002 年特别会议，对匈牙利的结论性意见，第 333～334 段；CEDAW/C/BTN/CO/7（2009），对不丹的结论性意见，第 34 段（缔约国没有解决先前审议中指出的"非法童婚"问题，A/59/38，2004 年第 30 届会议，第 125～126 段）；A/57/38，2002 年第 27 届会议，对苏里南的结论性意见，第 67～68 段；CEDAW/C/TJK/CO/3（2007），对塔吉克斯坦的结论性意见，第 35～36 段（将最低年龄降到 17 岁）；CEDAW/C/CHI/CO/4（2007），对智利的结论性意见，第 21～22 段；A/57/38，2002 年第 26 届会议，对特立尼达和多巴哥的结论性意见，第 157～158 段；A/59/38，2004 年第 30 届会议，对尼日利亚的结论性意见，第 299 段；CEDAW/C/NGA/CO/6（2008），第 318～319 段。强迫婚姻在上文标题二（二）2（1）"包办婚姻与强迫婚姻"中进行了讨论。

[158]《儿童权利公约》第 1 条。

[159] M. Nowak, *UN Covenant on Civil and Political Rights: A Commentary*, 2nd edn. (2005), pp. 527－528, 534－535.

[160] 第 4 条。

[161] 联合国"青年与联合国：常见问题解答"（FAQS/Q & A），http://social.un.org/index/Youth/FAQ.aspx，访问日期 2010 年 12 月 31 日［引用了联合国大会文件 A/36/215 以及第 36/28 号决议（1981）］。

[162] 第 21 号一般性建议，第 36 段。

2. 童年订婚和童婚

1964年《结婚公约》序言引用了联合国大会的文件[163]，“婚姻以及家庭方面之风俗、古法及习惯有与联合国宪章及世界人权宣言不相符合者”，表明国家：

> 应采取一切适当措施，以期废止此类风俗、古法及习惯，尤应确保选择配偶之完全自由，彻底废除童婚，及少女未届青春期年龄所订之婚约，必要时制定适当法则并设登录一切婚姻事项之民事或其他登记册。

《消除对妇女歧视宣言》第6条第2款（甲）项重申了这些权利和国家的责任，规定在选择配偶和同意结婚方面的平等。《消除对妇女歧视宣言》第6条第3款声明，“童婚及少女未届青春期年龄所订之婚约，应当予以禁止”，要求确立最低结婚年龄，并“强制”婚姻登记。

《公约》的规定强调了缔约国有义务消除童婚，通过要求最低结婚年龄和婚姻登记保护个人。第三委员会工作组讨论了是否只提及女孩以及是否只禁止未届青春期的女孩订婚。最终，它采纳的语言指向儿童而不仅是女童，并禁止“童年订婚和童婚”。[164] 该用语的重要性在于它保护所有儿童免于未经其同意或知晓便宣誓结婚的权利。此外，文化习俗假定男孩和女孩对青春期是否做好了结婚准备是不同的。该用语消除了对任何区别对待男孩、女孩的文化习俗的支持。

3. 应不具法律效力

《公约》第16条第2款比《消除对妇女歧视宣言》的禁止性规定更进了一步，强调了童婚的冒犯性，声称这类婚姻“应不具法律效力”。委员会没有讨论第16条第2款用语所表明的将无效作为对童婚的普遍性法律救济办法的问题。婚姻可以被宣布为“不具法律效力”或丧失效力，

---

[163] UNGA Res 843（IX）（1954年12月17日）。

[164] Rehof（前注8），第184页；A/34/60，附件，第254段。

通过规定的法律程序宣布其自始无效。[165] 这一程序保护儿童一方，保持他们的单身身份，是从未结婚（而非离婚）的人，并在可能的范围内，避免任何与婚姻有关的财产交易，将财产保留给原来的所有人。缔约国必须规定一种程序，确保女孩在成年时能够适当地结婚，不因其童婚而受到污名化。[166]

438 **4. 结婚最低年龄**

第 16 条第 2 款（与早先的《结婚公约》一样）没有指定优选的最低年龄，准备工作也没有显示对具体结婚年龄的讨论。[167] 第 21 号一般性建议通过后，出于对结婚年龄的考虑，“儿童”的定义被阐释为小于 18 岁。[168]

委员会经常评论法律和实践中持续存在的为女性指定低于男性的最低结婚年龄的问题，坚持男女适用相同的同意结婚年龄。[169] 许多缔约国虽然规定了最低年龄，但设定为低于 18 岁，还有许多国家允许女性的结婚年龄低于男性。少数缔约国根本不要求最低结婚年龄。[170]

委员会关切地指出，童婚的剥削性质在女性身上的体现比男性更为严重。童婚中的女童可能被用作偿还债务或是对男性家庭犯错的赔偿。她们可能被安排与年龄差距很大的男性结婚。与同龄的男孩相比，当新娘的女孩的遭遇极为不利，失去了受教育的机会和个人自由。[171] 她们的健康通常因为过

---

[165] 自始无效的婚姻使当事方处于从未结婚的地位。

[166] CEDAW/C/IND/CO/3（2007），对印度的结论性意见，第 56 段。

[167] 有国家指出《儿童权利公约》与《公约》在同一时期起草，但记录并未显示有过关于《儿童权利公约》的年龄问题的讨论。A/34/60，第 256 段。

[168] 参见标题二（三）1 对“儿童”的讨论。

[169] A/60/38，2005 年第 33 届会议，对布基纳法索的结论性意见，第 339 ~ 340 段；A/60/38，2005 年第 32 届会议，对萨摩亚的结论性意见，第 60 ~ 61 段；A/58/38，2003 年第 29 届会议，对法国的结论性意见，第 267 ~ 268 段；A/57/38，2002 年特别会议，对危地马拉的结论性意见，第 196 ~ 197 段；A/57/38，2002 年特别会议，对墨西哥的结论性意见，第 449 ~ 450 段；CEDAW/C/ARM/CO/4/Rev. 1（2009），对亚美尼亚的结论性意见，第 14 段；CEDAW/C/VEN/CO/6（2006），对委内瑞拉的结论性意见，第 34 段。

[170] CEDAW/C/SAU/CO/2（2008），对沙特阿拉伯的结论性意见，第 35 ~ 36 段。

[171] A/57/38，2002 年特别会议，对危地马拉的结论性意见，第 197 段；CEDAW/C/YEM/CO/6（2009），对也门的结论性意见，第 31 段；A/57/38，2002 年特别会议，对秘鲁的结论性意见，第 489 段；CEDAW/C/TLS/CO/1（2009），对东帝汶的结论性意见，第 35 段。

早的性接触和生小孩也遭到损害。[172]

5. 婚姻登记

委员会注意到，登记保护妇女和女童免受男性未报告的多重婚姻的蒙蔽，责成国家确定个人达到了法定婚龄，没有违反血缘或其他的适当限制，并可以为确立婚姻存续期间及其解体时的财产权提供证据。[173] 在许多情况下，它对子女的法律和社会地位也有影响。[174]

（四）本条中的平等

1. 形式平等

家庭环境的性质使得正式法律尤其不足以确保家庭内的平等。但是，缔
约国以法律规定的形式进行承诺，对于实际执行平等规范非常关键。只要缔
约国仍然保留不健全的法律，或使习俗与宗教制度优于《公约》或优于适 439
用于其他领域的宪法规范，那么家庭中的平等就仍然是遥不可及的。[175]

委员会已经明确指出，习俗的流动性以及对宗教法进行解释的可能性为朝着平等的方向努力提供了潜在机会，[176] 它希望缔约国能够予以探索。最终，实现家庭平等要求建立一个符合第 16 条标准的全面、一致的正式法律框架。[177]

2. 实质平等与变革性平等

对于家庭问题，实质平等——在事实上享有法律规定的权利，只能通过

---

[172] 参见第 24 号一般性建议第 15（d）段，第 28 段；CEDAW/C/NGA/CO/6（2008），对尼日利亚的结论性意见，第 33 段（童婚导致孕产妇死亡率极高）。

[173] A/55/38，2000 年第 22 届会议，对印度的结论性意见，第 62 段；CEDAW/C/SYR/CO/1（2007），对叙利亚的结论性意见，第 34 段；CEDAW/C/YEM/CO/6（2009），对也门的结论性意见，第 31 段；CEDAW/C/AZE/CO/4（2009），对阿塞拜疆的结论性意见，第 39～40 段。

[174] 参见上文标题二（二）4（2）对“非婚生子女”的讨论。

[175] 以此为由的保留参见下文第三部分标题二的讨论。

[176] CEDAW/C/MWI/CO/6（2010），对马拉维的结论性意见，第 21 段（“委员会促请缔约国将文化作为国家生活和社会结构的动态维度，受到时代的影响，是可以改变的”）；A/57/38，2002 年第 27 届会议，对突尼斯的结论性意见，第 184 段（对该缔约国改革其伊斯兰个人地位法典表示赞赏）；CEDAW/C/ARE/CO/1（2010），对阿拉伯联合酋长国的结论性意见，第 44 段。

[177] A/60/38，2005 年第 33 届会议，对黎巴嫩的结论性意见，第 99～100 段。

努力变革制度本身来实现。必须审查家庭成员之间的利益和权力分配的性别性质，并且必须在平等的基础上重新分配权力。

根据第16条，缔约国有义务提供条件，促进和支持男女在家庭中或作出有关家庭的决策时的平等权力。满足第5、15条的实质性义务对满足第16条的实质平等义务尤其关键。一些缔约国试图在分配家务劳动时实现平等[178]；有些缔约国常常以习俗或宗教的名义允许不平等。[179] 实践中，规定平等分担家务劳动和平等照顾子女的法律并不适于强制执行。[180] 国家无法监测日常的决定是否基于双方不平衡的权力关系或传统的性别角色。但是，它们能够并且必须规定全面的法律行为能力、经济平等，并努力消除阻碍妇女与男性平等参与决策的习俗和刻板印象。改变权力布局也就改变了制度。

三　缔约国的义务

（一）执行

1. 尊重义务

第16条第1款要求缔约国不得维持或制定损害男女在家庭中平等的法律和政策。这包括：缔约国根据第16条的规定，取缔对成文或不成文的歧
440 视妇女的宗教或习惯做法的承认；不得维持或制定载有歧视性社会习俗和做法的家庭法典；废除或修改允许或鼓励家庭中任何形式的歧视的成文法典。

缔约国还有义务根据非歧视性成文法典规定婚姻和同居关系及其解除时有关财产权、决策、子女监护等所有方面的内容；所有人，不论其民族、宗

[178] 例如，缔约国第五、六次合并定期报告中描述的《古巴家庭法典》，CEDAW/C/CUB/5－6(2006)，第53~56、694~714段。

[179] 埃及和尼日尔提具的保留很早就声明了这一点。另见 Morales de Sierra（前注138），第28、39、41、44段。

[180] 如古巴政府所承认的，参见缔约国第五、六次合并报告，CEDAW/C/CUB/5－6（2006），第170~174段。

教或其他身份，均可援引该法典。

2. 保护义务

缔约国有义务保护妇女免遭来自其他个人、机构或“企业”的歧视行为。[181] 对家庭而言，保护的义务很难与尊重义务截然分开，因为制定保护妇女免遭配偶或其他家庭成员歧视性行为的法律或规章，同时也满足第三部分标题（一）1 所描述的缔约国“尊重”不受歧视权利的义务。这些法律和规章应当规定在作出关于婚姻、同居及其解除的决定时的平等；要求个人自由同意结婚，特别是禁止强迫婚姻和童婚；规定在照顾和监护子女以及拥有、控制和继承财产的所有方面男女平等。缔约国必须确保在进行家庭法改革和重新设计时不得固化性别刻板印象和角色假设。

缔约国有义务禁止并预防家庭成员以家庭团结或家庭荣誉的名义伤害妇女的行为。这包括有效处理“荣誉犯罪”、婚内强奸和其他暴力[182]、强迫婚姻以及婚姻关系内的生育选择。

3. 实现义务

实现人权规范的义务使缔约国有责任投资于确保个人可以享有权利的项目和基础设施。至于家庭中的歧视，缔约国必须提供一套法院或其他独立、公正的法庭体系，为其提供态度和法律方法的适当培训，妇女可以借以主张权利。缔约国还必须为妇女提供合格的法律援助，以便她们利用这些决策机构。根据第 16 条第 2 款，缔约国必须建立用于婚姻登记的基础设施。

缔约国有义务采取措施消除强迫婚姻并有效执行这些措施。它们必须投入资源，改变社会和文化态度，消除关于婚姻是女人完整人生不可或缺的组成部分、女人的首要价值在于生育的刻板印象假设。缔约国有义务增加妇女的受教育和就业机会，以免她们遭遇强迫婚姻，为逃离强迫婚的妇女提供庇护所和支持。[183]

国家必须从个人小的时候就提供关于家庭生活问题的教育，并作出改变

[181] 《公约》第 2 条（e）项。

[182] 参见关于“针对妇女的暴力”章节的评注。

[183] 参见关于“针对妇女的暴力”章节的评注。

441 态度的其他努力，以期解决助长童婚和固化家庭中不平等的性别刻板印象和男女之间的权力失衡。必须按照《公约》的每个条款解决不平等的深层根基，从家庭开始从家庭结束。

（二）保留

第 16 条是《公约》的实质条款中受到保留最多的条款。截至 2010 年 12 月 31 日，34 个缔约国对第 16 条全部或部分作出了具体保留。其他国家，像委员会所指出的，虽然没有保留，但保存了“某些实际上不符合《公约》规定的法律”。[184]

这些保留的内容也很引人注目。[185] 委员会在第 21 号一般性建议中：

> 震惊地注意到不少缔约国……对第 16 条全文或部分提出了保留，声称遵行规定会与基于文化或宗教信仰或国家经济或政治状况所共同持有的家庭观念相冲突……在这些国家中，许多国家持有父权制家庭结构的信念，认为丈夫、父亲或儿子的地位居先。在一些国家，原教旨主义或其他极端主义思想或经济的困难境况鼓励回归古老价值和传统，妇女在家庭中的地位更加恶化。[186]

对第 16 条的保留可以划分为不同的类型。一些国家明确拒绝接受其前提，理由是与宗教法相冲突。[187] 有 3 个缔约国对第 16 条提出保留的理由是，与个人地位有关的事项是“社区”的保留事项——基本上将歧视性家庭法排除在这些缔约国各自的宪法或基本法中非歧视规定之外。[188] 还有的国家对具体的款项作出保留，表现出对家庭不平等现象的某些具体问题的关注。[189] 有一些国家对《公约》整体提出了概括性的保留，表明国家的宗教法或其

---

[184] 第 21 号一般性建议，第 45 段。

[185] 参见对第 28 条的评注。

[186] 第 21 号一般性建议，第 41 ~ 42 段。

[187] 如埃及。

[188] 印度、以色列、新加坡。

[189] 如马来西亚、阿拉伯利比亚民众国、孟加拉国。

宪法被认为优于条约的规范。[190]

第21号一般性建议第44段促请缔约国，“坚决制止法律、宗教、私法或习俗所确认的任何男女不平等的观念，逐步实现撤回特别是对第16条的保留”。1998年，委员会在纪念《世界人权宣言》颁布50周年的声明中称，它认为第2条和第16条“是《公约》的核心条款……是《公约》的目的和宗旨的核心”，对第16条的保留是不可接受的。[191] 2008年通过的《专项条约报告指南》要求缔约国“报告对保留的解释及其效果”，特别是对第16条的保留以及“对其他人权条约中的类似义务提具的保留或声明”。[192] 有些缔约国一直对这些保留提出反对，有时特别指出它们认为这些保留与《公约》 442
的目的和宗旨相悖。[193]

1. 保留的撤回

委员会经常在建设性对话阶段与缔约国讨论保留问题，并促请它们撤回保留。有些国家修改了对第16条的保留，[194] 但很少有国家完全撤回保留。[195] 有1个缔约国曾在2006年宣布将撤回保留，但截至2010年仍未提交正式的撤回通知。[196]

将对第16条的保留的特征定性为违反《公约》的目的和宗旨不仅仅是一种法律的例行表达。委员会确认家庭中的平等是妇女全面享有人权的核心。因此，它将继续追寻这一主题，继续向所有缔约国表明它们有义务促进宗教、文化、传统的发展，将《公约》的平等规范纳入家庭。

2. 保留与《任择议定书》

2007年，委员会收到两件与第16条第1款（g）项有关的来文，而相

---

[190] 如突尼斯、文莱达鲁萨兰国。

[191] A/53/38/Rev. 1，联合国大会《消除对妇女歧视委员会第19届会议报告》（1998），附件，第47~50页。

[192] A/63/38（Supp.），联合国大会《消除对妇女歧视委员会第41届会议报告》（2008），附件，第78~83页。

[193] 参见对第28条的评注中关于反对的讨论。

[194] 马来西亚（部分撤回/修改）、利比亚（修改）、法国（部分撤回）。

[195] 关于撤回、修改对第16条的保留，第28条一章有详细论述。

[196] CEDAW/C/MAR/CO/4（2008），对摩洛哥的结论性意见，第14~15段。

关缔约国对此作出了保留。在审查这两项来文时，委员会确定申诉不可受理，因此也没有讨论保留问题。在两个案件中，占少数的七位专家发表了反对意见。在两份意见中，少数人的结论是，通过分析申诉人作为“受害人”的地位，应当“根据第2、5条及第16条第1款”审查申诉人的主张。[197] 少数意见指出多数意见未能讨论保留问题，声称既然多数人仅仅根据第16条第1款（g）项审查申诉，那么就应当对保留进行讨论。对根据被保留条款提出的申诉，委员会仍然没有确定的解决办法。

---

[197] Group d' Intérêt pour le Matronyme（前注25）；SOS Sexisme（前注25）。

针对妇女的暴力 443

一　概述…… 592
二　第19号一般性建议 …… 593
（一）第19号一般性建议的背景 …… 593
（二）第19号一般性建议 …… 597
（三）后续国际文件 …… 598
三　针对妇女的暴力：解释问题…… 601
（一）平等范式内针对妇女的暴力 …… 602
（二）对妇女基于性别的暴力的定义 …… 603
四　对妇女基于性别的暴力：场所与形式…… 606
（一）概述 …… 606
（二）家庭暴力 …… 607
（三）社区中发生的暴力 …… 610
1. 社区中的身体暴力…… 610
2. 剥削…… 612
3. 有害的做法…… 612
4. 工作场所的暴力…… 613
（四）国家纵容或实施的暴力 …… 615
（五）武装冲突中的暴力 …… 616
五　针对妇女的暴力：本条语境中的平等…… 618
（一）形式、实质和变革性平等 …… 618

（二）交叉歧视 …… 621
六 缔约国的义务 …… 622
（一）缔约国义务的性质 …… 622
1. 适当、有效的措施 …… 622
2. 恪尽职守义务 …… 623
3. 恪尽职守的标准 …… 624
（二）缔约国义务的执行 …… 625
1. 尊重义务 …… 626
2. 保护义务 …… 627
3. 促进和实现义务 …… 631
七 结论 …… 633

一 概述

无论《消除对妇女歧视宣言》还是《公约》均没有明确讨论暴力侵害
妇女问题的条款。这与《消除一切形式种族歧视国际公约》第 4 条（a）
项要求缔约国将“……对任何种族或属于另一肤色或民族本源之人群实施
444 强暴行为”宣布为应受法律惩罚的犯罪的规定很不同。缔约国消除暴力侵
害妇女的义务是由许多国际机构的举措发展而来的，委员会在其中发挥了关
键作用。[①] 1992 年通过的关于“对妇女的暴力行为”的第 19 号一般性建议
要求对暴力侵害妇女的不同表现形式进行整体分析，确定暴力是对妇女的歧
视，从而采用基于权利的方法。这一文件将暴力侵害妇女明确纳入国际人权
法领域。

① A/61/122/Add. 1，秘书长的报告《深入研究一切形式的暴力侵害妇女现象》（2006），第 13 页，第 31 段。

二　第19号一般性建议

（一）第19号一般性建议的背景

《公约》未能包含暴力侵害妇女问题可以从它通过时对该问题的制度性理解以及它较晚进入国际议程来解释。② 1975年墨西哥城“国际妇女年世界会议”通过的《世界行动计划》没有明确提及暴力侵害妇女问题，但呼吁妇女宣布她们团结一致支持消除“涉及侵犯个人心理和身体完整性”的大规模侵犯人权行为。③ 它还提到有必要开展基于“相互尊重”理念的教育计划，以及有必要以保证家庭每一成员的尊严、平等和安全的方式解决家庭矛盾。④《关于妇女的平等地位和她们对发展与和平的贡献的墨西哥宣言》(简称《墨西哥宣言》)⑤ 第11段称，社会教育的目的之一是教导“尊重身体完整性”，“无论男女，人的身体不可侵犯，尊重人的身体是人格尊严的基本要素”。第28段确认了某些暴力侵害妇女的形式，包括“强奸、卖淫、人身侵害、精神虐待、童婚、强迫婚姻，及买卖式婚姻”。

在起草《公约》第6段时，比利时提议纳入“攻击妇女身体完整性”的措辞⑥以呼应《墨西哥宣言》的用语，但该提议未获支持。葡萄牙再次“点到”这个问题，但显然试图在《公约》中纳入直接提及暴力侵害妇女的努力仅限于此。

---

② 关于暴力侵害妇女如何成为国际关切事项的历史，参见 J. Connors，“Violence against Women”，联合国第四次世界妇女大会（1995）背景文件，重印于 H. Barnett，*Sourcebook on Feminist Jurisprudence*（1997），p. 558；E. Evatt，“Finding a Voice for Women's Rights：The Early Years of CEDAW”34 *George Washington Intl L R*(*2002 - 2003*) 515，543 - 551。

③ E/CONF. 66/34，《国际妇女年世界会议的报告》，1975年6月19日至7月2日，墨西哥城（下称“墨西哥城会议”），第51段。

④ 同上注，第124、131段。

⑤ 墨西哥城会议（前注3）。

⑥ L. Rehof，*Guide to the Travaux Preparatoires of the United Nations Convention on the Elimination of All Forms of Discrimination against Women*(1993)，p. 91.

1980年第二次世界妇女大会通过一项关于“受虐待的妇女与家庭暴
445 力”[⑦] 的决议，认定地理隔离和社会孤立、酗酒和吸毒、自卑，这些都是促成暴力的因素。暴力侵害妇女作为一个社会问题属于健康政策的范围。保健的目标包括“制定方案以消除对妇女和儿童所有形式的歧视”，“保护各年龄段的妇女免遭因家庭暴力、性攻击、性剥削和任何其他形式的虐待而导致的身心伤害”。[⑧]

哥本哈根会议之后，联合国各个机构开始关注暴力侵害妇女问题，最突出的是联合国预防和控制犯罪委员会。1982年，该委员会认定暴力（包括对家庭成员的暴力）是预防和控制犯罪的一个重要问题，并将暴力侵害妇女列入其计划于1985年召开的第七次会议的议程。

同样在1982年，联合国经济及社会理事会根据妇女地位委员会的建议，通过了第1982/22号决议。该决议强调了国际社会对“公然和不人道”地虐待妇女儿童的持续关切，包括受虐妇女和儿童、家庭暴力、强奸、卖淫以及心理和身体健康难以避免的严重问题。决议呼吁会员国采取“即刻的有力措施”打击这些社会流毒。[⑨]

1985年内罗毕第三次世界妇女大会确定的特别关切领域包括受虐妇女以及必须加紧努力制定国内法和方案，确定暴力原因，预防和消除暴力。前瞻性战略会议（FLS）通过的《提高妇女地位前瞻性战略》声称，“性别暴力正在增加”，[⑩] 针对妇女的暴力“以各种形式存在于一切社会的日常生活中”。[⑪] 会议呼吁引入预防性政策、法律措施、国家机制以及为受暴力侵害妇女提供全面的援助。1987年，妇女地位委员会认定家庭和社会中对妇女的暴力属于前瞻性战略在和平时期的优先议题。

1985年，联合国大会通过了关于家庭暴力的首个决议，承认“家庭中

---

⑦ A/CONF. 94/35，《联合国妇女十年世界大会报告，哥本哈根》（1980），决议5。

⑧ 同上注，第141（f）段。

⑨ 另见经社理事会第1984/14号决议（1984年5月24日），关于家庭暴力。

⑩ 《审查和评估联合国妇女十年成果世界大会报告：平等、发展与和平，内罗毕》（1985），第288段；第76段声称，“各个国家应当立法并执行法律以终结通过与性有关的犯罪贬低女性”。

⑪ 同上注，第258段。

的虐待和殴打行为是一个严重问题，对家庭成员的身心健康产生极为恶劣的影响”。[12] 尽管决议“提到”了《公约》，但它并未认定妇女是这类暴力的主要受害人，它的建议不是针对保障妇女人权的机制，而是针对联合国秘书长的，建议其从犯罪学的角度加紧研究家庭暴力问题。

因此，在联合国妇女十年结束之际，暴力侵害妇女问题虽然进入了国际议程，但主要被视为一个预防犯罪和刑事司法的社会问题。国际层面最常讨论的暴力形式是家庭暴力，当然也关注其他形式的暴力，如性骚扰、卖淫和强迫婚姻。请求对暴力及其政策回应进行研究的是控制犯罪的机构，而不是负责保障人权的机构。暴力通常被视为私人行为，即个人的越轨行为，而不是社会组织结构（如监狱、警察、法院、宗教机构）维持和 446
默许的行为。观察暴力的其他途径是所有家庭成员的健康和社会福利。“另外，联合国在20世纪80年代将‘有害的传统做法’列入议程，针对妇女的暴力开始与传统社会联系起来，从而使该问题与当前性别关系中固有的结构性不平等脱钩。”[13] 需要集体转变思想，才能把各种本地的暴力侵害妇女形式视为一种全球行为模式，从而揭露这种暴力的制度性和结构性。将暴力侵害妇女纳入国际人权法框架需要这样的思想转变，使国家承担持续的责任。

20世纪80年代末期，一系列举措带来了思想的转变。其中一方面是暴力侵害妇女全球运动。这场由妇女运动活动家领导的运动至晚开始于20世纪80年代早期。[14] 另一方面是制度层面。1986年，联合国组织了家庭暴力专家组，特别强调家庭暴力对妇女的影响。随后，在1989年开展了一项关于针对妇女的家庭暴力的特别研究，强调了家庭暴力的地方性以及其跨越包括阶层、文化、宗教等社会鸿沟的发生率。[15] 研究表明，这些暴力得到了社

[12] A/RES/40/36，联合国大会第40/36号决议（1985年11月29日）。

[13] 《联合国暴力侵害妇女特别报告员15年（1994～2009）——批判性评估》（2008），第15、33页（下称“特别报告员‘15年’”）。

[14] 秘书长的报告（前注1），第23段；另见特别报告员“15年”（前注13），第3页。它们的根本作用得以继续；P. Antrobus, *The Global Women's Movement: Origins, Issues and Strategies* (2004)。

[15] 《针对妇女的家庭暴力》，联合国，1989年，UN Sales No. E. 89. IV. 5。

区或国家的容忍、宽容或默许。这项研究认为，家庭暴力是复杂的、多因素导致的，但结论是“针对妻子的暴力源于所有文化培养起来的信念，即男性地位优越，与其生活的女性是其财产或奴隶，他们可以按照其认为适当的方式随心所欲地对待她们”。[16]

联合国经社理事会第1988/2号决议《关于努力根除家庭和社会中针对妇女的暴力》重申了《经济社会文化权利国际公约》中的相关规定，但并未提及《公约》。它呼吁巩固政府间组织和非政府组织为根除家庭和社会中针对妇女的暴力所作的努力。联合国大会在1990年通过的关于家庭暴力的更进一步的决议中，肯定了联合国已经作出的努力，包括通过《公约》保证妇女和儿童的人权，但是仍坚持用刑事司法方法。它承认家庭暴力可能造成对家庭成员的身心伤害，要求联合国秘书长再召集一个专家工作组为家庭暴力问题起草指南。[17]

1990年，夏洛特·邦奇（Charlotte Bunch）论证道，“性别歧视”在妇女出生前、孩提时以及整个成年时期“杀死了妇女”。暴力不是随机的，而是深刻政治化的，源于权力、统治和特权的结构关系。与联合国大会的决议不同，她的文章强调了将妇女对暴力的生命体验与人权结合起来的重要性，并提出了推进这一方法的路径。[18]

447 委员会于1989年在第12号一般性建议中首次讨论了暴力侵害妇女问题。第12号一般性建议称，第2、5、11、12、16条为缔约国施加了保护妇女免遭暴力行为的义务；确认暴力可以发生在家庭、工作场所以及社会生活的其他领域；并建议缔约国采取立法及其他措施保护妇女免遭暴力，支持为受害人提供服务，并统计暴力的发生率。在第14号一般性建议中，委员会回到更常见的分析，认定女性割礼是有害于妇女健康的一种传统做法，建议采取措施予以根除。

---

⑯ 同上注，第33页。

⑰ A/RES/45/114，联合国大会第45/114号决议，1990年12月14日。

⑱ C. Bunch, “Women's Rights as Human Rights: Toward a Re-Vision of Human Rights” (1990) 12 *Human Rights Quarterly* 486.

（二）第 19 号一般性建议

1989 年联合国的研究建议，最好从执行《公约》的“理想和目标”以及前瞻性战略目标(FLS)[19] 开始进行必要的根本性变革。1992 年通过的第 19 号一般性建议是朝这一目标迈进的主要步骤，因为它将暴力侵害妇女理解为一个人权问题，弥补了“缺失的环节”。[20] 为迎接 1993 年的世界人权大会，委员会在 1991 年决定，在 1992 年第 11 届会议上拿出部分时间讨论和研究《公约》中与暴力有关的条款。在第 11 届会议上，委员会通过了第 19 号一般性建议，这成为委员会此后讨论该问题的基础。

“第 19 号一般性建议对暴力侵害妇女问题作了细致、深入的评论，包含一般性意见、对《公约》具体条款的评论以及具体的建议。”[21]它将对妇女的暴力置于男女不平等的框架内，断言一切形式的此类暴力均构成第 1 条规定的基于性别的歧视，而这种歧视又是这类暴力发生的主要原因。它用一种整体方法界定对妇女基于性别的暴力，包括所有不同形式和不同地点发生的暴力。与把针对妇女的暴力理解为主要是（但不全是）家庭暴力的相对局限和列举式的理解相比，第 19 号一般性建议迈出了重要一步。它要求缔约国预防、调查、惩治暴力侵害妇女行为（不论该行为的实施者是公共当局还是私人主体），并为受害人提供赔偿(reparation)。它明确指出，“全面执行《公约》要求国家采取积极措施消除针对妇女的一切形式的暴力”。它为缔约国提供了实现这一目标可以采取的实用措施的详细建议。

---

[19] 《针对妇女的家庭暴力》（前注 15），第 105 页。

[20] H. Shin, “CEDAW and Violence against Women: Providing the ‘Missing Link’”, in H. B. Schöpp-Schilling and C. Flinterman (eds.), *The Circle of Empowerment: Twenty-Five Years of The UN Committee on The Elimination of Discrimination against Women* (2007), p. 223.

[21] T. Van Boven, “Study Concerning the Right to Restitution, Compensation and Rehabilitation for Victims of Gross Violations of Human Rights and Fundamental Freedoms” (1996) E/CN. 4/SUB. 2/1993, reprinted in 59 *Law and Contemporary Problems* 283.

(三) 后续国际文件

第 19 号一般性建议将暴力侵害妇女问题带入《公约》范围,[22] 因此也
448 带入了国际人权法的措辞、机制和程序。1993 年 6 月,世界人权大会确认,"基于性别的暴力以及一切形式的性骚扰和剥削……与人的尊严和价值相违背,必须予以消除"。[23]

随后,联合国大会于 1993 年 12 月通过了由妇女地位委员会起草的《消除对妇女的暴力行为宣言》。[24]《消除对妇女的暴力行为宣言》肯定了妇女普遍享有人权的重要性,认识到有效执行《公约》"有助于消除对妇女的暴力"。它重申以权利为基础的方法,确认"暴力侵害妇女构成对妇女权利和基本自由的侵犯,损害或否定了她们对这些权利和自由的享有"。更为重要的是,它将暴力归因于长期的父权制社会,"反映了长期以来男女权力关系的不平等,导致男性支配并歧视妇女……父权制是一种根本的社会机制,与男性相比妇女被迫处于从属地位"。

《消除对妇女的暴力行为宣言》界定了基于性别的暴力,明确了国家谴责暴力的义务,并呼应了第 19 号一般性建议,阐明预防、调查、惩治暴力侵害妇女的恪尽职守义务的标准,"不论这些行为是国家还是私人所犯"。更为重要的是,它声称,国家"不得援引任何习俗、传统或宗教理由来规避它们消除暴力的义务"。《消除对妇女的暴力行为宣言》列举了国家和国际组织在其职责范围内应当采取的一系列措施。

《消除对妇女的暴力行为宣言》适用于联合国的所有会员国,并不

---

[22] 首任暴力侵害妇女问题特别报告员呼应道,尽管"没有明确提及暴力,……对《消除对妇女一切形式歧视公约》第一条关于歧视的定义的恰当解释允许将其暗含的暴力问题纳入进来"。E/CN. 4/1995/42,《暴力侵害妇女问题特别报告员初步报告》(1994),第 85 段。

[23] A/CONF. 157/23 (1993),《维也纳宣言和行动纲领》,第一部分,第 18 页;第二部分,第 38 页。

[24] A/RES/48/104,1993 年 12 月 20 日联合国大会第 48/104 号决议,《消除对妇女的暴力行为宣言》。有关通过该宣言的讨论,参见对《任择议定书》的评注。

像第 19 号一般性建议仅适用于《公约》的缔约国。[25] 作为联合国大会的决议，它不具有法律拘束力，但是作为全球政治机构协商一致的声明，它具有相当的重要性。第 19 号一般性建议和《消除对妇女的暴力行为宣言》之间也有一些差异。前者遵循《公约》的条款，针对的是缔约国报告；后者针对的是更广泛的国家活动（如预算和制定国家行动计划）以及联合国机构、专门机构的职能。第 19 号一般性建议包含的暴力形式多于《消除对妇女的暴力行为宣言》，例如，前者明确将一夫多妻和乱伦列为暴力行为。委员会确定，缔约国打击暴力侵害妇女的义务同时受两份文件的约束。

1993 年（应为 1994 年。——译者注）的另一重要举措是联合国人权委员会设置了暴力侵害妇女、其原因及后果问题特别报告员（SR VAW）一职。[26] 特别报告员的年度报告和国家访问报告成为委员会的一个信息来源。1995 年，北京《行动纲领》将暴力侵害妇女作为一个重要关切领域。五年后，“北京 +5”结果文件《妇女 2000：21 世纪的性别平等、发展与和平》 449
宣布，“暴力侵害妇女和女童，无论发生在公共领域还是私人生活中，都是一个人权问题。这已是一个被广泛接受的认识”。[27]

联合国大会一直在讨论暴力侵害妇女问题，包括《千年宣言》[28] 以及《2005 年世界峰会结果文件》。[29] 2003 年，大会要求联合国秘书长准备一份《对暴力侵害妇女的深入研究》的报告。[30] 报告提供了“当时最领先的研究成果”，概括了暴力侵害妇女的形式与表现、后果与指标，缔约国的义务，以及执行和预防的可能做法。它对国家的第一个建议是确保性别平等、保护

---

[25] 这一点很重要，因为虽然截至 2010 年《公约》已有 186 个缔约国，但在 1993 年缔约国数要少得多。

[26] 联合国人权委员会，E/CN. 4/RES/1994/45（1994 年 3 月 4 日）。

[27] A/RES/S－23/3（2000 结果文件），（2000 年 11 月 16 日）《执行北京宣言和行动纲领的进一步行动与举措》，第 13 段。

[28] A/RES/55/2，（2000 年 9 月 8 日），第 25 段。消除对妇女歧视委员会在结论性意见中一直向缔约国提及《千年发展目标》。

[29] A/RES/60/L. 1，联合国安理会第 60/L. 1 号决议（2005 年 9 月 15 日），第 58（f）段：“我们致力于……消除普遍的性别歧视……以及对妇女和女童的暴力。”

[30] A/RES/58/185，联合国大会第 58/185 号决议（2003 年 12 月 22 日）。

妇女人权。[31] 2006 年，联合国大会注意到这一研究，它要求提交执行其建议的年度报告，包括所采取的后续程序。[32]

妇女地位委员会的年度会议经常从不同方面讨论该议题，并将消除和预防针对妇女和女童的暴力作为 2013 年之前的优先议题。[33] 联合国安全理事会在其维持国际和平与安全的职责范围内，呼吁国家保护妇女和女童在武装冲突中免遭基于性别的暴力，[34] 更为有力的是要求“武装冲突各方全面停止一切性暴力行为”。[35] 联合国其他机构也在各自的职能范围内持续关注该问题，例如，联合国预防犯罪和刑事司法委员会于 2008 年决定，暴力侵害妇女和女童将是其之后 7 年的核心工作。

在区域层面，美洲体系于 1994 年制定的《帕拉贝伦公约》是首个关于暴力侵害妇女的条约，非洲联盟大会于 2003 年制定了《非洲妇女权利议定书》。[36] 欧洲理事会部长委员会制定了一份关于保护妇女免遭暴力的不具有拘束力的建议。[37]

截至 2010 年，多个全球和区域机构将暴力侵害妇女问题纳入它们的工作，因此委员会的工作可能被边缘化或被忽视。然而，作为一个全球性的具有国际法律拘束力的文件，《公约》关于禁止歧视，包括禁止对妇女基于性

㉛ 秘书长的报告（前注 1），第 104 页。

㉜ 联合国大会第 61/143 号决议（2006 年 12 月 19 日）。2008 年，秘书长发起了一项运动“团结起来终结对妇女的暴力（2008 ~ 2015）”。

㉝ 妇女地位委员会“第 53 届会议报告（2009 年 3 月 2 ~ 13 日）”，ECOSOC OR（2009），Supp.，No. 7，E/2009/27，E/CN. 6/2009/15，第 19 页。

㉞ 联合国安理会第 1325 号决议（2000 年 10 月 31 日）《关于妇女、和平与安全》，S/RES/1325。

㉟ 联合国安理会第 1820 号决议（2008 年 6 月 19 日），S/RES/1820；联合国安理会第 1888 号决议（2009 年 9 月 30 日），S/RES/1888；联合国安理会第 1889 号决议（2009 年 10 月 5 日），S/RES/1889；联合国安理会第 1960 号决议（2010 年 12 月 16 日），S/RES/1960。

㊱ 在议定书中规定了针对妇女的暴力，包括第 1 条（j）项、第 3 条第 4 款、第 4 条第 2 款、第 5 条、第 11 条、第 12 条（d）项、第 13 条（c）项、第 20 条、第 22 条（b）项、第 23 条（b）项。参见 F. Banda, *Women, Law and Human Rights: an African Perspective*(2005)，第五章。

㊲ Recommendation Rec（2002），p. 5.

别的暴力的文件，得到了许多后续文件和报告的认可和肯定。[38] 关于暴力侵害妇女问题的特别报告员承认，“在履行职责的过程中，其非常重要的一项工作是保持对消除对妇女歧视委员会工作的关注”。[39] 联合国秘书长的研究确认，“遵守《公约》…… 它的议定书以及其他相关的国际人权条约……是解决暴力侵害妇女的措施”。[40] 秘书长的研究注意到了缔约国向委员会的报告实践，[41] 反过来，委员会又请缔约国关注联合国秘书长的报告。[42] 区域人权机构在解释和适用它们各自的文件时也参考第 19 号一般性建议以及委员会的工作。[43] 委员会也会参考区域文件，例如建议美洲国家遵守《帕拉贝伦公约》，并使用美洲妇女委员会暴力问题专家委员会批准的指标。[44] 450

三 针对妇女的暴力：解释问题

第 19 号一般性建议要求缔约国报告它们采取的预防、起诉和惩治暴力侵害妇女行为的广泛措施。委员会一直在结论性意见中提及该问题。委员会通过这些措施及其在《任择议定书》下的法理，阐明了它对基于性别的暴力侵害妇女问题以及缔约国相应的预防和惩治义务的理解。委员会关注具体的暴力表现，指出缔约国应对方面存在的不足，为缔约国应当采取哪些措施履行其义务提出积极建议。许多建议现在已成

---

[38] 例如《消除对妇女的暴力行为宣言》序言；《非洲妇女权利议定书》序言。

[39] 特别报告员“15 年”（前注 13），第 4 页。

[40] 秘书长的报告（前注 1），第 262 段。

[41] 同上注，第 18 段。

[42] 例如，CEDAW/C/COK/CO/1（2007），对库克群岛的结论性意见，第 25 段；CEDAW/C/SCG/CO/1（2007），对塞尔维亚的结论性意见，第 22 段；CEDAW/C/BHR/CO/2（2008），对巴林的结论性意见，第 25 段。

[43] 例如，Opuz 诉土耳其，ECHR33401/02（2009 年 6 月 9 日），第 185 段；Gonzalez 与其他人（“棉花地”）诉墨西哥（初步反对、实体判决、赔偿和费用），美洲人权法院 C 系列第 205 号（2009 年 11 月 16 日），特别是第 394 ~ 395 段。

[44] 例如，CEDAW/C/ECU/CO/7（2008），对厄瓜多尔的结论性意见，第 21 段。

为标准，并向大多数国家反复提出，例如，应当“优先关注”解决暴力侵害妇女问题。[45]

（一）平等范式内针对妇女的暴力

《公约》的目的和宗旨是消除对妇女一切形式的歧视。因此，第 19 号
一般性建议“在平等范式内处理暴力问题”。[46] 它声称，虽然《公约》第 1
条没有明确提及暴力问题，但对妇女基于性别的暴力属于该条界定的一种歧
视形式。它是“严重损害妇女在男女平等基础上享有权利和自由的能力的
451 一种歧视”,因此本身构成歧视，是对妇女身心完整性和尊严缺乏尊重。所
以，基于性别的暴力是对妇女人权的一种侵犯。

以权利为基础的分析方法承认妇女有权免遭暴力，免于遭受暴力的恐惧，缔约国有义务确保这些权利。这就需要不应仅仅将妇女视为受害者，还要承认她们拥有的权利受到了侵犯：将措辞从“自然的”或“不可避免”的暴力转变为国家未能履行义务。关于暴力侵害妇女问题的特别报告员解释道：通过将人权观点适用于暴力，已经形成了打破掩盖暴力的沉默、把全球各种斗争联系起来的势头。“今天，越来越多的人承认免遭暴力的生活是一项权利而不仅仅是人道主义的关切。”[47] 国家不应仅仅理解并执行它们在预防、起诉和惩治暴力侵害妇女方面的积极义务，还必须提升受害人以及潜在的受害人的权利意识。[48]《公约》向国家机构提供了可适用的国际法律框架，可用以向缔约国和遭受过暴力的妇女传输必要的知识。

---

[45] 例如，A/58/38，2003 年第 28 届会议，对刚果共和国的结论性意见，第 167 段；A/58/38，2003 年第 29 届会议，对斯洛文尼亚的结论性意见，第 207 段；CEDAW/C/BEN//CO/1 - 3（2005），对贝宁的结论性意见，第 24 段；CEDAW/C/MKD/CO/3（2006），对马其顿共和国的结论性意见，第 24 段；CEDAW/C/MOZ/CO/2（2007），对莫桑比克的结论性意见，第 25 段。

[46] J. Fitzpatrick,“The Use of International Human Rights Norms to Combat Violence against Women”, in R. J. Cook (ed.), *Human Rights of Women: National and International Perspectives* (1994), pp. 532,535.

[47] 特别报告员“15 年”（前注 13），第 35 页。

[48] S. E. Merry,“Rights Talk and the Experience of Law: Implementing Women's Human Rights to Protection from Violence”(2003)25 *Human Rights Quarterly* 343 - 344.

在人权框架内，基于性别的暴力阻碍了妇女享有第19号一般性建议第7段所列举的具体权利：生命权，不受酷刑或残忍、不人道或有辱人格的待遇或处罚的权利，在国际或国内武装冲突期间享有人道规范的平等保护的权利，自由和人身安全权，法律之前的平等保护权，家庭平等权，可达到的最高身心健康权，工作条件公平有利的权利。《消除对妇女的暴力行为宣言》第3条列举了相同的权利，此外还包括免遭一切形式的暴力的权利。

上述权利中一些规定在《公约》中，[49] 另一些则来自一系列人权文件和国际人道法的规定。《公约》第1条和第3条对“人权和基本自由”的保障在其他人权条约、《公约》及第19号一般性建议之间建立了联系。

委员会强调，妇女免遭暴力的权利是其生命权和身心完整权的内在组成部分，并表明这一权利不可通过主张其他权利（如财产权和隐私权[50]、移徙自由及公正审判权[51]）而被取代。欧洲人权法院明确采用了这种权利平衡方法。[52]

（二）对妇女基于性别的暴力的定义 452

第19号一般性建议为对妇女基于性别的暴力提供了第一个全面的国际法定义。既然暴力可能并的确可以发生在任何人身上，那么该定义就必须区分随机的暴力和专门针对妇女的暴力。该定义还必须强调基于性别的暴力除了家庭暴力还有其他多种表现形式。而家庭暴力是此前联合国机构关注的焦点。对妇女一切形式的暴力是委员会关切的问题。

第19号一般性建议将对妇女基于性别的暴力界定为“因为妇女的性别而对

[49] 第19号一般性建议第6段阐明“基于性别的暴力可能会违反《公约》的具体条款，不论这些条款是否明文提到暴力”。

[50] CEDAW/C/32/D/2003，消除对妇女歧视委员会第2/2003号来文（2005），A. T. 诉匈牙利，第9.4段。

[51] CEDAW/C/39/D/5/2005，消除对妇女歧视委员会第5/2005号来文（2007），Şahide Goekce诉奥地利，第12.1.5段；CEDAW/C/39/D/6/2005，消除对妇女歧视委员会第6/2005号来文（2007），Fatma Yildirim（已故）诉奥地利。

[52] Opuz诉土耳其（前注43），第147段。

之施加的暴力或不成比例地影响妇女的暴力”。与后来的定义相比，这一定义更加明确地表达了暴力与受害人性别之间的关系。[53] 暴力并不是碰巧发生在女性身上，而是受到“与性别有关的因素”的驱使，[54] 例如有必要树立男性的权力和控制力、执行分配好的社会性别角色、惩罚越轨的女性行为。委员会在调查华雷斯城妇女死亡事件时批评了一种做法，即“歧视那些品行被认为不合公认的‘道德规范’的妇女，但她们拥有平等的生命权”。[55] 委员会在基于性和基于性别的暴力之间作了区分，将后者视为“对人身安全的侵犯”。[56]

委员会并没有解释第19号一般性建议中“不成比例”这一措辞，但显然它适用于某种针对女性所犯的在数量上远远多于针对男性的暴力形式，以及对女性的生命产生完全不同影响的暴力。第一种情况有许多例证，委员会经常表达它对“高发的”[57]、“居高不下”[58] 或“持续”[59]、“顽固”[60] 或“不断增加的”[61] 暴力侵害妇女的担忧。委员会拒绝接受以下观点：家庭暴力等暴力形式可以用性别中立的语言加以描述，尽管它在很大程度上对女性实施，且基本上由男性实施，而且它破坏女性生活的可能性远远大于男性。委员会认为这一观点掩盖了对妇女基于性别的暴力的性质，未能体现这类暴力是对妇女的一种歧视的观念。[62]

---

[53] 《消除对妇女的暴力行为宣言》和北京《行动纲领》第113段均没有界定“基于性别的暴力”；《帕拉贝伦公约》第1条将对妇女的暴力界定为“基于性别的任何行为或行动”；《非洲妇女权利议定书》第1条称针对妇女的暴力指“针对妇女所犯的一切行为”。

[54] Connors（前注2），第558、562页。

[55] CEDAW/C/2005/OP.8/Mexico，《消除对妇女歧视委员会根据公约任择议定书第8条制作的对墨西哥的报告，以及墨西哥政府的答复》（2005年1月27日），第275段（下称“墨西哥调查”）。

[56] A/54/38，1999年第20届会议，对吉尔吉斯斯坦的结论性意见，第122段。

[57] 例如，A/58/38，2003年第28届会议，对刚果共和国的结论性意见，第166段。

[58] 例如，CEDAW/C/MKD/CO/3（2006），对前南斯拉夫马其顿共和国的结论性意见，第23段；CEDAW/C/IRL/CO/4-5（2005），对爱尔兰的结论性意见，第28段。

[59] CEDAW/C/UK/CO/6（2008），对英国的结论性意见，第280段。

[60] A/58/38，2003年第28届会议，对加拿大的结论性意见，第369段；A/58/38，2003年第29届会议，对巴西的结论性意见，第112段。

[61] A/55/38，2000年第23届会议，对罗马尼亚的结论性意见，第306段。

[62] 例如，CEDAW/C/NLD/CO/4（2007），对荷兰的结论性意见，第19段；CEDAW/C/NLD/CO/5（2010），对荷兰的结论性意见，第10段；CEDAW/C/FIN/CO/6（2008），对芬兰的结论性意见，第173段。

委员会对阿尔及利亚“近年来大量妇女遭受来自恐怖主义团体的谋杀、 453
强奸、绑架和遭受严重的身体虐待”表示担忧。[63] 不可否认，男性也会遭受恐怖主义的暴力，但是针对妇女的袭击“数量巨大”，使其进入了委员会的考虑范围。在另一个可能更显著的不成比例地针对妇女的暴力的例子中，委员会表达了它对“泼硫酸、乱石以及因嫁妆纠纷死亡等最残忍的暴力形式”的严重关切。[64] 暴力的所有表现形式都几乎是排他性地——因此是不成比例地——针对妇女。

“不成比例”也适用于暴力的影响。令委员会感到担忧的是，“权威人士，包括警察和地方治安官建议遭受暴力的女性受害人回到对她们施暴的伴侣身边”。[65] 鉴于男性不可能得到类似的建议，表明这种暴力形式对女性产生了不成比例的影响。例如，强奸对女性的影响就是不成比例的，由于有怀孕的可能，或是迫于社会态度的压力，被强奸的妇女往往被迫原谅强奸者或与其结婚（施暴者因此被谅解或被减轻惩罚）。[66]

根据第 19 号一般性建议，暴力侵害妇女包括造成身体、精神或性的侵害或虐待，威胁采取这种行为，以及胁迫或剥夺自由的其他行为。[67] 虽然这些术语均没有定义，但委员会通过结论性意见阐明了各自的含义。第 19 号一般性建议没有像《非洲妇女权利议定书》一样纳入经济损害。然而，委员会考虑了经济损害，例如，委员会对只惩治“导致身体伤害的行为”而

[63] A/54/38，1999 年第 20 届会议，对阿尔及利亚的结论性意见，第 77 ~ 78 段。

[64] 例如，A/52/38，1997 年第 17 届会议，对孟加拉国的结论性意见，第 436 段；另见 CEDAW/C/MKD/CO/3（2006），对前南斯拉夫马其顿共和国的结论性意见，第 23 段。

[65] CEDAW/C/BLZ/CO/3（2007），对伯利兹的结论性意见，第 19 段。

[66] 例如，“弥补性婚姻”，A/55/38，2000 年第 23 届会议，对罗马尼亚的结论性意见，第 306 段；CEDAW/C/PSWG/2005/Ⅱ/CRP. 1/Add. 8（2005），对黎巴嫩的问题清单，第 9 段；CEDAW/C/ERI/CO/3（2006），对厄立特里亚的结论性意见，第 77 段；A/57/38，2002 年第 26 届会议，对斐济的结论性意见，第 58 段（按照 bulubulu 的做法，在进行道歉后，强奸犯可以与受害人结婚，因此也推定包含了和解）；CEDAW/C/PHI/CO/6（2006），对菲律宾的结论性意见，第 523 ~ 524 段。有关对 bulubulu 的争论，参见 S. E. Merry, *Human Rights and Gender Violence: Translating International Law into Local Justice*(2006), pp. 113 - 133。

[67] 《消除对妇女的暴力行为宣言》声明，暴力侵害妇女指的是“基于性别的任何暴力行为，导致或可能导致对妇女身体、性或心理的伤害和折磨，包括威胁采取这种行为、胁迫或任意剥夺自由，不论这种行为发生在公共场合还是私人生活中”。委员会援引了这一定义（前注 55），第 52 段。

不惩罚口头、心理及经济暴力行为表示关切；[68]“由于根深蒂固的观念，丧偶妇女更易遭受暴力和经济上的剥夺”；[69]它还建议“特别关注老年妇女遭受的身体、精神和经济上的虐待”。[70]

四　对妇女基于性别的暴力：场所与形式

（一）概述

第 19 号一般性建议按照《公约》的结构，逐条进行分析。在委员会的
454 结论性意见和根据《任择议定书》作出的判例中，它将暴力侵害妇女作为一个单独的议题进行处理。委员会鼓励缔约国在其报告中参照第 19 号一般性建议，并定期询问缔约国国内的暴力形式和程度的详情，以及它们为打击暴力制定的战略。所收到的信息及委员会的回应为缔约国处理其国内法面临的各种暴力侵害妇女问题提供了扩展性分析及潜在的对策。[71]分类并非易事，暴力的形式（或表现）及发生场所有相当的重合之处。例如，一般认为移徙女工容易遭受多种形式的暴力，如性虐待、性骚扰、身体暴力、剥夺食物及睡眠，这些暴力可能发生在不同的地点，如在她受雇的家庭或其他工作环境，比如农场或工业部门。[72]

委员会有关暴力问题的工作勾勒出了《消除对妇女的暴力行为宣言》第 2 条的方法论，得到首个关于暴力侵害妇女问题特别报告员的采纳，[73]并被联合国秘书长的报告采用，即将暴力区分为发生在家庭中的暴力、社区中的暴力，以及国家实施或默许的暴力。[74]

---

[68] CEDAW/C/MDG/CO/5（2008），对马达加斯加的结论性意见，第 18 段。

[69] CEDAW/C/NPL/CO/3（2004），对尼泊尔的结论性意见，第 206 段。

[70] A/55/38（Supp.），2000 年第 23 届会议，对奥地利的结论性意见，第 230 段。

[71] Merry（前注 66）。

[72] 第 26 号一般性建议，第 20 段。

[73] E/CN. 4/1995/42，《暴力侵害妇女问题特别报告员初步报告》（1994），第 117～313 段。

[74] 暴力侵害妇女问题特别报告员建议“增加‘跨国领域’，由于全球化和不断增加的跨国进程，跨国领域已经成为妇女遭遇新的伤害的第四层面”。特别报告员“15 年”（前注 13），第 5 页。

（二）家庭暴力[75]

家庭暴力是一种歧视形式[76]，是“对妇女最有害的暴力形式之一……”，不论国家是否承认，[77] 它“在所有社会普遍存在”。[78] 委员会认定，父权制态度和对男女在家庭中的角色和责任的刻板印象是暴力侵害妇女的根源。[79] 委员会强调，妇女的人身安全与自治比“家庭的神圣与永恒”更重要，[80] 也优于财产权和隐私权。[81]

虽然委员会认为国家应当在家庭暴力和陌生人实施的暴力行为之间作出区分，[82] 但它并未界定家庭暴力，又在不同场合用未作界定的家庭[83]、家 455
庭内[84]、亲密伴侣[85]的暴力来指称家庭暴力。第 19 号一般性建议将殴打、强奸、其他形式的性攻击、精神及其他形式的暴力都纳入其范围，[86]《消除对

---

[75] 参见秘书长的报告（前注 1），第 111 ~ 125 段；E/CN. 4/1996/53，暴力侵害妇女问题特别报告员《家庭暴力报告》（1996）；D. O. Thomas and M. E. Beasley, "Domestic Violence as a Human Rights Issue" (1993) 15 *Human Rights Quarterly* 36；K. Roth, "Domestic Violence as an International Human Rights Issue", in R. J. Cook (ed.), *Human Rights of Women: National and International Perspectives* (1994), p. 326；B. Meyersfeld, *Domestic Violence and International Law* (2010)。

[76] 在 Opuz 诉土耳其案中，欧洲人权法院指出，“消除对妇女歧视委员会重申暴力侵害妇女，包括家庭暴力，是对妇女的一种歧视”（前注 4），第 187 段。在 S. 诉 Baloyi（Minister of Justice and Another Intervening）2000（2）SA 425 中，南非宪法法院指出，《公约》关于消除歧视的积极义务对解释国内法中有关家庭暴力的内容具有重要意义。

[77] CEDAW/C/DPRK/CO/1（2005），对朝鲜民主主义人民共和国的结论性意见，第 37 段。

[78] 第 19 号一般性建议，第 23 段。

[79] 同上注，第 11 段（“传统态度认为，妇女处于从属于男性的地位或者有定型的角色任务，这助长了长期存在的涉及暴力和胁迫的广泛做法”）；CEDAW/C/PHI/CO/6（2006），对菲律宾的结论性意见，第 17 段。

[80] Merry（前注 6），第 77 页。

[81] A. T. 诉匈牙利（前注 50），第 9. 4 段。

[82] A/58/38，2003 年第 28 届会议，对阿尔巴尼亚的结论性意见，第 72 段。

[83] A/RES/58/147，联合国大会第 58/147 号决议（2004 年 2 月 19 日）：家庭暴力是“发生在私领域的暴力，这要发生在有血缘或亲密关系的私人之间”；它有“许多不同的形式，包括身体的、心理的和性暴力”。这与委员会对家庭暴力的理解一致。

[84] 例如，A/53/38，1998 年第 18 届会议，对墨西哥的结论性意见，第 379 段；这包括“尚未在一起生活的伴侣”之间的暴力，CEDAW/C/VEN/Q/4 - 6（2006），对委内瑞拉的结论性意见，第 14 段。

[85] CEDAW/C/NOR/CO/7（2007），对挪威的结论性意见，第 19 段。

[86] 第 21 号一般性建议，第 40 段，委员会重申了第 19 号一般性建议关于“考虑妇女在家庭中的地位”的重要性。

妇女的暴力行为宣言》增加了家庭中对女童的性虐待、与嫁妆相关的暴力、女性割礼、其他有害于妇女的传统做法、非配偶暴力以及与剥削相关的暴力。委员会明确讨论了婚内强奸[87]、以荣誉的名义实施的犯罪[88]、强迫结婚[89]、绑架新娘[90]、早婚或童婚[91]、因嫁妆纠纷死亡[92]、新娘彩礼[93]、乱伦[94]、杀害女婴和性别选择性堕胎[95]，以及一夫多妻制[96]。家庭或机构内一种典型的攻击是体罚[97]或惩罚[98]，社会接受使暴力合法化了。这导致人们对暴力的

---

[87] A/56/38，2001 年第 25 届会议，对越南的结论性意见，第 258 段；A/53/38，1998 年第 18 届会议，对墨西哥的结论性意见，第 379 段；A/55/38，2000 年第 23 届会议，对罗马尼亚的结论性意见，第 306 段；A/58/38，2003 年第 28 届会议，对刚果共和国的结论性意见，第 167 段；CEDAW/C/SCG/CO/1（2007），对塞尔维亚的结论性意见，第 21 段；CEDAW/C/SGP/CO/3（2007），对新加坡的结论性意见，第 27 段；CEDAW/C/COK/CO/1（2007），对库克群岛的结论性意见，第 24 段。

[88] CEDAW/C/PAK/CO/3（2007），对巴基斯坦的结论性意见，第 23 段；参见 J. Connors，"United Nations Approaches to 'Crimes of Honour'"，in L. Welchman and S. Hossain(eds.)，"*Honour*" *Crimes*,*Paradigms and Violence against Women*(2005)，pp. 22,29 – 31。

[89] 第 19 号一般性建议，第 11 段［关于第 2 条（e）项和（f）项和第 5 条］；A/54/38，1999 年第 20 届会议，对阿尔及利亚的结论性意见，第 91 段；A/56/38，2001 年第 25 届会议，对越南的结论性意见，第 258 段；CEDAW/PSWG/2005/Ⅱ/CRP. 1/Add. 1（2005），对贝宁的议题和问题清单，第 12 段；CEDAW/C/PAK/Q/3（2005），对巴基斯坦的议题和问题清单，第 13 段；CEDAW/C/UK/CO/6（2008），对英国的结论性意见，第 277 段。

[90] CEDAW/C/KGZ/CO/3（2008），对吉尔吉斯斯坦的结论性意见，第 22 段。

[91] CEDAW/C/ISR/CO/3（2005），对以色列的结论性意见，第 42 段；A/56/38，2001 年第 25 届会议，对越南的结论性意见，第 258 段；CEDAW/C/NPL/CO/3（2004），对尼泊尔的结论性意见，第 208 段。

[92] 第 19 号一般性建议，第 11 段；CEDAW/C/IND/CO/3（2007），对印度的结论性意见，第 26 段；A/52/38，1997 年第 17 届会议，对孟加拉国的结论性意见，第 436 段。

[93] A/53/38，1998 年第 18 届会议，对津巴布韦的结论性意见，第 141 段。

[94] 第 19 号一般性建议，第 24 段（确保为出现乱伦的家庭提供支持服务）；CEDAW/C/PHI/CO/6（2006），对菲律宾的结论性意见，第 523 ~ 524 段；A/57/38，2002 年第 26 届会议，对葡萄牙的结论性意见，第 334 段。

[95] CEDAW/C/CHN/CO/6（2006），对中国的结论性意见，第 31 段。

[96] A/53/38，1998 年第 18 届会议，对津巴布韦的结论性意见，第 141 段；CEDAW/C/ISR/CO/3（2005），对以色列的结论性意见，第 42 段；CEDAW/C/IDN/CO/5（2007），对印度尼西亚的结论性意见，第 18 段。

[97] CEDAW/C/UK/CO/6（2008），对英国的结论性意见，第 280 段；CEDAW/C/ECU/CO/7（2008），对厄瓜多尔的结论性意见，第 21 段。

[98] A/57/38，2002 年第 26 届会议，对斐济的结论性意见，第 58 段。

发生保持沉默，形成了一种有罪不罚的文化，以及因害怕报复而不敢报案。[99] 委员会经常对缔约国未能采取整体、全面的措施来处理该领域发生的多种形式的暴力表示担忧。

《任择议定书》为委员会提供了新的工具，以实现妇女免遭暴力的权利；委员会利用个人提出来文的机会，在提交给它的三个案件中清楚地阐释了缔约国在家庭暴力方面的义务。[100]这三个案件都显示出此类暴力的高门槛， 456
涉及威胁、恐吓、殴打等，其中两个案件导致了死亡。在 A. T. 诉匈牙利案[101]中，一位妇女控告匈牙利未能为其提供有效保护，使其免受普通法上的前夫的暴力，因此违反了《公约》。委员会认定，对多年来其丈夫经常在喝醉后实施的严重家庭暴力，当局无效的反应构成了对《公约》第 2 条（a）项、（b）项、（e）项以及第 5 条（a）项及第 16 条的违反。委员会注意到，匈牙利承认没有可以保护 A. T. 的救济途径，尽管已经开始进行法律改革，但仍然不足以让申诉人受益。

Şahide Goekce（已故）诉奥地利和 Fatma Yildirim（已故）诉奥地利[102]是由同一机构（维也纳反家暴干预中心和妇女获得司法协会）发起的“伴侣”案件。两案均涉及配偶反复实施家庭暴力，最终导致受害人死亡。委员会注意到奥地利有解决暴力侵害妇女的综合制度，但是认为：

> 为使家庭暴力中具体的女性受害人能够实际上享有男女平等原则、享有其人权和基本自由，在前述奥地利的综合制度中所表达的政治意愿必须得到国家行为者，即担负缔约国恪尽职守义务的国家机关的支持。[103]

委员会在上述任何一个案件中都未阐释它对家庭暴力的理解，显然它认

[99] CEDAW/C/MDG/CO/5（2008），对马达加斯加的结论性意见，第 18 段。

[100] CEDAW/C/38/D/10/2005，第 10/2005 号来文（2007），N. S. F. 诉英国，也涉及家庭暴力，包括指控婚内强奸和死亡威胁。该来文被确定为不可受理，因为它未能用尽国内救济。

[101] 前注 50。

[102] 前注 51。

[103] 同上注，第 12. 1. 2 段。

为每个案件中的强有力的事实已经明显证明存在家庭暴力。

委员会在处理这些案件的可受理性时采用了一种灵活的方法，这表明它不会让形式上的要求阻碍它审查严重的家庭暴力案件。例如，在 A. T. 诉匈牙利案中，委员会认为悬而未决的国内民事诉讼不可能给申诉人带来有效的救济，自暴力发生以来刑事诉讼的迟延已经超过 3 年，这已构成《任择议定书》第 4 条所称的“被不合理地拖延”。此外，尽管大多数暴力发生在《任择议定书》对匈牙利生效之前（一次严重的袭击是在此后发生的），但是显然匈牙利的不作为针对的是所有的暴力，包括 1998 年之后仍在继续的暴力。这也反映出家庭暴力持续不断的事实往往会在一段关系中存在许多年。

（三）社区中发生的暴力

1. 社区中的身体暴力

委员会讨论了妇女在她们的社区所面临的不同形式的身体和心理暴力，包括强奸、轮奸[104]以及极端的性攻击。在结论性意见中，委员会对下列情况
457 表示担忧：某个国家的刑法以暴力而非是否同意来界定强奸，[105]将强奸视为针对贞操而不是针对人的犯罪，[106] 或者是将性虐待作为一种道德犯罪而不是暴力犯罪。[107] 它要求缔约国“扩展对强奸的定义……反映女性经历的性虐待的实际情况”，[108] 并要求缔约国提供信息说明国内强奸犯罪的严重程度，以及为解决该问题采取的措施。[109]

Vertido 诉菲律宾案[110]（一起熟人强奸案）让委员会有机会扩展它的关注范围。委员会阐明，强奸应被理解为对妇女“人身安全和身体完整”权的

[104] 例如，A/54/38，1999 年第 20 届会议，对吉尔吉斯斯坦的结论性意见，第 122 段。

[105] 例如，CEDAW/C/AZE/CO/4（2009），对阿塞拜疆的结论性意见，第 37 段。

[106] CEDAW/C/PHI/CO/6（2006），对菲律宾的结论性意见，第 523 段（欢迎与此有关的一项法律改革）。

[107] 例如，CEDAW/C/BEL/CO/6（2008），对比利时的结论性意见，第 29 段。

[108] CEDAW/C/IND/CO/3（2007），对印度的结论性意见，第 23 段。

[109] 例如，CEDAW/PSWG/2005/Ⅱ/CRP. 1/Add. 6（2005），针对爱尔兰的问题清单，第 10 段。

[110] CEDAW/C/46/D/18/2008，第 18/2008 号来文（2010）。

侵犯。[111] 它建议在法律中对强奸作出界定，“缺乏同意是该概念的核心”，删去性袭击须以被迫或暴力为之或是须证明已经插入等要求。为把对幸存者的二次伤害降到最低，对性侵犯的定义应当要求：

> 存在“明确自愿的协议”，并要求被告人证明为确定申诉人是否同意所采取的步骤；或者
>
> ……该行为发生在“胁迫的情况下”，包括广义的胁迫情形。[112]

委员会根据《任择议定书》第8条进行的调查，对社区中的暴力作了详细分析，该调查针对的是墨西哥华雷斯城十余年间发生的多起谋杀、绑架、强奸妇女事件。[113] 第19号一般性建议第21段强调了来自农村地区的姑娘离开农村到城里找工作遭受暴力的特别风险。在华雷斯城被谋杀和失踪的妇女在出口加工厂面临遭受暴力的“高度风险”，在那里，她们在贫困甚或极度贫困的条件下工作和生活。她们还暴露于其他形式的社区暴力中：有组织犯罪、贩卖毒品、非法移民、贩卖妇女、卖淫、卖淫剥削以及色情。[114] 委员会认定，在一段持续的时间内反复发生此类严重行为构成“建立在暴力和歧视文化基础上的、基于所谓的妇女卑劣地位的”系统暴力，这种暴力形成了“以仇恨和厌恶妇女”为标志的具体特征，并造就了有罪不罚的文化。[115] 社会和文化环境将妇女塑造成贫困、脆弱、微不足道的，便利了对人权的恣意侵犯。[116] 广泛的绑架、失踪、强奸、致残和谋杀被称为“对妇女的

---

[111] 同上注，第8.7段。

[112] 同上注，第8.8（b）（i）、（ii）段。

[113] 另见A/57/38，2002年特别会议，对墨西哥的结论性意见，第439段；CEDAW/C/MEX/CO/6（2006），对墨西哥的结论性意见，第597~598段；Gonzalez与其他人（“棉花地”）诉墨西哥（前注43）。

[114] 对墨西哥的调查（前注55），第289段；S. E. Merry，*Gender Violence：A Cultural Perspective*（2009），pp. 120－125。

[115] 对墨西哥的调查（前注55），第66、261段。

[116] 同上注，第38段。

屠杀”——“对妇女基于性别的谋杀”。[117]

458 **2. 剥削**

委员会在第19号一般性建议中一般性地确认，并在对缔约国报告的回应中具体确认了社区中多种其他形式的暴力以及容易遭受暴力的情形。这包括将女性作为性对象的商业剥削[118]、性旅游[119]、被迫卖淫以及有组织地安排发展中国家的妇女与外国公民结婚。这些情况本身可能不涉及暴力，但会造成容易发生暴力的情形。卖淫尤其会导致妇女被边缘化，无法避免暴力。委员会对缺乏替代卖淫的经济选择表示关切，[120] 并促请制定有效的战略和方案以解决卖淫者的需求，[121] 但只是间接暗示它本身构成暴力。[122]

3. 有害的做法

各种形式的暴力均“植根于侵犯妇女人权的习俗”，[123] 其中一些与家庭关系有关，[124] 而另一些则既存在于家庭也存在于社区。例如，殉夫是基于妇女与其亡夫之间的关系，但是发生在社区环境下。[125] 委员会宣布一些违反《公约》的具体做法，例如猎巫（“一种极端的暴力形式”）[126]、*deuki*（将女孩献给男神和女神）、*jhuma*（第二个姐妹不得结婚，在修道院度过她的一生）、*kumari pratha*（把一个女孩当作活的女神）以及 *badi*（猥亵年轻女孩的部落做法）。[127]

---

[117] 秘书长的报告（前注1），第127段；另见对墨西哥的调查（前注55），第74段；CEDAW/C/MEX/CO/6（2006），对墨西哥的结论性意见，第596段。

[118] 第19号一般性建议，第12段。

[119] 同上注，第14段。

[120] 例如，CEDAW/C/MWI/CO/5（2006），对马拉维的结论性意见，第23段。

[121] 例如，CEDAW/C/AUS/CO/7（2010），对澳大利亚的结论性意见，第33段。

[122] 《墨西哥宣言》（1975），第28段，将卖淫作为对妇女人权的侵犯，委员会要求国家提供有关卖淫的充分信息；例如，A/53/38，1998年第18届会议，对津巴布韦的结论性意见，第162段。

[123] CEDAW/C/IND/CO/3（2007），对印度的结论性意见，第27段。

[124] Merry（前注66），第127~155段。

[125] CEDAW/C/IND/CO/3（2007），对印度的结论性意见，第26段。

[126] 同上注。

[127] CEDAW/C/NPL/CO/3（2006），对尼泊尔的结论性意见，第208段。

委员会对许多妇女和女孩所遭受的或很有可能遭受的女性割礼深表担忧，这种做法存在于家庭和社区。委员会首次提到这个问题是在1988年第7届会议审查塞内加尔和尼日利亚的报告时，当时委员内部出现了分歧。[128]在1990年第14号一般性建议中，委员会建议由健康、教育、宗教、社会和文化机构采取“适当和有效”的措施予以根除，包括收集数据以及为妇女组织提供支持。委员会与个别国家专门讨论了这一问题，注意到这种做法背后根深蒂固的文化基础，[129] 但也指出这种做法对女童的身心健康都是有害的。[130] 它对一些国家采取措施根除这种做法表示欢迎，对未采取有效立法的国家表示遗憾，[131] 并表示有必要起诉肇事者[132]以打击有罪不罚问题。委员会对 459
长期实行这种做法的国家[133]表示关切，对这种做法即便只涉及部分人口的国家也表示关切。[134]

其他一些暴力形式已经通过社会实践正常化了，例如色情用品的现成供应，色情和暴力的视频游戏和卡通片随处可见。委员会促请有关国家禁止这些做法。[135]

4. 工作场所的暴力

第19号一般性建议认定工作场所也是发生针对妇女的暴力和性骚扰的一个地点。它没有提到学校，但委员会在结论性意见中有所提及。[136] 性骚扰使妇女蒙受屈辱，可能造成健康和安全问题。性骚扰的发生否定了妇女在工作场所的平等，特别是当妇女“有合理的理由相信，如果她拒绝的话，在

---

[128] Evatt（前注2），第515、525页。

[129] CEDAW/C/ERI/CO/3（2006），对厄立特里亚的结论性意见，第78～79段。

[130] 第19号一般性建议，第12段；A/55/38，2000年第23届会议，对喀麦隆的结论性意见，第43段。

[131] 例如，CEDAW/C/BEN/CO/1－3（2005），对贝宁的结论性意见，第21段；A/55/38，2000年第23届会议，对喀麦隆的结论性意见，第43段；CEDAW/C/NGA/CO/5（2004），对尼日利亚的结论性意见，第299段。

[132] CEDAW/C/UK/CO/6（2008），对英国的结论性意见，第279段。

[133] 例如，A/53/38，1998年第18届会议，对津巴布韦的结论性意见，第141段。

[134] 例如，A/58/38，2003年第28届会议，对加拿大的结论性意见，第341段。

[135] 例如，CEDAW/C/JPN/CO/6（2009），对日本的结论性意见，第35～36段。

[136] 例如，A/58/38，2003年第28届会议，对刚果共和国的结论性意见，第166段；CEDAW/C/ECU/CO/7（1998），对厄瓜多尔的结论性意见，第120段。

工作（包括应聘或晋升）方面会对她很不利，或者性骚扰已经造成了不友善的工作环境”，[137] 那么它就是一种歧视。委员会理解性骚扰是“不受欢迎的具有性动机的行为，如身体接触和求爱动作、带黄色的字眼、出示淫秽书画和提出性要求，不论其以言辞还是行动来表达”。[138] 它对这类行为普遍存在却未将施暴者绳之以法[139]或者未能保证相关法律的有效执行[140]表示担忧。

一些工种尤其易受暴力和骚扰，例如家政工，[141] 特别是移徙女工，她们“甚至不敢离开老板的视线范围”，或者可能无法向她们的大使馆登记或提出申诉。[142] 移徙工人也是来源国的关切对象，这些国家应当采取适当的机制对其在国外工作的女性公民遭受的虐待作出回应。委员会提醒印度尼西亚注意这一问题，因为它发现该缔约国的报告没有讨论“印度尼西亚移徙妇女在国外遭受虐待致死的报道，也未讨论以卖淫为目的贩卖妇女的问题”。[143]

Vishakha 诉拉贾斯坦邦是一起特别严重的工作场所性暴力案件。[144] 一位女性社会工作者受雇到农村地区进行关于嫁妆和童婚的宣传教育。据称她在一次活动中被轮奸，这“暴露了职业女性可能面临的危险，以及性骚扰升级后的恶劣程度；这也说明在缺乏立法措施的情况下迫切需要采用替代性机制予以保障”。[145] 在民事程序中，印度最高法院注意到没有关于职场性骚扰
460 的相关国内法。为此，印度最高法院制定了保障妇女工作权利的详细指南，它声称国际公约和规范在解释印度宪法“所保障的性别平等以及有尊严的工作权利”时具有重要作用。“在解释宪法所保障的性别平等的性质和范围时”，该指南特别参考了《公约》第 11 条以及第 19 号一般性建议。这些指

[137] 第 19 号一般性建议，第 18 段。

[138] 同上注。

[139] 例如，A/55/38，2000 年第 23 届会议，对罗马尼亚的结论性意见，第 306 段；A/58/38，2003 年第 29 届会议，对巴西的结论性意见，第 93 段。

[140] CEDAW/C/VEN/Q/4 -6（2006），对委内瑞拉的问题清单，第 16 段。

[141] A/58/38，2003 年第 29 届会议，对摩洛哥的结论性意见，第 68 段。

[142] 第 26 号一般性建议，第 20 ~21 段。

[143] A/53/38/Rev. 1，1998 年第 18 届会议，对印度尼西亚的结论性意见，第 296 段。

[144] （1997）6 SCC 241。

[145] 同上注。

南在后来一个关于职场性骚扰的案件中得到确认，[146] 在这个案件中，最高法院指出，《公约》和《北京宣言》“响亮而清晰地”传递出这样的信息：“对女性的职场性骚扰侵犯了女性的尊严和荣誉，必须予以根除，对此类侵犯毫无妥协的余地，不容争辩。”

（四）国家纵容或实施的暴力

根据关于可归因于国家的国际不法行为的国家责任的一般国际法原则，[147]《公约》也“适用于由公共当局实施的暴力”。[148] 这要求国家调查被指控是由它的代理人实施或在它的机构内出现的虐待行为，起诉并惩治已经查证的责任人。如果不这么做，将助长有罪不罚的习气，[149] 而履行义务将促进“最大限度的法律保护”。[150] 委员会已经阐明，这些国家代理人包括军队[151]、警察[152]和安全部队[153]、狱政官员[154]、外交人员[155]，国家运营的机构包括监狱、警察局、拘留中心[156]、学校、安置难民及国内无家可归者的难民营[157]。一旦国家行为者实施了严重的暴力行为，特别是性暴力，它可能构成酷刑。[158] 国家的政策也可能构成某种对妇女的暴力，例如强制绝育或堕胎，这“对妇女的身体

---

[146] Apparel Export Promotion Council v AK Chopra，(1999) 1 SCC 759.

[147] UNGA Res 56/83（2001 年 12 月 12 日），国际法委员会《国际不法行为的国家责任条款》，第 1～4 条。

[148] 第 19 号一般性建议，第 8 段。

[149] 例如，CEDAW/C/MMR/CO/3（2008），对缅甸的结论性意见，第 24 段。

[150] A. T. 诉匈牙利（前注 50），建议Ⅱ（b）。

[151] 例如，CEDAW/C/IND/CO/3（2007），对印度的结论性意见，第 9 段；CEDAW/C/MMR/CO/3（2008），对缅甸的结论性意见，第 24 段。

[152] CEDAW/C/PAK/Q/3（2006），对巴基斯坦的问题清单，第 16 段；A/57/38，2002 年第 26 届会议，对俄罗斯联邦的结论性意见，第 391 段；CEDAW/C/IND/CO/SP. 1（2010），对印度的结论性意见，第 19 段。

[153] A/57/38，2002 年第 26 届会议，对斯里兰卡的结论性意见，第 286 段。

[154] 例如，A/57/38，2002 年第 26 届会议，对俄罗斯联邦的结论性意见，第 391 段。

[155] 第 26 号一般性建议第 21 段指出，外交官对外来的女性家庭佣工实施了性虐待、暴力行为，却享有外交豁免权。

[156] 例如，CEDAW/C/CHN/CO/6（2006），对中国的结论性意见，第 22 段。

[157] E/CN. 4/1998/54，《暴力侵害妇女问题特别报告员的报告》（1998）提供了许多案例。

[158] 秘书长的报告（前注 1），第 258 段。

和心理健康均会造成有害影响”。[159] A. S. 诉匈牙利案[160]就涉及对一名吉卜赛妇女的暴力绝育。委员会认为这种做法构成了对《公约》第 10 条（h）项的违反。令人略感意外的是，委员会并未根据基于性别的暴力来考虑这个案件。

461 **（五）武装冲突中的暴力**[161]

《公约》并未规定它是否可以适用于武装冲突期间，[162] 但第 19 号一般性建议第 16 段指出，战争、武装冲突、占领领土等往往“导致卖淫、贩卖妇女和对妇女实施性攻击的行为增加”。世界人权大会确认，“在武装冲突期间侵犯妇女人权违反国际人权和人道法的基本原则”。[163] 北京《行动纲领》将“妇女与武装冲突”作为其第五个重大关切领域。

委员会肯定了在暴力、武装冲突、占领条件下《公约》持续适用于“所有处于一个缔约国的管辖和有效控制下的个人”。[164] 这适用于在军队服役的妇女[165]以及平民。因此，在 2009 年，委员会在一份声明中重申国际人权法和人道法适用于“任何情况、任何时候”，并注意到“在这场交战中，加沙妇女和儿童的人权，尤其是享有和平与安全、行动自由、生计和卫生保健的权利，遭到了严重侵害”。[166] 委员会还曾提到“慰安妇”问题，在第二次

---

[159] 第 19 号一般性建议，第 22 段。

[160] CEDAW/C/36/D/4/2004，消除对妇女歧视委员会第 4/2004（2006）号来文。

[161] E/CN. 4/2001/73（2001 年 1 月 23 日），关于暴力侵害妇女问题的特别报告员，《武装冲突期间国家实施或纵容的暴力侵害妇女（1997 ~ 2000）》；J. Gardam and H. Charlesworth, “Protection of Women in Armed Conflict”(2000) 22 *Human Rights Quarterly*; J. Gardam and M. Jarvis, *Women, Armed Conflict, and International Law* (2001); N. Quenivet, *Sexual Offenses in Armed Conflict and International Law* (2005); C. Abaka, “Women in War and its Aftermath: Liberia”, in Schöpp-Schilling and Flinterman (eds.)（前注 20），第 234 页；MU Walker, “Gender and Violence in Focus: A Background for Gender Justice in Reparations”, in R. Rubio-Marin (ed.), *The Gender of Reparations*（2009），p. 18。

[162] 对比 1989 年《儿童权利公约》第 38 条第 4 款。

[163] 《维也纳宣言和行动纲领》第二部分，第 38 段。

[164] CEDAW/C/ISR/CO/3（2005），对以色列的结论性意见，第 23 ~ 24 段（《公约》在被占领土的适用性）。

[165] A/53/38/Rev. 1，1998 年第 18 届会议，对印度尼西亚的结论性意见，第 295 段。

[166] A/64/38，2009 年第 43 届会议，附件二，第 43/Ⅲ号决定，《消除对妇女歧视委员会关于加沙局势的声明》。

世界大战期间亚洲各地的妇女被日本军队强迫卖淫，但委员会并未说明发表这一评论的依据。这些事件发生在起草《公约》以及日本批准《公约》(1985）之前。尽管如此，委员会的一些委员建议，日本政府应当向受害人支付赔偿，并创建一个基金以纪念死难者。他们要求该缔约国说明它计划采取什么措施帮助这些妇女。[167]

委员会要求卷入前南斯拉夫解体冲突的国家提交一份额外的情况报告，说明针对妇女和儿童的暴力，包括大规模强奸和将强奸作为战争武器的行为。[168] 委员会试图打破沉默，揭发针对妇女的性虐待和性侵犯，缓和武装冲突受害妇女的情况，防止发生进一步的暴力。因此，委员会询问缔约国为强奸受害人提供的服务，是否有向妇女通告《公约》的机制以及强奸，尤其
是强迫怀孕的后果。委员会呼吁妇女不要保持被动，要在政府和非政府层面 462
发出自己的声音，激发进行变革的政治意愿。[169]

委员会已经认识到，针对妇女的性暴力在武装冲突的显著后果中持续存在，具有长期影响。它对刚果民主共和国持续发生强奸事件深感担忧，敦促该缔约国结束对肇事者有罪不罚的状况。[170] 波斯尼亚和黑塞哥维那的武装冲突结束近十年后，委员会仍然对战争期间性暴力受害人的情况感到担忧，尤其是女户主和国内无家可归者所遭受的不利处境，她们在冲突后的法律框架下往往得不到充分的承认。它敦促缔约国通过制定法律和财政拨款，为其提供足够的社会保障，包括健康保险和住房，保证她们享有与战争受害军人同等的权利和福利。[171]

---

[167] A/49/38，1994 年第 13 届会议，对日本的结论性意见，第 576 段；CEDAW/C/JPN/CO/6 (2009)，对日本的结论性意见，第 37 段。

[168] A/50/38，1995 年第 14 届会议，对克罗地亚的结论性意见，第 585 ~ 586 段；A/49/38，1994 年第 13 届会议，对波斯尼亚和黑塞哥维那的结论性意见，第 736 段。

[169] 例如，A/49/38，1994 年第 13 届会议，对波斯尼亚和黑塞哥维那的结论性意见，第 753 ~ 757 段。

[170] CEDAW/C/COD/CO/5（2006），对刚果民主共和国的结论性意见，第 338 段。

[171] CEDAW/C/BIH/CO/3（2006），对波斯尼亚和黑塞哥维那的结论性意见，第 37 ~ 38 段；另见 CEDAW/C/MOZ/Q/2（2007），对莫桑比克的问题清单，第 13 段；A/57/38，2002 年特别会议，对危地马拉的结论性意见，第 205 段。

武装冲突中的暴力也包括政治暴力，即让人们总体习惯容忍暴力，[172] 包括社区的暴力和国家内部[173]的暴力。关于这一点，委员会反复要求印度提供2002年古吉拉特大屠杀的信息，要求提供已经报案的针对妇女的暴力和性攻击的数目、对受害人的保护措施及其效果、逮捕和惩处肇事者（包括国家官员）的情况、针对女性受害人的康复和赔偿等具体的性别措施以及从这些措施中受益的女性的数量。[174] 2009年，在姗姗来迟的报告中，印度破例对古吉拉特大屠杀对妇女造成的影响作了说明。[175] 令委员会感到遗憾的是，这份报告不仅迟交而且措辞模糊，并未充分讨论这一问题，委员会担心该国政府对这一局势作出的实质回应在许多方面没有经过尽职调查。[176]

根据联合国安全理事会的决议，委员会认为妇女参与和平进程对寻求结束武装冲突中针对妇女的暴力也非常重要。[177] 因此，委员会鼓励缔约国“让有关的妇女充分参与和平进程的每一个阶段”。[178] 然而，委员会对安理会决议的赞同没有产生什么影响，妇女仍然基本上被排除在和平进程之外。

463 五　针对妇女的暴力：本条语境中的平等

（一）形式、实质和变革性平等

如果不能认识到对妇女基于性别的暴力构成性和性别歧视的话，那法律

[172] A/49/38，1994年第13届会议，对危地马拉的结论性意见，第47段。

[173] 例如，A/57/38，2002年第26届会议，对俄罗斯联邦的结论性意见，第391段（车臣武装冲突期间的强奸和性暴力）；CEDAW/C/USR/CO/7（2010），对俄罗斯联邦的结论性意见，第24段（车臣和北高加索地区暴力发生率不断增加）。

[174] CEDAW/C/IND/CO/3（2007），对印度的结论性意见，第67~68段；CEDAW/C/IND/CO/SP.1（2010），对印度的结论性意见，第2段。

[175] CEDAW/C/IND/SP.1（2009）.

[176] CEDAW/C/IND/CO/SP.1（2010），对印度的结论性意见，第2~4段。

[177] 例如，CEDAW/C/MMR/CO/3（2008），对缅甸的结论性意见，第25段。

[178] 例如，CEDAW/C/ISR/CO/3（2005），对以色列的结论性意见，第22段；CEDAW/C/CYP/CO/5（2006），对塞浦路斯的结论性意见，第270段；关于加沙局势的声明（前注166）。

和政策对形式平等的要求将无法实现实质平等。实质平等要求承认性别中立（形式平等的）措施无法解决针对性别的伤害，并要求对此作出适当的回应。[179] 因此，第 19 号一般性建议中关于“基于性别的暴力是一种歧视形式”的判断是从形式平等向实质平等迈进的关键一步。与此同时，消除对妇女的歧视是预防暴力侵害妇女的关键要素，因为暴力侵害妇女是“塑造社会、经济、文化和政治结构的性别歧视的结果，而非独立于这些结构而存在”。[180] 因此，打击基于性别的暴力侵害妇女的措施必须建立在促进并能实际实现平等的框架下，这需要消除性歧视和性别歧视，并按照第 5 条的要求改变父权制结构、态度以及性别刻板印象。第 19 号一般性建议、委员会的结论性意见以及所作的来文决定都指向变革性的平等，以及提高妇女地位、赋予妇女权利。

委员会认为重男轻女的态度[181]、文化刻板印象（如那些“男子气概的形象”）[182] 以及结构性和系统性的偏见（而非私人的[183]或偶发的），[184] 贬低了女性，并为铲除对妇女的暴力制造了根深蒂固的障碍。[185] 这些问题还可能伤害打击暴力侵害妇女的措施（包括法律改革）的效果。在 A. T. 诉匈牙利案中，委员会强调它已经“在许多场合反复声明，妇女从属于男性的传统态度助长了对妇女的暴力”。[186] 虽然关注孤立的案件可能会掩盖暴力的结构性特征，但委员会在 A. T. 诉匈牙利案中指出“两性关系与整个国家对妇女的态度有关”。与之类似，“如果仅仅将（华雷斯城）发生的谋杀和失踪作为孤立的案件来关注，将不可能回答和解决这背后

---

[179] 例如缔约国对荷兰和芬兰制定的性别中立法律的反应（前注 62）。

[180] 特别报告员“15 年”（前注 13），第 34 页（援引了《公约》第 1 条和第 19 号一般性建议）；另见《消除对妇女的暴力行为宣言》序言。

[181] 例如，CEDAW/C/BEN/CO/1 - 3（2005），对贝宁的结论性意见，第 21 段；CEDAW/C/PAK/CO/3（2007），对巴基斯坦的结论性意见，第 28 段。

[182] CEDAW/C/JAM/CO/5（2006），对牙买加的结论性意见，第 385 段。

[183] A/53/38，1998 年第 18 届会议，对保加利亚的结论性意见，第 255 段；CEDAW/C/USR/CO/7（2010），对俄罗斯联邦的结论性意见，第 25 段。

[184] 对墨西哥的调查（前注 55），第 159 段。

[185] 第 19 号一般性建议，第 11 段；另见《消除对妇女的暴力行为宣言》，序言。

[186] A. T. 诉匈牙利（前注 50），第 9.4 段。

的社会文化问题”。[187] 缔约国若不能根除助长暴力侵害妇女的刻板印象，将意味着对第5条（a）项的违反。

464 性别暴力的结构性特质要求必须通过改变态度和行为方式来实现社会转型。委员会认为，华雷斯城对数百名妇女被谋杀和失踪的回应没有探索这种转型的可能性。官员们本应该关注“提升社会责任、改变男女的社会和文化行为模式、维护妇女的尊严”，然而实际上他们更倾向于使“潜在的受害人为她们的自我保护负责，从而保持了传统的文化刻板印象”。[188] 将责任施加在受害人身上，转嫁了国家和第三方的责任，否定了妇女获得安全的权利。委员会已说明缔约国如何以不同的方式作出回应，以履行它们的义务、实现所需要的转型。恰当的做法包括“关于性别平等的专门政策……并将性别视角融入所有的公共政策”，[189] 教育，公共信息方案与宣传活动，[190] 利用媒体、流行音乐、剧院，与民间社会特别是妇女组织合作。总而言之，所寻求的是“一种全球的综合回应，一种旨在转变现有社会文化模式的策略，特别是要根除认为性别暴力不可避免的观念”。[191] 这一方法强调了对妇女的赋权，得到了关于暴力侵害妇女问题的特别报告员的支持：

> 赋权过程——通过教育、技能培训、法律素养、获得生产资料以及其他途径的干预——目的在于提高妇女的自知、自尊、自信和自立能力。这能够让妇女认识到贬低和暴力不是宿命；要抵制内在的压迫；要发展她们作为自治主体的能力；要不断在公共和私人领域协商她们的生存条件。[192]

---

[187] 对墨西哥的调查（前注55），第34段。M. R. Tavares da Silva and Y. Fener-Gomez, “The Juarez Murders and the Inquiry Procedure”, in Schöpp-Schilling and Flinterman(eds.)（前注20）第298、304页，描述了“暴力的社会，充满社会和家族的矛盾，充斥着厌恶妇女和歧视的文化，妇女在其中很容易受到贬低和抛弃”。

[188] 对墨西哥的调查（前注55），第57段。

[189] 同上注，第34段。

[190] 第19号一般性建议，第24（f）、（t）（ii）段；A/53/38，1998年第18届会议，对保加利亚的结论性意见，第255段。

[191] 对墨西哥的调查（前注55），第159、287段。

[192] 特别报告员“15年”（前注13），第35页。

（二）交叉歧视

尽管所有的妇女都可能是基于性别的暴力的潜在目标，但有些妇女可能
面临更大的风险。委员会制定了一个相当庞大的妇女名录，这些妇女容易受
到交叉歧视，更易遭受暴力，一旦发生暴力将加剧不利后果。容易遭受暴力
可能源于特定妇女在某个缔约国或更一般意义上的地位，而有罪不罚现象进
一步加剧了这种脆弱性。以下因素也会加剧这种脆弱性：法律上的边缘化
（例如，将卖淫定为犯罪、无证移民[193]、监禁[194]、拘留或正在接受调查[195]、寻
求庇护）；[196] 社会隔离（例如，农村妇女和女童[197]、难民[198]、国内移民和流离
失所者、低种姓妇女[199]、卖淫妇女）；[200] 被认定为属于某个特定群体如宗教、 465
民族[201]、种族、性别或其他少数人或一个土著社区；[202] 年龄（年轻[203]或年
老）；[204] 残疾；[205] 较低的社会地位（丧偶妇女）[206]。社会将妇女构建为卑微、

---

[193] 第26号一般性建议。

[194] 例如，CEDAW/C/UK/CO/6（2008），对英国的结论性意见，第267段；A/52/38，1997年第17届会议，对孟加拉国的结论性意见，第443、452段。

[195] A/57/38，2002年第26届会议，对俄罗斯联邦的结论性意见，第392段。

[196] A/55/38，2000年第23届会议，对奥地利的结论性意见，第221段。

[197] 第19号一般性建议，第24（o）、（q）段；A/56/38，2001年第25届会议，对尼加拉瓜的结论性意见，第298段。

[198] 例如，CEDAW/C/NPL/CO/3（2004），对尼泊尔的结论性意见，第218～219段。

[199] 例如，CEDAW/C/IND/CO/3（2007），对印度的结论性意见，第28段（达利特）。

[200] 例如，第19号一般性建议第15段（关于第6条）；CEDAW/C/KGZ/CO/3（2008），对吉尔吉斯斯坦的结论性意见，第43段。

[201] 例如，A/57/38，2002年第26届会议，对斯里兰卡的结论性意见，第286段（泰米尔妇女）；CEDAW/C/MMR/CO/3（2008），对缅甸的结论性意见，第24段（农村少数民族妇女）。

[202] 例如，A/58/38，2003年第29届会议，对巴西的结论性意见，第114段；CEDAW/C/AUS/CO/7（2010），对澳大利亚的结论性意见，第40～41段。

[203] 例如，A/58/38，2003年第28届会议，对加拿大的结论性意见，第369段；例如A/58/38，2003年第29届会议，对巴西的结论性意见，第112段。女童尤其容易遭受某些形式的暴力（早婚、女性割礼、对儿童的性剥削以及卖淫），第19号一般性建议，第15段。

[204] 例如，A/55/38，2000年第23届会议，对奥地利的结论性意见，第230段。

[205] 例如，同上注，第221段。

[206] 例如，CEDAW/C/NPL/CO/3（2004），对尼泊尔的结论性意见，第206段。

贫困、缺乏力量，这些都加剧了脆弱性，包括导致她们易受与之接触的国家官员的骚扰。其他个别的因素还有语言，妇女缺乏对她们的权利和资格的了解，缺乏流动性。[207] 这些要素往往交织在一起，委员会可能会一并处理各种不利处境，并不区分它们之间的差别。例如，委员会曾对爱尔兰“来自被边缘化和脆弱群体的妇女所遭受的暴力”表示担忧，这些妇女“包括旅行者、移徙妇女、寻求庇护者、难民妇女以及残疾妇女”。[208]

委员会认为，易于遭受暴力与经济、社会、文化权利的保障不充分有联系，敦促缔约国实施这些权利，包括对土著妇女实行暂行特别措施。[209] 它还敦促曾经发生暴力的不同民族群体之间进行和解，呼吁“采取适当措施确保受影响的社区能够长期融入之前的社区”。[210]

六 缔约国的义务

（一）缔约国义务的性质

1. 适当、有效的措施

委员会阐明了关于消除对妇女的暴力的缔约国义务的性质。第19号一般性建议第24（a）段要求缔约国采取“适当而有效的措施，扫除一切形式基于性别的暴力，不论是出于公共还是私人行为”。[211] 虽然此处并未表明缔约国应当采取行动的时间表，但是根据《消除对妇女歧视宣言》第4条（“应当……毫不迟延地制定消除对妇女歧视的政策”），委员会促请缔约

[207] 例如，第26号一般性建议，第21段（移徙女工可能被限定在她们的工作或生活地点，禁止使用电话或者禁止加入任何团体或文化组织）。

[208] CEDAW/C/IRL/CO/4－5（2005），对爱尔兰的结论性意见，第28～29段。

[209] CEDAW/C/AUS/CO/7（2010），对澳大利亚的结论性意见，第41段。

[210] CEDAW/C/IND/CO/SP.1（2010），对印度的结论性意见，第37（c）段。

[211] 另见《消除对妇女的暴力行为宣言》第1条；《帕拉贝伦公约》第1条；《非洲妇女权利议定书》第1条（j）项。

国立即采取行动,[212] 毫不迟延[213]、立即,[214] 或高度优先[215]制定和执行打击针对妇女的暴力的措施。在 A. T. 诉匈牙利案中，委员会建议匈牙利“立即采取有效措施保证 A. T. 及其家人的身心健全”。这发生在委员会之前根据《任择议定书》第 5 条第 1 款作出的采取临时保护措施的建议之后。委员会曾向匈牙利发出一份普通照会，要求它采取“即刻、适当和具体的预防性临时保护措施……以避免发生无法弥补的伤害”。[216] 委员会随后从该申诉的具体立场转向缔约国关于暴力侵害妇女和女童的一般性义务，要求匈牙利“毫不迟延、立即”执行它在三年前发布的对匈牙利第四、五次定期报告的结论性意见。 466

2. 恪尽职守义务

为打击基于性别的暴力，第 19 号一般性建议第 24 段要求缔约国行使恪尽职守义务。[217] 委员会阐明，“根据一般国际法和特定的人权公约，如果国家未能恪尽职守地预防侵犯权利的事件或去调查和惩治暴力行为，那么它将为私人行为承担责任，并提供赔偿”。[218] 在极有危险出现暴力的情况下，如果国家当局“知道或应当知道”这种情况，那么就产生了它对私人行为者行为的恪尽职守义务。[219] 这种方法被后续的文件遵循,[220] 贯穿于暴力侵害妇

---

[212] 例如，A/58/38，2003 年第 29 届会议，对斯洛文尼亚的结论性意见，第 207 段。

[213] 例如，CEDAW/C/COK/CO/1（2007），对库克群岛的结论性意见，第 25 段；CEDAW/C/MEX/CO/6（2006）对墨西哥的结论性意见，第 596 段。

[214] 例如，A/58/38，2003 年第 29 届会议，对摩洛哥的结论性意见，第 169 段。

[215] 例如，A/58/38，2003 年第 29 届会议，对斯洛文尼亚的结论性意见，第 207 段；CEDAW/C/BEN/CO/1 - 3（2005），对贝宁的结论性意见，第 23 段；CEDAW/C/PRK/CO/1（2005），对朝鲜民主主义人民共和国的结论性意见，第 38 段；CEDAW/C/MKD/CO/3（2006），对前南斯拉夫马其顿共和国的结论性意见，第 24 段。

[216] A. T. 诉匈牙利（前注 50），第 4.2 段。

[217] C. Benninger-Budel (ed.), *Due Diligence and Its Application to Protect Women from Violence* (2008).

[218] 下述案件重申了这一原则：A. T. 诉匈牙利（前注 50），第 9.2 段；Şahide Goekce 诉奥地利（前注 51），第 12.1.1 段；Fatma Yildirim 诉奥地利（前注 51），第 12.1.1 段。

[219] Şahide Goekce 诉奥地利（前注 51），第 12.1.4 段；Fatma Yildirim 诉奥地利（前注 51），第 12.1.4 段。

[220] 《消除对妇女的暴力行为宣言》第 4 条（c）项；《帕拉贝伦公约》第 7 条（b）项。

女问题特别报告员的整个工作[221]（报告员强调了委员会在这方面的重要贡献），[222] 也得到了秘书长研究报告的支持。[223]

3. 恪尽职守的标准

恪尽职守的标准非常高。委员会评论道，奥地利有一个“解决家庭暴力的综合性模板，包括立法、刑事和民事法律救济、提高认识、教育和培训、庇护所、为暴力受害人提供咨询、与肇事者一起工作”。[224] 在 Fatma Yildirim 和Şahide Goekce 案中，当局已经“在法律允许的最大限度内”起诉了肇事者，尽管如此，当局仍未履行恪尽职守义务，因此违反了《公约》。仅仅制定一个解决问题的制度并不够，理解并遵守恪尽职守义务的
467 国家行为者必须将这一制度付诸实践。[225]在确定当局是否“知道或应当知道”存在暴力的危险时，要具体问题具体分析，Fatma Yildirim 的事实具体说明了这一点。尽管临时禁令禁止 Fatma Yildirim 的丈夫返回二人的公寓、进入周边环境以及她的工作场所，但他仍不断与她联系并威胁要杀掉她。警察会定期介入。另一个导致危险增加的因素是，如果终止婚姻，他将失去在奥地利的居留许可。[226] 当局未拘留他导致违反了保护 Fatma Yildirim 的恪尽职守义务；当事实显示当局已经知道或应当知道存在极端危险的情况时仍然未采取果断措施。

在华雷斯城案中，当局没有认真调查每一起谋杀和失踪案件，十多年间有罪不罚已司空见惯。这说明当局违反了恪尽职守义务。[227] 具体问题包括通过酷刑获得虚假供词、未经逮捕或惩治肇事者就结案、法医检查不规范、无

---

[221] E/CN. 4/2006/6，《暴力侵害妇女问题特别报告员“恪尽职守的标准”》(2006)。

[222] E/CN. 4/1995/42，“初步报告（1994）”；特别报告员“15 年”（前注 13），第 9 页。

[223] 秘书长的报告（前注 1），第 254 ~ 260 段。

[224] Şahide Goekce 诉奥地利（前注 51），第 12. 1. 1 段；Fatma Yildirim 诉奥地利（前注 51），第 12. 1. 1 段。

[225] 同上注。

[226] Fatma Yildirim 诉奥地利（前注 51），第 12. 1. 4 段。

[227] 对墨西哥的调查（前注 55），第 273 ~ 276 段；另见 Gonzalez 与其他人（“棉花地”）诉墨西哥（前注 43），特别是第 283 ~ 284、293、300、388 段。

法确定受害人以及记录和档案不完整。[228]

委员会指出恪尽职守要求零容忍，例如促请国家“发起对暴力侵害妇女的零容忍运动”[229]，目的在于提高对该问题的认识，使其在“社会上和道德上不可接受”。[230]

（二）缔约国义务的执行

履行恪尽职守义务要求缔约国制定、执行并监测[231]关于暴力侵害妇女的立法和政策，将其适用于国家机构以及非国家行为者，适用于所有相关的领域，包括就业、保健、社会服务、教育、商业和贸易。

为阐明缔约国根据《公约》承担的义务，委员会采用了“尊重、保护、促进和实现”这样的分类方法。[232] 然而，虽然委员会举了很多例子来说明它认定的“立即采取有效措施”履行缔约国的义务，但它并没有按照上述分类方法对这些措施进行分类。以下部分提供了委员会建议采取的立法、社会、康复和教育措施，有些措施可能不仅属于一个义务层次。法律工作者必须同其他学科的专家一道工作，如社会学、社会政策、社会工作、公共卫生、经济等；法律倡议也必须结合社会、经济和政治改革一同进行。委员会 468
虽然没有直接采用经济、社会及文化权利委员会所采用的术语，即打击暴力侵害妇女的做法应当是可提供的、可获取的、可负担的和可调适的，[233] 但在委员会的结论性意见和建议中随处可见这些用语。

---

[228] 委员会认定对古吉拉特暴力侵害妇女的调查“从一开始就有缺陷”，见 CEDAW/C/IND/CO/SP. 1（2010），对印度的结论性意见，第 13～14 段。

[229] 例如，A/55/38，2000 年第 23 届会议，对伊拉克的结论性意见，第 190 段；A/58/38，2003 年第 28 届会议，对刚果共和国的结论性意见，第 166 段；A/55/38，2000 年第 23 届会议，对喀麦隆的结论性意见，第 50 段；A/55/38（Supp.），2000 年第 23 届会议，对罗马尼亚的结论性意见，第 307 段；CEDAW/C/BEN/CO/1－3（2005），对贝宁的结论性意见，第 24 段。

[230] A/55/38，2000 年第 23 届会议，对罗马尼亚的结论性意见，第 307 段。

[231] 例如，A/56/38（Supp.），2001 年第 25 届会议，对尼加拉瓜的结论性意见，第 309 段；A/58/38，2003 年第 29 届会议，对巴西的结论性意见，第 113 段。

[232] A. T. 诉匈牙利（前注 50），建议Ⅱ（a）。

[233] 例如，E/C. 12/1999/5，经济、社会及文化权利委员会第 12 号一般性意见。

1. 尊重义务

缔约国既对国内也对国际社会负有尊重妇女的义务。[234] 它要求缔约国，“自我克制，不采取可能直接或间接导致否定男女平等享有人权的歧视性做法”。[235] 对妇女免遭暴力的尊重义务包括确保刑事、民事、行政和劳动法不具有歧视性，并且确保它们为打击暴力侵害妇女提供了有效的法律框架。

欠缺一部适当的打击各种形式的暴力侵害妇女的法律框架或法律框架不充分，是委员会经常关切的问题，它因此也总是建议制定或加强法律。[236] 它促请缔约国制定“一部专门的反对针对妇女的家庭暴力的法律，为受害人提供有效的保护，包括限制令和能够获得法律援助”。[237] 对暴力侵害妇女和儿童的行为，缔约国必须将之定为犯罪。[238] 委员会一直呼吁缔约国制定刑法规定，废除其中对强奸和性暴力的不当界定，或是贬低妇女作证价值的规定。[239] 它还呼吁改革法律或司法实践，修改其中允许为荣誉辩护，[240] 或允许肇事者逃避惩罚的做法，例如允许受害人（或受害人的继承人）来决定是否实施报复或要求支付赔偿，或者原谅被告人。[241] 如果妇女在“荣誉犯罪”中被杀害，肇事者应当像犯有其他杀人罪一样受到指控。[242]

如果缔约国已经制定了适当的法律，那么委员会可能建议加强其执行和

---

[234] 例如，对墨西哥的调查（前注55），第272段。

[235] E/C.12/2005/4，经济、社会及文化权利委员会第16号一般性意见，第18段。

[236] 例如，CEDAW/C/HUN/CO/6（2007），对匈牙利的结论性意见，在A.T.诉匈牙利案（前注50）中予以重申，第9.3段；A/53/38，1998年第18届会议，对墨西哥的结论性意见，第411段；A/53/38，1998年第18届会议，对保加利亚的结论性意见，第255段；CEDAW/C/BEN/CO/1-3（2005），对贝宁的结论性意见，第23段。

[237] 例如，CEDAW/C/HUN/CO/6（2007），对匈牙利的结论性意见，第18段。

[238] 例如，CEDAW/C/TJK/CO/3（2007），对塔吉克斯坦的结论性意见，第22段。

[239] 例如，CEDAW/C/PAK/CO/3（2007），对巴基斯坦的结论性意见，第16段。

[240] 第19号一般性建议，第24（r）（ii）段；CEDAW/C/LBN/CO/2（2005），对黎巴嫩的结论性意见，第28段；在CEDAW/C/LBN/CO/3（2008），对黎巴嫩的结论性意见，第27段予以重申；A/58/38，2003年第29届会议，对巴西的结论性意见，第106段。

[241] 例如，CEDAW/C/PAK/CO/3（2007），对巴基斯坦的结论性意见，第22~23段。

[242] 例如，A/55/38，2000年第23届会议，对伊拉克的结论性意见，第194段。

监督。[243] 国家战略的适当运行需要有充足的财政拨款[244]、正常运行的法律程
序，并提供社会和医疗服务，特别是危机服务和避难所。[245] 虽然不应当让妇
女自己为确保免遭暴力负责，[246]但应当尊重妇女的自助努力，这对于确定缔 469
约国是否行使了恪尽职守义务具有实质意义。[247] 在这方面，国家应对妇女提
供协助。[248]

委员会设法让缔约国遵守它们的积极义务，以确保所有国家官员和公共当局都能履行其义务。委员会反复指出，官员，“特别是执法者，司法人员、保健服务提供者和社会工作者”必须“充分了解可以适用的法律规定，对一切形式的暴力侵害妇女保持敏感，并作出适当的回应”。[249] 官员们不仅自己不得实施基于性别的暴力行为，而且必须对指控的暴力作出有效和迅速的回应。国家官员不恰当的行为和态度，或是（例如在强奸审判中）持有偏见和带有性别刻板印象[250]都将弱化妇女对自身作为权利享有者的理解，纵容暴力，潜在地阻碍了妇女举报暴力行为[251]、撤销指控，或退出法律程序。[252] 这种有罪不罚的风气将导致妇女再次受到伤害。[253]

2. 保护义务

保护的义务——或确保尊重[254]——是施加于缔约国的积极义务，要求其

---

[243] Şahide Goekce 诉奥地利（前注 51），第 12.3（a）段；Fatma Yildirim 诉奥地利（前注 51），第 12.3（a）段；A/56/38，2001 年第 25 届会议，对尼加拉瓜的结论性意见，第 309 段。

[244] 例如，CEDAW/C/BEL/CO/6（2008），对比利时的结论性意见，第 32 段。

[245] A/58/38，2003 年第 28 届会议，对加拿大的结论性意见，第 369 段。

[246] 对墨西哥的调查（前注 55），第 57 段。

[247] 委员会注意到 Fatma Yildirim 为挽救自己的生命作出的“积极而坚定的努力”：与其女儿搬出公寓，与警察建立持续的联系，寻求禁令，并允许对她丈夫进行起诉。Fatma Yildirim 诉奥地利（前注 51），第 12.1.3 段。

[248] 第 14 号一般性建议在序言部分认识到“妇女自己和有关团体正在采取重要行动（与对妇女健康和福利有害的做法斗争），这些行动需要政府的支持和鼓励”。

[249] 例如，CEDAW/C/HUN/CO/6（2007），对匈牙利的结论性意见，第 19 段。

[250] CEDAW/C/46/D/18/2008，消除对妇女歧视委员会第 18/2008 号来文，Vertido 诉菲律宾，第 8.4、8.5、8.6 段。

[251] 例如，CEDAW/C/JOR/CO/4（2007），对约旦的结论性意见，第 22 段。

[252] Merry（前注 48），第 347 页。

[253] 《消除对妇女的暴力行为宣言》第 4 条（f）项。

[254] 委员会建议墨西哥当局“紧急执行或加强有效的措施，保护正在查清事实的个人或机构，并确保尊重华雷斯城和奇瓦瓦州的人权”，对墨西哥的调查（前注 55），第 282 段。

恪尽职守，保护妇女免遭非国家行为人实施的暴力，如个别家庭成员、社区成员或非正规军。保护的义务包括扭转有罪不罚、保持沉默的社会风气，这种风气让暴力在社会上合理化，妇女遭受了极端暴力而肇事者却不负担刑事责任。[255] 这种有罪不罚让暴力不断升级。打击有罪不罚现象要求对举报的暴力侵害妇女问题进行及时、彻底、不偏不倚的严肃调查。委员会对墨西哥的调查反映出当局的调查并不充分。委员会认定，“没有一起与性暴力相关的谋杀事件得到过深入调查，犯罪现场未被保留，证据被破坏了，无视指控、捏造被告人，证据丢失，档案中明显缺页，有些档案仅有很少的几页纸，这表明多年来未开展任何调查”。[256] 负责调查暴力指控的公共当局的低效率、合谋串通以及玩忽职守应当受到调查和充分制裁。[257]

470 调查之后，缔约国必须确保被指控的肇事者及时地受到警示性起诉。这么做具有象征效应，传递“给肇事者和公众的信号是社会谴责家庭暴力的肇事者对受害人造成的危险恐吓”。[258] 在没有受害人申诉的情况下，也可以进行起诉。[259] 肇事者一旦被证明有罪，必须受到适当的惩处。[260] 同时，也可以考虑针对犯罪分子的康复[261]和治疗[262]方案。委员会对非正规的争端解决方式，[263] 特别是在家庭暴力情况下有利于和解的调解程序表示关切，建议国家严密审查这些程序。[264]

刑法必须与其他高质量和有效的保护措施一起使用，例如 24 小时热

---

[255] 例如，CEDAW/C/MOZ/CO/2（2007），对莫桑比克的结论性意见，第 24 段。

[256] 对墨西哥的调查（前注 55），第 88 段。

[257] 同上注，第 274 段；CEDAW/C/IND/CO/SP. 1（2010），对印度的结论性意见，第 15 段。

[258] Şahide Goekce 诉奥地利（前注 51），第 12. 3（b）段；Fatma Yildirim 诉奥地利（前注 51）第 12. 3（b）段。

[259] 例如，A/53/38，1998 年第 18 届会议，对保加利亚的结论性意见，第 255 段。

[260] 第 19 号一般性建议，第 24（g）、（t）（i）段。

[261] A. T. 诉匈牙利（前注 50），第 9. 6 Ⅱ（h）段（建议向肇事者提供康复方案，以及非暴力的冲突解决方法）。

[262] A/55/38，2000 年第 23 届会议，对奥地利的结论性意见，第 230 段。

[263] CEDAW/C/PAK/CO/3（2007），对巴基斯坦的结论性意见，第 24 ~ 25 段。

[264] 例如，A/56/38，2001 年第 25 届会议，对越南的结论性意见，第 259 段；CEDAW/C/PRK/CO/1（2005），对朝鲜民主主义人民共和国的结论性意见，第 39 ~ 40 段；CEDAW/C/FIN/CO/6（2008），对芬兰的结论性意见，第 173 段。

线、限制令或其他民事禁令[265]、早期预警以及在涉及妇女和女童失踪情况下的紧急搜寻机制。[266] 所有的暴力受害人在正常工作时间之外也应当能够获得保护令。[267]

妇女必须能够获得司法服务。为此，缔约国应当确保消除“遭受暴力的女性受害人获得防范施暴者的保护措施时可能遇到的障碍，并应确保她们很容易获得这些措施”。[268] 国家还应确保目击者、受害人及受害人的家人可以获得保护措施。[269] 委员会建议匈牙利向“家暴受害人提供安全、迅捷的司法救助，包括必要时提供免费的法律援助，以确保妇女能够获得有效、充分的救济和康复”。[270] 妇女可能会发现她们与法律制度之间的互动并不友好，尤其当她们的权利主张遭到来自肇事者及其家人的敌意时更是如此。[271] 委员会推荐或肯定了一些实用的措施，包括建立专门机构，如对受害人友好的机构[272]或家暴法庭[273]，在执法机构中设立家暴或性犯罪部门，[274] 增加司法和执法岗位上的妇女数量。[275]

暴力受害人不仅仅需要法律援助和获得司法救济，医疗、心理和其他社
会、经济支持服务也非常必要。[276]委员会要求提供以下支持服务的信息，例 471
如避难所[277]（包括为受抚养儿童提供安全的住宿[278]）、强奸危机中心、咨询及

[265] A. T. 诉匈牙利（前注 50），第 9.4 段。

[266] 对墨西哥的调查（前注 55），第 276 段。

[267] 例如，CEDAW/C/COK/CO/1（2007），对库克群岛的结论性意见，第 24 段。

[268] CEDAW/C/VEN/CO/6（2006），对委内瑞拉的结论性意见，第 26 段。

[269] CEDAW/C/COD/CO/5（2006），对刚果民主共和国的结论性意见，第 338 ~ 339 段。

[270] A. T. 诉匈牙利（前注 50），第 9.6 Ⅱ（g）段。关于法律援助，参见如 CEDAW/C/NLD/CO/49（2007），对荷兰的结论性意见，在 CEDAW/C/NLD/CO/5（2010），对荷兰的结论性意见第 26 段予以重申。

[271] Merry（前注 48），第 343 页。

[272] 例如，A/53/38，1998 年第 18 届会议，对津巴布韦的结论性意见，第 137 段。

[273] 例如，A/58/38，2003 年第 28 届会议，对加拿大的结论性意见，第 345 段；CEDAW/C/PHI/CO/6（2006），对菲律宾的结论性意见，第 523 段。

[274] 例如，CEDAW/C/ECU/CO/7（2008），对厄瓜多尔的结论性意见，第 20 段。

[275] 例如，CEDAW/C/BLZ/CO/3（2007），对伯利兹的结论性意见，第 20 段。

[276] 例如，A/53/38，1998 年第 18 届会议，对保加利亚的结论性意见，第 255 段。

[277] 第 19 号一般性建议，第 24（t）（iii）段。

[278] A. T. 诉匈牙利（前注 50），建议 I（b）。

其他保护性服务。[279] 如果这些服务不适当、不充分，委员会将敦促缔约国采取措施予以改善。

保护的义务包括提供充分、有效的救济并为暴力受害人提供赔偿。[280] 在A. T. 诉匈牙利案中，委员会建议支付“与所遭受的身心损害以及暴力的严重程度相匹配的”赔偿，[281] 但并未标明数目，[282] 甚至没有说明赔偿是否必须为金钱赔偿。[283] 在回应古吉拉特大屠杀时，委员会建议采取“有效的和具有性别针对性的措施，使遭受暴力的妇女得到康复和补偿”。[284] 还应当向暴力受害人的亲属提供救济。例如，委员会建议墨西哥：

> 对已经将被谋杀或被绑架的妇女的孩子照顾、监护起来的祖母们，考虑为她们简化收养程序的必要性，使这些孩子可以获得他们应得的福利，并能得到他们有权通过其母亲获得的社会保障利益和社会救助。[285]

保护妇女免遭基于性别的暴力的义务要求解决文化刻板印象、偏见以及妇女的从属地位，以挑战暴力侵害妇女不受处罚的文化。在A. T. 诉匈牙利案中，委员会认为匈牙利法律中缺乏适当庇护场所和民事保护令的规定，与视妇女为从属于男性的传统态度有关。新闻媒介是改变态度的一个途径。“国家应当通过教育和公众宣传方案帮助消除阻碍妇女实现平等的偏见。”[286] 在这方面，第19号一般性建议重申了第3号一般性建议的内容，敦促国家制定教育和公众宣传方案，以帮助消除偏见和阻碍妇女享有社会平等权的现

---

[279] 第19号一般性建议，第24（k）、（r）（iii）段。

[280] 同上注，第24（i）段。《消除对妇女的暴力行为宣言》，第4条（d）项。

[281] A. T. 诉匈牙利（前注50），建议 I（b）。在Şahide Goekce诉奥地利（前注51）和Fatma Yildirim诉奥地利（前注51）案中，委员会没有提出此类建议。

[282] 委员会注意到已向古吉拉特大屠杀中死者家属、寡妇和受伤的妇女支付了“尽管不足”的补偿；CEDAW/C/IND/CO/SP. 1（2010），对印度的结论性意见，第11段。

[283] R. Rubio-Marin（ed.），*The Gender of Reparations*（2009）；A/HRC/14/22，暴力侵害妇女问题特别报告员《向遭受暴力的妇女支付赔偿》（2010），第12～86段。

[284] 例如，CEDAW/C/IND/CO/SP. 1（2010），对印度的结论性意见，第35（a）段。

[285] 对墨西哥的调查（前注55），第292段。

[286] 第19号一般性建议，第24（d）段；A/53/38，1998年第18届会议，对保加利亚的结论性意见，第255段。

有做法。委员会建议与民间社会和媒体联手，通过增强意识运动促进公职人员的能力建设。[287]

3. 促进和实现义务

促进的义务要求缔约国具有前瞻性，制定短期、中期和长期政策，打击
各种形式和表现的针对妇女的暴力，旨在最终实现消除暴力的目标。鉴于暴
力的性质、暴力的发生率、发生的社会和经济背景不同，战略和政策也要与
之相适应。因此，所制定的不同策略将涉及一系列机构、非政府组织和其他 472
民间社会机构。委员会指出了通过消除对妇女的暴力来实现社会转型的一些
方法。

委员会经常肯定通过制定国家计划或国家战略来解决暴力侵害妇女问题的做法，[288] 以及建立适当的国家机构，如专责行动小组，特别是能将所有利益相关方（包括政府、执法机构、民间社会等）聚合到一起的机构。[289] 一项国家战略应当是全面的、具体的、长期的、多部门相互协调的，应纳入法律、教育、金融和社会等多个方面。[290] 该战略必须能得到执行、定期监测和评估。[291] 执行国家战略，需要充足的资源，不得出现亏空，包括对非政府组织服务。[292] 委员会建议，在制定和执行国家政策的过程中国家应当与民间社会建立紧密联系，包括对话和分享信息。[293] 委员会询问缔约国国家计划的效果如何，研究和分析其中的不足，[294] 并建议予以加强。[295]

委员会关于履行缔约国义务的长期措施的提议包括：社会、教育、技术措施，特别是不同的政府部门之间以及执法和司法官员之间应相互协调，共同解决基于性别的暴力问题；对所有的公职人员，尤其是法官、律师、执法

---

[287] 对墨西哥的调查（前注 55），第 288 段。

[288] 例如，A/58/38，2003 年第 29 届会议，对摩洛哥的结论性意见，第 169 段。

[289] 例如，CEDAW/C/NZL/CO/6（2007），对新西兰的结论性意见，第 8 段。

[290] 例如，CEDAW/C/BEL/CO/6（2008），对比利时的结论性意见，第 31 段。

[291] A. T. 诉匈牙利（前注 50），建议Ⅱ（c）。

[292] 例如，CEDAW/C/UK/CO/6（2008），对英国的结论性意见，第 280 段。

[293] 例如，对墨西哥的调查（前注 55），第 270 段；CEDAW/C/BHR/CO/2（2008），对巴林的结论性意见，第 25 段。

[294] 例如，CEDAW/C/NZL/CO/6（2007），对新西兰的结论性意见，第 24 段。

[295] 例如，A/56/38，2001 年第 25 届会议，对尼加拉瓜的结论性意见，第 292 段。

官员、议会议员、教师和社会工作者定期进行性别培训，提高其性别敏感度；[296] 对公众进行关于针对妇女和女童的一切形式的暴力的宣传教育，[297] 受众对象包括男人、男孩、女人、女孩；[298] 应当让卫生职业人员知晓并遵守《公约》和第 19 号一般性建议；康复计划；为肇事者提供非暴力解决争端的培训计划；确保法医部门和专家在调查暴力侵害妇女犯罪中的自主性和独立性。

委员会意识到关于基于性别的暴力的信息和数据仍相当有限，它指出许多情况下缺乏分性别统计的数据，[299] 赞赏为此开展适当的研究。[300] 第 19 号一般性建议第 24（c）段鼓励“汇编关于暴力的程度、原因和后果以及防止和
473 处理暴力措施的有效性的统计并进行有关的研究”。委员会一直大力敦促缔约国设计和改善系统收集数据的结构。它号召国家按照性别、年龄、民族、城乡背景、肇事者与受害人之间的关系等分类研究不同类型的暴力的发生率，并进行量化研究，得出结果，以解决暴力侵害妇女问题。[301] 委员会还鼓励缔约国收集关于与此类暴力有关的刑事程序的数据。[302]

---

[296] 这是一个一再重申的建议，例如 A/56/38，2001 年第 25 届会议，对越南的结论性意见，第 259 段；A/58/38，2003 年第 28 届会议，对刚果共和国的结论性意见，第 167 段；A/58/38，2003 年第 29 届会议，对巴西的结论性意见，第 107 段；A/58/38，2003 年第 29 届会议，对斯洛文尼亚的结论性意见，第 207 段；CEDAW/C/IRL/CO/4 - 5（2005），对爱尔兰的结论性意见，第 28 段；CEDAW/C/BLZ/CO/3（2007），对伯利兹的结论性意见，第 20 段；CEDAW/C/AUS/CO/5（2006），对澳大利亚的结论性意见，第 19 段；Verido 诉菲律宾（前注 250），第 8.8（b）（iii）、（iv）段。

[297] 例如，A/56/38，2001 年第 25 届会议，对越南的结论性意见，第 259 段；A/58/38，2003 年第 29 届会议，对斯洛文尼亚的结论性意见，第 207 段；CEDAW/C/IRL/CO/4 - 5（2005），对爱尔兰的结论性意见，第 29 段。

[298] CEDAW/C/PHI/CO/6（2006），对菲律宾的结论性意见，第 526 段。

[299] 例如，A/49/38，1994 年第 13 届会议，对利比亚的结论性意见，第 133 段；A/49/38，1994 年第 13 届会议，对日本的结论性意见，第 577 段；A/52/38，1997 年第 17 届会议，对孟加拉国的结论性意见，第 442 段。

[300] 例如，A/49/38（Supp.），1994 年第 13 届会议，对荷兰的结论性意见，第 310 段。

[301] 例如，A/58/38，2003 年第 29 届会议，对斯洛文尼亚的结论性意见，第 207 段；CEDAW/C/FRA/CO/6（2008），对法国的结论性意见，第 29 段；CEDAW/C/NOR/CO/7（2007），对挪威的结论性意见，第 19 段。

[302] A/55/38，2000 年第 23 届会议，对奥地利的结论性意见，第 239 段。

七　结论

第 19 号一般性建议是委员会处理暴力侵害妇女问题的基础。自 1992 年以来，委员会的工作也得到了联合国其他机构和区域机构的补充。委员会提出的许多问题在其他地方得到了更加全面的分析，其中最突出的可能是关于暴力侵害妇女问题的特别报告员。他们利用自己的职责，对不同形式、不同地点的暴力的成因与后果进行了更加全面的描述，更加细致地分析了该问题的复杂性，包括暴力与文化的关系[303]、武装冲突期间暴力侵害妇女，以及恪尽职守概念的变革潜力，[304] 这些问题在第 19 号一般性建议中都有所涉及。缔约国报告的结构和篇幅限制了委员会深入剖析这一问题。委员会的职能是与缔约国进行建设性对话，鼓励缔约国根据它们在《公约》下承担的义务改变法律和做法。关于暴力侵害妇女问题特别报告员可以利用她进行国别访问的机会审查暴力问题，但国家报告和委员会的结论性意见则必须顾及《公约》的所有条款。不过，在有能力时，比如在对墨西哥的调查中，委员会更加全面地剖析了剥削性劳动、移徙女工、贫困、父权制、社会对女性和性别关系的塑造、官方在制造敌视女性安全与福利的环境时的冷漠与共谋等因素之间的联系。

委员会并不总像关于暴力侵害妇女问题特别报告员以及学术界那样走得那么远。例如，它并没有将导致死亡的极端严重家庭暴力（如Şahide Goekce 和 Fatma Yildirim 案中的情况）定性为酷刑，[305] 而将关注点放在向当局提出可行的建议，敦促其预防并惩治暴力侵害妇女的行为。然而，它也没有因此

---

[303] A/HRC/4/34，暴力侵害妇女问题特别报告员《文化与暴力侵害妇女行为的交叉点》。

[304] 特别报告员的报告（前注 221）。

[305] E/CN. 4/1996/53，正如暴力侵害妇女问题特别报告员在《家庭暴力》（1996）中的建议。R. Copelon, "Intimate Terror: Understanding Domestic Violence as Terror", in Cook (ed.)（前注 46），第 116 页；C. A. Mackinnon, "On Torture: A Feminist Perspective on Human Rights", in K. E. Mahoney and P. Mahoney (eds.), *Human Rights in the 21st Century: A Global Perspective* (1993), p. 21。

就不发表强有力的声明，例如，委员会将妇女免遭暴力的权利放在权利等级
474 的较高地位，强调除采取保护、支持和康复措施外，还应当将一切暴力侵害妇女的行为定为犯罪。

根据联合国性别主流化的政策，其他的条约机构和任务负责人也讨论过妇女人权，包括免遭暴力的权利问题。人权事务委员会[306]和经济、社会及文化权利委员会[307]在各自的公约背景下通过了关于性别平等的一般性意见，也讨论了基于性别的暴力形式，但并未参考第 19 号一般性建议，也没有提到委员会关于该问题的工作。酷刑问题特别报告员研究了如何对酷刑作出性别敏感的解释。[308]

2010 年，妇女地位委员会对《北京宣言》和北京《行动纲领》通过 15 年作了评论。秘书长的报告包括对北京大会上讨论的 12 个重要关切领域的审查。该报告指出，自 1995 年以来，打击针对妇女的暴力已经成为世界许多地方的优先事项，产生了积极的成效，主要有：形成了更有力、更全面的法律、政策、制度框架；对暴力受害人、幸存者的服务的数量和质量有所提升；更多利益相关方参与了预防对妇女的暴力；对数据收集和分析有所改进。[309] 随后，报告也指出了仍然存在的差距和关切。

这些都是委员会向缔约国提出过的问题。只是，这种以基于权利的方法对暴力侵害妇女问题进行阐释的用语——对妇女的暴力，包括武装冲突情况下的暴力，被认定为对妇女人权的侵犯——并未被广泛纳入审查文件（该文件仅是承认“各国继续删除这些法律中的歧视性规定，并纳入新规定以确保妇女人权在整个刑事司法制度中得到保护”）。[310]《公约》、《北京宣言》

---

[306] CCPR/C/21/Rev. 1/Add. 10，人权事务委员会第 28 号一般性意见（2000）。

[307] E/C. 12/2005/4，经济、社会及文化权利委员会第 16 号一般性意见，使用了《公约》第 1 条对歧视的定义；另见 E/C. 12/GC/20，经济、社会及文化权利委员会第 20 号一般性意见（2009）。

[308] A/HRC/7/3，《酷刑和其他残忍、不人道或有辱人格的待遇或处罚问题特别报告员的报告》（2008）。

[309] E/2010/4* – E/CN. 6/2010/2*，秘书长的报告《审查〈北京宣言〉和〈行动纲领〉及大会第 23 届特别会议成果的执行情况及其对塑造两性平等观点以求全面实现千年发展目标的贡献》（审查文件），第 121 段。

[310] 同上注，第 291 段。

和北京《行动纲领》以及结果文件在2010年3月2日妇女地位委员会通过的宣言中都得到了重申，[311]但并未明确提及暴力侵害妇女问题，也未通过关于该主题的总决议。其用语仍是性别平等、赋权以及对千年发展目标的肯定。

也许是因为用以权利为基础的方法来处理基于性别的暴力问题现在已经得到广泛接受，因而无须再次阐明。如果是这样的话，委员会不断向缔约国询问其执行《公约》义务的情况，号召它们制定国家战略、立法并通过实践降低暴力的发生率，为问责制提供法律框架等做法，为取得这一成果作出了重大贡献。是委员会在确保权利语言不被遗忘。

---

[311] E/CN. 6/2010/L. 1.

475 # 第十七条*

1. 为审查执行本公约所取得的进展起见，应设立一个消除对妇女歧视委员会（以下称委员会），由在本公约所适用的领域方面德高望重和有能力的专家组成，其人数在本公约开始生效时为十八人，到第三十五个缔约国批准或加入后为二十三人。这些专家应由缔约各国自其国民中选出，以个人资格任职，选举时须顾及公平地域分配原则及不同文化形式与各主要法系的代表性。

2. 委员会委员应以无记名投票方式自缔约各国提名的名单中选出。每一缔约国得自本国国民中提名一人候选。

3. 第一次选举应自本公约生效之日起六个月后举行。联合国秘书长应于每次举行选举之日至少三个月前函请缔约各国于两个月内提出其所提名之人的姓名。秘书长应将所有如此提名的人员依英文字母次序，编成名单，注明推荐此等人员的缔约国，分送缔约各国。

4. 委员会委员的选举应在秘书长于联合国总部召开的缔约国会议中举行。该会议以三分之二缔约国为法定人数，凡得票最多且占出席及投票缔约国代表绝对多数票者当选为委员会委员。

5. 委员会委员任期四年。但第一次选举产生的委员中，九人的任期应于两年终了时届满，第一次选举后，此九人的姓名应立即由委员会

* 特此感谢 Marie Elske Gispen 为本评注第 17、18、19、20、21 条各章提供的帮助。

主席抽签决定。

6. 在第三十五个国家批准或加入本公约后，委员会将按照本条第2、3、4款增选五名委员，其中两名委员任期为两年，其名单由委员会主席抽签决定。

7. 临时出缺时，其专家不复担任委员会委员的缔约国，应自其国民中指派另一专家，经委员会核可后，填补遗缺。

8. 鉴于委员会责任的重要性，委员会委员应经联合国大会批准后，从联合国资源中按照大会可能决定的规定和条件取得报酬。

9. 联合国秘书长应提供必需的工作人员和设备，以便委员会按本公约规定有效地履行其职务。

一　概述 …… 638 476
二　准备工作 …… 638
三　内部组织及与其他实体的接触 …… 640
（一）辅助机构 …… 640
（二）与联合国系统内其他实体的互动 …… 641
（三）委员会与条约机构改革 …… 642
四　委员会的实践 …… 643
（一）第17条第1款 …… 643
（二）第17条第2款 …… 646
（三）与第17条第3款和第4款有关的实践与发展 …… 646
（四）第17条第5款 …… 647
（五）第17条第6款和第7款 …… 648
（六）第17条第8款 …… 648
（七）第17条第9款 …… 649

一　概述

《公约》第17条规定建立消除对妇女歧视委员会。[①] 第17条与其他建立联合国人权条约机构的规定类似，值得指出的一个区别是设想在《公约》获得35个国家批准后将委员会的人数从18人增加到23人。《公约》所设想的委员会的主要职能是通过报告程序（第18条）以及后来《任择议定书》补充规定的个人来文程序和调查程序，审查缔约国在执行《公约》中取得的进展。第18~22条进一步详细规定了报告程序（第18条）、委员会议事规则的制定（第19条）、委员会会议（第20条）、委员会报告（第21条）以及特别机构的作用（第22条）。这些条款并未规定细节问题，为委员会在多年的工作中发展其工作方法留下了空间。委员会从1987年开始参加人权条约机构主席会议（下称“主席会议”），这个论坛主要讨论各条约机构遇到的共同问题，简化和完善工作方法。这些会议会对委员会的工作产生影响，反之亦然。

《公约》于1981年9月3日生效。第一次缔约国大会于1982年4月16日举行，选举产生了第一批委员会成员。委员会从一开始就由23位委员组成，于1982年10月18~22日召开了首次会议。

477 二　准备工作

妇女地位委员会和大会第三委员会都对《公约》的执行问题进行过激

① 更多信息参见 A. Byrnes, “The Committee on the Elimination of Discrimination against Women”, in P. Alston and F. Megret (eds.), *The United Nations and Human Rights. A Critical Appraisal*, 2nd edn.; H. B. Schöpp-Schilling, “The Nature and Mandate of the Committee”, in H. B. Schöpp-Schilling and C. Flinterman (eds.), *The Circle of Empowerment: Twenty-Five Years of the UN Committee on the Elimination of Discrimination against Women* (2007), pp. 248–261。

烈的讨论，特别是关于是否应委托妇女地位委员会来审查《公约》的状况，还是应当为此建立一个新的机构。

工作组提交妇女地位委员会第25届会议的文本草案包含了多个条款的可替换文本，其中包括处理审议《公约》状况的条款。第一个选项是委托妇女地位委员会“审查《公约》的执行状况问题”，[②] 第二个选项是规定建立一个委员会。[③]

妇女地位委员会的一些成员担心，“创建一个新委员会可能会削弱妇女地位委员会在适用《公约》方面的职能，而且这可能成为最终废除妇女地位委员会的一个借口”，[④] 指出妇女地位委员会可以成功地履行审查缔约国在执行方面的进展的职能，将这一权限授予妇女地位委员会是“最简单、最合逻辑也是有效的程序”。[⑤] 支持建立新的委员会的观点认为，妇女地位委员会的工作负担已经很重，并且认为，应将审查工作交给一个独立的专家机构而不是政府代表组成的机构。[⑥]

在妇女地位委员会第26届会议上，人们对什么是最适合的机构仍然“分歧明显”。[⑦] 其间提出许多新的修改意见，大多提议由妇女地位委员会成立一个工作组，由10名或10～15名成员组成。[⑧] 另一个草案提议由妇女地位委员会选举一个15名成员组成的特别委员会，但要以他们的个人身份任职。[⑨] 后来被采纳的文本（当时的第19条）提到由妇女地位委员会从《公约》缔约国中选举10～15名成员组成专职小组，但成员须以其个人身份任职。[⑩]

讨论一直持续到大会第三委员会的最后起草阶段。有三个提案摆在第三委员会面前，包括妇女地位委员会提交的版本、规定从缔约国和经济及社会

---

② E/CN.6/574（1974），第17页。

③ 同上注，第18页，根据埃及、尼日利亚和扎伊尔的提议。

④ E/CN.6/589（1974），第81页。

⑤ E/CN.6/591（1976），第183页。

⑥ 同上注，第182页。

⑦ E/CN.6/608（1976），第178段。

⑧ 同上注，第185、189～190段分别记录了印度、伊朗和埃及的修正提议。

⑨ 同上注，第191段，丹麦的修正提议。

⑩ 同上注，第185～205段。

理事会中选举23名成员组成专职小组的提议以及规定建立一个新委员会的提议。[11] 最后一项提议得到采纳，并修改为由联合国而非缔约国来负责委员会的开支。[12]

在第三委员会工作组讨论期间，一些国家倾向于建立一个由23名成员组成的机构，“尽管这将增加成本，但这个数目更符合联合国会员国数不断增加的趋势，并且根据公平的地域分配要求也会让小国有更充分的代表
478 性”。[13]倾向于成立一个18人委员会的提议指出，消除种族歧视委员会的工作非常出色，而且23人机构与《公约》只需20个缔约国即可生效的要求相冲突。有提议建议在后来的某个阶段扩大成员数量，按照这一建议，该提议被修改为在第40个国家批准《公约》时将委员会成员的数量扩大到23名。后来的一个修正案又将“40”修改为“35”。[14]

最终的文本规定，委员会成员必须由德高望重的专家组成。有提议建议纳入这样的要求，即被提名的个人应当持续参与提高男女平等权活动，并且女性成员的数量不得少于一半。但这两项建议均未获采纳。[15] 最终，《公约》没有纳入对成员资质的具体要求，只作了一般性的“能力”要求，《公约》也没有规定成员的不适格性。

三　内部组织及与其他实体的接触

（一）辅助机构

《公约》没有规定建立委员会的辅助机构，委员会的议事规则中作了规定。[16] 根据议事规则41，委员会可以建立专门的辅助机构，并界定它的

---

[11] A/C. 3/34/14（1979），附件一，第10～15段，瑞典的提议。

[12] A/C. 3/34/SR. 72（1979），第52～65段，孟加拉国关于开支的提议。

[13] 同上注，第11段，利比亚的提议。

[14] 同上注。法国提议分两个极端，瑞典修改了它自己的提议。

[15] E/CN. 6/608（1976），第197段，记录了美国提出的修正案。

[16] 参见本评注关于第19条的讨论。

组成和职责。委员会的议事规则还规定，它可以建立多个工作组协助它完成主要职能。委员会在第 6 届会议上成立了两个工作组。工作组一将考虑加快委员会工作的方法和途径并提出建议；工作组二将处理执行第 21 条的方法和途径。[17] 根据工作组一的一项建议，委员会在第 18 届会议上决定成立一个会前工作组，协助它准备对缔约国报告的审议。[18] 在第 26 届会议上，委员会决定通过一个全体工作组处理关于执行第 21 条的问题，以及加速委员会工作的方法和途径的问题。[19]

委员会可以成立工作组和指定报告员，以由其决定的任何方式来协助委员会，[20] 因此也允许在根据《任择议定书》处理来文程序时有一定的灵活性。它还可以成立一个工作组，协助它执行《任择议定书》下的调查程序的职责。[21] 根据第 21 条，起草一般性建议是由为此专门成立的工作组来完成的。如果委员会同时起草多份一般性建议，它将根据该规则成立不止一个工作组。多年以来，委员会已经建立了不同的专门工作组，例如在条约机构 479
主席会议通过修订后的统一报告指南后，委员会成立了工作组负责审议自己的报告指南。此外，委员会还创设了国别报告员职能，成立国别任务小组，由其为审议相关国家的报告作准备。[22]

（二）与联合国系统内其他实体的互动

这些年来，委员会与其他条约机构的互动有了长足发展。在第 15 届会议上，委员会决定向每一个人权条约机构派一名委员作为协调人，向委员会通报其他条约机构的相关活动。[23] 1998 年，委员会还任命了与专门机构互动的协调人。[24] 鉴于委员会与不同机构之间的互动已经得到加强，从第 37 届

[17] A/42/38（1987），第 26、28 段；议事规则 54。参见对第 21 条的评注。

[18] A/44/48（1989），第 19、22 段；议事规则 4。

[19] A/57/38（2002），第 19 段。

[20] 议事规则 62（1）。

[21] 议事规则 8（3）。参见关于《任择议定书》一章的讨论。

[22] 参见对第 18 条的评注。

[23] A/51/38（1996），第 337 段。

[24] A/53/38/Rev. 1（1998），第 431 ~ 433 段。

会议开始，委员会决定终止协调人的工作。[25]

委员会主席参加人权条约机构主席会议，并作为主席团成员参加机构间会议。此外，秘书处在为每一届会议准备的关于《加速消除对妇女歧视委员会工作的方式方法》的说明中会向委员会通报人权体制的相关进展。

这些年来，委员会与人权委员会（自2006年开始被人权理事会取代）的相关特别程序以及前人权委员会小组委员会举行了多场讨论。截至2010年底，条约机构和人权理事会之间的关系并未制度化。委员会表明它希望能发展这种关系。[26] 主席会议认为条约体系和普遍定期审议是“补充和相互加强的”。[27] 委员会没有指定观察员来跟踪普遍定期审议程序。

（三）委员会与条约机构改革

委员会对条约机构改革的长期讨论作出了积极贡献。[28] 在2006年，它发表了一项声明，说明自己对人权事务高级专员关于统一常设条约机构的提议的一系列关切。[29] 委员会也了解条约机构所面临的挑战，但它认为建立统一常设条约机构并不能应对这些挑战。它认为该计划意味着“严重的风险，
480 将削弱七个主要的国际人权条约中规定的人权的差异和独特性”。[30]委员会赞成的办法是，各条约机构尽可能作为一个统一、综合的系统开展工作，以提高它们的可视性、可得性和有效性。委员会虽然倡导各条约机构职能的不同方面进一步统一、协调和一体化，但它也强调这不应导致各条约机构丧失其

㉕ A/62/38（2007），第659段。

㉖ CEDAW/C/2009/Ⅱ/4，消除对妇女歧视委员会《加速消除对妇女歧视委员会工作的方式方法》，第39段。

㉗ A/63/280，联合国大会《人权条约机构主席会议第20次会议报告》（2008），附件，第24（d）段。

㉘ 参见 Schöpp-Schilling and Flinterman（前注1）。

㉙ A/59/2005/Add.3，秘书长的报告《大自由：实现人人共享的发展、安全与人权》（2005）附件，《联合国人权事务高级专员提交的行动计划》，第147段；HRI/MC/2006/2，秘书处的报告《人权高专关于统一常设条约机构的提议的概念文件》中作了进一步的阐释。

㉚ A/61/38，2006年第35届会议，附件一，消除对妇女歧视委员会的声明《走向一个统一的、一体化的人权条约机构体系》，第4段。

不同任务的特性。[31] 它的关切是基于自身工作的经验以及专门处理性别问题的其他机构的经验。

四　委员会的实践

（一）第 17 条第 1 款

……在本公约所适用的领域方面德高望重和有能力的专家……

委员会是唯一女性占大多数的条约机构；实际上，自委员会成立以来，仅有极少数男性担任过委员。[32] 虽然主席会议建议缔约国除其他事项外，对代表的性别平衡给予适当考虑，但到目前为止，任何一个条约机构均未实现性别平衡。[33]

个人履历的资料显示，过去和现在的委员具有非常广泛、多样的专业知识。[34] 几乎所有的委员都在性别问题上有突出的专长或对性别问题有重要贡献，比如学者、政策顾问、法律实践者或司法官员。他们的背景包括社会或政治学、媒体、法律、教育、人权和平等待遇，以及医疗。大多数委员之前有区域或国际机构工作经历，要么在处理性别问题的专家机构，要么在妇女地位委员会等政治机构。

《公约》和所有其他条约机构的情况一样，没有对委员资格作专门要求。它也没有一个类似于《公民及政治权利国际公约》第 28 条第 2 款或

---

[31] 消除对妇女歧视委员会的声明（前注 30），第 5 ~ 7 段。

[32] Johan Nordenfelt（瑞典），1982 ~ 1984、2001 ~ 2004；Goran Melander（瑞典），2001 ~ 2004；Cees Flinterman（荷兰），2003 ~ 2010；Niklas Bruun（芬兰），2009 年之后。参见 A. Byrnes, "The 'Other' Human Rights Treaty Body: The Work of the Committee on the Elimination of Discrimination against Women" (1989) 14 *Yale J of Intl L* 1, 8 – 9。

[33] A/64/280，联合国大会《人权条约机构第 21 次主席会议报告》（2009），第 18（d）段，其中提到了联合国大会第 63/137 号决议（2008），A/RES/63/137，第 4 段。

[34] 缔约国会议报告，http://www.un.org/Depts/los/meeting_states_parties/meeting_state_parties.htm，访问日期 2010 年 12 月 31 日。

《禁止酷刑公约》第 17 条第 1 款那样，规定缔约国应当考虑使若干具有法律经验的人参加的条款。这一点可能与《公约》最初没有个人申诉程序有关。多元的知识及专长以及处理国际关系的实践，这些对履行委员会的职能都非常重要，特别是在审查国家报告时。鉴于委员会根据《任择议定书》承担的职能，它有必要拥有一些具有法律专长的委员。

这些专家应……以个人资格任职

委员会的独立性非常关键。委员在履行职责时不应接受任何指示或影
响，或是来自缔约国或其机构的压力。人权事务委员会在委员会成员行使职
481 能准则中称，“他们不对其国家负责，只对委员会及其本人的良心负责”。[35]
《公约》没有规定哪些人不得担任委员。因此，政府官员（包括大使）并未
被排除在外。这可能引起他们是否以或被视为是“以其个人资格”任职的
问题。委员独立的重要性在委员们当选或再次当选时，履行职责之际所作的
庄严宣誓中被一再强调：

> 我庄严宣誓，作为消除对妇女歧视委员会的一名成员，我将磊落、忠实、公正、认真地履行职责、行使权力。[36]

委员们作为独立专家的地位反映在议事规则 60 中。这一规则规定，如果某个委员是来文所涉国家的国民，那么他/她不得参加对该来文的审议。[37] 对委员会在报告程序和调查程序下开展的活动没有规定类似的规则，但是委员不得参加与她/他所在国家的建设性对话，也不得参加制定结论性意见，这已是惯常做法，并在一个决议中予以确认。[38] 调查程序也将适用相同的做

---

[35] A/53/40，第一卷附件三，人权事务委员会《人权事务委员会成员行使职能准则》（1998），第 1 段。消除对妇女歧视委员会没有制定类似准则。

[36] 议事规则 15。

[37] 议事规则 60（1）（c）。

[38] A/53/38/Rev. 1，消除对妇女歧视委员会第 18/Ⅲ号决定，《审议报告》（1998）。

法。这一做法与主席会议通过的关于专家独立性的声明一致。该声明称，“主席们建议各条约机构的成员不要在任何方面参与审议他们自己是国民的那些国家的报告，也不要参加针对这些国家的来文或调查，以便在实质上和表面上保持最高标准的公正性”。[39] 委员会可以将其纳入它的议事规则，使之正规化。

委员们在普遍提高《公约》在国家以及全球一级的执行方面发挥着重要作用。他们应缔约国的请求，按照人权高专办妇女地位司以及联合国其他机构的组织，参加技术援助活动。[40] 委员会在第44届会议时通过了一个决定，“来自各缔约国的专家可在报告过程中，包括根据《公约》第18条编写报告的过程中向本国政府提供咨询，但不应牵头或亲自撰写报告”。[41]

主席会议呼吁缔约国不要任命或选举“其所履行的政治职能或担任职位与特定条约独立专家的义务不易调和的人”。[42]尽管如此，缔约国继续任命 482
和选举过去或现在担任高级政治职位的人。

……顾及公平地域分配原则及不同文化形式与各主要法系的代表性

“公平地域分配”条款涉及联合国的基本原则，即在联合国相关机构中反映全体成员。《公约》未按照区域集团分配委员名额。缔约国会议负责选举委员会成员，但它的议事规则没有进一步明确如何实现公平的地域分配。该规则也没有规定如果选举导致地域分配不平衡的结果（曾出现过这种情

---

[39] A/52/507，联合国大会《人权条约机构第18次主席会议报告》（1997），第67段。

[40] CEDAW/C/2009/Ⅱ/4，消除对妇女歧视委员会《加速消除对妇女歧视委员会工作的方式方法》（2009），第41段。

[41] A/65/38，2009年第44届会议，消除对妇女歧视委员会第44/I号决定，《委员会成员以个人身份参加活动的范围》，第1段。

[42] 前注39，第68段，第21次会议予以重申《人权条约机构第21次主席会议报告》（前注33），附件一，第17（a）段，支持委员会间会议达成的一致观点。参见A/64/276，附件二，联合国大会《人权条约机构第9次委员会间会议报告》（2009），第46（j）段。

况）该如何处理。[43] 委员会有五位官员，包括一位主席、三位副主席以及一位报告员，这些官员从委员中选出，并“适当考虑了公平地域代表性”。[44] 选举工作组成员时一般会考虑区域的平衡性。此外，委员会分为两个平行的小组进行工作，审议缔约国报告时，也会考虑“专家的公平地域平衡”问题。[45]

联合国大会呼吁缔约国确保人权条约机构组成人员的公平地域分配。它鼓励缔约国在选举条约机构的成员时，“除其他外，考虑并采取具体行动，建立按地理区域分配席位制度的可能性”。[46] 它建议每个地域集团的席位配额与缔约国的区域代表性成比例。

（二）第17条第2款

……每一缔约国得自本国国民中提名一人候选

这一条款与《消除一切形式种族歧视国际公约》第8条第1款相仿，不同于《公民及政治权利国际公约》第29条的规定，后者规定缔约国至多可以提名两人。虽然没有明确规定，但候选人如果未被选上，在后来的选举中还可以被重新提名。委员会的议事规则强调了候选人和成员资格的个人性质，指出成员不得由候补成员代表。[47]

（三）与第17条第3款和第4款有关的实践与发展

……缔约国会议……

缔约国会议两年举行一次，会期一般为一天，主要的议程是选举委员会成员。缔约国提交的提名由秘书长分发。相关文件包括提名、个人履历和简

[43] 一般参见A/64/212，表一，联合国大会《联合国人权事务高级专员关于人权条约机构成员的公平地域分配的报告》（2009）。

[44] 议事规则16。参见对第19条的评注。

[45] A/61/38，2006年第34届会议，消除对妇女歧视委员会的报告，第366段。

[46] A/RES/64/173，联合国大会第64/173号决议（2009年12月18日），第1段。

[47] 议事规则11。

历，这些文件都是公开的，现在公布于联合国人权高专办的网站。[48] 缔约国 483
会议议事规则13大体上重申了条约关于选举委员的规定，规则14增加规定选举应通过秘密投票进行。[49] 一些非政府组织已经开始主动就候选人的提名和选举进行游说，但是政府没有义务向非政府组织咨询，非政府组织在这一程序中没有任何正式角色。

会上还会通报缔约国发表声明、保留、反对、通知撤回保留的情况，[50] 此外，尽管缔约国显然应在保留问题上发挥作用，但在实践中，缔约国会议并未被用作正式讨论保留问题的论坛。

（四）第17条第5款

该款规定委员会成立时选举产生的委员中9人的任期为两年，这一条款在建立条约机构的人权条约中很常见。该条款应与第17条第6款结合起来理解，后者规定在第35个国家批准或加入《公约》后，委员会的成员将从18名扩大到23名。因为35个批准国的数量在委员会成立之前已经达到，所以从一开始，委员会就由23名委员组成。因此，每两年就有11位或12位委员任期届满。该条款确保了成员资格的连续性：每两年将出现不超过12人的空缺。在实践中，许多委员会服务不止一个任期。

《公约》对一位委员可以服务的任期数量没有施加限制，这样他们就可以无限期连任。实际上，有些委员的确在委员会服务了很长一段时间。服务时间最长的委员就是汉娜·贝亚特·舍普－席林，她在1989～2008年一直担任委员。[51] 委员的任期从其被缔约国会议选举后第一年的1月1日开始，至第四年的12月31日终止。[52]

---

[48] 这一信息公布在 http://www2.ohchr.org/english/bodies/cedaw/网站“缔约国会议”标题下，访问日期2010年12月31日。

[49] CEDAW/SP/2/Rev.1，《消除对妇女一切形式歧视公约缔约国会议议事规则草案》（1982），规则14。

[50] CEDAW/SP/2010/2，消除对妇女一切形式歧视公约缔约国会议《关于消除对妇女一切形式歧视公约的声明、保留、反对和撤回保留的通知》（2010）。

[51] 1982～2007年委员会成员资格概览，http://www2.ohchr.org/english/bodies/cedaw/docs/CEDAWListMemberNew.pdf，访问日期2010年12月31日。

[52] 议事规则12。

(五) 第17条第6款和第7款

第17条第7款是参照《消除一切形式种族歧视国际公约》第8条第5款作出的规定。大多数联合国人权条约都规定，其提名的候选人不能完成任期的，国家可以指派一位新成员。唯一的例外是《公民及政治权利国际公约》，它规定这种情况下所有缔约国都可以提名一位新成员。《禁止酷刑公约》规定指派的新成员必须得到缔约国的同意，而其他条约则要求由委员会同意（《消除一切形式种族歧视国际公约》《公约》《儿童权利公约》《保护所有移徙工人及其家庭成员权利国际公约》)，而《残疾人权利公约》只是规定有关国家可以指派一位新成员，并未要求得到委员会抑或缔约国的同意。在这方面，委员会的作用非常重要，特别是它可以阻止任命不符合要求的成员。

484 委员会议事规则阐明，在委员死亡、不再具备履行委员会委员职责的能力或委员辞职时会出现“临时”空缺。[53] 一些成员在任期内死亡，由一位新成员继任。此外，许多委员因为要担任其他重要职位而提出辞职，如担任国际刑事法院的法官或一国政府部门的首长。[54] 如果一个缔约国没有提名新的候选人，则仍需填补空缺。[55]

(六) 第17条第8款

委员会缺乏酬金仍是一个值得关切的问题。在2002年之前，委员们拿到过酬金，2002年联合国大会将委员们的酬金降至每年一美元。[56] 担任委员

---

[53] 议事规则13。

[54] Akua Kuenyehia于2003年3月11日当选国际刑事法院的法官；Fumiko Saiga于2007年11月30日当选该法院法官。《公约》并不要求她们辞职，但《国际刑事法院规约》第40条作了这样的要求。来自坦桑尼亚的Asha Rose Mtengeti-Migiro在加入消除对妇女歧视委员会的那一年当选议会议员，并被任命为社区发展、妇女事务与儿童部部长。她在向委员会辞职之前，于2000年参加了会议（原文有误。——译者注）。

[55] 来自南非的Hazel Gumede Shelton于2006年当选，2007年辞职。缔约国没有提名继任者，截至2010年这个职位一直空缺。A/65/38，2009年第44届会议，第11段（南非尚未提名候选人）。

[56] A/RES/56/272，联合国大会第56/272号决议（2002)。参见A/58/350，联合国大会《人权条约机构第15次主席会议报告》(1993)，第57段。联合国大会［1968年12月21日第2489（XXⅢ）号决议，并多次重申］一般性地禁止向联合国机构的成员发放除生活补助之外的报酬，除非经过联合国大会的专门批准；消除对妇女歧视委员会的酬金是一个例外。

需要相当的时间付出，特别是现在会期增加到了每年三次。考虑到为审议国家报告和参加工作组会议作充分准备所需的时间，委员们每年大约要用三个月的时间来完成委员会的工作。这一时间承诺对一些合格的候选人来说，可能构成障碍，他们可能担任着要求很高的职位，要么必须申请无薪休假。

（七）第 17 条第 9 款

联合国秘书长应提供……

《公约》没有规定秘书长的具体工作，而议事规则 21 ~ 23 作出了规定：秘书长必须向委员会提供秘书处和辅助机构，必须出席委员会的会议，并可发表口头或书面声明。在实践中，委员会每届会议开幕时人权高专或其代表会致欢迎词。

从消除对妇女歧视委员会第一届会议到 2007 年第 39 届会议，由提高妇女地位司负责向委员会提供必要的服务。[57] 提高妇女地位司成立于 1946 年，是社会事务部人权司的妇女地位部门。1972 年该部门升级为新成立的联合国维也纳办公室人道事务和社会发展中心下设的促进男女平等科。1978 年，485
它被重新命名为提高妇女地位科。1993 年 8 月，该部门搬迁至纽约，成为提高妇女地位司，是政策协调和可持续发展部的组成部分。1996 年，机构重组后该部门成为经济和社会事务部的组成部分。

在很长一段时间里，委员会是唯一不由联合国人权事务高级专员提供服务的条约机构，也是唯一不在日内瓦开会的条约机构。从 2008 年第 40 届会议起，委员会开始在日内瓦获得人权高专办的服务，现在在日内瓦和纽约开会。[58]

委员会在搬往日内瓦人权高专办之前经过了多年的反复讨论。工作地址及与其他条约机构之间的合作问题是委员会日程上的常规议题。1996 年，

---

[57] 关于这段历史的细节，参见 http：//www. un. org/womenwatch/daw/daw/history. html，访问日期 2010 年 12 月 31 日。

[58] 参见对第 20 条第 2 款的评注。

秘书长不顾委员会的意愿，[59] 决定继续由提高妇女地位司向委员会提供服务，为联合国系统内提高妇女地位提供一个强有力的统一方案。[60] 主席会议则支持委员会的立场。[61] 1996 年之后，讨论的重点转向如何确保委员会与其他条约机构及其秘书处的合作，而不再继续寻求搬迁。[62]

人权高专在建议进行条约机构改革的大背景下提议将委员会搬到日内瓦，这一问题得以重新讨论。[63] 委员会不想急于作出决策，而是要求人权高专进一步阐释其计划，并允许委员会参与。[64] 2006 年 10 月，委员会得到秘书长的通知，由人权高专办向委员会提供服务。最初，委员会并不太情愿，因为它不想失去提高妇女地位司的高质量服务。此外，它还希望了解对人权高专办职责产生影响的其他事态发展，例如 2006 年人权理事会的成立。[65] 在与人权高专的后续讨论中，委员会要求在 2008 年开始执行这一决定。[66]

秘书处为消除对妇女歧视委员会的每一届会议准备一份关于其他条约机构及相关政治机构，如妇女地位委员会和人权理事会的会议和实质性活动的说明。[67]

……必需的工作人员和设备，以便委员会……有效地履行其职务

[59] A/50/38，1995 年第 14 届会议，第 14/Ⅱ号决定。

[60] 1996 年 2 月 8 日联合国秘书长致委员会主席的信，秘书处的报告《加速委员会工作的方式方法》中予以引用。CEDAW/C/1997/5，第 3 段。

[61] A/51/482，联合国大会《人权条约机构第 7 次主席会议报告》(1996)，第 46 段。

[62] 参见 E/CN. 4/2004/65 - E/CN. 6/2004/7，联合国人权委员会和联合国妇女地位委员会《联合国人权事务高级专员办公室和提高妇女地位司联合工作计划，秘书长的报告》(2004)。

[63] 联合国人权高专行动计划（前注 29)，第 100、148 段。

[64] A/61/38，2006 年第 34 届会议，第 34/I 号决定。

[65] Schöpp-Schilling and Flinterman（前注 1)，第 219 页。

[66] CEDAW/C/2007/Ⅱ/4，《联合国消除对妇女歧视委员会加速工作的方式方法》(2007)，第 15 段。

[67] 参见 A/63/38，2008 年第 40 届会议《联合国消除对妇女歧视委员会加速工作的方式方法》，第 402 ~ 409 段。由提高妇女地位司提供服务的会议相关信息，参见 http://www. un. org/womenwatch/daw/cedaw/sessions. htm，访问日期 2010 年 12 月 31 日。

委员会的官方语言是阿拉伯文、中文、英文、法文、俄文和西班牙文，[68] 以一种官方语言发表的声明需要翻译成其他的官方语言。首届会议制定的议事规则未将阿拉伯语作为官方语言，但相关规则很快得到修改。[69] 所有的官方语言都是委员会的工作语言。[70] 所有的官方文件和正式决定必须有官方语言文本。秘书长负责向委员会提供其会议的记录摘要。[71]

由于联合国的财政危机，大会于 1986 年决定，委员会可以仅用英语和法语作记录摘要，并建议该记录摘要只包含实质问题（如审议缔约国报告），并建议压缩报告长度。[72] 委员会不得不接受这一决定，但是持不同意见，并强调它仅在当届会议适用这一决定。委员会指出它的预算从一开始就被低估，进一步的削减可能对其工作产生负面影响。[73] 第 29 届、第 31 届会议又讨论了公布记录摘要的问题，委员会表示它倾向于在网站上用六种工作语言提供会议的录音记录。它还对许多年都没有记录摘要表示关注。[74] 在第 34 届会议上，委员会对在提高妇女地位司网站上公布前三届会议的记录摘要表示赞赏。在委员会成立 25 周年之际，提高妇女地位司以光盘形式发布了文件汇编。[75]

第 17 条第 9 款明确提及委员会在《公约》下的职能，因此有必要就《任择议定书》赋予委员会的新职能所需的额外资源作出决定。[76] 在《任择议定书》生效后，联合国大会要求委员会除根据《公约》第 20 条举行会议外，还要举行会议行使《任择议定书》下的职能。该要求规定，必要时，此类会议的会期可由《任择议定书》缔约国会议审议，并交联合国大会批

---

[68] 议事规则 24。

[69] A/39/45，1983 年第 2 届会议，第 18 段。

[70] 最初阿拉伯语不是工作语言，参见 A/38/45，1982 年第 1 届会议，附件三，规则 19。

[71] 议事规则 27。

[72] A/42/38，1987 年第 6 届会议，第 5 段；联合国大会第 41/466 号决定（1986 年 12 月 11 日）。

[73] A/42/38，1987 年第 6 届会议，第 38 ~ 39 段。

[74] A/59/38，2004 年第 31 届会议，第 443 ~ 444 段。

[75] 进一步的信息，参见 http://www.un.org/womenwatch/daw/cedaw/cdrom_ cedaw/EN/files/cedaw25years/start.html，访问日期 2010 年 12 月 31 日。

[76] 参见对《任择议定书》章节的评注。

准。它进一步要求秘书长在《任择议定书》生效后，提供必要的人员和设备，以便委员会按《任择议定书》的规定有效行使职能。[77]

关于“必需”一词，必须指出缺乏人力和财政资源是委员会以及其他
487 条约机构持续关注的一个问题。主席会议表示,向人权理事会执行普遍定期审议划拨相当的人员、财政和技术资源可能影响条约机构有效行使职能。[78]主席会议和委员会间会议一直强调人权高专办需要向人权条约科分配充足的人力和财政资源，确保其能够有效和继续支持条约机构的工作。[79]

委员会关于要求延长会议时间的决定[80]显然会对预算产生影响。[81] 它要求从2008年开始授权其每年召开三次、每次为期三周的会议并将其作为一项常规措施；作为一项临时措施，其中一次会议分成两个平行小组召开；另外每年举行三次来文工作组会议。它详细阐释了这一要求的资金需求，以及它可以开展的额外活动。[82] 这表明了委员会作为条约机构的立场。虽然委员会不受制于任何联合国机构或任何国家的指示，在这个意义上它是独立的，但它履行职责要取决于人权高专办关于资源分配的决定、联合国大会关于预算的决定。委员会在请求中阐释了延长会议时间进而需要额外的资金的必要性，即处理缔约国报告积压问题，以及它按照《任择议定书》需要履行的职责。

大会授权委员会从2010年1月而非2008年开始每年召集三次、每次会期为三周的会议。它请秘书长特别考虑到《任择议定书》已经生效，提供必需的资源（包括人员和设备）以便委员会的全部职能均得以有效运作。[83]

---

[77] A/RES/54/4，联合国大会第54/4号决议，《消除对妇女一切形式歧视公约的任择议定书》(1999)，第5~6段。

[78] 《人权条约机构第21次主席会议报告》（前注33），附件一，第7段。

[79] 同上注，第24段、第49（d）段。

[80] 参见对第20条的评注。

[81] A/62/38，2007年第39届会议，第39/I号决定，第226~227页。

[82] A/62/38，2007年第39届会议，附件十，消除对妇女歧视委员会《延长消除对妇女歧视委员会的会议时间的请求》。

[83] A/RES/62/218，联合国大会第62/218号决议（2007），第21段。

第十八条* 489

1. 缔约各国应就本国为使本公约各项规定生效所通过的立法、司法、行政或其他措施以及所取得的进展，向联合国秘书长提出报告，供委员会审议：

(a) 在公约对本国生效后一年内提出，并且

(b) 自此以后，至少每四年并随时在委员会的请求下提出。

2. 报告中得指出影响本公约规定义务的履行的各种因素和困难。

一　概述…………………………………………………………………… 654

二　准备工作……………………………………………………………… 655

三　委员会的实践………………………………………………………… 656

（一）递交国家报告的义务 ……………………………………… 656

1. 鼓励提交报告——避免重复报告 ……………………………… 656

2. 允许合并报告 ………………………………………………… 657

3. 劝说缔约国提交报告 ………………………………………… 658

（二）报告要求 …………………………………………………… 660

1. 报告的形式与内容 …………………………………………… 661

2. 非政府组织及其对准备缔约国报告的参与 ………………… 663

（三）委员会的作用 ……………………………………………… 663

1. 准备与缔约国的对话 ………………………………………… 664

* 特此感谢 Marie Elske Gispen 为本评注第 17、18、19、20、21 条各章提供的帮助。

2. 建设性对话 …… 666
（四）定期报告要求与委员会审议 …… 667
1. 结论性意见 …… 669
2. 结论性意见的格式 …… 669
3. 制定结论性意见的程序 …… 671
4. 结论性意见的后续跟踪程序 …… 672
（五）其他实体的作用 …… 673
1. 来自国家人权机构的信息 …… 673
2. 来自非政府组织的信息 …… 674
3. 秘书处的作用 …… 676

一　概述

第18条规定的是缔约国报告，这是审议缔约国执行《公约》情况的
主要程序。在《任择议定书》通过之前，这是唯一的程序。报告程序是
全面的，涵盖《公约》的所有实质条款；它也是定期的，因此委员会可
490 以由此总结出缔约国国内及国际层面的一些趋势。第18条没有详细规定
委员会应当如何执行这一任务，只是声明它应当“审议”报告。这给委
员会留下了很大空间，它可以按照最有助于实现第17条规定的一般任务
的方式来适用该规定，“审查执行本公约所取得的进展”，不对细节作出
规定，也让委员会在这些年里可以发展自己的工作方法，使报告程序更
加有效。持续增加的工作量、众多缔约国不能按时提交报告或根本不提
交报告，这些问题使得委员会很有必要定期讨论其工作方法。其他条约
机构也面临同样的问题，经常在人权条约机构主席会议和委员会间会议
上进行讨论。依据这些会议通过的一些决定，委员会的报告指南和工作
方法作了许多变革。

在一些缔约国的资助下，委员会还举行了若干非正式会议，讨论其工作

方法问题。[1] 2007 年 10 月，委员会在日内瓦举行了一次非正式会议，讨论了修改报告指南、结论性意见的后续跟踪程序以及关于委员会搬迁到日内瓦等问题。[2]

委员会开始运行以来最重要的程序变革包括，在审议缔约国报告后通过结论性意见以及后来发展出的后续跟踪程序，简化缔约国提交报告及审议程序，利用来自国家人权机构、非政府组织以及专门机构的信息。

二　准备工作

在起草的最初阶段，有些讨论涉及《公约》的执行与其他有关妇女权利的条约的程序之间的关系。讨论指出，有必要避免重复和交叉。[3] 这一点必须考虑经社理事会的一项决议，请求联合国大会整合现有执行相关宣言和条约的报告要求，包括《消除对妇女歧视宣言》、与保护妇女权利相关的条约（如《妇女参政权公约》）以及关于废除奴隶制和贩运人口的多个公约。[4]

对报告程序的讨论与对最适合的审议执行机构的激烈讨论交织在一起。[5]
与会者“完全赞同”需要定期审议在执行《公约》方面取得的进展。[6] 在
妇女地位委员会和第三委员会，有关国际执行措施的讨论主要集中在报告周
期以及报告应当纳入的内容上。妇女地位委员会 1976 年通过的版本要求缔 491

① 2002 年 4 月瑞典隆德；2004 年 5 月荷兰乌得勒之；2006 年 5 月柏林。由国家资助的其他非正式会议还有：1995 年 4 月马德里（准备对第四次世界妇女大会的评论）；2010 年 5 月巴黎（讨论歧视法和国家议会的作用）。

② CEDAW/C/2008/I/4，附件三，消除对妇女歧视委员会《加速消除对妇女歧视委员会工作的方式方法》（2008）。

③ E/CN. 6/573，妇女地位委员会《秘书长工作文件》（1973），第 100 ~ 111 段。

④ E/1978/78，经济及社会理事会正式记录（补编第 1 号）（1978），第 30 页，经社理事会第 1878/28 号决议；A/RES/33/186，联合国大会第 33/186 号决议（1979）。

⑤ 参见对第 17 条的评注。

⑥ E/CN. 6/591（1976），第 181 段。

约国在《公约》生效后每两年提交一次报告。⑦

在第三委员会，有观点认为四年的报告周期允许规划和实施国家措施，而两年的报告周期将给国家执行《公约》造成更大压力。另一建议是不纳入报告周期，就像《公民及政治权利国际公约》第40条的情况。⑧ 最后人们一致同意建立至少每四年一次，“并随时在该［机构］的请求下”⑨ 提出报告的义务，这也包括委员会“要求缔约国提供进一步信息”的可能性。⑩

关于报告的内容，妇女地位委员会有一些讨论。伊朗建议提供关于“立法、行政和实际措施”的信息。埃及建议“立法、司法、行政或其他措施”，丹麦建议“立法、司法、行政和其他措施”，而且报告“可以表明影响义务履行程度的因素和困难”。这些国家随后提交了一份联合提案，要求提供立法、司法、行政或其他措施，并可指出各种因素和困难。⑪ 这一措辞在第三委员会的讨论中保持未变。⑫

三　委员会的实践

（一）递交国家报告的义务

缔约各国应……提出……

1. 鼓励提交报告——避免重复报告

缔约国迟交或不提交报告已成为委员会长期关注的一个问题。许多缔约

⑦ E/CN.6/608，妇女地位委员会《第26届会议及第26届会议续会报告》（1976），第172～205段。

⑧ A/C.3/34/14，联合国大会《起草消除对妇女一切形式歧视公约全体工作组报告》，第9页。

⑨ 同上注，第10页（方括号为原文所加）。

⑩ 同上注，第10页。

⑪ 前注7，第189～192段。

⑫ 前注8，第10页。

国晚交报告，或自批准《公约》以来未提交过报告。[13] 委员会早在第4届会议上就对迟延提交报告表达过关切。[14]

所有人权条约监督机构均面临这个问题。不提交报告的理由多种多样，包括根据多个人权条约提交报告的负担过重、小国面临的困难、提交和安排审议之间的迟延，以及缺乏政府承诺。[15] 主席会议反复讨论这一问题，形成了一些措施。首先是1991年制定了统一指南，要求缔约国按照不同人权文件 492
的要求提交一份核心文件，包含每一条约机构要求的一般信息。[16] 进一步的发展包括2006年制定报告协调准则，包括共同核心文件和专项条约文件的准则，[17] 根据这一准则委员会于2008年修改了自己的准则。[18]

一个更加深远的提议是，建议每个缔约国向所有的条约机构提供一份单一报告，但不论是委员会间会议还是主席会议均没有接受该提议。委员会也反对这一提议，因为这"无法充分满足加强国家层面履行人权义务的主要关切和目标"。允许缔约国提交一份扩展核心文件的建议获得了采纳。[19]

2. 允许合并报告

1986年，联合国大会鼓励委员会研究解决待审报告积压问题的方式方法，"包括对报告制度进行可能的调整"。[20] 作为回应，委员会一致认为《公约》不允许它对要求的报告周期作出调整。[21] 然而，委员会逐渐接受了合并

---

[13] 总体情况参见 A/65/38，2009年第44届会议，附件九。另见秘书处准备的文献《缔约国根据公约第18条提交报告的状况》，载于 CEDAW/C/2010/45/2，消除对妇女歧视委员会《加速消除对妇女歧视委员会工作的方式方法》（2010）。

[14] A/40/45，1985年第4届会议，第22段。

[15] A. Byrnes, "The Committee on the Elimination of Discrimination against Women", in P. Alston and F. Megret (eds.), *The United Nations and Human Rights. A Critical Appraisal*, 2nd edn.（即将出版）。

[16] HRI/CORE/1 附件，《缔约国初次报告统一指南》（1991），HRI/1991/1。

[17] HRI/MC/2006/3，人权条约机构委员会间会议、人权条约机构主席会议《根据国际人权条约提交报告的协调准则，包括编写核心文件、提交专项条约报告的准则。委员会间技术工作组的报告》（2006）。

[18] A/63/38，2008年第40届会议，附件一，消除对妇女歧视委员会《消除对妇女歧视委员会公约专项报告准则》。

[19] A/58/38，2003年第29届会议，第450段；参见下文讨论，标题"三（二）1"，关于报告的形式和内容。

[20] A/RES/41/108，联合国大会第41/108号决议（1986年12月4日），第8段。

[21] A/42/38，1987年第6届会议，第41段。

报告，如果缔约国在履行其义务方面远远落后，可以将此作为一种追赶上来的方法。1991 年，委员会决定在第 10 届会议结束之际允许逾期未交报告的缔约国向委员会提交一份合并报告。如果其中也包含首次报告，则合并报告必须全面，涵盖《公约》的所有方面及委员会的一般性建议，并应描述妇女的现状，指出自《公约》生效后作出的变革，以及在执行过程中遇到的障碍。[22] 随后，在第 16 届会议上，委员会决定，作为一项例外和临时措施，邀请缔约各国最多合并第 18 条所要求的两份报告。[23] 后来，在第 23 届会议时，它扩展了这一方法，邀请有逾期报告情况的缔约国将它们所有未按期提交的报告合并到一个文件中。[24] 在第 40 届会议上，委员会决定请向该届会
493 议提交报告的缔约各国自此以后将两份报告合并为一份报告提交，[25] 包括没有逾期报告的缔约国。

3. 劝说缔约国提交报告

鼓励缔约国按时提交报告的其他方法包括：系统地发出提醒、提请其注意合并报告的可能性、接受编写报告的技术援助；通过双边和多边接触，加强高级别的秘书处鼓励；委员会成员、主席团成员或主席与不提交报告的缔约国进行非正式接触；召集相关国家开会。[26] 委员会在第 29 届会议上，将其“不断增加的鼓励提交报告的方法”正式化了。它制定了发出提醒的程序及内容。它还决定在年度报告中纳入对提醒未作回应的缔约国名单。[27]

在第 28 届会议上，委员会决定在第 29 届会议期间，召集逾期五年未交报告的缔约国开会。[28] 这一举措的结果是，许多缔约国提交了初次报告，还有一些国家向委员会通报了报告的准备情况。在这方面采取进一步行动还将

[22] A/46/38，1991 年第 10 届会议，第 370 段。

[23] A/52/38，1997 年第 16 届会议，第 375 段，以及决定 16/Ⅲ。

[24] A/55/38，2000 年第 23 届会议，决定 23/Ⅱ。它考虑了其他条约机构的做法，见 CEDAW/C/2000/Ⅱ/4，消除对妇女歧视委员会《加速委员会工作的方式方法》（2000），第 4 ~ 15 段。

[25] A/63/38，2008 年第 40 届会议，决定 40/IV。

[26] A/57/38，2002 年第 27 届会议，第 368 段。

[27] A/58/38，2003 年第 29 届会议，第 456 段，决定 29/I。

[28] A/58/38，2003 年第 28 届会议，决定 28/Ⅱ。

取决于委员会能否在合理时间内审议收到的报告。[29] 2008 年，它与缔约国召开了另一次会议，向其通报了它的工作方法，包括它致力于鼓励缔约国提交长期未交的初次报告。[30]

委员会尽管起初有些犹豫，[31] 但在第 31 届会议上它决定将像其他一些条约机构一样，在没有缔约国报告的情况下审议一个缔约国对《公约》的执行情况，但这只是最后手段，并且须有政府代表团在场。虽然有人提出条约机构是否有权采取此类措施的问题，但存在“令人信服的法律论据证明委员会有采取这些措施的隐含权力”。[32] 主席会议也接受这种方法，只是它必须作为最后手段。[33] 委员会是否作出此类决定需具体问题具体分析，特别是，在一个缔约国批准《公约》多年后仍未提交初次报告的情况下，委员会根据评估不提交报告的可能原因来作出决定。在采取这一步骤之前，需经过其他努力，包括通知缔约国，委员会打算在未来的某一届会议上讨论《公约》的执行问题，要求缔约国在指定的会议之前提交应交的报告。指定未来的某次会议时要给缔约国准备和提交报告留下充足的时 494
间。[34] 在第 32 届会议上，委员会首次通知 2 个缔约国佛得角和圣卢西亚，它们的初次报告已经逾期十多年仍未提交，委员会表明它打算在第 35 届会议上审议这两个国家执行《公约》的情况。它邀请 2 个国家在 2005 年 6 月之前将所有逾期报告合并为 1 份报告提交。委员会进一步声明，如果在指定的时间仍未提交报告，它将在没有报告的情况下审议执行《公约》的情况。[35]

---

[29] A/59/38，2004 年第 30 届会议，第 422 段。

[30] A/63/38，2008 年第 41 届会议，第 420 段。

[31] 在隆德论坛上未能达成协议，参见 CEDAW/C/2002/Ⅱ/4，附件一，《在论坛期间缔约国作出的关于消除对妇女歧视委员会工作方法的决定》，载于《加速委员会工作的方式方法》(2002) 中。

[32] Byrnes（前注 15）。

[33] A/64/276，附件一，联合国大会《人权条约机构第 21 次主席会议报告》(2009)，第 17 (a) 段；A/64/276，附件二，联合国大会《人权条约机构第 9 次委员会间会议报告》第 49 (f) 段。

[34] A/59/38，2004 年第 31 届会议，决定 31/Ⅲ，第 439 段。

[35] A/60/38，2005 年第 32 届会议，第 408 段。

处理佛得角和圣卢西亚问题的经验被认为是积极的尝试：二者将各自逾期的6份报告合并为1份报告提交。延长委员会的会议时间以及分为两个平行的小组工作，这些做法极大地减少了在审议报告方面的工作积压。这样，委员会便可以请求缔约国提交长期超期的报告，因为它知道自己能够在合理时间内安排审议这些报告。[36] 自此以后，它向许多超期多年的缔约国发出了邀请。按照第18条的要求有4个缔约国的初次报告已经逾期20年仍未提交，委员会要求它们将所有的逾期报告合并为1份报告提交。对这些缔约国，委员会进一步决定，如果它们仍然不提交报告，作为最后的措施，委员会将在没有报告的情况下审议其对《公约》的执行情况。[37]

虽然有这些措施，但仍有许多逾期未交的报告。2007年第37届会议上得到通知的12个国家中，有5个提交了报告。截至2010年底，委员会在未收到报告但缔约国代表在场的情况下，审议了1个缔约国的执行情况；对另1个缔约国，委员会在没有报告的情况下准备了问题清单。还有一些报告仍未结清，但也没有安排审议。[38] 截至2010年召开的第46届会议，仍有19个缔约国的报告已逾期5年或更长时间。[39]

（二）报告要求

……本国为使本公约各项规定生效所通过的立法、司法、行政或其他措施以及所取得的进展……

---

[36] CEDAW/C/2007/I/4，消除对妇女歧视委员会《加速消除对妇女歧视委员会工作的方式方法》（2007），第39段。

[37] 多米尼加、几内亚比绍、海地和利比里亚。A/62/38，2007年第37届会议，第653段。在未收到报告的情况下对多米尼加的情况进行了审议（CEDAW/C/DMA/CO/AR）。几内亚比绍、海地和利比里亚提交了合并报告（分别是CEDAW/C/GNB/6、CEDAW/C/HTI/7和CEDAW/C/LBR/6）。

[38] 方式方法报告（2010）（前注13）。

[39] CEDAW/C/2010/46/2，附件二，消除对妇女歧视委员会《缔约国根据公约第18条提交报告的状况：秘书长的报告》（2010）。此外，委员会在2010年第47届会议上也没有审议这19个国家的报告（CEDAW/C/2010/47/1），第4段。

报告可以指出影响本《公约》规定义务的履行的各种因素和困难。

1. 报告的形式与内容 495

第 18 条除了规定缔约国的报告应包含关于立法、司法、行政或其他措施的信息外，没有对报告内容作更详细的规定。委员会在第 2 届会议上为初次报告制定了准则。[40] 1995 年，委员会对该准则作出修改，纳入了主席会议关于缔约国报告第一部分应当根据缔约国首次报告（核心文件）的统一指南进行提交的建议。此外，还根据这些年的其他建议作出了修改，例如请求提供孕产妇死亡率的数据、婴儿出生率以及女户主信息。修改后的规则反映了秘书处在分发缔约国提交的文件方面的技术和财政能力，以及委员会根据第 18 条处理后续报告的做法。此外，修改后的规则还要求在定期报告中提供有关保留的详细信息。[41]

关于准备第二次及后续报告的指南在 1988 年获得通过。作为一般规则，这些报告应当集中关注从审议前次报告开始到准备当前报告为止这段时间的情况。国家应当考虑委员会关于上一次报告的审议情况。报告应当纳入自上一次报告以来所采取的法律和其他措施；促进和确保消除对妇女的歧视所取得的真实进展；妇女平等和地位的任何重要变化；妇女在与男子平等参与本国的政治、社会、经济和文化生活方面仍然面临的障碍；委员会在审议前一次报告时提出的但无法处理的事项。[42]

根据《北京宣言》和北京《行动纲领》，初次报告和定期报告的准则均作了修改，纳入了"为执行行动纲领所采取的措施的信息，以便协助消除对妇女歧视委员会有效监督妇女享有《公约》保障的权利的能力"。特别是，国家受邀处理北京《行动纲领》确定的 12 个重大关切领域。委员会强调这与《公约》的条款一致，因此也在它的职责范围内。[43]

---

[40] A/39/45，1983 年第 2 届会议，第三章。

[41] A/50/38，1995 年第 14 届会议，第 652 段；CEDAW/C/1995/6，消除对妇女歧视委员会《加速委员会工作的方式方法》，第 17 ~ 22 段以及附件二。

[42] A/43/38，1988 年第 7 届会议，附件四，消除对妇女歧视委员会"准备第二次和后续定期报告的准则"。

[43] A/51/38，1996 年第 15 届会议，第 355 段。

2002年在隆德举行的研讨会上，委员会决定修改报告准则，主要是为了要求报告纳入执行几次世界大会以及联合国大会特别会议（2000年“北京+5”）的结果文件的信息，[44] 对定期报告，要求回应委员会上一次审议缔约国的结论性意见。准则还指出缔约国应当提交简明的报告，并对报告的形
496 式（包括长度）也提供了指导。[45] 委员会据此在第27届会议上通过了修正后的准则，供初次报告和定期报告遵循。[46]

在第35届会议上，委员会支持委员会间会议制定的协调准则，包括对共同核心文件的准则。[47] 在协调准则通过后，委员会在第40届会议上修改了自己的准则，制定了《消除对妇女歧视委员会公约专项报告准则》，[48] 在起草共同核心文件时，要将该准则和协调报告准则结合起来使用。这些修改后的准则取代了之前的所有准则。

这一报告框架要求缔约国提交共同核心文件，包含一般的和事实性信息，这构成所有缔约国报告的第一部分，在提交委员会的公约专项报告中无须再重复这部分内容。如果某个缔约国未提交共同核心文件，或者未更新其中的信息，则需要在公约专项报告中提供相关信息。委员会强调了提及共同核心文件所载信息的性和性别维度非常重要。共同核心文件应当提供按性别分列的保护和促进人权的一般框架信息，并纳入非歧视、平等和有效救济的信息。公约专项报告提供的信息应更具分析性，主要关于“法律的影响，有关妇女的多种法律制度、政策和方案的相互作用”。报告应当包含为确保缔约国领土内或其管辖范围内不同妇女群体整个生命周期享有《公约》规定的权利所取得的进展，以及分析这些进展的信息。准则区分了初次报告和定期报告，详细说明了哪些信息应纳

---

[44] 参见A/57/38，2002年第27届会议，第375段，制定了要求提供此类信息的标准段落。

[45] 隆德论坛决定（前注31）。

[46] A/57/38，2002年第27届会议，消除对妇女歧视委员会《修订后的报告指南》（2002），附件。

[47] A/61/38，2006年第35届会议，第384段。协调准则的内容参见HRI/MC/2006/3（前注17）。

[48] A/63/38，2008年第40届会议，附件一，决定40/I，消除对妇女歧视委员会《消除对妇女歧视委员会公约专项报告准则》。该准则也公布在联合国人权高专办的网站上，http://www. 2. ohchr. org/english/bodies/cedaw/docs/AnnexI. pdf，访问日期2010年12月31日。

入缔约国报告。

在第6届会议上，委员会讨论了它是否应当接受不符合要求的简短报告。鉴于相关缔约国已经到场且没有提前通知其报告不能审议，委员会最终同意对报告进行审议。[49] 在结论性意见中，委员会概括性地讨论了报告质量以及遵守报告准则的程度，并对下列问题表示关切，例如，缺少按性别分列的统计数据，没有参考之前的结论性意见或一般性建议，逾期提交。它提醒缔约国应按时履行报告义务，“因为迟延报告会对履行《公约》产生消极影响”，鼓励缔约国必要时为准备报告寻求技术援助。[50]

2. 非政府组织及其对准备缔约国报告的参与 497

报告义务归属于缔约国。尽管如此，委员会看到非政府组织在准备报告的过程中可以发挥重要作用，因此建议缔约国在准备报告时咨询非政府组织，但并不意味着非政府组织接管了实际撰写报告的任务，或是成为国家－非政府组织的联合报告。委员会强调，无论何时都应当是缔约国的报告，非政府组织的参与不应当排除缔约国自己提交报告的可能性。[51]

（三）委员会的作用

> ……供委员会审议……

审议报告占据了委员会的大部分会议时间。在第5届会议上，委员会指出为能负责任地履行职责，为期10天的会议上它将只能审议8份报告。[52] 当时，委员会已经积压了30份报告。[53] 截至2010年，委员会每年召开三次为期三周的会议，[54] 安排审议28份报告。委员会很有信心地表示，每年三

[49] A/42/38，1987年第6届会议，第187段，斯里兰卡初次报告。

[50] CEDAW/C/LYB/CO/5（2009），对阿拉伯利比亚民众国的结论性意见，第2段。

[51] A/65/38，2010年第45届会议，附件五，决定45/VI，《消除对妇女歧视委员会关于它与非政府组织关系的声明》，第8段。

[52] A/41/45，1986年第5届会议，第21段。

[53] 同上注，第15段。

[54] 关于延长会议时间，参见对第20条的评注。

次会议，其中至少一次会议以两个平行小组开展，这足以确保委员会及时地完成它根据《公约》和《任择议定书》承担的责任。[55]

1. 准备与缔约国的对话

委员会的工作量日益增加，这要求它必须更加高效地审议报告。在第6届会议上，它成立了两个工作组，其中之一处理加速委员会工作的方式方法。这个工作组建议成立两个常设工作组。[56] 在第7届会议上，工作组建议按照《公约》的顺序整合向缔约国代表提出的问题，[57] 委员会予以采纳，但也有一些成员持保留态度，他们担心由委员会委员组成的小组制定问题和议题清单的做法可能太官僚主义，[58] 并可能妨碍委员会进行真正的对话。然而，委员会第一次用这种方法工作的经历，包括对秘书处准备的信息进行分析，表明它是富有成效的，而且节约了时间。[59] 后一次会议继续使用了该程序，工作组准备了议题清单，并转给缔约国代表，让其准备在同一届会议上作答复。[60] 1989年，鉴于定期报告的数目不断增加，委员会同意由五位委员
498 组成会前工作组，准备与即将在当次会议上审议的报告相关的议题和问题清单。[61] 会前工作组的报告将指出委员们在审议初次报告时要求将哪些事项纳入定期报告；重要的进展和重要的变化；仍然存在的障碍以及需要提供进一步信息的事项。[62]

从第11届会议开始，会前工作组按照每一条款对问题进行分组。[63] 在第16届会议上，委员会决定改变工作方法。会前工作组将制定一个涉及《公约》执行的主要关切领域的问题清单。这些书面问题将交给缔约国在安

---

[55] A/62/38，2007年第37届会议，第649段。

[56] A/42/38，1987年第6届会议，第26、37段。

[57] 同上注，第40段。

[58] 同上注，第51段。

[59] A/43/38，1988年第7届会议，第43~44段。

[60] A/44/38，1989年第8届会议，第21段。

[61] 同上注，第24段；联合国大会第44/73号决议批准（1989年12月8日），A/RES/44/73，第10段。

[62] A/45/38，1990年第9届会议，第29~30段。

[63] A/47/38，1992年第11届会议，第14段。

排审议的会议之前作出书面答复。[64] 此外，会前工作组的会议应在审议报告的会议之前至少提前一届会议召开，[65] 后来修改为至少要提前两届会议召开。[66] 从第 20 届会议开始，每个会前工作组在全部工作会议结束后一周内召开会议。[67]

在第 19 届会议上，委员会引入国别报告员职能，任务是收集接受审议国家的妇女状况的额外信息，并准备结论性意见。[68] 2004 年在乌得勒之举行的非正式会议后为即将在第 31 届会议接受审议的一个缔约国尝试性地建立了国别任务小组。[69] 后来委员会为有限的一些报告建立了任务小组，但并不经常使用这一机制。[70] 在第 35 届会议上，根据在柏林非正式会议上达成的协议，委员会同意进一步加强和提高国别报告员在审议缔约国报告不同阶段的作用：准备问题清单，确定在建设性对话中可以提出的议题和优先事项，起草结论性意见。国别报告员有责任促进所有委员会专家对这一进程的投入。在第 35 届会议上，委员会通过了国别报告员作用和职责准则。[71] 国别报告员将利用从国别任务小组获得的经验在各位专家之间进行协调，确保建设性对话充分涵盖所有关键问题。在协调努力中，国别报告员发挥着主导作用。[72]

在 2002 年隆德会议期间，委员会决定根据《公约》的四个实质部分收集问题。[73] 在2004 年乌得勒之会议上，委员会决定进一步调整审议报告
的结构。从此以后，审议初次报告是逐条进行的（第 1 条和第 2 条、第 7 499
条和第 8 条、第 15 条和第 16 条除外，这些条款是作为一组进行审议的）。

---

[64] A/54/38/Rev. 1，1999 年第 20 届会议，第 412 段。

[65] A/52/38，1997 年第 16 届会议，第 369 段，建议 16/2。

[66] A/54/38/Rev. 1，1999 年第 20 届会议，第 412 段。

[67] A/53/38/Rev. 1，1998 年第 18 届会议，第 436 ~ 438 段，建议 18/1。

[68] A/53/38/Rev. 1，1998 年第 19 届会议，第 395 ~ 397 段，决定 19/Ⅱ。

[69] A/59/38，2004 年第 31 届会议，第 420 段。

[70] 例如，A/64/38，2008 年第 42 届会议，导致在第 43 届会议上审议报告。

[71] A/61/38，2006 年第 35 届会议，第 388 ~ 396 段。

[72] 同上注，第 370 ~ 375 段。

[73] 隆德论坛决定（前注 31）。

委员会主席组织对话，邀请缔约国在收到一系列问题后作出回应。定期报告的审议根据《公约》的四个实质部分进行。[74]

从这些变化中可以看到的主要趋势是，目前大量工作在会前已经完成，这使得委员会成员和缔约国都可以进行充分准备，也让会议期间的对话更加集中、更加深入，从而提高了结论性意见的质量。

2005 年联合国大会授权委员会可以召开平行会议,[75] 在 2006 年的柏林会议上，委员会讨论了召开平行会议审议缔约国报告的工作方法。在第 35 届会议上，它确定了两个平行小组的工作方法和确定成员的标准：公平地域分配；在委员会任职的时间；如果某位委员是接受审议的缔约国国民，她/他将被派往不审议该报告的小组；每一小组均应有委员会主席团成员；在可能的情况下，分配给每一组审议的缔约国也要兼顾地域平衡性。[76]

2. 建设性对话

从一开始，“审议”一词就被解释为包括与缔约国代表在公开会议上进行建设性对话。特别是对定期报告的建设性对话，缔约国代表应当准备进行“坦诚、深入的对话”。[77] 缔约国在严格的时限内对其报告进行口头陈述，历经多年，这一时限已经缩短至 30 分钟。[78] 委员会成员的介入也被限定在每次 3 分钟，每个委员对每一缔约国的发问不得超过 2 次。[79] 在举行平行会议的情况下，委员们对每个缔约国的发问仍被限定在 2 次，每次不得超过 5 分钟。[80]

委员会非常重视缔约国代表的出席情况，如果缔约国代表缺席，即便会打乱工作安排，委员会也将重新安排审议。在公约专项报告准则中，委员会建议缔约国代表团的组成人员应包括“了解相关情况，具备能力，拥有职权，因而能够解释报告国境内妇女人权各方面的情况并回答委员会关于实施

[74] A/59/38，2004 年第 31 届会议，第 422 ~ 423 段。

[75] 关于授权召开平行会议的更多信息，参见对第 20 条的评注。

[76] A/61/38，2006 年第 35 届会议，第 366 段。

[77] A/54/38/Rev. 1，1999 年第 20 届会议，第 408 段。

[78] A/59/38，2004 年第 31 届会议，第 418 段。

[79] 同上注，第 419 段。在 2002 年，设定的时间是 3 ~ 5 分钟，隆德论坛决定（前注 31）。

[80] A/61/38，2006 年第 35 届会议，第 376 段。

《公约》的问题和评论意见”的人。[81]

委员会成员经常提出尖锐的问题，并指出他们认为的执行过程中的不足。尽管如此，委员会并不扮演法院的角色，并不作出判决，用的是“胡萝 500
卜”而不是“大棒”。[82] 审议报告的作用是，协助缔约国履行它们的《公约》义务。委员会为每一缔约国提供“具体指南”，建议采取措施提高对《公约》的履行，这些建议可能会包括向人权高专办或专门机构寻求技术合作。[83]

（四）定期报告要求与委员会审议

（a）在公约对本国生效后一年内提出；

（b）自此以后，至少每四年并随时在委员会的请求下提出。

在委员会第 21 届会议上，委员会决定，有时候可能有必要要求缔约国根据第 18 条第 1 款（b）项提交特别报告，目的是在有特殊理由关切某种侵犯的情况下，获得和审查实际或潜在的侵犯妇女人权的资料。它为此制定了以下标准和准则：

（1）应有可靠充分的信息表明存在严重系统侵犯妇女人权的情形，而不论发生在何种情况下；

（2）这类侵犯须是基于性别或因其性别而针对妇女实施的；

（3）报告应侧重于具体问题或由委员会确定的问题；

---

[81] A/63/38，2008 年第 40 届会议，附件一，决定 40/I，消除对妇女歧视委员会《消除对妇女歧视委员会公约专项报告准则》，第 33 段。

[82] E. Evatt, “Finding a Voice for Women's Rights: The Early Days of CEDAW” (2002) 34 *George Washington Intl L Rev* 515, 530.

[83] H. B. Schöpp-Schilling, “The Nature and Mandate of the Committee”, in H. B. Schöpp-Schilling and C. Flinterman (eds.), *The Circle of Empowerment: Twenty-Five Years of the UN Committee on the Elimination of Discrimination against Women* (2007), pp. 248, 253.

（4）缔约国应在委员会决定的会议上提交供审议的报告。[84]

委员会鼓励非政府组织说明需要此类特别报告的情势。[85]

委员会要求并收到了5份特别报告，分别来自前南斯拉夫联邦共和国（塞尔维亚和黑山，口头报告）、波斯尼亚和黑塞哥维那（口头报告）、克罗地亚（书面报告）、卢旺达（口头报告）以及刚果民主共和国（口头报告）。[86] 委员会也采取了不那么严厉的措施，对已经到期的报告提出特别要求。在古吉拉特事件发生后，委员会在第29届会议上决定请求印度政府表明它将在何时提交其第二、三次合并报告，其中需包括有关古吉拉特事件的信息及其对妇女的影响。[87] 印度未能遵守这项请求。随后委员会在第30届会议上予以重申，并进一步决定委员会主席请求与印度驻联合国代表在参加
501 第48届妇女地位委员会会议（2004年3月）期间举行会谈，请印度政府说明报告的准备情况。[88] 印度在2005年10月递交了报告，但并未按照委员会的要求提供关于古吉拉特暴力的资料。委员会在第37届会议上讨论了该报告，表达了对印度未能提供相关信息的不满，指出其在建设性对话期间提供的补充信息并不充分。后来，根据第18条第1款（b）项，委员会要求印度在2008年1月提交一份后续报告，供委员会在2008年晚些时候审议。它没有使用“特别报告”的措辞，但强调这一后续报告不能替代提交第四、五次合并报告。委员会详细说明了后续报告应包括什么信息。[89] 印度最终在2009年12月提交了这份报告，引人注意的是，该份报告被命名为“例外报告”。[90] 委员会最终在第47届会议上审议了该报告，虽然它对印度能够提交

[84] 这是修正后的版本，A/59/38，2004年第31届会议，第438段；原版本参见A/54/38/Rev. 1，1999年第20届会议，决定21/I。唯一的修改是原始版本没有包含“不论发生在何种情况下”的措辞。

[85] 与非政府组织关系的声明（前注51），第12段。

[86] A/59/38，2004年第31届会议，附件六。

[87] A/58/38，2003年第29届会议，第459段。委员会要求印度在2003年12月15日之前回应；它的第二、三次定期合并报告分别在1998年8月8日和2002年8月8日到期。

[88] A/59/38，2004年第30届会议，第425段。

[89] CEDAW/C/IND/CO/3（2007），对印度的结论性意见，第67～68段。缔约国报告参见CEDAW/C/IND/2－3，涵盖1997～2005年。

[90] 缔约国报告：印度，CEDAW/C/IND/SP. 1。

报告表示肯定，但对其内容提出了批评。[91]

1. 结论性意见

委员会在对其职能经过一番讨论之后，于1994年决定在审议报告结束之际通过结论性评论。[92] 自此以后，通过结论性评论的程序，包括其结构和内容，就一直处于变化之中。在第40届会议上，委员会决定将其名称改为“结论性意见”，以便与人权条约机构协调工作方法的努力保持一致。[93]

2. 结论性意见的格式

委员会决定，结论性意见应当包含建设性对话中提出的最重要的要点，既要强调报告的积极方面，也要强调委员会表达关切的事项，并应明确指出委员会希望缔约国在下一次报告中提供的信息。对于第二次和后续的报告，结论性意见应当考虑会前工作组和建设性对话的调查结果。[94] 在第31届会议上，委员会引入了“重点突出的结论性评论”的概念。它同意在对定期报告的结论性意见中优先考虑“有限数量的正在出现或持续存在的重点关切领域”。[95] 在第32届会议上，委员会决定纳入一个新的标准段落，作为“主要关切领域和建议”部分的第一段。这一段落指出缔约国有全面执行《公约》的义务，并指出缔约国需要优先重视结论性意见提出的关切和建议。[96]

结论性意见最初遵循1996年第15届会议制定的标准模式。最初的标准
格式有5个标题：概述、影响执行《公约》的因素和困难、积极方面、主要 502
关切领域、建议。[97] 在第19届会议上，委员会决定将主要关切领域和建议部分合并为一节，作为“主要关切领域及建议”，[98] 将整体格式缩减为4个

[91] CEDAW/C/IND/CO/SP.1（2010），对印度的结论性意见。

[92] 参见对第21条的评注。

[93] A/63/38，2008年第40届会议，决定40/Ⅲ。

[94] 参见对第22条的评注。关于通过结论性意见的决定，参见A/49/38，1994年第13届会议，第812~817段。

[95] A/59/38，2004年第31届会议，第429段。

[96] A/60/38，2005年第32届会议，第405段。

[97] A/52/38，1997年第16届会议，第354~361段，决定16/I。

[98] A/53/38/Rev.1，1998年第19届会议，第395段。

标题。一开始，在结论性意见之前是秘书处准备的缔约国陈述的摘要。[99] 在第34届会议上，委员会决定鉴于预算原因，不再采取这种做法。[100] 这一决定立即付诸执行。现在，在人权高专办的网站上可以找到缔约国代表的陈述。

结论性意见的概述部分主要反映报告是否遵守了委员会的准则，以及是否纳入了按性别分列的统计数据、口头报告的性质和质量、对是否存在保留及保留状态的评论。[101] 在刚开始采取这一做法的几年里，委员会还使用“影响《公约》执行的因素和困难”的标题，描述《公约》中未得到缔约国执行的主要领域。它包括以下内容：《公约》在国内法中的地位、执行《公约》的立法、存在深远影响的社会因素（如传统、文化及行为模式）。这一部分还讨论缔约国的保留及执行《公约》的其他法律障碍。在2002年，委员会决定仅在极其特殊的情况下才保留这一部分，也不再提及诸如存在关于男女角色的陈规定型态度的因素。[102] 这里所说的特殊情况如飓风的破坏性影响。[103]

主要关切领域及建议部分指出问题并提出遵守《公约》的建议。结论性意见还可能包含寻求人权高专办或联合国系统其他部门的技术援助的具体建议。[104] 从2005年1月开始，这一部分开头一段用以评估缔约国执行《公约》的总体框架。后来，这一段进一步反映缔约国为执行先前结论性意见中指出的关切所采取的行动。[105]

反映积极方面的部分是按照《公约》条款顺序进行组织的；而主要关切领域部分则按照某一问题对缔约国的重要程度进行排序。此外，结论性意见还包括指出缔约国在第四次世界妇女大会上作出的承诺；在结尾部分，建议传播《公约》、缔约国报告及结论性意见。[106] 在第41届会议上，委员会决

[99] 同上注，第397段。

[100] A/61/38，2006年第34届会议，第365段。

[101] A/53/38/Rev. 1，1998年第19届会议，第397段。

[102] A/57/38，2002年第27届会议，第374段。

[103] A/57/38，2002年第27届会议，对圣基茨和尼维斯的结论性意见，第92段。

[104] A/53/38/Rev. 1，1998年第19届会议，第397段。

[105] A/59/38，2004年第31届会议，第429段。

[106] A/52/38，1997年第16届会议，第354~361段、决定16/I。

定在结论性意见中纳入事项标题，[107] 这使结论性意见更加明确。 503

3. 制定结论性意见的程序

1994 年，委员会决定由两位委员起草结论性意见，供审议通过，并尽可能安排其中一位为来自报告国区域的委员。对定期报告，这些委员将与会前工作组的委员进行磋商。结论性意见草案在闭门会议上讨论，通过后的意见将纳入委员会的年度报告。[108]

第 16 届会议对程序作出了重大修改。[109] 这届会议决定，相当一部分准备工作将在建设性对话之前完成。第 19 届会议对程序作了进一步的发展。[110] 国别报告员将在接受审议的报告之外寻找其他信息，并在缔约国陈述之前，在闭门会议上报告她的调查结果，以此作为对报告的介绍。随后起草的结论性意见反映的是审议报告的会议上所表达的意见，而不是个别报告员的意见。[111]

委员会在第 35 届会议上同意，在建设性对话之后将召开小组或全体闭门会议，讨论结论性意见应反映的主要问题。只有在建设性对话期间提出的问题和关切才可以纳入结论性意见。因此，结论性意见反映的仍然是委员会认为重要的问题，而不是国别报告员的个人意见。国别报告员在秘书处的支持下准备结论性意见的第一份草案，在定稿之前还应整合委员会专家的进一步评论和贡献。[112]

第 37 届会议对工作方法进行了进一步的评估，加强了国别报告员在准备和进行建设性对话中的责任，以保证所有的成员都能及时、有意义地参与对话。国别报告员将在会议召开前 7 ~ 10 天散发简明扼要的国家简报。这些简报应包括建设性对话将要涵盖的所有关键问题。国别报告员发挥着主导作

---

[107] A/63/38，2008 年第 41 届会议，决定 41/Ⅱ，附件十，《将在结论性意见中使用的事项标题》。

[108] A/49/38，1994 年第 13 届会议，第 812 ~ 817 段。

[109] A/52/38，1997 年第 16 届会议，第 354 ~ 361 段、决定 16/I。

[110] A/53/38/Rev. 1，1998 年第 19 届会议，第 395 ~ 397 段。隆德论坛予以支持，参见隆德论坛决定（前注 31）。

[111] A/52/38，1997 年第 16 届会议，第 354 ~ 361 段、决定 16/I。

[112] A/61/38，2006 年第 35 届会议，第 397 ~ 398 段。

用，以确保所有未决的关键问题都能在后续提问中提出。国别报告员还将在全体会议上在结论性意见付诸审议和通过之前介绍其草案。所有的结论性意见都是委员会在全体闭门会议上通过的。[113]

504 建设性对话结束后，委员会将举行闭门会议，考虑结论性意见要讨论的主要议题和趋势。[114] 从2008年第42届会议开始，委员会提交大会的年度报告不再纳入结论性意见。相关意见须从联合国正式文件系统通过文件号查询。

4. 结论性意见的后续跟踪程序

作为一项规则，委员会请求缔约国以所有适当的语言广泛传播结论性意见，以引起公众讨论，促进对《公约》的执行。[115] 人权高专办在网站上公布了所有的结论性意见。为便于缔约国采取后续行动——也出于监督执行的目的，结论性意见应当足够准确，并详细说明希望缔约国做什么。委员会争取制定包含“具体、可实现的但并非开药方式的建议”的结论性意见。[116] 一个适当的后续行动机制对确保报告程序的效力至关重要，非政府组织和国家人权机构可以在其中发挥重要作用。

2004年委员会间会议首次讨论了后续跟踪程序问题，但委员会并未立即关注这个问题，因为当时它的工作任务相当繁重。[117] 不过，在第41届会议上，委员会采纳了这一程序，决定在结论性意见中请求每一缔约国在两年内向委员会提供信息，说明为执行某些具体建议所采取的措施。[118]

第45届会议上，委员会对后续程序的方法作了进一步改进。缔约国按请求应在一到两年的时间内提供信息，说明为执行后续程序选定的建议而采取的行动。[119] 一般该程序将选定两项建议。委员会的年度报告会包含已经提

---

[113] A/62/38，2007年第37届会议，第650～651段。

[114] A/52/38，1997年第16届会议，第354～361段、决定16/I。

[115] A/63/38，2008年第40届会议，附件一，决定40/I，消除对妇女歧视委员会《消除对妇女歧视委员会公约专项报告准则》，第34段。

[116] A/63/38，2008年第41届会议，第418段。

[117] A/59/254，附件，联合国大会《人权条约机构第16次主席会议报告》（2004），第16段。

[118] A/63/38，2008年第41届会议，决定41/Ⅲ。

[119] A/65/38，2010年第45届会议，第25段。

交后续程序信息的国家列表，通过人权高专办的网站也可以检索到该列表。[120] 委员会的结论性意见后续程序报告员可以作出回应，或在适当时要求进一步澄清。[121]

有效的后续程序进一步增加了报告程序的力量，使其继续成为监督《公约》执行状况的主要程序。委员会间会议将后续程序作为条约执行的关键因素，2009 年 10 月举行的委员会间会议就一系列程序问题达成了一致。[122] 关于进一步加强后续程序的建议包括召开研讨会和会议、应相关缔约国邀请进行国家访问。[123]第 22 次主席会议上建立的后续程序工作组，在主席会议的 505
间隔期间开会。[124] 非政府组织和国家人权机构在后续程序中发挥着重要作用，包括传播结论性意见，密切监督缔约国在提交报告周期内的活动，鼓励国家采取必要措施。

（五）其他实体的作用

1. 来自国家人权机构的信息

在第 32 届会议上，委员会表示它有兴趣与国家人权机构建立互动关系，并决定在下一届会议上讨论这种互动的模式。会议邀请国家人权机构的代表提供资料。[125] 在那届会议上，委员会收到了爱尔兰人权委员会的报告。因为没有确定处理这类报告的程序，委员会在与非政府组织的非正式会议期间留出一个单独部分给国家人权机构。委员会一致认为与国家人权机构互动的模式需要与其他人权条约机构的做法相协调。[126] 后来，在第 40 届会议上，它通过了一份与国家人权机构关系的声明，强调鉴于双方保护、促进、实现妇女和女童的人权的共同目标，有必要紧密合作。

---

[120] http：//www2. ohchr. org/english/bodies/cedaw/followup. htm，访问日期 2010 年 12 月 31 日。

[121] 报告员回应的信件也已公布在网站上。

[122] A/65/190，联合国大会《人权条约机构第 22 次主席会议报告》，附件一，《人权条约机构第 9 次委员会间会议》（2010），第 40（e）~（g）段。

[123] 《人权条约机构第 21 次主席会议报告》（2009）（前注 33），第 49（h）段。

[124] A/65/190，联合国大会《人权条约机构第 22 次主席会议报告》（2010），第 35（b）段。

[125] A/60/38，2005 年第 32 届会议，第 414 段。

[126] 同上注，第 426 段。

委员会指出，国家人权机构为促进在国家层面实施《公约》、保护妇女人权以及提高公众意识可以发挥重要的作用。它指出国家人权机构可以派代表参加委员会会议及会前工作组为其分配的会议，并在这些会议上口头提供信息。[127]

委员会建议国家人权机构对缔约国的报告提出评论和建议，并为委员会根据《任择议定书》开展调查任务提供信息。它邀请国家人权机构就会前工作组或委员会收到的缔约国报告提供国别信息，并在会前工作组或委员会会议专门分配给它们的时间段进行陈述。[128]

2. 来自非政府组织的信息

在委员会行使任务的过程中不可缺少额外的信息。缔约国报告往往并不全面，因为这些报告往往太过简略，只提供法律信息，欠缺对实际做法的介绍，并可能提供的是关于《公约》执行的不切实际的积极图景。应委员会
506 的邀请，[129] 一家国际性非政府组织创建了非政府组织定期提交报告的程序。目前，许多国内的、区域的和国际的非政府组织及其联盟都定期提供信息。人权高专办有关消除对妇女歧视委员会（以及所有其他条约机构）的网站包含“提供给委员会的信息”一栏，可以链接到非政府组织向每届会议提交的报告。

委员会第10届会议首次广泛讨论了非政府组织的贡献是否重要。委员会考察了来自发展中国家的非政府组织在资源有限的情况下如何参与，并指出国际非政府组织，如国际妇女权利行动观察在鼓励发展中国家非政府组织方面可以发挥促进作用。[130] 在第11届会议上，工作组报告以一般性措辞对非政府组织的贡献给予肯定。[131]

---

[127] A/63/38，2008年第40届会议，决定40/Ⅱ，附件二《消除对妇女歧视委员会关于国家人权机构关系的声明》。

[128] 同上注。

[129] 一般参见 M. Freeman, "The Committee on the Elimination of Discrimination against Women and the Role of Civil Society in Implementing International Women's Human Rights Norms" (2010) *16 New England of Intl and Comparative L* 25。

[130] A/46/38，1991年第10届会议，第389段。

[131] A/47/38，1992年第11届会议，第14段。

在第 16 届会议上，委员会决定进一步向非政府组织开放，并建议秘书处在该届会议前两天组织与非政府组织的非正式会议，如果可能的话，可以提供翻译。一些委员会成员对使用这类信息最初有些迟疑，这在报告中也有所反映。报告明确声明，这些信息“不会损害委员们的独立性，因为他们都是按照专业、正直的标准选拔出来的”，并且“非政府组织的”贡献也不应被视为交给委员会成员的秘密资料。委员会建议缔约国在准备国家报告时与非政府组织协商。它建议鼓励国际非政府组织和联合国机构、基金和计划署协助非政府组织代表参加委员会的会议。此外，它发现联合国办公室在与非政府组织合作传播关于《公约》以及委员会工作的信息方面可以发挥作用。[132]

委员会在 2010 年发表的声明中承认非政府组织在报告程序中的重要作用。它指出，建设性对话必须不只基于缔约国、联合国机构和国家人权机构提供的信息，还需要非政府组织的信息，以使对话更有建设性。委员会鼓励非政府组织提交报告，可以是关于执行《公约》规定的，或是关注某一具体问题在实施中的差距的，或是关于委员会的结论性意见的。委员会也欢迎对缔约国报告发表评论和建议。[133]

非政府组织的报告如果能及时提交委员会会前工作组审议，将非常有帮助。非政府组织受邀参加工作组的会议，发表口头陈述，对编制议题和问题清单发表意见。在整个会议期间，委员会都欢迎非政府组织提交报告、向委
员会作口头陈述、列席委员会对缔约国报告的审议。每届会议第一周和第二 507
周的首日，委员会都要和非政府组织举行公开会议。在这些会议期间，非政府组织就它们的书面报告进行口头陈述，回应委员会成员提出的其他问题。此外，非政府组织可以借非正式的午餐吹风会（边会）向委员会提供进一步的信息，这通常在审议缔约国报告的前一天举行。[134] 显然，对许多非政府组织

[132] A/52/38，1997 年第 16 届会议，第 362 段、决定 16/Ⅱ。委员会的决定是建立在广泛考察其他条约机构的实践的基础上的，参见 CEDAW/C/1997/5，消除对妇女歧视委员会《加速委员会工作的方式方法》，第 28 ~ 48 段。

[133] 与非政府组织关系声明（前注 51），第 1 ~ 6 段。

[134] 同上注，第 9 ~ 10 段。

来说，因为资源所限，无法亲自参加在日内瓦或纽约举行的委员会会议。对此，它们可以“利用新技术，如视频会议链接和网络广播”来参与。[135]

3. 秘书处的作用

由于大量报告有待处理，加之工作方法的变化，各方对秘书处的需求不断增加。[136] 为审议缔约国报告，秘书处要基于来自联合国其他来源的报告和补充统计数据、其他条约机构准备的报告、专门机构提供的信息等作出分析。秘书处提供资料，说明报告的提交状况、其他条约机构的活动及工作方法，这使得委员会能够更好地关注自己的问题，更密切地关注取得的成果、仍然存在的障碍，以及需要进一步提供资料的事项。[137]

---

[135] 同上注，第 15 段。

[136] 更多关于秘书处职能的信息，参见对第 17 条的评注。

[137] A/49/38，1994 年第 13 届会议，第 18 段。

第十九条* 509

1. 委员会应自行制订其议事规则。

2. 委员会应自行选举主席团成员，任期两年。

一　概述…………………………………………………………………… 677
二　准备工作………………………………………………………………… 678
三　委员会的实践…………………………………………………………… 678
（一）第 19 条第 1 款 ………………………………………………… 678
（二）第 19 条第 2 款 ………………………………………………… 681

一　概述

所有的人权条约机构都可以制定并修改自己的议事规则。有些条约规定了某些程序要求。例如，《公民及政治权利国际公约》第 39 条第 2 款规定了构成法定人数的成员数量，需以出席委员过半数同意作出决定。《公约》第 19 条与《消除一切形式种族歧视国际公约》第 10 条第 1 款和第 2 款完全相同。所有的人权条约都交由各自的条约机构自行确定主席团组成人数及类型。消除对妇女歧视委员会决定主席团由五位委员组成：一位主席、三位副主席和一位报告员。

---

* 特此感谢 Marie Elske Gispen 为本评注第 17、18、19、20、21 条各章提供的帮助。

二　准备工作

关于议事规则的规定源于建立一个委员会，由其审议《公约》执行情况的提议。[①]

三　委员会的实践

（一）第19条第1款

委员会应自行制订其议事规则。

委员会在1982年首届会议上制定了议事规则。[②] 在第12届会议上，委
510 员会修改了关于审议缔约国报告的工作方法，并相应地修改了议事规则。[③]
在第13届会议上，委员会要求秘书处准备规则修订草案以反映这些年来委
员会实践的发展。[④] 其中，修改后的规则须纳入委员会将阿拉伯语作为工作
语言的决定。[⑤] 其他修订包括会期、关于由主席代表委员会正式受邀参加联
合国会议的责任、审议缔约国报告、制定建议、专门机构和非政府组织的参

---

① A/C.3/34/14，附件一，联合国大会第三委员会《起草消除对妇女一切形式歧视公约全体工作组报告》（1979），第10～15页，瑞典的提议。

② A/38/45，1982年第1届会议，附件三。

③ A/48/38，1993年第12届会议，第627～633段。在第12届会议上，委员会审议了两个工作组的报告：加速委员会工作的方式方法工作组（工作组一）以及执行第21条的方式方法工作组（工作组二）。修改工作方法的决定是根据工作组一的报告作出的。另见对第21条的评注标题“三（一）1”中关于工作组的讨论。

④ A/49/38，1994年第13届会议，第811段。秘书处的提议参见消除对妇女歧视委员会《消除对妇女歧视委员会议事规则修正草案》，CEDAW/C/1995/6，附件一。

⑤ A/39/45，1983年第2届会议，第18段。参见对第30条的评注。

与。由于委员会的其他议程（包括第四次世界妇女大会）以及制定《任择议定书》，规则的修订用了多年才得以完成。《任择议定书》通过后，议事规则增加了一个部分：第三部分，《任择议定书》议事规则。2000 年在柏林召开的专家会议确定了与《任择议定书》相关的规则。[6] 委员会在第 23 届会议上通过了规则草案，经秘书处编辑，最终于 2001 年第 24 届会议通过。[7]

这次修订之后，根据《任择议定书》下的工作实践，规则又经过了进一步修改。2006 年，委员会来文工作组请求秘书处根据当时形成的做法和积累的经验对需要修改的规则进行汇编。[8] 随后，委员会对与申诉程序有关的规则作了许多修改。[9]

议事规则包括三部分。第一部分是一般规则，涉及召开会议，委员会主席团、秘书处的职责以及会议期间开展的工作。第二部分涉及报告程序和一般讨论。第三部分涉及《任择议定书》下的两项程序。

议事规则 28 ~ 40 规定了会议期间开展工作和投票的程序。规则 29 规定委员会委员的法定构成人数为 12 人。委员会意在通过协商一致作出决定，只有当用尽一切努力仍无法达成一致时才付诸投票表决。此时，由出席并投
赞成票或反对票的委员数量的简单多数作出决定（规则 31）。弃权的委员被 511
视为不投票［规则 32（2）］。委员会一般举手表决，但成员也可以要求点名表决（规则 34）。选举通过无记名投票进行（规则 39）。然而，实践中，选举主席团成员在秘密咨询委员会成员的意见后以鼓掌形式通过（第一届会议选举第一届主席是个例外）。这一在所有条约机构内普遍采取的做法遭到了评论者的批评，因为这意味着实际的决策是在正式的会议之外作出的，实际上也没有贯彻无记名投票的选举原则。

对缔约国报告的结论性意见以协商一致通过。对根据《任择议定书》

⑥ A/56/38，2001 年第 24 届会议，第 24 段。

⑦ A/56/38，2001 年第 24 届会议，决定 24/I 及附件一，《消除对妇女歧视委员会议事规则》。

⑧ A/61/38，2006 年第 35 届会议，附件九，《公约任择议定书下来文工作组第七届会议报告》，第 8（b）段。

⑨ A/62/38，2007 年第 39 届会议，第 655 ~ 661 段及附录，《议事规则修正案》。修正案通过后，并未公布包含议事规则的完整的修订文件。

作出的决定和意见，委员会也努力以协商一致通过，但委员会的委员可以对不予受理的决定和意见附加个人意见［分别是规则70（3）和规则72（6)］。[10]

除非委员会另有决定，委员会的会议应公开举行［规则28（1)］；不过，讨论缔约国报告结论性意见的会议以及会前工作组及其他工作组的会议应闭门举行，除非委员会另有决定［规则28（2)］。此外，审议来文须以闭门会议进行［规则74（1)］，与审议根据《任择议定书》第8条所作调查相关的会议也闭门举行［规则81（1)］。

委员会的正式文件可以普遍发行，除非委员会另有决定（规则43)。这意味着委员会的报告、正式决定、会前文件，以及委员会及其附属机构的所有其他的正式文件都是公开的。缔约国根据《公约》第18条提交的报告及其他信息也是公开的。自各个联合国机构推出网站之后，“公开”一词获得了全新的含义。通过联合国人权高专办的网站可以获得丰富的信息。[11] 第13届会议之后的缔约国报告以及第15届会议之后的结论性意见绝大部分都可以找到。在2008年委员会搬到日内瓦之后举行的各届会议的信息中，网站还包含了委员会的议题清单、缔约国的书面答复以及来自非政府组织的报告。人权高专办以及提高妇女地位司的网站上没有委员会前12届会议的资料，但通过联合国的其他网站可以找到一些年度报告。其他可通过网络获取的正式文件还包括委员会的议程、专门机构的报告、关于委员会工作方法的报告（“方式方法”报告）以及一般性建议。

议事规则解决的另一重要问题是建立辅助机构。规则41规定，委员会可以建立专门的辅助机构，并对它的组成及职能作出界定。这类机构可以选举自己的主席团，可以适用议事规则。委员会建立了多个工作组，例如为准备报告、审议个人来文以及审查加速委员会履行职能的方式方法而成

[10] 参见对《任择议定书》的评注。

[11] 委员会主页，http：www2. ohchr. org/english/bodies/cedaw/index. htm，获取条约机构的文件可访问 http：//tb. ohchr. org/default. aspx，访问日期2010年12月31日。

立的工作组。[12]

议事规则可以由出席会议并投票的委员会成员 2/3 多数决定作出修改。[13] 512

（二）第 19 条第 2 款

委员会应自行选举主席团成员，任期两年。

议事规则 17 重申了这一条款，并补充规定在遵守轮流任职原则的前提下，主席团成员可以连选连任。如果某位主席团成员不再担任委员会委员，她或他也将停止在主席团任职。委员会在适当考虑公平地域分配的前提下，从其成员中选举一名主席、三名副主席和一位报告员组成主席团。运用公平地域分配原则，五位成员分别来自五个地区。[14] 另外，作为惯例，主席仅限一个任期。[15]

主席的职能包括在正式邀请委员会参加的联合国会议上代表委员会，主持委员会的会议，维持会议秩序。[16] 如主席不能出席，她可以指派委员会主席团的另一名成员，或委员会的另一位委员代为出席［规则 18（3）］。主席向委员会报告她在两届会议期间的活动。直到 2005 年，年度报告对这些活动都有详细的总结。从 2005 年开始，只会提到主席在哪些会议上作了报告，不过主席的声明还是会登载在人权高专办的网站上。委员会全体成员正式出席的会议和活动包括妇女地位委员会、人权理事会、联合国大会的会议，世界大会，主席会议以及委员会间会议。主席会议为制定统一报告准则及解决保留问题等共同程序问题成立了短期工作组。多位委员根据他们的专长代表委员会参加过这类工作组。其他活动还包括为促进缔约国执行《公约》参加技术合作特派团。

---

⑫ 参见对第 17 条的评注。

⑬ 议事规则 93。

⑭ 议事规则 16。

⑮ 这一惯例的一个例外是伊万卡·科尔蒂（Ivanka Corti）担任了两届主席，这是为了保持委员会在参加第四次世界妇女大会期间的连续性。

⑯ 议事规则 30。

因为决定分为两个平行小组开展工作，为此，委员会考虑是否有必要为每一小组指定一位报告员。委员会最后一致认为，没有必要在每一小组设置报告员职位，所有的主席团成员都可以主持平行小组会议。[17]

[17] A/61/38，2006年第35届会议，第368~369段。

第二十条[*] 513

1. 委员会一般应每年召开为期不超过两星期的会议以审议按照本公约第十八条规定提出的报告。

2. 委员会会议通常应在联合国总部或在委员会决定的任何其他方便地点举行。

一　概述…………………………………………………………… 683
二　准备工作……………………………………………………… 684
三　委员会的实践………………………………………………… 685
（一）“委员会一般应每年召开为期不超过两星期的会议……”
…………………………………………………………… 685
（二）“……以审议按照本公约第十八条规定提出的报告” ……… 688
（三）“委员会会议通常应在联合国总部或在委员会决定的任何
其他方便地点举行” ………………………………… 689

一　概述

第 20 条规定了委员会会议的频次和地点。它将委员会的会议时间限定在为期不超过两周。这在联合国条约体系中是独一无二的，其他条约没有哪

---

* 特此感谢 Marie Elske Gispen 为本评注第 17、18、19、20、21 条各章提供的帮助。

个会规定监督机构的会议时间。随着缔约国数量的增加，一年两周的会议显然不足以完成审议所有报告以及委员会的其他工作。在《任择议定书》生效之后，这就更成问题了。

延长委员会的会议时间需要修改每年“不超过两星期”的条款。尽管已经提出了修改议案,[①] 但截至 2010 年，尚未达到所需要的缔约国批准数。尽管如此，联合国大会决议已经给予委员会额外的会议时间。此外，第 20 条和与之类似的条约规定还有所不同，其他条款概括性地规定监督机构应履行条约规定的职责，而不是专门提到审议报告。然而，这一限制没有阻碍委员会扩展工作议程和计划。

514

二　准备工作

对由什么性质的机构来监督《公约》的问题经历了激烈的讨论。直到最后阶段，是委任给妇女地位委员会还是应成立一个专门的条约机构的问题才得以解决。各种各样的提案涉及机构的建立以及许多后勤问题（包括会议时间)，最后一版决定用一个单独条款规定会议时间。该条款将会议时间限定在“不超过两星期”，这是伊朗代表在妇女地位委员会第 26 届会议上，参考《禁止并惩治种族隔离罪行国际公约》第 9 条的规定提出的建议。根据《种族隔离公约》的规定，由人权委员会三名成员组成的小组在不超过五天的时间内审议国家的报告。根据这一模式，可以从妇女地位委员会中选取专家，不用建立单独的消除对妇女歧视委员会[②]——有限的成员数量和有限的时间最终将无法持续，很快《公约》即迎来大量缔约国以及随之而来的缔约国报告。然而，妇女地位委员会提交第三委员会的文本还是包含了这一对会议时间的限制。[③] 瑞典提供了一份替代性建议，提议建立一个独立专

① CEDAW/SP/1995/2，《缔约国的报告》(1995)，第 4 ~ 8 段。

② E/CN. 6/591，第 186 段。

③ E/CN. 6/608 (1976)，第 189 ~ 192 段。

家委员会,[④] 大体上参考了《消除一切形式种族歧视国际公约》第9条的模式，该建议中也纳入了两个星期的会议时间限制。

为了能在1980年举行的第二次世界妇女大会上开放签字，第三委员会需在1979年底之前完成《公约》，因而压力很大。[⑤] 这导致对不同提议在未经深入讨论的情况下就进行了投票，由此很有可能通过一些包含看上去内容不合逻辑的条款。两个星期这样有限的会议时间对工作组在妇女地位委员会年度会议之前召开的会议可能是适当的，但对与消除种族歧视委员会和人权事务委员会相类似的人权条约机构来说并不适当。准备工作没有反映为什么关于建立委员会的替代性提议也包含了两个星期的会议时间。

三　委员会的实践

(一)“委员会一般应每年召开为期不超过两星期的会议……”

随着缔约国以及报告数量的增加，委员会需要比一年召开一次两周的会
议更多的时间来完成它的任务。从1987年《公约》拥有92个缔约国起，
委员会便开始采取各种适度的特别措施。在第6届会议上，委员会认为，
“作为例外延长会议时间与《公约》第20条并不冲突”,[⑥] 于是决定请求延
长会期。联合国大会同意了该请求,[⑦] 于是第7届会议的会期便延长了4天 515
(召开了8次会议)。在第8届会议上，委员会决定成立一个会前工作组，

④ A/C.3/34/14，联合国大会《起草消除对妇女一切形式歧视公约全体工作组报告》(1979)，附件一。

⑤ 另见 M.E. Galey, “International Enforcement of Women's Rights” (1984) 6 *Human Rights Quarterly* 463,481。

⑥ A/42/38，1987年第6届会议，第52、580段，决定1。

⑦ A/RES/42/60，联合国大会第42/60号决议（1987年11月30日），第13段。其中允许委员会“作为例外，在1988年常会上举行不超过8次额外的会议，以加速审议已经提交给它的报告”。

负责审议报告的准备工作。[⑧] 在第 10 届会议上，委员会再次请求增加 4 天的会议时间，并建议缔约国应当考虑该问题，寻求一个长期解决方案（包括修改第 20 条）。[⑨] 联合国大会允许委员会在 1993 年和 1994 年召开为期三个星期的会议，[⑩] 但并未对有关修改第 20 条第 1 款的建议作出回应。

委员会成员提出的一个理由是，它需要审议的缔约国报告比其他条约机构多很多。[⑪] 1994 年，委员会注意到临时延长会期不足以应付积压的待审报告，并重申了通过修改第 20 条寻求结构性解决方案的建议。它进一步建议联合国大会，在完成修正程序之前，授权委员会于 1995 年开始在 1996～1997 年两年间，作为例外，每年举行两次为期三个星期的会议，并在每次会议前召开会前工作组会议。[⑫] 联合国大会的回应是建议《公约》缔约国考虑修改第 20 条，以便委员会有足够的会议时间。[⑬] 但 1995 年和 1996 年分别召开两次会议的请求没有获得批准。

在第 14 届会议上，委员会通过了第 22 号一般性建议，其中它：

> 1. 建议缔约国积极考虑修正《公约》第 20 条关于委员会会议时间的部分，让委员会年度会议的时间足够其有效履行《公约》规定的职能，除大会另有决定外，不作具体限制；
>
> 2. 建议大会在修正过程完成之前，授权委员会作为例外在 1996 年举行两届会议，每届会议为期三周，并举行会前工作组会议；
>
> 3. 建议缔约国会议听取委员会主席关于委员会履行职能方面面临的种种困难的口头报告。[⑭]

上面所引的段落中提及的声明由委员会主席伊万卡·科尔蒂交给了缔约

⑧ A/44/38，1989 年第 8 届会议，第 22 段。

⑨ A/46/38，1991 年第 10 届会议，第 377～378 段。

⑩ A/RES/47/94，联合国大会第 47/94 次决议（1992 年 12 月 16 日），第 13 段。

⑪ A/49/38，1994 年第 13 届会议，第 796 段。

⑫ 同上注，第 13～14 段。

⑬ A/Res/49/164，联合国大会第 49/164 号决议（1994 年 12 月 23 日），第 8 段。

⑭ A/50/38，1995 年第 14 届会议，第 1～2 页。

国会议。芬兰在许多缔约国的支持下提出了一个修改第 20 条第 1 款的决议草案。缔约国会议通过的修正案内容如下：

> **委员会通常每年开会，以便审议按照本公约第 18 条提出的报告。委员会的会期应由本公约缔约国会议决定，并经大会核可。**[15]

这一呼吁得到了第四次世界妇女大会的支持,[16] 同时修正提案获得了联 516
合国大会的正式支持。联合国大会敦促《公约》缔约国采取适当措施，尽快达到使修正案生效所需的 2/3 多数。[17] 尽管修正案获得了政治机构的广泛支持，但 15 年后，186 个缔约国中只有 60 个缔约国，即不到 1/3 的缔约国接受了修正案。[18] 无奈，委员会只好依赖联合国大会的授权来争取额外的会议时间。这些年来，委员会获得延长会议时间的授权几乎已成为一种制度，1997 ~2005 年允许委员会每年召开两次会议（2002 年召开了三次），2006 年则增加到每年三次。[19]

2002 年朝着每年召开三次会议迈出了第一步。应委员会的请求,[20] 联合国大会授权它举行一次为期三周的特别会议，“全部用于审议缔约国报告，以减少报告积压”。[21] 报告积压构成阻碍缔约国按时提交报告的“不利因素”。[22] 随后，在 2005 年，委员会请求从 2006 年 1 月起每年召开三次会议，并请求授权其中部分会议以平行工作组的方式审议报告。[23] 联合国大会同

---

⑮ CEDAW/SP/1995/2，附件，《缔约国的报告》（1995）。

⑯ A/CONF. 177/20 & Add. 1，《1995 年 9 月 4 日 ~15 日北京第四次世界妇女大会报告》（1995 年 10 月 7 日），第一章，决议 1，附件二，第 230（j）段。

⑰ A/RES/50/202，联合国大会第 50/202 号决议，第 6 段。《公约》第 26 条规定，联合国大会应当决定一项关于修改公约的请求该如何处理；《公约》本身没有要求 2/3 多数。

⑱ 关于缔约国批准第 20 条第 1 款修正案的完整列表可见 http：//treaties. un. org，2010 年 12 月 31 日访问。联合国大会一直促请接受修正案，例如 A/RES/64/138，联合国大会第 64/138 号决议（2009 年 12 月 18 日），第 9 ~10 段。

⑲ 获取会议报告可访问 http：//treatybodyreport. org/cedaw - ars. html，访问日期 2010 年 12 月 31 日。

⑳ A/56/38，2001 年第 25 届会议，决定 25/I。

㉑ A/RES/56/229，联合国大会第 56/229 号决议，2001 年 12 月 24 日，第 13 段。

㉒ A/59/38，2004 年第 30 届会议，第 420 段。

㉓ A/60/38，2005 年第 33 届会议，决定 33/I。

意，作为一种临时措施，委员会可以召开三次为期三周的会议，并同意作为例外和临时措施，可以以平行工作组的形式召开不超过七天的会议。[24] 在第37届会议上，委员会在评估待审的积压报告、预计未来可能收到的报告以及根据《公约》和《任择议定书》需承担的其他责任等工作量后，决定使用平行工作组开展工作。委员会的结论是，委员会每年需要举行三届会议，其中至少有一届将分组举行。[25] 联合国大会的回应是，作为例外和临时措施，同意委员会在2008~2009年举行五次会议，其中有三次可以举行平行会议。更为重要的是，联合国大会授权委员会在第20条第1款的修正案生效之前，作为一种过渡措施，从2010年1月开始，每年举行三届、每届为
517 期三周的会议。每届会议之前还可以召开为期一周的会前工作组会议。此外，根据《任择议定书》成立的来文工作组也可以举行三次年度会议。[26] 这种情况看上去像是结构性解决方案——但理论上联合国大会还可以推翻它。

（二）"……以审议按照本公约第十八条规定提出的报告"

虽然第17条称"为审查执行本公约所取得的进展起见，应设立一个委员会"，但第20条第1款似乎将会议目的限定为审议报告。《公约》在第21条规定了委员会的其他职能，包括起草向联合国大会提交的报告，根据报告审议情况提出意见和建议。《任择议定书》的生效对委员会的议程产生了重要影响。委员会的议程和年度报告显示除审议报告外，委员会在审议有关执行《公约》进展的更一般的问题上花费了相当多的时间。例如，交换活动信息、讨论工作方法、制定一般性建议、制定关于具体问题的声明。

关于扩展会议时间的大会决议只提及"审议缔约国报告"，而不包括委员会所称的根据《公约》承担的"其他责任"。[27] 显然，委员会也将这些会议时间用来制定一般性建议和声明。

㉔ A/RES/60/230，联合国大会第60/230号决议，2005年12月23日，第14~17段。

㉕ A/62/38，2007年第37届会议，决定37/I。

㉖ A/RES/62/218，联合国大会第62/218号决议，2007年12月22日，第14~15段。

㉗ A/62/38，2007年第37届会议，决定37/I。

（三）“委员会会议通常应在联合国总部或在委员会决定的任何其他方便地点举行”

因为一些后勤问题，委员会无法在纽约举行第1届会议，加之经济及社会理事会希望委员会尽快开始工作，所以它的首届会议安排在维也纳举行。首届会议由提高妇女地位司在维也纳国际中心组织召开。[28] 从第4届会议开始，委员会在维也纳和纽约轮流举行会议，纽约的会议一般安排在《公约》缔约国举行会议的年份。[29] 助理秘书长建议委员会结合维也纳社会发展和人道主义事务中心对委员会工作的支持，重新考虑这一决定。委员会拒绝了这一建议，因为完全在维也纳开会需要修改议事规则；此外，委员们指出在联合国总部有它的会议设施和宣传机构，并且大多数缔约国都在纽约有常驻使
团。[30] 在委员会的第7届会议上，这个请求又被提了出来；出于预算方面的 518
考虑，联合国大会邀请委员会及缔约国未来在维也纳举行会议。[31] 提高妇女地位司司长解释道，如果委员会能在它的实体机构所在地，即维也纳开会，服务委员会的成本会有所降低。[32] 委员会评论说，成本方面的差异可以忽略不计（总计900美元），重申它倾向于在纽约举行会议，而不是只在维也纳举行。它进一步指出，在日内瓦举行一些会议也很有帮助，这样可以与其他条约机构建立更紧密的关系，还可以获得法律建议和协助。[33]

1993年，委员会的秘书处从维也纳搬到纽约，1994～2007年委员会所有的会议都是在纽约举行的。随着2008年秘书处搬到日内瓦，[34] 委员会的会议开始在日内瓦举行，其中每年有一届在纽约举行。委员会表示这么做有助于促进并鼓励委员会与联合国性别平等机构之间的合作。[35]

---

[28] A/38/45，1982年第1届会议，第7段。

[29] A/39/45，1983年第2届会议，第6段。

[30] A/40/45，1985年第4届会议，第19～21段。

[31] A/RES/42/60，联合国大会第42/60号决议（1987年11月30日），第14段。

[32] A/43/38，1988年第7届会议，第4段。

[33] 同上注，第57段。另见第7号一般性建议，第2段。

[34] 参见对第17条的评注。

[35] A/62/38，2007年第39届会议，决定39/I。

519 第二十一条*

1. 委员会应就其活动，通过经济及社会理事会，每年向联合国大会提出报告，并可根据对所收到缔约各国的报告和资料的审查结果，提出意见和一般性建议。这些意见和一般性建议，应连同缔约各国可能提出的评论载入委员会所提出的报告中。

2. 秘书长应将委员会的报告转送妇女地位委员会，供其参考。

一　概述…………………………………………………………… 690

二　准备工作……………………………………………………… 691

三　委员会的实践………………………………………………… 692

（一）第 21 条第 1 款 ……………………………………………… 692

1. 评估缔约国的报告 ……………………………………… 694

2. 一般性建议 ……………………………………………… 696

3. 声明 ……………………………………………………… 697

（二）第 21 条第 2 款 ……………………………………………… 698

一　概述

第 21 条规定了两个不同的主题。首先，委员会必须每年向联合国大会

* 特此感谢 Marie Elske Gispen 为撰写本评注第 17、18、19、20、21 条各章提供的帮助。

报告它的活动。所有的人权条约都规定了这一条款，但不是所有的条约都写了经济及社会理事会的作用。《公约》是唯一规定委员会年度报告也应向妇女地位委员会转交的条约，但仅限于“供其参考”。第二个主题是根据对缔约国报告的审查结果提出“意见和一般性建议”。在最初几年中，委员会曾就这一规定的范围进行了讨论，特别是委员会是否有权评估或评价某个缔约国执行《公约》的表现。虽然最初委员会认为它只可以制定针对所有缔约国的一般性建议，但从 1994 年开始，委员会开始制定针对个别国家的包含意见和建议的结论性意见（过去许多年一直被称为“结论性评论”）。

二　准备工作 520

对《公约》执行情况的报告与对监督机构性质的讨论紧密联系在一起。① 一些提案建议妇女地位委员会是最适当的机构，可以规定每四年向妇女地位委员会的母体机构经济及社会理事会提交报告，报告对《公约》的执行状况。② 替代性的提议建议成立一个独立的专家委员会，将委员会的年度报告通过秘书长转交联合国大会。后面这一提议包括制定意见和一般性建议、对缔约国进行评论的可能性，但没有提到妇女地位委员会的作用。③ 在讨论中，联邦德国评论道，应当确保妇女地位委员会与委员会之间的密切合作。④

妇女地位委员会通过的《公约》草案规定，妇女地位委员会成立一个专门小组，向其报告活动情况，包括根据对缔约国报告的审议提出的一般性建议。然后，妇女地位委员会将该报告连同它自己的评论转交经济及社会理事会。经济及社会理事会将定期向联合国大会提交报告，包

① 参见对第 17 条的评注。

② E/CN. 6/574（1974），第 17 页。

③ 同上注，第 19 页。

④ E/CN. 6/591（1976），第 182 段。

含一般性的建议以及从缔约国和专门机构收到的信息的摘要。[5] 联合国大会第三委员会收到了多种草案版本。按照建立一个独立专家委员会的决定，[6] 最终确定应将年度报告通过经济及社会理事会转交联合国大会，同时转给妇女地位委员会供其参考。

准备工作没有对将报告提交联合国大会的具体动机进行讨论。在起草《公民及政治权利国际公约》期间的讨论显示，提交年度报告的目的在于巩固条约机构与联合国之间的关系。[7]

三　委员会的实践

（一）第21条第1款

> 委员会应……通过经济及社会理事会，每年向联合国大会提出报告……

委员会选举一名报告员，任期两年，选举时考虑公平的地域代表性。[8]
委员会在每届会议结束时通过报告。[9] 秘书长向经济及社会理事会就委员会
521 会议的结果提交一份说明，预告它将向联合国大会递交会议报告。[10] 这指的
是委员会最近几届会议结果的报告（可以在线获得）以及委员会提交联合

⑤ E/CN. 6/608（1976），第192～202段。

⑥ A/C. 3/34/14（1979），附件一，联合国大会《起草消除对妇女一切形式歧视公约全体工作组报告》，第10～15页。

⑦ M. Nowak, *UN Convention on Civil and Political Rights: CCPR Commentary*, 2nd edn.（2005），p. 793.

⑧ 议事规则16、17。

⑨ 在第2届会议结束之际，委员会未能通过一份完整的报告。参见A/39/45，Vol. 2，1984年第3届会议，第7～12段。

⑩ E/2010/74（2010）.

国大会的年度报告。[11] 经济及社会理事会未安排单独的议程来讨论委员会的报告，但当理事会审议妇女地位委员会关于第四次世界妇女大会后续报告以及联合国大会第23届特别会议后续报告时，就会涉及讨论委员会报告的问题；妇女地位委员会在这些会议中发挥着主导和协调作用。[12] 经济及社会理事会强调，这些政治会议的结果文件的后续行动与履行《公约》的义务"在实现性别平等与妇女赋权上是相辅相成的"。[13]

大会每两年在第三委员会讨论委员会的报告，议程的标题为"提高妇女地位"而非"促进人权"，后者讨论的是其他条约机构提交的报告。该标题下还包括其他不同的内容，如对《北京宣言》和北京《行动纲领》的执行、暴力侵害妇女问题特别报告员的报告以及联合国妇女发展基金（UNIFEM）的报告。第三委员会收到的是委员会年度报告以及秘书长关于《公约》批准与保留情况的报告。[14] 秘书长的报告还包括委员会审议缔约国报告的进展，以及缔约国对报告义务的遵守情况。联合国大会在决议中通常会鼓励尚未批准《公约》的国家批准《公约》，敦促缔约国遵守其义务，并考虑委员会的结论性意见和一般性建议。决议还呼吁缔约国尽一切努力按时提交报告，而即便不提醒，根据《公约》这也构成一项义务。[15]

……就其活动……

《公约》没有规定委员会向大会提交的报告的内容，但报告必须与委员会的活动有关。[16] 年度报告是反映委员会各方面工作的非常有价值的信息来源。它详细提供了委员会的工作方法、委员会的决定、声明和一般性建议。

---

[11] 例如，E/2010/74（2010）提到了E/CN.6/2010/CRP.2。前五份年度报告作为补充第45号文件公布，之后的报告作为联合国大会正式记录补充第38号文件公布。

[12] E/CN.6/2010/11（2010），第54～87段。另见《执行北京宣言和行动纲领五年评估》2000年6月5日至9日，包含更多关于联合国大会第23届特别会议的信息。

[13] 经济及社会理事会第2009/15号决议（2009年7月28日），序言。

[14] A/64/342，秘书长的报告《消除对妇女一切形式歧视公约的状况》（2009）。

[15] A/RES/64/138，联合国大会第64/138号决议（2009年12月18日）。

[16] 参见对《任择议定书》的评注，关于要求在年度报告中增加委员会根据《任择议定书》开展活动的摘要。

从第42届会议开始，报告中不再包括结论性意见，而是公布在联合国人权
522 高专办的网站上。[17] 报告包含批约状况、缔约国报告的提交和审议情况、委员会成员及其附属机构的组成等组织事项。

委员会……可根据对所收到缔约各国的报告和资料的审查结果，提出意见和一般性建议。

1. 评估缔约国的报告

在工作的早期阶段，委员会成员对应如何根据第21条履行其职责并无共识。为此，委员会请求联合国法律事务办公室提供意见。在第5届会议上，办公室的一位代表解释了“意见和建议”这一术语。由于准备工作对此没有任何指南，他参考了《消除一切形式种族歧视国际公约》类似术语通过时的背景，委员会可以以此为指导。这表明，委员会根据缔约国报告作出建议时可以很灵活，对这些建议是应该针对一般情况还是具体情况，或是针对所有缔约国作出具有一般性质的建议没有限制。他还指出，委员会的议事规则46的范围与《公约》第21条的范围相比更为有限。[18] 在一个工作组讨论之后，委员会一致同意一般性建议可以根据对缔约国报告的审议结果作出，也可以针对所有缔约国作出。[19]

委员会在第6届会议上广泛讨论了它是否应在报告中纳入一般性评价缔约国报告的段落。加速委员会工作的方式方法工作组（工作组一）建议在提问阶段的最后纳入一个一般性评估段落。虽然一些委员认为这样一个段落可以鼓励缔约国采取行动，对起草后续报告也有帮助，但其他委员认为概括性段落可能无法准确描述委员会对报告的观点。反对的委员还对委员会能否达成一致立场表示怀疑。经过一番讨论，委员会决定在适当的时候，在审议缔约国的报告后给出一般性意见。如果委员会不能达成一致，它最多会说已

---

⑰ 与之相反的是议事规则42（称年度报告应包含委员会关于每一缔约国报告的结论性评论）。

⑱ A/41/45，1986年第5届会议，第359段。

⑲ 同上注，第362段（审议了一个无期限工作组的意见，创建该工作组是为了提出提高效率的方法）。

收到报告并进行了审议，但还有些问题尚未得到解决，应尽量避免令人沮丧的评论。[20]

在同一届会议上，执行第21条的方式方法工作组（工作组二）一致同意，一般性建议和意见可以针对所有缔约国，但在对委员会是否有权向某个缔约国提出意见方面产生了分歧。[21] 有人指出，这与讨论结束时的一般性段落不同。最终，委员会同意在适当情况下，可以在审议某个缔约国提交的报告和相关信息后发表意见和一般性建议。然而，这一决定并非以协商一致达 523
成，反对的成员坚持要求将他们的反对意见反映在年度报告中。[22]

结果，在这届会议上，委员会首次讨论了在年度报告中纳入评论缔约国报告的一般性段落。因为已一致同意在第6届会议的年度报告中真实反映所有的提议，所以所有的草案最终都撤回了，已经通过的对希腊的评论除外。[23] 从这届会议开始，所有的报告都以类似的结构结束：“委员会”或“委员会的成员”对许多做法表示肯定，并对在后续报告中提供信息提出了具体的请求。[24]

第10届会议又重新讨论了这个问题，但并未得出明确的结论。[25] 三年以后，委员会正式决定按照其他条约机构的做法，对审议缔约国报告作出结论性评论，它还确定了准备这些评论的程序。[26] 这是向前迈出的重要一步。委员会作为一个整体制定结论强化了报告程序促进《公约》执行状况的作用。结论性意见使义务范围更为具体，并成为准备后续报告的基础。此外，结论性意见也成为委员会衡量进步、辨别趋势的工具。非政府组织和国家人

---

[20] A/42/38，1987年第6届会议，第42、44、45段。

[21] 同上注，第56段。

[22] 同上注，第57~60段。另见A. Byrnes,“The ‘Other’ Human Rights Treaty Body:The Work of the Committee on the Elimination of Discrimination against Women”(1989)14 *Yale J Int'l L* 1,43－44; E. Evatt,“Finding a Voice for Women's Rights:The Early Days of CEDAW”(2002)34 *George Washington Intl L Rev* 515,532－533。

[23] A/42/38，1987年第6届会议，第54段。

[24] 一般参见A/42/38，1987年第6届会议。

[25] A/46/38，1991年第10届会议，第392段。

[26] A/49/38，1994年第13届会议，第812段。其中有一名委员仍然持反对意见，参见CEDAW/C/SR. 255。关于制定结论性意见的程序的更多信息，参见对第18条的评注。

权机构也可以利用这些结论性意见在国家层面发挥它们各自的作用。最后，结论性意见也是委员会法理的基本组成部分，成为所有缔约国了解《公约》义务内容的指南。

2. 一般性建议

委员会在决定它可以制定一般性建议后，在第 5 届会议上制定了首个关于第 18 条的一般性建议。[27] 它还通过了一项建议，大意是缔约国可以考虑建立公共机构，确保消除对妇女的歧视。[28] 此外，它还通过了“一般性评论”，反映“委员会许多委员”关于农村妇女的看法。[29] 在第 6 届会议上，委员会决定成立一个关于执行第 21 条的方式方法的常设工作组。[30]

在第 9 届会议上，关于第 21 条的工作组审议了 6 份一般性建议草案，其中 2 份提交委员会批准：关于女性割礼与关于在预防和控制艾滋病的国家
524 战略中避免歧视妇女。[31] 在第 10 届会议上，委员会通过了关于城乡家庭企业中的无酬女工的第 16 号一般性建议、关于妇女无偿家务劳动的衡量和定量及其在国民生产总值中的确认的第 17 号一般性建议，以及关于残疾妇女的第 18 号一般性建议。[32] 这些一般性建议很简洁且针对具体议题，在《公约》语境中解释这些问题，常常要求缔约国收集统计数据，并包含改善妇女状况的一般建议。

在第 10 届会议上，委员会决定作为对通过一般性建议的准备工作，就《公约》条款编写评论意见。委员会要求秘书处根据缔约国报告、委员会的报告、内罗毕前瞻战略、其他联合国文件以及来自专门机构和非政府组织的报告，准备背景文件。[33] 这一做法使得通过的一般性建议更加具体、更加全面。这一新方法在制定关于暴力侵害妇女的第 19 号一般性建议时

㉗ A/41/45，1986 年第 5 届会议，第 362 段。

㉘ 同上注，第 363 段。

㉙ 同上注，第 365 段。

㉚ A/42/38，1987 年第 6 届会议，第 28、37 段。

㉛ A/45/38，1990 年第 9 届会议，第 42 ~ 48 段；报告附件四通过的文本。

㉜ A/46/38，1991 年第 10 届会议，第 1 ~ 3 段。

㉝ 同上注，第 380 ~ 381 段。

首次使用。

1997 年，委员会决定在制定一般性建议时分三个阶段。第一个阶段由委员会、非政府组织或其他利益攸关方就一般性建议的主题进行公开对话。然后，委员会的一位委员将起草一般性建议，拿到委员会（全体闭门会议上）讨论。在下一届会议上，委员会通过修订后的草案。[34] 在 2010 年发表的关于非政府组织的声明中，委员会重申鼓励非政府组织为拟议中的一般性建议作出贡献，并在它们的工作中使用委员会的一般性建议。[35] 起草和通过一般性建议的过程可能要花若干年才能完成。

在起草关于移徙妇女的一般性建议的最后阶段，委员会与移徙工人委员会通力合作，召开了一个联合会议。[36] 委员会间会议和主席会议承认，就共同议题探索制定联合一般性建议的可能性将大有裨益。[37]

3. 声明

除一般性建议外，委员会还通过了许多声明，以澄清委员会“就与执
行《公约》有关的重大国际事态发展和议题的立场”。[38] 声明可能针对某个 525
专门议题或某个缔约国的局势。例如，委员会通过了一个关于伊拉克妇女状况的声明，专门讨论了立法中的妇女不平等地位；[39] 关于 2010 年 1 月海地大地震之后的局势；[40] 关于让阿富汗妇女参与阿富汗建设和平、安全和重建

---

[34] CEDAW/C/2009/Ⅱ/4，附件三，消除对妇女歧视委员会《消除对妇女歧视委员会与报告程序有关的工作方法概述》（2009），第 33～35 段。

[35] A/65/38，2010 年第 45 届会议，附件五，决定 45/VI，《消除对妇女歧视委员会关于它与非政府组织的关系的声明》，第 13 段。

[36] A/63/38，2008 年第 40 届会议，第 411 段。最后文本感谢了保护所有移徙工人及其家庭成员权利委员会对准备第 26 号一般性建议的贡献，参见 A/64/38，2008 年第 42 届会议，附件一，决定 I。

[37] A/63/280，附件，联合国大会《人权条约机构第 20 次主席会议报告》（2008），第 42（s）

[38] A/59/38，2004 年第 31 届会议，附件十，消除对妇女歧视委员会《审查消除对妇女歧视委员会现行工作方法》，第 34 段。

[39] A/59/38，2004 年第 31 届会议，附件二。

[40] A/65/38，2010 年第 45 届会议，附件二，决定 45/Ⅲ，《消除对妇女歧视委员会关于海地局势的声明》。

进程的声明。[41] 专门议题的声明包括保留[42]、条约机构改革[43]、性别与气候变化[44]。

（二）第 21 条第 2 款

《公约》只为妇女地位委员会规定了非常有限的作用，大体上只是它可以收到委员会的报告，“供其参考”。妇女地位委员会没有专门讨论《公约》，而只在与第四次世界妇女大会及其后续行动有关的议程中提到《公约》。例如，在妇女地位委员会第 53 届会议上，它讨论了男女共担家庭责任的问题，包括对艾滋病毒、艾滋病患者的照顾。秘书处准备的背景文件在提及其他文件时回顾了《公约》的相关规定，并一般性地建议全面执行《公约》。[45] 妇女地位委员会的商定结论重申《公约》提供了一个法律框架，以及促进男女平等分担家庭责任的一套综合措施；敦促批准《公约》，限制保留范围，撤回与《公约》目的和宗旨相违背的保留；全面执行《公约》，制定有效的国家立法、政策和行动计划。[46]

委员会可以对妇女地位委员会的某些具体议程提出意见。在妇女地位委员会 2010 年举行的“北京 +15”会议上，委员会通过了一项声明，回忆了国家在《北京宣言》和北京《行动纲领》中所作的承诺，重申了结果文件与《公约》之间的密切联系。委员会强调各国必须采取更多行动，确保妇女有诉诸司法的途径，包括通过司法系统和执法行动促进妇女主张权利的能
526 力；确保废除所有歧视性法律，国家应恪尽职守，追究个人行为者实施的侵

㊶ A/65/38，2010 年第 45 届会议，附件三，决定 45/IV，《消除对妇女歧视委员会关于让阿富汗妇女参与阿富汗建设和平、安全和重建进程的声明》。

㊷ A/53/38，1998 年第 19 届会议，第 47～50 段，《消除对妇女歧视委员会关于对〈消除对妇女一切形式歧视公约〉的保留的声明》。

㊸ A/61/38，2006 年第 35 届会议，附件一，第 4 段，《消除对妇女歧视委员会的声明：走向协调统一的人权条约机构体系》。

㊹ A/65/38，2009 年第 44 届会议，附件二，决定 44/Ⅱ，《消除对妇女歧视委员会关于性别与气候变化的声明》。

㊺ E/CN. 6/2009/2，秘书长的报告《男女平等分担责任，包括对艾滋病毒、艾滋病患的照料》（2008）。

㊻ E/CN. 6/2009/15（2009），妇女地位委员会《关于男女平等分担责任，包括对艾滋病毒、艾滋病患的照料的商定结论》，第 3 段、第 15（b）段。

犯行为。[47]

委员会在许多场合讨论过它与妇女地位委员会的关系。在第 24 届会议上，委员会决定与妇女地位委员会发展更紧密的关系。在这一点上，它提请注意，委员会成员愿意作为专家出席为筹备妇女地位委员会会议而召开的专家小组会议，也愿意在妇女地位委员会开会期间担任专家小组成员。[48] 妇女地位委员会当然可以就其议程中的问题征询委员会的意见。妇女地位委员会曾收到秘书长关于任命一位针对歧视妇女的法律问题的特别报告员是否可行的报告，它邀请委员会就补充现有工作机制的最佳方式方法以及提升妇女地位委员会处理歧视性法律的能力发表看法。[49] 委员会作了积极回应，表示它可以提出审议有关主题的分析报告，特别是会参考委员会在相关方面的结论性意见。委员会还表示它的专家可以参加与妇女地位委员会审议主题相关的任何小组讨论。[50]

---

[47] A/65/38，2010 年第 45 届会议，决定 45/V，《消除对妇女歧视委员会关于〈北京宣言〉和〈行动纲领〉15 年期审查的声明》，第 6 段。

[48] A/56/38，2001 年第 24 届会议，决定 24/Ⅲ，消除对妇女歧视委员会《与妇女地位委员会的联系》。

[49] E/CN. 6/2006/15（2006），第 20 ~ 21 页；E/CN. 6/2006/8，秘书长的报告《任命一名歧视妇女法律问题特别报告员是否适当》。

[50] A/61/38，2006 年第 36 届会议，第 641 ~ 642 段。

527

第二十二条*

各专门机构对属于其工作范围内的本公约各项规定，有权派代表出席关于其执行情况的审议。委员会可邀请各专门机构就在其工作范围内各个领域对本公约的执行情况提出报告。

一　概述…………………………………………………………………… 700
二　准备工作………………………………………………………………… 701
三　委员会的实践…………………………………………………………… 701

一　概述

多年来，委员会根据第22条开展的活动已经有了长足发展。文本仅仅提到了专门机构，但按照现行做法，委员会还邀请联合国的其他实体提交报告。在早期，委员会在审议缔约国报告时，没有请专门机构提交国别信息，因为一些委员认为这么做超越了委员会的职责范围。渐渐的，委员会允许这些机构在报告程序中发挥更大的作用。它不仅欢迎国别信息，也欢迎为会前工作组提供信息。此外，委员会认为专门机构在协助缔约国在国家层面执行《公约》方面是很有价值的合作伙伴。

* 特此感谢 Marie Elske Gispen 为本评注第17、18、19、20、21、22条各章提供的帮助。

二 准备工作

第三委员会工作组讨论中涉及的主要问题，首先是专门机构提交的报告
的作用，一些国家认为这些报告提交给监督机构只能供其参考。① 其次，工
作组指出专门机构提供的信息应以《公约》为中心，而不是该机构制定的
条约。再次，有人提出专门机构是否有义务递交报告。工作组通过的关于第
22 条的文本没有规定由哪个机构来接收报告。② 因此，最终的文本将请求提
交报告的主动权留给委员会，但没有规定对专门机构来说这是权利还是义 528
务。在早期草案中提到的专门机构参与《公约》在国家层面的执行以及由
它们提供技术援助的可能性没有写入最后文本。③

三 委员会的实践

在委员会工作的早期阶段，关于根据第 22 条提供的国别信息可否被用于审议缔约国报告存有争议。一些委员认为这超越了委员会的职权。在第 2 届会议上，委员会协商一致决定邀请从事相关活动的专门机构准备可能促进《公约》执行的方案及其他信息的报告。④ 这一决定没有规定哪些专门机构在第 22 条规定的范围之内，也没有说明委员会将如何处理这些信息。

从 20 世纪 80 年代开始，委员会进一步开发了专门机构的作用。委员会邀请它们就其从事的可能促进《公约》执行的方案和活动提交报告。它进一步邀请它们提供缔约国提交专门机构的涉及《公约》相关条款且属于委

① 在这一阶段，尚未确定由哪个机构来审议《公约》的执行情况。

② A/C. 3/34/14，联合国大会第 34 届会议，第三委员会《起草消除对妇女一切形式歧视公约全体工作组报告》(1979)，第 15 段。

③ 参见第三委员会工作组报告中的最初草案文本（前注 2），附件一，第 15 段。

④ A/39/45/Vol. 1，1983 年第 2 届会议，第 25 段。

员会工作议程框架内的其他信息。⑤ 委员会并未请求专门机构提供它们自己关于缔约国情况的资料，而是转交它们收到的缔约国提供的信息。接下来的一个步骤是邀请专门机构开展活动以保证在其职权范围内更广泛地实施《公约》。⑥ 这一阶段，二者的关系被描述为“令人极端失望”。专门机构提交委员会的数量有限的报告很少具体提及《公约》，因此在审议缔约国报告中的作用非常有限。与此同时，委员会只在很有限的范围内使用专门机构的报告，主要用于报告的背景信息。⑦

在20世纪90年代早期，委员会决定创造机会，让专门机构和联合国其他机构派代表参加其全体会议，并请它们提供与《公约》具体条款相关的信息，或与一般性建议和意见的议题相关的信息。这些人可以作为资料来源人受邀参加工作组的会议。⑧ 1994年主席会议指出，提高与专门机构合作成效的愿望改变了气氛。⑨ 对委员会来说，《北京宣言》和北京《行动纲领》为专门机构进一步参与提供了新的动力。委员会发出了更为具体的提交报告的邀请，表明专门机构如何能够最有效地为落实《北京宣言》和北京《行
529 动纲领》的建议作出贡献。委员会根据北京《行动纲领》中的重要关切领域，制定了不同机构可以参与的领域清单。

1997年，委员会作出一个重要决定，请求专门机构以更加组织化的方式提交它们的信息。这些信息可以是针对具体国家并包括对某一缔约国的国别或地区研究资料，也可以是专门机构自己收集的新的统计数据，以及对机构在国家一级的项目描述。委员会特别强调，有地区办事处的专门机构在拟订它们的工作方案时应考虑委员会的原则和建议。⑩

1998年，委员会决定，在对某个缔约国进行初次审议时，应当邀请专

---

⑤ A/42/38，1987年第6届会议，第580段，决定二。

⑥ A/43/38，1988年第7届会议，第48段。

⑦ A. Byrnes, "The 'Other' Human Rights Treaty Body: the Work of the Committee on the Elimination of Discrimination against Women" (1989) 14 *Yale J Intl L* 1, 38 - 39.

⑧ A/46/38，1991年第10届会议，第373段。

⑨ A/49/537，联合国大会《人权条约机构第5次主席会议报告》，第23、37～40段。

⑩ A/52/38，1997年第16届会议，第365段。

门机构向会前工作组提交资料并在闭门会议上向整个委员会说明这些情况。[11] 委员会随后决定将向每一个机构或组织指派一位委员作为协调人，也请相关组织任命一位成员作为委员会的协调人。[12] 委员会在邀请名单中增加了世界银行和国际货币基金组织，“请它们分析其政策可能对妇女享有权利产生的影响”。[13]

在第 25 届会议上，委员会为联合国机构和专门机构提交报告制定了准则，再次强调所提供信息的相关性。它建议用专门机构在某个国家或地区的其他信息补充国别信息。此外，委员会评论道，如果联合国机构或专门机构的代表能够在闭门会议上提供书面报告对委员会来说是再好不过了。[14]

委员会对提供给它的信息并不满意。在第 29 届会议上，委员会评论道，只有少数机构和实体利用这个机会在每届会议开始时的闭门会议及会前工作组会议期间向委员会提供国别信息。一些委员还指出，负责联络特定联合国机构的协调人制度似乎并未很好地发挥作用。委员会再次决定鼓励相关实体指派它们的协调人与委员会的相关成员建立联系，讨论与委员会互动的方式方法。[15] 在第 33 届会议上，委员会重申这一关切，指出对委员会的工作，“一些实体显得漠不关心”，特别是联合国开发计划署。委员会指出，该组织的中央办公室没有把地方办事处提供的信息交给委员会。委员会决定修改联合国机构及专门机构的报告准则，使其更加明确、更加具体。委员们对协调人的作用仍然不满意，并决定在委员会间会议上讨论这一问题。[16] 第 34 届会议通过了新的指南，特别要求提供广泛的信息。[17]

委员会进一步表明，它希望会前工作组能够收到针对具体国家的简洁的 530
书面报告。委员会在每一届会议上都会与联合国系统的代表组织闭门会议，

---

⑪ A/53/38/Rev. 1，1998 年第 18 届会议，决定 18/I 和 18/Ⅱ。

⑫ 同上注，第 431 ~ 433 段。

⑬ 同上注，第 438 段。

⑭ A/56/38，2001 年第 25 届会议，第 392 ~ 395 段。

⑮ A/58/38，2003 年第 29 届会议，第 462 ~ 463 段。

⑯ A/60/38，2005 年第 33 届会议，第 437 ~ 441 段。

⑰ A/61/38，2006 年第 34 届会议，附件二，消除对妇女歧视委员会《联合国专门机构和其他机构提交报告的准则》，第 6 段。

在闭门会议期间委员会邀请代表们更新相关信息并提交给委员会。[18] 相关的议事规则阐明了委员会的做法。[19] 随着与不同实体间互动的不断提高，委员会停止了指派协调人的做法。[20]

随着这一进程的发展，国际劳工组织、粮农组织、联合国教科文组织定期提交信息，这些信息可在人权高专办的网站上找到。与委员会的工作相关（以及委员会的工作也与之相关）的机构和实体的代表定期参加委员会会议。结论性意见不会明确指出哪些信息是来自专门机构，这也是委员会对待所有来自缔约国报告之外的信息的做法。适当情况下，委员会也鼓励缔约国向联合国专门机构和计划寻求技术援助。[21]

最后，委员会对它所收到的来自联合国国家工作队的信息表示“热烈欢迎”。它认为，国家工作队不仅可以针对正在接受审议的缔约国提供信息，而且“可以根据委员会的结论性意见采取后续行动，支持缔约国在国家一级执行结论性意见，并且在各缔约国下次提交报告时提供补充资料”。[22]

---

⑱ 同上注，第 7 ~ 8 段。

⑲ 议事规则 44 ~ 45。

⑳ A/62/38，2007 年第 37 届会议，第 659 段。

㉑ 例如，CEDAW/C/UGA/CO/7（2010），对乌干达的结论性意见，第 56 段。

㉒ A/61/38，2006 年第 36 届会议，第 634 段；A/62/38，2007 年第 39 届会议，第 677 段。

第二十三条[*] 531

（a）缔约各国的法律；或

（b）对该国生效的任何其他国际公约、条约或协定，

如载有对实现男女平等更为有利的任何规定，其效力不得受本公约的任务规定的影响。

一　概述……………………………………………………………………… 706

二　准备工作………………………………………………………………… 706

三　解释问题………………………………………………………………… 708

（一）“如载有对实现男女平等更为有利的任何规定，
其效力不得受本公约的任务规定的影响” ………………… 708

1. “（a）缔约各国的法律；或” ……………………………… 708

2. “（b）对该国生效的任何其他国际公约、条约或协定” …… 709

（二）其他国际法 ……………………………………………………… 711

四　委员会的解释——一般方法……………………………………… 712

五　保留、声明和谅解……………………………………………………… 713

* 在此感谢 Dianne Otto 教授对第 1 条和第 2 条两章的评论，感谢 Luke Beck，Renee Chartres，Maria Herminia Graterol 和 Eleanor Bath 协助研究，以及新南威尔士大学金星研究奖和法学院为本章及第 1 条、第 2 条、第 24 条章节的研究提供资金支持。

一　概述

第23条是一个保留条款，[①] 目的在于澄清《公约》规定和包含在其他条约或国内法中的规定之间的关系。它意在确保缔约国遵守保护妇女人权的最高标准，而不论这一标准的来源是《公约》、其他条约或国内法上的义务。

如果国内法为妇女的平等权提供了比《公约》更好的保护，根据第23条（a）项，国内法规定将优先适用。对此，第23条（a）项申明了无论何种情况均应持有的立场，因为条约没有限制缔约国提供更高水平的保护。

通过任何新的条约时都会出现如何协调缔约国在新条约下的义务和它在其他条约下的义务的关系，以及当两个条约下的义务发生冲突时哪个标准应
532 当优先的问题。[②] 如果早先条约的缔约国与后来条约的缔约国并不相同，则
问题将进一步复杂化。[③] 第23条（b）项解决了这一问题。

二　准备工作[④]

《公约》是在已经存在国际和区域的人权条约（包括讨论妇女状况的条约）以及存在一系列禁止歧视妇女的国内法的背景下起草的。起草者的一

① 一般参见 N. Matz-Luck, "Treaties, Conflict Clause", in R. Wolfrum (ed.), *The Max Planck Encyclopedia of Public International Law* (2008), online edition, http://www.mpepil.com，访问日期2010年12月31日。

② 一般参见 A. Sadat-Akhavi, *Methods of Resolving Conflict Between Treaties* (2003)；Matz-Luck（前注1）；A/61/10（2006），国际法委员会第58届会议报告，*Conclusions of the Work of the Study Group on the Fragmentation of International Law: Difficulties Arising from the Diversification and Expansiion of International Law*，第251段；T. Meron, *Human Rights Law-Making in the United Nations: A Critique of Instruments and Process*（1986），特别是第四章。

③ 参见联合国 *Final Clauss of Multilateral Treaties Handbook*（2003），pp. 84 – 88。

④ 一般参见 Sadat-Akhavi（前注2），第220～222页。

个关切是，确保在国家层面已经取得的比任何国际条约的要求更高的成果不因条约的通过而受到损害。另一个关切是，澄清新的公约对已经存在的国际和区域条约的影响，如果后者与新公约相比更细致地规制了妇女人权的某一具体方面，则应继续有效。

一些已经存在的条约与《公约》是一致的，甚或可能提供了更高水平的人权保护，但另一些条约则可以说并不一致。例如，各种形式的保护性立法，如国际劳工组织公约关于限制妇女从事夜班工作或限制妇女在某些指定的行业就业，就特别令人关切。实际上，国际劳工组织也在致力于避免任何冲突，它建议加入一个条款，确保国际劳工组织的公约不受《公约》的任何不利影响。⑤

最初，妇女地位委员会的草案包含的保留条款仅涉及国内措施，即与《公约》相比为妇女人权提供了更广泛保护的国内措施：“各国现行国内法律如果为妇女规定了更广泛的权利，其重要性不受本公约任何规定的影响”。⑥

为澄清其含义，该条款得到了修改，妇女地位委员会于 1976 年底通过并转交经济及社会理事会的文本是：“缔约国生效的国内法如果作了更有利于妇女的规定，其规定不受本公约的任何影响。”⑦

有建议提出增加一条以涵盖现存的国际条约。如果加入这一条，最初提案的效果就将成为《公约》不得以任何方式影响现行条约的运行。⑧ 然而，1976 年妇女地位委员会提交经济及社会理事会的用语清楚地表明，只有当已经生效的公约包含更有利于妇女的规定时，它们才受到保护：“与之类似，联合国或专门机构通过的公约，如果以对妇女各个方面作出规定为内容，如果它们为妇女规定了更广泛的权利，则其规定不受本公约的任何

⑤ 国际劳工组织提议的条款是：“国际劳工公约对本公约第 12 条（最终文本的第 11 条）和 13 条（11 条）涵盖的事项有更为详细的处理，本公约的任何规定不得损害或以损害国际劳工公约规定的方式加以适用。” L. A. Rehof, *Guide to the Travaux Preparatoires of the United Nations Convention on the Elimination of All Forms of Discrimination Against Women*(1993), p. 218.

⑥ E/CN. 6/589（1974），第 42 段。

⑦ E/CN. 6/608（1976），第 9 段。

⑧ 匈牙利的提议：E/CN. 6/589（1974），第 90 段。

影响。”[⑨]

533 国际劳工组织认为该草案使缔约国根据早先的条约承担的义务范围处于不确定状态，因此倾向于不包含最后一段的版本。[⑩] 第三委员会工作组作了进一步的讨论和修正,[⑪] 最终对最后文本及措辞达成一致,[⑫] 阐明《公约》无意以任何方式损害“对实现男女平等更为有利的”不论是国内规定还是其他国际规定。因此，最终采纳的标准不是规定是否更有利于妇女，而是它们是否促进男女平等。

三 解释问题

（一）“如载有对实现男女平等更为有利的任何规定，其效力不得受本公约的任务规定的影响”

很难想象有哪个促进妇女平等权的国内或国际措施能够超越《公约》所许可的范围。在其他条款中，第 3 条和第 24 条要求缔约国“采取一切适当措施……保证妇女得到充分发展和进步”，以及“采取一切必要措施，以充分实现本公约承认的各项权利”。第 23 条反映的担忧是《公约》可能被限制性地解释或被用于保持某些措施，如某种形式的保护性立法虽然被描述为“有利于”妇女，但事实上是基于对妇女角色的刻板印象。

1. “（a）缔约各国的法律；或”

这一段涵盖的是比《公约》的规定更有利于实现妇女平等权的国内法。

---

⑨ 草案第 16 条第 2 款，E/CN. 6/608（1976），第 9 段。

⑩ 参见 1977 年 3 月 15 日国际劳工局总干事提交给联合国秘书长的来文《消除对妇女歧视公约草案（第 16 条第 2 款）》，国际劳工局总干事备忘录，E/5938（1977 年 3 月 24 日）。另见国际劳工局《联合国消除对妇女一切形式歧视公约与国际劳工组织某些保护妇女的公约的兼容性的说明》，国际劳工组织官方公报，Vol LXVⅢ，Ser. A，1985，40 - 42。

⑪ T. Saeki, “Article 23: Preferential Application of National and International Legislation of Higher Levels of Protection than the Present Convention”, in Japanese Association of International Women's Rights (ed.), *Convention on the Elimination of All Forms of Discrimination against Women: A Commentary* (1995), pp. 366, 367 - 368; Rehof（前注 5），第 216 ~ 222 页。

⑫ 作为妥协的结果，文本几乎与英国提议的最终版本完全一致。Rehof（前注 5），第 221 页。

与其他条约不同，这里没有提及缔约国更有利的“做法”。[13]

第23条（a）项没有直接讨论《公约》和与它所施加的义务不一致的国内法的关系，例如一项宪法规定可能禁止暂行特别措施而《公约》可能要求采取这类措施。作为一个国际法问题，《公约》优于与之不一致的国内法，[14] 缔约国的义务是修改不一致的国内法。 534

2. “（b）对该国生效的任何其他国际公约、条约或协定”

这一段既包括普遍性条约也包括区域性条约，既包括多边条约也包括双边条约。第23条（b）项只是对《公约》与另一条约（无论在之前或之后）的规定重合且相互一致的情形提供了准则，如果其他条约规定的标准更高——它确保适用更高的标准。

例如，如果在先的条约要求缔约国提供无薪产假，而后来的条约要求提供带薪产假，则缔约国通过提供带薪产假满足两项义务的要求。或者，假设另一人权条约要求缔约国不仅保障妇女将姓氏传递给子女的权利［《公约》第16条第1款（g）项的要求］，而且子女有使用其母亲姓氏的独立权利（《公约》没有明确包含这项权利[15]），显然，根据另一条约，缔约国有义务确保儿童主张使用这一姓名的单独权利。只要这另外的一个义务旨在为理所当然地只允许父亲而不是母亲将姓氏传递给子女的性别歧视性立法提供救济，它将“有利于实现男女平等”并且比《公约》的规定更为有利。但是，不论这些规定出现在《公约》之前还是之后，即便没有第23条（b）项的规定，效果也是一样的。

第23条没有对《公约》义务和其他条约下的义务存在实际或潜在冲突的情况提供指南。这一条早期的草案曾试图解决该问题，规定如果它们与新的公约相冲突，已经存在的与妇女有关的条约义务继续有效。例如，在《公约》之前通过的一项条约要求缔约国禁止妇女从事夜班工作或井下工作，而《公约》要求缔约国在招聘中不得进行性别歧视，义务之间明显的

---

⑬ 例如，《保护所有移徙工人及其家庭成员权利国际公约》第81条第1款。

⑭ 《维也纳条约法公约》第27条。

⑮ Duvauferrier and Frey 诉法国，消除对妇女歧视委员会第12/2007号来文（2009），第11.10段（然而有6位委员持不同意见）。

不一致必须得到解决。[16] 解决方案要么通过解释协调义务，要么以特别法优先等原则或《公约》明显有取代之前与其不一致的条约的意图等原因，认为一项义务优于另一项义务。[17] 另一个例子是，一个缔约国根据《公约》承担的确保妇女平等的义务与其根据《公民及政治权利国际公约》承担的确保自由行使宗教信仰的义务之间，如果这些信仰或做法与《公约》关于平等的标准不一致，则两项条约义务可能存在冲突。[18]

另一个例子可能是《公约》所允许或要求的暂行特别措施的范围与另
535 一国际或区域条约更为限制性地使用暂行特别措施之间的冲突。在一个案件中出现了此类问题。[19] 某缔约国主张，由于在学术领域妇女的代表性严重不足，所以它对某些学术职位采用了固定配额制度，作为暂行特别措施并不构成歧视（因而也就不属于指令 76/207/EEC 所规定的禁止就业领域性别歧视的范围），并且在任何情况下，对欧共体在这一问题上的相关法律都应根据它在《公约》下的义务进行解释。然而，地区法院拒绝了该国的辩解。法院认为《公约》有关暂行特别措施的规定是“容许性而非强制性的”，[20] 进而适用了指令第 2 条第 4 款所允许的欧洲法院关于暂行特别措施的更狭隘的判例法，根据指令判定该缔约国的措施具有歧视性。[21] 假设《公约》是在相关指令之后对缔约国生效的，并且委员会认为在某些情况下为解决顽固的不平等而采取暂行特别措施是强制性的，则这一判决便是成问题的。然而，对于一个区域法院倾向于使自己区域的法律优于更广泛的国际制度，这一点并不奇怪，显然缔约国也持有相同的立场。[22]

---

[16] 参见 Meron（前注 2），第 208 ~ 209 页。

[17] M. Norwak, *UN Covenant on Civil and Political Rights*, 2nd rev edn. (2005), pp. 111 - 112, 117 - 119.

[18] 参见 Meron（前注 2），第 153 ~ 160 页。

[19] Case E - 1/02, EFTA Surveillance Authority v Norway，欧洲自由贸易联盟法院（2003 年 1 月 24 日）。

[20] 同上注，第 58 段。

[21] 同上注，第 59 段。

[22] 挪威政府代表通知委员会，纳入欧共体指令的欧洲经济区协定“优于《公约》，因为它是一个规制该国与欧盟各个方面关系的‘水平’检测仪”。CEDAW/C/SR. 804（B），2007 年第 39 届会议，第 48 ~ 49、51 段。

一般条约法规则为避免或解决条约之间的冲突提供了准则，但它对下述问题并未给出令人完全满意的答案：先前的条约与之后的条约缔约方并不相同；条约之间相互重合但又不完全涵盖相同的议题，特别是人权条约的情况。㉓

（二）其他国际法

与《儿童权利公约》第41条及《残疾人权利公约》第4条第4款的保留条款相比，㉔ 第23条没有提到对缔约国“生效的其他国际法”——主要是习惯国际法。一个国家加入一项条约，其所涵盖的领域也是习惯国际法下类似义务的主题事项，此时，条约义务并不一定取代习惯国际法义务，二者可以共存。㉕

对于《公约》中的非歧视规则在多大程度上成为习惯国际法的一部分是有争议的。然而可以确定的是，该规则可以从许多方面论证其构成习惯国际法。即便一个缔约国对《公约》某项反映习惯国际法规则的规定提出保留， 536
这个国家仍然受相应的习惯国际法规则的约束。㉖ 此外，如果一个缔约国受习惯法规则的约束，那么履行该项义务的行为即便从形式上不属于委员会根据报告或来文程序享有的管辖范围，可能也会在其他场合受到监督或裁判。㉗

第23条也没有对解决缔约国根据《公约》承担的义务与根据习惯国际法承担的义务之间的冲突提供指南。例如，如果缔约国根据《公约》应当为发生在其领土范围内的职场性骚扰提供救济，但被指控的骚扰者主张根据

㉓ Matz-Luck（前注1）；Meron（前注2）。

㉔ 关于《儿童权利公约》第41条，参见联合国 *Legislative History of the Convention on the Rights of the Child*(2007), Vol Ⅱ, 805－811；S. Detrick, “Article 41”, in S. Detrick, *A Commentary on the United Nations Convention on the Rights of the Child*(1999), pp. 712－722；关于受教育权，参见 K. D. Beiter, *The Protection of Right to Education by International Law Including a Systematic Analysis of Article* 13 *of the Internaitonal Convention on Economic, Social and Cultural Rights* (2005), pp. 122－123。

㉕ 国际法院《在尼加拉瓜和针对尼加拉瓜的军事和准军事活动（尼加拉瓜诉美国）》，1986年6月27日判决，ICJ Rep 14，第175～178段。

㉖ 同上注。

㉗ 同上注。

条约或习惯国际法享有外交豁免，或者指控针对的雇主是某个外国，这种情况下如何处理二者的关系？第 23 条（b）项是否要求缔约国给予其根据《公约》第 2 条（b）项承担的义务以优于根据条约或习惯国际法提出的豁免主张？或者，派出国如果也是《公约》缔约国，它是否有义务放弃豁免从而履行其自己的《公约》义务？

对两个问题的答案可能都是否定的，不论提供豁免权的义务来源是先前的条约（如《维也纳外交关系公约》）还是后来的条约［如《联合国国家及其财产管辖豁免公约》（2004）］，抑或习惯国际法。得出这一结论的理由很可能用法谚“特别法优于一般法”（特别规定优于一般规定）来表达，或者根据在解释条约时国家必须考虑“适用于当事国间关系之任何有关国际法规则”㉘（此处的国家或外交豁免，一般来说只能通过明确的措辞或必要的真实意思表示才能被放弃㉙）；或者，这是对个人权利的合理限制，尤其是如果在理论上存在另一国家对肇事者进行起诉的可能性时。㉚

四　委员会的解释——一般方法

委员会很少提到第 23 条。然而，它有时也会对第 23 条的效力发表评论，特别是当缔约国为了保持国内法中对妇女更为有利的规定，或者有些情况下因为国家出于谨慎，担心不能与《公约》完全保持一致而对《公约》提出保留时。例如，有一次，委员会认为一个缔约国在审查其立法与《公约》是否一致时过于谨慎，它促请该缔约国“在《公约》第 23 条……以及《维也纳

㉘ 《维也纳条约法公约》第 31 条第 3 款（c）项。

㉙ 比较 Al -Adsani v United Kingdom, Application No. 35763/07, 欧洲人权法院大审判庭判决（2001 年 11 月 21 日）；Fogarty v United Kingdom, Application No. 37112/97，欧洲人权法院大审判庭判决（2001 年 10 月 10 日）。

㉚ 比较 Cudak v Lithuania, Application No. 15869/02，欧洲人权法院大审判庭判决（2010 年 3 月 23 日）。

条约法公约》的背景下仔细研究现有保留的性质和内容以尽快撤回这些保 537
留”。[31] 委员会还呼吁一个缔约国撤回对《公约》的保留，因为该国“没有对其他也包含男女平等原则及禁止基于性别的歧视的人权条约作出保留”，[32] 并且指出另一缔约国虽然对《公约》作出了保留，但是“没有对《公民及政治权利国际公约》提具任何保留，该公约也要求在继承、婚姻和离婚方面男女平等”。[33] 委员会意在表明，虽然这些国家对《公约》提出了保留，但它们仍然根据其他条约承担不得歧视的国际义务。鉴于根据其他条约承担的更为广泛的义务将占优势，因此继续维持对《公约》的保留几乎没有任何道理。[34]

五　保留、声明和谅解

许多缔约国发表声明或提具“保留”，意在维持对妇女比男性“更为有利”的国内措施。例如，法国“宣布《公约》的任何条款都不得解释为优于对妇女比男性更有利的法国法”。摩纳哥、爱尔兰和英国也发表了类似的声明。

这类“保留”的要点是，因为《公约》要求缔约国解决歧视妇女的问题，这些措施——如果存在歧视的话——只能是歧视男性，它们可能与《公约》不一致（其他条约有关不得以性别为由实施歧视的义务可能已包含这一点）。当然，这些措施中有一些可能意在实现实质平等或属于暂行特别措施。如果是这样的话，它们与《公约》是一致的，[35] 并且也不违反保证性

[31] 参见 A/60/38，2005 年第 33 届会议，对爱尔兰的结论性意见第 399 段，以及相关讨论，CEDAW/C/SR. 693，第 56 段（2005）（舍普 - 席林女士）。

[32] CEDAW/C/NER/CO/2（2007），对尼日尔的结论性意见，第 9 段；CEDAW/C/SR. 789（2007），第 7 段（舍普 - 席林女士）。

[33] CEDAW/C/LBY/CO/5（2009），对利比亚的结论性意见，第 13 段。另见 CEDAW/C/TUN/CO/6（2010），对突尼斯的结论性意见，第 12 段；CEDAW/C/SR. 949（2010），第 11 段（弗林特曼先生）。

[34] 另见 L. Lijnzaad, *Reservations to UN-Human Rights Treaties: Ratify and Ruin?*（1995），p. 370。

[35] A/60/38，2005 年第 33 届会议，对爱尔兰的结论性意见，第 399 段；CEDAW/C/SR. 693（2005）第 56 段相关讨论（舍普 - 席林女士）。

别平等的其他条约义务。

然而，并非所有“更有利于妇女”的规定都因此而不歧视妇女。一些保护性立法是基于最终不利于女性的刻板印象，除非属于第11条第3款规定的内容，否则与《公约》是不一致的。在这种情况下，此类声明构成对《公约》真实的保留，并随之会出现与《公约》的目的和宗旨是否相容的问题。

第二十四条* 539

缔约各国承担在国家一级采取一切必要措施，以充分实现本公约承认的各项权利。

一　概述………………………………………………………………………… 716
二　准备工作…………………………………………………………………… 716
三　解释问题…………………………………………………………………… 717
　（一）“承担……采取” …………………………………………………… 718
　（二）“一切必要措施” …………………………………………………… 718
　（三）“在国家一级” ……………………………………………………… 718
　（四）“以充分实现” ……………………………………………………… 719
　（五）“本公约承认的各项权利” ………………………………………… 719
四　委员会的解释——一般方法……………………………………………… 720
　（一）议会/立法机关 ………………………………………………………… 722
　（二）国家人权机构 ………………………………………………………… 723
五　保留、声明和谅解………………………………………………………… 724

* 在此感谢 Dianne Otto 教授对第 1 条和第 2 条两章的评论，感谢 Luke Beck，Renee Chartres，Maria Herminia Graterol 和 Eleanor Bath 协助研究，感谢新南威尔士大学金星研究奖和法学院为本章及第 1 条、第 2 条、第 23 条章节的研究提供资金支持。

一 概述

乍一看，第 24 条似乎在陈述一个显而易见的国际法原则：缔约国必须在国家层面采取措施落实它们根据国际条约承担的义务。它似乎也在重复已经在很大程度上被《公约》之前的规定（特别是第 2、3、4、5 条）设定的一般义务。该条款作为一个施加实质义务的条款，出现在《公约》解决形式问题、为《公约》建立国际机制的部分，让人费解。

如前所述,[①] 第 2、3 条和第 24 条是紧密联系并有所重合的条款，很难说如果《公约》略去第 24 条会对缔约国在国家层面采取一切必要措施实现《公约》的广泛义务产生任何重要的影响。实际上也确有一些评论者认为第
540 24 条可能有些“多余”。[②] 尽管如此，起草者还是将第 24 条作为一个单独条款纳入《公约》，因此有必要对其历史和潜在的额外作用进行适当审查，并分析缔约国及委员会在根据《公约》进行的实践中对第 24 条的援用。[③]

二 准备工作

第 24 条最初是 1976 年妇女地位委员会会议上提出的与《公约》的监督和执行机制相关的提议的一部分。草案结合了埃及和丹麦[④]各自的提

① 参见对第 2 条的评注。

② N. Burrows, “The 1979 Convention on the Elimination of All Forms of Discrimination against Women” (1985) 32 *Netherlands Intl L Rev* 419, 427。Takeshi Yamashita 作了类似的评论：“Article 24: the Full Realization of the Rights Recognized in the Convention”, in Japanese Association of International Women's Rights (ed.), *Convention on the Elimination of All Forms of Discrimination against Women: A Commentary* (1995), pp. 373, 376。

③ 参见 Yamashita（前注 2），第 376 页。

④ E/CN. 6/508，第 190 ~ 191 段。埃及草案的内容为“1. 每一缔约国承担促进在国家一级建立程序以逐步达到充分实现本公约承认的各项权利”（E/CN. 6. L. 708）。

议（当时的第 19 条草案[⑤]），规定“缔约国承担在国家层面采取措施，包括建立机制和程序，以充分实现本公约承认的各项权利”。

条款草案还规定，缔约国应当向联合国秘书长递交执行《公约》的报告，由妇女地位委员会的一个工作组审议并向委员会报告。草案规定，缔约国“应当利用为促进和提高妇女地位而建立的国家机制”以及非政府组织。[⑥] 草案提交联合国大会第三委员会工作组之前只作了几处微小的修改。这些修改包括删去了“机制”（支持这一修改的国家认为这样将使条款“更加全面”）以及“建立程序”，但在“措施”之前增加了“一切”和“必要”。[⑦] 工作组和第三委员会在草案第 20 条第 1 款采纳的用语就是现在出现在第 24 条中的措辞，不过它仍然被放在国际监督程序条款中。草案第 20 条第 1 款最终从关于监督程序的草案第 20 条（现在的第 17、18 条）中移了出去，成为单独的第 24 条。

三　解释问题

将第 24 条作为一个单独的条款纳入《公约》，又考虑到该条的起草历史，表明起草者意图使其具有一些实质内容。该条可以被视为确认《公约》是一个在国家层面施加了积极义务的文件，确保在第 2 条所强调的消除歧视之外，实现男女平等，并且这些措施应当是全面的，并应当包括国家层面落实《公约》的机制。该条的重点是“充分实现”所承认的各项权利。一位评论者认为，该条款可能是为了回应一些人认为《公约》只是一个纲领性或政策性文件，没有为缔约国施加有法律拘束力的义务的看法。[⑧]

---

⑤ E/CN. 6/L. 715 in E/CN. 6/508，第 192 段。

⑥ 第 19 条（b）项草案。

⑦ A/C. 3/34/14，9.

⑧ 参见 Yamashita（前注 2），第 376 页。其中提及 McKean 的论断，即“本公约是促进性和纲领性的；它没有施加即刻具有法律拘束力的义务，只是要求各方采取‘一切适当措施’”［W. A. McKean, *Equality and Discrimination under International Law*(1983), p. 193］。

（一）“承担……采取”

“承担”一词表明接受了法律义务——此处指“采取”本条提到的措施。问题是，这是一项即刻适用的义务还是一项逐步实现规定目标的义务。[9] 既然“逐步”一词已经从早期的草案中删去，并且“促进”的义务也已被“采取”[10] 的义务所取代，那么这项义务就成为即刻的、行动导向的。

该项义务是“采取”旨在充分实现各项权利并为实现目标量身定做的措施，这并不一定意味着是一项立即实现所设定目标的义务。

（二）“一切必要措施”

《公约》中仅在此处出现了“一切必要措施”这一短语——其他地方提到的都是“适当措施”。该用语蕴含着广泛的承诺。“一切”一词强调缔约国的承诺不是半心半意的；这句话具有“相当强有力的内涵”。[11] “必要”一词并非限制，而是强调缔约国需要采取果断行动，做一切为充分实现权利所必要的事情。在起草过程中删去机制和程序而纳入“一切”一词，强调了所要求的措施范围全面。这些措施得到“以充分实现”各项权利这一短语的强化，因此涉及实现《公约》目标的全面战略和方案。使用“必要措施”这一短语，意味着可能用到立法、政策、纲领、教育及一系列类似措施，这一短语也包括第 4 条所指的积极行动或暂行特别措施。[12]

（三）“在国家一级”

提到这一点，表明该条最初是作为既包括国际措施也包括国内措施的规定的一部分。这些措施包括由行政、立法和司法机关采取的措施，以及将

---

⑨ 参见 Yamashita（前注 2），第 379 页。L. A. Rehof, *Guide to the Travaux Preparatoires of the United Nations Convention on the Elimination of All Forms of Discrimination against Women* (1993), pp. 224 - 225.

⑩ Yamashita（前注 2），第 379 页。

⑪ 同上注，第 378 页。

⑫ 参见第 25 号一般性建议，第 24 段。

《公约》规定的权利转化到国内法律体系中，当然这并不一定要求将条约直接纳入国内法。[13] 教育措施也包括在内，特别是传播关于《公约》和委员会的资料。

（四）“以充分实现” 542

“充分实现”一语清楚地说明有关义务是一项全面的义务，包括生活的所有领域，而且它延伸适用于不仅是法律上而且在事实上对权利的享有。

（五）“本公约承认的各项权利”

《公约》的规定很少有对所保障权利的实际声明（第 9 条和第 15 条属于此类声明）。然而，这里的用语不是像《任择议定书》第 2 条里所用的“公约所规定的任何权利”，而是“公约承认的各项权利”。这与《公民及政治权利国际公约》第 2 条第 1 款的用语一致（“本公约所确认之权利”）。

这一用语提出一个关于第 24 条的义务范围的问题：它是不是限于《公约》中那些可以被视为规定权利保证的条款；它可否延伸于《公约》提到的所有实质领域（缔约国消除歧视的义务可以被看作在那些领域不受歧视的相应权利）；它是否包括第 1 条“对妇女的歧视”定义中提到的所有的人权和基本自由。

一位评论者建议第 24 条的范围应限定在《公约》实质条款所涵盖的领域，并且本条的突出贡献在于侧重确保在这些领域享有平等的积极方面，这与第 2 条侧重消除歧视有所不同。[14] 然而，这似乎是一种不恰当的狭义解释，因为该条款的起草者意在使其范围全面，而且该条款出现在通常应当得到慷慨解释的人权条约中。此外，《公约》的序言称：

> 注意到《世界人权宣言》申明不容歧视的原则，并宣布人人生而自由，在尊严和权利上一律平等，且人人都有资格享受该宣言所载的一

---

⑬ 不过 Yamashita 认为是这样（前注 2，第 382 ~ 384 页）。

⑭ Yamashita（前注 2），第 377 页。

> 切权利和自由，不得有任何区别，包括男女的区别。
>
> 注意到有关人权的各项国际公约的缔约国有义务保证男女平等享有一切经济、社会、文化、公民和政治权利……

这似乎很清楚地承认《公约》所包含的是一套全面的人权和基本自由，对第24条的更好解释应当和第1条一样，也延伸到消除对妇女的歧视、促进在享有所有基本人权和自由方面的平等。

四 委员会的解释——一般方法

委员会的实践对第24条是否具有独立的内容几乎没有提供指导。委员会在提到缔约国的义务时，通常是将第2、3、24条一起提及，而不是只提第24条。

543 例如，第21号（原文误为12。——译者注）一般性建议（家庭生活中的平等）称：

> 43. 委员会按照第2、3条，特别是第24条，要求所有缔约国逐渐进展到以下阶段，即由于坚决制止妇女在家庭中不平等的观念，每个缔约国将可以撤回其保留，特别是对《公约》第9、15、16条的保留……
>
> 50. 缔约国应参照本一般性建议的意见并按照第2、3、24条的规定制定措施，以期鼓励充分遵循《公约》的各项原则，特别是当宗教、私法或习俗与这些原则相冲突时。[15]

委员会在结论性意见中提及第24条的情形也并不一致，一定程度上反映出它审议报告的方法以及结论性意见的结构，一般是按照《公约》实质

⑮ 参见第21号和第28号一般性建议。

性条款的顺序进行。第24条出现在程序执行部分，因此很少甚或没有受到特别关注。尽管如此，委员会也会在一些场合提到它，在结论性意见的最后提出具体的建议，并提及该条。但在另一些情况下，在作出类似的建议时却没有提到第24条。

委员会在给一个缔约国提出的结论性意见中称：

> 根据《公约》第24条和《任择议定书》第13条，委员会呼吁缔约国采取具体措施，使《公约》及其《任择议定书》广为周知。在这方面，委员会请缔约国就《公约》及其《任择议定书》以及委员会的一般性建议开展公众认识和培训方案。⑯

与之类似，在针对另一缔约国的结论性意见中，委员会呼吁该缔约国：

> 进一步采取措施，确保缔约国各部门充分了解和适用《公约》，将其作为所有法律、法院判决和两性平等政策以及提高妇女地位的框架，包括采纳新的法庭案件分类制度。委员会还吁请缔约国按照其根据《公约》第24条和《任择议定书》第13条承担的义务采取具体措施，使这两项条约，包括委员会的一般性建议广为人知。⑰

委员会在同一时期对其他缔约国作出类似的建议时，却没有提到第24条。⑱

2008年，委员会在结论性意见中采用了一种标题结构，⑲ 在所讨论的主题列表尾部，增加了国家人权结构、国家议会、收集按性别分列的数据和统计资料，以及传播关于《公约》的信息。这表明，委员会认为这些问题属

---

⑯ A/63/38，2008年第41届会议，对英国的结论性意见，第263段。

⑰ CEDAW/C/LTU/CO/4（2008），对立陶宛的结论性意见，第11段（原文段次有误。——译者注）。

⑱ CEDAW/C/NLD/CO/5（2010），对荷兰的结论性意见，第51段。另见CEDAW/C/EGY/CO/7（2010），对埃及的结论性意见，第57段。

⑲ A/63/38（2008），第二部分，附件十，第261页。

544 于第24条的范围，因为它们与该条所规定的“在国家一级”的执行措施相关。[20] 但同样，委员会在其他条款的语境下，包括第2条和第3条之下，也提到了这些问题。下文将讨论委员会在其实践和结论性意见中非常重视的两个国家机制。

（一）议会/立法机关

一直以来委员会都在强调议会可以在执行《公约》中发挥重要作用。2010年，委员会在关于这个问题的声明中根据它的经验列举了议会可以作出的各种贡献。[21] 它指出，“议会及其成员在确保履行《公约》所载各项原则方面可以发挥关键作用，而且拥有发挥这一作用的各种工具”。[22] 委员会认为议会在执行过程中不仅可以发挥实质作用也可以发挥程序作用，它可以让行政部门承担责任，并采取“积极措施，确保国家法律、政策、行动、方案和预算反映《公约》的原则和义务”。[23]

委员会还指出，议会在报告进程中也可以发挥重要而有利的作用，特别是可以跟踪委员会结论性意见，发挥其全面的监督作用。目前，委员会在其结论性意见中纳入了一个关于立法机关作用的标准段落，大体包含以下内容：

> 委员会重申，政府对充分执行缔约国的《公约》义务负有首要责任，尤其是要接受问责，同时强调《公约》对各政府部门具有约束力，并请缔约国鼓励本国议会根据其程序酌情采取必要步骤执行本结论性意见，并按照《公约》的规定实施政府的下一次报告进程。[24]

---

[20] 但委员会在关于国家人权机构和国家议会的声明中专门提到了第24条。参见注释21和28。

[21] A/65/38（Supp.），2009年第45届会议，附件六，《各国议会与〈消除对妇女一切形式歧视公约〉：消除对妇女歧视委员会关于它与议会关系的声明》，第84页。

[22] 同上注，第4段。

[23] 同上注。

[24] CEDAW/C/BOT/CO/3（2010），对博茨瓦纳的结论性意见，第8段。

（二）国家人权机构

委员会越来越强调独立的国家人权机构在执行《公约》中可以发挥的
作用。在2008年发表的关于它和国家人权机构关系的声明中，委员会指出，
国家人权机构“对促进在国家一级执行《公约》、保护妇女人权以及提高公
众对这些权利的意识方面发挥着重要作用”。[25] 它促请国家人权机构确保它
们的活动体现《公约》所蕴含的形式和实质平等原则，妇女为保护她们的
权利可以随时访问国家人权机构，并且国家人权机构的成员和工作人员能够
保持性别平衡。[26] 委员会还呼吁国家人权机构传播《公约》及其《任择议定 545
书》、委员会的结论性意见、一般性建议及意见，并监测对《公约》的执
行。[27]

委员会指出，国家人权机构在报告程序中也可以发挥重要作用，可以向委员会提交并报告独立的信息，可以支持声称是受害者的人向委员会提起申诉。[28] 委员会经常能收到国家人权机构的信息，并听取它们的报告。

委员会促请尚未按照巴黎原则[29]建立独立的国家人权机构的缔约国建立相关机构，并确保该机构有监督《公约》有效实施和促进妇女平等的适当职责。[30]

---

[25] A/63/38（Supp.），2008年第40届会议，附件二，《消除对妇女歧视委员会关于它与国家人权机构关系的声明》，第142页，第3段。

[26] 同上注，第4段。

[27] 同上注，第5段。

[28] 同上注，第6~7段。

[29] 联合国大会第48/134号决议（1993），附件，《关于国家机构地位的原则》。

[30] 参见例如，CEDAW/C/LAO/CO/7（2010），对老挝人民民主共和国的结论性意见，第13~14段；CEDAW/C/PNG/CO/3（2010），对巴布亚新几内亚的结论性意见，第19~20段；CEDAW/C/TUR/CO/6（2010），对土耳其的结论性意见，第42~43段；CEDAW/C/BOT/CO/3（2010），对博茨瓦纳的结论性意见，第17~18段；A/63/38，2008年第41届会议，对冰岛的结论性意见，第239段；A/58/38，2003年第29届会议，对日本的结论性意见，第374段。

五 保留、声明和谅解

虽然没有专门针对第24条的保留，但对《公约》所作的一般性保留也可以适用于该条款。如果一个缔约国对第2条提出了广泛的保留但未对第24条提出类似保留，就会出现一个问题，即如果第24条包含了与已被保留的条款规定的义务类似的义务，那么该缔约国是否还受第24条的约束。

第二十五条[*] 547

1. 本公约开放给所有国家签署。

2. 指定联合国秘书长为本公约的受托人。

3. 本公约须经批准，批准书交存联合国秘书长。

4. 本公约开放给所有国家加入，加入书交存联合国秘书长后开始生效。

一　概述 …… 726

二　准备工作 …… 726

三　缔约国的实践 …… 727

四　解释问题 …… 727

（一）第 25 条第 1 款 …… 727

1. 皇家属地与海外领土；前殖民统治地区 …… 729

（1）英国 …… 729

（2）荷兰 …… 729

（3）新西兰 …… 729

（4）中国香港 …… 730

2. 事实上的政权、国际法上的非国家主体、自治市 …… 730

（1）事实上的政权 …… 730

（2）教廷 …… 731

* 特此感谢 Sahrah Al-Nastrawe-Sozeri，Benjamin Feyen，Ines Franke，Anna-Maria Paulus，Allison Sherrier 与 Eric Veillerobe，感谢他们为本章及第 26、27、29、30 条各章的写作提供帮助。

（3）巴西圣保罗州 …………………………………………… 731
（4）美国加利福尼亚州旧金山市 ………………………………… 732
（二）第 25 条第 2 款 …………………………………………………… 732
（三）第 25 条第 3 款 …………………………………………………… 733
（四）第 25 条第 4 款 …………………………………………………… 734
（五）没有规定退出条款 ……………………………………………… 737

一 概述

第 25 条规定了通过签署和批准成为《公约》缔约国的程序；它宣布联合国秘书长是受托人；它也允许加入，在实践中也包括继承。[①]《公约》对世界上的所有国家开放。

548 ## 二 准备工作

本条的内容在《公约》的最后审议阶段才被提出来。苏联提出一条草案，国家可以据此签署或加入《公约》。[②] 英国和联合国教科文组织则主张应更加明确，在签署之后还应当得到批准。[③] 国际劳工组织发表了一个声明，即政府应保证，除其他外，根据《公约》承担的义务不应与根据现有国际文件承担的义务相冲突。[④] 在妇女地位委员会第 26 届会议上，该条的文本被分为三款，其中一款专门规定批准。在联合国大会第三委员会的工作组会议期间，在英国、苏联和白俄罗斯的提议下又加入一款，规定联合国秘

① 参见标题“四（四）”部分。

② E/CN. 6/AC. 1/L. 2(1974)10；L. A. Rehof, *Guide to the Travaux Preparatoires of the United Nations Convention on the Elimination of All Forms of Discrimination against Women*(1993), pp. 226 – 227.

③ Rehof（前注 2），第 227 页。

④ 同上注。

书长应作为《公约》的受托人。“由任何国家”一语被修改为“由所有国家”，以强调普遍性的目标。

三　缔约国的实践

《公约》于1979年12月18日由联合国大会以34/180号决议通过，1980年7月17日在哥本哈根大会上开放签字，当时有64个国家签署了《公约》。截至2010年12月31日，《公约》已拥有186个缔约国，[5] 其中96个国家通过签署、批准，82个国家通过加入，8个国家通过继承成为缔约国。[6] 签署《公约》后，缔约国有义务避免从事损害条约目的和宗旨的行为。[7]

四　解释问题

《公约》的最后条款，第25、26、27、29、30条不是委员会解释的主要对象。因此，与本评注其他章节不同，关于这些条款的章节会较少提到委员会的做法。

（一）第25条第1款

第25条第1款将《公约》开放给所有国家签字，既包括联合国会员国也包括非会员国，根据起草者的意图，这将是一个普遍范围的文件。《公约》保持不设期限的开放签字，这与大多数普遍人权条约一样，因为
普遍参加是其首要目标。签署一个条约，除了文本认证功能外，也是成 549

⑤ 其他人权条约的缔约国数量：147（《禁止酷刑公约》），141（《种族灭绝公约》），137（《消除一切形式种族歧视国际公约》），193（《儿童权利公约》），88（《残疾人权利公约》），166（《公民及政治权利国际公约》），160（《经济社会文化权利国际公约》）（统计截至2010年12月31日。——译者注）。

⑥ 参见 http://treaties.un.org/Pages/ViewDetails.aspx?src=TREATY&mtdsg_no=IV-8&chapter=4&lang=en，访问日期2010年12月31日。

⑦ 参见导论部分（关于历史）的讨论以及对第27条的评注。

为该条约缔约方的过程中最常见的第一步。签署《公约》须由根据《维也纳条约法公约》具有全权的人为之,[8] 通常是联合国《条约手册》中规定的三位权威人士之一:国家元首、政府首脑或外交部长。[9] 签署表示一国有意采取措施表达它以后受条约约束的意愿,[10] 并使其有权进行批准,以及接受保存人的通知和与《公约》有关的告知。[11] 根据《维也纳条约法公约》第 18 条(a)项,签署也产生了秉承善意,不做可能破坏条约目的和宗旨的行为的义务。

联合国早先的人权条约规定仅由联合国会员国签字,[12] 与之不同,《公约》采用了一种全面的方法,也开放给非会员国签字(如瑞士于 1987 年批准《公约》,但在 2002 年才加入联合国),另外也开放给没有参与《公约》谈判的国家。《公约》的做法为后来的联合国人权条约所效仿。[13] 然而,"所有国家"一词指的是只有具备国际法规定的国家要素的独立国家才有权签署、批准或加入《公约》。[14] 这提出一个问题,即主权国家地位不明或有争议的领土或实体,是否有权签署或加入《公约》。联合国秘书长无权确定某一领土或实体是否在这一表述的范围内。[15]

既然《公约》没有包含特定的领土适用条款,[16] 根据《维也纳条约法公约》第 29 条,它对一个国家的整个领土都有拘束力。当一个国家的部分领土取得自治但仍然受《公约》约束时,在报告责任方面可能出现困难。这

---

⑧ 《维也纳条约法公约》第 7 条。

⑨ 联合国《条约手册》(2006),第 10 页。

⑩ 《维也纳条约法公约》第 14 条。

⑪ 《维也纳条约法公约》第 77 条第 1 款(e)项。

⑫ 《经济社会文化权利国际公约》第 26 条;《公民及政治权利国际公约》第 48 条。《消除一切形式种族歧视国际公约》第 17 条相对广泛一些,允许联合国会员国、专门机构的会员、《国际法院规约》的缔约方以及联合国大会邀请的国家批准。

⑬ 《禁止酷刑公约》第 25 条;《儿童权利公约》第 46 条;《保护所有移徙工人及其家庭成员权利国际公约》第 86 条以及《残疾人权利公约》第 42 条;《保护所有人免遭强迫失踪国际公约》第 38 条("联合国所有会员国")除外。

⑭ I. Brownlie, *Principles of Public International Law*, 7th edn. (2008), pp. 69 – 70.

⑮ 比较下文标题"四(二)"部分,联合国大会就这一问题给联合国秘书长的指导。

⑯ 因此,一个缔约国可以宣布条约适用于那些国际关系由其负责的全部或特定领土,如《欧洲人权公约》第 63 条。

类情况可能出现在非国家实体的情形下，例如皇家属地、海外领土、前殖民地、事实上的政权，或者国际法上的非国家主体以及自治市。接下来的部分列举了可能出现的问题。

1. 皇家属地与海外领土；前殖民统治地区

（1）英国

英国的皇家属地与海外领土不是英国的组成部分，但英国负责它们的对外事务。英国立法并不延伸适用于这些领土。英国 1986 年的批准文件明确是关于大不列颠和北爱尔兰联合王国、马恩岛、英属维京群岛、福克兰群岛（马尔维纳斯群岛）、南佐治亚和南桑德韦奇群岛、特克斯和凯科斯群岛的
批准。[17] 英国为其皇家属地与海外领土提交报告，目前致力于将英国对《公 550
约》的批准延伸到所有有人居住的海外领土。

（2）荷兰

荷兰 1991 年为地处欧洲的王国、荷属安的列斯和阿鲁巴批准了《公约》。[18] 安的列斯和阿鲁巴提交单独的报告（荷兰本应提交一份统一的报告）。[19] 截至 2010 年 10 月 10 日，安的列斯作为一个统一的政治实体已经解散。[20] 这可能意味着两个新领土库拉索岛和圣马丁岛将像阿鲁巴一样提交它们各自的报告。[21]

（3）新西兰

新西兰 1985 年的批准文件表明《公约》应延伸到库克群岛和纽埃。库克群岛和纽埃过去由新西兰管理，目前已经成为和新西兰自由联系的自治州。另经多年，库克群岛和纽埃发展国际关系，特别是缔结条约的责任有了实质性的演进。结果，联合国秘书长作为《公约》的受托人，分别于 1992

---

[17] 参见 http://treaties.un.org/Pages/ViewDetails.aspx?src=TREATY&mtdsg_no=IV-8&chapter=4&lang=en#63，访问日期 2010 年 12 月 31 日。

[18] 参见 http://treaties.un.org/Pages/ViewDetails.aspx?src=TREATY&mtdsg_no=IV-8&chapter=4&lang=en#43，访问日期 2010 年 12 月 31 日。

[19] CEDAW/C/NLD/CO/5（2010），对荷兰的结论性意见，第 14～15 段。

[20] 博内尔岛、萨巴岛、圣尤斯特歇斯岛成为荷兰的特别自治领。

[21] CEDAW/C/NLD/CO/4（2007），对荷兰的结论性意见，第 2 段；CEDAW/C/NLD/CO/5（2010），对荷兰的结论性意见，第 2 段。

年和1994年承认库克群岛和纽埃有完全的缔约能力。库克群岛于2006年8月11日加入《公约》，但纽埃尚未加入。可以说，通过自动继承，《公约》也适用于纽埃。[22]

（4）中国香港

1996年10月14日英国政府决定将《公约》延伸适用于当时还是英国依附领土的被英国统治了156年的香港。根据《中英联合声明》，[23] 中华人民共和国于1997年7月1日恢复对香港行使主权。中国已于1980年11月4日批准《公约》。从回归这一天开始，《公约》继续适用于中国香港特别行政区，由中华人民共和国中央人民政府根据《公约》承担有关香港的义务。英国在将《公约》延伸适用于香港时作出了保留和声明，中华人民共和国在作出必要修改后，针对香港发表了同样的声明和保留。[24] 虽然对该声明的性质属于宣告还是构成存有疑问，但不能排除它创造法律拘束力的可能性。
551 中华人民共和国在批准时所作的唯一保留是它不受第29条第1款的约束。[25]《关于国家在条约方面继承的维也纳公约》第15条确定了所谓的“条约边界移动”原则，[26] 该原则适用于中国香港，[27]《公约》包括中国所作的保留，根据事实本身，将适用于香港。*

2. 事实上的政权、国际法上的非国家主体、自治市

（1）事实上的政权

事实上的政权是声称自己是国家或政府，控制着大体清晰界定的一部分

---

[22] 参见下文标题“四（四）”部分。

[23]《中华人民共和国政府和大不列颠及北爱尔兰联合王国政府关于香港问题的联合声明》（1984）1339 UNTS36。

[24] http：//treaties. un. org/Pages/ViewDetails. aspx？ src = TREATY&mtdsg_ no = IV - 8&chapter = 4&lang = en#14，访问日期2010年12月31日。

[25] 参见对第29条第1款的评注。

[26] “条约边界移动”原则指的是一个现有国家获得领土，它不是继承前任国家的条约，而是它自己批准的条约正常适用于这片领土。

[27] A. Zimmermann，“State Succession in Treaties”，in R. Wolfrum（ed.），*The Max Planck Encyclopedia of Public International Law*（2008），第8段，网络版，www. mpepil. com，访问日期2010年12月31日。

* 此观点不符合国际条约适用于香港特别行政区的制度安排。详见“译者说明”。——译者注

领土，但没有被——至少是许多国家——承认为国家或政府的实体。[28] 事实上的政权，不能受人权条约的直接约束，因为第 25 条第 1 款仅允许国家签署《公约》。事实上的政权可以通过与另一个国家或国际组织的特别协议受到条约的约束。[29] 它们不是《公约》的缔约国，根据国际法仅在与特别协议的另一缔约方之间的关系上受到约束。此类特别协议仅参照条约的实质条款而不包括程序义务。

（2）教廷

教廷的国际法律人格最好被界定为自成一体，[30] 它在法律上有能力批准多边条约。[31] 它没有签署或批准《公约》。教廷驻联合国使团作为联合国的永久观察员声称《公约》的某些部分（第 12、14、16 条关于妇女接受计划生育服务的权利）让教廷不可能接受《公约》的义务。[32]

（3）巴西圣保罗州

1992 年，圣保罗州和许多圣保罗自治市在妇女非政府组织与当地政府当局协商后通过了《消除对妇女一切形式歧视保利斯塔公约》。[33] 既然自治市没有国际法律人格，这份文件也就不产生任何国际法上的义务。然而，此类行为可以使《公约》成为公共管理的一部分。《保利斯塔公约》规定了州和地方政府在以下领域增进妇女人权的详细责任：公共管理、日间护理、教育、保健、就业以及预防对妇女的暴力。[34]

---

[28] J. A. Frowein, "De Facto Regime", in R. Wolfrum (ed.), *The Max Planck Encyclopedia of Public International Law* (2008)，第 1 段，网络版，www. mpepil. com，访问日期 2010 年 12 月 31 日。

[29] 最常见的例子是在重建和平或人道主义援助框架下的人权协议；M. Schoiswohl, *Status and (Human Rights Obligation) of Non-Recognized De Facto Regimes in International Law: The Case of Somaliand* (2004), p. 221。

[30] G. Westdickenberg, "Holy See", in R. Wolfrum (ed.), *The Max Planck Encyclopedia of Public International Law* (2008)，第 3 段，网络版，www. mpepil. com，访问日期 2010 年 12 月 31 日。

[31] 教廷已经批准了《消除一切形式种族歧视国际公约》、《儿童权利公约》和《禁止酷刑公约》。

[32] http：//www. wf - f. org/CEDAW - ActionAlert. html，访问日期 2010 年 12 月 31 日。

[33] 《消除对妇女一切形式歧视保利斯塔公约》（*Convencáo Paulista Sobre a Eliminacáo de Todas as Formas de Discriminacáo contra a Mulher*），国际妇女行动观察根据葡萄牙文的翻译。

[34] I. Landsberg-Lewis (ed.), *Bringing Equality Home: Implementing the Convention on the Elimination of All Forms of Discrimination against Women* (1999). 参见 http：//www. unifem. undp. org/cedaw/indexen. htm，访问日期 2010 年 12 月 31 日。

(4) 美国加利福尼亚州旧金山市

1998 年，旧金山市以市条例的形式接受了《公约》。[35]《公约》所包含的原则作为当地政府政策事项得以生效。[36] 2003 年，加利福尼亚州洛杉矶市采取了同样的行动。考虑到美国是少数几个没有批准《公约》的国家之一，这一反映《公约》原则的地方条例可以被视为一种道德杠杆，促进美国批准，促进在市一级实现《公约》的原则。

(二) 第 25 条第 2 款

第 25 条指定联合国秘书长担任《公约》的受托人。该款涉及保存《公约》文本以及未在第 25 条第 3 款、第 4 款（批准和加入文件以及所附的保留和解释性声明）[37] 以及第 30 条（六种官方语言文本）中提及的所有文件。[38]

所有在联合国主持下缔结的条约均应说明仅将保存职能授予联合国秘书长。[39] 联合国秘书长的作用和职能由《公约》的相关条款以及《维也纳条约法公约》第 76、77 条确定。作为保管机关，联合国秘书长有责任确保正确执行所有条约行动。保管机关的义务中有一项是，通过保存通知告知感兴趣的各方与联合国秘书长保存的条约有关的任何行动。联合国秘书长认为有必要在联合国会员国之间分发供其参考的其他涉及协议的告知，他将作为联合
553 国行政首长而非作为条约保存机关进行分发。保存机关的责任是国际性的，必须公正履行。[40] 实践中，联合国秘书长将保存职能分配给联合国秘书处法律事务厅条约科来具体办理，首要的考虑是这些职能应以法律上正确并绝对一致的方式履行，以及关于联合国条约的所有信息都应由一个办公室发布和

---

[35] 《消除对妇女一切形式歧视公约条例》，City and County of San Francisco Municipal Code Administrative Code § 12K. 1 (2000)。最初的旧金山市、县条例 128 - 98 于 1998 年 4 月 13 日通过。后经过条例 325 - 00、第 001920 号文件的修改和重新编号，于 2000 年 12 月 31 日通过。参见 http: //www. sfgov3. org/index. aspx? page = 130，访问日期 2010 年 12 月 31 日。

[36] 地方条例建立了消除对妇女歧视委员会，与委员会和城市各部门合作，在全市确认对妇女和女童的歧视，推行人权原则。

[37] 参见下文“四（三）”、“四（四）”部分。

[38] 参见对第 30 条的评注。

[39] 联合国《秘书长作为保管机关的实践摘要》(1994)（ST/LEG/7/Rev. 1)，第 7 页。

[40] 《维也纳条约法公约》第 76 条第 2 款。

公布。[41] 例如，在一份有法律拘束力的文件交联合国秘书长保存后，法律事务厅必须确保所提交的文件在形式上和内容上是正确的。[42]

联合国秘书长作为主要的保存机关，经常就条约问题发表咨询意见，如关于最后条款及修改程序。联合国秘书长作为保存机关，一旦受到请求，会提供关于条约状态的最新信息（除了发行出版物《联合国秘书长保存的多边条约》之外[43]）。例如，法律事务厅会代表秘书长更新信息，并将其纳入他[44]向《公约》缔约国大会所作的报告。[45] 联合国大会已确定，秘书长作为保存机关没有资格决定一片领土或其他实体是否属于“所有国家”的范围。[46] 1973 年，联合国大会发布了一项一般性理解，[47] 称“秘书长在履行作为《公约》保存机关的职责时，如果《公约》包含‘所有国家’条款，他在执行这一条款时应遵循大会的做法，并在需要时，在接收签署或批准、加入文件之前，寻求大会的意见”。[48] 自这份声明发表之后，联合国大会经常对它认为某一领土或实体是否为国家提供指导，[49] 供联合国秘书长遵循。

（三）第 25 条第 3 款

第 25 条第 3 款规定，《公约》要求将批准作为其对签署国生效的最后程序步骤。大多数多边条约规定签署后仍需批准，[50]《公约》规定了有或没有事先签字的批准。《公约》对签署后何时批准没有设定时限。批准，是国内法上有权缔结条约的国家机构正式宣告，通过批准，国家表示同意受条约的约束。[51] 通过这一具体行为，国家表达了它对《公约》所包含的形

---

[41] 同上注。

[42] 联合国（前注 39），第 36 页。

[43] ST/LEG/SER. E/ – .

[44] 鉴于截至目前尚未有女秘书长，因此使用男性称谓。

[45] 1249 UNTS 13。

[46] A/RES/1993（XVⅢ），联合国大会第 1993（XVⅢ）号决议（1963 年 12 月 17 日）。

[47] A/9030，联合国大会补充第 30 号（1973 年 12 月 12 日）。

[48] UN Juridical Yearbook(1973)79, n 9, and UN Juridical Yearbook(1974)157.

[49] 例如，A/RES/3067（XXVⅢ），联合国大会第 3067（XXVⅢ）号决议（1973 年 11 月 16 日），关于几内亚比绍和越南民主共和国。

[50] 或者接受或同意。

[51] 《维也纳条约法公约》第 11 条和第 14 条。

式和实质的权利与义务的接受。规定签署后须经批准，让国家有时间在国际一级承担条约法律义务之前，在国家一级寻求批准《公约》并制定在国内实施《公约》的必要法律。[52] 国内法可能要求在批准之前获得立法机关的许可。

554 一旦在国际一级批准，国家就有义务在国内执行条约。根据国际法，缔约国不得援引其国内法为其未履行条约义务的行为辩护。[53] 一旦批准，国家便根据第 27 条第 1 款和第 2 款规定的条件，受到《公约》的法律约束。[54]

国家在批准时可以提具保留——许多国家已经这么做了。第 28 条明确允许保留。[55]

根据多边条约的一贯政策，第 25 条第 3 款的第二句要求在纽约联合国总部将批准书交存联合国秘书长。它们仅从交存之日起有效，通常记录总部收到文书的日期。一般要求国家将批准文件直接交给联合国条约科，以确保这一行动得到及时处理。联合国建议国家如果用其他语言向联合国秘书长交存文件，则应同时提供精确的英文及/或法文译本，以便尽快处理。[56]

（四）第 25 条第 4 款

“加入”指的是未签署已由其他国家制定的条约的国家正式接受条约条款，并表示愿意受其约束。任何国家都可以通过将加入书交由联合国秘书长保存来加入《公约》，无须事先签署或批准《公约》，也无须得到其他缔约国的同意。[57] 一个新出现的国家可能加入它以前不想通过继承受到约束的条

---

[52] 联合国《多边条约最后条款：手册》(2003)，第 36 页。

[53] 《维也纳条约法公约》第 27 条；《国际法委员会关于国际不法行为的国家责任条款》，2001，第 32 条。

[54] 参见对第 27 条第 1 款和第 2 款的评注。

[55] 参见对第 28 条的评注。

[56] 联合国（前注 9），第 11 页。

[57] T. Kitajima, “Article 25”, Signature, Ratification, Accession and Deposit in Japanese Association of Women’s Rights(ed.), *Convention on the Elimination of All Forms of Discrimination against Women: A Commentary*(1995), pp. 385 - 392, 391.

约，一般认为加入自新国家对其国际事务负责之日起生效。[58] 加入与批准具有相同的法律效果。第 25 条第 4 款规定《公约》开放给所有国家加入，没有进一步的资格要求。因此，任何可能在未来获得独立的国家有权在任何时候成为《公约》缔约国。这一条也显示了起草者有意使《公约》获得尽可能普遍的适用。联合国秘书长也是加入书的保存机关。[59]

《公约》没有明确提及通过国家继承[60]成为公约缔约国。然而，继承是前南斯拉夫和前捷克斯洛伐克的继承国的首选方式，有 8 个这样的国家通过继承成为《公约》缔约国。[61] 1992 年之后，南斯拉夫联邦共和国的局势对其参加联合国和多边条约造成了困难。[62] 前南斯拉夫于 1980 年 7 月 17 日签署《公约》，并于 1982 年 2 月 26 日批准《公约》。虽然 1992 年的年度报告仍将南斯拉夫列为缔约国，[63] 委员会在 1993 年第 12 届会议上决定它应当请求前南斯拉夫领土上的国家提交特别报告。[64] 于是，波斯尼亚和黑塞哥维那以及南斯拉夫联邦共和国（塞尔维亚和黑山）在第 13 届会议上向委员会提交了报告，由其审议。[65] 委员会在第 14 届会议上审议了克罗地亚的报告，[66] 在第 16 届会议上审议了斯洛文尼亚的首次报告。[67]

塞尔维亚[68]于 2006 年提交了包括黑山和科索沃的首次报告。得到部分

---

[58] 联合国（前注 52），第 38 页。

[59] 《维也纳条约法公约》第 16 条（b）项。

[60] 参见《关于国家在条约方面继承的维也纳公约》(1978)，第 2 条第 1 款（b）项。

[61] 斯洛文尼亚（1992 年 7 月 6 日），克罗地亚（1992 年 9 月 9 日），捷克共和国（1993 年 2 月 22 日），斯洛伐克（1993 年 5 月 28 日），波斯尼亚和黑塞哥维那（1993 年 9 月 1 日），前南斯拉夫马其顿共和国（1994 年 1 月 18 日），塞尔维亚（2001 年 3 月 12 日），黑山（2006 年 10 月 23 日）。

[62] 关于国际法院在波斯尼亚和黑塞哥维那针对塞尔维亚和黑山提起的“《防止及惩治危害种族罪公约》的适用”一案不同阶段的讨论，参见 http://www.icj-cij.org/docket/index.php?p1=3&k=f4&p3=f4&case=91，访问日期 2010 年 12 月 31 日。

[63] A/47/38（1992）.

[64] A/49/38（1994），第 730 段。

[65] 同上注，第 732~757、758~776 段。

[66] A/50/38（1995），第 556~591 段。

[67] CEDAW/C/SVN/1（1997）.

[68] CEDAW/C/SCG/1（2006）.

承认的科索沃共和国[69]不是《公约》的缔约国，但是在联合国科索沃临时行政当局特派团联合国秘书长特别代表的指导下，《临时自治政府宪法框架》第3.2条规定：

> 临时自治政府的机构应当遵守并确保国际承认的人权和基本自由，包括规定在……（e）《消除对妇女一切形式歧视公约》中的权利和自由。

这实际上使联合国科索沃临时行政当局特派团下的科索沃法院可以直接适用《公约》。[70] 科索沃特派团还代表科索沃向人权事务委员会提交报告。[71] 鉴于塞尔维亚和黑山承担的所有条约义务将继续适用于塞尔维亚共和国(从2006年6月3日黑山独立之日起生效)，因此允许审议合并报告。黑山的独立报告已经逾期。委员会在第34届会议上审议了前南斯拉夫马其顿共和国的首次、第二次、第三次合并定期报告。[72]

因为俄罗斯联邦被视为苏联的唯一继承国，在苏联解体后，俄罗斯既没有提交加入文件也没有提交继承文件。除白俄罗斯和乌克兰外，其他的前苏维埃共和国都加入了《公约》。在苏维埃时代，这两个国家虽在形式上被认为是苏联的组成部分，[73] 但被视为单独的国际法主体，并在1981年单独批准了《公约》。

关于国家在条约方面继承的复杂法律仍然存有争议，国际实践也并不统

---

[69] 应塞尔维亚的请求，联合国大会于2008年10月8日通过了一项决议，要求国际法院就科索沃宣布独立发表咨询意见。2010年7月22日，国际法院裁定科索沃宣布独立没有违反国际法，参见《科索沃单方面宣布独立的合国际法性》（咨询意见），http：//www. icj - cij. org/docket/index. php？ p1 = 3&p2 = 4&k = 21&case = 141&code = kos&p3 = 4，访问日期2010年12月31日。

[70] UNMIK/REG/2001/9，《临时自治政府宪法框架》(2001年5月15日)。

[71] CCPR/C/UNK/1，人权事务委员会《联合国科索沃临时行政当局特派团向人权事务委员会提交的关于1999年6月以来的科索沃局势的报告》(2006)。

[72] CEDAW/C/MKD/CO/3（2006）.

[73] 1945年，乌克兰苏维埃社会主义共和国和白俄罗斯苏维埃社会主义共和国与苏联一起成为联合国的创始成员国。

一。然而，一般认为人权条约应受自动继承规则的约束。人权事务委员会主张，一旦条约承认了个人的权利，它们便不得因国家的继承而被剥夺。[74] 事实上，委员会也是根据这一意见要求前南斯拉夫的继承国提交特别报告的，尽管这些国家尚未提交任何加入文件。人权条约一般不包含终止条款，强调了人权义务的不可逆性。因此，自动继承的一般规则仍然适用。[75] 556

（五）没有规定退出条款

继承问题与废止或退出问题密切相关，因为在两种情况下条约义务均有可能终结。妇女地位委员会第 25 届会议上工作组准备的《公约》草案是包含退出条款的。[76] 最终删去这一条可以理解为起草者的用意是不鼓励国家放弃它们承担的义务。国家不得退出《公约》后又带着新的保留重新批准《公约》。根据《维也纳条约法公约》第 56 条，如果条约没有关于解约或退出的规定，缔约国只有在经确定各当事国的原意容许退出的可能，或从条约的性质可以认为隐含解约或退出的权利时，才可以退出。因此，根据这一结论以及《维也纳条约法公约》第 54 条，除非所有国家同意，否则不得退出《公约》。在这方面，《公约》比《禁止酷刑公约》、《儿童权利公约》、《保护所有移徙工人及其家庭成员权利国际公约》以及《残疾人权利公约》更为有力，因为这些条约都规定了退出条款。

---

[74] CCPR/C/21/Rev. 1/Add. 8/Rev. 1，人权事务委员会第 26 号一般性意见（1997），第 4 段。

[75] 国际法协会国家继承委员会，第 3/2008 号决议《国家继承法的几个方面》，国际法委员会第 73 届会议（巴西里约热内卢，2008 年 8 月 17 ~ 21 日），第 11 段。

[76] Kitajima（前注 57），第 391 页。

557 第二十六条*

1. 任何缔约国可以随时向联合国秘书长提出书面通知，请求修正本公约。

2. 联合国大会对此项请求，应决定所须采取的步骤。

一　概述………………………………………………………………… 738
二　准备工作……………………………………………………………… 739
三　缔约国的实践………………………………………………………… 739
四　解释问题……………………………………………………………… 740
（一）第 26 条第 1 款 ……………………………………………… 740
（二）第 26 条第 2 款 ……………………………………………… 741

一　概述

《公约》第 26 条作为一个"修改条款"致力于一方面保持文本的稳定性，另一方面又有可修改的必要灵活性。其他人权条约也规定了修改条款，只是程序可能不同。第 26 条规定缔约国可以向联合国秘书长提出书面通知，请求修改，并授权联合国大会确立可能的修正程序。①

---

* 特此感谢 Sahrah Al-Nastrawe-Sozeri，Benjamin Feyen，Ines Franke，Anna-Maria Paulus，Allison Sherrier 与 Eric Veillerobe，感谢他们为本章及第 25、27、29、30 条各章的写作提供帮助。

① 《关于难民地位的公约》第 45 条、《防止及惩治危害种族罪行公约》第 16 条以及《消除一切形式种族歧视国际公约》第 23 条规定了相同的程序。相比之下，《经济社 （转下页注）

二　准备工作

当前第26条的苏联草案中曾包含一条遇有特殊事件的胁迫时国家可以退出《公约》的规定，但后来被删去了。[2] 芬兰、新加坡和英国担心，鉴于难以确定这类特殊事件，这样的规定可能弱化《公约》，可能为回避国内实施打开方便之门。[3]

三　缔约国的实践 558

《公约》自1981年生效以来，共提出一项修正案。随着《公约》获得日益广泛的接受，第20条第1款对委员会开会时间的限制越来越成问题。[4] 1995年，委员会指出，它是联合国人权条约机构中唯一开会时间受到条约限制的机构，因此建议作出修改。[5] 修正案由丹麦、冰岛、芬兰、挪威和瑞典提出。在1995年5月第8次会议上——以不符合第26条第1款规定的程序——缔约国修改了第20条第1款，规定委员会每年开会，但会期由缔约国会议决定，并报联合国大会核可。[6] 修正案须经大会核可，并经《公约》缔约国2/3多数同意接受后生效。[7] 截至2010年12

（接上页注①）会文化权利国际公约》第29条、《公民及政治权利国际公约》第51条、《儿童权利公约》第50条、《保护所有移徙工人及其家庭成员权利国际公约》第90条、《残疾人权利公约》第47条规定了更为复杂的程序，以确定所提修正案是否可接受并提交批准。《禁止酷刑公约》第29条遵循了人权两公约的规定方式，但不要求获得联合国大会的同意。

② E/CN. 6/AC. 1/L. 2(1974); L. A. Rehof, *Guide to the Travaux Preparatoires of the United Nations Convention on the Elimination of All Forms of Discrimination against Women*(1993), pp. 228 - 230, 229.

③ Rehof（前注2），第229页。

④ 参见对第20条第1款的评注。

⑤ CEDAW/SP/1995/2，《消除对妇女一切形式歧视公约第8次缔约国大会报告》，第2段。

⑥ 同上注，第5段。

⑦ A/RES/50/202，联合国大会第50/202号决议（1996年2月23日）。

月31日,《公约》186个缔约国中仅有57个国家接受了修正案。由于修正案尚未生效,委员会仍然依赖于联合国的反复授权来争取额外的会议时间。[8]

四 解释问题

根据《维也纳条约法公约》第39~41条,条约的文本可以作出修正,除非条约规定了修正程序取代了《维也纳条约法公约》的规定。《维也纳条约法公约》使用的是"修正"(amendemtn)和"修改"(modification),而不是"修订"(revision)。"修订"条约指的是一种全面的修正,[9] 但也包括对具体条款的修正。《维也纳条约法公约》第40条规定了多边条约的修正程序,但可以被一项条约的相关规定所取代。因此,《公约》的文本可以通过第26条的修正规则作出更改。如果第26条对特定问题没有作出规定,则可以适用《维也纳条约法公约》第40条的规则。

(一) 第26条第1款

根据第26条第1款,只有《公约》缔约国才可以发起修正程序,它们可以在任何时候发起该程序。这意味着非缔约国或委员会都没有资格这么做。缔约国必须以书面形式向联合国秘书长提出请求。通知只是提供所需信息的声明。《维也纳条约法公约》第40条第2款规定,修正多边条约的所有提议必须通知所有缔约国。联合国秘书长作为条约的保
559 存机关,负责分发修正提议。条约秘书处是决定所提修正案的效力并开展必要的咨询的最佳机构。[10] 决定将采取何种步骤不属于联合国秘书长的职责范围。

---

[8] 参见对第17~22条的评注,特别是第20条对委员会会议的讨论。

[9] 联合国《多边条约最后条款手册》(2003),第106页。

[10] 联合国《条约手册》(2006),第22~23页。

（二）第26条第2款

第2款规定，联合国大会作为一个机构被授权决定修正《公约》的步骤，这与《维也纳条约法公约》第40条第2款将修正权分配给缔约国有所不同。[⑪] 因此，采取什么措施拟定修正案取决于联合国大会的酌情决定，包括将修正过程委托给另一个机构。没有将修正权交由缔约国的一个可能原因是，《公约》致力于创造一种普遍体制，鉴于《公约》的任何修正都会对缔约国产生直接影响，因此修正应与缔约国保持一定的距离而不是掌握在缔约国手中。这在《公约》制定的时代特别重要，因为可以认为数量有限的缔约国，其全球视野要逊于联合国大会全体成员。[⑫]

请求一旦提交大会，接下来就有两个行动选项。如果联合国大会决定有必要采取具体措施，它就有权决定采取的行动。或者，联合国大会可能决定不采取进一步的措施，实质上是否决了修正的请求。联合国秘书长在接到决定之后，应妥善通知所有缔约国并分发有关资料予以公布。[⑬]

《维也纳条约法公约》第40条第4款规定，修正案生效后，只对正式接受修正的国家有约束力。《公约》第26条没有提及这一问题。这会在同一条约下制造出不同的制度，带来负面影响，[⑭] 并且可能的确不可行。例如，关于对《公约》第20条的修正，委员会只能召开一组影响所有缔约国的会议。作为一个实际问题，可以适用国际电信联盟形成的技术，即修正案一旦生效，它将完全取代先前的规定。[⑮] 既然《公约》没有规定退出条款，那么即便缔约国没有对修正案投赞成票，也必须接受修正。

---

⑪ 《维也纳条约法公约》第40条第2款称，每一缔约国都有权参加：(a) 对此种提议采取行动的决定；以及 (b) 修正该条约的任何协定的谈判和缔结。

⑫ 当然随着《公约》近乎得到普遍批准，这一点已经发生了巨大变化。

⑬ 联合国《秘书长作为保存机关的实践摘要》(1999) (ST/LEG/7/Rev. 1)，第75～76页。

⑭ 联合国（前注9），第98～99页。

⑮ J. Klabbers, "Treaties, Amendment and Revision", in R. Wolfrum (ed.), *The Max Plank Encyclopedia of Public International Law* (2008)，第10段，网络版，www.mpepil.com，访问日期2010年12月31日。

第 26 条规定的修正程序已被证明非常麻烦，从到目前为止唯一的修正提议来看尤其如此，该提议针对的是相对没有争议的程序问题。然而，考虑到起草《公约》所作出的努力以及《公约》内容的深远影响，严格的程序门槛可以保护《公约》免受轻率的或政治化的修正。

第二十七条* 561

1. 本公约自第二十份批准书或加入书交存联合国秘书长之日后第三十天开始生效。

2. 在第二十份批准书或加入书交存后，本公约对于批准或加入本公约的每一国家，自该国交存其批准书或加入书之日后第三十天开始生效。

一　概述…… 743
二　准备工作…… 744
三　缔约国的实践…… 744
四　解释问题…… 745
（一）第 27 条第 1 款…… 745
（二）第 27 条第 2 款…… 746

一　概述

根据第 27 条第 1 款，《公约》于 1981 年 9 月 3 日，即圣文森特和格林纳丁斯作为第 20 个国家交存其加入文件第 30 天后生效。

---

* 特此感谢 Sahrah Al-Nastrawe-Sozeri，Benjamin Feyen，Ines Franke，Anna-Maria Paulus，Allison Sherrier 与 Eric Veillerobe 为本章及第 25、26、29、30 条各章的写作提供的帮助。

二　准备工作

苏联提出了第27条第1款的最终文本草案，但没有规定需要多少份批准或加入文件。[①] 英国建议要么遵循《消除一切形式种族歧视国际公约》第19条的规定，至少应达到27份，要么按照人权两公约的规定，达到35份。[②] 美国建议批准或加入数量应至少达到联合国会员国数的1/3，但匈牙
562 利和苏联认为，这个数量应尽可能低，以便《公约》尽早生效。[③] 最终，在这届会议上未经投票通过了这一规定，因为妇女地位委员会同意大多数国家倾向的20份文件的意见。[④]

联合国大会工作组也采纳了目前第27条的最后文本，没有作进一步的修改。[⑤]

三　缔约国的实践

签署并批准或加入《公约》的前20个国家是瑞典、德意志民主共和国、波兰、葡萄牙、古巴、圭亚那、多米尼加、巴巴多斯、中国、佛得角、匈牙利、苏联、白俄罗斯、卢旺达、乌克兰、墨西哥、挪威、海地、蒙古国、圣文森特和格林纳丁斯。[⑥]《公约》在通过不到21个月便生效了，这在当时比任何人权条约都快。[⑦]

---

① L. A. Rehof, *Guide to the Travaux Preparatoires of the United Nations Convention on the Elimination of All Forms of Discrimination against Women* (1993), p. 232.

② 《公民及政治权利国际公约》第49条；《经济社会文化权利国际公约》第27条。

③ Rehof（前注1），第232页。

④ M. Honda, "Article 27: Entry into Force", in Japanese Association of Women's Rights (ed.), *Convention on the Elimination of All Forms of Discrimination against Women: A Commentary* (1995), pp. 397 - 401, 398.

⑤ Rehof（前注1），第233页。

⑥ 参见对第25条的评注。

⑦ 在此之后，《儿童权利公约》的生效更加迅速，在通过后不到10个月便生效了。

第17条第1款规定，在《公约》生效时建立一个18人组成的委员会，并在第35个国家批准或加入时将委员会的人数增加到23人。在1982年4月16日第一次缔约国大会选举第一届委员会成员时，批准和加入文件已经达到35份。因此，委员会从1982年10月第一届会议开始就由23名委员组成。[⑧]

四 解释问题

既然第27条的两款都提到了批准和加入，显然加入可以发生在《公约》生效前或生效后。与之类似，既然《公约》没有对签署设置任何期限，国家仍可以在《公约》生效后签署和批准《公约》。

（一）第27条第1款

根据《维也纳条约法公约》第24条第1款要求，[⑨] 第27条第1款规定了《公约》生效的“方式”和“日期”。第1款重申联合国秘书长是保存机关。[⑩] 条约保管人提供条约生效时所确立的资料。[⑪] 第27条第1款规定，从所需数量的文件交存之日到生效之日，中间必须间隔30天。要求这一段时间是为了确保满足前提条件，并让保存机关有时间将即将生效的情况通知缔约国。[⑫]

起草者将20份批准或加入文件作为《公约》生效的条件，这种折中方 563
案成为此后联合国人权条约的模板。[⑬]

---

⑧ 参见对第17条第1款的评注。

⑨ 《维也纳条约法公约》第24条第1款（称“条约生效的方式和日期依照该条约的规定，或依照各谈判国的约定”）。

⑩ 参见对第25条第2款、第3款的评注。

⑪ 《维也纳条约法公约》第77条第1款（f）项规定，保管机关的任务包括“于条约生效所需数目之批准书、接受书、赞同书或加入书已收到或交存时，转告有权成为条约当事国之国家”。

⑫ 联合国《多边条约最后条款：手册》（2003），第59页。

⑬ 比较《禁止酷刑公约》第27条、《儿童权利公约》第49条、《保护所有移徙工人及其家庭成员权利国际公约》第87条、《残疾人权利公约》第45条、《保护所有人免遭强迫失踪国际公约》第39条。相比之下，在此之前的人权两公约要求35个国家，《消除一切形式种族歧视国际公约》则要求27份文件。

（二）第27条第2款

《公约》生效后的国内效力取决于缔约国法律体系中国际法与国内法的关系。[⑭] 在国际法可以直接适用（一元论制度）的缔约国，《公约》的适用仅仅取决于第2款。在《公约》必须转化为国内法的国家（二元论制度），《公约》的适用还有赖于缔约国的宪法要求。然而，不论国内法体系如何，只要一个缔约国已承诺《公约》对自己生效，根据国际法它就——至少——对其他缔约国有义务，并将处于自己管辖范围内的妇女的权利置于其他缔约国、联合国宪章机构和委员会的监督之下。[⑮]

《维也纳条约法公约》第28条宣明了条约不溯及既往的一般原则，“除非条约显示或另经确定有不同的意思”。在没有相反意思的情况下，条约不得适用于生效日期之前发生的行为或事实或已经停止存在的任何局面。尽管《公约》的条款没有表示追溯适用的意图，委员会曾提及第二次世界大战期间日本军人对亚洲妇女性剥削（“慰安妇”）的问题。这一强迫卖淫事件发生在《公约》起草之前的很长一段时间内，并且《公约》在1985年才对日本生效。[⑯] 委员会在没有为这一追溯适用讲明理由的情况下，建议日本采取持久的解决办法。[⑰] 然而，类比A. T. 诉匈牙利案，[⑱] 可以说，如果伤害持续存在，委员会有资格予以处理。A. T. 在《公约》对匈牙利生效后遭受了进一步的家庭暴力；虽然亚洲妇女的情形与此不同，但因为日本政府未能提供赔偿或找到任何持续的解决办法，所以可以认为她们所遭受的伤害仍在继续。这些妇女继续经历着歧视、不利地位和羞辱，这些已单独构成持续的侵犯。[⑲]

---

⑭ 参见对第2条的评注中关于一元论和二元论的讨论。

⑮ 分别参见导论部分及对第1条和第2条的评注。

⑯ 参见关于“针对妇女的暴力”的评注。

⑰ CEDAW/C/JPN/CO/6（2009），对日本的结论性意见，第37～38段。

⑱ A. T. 诉匈牙利，消除对妇女歧视委员会第2/2003号来文（2005），第8.5段。

⑲ CEDAW/C/JPN/CO/6（2009），对日本的结论性意见，第37段。委员会对教科书中删去与这一问题有关的内容表示关切。

第二十八条* 565

1. 联合国秘书长应接受各国在批准或加入时提出的保留，并分发给所有国家。

2. 不得提出与本公约目的和宗旨抵触的保留。

3. 缔约国可以随时向联合国秘书长提出通知，请求撤销保留，并由他将此项通知通知全体国家。通知收到后，当日生效。

一　概述…… 748
二　准备工作…… 748
三　对《公约》的保留 …… 750
（一）概括性的保留 …… 751
（二）第1~5条 …… 752
（三）第7~9条 …… 755
（四）第11~14条 …… 756
（五）第15~16条 …… 757
四　处理针对《公约》的保留的活动 …… 759
（一）缔约国的反对 …… 759
（二）缔约国会议 …… 764
（三）委员会的工作 …… 767
五　保留的撤回与修改…… 780
六　结论…… 785

* 特此感谢 Stephanie Jensen-Cormier，Heather Northcott，Nathalie Stadelmann 以及 Mercedes Morales（联合国人权高专）为本章及《任择议定书》一章提供的帮助。

一　概述[①]

《公约》第28条明确规定国家在批准或加入《公约》时可以提出保留，并表明这些保留应由联合国秘书长接受并分发给所有国家。第28条第3款表明，提具保留的国家可以随时向秘书长发出通知，撤回保留，撤回在通知收到之日起生效。第28条第2款反映了1969年《维也纳条约法
566 公约》第19条（c）项，禁止提出与《公约》目的和宗旨相抵触的保留。《公约》没有规定哪一条是不可克减的，也没有任何规定确认某一条款不得被保留。

二　准备工作

在《公约》谈判阶段，有国家建议不应准许保留，[②] 但其他国家认为应当允许国家在一定的时限内对某些规定提出有限数量的保留，以便为法律和/或教育措施的改革扫清道路。一个国家参照《维也纳条约法公约》第19条认为，仅允许提出与《公约》的目的和宗旨不相抵触的保留，这一点至关重要。[③] 比利时提出的草案在第24条提到了“解约”。[④]

妇女地位委员会第26届会议重启后，丹麦提出单独规定一个保留条款，[⑤] 包含了现在《公约》第28条的大部分要素，但同时也规定任何缔约国如果反对一项保留，应在90天内通知联合国秘书长它不接受这一保留。

① 本章所表达的观点为作者所持，并不必然反映联合国的观点。
② E/CN. 6/573（1973），第113段。
③ E/CN. 6/591（1976），第166段。
④ E/CN. 6/591/Add. 1(1976)；L. A. Rehof, *Guide to the Travaux Preparatoires of the Untied Nations Convention on the Elimination of All Forms of Discrimination against Women*(1993), pp. 234 – 237.
⑤ E/CN. 6/L. 701.

条款草案除规定与《公约》目的和宗旨相抵触的保留不可接受外，还称“一项保留如果阻碍依《公约》建立的委员会的运行”也不被允许。更重要的是，该条款草案还包含了确定无效保留的公式，基于《消除一切形式种族歧视国际公约》第 20 条，[6] 规定凡经至少 2/3《公约》缔约国反对的保留即为“抵触或阻碍的”保留。

妇女地位委员会对该条约草案稍加修改，只作了口头订正，未经投票表决即予通过。不过，当时对是否有必要在《公约》中纳入一个保留条款，或是否应将《维也纳条约法公约》或《消除一切形式种族歧视国际公约》作为这一条的基础，也有过讨论。[7] 包含这一条的《公约》草案整体，经妇女地位委员会第 1（XXVI）号决议通过，并提交经济及社会理事会。向联合国大会提交的针对草案的评论呼吁根据《维也纳条约法公约》使用一个更明确、更简洁的条款。一个国家指出，一项条约只有在遭到 2/3 或以上缔约国的反对时才被认为是抵触性的，还是即便没有达到门槛数量也可以认为一项保留是抵触性的，对此并不明确。还有建议认为抵触性的保留对保留国的意义不明确。[8] 其他国家也有类似的担心。一些国家认为，既然《维也纳条约法公约》已经规定了与保留有关的规则，就没有必要再在《公约》中作规定了，而另一些国家则呼吁保持鉴别抵触性保留 567
的公式。[9] 对条款草案的讨论一直持续到 1979 年联合国大会第 34 届会议，联大工作组讨论了《公约》的最后条款，其间确认抵触性保留的公式被删去了。[10] 第三委员会和联合国大会全体会议最终采纳了现在条约文本中的规定。[11]

---

⑥ B. Clark, "The Vienna Convention Reservations Regime and the Convention on Discrimination against Women" (1991) 85 *Am J of Intl L* 281, 283（认为这一条款是对《消除一切形式种族歧视国际公约》保留的有效约束）。

⑦ E/CN. 6/608（1976），第 214 ~ 216 段。

⑧ A/32/218，秘书长的报告《消除对妇女歧视公约草案》（1977），第 158 段。

⑨ A/32/218/Add. 2，联合国大会《秘书长报告附录 2》（1977），第 24 段。

⑩ A/C. 3/34/14，联合国大会《起草消除对妇女歧视公约全体工作组报告》（1979），第 16 ~ 18 页。

⑪ A/34/830（1979），附件，第 18 段；A/RES/34/180，联合国大会第 34/180 号决议（1979 年 12 月 18 日），附件。

三　对《公约》的保留

截至2010年12月31日，《公约》186个缔约国中有59个仍然维持着批准或加入《公约》时的保留或声明，[12] 并且许多国家的保留不止针对一个条款。其中有40个国家对第29条第1款提出保留，该条款将与执行《公约》有关的争端交给国际法院处理。[13] 第29条第2款允许对第29条第1款提出保留。

有一些保留，特别是涉及与以色列关系的保留，可以被视为“政治性质”的。[14] 但也有相当数量的保留是实质性的。一位评论者认为，这些保留直达一般国际人权法“普遍性和完整性价值的核心”，特别是其中与妇女有关的部分。[15] 许多保留的背景源于不同文化和宗教对待妇女角色的态度，通

---

⑫ 《维也纳条约法公约》第2条将保留界定为“一国于签署、批准、接受、赞同或加入条约时所作之片面声明，不论措辞或名称为何，其目的在摒除或更改条约中若干规定对该国适用时之法律效果”。荷兰对序言第10段发表的解释性声明不大可能符合这一定义。法国、德国与荷兰对序言第11段作了相互类似的解释性声明。参见 L. Lijnzaad, *Reservations to UN-Human Rights Treaties: Ratify and Ruin?* (1995), pp. 304 - 305。这些序言性的段落以108票赞成、0票反对、26票弃权的投票记录获得通过。联合国大会逐字记录（1979年12月18日），A/34/PV. 107。保留、反对、对保留的撤回在“条约状况”部分可以找到，http://treaties. un. org，访问日期2010年12月31日。

⑬ 阿尔及利亚、阿根廷、巴哈马、巴林、巴西、文莱、中国、古巴、朝鲜民主主义人民共和国、埃及、萨尔瓦多、埃塞俄比亚、法国、印度、印度尼西亚、伊拉克、以色列、牙买加、科威特、黎巴嫩、毛里求斯、密克罗尼西亚联邦、摩纳哥、摩洛哥、缅甸、尼日尔、阿曼、巴基斯坦、卡塔尔、沙特阿拉伯、新加坡、阿拉伯叙利亚共和国、泰国、特立尼达和多巴哥、突尼斯、土耳其、阿拉伯联合酋长国、委内瑞拉、越南和也门对此款作出了保留。白俄罗斯苏维埃社会主义共和国（白俄罗斯）、保加利亚、捷克斯洛伐克、匈牙利、蒙古国、波兰、罗马尼亚、乌克兰苏维埃社会主义共和国（乌克兰）以及苏联（俄罗斯联邦）已经撤回了对该款的保留。

⑭ 伊拉克和阿拉伯叙利亚共和国表示，赞同《公约》绝不意味着承认以色列或与以色列建立任何关系。当时，以色列还不是《公约》的缔约国，它于1986年12月12日向秘书长表示，它认为伊拉克的声明显然是政治性的，与《公约》的目的和宗旨相抵触，这么做不会以任何方式影响一般国际法或特定公约对伊拉克有拘束力的任何义务。以色列也指出，将采取完全对等的态度对待伊拉克。

⑮ R. J. Cook, "Reservations to the Convention on the Elimination of All Forms of Discrimination against Women" (1990) 30 *Virginia J of Intl L* 643, 644.

常反映在关于国籍、财产权的国内法中，包括妇女的继承权、经济机会、迁徙自由以及对居住地的选择。许多保留，包括已经撤回的一些保留，在 568
《公约》谈判过程的辩论中、第三委员会向大会转交《公约》的报告中，[16]以及最后通过的正式记录中就已经有所预示。[17]

许多评论者一般性地讨论过对人权条约的保留，[18]也专门讨论过对《公约》的保留，[19]本章不再重复这些分析，而将侧重考察现有的保留模式、缔约国的活动、委员会对这些保留的处理以及保留的撤回和修改。

（一）概括性的保留

对《公约》的大多数保留针对的是条约的个别条款，但也有少数保留是概括性的。这包括文莱、列支敦士登、马来西亚、毛里塔尼亚、阿曼、巴

---

⑯ A/34/830（1979）.

⑰ A/34/PV. 107，联合国大会《联合国大会第34届会议第107次全体会议正式记录》，第1~88段。

⑱ C. J. Redgwell, "Reservations to Treaties and Human Rights Committee General Comment No. 24 (52)" (1997) 46 *Intl Comparative L Quarterly* 390; R. Baratta, "Should Invalid Reservations to Human Rights Treaties be Disregarded?" (2000) 11/2 *Eur J of Intl L* 413; B. Simma, "Reservations to Human Rights Treaties: Some Recent Development", in G. Hafner et al. (eds.), *Liber Amicorum: Professor Ignaz Seidl-Hohenbeldern—in Honour of his* 80th *Birthday* (1998), p. 659; R. Goodman, "Human Rights Treaties, Invalid Reservations, and State Consent" (2002) 96/531 *Am J of Intl L* 531; I. Boerefijn, "Impact on the Law on Treaty Reservations", in M. T. Kamminga and M. Scheinin (eds.), *Impact of Human Rights Law on General International Law* (2009), p. 63.

⑲ Cook（前注15）；Clark（前注6）；A. Jenefsky, "Permissibility of Egypt's Reservation to the Convention on the Elimination of All Forms of Discrimination against Women" (1991) 15/2 *Maryland J Intl. & Trade* 199; H. B. Schöpp-Schilling, "Reservations to the Convention on the Elimination of All Forms of Discrimination against Women: An Unresolved Issue or (No) New Development?", in I. Ziemele (ed.), *Reservation to Human Rights Treaties and the Vienna Convention Regime: Conflict, Harmony or Reconciliation* (2004), p. 3; J. Riddle, "Making CEDAW Universal: A Critique of CEDAW's Reservation Regime under Articel 28 and the Effectiveness of the Reporting Process" (2002) 34 *George Washington L Rev* 605; C. Chinkin, "Reservations and Obligations to the Convention on the Elimination of All Forms of Discrimination against Women", in J. P. Gardner (ed.), *Human Rights as General Norms and a State's Right to Opt out: Reservations and Objections to Human Rights Convention* (1997), p. 64; J. Connors, "The Women's Convention in the Muslim World", in J. P. Gardner (ed.)，同上，第85页；Amnesty International, *Reservations to the Convention on the Elimination of All Fomrs of Discrimination against Women: Weakening the Protection of Women from Violence in the Middle East and North Africa Region* (2004)。

基斯坦、沙特阿拉伯以及突尼斯的保留。文莱对可能与其《宪法》及其官方宗教伊斯兰教的信仰和原则相违背的条款提出保留。对《公约》第1条，列支敦士登保留在《公约》所有义务方面适用《宪法》第3条的权利，即确定王位继承以及与列支敦士登王室有关的事项由议会制定的法律调整。马来西亚的保留表明它加入《公约》受制于以下理解：《公约》的条款不与伊斯兰教法及其《宪法》相冲突。毛里塔尼亚表示它赞同《公约》中不与伊斯兰教相抵触并符合其《宪法》的每一个部分。阿曼表示对《公约》中所有与伊斯兰教及阿曼现行有效的法律不一致的规定均提出保留。巴基斯坦的保留明确表示它的加入受其《宪法》的约束。而突尼斯的"一般声明"表明，如果根据《公约》要求采取的组织性的或立法决定与其《宪法》第一
569 章的规定相冲突，则它将不采取此类决定。该国《宪法》第1条宣布伊斯兰教是该国的国教。与之类似，沙特阿拉伯的保留称，一旦《公约》与伊斯兰法规范之间发生冲突，沙特阿拉伯没有任何义务遵守《公约》中的冲突性规定。

（二）第1~5条

《公约》前五条对于实现其目标的重要性被委员会和其他机构反复强调，然而仍有针对这些条款的大量保留和声明。有几个国家采用不同表述的保留表明，只要《公约》的条款可能与伊斯兰教法发生冲突，便不受这些条款的约束。其他一些国家则表示，只要遵守《公约》不会与伊斯兰教法相冲突，相关国家就准备遵守《公约》。与概括性保留的情形一样，许多评论者认为这些保留不准确、不确定，使缔约国通过批准或加入接受的法律义务的内容处于不清晰的状态。特别是当保留没有说明其法律和实践的范围时更是如此。当以伊斯兰教法为基础解释保留时，不确定性变得更加突出，因为伊斯兰学者之间对伊斯兰教法的确切要求，以及它是否服从于不断发展的解释和实践，也持不同的观点。主张基于伊斯兰教法提出保留的缔约国在它们的保留中指向的并非相同的《公约》条款。此外，并非所有拥有大量穆斯林人口的国家都会提出保留，这也说明关于伊斯兰教法是否排除执行《公约》的任何条款，各国之间并无坚定的看法。

巴林、孟加拉国和埃及以宗教为由对第2条提出了保留，保留涵盖第2条的全部内容，以确保在伊斯兰教法规定的范围内执行这一条。叙利亚虽然没有明示，但它对第2条提出保留的动机也是基于该条与伊斯兰教法不兼容的认知，伊拉克对第2条（f）项和（g）项的保留也是如此。利比亚表示，在执行第2条时应当对伊斯兰教法关于继承的强制性规定给予适当考虑。摩洛哥的保留表达了该缔约国适用第2条的意愿，前提是该规定不得与伊斯兰教法的规定相冲突。它解释道，摩洛哥个人地位法典中包含的某些规定赋予妇女的权利与赋予男性的权利不同（因为这些规定主要来自伊斯兰教法，所以不得被违反或被废除），它们旨在维持配偶之间的平衡以保持家庭生活的和谐一致。新加坡考虑到自己是一个多种族、多宗教的社会，需要尊重少数人从事宗教活动的自由以及他们的属人法，于是提出，如果适用第2条将违反这些宗教或属人法，则新加坡保留不适用第2条相关规定的权利。阿拉伯联合酋长国对第2条（f）项的保留也是因为它认为这一条款违反了关于继承的伊斯兰规则。

许多对第5条的保留也以习俗或宗教为解释理由。第5条（a）项要求缔约国采取一切适当措施改变男女的社会和文化行为模式，以消除基于性别而分尊卑观念或基于男女定型任务所产生的偏见、习俗和一切其他做法。印 570
度宣布它对该条款的遵守须与其未经某团体的邀请或同意，不干涉其个人事务的政策保持一致。密克罗尼西亚联邦对第5条提出保留的原因是，考虑到在继承传统头衔和婚姻习俗方面它作为各州多样性遗产受托人的能力。尼日尔，一个主要的伊斯兰国家，也对第5条（a）项提出保留，原因不是伊斯兰教法，而是因为第5条（a）和（b）项涉及正确了解母性的社会功能和确认教养子女是父母的共同责任，这两点无法立即适用，因为它们与多年发展起来的现存习俗和做法相冲突。在卡塔尔所称的宣言中，它表示第5条（a）项提出的改变“模式”不应理解为鼓励妇女摒弃作为母亲的角色或摒弃在养育子女方面的作用，这样将破坏家庭结构。法国和尼日尔均宣布，第5条（b）项宣称的“家庭教育”应解释为家庭中的教育，它受到《公民及政治权利国际公约》第17条规定的隐私权的保障。

对第1～5条的保留并非全部基于宗教或习俗。英国（同时代表它的附属领土）表达了对《公约》的主要目的的理解：根据第1条关于对妇女的歧视的定义，《公约》的目的是减少对妇女的歧视，这就意味着《公约》并不要求废除或修改现行法律、规章、习俗或做法中为妇女提供比男性更优惠待遇的内容。英国将这一理解延伸适用于对第4条第1款关于旨在加速实现男女事实上平等的暂行特别措施的解释上。英国的批准受以下理解的约束，即它根据《公约》承担的任何义务均不得被视为延伸适用于继承、拥有或享受王位、爵位、荣誉称号、社会优待或纹章，或宗教派别或命令等事务，或确保军队战斗力的任何行为。与之类似，摩纳哥称即便批准《公约》，也应服从关于王位继承的宪法规定。摩洛哥和西班牙也是如此。卡塔尔声明，它接受第1条，条件是根据伊斯兰法和卡塔尔立法的规定，“不论已婚未婚”这一用语不是用以鼓励合法婚姻之外的家庭关系。

阿尔及利亚对第2条的保留表示，它准备适用这些规定，条件是它们不与阿尔及利亚家庭法典的规定相冲突。卡塔尔对第2条（a）项的保留与权力世袭传递的规则有关，理由是这一款与其《宪法》第8条不一致。巴哈马的保留未经解释，宣称它不认为自己受第2条（a）项的约束，该条款要求缔约国如尚未将男女平等的原则列入本国《宪法》或其他有关法律，则应将其列入，并以法律或其他适当方法保证实现这项原则。朝鲜民主主义人民共和国的保留声称，它不认为自己受第2条（f）项的约束，该条款要求缔约国采取一切适当措施（包括制定法律）以修改、废除构成对妇女歧视
571 的现行法律、规章、习俗或惯例。莱索托的保留表示，它认为自己在第2条与《宪法》关于王位继承以及法律关于首领继承的规定相冲突的范围内，不受第2条的约束。与之类似，密克罗尼西亚联邦保留在继承某些已确定的传统头衔，以及纯粹基于自愿或一致同意的私人行为的分工和决策的婚姻习俗方面，不适用第2条（f）项的权利。尼日尔也表示对第2条（d）项和（f）项提出保留，它表示，“关于采取一切适当措施废除，特别是在继承方面，构成歧视妇女的所有习俗和做法”，这些规定不能立即适用，因为它们与现有的习俗和做法相冲突，而按照其性质，这些习俗和做法只能经过时间的推移、社会的演进才能得以改变，而不是通过当局的行为。

（三）第7~9条

也有一些国家对第7条提出保留，理由各不相同，其中许多保留已被撤回。以色列首先表示，妇女在该国公共生活的各个方面都占有重要地位，然后对第7条（b）项提出保留，维持以色列任何宗教社团在任命妇女参加宗教法庭方面歧视妇女的法律。摩纳哥保留权利，在警察部队招募方面不适用第7条（b）项。

许多过去对第9条提出保留的国家撤回了保留。该条要求缔约国在国籍方面以及子女的国籍方面赋予妇女与男子平等的权利。仍然维持的保留主要是针对第2款关于子女的国籍部分。伊拉克、摩纳哥和阿拉伯联合酋长国仍维持着对第9条第1款和第2款的保留，未说明理由。摩纳哥将第9条描述为与其国籍法相冲突；而阿拉伯联合酋长国则认为获得国籍是由国内法调整的国内事项。第9条第2款受到巴哈马、巴林、文莱、朝鲜民主主义人民共和国、约旦、黎巴嫩、马来西亚[20]、阿曼、沙特阿拉伯和叙利亚的保留，这些国家均未说明理由。摩洛哥对第9条第2款提出保留时解释道，根据摩洛哥国籍法，只有儿童出生在摩洛哥，父亲不明或是无国籍人，作为保障儿童国籍权的一种手段，才允许儿童拥有其母亲的国籍。该项保留还解释道，如果儿童出生在摩洛哥，母亲是摩洛哥人而父亲是外国人，该名儿童居住在摩洛哥，则她/他可以在成年之前两年内通过宣布她/他希望取得摩洛哥国籍的愿望而获得摩洛哥国籍。科威特对该条款的保留表明，这一条款与科威特国籍法不相符，后者规定儿童的国籍由她/他的父亲确定。与之类似，卡塔尔和突尼斯维持保留的理由是第9条第2款与其国籍法不一致。英国对第9条提出保留的理由是它意在维持1983年1月生效的1981年英国国籍法案中的 572
临时和过渡性规定，这些规定可能具有歧视性。

[20] 1998年2月6日，马来西亚试图修改它对第9条第2款的保留，宣布如果政府修改相关法律，它会审查自己的保留。这一修改未能成功，因为法国于1998年7月20日提出反对。荷兰也于1998年7月21日，即90天期限的后一天提出反对。关于修改保留的时间，参见P. Kohona,"Some Notable Developments in the Practice of the UN Secretary-General as Depositary of Multilateral Treaties: Reservations and Declarations"(2005)99/2 *Am J of Intl L* 433。

(四) 第 11 ~ 14 条

对第 11 ~ 14 条（主要涉及就业平等）提出保留的国家数量不多，在批准或加入时提具的保留已经被撤回，剩余的保留非常有限。这些保留大部分是基于对男女作用的定型假设。澳大利亚在修改一项较为广泛的保留时表示，鉴于《公约》要求它修改将妇女排除在战斗任务之外的国防部队政策，在此问题上它将不适用《公约》。在对妇女夜间工作和对就业妇女的特别保护方面，奥地利保留在国家立法规定的范围内适用《公约》第 11 条的权利。马耳他和新加坡在解释第 11 条第 1 款时称，由于第 4 条第 2 款规定《公约》所列旨在保护母性的特别措施不得被视为歧视，因此，第 11 条第 1 款不排除在保护妇女和胎儿的健康和安全所必要或可取时，对某些领域雇佣妇女或她们所从事的工作作出禁止、限制或附加条件。马耳他指出，其他国际条约，包括国际劳工组织旨在保护女性工人的各种条约施加给它的义务也纳入了它的保留。《公约》的许多缔约国退出了国际劳工组织的条约，因为虽然这些条约是保护性的，却限制了妇女的工作权。还有一些对第 11 条的保留涉及缔约国在全国引入带薪产假或其他相当的社会福利的义务。澳大利亚表示，虽然澳大利亚的许多妇女都可以享受这一福利，但它目前尚不能履行这项义务。密克罗尼西亚联邦提出了类似的保留。英国在养老金计划和退休福利方面提出保留，并且将生育津贴与就业时长或保险期间相挂钩。爱尔兰的保留则主张，自己关于就业机会和薪酬的立法已经足以履行第 11 条的规定。马来西亚表示，它认为第 11 条仅与男女之间的歧视相关。新加坡则表示，没有必要为执行第 11 条而对不属于其就业立法范围内的少数妇女专门立法。

对第 13 条提出保留的国家很少，该条要求消除经济和社会生活领域的歧视。爱尔兰表示，它将保持对女性比男性更为有利的社会保障立法。马耳他表示，在对家庭财产法中的歧视性内容作出改革之前，它将继续适用其视已婚妇女的收入为其丈夫收入的税收立法。摩纳哥也保留继续执行其社会保障法的权利，该法规定将利益支付给户主，而户主往往是丈夫。法国对第 14 条第 2 款（c）项和（h）项关于农村妇女的规定提出了有限保留。对

（c）项，法国表示对满足法国法律为个人参保规定的家庭或就业条件的妇女，应在社会保障框架内获得自己的权利；对（h）项，法国认为不应解释为意味着真实地提供免费的住房、卫生、水电供应、交通或通信。

（五）第 15～16 条 573

第 15 条要求缔约国给予男女在法律面前的平等地位、平等的法律行为能力，包括缔结合同、管理财产和法庭诉讼中的平等以及个人迁徙和择居方面的平等权利。卡塔尔对第 15 条第 1 款在继承和证词事项上提出了保留，理由是与伊斯兰教法不一致。它还对第 15 条第 4 款提出保留，因为该条款与该国家庭法的规定以及既有实践不一致。阿拉伯联合酋长国认为，第 15 条第 2 款有关法律行为能力平等的规定与伊斯兰教法关于此问题、证词及缔结合同权的规定相冲突，因此认为它不受该条款的约束。瑞士表示，它在适用该条款时将受制于婚姻法的若干临时规定。英国解释道，依照它的理解，合同中只有那些限制妇女法律行为能力的内容才应按照第 15 条第 3 款被视为无效，而不是整个合同都无效。

从妇女地位委员会讨论起草第 15 条第 4 款关于选择居住地和住所的过程就可以预见相关保留，其间埃及的代表表示，根据古兰经，丈夫必须选择婚姻家庭的地点，妻子和丈夫的住所相同。[21] 这一意见得到了印度尼西亚和伊朗伊斯兰共和国代表的支持。阿尔及利亚、摩洛哥和突尼斯的保留将妇女选择居住地和住所的权利归于国内属人法。巴林、阿曼和叙利亚对该条款提出了保留，但没有作出解释。尼日尔宣称这些权利只适用于未婚妇女。马耳他的保留表示，它承诺将废除歧视性的家庭财产法，但在立法改革之前将继续适用相关法律。

第 16 条是有关婚姻和家庭生活中的男女平等。许多缔约国对该条整体或部分提出了保留。与第 15 条的情况类似，这些保留在起草第 16 条的过程中就有所预示，起草的过程非常艰难。直到联合国大会第三委员会的讨论阶段，一些国家甚至仍试图将《公约》草案修改得与它们的国

---

[21] Rehof（前注 4），第 166～167 页。

内法一致。[22] 委员会对这些保留提出了特别批评，认为这些保留表明这些国家拒绝在私领域适用人权保护，牢固地确立了妇女在家庭生活中的劣势地位。

有一些保留针对整个第 16 条，提供了详细的解释，主要是基于伊斯兰教法。提出保留的国家包括埃及。它解释道，伊斯兰教法赋予妇女的权利与其配偶相当，以确保二者之间的公正平衡，这种权利与义务的等同性是为了保证“确保配偶间真正平等的互补性，而不是使婚姻成为妻子的负担的准
574 平等”。这项保留解释说，伊斯兰教法允许妇女通过婚姻享有某些优待，以平衡男子拥有的优待。据此，它声称，伊斯兰教法规定丈夫必须向妻子支付婚礼钱，全面供养妻子，并支付离婚费；而妻子对她的财产有完整的权利，没有义务为其生活花费任何费用。有鉴于此，伊斯兰教法限制妻子离婚的权利，将其交由法官裁决，但这项限制并不适用于丈夫。摩洛哥对该条款的保留与之类似，表示该条所规定的平等与伊斯兰教法不一致，后者在一个平衡和互补的框架内保证配偶各方的权利和责任。伊拉克对第 16 条的保留将伊斯兰教法描述为赋予妇女与其配偶相当的权利，以确保他们之间的公正平衡。阿拉伯联合酋长国的保留解释说，根据伊斯兰教法，配偶之间的财政义务和权利使妇女离婚的权利受到司法决定的限制。巴林和马尔代夫提出了概括性的保留，虽然也是以伊斯兰教法为基础，但没有包含进一步的解释。阿尔及利亚和以色列将第 16 条的适用限定在关于个人地位的国内法的范围之内。而印度宣称，它将按照未经社团的邀请或同意不干涉其私人事务的政策来适用第 16 条第 1 款。

一些对第 16 条的其他保留指向的是该条的具体部分。如孟加拉国对第 1 款（c）项要求结婚和婚姻解除时的平等；科威特对第 1 款（f）项有关儿童的平等权利；马来西亚对第 1 款（a）项尊重妇女缔结婚姻的平等权利，以及（c）、（f）、（g）项选择姓氏、专业和职业的平等权利；阿曼和卡塔尔对第 1 款（a）、（c）和（f）项，理由都是基于伊斯兰教法。尼日尔对第 1 款（c）、（e）和（g）项提出保留的理由是这些义务无法立即适用，因为它

---

[22] 同上注，第 168 ~ 186 页。例如，摩洛哥代表辩称，男女角色不是“传统的”，而是出现在人类的深层意识中，规定男女平等将影响“儿童的精神和道德平衡”。A/C. 3/34/SR. 70 - 71，联合国大会《联合国大会第三委员会第 70 ~ 71 次会议摘要记录》（1979 年 12 月 6 ~ 7 日）。

们与现有的习俗和做法相冲突，而后者只有随着时间的推移和社会的演进才可能得以改变。突尼斯表示，执行第1款（g）项和（h）项不得与其关于姓氏和继承的国内法相冲突。

有一些对第16条的保留没有作出解释。具体包括：巴哈马对第1款（h）项关于平等财产权；约旦对第1款（c）、（d）和（g）项；黎巴嫩对第1款（c）、（d）、（f）和（g）项；突尼斯对第1款（c）、（d）和（f）项。还有一些国家对第16条的特定要素作出了非常确切的保留。爱尔兰对第16条第1款（d）项和（f）项的保留表明一项观点，即爱尔兰认为实现《公约》的目标并不要求将妇女在非婚生子女方面的权利延伸适用于男性。英国对第1款（f）项持有类似的保留，表示与收养有关的决定的主要考虑是促进儿童的福利，而不是将她或他的利益放在首位。法国、摩纳哥、韩国以及瑞士对第1款（g）项关于选择姓氏的权利持有保留。马耳他的保留声称，它保留在法律改革之前继续适用关于家庭财产的歧视性法律的权利。而瑞士则表示，对第1款（h）项关于平等财产权的执行将服从于其家庭立法的临时性规定。马耳他和摩纳哥对第1款（e）项关于男女决定子女数量和生育间隔权利平等的规定提出保留，理由是，这一规定可能被解释为施加了使堕 575
胎合法化的义务；而摩洛哥担心它还会使绝育合法化。

印度特别对第16条第2款提出保留。该款规定，童年订婚和结婚应不具有法律效力，并应采取一切必要行动，包括制定法律，规定结婚最低年龄，并规定婚姻必须向正式机构登记。印度表示，尽管它完全支持强制婚姻登记，但这对一个像印度这样有着多种习俗、宗教和不同文化水平的幅员辽阔的国家来说是不现实的。

四　处理针对《公约》的保留的活动

（一）缔约国的反对

《维也纳条约法公约》第20条规定，条约的缔约国可以在接到交存保留的通知之日起12个月内或该国表示它同意受条约约束之日前，对其他缔约国的保留提出反对，两个日期中以较迟的一个为准。不少评论者指出，缔约国一般不愿对抵触性保留提出反对，原因包括外交敏感性、它们在审查和确定对可疑保留的立场时所面临的实际困难和资源局限，尤其是考虑到提出反对的较短时间限制。[23] 反对所产生的有限的实际效果也可能成为阻碍缔约国提出反对的一个因素，一位评论者认为它们的主要作用是“排除对条约的某一特定解释所产生的影响”。[24] 一些人认为，对数量众多的可能与《公约》目的和宗旨相违背的保留缺乏来自大多数国家的反对，这给人一种印象——对《公约》所作的国际承诺不像其他人权条约那样有拘束力，并且全面执行《公约》可能产生的宗教和文化敏感性令缔约国对这些保留持容忍态度。[25] 其他人则辩称，大量的反对意见可能会阻碍对《公约》的批准并导致缔约国退出。然而，有一些招致反对的重要保留已经被撤回，很可能这些反对是导致最终撤回保留的一个因素。

奥地利、比利时、加拿大、捷克共和国、丹麦、爱沙尼亚、芬兰、法国、德国、希腊、匈牙利、爱尔兰、意大利、拉脱维亚、墨西哥、荷兰、挪威、波兰、葡萄牙、罗马尼亚、斯洛伐克、西班牙、瑞典和英国都行使过对《公约》的保留提出反对的权利。其中一些国家反复提出反对，以证明它们
576 对《公约》保持着警觉。[26] 阿根廷、以色列和苏联提出的反对可以被视为具有政治性。[27] 一些缔约国还在《维也纳条约法公约》第20条规定的12个月的期限过后提出反对，并表示，虽然有《维也纳条约法公约》的规定，但

---

[23] Chinkin（前注19），第76~77页；Kohona（前注20），第442页。

[24] Lijnzaad（前注12），第54页。

[25] Chinkin（前注19），第77页。

[26] 应当指出，欧洲理事会国际公法法律顾问特设委员会（CAHDI）扮演着对国际条约的保留进行监测的欧洲观察站的角色，并在定期会议上讨论这一问题。1999年5月18日，欧洲理事会成员国部长委员会通过了《关于对国际条约的不可接受的保留的回应》的第R（99）13号决议，附上了回应条款的模板。2000年5月5日，欧洲理事会部长委员会代表通过了《关于对国际条约的保留的实际问题》的第（2000）708号决定。

[27] 1986年4月15日，苏联反对德国将《公约》延伸适用于西柏林的声明，认为这一声明非法且没有法律效力；1989年4月4日，阿根廷反对英国将批准延伸适用于福克兰群岛（马尔维纳斯群岛）、南佐治亚和南桑维奇群岛，并于1989年11月27日告知。以色列反对伊拉克有关对前者承认问题的声明（前注14）。

反对没有时间限制。[28] 联合国秘书长通常将这些超期反对意见作为通告分发，但并未提交登记，也未公布在《联合国条约汇编》中。

缔约国的反对各不相同，有未经解释的反对声明，[29] 也有的表示，反对国认为保留应适用条约解释的一般原则，据此缔约一方不得援引其国内法规定作为不履行国际条约的理由。[30] 其他的，特别是近期的反对，解释了反对的理由，即保留与《公约》的目的和宗旨相抵触。[31] 有些反对表明，保留一旦执行，将不可避免地导致对妇女基于性别的歧视，这与《公约》的目的和宗旨，[32] 或《公约》的所有条款以及《联合国宪章》、《世界人权宣言》或保留国签署或批准的其他国际文件中所规定的男女平等和不得基于性别进行歧视的原则相违背。[33] 另一些反对表明，抵触性保留之所以不可接受，是因为它们会使契约性的基本国际法义务失去意义，特别是当这些保留是概括性的时，不仅让人怀疑保留国对《公约》的目的和宗旨的承诺，而且助长了

---

[28] 例如，1997 年 2 月 2 日收到的丹麦针对科威特的保留的告知，在科威特加入《公约》两年多之后才发表；1997 年 8 月 13 日瑞典针对新加坡的保留的告知，几乎是在新加坡加入两年后才作出。

[29] 英国对密克罗尼西亚联邦对第 11 条第 1 款（d）项关于制定具有可比价值的立法的保留提出反对。

[30] 丹麦对利比亚在加入时的保留的反对；芬兰对马尔代夫的保留的反对；挪威对阿尔及利亚、科威特、莱索托、马来西亚、马尔代夫、巴基斯坦和新加坡的保留的反对。

[31] 这些反对有：奥地利对马尔代夫；加拿大对马尔代夫；芬兰对利比亚；德国对阿尔及利亚、孟加拉国、巴西、埃及、伊拉克、牙买加、韩国、利比亚、马拉维、马尔代夫、马来西亚、毛里求斯、巴基斯坦、泰国、突尼斯、土耳其；荷兰对孟加拉国、巴西、埃及、科威特、伊拉克、印度、牙买加、黎巴嫩、利比亚、马拉维、马尔代夫、毛里求斯、摩洛哥、韩国、泰国、突尼斯和土耳其；波兰对阿拉伯联合酋长国；葡萄牙对马尔代夫；瑞典对孟加拉国、巴西、泰国和突尼斯；英国对密克罗尼西亚联邦。

[32] 这些反对有：捷克共和国、丹麦、爱沙尼亚、德国、拉脱维亚、罗马尼亚和瑞典对阿曼；捷克共和国、丹麦、爱沙尼亚、德国、匈牙利、意大利、拉脱维亚和罗马尼亚对文莱；爱沙尼亚对阿拉伯叙利亚共和国；瑞典对科威特；奥地利、比利时、捷克共和国、匈牙利、意大利、波兰、罗马尼亚、斯洛伐克共和国和瑞典对卡塔尔。

[33] 这些反对有：墨西哥对孟加拉国、塞浦路斯、埃及、伊拉克、利比亚、毛里求斯、新西兰（关于库克群岛）、泰国和土耳其；瑞典对孟加拉国、巴西、文莱、埃及、伊拉克、约旦、利比亚、马尔代夫、马拉维、毛里求斯、密克罗尼西亚联邦、新西兰（关于库克群岛）、韩国、泰国、突尼斯和阿拉伯联合酋长国。

577 其对国际契约或条约法乃至整个国际法的破坏。[34] 有些反对表示，国家选择成为缔约方的条约，其目的和宗旨受到其他缔约国的尊重，符合各国的共同利益。[35]

许多缔约国反对提出按照与伊斯兰教法、保留国宪法或国内立法一致的方式执行《公约》的保留，理由是这类保留未经进一步澄清，让人怀疑成为《公约》当事方的缔约国在多大程度上担负承诺,[36] 这类保留具有不受限、无界定的特征,[37] 或在不同的缔约国受到不同的解释、修改或选择性适用。[38] 此类性质的解释通常出现在针对以伊斯兰法为基础的概括性保留的反对中，这类保留没有说明它们将适用《公约》的哪些条款或克减到什么程度。[39] 一些反对国表示，此类保留利用模糊的界定限定或排除了《公约》的适用,[40] 没有向其他缔约国澄清哪些条款将受到影响或未来会受到影响，因

---

[34] 这些反对有：瑞典对孟加拉国、巴西、埃及、伊拉克、科威特、利比亚、马拉维、毛里求斯、新西兰（关于库克群岛）、阿曼、韩国、泰国和突尼斯；荷兰对阿尔及利亚、巴林、斐济、莱索托、马来西亚、毛里塔尼亚、巴基斯坦、沙特阿拉伯、新加坡和阿拉伯叙利亚共和国；挪威对科威特、利比亚和马尔代夫；挪威对阿尔及利亚、文莱、利比亚、马来西亚和新加坡；波兰对阿拉伯联合酋长国；葡萄牙对阿曼、文莱、密克罗尼西亚联邦、阿拉伯联合酋长国；爱尔兰对文莱和阿曼。

[35] 这些反对有：瑞典对孟加拉国、巴西、朝鲜民主主义人民共和国、埃及、伊拉克、韩国、利比亚、马拉维、毛里塔尼亚、毛里求斯、密克罗尼西亚联邦、新西兰、沙特阿拉伯、泰国和突尼斯；荷兰对阿尔及利亚、巴林、朝鲜民主主义人民共和国、斐济、莱索托、马来西亚、毛里塔尼亚、巴基斯坦、沙特阿拉伯和阿拉伯叙利亚共和国；荷兰与挪威对新加坡；挪威对利比亚、马尔代夫和莱索托；奥地利、挪威、葡萄牙和瑞典对阿拉伯联合酋长国；奥地利、捷克共和国、荷兰和葡萄牙对文莱；奥地利、捷克共和国、荷兰和葡萄牙对阿曼；奥地利、比利时、捷克共和国和瑞典对卡塔尔。

[36] 这些反对有：德国、荷兰和挪威对阿尔及利亚；奥地利、德国、荷兰和瑞典对毛里塔尼亚；荷兰对斐济、莱索托、利比亚、马来西亚、巴基斯坦、新加坡；德国、荷兰、西班牙和瑞典对沙特阿拉伯；芬兰、荷兰对马尔代夫；爱沙尼亚和芬兰对卡塔尔；奥地利、爱尔兰、荷兰、葡萄牙、罗马尼亚对文莱；奥地利、爱尔兰、荷兰、葡萄牙、罗马尼亚对阿曼；葡萄牙对沙特阿拉伯。

[37] 这些反对有：丹麦对毛里塔尼亚和沙特阿拉伯；丹麦、希腊、波兰和斯洛伐克对阿曼；丹麦、希腊和波兰对文莱。

[38] 这些反对有：挪威对科威特、利比亚和马尔代夫；加拿大和捷克共和国对阿曼。

[39] 这些反对有：奥地利对黎巴嫩；芬兰和德国对马来西亚；芬兰对马尔代夫；奥地利和德国对巴基斯坦；芬兰、挪威和葡萄牙对毛里塔尼亚；奥地利、芬兰、爱尔兰、挪威和葡萄牙对沙特阿拉伯；芬兰和斯洛伐克对文莱；斯洛伐克对阿曼。

[40] 葡萄牙对毛里塔尼亚和沙特阿拉伯的保留的反对。

此其他缔约国并不清楚保留国接受了哪些义务或对条约的目的和宗旨作出了哪些承诺。[41] 另一些反对国表示，概括性的和不确切的保留，比如那些排除了《公约》的适用或令《公约》从属于伊斯兰教法或国内法的保留，使《公约》丧失了任何效力。[42] 与之类似，对特定条款，如第 2、15、16 条的广泛保留，通常也是基于伊斯兰法，没有明确规定保留国在多大程度上接受相关条款。反对这些保留的国家解释道，这些保留对范围没有限制、没有界限或具有概括特征，[43] 或是一般性地提及某种法律制度而不说明其内容，[44]
使其他缔约国无法判断保留国在多大程度上承担了《公约》的义务，[45] 或让 578
人对其承诺的程度产生怀疑。[46]

有相当数量的反对与针对第 2 条或其不同款项的保留有关，该条要求缔约国谴责对妇女一切形式的歧视，立即用一切适当办法推行消除对妇女的歧视的政策，包括采取《公约》其他条款，如第 5 条（a）项，第 9、15、16 条关于婚姻和家庭生活的平等等条款所确定的各种措施。许多反对意见解释道，这些保留所针对的条款指向反对国认为的消除对妇女的歧视目标的基础、根本或本质。[47] 芬兰对科威特针对第 7 条消除政治和公共生活领域对妇

---

[41] 这些反对有：法国和英国对沙特阿拉伯；比利时、加拿大、捷克共和国、爱沙尼亚、法国、意大利、西班牙、瑞典和英国对文莱；德国、匈牙利、意大利、西班牙、英国对阿曼；比利时、拉脱维亚、荷兰对卡塔尔；英国对毛里塔尼亚。

[42] 法国对阿曼和文莱的保留的反对。

[43] 这些反对有：丹麦和希腊对巴林；法国和希腊对阿拉伯叙利亚共和国；希腊对阿曼和阿拉伯联合酋长国。

[44] 英国对阿拉伯联合酋长国的保留的反对。

[45] 这些反对有：法国和英国对巴林；挪威、爱沙尼亚、英国对阿拉伯叙利亚共和国；德国、拉脱维亚、荷兰、西班牙和英国对阿拉伯联合酋长国；波兰对卡塔尔。

[46] 这些反对有：奥地利、芬兰、德国、荷兰、瑞典对巴林；奥地利、爱沙尼亚、芬兰、德国、意大利、荷兰、西班牙、瑞典对阿拉伯叙利亚共和国；芬兰、挪威、葡萄牙、瑞典对阿拉伯联合酋长国；爱沙尼亚和芬兰对阿曼；瑞典对卡塔尔；葡萄牙对密克罗尼西亚联邦。

[47] 这些反对有：希腊对阿拉伯叙利亚共和国对第 2 条的保留；奥地利、丹麦、芬兰、德国、荷兰、挪威、葡萄牙、西班牙、英国对朝鲜民主主义人民共和国对第 2 条（f）项的保留；意大利对卡塔尔对第 2 条和第 16 条的保留；芬兰对马来西亚对第 2 条（f）项和第 5 条（a）项的保留；奥地利、丹麦、芬兰、德国、挪威、葡萄牙和西班牙对朝鲜民主主义人民共和国对第 9 条第 2 款的保留；丹麦、芬兰、挪威对尼日尔对第 2 条（d）、（f）项，第 5 条（a）项，第 15 条第 4 款和第 16 条第 1 款（c）、（e）、（g）项的保留；丹麦、芬兰、爱尔兰、葡萄牙、挪威和西班牙对沙特阿拉伯对第 9 条第 2 款的保留；芬兰对文莱和卡塔 （转下页注）

女的歧视的保留（已被撤回）提出反对，[48] 理由是第 7 条是一个基础条款，对该条款的执行对实现《公约》的目的和宗旨至关重要。

《维也纳条约法公约》第 20 条规定，对保留的反对并不妨碍条约在保留国和反对国之间生效，除非反对国确定地表示了相反的意思。只有一项反对——瑞典针对马尔代夫加入时所作保留的反对——明确声称反对国认为保留构成《公约》在两国之间生效的障碍。大多数反对都说明反对不影响条约在双方之间生效，使《公约》在保留国和反对国之间保持效力。一些反对国表明保留不会在任何方面改变或修改《公约》向任何缔约国施加的义务。[49] 另一些国家建议，这些保留应被视为无效，[50] 而一些国家表示如果保留国不从保留中受益则《公约》仍然有效。[51] 有的国家建议保留国重新审查
579 其保留，[52] 其他国家则通过提请保留国注意其保留的无范围限制和未界定特征，以此表明需要重新审查保留，促使保留国更严格地界定保留的范围。

（二）缔约国会议

委员会从一开始就对这些对《公约》的保留表示担忧。作为回应，当时没有提出反对意见的加拿大将保留列入了 1986 年 3 月 25 日在纽约召开的《公约》第三次缔约国会议的议程。会议简短地一般性地交换了意见，其间强调了委员会对保留的意见，并对一些可能与《公约》相抵触的保留

（接上页注㊼）尔对第 9 条第 2 款的保留；葡萄牙对阿拉伯联合酋长国和阿曼对第 2、9、15、16 条部分条款的保留；葡萄牙、斯洛伐克、西班牙对文莱对第 9 条第 2 款的保留；芬兰和荷兰对卡尔塔对第 15 条第 1、4 款，第 16 条第 1 款（a）、（c）、（f）项的保留；挪威和西班牙对卡塔尔对第 2 条（a）项，第 9 条，第 15 条第 1、4 款，第 16 条的保留；拉脱维亚对卡塔尔对第 2 条（a）项的保留。

[48] 芬兰对科威特的保留的反对。

[49] 葡萄牙对马尔代夫的保留的反对。

[50] 墨西哥对毛里求斯的保留的反对。

[51] Jan Klabbers 描述了这种方式的起源，特别是涉及人权条约的方面，提请注意欧洲理事会部长委员会的第 R（99）13 号决议《关于对国际条约的不可接受的保留的回应》所附的对保留的示范回应。J. Klabbers, "Accepting the Unacceptable? A New Nordic Approach to Reservations to Multilateral Treaties"(2000)69 *Nordic J of Intl L* 179.

[52] 这些反对有：丹麦对文莱、阿曼、毛里塔尼亚、沙特阿拉伯、尼日尔、阿拉伯联合酋长国；爱沙尼亚对阿拉伯叙利亚共和国。

表达了关切，会议请求联合国秘书长寻求缔约国关于对《公约》的保留问题的意见，并向联合国大会第 41 届会议报告这些意见。会议还决定将保留列入将于 1988 年举行的下一届缔约国会议的议程。[53]

在 1986 年 5 月经济及社会理事会的常规会上，关于《公约》状况的决议的发起人试图将缔约国会议的决定纳入决议文本。[54] 然而，这引起了很大的争议，因为当时孟加拉国和埃及认识到《公约》与伊斯兰教法之间的冲突，提出了最为广泛的保留，一些代表表示决议草案是反伊斯兰的。[55] 1986 年 5 月 30 日，根据缔约国会议的决定，秘书长邀请成员国就可能被视为与《公约》目的和宗旨相抵触因而属于第 28 条第 2 款范围内的保留问题发表意见。只有 17 个国家，也就是《公约》当时 87 个缔约国中不足 20% 的国家作出了回应。[56] 这些回应大部分非常草率。一位评论者总结道，回应的数量少、质量差多少反映出《公约》与其他多边条约相比的独立和不寻常，由于其内容上的文化敏感性，因此被认为是一种意向声明或是豪言壮语而非对具有国际法律拘束力的义务的编纂，所以较其他条约的地位要低。

有学者对这份汇编回应的报告作了全面分析，指出，不足一半的回应讨论了保留的相符性和可接受性问题。[57] 一些实质性回应提出了解决这一问题的策略。加拿大提出一个多方面的方法，包括国家间进行讨论、在缔约国会议及委员会会议上进行审议，并建议对《公约》的实质条款，尤其是第 9、11、15、16 条的性质和范围制定准则，这对帮助国家理解《公约》的目标以及缔约国承担的义务的性质至关重要。加拿大还建议考虑于 1987 年向委 580
员会任命一位特别报告员或一个三人组成的工作组负责准备该准则，以便交由委员会在其第 7 届会议上审议，并在 1988 年第四次缔约国大会期间进行

[53] CEDAW/SP/10，《消除对妇女一切形式歧视公约第三次缔约国会议报告》(1986)。

[54] 经济及社会理事会第 1986/4 号决议（1986 年 5 月 21 日）。

[55] Clark（前注 6），第 284 页。

[56] 回应的国家有加拿大、中国、古巴、捷克斯洛伐克、丹麦、法国、加蓬、德意志联邦共和国、爱尔兰、日本、墨西哥、葡萄牙、圣卢西亚、西班牙、瑞典、土耳其和苏联。汇编于秘书长的报告《消除对妇女一切形式歧视公约的状况》（1986），A/41/608，A/41/608/Add. 1。

[57] Clark（前注 6），第 283 ~ 284 页。

讨论。瑞典提议根据第26条第1款通过对《公约》的修正案修改第28条，规定对哪些条款不允许提出保留，或是参照《消除一切形式种族歧视国际公约》第20条第2款建立一个程序，规定一定比例的缔约国可以确定保留的可接受性。

1986年联合国大会第41届会议期间，第三委员会对秘书长汇编这些观点的报告的审议进展并不顺利，一些国家指责其他国家文化不敏感并侵犯了它们提出保留的主权权利。关于《公约》的决议重申了第三次缔约国会议的决定，请求缔约国对该问题发表意见，但只是注意到秘书长的报告。除强调缔约国最严格地遵守根据《公约》承担的义务的重要性外，决议没有直接讨论保留，[58] 也没有采纳加拿大和瑞典关于创建一个机制来解决这一问题的建议。

保留议题纳入了1988年第四次缔约国会议的议程，但埃及对纳入这一议题持保留态度。会议对此问题并未进行实质性讨论，只是通过一项决定，忆及第三次缔约国会议的决定，注意到大会的报告，以及大会、经社理事会以及1986年和1988年的缔约国会议上表达的各种观点。[59]

两年一度的《公约》缔约国会议继续收到关于宣言、保留、反对及撤回对《公约》的保留的报告，[60] 但自1986年以来，缔约国会议没有再讨论这份报告或与保留有关的一般问题。然而，联合国的其他世界大会及其后续评估讨论了对《公约》的保留。这已经纳入1993年《维也纳宣言和行动纲领》、北京《行动纲领》[61]、联合国大会第23届特别会议“北京+5”评估。[62] 在联合国大会、经社理事会和妇女地位委员会有关《公约》的决议的执行段落中，会常规性地写入注意到一些缔约国已经修改了它们的保留、对

---

[58] A/RES/41/108，联合国大会第41/108号决议（1986年12月4日）。

[59] CEDAW/SP/11，《消除对妇女一切形式歧视公约第四次缔约国会议报告》（1988），第2页。

[60] 例如《与消除对妇女一切形式歧视公约相关的宣言、保留、反对和撤回保留的通知》（2010），CEDAW/SP/2010/2。

[61] A/CONF.177/20，A/CONF.177/20/Add.1，联合国大会《第四次世界妇女大会报告》（1995），第230（c）~（d）段。

[62] A/RES/S-23/3，联合国大会第S-23/3号决议（2000年11月16日），第68（c）段。

一些保留已经被撤回的事实表示满意等用语。这些决议也敦促缔约国限制它们作出的任何保留的范围，尽可能准确和狭义地界定保留，以确保所提出的保留不与《公约》的目的和宗旨相抵触，定期审查保留以便及时撤回，并
撤回与《公约》的目的和宗旨相抵触的保留。[63] 人权理事会在第6/30号 581
《将妇女的人权纳入整个联合国系统的工作》决议中，敦促所有缔约国撤回与条约目的和宗旨相抵触的保留。人权理事会普遍定期审议工作组在对话中也提出了缔约国对《公约》的保留问题，对保留采取行动已纳入相关国家的承诺或工作组的建议。[64]

（三）委员会的工作

委员会自建立以来，就一直在与个别国家的建设性对话中提出保留问题，敦促撤回保留，赞赏那些对其他缔约国的保留提出反对的国家。委员会有两项一般性建议直接与保留相关，其他一般性建议也在具体的主题背景下讨论过这一问题。委员会的“建议4”讨论的也是保留问题，委员会对《世界人权宣言》通过50周年以及《维也纳宣言和行动纲领》5年评估的贡献是关于保留的声明。委员会制定的后续报告准则也要求缔约国提供关于它们提具的保留、影响及撤回计划的资料。

委员会在1984年第3届会议审议埃及的初次报告期间首次了讨论保留问题。[65] 委员们讨论了缔约国的保留，指出这些保留的措辞没有对在多大程度上限制《公约》在埃及的可适用性提供指引。委员们还请埃及提供资料，说明《公约》的要求如何与伊斯兰教法相调和。[66] 在那届会议上，委员会还就自己在保留方面的职能征求法律意见。联合国法律事务厅条约科提供了一

---

[63] 例如，A/RES/64/138，联合国大会第64/138号决议（2010年2月16日），第6段。

[64] 参见人权理事会普遍定期审议工作组对阿尔及利亚（A/HRC/WG.6/1/DZA/4）、巴林（A/HRC/WG.6/1/BHR/4）、印度（A/HRC/WG.6/IND/4）、摩洛哥（A/HRC/WG.6/1/MAR/4）和突尼斯（A/HRC/WG.6/TUN/4）的报告。

[65] CEDAW/C/5/Add.10与Amend.1（1983），埃及首次报告。

[66] A/39/45，联合国大会《消除对妇女歧视委员会第3届会议报告》（1984），第190~193段。

项意见，[67] 表明秘书长作为《公约》的保存机关没有权力解释公约，但有义务分发它所收到的保留。该项意见的结论是，委员会的职能“似乎不包括确定保留的抵触性，虽然保留无疑要影响《公约》的适用，而委员会可在其报告中对此提出意见”。这项意见还表示，由于缺乏像《消除一切形式种族歧视国际公约》那样的具体制度，因此“这涉及对《公约》的解释问题”，并建议假设对保留的容许性发生争议，可以适用正式的争端解决机制，如仲裁或诉诸国际法院。

在第 3 届会议期间，委员会决定将缔约国对《公约》的保留意见和反对意见附在针对各国的报告之后。[68] 在 1986 年第 5 届会议上，一些委员提
582 议委员会制定一项关于保留的一般性建议，而另有许多委员则强烈反对，认为就这一问题或任何其他解释《公约》的议题制定一般性建议都不属于委员会的任务范围。[69]

委员会在第 6 届会议上审议的报告中：孟加拉国，[70] 对第 2 条、第 13 条（a）项、第 16 条第 1 款（c）项及（f）项作了保留；法国，[71] 对第 15 条和第 16 条作了保留；韩国，[72] 对第 9 条和第 16 条的部分条款作了保留；西班牙，[73] 在关于继承王位的问题上对第 7 条作了保留。委员会除了在其报告中根据这些保留对每个缔约国执行《公约》的情况作出评估外，[74] 还通过了第 4 号一般性建议，“对提出的大量保留表示关切，这些保留显然不符合《公约》的目的和宗旨”，欢迎缔约国决定在 1988 年的会议上审议保留问题，

---

[67] 同上注，附件四（原文有误。——译者注）。

[68] 同上注，第 349、357~359 段。

[69] A/41/45，联合国大会《消除对妇女歧视委员会第 5 届会议报告》（1986），第 364 段。另见 E. Evatt，“Finding a Voice for Women's Rights：The Early Years of CEDAW”（2002）34 *George Washington Intl L Rev* 535－539（讨论了委员会内部关于第 21 条赋权委员会提出意见和一般性建议的含义出现的意见分歧）。

[70] CEDAW/C/5/Add. 34（1986），孟加拉国初次报告。

[71] CEDAW/C/5/Add. 33 与 Amend. 1（1986），法国初次报告。

[72] CEDAW/C/5/Add. 35（1986），韩国初次报告。

[73] CEDAW/C/5/Add. 30 与 Amend. 1（1985），西班牙初次报告。

[74] A/42/38，联合国大会《消除对妇女歧视委员会第 6 届会议报告》（1987），第 134、157 段（韩国）；第 260 段（西班牙）；第 394、419 段（法国）；第 512、543 段（孟加拉国）。

建议缔约国“重新考虑这些保留，以期予以撤回”。[75] 委员会并没有对现有保留的抵触性与否作出认定，也许是努力与法律事务厅的意见保持一致。[76]

更有争议的是，联系到在审议孟加拉国报告期间委员们对伊斯兰法对妇女权利的影响表达了关切，[77] 委员会要求孟加拉国下一次报告中纳入关于家庭法和伊斯兰教法的专门部分，并建议开展伊斯兰教法下的妇女权利的研究。[78] 委员会还请整个联合国系统、专门机构以及妇女地位委员会“提倡或开展关于伊斯兰法律和习俗下妇女地位的研究，特别是针对家庭中妇女在婚姻、离婚、监护权、财产权等问题上的地位和平等，以及她们参与社会公共生活的状况，并同时考虑伊斯兰教义的释义原则”。[79]

委员会要求对伊斯兰妇女的地位进行研究的请求引发了争议。在经社理事会，孟加拉国“极力告诫警惕将《公约》作为攻击伊斯兰教义的借口”。[80] 在经社理事会会议上，孟加拉国和埃及代表暗示委员会沉迷于文化帝国主义与宗教不容忍，这似乎赢得了支持，因为经社理事会向联合国大会提交的第 1987/3 号决议建议对委员会关于研究妇女与伊斯兰教的请求不采取进一步的行动。这一建议得到了联合国大会的支持，在第 42/60 号决议中，大会注意到经社理事会代表对委员会报告表达的观点，决定对委员会的请求不采取任何行动。联合国大会还呼吁委员会根据代表们在经社理事会以 583
及大会第三委员会上表达的意见评估它的请求，[81] 但在决议中没有提到保留问题。

虽然有经社理事会和大会的这些意见，但委员会在 1988 年第 7 届会议上重申了它的立场，即鉴于缔约国直接或间接将伊斯兰的宗教、传统和习俗视为与妇女地位有关的法律的渊源或对这些法律产生影响，研究这一主题有助于委员会执行它的任务。委员会也澄清，它无意批评任何宗教，它之所以

[75] 同上注，第 579 段。

[76] Schöpp-Schilling（前注 19），第 14 页。

[77] A/42/38（前注 74），第 513、517、540 段。

[78] 同上注，第 570 段。

[79] A/42/38（前注 74），第 513、517、540 段，决定 4。

[80] E/1987/SR. 11，《经济及社会理事会摘要记录》，第 13 页。

[81] A/RES/42/60，联合国大会第 42/60 号决议（1987 年 11 月 30 日），第 8 ~ 9 段。

提出请求是基于对不止一个缔约国的报告的审议，它对委员会的请求在政治机构所产生的误解之深感到惊讶。[82]

委员会所要求的研究从未被准备过。然而，保留对单个缔约国执行《公约》的影响仍然居于委员会议程的显要地位。对《维也纳条约法公约》保留制度的严格解释，即将保留可容许性的决定权留给缔约国而没有授权给任何监督机构，可能意味着质疑缔约国提出保留的领域不属于监督机构的任务，但委员会在审议报告时，以及在审议之前提交缔约国的议题和问题清单中仍继续就该问题与缔约国进行对话。目前，没有缔约国反对这类问题，许多国家提供了详细资料，说明保留对该国执行《公约》的实际影响以及撤回保留的计划。

在 1992 年召开的第 11 届会议（也是世界人权大会的起步阶段）上，委员会通过了第二份关于保留的一般性建议。与第 4 号一般性建议一样，第 20 号一般性建议也没有分析保留与《公约》的兼容性问题，而是建议缔约国：应参照对其他人权条约的保留，提出对《公约》的保留的有效性和法律效力的问题；重新审查这些保留以便加强对所有人权条约的执行；考虑为《公约》的保留引入一项与其他人权条约相当的程序。也是在第 11 届会议上，委员会请其主席在参加世界人权大会筹备委员会工作时将“对各项人权公约的保留的全球性问题”列入世界大会的议程。[83]

在 1993 年，即世界人权大会年的年初，委员会第 12 届会议通过了“建议 4”，重申它对保留数量和范围如此之大的担忧，并超越一般性建议表达了这样的意见：其中有些保留看起来会引起与《公约》的目的和宗旨不一致的问题。它建议缔约国审查那些保留是否与它们对所有人权公约所作的保留一致，以及撤回这些保留的必要性和可取性。它还建议缔约国尽可能减少
584 保留的数量和范围而且应使保留意见尽可能具体，并应充分考虑在适宜时机

[82] A/43/38，联合国大会《消除对妇女歧视委员会第 7 届会议报告》（1988），第 64 ~ 71 段。

[83] A/47/38，联合国大会《消除对妇女歧视委员会第 11 届会议报告》（1992），第 460 段（原文段次有误。——译者注）。1991 年防止歧视及保护少数小组委员会通过一项关于《公约》的决议。参见 E/CN. 4/Sub. 2/1991/65（E/CN. 4. 1992/2），经济及社会理事会《防止歧视及保护少数小组委员会报告》（1991）。

对其他缔约国的保留提出反对意见。[84] 在同一届会议上，委员会决定它将支持防止歧视和保护少数小组委员会第 1992/3 号决议建议的步骤，与其他人权条约机构共同采取步骤，征求国际法院的咨询意见，澄清对各项人权条约作出保留的问题，从而有助于各缔约国批准和执行这些国际文件。[85]

后来，委员会并未寻求咨询意见。但是，世界人权大会在《维也纳宣言和行动纲领》第 39 段[86]支持委员会的方法，鼓励以各种方式和方法处理对《公约》提出的数量如此之多的保留意见；呼吁消除对妇女歧视委员会继续审查对《公约》的保留，促请各国撤回与《公约》的目的和宗旨有抵触或与国际条约法不相符的保留。

委员会 1994 年第 13 届会议建立在世界人权大会关于保留的成果的基础之上。首先，它通过了关于婚姻和家庭关系中的非歧视和平等的第 21 号一般性建议，除其他外，对以下方面提出警示：《公约》的保留数量；以文化、宗教信仰和习俗为由对第 2 条和第 16 条保留的综合效果，看上去抵消了任何改变的希望；父权制家庭结构的顽固和再现；源于原教旨主义或其他极端观点或经济困难的老旧价值观和传统。一般性建议指出，第 2、3、24 条要求所有缔约国逐渐进展到以下阶段，即可撤回其保留，特别是针对第 9、15、16 条的保留。它还要求保留国报告：它们的法律是否与第 9、15、16 条一致，如果不是，说明它们的哪些宗教、私法或习俗阻碍落实《公约》；在撤回对这些条款的保留方面取得的进展，包括采取“旨在全面遵守”的措施。[87]

其次，委员会修改了第 18 条所要求的首次报告和定期报告的编写准则，要求作出实质性保留的缔约国专门针对保留作出说明：为什么它们认为这些保留是必要的，这些保留对国内法律和政策的确切影响，它们是否对其他保障类似权利的人权条约也提出了类似的保留。委员会还要求提出保留的缔约国说明它们是否有计划限制保留的影响或撤回保留，并且如果可能的话，设

---

[84] A/48/38，联合国大会《消除对妇女歧视委员会第 12 届会议》(1993)，第 1～4 段。

[85] 同上注，第“一、C”部分，第 5 段。

[86] A/CONF. 157/23，《维也纳宣言和行动纲领》。

[87] A/49/38，联合国大会《消除对妇女歧视委员会第 13 届会议报告》(1994)。

定一个撤回的时间表。委员会特别提到了提出概括性保留或是对第 2 条或第 3 条作出保留的缔约国，首次声称它认为这些保留与《公约》的目的和宗旨相抵触，要求这些缔约国作出具体努力，报告保留的影响，并对这些保留作
585 出解释。[88] 委员会后续发布的报告准则都遵循了这一办法。目前的准则要求在提交给所有条约机构的共同核心文件中说明保留的情况，并要求在《公约》的专项报告中提供具体信息。[89]

再次，委员会决定在对缔约国报告的结论性意见中纳入一个段落反映委员会对保留的意见。它还请求秘书长向提出实质性保留的国家专门去信，提请它们注意委员会的关切。它指出这一关切也应在第 7 次缔约国会议、人权委员会、妇女地位委员会以及其他人权条约机构中引起注意。它还建议人权中心和提高妇女地位司的咨询服务方案可以用于就撤回保留问题向缔约国提供咨询，还请求秘书处在向委员会提交对缔约国报告的分析意见中提供对其他人权条约的保留的信息。[90] 最后，注意到一些缔约国对它们认为有违《公约》目的和宗旨的保留提出反对，委员会鼓励反对国与保留国进行双边对话，以求找到解决方案。

在 1996 年第 15 届会议上，委员会注意到了人权事务委员会关于保留的第 24 号一般性意见。[91] 这份意见除其他外，声称人权事务委员会认为它的作用包括确定保留与《公民及政治权利国际公约》的目的和宗旨的相符性，并描述了一旦它确定一项保留是抵触性的（特别是在个人来文的情况下）将产生的后果。委员会要求秘书处提供资料，说明对人权条约的保留

---

[88] 委员会在第 14 届会议上发布了综合准则。参见 A/50/38，联合国大会《消除对妇女歧视委员会第 14 届会议报告》，第 652 段。

[89] 有关共同核心文件的准则第 40（b）段呼吁说明保留的情况，而《公约》专项报告准则第 C. 3 段要求解释现有的保留并对继续持有保留作出澄清。提出概括性保留或是对第 2 条以及/或者第 7、9、16 条提出保留的缔约国应当报告对这些保留的解释及其影响。HRI/GEN/2/Rev. 6，秘书长的报告《国际人权条约缔约国提交报告的形式和内容准则汇编》，第 1 章第 40（b）段，以及 A/63/38，消除对妇女歧视委员会《报告准则》（2008），第 C. 3 段。

[90] A/49/38，联合国大会《消除对妇女歧视委员会第 13 届会议报告》（1994），第 C. 1 段（4）－（11）。

[91] CCPR/C/21/Rev. 1/Add. 6，人权事务委员会第 24 号一般性意见（1994），HRI/GEN/1/Rev. 9（2008），重印。

的反应，[92] 包括人权条约机构的反应。委员会在 1997 年第 16 届会议上收到了这份资料。[93] 以这份报告为基础，委员会决定在结论性意见中纳入保留问题，[94] 确定了秘书处对缔约国报告的分析报告中应提供的信息，[95] 并建议有必要举办关于保留的国际和区域研讨会。[96] 在这届会议上，委员会还通过了关于公共生活中的妇女的一般性建议，[97] 呼吁缔约国解释对第 7 条和第 8 条 586
持有保留的理由及保留的影响，密切审查保留意见，并在报告中提出撤回保留的时间表。如果保留反映了传统、习俗或对妇女社会角色的定型态度，缔约国应报告为改变这种态度采取的措施。[98]

在第 17 届会议上，委员会决定，它对 1998 年《世界人权宣言》通过 50 周年以及《维也纳宣言和行动纲领》5 年评估的贡献可以是一份关于保留的声明，“特别是在《公约》第 2 条的背景下”，并决定指派一名委员在 1998 年第 18 届会议上提交一份草案供审议。[99]

1998 年晚些时候，在第 19 届会议上，委员会通过了这份声明，这是对委员会对保留问题的工作方法的最全面阐释。[100] 它强调了委员会从对缔约国报告的审查中所积累的、判断保留对妇女实现同男子充分和实质性平等的影响方面的广泛经验，以及其他人权条约机构、联合国世界会议、各国以及国际法委员会越来越多的关切，指出委员会注意到一些对《公约》提出保留的缔约国并未对其他条约的类似条款提出保留。它还指出，许多缔约国试图

---

[92] A/51/38，联合国大会《消除对妇女歧视委员会第 15 届会议报告》（1996），第 346 段。

[93] CEDAW/C/1997/4，秘书处报告《对消除对妇女一切形式歧视公约的保留》（1996）。2001 年，秘书处就该议题向委员会提供了进一步的信息。CEDAW/C/2001/Ⅱ/4，秘书处报告《加速委员会工作的方式方法》，第 20～56 段。

[94] A/52/38/Rev. 1，联合国大会《消除对妇女歧视委员会第 16 届会议报告》（1997），第 357 段。

[95] 同上注，第 368 段。

[96] 同上注，第 374 段。

[97] 同上注，第 387 段。编辑后的一般性建议可参见 A/52/38/Rev. 1，联合国大会《消除对妇女歧视委员会第 17 届会议报告》（1997），I，A。

[98] 同上注，第 44 段。

[99] 同上注，第 483 段。

[100] A/53/38/Rev. 1，联合国大会《消除对妇女歧视委员会第 19 届会议报告》（1998），A。

以国内法、传统、宗教或文化与《公约》的原则不一致为由为其对特定条款的保留辩护。这份声明承认《公约》不禁止与其目的和宗旨一致的保留，但同时表明委员会认为第 2 条和第 16 条是《公约》的核心条款，第 2 条是公约目的和宗旨的核心，对第 16 条的保留与《公约》相抵触因而也是不被容许的。

这份声明描述道，保留妨碍了委员会评估《公约》执行情况的进展，限制它履行任务，对整个人权制度均有潜在的影响。对《公约》的保留也被视为缔约国不情愿遵守已被公认的人权规范，以便进一步强化妇女与男子在国家层面的不平等。委员会认为，这么做不仅影响妇女行使和享有权利的能力，而且无疑会使她们的地位仍然比男子低下，无法充分享受男子享有的所有公民、政治、经济、社会和文化权利。她们必须在不平等的基础上与男子竞争，争取诸如收入、接受教育、住房和医疗保险的平等，以及家庭内权利和责任的平等。在委员会看来，对第 2 条和第 16 条的保留“使男女不平等的谬论持续存在，加重了全世界千百万妇女生活中的不平等现象”，从而确保让她们在公共和私人生活中继续受到比男子低下的待遇，生活各个方面的权利继续遭到更严重的侵犯。声明重申了国际法委员会关于保留问题的特别报告员阿兰·佩雷特（Alain Pellet）先生的观点，即保留国可以选择在经
587 过真诚的考察之后继续持有保留，撤回不被容许的保留代之以被容许的保留，或者放弃成为一项条约的缔约国。[101] 声明还表示委员会承认并赞赏其他缔约国的反对意见在激励保留国撤回或修改保留方面可以发挥的积极影响，反对意见对缔约国境内的妇女也可以起到一定的赋权作用。声明还明确表示，反对意见不仅可以对保留国施加压力，对指导委员会评估保留的可容许性也颇有助益。

声明声称委员会在审查缔约国报告和制定结论性意见的过程中可以发挥重要的作用，对缔约国就第 2 条和第 16 条提出保留或未能撤回或修改其保留表示例行关注。委员会承认特别报告员的观点，即控制保留的可容许性的

---

[101] A/53/10，联合国大会《国际法委员会第 45 届会议工作报告》（1997），第 86 段；A/CN. 4/477，特别报告员关于保留和人权条约的初步工作已经包含在其第二份报告中，国际法委员会《关于条约保留的第二份报告》(1996)，第 52 ~ 82 段。

主要责任在缔约国，但对不可容许的保留的数量和范围极度关注。令委员会关注的还有，虽然其他缔约国对这些保留提出反对，但有关缔约国似乎并不愿意撤回或修改这些保留。声明没有提及人权事务委员会的第24号一般性意见，并且与那份一般性意见不同，也没有清楚地表示委员会是否认为它的作用包括决定保留的不可容许性。然而，它非常明确地指出第2条是《公约》的目的和宗旨的核心，并且对第16条提出保留与《公约》的目的和宗旨相抵触因而是不被容许的。在确定委员会在保留方面的作用时，尽管不很清楚，但已经超越了特别报告员所持的只有缔约国可以在保留方面发挥作用的观点。

委员会在对世界人权大会的贡献[102]以及对《北京宣言》和北京《行动纲领》的10年审查和评估声明中[103]呼吁修改对《公约》的实质性保留，乃至在可能的情况下予以撤回；在2010年第47届会议上通过的关于缔约国在《公约》第2条之下的核心义务的第28号一般性建议中对保留的声明更进了一步。该一般性建议重申了委员会的观点，即第2条是缔约国根据《公约》承担的义务的核心，对第2条或其任何款项的保留，原则上都与《公约》的目的和宗旨相抵触，因此根据第28条第2款是不被容许的。第28号一般性建议还阐明，对第2条提出保留并不能减轻缔约国遵守它所参加的其他人权条约之下的义务，以及消除对妇女歧视的习惯国际人权法的义务。

委员会在2007年2月1日第37届会议上会见了国际法委员会关于保留 588
问题的特别报告员，向他提供了资料。[104] 他自1995年以来已经提交了16份报告。[105] 委员会的代表还作为人权条约机构代表团成员参加了2007年5月

[102] A/56/38，联合国大会《消除对妇女歧视委员会第24届会议报告》(2001)，第384～385段。

[103] A/60/38，第一部分，附件一，《消除对妇女歧视委员会在北京宣言和行动纲领十年审查和评估会议上的声明》(2005)，第3段。

[104] A/62/38，联合国大会《消除对妇女歧视委员会第37届会议报告》(2007)，第662段。

[105] http：//untreaty. un. org/ilc/guide/1_ 8. htm，访问日期2010年12月31日。

举行的国际法委员会第59届会议。[106] 防止歧视和保护少数小组委员会承担了就该问题进行研究的任务，委员会也向该小组委员会的专家提供了类似的资料。[107]

2000年，委员会请求对人权条约机构在保留方面的实践进行分析，包括报告和申诉程序方面的实践。[108] 相关分析强调了人权事务委员会的第24号一般性意见；该委员会认定一项保留为无效保留，并决定审理根据《公民及政治权利国际公约任择议定书》提交的一个案件，该案件涉及相关缔约国提出保留的一个《公约》条款。[109] 可能是由于时间有限，委员会从未讨论过这一分析。然而，国际法委员会特别报告员认为这一分析“很重要”，表明人权条约机构（包括委员会）急于与保留国进行对话，鼓励它们撤回保留，而不是裁判这些保留的不可接受性。[110]

与特别报告员的观点一致，委员会继续建设性地讨论保留问题。委员会与保留国的对话看起来相似，但在结论性意见中的声明各不相同，从中可以看出一些总体趋势。[111] 委员会通常对以下情况表示肯定：在审议首次报告时对在批准或加入《公约》时没有提出保留的缔约国、所有撤回保留的缔约国、承诺撤回保留的缔约国、考虑采取此措施的缔约国，或对其他缔约国与《公约》目的和宗旨相冲突的保留提出反对的缔约国。如果缔约国有保留，委员会有时会作出可以说是中立的评论，表达关切或遗憾，或是呼吁缔约国设法撤回并提供撤回保留的时间表，[112] 特别是当缔约国在连续几个报告周期

---

[106] ILC（LIX）/RT/CRP.1，国际法委员会《条约保留问题特别报告员的报告：与人权机构的会议》（2007）。

[107] A/54/38/Rev.1，联合国大会《消除对妇女歧视委员会第20届会议报告》（1999），第421段。

[108] CEDAW/C/2001/Ⅱ/4，秘书处报告《加速委员会工作的方式方法》（2000），第20~56段。

[109] CCPR/C/67/D/845/1999，人权事务委员会第845/1999号来文，Rawle Kenndy v Trinidad and Tobago。另见Schöpp-Schilling（前注19），第29页。

[110] A/CN.4/525，国际法委员会《条约保留问题特别报告员第七次报告》（2002），第49~51段；另见A/CN.4/535，国际法委员会《条约保留问题特别报告员第八次报告》（2003），第21~22段。

[111] 参见Schöpp-Schilling（前注19），第35页。该书认为她所说的“不一致”可能基于“对各国实际法律情况的认真评估，基于委员会的政治考量或仅仅是基于失察”。

[112] CEDAW/C/CHE/CO/3（2010），对瑞士的结论性意见，第11~12段。

后仍然维持保留并已经进行了立法改革时。[113] 在这种情况下，委员会将发表 589
批评的评论，通常表示保留会阻碍、严重妨碍《公约》的执行，或构成充分执行《公约》的障碍。[114] 委员会也要求注意这些保留在事实上对执行《公约》造成的影响，有时也会指出这与缔约国的立法相冲突。[115]

委员会已经隐含地确定了违反《公约》目的和宗旨的保留。例如，在对埃及和伊拉克的结论性意见中，委员会提到了它在关于保留的声明中表达的观点，即第 2 条和第 16 条是《公约》的目的和宗旨的核心，根据第 28 条第 2 款，对这些条款的保留应当被撤回。[116] 最近的结论性意见更加明确，宣布某些保留与《公约》的目的和宗旨相悖。因此，在对毛里塔尼亚[117]和沙特阿拉伯[118]的初次报告的结论性意见中，委员会对这些国家提出的广泛保留表示关切，认为它们违反了《公约》的目的和宗旨。与之类似，委员会对巴林[119]和朝鲜民主主义人民共和国[120]初次报告的结论性意见把对第 2 条和第 9 条部分条款的保留描述为违反《公约》的目的和宗旨；对黎巴嫩[121]的结论性意见对其针对第 9 条和第 16 条的保留表示关切，委员会认为它们与《公约》的目的和宗旨相违背；在对叙利亚[122]的结论性意见中作了类似的声明。对摩洛哥的第一次和第二次合并报告的结论性意见表达了委员会对保留的数

[113] CEDAW/C/MLT/CO/4（2010），对马耳他的结论性意见，第 12～13 段；CEDAW/C/AUS/CO/7（2010），对澳大利亚的结论性意见，第 14～16 段；CEDAW/C/BGD/CO/7（2011），对孟加拉国的结论性意见，第 12～13 段；CEDAW/C/ISR/CO/5（2011），对以色列的结论性意见，第 8～9 段；CEDAW/C/LIE/CO/4（2011），对列支敦士登的结论性意见，第 12～13 段。

[114] 参见 2005～2008 年提交人权条约机构主席会议和人权条约机构间会议的关于保留问题的报告：HRI/MC/2005/5，52－69；HRI/MC/2006/5/Rev. 1；HRI/MC/2007/5，14－16，以及 HRI/MC/2007/5/Add. 1，4－7；HRI/MC/2008/5，6－11。

[115] A/62/38，2007 年第 39 届会议，对约旦的结论性意见，第 182～183 段。

[116] A/56/38，2001 年第 24 届会议，对埃及的结论性意见，第 327 段；A/55/38，2000 年第 23 届会议，对伊拉克的结论性意见，第 186 段。

[117] A/62/38，2007 年第 38 届会议，对毛里塔尼亚的结论性意见，第 24 段。

[118] A/63/38，2008 年第 40 届会议，对沙特阿拉伯的结论性意见，第 24 段。

[119] CEDAW/C/BHR/CO/2（2008），对巴林的结论性意见，第 16 段。

[120] A/60/38，2005 年第 33 届会议，对朝鲜民主主义人民共和国的结论性意见，第 33～34 段。

[121] A/60/38，2005 年第 33 届会议，对黎巴嫩的结论性意见，第 93～94 段。

[122] A/62/38，2007 年第 38 届会议，对阿拉伯叙利亚共和国的结论性意见，第122 段。

量和重要性的深切担忧，尤其是针对第 2 条的保留，委员会“认为任何对该条款的保留都与《公约》的目的和宗旨相悖，不符合国际法”。[123] 委员会在 2008 年对摩洛哥第三次和第四次合并报告的结论性意见关于第 2 条和第 16 条的部分重申了这一观点。[124] 委员会在对阿尔及利亚[125]以及新加坡[126]第三次定期报告的结论性意见中表达了类似的观点，而对阿拉伯联合酋长国首次报告的结论性意见表达的观点是，第 2、9、15、16 条是《公约》的目的和宗旨的核心，对这些条款的保留应当被撤回。[127] 虽然委员会赞扬埃及在撤回保留方面的进展，但在 2010 年针对其第六、第七次合并报告的结论性意见
590 中敦促它审查并撤回对第 2 条和第 16 条的保留，委员会认为这与《公约》的目的和宗旨相违背。[128] 对以色列[129]、利比亚[130]、马来西亚[131]、马尔代夫[132]、马耳他[133]、摩洛哥[134]、尼日尔[135]、新加坡[136]和泰国[137]的结论性意见都认定对第 16 条的保留违反了《公约》的目的和宗旨。对以色列[138]、科威特[139]和马尔代夫[140]的结论性意见也表达了委员会的意见，即对第 7 条部分条款的保留与《公约》的目的和宗旨相抵触。

许多结论性意见也阐明委员会一直保持着它对伊斯兰法与《公约》要求之间的兼容性的兴趣，但这些结论性意见所采用的谨慎措辞也表明委员会

---

[123] A/52/38/Rev. 1，1997 年第 16 届会议，对摩洛哥的结论性意见，第 59 段。
[124] A/63/38，2008 年第 40 届会议，对摩洛哥的结论性意见，第 226 段。
[125] A/60/38，2005 年第 32 届会议，对阿尔及利亚的结论性意见，第 141 段。
[126] A/62/38，2007 年第 39 届会议，对新加坡的结论性意见，第 105 段。
[127] CEDAW/C/ARE/CO/1 (2010)，对阿拉伯联合酋长国的结论性意见，第 16 ~ 17 段。
[128] CEDAW/C/EGY/CO/7 (2010)，对埃及的结论性意见，第 13 ~ 14 段。
[129] A/60/38，2005 年第 33 届会议，对以色列的结论性意见，第 246 段。
[130] CEDAW/C/LBY/CO/5 (2009)，对利比亚的结论性意见，第 13 段。
[131] A/61/38，2006 年第 35 届会议，对马来西亚的结论性意见，第 27 段。
[132] A/62/38，2007 年第 37 届会议，对马尔代夫的结论性意见，第 217 段。
[133] CEDAW/C/MLT/CO/4 (2010)，对马耳他的结论性意见，第 13 段。
[134] A/63/38，2008 年第 40 届会议，对摩洛哥的结论性意见，第 226 段。
[135] A/62/38，2007 年第 38 届会议，对尼日尔的结论性意见，第 215 段。
[136] A/62/38，2007 年第 39 届会议，对新加坡的结论性意见，第 105 段。
[137] A/61/38，2006 年第 34 届会议，对泰国的结论性意见，第 266 段。
[138] A/60/38，2005 年第 33 届会议，对以色列的结论性意见，第 246 段。
[139] A/59/38，2004 年第 30 届会议，对科威特的结论性意见，第 61 段。
[140] A/62/38，2007 年第 37 届会议，对马尔代夫的结论性意见，第 217 段。

对围绕该问题的争议的警惕。因此，基于缔约国所作的因为宗教原因不能撤回对《公约》第16条的保留的解释，委员会对约旦的结论性意见邀请该国参考比较法理，因为有的立法改革已经将对伊斯兰法较为进步的解释编入法典，请约旦修订《个人身份法》，以便在结婚、离婚和儿童监护方面赋予妇女平等权利，并撤回保留。[141] 与之类似，在对摩洛哥的结论性意见中，委员会担心对第2条和第15条的联合保留让伊斯兰法概念没有发展的余地，[142] 而在对马来西亚的结论性意见中，委员会对缔约国表示不能改革基于伊斯兰教法解释的法律尤为关切。[143]

对新加坡的首次报告的结论性意见指出，穆斯林身份法中已经引入一些改革，敦促缔约国继续这一进程，与不同种族和宗教团体的成员（包括妇女）进行磋商。委员会还建议新加坡研究其他具有类似法律传统的国家的改革，以便审查和改革身份法，使其与《公约》保持一致，并最终撤回保留。[144] 对沙特阿拉伯首次报告的结论性意见促请它考虑撤回概括性保留，特别是委员会注意到缔约国代表团保证《公约》和伊斯兰教在实质上没有冲突。[145]

截至目前，委员会没有在审议个人来文或履行其调查职权时讨论保留问
题。不过在处理三项来文中相关国家主张来文的不可受理性时提出了保留问 591
题。Salgado 诉英国案涉及对妇女将国籍传递给子女的权利的歧视，英国根据它对第9条的保留质疑案件的可受理性，指出无论委员会还是其他缔约国均没有对这一保留提出反对。该保留给予虽有歧视性但是暂时或过渡性的条款以特权。[146] Groupe d' Intérêt pour le Matronyme 诉法国[147]和 SOS Sexisme 诉法

---

[141] CEDAW/C/JOR/CO/4（2007），对约旦的结论性意见，第12段。

[142] A/52/38/Rev.1，1997年第16届会议，对摩洛哥的结论性意见，第59段。

[143] A/61/38，2006年第35届会议，对马来西亚的结论性意见，第26段。

[144] A/62/38，2007年第39届会议，对新加坡的结论性意见，第105段。

[145] A/63/38，2008年第40届会议，对沙特阿拉伯的结论性意见，第10段。

[146] CEDAW/C/37/D/11/2006，消除对妇女歧视委员会第11/2006（2007）号来文，Salgado 诉英国，第4.18段和第6.4段。

[147] CEDAW/C/44/D/12/2007，消除对妇女歧视委员会第12/2007（2009）号来文，Groupe d' Intérêt pour le Matronyme 诉法国，第4.1、4.2、6.1、6.2、10.1、10.2段。

国[148]涉及选择姓氏的平等权，缔约国根据它对第16条第1款（g）项的保留质疑案件的可受理性。在这三个案件中，委员会均以其他理由宣布案件是可受理的。然而，委员会通过一项正式决定，声称对保留的可接受性的判断在其审理个人申诉的职责范围之内。[149] 委员会在审理来文或调查时无法回避对保留的讨论，因此应当仔细分析其与保留相关的结论性意见的内容，确保所采用的方法一致，至少在它认为哪些条款构成《公约》的目的和宗旨这一问题上保持一致，以便形成对这一问题的全面的一般性建议。此外，正如本章下一部分所指出的，只有那些法律制度中包含伊斯兰教法要素的缔约国才可能最终维持保留。

五　保留的撤回与修改

人们较少关注这一事实：缔约国在加入或批准《公约》时所作的相当数量的保留已经得到修改或全部撤回。事实上，对《公约》的保留中被修改或撤回的数量比对任何其他人权条约都要多。这些行动影响了概括性的保留及对《公约》特定条款（包括第29条第1款关于争端解决）的保留。[150] 因此，委员会在执行《北京宣言》和北京《行动纲领》15年评估的声明中指出在这方面取得了稳步进展，鼓励其他缔约国也这么做，包括向已经撤回保留的国家借鉴经验。[151]

通常缔约国立法或政策的变化使得维持保留再无必要，于是便会撤回或修改保留。有些时候，保留的措辞意味着缔约国将朝着全面遵守《公约》并撤回保留的方向努力。有些缔约国在向委员会报告之后修改或撤回了保

---

[148] CEDAW/C/44/D/13/2007，消除对妇女歧视委员会第13/2007（2008）号来文，SOS Sexisme诉法国，第4.1、4.2、6.1、6.4、9.2、9.3段。

[149] A/63/38（2008），第二部分，第一章，消除对妇女歧视委员会第41/I号决定。

[150] 白俄罗斯苏维埃社会主义共和国（白俄罗斯）、保加利亚、捷克斯洛伐克、匈牙利、蒙古国、波兰、罗马尼亚、乌克兰苏维埃社会主义共和国（乌克兰）以及苏联（俄罗斯联邦）撤回了对该条款的保留。

[151] A/65/38，附件四，消除对妇女歧视委员会第45/V（2010）号决定，第2段。

留，在报告过程中讨论了保留及其维持会产生的影响。一些缔约国在接受人权理事会普遍定期审议之前或之后撤回了保留。这些缔约国的行为可能直接受到了与委员会或普遍定期审议建设性对话的影响。民间社会可以利用这些程序倡导在国家一级作出改变。 592

关于概括性保留。1991 年 10 月 24 日，马拉维撤回了它影响深远的保留，该保留曾表明“由于马拉维传统习惯和做法的性质根深蒂固，马拉维共和国政府认为目前它不受《公约》中要求立刻根除这些传统习俗或做法的条款约束”。2004 年 8 月 25 日，莱索托修改了类似的声明，该声明曾表示政府将不会根据《公约》采取任何与莱索托宪法不一致的立法措施。1995 年 7 月 5 日，阿拉伯利比亚民众国替换了在加入《公约》时所作的对源自伊斯兰教义的个人身份法的概括性保留，代之以更加具体的保留，表明第 2 条将按照伊斯兰教法关于继承的强制性规范予以执行，对第 16 条第 1 款（c）项和（d）项的执行将不损害伊斯兰教法保障的妇女的任何权利。这一修改是在利比亚向委员会报告之后提交的，在报告中，委员会和代表团详细讨论了该国影响深远的保留，探讨了利比亚如何更加确切地提出保留的方法。1999 年早期，马尔代夫也修改了它在加入时作出的保留，该项保留曾声称缔约国将“遵守《公约》的条款，除非政府认为《公约》的规定与马尔代夫法律和传统赖以建立的伊斯兰教法原则相冲突”；此外，“马尔代夫不认为它受《公约》要求其以任何方式修改宪法或法律的规定的约束”，取代这一保留的是对第 7 条（a）项和第 16 条更为具体的保留。[152]

有两个缔约国撤回了设法保持与继承主要头衔相关的习俗不受《公约》约束的保留（库克群岛，2007 年 7 月 30 日；斐济 2000 年 1 月 24 日）。还有一项关于继承王位或贵族头衔的保留也被撤回了（卢森堡，2008 年 1 月 9 日）。马来西亚于 2010 年 7 月 19 日撤回了对第 5 条（a）项的保留，该保留

---

[152] 德国提出反对，认为这一修改既不构成撤回也不构成部分撤回，而是一项新的保留，但由于它是在保存人设定的 90 天期限之后提出反对，故不影响修改。2000 年，对后来提交的或修改保留的反对时限扩展为 12 个月，从保存人通知之日起算。Palitha Kohona 指出，是前述情况导致将对之后提出的或修改保留的反对时限扩展为联合国法律顾问设定的 12 个月。普通照会《修改保留》（2000 年 4 月 4 日），LA 41 TR/221（23 - 1），Kohona（前注 20），第 437 ~ 438 页。马尔代夫撤回了对第 7 条（a）项的保留。

曾表示在遗产分割时适用伊斯兰教法。[153] 2003 年 12 月 22 日，法国撤回了对第 5 条（b）项的保留，保留曾表示当法国立法规定仅由父母一方行使父母权力时，不应将该条款解释为暗示由父母双方联合行使父母权力。

593 许多缔约国撤回了对第 7 条关于平等参与公共生活的保留。比利时于 1998 年 9 月 14 日撤回了它的保留，该保留涉及将王权的行使保留给男性以及王室男性成员，使其成为当然的参议员；法国于 1984 年 3 月 26 日撤回了它关于按照其选举法执行第 7 条的保留；科威特于 2005 年 12 月 9 日撤回了它对第 7 条（a）项将选举权和参选资格限定于男性的保留；1996 年 8 月 1 日马尔代夫撤回了它对第 7 条（a）项的保留，涉及按照该国宪法适用该条款；同日，泰国也撤回了限制第 7 条和第 10 条适用的保留，具体内容是教育领域的男女平等应符合国家安全、对公共秩序的维护，以及军事和准军事服役或就业。马来西亚于 2010 年 7 月 19 日撤回了对第 7 条（b）项的保留。

对在国籍以及将国籍传递给子女的能力方面男女平等的保留也得以撤回：阿尔及利亚于 2009 年 7 月 15 日撤回了对第 9 条第 2 款的保留；塞浦路斯于 2000 年 6 月 28 日撤回了对第 9 条第 2 款的保留；埃及于 2008 年 1 月 4 日撤回了对第 9 条第 2 款的保留；斐济于 2000 年 1 月 24 日撤回了对第 9 条的保留；爱尔兰于 1996 年 12 月 19 日撤回了对第 9 条第 1 款的保留；牙买加于 1995 年 9 月 8 日撤回了对第 9 条第 2 款的保留；列支敦士登于 1996 年 10 月 3 日撤回了对第 9 条第 2 款的保留；马来西亚于 1998 年 2 月 6 日撤回了对第 9 条第 1 款的保留；韩国于 1999 年 8 月 24 日撤回了对第 9 条的保留；泰国于 1992 年 10 月 26 日撤回了对第 9 条第 2 款的保留；土耳其于 2008 年 1 月 29 日撤回了与第 9 条第 1 款相关的声明。

2007 年 7 月 24 日，新加坡撤回了关于就业和国籍的一般性保留，该保留曾声称“新加坡在地理上是世界上面积最小的国家之一，也是人口最稠密的国家之一，因此新加坡共和国保留对那些根据新加坡法律没有权利无期限进入和居留的人适用有关入境、逗留、就业和离境的法律和条件的权利，

[153] 1998 年 2 月 6 日马来西亚曾试图修改其对第 5 条（a）项、第 7 条（b）项和第 9 条第 2 款、第 16 条第 1 款（a）项的保留，但因法国的反对未能成功（前注 20）。

以及对通过婚姻获得国籍的妇女及在新加坡外出生的儿童根据这些法律和条件颁发、授予和剥夺国籍的权利”。

英国于1996年3月22日撤回了它的一条保留，该保留保持家长对子女教育的选择自由以及国家不干涉个人和机构建立和指导教育机构在教学课程、教科书提供、教学方法以及是否男女合校教育方面的自由。有一些缔约国撤回或修改了将妇女排除在特定就业形式之外的保留，例如夜班工作（奥地利，2000年9月14日）、矿山井下工作（新西兰，1989年1月13日；英国，1995年1月4日）、军队（奥地利，2000年9月14日；澳大利亚，2000年8月30日；库克群岛，2007年7月30日；德国，2001年12月10日；新西兰，2007年7月5日；瑞士，2004年4月30日），以及执法部门（库克群岛，2007年7月30日；新西兰，2007年7月5日）。加拿大于1992年5月28日撤回了关于第11条第1款（d）项的声明；爱尔兰于1996年12月9日撤回了对第11条第1款的保留，该保留称它有权认为自己的国内法已经足以执行该条款。1996年3月22日，英国撤回了一项含有类似目的的一般性声明。毛里求斯于1998年5月5日撤回了它对第11条第1款（b）项和（d）项未经解释的保留。泰国于1991年1月25日撤回了针对第11条第1款（b）项的保留。新西兰于2003年9月5日撤回了关于第11条第2款要求引入带薪产假制度的保留，但撤回保留的声明并未延伸适用于托克劳。

孟加拉国于1997年7月23日撤回了对第13条（a）项关于家庭福利权 594
的保留，当初提出保留的理由是该条款与伊斯兰教法冲突。1996年12月19日，爱尔兰撤回了对相同条款的保留，保留的理由是在预期的立法生效之前，爱尔兰愿意为妇女适用比男性更为有利的社会保障条件。爱尔兰于2004年6月11日撤回了针对第13条（b）项和（c）项的类似措辞的保留，这些条款涉及获得信贷和其他金融服务及私人、组织或企业提供的娱乐活动。英国于1995年1月4日也撤回了对该条的保留，主要考虑税收立法对已婚妇女的影响；另于1996年3月22日撤回了对某些社会保障福利的保留。

一些缔约国撤回或修改了对第15条保障法律面前的平等的保留。比利时于2002年7月8日撤回了它对第15条第2款和第3款的保留，该保留旨在维持允许夫妇保持他们之前的（歧视性的）婚姻契约的过渡性规则。法国于1986年7月21日在对歧视性立法作出修改之后，撤回了它对上述相同条款的保留。爱尔兰于2000年3月24日撤回了对第15条第3款的保留，该保留曾声明它不会补充爱尔兰法律在这方面赋予妇女与男子相同能力的现有规定。泰国则于1991年1月25日撤回了其对第15条第3款未经解释的保留。第15条第4款要求缔约国在迁徙和选择住所及居所方面赋予男女相同的权利。1994年12月20日和1986年12月19日，巴西和爱尔兰在修改各自的国内立法后分别撤回了对该款的保留。英国于2007年7月24日撤回了对该款所作的按照其移民立法予以适用的保留。约旦于2009年5月5日撤回了相关保留。

仅有个别国家撤回了对第16条关于婚姻和家庭生活中的平等的保留。1996年3月22日，英国撤回了保留，该保留曾称英国接受第16条第1款并不意味着限制处置财产的个人自由或是给予个人以这种限制为标的的财产权。巴西于1994年12月20日撤回了它对第16条第1款（a）、（c）、（g）、（h）项未经解释的保留，这些条款规定了缔结婚姻的平等权利、婚姻期间相同的权利和责任、丈夫和妻子相同的个人权利，包括选择姓氏、专业、职业的权利以及财产权。韩国于1991年3月15日撤回了对第16条第1款（c）、（d）、（f）项未经解释的保留。法国在废除关于家庭财产的歧视性立法后，于1986年7月21日撤回了对第16条第1款（c）、（d）、（h）项的保留。1997年7月23日，孟加拉国撤回了它对第16条第1款（f）项的保留，该项规定缔约国应确保妇女与男子在监护、受托、收养子女方面有相同的权利和责任，而保留的理由是这与伊斯兰教法相冲突。毛里求斯于1998年5月5日撤回了对第16条第1款（g）项的保留，涉及丈夫与妻子的个人权利，包括选择姓氏、专业和职业。马来西亚于1998年2月6日撤回了它对第16条第1款（b）、（d）、（e）、（h）项的保留，保留曾称这些条款的适用将服从伊斯兰教法和联邦宪法。卢森堡于2008年1月9日撤回了它对第16条第1款（g）项关于选择姓氏权的保留。马来西亚于2010年7月19日撤回了对第16条第2款的保留。

六　结论 595

目前对《公约》的保留情况比起最初的几年已经有了很大改善，当初许多缔约国表达了对《公约》原则的有限承诺，在加入或批准时提出了影响深远的保留。虽然保留逐步得到撤回，现存的保留仍然值得注意。基于文化和宗教的保留很少被撤回，并且很有可能在不久的将来，法律制度中包含伊斯兰教义因素的缔约国将继续维持符合第 28 条抵触性定义的保留。其他缔约国应当继续反对任何新提出的保留，委员会在保持建设性态度的同时也需要敏感地处理这一领域的问题。它可能仍然希望重申它早先提出的对《公约》与伊斯兰教法相容性的研究，尤其是考虑到越来越多的伊斯兰学者已经进行了该领域的研究。[154] 委员会可能还希望考虑开发其他工具，例如，对建设性对话期间代表团所作的正在重新考虑并撤回保留的声明运用后续跟踪程序。2008 年，贝亚特·舍普·希林建议，委员会应当跟踪此类声明，如果相关的报告周期之后一年内没有发生承诺的行动，委员会应去信跟踪。

[154] 参见例如 www. musawah. org 上的资源，包括 Musawah,“CEDAW and Muslim Family Laws: In Search of Common Ground”（Sisters in Islam, 2011）。N. Abaid,“Sharia, Muslim States and International Treaty Obligations: A Comparative Study”（British Institute of International and Comparative Law, 2008）59 –99.

597 # 第二十九条[*]

1. 两个或两个以上的缔约国之间关于本公约的解释或适用方面的任何争端，如不能谈判解决，经缔约国一方要求，应交付仲裁。如果自要求仲裁之日起六个月内，当事各方不能就仲裁的组成达成协议，任何一方得依照《国际法院规约》提出请求，将争端提交国际法院审理。

2. 每一个缔约国在签署或批准本公约或加入本公约时，得声明本国不受本条第 1 款的约束，其他缔约国对于作出这项保留的任何缔约国，也不受该款的约束。

3. 依照本条第 2 款的规定作出保留的任何缔约国，得随时通知联合国秘书长撤回该项保留。

一　概述…………………………………………………………… 787

二　准备工作……………………………………………………… 787

三　缔约国的实践………………………………………………… 788

四　解释问题……………………………………………………… 789

（一）第 29 条第 1 款 ………………………………………… 789

（二）第 29 条第 2 款 ………………………………………… 791

（三）第 29 条第 3 款 ………………………………………… 791

* 特此感谢 Sahrah Al-Nastrawe-Sozeri，Benjamin Feyen，Ines Franke，Anna-Maria Paulus，Allison Sherrier 与 Eric Veillerobe 为本章及第 25、26、27、30 条各章的写作提供的帮助。

一 概述

与联合国的其他人权条约不同,[①]《公约》没有规定专门的国家间指控机制。因此，第 29 条“争端解决条款”对维护《公约》文本的完整性、监督对《公约》的执行都非常重要。除此之外,《公约》本身规定的唯一的监督制度是委员会对缔约国报告的审议。刚果民主共和国曾援引第 29 条以及其他人权条约的类似条款，试图建立国际法院对其与卢旺达之间关于刚果领土上的武装活动的争端管辖权，但未能成功。[②]

二 准备工作 598

在联合国大会第三委员会工作组对《公约》进行最后讨论之前，草案中并没有与当前第 29 条相对应的条款。一些代表提出需要有一个程序处理国家间关于执行《公约》的申诉，以及个人和/或国内、国际非政府组织关于违反《公约》的申诉。[③] 最后文本没有纳入这样的程序。[④]

美国[⑤]首先根据《消除一切形式种族歧视国际公约》第 22 条的文本引

① 例如,《公民及政治权利国际公约》第 41 条、《消除一切形式种族歧视国际公约》第 22 条、《禁止酷刑公约》第 21 条。

② 刚果领土上的武装活动（新申请）（刚果民主共和国诉卢旺达),（2006）ICJ Rep 6，第 80~93 段。刚果民主共和国在关于采取临时措施的请求中，试图根据其他人权公约的争端解决条款，包括《消除一切形式种族歧视国际公约》第 22 条、《防止及惩治危害种族罪公约》第 9 条，来确立初步管辖权，但未能成功。

③ E/CN. 6/573，第 101、104~105 段；参见 L. A. Rehof, *Guide to the Travaux Preparatoires of the United Nations Convention on the Elimination of All Forms of Discrimination against Women*(1993), pp. 238 - 239。

④ 参见对《任择议定书》一章的评注。

⑤ Rehof（前注 3)，第 239 页。

入一条与之类似的争端解决条款。[⑥]《消除一切形式种族歧视国际公约》第22条（以及其他人权条约的争端解决条款）的原型是《防止及惩治危害种族罪公约》第9条。[⑦] 美国的提议遭到反对，理由是纳入这一条款超越了《公约》处理国际事务而非国内事务的范围，并且该条款没有规定反对意见，这与《国际法院规约》相冲突。一些代表对任何提及国际法院的情况都非常关切。该条款的支持者辩称，如果不作规定会被理解为国际社会决议不认真维护妇女的权利。[⑧] 此外，规定人权的争端解决不应被当作国内事项。法国反对的理由是，美国关于在提交国际法院之前进行协商的提议不够明确。法国提议的折中条款与《反对劫持人质公约》第16条相同。[⑨] 美国口头提议对第2款增加两句，规定以调解解决争端。在讨论是更倾向于美国提出的最初文本还是法国提出的折中文本后，工作组采纳了后一版本，未作修改。[⑩] 在第三委员会讨论过程中也没有提出进一步的问题，该条款被采纳为《公约》草案的第29条。[⑪]

599

三 缔约国的实践

第29条第1款是《公约》唯一明确允许提出保留的条款。毫无意外，该款也是被保留最多的条款。39个缔约国在签署、批准或继承《公约》时，根据第29条第2款将自己排除在第1款规定的争端解决程序之外。9个国家根据第29条第3款撤回了最初的保留。

⑥ 《消除一切形式种族歧视国际公约》第22条规定，缔约国间关于解释或适用公约的任何争端，如果没有以谈判"或本公约所明定的程序"得以解决，则应于争端任何一方请求时提交国际法院。明定的程序是《消除一切形式种族歧视国际公约》第11～13条规定的强制性国家间来文程序。

⑦ 该条款规定，缔约国之间"关于解释、适用或履行"公约的任何争端经争端任一缔约国的请求应提交国际法院。

⑧ K. Abe,"Article 29: Settlement of Disputes", in Japanese Association of Women's Rights (ed.), *Convention on the Elimination of All Forms of Discrimination against Women: A Commentary* (1995), pp. 414－415.

⑨ 同上注；另见 A/C. 3/34/WG. 1/CRP. 2/Add. 3 (1979)。

⑩ Rehof（前注3），第239页。

⑪ Abe（前注8），第416页。

四　解释问题

一个条约的争端解决条款有助于有效执行条约。因此，所有缔约国都有权依赖该条款。任何缔约国如果认为其他缔约国违反了《公约》的目的，都可以进行干预。《公约》更青睐《联合国宪章》第33条所列举的争端解决程序——谈判、特设仲裁和审判——而非更加专门的国家间申诉程序。第29条还确立，在满足第29条规定的前提条件下，国际法院根据其规约第36条第1款享有强制管辖权。虽然该条位处程序性条款部分，但争端解决条款仍是《公约》的实质性条款。[12]

（一）第29条第1款

第29条规定了谈判、仲裁以及提交国际法院这几种可能的争端解决机制。它规定两个或两个以上缔约国之间关于《公约》的解释或适用的任何争端都可以提交国际法院，前提是：①无法通过谈判解决争端，在此之后，经缔约一方的请求将争端交付仲裁；②当事各方不能就仲裁的组织达成一致，且自要求仲裁之日起已经过六个月。国际法院在对刚果民主共和国诉卢旺达的决定中根据第29条第1款的措辞确定，这些条件是叠加的。[13] 对该案，国际法院于2006年判定它对“刚果领土上的武装活动（新申请：2002）”一案没有管辖权。刚果民主共和国针对卢旺达就据称由卢旺达在刚果民主共和国领土上实施的“大规模、严重和公然侵犯人权和违反国际人道法”的争端提起诉讼。[14] 法院审查了刚果民主共和国提出的11项管辖权依据（其中包括《公约》第29条第1款），结论是没有一项依据可以被接

---

⑫ S. Rosenne, “Final Clauses”, in R. Wolfrum (ed.), *The Max Planck Encyclopedia of Public International Law*(2008)，第16段，网络版，www.mpepil.com，访问日期2010年12月31日。

⑬ 刚果领土上的武装活动（前注2），第87段。

⑭ 同上注，第1段。

受并据以建立对本案的管辖权。法院判决的基础是，刚果民主共和国未能证明它曾试图友善地解决争端或寻求仲裁，而这些是任何诉讼的前提；此外，卢旺达拒绝接受法院的管辖权。根据这一决定，第 29 条第 1 款要求有一项
600 关于《公约》的争端，并且对该争端进行了谈判。谈判必须进行，并且与《公约》的解释和适用相关。第 29 条第 1 款要求任何争端在提交仲裁前必须进行谈判，然后，必须积极尝试进行仲裁；[15] 仅仅假定仲裁将会失败并不够。对此，阿勒哈苏奈（Al-Khasawneh）法官持个别意见，他主张并没有特别要求逐项进行谈判。[16]

对一项条约的解释（赋予文本以含义）一般总是与将条约适用于特定情形联系在一起，这对确定要解释的问题至关重要，并且可能影响解释的过程。[17] 解释和适用一项条约还包括违反条约项下个人权利的后果。[18] 既然除非以某种解释为基础，否则不可能适用条约，那么该公式的两个因素之间难有实际区分。[19] 在适用争端解决条款时二者倾向于趋同。[20]

如果谈判失败，将启动仲裁程序。因为第 29 条正式规定了当事方未能就仲裁庭组成达成一致这一条件，因此这一点不可以推定。[21] 如果缔约国未能在确定的时限内就仲裁庭的组成达成一致，则争端可以由符合《国际法院规约》第 36 条第 1 款的一个或所有缔约国提交国际法院。适用第 29 条导致确立法院的管辖权，而不是案件的可受理性。[22] 争端的所有缔约国都可以

---

[15] 同上注，第 83 段。

[16] Khasawneh 法官的个别意见，第 13 段，http：//www. icj－cij. org/docket/files/126/10455. pdf，访问日期 2010 年 12 月 31 日。

[17] 《维也纳条约法公约》，第 31～33 条。

[18] LaGrand（德国诉美国），（2001）ICJ Reps 466－517，第 42 段。除其他外，争端涉及作为违反《维也纳领事关系公约》第 36 条第 1 款（b）项的后果，是否也存在对第 36 条第 1 款（a）项的违反，以及争端是否属于《任择议定书》第 1 条规定的“由解释和适用公约引发的争端应当服从国际法院的强制管辖权……”。另见石油平台案（伊朗伊斯兰共和国诉美国），（1996）ICJ Reps 803－821，第 16～20 段。

[19] 1947 年 6 月 26 日，《联合国总部协定》第 21 条规定的仲裁义务的可适用性（咨询意见），（1988）ICJ Rep 57，第 59 段（Shahabuddeen 法官的个别意见）。

[20] C. McLachlan，“The Principle of Systemic Integration and Article 31（3）（c）of the Vienna Convention”（2005）54 *Int and Comparative L Quarterly* 279，286.

[21] 刚果领土上的武装活动（前注 2），第 92 段。

[22] 同上注，第 88 段。

援引国际法院的可能性强调《公约》[23] 的普遍性和客观性，而非互惠性。[24]

鉴于迄今为止没有成功适用过这一程序，委员会的一般性建议在解释和适用《公约》方面就显得更为重要了。[25]

（二）第 29 条第 2 款

根据这一条款，对第 29 条的保留与《公约》的目的和宗旨并不相悖。[26]这一款（实际上）是允许不接受国际法院管辖权的国家成为《公约》缔约国的一个途径。[27] 该款第二句的含义是，对第 29 条第 1 款提出保留的后果 601
是其他缔约国对任何作出此类保留的缔约国的关系不受第 1 款的约束。这与国际法院的历史相符，强制管辖权从未被接受过。[28]如果争端一方选择退出，任何其他缔约国均不得对退出的缔约国援引该程序。提出保留的缔约国也不得根据第 29 条向任何其他缔约国提出主张。

根据第 29 条第 2 款作出的保留可以在签署、批准或加入《公约》时作出，但不得在继承时作出。[29]

（三）第 29 条第 3 款

根据第 2 款作出的保留可以在任何时间通过通知联合国秘书长予以撤回。[30] 这一撤回是不可逆的。撤回一项保留后，缔约国不可能再根据第 29 条第 2 款提出新的保留，因为提出此类保留的时限已过。[31]

---

[23] 对当事方来说，求助于国际法院有额外的好处，即受到成员国捐助的联合国预算的资助；联合国《多边条约最后条款手册》（2003），第 89 页。

[24] 对防止及惩治危害种族罪公约的保留（咨询意见），（1951）ICJ 15 Rep 12。

[25] 参见对第 21 条一章的评注。

[26] Abe（前注 8），第 419 页。

[27] 同上注，第 417 页。

[28] 一些国家尤其不愿接受强制管辖。

[29] 比较《维也纳条约法公约》第 19 条。

[30] 参见对第 25 条第 2 款的评注。

[31] 参见前文四（二）。

603 # 第三十条[*]

本公约的阿拉伯文、中文、英文、法文、俄文和西班牙文文本具有同等效力，均应交存联合国秘书长。

下列署名的全权代表，在本公约之末签名，以昭信守。

一　概述…………………………………………………………………… 792
二　准备工作……………………………………………………………… 793
三　秘书长的实践………………………………………………………… 793
四　解释问题……………………………………………………………… 794

一　概述

当前的实践是，在联合国主持下缔结的条约都会在最后条款中规定用所有联合国的正式语言写成的文本具有同等效力，在条约通过之日得到正式承认。①

* 特此感谢 Sahrah Al-Nastrawe-Sozeri，Benjamin Feyen，Ines Franke，Anna-Maria Paulus，Allison Sherrier 与 Eric Veillerobe 为本章及第 25、26、27、29 条各章的写作提供的帮助。

① 比较如《消除一切形式种族歧视国际公约》第 25 条、《公民及政治权利国际公约》第 53 条、《公民及政治权利国际公约任择议定书》第 14 条、《旨在废除死刑的公民权利和政治权利国际公约第二项任意议定书》第 11 条、《经济社会文化权利国际公约》第 31 条、《禁止酷刑公约》第 33 条、《禁止酷刑公约任择议定书》第 37 条、《儿童权利公约》第 54 条、《保护所有移徙工人及其家庭成员权利国际公约》第 93 条、《消除对妇女一切形式歧视公约的任择议定书》第 21 条、《残疾人权利公约》第 50 条。

正式语言包括阿拉伯文、中文、英文、法文、俄文与西班牙文。[②] 这些语言确定了《公约》规定的含义，只有六种作准语言之一的措辞具有约束力。

二 准备工作

苏联提议的《公约》草案最后条款的第一版没有将阿拉伯文作为作准语言之一，规定《公约》应交联合国存档，"经正式认证的副本应交签署国和加入国政府"。[③] 但最后文本没有采纳这些建议。叙利亚口头建议增加阿拉伯文。[④] 根据贝宁的提议，语言应按字母顺序排列。[⑤] 英国建议纳入第2款，规定"联合国秘书长应将本公约正式认证的副本转交签署国和加入国政府"[⑥]，但后来撤回了这一建议。[⑦] 最后条款的最终文本与《公约》草案 604
的剩余部分一并获得通过。[⑧]

三 秘书长的实践

根据《维也纳条约法公约》第77条第1款（b）项，联合国秘书长作

② 阿拉伯文最早于1973年被接受为联合国的第六种正式语言；UN GA Res 3190（XXVⅢ）（1973年12月18日）。

③ E/CN. 6/AC. 1/L. 2（1974），第23条；L. A. Rehof, *Guide to the Travaux Preparatoires of the United Nations Convention on the Elimination of All Forms of Discrimination against Women*(1993), p. 295。

④ Rehof（前注3），第241页。

⑤ 同上注。

⑥ 在可比较的规定中，类似的措辞构成其内在组成部分，例如《消除一切形式种族歧视国际公约》第25条、《公民及政治权利国际公约》第53条、《公民及政治权利国际公约任择议定书》第14条、《旨在废除死刑的公民权利和政治权利国际公约第二项任意议定书》第11条、《经济社会文化权利国际公约》第31条、《禁止酷刑公约》第33条、《禁止酷刑公约任择议定书》第37条、《儿童权利公约》第54条、《保护所有移徙工人及其家庭成员权利国际公约》第93条、《消除对妇女一切形式歧视公约的任择议定书》第21条。

⑦ Rehof（前注3），第241页。

⑧ K. Abe, "Article 30: Aunthentic Text", in Japanese Association of Women's Rights (ed.), *Convention on the Elimination of All Forms of Discrimination against Women: A Commentary*(1992), pp. 420, 421.

为保存机关将《公约》正式副本分送可能成为《公约》当事方的所有国家及实体。自所有的语言都有了在线版本[9]并录入联合国正式文件系统（UNODS）后，联合国秘书长便不再向缔约国发放纸质版。联合国法律事务办公室条约科通过电子邮件向国家发出保存通知。[10]

四　解释问题

根据《维也纳条约法公约》第33条第3款，在各个作准文本中，条约的用语被推定为具有相同的意义。然而，不同的作准文本有可能会反映出不同的含义。在这种情况下，需要适用《维也纳条约法公约》第31、32条和第33条第4款的解释规则来确定真正的含义，其中《公约》的目标和宗旨是关键因素。解释的目的不是找出与目标和宗旨最协调的含义，而是平衡差异，在不同的版本中找到共同的含义。为避免歧义使用一个文本而忽视其他文本的做法是不可接受的。[11]

委员会支持《公约》的普及，欢迎将其翻译为当地语言。[12] 如果存在当地语言的译本，则《公约》的国内适用很可能使用该译本。译本可能存在错误，但并不影响《公约》的实质内容，《维也纳条约法公约》第79条在此也不适用。[13] 这类翻译仅仅反映了各个缔约国的解释。根据国际法，公共当局（包括法院）基于国内译本的任何行为在法律上可以受到挑战，也可能被推翻。

尽管《公约》和委员会[14]都没有要求将《公约》文本做成可供残疾人

⑨ http：//www2. ohchr. org/english/bodies/cedaw/convention. htm，访问日期2010年12月31日。

⑩ M. Norwak and E. McArthur, *The United Nations Convention against Torture*: *A Commentary* (2008)，第33条第4段。

⑪ Abe（前注8），第422页。

⑫ 第28号一般性建议，第1段。比较如CEDAW/C/ERI/CO/3（2006），对厄立特里亚的结论性意见，第8段；CEDAW/C/TLS/CO/1（2009），对东帝汶的结论性意见，第20段。

⑬ 《维也纳条约法公约》第79段解决的是更正条约文本或经认证的条约副本的错误。

⑭ 委员会邀请缔约国至少要说明它的网络建设，促进利用媒体、信息和通信技术以方便获取《公约》，例如CEDAW/C/TKM/CO/2（2006），对土库曼斯坦的结论性意见，第13段。

使用的形式，但《公约》应按照后续条约（如《残疾人权利公约》第 49 605
条）进行解释。尽管《公约》和委员会没有明确要求，但缔约国已经开始用盲文、电子格式和录音带等形式，以及用所有的正式语言传播《公约》。[15]

重申联合国秘书长作为保存机关的职能及其与作准语言的关联，必须结合他为《公约》文本增加“多语种”标题页和“签名页”的任务来理解，此处相关缔约国的名字将以联合国所有正式语言出现。[16] 本条还表明，所有的作准文本将以相同的方式予以保存。保存人的责任是，确保文本的最终版本忠实于缔约方商定的内容，并纠正任何错误，验证翻译材料的真实性。尽管通常会由于翻译困难而造成条约文本的错误，但它不影响条约的效力，联合国秘书长的责任是改正这些错误，并鼓励找到纠正起草疏漏的补救办法。[17]

---

⑮ CEDAW/C/ZAF/2 –4 （2010），南非，第 2、3、4 次缔约国合并定期报告，第 22 页。

⑯ ST/LEG/7/Rev. 1，联合国《秘书长作为保存机关的实践摘要》（1999），第 12 页。

⑰ R. Caddell, “Depositary”, in R. Wolfrum (ed.), *The Max Planck Encyclopedia of Public International Law* (2008)，第 1、9、10 段，网络版，http: //www. mpepil. com，访问日期 2010 年 12 月 31 日。

607 《任择议定书》*

一　概述 ………………………………………………………… 798
二　背景 ………………………………………………………… 798
（一）《公约》谈判 …………………………………………… 798
（二）争取进一步的监督程序的运动 ………………………… 800
（三）妇女地位委员会的起草过程 …………………………… 804
（四）委员会在《任择议定书》下的工作 …………………… 809
三　评注 ………………………………………………………… 812
（一）序言 ……………………………………………………… 812
（二）第 1 条 …………………………………………………… 813
（三）第 2 条 …………………………………………………… 815
1. 个人与个人联名 …………………………………………… 816
2. 违反《公约》的受害者 …………………………………… 821
3. 在缔约国管辖范围内 ……………………………………… 824
4. 《公约》规定的权利 ……………………………………… 825
（四）第 3 条 …………………………………………………… 826
（五）第 4 条 …………………………………………………… 828
1. “所有可用的国内补救办法已经用尽，或是补救办法的应用被不合理地拖延或不大可能带来有效的补救” ……… 830
2. “同一事项” ……………………………………………… 838

* 特此感谢 Stephanie Jensen-Cormier，Heather Northcott，Nathalie Stadelmann 以及 Mercedes Morales 对本章及第 28 条一章的帮助。

3. “不符合” …………………………………………………………… 840
4. 明显没有根据或证据不足 ……………………………………… 841
5. 滥用提出来文的权利 …………………………………………… 843
6. 事实发生在本议定书对有关缔约国生效之前，除非这些事实在该日期之后仍继续存在 ……………………………………… 843
（六）第5条 ……………………………………………………… 848
（七）第6条 ……………………………………………………… 851
（八）第7条 ……………………………………………………… 855
1. 审查来文及其结果 ……………………………………………… 856
2. 后续跟踪程序 …………………………………………………… 859
（九）第8条 ……………………………………………………… 862
（十）第9条 ……………………………………………………… 871
（十一）第10条 …………………………………………………… 873
（十二）第11条 …………………………………………………… 874
（十三）第12条 …………………………………………………… 876
（十四）第13条 …………………………………………………… 876
（十五）第14条 …………………………………………………… 879
（十六）第15条 …………………………………………………… 880
（十七）第16条 …………………………………………………… 880
（十八）第17条 …………………………………………………… 882
（十九）第18条 …………………………………………………… 884
（二十）第19条 …………………………………………………… 885
（二十一）第20条 ………………………………………………… 886
（二十二）第21条 ………………………………………………… 887

608 一 概述[①]

1999 年 10 月 6 日，联合国大会协商一致通过了《消除对妇女一切形式歧视公约的任择议定书》。[②] 1999 年 12 月 10 日，它开放给《公约》所有缔约国签署、批准和加入，2000 年 12 月 22 日正式生效。截至 2010 年 12 月 31 日，来自全世界各个地区的 100 个国家成为《任择议定书》的缔约国。据此，声称因这些国家侵犯其《公约》权利而受到侵害的个人或个人联名有机会向委员会就声称的侵犯提出申诉。《任择议定书》还授予委员会就可靠资料表明个别缔约国严重或系统侵犯《公约》所规定的权利而进行调查的权限。三个缔约国选择退出这一程序。[③]

本章首先考察《任择议定书》制定的背景。随后对《任择议定书》的每一条款逐一进行评注，与其他人权条约进行比较，突出其起草历史，并阐释委员会的解释。

二 背景

（一）《公约》谈判

在 1972 ~ 1976 年妇女地位委员会以及 1977 ~ 1979 年联合国大会第三委员会对《公约》进行谈判的过程中，不少成员国提出纳入一项申诉程序，作为监督《公约》实施的一种途径。在起草过程的早期阶段，加拿大建议，“应仔细考虑在妇女地位委员会内建立一项……报告程序以及处理国家或个人提出的违反公约的申诉方法”。瑞典建议考虑设立与《消除一切形式种族

---

① 本章所表达的观点为作者所持，并不必然反映联合国的观点。

② A/RES/54/4，联合国大会第 54/4 号决议，1999 年 10 月 6 日。

③ 孟加拉国、伯利兹和哥伦比亚。

歧视国际公约》以及《公民及政治权利国际公约任择议定书》相类似的国际监督程序。它强调“必不可少的一点是，此类监督条款应当也规定个人有权就缔约国实施《公约》的行为提出申诉”。[④] 然而，妇女地位委员会讨论的草案中并未包含具体的个人申诉程序的提议。

在1976年妇女地位委员会的会议上，比利时提交了一份条款草案，规定《公约》一经生效，缔约国将承担审查在妇女地位委员会内建立执行《公约》的程序的可能性，以便缔约国及其国民能够向拟议作为《公约》监督机构的特设小组发表自己的观点。比利时认为建议中的报告程序是“最低限度的”方案，《公民及政治权利国际公约任择议定书》以及《消除一切形式种族歧视国际公约》规定在用尽国内救济后的个人申诉的先例应当成为起点，因为《公约》不能落后于这些先例。[⑤]

虽然这一提议获得了一些支持，但最终以11票对8票并有3票弃权的 609
结果遭到了拒绝。[⑥] 一些国家质疑向妇女地位委员会提出申诉是否适当，还有一些代表认为申诉程序并不适合《公约》，因为《公约》不同于关于“严重国际罪行”的公约（如种族隔离、种族歧视），且诸如歧视妇女等领域的问题国家间已经开始合作，建立一个充当“判决法院”的机构是不合适的。[⑦] 一些国家认为该提议在法律上有争议，因为国家只能按照《公约》规定的修正条款修改《公约》。其他国家则认为妇女地位委员会的报告程序已经足够了，担心纳入这样一个条款可能阻碍对《公约》的批准和加入，进而危及报告规定。[⑧]

在1977年妇女地位委员会将完整的《公约》草案提交联合国大会第32届会议后，纳入个人申诉程序的问题被再次提出，当时荷兰建议《公约》应当包含一个国家间指控条款。它还建议“认真考虑在《公约》草案中纳

---

④ E/CN.6/573（1973），第104~107段。

⑤ E/CN.6/SR.673，经济及社会理事会《妇女地位委员会记录摘要》（1976），第93~94段。

⑥ E/CN.6/608，经济及社会理事会《妇女地位委员会的报告——第26届及恢复后的26届会议》，第208段。

⑦ E/CN.6/SR.674，经济及社会理事会《妇女地位委员会的记录摘要》（1976），第4、14段。

⑧ 前注6，第207~208段。

入个人请愿权，规定处于缔约国管辖范围内的个人有机会向监督机构递交申诉”。[9] 因为未收到建议草案，《公约》仅授予委员会一项监督程序：审议缔约国的报告。

（二）争取进一步的监督程序的运动

委员会自1982年开始工作，首先关注发展工作方法、建立报告程序，将其作为鼓励在国家一级实施《公约》的有效机制。

早期有评论者指出，委员会的监督程序与其他联合国人权条约机构相比较为有限，并且它所拥有的鼓励实施《公约》的工具也相对较弱。[10] 在1991年委员会的第10届会议上，个别委员提出可以通过一项任择议定书以增强《公约》和委员会的工作效力，其中可以纳入请愿程序，并建议委员会提出这种可能性，作为其对即将于1993年在维也纳召开的第二次世界人权大会的贡献的一部分。[11]

1991年联合国秘书长提交妇女地位委员会的一份报告中提出了加强监督妇女人权的现有国际机制以及建立新机制的可能性，并审查了妇女地位委
610 员会的申诉程序。[12] 这份报告的结论是，妇女地位委员会的程序与其他联合国人权程序相比较为薄弱，而其他程序对妇女的人权问题关注甚少。妇女地位委员会的程序没有规定个人有机会寻求补救，也没有规定有机会对任何特定情况进行仔细研究。[13] 这份报告提出了多项为妇女加强程序的建议，包括为《公约》增加一项任择议定书，使委员会有权接收并审议指控接受这一

---

⑨ A/32/218，秘书长报告《消除对妇女歧视公约草案》(1977)，第151段。

⑩ A. Byrnes and J. Connors, “Enforcing the Human Rights of Women: A Complaints Procedure for the Convention on the Eliminaiton of All Forms of Discrimination against Women?” (1996) 21/3 *Brooklyn J of Intl L* 679, 689, note 20；另见 T. Meron, “Enhancing the Effectiveness of the Prohibition of Discrimination against Women” (1990) 84 *Am J Intl L* 213, 216。

⑪ A. Byrnes, *CEDAW #10: Building on a Decade of Achievement: A Report on the Tenth Session of the Committee on the Elimination of Discrimination against Women* (1991), pp. 22 - 23.

⑫ E/CN. 6/1991/10，秘书长报告《监督对提高妇女地位的内罗毕前瞻性战略的执行：对现有关于妇女地位申诉机制的审查》。

⑬ E/CN. 6/2006/8，秘书长报告《任命一名歧视妇女的法律问题特别报告员的适当性》，第33~34段。

权限的缔约国违反《公约》的个人来文。报告指出，人权事务委员会、消除种族歧视委员会和禁止酷刑委员会均具备这一能力。[14] 妇女地位委员会没有就这些提议采取行动。

在这一时期，还有提议建议通过一项文件，赋予委员会审议请愿的职能，以加强打击暴力侵害妇女的国际框架。1991 年 11 月，联合国召集了一个专家组会议讨论关于这一问题的选项，具体包括：为《公约》制定处理暴力侵害妇女问题的实质性议定书；为《公约》制定议定书，包含暴力侵害妇女问题的实质因素以及针对此类暴力的申诉机制；制定一项议定书，规定委员会有权审议与《公约》规定的所有权利有关的申诉；拟定和通过一项关于暴力侵害妇女的新宣言或公约。[15] 专家组建议拟定和通过一项关于暴力侵害妇女的宣言，得到了妇女地位委员会和联合国大会的支持。这促成了对《消除对妇女的暴力行为宣言》的谈判，宣言于 1993 年获得通过。[16]

加强妇女和女童的国际人权框架，是在维也纳世界人权大会之前动员起来的高度组织化的国际妇女运动提出的要求之一。在大会的整个准备过程中，非政府组织和其他行为体要求在所有联合国活动中对妇女人权给予更多关注，加强主要关注提高妇女地位和妇女人权的现有联合国机制。[17] 它们还

---

⑭ 秘书长报告（前注 12），第 155 ~ 156 段。

⑮ EGM/VAW/1991/1，《暴力侵害妇女专家组会议报告》，第 34 ~ 37 段；E/CN. 6/1992/4，秘书长报告《一切形式的暴力侵害妇女》（1991）；EGM/VAW/WP. 1，加拿大提交的工作文件《制定暴力侵害妇女国际文件过程中的问题》；A. Byrnes, *Observations on the Background Paper Prepared by the Government of Canada on Issues in the Development of an International Instrument on Violence against Women*(1991)。

⑯ A/RES/48/104，联合国大会第 48/104 号决议（1993 年 12 月 20 日）。

⑰ D. J. Sullivan, "Women's Human Rights and the 1993 World Conference on Human Rights"(1994) 88 *Am J Intl L* 152; J. Connors, "Non-Governmental Organizations and the Human Rights of Women", in P. Willets (ed.), *The Conscience of the World: The Influence of Non-Governmental Organizations in the United Nations System* (1996), p. 147; S. Marks, "Nightmare and the Noble Dream: the 1993 World Conference on Human Rights"(1994) 53 *Cambridge LJ* 54, 58 - 60; A/CONF. 157/PC/61/Add. 17，联合国妇女发展基金向世界人权大会提交的报告（1993），第 19 ~ 20 段。

611 呼吁为《公约》制定一项任择议定书，以便纳入个人请愿权。[18] 这一倡议得到了很好的回应，大会的最后文件呼吁妇女地位委员会和委员会“迅速审查通过制定《公约》任择议定书引入请愿权的可能性”。[19]

1994 年 1 月，委员会建议妇女地位委员会于 1994 年召开专家组会议，准备包含申诉程序的任择议定书草案。它表示专家组应由 5～10 名独立专家组成，包括一名由委员会主席指派的委员会成员，这些专家需了解不同形式的文明、主要法系和国际法以及其他人权条约机构准备和运作任择议定书的经验。专家组准备的报告应提交委员会提出意见，然后再交由妇女地位委员会采取行动。[20]

1994 年 3 月妇女地位委员会开会时，考虑了维也纳大会的结果，但并不支持委员会向秘书长提议召集专家组会议的建议。相反，妇女地位委员会通过经济及社会理事会，同意于 1995 年第 39 届会议上审查在《公约》下引入请愿权的可行性，“并将在那届会议前可能举行的任何政府间专家组会议的结果纳入考虑”。[21] 然而，并未举行任何会议。不过 1994 年，国际人权法小组“法律中的妇女”项目与荷兰林堡大学马斯特里赫特人权中心共同举办了一届独立专家组会议。[22] 与会代表来自各大洲，包括委员会的三名委员、其他人权条约机构的成员，以及国际人权和妇女人权专家。会议的成果是一份任择议定书草案（“马斯特里赫特草案”），这份草案规定，委员会有权接收和审议声称违反《公约》的个人申诉，并调查据称严重或系统违反《公约》规定的情况。[23] 马斯特里赫特草案建立在现有的人权程序基础上，但也包括创新的

---

⑱ NGO Forum Final Report, “All Human Rights for All: Recommendations adopted by the Forum of Non-Governmental Organizations at the World Conference for Human Rights: the New Consensus, June 1993”, in M. Norwak (ed.), *World Conference on Human Rights, Vienna, June 1993: The Contributions of NGOs Report and Documents* (1994), pp. 230, 231 para. 6 and p. 235 para. 4.

⑲ A/CONF. 157/23（第二部分），《维也纳宣言和行动纲领》第 111 章，第 2 节，第 40 段。

⑳ A/49/38，联合国大会《消除对妇女歧视委员会第 13 届会议报告》（1994），消除对妇女歧视委员会第 5 号建议《在联合国大会为〈公约〉拟定一项任择议定书的可行性》。

㉑ E/RES/1994/7，经济及社会理事会第 1994/7 号决议（1994 年 7 月 21 日）。

㉒ 当时法律小组“法律中的妇女”项目主任 Donna Sullivan 是该倡议背后的推动力量。

㉓ 马斯特里赫特草案被附在 Byrnes 与 Connors 的书之后（前注 10），书中还提供了关于草案制定的背景信息。

要素，试图让该程序更易于为妇女所用。

委员会的一名成员在一份文件中将马斯特里赫特草案提交委员会，其中概括了草案的内容、提出了一些问题，并建议委员会支持这一草案，向联合国大会建议通过这一草案。[24] 经由一个工作组讨论之后，委员会几乎一致通 612
过了第 7 号建议，[25] 提炼出它认为应当纳入一项任择议定书的要素。[26] 委员会决定不提出议定书草案，因为它相信如果草案文件来自一个政府间机构，则该提议在政府间进程中将获得更大成功，比如《保护所有移徙工人及其家庭成员权利国际公约》。

第 7 号建议大体对应于马斯特里赫特草案，涉及了两个程序：申诉和调查程序。与马斯特里赫特草案的情况一样，第 7 号建议没有包含涉及缔约国履行它在《公约》下的义务的国家间指控条款。[27] 委员会的要素反映了现有的建立申诉和调查程序并有实践的人权文件。这些要素包括为避免不可弥补的伤害的临时措施[28]、跟踪以及救济措施。[29] 第 7 号建议也有一些创新。其

---

[24] CEDAW/C/1995/WG. 1/WP. 1，S. R. Cartwright 向委员会第 14 届会议提交了《消除对妇女一切形式歧视公约的一项任择议定书》。委员会还收到了当时的经济、社会及文化权利委员会主席菲利普·阿尔斯通准备的一篇关于对《经济社会文化权利国际公约》任择议定书草案的文章，提交委员会 1995 年召开的第 14 届会议。E/C. 12/1994/12，P. Alston，"Draft Optional Protocol Providing for the Consideration of Communications"（1994）。

[25] CEDAW/C/SR. 282，《消除对妇女歧视委员会记录摘要》（1995），第 13 ~ 19 段。

[26] A/50/38，《消除对妇女歧视委员会第 14 届会议报告》（1995），第 7 号建议：向联合国大会提交的《公约》任择议定书的要点。

[27] 马斯特里赫特会议同意不纳入国家间指控程序，因为这一程序虽然纳入了《公民及政治权利国际公约任择议定书》、《消除一切形式种族歧视国际公约》以及《禁止酷刑公约》，但从未被使用过。Byrnes and Connors（前注 10），第 704 ~ 708 页。这一程序也写进了《保护所有移徙工人及其家庭成员权利国际公约》第 76 条、《保护所有人免遭强迫失踪国际公约》第 32 条以及《经济、社会、文化权利国际公约任择议定书》第 10 条。在对第 7 号建议的书面评论中，非政府组织呼吁纳入国家间指控程序，见秘书长报告《政府、政府间和非政府间组织为拟定〈消除对妇女一切形式歧视公约〉任择议定书草案而提交的意见》（1996），E/CN. 6/1996/10，第 124 段；E/CN. 6/1997/5，秘书长报告《政府、政府间组织和非政府组织关于〈公约〉任择议定书的附加意见》（1997），第 299 段。一位评论者表示，从任择议定书略去国家间指控程序强化了与其他权利相比对妇女权利的差别和不平等对待，而威胁激活国家间指控程序已被用作外交谈判的筹码［A. Edwards，*Violence against Women under International Human Rights Law*（2011），pp. 117 - 118］。

[28] 前注 26，第 10 段。

[29] 同上注，第 13 ~ 14 段。

中之一是获得“立案”的广泛途径，提出来文者可以是因《公约》所规定的权利被侵犯而受到伤害或声称因缔约国未履行《公约》规定的义务而直接受影响的个人、团体或组织，或是在此一事项中有足够利害关系的个人或团体。[30] 第7号建议还设想，经所涉缔约国同意，委员会在审议一项来文时可以到其领土内进行访问。[31] 建议强调了调停和安置以及宣传《公约》和新的议定书、运转所需资源的重要性。

基于妇女地位委员会的建议并经经济及社会理事会同意，[32] 妇女地位委员会于1995年3月在其第39届会议上着手处理为消除对妇女歧视委员会准备一项请愿程序的问题，这次行动受益于消除对妇女歧视委员会的第7号建议。[33] 在这届会议上，妇女地位委员会专注于准备即将召开的第四次世界妇女大会，并未讨论第7号建议。不过，它建议秘书长征求政府、政府间组织、非政府组织关于为《公约》拟定一项任择议定书的意见，同时考虑将第7号建议纳入1996年第40届会议的一份秘书长
613 报告。妇女地位委员会还建议建立不设期限的会间工作组，与第40届会议平行举行会议，审议收到的“拟定一项任择议定书草案”的意见。这些建议得到了经济及社会理事会的批准。[34] 北京《行动纲领》表达了对妇女地位委员会发起的这一进程的支持：拟定一项可以尽快生效的任择议定书。[35]

（三）妇女地位委员会的起草过程

关于任择议定书的政府间进程始于首届工作组会议，工作组会议于1996年3月与妇女地位委员会第40届会议平行举行。会议收到18个国家

---

[30] 同上注，第7段。

[31] 同上注，第12段。

[32] E/RES/1994/7，经济及社会理事会第1994/7号决议（1994年7月21日）。

[33] E/CN.6/1995/CRP.1，经济及社会理事会《消除对妇女歧视委员会第14届会议结果》（1995）。

[34] E/RES/1995/29，经济及社会理事会第1995/29号决议（1995年7月24日）。

[35] A/CONF.177/20/Rev.1，联合国大会《第四次世界妇女大会报告》（1995），第230（k）段。

和19个非政府组织结合委员会的第7号建议提出的关于任择议定书可行性的意见汇编。大多数意见表示支持制定一项任择议定书，并认为第7号建议是重要的工作基础。这些意见还确定了需要进一步澄清的问题和障碍。许多问题成为未来四年妇女地位委员会的讨论中反复出现的问题。这些问题包括按照第7号建议的提议制定一项任择议定书是否会与现有的人权程序相重叠，从而导致重复劳动并浪费人力和财政资源。鉴于《公约》的某些义务规定采用了概括性措辞，它们是否适合由准司法机构通过可强制执行的个人权利制度来衡量（换言之，是否具有“可诉性”）也受到质疑。与第7号建议的要点相关的具体关切包括议定书是否应同时规定请愿和调查程序；是否应当接受被扩展的申诉资格（standing）以及明确规定临时措施和跟踪程序。[36]

工作组第一次会议的讨论进展缓慢。尽管如此，人们就议定书的可行性、一系列关键问题以及第7号建议的要点交换了意见。《公约》的可诉性问题[37]以及第7号建议设想的委员会审议来文或发起调查的适当性问题受到了广泛讨论。[38] 对第7号建议的逐段讨论集中于它的创新要素，特别是它建议扩展申诉资格（broad standing）[39]、明确纳入临时措施[40]、确定补救措施[41]、明确规定跟踪监督的权力[42]。考虑到调查程序的模板是《禁止酷刑公约》第20条，而该条并不经常被使用，因此讨论了这一程序的必要性以及启动这一程序所需的门槛。工作组还讨论了《公约》保留对议定书的运作以及委 614
员会对这些保留发表意见的能力的影响。[43] 人们表示支持委员会的第28项

[36] E/CN.6/1996/10与Corr.1，Add.1和Add.2，秘书长报告《政府、政府间组织和非政府组织关于拟定一项消除对妇女一切形式歧视公约任择议定书草案的意见》。

[37] E/1996/26，附件三，主席就1996年不设期限工作组会议举行的对第7号建议包含的要点的交换意见的摘要罗列在《关于拟定消除对妇女一切形式歧视公约任择议定书草案的不设期限工作组报告》中，该报告包含在经济及社会理事会《妇女地位委员会第40届会议报告》（1996）中。关于可诉性讨论的摘要出现在第104～111段。

[38] 同上注，第111段。

[39] 同上注，第111段。

[40] 同上注，第29～38段。

[41] 同上注，第10～57段。

[42] 同上注，第71～77段。

[43] 同上注，第78～80段。

要点，即排除对任择议定书作出保留。不过也有人对这一规定表示关切，认为这可能会阻碍对议定书的批准。还有观点认为，批准国应当可以选择退出请愿及调查程序，或退出调查程序。[44]

经济及社会理事会延长了工作组的任务授权，允许其在1997年妇女地位委员会第41届会议时与其平行开会，并授权消除对妇女歧视委员会的一名代表作为顾问参加工作组的会议。[45] 工作组请求进一步调查政府和其他行为体对任择议定书的意见并予以汇编，供其在下一次会议上使用；并请求秘书长向下一次会议提供对既存基于条约和宪章的来文和调查程序的比较摘要。经社理事会同意了这些请求。[46]

工作组在1997的会议上审议了一项由主席准备的任择议定书草案，[47] 该草案以第7号建议、政府和其他机构提交的书面意见，[48] 以及工作组第一次会议期间作出的提议为基础。草案包含一项个人申诉程序和一项调查程序。主席草案虽然也受到马斯特里赫特草案的影响，但没有纳入后者的其他创新之处。然而，它确实保留了扩展申诉资格的概念以及委员会的和解功能，规定委员会的决定具有法律拘束力，并且不允许对议定书作出保留。对主席草案一读之后进行了简要的一般性讨论。

在主席草案的基础上，工作组的参加者将重点放在拟定一份所有人都能

---

[44] 同上注，第103段。

[45] E/DEC/1996/240，经济及社会理事会第1996/240号决定，《更新关于为消除对妇女一切形式歧视公约拟定一项任择议定书的不设期限工作组的任务》（1996年7月22日）。大会授权于1996年11月20日召集工作组（原文时间有误。——译者注）。

[46] E/1996/26，经济及社会理事会《妇女地位委员会的报告——第40届会议》（1996），妇女地位委员会第40/8号决议。

[47] 1997年妇女地位委员会关于为《公约》拟定一项任择议定书草案的不设期限工作组主席提交的文本。E/CN.6/1997/WG/L.1，经济及社会理事会《附件：消除对妇女一切形式歧视公约任择议定书草案》（1997），联合国《任择议定书：文本与资料》（2000），UN Sales No. E.00.IV.2，30－33。

[48] 为响应联合国秘书长关于进一步征集意见的请求，来自21个国家、12个非政府组织、一个代表49个非政府组织的代表以及一个政府间组织提出了附加意见。E/CN.6/1997/5，秘书长报告《政府、政府间组织和非政府组织关于〈公约〉任择议定书的附加意见》（1997）。

接受的文本。[49] 有人倡议议定书应当建立在已有的程序和实践基础上，回应妇女在应用国际程序方面的不利处境。其他人则提议拟定范围较窄的议定书，不要超越现有人权文书的文本。第一届会议期间引发争论的问题——申诉资格、委员会“意见”的地位、拟议的调查程序以及保留——再次成为争论的热点。工作组请求延长其工作任务，以便它可以在妇女地位委员会1998年、1999年的第42、43届会议期间继续召开两次平行会议，并继续获得消除对妇女歧视委员会顾问的支持。[50] 它还请求秘书处向其提供一份文 615
件，比较主席草案和工作组提出的有关现有人权文书的修正案。[51]

在工作组于1998年3月召开第三次会议之际，许多代表和非政府组织决意以通过议定书规定妇女有权向消除对妇女歧视委员会提出请愿的方式来庆祝联合国大会于1948年通过《世界人权宣言》50周年。联合国人权事务高级专员强调了完成议定书并使其迅速生效的重要性。主席参加了闭会期间的非正式讨论，代表们就形成一份更清晰的文本以供讨论达成一致。[52] 然而，随着文本部分协议的达成，困难之处变得更加清晰。这包括申诉资格问题[53]、调查程序的适当性、禁止保留。这样一来，工作组未能在周年纪念之年完成它的任务。

1999年3月，在工作组第四次会议第一天的一般性辩论中，与会者敦促在这届会议上完成谈判，并协商一致通过文本，尤其是考虑到1999年12

---

[49] E/1997/27，经济及社会理事会《妇女地位委员会的报告——第41届会议》（1997），附件二附录二，其中包含主席关于1997年协商《公约》任择议定书草案期间代表们的意见和评论的摘要。

[50] E/1997/27，经济及社会理事会《妇女地位委员会的报告——第41届会议》（1997），妇女地位委员会第41/3号决议；E/DEC/1997/227，经济及社会理事会第1997/227号决定，《延长关于为消除对妇女一切形式歧视公约拟定任择议定书草案的不设期限工作组的任务》（1997年7月21日）。

[51] E/CN.6/1998/7，秘书长报告《对任择议定书草案和对现有人权文件条款的修正案的比较说明》（1998）。

[52] 主席以E/CN.6/1997/WG/L.1文件中包含的汇编文本以及妇女地位委员会第41届会议上提出的提议为基础提交的任择议定书修订草案，E/1997/27，经济及社会理事会《妇女地位委员会的报告——第41届会议》（1997），附件三附录一。

[53] E/1998/27，主席关于1998年协商《公约》任择议定书草案期间代表们的意见和评论的摘要，经济及社会理事会《妇女地位委员会的报告——第42届会议》（1998），附件二附录二，第2~8段。

月18日将是《公约》通过20周年。主席向会议提交了文本的第二次修订版，这一版考虑了工作组第三次会议期间收到的提议。[54] 1999年3月11日，经过第二次和第三次会议，工作组通过了《公约》任择议定书草案以及一个授权决议，据此工作组可以将文本草案提交妇女地位委员会、经济及社会理事会以及联合国大会。

在转交议定书的决议中出现了曾经提议纳入议定书的许多问题。这包括：第3段，强调议定书的缔约国应承担尊重议定书规定的权利和程序并在程序的各个阶段与委员会进行合作；第4段，强调委员会在履行职责的过程中应继续以非选择性、公正性和客观性原则为指导；第5段和第6段涉及会议时间、工作人员和设备，以便委员会根据议定书有效履行职能。[55]

《任择议定书》通过之后，工作组同意将25项解释性声明汇编成册并
616 作为其报告的一部分。[56] 这些声明表达了国家对议定书的一般意见，也提及一系列具体条款。中国、哥斯达黎加并代表阿根廷、玻利维亚、智利、哥伦比亚、多米尼加共和国、厄瓜多尔、萨尔瓦多、巴拿马、秘鲁、委内瑞拉、埃及、意大利、荷兰、菲律宾以及英国并代表瑞典发言，德国代表所有欧盟成员国、与欧盟有联系的中东欧国家以及其他有关联的国家表达了这样的观点，认为《任择议定书》为执行妇女人权规定了有力的程序。哥斯达黎加和菲律宾表示在整个谈判过程中它们都被妇女的命运驱动着，菲律宾将把这一结果献给最被边缘化、最脆弱、最受压迫、最沉默的妇女。菲律宾和意大利还强调了妇女团体和非政府组织的作用，它们是《任择议定书》背后的驱动力，感谢它们对谈判的贡献。其他解释性声明则较为谨慎。澳大利亚表明，它将在国家一级对文本进行仔细考虑并协商，指出它的国内条约缔结程序要求在国家一级进行高级别协商，包括联邦体系内国会议员，各州、各领地政府和更广泛的社团的参与。摩洛哥强调对议定书条款的解释将服从于

[54] 主席以E/CN.6/1997/WG/L.1文件中包含的汇编文本以及妇女地位委员会第42届会议上提出的提议为基础提交的任择议定书修订草案，E/1998/27，经济及社会理事会《妇女地位委员会的报告——第42届会议》(1998)，附件二附录一。

[55] 同上注，草案第7条第1款，替换了草案第16条与资源条款。

[56] E/1999/27，经济及社会理事会《妇女地位委员会的报告——第43届会议》，附件二，向《公约》任择议定书草案提交的解释性声明。

对其主权、道德和精神价值的绝对尊重并与其宪法规定保持一致。突尼斯虽然强调议定书在促进妇女权利、确保在实践中尊重这些权利以实现同等和机会平等的重要性，但是认为必须在符合每一国家的宪法、尊重每一国家主权的框架下才可以批准议定书。对文本具体条款的解释性声明将在下文对这些规定的评注中予以讨论。

妇女地位委员会[57]、经济及社会理事会[58]和联合国大会[59]都以协商一致的方式通过了《任择议定书》。1999 年 12 月 10 日，联合国总部举行了特别的签字仪式，23 个国家[60]成为该文件的签署国。在当天晚些时候举行的小组活动上，时任联合国秘书长科菲·安南明确讲到他想不出“还有什么比在我们确保妇女真正享有这些权利的工具箱中增加这一重要工具更好的方式来庆祝本世纪——一个目睹了妇女权利巨大进步的世纪的最后一个人权日”。[61]

（四）委员会在《任择议定书》下的工作 617

在联合国大会通过《任择议定书》到其生效这段时间，委员会为它将要承担的新的职能作准备。西尔维雅·卡特赖特（Silvia Cartwright）女士负责起草一份关于新程序的工作文件，[62] 委员会于第 23 届会议对此进行了讨论。工作文件提议：设立一个由五名成员组成的常设工作组，以履行与议定书有关的职能；将来文初步可受理性的决定下放给秘书处；委员会与议定书有关的议事规则应纳入的要素。随后，卡特赖特女士准备了与委员

---

[57] E/1997/27，经济及社会理事会《妇女地位委员会的报告——第 43 届会议》第一章，A；WOM/1117，新闻部新闻稿《妇女地位委员会通过妇女反歧视公约任择议定书草案》（1999 年 3 月 12 日）。

[58] E/RES/1999/13，经济及社会理事会第 1999/13 号决议，1999 年 7 月 28 日。

[59] A/RES/54/4，联合国大会第 54/4 号决议（1999 年 10 月 6 日）。

[60] 奥地利、比利时、玻利维亚、智利、哥伦比亚、哥斯达黎加、捷克共和国、丹麦、厄瓜多尔、芬兰、法国、德国、希腊、冰岛、意大利、列支敦士登、卢森堡、墨西哥、荷兰、挪威、塞内加尔、斯洛文尼亚、瑞典。

[61] *IPS Daily Journal* Vol. 7，No. 238（1999 年 12 月 13 日）。

[62] CEDAW/C/2000/Ⅱ/WP.2，委员会《对管理消除对妇女一切形式歧视公约任择议定书的拟议程序的工作文件：卡特赖特特别报告员准备的说明》（2000）。

会在《任择议定书》下的职能相关的规则草案，供委员们在2000年12月德国柏林非正式会议上讨论。2001年1月委员会在第24届会议上通过了这些规则。[63] 这些规则除其他外，规定了向委员会转交来文[64]和维护来文登记册，[65] 并表明秘书长可以请求来文作者澄清或提供额外信息。[66] 这些规则还规定将如何审理来文，[67] 包括规定如果委员会的某位成员与案件有个人利益关系、在《任择议定书》之外参与过对该案件的决定，或者是所涉缔约国的国民，[68] 她/他将不得参与对来文的审议。

2001年，按照议事规则62的设想，委员会建立了由五名成员组成的《任择议定书》常设工作组，其成员每两年选举一次。该工作组在2003年1月举行的委员会第28届会议上更名为《任择议定书》来文工作组，[69] 以便将该工作组的任务限定在根据议定书处理来文，而第8条调查程序则由委员会全体来管理。工作组就来文的可受理性和案情实质为委员会准备初稿。为协助申诉者，工作组制定了一个来文示范表格[70]以及提交个人申诉的情况介绍。工作组还制定了及时、高效处理来文的管理程序，并确保秘书处提供与议定书有关的程序性和实质性问题的背景文件。

世界各地的妇女倡议者对议定书谈判及迅速生效感到高兴。她们希望很多人可以从该程序中受益。然而，令她们感到失望的是，目前只有来自少数
618 国家的数量很少的请愿。委员会没有机会发展全面的法理，虽然它在一些领域，特别是暴力侵害妇女以及妇女的生育权方面已经作出了重要贡献。

[63] A/56/38，联合国大会《消除对妇女歧视委员会第24届会议报告》(2001)，附件一，第十六和十七部分，委员会议事规则。委员会第39届会议通过了对这些规则的修正，见A/62/38，联合国大会《消除对妇女歧视委员会第39届会议报告》(2007)，第五章，第653~655段及附录。

[64] 议事规则56。

[65] 议事规则57。

[66] 议事规则58。

[67] 议事规则64-69。

[68] 议事规则60。

[69] A/58/38，联合国大会《消除对妇女歧视委员会第28届会议报告》(2003)，第五章，第435段。

[70] 同上注，第406段。修订后的来文表格和情况介绍可见 http://www2.ohchr.org/english/law/cedaw-one.htm，访问日期2010年12月31日。

截至2010年12月31日，根据议定书共登记了27件案件。委员会已对14件案件作出决定，其中8件不可受理，对6件宣布了意见。另有3件不再继续审理，有10件处于待决状态。已经作出决定的案件涉及9个国家，除一个国家外都是欧洲理事会成员，因此也受区域人权制度的约束。请愿者中除一名外，也都生活在欧洲理事会成员国。委员会仅进行了一次调查。

对议定书程序的使用不足可以解释为由影响这些程序的共同缺陷所致。它们不被人们广泛知晓，尤其对没有法律援助的人来说难以获得和使用。无论是来文程序还是调查程序都进展缓慢，前者要求案件事实被审查之前用尽国内救济。尽管委员会对请愿作出的“意见”或决定具有权威性，但不具有法律拘束力，也没有执行程序。潜在的请愿可能存在其他可供选择的申诉渠道，包括区域一级可作出具有拘束力结果的程序。《公约》的规定以义务而非权利用语制定，这对寻求提出权利主张的人来说可能是一个挑战。利用人权来文和调查程序的女性要少于男性，[71] 一位评论者表示，由于系统性的权力不平衡，妇女经历的不利处境，她们对资源、知识以及获得法律援助的匮乏，[72] 这些“诉讼模式”的程序对妇女帮助并不像对男性那样大。在委员会审议一项来文之前必须用尽国内救济，这对妇女来说也是特别的挑战，因为她们在当地管辖范围内进入法院的机会有限。这些程序涉及指控缔约国的违反行为，如果案件事实涉及非国家行为，例如家庭暴力或人口贩运等跨国暴力，则会构成进一步的困难。

虽然委员会收到的来文数量较少，但它对来文的意见以及唯一调查的结果对创造妇女人权的法理产生了深远影响，包括国家有义务做到恪尽职守以预防和起诉侵犯人权行为，这些法理已经被欧洲人权法院[73]和美洲人权法院[74]所用。

---

[71] Edwards（前注27），第123~126页。

[72] 同上注，第125~129页。

[73] Opuz诉土耳其，(2009) ECHR 33401/02（2009年6月9日）。另见对导论和“针对妇女的暴力”一章的讨论。

[74] Claudia Gonzalez y Otras v Mexico(“Campo Algodonero” or“Cotton Field” case)美洲人权法院系列C，第205号（2009年11月16日）。

三　评注

（一）序言

本议定书缔约国，

注意到《联合国宪章》重申对基本人权、人的尊严和价值以及男女权利平等的信念，

619 又注意到《世界人权宣言》宣布，人人生而自由，在尊严和权利上一律平等，人人有资格享受该宣言所载一切权利和自由，不得有任何区别，包括男女的区分，

回顾国际人权盟约以及其他国际人权文书禁止基于性别的歧视，

又回顾《消除对妇女一切形式歧视公约》（“公约”），其中各缔约国谴责对妇女一切形式的歧视，商定毫不拖延地采取一切适当措施，执行消除对妇女歧视的政策，

重申他们决心确保妇女充分和平等地享有所有人权和基本自由，并采取有效的行动，防止侵犯这些权利和自由，

兹商定如下：

与《公约》冗长的序言相比，该序言非常简短，其中一些要素还引发了一些缔约国的反对。这一序言建立在妇女地位委员会工作组主席提交的任择议定书草案两段序言的基础上。[75]

在谈判过程中，许多代表表示倾向于简短、简洁的序言。[76] 一些代表建议提及《维也纳宣言和行动纲领》以及北京《行动纲领》，[77] 但后来一致同

[75] E/CN. 6/1997/WG/L. 1（前注 47），序言。另见对第 28 条的评注。

[76] E/1997/27（前注 49），第 5 段；E/1998/27（前注 53），第 1 段。

[77] E/1998/27（前注 53），第 1 段。

意将这些参照放在通过《任择议定书》的决议中。[78]

序言回顾了《联合国宪章》，《世界人权宣言》第1条、第2条，《经济社会文化权利国际公约》第2条第2款，《公民及政治权利国际公约》第2条第1款，以及《公约》第2条的引言。

《维也纳条约法公约》第31条第1款规定，条约应依其用语按其上下文并参照条约的目的和宗旨所具有的通常含义善意解释，其中上下文除其他外，包括约文、序言和附件（第31条第2款）。委员会根据《任择议定书》开展工作时没有明确提及序言，但暗含着对序言最后一段设定的确保妇女充分、平等享有所有人权和基本自由并采取有效行动防止侵犯这些权利的目标的追求。

（二）第1条

> 本议定书缔约国（“缔约国”）承认消除对妇女歧视委员会（“委员会”）有权接受和审议根据第2条提出的来文。

第1条确立了委员会关于来文的权力，规定议定书的缔约国承认委员会有权根据第2条接受和审议来文。

第1条回顾了《公民及政治权利国际公约任择议定书》第1条的第一部分、 620
《残疾人权利公约任择议定书》第1条的第一部分以及第1条第1款、《经济、社会、文化权利国际公约任择议定书》第1条第1款。上述公约，来文程序都是包含在一个单独的程序性议定书中，而《消除一切形式种族歧视国际公约》、《禁止酷刑公约》、《保护所有移徙工人及其家庭成员权利国际公约》以及《保护所有人免遭强迫失踪国际公约》的来文程序则是条约的一部分，缔约国需要通过一项声明而不是通过批准或加入，来承认相关条约机构接受和审议来文的权力。

与《公民及政治权利国际公约任择议定书》《禁止酷刑公约》《经济、社会、文化权利国际公约任择议定书》《保护所有移徙工人及其家庭成员权利国际公约》不同，《任择议定书》第1条没有明确声称只有《公约》的缔

[78] A/RES/54/4，联合国大会第54/4号决议（1999年10月6日），序言。

约国才可以成为《任择议定书》的缔约国。相反，它提到的是当前议定书的缔约国，这与《残疾人权利公约任择议定书》的情况相同。成为《任择议定书》缔约国的程序规定在第15条中。“根据第2条”关于提出来文的用语，让人想起《公民及政治权利国际公约任择议定书》第2条第1款，规定提交来文的权利以不违反第1条的规定为限。

委员会第7号建议要点5设想《公约》的缔约国应有机会批准或加入《任择议定书》。[79] 政府、政府间组织和非政府组织大体支持这一点，但一些代表建议纳入对签署、批准和加入《任择议定书》的程序的规定，[80] 或是纳入与《公民及政治权利国际公约任择议定书》第1条完全相同的规定。一些非政府组织表示，不应要求任何一个国家批准议定书，也不应向选择不批准议定书的《公约》缔约国施加任何额外义务。[81] 在1996年工作组第一次会议上，大多数人认为要点5大体是可以接受的。然而，也提出了一些问题，涉及根据《任择议定书》对来文可受理性提出的保留，以及《公约》规定的可诉性。[82]

1997年主席提交工作组第二次会议的任择议定书草案第1条包含两款：第1款规定成为本议定书缔约方的《公约》缔约国承认委员会有权接受和审议来文；第2款规定如果《公约》的一个缔约国尚不是本议定书的缔约国，则委员会不得接受针对该国的来文。[83]

在工作组第二次会议期间，代表们表达了倾向于第1条是一个简明条款，就像主席草案所提议的，限于委员会接受和审议申诉的权力问题，因此协议对该提议作进一步讨论。一些代表认为该条还应解决申诉资格问题，提交的来文应符合议定书的规定。虽然一些人支持保留独立的第2款，明确规定不得接受任何针对尚不是议定书缔约方的国家的来文，但大多数代表认为
621 这一款是多余的，因此予以删除。[84] 在这些讨论的基础上，主席提交工作组1997年和1998年会议的《任择议定书修订草案》第1条只规定，议定书的

[79] A/50/38（前注26）。

[80] E/CN. 6/1996/10 与 Corr. 1，Add. 1 和 Add. 2（前注36），第61段，乌克兰的意见。

[81] 同上注，第62段。

[82] E/1996/26（前注37），第21~25段。

[83] E/CN. 6/1997/WG/L. 1（前注47），第1条。

[84] E/1997/27（前注49），第6~7段。

缔约国承认委员会有权接受和审议来文，在括号中保留了“按照第2条提交”的用语。[85] 工作组1999年会议确定了该条的最终版本。

（三）第2条

来文可由声称因为一缔约国违反公约所规定的任何权利而受到伤害的该缔约国管辖下的个人或个人联名或其代表提出。如果代表个人或联名的个人提出来文，应征得该个人或联名的个人同意，除非撰文者能说明有理由在未征得这种同意时，可由其代表他们行事。

《任择议定书》第2、3、4条包含委员会接受和审议来文必须满足的条件。如果这些条件中的任何一项未得到满足，则来文将被宣布为不可接受或不会考虑其事实部分。这些条件的强制性质在委员会的议事规则中得到了强化：规则67规定委员会、工作组或报告员应当适用《任择议定书》第2、3、4条规定的条件来决定一项来文的可受理性，规则72（4）宣称委员会在审查可受理性的所有理由之前，不得对来文的事实部分作出决定。委员会通常在关于可受理性的决定第一段明确提及这些规则。[86]

---

[85] E/1997/27（前注52）；E/1998/27（前注54）。

[86] CEDAW/C/36/D/1/2003，委员会第1/2003（2004）号案件，B.-J. 诉德国，第8.1～8.2段；CEDAW/C/36/D/2/2003，委员会第2/2003（2005）号案件，A.T. 诉匈牙利，第8.1段；CEDAW/C/36/D/3/2004，委员会第3/2004（2006）号案件，Dung Thi Thuy Nguyen 诉荷兰，第9.1段；CEDAW/C/36/D/4/2004，委员会第4/2004（2006）号案件；A.S. 诉匈牙利，第10.1段；CEDAW/C/39/D/5/2005，委员会第5/2005（2007）号案件，Şahide Goekce 诉奥地利，第7.1段；CEDAW/C/39/D/6/2005，委员会第6/2005（2007）号案件，Fatma Yildirim 诉奥地利，第7.1段；CEDAW/C/39/D/7/2005，委员会第7/2005（2007）号案件，Cristina Muñoz-Vargas y Sainz de Vicuña 诉西班牙，第11.1～11.2段；CEDAW/C/34/D/8/2005，委员会第8/2005（2006）号案件，Rahime Kayhan 诉土耳其，第7.1～7.2段；CEDAW/C/38/D/10/2005，委员会第10/2005（2007）号案件，N.S.F 诉英国，第7.1～7.2段；CEDAW/C/37/D/11/2006，委员会第11/2006（2007）号案件，Salgado 诉英国，第8.1～8.2段；CEDAW/C/42/D/15/2007，委员会第15（2009）号案件，Zhen Zhen Zheng 诉荷兰，第7.1段；CEDAW/C/44/D/12/2007，委员会第12（2009）号案件，Groupe d' Intérêt pour le Matronyme 诉法国，第10.1～10.2段；CEDAW/C/46/D/18/2008，委员会第18（2010）号案件，Karen Tayag Vertido 诉菲律宾，第6.1段。

规则 64 规定可受理性决定以简单多数决作出。只要所有有资格参加的成员作出一项来文可予受理的决定，那么该决定也可以由工作组宣布。规则 66 规定委员会可以分别对来文的受理性问题和事实部分作出决定。

规则 69 规定了委员会收到来文后的程序，包括时限。该规则规定在收
622 到来文后应尽快着手处理，如果申诉人同意向所涉缔约国披露其身份，委员会、工作组或报告员应将来文秘密提交缔约国令其注意并请求其提交书面答复。请求必须声明，这并不意味着就来文的可受理性达成了任何决定。缔约国应在收到请求 6 个月内向委员会提交书面声明，就来文的事实和可受理性作出说明。缔约国也可以在委员会提出请求后的两个月内以书面方式，并列出关于可否受理的理由，要求以来文不可受理为由予以驳回。[87] 委员会有权要求提供仅与来文可受理性相关的书面解释或声明，但此时缔约国可以同时就来文的可受理性和事实部分作出回应，只要在委员会提出要求后的 6 个月之内提交即可。[88] 规则 70 授权委员会尽快将任何不可受理的决定连同理由通知来文撰文者和缔约国。委员会一旦收到来文撰文者或其代表的书面请求，提供表明不可受理的理由不再适用的信息，则可以对任何不可受理的决定再行审查。如果可否受理的决定在收到缔约国关于来文事实的书面解释或声明之前作出，则决定及所有其他相关信息将通过秘书长转交缔约国。同时应通知来文撰文者。[89] 委员会可以根据缔约国提交的任何解释撤回关于来文可以受理的决定。

第 2 条规定了谁可以提交来文，或称申诉资格（Standing）。首先，它将申诉资格归于个人，或联名的个人。其次，它要求个人或联名的个人声称是侵犯《公约》任何权利的受害人。再次，个人或个人联名必须处于提交的来文所针对的缔约国的管辖范围内。最后，它允许由受害人代表提出请愿，只要他们同意代表其提出请愿，除非撰文者能够证明可以不经同意行事。

1. 个人与个人联名

所有的国际人权来文程序都规定来文可以由个人提出。《消除一切形式

[87] 议事规则 69（5）。

[88] 议事规则 69（4）。

[89] 议事规则 71（1）。

种族歧视国际公约》将此扩展到“个人联名”，《禁止酷刑公约》《保护所有移徙工人及其家庭成员权利国际公约》《保护所有人免遭强迫失踪国际公约》则规定来文也可以由“个人的代表”提出。《任择议定书》走得更远，规定委员会有权接受和审议来自个人或个人联名或其代表的来文，《残疾人权利公约任择议定书》和《经济、社会、文化权利国际公约任择议定书》也作了这样的规定。这些文件及《任择议定书》要求获得个人或个人联名的同意，除非撰文者能够说明有理由在未征得同意时可由其代表他们行事。

人权事务委员会、禁止酷刑委员会和消除种族歧视委员会的议事规则和
实践允许据称的受害人正式指派代表。如果受害人显然无法提交来文或指派
代表，则这些条约机构也接受代表受害人提出的来文，但要求提交来文者证 623
明他们是在代表受害人行事。

在《任择议定书》谈判之前及谈判过程中，有提议建议超越其他条约机构规定的可以享有申诉资格的范围，允许委员会接受和审议来自个人、团体或在该事件中有足够利益但本身不是受害者的组织的来文。这一提议包含在马斯特里赫特草案中，[90] 理由是考虑到妇女在获得法律救济方面，特别是国际法律救济方面总体上面临的不利处境。

委员会第 7 号建议的要点7[91] 采纳了这些想法，规定来文可以由因《公约》权利遭到侵犯，或声称因缔约国不遵守《公约》义务而受到直接影响的个人、团体或组织，或是在相关事件中有足够利益的个人或组织提出。一些政府将扩大申诉资格称为“创新”，考虑到妇女遭受的结构性歧视，一些国家表示欢迎这一提议。其他国家则认为申诉资格应限定给予个人受害者或集体受害者。[92] 相反，非政府组织对扩大申诉资格表示强烈支持，它们指出，因为妇女常常面临资源限制，个人、团体或非政府组织应能够提交请愿以保护受害者、解决团体侵权。[93] 工作组第一次会议期间代

[90] 马斯特里赫特草案第 1 条（b）项。参见 Byrnes and Connors 附录（前注 10）。

[91] A/50/38，第 7 段。

[92] E/CN. 6/1996/10 和 Corr. 1（前注 36），第 64 ~ 70 段；Add. 1，第 10 段；E/CN. 6/1997/5（前注 48），第 74 ~ 97 段。

[93] E/CN. 6/1996/10（前注 36），第 71 ~ 73 段；E/CN. 6/1997/5（前注 48），第 98 段。

表们重申了这些观点。有人还将谁有权申诉的问题与可诉性问题以及是否《公约》的所有规定都适合根据《任择议定书》提出请愿的问题联系起来。[94]

主席草案第2条保持了扩展申诉资格的观点，规定来文可以由声称受《公约》保障的任何权利遭到侵犯或声称因缔约国不履行《公约》义务而受到直接影响的个人、团体或组织提出。它还规定，声称缔约国侵犯了或未能遵守任何《公约》权利的个人、团体或组织，如果在委员会看来在这些实践中有充分的利益，也可以提交来文。[95] 在工作组第二次会议期间，这一规定获得了一些支持，因为这被看作妇女克服获得国际救济程序障碍的一种途径，但对有权申诉的人的范围存在以下不同观点：仅限于个人；个人或个人联名；个人、个人联名、团体以及在事件中有充分利益的组织。支持
624 授予对事件有充分利益的组织以申诉权的观点主张，这可以解决系统或大规模侵犯妇女权利或妇女团体遭受侵犯的情况。其他人认为这些情况更适合通过调查程序来处理，因为来文程序的主要目的是处理对个人权利的侵犯。[96] 有人支持所指称的受害人的代表也有申诉资格，建议规定“代表”受害人提交来文，并考虑是否可以在没有受害人同意的情况下代表其提出来文。[97]

主席提交工作组第三次会议的修订草案概括了已经提出的关于“申诉资格”的所有观点。[98] 在那次会议上，所有代表都同意《任择议定书》应当授权个人和个人联名提交来文。一些人认为群体也应有权提交来文，其中有些人认为组织也应有申诉资格，因为它们也可能成为人权的受害人。根据现有的文件以及人权事务委员会的实践，有人主张应当表明允许代表申诉者提交来文，但也有不少人建议这应当限定在受害人指派的代表。[99]

---

[94] E/1996/26（前注37），第29～35段。

[95] E/CN. 6/1997/WG/L. 1（前注47），第2条。

[96] E/1997/27（前注49），第8～15段。

[97] 同上注，第13段。

[98] E/1997/27（前注52），第2条草案。

[99] E/1998/27（前注53），第2～6段。

主席的第二版修订草案提供了对第 2 条的简化、备选方案，设想来文可以由个人或个人联名或团体，或由组织代表他们或他们指派的代表提出。工作组第四次会议确定了议定书第 2 条的最终版本。它允许由个人或个人联名提出来文，但不允许团体本身或组织提出来文。可以代表个人或个人联名提出来文，但必须获得他们的同意，除非撰文者能够说明有理由在未征得这种同意时可由其代表他们行事。

工作组通过议定书时，许多国家表示对第 2 条感到失望。[100] 加纳（也代表其他非洲国家）认为所通过的草案远低于它们所预期的一个机制门槛，该机制本应成为为侵犯妇女权利提供法律救济的独特而影响深远的机制。这些国家的代表认为他们国家的现实以及对法律的高文盲率决定了大多数妇女不了解她们在本国管辖范围内的权利，更别说那些国际人权文件中的权利了，而第 2 条让这些妇女利用议定书变得更加困难。

其他国家声称它们将对该款作狭义解释。中国表示第 2 条应确保受害人能够向委员会提交来文，但同时应全面防止不相关的人利用受害人的特殊情况并以她们的名义实现自己的目的。中国还认为任何代表都应与受害人来自 625
同一国家。埃及强调第 2 条中代表受害人提交来文的规定是有条件的，即某些特殊和不可抗拒的情况使得不可能获得受害人同意。它还认为“个人联名”这一用语要求能够分别确定群体中的每个人，日本也提到这一点。以色列解释道，获得代表其提出申诉的个人联名的同意，应理解为获得联名中每个人的同意。

其他解释性声明则显示了一种对第 2 条的扩大解释，这种观点得到了学术评论的支持。[101] 加拿大认为该条赋予委员会根据每个案件的特定情况决定同意的权力，并且对该条的解释不应逊于其他人权条约机构的现有实践和程序。哥斯达黎加对“代表个人或个人的联名”的理解是在确定谁有资格提交来文时应当采取广泛的办法，以便确保有效获得司法救济。

---

[100] E/1999/27（前注 56）。

[101] K. Tang, “Internationalizing Women's Struggle against Discrimination: The UN Women's Convention and the Optional Protocol” (2004) 34 *British Journal of Social Work* 1173, 1181. Tang 表示这“给了非政府组织或社区倡导者代表个人向监督机构提出申诉的机会”。

关于受害人的同意，哥斯达黎加认为理解这一点时应考虑到被指遭受侵犯的妇女的个人、社会和文化状况。丹麦，同时代表芬兰、冰岛和挪威发言，表达了对该条款的失望，认为代表团不可能同意非政府组织以自己的权利向委员会提交来文，但是在提到“个人联名”时得到慰藉。它认为，这意味着非政府组织如果声称它们是受害人，则可以提交来文。意大利表示对委员会将参照其他人权条约机构的做法和《公约》来发展其做法充满信心，《公约》规定了比其他文件更广泛的社会和文化权利。它期盼委员会对该条作出广义的解释，使非政府组织和其他代表受害人行事者在受害人不可能或非常难以亲自行事或给予同意的情况下，没有受害人同意也可以提交来文。意大利还表示它理解“个人联名”的用语包括代表个人行事的非政府组织以及非政府组织以自己的身份行事的情况。德国，也代表欧洲联盟和联系国、日本和新西兰，表示“代表”应按照其他人权文件下的做法予以解释。加纳表示它的理解是委员会在制定议事规则时将考虑《公约》的独特性。印度承认，对由于各种各样的原因妇女无法自己提出申诉的案件需要广泛的“申诉资格”，然而认为那些代表据称的受害者行事的人必须能够表现出充分的利益以证明自己的行为，并且应与所涉个人有长期的联系。印度还将“同意”解释为不得违背受害人的意愿行事，并不得侵犯她的隐私权。印度尼西亚指出，受害人必须能够自己选择是否通过《任择议定书》寻求救济，同时承认在有些情况下可能无法获得受害人的同意，但这种情况下必须按照
626 现有人权条约机构的解释进行处理。菲律宾按照现有条约机构的实践来理解第2条，认为证明一位撰文者是代表他人行事时必须考虑到妇女在公共和私人生活中的政治、社会和文化限制。菲律宾表明，这些结构性限制使妇女处于不能充分行使权利、无法在危机和紧急情况下作出同意的境地。它将证明撰文者是代表受害人行事的情况广义地解释为包括由于妇女不识字或没有法律能力代表自己而面临风险的情况，以及处于被监禁或有被虐待、恐吓或报复的风险的情况。它还表示可以由非政府组织代表个人或个人联名提出申诉。

委员会的议事规则对谁可以提交来文的问题采用了广义的做法。规则68规定，来文可以由声称《公约》规定的权利受到侵犯而受害的个人或个人联名提出；或由他们指派的代表，或经据称是受害者的人同意、代表其行

事的其他人提出，因此当来文由他们指派的代表提出时，则假设已经获得了受害人的同意。[102] 在未经受害人同意代表其提交来文的情况下，撰文者必须提供证明这样行事的书面理由。

委员会没有必要解决它决定的来文中的代表权问题。许多来文是由法律顾问[103]、独立研究者或非政府组织[104]经据称是受害者的人同意代表他们提出的。有两个来文是由非政府组织经受害者中的幸存者或其监护人书面同意代表已过世的受害者提出的。他们也通过逝者是他们的顾客、他们之间有特殊的关系的事实以及他们是为家庭暴力的女性受害者服务的组织来证明他们行为的适当性。[105]

2. 违反《公约》的受害者

第 2 条规定只有当来文撰文者是声称因一缔约国违反《公约》规定的任何权利而受到伤害的人时，来文才可以受理。这是所有国际来文程序共同的前提条件，[106]《经济、社会、文化权利国际公约任择议定书》增加规定，如果来文未能显示撰文者遭受了明显不利，则经济、社会及文化权利委员会可以决定不予审议，除非委员会认为来文提出了具有普遍意义的严重问题。[107] 这一要求意味着来文必须清楚显示法律、政策或实践，缔约国的作为或不作为对请愿者或联名的请愿者产生了直接影响，否则来文将不可受理。换言之，概括性地主张缔约国的作为或不作为是歧视性的或违反《公约》
是不够的。第 7 号建议要素 7 设想的要求是来文来自因侵犯《公约》权利 627

[102] 议事规则 68。

[103] Dung Thi Thuy Nguyen 诉荷兰（前注 86）；Cristina Muñoz-Vargas y Sainz de Vicuña 诉西班牙（前注 86）；Zhen Zhen Zheng 诉荷兰（前注 86）；Karen Tayag Vertido 诉菲律宾（前注 86）。

[104] A. S. 诉匈牙利（前注 86）；Group d' Intérêt pour le Matronyme 诉法国（前注 86）；SOS Sexisme 诉法国（前注 86）。

[105] Şahide Goekce 诉奥地利（前注 86），第 3. 13 段；Fatma Yildirim 诉奥地利（前注 86），第 3. 13 段。

[106] 《公民及政治权利国际公约任择议定书》第 1 条、《消除一切形式种族歧视国际公约》第 14 条第 1 款、《禁止酷刑公约》第 22 条第 1 款、《残疾人权利公约任择议定书》第 1 条第 1 款、《经济、社会、文化权利国际公约任择议定书》第 2 条、《保护所有人免遭强迫失踪国际公约》第 31 条第 1 款。

[107] 《经济、社会、文化权利国际公约任择议定书》第 4 条。

而遭伤害或声称受到缔约国不遵守《公约》义务的直接影响的个人、团体或组织，但并不包含主张在事件中有充分利益的人。荷兰欢迎在委员会的说明中回避采用“受害者”一词。[108] 然而，大多数国家认为可受理的来文应限于请愿者声称因缔约国未能遵守《公约》而遭到伤害或受到直接影响的人。[109]

提交工作组第二次会议的主席文本的第 2 条没有明确要求请愿者声称是受害人，但要求她们主张《公约》规定的任何权利“遭到”侵犯或因缔约国未遵守《公约》义务而受到“直接影响”。“受害人”一词没有出现在提交工作组第三次会议的第 2 条任何一个替代性方法中。然而，在第三次会议上，主席向工作组提交了一份第 2 条的新草案，更加接近现在文书中的用语。[110] 提交第 4 次会议的修订草案中第 2 条的替代性提议包含了如下要求：声称是来文主体的个人或个人联名需是受害人。[111]

委员会审议的许多来文都提出了是否满足第 2 条关于请愿者需声称是所涉缔约国侵犯《公约》权利的受害人这一要求。在 B. -J 诉德国案[112]中，请愿者声称根据关于离婚后果的法律规定她遭受了基于性别的歧视。缔约国辩称撰文者没有满足受害人要求，因为她的主张相当于要求对德国关于离婚法律后果的法律进行全面和根本的审查，而不是声称她在适用法律过程中受到了直接和不利的影响。[113] 委员会以其他理由判定来文不可受理，但没有讨论受害人要求的问题。

在 Salgado 诉英国[114]案中，申诉者主张是违反《公约》行为的受害人，因为作为一名与外国人结婚的英国妇女，她不能将自己的英国国籍传递给出生于 1954 年的儿子，而与外国人结婚的英国男人却可以。缔约国辩称来文不可受理，理由是她的儿子已经成年，她不再是缔约国剥夺她将国籍传递给

[108] E/CN. 6/1996/10（前注 36），第 66 段。

[109] 同上注，第 68 ~ 70 段，Corr. 1，第 10 段；E/CN. 6/1997/5（前注 48），第 84、92、95 段。

[110] E/1998/27（前注 53），第 2 段。

[111] E/1998/27（前注 54）。

[112] B. -J. 诉德国（前注 86）。

[113] 同上注，第 4. 4 段。

[114] Salgado 诉英国（前注 86）。

儿子的权利的受害人。[115] 委员会没有直接讨论这一问题，但判定在其儿子成年那一天，所声称的对撰文者的歧视已经停止，自此以后，儿子享有对其国籍的原始权利。[116]

在两项来文中，9 名具名请愿者声称关于姓氏的立法阻止她们采用母亲 628
的姓，或是阻止她们将姓氏传递给子女，这违反了《公约》。对此，法国[117]辩称请愿者不是第 2 条规定的受害人。8 名请愿者未婚无子女，或是已婚且子女已成年，对此，法国认为她们一般不可能成为违反《公约》第 16 条第 1 款（g）项、第 2 条、第 5 条或第 16 条第 1 款的受害人。[118] 它主张对未婚撰文者不存在歧视，因为她们的姓氏并不取决于她们的性别，男孩和女孩受到该立法的平等影响。然而，她们的母亲可以成为违反《公约》行为的受害人，因为她们无法将自己的姓氏传递给子女。[119] 法国根据 Salgado 诉英国案[120]辩称，子女一旦成年，且姓氏问题受到成年子女的掌控，那么对其母亲的歧视便结束了。[121]

委员会的多数成员认为，未婚和无子女的申诉者尽管可能受到侵犯其母亲权利的间接影响，但她们没有满足符合第 2 条目的的受害人的要求，因为《公约》第 16 条第 1 款（g）项的受益人是已婚妇女、处于事实婚姻中的妇女或母亲。此外，她们在接受父亲的姓氏时并未遭受基于性别的歧视，所有子女，不论男女，都受到该立法的影响。[122] 大多数委员还认为，尽管有成年

---

[115] Salgado 诉英国（前注 86），第 4.11 段。

[116] 同上注，第 8.4 段。

[117] Groupe d' Intérêt pour le Matronyme 诉法国（前注 86）以及 SOS Sexisme 诉法国（前注 86）。

[118] Groupe d' Intérêt pour le Matronyme 是基于第 16 条第 1 款（d）项提起的申诉，而 SOS Sexisme 则主张撰文者是一般性违反《公约》的受害者。委员会在第 42 届会议上作出临时决定，邀请撰文者提供有关第 2、5 条和第 16 条第 1 款的评论。SOS Sexisme 诉法国（前注 86），第 7 段；Groupe d' Intérêt pour le Matronyme 诉法国（前注 86），第 8 段。另见对第 16 条的评注。

[119] Groupe d' Intérêt pour le Matronyme 诉法国（前注 86），第 4.3 ~ 4.4 段；SOS Sexisme 诉法国（前注 86），第 4.3、4.4、4.7 段。

[120] Salgado 诉英国（前注 86）。

[121] SOS Sexisme 诉法国（前注 86），第 4.8 段。

[122] Groupe d' Intérêt pour le Matronyme 诉法国（前注 86），第 11.9 ~ 11.13 段；SOS Sexisme 诉法国（前注 86），第 10.6 ~ 10.8 段。

子女的撰文者可能满足对歧视妇女的“受害人”的定义，但针对她们的歧视在子女成年后即告终止，那时子女成为与其姓氏有关的初始权利的持有者。[123] 少数委员持不同的观点，认为希望采用母亲姓氏的撰文者是受害人，因为她们满足了适用的检验标准，即他们直接和亲身受到指称的侵犯的影响。少数委员的结论是，根据《公约》第 2 条、第 5 条和第 16 条，这些撰文者据以获得姓氏的规则构成针对妇女的性别歧视，因为它只适用于妇女的姓氏。[124]

3. 在缔约国管辖范围内

所有的国际人权来文程序都规定，来文必须发自所涉缔约国管辖范围“内”（《消除一切形式种族歧视国际公约》第 14 条第 1 款），“受”缔约国管辖（《公民及政治权利国际公约任择议定书》、《经济、社会、文化权利国际公约任择议定书》、《禁止酷刑公约》第 22 条第 1 款、《保护所有移徙工人及其家庭成员权利国际公约》第 77 条第 1 款），或在其管辖“下”的请
629 愿者。然而，第 7 号建议中并未包含管辖要求。一些缔约国以书面评论指出，提出来文的个人或个人联名必须处于所针对的国家的管辖范围内，[125] 但这一点并未包含在主席提交工作组的草案中。在对草案进行讨论时，一些代表表示只有处于缔约国管辖范围内的受害人才有权提起来文，但强调这也应包括女性难民和女性移民。[126] 主席修订草案包含了这一观点。[127]

在解释性声明中，中国主张，不仅声称的受害人，而且代表受害人提交来文的人也应来自相同的国家，以免他们被不相关的人利用。这一解释将排除该缔约国管辖范围内的非国民或国际组织代表声称的受害人提出申诉。在委员会那里尚未出现这一问题，因为受害人及其代表都处于所涉缔约国的管辖范围内。一位评论者认为，《任择议定书》的优势是管辖权要求仅适用于

[123] SOS Sexisme 诉法国（前注 86），第 10.9 段

[124] Groupe d' Intérêt pour le Matronyme 诉法国（前注 86），第 12.5 ~ 12.7 段，12.17 段；SOS Sexisme 诉法国（前注 86），第 11.11 ~ 11.14 段以及第 11.16 ~ 11.17 段。

[125] E/CN.6/1996/10（前注 36），第68 ~ 69 段；E/CN.6/1997/5（前注 48），第 84、88 段。

[126] E/1997/27（前注 49），第 19 段。

[127] E/1997/27（前注 52）；E/1998/27（前注 54）。

受害者，并不适用于其代表或代表其行事的人。[128]

4.《公约》规定的权利

所有的国际文书都要求来文需在相关人权条约的范围之内。[129]

为强调《公约》的许多规定本身并未列举“权利”，而是确定了在特定权利方面缔约国应当采取适当措施消除对妇女基于性别的歧视这一事实，[130] 根据马斯特里赫特草案，[131] 第 7 号建议要素 7 规定撰文者可以声称因《公约》保障的权利被侵犯而受到伤害，或声称因某缔约国未能根据《公约》履行义务而受到影响。议定书的主席草案第 2 条采纳了这一模式，[132] 不过一些关于第 7 号建议的书面评论[133]建议倾向采用现有文书中的用语。

在谈判过程中，一些国家试图对议定书的范围作出限制，仅限于《公 630
约》的某些权利。在工作组第二次会议期间，许多代表表达了这样的观点：来文需要声称对《公约》权利的侵犯，并提出未履行《公约》义务就是对权利的侵犯，因此没有必要明确纳入这一用语。其他人则希望看到提及未能履行《公约》义务，将其作为来文的一个基础，这样将强调《公约》是一个涵盖广泛权利的全面框架。一些代表还指出，《公约》的范围要宽于明确界定的权利，纳入“不遵守”的概念将清楚地表明委员会有权处理直接违反以及缔约国未能采取措施执行《公约》的行为。[134]

主席提交工作组第三次会议的修订草案在第 2 条中纳入了这一要素的替代

---

[128] MGE Bijnsdorp, “The Strength of the Optional Protocol to the United Nations Women's Convention” (2000) 18/3 *Netherlands Quarterly of Human Rights* 329, 336.

[129] 《公民及政治权利国际公约任择议定书》第 1 条、《消除一切形式种族歧视国际公约》第 14 条第 1 款、《禁止酷刑公约》第 22 条第 1 款、《残疾人权利公约任择议定书》第 1 条第 1 款、《保护所有人免遭强迫失踪国际公约》第 31 条第 1 款、《经济、社会、文化权利国际公约任择议定书》第 2 条。

[130] Byrnes 与 Connors 讨论《公约》包含的义务类型（前注 10），第 717 ~ 734 页。

[131] 同上注，马斯特里赫特草案第 2 条。

[132] A/50/38（前注 26）；E/CN. 6/1997/WG/L. 1（前注 47），主席草案第 2 条。

[133] E/CN. 6/1996/10（前注 36），第 68 ~ 70 段，墨西哥、哥伦比亚和日本的意见。澳大利亚表示需要进一步澄清这一模式，同上注，第 65 段；E/CN. 6/1997/5（前注 48），第 80、84、86、95 ~ 96 段，中国、墨西哥、摩洛哥、巴拿马、委内瑞拉的意见。

[134] E/1997/27（前注 49），第16 ~ 18 段。

方案。[135] 许多代表指出：重要的是应在议定书中明确侵犯《公约》权利的，不仅包括缔约国的作为，也可能包括它的不作为。有些代表的观点是“违反《公约》”一词已经包含了这两重含义，因此这一表述已足够充分。[136] 主席第二修正草案的第2条反映了这些立场，[137] 工作组第三次会议一致同意了议定书中简洁的表述。

一些解释性声明讨论了“违反公约所规定的任何权利”的含义，强调既然《公约》要求缔约国不仅要避免从事直接侵犯它所包含的权利的行为，而且要采取积极措施确保权利能够得到有效享有，委员会就能接受涉及《公约》每一个实质条款的来文，审查缔约国是否采取了履行《公约》义务的所有必要措施。[138]

然而，第2条表明可受理的来文必须涉及《公约》规定的权利，或涉及对妇女的歧视。委员会根据议定书作出的决定既讨论了《公约》明确提及的问题，也讨论了没有明确提及但符合对妇女基于性别的歧视定义的问题。因此，委员会处理了《公约》未讨论但作为第19号一般性建议主题的家庭暴力案件。这也表明，因害怕家庭暴力而逃离其国家的妇女往往发现她们也可以成为来文的主体。[139]

631 **（四）第3条**

来文应以书面提出，不得匿名。委员会不应收受涉及非本议定书缔约方之公约缔约国的来文。

第3条规定了来文可受理性的基本标准，这也是所有联合国来文程序共

[135] E/1997/27（前注52），对第2条的提议。

[136] E/1998/27（前注53），第7段。

[137] E/1998/27（前注54）。

[138] E/1999/27（前注56），奥地利、加拿大、哥斯达黎加、丹麦、德国、加纳、意大利的解释性声明。

[139] N. S. F 诉英国（前注86）。

同的标准。具体要求是，来文需以书面提出[140]且不得匿名。[141] 第 3 条还强调了该程序的任择性，指出如果所涉《公约》缔约国不是本议定书的缔约方，则来文不可被接受。[142]《任择议定书》第 15 条第 2 款和第 3 款明确规定，批准或加入该议定书需以批准或加入《公约》为前提。

第 7 号建议要点 8 规定来文应以书面形式提出，要点 9（a）表明如果所涉缔约国没有批准或接受《任择议定书》，则来文不可受理。该要点的（b）排除了匿名来文。

有一个国家表示有一点很重要，即确保来文程序不会间接歧视或剥夺个人或团体的权利。以书面形式提交的要求，虽然对国家和委员会来说很容易，但对书写水平较低的妇女而言可能构成歧视，应考虑替代性来文途径。[143] 代表们也讨论了作为例外在委员会认为没有其他合理的提交方式的情况下通过视频提交或口头陈述的可能性，[144] 但与之相伴的操作困难和财政影响也被提了出来。[145]

主席提交工作组第二次会议的《任择议定书草案》第 3 条规定，来文应以书面提出，不得匿名，第 1 条第 2 款规定不应收受涉及非本议定书缔约方的《公约》缔约国的来文。[146] 在工作组第二次会议上，主席草案第 3 条以留待进一步审核的形式获得通过，[147] 在第三次会议期间，草案第 1 条的附加

---

[140] 《公民及政治权利国际公约任择议定书》第 2 条和《经济、社会、文化权利国际公约任择议定书》第 3 条第 2 款（g）项包含了来文需以书面提出的要求。

[141] 《公民及政治权利国际公约任择议定书》第 3 条、《消除一切形式种族歧视国际公约》第 14 条第 6 款（a）项、《保护所有移徙工人及其家庭成员权利国际公约》第 77 条第 2 款、《残疾人权利公约任择议定书》第 2 条（a）项、《经济、社会、文化权利国际公约任择议定书》第 3 条第 2 款（g）项、《保护所有人免遭强迫失踪国际公约》第 31 条第 2 款（a）项。

[142] 《公民及政治权利国际公约任择议定书》第 1 条、《残疾人权利公约任择议定书》第 1 条第 2 款、《经济、社会、文化权利国际公约任择议定书》第 1 条第 2 款。其他来文程序要求以声明形式接受委员会接受和审议来文的权利：《消除一切形式种族歧视国际公约》第 14 条第 1 款、《禁止酷刑公约》第 22 条第 1 款、《保护所有移徙工人及其家庭成员权利国际公约》第 77 条第 1 款，以及《保护所有人免遭强迫失踪国际公约》第 31 条第 1 款。

[143] E/CN. 6/1996/10（前注 36），第 75 段，澳大利亚的意见。

[144] E/1995/26（前注 37），第 39 段。

[145] E/CN. 6/1997/5（前注 48），第 99 ~ 100 段。

[146] E/CN. 6/1997/WG/L. 1（前注47）。

[147] E/1997/27（前注 49），第 21 段。

632 要素被纳入进来，并以全体投票获得通过。[148] 因此，1998 年《任择议定书》的修正草案第 3 条与最终通过的文本一致。[149]

委员会议事规则第 56 条第 3 款规定，如果来文涉及非议定书缔约方的缔约国，或不是以书面形式提出，或匿名提出，则委员会不应收受。委员会秘书处收到的具有以上瑕疵的来文将提请来文工作组注意，但不会转交所涉缔约国，也不予登记。有关这类来文的数量的信息将向工作组的每次会议提交。

（五）第 4 条

1. 委员会受理一项来文之前，必须确定所有可用的国内补救办法已经用尽，或是补救办法的应用被不合理地拖延或不大可能带来有效的补救，否则不得审议。

2. 在下列情况下，委员会应宣布一项来文不予受理：

（a）同一事项业经委员会审查或已由或正由另外一项国际调查或解决程序加以审查；

（b）来文不符合公约的规定；

（c）来文明显没有根据或证据不足；

（d）来文滥用提出来文的权利；

（e）来文所述的事实发生在本议定书对有关缔约国生效之前，除非这些事实在该日期之后仍继续存在。

第 4 条设定了一系列可受理的标准，一些标准使得来文表面上不可受理，而另一些标准则要求由委员会审查和决定。

这些标准中有些是借鉴现有的来文程序，并已纳入第 7 号建议。[150] 第 7 号建议还提出了另外两个可受理性标准，但未被《任择议定书》采纳，分

[148] E/1998/27（前注 53），第9 段。

[149] E/1998/27（前注 54）。

[150] A/50/48（前注 26），第 9（d）、（e）、（g）段。

别是：来文须披露所称的侵犯权利行为或所称的缔约国未能依据《公约》履行义务，并且撰文者应在合理期限内提供证明信息。[151] 对第 7 号建议的书面评论逐条讨论了所提出的标准，其中一个国家表示，每一项来文必须描述事实、表明请愿的对象，以及指控受到侵犯的权利。[152] 有不少代表提出其他标准。这包括：对提交来文设定 3 ~ 12 个月不等的期间；[153] 来文目的不得与《联合国宪章》的原则相抵触；[154] 应符合客观、正义、公正的原则；[155] 应包含 633
缔约国采取的（如果有的话）法律救济或赔偿信息。[156] 还有建议提出，具有公开的政治动机，或所涉国家受到侮辱或援引大众媒体的资料的来文，不得受理，每一来文须出自可靠的有根据的来源。[157] 在工作组第一次会议期间，为来文设定时限，要求其遵守客观、正义的原则，以及如果存在则应纳入缔约国已经采取的法律救济或赔偿等信息的建议获得了支持。[158]

主席草案规定，如果委员会认为一项来文是滥用提交权或与《公约》相抵触，则它应当宣布该来文不可受理。草案还规定，只有当委员会已经确定所有可用的国内救济都已用尽（除非它认为这一要求是不合理的）并且相同的事项未处于另一国际调查或解决程序的审议中（除非该程序被不合理地拖延），才可以宣布一项来文是可受理的。草案还包含了其他要求，如来文需遵守客观和公正原则、需包含缔约国采取的法律救济或赔偿信息。[159]

工作组第二次会议期间原则同意在议定书中纳入这些要素，不过许多代表倾向于将议定书置于与类似的国际程序同等的起点，因为更高的受理门槛

---

[151] 同上注，第 9（c）、（g）段。

[152] E/CN. 6/1997/5（前注 48），第 110 段，古巴的意见。

[153] 同上注，第 132 ~ 133 段、134（f）段和第 137 段。《经济、社会、文化权利国际公约任择议定书》第 3 条第 2 款（a）项规定，如果来文未在“用尽当地救济后一年内提出”则该来文不可受理，“但撰文者能够证明在此时限内无法提交来文的情况除外”。

[154] 同上注，第 134（a）段，古巴的意见。

[155] 同上注，第 134（d）段，第 135、138 段，古巴、中国和巴拿马的意见。

[156] 同上注，第 135 段，中国的意见。

[157] 同上注，第 134 段，古巴的意见。

[158] E/1996/26（前注 37），第 50 ~ 51 段。

[159] E/CN. 7/1997/WG/L. 1（前注 47），第 4 条。

将对妇女造成歧视，[160] 故不支持将公正、客观原则作为可受理性标准。[161]

主席的修订文本在第 4 条的各种替代性方案中包含的概念赢得了工作组的广泛支持，但将遵守客观、公正的标准放入方括号中。[162] 在工作组第三次会议期间，一些代表坚持认为这些是在审议来文时应当遵守的原则，并建议不将其放在可受理性标准部分，而应放在议定书的其他部分。还有一些人反对纳入这一原则。[163] 提交工作组第四次会议的议定书修订草案没有在可受理性标准中包含这些原则，而是在第 7 条的草案中增加一款并以方括号标出，
634 声称委员会在根据议定书行使职权的过程中，应按照客观、公正的原则行事。[164]《任择议定书》最终没有包含这些原则，但启用议定书的联合国大会决议第 3 段强调委员会应当继续受到非选择性、公正性和客观性原则的指导。[165] 妇女地位委员会作出的一些解释性声明讨论了第 4 条。中国表示具有政治动机的来文不可受理，这是普遍做法。它认为“滥用提出来文的权利”这一规定适用于出于政治目的提交的来文。印度在解释可受理性标准时，呼吁委员会应警惕证据不充分的以及具有政治动机的申诉，特别是具有国际特征的旨在利用该程序实现与保护妇女权利不相关的目的和动机的申诉。[166]

1. “所有可用的国内补救办法已经用尽，或是补救办法的应用被不合理地拖延或不大可能带来有效的补救”

联合国来文程序规定，对一项来文，只有确定所有可用的国内救济程序均已用尽，相关委员会才可以进行审议。[167] 这项一般规则的例外是，这类救

[160] E/1997/27（前注 49），第 22 段。

[161] 同上注，第 31 段。

[162] E/1997/27（前注 52），第 4 条。

[163] E/1997/27（前注 49），第 13 段。

[164] E/1998/27（前注 54），第 4 条。

[165] A/RES/54/4，联合国大会第 54/4 号决议（1999 年 10 月 6 日）。

[166] E/1999/27（前注 56）。

[167]《公民及政治权利国际公约任择议定书》第 2 条和第 5 条第 2 款（b）项、《消除一切形式种族歧视国际公约》第 14 条第 7 款（a）项、《禁止酷刑公约》第 22 条第 5 款（b）项、《保护所有移徙工人及其家庭成员权利国际公约》第 77 条第 3 款（b）项、《残疾人权利公约任择议定书》第 2 条（d）项、《经济、社会、文化权利国际公约任择议定书》第 3 条第 1 款、《保护所有人免遭强迫失踪国际公约》第 31 条第 2 款（d）项。

济办法的适用被不合理地拖延[168]或不大可能带来有效救济。[169]

第7号建议的要点9（f）表明，如果尚未适用完所有的国内程序，则委员会可以宣布来文不可受理，除非委员会认为这么要求是不合理的。这一要点受到非政府组织的欢迎，表明这项要求不应阻碍提起申诉，但又使缔约国能够在申诉到达国际一级之前以有效的国内救济予以处理，因此增进了国家一级的问责原则。[170] 这一要点也得到大多数国家的支持，[171] 但一些国家呼吁进一步讨论和分析用于确定用尽国内救济是否合理以及如何作出这一决定的拟议标准。[172] 有些国家建议采用更为清晰的模式，例如如果可用的国内救济没被用尽，则来文不可受理，除非令人信服地证明这些救济效率低下或被不合理地延迟。[173] 在工作组第一次会议期间，委员会提出的要点得到了支 635
持，但一些代表倾向于呼应现有文书的规定方式，特别是《禁止酷刑公约》和《保护所有移徙工人及其家庭成员权利国际公约》。它们纳入人权事务委员会的实践，即将《公民及政治权利国际公约》的规定解释为包含缺乏有效救济、救济缺乏有效性或是拒绝提供救济。还有人建议，或许有必要采用更加概括的措辞以便包含受害人不了解国内救济或不知国内救济可用等情况。还有提议建议在“国内救济”前加上“可用的”，以便与其他文书保持一致。[174]

主席草案的第4条第2款（a）项规定，委员会只有在已经确定所有可

[168] 《公民及政治权利国际公约任择议定书》第5条第2款（b）项、《消除一切形式种族歧视国际公约》第14条第7款（a）项、《经济、社会、文化权利国际公约任择议定书》第3条第1款、《保护所有人免遭强迫失踪国际公约》第31条第2款（d）项。《保护所有移徙工人及其家庭成员权利国际公约》第77条第3款（b）项规定了该项的例外：如果“委员会认为”救济的适用被不合理地拖延。

[169] 《禁止酷刑公约》第22条第5款（b）项、《保护所有移徙工人及其家庭成员权利国际公约》第77条第3款（b）项、《残疾人权利公约任择议定书》第2条（d）项。

[170] E/CN. 6/1996/10（前注36），第85～86段。

[171] E/CN. 6/1997/5（前注48），第115～123段。古巴认为救济被不合理地拖延不能成为一项例外。同前注，第121段。

[172] E/CN. 6/1996/10（前注36），第83段，墨西哥的意见；E/CN. 6/1997/5（1997）（前注48），第118、120、122段，中国、卢森堡、墨西哥、摩洛哥、委内瑞拉的意见。

[173] E/CN. 6/1996/10（前注36），第83～84段，哥伦比亚的意见。

[174] E/1996/26（前注37），第48段。

用的国内救济均已用尽后才可宣布一项来文是可受理的，除非它认为这一要求是不合理的。第二次工作组会议协议一致同意纳入这项标准，不过也有人建议增加一个条件，即应当根据普遍承认的国际法规则来确定“用尽”。[175]主席修订文本以替换性表述反映了这些意见。[176]第三次工作组会议一致同意可受理性标准应包含在独立的两款中，第一款解决用尽国内救济，第二款解决其余的标准。一些代表也认为，应当由撰文者证明适用国内救济被不合理地延迟或者不可能获得有效的救济；但另一些人则认为这一标准应按普遍承认的国际法规则来决定。[177]主席在修订草案中反映了这些意见，第四次工作组会议同意将其规定在简短的一项中。

在妇女地位委员会的讨论中有两份针对第4条第1款的解释性声明。印度表示，“不合理地延迟”应当按照缔约国正常的司法进度予以解释，并且通常可以确定迟延本身是歧视性的。哥斯达黎加明确表示，用尽规则应被理解为对国家有利，因而可以放弃。[178]

在委员会作出决定的14项来文中，除一个缔约国外，其他都提出了请愿者未能用尽国内救济的问题。在这个例外案件A. T. 诉匈牙利案中，[179]国家选择不对可受理性提出初步反对，但它表示撰文者未能有效利用可用的国内救济，不过该国也承认这项救济无法为她提供即刻保护，使她免遭施暴伴
636 侣的伤害。[180]委员会也认为，任何进一步的国内救济也不会带来有效救济或已经被不合理地延迟。[181]

委员会信赖其他人权条约机构，尤其是人权事务委员会[182]形成的广泛判例。委员会认为，根据《任择议定书》第2、3、4条及其议事规则，

[175] E/1997/27（前注49），第25段。

[176] E/1997/27（前注52），第4条第1款和替换性草案第4条（iv）项。

[177] E/1998/27（前注53），第10～11段。

[178] E/1999/27（前注56）。

[179] A. T. 诉匈牙利（前注86）。

[180] 同上注，第5.6段。

[181] 同上注，第8.4段。

[182] 对此问题的概述，参见D. J. Sullivan, *Overview of the rule requiring exhaustion of domesitc remedies under the Optional Protocol to CEDAW*, OP-CEDAW Technical papers 1(2008)。

它应当积极适用可受理性标准。[183] 因此，即便在缔约国没有提出用尽国内救济，或是明示或默示地放弃该问题时，它也会提出用尽问题。[184] 它要求撰文者提供她们为用尽国内救济所采取的步骤的细节，或这些措施是无效的或被不合理地延迟因而不可适用。然而，根据委员会议事规则 69（6），如果缔约国对所有可用的国内救济均已用尽的主张存在争议，则证明的责任将转移给缔约国，由其证明存在具体适用的和可用的救济尚未用尽。[185]

委员会在审议来文时而不是来文提交时确定用尽国内救济的问题，因为在审议时如果国内救济已经用尽，又以不可受理为由驳回来文将毫无道理，撰文者还可以就相同的被指违法的行为提出新的来文。因此，在 Yildirim 诉奥地利案中，[186] 委员会并未复核它作出的可予受理决定，因为受害人女儿提起的民事责任诉讼虽然在提交来文时仍在进行，但在委员会审议之前已经结束了。议事规则 70 也允许委员会在不可受理的理由不再适用时重审不可受理的决定。

委员会还认为撰文者有必要在国内法院面前明确提出被指违法行为的实质，使缔约国在案件提交委员会之前能够对违法行为作出补救，[187] 强调用尽要求的潜在理由是在委员会处理相关问题之前为缔约国提供一个机会，通过其法律制度为任何侵犯《公约》权利的行为提供救济。[188] 它要求撰文者恰当地遵守国内程序要求，包括起诉的形式要求和时限。因此，在 B. -J. 诉德国案中，[189] 委员会认为请愿不可受理，理由是案件的有些方面国内法院尚未作出判决，其他方面未能适当地成为上诉事由，或未能正确提交联邦宪法法院。来文者未能按照宪法申诉的形式要求提出其申诉，错过了截止日期，并

---

[183] 议事规则 67 和 72（4）。

[184] A. T. 诉匈牙利（前注 86）。

[185] A/56/38，联合国大会《消除对妇女歧视委员会第 24 届会议报告》（2001），附件一，第十六和十七部分，委员会议事规则。委员会第 39 届会议通过了对这些规则的修正，见 A/62/38，联合国大会《消除对妇女歧视委员会第 39 届会议报告》（2007），第五章，第 653 ~ 655 段及附录。

[186] Fatma Yildirim 诉奥地利（前注 86），第 11. 3 段。

[187] Salgado 诉英国（前注 86），第 8. 5 段。

[188] Şahide Goekce 诉奥地利（前注 86），第 7. 2 段。

[189] B. -J. 诉德国（前注 86）。

637 且未在下级法院提出主张。同样，委员会也不认可程序被不合理地延迟或不可能带来有效救济等理由。[190] 与之类似，在 Salgado 诉英国[191]案中，委员会认定请愿者从未申请将她的儿子注册为英国公民，或在高等法院对英国当局拒绝授予其儿子国籍提出质疑。[192] 在 Kayhan 诉土耳其案中，[193] 请愿者主张她根据《公约》第 11 条享有的工作权、平等就业机会和平等待遇受到了侵犯，但来文被判定不可受理，理由是尽管请愿者在土耳其国内的诉讼以及上诉中提出了歧视，但没有明确提出是基于性别的歧视。这样一来，委员会认为土耳其行政和司法机构没有机会从国内救济的角度来审理这一案件，或审理提交给委员会的案件的实质内容，因此国内救济并未被用尽。[194] N. S. F 诉英国案[195]运用了类似的方法。此案的请愿者是一名寻求庇护者，带着两名未成年子女。她主张如果被遣返，她的生命将受到在巴基斯坦的前夫的暴力威胁，此外她担忧两个儿子的未来和教育问题。委员会认为来文不可受理，因为无论是发生于英国的任何相关的庇护程序还是向欧洲人权法院提出申请的过程均没有明确提及对妇女基于性别的歧视问题。[196] 在 Zhen Zhen Zheng 诉荷兰案中，[197] 委员会认为请愿者关于自己是违反《公约》第 6 条行为的受害者的主张不可受理，因为在国内程序中从未提及第 6 条，所以未用尽国内救济。[198] 请愿者没有利用可用的上诉途径，委员会因此认为她没有令人信服地证明救济被不合理地延迟或不可能获得有效的救济。Delange 女士是针对法国违反《公约》的 9 位请愿者之一，她因不能像她父亲一样将自己的姓氏传递给她的未成年子女而提出申诉，但委员会以未用尽国内救济为由决定不予受理，因为她从未尝试提起任何国内程序。[199]

---

[190] 同上注，第 8.5 ~ 8.6 段。

[191] Salgado 诉英国（前注 86），第 8.5 段。

[192] 同上注，第 8.5 段。

[193] Rahime Kayhan 诉土耳其（前注 86）。

[194] 同上注，第 7.4 ~ 7.7 段。

[195] N. S. F 诉英国（前注 86）。

[196] 同上注，第 7.3 段。

[197] Zhen Zhen Zheng 诉荷兰（前注 86）。

[198] 同上注，第 7.3 段。

[199] SOS Sexisme 诉法国（前注 86），第 10.12 段。

委员会的决定表明，来文撰文者需要用尽一切实际可用的司法、行政以及特殊救济措施（这些措施需能为受害者提供救济，且在个案的特定情况下对撰文者所追求的目标是有效的）。大多数决定都涉及普通的司法救济。委员会判定 Salgado 女士在存在司法程序的情况下只是寻求了行政和立法程序，未能满足可受理性标准。[200]

在 A. S. 诉匈牙利案中，[201] 委员会面临的问题是受害人是否需要用尽对判决进行复核的额外宪法救济，这主要指由于涉及具有普遍重要性的法律问题因而需要复核的情况。委员会虽然没有讨论是否必须用尽额外宪法救济的问题，但它的结论是撰文者不需要利用判决复核，因为对她来说既没有效果 638
也不可用。[202] 委员会是否会采取其他人权条约机构所遵循的方法（即要求用尽能够带来有效、充分的救济手段的额外救济措施，并且这些救济手段是基于法律原则而不是决策者的自由裁量），对此还需拭目以待。[203]

委员会也已明确，用尽要求只适用于撰文者可得的救济手段。因此，在Şahide Goecke 诉奥地利案中，[204] 委员会得出结论，已故受害人在公诉人决定放弃对其施暴丈夫提起诉讼之后，自己无须再提起“相关起诉”。委员会认为，受害人实际上无法获得这一救济，因为该救济须遵从严格的法律规则，德语并非 Goecke 女士的母语，更为重要的是因为她长期处于家庭暴力和暴力威胁的情况中。缔约国在申诉程序的后期提出这一救济的事实也使委员会认为这项救济“非常不明确”。[205] 与之类似，在 Vertido 诉菲律宾案中，[206] 委员会认定受害人无法获得调卷令（certiorari）这一专门救济，因为这一救济只有被司法部长代表的“菲律宾人民”才可以获得，并且在任何情况下它只用来处理管辖权错误，而不是判决错误，而本来文的理由是无罪释放被指控对 Vertido 女士实施强奸的男子背

[200] Salgado 诉英国（前注 86），第 8.5 段。

[201] A. S. 诉匈牙利（前注 86）。

[202] 同上注，第 10.3 段。

[203] Sullivan（前注 182），第 6～7 页。

[204] Şahide Goekce 诉奥地利（前注 86）。

[205] 同上注，第 11.3 段。

[206] Karen Tayag Vertido 诉菲律宾（前注 86）。

后隐藏着基于性别的歧视。[207]

委员会在许多案件中运用了用尽要求的例外。在 A. T. 诉匈牙利案中，[208]委员会认定从刑事诉讼主体的殴打事件发生起已经过去三年多，这构成第 4 条第 1 款意义上的不合理延迟，特别是在这段时间里撰文者的生命处在不可弥补的伤害和威胁中。委员会注意到，在刑事诉讼进行期间，撰文者不可能获得临时保护，被告人从未被拘留过，缔约国自己也承认撰文者所追求的救济不能立刻为她提供保护。[209] 这与委员会在 B. -J. 诉德国案中采用的方法不同，当时大部分委员认为撰文者未能证明救济被不合理地延迟。但是有两位委员认为，就申诉的部分内容而言，国内救济被不合理地延迟了，因为这一事项要求确定并给予撰文者生存所必需的财政或物质资源，而这本应依当事人离婚的速度和效率来确定。[210]

有些来文提出了一项补救办法虽然可以获得但可能无法带来有效救济的问题。西班牙辩称，Muñoz-Vargas y Sainz de Vecuña 女士没有用尽国内救济，因为她的宪法上诉尚未终结，并且已经生效的新法规定在继承爵位方面
639 男女平等，该法对她的情况具有追溯力。撰文者提出了这个问题以及相反的观点，但委员会没有予以讨论，而是以属时理由（ratione temporis）认定来文不可受理。[211] 在 A. T. 诉匈牙利中，撰文者主张，根据既定的判例法，她在最高法院尚未审结的上诉中不可能获胜，因此不应该要求用尽这一救济。尽管委员会表示上诉的最终结果不可能为她生命受威胁的情况带来有效补救，但它倾向于以可得的救济被不合理地延迟为由，而不是最高法院的判例表明救济可能于事无补为由来认定来文的可受理性。[212] 在 Yildirim 诉奥地利案中，受害人遭遇的生命威胁及危险情境致使委员会认定，根据旨

[207] 同上注，第 6.2 段。

[208] A. T. 诉匈牙利（前注 86）。

[209] 同上注，第 8.4 段。

[210] B. -J. 诉德国（前注 86），附录，委员会委员 Krisztina Morvai 与 Meriem Belmihoub-Serdani 的个别意见（不同意见）。

[211] Cristina Muñoz-Vargas y Sainz de Vicuña（前注 86）。

[212] A. T. 诉匈牙利（前注 86），第 8.4 段。

在确定检察官官方行为的合法性的立法提出的申诉不可能带来有效补救。[213] 在Nguyen 诉荷兰案中，委员会面临的问题是撰文者较早获得的诉讼决定是否可以免除其对基于与前次诉讼完全相同的事实再次遭受的侵犯再次提出指控。撰文者称她已经用尽了所有当地的救济，因为她已经就涉及她在休产假期间可得福利的决定结果向最高行政法院提起了上诉。她就涉及第二次休产假期间的福利决定也提起了上诉，但是在关于第一次产假的最终上诉败诉后撤回了第二次上诉。委员会的结论是由于缺少来自缔约国和撰文者关于这个问题的信息，根据最高行政法院决定的明确措辞，关于第二次产假福利的诉讼不可能带来补救。[214] 在Group d' Intérêt Pour le Matronyme 诉法国案中，委员会虽然作出由于请愿者不属于第 2 条所称的受害人因而不可受理的决定，但它认为《法国民法典》规定的修改姓名的程序不可能为请愿团体尝试采用她们母亲的姓氏带来有效补救，并且也被不合理地拖延了。[215] 此外，基于Şahide Goekce 诉奥地利案，委员会很可能会怀疑一个抽象性的补救办法能够带来有效救济。因此，Goekce 女士的继承人无须发动宪法程序。此案中公诉机关作出了不予拘留受害人丈夫的决定，而她丈夫最终杀害了她。发动宪法程序的目的在于修改禁止她对公诉机关的决定提起上诉的法律。[216]

有人认为，除了涉及暴力的案件外，委员会处理用尽国内救济的方法有些保守，没有本着《公约》目的和宗旨的精神灵活地处理这一标准。前文已经对 B. -J. 诉德国案中用尽标准的处理方法和 A. T. 诉匈牙利案中更为灵活的方法作了比较。然而，还应当注意的是，不可受理决定并非全部一致通过，持不同意见者处理用尽标准的方法具有性别视角。在 Zhen Zhen Zheng
诉荷兰案中，三位持反对意见的委员的个别意见认为，第 4 条第 1 款与此案 640
无关，因为申诉的实质涉及缔约国在第 6 条下的义务，尤其应考虑人口贩运

---

[213] CEDAW/C/39/D/6/2005，委员会第 6/2005（2007）号来文，Fatma Yildirim 诉奥地利，第 11.4 段。

[214] Dung Thi Thuy Nguyen 诉荷兰（前注 86），第 9.3 段。

[215] CEDAW/C/44/D/12/2007，委员会第 12 号（2009）来文，Groupe d' Intérêt pour le Matronyme 诉法国，第 11.7 ~ 11.8 段。

[216] Şahide Goekce 诉奥地利（前注 86），第 11.2 段。

的性质以及受害人在报告犯罪时面临的困难。[217]

2. “同一事项”

这一规定的目的在于确保国际一级对来文的审查没有重复，它要求委员会在下列情况下宣布一项来文为不可受理：相同的事项已经被委员会审查过，或相同的事项已经或正在由另一国际调查或解决程序审查。《禁止酷刑公约》、《保护所有移徙工人及其家庭成员权利国际公约》、《残疾人权利公约任择议定书》及《经济、社会、文化权利国际公约任择议定书》均包含类似的规定。[218]《公民及政治权利国际公约任择议定书》和《保护所有人免遭强迫失踪国际公约》仅排除了案件正在同时由这类程序进行审查的情况。[219]

第7号建议要点9（f）规定，如果相同的事项正在由另一个国际程序审查，则委员会应宣布来文不可受理，除非它认为该项程序被不合理地延迟。各国对这一要素的第一部分表示欢迎，认为它将简化流程并减少重复工作。[220] 然而，关于委员会可以审议由其他国际程序审查但被不合理地延迟的来文的提议未获支持，因为这涉及委员会对其他机构工作的评价。[221] 许多评论呼吁议定书明确排除委员会审查已经由其他国际程序审议过的来文的权限。欧洲理事会提请注意欧洲理事会成员国对《公民及政治权利国际公约任择议定书》的保留，这些保留排除了人权事务委员会对已经被欧洲人权法院审查或正在同时由其审查的请愿的管辖权。[222] 人们表示支

---

[217] CEDAW/C/42/D/15/2007，委员会第15（2009）号来文，Zhen Zhen Zheng 诉荷兰，委员会委员 Mary Shanti Dairiam，Violeta Neubauer 以及 Silvia Pimentel 的个别意见（反对意见）。

[218]《禁止酷刑公约》第22条第5款（a）项、《保护所有移徙工人及其家庭成员权利国际公约》第77条第3款（a）项、《残疾人权利公约任择议定书》第2条（c）项、《经济、社会、文化权利国际公约任择议定书》第3条第2款（c）项（原文脚注误为CPED。——译者注）。

[219]《公民及政治权利国际公约任择议定书》第5条第2款（a）项和《保护所有人免遭强迫失踪国际公约》第31条第2款（c）项。另见委员会议事规则84（1）（g）；C. Phuong，“The Relationship Between the European Court of Human Rights and the Human Rights Committee：Has the ‘Same Matter’ Already Been Examined?”（2007）7/2 *Human Rights L Rev* 385。

[220] E/CN. 6/1996/10（前注36），第82～83段；E/CN. 6/1997/5（前注48），第124、126～127、129段。

[221] E/CN. 6/1997/5（前注48），第125～127段。

[222] 同上注，第126、130段。

持借鉴《禁止酷刑公约》或《保护所有移徙工人及其家庭成员权利国际公约》的用语，将委员会的权限限定在未被或非由其他条约机构正在审查的事项。[223]

议定书的主席草案在第 4 条第 2 款（b）项规定，除非委员会已经确定相同的事项不在其他国际调查或解决程序的审议之下，否则不得宣布一项来文可予受理，除非那项程序被不合理地延迟。[224] 在工作组第二次会议期间，所有人都同意应当纳入与程序重复相关的不可受理性标准，但对于 641
是否只排除同时进行的审查，还是也排除已经由另一程序或已由委员会自己审查的事项，存在不同意见。大家还一致认为，由委员会来考虑是否被另一程序不合理地延迟并不恰当。[225] 主席修订文本以代替方案形式纳入这些意见，[226] 除起首部分外，提交工作组第四次会议的修订文本就是现在议定书的文本。[227]

委员会遵从了其他条约机构，特别是人权事务委员会的判例，认为“同一事项”指的是涉及同一事实、同样的个人、同样的违反行为[228]、同样的实质性权利的来文，从而弱化了限制的影响。[229] 因此，在 Rahime Kayhan 诉土耳其案[230]中，缔约国试图主张案件不可受理，理由是一件类似的案件被欧洲人权法院判定为不予受理。[231] 委员会的结论是第 4 条第 2 款在此处不适用，因为来文涉及的是不同的个人。[232]

---

[223] E/1996/26（前注 37），第 49 段。

[224] E/CN. 6/1997/WG/L. 1（前注 47）。

[225] E/1997/27（前注 49），第 28 ~ 30 段。

[226] E/1997/27（前注 52）。

[227] E/1998/27（前注 54）。

[228] CCPR/C/18/D/75/1980，人权事务委员会第 075/1980（1983）号来文，Fanali 诉意大利，第 7. 2 段。

[229] CCPR/C/80/D/1115/2002，人权事务委员会第 1115/2002（2004）号来文，Petersen 诉德国，第 6. 3 段。

[230] Rahime Kayhan 诉土耳其（前注 86）。

[231] Leyla Sahin 诉土耳其，（2009）ECHR44774/98（2004 年 6 月 29 日）。

[232] 在 Cristina Muñoz-Vargas y Sainz de Vicuña 诉西班牙（前注 86）、N. S. F 诉英国（前注 86）以及 SOS Sexisme 诉法国（前注 86）案中，委员会没有讨论缔约国根据第 4 条第 2 款提出的不可受理的主张。

其他人权条约机构的判例还表明，妇女地位委员会的来文程序以及前人权委员会、现在的人权理事会的特别程序不属于“国际调查或解决程序”。[233]鉴于前人权委员会的1503程序不在这一定义的范围内，[234]于是推定该程序的继任者——人权理事会的申诉程序，[235]也不构成可以令在这些程序下审查或正在审查的来文不予受理的国际调查或解决程序。

3. “不符合”

联合国来文程序规定，被认为不符合相关条约规定的来文应被认定不予受理。[236]这一标准未被纳入第7号建议，但出现在了主席草案文本中。[237]人
642 们同意在工作组第二次会议期间进一步讨论这一标准，[238]主席提交工作组的修订草案文本纳入了这一标准。[239]

Kayhan女士的来文是关于她因佩戴头巾而被从公务员岗位上解雇，她指称这违反了《公约》第11条。土耳其辩称，该来文不可受理，因为除其他外，该来文违背了《公约》的精神，撰文者的主张不涉及第1条歧视妇女的定义。管制公务员服饰的规章，包括纪律及法律后果，平等适用于妇女和男人。[240]土耳其拒绝接受Kayhan女士的如下主张：如果她是一个男人或未能遵守其他公务员着装要求则不会被解雇。土耳其表示她之所以被解雇是因为尽管她因为政治和意识形态见解而受到警告、惩罚，但她仍继续佩戴头巾；如果一名男性违反了着装规定，也会受到相同的制裁。委员会没有讨论不相符性标准，但以其他理由裁定Kayhan的

[233] 参见A/49/40，《人权事务委员会的报告——第49、50、51届会议》第一卷，第402段。

[234] 同上注。

[235] A/HRC/RES/5/1，人权理事会第5/1号决议（2007年6月18日）。

[236] 《公民及政治权利国际公约任择议定书》第3条、《禁止酷刑公约》第22条第2款、《保护所有移徙工人及其家庭成员权利国际公约》第77条第2款、《残疾人权利公约任择议定书》第2条（a）项、《保护所有人免遭强迫失踪国际公约》第31条第2款（b）项、《经济、社会、文化权利国际公约任择议定书》第3条（d）项。

[237] E/CN. 6/1997/WG/L. 1（前注47），第4条第1款。

[238] E/1997/27（前注49），第25段。

[239] E/1997/27（前注52），第4条第2款（i）项；E/1998/27（前注54），第4条第2款（ii）项。

[240] Rahime Kayhan诉土耳其（前注86），第4.4、6.3段。

来文不可受理。

委员会少数成员在 Muñoz-Varas y Sainz de Vicuña 诉西班牙案中讨论了不相符性标准，此案撰文者称她是违反《公约》第 2 条（c）项和（f）项的受害者，因为一则继承贵族头衔的规定给她弟弟以优先权。[241] 少数委员认为《公约》保护妇女免遭一切形式歧视的权利，责成缔约国确保在实际上实现男女平等的原则，在所有领域确立此类平等和非歧视的规范标准，为此目的第 1 条规定了歧视妇女的全面定义。但委员会认为，由于正在讨论的头衔纯粹是象征性和荣誉性的，没有法律或物质的影响。因此，撰文者的继承主张与《公约》不相符，《公约》旨在保护妇女免遭其影响或目的在于妨碍或否认妇女在男女平等基础上认识、享有或行使所有领域的人权和基本自由的歧视。[242]

与之不同，委员会的一位委员认为，虽然获得贵族头衔的权利不是基本权利并可能鲜有物质后果，但在本案背景下，男性优先权在原则上侵犯了妇女的平等权，因为它破坏了消除对妇女歧视的进程，强调了男性的优越性，维持了现状。这位委员还强调不得基于性别歧视的权利是不可剥夺的、独立的权利，无论其物质后果如何都必须得到承认，因而在确定一项来文与《公约》规定的相符性时必须考虑《公约》的意图和精神。[243]

4. 明显没有根据或证据不足 643

《任择议定书》之前的联合国来文程序没有包含这一不予受理的标准，不过人权事务委员会的议事规则规定提交来文必须证据充足。[244] 第 7 号建议表示，如果撰文者不能在合理期限内提供充分的证明信息，则来文不予受理，[245] 但是未提及“没有根据”的请愿。

---

[241] Cristina Muñoz-Vargas y Sainz de Vicuña（前注 86）。

[242] 同上注，第 12.2 段。

[243] 同上注，第 13.5、13.7 ~ 13.9 段。

[244] 人权事务委员会议事规则 90。

[245] A/50/38（前注 26），要点 9（g）。

这些标准在工作组第 一次会议期间被提出来，[246] 但没有包含在主席草案中。一些代表在工作组第二次会议期间重申了它们的提议，以期纳入这些标准，而另一些代表则争辩说虽然区域性文件有这些标准，但任何类似的国际程序中都未包含。[247] 主席修订草案以方括号的形式将这些标准写入第 4 条的备选方案。关于明显没有根据的请愿也被规定为不予受理，理由是来文显然出于政治动机。[248] 工作组在第三次会议期间达成一致，[249] 将明显没有根据和缺乏证据的标准放入同一款项，主席提交工作组第四次会议的文本以括号内文本的形式反映了这一内容。[250]

一些代表仍然对这些标准感到不安。因此，荷兰在妇女地位委员会发表的解释性声明中表明了它的观点：从其他国际人权条约机构的做法来看，“排除明显没有根据或证据不足的申诉”这一不予受理标准只是来文必须与《公约》规定相符的一般可受理性标准的具体体现。

虽然国家试图以没有根据[251]或证据不足为由要求判定来文不可受理，[252] 但委员会并未讨论这一标准。它可能会在将来讨论这一问题，因为《任择议定书》后通过的其他来文程序包含了一项规定，即如果来文明显没有根据或证据不足，则不予受理。[253]《经济、社会、文化权利国际公约任择议定书》第 3 条第 2 款（e）项也规定，如果一项来文完全基于大众媒体的报道，则经济、社会及文化权利委员会应宣布不予受理。[254]

---

[246] E/1996/26（前注 37），第 50 段。

[247] E/1997/27（前注 49），第 26 段。

[248] E/1997/27（前注 52），备选 1，第 4 条第 2 款（iii）草案、第 2 款（iii）（备选）、第 2 款（iii 二）、第 2 款（iii 二）（备选）。

[249] E/1998/27（前注 53），第 12 段。

[250] E/1998/27（前注 54），第 4 条第 2 款（iii）草案。

[251] N. S. F 诉英国（前注 86）；Salgado 诉英国（前注 86）。

[252] B. -J. 诉德国（前注 86）；N. S. F 诉英国（前注 86）；Zhen Zhen Zheng 诉荷兰（前注 86）；SOS Sexisme 诉法国（前注 86）。

[253]《残疾人权利公约任择议定书》第 2 条（e）项、《经济、社会、文化权利国际公约任择议定书》第 3 条第 2 款（e）项。

[254] 古巴提议《任择议定书》应当规定来自大众传媒的来文不应被接受。参见 E/CN. 6/1997/5（前注 48），第 134（e）段。

5. 滥用提出来文的权利 644

除《消除一切形式种族歧视国际公约》外，每一个来文程序均明确规定如果委员会认定存在滥用提出来文的权利，则来文不可受理。[255]

第7号建议要点9（e）纳入了这一概念。一些国家建议增加相关的前提，例如来文不应包含针对所指控缔约国的冒犯性或侮辱性语言；[256] 或者，对来文程序的适用不应允许任何人提出针对某缔约国的毫无根据的指责或基于被歪曲的事实。[257] 在工作组第一次会议期间，这一要求获得广泛支持，主席文本第4条规定，委员会如果认为一项来文滥用了提交来文的权利，则应宣布不予受理。工作组第二次会议同意进一步讨论将该标准纳入议定书的问题。一些代表试图增加一句，明确提及明显的政治意图，但其他人认为，这一内容已包含在滥用提交来文权利的概念中了。[258] 在工作组第三次会议期间，一些代表提议增加“无理取闹”作为来文不可受理的标准。[259]

这些额外的不可受理标准没有被纳入议定书，不过中国在解释性声明中称，“滥用提出来文的权利”适用于出于政治目的提交的来文。[260] 委员会在已经审议的来文中没有讨论第4条第2款（d）项。

6. 事实发生在本议定书对有关缔约国生效之前，除非这些事实在该日期之后仍继续存在

第4条第2款（e）项使得所依赖的事实发生在《任择议定书》对相关缔约国生效之前的来文不可受理，除非这些事实在该日期后仍继续存在。

---

[255] 《公民及政治权利国际公约任择议定书》第3条（原文误为ICRMW OPI。——译者注）；《禁止酷刑公约》第22条第2款、《保护所有移徙工人及其家庭成员权利国际公约》第77条第2款、《残疾人权利公约任择议定书》第2条（b）项、《保护所有人免遭强迫失踪国际公约》第31条第2款（b）项、《经济、社会、文化权利国际公约任择议定书》第3条第2款（e）项（原文有误。——译者注）。

[256] E/CN. 6/1996/10（前注36），第80段；E/CN. 6/1997/5（前注48），第134（c）段，古巴的意见。

[257] E/CN. 6/1997/5（前注48），第114段、第134（c）段。

[258] E/1997/27（前注49），第26段。

[259] E/1998/27（前注53），第12段。

[260] E/1999/27（前注56）。

《任择议定书》之前通过的来文程序没有明确讨论相关事实的时限（属时理由），相关的条约机构也没有在它们的议事规则中涉及这一问题。实践中，人权事务委员会宣布这样的来文不可受理，除非有关事实自《公民及政治权利国际公约任择议定书》生效以来具有持续影响，且本身已构成对《公
645 民及政治权利国际公约》的违反。[261] 自《任择议定书》通过后制定的来文程序都开始讨论可受理性的时间维度。[262]

第7号建议要点9（d）规定来文的可受理性取决于它与缔约国批准或加入《公约》后的作为或不作为的关系，除非违反或不履行义务的行为或其影响在议定书对该缔约国生效后继续存在。一些国家指出，这一表述不够清晰，一个国家认为请愿权应以议定书对有关缔约国生效的日期为基础，这不改变任何实质性义务。[263] 其他国家强调来文所涉的必须是议定书对有关缔约国生效后发生的作为或不作为，唯其如此才符合规范不溯及既往的一般法律原则。[264] 中国建议删去在议定书生效后若事实的影响继续存在则来文可以受理的规定。[265] 在工作组第一次会议期间，有人指出类似的程序没有纳入这一标准，一些人认为《任择议定书》应适用于议定书对缔约国生效之后发生的行为；而其他人则认为相关的时间应当是《公约》对缔约国生效的时间。[266]

---

[261] 例如，CCPR/C/13/D/24/1977，人权事务委员会第24/1977（1981）号来文，Lovelace诉加拿大，第7.3段；CCPR/C/35/D/196/1985，人权事务委员会第196/1985（1989）号来文，Gueye诉法国，第5.3段；CCPR/C/88/D/1424/2005，人权事务委员会第1424/2005（2006）号来文，Armand Anton诉阿尔及利亚（被宣布不予受理），第3.6段；CCPR/C/GC/33，人权事务委员会第33号一般性意见（2008），第9段。对禁止酷刑委员会，参见CAT/C/35/D/247/2004，禁止酷刑委员会第247/2004（2005）号来文，A. A. 诉阿塞拜疆，第6.4段。

[262] 《残疾人权利公约任择议定书》第2条（f）项、《经济、社会、文化权利国际公约任择议定书》第3条（b）项、《保护所有人免遭强迫失踪国际公约》第35条第2款限制委员会对公约对所涉缔约国生效之前的强迫失踪行为采取行动的权限 。

[263] E/CN. 6/1996/10（前注36），第78段。

[264] E/CN. 6/1996/10（前注36），第78段；E/CN. 6/1997/5（前注48），第112～113段，古巴、丹麦、卢森堡、墨西哥、摩洛哥、巴拿马、西班牙的意见。

[265] E/CN. 6/1997/5（前注48），第111段。

[266] E/1996/26（前注37），第47段。

主席草案没有纳入这一标准。[267] 在工作组第二次会议期间一些代表呼吁纳入，而另一些代表则争辩道没有必要写入这一标准，因为按照定义国际条约不具有溯及力。[268] 主席修订草案写入以括号括起的段落，规定委员会应宣布一项来文若针对议定书对有关缔约国生效前发生的事实则不可受理，除非在生效后这些事实继续存在（后面这段措辞再次用括号标注）。[269] 提交工作组第三次会议的修订文本包含的标准与议定书现在的规定一致。

缔约国频繁地援引第 4 条第 2 款（e）项。委员会根据这一规定对许多早期的案件宣布不可受理，对于一个刚开始从事一项新职能的机构，
这并不奇怪。在 B. -J. 诉德国案[270]中，委员会的结论是请愿者主张的事实 646
发生在议定书于 2002 年 4 月 15 日对德国生效之前，因为离婚正式生效是在 2000 年 7 月 28 日。委员会多数成员不认为在离婚日之后事实继续有效。在 Salgado 诉英国案[271]中，委员会也是以这个理由宣布对来文不予受理。请愿者的儿子出生于 1954 年，在他于 1972 年成年之后，有关国籍的任何权利都已归于他本人，这两个事件都发生在《公约》及《任择议定书》拟定之前及对英国生效前许多年。在 SOS Sexisme 诉法国案[272]中，委员会采用了类似的方法。委员会的结论是，案件事实，包括撰文者可以提起改变其子女姓氏的诉讼期间，均发生在《任择议定书》对法国生效之前。[273] 委员会的大多数委员认为 Cristina Muñoz-Vargas y Sainz de Vicuña 诉西班牙案[274]由于时间原因不可受理，因为支撑来文的案件事实，即向请愿者的弟弟颁发皇家继承法令，发生在《公约》和《任择议定书》对西班牙生效之前，并且不认为这一事实具有持续性。委员会同时拒绝接受

[267] E/CN. 6/1997/WG/L. 1（前注 47）。
[268] E/1997/27（前注 49），第 27 段。
[269] E/1997/27（前注 52），第 4 条第 2 款备选 1（iv）；第 4 条 2 款备选 2（v）。
[270] B. -J. 诉德国（前注 86）。
[271] Salgado 诉英国（前注 86）。
[272] SOS Sexisme 诉法国（前注 86）。
[273] 同上注，第 10. 10、11. 21 段。
[274] Cristina Muñoz-Vargus y Sainz de Vicuña（前注 86）。

请愿者的如下争辩：被指控的违法行为继续存在，因为与她的主张相关的所有法院诉讼在《任择议定书》对西班牙生效时均没有完结。

委员会从时间角度判定两个来文不可受理，但该决定并非一致通过，反对意见显得更有灵活性。在 B. -J. 诉德国案[275]中，持反对意见者认为关于累计收益和供养费的诉讼仍在进行中，因为请愿者离婚五年后这些问题仍未解决。Cristina Muñoz-Vargas y Sainz de Vicuña 诉西班牙案[276]的反对意见认为申诉并非暂时被禁止，因为违反行为在颁发皇家继承令后继续存在，法院的每项判决都驳回了她的主张，这些判决在《任择议定书》对西班牙生效后作出，构成对早先缔约国违反行为的确认。[277]

委员会也曾拒绝接受缔约国基于该标准提出的不可受理的主张。虽然在 Dung Thi Thuy Nguyen 诉荷兰案[278]中，委员会的最终结论是在案件事实上不存在对《公约》的违反，但委员会认为指控违反《公约》第 11 条的来文从时间上看部分可以受理，因为撰文者的产假在《任择议定书》对荷兰生效后仍持续了四天。委员会认为需要解决的核心问题是荷兰法律何时被适用于撰文者所指称的损害。[279]

委员会还认为，具有持续影响的事实满足了时间上的可受理性标准。在 A. T. 诉匈牙利案[280]中，虽然缔约国没有提出这个问题，但委员会判定，根据属时理由委员会有资格审议这项来文。尽管它涉及的严重家庭暴力开始于《任择议定书》对匈牙利生效之前，但因案件事实包含了一系列严重事件，自 1998 年以来进一步的暴力威胁未受中断地持续存在。[281] 在 A. S. 诉匈牙利
647 案[282]中，委员会认定，虽然对撰文者的非自愿绝育发生在《任择议定书》对匈牙利生效之前三个多月，但鉴于逆转手术的低成功率以及所涉及的危险要

---

[275] B. -J. 诉德国（前注 86）。

[276] Cristina Muñoz-Vargas y Sainz de Vicuña 诉西班牙（前注 86）。

[277] 同上注，第 13.10 段。

[278] Dung Thi Thuy Nguyen 诉荷兰（前注 86）。

[279] 同上注，第 9.4 ~ 9.5 段。

[280] A. T. 诉匈牙利（前注 86）。

[281] 同上注，第 8.5 段。

[282] A. S. 诉匈牙利（前注 86）。

素，该事件的影响持续存在。[283] 在 Kayhan 诉土耳其案[284]中，委员会断定案件事实具有持续的影响，因为虽然撰文者在《任择议定书》对土耳其生效前两年即被解雇，但是她所失去的公务员地位、维持生计的手段、养老金待遇、工资和收入利息、教育补助金以及健康保险在议定书生效后仍继续存在。[285]

与委员会处理用尽国内救济的方法一样，委员会处理属时理由的方法也招致一些批评，认为它的判例法在内部缺乏一致性，与其他人权条约机构和国际程序也不一致。[286] 委员会在 B. -J. 诉德国、Salgado 诉英国和 Muñoz-Varas y Sainz de Vicuña 诉西班牙案中对待该标准的方法有些保守，相比较而言在 A. T. 诉匈牙利、A. S. 诉匈牙利和 Kayhan 诉土耳其案中的方法则较为灵活。批评认为委员会没有充分分析持续的侵犯和与之相对的已经完成的侵犯的概念，从而未能在这一问题上采用一种性别视角。尤其是，在 B. -J. 女士案中，委员会多数意见采用的方法被认为是僵化的，尤其是它简略的结论："撰文者未能提出任何有说服力的论据表明关于维持平等养恤金的事实继续存在。"[287] 也许可以这么理解：委员会还以其他理由判定来文不可受理，并且因为这是委员会审议的第一件来文。但应当指出的是，在 Kayhan 诉土耳其案[288]和 Dung Thi Thuy Nguyen 诉荷兰案[289]中，委员会对这一标准的运用更加灵活，这两个案件也同 B. -J. 女士的来文一样指称违反行为导致了不利的财政后果。因此，批评委员会对此类主张的同情心不及对人身危险和侵犯案件，似乎没有根据。

---

[283] 同上注，第 10.4 段。

[284] Rahime Kayhan 诉土耳其（前注 86）。

[285] Rahime Kayhan 诉土耳其（前注 86），第 7.4 段。

[286] A. Byrnes and E. Bath, "Violence against Women, the Obligation of Due Diligence and the Optional Protocol to the Convention on the Elimination of All Forms of Discrimination against Women-Recent Developments" (2008) 8/3 *Human Rights L Rev* 517, 531 - 532.

[287] B. -J. 诉德国（前注 86），第 8.4 段。

[288] Rahime Kayhan 诉土耳其（前注 86）。

[289] Dung Thi Thuy Nguyen 诉荷兰（前注 86）。

（六）第 5 条

> 1. 在收到来文后并在确定是非曲直之前，委员会可随时向有关缔约国转送一项要求，请该国紧急考虑采取必要的临时措施，以避免对声称被侵权的受害者造成可能无法弥补的损害。
>
> 2. 委员会根据本条第 1 款行使斟酌决定权并不意味来文的是否可予受理问题或是非曲直业已确定。

议定书的一项重要创新是明确了委员会有权向缔约国转送一项请求，请其采取此类必要的临时措施，以避免对声称被侵犯的受害者造成可能无法弥补的伤害。请求临时措施的权力也反映在消除种族歧视委员会[290]、人权事务委员会[291]、禁止酷刑委员会[292]的议事规则中，并明确规定在《残疾人权利公约任择议定书》、《保护所有人免遭强迫失踪国际公约》以及《经济、社会、
648 文化权利国际公约任择议定书》中，不过后两个文书的表述方式与《任择议定书》有所不同。[293] 与《任择议定书》有关的临时措施可以由委员会在收到来文之后、确定是非曲直之前的任何时间提出请求，并且不意味着是对案件的可受理性或是非曲直的确定。

委员会在第 7 号建议要点 10 中设计了请求临时措施的权力，规定在来文审结前委员会应当有权请求维持现状，为此目的缔约国应当采取行动避免不可弥补的伤害。第 7 号建议还表示这一请求应附上说明，确认不能由此推论委员会已经确定了来文的是非曲直。对要点 10 的书面评论注意到了它的创新之处，一些国家支持纳入这一条，其他国家则建议此类性质的权力应写入委员会的议事规则。另一些国家建议需明确它的范

---

[290] 消除种族歧视委员会议事规则 94（3）。

[291] 人权事务委员会议事规则 92。

[292] 禁止酷刑委员会议事规则 108。

[293] 《残疾人权利公约任择议定书》第 4 条和残疾人权利委员会议事规则 64、《保护所有人免遭强迫失踪国际公约》第 31 条第 4 款、《经济、社会、文化权利国际公约任择议定书》第 5 条第 1 款。

围，还有一些国家建议删除这一条。[294] 在工作组第一次会议期间这些观点都有所表露。[295]

主席提交工作组第二次会议的草案规定，委员会可以在收到来文后、确定来文的是非曲直之前的任何时候，请求所涉缔约国采取必要的临时措施以维持现状或避免不可弥补的伤害，缔约国应当遵守这一请求。许多代表支持这一规定，因为它与类似的国际程序的实践相符，可以构成对国际法的逐步编纂，提高程序的透明度。许多代表呼吁将相关措辞修改为使委员会能够“建议”这类措施，但其他人则表示这将背离类似机构的做法。不少代表认为“维持现状”的用语不够清晰，而另一些人则主张这是一个公认的概念。有人指出，其他条约机构的议事规则用的是“损害”（damage）而不是“伤害”（harm）。也有人反对这一要点，理由是采取临时措施的请求可能意味着对来文结果的预先判断，并建议增加一款表明此类请求绝不意味着对来文可否受理或来文是非曲直的确定。其他人对是否有必要明确要求缔约国根据这一请求行事提出质疑，许多人呼吁删除该规定，而不是重作规定。[296]

主席的修订草案保留了第5条，不过是用括号标注的。该条含有一个第2款草案（二），规定委员会在行使第1款规定的权力时并不意味着对来文是非曲直或可否受理性的确定。[297] 在工作组第三次会议期间，代表们一致同意规定委员会可以向缔约国转送一项关于临时措施的请求，因为这与其他人 649
权条约机构已经确立的实践相符，也与议定书草案第7条一致。代表们认为缔约国具有一般的善意义务来考虑委员会的请求，并同意缩减该条款，删除专门提及义务的规定。除国家是否需要“紧急”考虑转送来的请求这一点外，会议就纳入该条款、写入第2款表明使用临时措施并不意味着对案件可否受理和是非曲直的确定达成了一致。主席进一步修改了文本以反映这些理解。[298]

---

[294] E/CN.6/1996/10（前注36），第87～88段；E/CN.6/1997/5（前注48），第139～148段。

[295] E/1996/26（前注37），第53～57段。

[296] E/1997/27（前注49），第32～36段。

[297] E/1997/27（前注52）。

[298] E/1998/27（前注53），第15～18段；E/1998/27（前注54）。

委员会的议事规则赋权委员会和一个工作组对此类请求作出决定，[299] 但它也授权来文工作组主席在闭会期间决定这些问题。[300] 提出临时措施请求的来文包括 A. T. 诉匈牙利案。此案的撰文者紧急请求有效的临时措施“以挽救其生命，她认定她的生命受到其施暴的伴侣的威胁”。[301] 10 天后，委员会请求缔约国“提供即刻、适当和具体的预防性、临时性保护措施……以避免对她造成不可弥补的伤害”。[302] 作为回应，缔约国告知委员会它与撰文者取得了联系，为她聘请了一位处理家庭暴力案件经验丰富的律师；与称职的家庭和儿童福利服务机构建立了联系，要求召开个案会议制定出为她和她的孩子提供有效保护的进一步措施。[303] 来文工作组要求在 5 个月后提供后续信息，但遗憾的是对临时措施缔约国几乎没有提供信息，于是工作组要求立即为 A. T. 及其子女提供安全的居住地点和适当的财政帮助。[304] 匈牙利在回复中重复之前已经提供的信息，致使委员会在关于事实的意见中指出“由于缺乏有效的及其他措施，妨碍了缔约国以令人满意的方式处理委员会关于临时措施的请求”。[305]

N. S. F 诉英国案中，委员会也要求采取临时措施，委员会请求缔约国在委员会对来文的可受理性和是非曲直作出决定之前不要将撰文者及其子女驱逐出境。[306] 缔约国似乎遵守了这一请求，但来文最终被裁定为不予受理。委员会没有义务处理拒绝接受临时措施请求的情况。[307]

---

[299] 议事规则 63（1）、(2)。根据议事规则 63（3），工作组需要告知委员会委员请求的性质以及请求所针对的来文。议事规则 63（4）规定临时措施的请求需声明它不意味着对来文是非曲直的决定。

[300] A/58/38，联合国大会《消除对妇女歧视委员会第 29 届会议报告》(2003)，附件九，《来文工作组第二届会议报告》，第 8（c）段。

[301] A. T. 诉匈牙利（前注 86），第 4. 1 段。

[302] 同上注，第 4. 2 段。更正后的修订请求大约于三周后发出。

[303] 同上注，第 4. 4 ~ 4. 6 段。

[304] A. T. 诉匈牙利（前注 86），第 4. 7 段。

[305] 同上注，第 9. 5 段。

[306] N. S. F 诉英国（前注 86），第 1. 3 段。

[307] 人权事务委员会认为拒绝接受临时措施的请求构成对《公民及政治权利国际公约任择议定书》的违反。参见 CCPR/C/70/D/869/1999，人权事务委员会第 869/1999（2000）号来文，Piandiong et al. 诉菲律宾。

（七）第6条 650

1. 除非委员会认为一项来文不可受理而不必通知有关缔约国，否则委员会应在所涉个人同意向该缔约国透露其身份的情况下，以机密方式提请有关缔约国注意根据本议定书向委员会提出的任何来文。

2. 在六个月内，接到要求的缔约国应向委员会提出书面解释或声明，澄清有关事项并说明该缔约国可能已提供的任何补救办法。

五个联合国来文程序确立，在相关委员会宣布一项来文可受理之前，它必须提请所涉缔约国注意。[308] 相比之下，《任择议定书》第6条第1款规定委员会可以在不通知缔约国的情况下决定一项来文不可受理。这一方法也被《经济、社会、文化权利国际公约任择议定书》第6条第1款采纳。而《保护所有人免遭强迫失踪国际公约》第31条第3款则表明，如果委员会认为来文满足了该公约规定的可受理性标准，则将来文转送缔约国。

第6条第1款要求任何来文需“以机密方式”提请所涉缔约国注意，这也规定在《消除一切形式种族歧视国际公约》、《残疾人权利公约任择议定书》、《经济、社会、文化权利国际公约任择议定书》[309] 以及禁止酷刑委员会的议事规则中。[310] 第6条为申诉者提供了进一步的保护，要求在转送来文之前需请她们同意披露其身份。这一规定在委员会的议事规则中得以重

---

[308] 《公民及政治权利国际公约任择议定书》第4条第1款和第5条第4款、《消除一切形式种族歧视国际公约》第14条第6款（a）项、《禁止酷刑公约》第22条第3款、《保护所有移徙工人及其家庭成员权利国际公约》第77条第4款、《残疾人权利公约任择议定书》第3条。另见委员会议事规则92（3）、禁止酷刑委员会议事规则109（8）。

[309] 《消除一切形式种族歧视国际公约》第14条第6款（a）项、《残疾人权利公约任择议定书》第3条、《经济、社会、文化权利国际公约任择议定书》第6条第1款。

[310] 禁止酷刑委员会议事规则99（5）。

申，[311]《消除一切形式种族歧视国际公约》以及残疾人权利委员会的议事规则也作了规定。[312]

第7号建议要点11设想虽然将以机密方式通知缔约国关于来文的性质，但未经撰文者同意不得披露其身份。各国认为，来文应以机密的并配有必要的安全保障的方式提请缔约国注意，但国家也应知晓撰文者的身份，以便作出适当的回应。一些国家认为，在例外情况下或是有可能危及其健康或生命的情况下不应要求披露撰文者的身份。有一个国家建议，在这一阶段国家的代表应当在场。[313] 在不设期限工作组第一次会议期间，代表们提出了类似的观点，表示应向缔约国披露撰文者的身份，以便国家能够调查指控、补救局势、向委员会提供完整的信息供其确定可受理性。[314]

主席提交工作组第二次会议的文本草案在第6条第1款规定，除非委员
会认为一项来文不可受理它才可以不考虑缔约国，否则委员会应将任何提交
651 给它的来文以机密的方式提请缔约国注意，不过撰文者的身份未经本人明确
同意不得披露。[315] 在工作组会议期间，委员会的顾问提请人们注意申诉者的脆弱性以及妇女所面临的特别风险。一些代表表示支持主席的表述。其他人认为缔约国有必要知晓受害人的身份，以便它提供解释和救济。一些代表认为应当要求受害人明确同意或反对披露她的身份，以确保她的安全，保护她免遭报复；而另一些人认为，保护问题可以通过在临时措施期间暂时拒绝提供其身份得到解决。[316]

主席提交工作组第三次会议的《任择议定书草案修订本》的第6条第1款包含了三种表述方式。第一种规定，委员会应当将提交给它的任何来文以机密方式提请缔约国注意，在涉及威胁撰文者的生命或身体完整性的例外情

[311] 委员会议事规则58（5）、第68（1）、第69（1）。

[312]《消除一切形式种族歧视国际公约》第14条第6款（a）项、残疾人权利委员会议事规则70（1）。

[313] E/CN.6/1996/10，及Corr.1，Add.1，Add.2（前注36），第90～91段；E/CN.6/1997/5（前注48），第149～154段。

[314] E/1996/26（前注37），第58～60段。

[315] E/CN.6/1997/WG/L.1（前注47）。

[316] E/1997/27（前注49），第37～39段。

况下可以在全程或在审议临时措施期间拒绝透露撰文者的身份；第二种规定，应当以机密方式向缔约国通告来文并披露个人的身份，除非该个人反对披露；第三种规定，委员会应将它接到的任何来文以机密方式提请所涉缔约国注意，但是除非得到撰文者的事先同意否则不得披露其身份。[317] 代表们的意见是实践中缔约国需要知晓提交来文者的身份，但也有一些代表认为申诉者应有能力决定是否向缔约国披露其身份。有些人提请注意人权事务委员会在保密性方面的实践变化，而其他人则认为，在来文审结之前应当只有缔约国、申诉者和委员会知晓其进程和内容。[318]

提交工作组第四次会议的议定书草案修订本第 6 条第 1 款规定，除非委员会认为一项来文不可受理而未通知缔约国，并规定经个人同意向缔约国披露身份，委员会应将所有来文提请有关缔约国注意。此前没有就来文应以“机密方式”提请缔约国注意达成一致，因此，在文本中这一措辞仍然用括号标注。[319] 代表们同意在工作组第四次会议期间纳入这一要点。文本在妇女地位委员会通过后，英国同时代表瑞典声明，它的理解是在个人拒绝同意披露其身份的情况下，委员会可以不再继续审理她们的来文，当然，如果在这种情况下收到的信息与委员会的其他职能相关，也可以进行审查。[320]

第 7 号建议要点 11 也设想缔约国应当就任何救济措施在指定期间内进 652
行答复或提供信息。为强调委员会对程序的合作性质的看法，该要点还表明，在审查程序继续进行的同时，委员会愿意与相关当事方合作以促成问题的解决，如果达成解决方案，将包含在委员会的秘密报告中。

大部分书面意见支持为缔约国设定明确的反馈期限，从三个月到六个月不等。[321] 主席提交工作组第二、三次会议的草案包含了这些不同的时限提

[317] E/1997/27（前注 52）。

[318] E/1998/27（前注 53），第 19～20 段。

[319] E/1998/27（前注 54）。

[320] E/1999/27（前注 56）。

[321] E/CN. 6/1997/5（前注 48），第 155 段；E/1996/26（前注 37），第 60 段。

议。[322] 在第三次会议期间，大家一致同意了6个月的期限。[323]

主席提交工作组第二次会议的文本在第6条第3款草案中保留了委员会参与解决的观念。它规定委员会在审议来文时将自己置于当事方之间，以便在尊重《公约》权利和义务的基础上促成问题的解决。有少数国家欢迎这一调停要素。[324] 一个国家表示，在当事方同意的情况下有必要公布解决结果；另一个国家认为，委员会致力于促成解决将意味着确认发生过违反行为。非政府组织认为任何有关友好解决的方案必须基于对《公约》权利和义务的尊重，以防胁迫或恐吓申诉者接受解决方案。[325] 工作组会议期间，也出现了类似的声音。一些代表欢迎这一想法，但强调任何解决方案的条件均需与缔约国在《公约》下的义务一致、双方均能接受、申诉者无压力。一些代表强调程序的透明度很重要，认为有助于鼓励其他国家采取行动并加强委员会的判例法，建议如果撰文者与缔约国达成一致，可以公布和解报告，不过撰文者的姓名可以不透露。[326] 一些代表认为为委员会设计潜在的调停功能将妨碍它在来文程序下发挥适当作用，[327] 而其他人则认为这一规定放在人权文书中并不恰当，因为这将意味着委员会对个人来文扮演了仲裁角色。[328]

653 提交工作组第三、四次会议的修订草案都允许在委员会就来文的是非曲直作出决定之前的任何时间达成和解。两份草案都用括号标注声称在当事方达成一致的情况下，委员会应当在通过的结果中提及和解方案。[329] 在工作组第四次会议期间，草案第6条第3款被删除了。[330]

---

[322] E/CN. 6/1997/WG/L. 1（前注47），E/1997/27（前注52）。

[323] E/1998/27（前注53），第21、23段。

[324] E/CN. 6/1997/5（前注48），第156段。

[325] E/CN. 6/1996/10（前注36），第89~92段。

[326] E/1996/26（前注37），第61~62段。

[327] E/1997/27（前注49），第42段。

[328] E/1998/27（前注53），第22段。

[329] E/1997/27（前注49），第42段；E/1998/27（前注53），第22段。

[330] 《经济、社会、文化权利国际公约任择议定书》第7条规定，委员会应当向有关当事方提供斡旋，以期在尊重《公约》规定义务的基础上友好解决有关问题。

(八) 第 7 条

1. 委员会应根据个人或联名的个人或其代表提供的和有关缔约国提供的一切资料审议根据本议定书收到的来文，条件是这些资料须转送有关各方。

2. 委员会在审查根据本议定书提出的来文时，应举行非公开会议。

3. 审查来文后，委员会应将关于来文的意见和可能有的建议转送有关各方。

4. 缔约国应适当考虑委员会的意见及其可能有的建议，并在六个月内向委员会提出书面答复，包括说明根据委员会意见和建议采取的任何行动。

5. 委员会可邀请缔约国就其依据委员会的意见或可能有的建议采取的任何措施提供进一步资料，包括如委员会认为适当的话，在缔约国此后根据公约第 18 条提交的报告中提供更多的资料。

同类来文程序与《任择议定书》第 7 条第 1 款至第 3 款关于审议来文及其结果方面所包含的表述类似。[331]《任择议定书》第 7 条第 4 款和第 5 款明确规定了来文的后续跟踪程序，是首次规定这一程序的文书。《经济、社会、文化权利国际公约任择议定书》第 9 条承袭了这一模式，消除种族歧视委员会、人权事务委员会和禁止酷刑委员会也启用了后续跟踪程序，包含在它们各自的议事规则中。[332] 这些委员会通过特别报告员监督遵守情况，特

---

[331] 《公民及政治权利国际公约任择议定书》第 5 条、《禁止酷刑公约》第 22 条、《消除一切形式种族歧视国际公约》第 14 条、《保护所有移徙工人及其家庭成员权利国际公约》第 77 条、《残疾人权利公约任择议定书》第 5 条、《保护所有人免遭强迫失踪国际公约》第 31 条第 5 款、《经济、社会、文化权利国际公约任择议定书》第 8 条第 1 ~ 2 款、第 9 款。

[332] 人权事务委员会将任择议定书缺少后续跟踪的权力描述为“盟约建立的机制的主要缺陷”。A/CONF. 157/TBB/3，《根据公民及政治权利国际公约任择议定书采取的对来文意见的跟踪》，重印于 A/48/40，联合国大会《人权事务委员会的报告——第 48 届会议》（1993）第一卷，附件十，第 222 页，第 2 段。

别报告员将评估缔约国对来文意见的遵守情况。

1. 审查来文及其结果

委员会第 7 号建议要点 12 设想，委员会将根据缔约国、撰文者提供的
654 信息，或从其他相关来源收到的信息审议来文。这些信息将转给各方供其评
论，委员会将决定它的程序，在审议来文时举行不公开会议，由委员会全体
通过意见及任何建议并转送各方。该要点还设想经缔约国同意，把到缔约国
访问作为进程的一部分。

不少国家反对委员会考虑撰文者和缔约国提供的信息之外的信息，[333] 而另一些国家则支持这一想法。[334] 非政府组织热衷于扩大委员会可用的信息库，希望允许委员会接受口头或书面证据，并进行实地访问。[335] 虽然有几个国家支持经所涉国家同意或受其邀请进行实地访问，但大多数国家反对这一建议。[336] 工作组第一次会议讨论期间重申了这些意见。有些人支持在妇女没有能力或无法提供信息的情况下，委员会可以从相关来源接收信息，这可以包括来自联合国机制的资料，并应提供给双方。有少数代表也支持作为例外，如果缔约国同意，可以进行实地调查，并指出这种做法已运用于区域人权制度。一些代表建议委员会应有权进行口头审理，但大多数代表强调该程序的书面性质。[337]

主席的议定书草案第 7 条规定，委员会应根据撰文者或其代表以及所涉缔约国提供给它的所有信息审议来文，但也允许委员会考虑从其他来源获得的信息，前提是这些信息已经转交撰文者和缔约国供其评论。它规定委员会在审议来文时举行不公开会议，并将通过的意见及任何建议转交缔约国和撰文者。

工作组第二次会议同意对第 7 条第 2 款规定的委员会将举行不公开会议审议来文作进一步讨论。在委员会是否有权依赖除撰文者和缔约国提供的信

---

[333] E/CN. 6/1996/10（前注 36），第 94 段。

[334] E/CN. 6/1997/5（前注 48），第 158 ~ 163 段。

[335] E/CN. 6/1996/10（前注 36），第 95 段。

[336] E/CN. 6/1997/5（前注 48），第 164 ~ 166 段。

[337] E/1996/26（前注 37），第 66 ~ 69 段。

息之外的信息这一问题上产生了分歧。一些国家建议将此留给委员会的议事规则来处理。一些代表认为缔约国有权出席委员会的议事程序，但大多数国家强调类似的程序都是书面性质的，如果加入这一规定，也应给予请愿者同样的出席的权利。许多代表主张不应提及委员会通过意见或建议，而其他人则表示这反映了事件的顺序以及其他条约机构已经确立的实践，该款解决的是委员会在缔约国已被给予机会提交信息和评论之后委员会审 655
议的终结。[338]

在工作组第三次会议期间，第 7 条第 3 款以留待进一步讨论的形式获得通过。讨论的焦点是委员会是否只应利用书面信息，特别是考虑到发展中国家妇女在这方面面临的限制。1998 年和 1999 年提交工作组的议定书草案修订本以括号内文本的形式保留了委员会考虑从其他来源获得信息的能力，以将此信息提供给撰文者和缔约国评论为前提，授权缔约国可以提交书面或口头信息。1999 年提交工作组的议定书草案修订本还以括号标注的形式纳入要求委员会遵守客观性和公正性原则的提议。[339]

在工作组讨论期间，一些代表指出有必要验证其他信息来源，国家和请愿者参与来文程序不是其他条约机构的惯例，以及引入这一做法对资源的需求。[340] 最终采纳的文本不要求委员会审查的信息必须为书面形式，允许由撰文者或其代表以及所涉缔约国提供，需要注意的是信息必须转给当事各方。委员会议事规则 71（1）、（2）规定，委员会应当根据撰文者以及缔约国提交的所有书面意见审议来文并形成意见，条件是这些资料已经转送给另一当事方。该规则还规定，在审议过程的任何时间，委员会可以从联合国或其他辅助机构获得任何文件。应向每一当事方提供机会就这些信息或文件发表评论。其他附加材料，包括“法庭之友”的简短声明，不得由第三方提供，但可以由来文当事方提交。在 A. S. 诉匈牙利案中，撰文者提交给委员会的补充资料中，包括了生育权中心（Center for Reproductive Rights Inc）出具的

---

[338] E/1997/27（前注 49），第 43 ~ 47 段。

[339] E/1998/27（前注 54）。

[340] E/1998/27（前注 53），第 24 ~ 26 段。

“法庭之友”简短声明，委员会对此进行了审议。[341]《任择议定书》除了规定提交书面信息外，没有规定国家或撰文者对程序的参与。关于委员会应当遵守客观性和公正性原则的提议没有包含在《任择议定书》中，因为这些观点已经包含在通过《任择议定书》的决议第4段中。

根据《任择议定书》第7条第2款，委员会在审议来文后通过意见和建议。意见将确认委员会认为缔约国违反了《公约》的哪些规定，并（在适当的时候）援用它通过的一般性建议对《公约》进行解释。[342]

656 关于采取行动纠正违反行为的建议是具体的，但为缔约国留下了决定其遵守方式的空间。这些建议比其他人权条约机构的建议更加具体，包括专门针对个别受害人的建议以及更一般性的建议。例如，为家庭暴力案件的撰文者作出的具体补救建议包括，缔约国立刻采取有效措施保障受害人及其家人的身心完整，她应获得与其子女一起生活的安全居所，并得到与其遭受的身体和精神伤害、权利受到侵犯的严重程度成比例的补偿以及赔偿。[343] 在另一起案件中，委员会判定，在审判程序期间以及因成见和误解导致强奸实施者被宣告无罪侵犯了受害人根据《公约》享有的权利，要求向受害人提供与其权利受到侵犯的严重程度相匹配的适当赔偿。[344]

委员会也讨论了导致个别案例的系统性和结构性原因，向有关缔约国提出使妇女受益的建议并防止未来再次发生违反。[345] 在代表受害者后代提起的两起致命的家庭暴力请愿中，委员会并未下令提供赔偿，而是呼吁缔约国恪尽职守，通过加强对现行立法的执行和监督，预防并回应暴力侵害妇女行

---

[341] A. S. 诉匈牙利（前注86），第9.4~9.11段。

[342] Fatma Yildirim 诉奥地利（前注86），第12.1~12.2段、Şahide Goekce 诉奥地利（前注86），第12.1~12.2段；A. T. 诉匈牙利（前注86），第9.1~9.6段；A. S. 诉匈牙利（前注86），第11.2~11.4段；Open Society Justice Initiative, *From Judgment to Justice: Implementing International and Regional Human Rights Decisions*(2010), pp. 127-132，在委员会的意见中强调了建议的独特性。

[343] A. T. 诉匈牙利（前注86），第9.6段。

[344] Karen Tayag Vertido 诉菲律宾（前注86），第8.9段。

[345] A. T. 诉匈牙利（前注86），第9.6~9.7段。

为。[346] 委员会的建议还包括与审理性侵犯行为相关的具体建议，重新评估相关立法，培训法官、律师、执法官员、医务工作者以避免受到性侵的受害者再次受到伤害，并确保决策不受个人观念的影响。[347] 关于侵犯生育权的问题，委员会呼吁缔约国提供适当赔偿，采取措施确保与妇女生殖健康和生育权相关的《公约》规定和一般性建议为所有相关的医院、诊所等公共和私人健康中心所知晓、遵守。它还呼吁缔约国审查知情同意方面的国内立法，以便病人在实施绝育之前有充分的知情同意权。[348]

在委员会对来文的意见中，作为惯例，它会要求缔约国对其意见和建议给予适当考虑，并在6个月内提交一份书面答复，说明按照这些意见采取的行动。委员会还请求缔约国将其意见和建议翻译为本国语言，并广为公布传播。

2. 后续跟踪程序

《任择议定书》第7条第4款至第5款包含的来文后续跟踪程序源于委员会第7号建议的要点13、14。第7号建议提议，如果委员会全体认为来文被证明是正当的，它可以建议采取补救措施或落实《公约》义务的措施。 657
它规定缔约国应该对违法行为进行救济、执行建议、确保适当的补救（可以包括适当补偿）。这类补救措施的细节应在设定时限内提交委员会。要点14设想委员会拥有发起并继续讨论这些措施和救济的权力，包括邀请缔约国在其根据《公约》第18条提交委员会的报告中包含这些信息。

国家提出如下关切，即请愿程序可能侵犯它们的司法制度的独立性，并指出委员会的意见和建议（应当是概括性的）不应具有法律拘束力。其他人呼吁尤其应澄清缔约国解决侵犯和提供补偿的责任。一些非政府组织指出，补救措施可能包括改革或废除国内立法、支付损失、其他形式的补偿或是预防未来发生侵犯的措施，如改革行政程序。[349] 它们还支持明确写入委员

[346] Fatma Yildirim 诉奥地利（前注86），第12.3~12.4段；Şahide Goekce 诉奥地利（前注86），第12.3~12.4段。

[347] Karen Tayag Vertido 诉菲律宾（前注86），第8.9段。

[348] A. S. 诉匈牙利（前注86），第11.5段。

[349] E/CN.6/1996/10（前注36），第96~100段，以及Add.1，第13段；E/CN.6/1997/5（前注48），第167~174段。

会具有后续跟踪的作用，[350] 这也获得了一些国家的支持。有一个国家认为，后续跟踪作用并不适当，另一个国家建议后续跟踪应仅限于邀请一个缔约国在根据第 18 条提交的下一次定期报告中提供任何后续信息。[351] 在工作组第一次会议期间，这些不同的意见被再次提出。有些国家欢迎提及救济，包括赔偿。其他国家指出在其他人权条约中没有这种先例，应当由缔约国来决定补救措施的适当性，并且它们质疑委员会是否有权命令采取具体的救济措施。[352]

议定书的主席草案第 8 条规定，委员会可以请求所涉缔约国为补救任何侵犯或未实施《公约》义务的行为采取具体措施，缔约国应采取一切必要步骤予以遵守，并确保适当的补救措施，包括必要时提供充分的补偿。澄清问题及缔约国采取的补救措施的书面声明需在 3～6 个月内提交委员会。主席草案的第 9 条规定，委员会可以邀请缔约国讨论它已经采取的执行委员会意见、提议或建议的措施，也可以邀请缔约国在定期报告中纳入为回应委员会意见而采取的措施的详细信息。

在工作组 1997 年会议期间，对第 8 条有一些支持意见。一些代表认为这将是工作组的一项积极贡献，将是对因人权受到侵犯而获得赔偿权的国际法的逐步发展。然而，许多代表认为纳入这一规定将是一项重要举措，需要
658 深思熟虑。其他人则认为这一规定是多余的，因为国家有义务救济侵犯，这些要点应纳入委员会的议事规则，留给它在实践中进行处理。

草案第 8 条第 3 款获得广泛支持，它被认为建立在条约机构现有程序的基础上，鼓励在裁定存在违反后委员会和缔约国继续进行对话。然而，一些代表认为这可能为《公约》第 18 条的报告程序创造一个平行的程序。有些国家还认为，缔约国应当有机会对委员会关于已经审结的来文的意见发表评论，以便委员会的年度报告能够反映所有的潜在分歧。其他人建议应请缔约国在程序的每个阶段提供评论和信息。一些代表建议，任何后续信息（包括缔约国采取的措施）都应当包含在定期报告中，而其他代表则表明来文

[350] E/CN. 6/1996/10（前注 36），第 100 段。

[351] E/CN. 6/1997/5（前注 48），第 175～179 段。

[352] E/1996/26（前注 37），第 71～80 段。

和报告程序是不同的，因此两个后续程序也应当分开。不论如何，定期报告之间的时间滞后将削减通过报告进程来跟踪来文的意义。[353] 草案第 9 条设想的长期跟踪程序获得了广泛支持，一些代表强调缺乏此类机制被认为是现有程序的一个弱点。有人建议简化这两个条款草案，使后续进程清晰、简单和有效。[354]

主席于 1998 年提交工作组的议定书草案修订本的第 8 条和第 9 条在备选方案中保留了这些观点。人们同意将短期和长期后续程序合并为一个单一条款，缔约国应在收到委员会的意见 6 个月内提交第一次后续反馈。人们也同意委员会在后续跟踪方面具有长期作用，包括通过缔约国根据《公约》第 18 条提交的报告中包含的信息进行跟踪，这一规定以留待进一步讨论的形式获得通过。[355] 主席于 1999 年提交工作组的任择议定书草案修订本综合了这些要点。

妇女地位委员会通过议定书之际，只有印度对第 7 条发表了解释性声明，表达了它的观点，即在适用第 7 条第 4 款时，委员会应当考虑到一些国家，尤其是发展中国家在获得信息方面可能面临的困难。

委员会在执行后续跟踪职能方面表现积极。根据工作组的建议，委员会没有建立永久的后续机制，而是具体处理已经发现违反行为的各个案件，指派两名后续行动报告员，理想情况下包括案件报告员。[356]

在 A. T. 诉匈牙利案[357]中，有两名委员被任命为委员会意见的后续跟踪 659
程序报告员。缔约国提供了附加信息，委员会决定根据《任择议定书》第 7
条第 5 款的规定，并可能在《公约》第 18 条的报告程序的背景下要求提供

[353] E/1997/27（前注 49），第 48～53 段。

[354] 同上注。

[355] E/1998/27（前注 53）。

[356] A/61/38，联合国大会《消除对妇女歧视委员会第 36 届会议报告》（2006），附件十，《消除对妇女歧视委员会来文工作组第 8 届会议报告》，第 9（c）段。

[357] A/61/38，联合国大会《消除对妇女歧视委员会第 34 届会议报告》（2006），第 348 段。另见 C. Flinterman, "Strengthening Women's Human Rights Through Individual Complaints", in H. B. Schöpp-Schilling and C. Flinterman (eds.), *The Circle of Empowerment: Twenty-Five Years of the UN Committee on the Elimination of Discrimination against Women* (2007), pp. 286, 295。

任何进一步的后续跟踪信息。[358] 在 A. S. 诉匈牙利案[359]中，也有两名委员被任命为委员会意见的后续跟踪程序报告员。他们向委员会汇报从缔约国收到的进一步信息以及在纽约与常驻使团举行会议的情况。[360] 与奥地利有关的两个案件也采用了类似做法。自 2009 年以来，关于委员会的后续行动的信息包含在其年度报告中。委员会也在分析缔约国及/或申诉者提供的信息的基础上作出后续行动决定，如委员会认为后续行动令人满意，则会结案。

（九）第 8 条

1. 如果委员会收到可靠资料表明缔约国严重地或系统地侵犯公约所规定的权利，委员会应邀请该缔约国合作审查这些资料，并为此目的就有关资料提出意见。

2. 在考虑了有关缔约国可能已提出的任何意见以及委员会所获得的任何其他可靠资料后，委员会可指派一个或多个成员进行调查，并赶紧向委员会报告。如有正当理由并征得缔约国同意，此项调查可包括前往该缔约国领土进行访问。

3. 在审查这项调查的结果之后，委员会应将这些结果连同任何评论和建议一并转送有关缔约国。

4. 有关缔约国应在收到委员会转送的调查结果、评论和建议六个月内，向委员会提出意见。

5. 此项调查应以机密方式进行，在该程序的各个阶段均应争取缔约国的合作。

---

[358] A/61/38，联合国大会《消除对妇女歧视委员会第 36 届会议报告》（2006），第 627 段。

[359] A/62/38，联合国大会《消除对妇女歧视委员会第 38 届会议报告》（2007），第 397 段；From Judgment to Justice（前注 342）指出，委员会的后续跟踪程序获得反馈和执行的情况引人注目，因为它的报告员工作方法严格而系统。

[360] A/62/38，联合国大会《消除对妇女歧视委员会第 39 届会议报告》（2007），第 660 ~ 661 段。

《任择议定书》第 8 条以《禁止酷刑公约》第 20 条为模板建立了调查程序。《残疾人权利公约任择议定书》第 6 条、《保护所有人免遭强迫失踪国际公约》第 23 条以及《经济、社会、文化权利国际公约任择议定书》第 11 条规定了类似的程序。

第 8 条是基于委员会第 7 号建议要点 17 至 22 的设想。这些要点提议，如果委员会收到可靠资料表明一个缔约国存在严重或系统地侵犯《公约》权利或未能实施《公约》义务的情况，委员会应有权邀请缔约国合作审查
这些资料并就其发表意见。它还提议，委员会在审查这些意见及任何其他相 660
关资料后，应当有权任命一位或多位委员实施调查，并尽快向委员会报告。这一调查需在缔约国的合作下实施，经缔约国同意也可以包括到其领土进行访问。在审查这项调查结果后，应将其转送缔约国，缔约国应在指定期限内作出反馈。在各个阶段，调查均应在与缔约国的合作之下以机密方式进行。委员会应鼓励缔约国讨论它为实施调查结果而采取的措施，此后委员会有权公布一项报告。[361]

在书面评论中，许多国家表示不同意建立调查程序，理由包括这将贬损国家的主权。[362] 其他人认为一项调查程序的适当性以及该程序的标准还须经进一步的研究。[363] 还有国家支持在议定书中纳入一项调查程序，不过有一个国家的观点是，调查的发动应仅仅基于来文，并应遵守与申诉程序相同的要求和程序。还有意见认为引入这一程序的财政影响也应得到充分考虑。[364] 另一个国家虽然支持赋予委员会进行调查的权利，因为这么做可以让委员会有机会处理比个人申诉更广泛的问题，并就造成侵犯的结构性原因提出应对建议，然而该国认为调查程序应规定在另一个议定书中，以防其延误对申诉议定书的决定。[365] 一些国家还提出了发动调查的门槛问题，建议该程序应针对严重、系统或一贯侵犯妇女人权的情况。[366] 非政府组织表达了对调查程序的

[361] A/50/38（前注 26）。

[362] E/CN. 6/1997/5（前注 48），第 191 ~ 194 段，中国、古巴和摩洛哥的意见。

[363] E/CN. 6/1996/10 与 Corr. 1，Add. 1、Add. 2（前注 36），第 109 段。

[364] 同上注，第 106 ~ 109 段；E/CN. 6/1997/5（前注 48），第 194 ~ 202 段。

[365] E/CN. 6/1997/5（前注 48），第 197 ~ 198 段。

[366] 同上注，第 194 ~ 196 段。

坚定支持，因为这有助于审查广泛的侵犯行为，特别是那些超越国界、涉及多个政府的侵犯行为。它们还认为调查对揭露国家的违反及/或忽视等“特定”做法可以起到教育效果。[367]

在工作组第一次会议期间，代表们在《任择议定书》是否应纳入调查程序的问题上产生了分歧。有人指出，《禁止酷刑公约》的调查程序仅使用了一次，而委员会现有的职能允许它开发类似的职能，例如通过创制早期预警机制或对其结论性意见设定时限的后续程序。有些国家担心，调查程序可能与现有程序重叠或重复，例如妇女地位委员会和人权委员会的1503来文程序。其他人则认为这些政府间程序与所提议的专家性质的调查程序还是有
661 区别的。会议还讨论了触发该程序所需要的违规门槛。一些代表建议该门槛应该比较高，需构成对《公约》严重和系统的违反。[368]

主席提交工作组第二次会议的议定书草案第10条、第11条紧密遵循第7号建议要点17～22，规定，如果委员会收到可靠信息表明一个缔约国存在严重或系统违反《公约》权利或不履行《公约》义务的情况，委员会应邀请该缔约国合作审查这些信息并提交意见。委员会在考虑了缔约国的意见（如果有的话）及获得的其他可靠信息后，可以任命一位或多位委员实施调查，并尽快向其报告。在审查了调查的结果后，委员会应将结果及任何评论、建议转送缔约国。缔约国将有3～6个月的时间向委员会提交评论。任何调查都应秘密进行，在任何阶段均应寻求缔约国的合作。第11条设置了后续行动阶段，据此委员会有权邀请缔约国就为回应调查采取的措施与委员会进行讨论。它也可以邀请缔约国在报告中纳入为回应调查采取的任何措施的详细信息。

在工作组第二次会议期间，支持和反对这一规定的代表们分歧明显。支持者认为，调查程序能够让委员会关注歧视的根源，同时这一程序在无法确定比一般妇女遭受更严重侵犯的个别妇女的身份时，也是有价值的。反对者认为，该程序具有对抗性，需要相当的人力和财政资源，且仅在酷刑的情况

[367] E/CN. 6/1996/10与Corr. 1，Add. 1、Add. 2（前注36），第110段。

[368] E/1996/26（前注37），第87～97段。

下是适当的。对可以触发调查的信息来源以及如何评估信息的准确性，还需要进一步的阐释。违反的门槛问题也得到了讨论，许多代表认为违反需同时具备严重性和系统性。会议还讨论了允许议定书的缔约国退出该程序的条款。[369]

主席提交工作组第三次会议的议定书修订本在括号中保留了第 10 条和第 11 条。[370] 在第三次会议期间表达的观点表明对于是否应纳入这样一个程序仍存在严重的意见分歧。为寻求共识，主席引入一项规定，允许缔约国在签署、批准或加入时，通过声明它们不承认委员会在建立该程序的条款下的职能来选择退出这一程序。虽然一些代表表示它们更倾向于选择性加入的规定，但主席提交的新的草案条款成为进一步讨论的基础。一些代表表示，如果议定书包含排除保留的规定，那它们只能考虑为本条设置选择退出规定。[371]

主席提交工作组第四次会议的议定书修订草案第 10 条、第 11 条、第 662
11 条之二包含了调查程序，但仍以括号标注。[372] 其他问题用内部括号标明。这些问题包括：触发调查的门槛是否必须是严重或系统的侵犯、严重和系统侵犯并存；调查是否包括到缔约国领土进行访问；缔约国对委员会调查结果的反馈是否必须在 3～6 个月内提交；国家是否需要选择加入或是否能够选择退出该程序。在工作组第四次会议期间，人们就以下问题达成一致：触发调查的门槛要求需是严重或系统的侵犯；调查可以包括到缔约国领土进行访问，但需有正当理由并征得缔约国的同意；缔约国将有 6 个月时间对委员会的调查结果作出回应。

尽管有上述共识，许多国家在工作组通过议定书时还是在解释性声明中就调查程序的规定阐释了他们的理解。哥斯达黎加以及由它代表的国家强调了在《任择议定书》中纳入这一程序的重要性，并指出在美洲制度中，这样一项程序作为一种与国家合作履行其国际义务的形式具有价值。

---

[369] E/1997/27（前注 49），第 58～61 段。

[370] E/1997/27（前注 52）。

[371] E/1998/27（前注 53），第 30～34 段。

[372] E/1998/27（前注 54）。

不少国家讨论了“一项严重或系统侵犯”《公约》权利的门槛要求。中国认为，考虑到执行调查对人力和财力资源的大量需求，这一程序只应适用于妇女的权利遭受大规模严重侵犯的情况，单个事件不能构成“严重或系统”的违反。埃及认为，这类违反需反复出现。以色列认为这一用语排除了单一、孤立的事件。日本回应了这一观点，表示对个别或偶发的事件不应启动调查程序。德国和加拿大代表欧洲联盟及相关国家的声明表明“严重或系统”侵犯仅发生在缔约国不作为的情况下。加纳建议对“严重或系统”这一用语作广义的解释，不应妨碍委员会有效履行其职能。菲律宾表达了它的理解，“严重”（grave）与系统不同，且不比“严重”（serious）的标准高。有些声明还强调，与来文程序一样，调查程序适用于《公约》的所有规定和义务，这些违反包括缔约国的作为和不作为。

委员会的议事规则规定，发起调查可以基于任何来源的信息，为启动调查提交的资料必须由秘书处转给委员会，并保存在常设登记册中。[373] 委员会可以请秘书长确定信息及/或其来源的可靠性，并可寻求进一步的可靠信息。[374] 在委员会审查了信息并确定其可靠后，它必须邀请所涉缔约国在指定的时限内作出评论。然后，委员会将审查来自缔约国的意见，以及来自缔约
663 国代表、政府或非政府组织、个人及相关联合国文献的任何其他可靠信息。[375] 基于这些信息，委员会可以决定任命一名或多名委员会委员实施调查，并尽快向委员会报告。委员会决定调查的方式，[376] 如有正当理由并经缔约国同意，调查可以包括到缔约国领土访问。除根据议定书第 12 条的要求在委员会的年度报告中纳入委员会活动的信息摘要外，调查的所有阶段都是保密的，[377] 并在该进程的各个阶段都应寻求缔约国的合作。[378]

---

[373] 议事规则 77、78。

[374] 议事规则 82。

[375] 《任择议定书》第 8 条第 2 款、议事规则 82。

[376] 议事规则 87。

[377] 议事规则 80 也表明，委员会与实施调查有关的所有文件和程序应当保密，它可以与缔约国就年度报告中的摘要进行协商。

[378] 议事规则 85 表明，委员会可以请求相关缔约国任命一位代表与委员会指派的委员会面，它可以要求缔约国向委员会的委员提供他们或缔约国认为与调查相关的任何信息。

截至2010年12月31日，委员会共实施过一次调查，包括两名委员的访问。此次调查由来自国际和国内的非政府组织——即刻平等（Equality Now）、友好之家（Casa Amiga）以及墨西哥保护和促进人权委员会——的书面及其他信息触发。这些信息于2002年10月2日提交，指控绑架、强奸、谋杀墨西哥华雷斯城城内和周边的妇女。特别是指控称，自1993年以来超过230名年轻女性和女孩（大多是加工厂的工人）在华雷斯城内或附近被杀害。它要求委员会进行调查。触发此次调查的信息是显而易见的，因为就在1个多月前委员会在与墨西哥讨论其第5次定期报告时就向墨西哥提问，有报告称自20世纪90年代早期以来在华雷斯城和奇瓦瓦州数百名妇女遭到性虐待、谋杀、肢解、绑架和失踪。实际上，委员会表达了“它对事件的极度关切”，尤其关注“对许多妇女被害原因的调查显然没有结论，并且尚未为保护妇女免遭此类暴力查明罪犯并将他们绳之以法”。[379]

2003年1月28日，委员会审查了非政府组织提交的请求，指派其两名委员雷吉娜·塔瓦雷斯·达席尔瓦（Regina Tavares da Silva）女士和约兰达·费雷尔－戈梅（Yolanda Ferrer-Gomez）女士对收到的信息并结合其他来源的资料，进行详细评估。受到审查的信息包括联合国人权委员会关于法外处决、即审即决和任意处决问题特别报告员的报告，[380] 法官和律师独立性问题特别报告员的报告，[381] 以及美洲人权委员会妇女权利特别报告员的报告。[382] 委员会根据这些信息以及两位委员的评估判定信息是可靠的， 664
“含有已经证实的严重和系统侵犯《公约》权利的迹象”，这些侵犯未被处理且仍在进行，决定根据《任择议定书》第8条邀请墨西哥政府合作并提交意见。

---

[379] A/57/38，联合国大会《消除对妇女歧视委员会特别会议报告》（2002），第439段。

[380] E/CN. 4/2000/3/Add. 3，经济及社会理事会《法外执行、即审即决、任意执行问题特别报告员阿斯玛·贾汉吉尔女士的报告：访问墨西哥》（1999），第89段。

[381] E/CN. 4/2002/72/Add. 1，《法官和律师的独立性问题特别报告员帕拉姆·库马拉斯瓦米的报告：墨西哥调查》（2002）。

[382] OAS Doc OEA/Ser. L/V/Ⅱ. 117，文件44，美洲人权委员会妇女权利特别报告员《墨西哥华雷斯城妇女的权利状况：免遭暴力和歧视的权利》（2003）。

2003 年 7 月，委员会在第 29 届会议上分析了墨西哥政府提交的信息。该信息承认问题的严重性，表达了合作的意愿，并提供了已经采取的解决问题的详细措施。发动调查程序的非政府组织以及墨西哥保卫和促进人权委员会也提交了附加信息，表明谋杀仍在继续，并且看不到任何解决方案。在对信息进行重新审查之后，委员会决定根据《任择议定书》第 8 条第 2 款发起秘密调查，由塔瓦雷斯·达席尔瓦女士和费雷尔 - 戈梅女士实施。她们于 2003 年 10 月访问了墨西哥，在墨西哥城与联邦一级机构、奇瓦瓦州以及华雷斯城的负责人进行讨论。她们会见了非政府组织的成员，包括谴责犯罪活动的领导者、人权卫士，以及受害者家属。她们还访问了发现尸体的地点、边境加工厂的厂址以及华雷斯城最贫困的地区。[383]

2004 年 1 月，在委员会第 30 届会议期间，委员会讨论了调查结果，通过了委员会报告及建议，并将这些资料以机密方式转送墨西哥政府，根据《任择议定书》第 8 条第 4 款请求其在 6 个月内提供为回应建议而采取的措施的信息。2004 年 7 月 21 日，在第 31 届会议期间，缔约国向委员会提交了评论，同时委员会也收到了“即刻平等”组织的补充信息。委员会请费雷尔 - 戈梅女士和塔瓦雷斯·达席尔瓦女士审查这些信息并向委员会报告。根据《任择议定书》第 9 条第 2 款，委员会邀请缔约国于 2004 年 12 月 1 日之前，提交一份反映与委员会的调查结果相关的已经采取的步骤、执行的措施及取得的结果的详细报告。缔约国于 2004 年 12 月 13 日提交了初步信息，2005 年 1 月 17 日提交了补充资料。[384]

委员会的报告得出结论，事实“构成严重和系统地违反《公约》（尤其是第 1、2、3、5、6 条和第 15 条）以及关于暴力侵害妇女的第 19 号一般性建议和联合国《消除对妇女的暴力行为宣言》”。[385] 委员会并不认为谋杀是

---

[383] A/59/38，联合国大会《消除对妇女歧视委员会第 31 届会议报告》（2004），第 399 ~ 402 段。

[384] A/60/38，联合国大会《消除对妇女歧视委员会第 32 届会议报告》（2005），第 396 段。

[385] CEDAW/C/2005/OP. 8/MEXICO，委员会《消除对妇女歧视委员会根据公约任择议定书第 8 条制作的关于墨西哥的报告以及墨西哥政府的答复》（下称“委员会《关于墨西哥的报告》”），第 259 段。

一些偶发事件，而是涉及“对妇女权利的系统性侵犯，建立在以妇女所谓自卑为基础的暴力和歧视文化的基础之上：这一局面导致有罪不罚”。10多年来，在华雷斯城失踪和谋杀并未根除，也未受到有效的惩处或补救，这些事实向委员会暗示存在系统的侵犯模式，致使委员会得出结论：“总体来说，尽管在不同层面作出的努力和认识达到了新的层次，但华雷斯城的局势仍然高度复杂、悲惨、旷日持久，充满了无法接受的不确定性、猜疑 665
和恐怖。”[386]

委员会针对调查和惩罚犯罪制定了16项建议。有4项一般性的建议，塔瓦雷斯·达席尔瓦女士和费雷尔－戈梅女士在一篇关于调查的文章中将其归类为“最重要的维度，构成刑事、社会、文化或任何其他应对措施的基本框架”。[387] 这些建议解决了以下问题：墨西哥遵守《公约》义务的必要性；各级当局在预防侵犯妇女和保护妇女人权方面的全面责任；在不同的社会政策，尤其是与基于性别的暴力相关的政策中纳入性别视角的必要性；需要与非政府组织和民间社会建立有效的对话和紧密的关系。有8项建议讨论的是调查犯罪本身，包括惩罚肇事者、支持受害人家属。有些建议是关于采取措施保障对受害人的母亲和家属的尊重和同情对待，确保为遭到威胁和骚扰的家属及人权卫士提供保护。有1项建议提出，考虑到犯罪的边境因素，可以考虑与美国签署协议的可能性，以便在预防和解决犯罪方面进行系统合作。有4项建议涉及预防暴力、确保安全、促进和保护妇女的人权。它们呼吁采取措施加大保障安全、恢复社会结构的政策和方案，包括通过为所有的暴力受害人及其家人在他们寻求正义时提供法律支持，以及在需要时提供医疗、心理治疗和经济援助。委员会还建议提供必要的资源（包括人力和财政资源）以对抗华雷斯城的暴力，并建立特别委员会。

墨西哥的回应强调了它对《公约》的承诺，承认谋杀是对妇女人权的严重侵犯，并表示将尽一切努力解决这些问题，根除问题产生的原因。它

---

[386] 同上注，第45段。

[387] R. Tavares da Silva and Y. Ferrer-Gomez, “The Juarez muders and the Inquiry Procedure”, in H. B. Schöpp-Schilling and C. Flinterman (eds.)（前注357），第298、304页。

列举了为在总体上解决问题所采取的不同步骤，以及与委员会的每一项建议相关的措施。同时，墨西哥表明谋杀构成对妇女人权的违反，其根源在于根深蒂固的歧视文化模式，而当局缺乏人力和财力资源又使问题进一步加剧。[388] 毫无疑问，过去一直寻求一种蓄意的歧视政策使当局需要对犯罪负责。[389] 墨西哥政府还表示，虽然它对委员会的建议进行了研究，“它想指出的是，为便利其执行任务，希望专家们能作更严格的分析，对他们的建议所依据的理由提供更多信息”。[390] 2005 年 1 月 27 日第 32 届会议期间，委
666 员会在联合国纽约总部举行的新闻发布会上发布了调查报告，包括墨西哥政府提交的评论。[391]

或许因为这是委员会进行的唯一调查，它没有机会对第 8 条进行全面分析，包括用于触发调查的信息的可靠性标准，以及满足严重或系统侵犯的定义所需的门槛。塔瓦雷斯·达席尔瓦女士和费雷尔－戈梅女士在关于调查的文章[392]中表示，产生一项调查所要求的信息的可靠性由委员会根据其一致性、证据的确凿性、信息来源的信誉、来自其他来源（如国内或国际、官方或非官方）的信息来确定。[393] 她们表明，信息必须尽可能完整且具有说明力，包括明确说明所指控的违反行为、其严重性或系统性、其影响及后果、指称被违反的《公约》的具体条款。还应当提供被指控的肇事者、申诉者的信息，在缔约国管辖范围内为应对局势已经实施的调查，警察和其他当局的介入，民间社会组织、妇女非政府组织、人权非政府组织的支持，已经采取或未采取的措施等信息。她们认为，这些信息可以由一个人或一个组织提供，可以但不必是相关缔约国的国民；可以通过书面、影像带、其他电子途径，或口头形式提供，可以根据每个具体情况提供不同类型的证据。至于所要求的门槛，塔瓦雷斯·达席尔瓦女士和费雷尔－戈梅女士的判断是，侵犯

---

[388] 委员会《关于墨西哥的报告》（前注 385），第 93 页。

[389] 同上注，第 93 页。

[390] 同上注，第 92 页。

[391] 委员会《关于墨西哥的报告》（前注 385）。A/59/38，联合国大会《消除对妇女歧视委员会第 31 届会议报告》（2004），第 393～408 段，概括了调查程序。

[392] Tavares da Silva and Ferrer-Gomez（前注 387），第 299～300 段。

[393] 同上注。

可以是严重的或者系统性的，二者不必同时具备。在她们看来，严重违反意味着已经或正在发生针对《公约》基本权利的严重侵犯；系统性违反指的是，侵犯不是一个孤立的案件，而是在特定的情况下普遍发生、反复发生，不论是蓄意的、有目的的，还是作为习俗或传统的结果，甚或歧视性立法或政策的结果。

（十）第9条

1. 委员会可邀请有关缔约国在其根据公约第18条提交的报告中包括为响应根据本议定书第8条进行的调查所采取任何措施的细节。

2. 委员会于必要时可在第8条第4款所述六个月期间结束后邀请有关缔约国向它通告为响应此项调查而采取的措施。

第9条建立了在调查之后执行委员会建议的后续程序。该规定被《残疾人权利公约任择议定书》第12条和《经济、社会、文化权利国际公约任择议定书》第12条所复制。这一程序也体现在委员会的议事规则第89条和第90条中。据此，委员会有权邀请缔约国在其根据《公约》第18条提交的报告中包含为响应调查程序而采取的任何措施的细节。此外，委员会可以在缔约国应当向委员会提交评论的6个月期限之后，邀请缔约国向它通告为 667
响应调查程序而采取的措施。

委员会在第7号建议要点21中表示，它将鼓励缔约国讨论调查后续采取的措施，这项讨论可以一直进行到达到满意的结果为止。委员会可以请求缔约国在根据第18条提交的报告中通告它对调查程序的响应。[394] 这一要点得到一些国家和非政府组织的赞同。[395] 有一个国家认为这一要点不适当，因

[394] A/50/38（前注26）。

[395] E/CN. 6/1996/10，及 Corr. 1，Add. 1 和 Add. 2（前注36），第113段；E/CN. 6/1997/5（前注48），第210~211段。

为如果委员会对一个国家的响应不满意，那么该程序将永远无法结束。[396] 一些代表认为“满意的结果”这一用语表意不清，并想知道，如果缔约国不按要求提交信息，委员会将采取怎样的态度。[397]

主席提交工作组第二次会议的文本第 11 条允许对调查采取后续行动，[398] 两份修订草案包含了类似的规定。[399] 协商的焦点是整个调查程序，而非特别指向第 9 条，并且看上去并没有对第 9 条作实质性的修改。妇女地位委员会通过《任择议定书》时，许多解释性声明的关切均针对这一条。加纳表示第 9 条不应排除委员会和所涉国家之间围绕调查程序的对话。丹麦及其在发言中代表的国家，采用了同样的方法，它们的观点是第 9 条第 2 款中的“通告”一词应理解为缔约国和委员会根据调查程序进行的互动进程的一部分。[400]

2005 年 1 月在委员会第 32 届会议上，它援引第 9 条第 2 款请求墨西哥政府在 2005 年 5 月 1 日之前提供附加信息，说明它针对委员会对华雷斯城调查的建议采取的后续行动。委员会还请提供信息发动调查的非政府组织和国家人权机构提供它们关于华雷斯城形势的意见，并请它们对缔约国为响应委员会建议而采取的行动进行评估。[401]

委员会在第 33 届会议上审查了政府以及非政府组织提供的信息。委员会还请求墨西哥在其第 6 次定期报告中说明它为响应调查而采取的进一步措
668 施。[402] 报告包含了已经采取的行动的新信息，分析了取得的进展及仍然存在的挑战，委员会在 2006 年 8 月的会议上审议了这些信息。当时参与调查的两名政府官员也是陈述报告的代表团成员。在结论性意见中，委员会重申了它在调查报告中的建议，鉴于犯罪仍在继续，委员会敦促墨西哥建立具体的

---

[396] E/CN. 6/1997/5（前注 48），第 209 段。

[397] E/1996/26（前注 37），第 96 段。

[398] E/CN. 6/1997/WG/L. 1（前注 47）。

[399] E/1997/27（前注 52）；E/1998/27（前注 54）。

[400] E/1999/27（前注 56）。

[401] A/60/38，联合国大会《消除对妇女歧视委员会第 32 届会议报告》（2005），第 396 段。

[402] A/60/38，联合国大会《消除对妇女歧视委员会第 33 届会议报告》（2005），第 412 ~ 413 段。

监督机制。[403] 也许由于委员会只完成了一次调查，委员会至今尚未制定评估缔约国后续行动质量的方法。

（十一）第10条

1. 每一缔约国可在签署或批准或加入本议定书时声明不承认第8和9条给予委员会的管辖权。

2. 根据本条第1款作出声明的任一缔约国可随时通知秘书长，撤销这项声明。

《任择议定书》第10条赋权缔约国声明它们不承认第8条、第9条规定的委员会的职权。虽然在谈判阶段就有人担心退出机制可能使这一程序无效，但截至2010年12月31日，《任择议定书》100个缔约国中只有3个国家选择作出该声明。[404] 这类声明可以在任何时候予以撤回。《禁止酷刑公约》第28条与该条相当，允许缔约国在签署、批准或加入《禁止酷刑公约》时，声明它不承认委员会的调查职权。《残疾人权利公约任择议定书》第8条也与之类似。《经济、社会、文化权利国际公约任择议定书》第11条要求缔约国在受到调查程序约束之前声明它们承认委员会的这一职能。

委员会在第7号建议中并未设想第10条，主席于1997年和1999年提交工作组的议定书草案中也没有包含这一条。在工作组1998年的会议期间，为回应对调查程序的意见分歧，主席引入了第11条之二，允许缔约国在签署、批准或加入时选择退出该程序。一些代表表示它们更乐于接受选择性加入条款，其他代表则表示为确保议定书的完整性，退出和加入条款都不应列

[403] A/61/38，联合国大会《消除对妇女歧视委员会第36届会议报告》（2006），第595～596段；CEDAW/C/MEX/CO/6（2006），对墨西哥的结论性意见，第16段。

[404] 孟加拉国、伯利兹和哥伦比亚在批准或加入《任择议定书》时作出了退出声明，而古巴则在签署议定书时作了该声明。

人。[405] 这一规定最终获得通过。印度在解释性声明中明确指出它是本着妥协的精神接受第10条的。印度表达了它的意见，即申诉和调查机制应分别规定在两个议定书中，或者后一个程序可以放在一个附加议定书中。但不管是哪种情况，它倾向于选择性加入条款，认为这才更好地抓住了调查机制的“附加”属性。[406]

669 **（十二）第11条**

> 缔约国应采取一切适当步骤确保在其管辖下的个人不会因为根据本议定书同委员会通信而受到虐待或恐吓。

在第7号建议的要点23中，委员会提议缔约国在批准或加入该《任择议定书》时，有义务协助委员会调查、预防任何阻碍或使任何向委员会提供信息或协助调查的人受害。[407] 新西兰称赞这一创新性的提议。许多非政府组织声明委员会应扩大合作义务，这已出现在其他人权文书中，后者均纳入了保护免遭来自缔约国和私人加害的义务。它们特别指向暴力侵害妇女的情况，只有国家才能防止她们受害。[408] 巴拿马指出一国一经批准《任择议定书》，就承担了与委员会合作的义务，[409] 在1996年工作组第一次会议期间它重申了这一观点。[410]

主席提交工作组第二次会议的议定书草案第12条规定：缔约国应承诺不以任何方式妨碍有效行使提交来文的权利；采取一切必要措施防止任何个人、团体或组织干扰或迫害任何行使来文权利的个人；在调查程序中向委员会提供信息或给予协助；协助委员会的进程。[411] 1997年在委员会会议

[405] E/1998/27（前注53），第33～34段。

[406] E/1999/27（前注56），第25段。

[407] A/50/38（前注26）。该条款反映了马斯特里赫特草案第2条第1款和第13条。

[408] E/CN.6/1996/10，及Corr.1，Add.1和Add.2（前注36），第115～116段。

[409] E/CN.6/1997/5（前注48），第214段。

[410] E/1996/26（前注37），第98段。

[411] E/CN.6/1997/WG/L.1（前注47）。

讨论期间，一些代表认为没有必要作这一规定，因为批准或加入议定书就意味着缔约国有义务确保在它管辖下的所有人都可以获得这些程序。然而，大多数代表支持写入这一抓住议定书精神的条款，但建议应采用正面的表述方式以促进委员会和缔约国之间的关系。[412] 委员会在提交工作组1998年会议的修订草案中提出了多种替代性方案。[413] 一些代表因为注意到现有的文书均未包含这一条款，再次提出第12条草案没有必要，因为批准或加入即包含了确保议定书的程序可以获得，以及与委员会合作的义务。然而，许多代表支持这一规定，但认为应采取正面措辞。还有代表建议，议定书应明确规定缔约国将采取适当措施保护利用议定书的人免遭干 670
扰和报复。[414]

主席提交工作组1999年会议的修订文本第12条草案提议，议定书缔约国将承担义务尊重议定书规定的向委员会提交来文或信息的权利和程序，与委员会合作，采取一切适当措施保护所有使用程序的人不受干扰或报复。[415] 条款草案的前两个要素没有达成共识，但最终通过的规定为缔约国确立了一项新义务，并被《经济、社会、文化权利国际公约任择议定书》第13条所复制，即确保在其管辖下的个人不会因为使用本议定书而受到虐待或恐吓。[416]

1999年妇女地位委员会通过议定书时不少国家提交了针对该条的解释性声明。中国认为，缔约国应在本国的法律框架内执行该规定，它不应妨碍缔约国对那些在与委员会通信的过程中实施犯罪或有其他违法行为的人采取法律措施。埃及强调，本条施加在缔约国身上的义务应以国内立法为限。以色列声明，该条应严格在所涉国家内实行。日本表示，任何接受议定书但声明退出第10条的国家不承担该程序下与个人和委员会通信相关的义务。印度尼西亚指出，第11条符合其促进和保护妇女人权的积极政策，以及它对

[412] E/1997/27（前注49），第62段。

[413] E/1997/27（前注52）。

[414] E/1998/27（前注53），第35～38段。

[415] E/1998/27（前注54）。

[416] A/RES/53/144，联合国大会第53/144号决议（1998年12月9日），附件，第9（4）条。

保护站出来的受害人的承诺，并列举了它在该领域采取的立法和方案的具体例证。[417]

（十三）第12条

委员会应在其根据公约第21条提出的年度报告中包括它根据本议定书进行的活动的纪要。

主席提交1997年妇女地位委员会工作组的议定书草案将这一条款规定在草案第13条中，1998年和1999年提交给工作组的修订草案同样在第13条。类似文书也包含相同的规定。[418] 从2001年7月第25届会议的报告开始，委员会在提交联合国大会的每一届会议报告中都以单独一章描述它根据本议定书进行的活动的纪要。[419]

671 ## （十四）第13条

每一缔约国承诺广为传播并宣传公约及本议定书，便利人们查阅关于委员会意见和建议的资料，特别是涉及该缔约国的事项。

委员会的第7号建议要点24提议《任择议定书》包含一项规定，要求缔约国公布议定书及其程序，以及委员会对接受的来文或实施的调查程序的意见和建议。[420] 在工作组1996年的会议上，代表们强调需要广泛传播《任

---

[417] E/1999/27（前注56）。

[418] 《公民及政治权利国际公约任择议定书》第6条、《经济、社会、文化权利国际公约任择议定书》第15条复述了《任择议定书》第12条。另见《残疾人权利公约》第39条、《禁止酷刑公约》第24条。

[419] A/56/38，联合国大会《消除对妇女歧视委员会第25届会议报告》（2001），第361~366段。

[420] A/50/38（前注26），第24段。

择议定书》，并提出了适当的表述方式，但有人认为这一点应当由决议来解决。[421] 一些国家和其他组织向联合国秘书长表达了类似的意见。[422]

主席提交工作组 1997 年会议的草案在第 14 条规定缔约国有义务公布议定书的内容，根据其建立的程序，以及委员会的观点、评论、意见和建议。一些代表认为这一规定没有必要，但大多数人同意该规定的精神，并建议用语应更为简明。有人认为委员会的意见应只由缔约国向公众公布，而另一些人则认为要求缔约国公布委员会关于来文和请愿的意见增加了缔约国的负担。[423]

委员会提交工作组 1998 年会议的修订草案涉及传播议定书的部分包含了三种备选方案，每一种又含有进一步的替代方案。第一种方案规定，缔约国有义务公布并广泛传播议定书的内容、据其建立的程序，或通过适当或积极的手段传播议定书的规定。对这一方案，有一种提法将缔约国传播的责任限定在其本国范围内。第二种方案规定，缔约国有义务公布并尽可能广泛传播议定书的内容，据其建立的程序，以及委员会与来文和调查有关的意见、评论、观点和建议，或其结果。第三种方案规定，缔约国有义务公布委员会的年度报告，特别是当委员会发起的来文或调查涉及该特定缔约国时。[424] 在谈判过程中，许多代表继续强调广泛知晓和公布议定书、其程序以及委员会的结论和案例的重要性。一些代表警告不要让缔约国承担涉及财政性质的繁重义务，许多代表则建议简化规定。不少代表认为这一规定没有必要也不适当，因为那些没有接受议定书程序的缔约国似乎没有义务传 672
播这些程序。[425]

主席提交 1999 年工作组会议的议定书草案包含了一个简化的第 14 条草案。据此，议定书的每一缔约国都有义务广为传播，或让人知晓及公布或适当公布《公约》及其《任择议定书》，便利人们查阅委员会的意见和

---

[421] E/1996/26（前注 37），第 99 段。

[422] E/CN. 6/1997/5（前注 48），第 215 ~ 216 段。中国和西班牙认为该规定应包含在决议中，而巴拿马的观点是它应包含在议定书的文本中。

[423] E/1997/27（前注 49），第 64 段。

[424] E/1997/27（前注 52），第 14 条。

[425] E/1998/27（前注 53），第 40 ~ 42 段。

建议，特别是涉及该缔约国的事项。[426] 通过的文本第 13 条反映了这一草案。中国在其解释性声明中重申了它在谈判期间表达的意见，即提高妇女地位涉及各个领域的努力，包括传播《公约》和《任择议定书》，因此发展中国家有权根据国家的具体情况以符合妇女最佳利益的方式分配国家的资源。[427]

《经济、社会、文化权利国际公约任择议定书》第 16 条重述了《任择议定书》第 14 条，前者还呼吁应以便于残疾人使用的方式进行传播。与之类似，根据《儿童权利公约》第 42 条，缔约国有义务通过适当和积极的手段使成人和儿童都能普遍知晓该公约的精神和规定。

委员会要求被裁定违反《公约》的缔约国公布它的意见和建议，并将其翻译为当地语言，确保广泛传播到社会的所有相关部门。[428] 委员会也在审议缔约国报告时调查缔约国为广泛传播《公约》、《任择议定书》以及委员会的工作产出而采取的措施，并通常在结论性意见中对这些文件缺乏可见度表达关切。[429] 它鼓励缔约国促进对《公约》及其《任择议定书》的了解和理解，以便提高妇女对她们在《公约》下的权利以及《任择议定书》下的程序的认识，提高她们主张权利的能力。[430] 鉴于目前提交委员会的来文数量很少且仅针对有限数目的国家，以及引发第 8 条调查的尝试非常罕见，缔约国遵守第 13 条以及通过联合国和民间社会发动广泛的增强意识运动就显得非常重要了。

---

[426] E/1998/27（前注 54），第 14 条。

[427] E/1999/27（前注 56）。

[428] A. T. 诉匈牙利（前注 86），第 9.6 段；Fatma Yildirim 诉奥地利（前注 86），第 12.4 段；Şahide Goekce 诉奥地利（前注 86），第 12.4 段；A. S. 诉匈牙利（前注 86），第 11.6 段。

[429] 参见如 CEDAW/C/ARG/CO/6（2010），对阿根廷的结论性意见，第 13 ~ 14 段；CEDAW/C/AUS/CO/7（2010），对澳大利亚的结论性意见，第 22 ~ 23 段；CEDAW/C/BFA/CO/6（2010），对布基纳法索的结论性意见，第 11 ~ 12 段；CEDAW/C/CZE/CO/5（2010），对捷克共和国的结论性意见，第 12 ~ 13 段；CEDAW/C/TUR/CO/6（2010），对土耳其的结论性意见，第 12 ~ 13 段。

[430] 参见例如 CEDAW/C/ARM/CO/4/Rev. 1（2009），对亚美尼亚的结论性意见。

（十五）第 14 条

委员会应制订自己的议事规则，以便在履行本议定书所赋予的职能时予以遵循。

虽然《公约》第 19 条第 1 款规定委员会应当制定自己的议事规则，但 673
第 7 号建议要点 25 仍提议委员会制定与《任择议定书》有关的议事规则，以便委员会公正、高效并在必要时紧急地开展工作。巴拿马提交了针对该要素的唯一评论，以回应秘书长第二次就第 7 号建议征集意见的请求。评论指出，《任择议定书》应明确声明委员会可以在考虑到议定书未规定事项的情况下建立自己的议事规则。[431] 主席提交工作组 1997 年和 1998 年会议的草案将这一规定包含在第 15 条中。尽管许多代表声称，鉴于《公约》第 19 条第 1 款已有相关规定，这一规定有些多余，但在 1998 年工作组会议期间它最终还是以留待进一步讨论的形式获得通过。[432]

《消除一切形式种族歧视国际公约》、《公民及政治权利国际公约》、《禁止酷刑公约》、《保护所有移徙工人及其家庭成员权利国际公约》和《保护所有人免遭强迫失踪国际公约》[433] 都规定了授权它们各自的条约机构建立自己的议事规则，但《公民及政治权利国际公约任择议定书》、《残疾人权利公约任择议定书》和《经济、社会、文化权利国际公约任择议定书》中均没有与第 14 条相对应的条款。

委员会积极地行使了该项权力。在 2001 年 1 月召开的第 24 届会议上，

---

[431] E/CN. 6/1997/5（前注 48），第 217 段。

[432] E/1998/27（前注 53），第 43 段。

[433] 《公民及政治权利国际公约》第 39 条第 2 款、《禁止酷刑公约》第 18 条第 2 款、《消除一切形式种族歧视国际公约》第 10 条第 1 款、《保护所有移徙工人及其家庭成员权利国际公约》第 75 条第 1 款、《残疾人权利公约》第 34 条第 10 款、《保护所有人免遭强迫失踪国际公约》第 26 条第 6 款。

有关《任择议定书》的议事规则获得通过。[434] 2007 年 1 月召开的第 39 届会议通过了议事规则的修正案。[435]

（十六）第 15 条

1. 本议定书开放给已签署、批准或加入公约的任何国家签字。

2. 本议定书须经已批准或加入公约的任何国家批准。批准书应交存联合国秘书长。

3. 本议定书应开放给已批准或加入公约的任何国家加入。

4. 凡向联合国秘书长交存加入书，加入即行生效。

第 7 号建议要点 27 设想，议定书应当规定签署、批准和加入程序。于是，主席提交工作组 1997 年和 1998 年会议的草案大体上以《公约》第 25 条和《公民及政治权利国际公约任择议定书》第 8 条为基础，将该内容规
674 定在第 17 条中。[436] 在工作组 1997 年会议期间，代表们对该条表示满意，不过他们也提出了一些技术性修正，并同意这些问题应根据法律意见予以解决。[437] 该条没有为国家提交签署、批准或加入设定时限。1998 年工作组会议期间以留待进一步讨论的形式获得通过。

（十七）第 16 条

1. 本议定书自第十份批准书或加入书交存联合国秘书长之日后三个月开始生效。

---

[434] A/56/38，联合国大会《消除对妇女歧视委员会第 24 届会议报告》（2001），附件一，第十六和十七部分，委员会议事规则。委员会第 39 届会议通过了对这些规则的修正，见 A/62/38，联合国大会《消除对妇女歧视委员会第 39 届会议报告》（2007），第五章，第 653 ~ 655 段及附录。

[435] A/62/38，联合国大会《消除对妇女歧视委员会第 39 届会议报告》（2007），第五章，第 653 ~ 655 段及附录。

[436] E/CN. 6/1997/WG/L. 1（前注 47）；E/1997/27（前注 52）。

[437] E/1997/27（前注 49），第 67 段；E/1998/27（前注 53），第 47 段。

2. 在本议定书生效后批准或加入本议定书的每一个国家，本议定书自该国交存其批准书或加入书之日后三个月开始生效。

该条规定了议定书生效的要求以及对每一缔约国生效的要求，第7号建议要点27对此也作了规定。西班牙认为，不应为议定书生效设定过高的批准数，而古巴则认为需要一个尽可能高的批准数目。[438]

主席提交工作组1997年会议的草案规定自第5份或第10份批准书或加入书交存之日起3个月后生效。[439] 在这一次会议上，有人提议《任择议定书》应于第5份批准书或加入书交给秘书长之日生效。其他人则建议，议定书在生效之前获得广泛接受非常重要，因此生效门槛应为10个缔约国，另一些人的意见则是需要20个缔约国。[440] 主席提交工作组1998年会议的修订草案反映了这些意见，[441] 在这一次会议期间，过去支持5份批准书或加入书作为生效门槛的代表加入了10份门槛的阵营。然而，一些代表坚持认为需要20个缔约国，以便与《公约》第27条保持一致。[442] 因此，提交1999年会议的《任择议定书》草案的修订本仍保留了这三种选项。[443]《公民及政治权利国际公约任择议定书》的情况是，议定书设定了10国批准或加入的门槛，[444] 于第10份文书交存秘书长之日3个月后生效。最终《任择议定书》于2000年12月22日，即2000年9月22日意大利交存其批准书 675
的三个月后生效。对各个国家的生效日期是在其交存批准书或加入书之后的三个月。

---

[438] E/CN. 6/1997/5（前注48），第226~227段。

[439] E/CN. 6/1997/WG/L. 1（前注47），第18条第1款。

[440] E/1997/27（前注49），第68段。

[441] E/1997/27（前注52）。

[442] E/1998/27（前注53），第18段。

[443] E/1998/27（前注54）。

[444] 《残疾人权利公约任择议定书》第13条和《经济、社会、文化权利国际公约任择议定书》第18条规定了10份批准书或加入书的门槛。与之类似，《消除一切形式种族歧视国际公约》第14条和《保护所有移徙工人及其家庭成员权利国际公约》第77条规定需要得到10份声明才能使其任择性来文程序生效，不过《禁止酷刑公约》第22条规定需要5份声明。

（十八）第17条

不允许对本议定书提出保留。

《任择议定书》第17条在类似的文书中找不到对应的条款。《公民及政治权利国际公约任择议定书》和《经济、社会、文化权利国际公约任择议定书》没有规定保留问题。《残疾人权利公约任择议定书》在第14条规定不得接受与该议定书目的和宗旨不符的保留。其他文件没有讨论来文程序背景下的保留问题。

这一规定以委员会第7号建议要点28为基础，[445] 在议定书的拟定过程中引起了热烈争论。一些国家支持禁止对议定书提出保留。[446] 但也有一些人担心，一般性地禁止保留可能会限制批准，因此，不少国家提议采用《公民及政治权利国际公约任择议定书》的方法，即不对保留问题作规定，尤其考虑到多边条约下的做法是承认与所涉条约的目的和宗旨相符的保留。[447] 工作组第一次会议期间提出了支持写入一般性禁止保留的意见，以及建议有必要允许缔约国在接受《任择议定书》时提出与《维也纳条约法公约》一致的保留，以使该文书获得大量批准。[448]

主席提交工作组第二次会议的《任择议定书》草案第20条规定不允许对议定书作出保留。[449] 提交给第三次和第四次会议的草案修订本也包含了这一条。[450] 在整个谈判过程代表们都有意见分歧。一些代表认为，这与现有的国际实践一致，对一项为21世纪设计的现代文书而言是适当的；

[445] A/50/38（前注26）。

[446] E/CN.6/1996/10，以及Corr.1，Add.1，Add.2（前注36），第123段；E/CN.6/1997/5（前注48），第62~67、228、230段。

[447] E/CN.6/1997/5（前注48），第65、68段。

[448] E/1996/26（前注37），第103段。

[449] E/CN.6/1997/WG/L.1（前注47）。

[450] E/1997/27（前注52）；E/1998/27（前注54）。

其他代表则认为，应当允许具有相符性的保留。[451] 支持纳入这一规定的代
表指出，议定书是任择性和程序性的，允许对其条款作出保留将会损害
它的有效运行。有些人表达了对在人权文书中完全禁止保留可能产生的
长期影响的关切，但表示只要不是阻却批准的绝对禁令，他们都愿意 676
讨论。[452]

在整个谈判过程中，有一种强有力的意见认为，《公约》的主题事项令加入这一规定成为必要，该议定书是一个例外，有理由全面禁止保留，否则将无法达成议定书的目的。[453] 这些意见占了上风，该规定作为第 17 条得以保留。对《任择议定书》相当数量的解释性声明都针对这一条。阿尔及利亚、喀麦隆、中国、埃及、印度、以色列、约旦、俄罗斯联邦以及美国表示，为了维护共识，它们根据议定书的任择性和程序性接受了该规定。它们同时强调，这不应在 1969 年《维也纳条约法公约》方面树立先例，也不应为成为条约缔约方的做法树立先例。不少人也担心纳入这一条款可能抑制国家加入或批准议定书。[454]

尽管有第 17 条的规定，一些国家在批准议定书时还是作了超出第 10 条调查程序范围的声明。哥伦比亚在批准时声明，它理解，议定书的第 5 条意味着临时措施不仅像第 5 条第 2 款规定的那样排除了对“来文是否可予受理及是非曲直问题的确定”，而且意味着任何涉及享有经济、社会和文化权利的措施均应根据这些权利的渐进性质加以应用。它还声明，《任择议定书》的任何规定或委员会的任何建议都不得解释为要求哥伦比亚将侵犯生命或人格完整的罪行合法化。

有些代表还对议定书适用的领土范围表示关切。英国于 2004 年 12 月 17 日加入议定书时表示，议定书适用于福克兰群岛（马尔维纳斯群岛）和马恩岛。2005 年 1 月 18 日，阿根廷政府向秘书长递交了一封信反对这一声明，并于 2007 年 3 月 20 日批准议定书时再次重申这项反对。新西兰在批准

[451] E/1997/27（前注 49），第 70 段。
[452] E/1998/27（前注 53），第 50 ~ 56 段。
[453] 同上注，第 54 ~ 56 段。
[454] E/1999/27（前注 56），第 25 段。

议定书时声明，除非并在与托克劳适当协商的基础上向保存人提出声明之前，批准不适用于托克劳。

（十九）第18条

> 1. 任何缔约国可对本议定书提出修正案并将修正案送交联合国秘书长备案。秘书长应立即将任何提议的修正案通报缔约国，请它们向秘书长表示是否赞成举行缔约国会议以便就该提案进行审议和表决。如有至少三分之一缔约国赞成举行会议，则秘书长应在联合国主持下召开这一会议。经出席会议并参加表决的多数缔约国通过的任何修正案须提交联合国大会核准。
>
> 677 2. 各项修正案经联合国大会核准并经本议定书缔约国三分之二多数依其本国宪法程序接受即行生效。
>
> 3. 各项修正案一生效，即应对已接受修正案的缔约国具有约束力，其他缔约国则仍受本议定书的规定以及它们已接受的先前任何修正案的约束。

第7号建议要点29表明，《公约》的任何议定书都应当包含修正程序，为此目的，可基于现有的文书作出规定。[455] 主席提交1997年工作组会议的议定书草案包含了相关条款。[456] 根据相关规定，任何希望修改议定书的缔约国应当向秘书长提出修正案，秘书长将提议的修正案转给其他缔约国，并请它们向秘书长表示是否赞成举行缔约国会议以便就该提案进行审议和表决。如果1/3及以上的缔约国表示赞成召开这样的会议，则秘书长应召集会议。多数缔约国出席并投票通过的修正案应提交联合国大会批准。修正案经联合国大会同意并经2/3及以上缔约国接受后生效。

本届会议的代表同意进一步讨论该条，但提出需进一步审议第3款，该

---

[455] 《公民及政治权利国际公约》第51条、《公民及政治权利国际公约任择议定书》第11条、《禁止酷刑公约》第29条。

[456] E/CN. 6/1997/WG/L. 1（前注47），第21条。

款规定生效的修正案应约束接受该修正案的国家，其他缔约国受议定书的规定及任何它们之前接受的修正案的约束。[457] 之所以提出这些建议可能是因为严格适用程序性修正的规定有可能导致荒谬的结果。[458] 后来对提议的草案再无修改。

截至2010年12月31日，没有缔约国尝试引用《任择议定书》的修正规定。

（二十）第19条

> 1. 任何缔约国可随时以书面形式通知联合国秘书长，宣告退出本议定书。退约应于秘书长收到通知之日后六个月开始生效。
>
> 2. 退约不妨碍本议定书的规定继续适用于在退约生效日之前根据第2条提出的任何来文或根据第8条所发起的任何调查。

《公约》没有包含任何退出或撤回条款，[459] 因此任何退出的意图都必须 678
符合国际法规则和《维也纳条约法公约》。[460]

然而，《公民及政治权利国际公约任择议定书》第12条规定，缔约国可以随时以书面形式通知联合国秘书长退出该任择议定书，退约应于秘书长接到通知之日起3个月后生效。第7号建议要点29表示，议定书应当规定退出程序，提交1997年工作组会议的主席草案包含了这样的规定，表明退出应在秘书长收到通知3个月或6个月之后发生效力。[461] 1997年会议期间，

---

[457] E/1997/27（前注49），第71段。

[458] 曼弗雷德·诺瓦克在《公民及政治权利国际公约》背景下讨论了这一问题。参见 M. Nowak, *UN Convention on Civil and Political Rights: CCPR Commentary*, 2nd rev. ed.（2005），pp. 813－814，对第51条第3款的评注。

[459] 妇女地位委员会在第26届会议上从《公约》草案中删去了关于撤回的提议条款。

[460] 《维也纳条约法公约》（1969年5月23日），1155UNTS 331，第54～72条。人权两公约没有退出规定，但《消除一切形式种族歧视国际公约》第21条、《禁止酷刑公约》第31条、《儿童权利公约》第52条、《残疾人权利公约》第48条、《残疾人权利公约任择议定书》第16条、《经济、社会、文化权利国际公约任择议定书》第20条都含有这一规定。

[461] E/CN.6/1997/WG/L.1（前注47），第22条。

工作组同意了文本并建议按照《公民及政治权利国际公约任择议定书》第12条修正用语，但退出应在秘书长收到通知6个月后生效，[462] 而不应是12条规定的3个月。工作组1998年会议以留待进一步讨论的形式通过了修正后的条款。[463]

与《公民及政治权利国际公约任择议定书》第12条的情况一样，《任择议定书》第19条第2款规定，退出不应妨碍议定书规定对已经提交的任何来文以及在退出生效之前已经发起的调查程序的继续适用。尚无缔约国宣布退出《任择议定书》，但是根据人权事务委员会的实践，委员会将接受并审议任何在退出声明生效之前到达人权高专办的来文。随后，这些来文将被宣布为不可受理，而不论所指称的违反《公约》行为是否发生在议定书对所涉国家生效之时。[464] 委员会可以采用相同的方法，对调查程序也是一样。

第20条（c）项要求秘书长将根据第19条退出议定书的情况通知所有国家，而不只是《任择议定书》的缔约国。

（二十一）第20条

> 联合国秘书长应通知所有国家：
>
> （a）根据本议定书的签署、批准和加入；
>
> （b）本议定书以及根据第18条提出的任何修正案开始生效的日期；
>
> （c）根据第19条宣告的任何退约。

委员会的第7号建议没有明确规定这一条，与《公民及政治权利国际公约
679 公约任择议定书》保持了一致。主席在提交工作组1997年、1998年、1999

[462] E/1997/27（前注49），第72段。

[463] E/1998/27（前注53），第57段。

[464] CCPR/C/65/D/800/1998，人权事务委员会第800/1998（1999）号来文，Damian Thomas 诉牙买加。另见 M. Norwak（前注458），第906～907页。

年会议的第一份文本草案及其修正案均包含了这一规定。[465] 工作组 1997 年和 1998 年的会议以留待进一步审议的形式通过了该条,[466] 不过该条的文本重新作了调整以使其更加清晰。

(二十二) 第 21 条

1. 本议定书的阿拉伯文、中文、英文、法文、俄文和西班牙文文本具有同等效力，均应交存联合国档库。

2. 联合国秘书长应将本议定书业经核准无误的副本转送公约第 25 条所指的所有国家。

第 7 号建议要点 27 设计了这一条，工作组主席的议定书草案也包含了这一条。它回顾了《公约》第 30 条，与《公民及政治权利国际公约任择议定书》第 14 条（对公约第 53 条的重述）相对应。工作组第一次会议一致同意对该条进行进一步讨论,[467] 并在第二次会议上全体投票通过。[468]

第 21 条第 1 款出于解释的目的赋予以联合国的每一种工作语言通过的议定书以同等效力。所使用的术语被假定为在每一种语言中具有相同的含义。如果辨别出含义上的差别，则需要运用《维也纳条约法公约》第 31、32 条，特别是第 33 条第 4 款的条约解释规则确定其含义。

《公约》第 25 条规定,《公约》开放给所有国家签署、加入和批准。因此，根据议定书第 21 条，经核准无误的副本应由秘书长（即《公约》第 25 条第 2 款指定的保存机构）转送所有国家。

[465] E/CN. 6/1997/WG/L. 1（前注 47），第 23 条；E/1997/27（前注 52），第 23 条；E/1998/27（前注 54），第 23 条。

[466] E/1997/27（前注 49），第 73 段；E/1998/27（前注 53），第 57 段。

[467] E/1997/27（前注 49），第 73 段。

[468] 同上注，第 57 段。

681 附录一　一般性建议表

第 1 号一般性建议——第 5 届会议，1986 年，报告准则

第 2 号一般性建议——第 6 届会议，1987 年，报告准则

第 3 号一般性建议——第 6 届会议，1987 年，教育和公共信息方案

第 4 号一般性建议——第 6 届会议，1987 年，保留

第 5 号一般性建议——第 7 届会议，1988 年，暂行特别措施

第 6 号一般性建议——第 7 届会议，1988 年，有效的国家机制和宣传

第 7 号一般性建议——第 7 届会议，1988 年，资源

第 8 号一般性建议——第 7 届会议，1988 年，《公约》第 8 条

第 9 号一般性建议——第 8 届会议，1989 年，统计资料

第 10 号一般性建议——第 8 届会议，1989 年，《消除对妇女一切形式歧视公约》通过 10 周年

第 11 号一般性建议——第 8 届会议，1989 年，履行报告义务的技术咨询服务

第 12 号一般性建议——第 8 届会议，1989 年，对妇女的暴力行为

第 13 号一般性建议——第 8 届会议，1989 年，同工同酬

第 14 号一般性建议——第 9 届会议，1990 年，女性割礼

第 15 号一般性建议——第 9 届会议，1990 年，女性与艾滋病

第 16 号一般性建议——第 10 届会议，1991 年，城乡家庭企业中的无酬女工

第 17 号一般性建议——第 10 届会议，1991 年，妇女无酬家务活动的衡量与量化及其在国民生产总值中的承认

第 18 号一般性建议——第 10 届会议，1991 年，残疾妇女

第 19 号一般性建议——第 11 届会议，1992 年，对妇女的暴力行为

第 20 号一般性建议——第 11 届会议，1992 年，保留

第 21 号一般性建议——第 13 届会议，1994 年，婚姻和家庭关系中的平等

第 22 号一般性建议——第 14 届会议，1995 年，《公约》第 20 条

第 23 号一般性建议——第 16 届会议，1997 年，妇女参与政治和公共生活

第 24 号一般性建议——第 20 届会议，1999 年，《公约》第 12 条——妇女与保健

第 25 号一般性建议——第 30 届会议，2004 年，《公约》第 4 条第 1 款——暂行特别措施

第 26 号一般性建议——第 42 届会议，2008 年，女性移徙工人，CEDAW/C/2009/WP. 1/R

第 27 号一般性建议——第 47 届会议，2010 年，老年妇女及保护其人权，CEDAW/C/GC/27

第 28 号一般性建议——第 47 届会议，2010 年，缔约国在《消除对妇女一切形式歧视公约》第 2 条之下的核心义务，CEDAW/C/GC/28

* 第 1 号至第 25 号一般性建议转载于联合国文件 HRI/GEN/1/Rev. 9（Vol. Ⅱ）中。

683

附录二　条约表

条约标题	条约缩写
1933 年禁止贩卖成年妇女公约(1933 年 10 月 11 日通过,1934 年 8 月 24 日生效)150 LNTS 431	
1992 年消除对妇女一切形式歧视保利斯塔公约	
美洲人权公约在经济、社会和文化权利领域的附加议定书(圣萨尔瓦多议定书)(1988 年 11 月 17 日通过,1999 年 11 月 16 日生效) OAS TS 69	圣萨尔瓦多议定书
非洲人权和民族权宪章(班珠尔宪章)(1981 年 6 月 27 日通过,1986 年 10 月 21 日生效)21 ILM 58;1520 UNTS 217	班珠尔宪章
非洲儿童权利与福利宪章(ACRWC)(1999 年 11 月 29 日生效)非洲联盟组织文件:CAB/LEG/24. 9/49(1990)	ACRWC
美洲人权公约(ACHR)(1969 年 11 月 22 日通过,1978 年 7 月 18 日生效)OAS TS 36;1144 UNTS 123	ACHR
阿拉伯人权宪章 2004(原版于 1994 年 9 月 15 日通过,2004 年 5 月 22 日通过修订版;2008 年 3 月 15 日生效)	阿拉伯人权宪章
欧洲联盟基本权利宪章(欧盟宪章)(2000 年 12 月 7 日签署)OJ C364/8	欧盟宪章
联合国宪章(1945 年 6 月 26 日签署,1945 年 10 月 24 日生效)59 Stat. 1031,T. S. 993,3 Bevans 1153	
世界卫生组织宪章(WHO 宪章)(1946 年 7 月 22 日通过,1948 年 4 月 7 日生效)14 UNTS 185	WHO 宪章
禁止酷刑和其他残忍、不人道或有辱人格的待遇或处罚公约(CAT)(1984 年 12 月 10 日通过,1987 年 6 月 26 日生效)1465 UNTS 85	CAT
打击跨国有组织犯罪公约(有组织犯罪公约)(2000 年 11 月 15 日通过,2003 年 9 月 29 日生效)2225UNTS 209	有组织犯罪公约
妇女产前产后就业公约(国际劳工组织第 3 号公约)(1919 年 11 月 28 日通过,1921 年 6 月 13 日生效)38 UNTS 53	国际劳工组织第 3 号公约
保护人权和基本自由公约(欧洲人权公约)[罗马,1950 年 11 月 4 日;TS71(1953)]	欧洲人权公约或 ECHR

684

条约标题	条约缩写
禁止贩卖人口及意图营利使人卖淫公约(贩卖公约)(1950 年 3 月 21 日开放签字,1951 年 7 月 15 日生效)96 UNTS 271	贩卖公约
关于婚姻之同意、结婚最低年龄及结婚登记之公约(结婚公约)(1962 年 11 月 7 日通过,1964 年 12 月 9 日生效)521 UNTS 231	结婚公约
南亚区域合作联盟预防和打击贩卖妇女和儿童卖淫公约(SAARC 公约)(2002 年 1 月 5 日通过,未生效)	SAARC 公约
国际性诱拐儿童民事方面的公约(海牙公约)(1980 年 10 月 25 日缔结,1983 年 12 月 1 日生效)1343 UNTS 97	海牙公约
消除对妇女一切形式歧视公约(CEDAW)(1979 年 12 月 18 日通过,1981 年 9 月 3 日生效)1249 UNTS 13	CEDAW
国家及其财产管辖豁免公约(2004 年 12 月 2 日通过,未生效)A/59/508	
已婚妇女国籍公约(1957 年 1 月 29 日通过,1958 年 8 月 11 日生效)309 UNTS 65	已婚妇女国籍公约
妇女参政权公约(1952 年 12 月 20 日通过,1954 年 7 月 7 日生效)193 UNTS 135	妇女参政权公约
防止及惩治危害种族罪公约(危害种族罪公约)(1948 年 12 月 9 日通过,1951 年 1 月 12 日生效)78 UNTS 277	危害种族罪公约
减少无国籍状态公约(1975 年 12 月 13 日生效)989 UNTS 175	
第七届美洲国家国际会议通过的国家权利与义务公约(蒙得维的亚公约)(1933 年 12 月 26 日通过,1934 年 12 月 26 日生效)165 LNTS 19	蒙得维的亚公约
残疾人权利公约(CRPD)(2006 年 12 月 13 日通过,2008 年 5 月 3 日生效)A/61/106	CRPD
儿童权利公约(CRC)(1989 年 11 月 20 日通过,1990 年 9 月 2 日生效)1577 UNTS 3	CRC
关于难民地位的公约(1951 年 7 月 28 日通过,1954 年 4 月 22 日生效)189 UNTS 150	
禁止奴隶贩卖和奴隶制公约(奴隶制公约)(1926 年 9 月 25 日通过,1927 年 3 月 9 日生效)60 LNTS 253	奴隶制公约
哥本哈根社会发展宣言(1995 年 3 月 14 日通过)A/CONF. 166/9	哥本哈根社会发展宣言
欧洲理事会打击人口贩运行动公约(欧洲理事会人口贩运公约)(2005 年 5 月 16 日开放签字,2008 年 2 月 1 日生效)CETS197	欧洲理事会人口贩运公约

685

条约标题	条约缩写
欧洲国籍公约(1997年11月6日开放签字,2000年3月1日生效) ETS 166	
改善战地武装部队伤者病者境遇之日内瓦公约(日内瓦第一公约)(1949年8月12日缔结,1950年10月21日生效)75 UNTS 31	日内瓦第一公约
改善海上武装部队伤者病者及遇船难者境遇之日内瓦公约(日内瓦第二公约)(1949年8月12日缔结,1950年10月21日生效)75 UNTS 85	日内瓦第二公约
关于战时保护平民之日内瓦公约(日内瓦第四公约)(1949年8月12日缔结,1950年10月21日生效)75 UNTS 287	日内瓦第四公约
关于战俘待遇之日内瓦公约(日内瓦第三公约)(1949年8月12日缔结,1950年10月21日生效)75 UNTS 135	日内瓦第三公约
国际劳工组织就业和职业歧视公约(国际劳工组织第111号公约)(1958年6月25日通过,1960年6月15日生效)362 UNTS 31	国际劳工组织第111号公约
国际劳工组织对男女工人同等价值的工作付予同等报酬公约(国际劳工组织第100号公约)(1951年6月29日通过,1953年5月23日生效)165 UNTS 303	国际劳工组织第100号公约
国际劳工组织强迫或强制劳动公约(国际劳工组织第29号公约)(1930年6月28日通过,1932年5月1日生效)39 UNTS 55	国际劳工组织第29号公约
国际劳工组织保护生育公约(1952年修订)(国际劳工组织第103号公约)(1952年6月28日通过,1955年9月7日生效)214 UNTS 321	国际劳工组织第103号公约
国际劳工组织关于夜间工作公约(国际劳工组织第171号公约)(1990年6月26日通过,1995年1月4日生效)1855 UNTS 305	国际劳工组织第171号公约
国际劳工组织职业安全和卫生及工作环境公约(国际劳工组织第155号公约)(1981年6月22日通过,1983年8月11日生效)1331 UNTS 279	国际劳工组织第155号公约
国际劳工组织非全日制工作公约(国际劳工组织第175号公约)(1994年6月24日通过,1998年2月28日生效)2010 UNTS 51	国际劳工组织第175号公约
国际劳工组织废除强迫劳动公约(国际劳工组织第105号公约)(1957年6月25日通过,1959年1月17日生效)320 UNTS 291	国际劳工组织第105号公约
国际劳工组织关于工人搬运的最大负重量公约(国际劳工组织第127号公约)(1967年6月28日通过,1970年3月10日生效)721 UNTS 305	国际劳工组织第127号公约
国际劳工组织关于禁止和立即行动消除最有害的童工形式公约(国际劳工组织第182号公约)(1999年6月17日通过,2000年11月19日生效)2133 UNTS 161	国际劳工组织第182号公约

条约标题	条约缩写	686
国际劳工组织关于修订保护生育公约(修订本)的公约(国际劳工组织第183号公约)(2000年6月15日通过,2002年2月7日生效)2181 UNTS 253	国际劳工组织第183号公约	
国际劳工组织1990年对关于受雇于工业的妇女夜班工作公约(1948年修订本)的议定书(1990年6月26日通过)1846 UNTS 418	国际劳工组织第89号公约的议定书	
国际劳工组织负有家庭责任的工人公约(国际劳工组织第156号公约)(1981年6月23日通过,1983年8月11日生效)1331 UNTS 295	国际劳工组织第156号公约	
美洲预防、惩治和根除对妇女的暴力公约(帕拉贝伦公约)(1994年6月9日通过,1995年3月5日生效)33 ILM 1534	帕拉贝伦公约	
反对劫持人质国际公约(1979年12月17日通过,1983年6月3日生效)1316 UNTS 205		
保护所有人免遭强迫失踪国际公约(CED)(2006年12月20日通过,2010年12月23日生效)A/61/488	CED	
禁止贩卖妇女和儿童国际公约,1921年9月30日在日内瓦缔结,被1947年11月12日在纽约雷克萨斯签订的议定书修订(1950年4月24日修订生效)53 UNTS 39		
消除一切形式种族歧视国际公约(CERD)(1965年12月21日通过,1969年1月4日生效)660 UNTS 195	CERD	
保护所有移徙工人及其家庭成员权利国际公约(CMW)(1990年12月18日通过,2003年7月1日生效)2220 UNTS 3	CMW	
禁止并惩治种族隔离罪行国际公约(种族隔离公约)(1973年11月30日通过,1976年7月18日生效)1015 UNTS 243	种族隔离公约	
公民及政治权利国际公约(ICCPR)(1966年12月16日通过,1976年3月23日生效)999 UNTS 171	ICCPR	
经济社会文化权利国际公约(ICESCR)(1966年12月16日通过,1976年1月3日生效)993 UNTS 3	ICESCR	
伊斯兰堡宣言:回顾与未来行动庆祝"北京+10"(2005年5月3~5日通过,巴基斯坦伊斯兰堡)		
禁止酷刑和其他残忍、不人道或有辱人格的待遇或处罚公约任择议定书(OP CAT)(2002年12月18日通过,2006年6月22日生效)2375 UNTS 237	OP CAT	
消除对妇女一切形式歧视公约的任择议定书(OP)或(CEDAW OP)(1999年10月6日通过,2000年12月22日生效)2131 UNTS 83	OP或CEDAW OP	
公民及政治权利国际公约任择议定书(ICCPR OPI)(1966年12月16日通过,1976年3月23日生效)999 UNTS 171	ICCPR OPI	

687

条约标题	条约缩写
1949年8月12日日内瓦公约关于保护国际性武装冲突受难者的附加议定书(日内瓦公约第一议定书)(1977年6月8日缔结,1978年12月7日生效)1125 UNTS 3	日内瓦公约第一议定书
1949年8月12日日内瓦公约关于保护非国际性武装冲突受难者的附加议定书(日内瓦公约第二议定书)(1977年6月8日缔结,1978年12月7日生效)1125 UNTS 609	日内瓦公约第二议定书
联合国打击跨国有组织犯罪公约关于打击陆、海、空偷运移民的补充议定书(2001年1月8日通过,2004年1月28日生效)2241 UNTS 507	打击陆、海、空偷运移民议定书
联合国打击跨国有组织犯罪公约关于预防、禁止和惩治贩运人口特别是妇女和儿童行为的补充议定书(贩运人口议定书)(2000年11月15日通过,2003年12月25日生效)2237 UNTS 319	贩运人口议定书
非洲人权和民族权宪章关于非洲妇女权利的议定书(非洲妇女权利议定书)(2003年7月11日通过,2005年11月25日生效)OAU AHG/Res. 240	非洲妇女权利议定书
保护人权和基本自由公约议定书(欧洲人权公约第12号议定书)(2000年11月4日通过,2005年4月1日生效)CETS177	欧洲人权公约第12号议定书
经第11号议定书修正的保护人权和基本自由公约议定书(欧洲人权公约第1号议定书)(巴黎,1952年)[第11号议定书(ETS155)1998年11月1日经修正后生效]ETS009	欧洲人权公约第1号议定书
国际刑事法院罗马规约(罗马规约)(1998年7月17日通过,2002年7月1日生效)2187 UNTS 90	罗马规约
国际劳工组织关于矿山安全与卫生公约(国际劳工组织第176号公约)(1995年6月22日通过,1998年6月5日生效)2029 UNTS 207	国际劳工组织第176号公约
旨在废除死刑的公民权利和政治权利国际公约第二项任意议定书(ICCPR OP Ⅱ)(1989年12月15日通过,1991年7月11日生效)1642 UNTS 414	ICCPR OP II
废除奴隶制、奴隶贩卖及类似奴隶制之制度与习俗补充公约(补充奴隶制公约)(1956年9月7日通过,1957年4月30日生效)226 UNTS 3	补充奴隶制公约
不扩散核武器条约(不扩散条约)(1968年7月1日缔结,1970年3月5日生效)729 UNTS 168	不扩散条约
国际劳工组织关于妇女在各类矿山井下作业公约(国际劳工组织第45号公约)(1935年6月21日通过,1937年5月30日生效)40 UNTS 63	国际劳工组织第45号公约
联合国教科文组织取缔教育歧视公约(CADE)[1960年12月14日通过(原文误为1962年12月14日。——译者注),1962年5月22日生效]429 UNTS 93	CADE

条约标题	条约缩写	688
联合国教科文组织保护和促进文化表达多样性公约(2005 年 10 月 20 日通过,2007 年 3 月 18 日生效)2440 UNTS 151		
维也纳外交关系公约(1961 年)(VCDR)(1961 年 4 月 18 日通过,1964 年 4 月 24 日生效)400 UNTS 95	VCDR	
关于国家在条约方面的继承的维也纳公约(1978 年 8 月 23 日通过,1996 年 11 月 6 日生效)1946 UNTS 3		
维也纳条约法公约(VCLT)(1969 年 5 月 23 日通过,1980 年 1 月 27 日生效)1155 UNTS 331	VCLT	

xli

附录三　缩略语表

ACHR　美洲人权公约

ACRWC　非洲儿童权利和福利宪章

CAT　禁止酷刑和其他残忍、不人道或有辱人格的待遇或处罚公约

CCPR　人权事务委员会

CEDAW　消除对妇女一切形式歧视公约

CERD　消除种族歧视委员会

CESCR　经济、社会及文化权利委员会

CESR　经济和社会权利中心

CPED　保护所有人免遭强迫失踪国际公约

CRC　儿童权利公约

CRPD　残疾人权利公约

CSW　妇女地位委员会

DAW　提高妇女地位司

DEDAW　消除对妇女歧视宣言

DEVAW　消除对妇女的暴力宣言

ECHR　欧洲人权公约

ECtHR　欧洲人权法院

ECJ　欧洲法院

ECOSOC　经济及社会理事会

FAO　粮食与农业组织

HRC　人权理事会

ICCPR　公民及政治权利国际公约

ICERD　消除一切形式种族歧视国际公约

ICESCR　经济社会文化权利国际公约

ICJ　国际法院

ICRMW　保护所有移徙工人及其家庭成员权利国际公约

ILO　国际劳工组织

IWRAW　国际妇女权利行动观察

NGO　非政府组织

OHCHR　人权事务高级专员办公室

OP　任择议定书

OPCAT　禁止酷刑和其他残忍、不人道或有辱人格的待遇或处罚公约任择议定书

UDHR　世界人权宣言

UNDP　联合国开发计划署 xlii

UNHCHR　联合国人权事务高级专员

UNFPA　联合国人口基金

UNGA　联合国大会

UNIFEM　联合国妇女发展基金

UNMIK　联合国科索沃临时行政当局特派团

UNSC　联合国安全理事会

UN SG　联合国秘书长

UNTAET　联合国东帝汶过渡行政当局

UNTS　联合国条约集

VCLT　维也纳条约法公约

WHO　世界卫生组织

xliii

附录四　案例表

欧洲人权委员会

Brüggemann 诉德国，申请号 6959/75，5 DR 103，3 EHRR 244（1976）　313

Paton 诉英国（也被引为 X. 诉英国），申请号 8416/78，3 EHRR 408（1981）　313

R. H. 诉挪威，申请号 17004/90，73 DR 155（1992）　313

Tavares（António Conçeicao）诉法国，申请号 16593/90（1991）　313

欧洲人权法院

A. B. C 诉爱尔兰（大法庭），申请号 25579/05　314

Abdulaziz，Cabales 与 Balkandali 诉英国，申请号 9214/80；9473/81；9474/81，Series A No 94，7 EHRR 471（1985）　240，242，245，248

Al-Adsani 诉英国（大法庭），申请号 35762/97，ECHR 2001-XI（2001）　536

Araç（Emine）诉土耳其，申请号 9907/02（2008）　395

Boso 诉意大利，申请号 50490/99，ECHR 2002-Ⅶ（2002）　314

Červeňaková 诉捷克共和国，申请号 26852/09（2009 年 5 月提起申诉）　333

Cudak 诉立陶宛（大法庭），申请号 15869/02（2010）　536

Evans 诉英国（大法庭），申请号 6339/05，ECHR2007-I（2007）　314

Ferencíková 诉捷克共和国，申请号 21826/10（2010 年 4 月提起申诉）

333

Fogarty 诉英国（大法庭）（实体问题），申请号 37112/97，ECHR 2001 - XI（2001） 536

Ganci 诉意大利，申请号 41576/98，ECHR 2003 - XI（2003） 395

Gorou 诉希腊（第 2 号）（大法庭）（实体问题和公正赔偿），申请号 12686/03（2009）395

I. G.，M. K. 和 R. H. 诉斯洛伐克，申请号 15966/04（2004 年 4 月提起申诉，2009 年 9 月 22 日宣布可受理） 333

K. H. 与其他人诉斯洛伐克（实体问题和公正赔偿），申请号 32881/04（2009）314

Loizidou 诉土耳其（初步反对），Series A No 310，ECHR99（1995） 95

Markin（Konstantin）诉俄罗斯（实体问题并公正赔偿），申请号 30078/06（2010）154

M. C. 诉保加利亚，申请号 39272/98，ECHR 2003 - XII（2003） 394

N. B. 诉斯洛伐克，申请于 2010 年 5 月 31 日被登记 333

Open Door and Dublin Well Women 诉爱尔兰，申请号 14234/88 与 14235/88，Series A No 246 - A（1992） 314

Opuz 诉土耳其，申请号 33401/02（2009） 88，450，451，454，618

Pichon 与 Sajous 诉法国，申请号 49853/99，ECHR2001 - X（2001） 314

Rantsev 诉塞浦路斯和俄罗斯（实体问题并公正赔偿）申请号 25965/04（2010）188

R. K. 诉捷克共和国（2008 年 1 月提起申诉） 333

R. R. 诉波兰，申请号 27617/04（2004 年 12 月提起申诉） 333

S. 与 T. 诉波兰（2009 年 5 月提起申诉） 333

Sahin（Leyla）诉土耳其（大法庭），申请号 44774/98，ECHR 2005 - XI，41 EHRR 8（2005） 286，641

S. H. 与其他人诉奥地利（实体问题和公正赔偿，非终审，案件在大法庭待决），申请号 57813/00（2010） 314

Syngelidis 诉希腊，申请号 24895/07（2010） 395

Tekeli (Ünal) 诉土耳其，申请号 29865/96，ECHR 2004 - X (2004) 431

Ternovsky 诉匈牙利，申请号 67545/09 (2010)　314

Tysiac 诉波兰 (实体问题并公正赔偿)，申请号 5410/03，ECHR 2007 - I (2007)　314

V. C. 诉斯洛伐克 (实体问题并公正赔偿)，申请号 18968/07 (2007 年 4 月提起申诉)　333

V. O. 诉法国 (大法庭)，申请号 53924，ECHR2004 - Ⅷ (2004)　314

Women on Waves 与其他人诉葡萄牙 (实体问题并公正赔偿)，申请号 31276/05 (2009)　314

Z. 诉摩尔多瓦 (2009 年 2 月提起申诉)　333

Z. 诉波兰 (2008 年 9 月提起申诉)　333

xliv **欧洲法院**

Abrahamsson (Katarina) 与 Leif Anderson 诉 Elisabet Fogelqvist, Case C - 407/98, (2000) ECR I - 5539　132, 133

委员会诉法国，Case C - 197/96, (1996) ECR I - 1489　296

委员会诉英国，Case 61/81, (1982) ECR 2601　293

Enderby (Dr. Pamela) 诉卫生事务大臣，C - 127/92, (1993) ECR I - 5535　293

Jämställdhetsombudsmannen 诉 Örebro Iäns Iandsting (2000), Case C - 236/98, (2000) ECR I - 2189　293

Kreil (Tanja) 诉德意志联邦共和国，Case C - 285/98, (2000) ECR I - 69　204

Marschall 诉北莱茵 - 维斯特法伦州，Case C - 409/95, (1997) ECR I - 6363　133

公共事务部诉 Stoeckel, Case C - 345, (1998) ECR I - 4047　296

Sirdar (Angela Maria) 诉陆军部和国防大臣，Case C - 273/97, (1999) ECR I - 7403　204

欧洲社会权利委员会

Austisme Europe 诉法国，欧洲社会权利委员会第 13/2002 号申诉（2003 年 11 月 7 日）　274

人权法律保护国际中心（INTERIGHTS）诉克罗地亚，欧洲社会权利委员会第 45/2007 号申诉（2009 年 3 月 30 日）　270

欧洲自由贸易联盟（法院）

欧洲自由贸易联盟监督局诉挪威，Case E－1/02，2003 年 1 月 24 日　535

美洲人权委员会

A. N. 诉哥斯达黎加（2008 年 10 月提起申诉）　333

Villalobos（Ana Victoria Sanchez）与其他人诉哥斯达黎加（2004 年 3 月提起申诉）333

“男婴”诉美国，2141 号案件，23/81 号决议（1981 年 3 月 6 日）　314

Chavez（Maria Mamerita Mestanza）诉秘鲁，12. 191 号案件，第 71/03 号报告（2003 年 10 月 22 日）　314

Da Penha Maia Fernandes（Maria）诉巴西，12. 051 号案件，第 54/01 号报告（2001 年 4 月 16 日）　88

I. V. 诉玻利维亚，270－07 号案件，第 40/08 号报告（2008 年 7 月 23 日）　333

Machaca（Marina）诉秘鲁，12. 041 号案件，友好解决（2000 年 3 月 6 日）　314

Paulina del Carmen Ramirez Jacinto 诉墨西哥，第 21/07 号报告（2007 年 3 月 9 日）　314

美洲人权法院

De La Cruz Florez（Maria Teresa）诉秘鲁，C 系列第 115 号［判决（实

体、赔偿与费用),2004 年 11 月 18 日] 314

Godinez Cruz 诉洪都拉斯,C 系列第 8 号 [判决(实体),1989 年 1 月 20 日] 88

Gonzalez(Claudia)与其他人(“棉花地”)诉墨西哥,(初步反对、实体、赔偿与费用),C 系列第 205 号(2009 年 11 月 16 日) 450,457,467,618

Velásquez Rodriguez 诉洪都拉斯,C 系列第 4 号 [判决(实体),1988 年 7 月 29 日] 88,184,248,404

Xákmok Kásek 土著社区诉巴拉圭,C 系列第 214 号 [判决(实体、赔偿和费用),2010 年 8 月 24 日] 314

国际法院

《防止及惩治危害种族罪公约》的适用,咨询意见,1951 年 5 月 28 日,(1951) ICJ Rep,第 15 页 555

在刚果领土上的武装活动(2002 年新申请)(刚果民主共和国诉卢旺达),判决(管辖权与可受理性)2006 年 2 月 3 日,ICJ Rep,第 6 页 597,600

关于艾哈迈杜·萨迪奥·迪亚洛案(几内亚共和国诉刚果民主共和国)(2010)(2010 年 11 月 30 日判决) 24

关于《消除一切形式种族歧视国际公约》适用案(格鲁吉亚诉俄罗斯联邦),请求指示临时措施,2008 年 10 月 15 日命令 95

石油平台案(伊朗伊斯兰共和国诉美国),初步反对,1996 年 12 月 12 日判决,(1996) ICJ Rep,第 803 页 600

xiv 拉格朗案(德国诉美国),2001 年 6 月 27 日判决,(2001) ICJ Rep 466 600

在尼加拉瓜境内及针对尼加拉瓜的军事和准军事活动(尼加拉瓜诉美国),判决(实体)1986 年 6 月 27 日,(1986) ICJ Rep,第 14 页 28,535

诺特鲍姆案(列支敦士登诉危地马拉),第二阶段,1955 年 4 月 6 日判

决，（1955）ICJ Rep，第6页　238

前南斯拉夫问题国际刑事法庭

检察官诉Kunarac，Kovac与Vukovic，（判决）ICTY－96－23/1－T（2001年2月22日）　394

联合国行政法庭

Mullan诉秘书长，UNAT第162号决定，1972年10月10日，AT/DEC/114－166（1974）392　225

联合国条约机构

禁止酷刑委员会（CAT）

A. A. 诉阿塞拜疆，禁止酷刑委员会第247/2004号来文（2005），CAT/C/35/D/247/2004　645

消除种族歧视委员会（CERD）

Yilmaz－Dogan诉荷兰，消除种族歧视委员会第1/84号来文，CERD/C/36/D/1/1984（1988年8月10日）　150

消除对妇女歧视委员会（CEDAW）

Alyne da Silva Pimentel诉巴西，2007年11月提起申诉，待决　313，332

A. S. 诉匈牙利，消除对妇女歧视委员会第4/2004号来文，CEDAW/C/36/D/4/2004（2006年4月29日）　22，119，255，270，276，277，312，319，325，331，460，621，626，637，646，647，655，659，672

A. T. 诉匈牙利，消除对妇女歧视委员会第2/2003号来文（2005），CEDAW/C/36/D/2003　20，22，85，89，119，153，255，267，331，345，395，404，451，454，456，460，463，466－8，470－2，563，621，

635 -6，638 -9，646 -7，649，655 -6，659，672

B. -J. 诉德国，消除对妇女歧视委员会第 1/2003 号来文，CEDAW/C/36/D/1/2003（2004 年 7 月 14 日）　153，621，627，636，638，639，643，646，647

Dayras 与其他（性别歧视紧急呼救）诉法国，消除对妇女歧视委员会第 13/2007 号来文，CEDAW/C/44/D/13/2007（2009 年 8 月 4 日）415，431，591，621，626，628，637，641，643，646

G. D. 与 S. F.（Goupe d' Inéterêt pour le Matronyme）诉法国，消除对妇女歧视委员会第 12/2007 号来文，CEDAW/C/44/D/12/2007（2009 年 8 月 4 日）　415，431，534，591，621，626，628，639

Goekce（Şahide）诉奥地利，消除对妇女歧视委员会第 5/2005 号来文，CEDAW/C/39/D/5/2005（2007 年 8 月 6 日）　22，85，89，119，153，331，451，456，466，468，470，471，473，621，626，638，639，655，656，672

Kayhan（Rahine）诉土耳其，消除对妇女歧视委员会第 8/2005 号来文，CEDAW/C/34/D/8/2005（2007 年 1 月 27）　273，286，621，637，641，642，647

L. C. 诉秘鲁，消除对妇女歧视委员会第 22/2009 号来文，2009 年 7 月提起申诉，待决　313，332

Muñoz - Vargas（Cristina）y Sainz de Vicuña 诉西班牙，消除对妇女歧视委员会第 7/2005 号来文，CEDAW/C/39/D/7/2005（2007 年 8 月 9 日）　67，153，209，621，626，639，641，642，646，647

Ngyuen（Dung Thi Thuy）诉荷兰，消除对妇女歧视委员会第 3/2004 号来文，CEDAW/C/36/D/3/2004（2006 年 8 月 14 日）　292，294，304，621，626，639，646，647

N. S. F. 诉英国，消除对妇女歧视委员会第 10/2005 号来文，CEDAW/C/38/D/10/2005（2007 年 5 月 30 日）　119，456，621，630，637，641，643，649

Salgado 诉英国，消除对妇女歧视委员会第 11/2006 号决议，CEDAW/

C/37/D/11/2006（2007年1月22日） 591，621，627，628，636，637，643，646，647

Vertido（Karen Tayag）诉菲律宾，消除对妇女歧视委员会第18/2008号 xlvi
来文，CEDAW/C/46/D/18/2008（2010年7月16日） 22，84，91，153，328，331，394，395，400，404，457，469，472，621，626，638，656

Yildirim（Fatma）（已故）诉奥地利，消除对妇女歧视委员会第6/2005号来文，CEDAW/C/39/D/6/2005（2007年8月6日） 20，22，85，89，119，153，331，451，456，466，467，468，469，470，471，473，621，626，636，639，655，656，672

Zheng（Zhen Zhen）诉荷兰，消除对妇女歧视委员会第15/2007号来文，CEDAW/C/42/D/15/2007（2008年10月7日） 174，188，621，626，637，639，640

人权事务委员会（CCPR）

Anton（Armand）诉阿尔及利亚，人权事务委员会第1424/2005号来文（2006），CCPR/C/88/D/1424/2005 645

Aumeeruddy - Cziffra（Shirin）与其他（毛里求斯妇女）诉毛里求斯，人权事务委员会第35/1978号来文，A/36/40（Supp.）131（1981年4月9日） 240，242，245，248，251

Fanali（Duilio）诉意大利，人权事务委员会第75/1980号来文，CCPR/C/18/D/75/1980（1983年3月31日） 641

Gueye（Ibrahima）与其他诉法国，人权事务委员会第196/1985号来文，CCPR/C/35/D/196/1985（1989年4月3日） 645

Jacobs（Guido）诉比利时，人权事务委员会第943/2000号来文，CCPR/C/81/D/943/2000（2004年7月7日） 132

Joslin诉新西兰，人权事务委员会第902/1999号来文，CCPR/C/75/D/902/1999（2002年7月17日） 350

Kennedy（Rawle）诉特立尼达和多巴哥，人权事务委员会第845/1999

号来文，CCPR/C/67/D/845/1999（1999年11月2日） 588

Kitok诉瑞典，人权事务委员会第197/1985号来文，A/43/40（Supp.），Annex Ⅶ sect. G（1988年7月27日） 352

K. L. 诉秘鲁，人权事务委员会第1153/2003号来文，CCPR/C/85/D/1153/2003（2005年11月22日） 313，322，330

Lichtensztejn（Samuel）诉乌拉圭，人权事务委员会第77/1980号来文，A/38/40（Supp.）（第18届会议）（1983年3月31日） 94

L. M. R. 诉阿根廷，人权事务委员会第1608/2007号来文，CCPR/C/101/D/1608/2007（2011年4月28日） 313

Lopez Burgos（Sergio Ruben）诉乌拉圭，人权事务委员会第52/1979号来文，A/36/40（Supp.）（第13届会议）（1981年7月29日） 94

Lovelace（Sandra）诉加拿大，人权事务委员会第24/1977号来文，CCPR/C/13/D/24/1977（1981年7月30日） 352，403，645

Petersen（Werner）诉德国，人权事务委员会第1115/2002号来文，CCPR/C/80/D/1115/2002（2004年4月1日） 641

Piandiong与其他诉菲律宾，人权事务委员会第869/1999号来文，CCPR/C/70/D/869/1999 649

Stalla Costa（R. D.）诉乌拉圭，人权事务委员会第198/1985号来文，A/42/40（Supp.），1987年7月9日 135

Thomas（Damien）诉牙买加，人权事务委员会第800/1998号来文，CCPR/C/65/D/800/1998 678

Young（Edward）诉澳大利亚，人权事务委员会第941/2000号来文，CCPR/C/78/D/941/2000（2003年8月6日） 350

Zwaan - de Vries（F. H.）诉荷兰，人权事务委员会第182/1984号来文，CCPR/C/29/D/182/1984（1987年4月9日） 295

澳大利亚

A. B. 诉出生、死亡与结婚登记处（2007）FCAFC 140（2007）162 FCR 528 61

Aldridge 诉 Booth （1988） 80 ALR 1　297

David Alan Gerhardy 诉 Robert John Brown （1985） HCA 11；（1985） 159 CLR 70　133

Jacomb 诉澳大利亚市政行政职员和服务联盟 （2004） FCA 1250　209

外交和贸易部长诉 Styles （1989） EOC　231

伯利兹

Roches 诉 Wade （2004 年 4 月 30 日） Action No132 （伯利兹最高法院） 299

博茨瓦纳 xlvii

Unity Dow 诉博茨瓦纳总检察长 （1992） LRC Const 623 （博茨瓦纳上诉法院）　240，242 - 243，245 - 246，248，251

加拿大

Schachter 诉女王 （1988） Trial Div. T. 2345 - 86 （加拿大联邦法院）　300

哥伦比亚

Mora 诉波哥大区教育局局长和其他人，Decision T - 170/03，2003 年 2 月 28 日 （哥伦比亚宪法法院）　266

哥斯达黎加

Calderon 诉共和国总统 （最高法院宪法分庭）　204

中国香港特别行政区

机会平等委员会诉教育主任，HCLA 1555/2000，2001 2HKLRD 690　263

印度

服装出口促进委员会诉 AKChopra（1999）1 SCC759（印度最高法院）297，460

Kishwar 与其他人诉比哈尔邦和其他 AIR1996（1996），Case 5 SCC125（印度最高法院）397

Latifi（Daniel）诉印度联邦，Civil No868/1986（2001 年 9 月 28 日决定） 397

Mohini Jain 诉卡纳塔克邦（1992）3 SCC666，1992 AIR1858（印度最高法院） 266

德里市政公司诉女工人（花名册）（2000）AIR2000 SC1274（印度最高法院） 299

Saheli 妇女资源中心诉德里警务处处长，AIR1990 SC513（印度最高法院，1990） 404

Vishaka 诉拉贾斯坦邦（1997）6SCC241；AIR 1997 SC3011（印度最高法院） 297，459

肯尼亚

Lerionka Ole Ntutu（已故），关于遗产继承事项，2000 年第 1263 号（2008）KLR1 376

Rono 诉 Rono 与另一人（2008）1 KLR 803 376

尼泊尔

Dhungana 诉尼泊尔，最高法院第 3392 号令，1995 年 8 月 2 日 376

D. N. F. 诉 HMG，尼泊尔，第 3303/06 号令，2005 年 5 月 2 日 246

Meera Gurung 诉移民部（decision 4858）NLR2051（1994）（尼泊尔最高法院） 240，242 - 243，245 - 246，248，251

Reshma Thapa 诉 HMG，尼泊尔，12 SCB 2004/2005. 24 246

荷兰

改革政治党诉内政部（2007 年 12 月 5 日）LJN：BB 9493（国家参事院行政审判分支） 208

荷兰与改革政治党诉 Stichting Proefprocessfonds Clara Wichmann 与其他人（2007 年 12 月 20 日）LJN：BC0169（海牙上诉法院） 208

Stichting Proefprocessenfonds Clara Wichmann 与其他人诉荷兰（2005 年 9 月 7 日）LJN：AU2088（海牙 CFI） 208

巴基斯坦

Sharifan 诉巴基斯坦联邦，1994 年第 275 号申诉令，（1998） Lohore59（巴基斯坦高等法院） 240

南非

Bhe 诉 Mafistrate Khayelitsha（2005）1 BCLR1 376

Daniels 诉 Campbell NO 与其他人（2004）CCT40/03 419

Dawood 诉内政部（2000）3 SA936 240

Hassam 诉 Jacobs NO 与其他人（2008）4 All SA350C 419 xlviii

Jordan 和其他人诉国家（2002 年 10 月 2 日）CCT31/01（南非宪法法院）31/01 182

MEC for Education，KwaZulu - Natal 和其他人诉 Pillay 2008 1 SA 474（CC） 273

全国男女同性恋平等联盟诉司法部（南非最高上诉法院）1999 1 SA 6（CC） 145

S. 诉 Baloyi（司法部长和另一名被告）2000（2）SA 425（南非宪法法院） 454

Shilubana 与其他人诉 Nwamitwa（性别平等委员会担任法庭之友）2007（2）SA 432 373

斯里兰卡

Annama 诉 Ibrahim，CA419/757（1982） 397

Ashokan 诉 Ashokan（1994）1 SriLR 413（斯里兰卡最高法院） 399

D'Souza 诉总检察长（未报道） 240，242，247，251

Faiz Mohomed 诉总检察长，1995 1 Sri LR 372（斯里兰卡最高法院） 404

Fisher 诉入境管理局（未报道） 240，242，245，247－248，251

瑞士

Grune Bewegung Uri 与其他诉 Landrat des Kantons Uri，1998 年 10 月 7 日判决，BGE 125 I 21，Section 4（瑞士联邦法院） 60

坦桑尼亚

Ephraim 诉 Pastory（1990）LRC 757 376，394，397

Jonathan 诉共和国，第 53/2001 号刑事上诉（坦桑尼亚高等法院，2001） 424

乌干达

乌干达诉 Matovu，2001 年第 146 号刑事诉讼案件（乌干达坎帕拉高等法院，2002 年 10 月 21 日） 398

英国

阿尔伯塔总检察长诉 Cook（1926）AC144 234

Gillick 诉西诺福克和威斯贝奇地区卫生局（1985）3 All ER 402 270

Le Mesurier 诉 Le Mesurier（1895）1 NCR 160（PC） 399

总检察长诉 Jaffrey（1921）AC 146 234

美国

国际联盟诉 Johnson Controls，499 US 187，111 S Ct 1196（1991） 297

Nguyen 诉移民与归化局，121 S Ct 2053（2001） 244

Perez 诉 Brownell，356 US 44，64（1958） 235

Price Waterhouse 诉 Hopkins，490 US 228（1989） 144

瓦努阿图

Joli 诉 Joli（2005）1 太平洋人权法摘要 1 394－395，397

Noel 诉 Toto（2005）1 太平洋人权法摘要 1 394－395，397

赞比亚

Longwe 诉洲际酒店，1992 年 11 月 4 日判决（赞比亚高等法院） 348

Nawakw 诉赞比亚总检察长（1993）3 英联邦法律报告 231 245

津巴布韦

Hambly 诉首席移民官（1999）9 BCLR 966（ZS，津巴布韦） 240，242，245，248

Kohilhas 诉首席移民官（1997）2 RLR 441 240

Magaya 诉 Magaya（1999）1 ZLR 100 375

Mandizvidza 诉 Chaduka NO，摩根斯特学院与高等教育局长 1999（2）ZLR 375（HC） 263

Rattigan 与其他人诉首席移民官（1994）2 ZLR 54 240，242，245，248

Salem 诉首席移民官（1994）2 ZLR 28 240，242，245，248

附录五 法律表

国内法律

阿尔及利亚

家庭法典 570

文莱

宪法 568

喀麦隆

民法典，第 81－02 号命令，第 74 条 396

加拿大

权利法案，第 1 条（b）项 388

权利和自由宪章（1985） 388

第 6 条第 1 款 399

第 15 条 388

第 15 条第 1 款 389

哥伦比亚

哥伦比亚宪法，第 13 条 388

古巴

家庭法典 439

埃及

宪法，第 2 条 420

法国

民法典 639

德国

宪法，第 3 条第 1 款 388

匈牙利

公共卫生法案 277

印度

宪法 460

第 14 条 388

第 19 条（d）～（e）项 399

爱尔兰

宪法，第 40 条第 1 款 388

日本

教育基本法案　271

约旦

个人身份法案　590

肯尼亚

1979 年继承法案　421

科威特

国籍法案　571

莱索托

宪法　570，592

列支敦士登

宪法，第 3 条　568

马来西亚

宪法　568

　第 3 条　420

　第 14 ~ 15 条　244

毛里塔尼亚

宪法　568

摩洛哥

个人身份法典　569

宪法　616

摩洛哥国籍法　571

纳米比亚

1997 年传统领袖理事会法案，1997 年第 13 号法案，第 3 条第 1 款（g）项　206

尼泊尔

2047 条约法案（1990）　80

巴基斯坦

宪法　568

国籍法案（1951）

　第 5 条　240

　第 10 条第 2 款　240

卡塔尔

宪法，第 8 条　570

南非

宪法（1996）　388

　第 9 条　388 ~ 389

　第 21 条　399

继承法案　419

新加坡

宪法　248

　第 122 条第 1 款　244

　第 123 条第 2 款　244

西班牙

性与生殖健康以及自愿中止妊娠法，2010 年 3 月 3 日第 2 号组织法　323

斯里兰卡

宪法，第 12 条第 1 款　388

坦桑尼亚

1971 年婚姻法法案　421，424
　第 18 ~22 条　420
　第 102 ~104 条　427
　第 106 条第 3 款　427
1999 年农村土地法案，第 53 条第 2 款　206

突尼斯

宪法
　第 1 条　420
　第二章第 1 条　569

联合国使团

东帝汶过渡行政当局规章，UNTAET/REG/1999/1（1999 年 11 月 27 日）　226
科索沃适用法律规章，UNMIK/REG/1999/24（1999 年 12 月 12 日）　226

英国

1882 年已婚妇女财产法案　396
1981 年国籍法案　572
2000 年兼职工人（预防不利待遇）（兼职工作指令）规章（SI2000/1551）　292

美国

旧金山市县条例 128 –98（1998）　552
旧金山市县条例 325 –00（2000），文件号 001920　552
第 14 宪法修正案　388
2006 年家庭法修正案（共担父母责任）法案，第四部分第 25 条第 4 款（1）项　418

津巴布韦

习惯婚姻法案，第 5/1917 号令　396
家庭法典　396

国际文件

1981 年非洲人权和民族权宪章（班珠尔宪章）　339，399
第 1 条　238
第 3 条　388

第 12 条　399
第 14 ~ 15 条　339
第 16 条　314，339
第 17 条　151，255，339
第 20 条　238
第 22 条　399
第 24 条　388
第 25 条　255
2003 年非洲妇女权利议定书　339，358，402，449，453
序言　450
第 1 条　57，452
第 1 条（a）项　14
第 1 条（f）项　255
第 1 条（j）项　449，465
第 1 条（k）项　258
第 2 条第 2 款　151，255
第 3 条第 4 款　449
第 4 条第 2 款　449
第4 条第 2 款（d）~（f）项　255
第 4 条（d）项　151
第 5 条　449
第 5 条（a）项　255
第 5 条（c）项　255
第 6 条　151，251
第 6 条（b）项　268
第 6 条（g）~（h）项　238
第 8 条　384，401
第 8 条（c）项　255
第 10 条第 2 款（a）项　255
第 11 条　449
第 12 条　255
第 12 条第 1 款（c）项　268
第 12 条第 2 款（a）项　266
第 12 条第 2 款（c）项　266
第 12 条（d）项　449
第 13 条　151，288，339
第 13 条（c）项　449
第 13 条（f）项　369
第 13 条（i）~（j）项　341
第 14 条　314
第 14 条第 1 款（e）项　367
第 14 条第 2 款（g）项　255
第 17 条　373
第 17 条第 1 款　340，352
第 18 条第 2 款（a）项　372
第18 条第 2 款（b）~（c）项　255
第 20 条　449
第 22 条（b）项　449
第 23 条（b）项　449

1990 年非洲儿童权利与福利宪章　436
第 11 条第 3 款　255
第 11 条第 3 款（e）项　275
第 21 条第 2 款　268

美洲人权公约　88，399
经济、社会及文化权利领域的附加议定书（圣萨尔瓦多议定书）　339
第11条第1款　340
第13条　255

阿拉伯宪章，第41条　255

禁止酷刑和其他残忍、不人道或有辱人格的待遇或处罚公约　548，551，556，612，620，622，635，640，650，673
第3条第1款　187
第17条第1款　480
第20条　613，674
第21条　597
第22条　653，674
第22条第1款　626，628～629，631
第22条第2款　631，641，644
第22条第3款　650
第22条第5款（a）项　640
第22条第5款（b）项　634
第24条　670
第25条　549
第27条　563
第28条　668
第29条　557，677
第31条　678
第33条　603～604
任择议定书，第37条　603～604

消除对妇女一切形式歧视公约
序言　2，5，8，31，35～49，69，105，139145，283，346，389，543，619
第1段　38～39，41，44，47
第2段　38，44，318，336
第3段　38，42
第4－5段　38，43
第6段　39，44
第7段　39，44～45，102，145，336
第8段　39，45，346
第9段　39，45～46
第10段　39，46
第11段　39，47
第12段　38～39，48
第13段　38～39，48，142
第14段　39，49，142
第15段　39，49
第一部分　8，10，21，101，143，175
第二部分　8，10，175，237，284
第三部分　8，175，284
第四部分　8，175，389

第五部分　8，11

第六部分　8，12，13，101

第1条　8～11，14，18，22，28，51～70，72，82～83，101，104～106，108，112，114～115，119，125，182，245，271，284，303，323，333，337～340，348，376，389，391，403，413，420，447，450～451，463，474，498，542，563，568～570，642，664

第2条　8～10，12，16～17，21～22，30，63，69～99，101，104～108，114～115，119，121，125，143，183，213～214，228，245，284，337，340，345，348，353，355，389，394，398，411，415，420，441～442，446，498，539～540，542～545，563，569～570，578，582，584～587，589～590，592，628，664

第2条（a）项　74，78，82～83，86，88，245，263，456，570，578

第2条（b）项　74，78，83～84，86，88，245，263，456，536

第2条（c）项　74，78，83～86，88，245，263，307，642

第2条（d）项　74～75，78，85～87，263，351，571，578

第2条（e）项　10，74～75，78，86～87，90～91，184，188，205，209，216，284，308，351，353，440，455～456

第2条（f）项　67，74，78，85，87，90～92，98，143～144，154，159，165，167，188，208，325，375～376，385，455，569～571，578，642

第2条（g）项　74，78，92，322，569

第3条　8～10，12，16，22，27～8，30，32，42，44～45，63，72～73，75，85，97，101～122，124～125，181，201，214，284，336～337，339～341，348，355，389，396，451，533，539，542～544，569～570，584，664

第4条　8～10，20，22，67，72，75，101，104，106～107，114～115，123～139，157，214，228～229，258，284，340，354，382，401，539，541，569～570

第4条第1款　21，60，67，124～131，133～135，198，209，259，263，327，570

第4条第2款　9，124～130，136～138，152，312，572

第5条　8～10，16，22，49，59，

61，75，87，98，101，104，106，108，114～115，119，125，142～167，181，183，188，211，214，228，237，258，264，271，278，284，289，313，336，340，345，351，394，396，411，420，424，439，442，446，455，463，539，569～571，628，647，664
第5条（a）项　72，90～91，106，142，144，149，152～153，156，161，165～166，208，304，325，373，385，456，463，569～570，578，592
第5条（b）项　8，9，49，125，136，138，142～143，152～153，156，161，166，255，269，301，427～428，570，592
第6条　8，10～11，16，43，72，86，101，107～108，119，128，169～196，444，637，664
第7条　8～11，16～17，21，70，72，86，101，105～108，128，135，197～219，221～223，226，229，312，342，373，499，571，578，582，585～586，590，593
第7条（a）项　198，200～203，210，218，592～593
第7条（b）项　198，200～201，203，205～207，210，213，216，218～219，221，228～229，426，571，592～593
第7条（c）项　198，201，203，205～210，216，218
第8条　8～11，16～17，72，86，101，106～108，128，135，198，200～201，216，221～231，499，571，586
第9条　4，8，10～11，17，30，72，86，101，107～108，128，135，222，233～251，389，399，406，415，542～543，571，578～579，582，584～585，589，591，593
第9条第1款　233，235，237～243，245，247，571，593
第9条第2款　233，237～238，243～245，247，571，578，592～593
第10条　8，9，10～11，16～17，43，45，72，86，101，103，107～108，120，128，135，143，195，212，253～278，312，348，350，370，396，429，593，676
第10条（a）项　254，257，260～261，273，276，370
第10条（c）项　14，143，162，166，257～258，263，272，277
第10条（d）项　260，265

第10条（e）项 260，266

第10条（f）项 14，257～258，267，269，271，273

第10条（g）项 257～258，260，269

第10条（h）项 8，18，254，258，269～270，276～277，312，320，460

第11条 8，10～11，16～17，45，72，86，101，103，107～108，128，130，135，157，164，182，195，209，279～309，312～315，337～341，346，349，432，446，460，572，579，637，642，646

第11条第1款 280，284～285，307，572，593

第11条第1款（a）项 285，287

第11条第1款（b）项 288～289，299，593

第11条第1款（c）项 255，289～290，303

第11条第1款（d）项 293，303，304，593

第11条第1款（e）项 294～295，369

第11条第1款（f）项 283，296～297，302

第11条第2款 8～9，125，152，280，283～294，298～299，304～305，307，312

第11条第2款（a）项 299，307

第11条第2款（b）项 126，299，301，307，593

第11条第2款（c）项 9，244，301，307，427

第11条第2款（d）项 283，302，307

第11条第3款 129，296，302，537

第12条 8，10～11，16～18，45，72，86，101，103，107～108，128，135，269～270，311～333，340，343，348，363，366，429～430，446，551，572

第12条第1款 311～312，315，320，330

第12条第2款 8，9，312，320，329

第13条 8，10～11，16～17，46，72，86，101，103，106～108，128，135，195，335～355，359，396，572

第13条（a）项 335，340，342，346，349，351，355，396，582，594

第13条（b）项 335，342，350～351，396，594

第13条（c）项 106，340，342，

348，352，594
第14条　8，10～11，16～17，19，72，86，101，103，107～108，128，135，196，205，259，261，312，347，357～385，396，429，433，435，551，572
第14条第1款　362，364，382
第14条第2款　363，365，382
第14条第2款（a）项　365～366，383
第14条第2款（b）项　8，255，259，269，312，320，366，381～384
第14条第2款（c）项　369，384～385，572
第14条第2款（d）项　255，261，370～371，383～384
第14条第2款（e）项　363，372
第14条第2款（f）项　365，373，384
第14条第2款（g）项　103，374，376，381，385
第14条第2款（h）项　362，366，376～378，384～385，572
第15条　8，10～11，17，30，70，72，86，98，101，107～108，119，128，135，196，239，342，355，359，375，385，387～407，415，420，432，439，499，542～543，573，578～579，582，584，589～590，594，664
第15条第1款　376，388，390，392～395，400，403～404，573，578
第15条第2款　11，105，390～392，395～396，398，404～405，407，573，594
第15条第3款　11，390～393，395，398～399，404～405，573，594
第15条第4款　11，241，243～245，251，278，391，399，403～406，573，578，594
第16条　8，10～11，16～17，21～22，30，45，70，72，86，98，101，107～108，128，135，143，182，237，239，241，245，278，312，342，345，359，375，385，389～390，396，400，402，409～442，446，456，499，543，551，571，573～574，578～579，582，584～587，589～590，592，594，628
第16条第1款　417，422，439，442，574，594，628
第16条第1款（a）项　422，431，574，578，592，594
第16条第1款（b）项　422，424，

431，594
第16条第1款（c）项　350，355，416，425，431，574，578，582，592，594
第16条第1款（d）项　9，126，243，350，392，413，416，427～428，430～431，592，594
第16条第1款（e）项　8，9，18，136，255，269～270，312，320，429～431，574，578
第16条第1款（f）项　9，126，355，392，416，430～431，574，578，582，594
第16条第1款（g）项　392，425，431，442，534，574，578，591，594，628
第16条第1款（h）项　392，414，432，574，594
第16条第2款　268～269，414，436～438，440，575，594
第17条　8，11～12，359，475，490，517，540，676
第17条第1款　480，562
第17条第2～4款　482
第17条第5～7款　483
第17条第8款　484
第17条第9款　484，486
第18条　8，11～13，77，359，476，481，489～507，511，515，517，523，540，584，657～659，666～667
第18条第1款（b）项　500～501
第19条　8，11～12，359，476～477，509～512
第19条第1款　509，673
第19条第2款　512
第20条　8，11～12，23，26，359，476，486，497，513～518，559
第20条第1款　515～517，558
第20条第2款　485
第21条　8，11～12，20～21，359，476，478，510，517，519～526，582，600，670
第21条第1款　520
第21条第2款　525
第22条　8，11～12，314，361，476，527～530
第23条　12，70，75，531～537
第23条（a）项　531，533
第23条（b）项　532，534，536
第24条　8～9，12，17，27，63，72～73，75，101，104，107～108，114～116，121，340，533，539～545，584
第25条　8，12，547～556，673，679
第25条第1款　548，551

第25条第2款　552，562，679
第25条第3款　552～554，562
第25条第4款　552，554
第26条　8，12，516，548，557～559
第26条第1款　558，580
第26条第2款　559
第27条　8，12，548，674
第27条第1款　7，554，561～562
第27条第2款　554，563
第28条　8，12，30，98，167，554，565～595
第28条第2款　167，565，579，587，589
第28条第3款　565
第29条　8，12，548，597～601
第29条第1款　551，567，591，599～601
第29条第2款　567，599，601
第29条第3款　599，601
第30条　8，12，548，552，603～605，679
消除对妇女一切形式歧视公约的任择议定书　2，13，22～23，67～68，85，89，99，166，174，255，267，286，292，298，304，313，405，415，431，442，450，453，455～456，476，478，486～487，489，497，505，510，513，516～517，521，543，545，598，607～679
序言　618～619
第1条　600，619～620
第2条　405，542，619～622，624～626，636，639
第3条　621，631～632，636
第4条　456，621，632，634，636
第4条第1款　632，635，638，640
第4条第2款　632
第4条第2款（a）项　641
第4条第2款（b）项　640
第4条第2款（d）项　644
第4条第2款（e）项　644～645
第5条　676
第5条第1款　466，647
第5条第2款　647，676
第6条　640，650
第6条第1～2款　650
第7条　653，658
第7条第1款　653
第7条第2款　653～655
第7条第3款　653，655
第7条第4款　653，656，658
第7条第5款　653，656，659
第8条　22，153，255，379，452，457，511，617，659，664，668
第8条第1款　659

第 8 条第 2 款 659，663，664
第 8 条第 3 款 659
第 8 条第 4 款 659，664
第 8 条第 5 款 659
第 9 条 153，666～668
第 9 条第 1 款 666
第 9 条第 2 款 664，666～667
第 10 条 668，670
第 10 条第 1～2 款 668
第 11 条 668，669
第 12 条 663，670
第 13 条 255，543，671～672
第 14 条 672～673
第 15 条 620，673
第 15 条第 1 款 673
第 15 条第 2～3 款 631，673
第 15 条第 4 款 673
第 16 条 674
第 16 条第 1～2 款 674
第 17 条 675
第 18 条 676
第 18 条第 1 款 676
第 18 条第 2～3 款 677
第 19 条 677～678
第 19 条第 1 款 677
第 19 条第 2 款 677～678
第 20 条 678～679
第 20 条（a）～（c）项 678
第 21 条 603～604，679
第 21 条第 1～2 款 679

国家经济权利和义务宪章 31，46

欧洲联盟基本权利宪章，第 14 条 255

欧洲社会宪章（修订） 339
第 30 条 340
第 31 条 339

指令 76/207/EEC 535
第 2 条第 4 款 535
指令 92/85/EC 297
指令 97/81/EC 292
指令 2002/73/EC，第 2 条第 2 款 290
指令 2006/54/EC 290，299

联合国宪章 4～5，15，25，28，35，39～40，437，576，618～619，632
序言 4，40
第七章 28
第 1 条第 2 款 47
第 1 条第 3 款 4，40，102
第 8 条 225
第 13 条 40
第 33 条 599

第55条　40，102
第55条（c）项　4
第56条　4，40
第62条　40
第68条　4，40
第71条　207
第76条　40
第76条（c）项　4
第101条第3款　226

1994年帕拉贝伦公约（美洲预防、惩治和根除对妇女的暴力公约）　449～450
第1条　452，465
第2条（b）项　255
第6条（b）项　255
第7条（b）项　466
第7条（e）项　151
第8条（a）项　255
第8条（b）项　151
第8条（c）项　255
第8条（e）～（f）项　255
第8条（i）项　255

国际性诱拐儿童民事方面的公约（海牙公约）　436

1962年关于婚姻之同意、结婚最低年龄及婚姻登记之公约（结婚公约）　4，43，412，416，436，438
序言　437
第1条　422
第1条第2款　412

1957年已婚妇女国籍公约　4，43，235～236，242
第1条　235，242
第3条　235
第3条第1款　242

1952年妇女参政权公约　4，42，200，490

防止及惩治危害种族罪公约　37，548
第9条　598
第16条　557

1961年减少无国籍状态公约　241，248

1951年关于难民地位的公约　191
第4条　255
第22条　255
第45条　557

1933年国家权利与义务公约　235

1949 年禁止贩卖人口及意图营利使人卖淫公约（贩卖公约） 43，170，176～177

1921 年禁止贩卖妇女和儿童公约 3

1933 年禁止贩卖成年妇女公约 4

1926 禁止奴隶贩卖和奴隶制公约（奴隶制公约） 172

欧洲理事会人口贩运公约 172，185，188，190～191，193
第 1 条 196
第 5 条第 2 款 193
第 5 条第 4 款 191
第 5 条第 6 款 189
第 6 条 193～194
第 6 条（a）项 193
第 10 条 184，188
第 11 条 184
第 11 条第 3 款 190
第 12 条 184，189
第 12 条第 1 款（c）～（e）项 190
第 13 条 184，190
第 14 条 184
第 14 条第 1 款 191
第 14 条第 1 款（b）项 190
第 15 条 184，196
第 15 条第 2～4 款 192
第 16 条 184
第 16 条第 1 款 191
第 16 条第 2 款 190～191
第 16 条第 3～4 款 191
第 18 条 189
第 21 条 196
第 28 条 190
第 31 条 196
第 32 条 184
第 35 条 184
第 40 条第 4 款 187

1989 年儿童权利公约 237，243～244，260，273，429，438，483，548，551，556，562
第 1 条 14，436
第 2 条 244
第 3 条 244，428
第 5 条 244
第 7 条第 1 款 238，243～244
第 18 条 244
第 18 条第 1 款 151
第 22 条 187
第 24 条 244
第 27 条第 1 款 339
第 28 条 244，255，370

第 29 条　255，370
第 31 条第 1 ~ 2 款　340
第 32 条　172，192
第 33 条　192
第 34 ~ 35 条　172，192
第 36 ~ 37 条　192
第 38 条　192
第 38 条第 4 款　461
第 39 条　192
第 41 条　535
第 42 条　672
第 45 条（b）项　12
第 46 条　549
第 49 条　563
第 50 条　557
第 52 条　678
第 54 条　603 ~ 604
序言　151

残疾人权利公约　125，548，556
序言 p 段　68
第 2 条（b）项　644
第 4 条第 1 款（h）项　255
第 4 条第 2 款　255
第 4 条第 4 款　535
第 7 条第 2 款　428
第 8 条　668
第 8 条第 1 款　9
第 8 条第 1 款（a）~（c）项　255
第 8 条第 1 款（b）项　151
第 8 条第 2 款（b）项　255
第 9 条第 1 款　358
第 12 条　666
第 24 条　255
第 25 条（c）项　358
第 26 条第 1 款（b）项　358
第 27 条第 1 款（f）项　341
第 30 条第 1 款　340
第 30 条第 5 款　340
第 34 条第 10 款　673
第 39 条　670
第 42 条　549
第 45 条　563
第 47 条　557
第 48 条　678
第 49 条　605
第 50 条　603

任择议定书　620，622，640，647，650，673
第 1 条　620
第 1 条第 1 款　620，626，629
第 1 条第 2 款　631，641
第 2 条（a）项　631，641
第 2 条（c）项　640
第 2 条第 1 款（d）项　87，634
第 2 条（e）项　643
第 2 条（f）项　645

第 3 条　650

第 4 条　648

第 5 条　653

第 6 条　659

第 13 条　674

第 14 条　675

第 16 条　678

ECC，第 13 ~ 14 条　340

欧洲经济区协议　535

欧洲联盟基本权利宪章，第 14 条　255

欧洲人权公约　54，229，395，399

第 14 条　28，62，388

第 63 条　549

第一议定书，第 2 条　255

第四议定书，第 2 条　399

第十二议定书　62，388

1957 年欧洲国籍公约，第 4 条（a）项　238，243

欧洲社会宪章

第 7 条第 3 款　255

第 17 条第 1 款　255

1949 年日内瓦公约　47

1977 年关于保护国际性武装冲突受难者的第一议定书　47

第 1 条第 4 款　47

第二议定书　47

日内瓦红十字公约　7

公民及政治权利国际公约　5，15，17，24，29，38，45，49，54，73，94，102 ~ 103，105，416，483，520，534，537，548，563，585，619，635

序言　36

第 1 条　47

第 2 条第 1 款　4，62，102，336，542，619

第 2 条第 2 款　103

第 3 条　4，9，42，102

第 4 条第 1 款　28

第 12 条　399

第 12 条第 4 款　191

第 16 条　340

第 17 条　350，570

第 18 条　161

第 18 条第 3 款　160

第 18 条第 4 款　255

第 23 条　411，436

第 23 条第 1 款　45

第23条第3~4款　416
第24条第3款　238，241，248
第25条　201，203，214
第25条（a）项　218，222
第25条（b）项　202
第25条（c）项　222
第26条　4，62，102，388，390
第27条　161
第28条　11
第28条第2款　480
第29条　482
第39条第2款　509，673
第40条　491
第41条　597
第48条　549
第49条　561
第50条　93
第51条　557，677
第53条　603~604，679
任择议定书　588，608，612，620，628，640，673~675
第1条　620，626，629，631
第2条　620，631，634
第3条　631，641，644
第4条第1款　650
第5条　653
第5条第2款　640
第5条第2款（a）项　640
第5条第2款（b）项　634
第5条第4款　650
第6条　670
第8条　678
第11条　677
第12条　678
第12条第2款　678
第14条　603~604，679
第二项任意议定书，第11条　603-604

保护所有人免遭强迫失踪国际公约　620，622，640，647
第23条　659
第26条第6款　673
第31条第1款　626，629，631
第31条第2款（a）项　631
第31条第2款（b）项　641，644

第31条第2款（c）项　640
第31条第2款（d）项　634
第31条第3款　650
第31条第4款　648
第31条第5款　653
第32条　612
第35条第2款　645
第38条　549
第39条　563

1965年消除一切形式种族歧视国际公

约 2，7，38，49，54，57～58，62，73，102，483，548，551，563，566，581，608，612，620，622，644，650
序言 36，38，44，151
第5段 44
第1条 9，57，129
第2条 75
第2条第1款（a）项 62
第2条第1款 75
第2条第1款（d）项 87，102
第2条第2款 102～103，107，128
第4条 151～152
第4条（a）项 443
第5条 63，72，95，336
第5条（d）项（iii） 238，241，248
第5条（e）项（iii） 339
第5条（e）项（iv） 340
第5条（e）项（vi） 340
第5条（f）项 340
第5条（l）项 62
第6条 84
第7条 151
第8条 11
第8条第1款 482
第8条第5款 483
第9条 514
第10条第1款 509，673
第10条第2款 509
第11～13条 598
第14条 653，674
第14条第1款 626，628～629，631
第14条第6款（a）项 631，650
第14条第7款（a）项 634
第17条 549
第19条 561
第20条 566
第20条第2款 580
第21条 678
第22条 597～598
第23条 557
第25条 603～604

经济社会文化权利国际公约 5，11，15～17，29，38，45，49，73，94，103，105，107，260，282，285，307，339，416，446，467，548，563，619，626，647
序言 36
第1条 47
第2条 16，103
第2条第1款 62，103，107
第2条第2款 4，102，282，336，619
第3条 4，9，42，102，282

第3条第2款（e）项　644
第6条　282
第7条　282
第7条（b）项　295～296
第7条（d）项　295
第8条　282
第9条　282，369
第10条第1款　45，411，416
第10条第2款　282
第11条　346
第11条第1款　339，343
第11条第2款　45，339，343
第12条　315
第13条　255，370
第13条第1款　256
第14条　255，370
第15条第1款　106
第15条第1款（a）项　340
第15条第1款（e）项　340
第15条第2款　344
第16条第1款　344
第17条　11
第26条　549
第27条　561～563
第29条　557
第31条　603～604
任择议定书　620，622，626，628，640，650，673，675
第1条第1款　620
第1条第2款　631
第2条　626，629
第3条第1款　634
第3条第2款（a）项　632
第3条第2款（c）项　640
第3条第2款（e）项　643
第3条第2款（g）项　631
第3条（b）项　645
第3条（d）项　641
第4条　626
第5条第1款　648
第6条第1款　650～651
第8条第1～2款　653
第8条第9款　653
第9条　653
第10条　612
第11条　659，668
第12条　666
第13条　670
第15条　670
第16条　672
第18条　674
第20条　678

保护所有移徙工人及其家庭成员权利国际公约　483，556，620，622，635，640
第4条　417～418
第30条　255

第43条　255
第45条第1款（a）~（b）项　255
第45条第2~4款　255
第75条第1款　673
第76条　612
第77条　653，674
第77条第1款　628，631
第77条第2款　631，641，644
第77条第3款（a）项　640
第77条第3款（b）项　634
第77条第4款　650
第86条　549
第87条　563
第90条　557
第93条　603~604

国际劳工组织公约　125，532
1919年第3号公约（妇女产前产后就业）　3，300
　第2条　14
1919年第4号公约（夜班，女工）　3，43
　议定书　43
1930年第29号公约（强迫或强制劳动）　172
第45号公约（矿上井下作业）　296
第89号公约［夜班（女工）］
　1948年修订　43
　1990年议定书　43
1951年第100号公约（同酬公约）　43，292~293，300
　第1条（a）项　292
　第3条　293

1952年第103号公约（保护生育）　43，300
1957年第105号公约（废除强迫劳动）　172
1958年第111号公约［（就业和职业）歧视］　43，281
　第1条　57
　第5条　129
　第127号公约（单个工人的最大负重量）　296
　第155号公约（职业安全和卫生及工作环境）　296
1981年第156号公约（负有家庭责任的工人）　281
　第5条　301
1989年第169号关于土著人和部落民族的公约
　第26~29条　255
　第31条　255
第171号公约（夜班）　296
1994年第175号公约（非全日制工作）

第1条（c）项（ii） 292
第5条 292
第9~10条 291
第176号公约（矿山安全与卫生） 296
1999年第182号公约（童工） 172
2000年第183号公约（保护生育） 300
第6条第3款 300

反对劫持人质国际公约，第16条 598

禁止并惩治种族隔离罪行国际公约 414
第9条 514

国际盟约*见*《公民及政治权利国际公约》《经济社会文化权利国际公约》

1933年蒙得维的亚妇女国籍公约 4，235

2002年妇女经济、社会和文化权利蒙特利尔原则 24，32，105~106，260，336
第24段 341
第2点第1款（c）项 340
第2点第1款（j）项 340
原则19 97

1968年不扩散核武器条约 47

1992年消除对妇女一切形式歧视保利斯塔公约 552

1993年关于国家机构地位的巴黎原则 545

2000年预防、禁止和惩治贩运人口，特别是妇女和儿童行为的议定书（贩运人口议定书）*见*《联合国打击跨国有组织犯罪公约》

1998年国际刑事法院罗马规约 6，15，549
第7条第1款（g）项 6，394
第7条第1款（h）项 6
第7条第2款（c）项 172
第7条第3款 6，15
第8条第2款（b）项（xxii） 6，394
第8条第2款（e）项（vi） 6
第36条 225
第36条第8款（a）项 6
第36条第8款（a）项（iii）

225
第 36 条第 8 款（b）项　6
第 40 条　484

2002 年南亚区域合作联盟预防和打击贩卖妇女和儿童卖淫公约　172
第 1 条　189
第 3 条　192
第 5 条　190
第 9 条第 3 款　189

1945 年国际法院规约
第 36 条第 1 款　1，598～600
第 38 条第 1 款　24～25

卢旺达国际刑事法庭规约，第 12 条第 1 款（b）项　255

前南斯拉夫问题国际刑事法庭规约，第 13 条第 1 款（b）项　225

1956 年废止奴隶制、奴隶贩卖及类似奴隶制之制度与习俗补充公约（补充奴隶制公约）　172

联合国打击跨国有组织犯罪公约（有组织犯罪公约）　171～172，188
第 24 条　190

打击陆、海、空偷运移民议定书　188

2000 年预防、禁止和惩治贩运人口特别是妇女和儿童行为的议定书（贩运人口议定书）　171，174～175，177～178，185，189，192～193
第 2 条　196
第 2 条（c）项　184
第 3 条　177～178
第 3 条（a）～（b）项　171
第 5 条　184，189
第 6 条　184
第 6 条第 2 款　190
第 6 条第 3 款　184，189
第 6 条第 6 款　192
第 7 条　184
第 8 条　184，191
第 8 条第 2 款　190
第 9 条　184，191
第 9 条第 2 款　193～194
第 9 条第 4 款　195
第 9 条第 5 款　193
第 14 条　187

1960 年联合国教科文组织取缔教育歧视公约　43，255～256
第 1 条　57
第 2 条（a）项　257

第 5 条（e）项　255
第 5 条（v）项　255
第 7 条　255

2005 年联合国教科文组织保护和促进文化表达多样性公约，第 2 条　160

2004 年联合国关于国家及其财产管辖豁免公约　536
第 2 条　567
第 4 条　37
第 7 条　549
第 11 条　553
第 14 条　549，553
第 16 条（b）项　554
第 18 条　7
第 18 条（a）项　549
第 19 条　566，601
第 19 条（c）项　12，565
第 20 条　575 ~ 576，578
第 24 条第 1 款　562
第 27 条　17，534，554
第 28 条　563
第 29 条　93，549
第 31 条　24，600，604，679
第 31 条第 1 款　13，37，619
第 31 条第 2 款　37，619
第 31 条第 3 款（b）项　24
第 31 条第 3 款（c）项　42，536
第 32 款　13，600，604，679
第 33 条　600
第 33 条第 3 款　604
第 33 条第 4 款　604，679
第 39 条　558
第 40 条　558
第 40 条第 2 款　558 ~ 559
第 40 条第 4 款　559
第 41 条　558
第 53 条　28
第 54 条　556，678
第 55 条　678
第 56 条　556，678
第 57 ~ 72 条　678
第 76 条　552
第 76 条第 2 款　553
第 77 条　552
第 77 条第 1 款（b）项　604
第 77 条第 1 款（e）项　549
第 77 条第 1 款（f）项　562
第 79 条　604

维也纳领事关系公约
第 36 条第 1 款（a）项　600
第 36 条第 1 款（c）项　600
维也纳外交关系公约　536
第 1 条（d）项　223
第 3 条第 1 款（a）项　223

1969 年维也纳条约法公约　13，37，536～537，548～549，566，583，675～676

1978 年国家在条约方面的继承的维也纳公约
第 2 条第 1 款（b）项　554
第 15 条　551

世界卫生组织宪章
序言　315

689

参考文献

Abaid, Nisrine, "Sharia, Muslim States and International Treaty Obligations: A Comparative Study" (London: British Institute of International and Comparative Law, 2008).

Abaka, Charlotte, "Women in War and its Aftermath: Liberia", in Hanna B. Schöpp-Schilling and Cees Flinterman (eds.), *The Circle of Empowerment: Twenty-Five Years of The UN Committee on The Elimination of Discrimination against Women* (New York: Feminist Press, 2007), pp. 234 – 245.

Abe, Kohki, "Article 29: Settlement of Disputes", in Japanese Association of International Women's Rights (ed.), *Convention on the Elimination of All Forms of Discrimination against Women: A Commentary* (Bunkyo: Japanese Association of International Women's Rights, 1995), pp. 414 – 419.

Abe, Kohki, "Article 30: Authentic Text", in Japanese Association of International Women's Rights (ed.), *Convention on the Elimination of All Forms of Discrimination against Women: A Commentary* (Bunkyo: Japanese Association of International Women's Rights, 1995), pp. 420 – 424.

Adamson, Peter, *The Child Care Transition: A League Table of Early Childhood Education and Care in Economically Advanced Countries* (Florence: UNICEF, Innocenti Research Centre, 2008).

Alston, Philip, "Ships Passing in the Night: The Current State of the Human Rights and Development Debate seen through the Lens of the Millennium Development Goals" (2005) 27 *Human Rights Quarterly* 755 – 829.

Alston, Philip and Robinson, Mary, *Human Rights and Development Towards Mutual Reinforcement* (Oxford: Oxford University Press, 2005).

Amerasinghe, Chtitharanjan Felix, *Aspects of the Actio Injuriarum in Roman Dutch Law* (Colombo: Lake House, 1966).

Amnesty International, "*Reservations to the Convention on the Elimination of All Forms of Discrimination against Women: Weakening the Protection of Women from Violence in the Middle East and North Africa Region*" AI Index: IOR 51/009/2004 (London: Amnesty International, 2004).

Antrobus, Peggy, *The Global Women's Movement: Origins, Issues, and Strategies* (London: Zed Books, 2004).

Anwar, Zainah (ed.), *Wanted: Equality and Justice in the Muslim Family* (Kuala Lumpur: Musawah, 2009).

Apodaca, Claire, "Measuring Women's Economic and Social Advancement" (1998) 20 *Human Rights Quarterly* 139 - 172.

Appiah, Kwame Anthony, "Stereotypes and the Shaping of Identity" (2000) 88 *Californian Law Review* 41 - 54.

Armstrong, Alice, Beyani, Chaloka, Himonga, Chuma, Kabeberbi-Macharia, Janet, Molokomme, Athaliah, Ncube, Welshman, Nhlapo, Thandabantu, Rwezaura, Bart and Stewart, Julie, "Uncovering Reality: Excavating Women's Rights in the African Family" (1993) 7 *International Journal of Law, Policy and the Family* 314 - 369.

Arnardóttir, Oddný M., Equality and Non-Discrimination Under the 690
European Convention on Human Rights (Leiden: Martinus Nijhoff Publishers, 2003).

Arneson, Richard, "Equality of Opportunity" (October 2002), in Edward N. Zalta (ed.), *Stanford Encyclopedia of Philosophy* 〈http://plato.stanford.edu/entries/equal-opportunity/〉 accessed 5 May 2009.

Aust Anthony, *Modern Treaty Law and Practice* (2nd edn., Cambridge: Cambridge University Press, 2007).

Bacchi, Carol, "The Practice of Affirmative Action Policies: Explaining Resistances and How These Affect Results", in Ineke Boerefijn, Fons Coomans, Jenny Goldschmidt, Rikki Holtmaat and Ria Wolleswinkel (eds.), *Temporary Special Measures: Accelerating de fecto Equality of Women under Article* 4 (1) *UN Convention on the Elimination of All Forms of Discrimination against Women* (New York: Transnational Publishers, 2003), pp. 75 – 96.

Baer, Susanne, "Dignity, Liberty, Equality: A Fundamental Rights Triangle of Constitutionalism" (2009) 59 (4) *University of Toronto Law Journal* 417 – 468.

Ballington, Julie and Matland, Richard E., "Political Parties and Special Measures: Enhancing Women's Participation in Electoral Processes" EGM/ELEC/2004/EP. 8 (16 January 2004), 〈http://www.un.org/womenwatch/osagi/meetings/2004. EGMelectoral/EP9-Ballington/Matland. PDF〉 accessed 31 December 2010.

Banda, Fareda, *Women, Law and Human Rights: An African Perspective* (Oxford: Hart Publishing, 2005).

Banda, Fareda, "Understanding Women's Economic and Social Human Rights" (2006) 12 *East African Journal of Peace and Human Rights* 232 – 253.

Banda, Fareda, *Project on a Mechanism to Address Laws that Discriminate Against Women* (Geneva: OHCHR, 2008).

Barak-Erez, Daphne, "Social Rights as Women's Rights", in Daphne Barak-Erez and Aeyal M. Gross (eds.), *Exploring Social Rights Between Theory and Practice* (Oxford: Hart Publishing, 2007), pp. 397 – 408.

Baratta, Robeto, "Should Invalid Reservations to Human Rights Treaties be Disregarded?" (2000) 11/2 European Journal of International Law 413.

Baretto, Manuela and Ellemers, Naomi, "The Burden of Benevolent Sexism: How it Contributes to the Maintenance of Gender Inequalities" (2005) 35 *European Journal of Social Psychology* 633 – 642.

Barnett, Kathleen and Grown, Caren, *Gender Impacts of Government*

Revenue Collection: *The Case of Taxation* (London: Commonwealth Secretariat, 2004) 26 – 49.

Barnidge Jr, Robert P., “The Due Diligence Principle Under International Law” (2006) 8 *International Community Law Review* 81 – 121.

Bayefsky, Anne F., “The Principle of Equality or Non-Discrimination in International Law” (1990) 12 *Human Rights Law Journal* 1 – 34.

Bayefsky, Anne F., *The UN Human Rights Treaty System*: *Universality at the Crossroads* (The Hague: Kluwer International Law, 2001).

Beauvoir, Simone de, *The Second Sex* (1949): Howard M. Parshley Translation (1st edn., New York: Alfred A. Knopf. 1989).

Beckwith, Karen and Cowell-Meyers, Kimberly, “Sheer Numbers: Critical 691
Representation Thresholds and Women's Political Representation” (2007) 5 *Perspectives on Politics* 553 – 565.

Beigbeder, Yves, “International Civil Service”, in Rudiger Wolfrum (ed.), *Max Planck Encyclopedia of International Law* (2008), online edition 〈http: //www. mpepil. com〉 accessed 31 December 2010.

Beiter, Klaus Dieter, *The Protection of Right to Education by International Law Including a Systematic Analysis of Article* 13 *of the International Convention on Economic*, *Social and Cultural Rights* (Leiden/Boston: Martinus Nijhoff Publishers, 2005).

Benninger-Budel, Carin (ed.), *Due Diligence and its Application to Protect Women from Violence* (Leiden/Boston: Martinus Nijhoff Publishers, 2008).

Bijnsdorp, Mireille G. E., “The Strength of the Optional Protocol to the United Nations Women's Convention” (2000) 18 (3) *Netherlands Quarterly of Human Rights* 329 – 355.

Blackstone, William, *Commentaries on the Laws of England* (16th edn., London: A Straha, 1825).

Boerefijn, Ineke, “De binddoek opzij: een mensenrechtenbenadering van geweld tegen vrouwen” (2006) 〈http: //arno. unimaas. nl/show. cgi? did =

16239〉accessed 31 December 2010, cited in Carin Benninger-Budel (ed.), *Due Diligence and its Application to Protect Women from Violence* (Leiden/Boston: Martinus Nijhoff Publishers, 2008).

Boerefijn, Ineke, "Impact on the Law on Treaty Reservations", in Menno T. Kamminga and Martin Scheinin (eds.), *Impact of Human Rights Law on General International Law* (Oxford: Oxford University Press, 2009), p. 63.

Boerefijn, Ineke, "The Rights to Political Participation: the Case of the SGP", in Rikki Holtmaat and Ineke Boerefijn (eds.) *Women's Human Rights and Culture/Religion/Tradition: International Standards as Guidelines for Discussion?* (Colloquium at the Peace Palace, The Hague 12 May 2009, 2010) SIM Special No 32.

Boerefijn, Ineke, "The Rights to Political Participation: the Case of the SGP", in Rikki Holtmaat and Ineke Boerefijn (eds.) *Women's Human Rights and Culture/Religion/Tradition: International Standards as Guidelines for Discussion?* (Utrecht: Universiteit Utrecht, 2010).

Bond, Johanna E., "International Intersectionality: A Theoretical and Pragmatic Exploration of Women's International Human Rights" (2003) 52 *Emory Law Journal* 71 – 186.

Boserup, Ester, *Women's Role in Economic Development* (London: Earthscan, 1970).

Bourke-Martignoni, Joanna, "The History and Development of the Due Diligence Standard in International Law and Its Role in the Protection of Women against Violence", in Carin Benninger-Budel (ed.), *Due Diligence and its Application to Protect Women from Violence* (Leiden/Boston: Martinus Nijhoff Publishers, 2008).

Van Boven, Theo, "Study Concerning the Right to Restitution, Compensation and Rehabilitation for Victims of Gross Violations of Human Rights and Fundamental Freedoms", UN Doc E/CN. 4/SUB. 2/1993, reprinted in (1996) 59 *Law and Contemporary Problems* 283.

Van den Brink, Marjolein, *Moeders in Mainstream: een genderanalyse van het werk van het VN-kindercomité*, dissertation Utrecht University with a summary in English: *Mothers in the Mainstream: a Gender Analysis of the Work of the UN Committee on the Rights of the Child* (Nijmegen: Wolf Legal Publishers, 2006).

Van den Brink, Marjolein, "Gendered Sovereignty? In Serch of Gender Bias 692
in the International Law Concept of State Sovereignty", in Ineke Boerefijn, and Jenny Goldschmidt (eds.), *Changing Perspectives of Sovereignty and Human Rights. Essays in Honour of Cees Flinterman* (Antwerp: Intersentia, 2008), pp. 65 – 83.

Boyd, Susan B. (ed.), *Challenging the Public/Private Divide: Feminism, Law and Public Policy* (Toronto: University of Toronto Press, 1997).

Boyle, Christine, "Home Rule for Women: Power Sharing between Men and Women" (1983) 7 *Dalhousie Law Journal* 790 – 809.

Bridgeman, Jo and Millns, Susan, *Feminist Perspectives on Law: Law's Engagement with the Female Body* (London: Sweet & Maxwell, 1998).

Brownlie, Ian, *Principles of Public International Law* (7th edn., Oxford University Press, 2008).

Bunch, Charlotte, "Women's Rights as Human Rights: Toward a Re-Vision of Human Rights" (1990) 12 *Human Rights Quarterly* 486 – 498.

Burrill, Emily S, Roberts, Richard L. and Thornberry, Elizabeth (eds.), *Domestic Violence and the Law in Colonial and Postcolonial Africa* (Athens, OH: Ohio University Press, 2010).

Burrows, Noreen, "The 1979 Convention on the Elimination of All Forms of Discrimination against Women" (1985) 32 *Netherlands International Law Review* 419 – 460.

Busia Jr, Nana K. A., "Ghana: Competing Visions of Liberal Democracy and Socialism", in Abdullahi Ahmed An-Na'im (ed.), *Human Rights under African Constitutions* (Philadelphia: University of Pennsylvania Press, 2003), pp. 52 - 96.

Bustelo, Mara R., "The Committee on the Elimination of Discrimination against Women at the Crossroads", in Philip Alston and James Crawford (eds.), The Future of UN Human Rights Treaty Monitoring (Cambridge: Cambridge University Press, 2000).

Butegwa, Florence, "Using the African Charter on Human and People's Rights to Secure Women's Access to Land in Africa", in Rebecca J. Cook (ed.), *Human Rights of Women: National and International Perspectives* (Philadephia: University of Pennsylvania Press, 1994).

Butler, Judith, *Gender Trouble: Feminism and the Subversion of Identity*, (London/New York: Routledge, 1990).

Byrnes, Andrew, "The 'Other' Human Rights Treaty Body: The Work of the Committee on the Elimination of Discrimination against Women" (1989) 14 *Yale Journal of International Law* 1, 1 - 67.

Byrnes, Andrew, *CEDAW #10: Building on a Decade of Achievement: A Report on the Tenth Session of the Committee on the Elimination of Discrimination against Women* (Minneapolis: University of Minnesota, 1991).

Byrnes, Andrew, *Observations on the Background Paper Prepared by the Government of Canada on Issues in the Development of an International Instrument on Violence against Women* (unpublished, 1991).

Byrnes, Andrew, "The Convention on the Elimination of All Forms of Discrimination against Women", in Wolfgang Benedek, Esther Kisaakye and Gerd Oberleitner (eds.), *Human Rights of Women International Instruments and African Experiences* (London: Zed Books, 2002), pp. 119 - 172.

Byrnes, Andrew, "The Committee on the Elimination of All Forms of Discrimination against Women", in Philip Alston and Frederic Megret (eds.), *The United Nations and Human Rights. A Critical Appraisal* (2nd edn., forthcoming).

693 Byrnes, Andrew and Connors, Jane, "Enforcing the Human Rights of Women: A Complaints Procedure for the Women's Convention? Draft Optional

Protocol to the Convention on the Elimination of All Forms of Discrimination against Women" (1996) 21 *Brooklyn Journal of International Law* 679 – 797.

Byrnes, Andrew and Bath, Eleanor, "Violence against Women, the Obligation of Due Diligence and the Optional Protocol to the Convention on the Elimination of All Forms of Discrimination against Women—Recent Development" (2008) 8 (3) *Human Rights Law Review* 517.

Byrnes, Andrew and Renshaw, Catherine, "Within the State", in the Daniel Moeckli, Sangeeta Shah, Sandesh Sivakumaran and David Harris (eds.), *International Human Rights Law* (Oxford: Oxford University Press, 2010).

Caddell, Richard, "Depositary", in Rudiger Wolfrum (ed.), *The Max Planck Encyclopedia of Public International Law* (2008), online edition 〈www. mpepil. com〉 accessd 31 December 2010.

Cartwright, Silvia, "Interpreting the Convention", in Hanna B. Schöpp-Schilling and Cees Flinterman (eds.), *The Circle of Empowerment: Twenty-Five Years of the UN Committee on The Elimination of All Forms of Discrimination against Women* (New York: Feminist Press, 2007), pp. 30 – 35.

Charlesworth, Hilary, "Feminist Methods in International Law" (1993) 93 *American Journal of International Law* 379 – 394.

Charlesworth, Hilary, "Concepts of Equality in International Law", in Grant Huscroft and Paul Rishworth (eds.), *Litigating Rights: Perspectives from Domestic and International Law* (Oxford: Hart, 2002), pp. 137 – 147.

Charlesworth, Hilary, "Not Waving but Drowning: Gender Mainstreaming and Human Rights in the United Nations" (2005) 18 *Harvard Human Rights Journal* 1 – 18.

Charlesworth, Hilary, "Human Rights as Men's Rights", in Julie S. Peters and Andrea Wolper (eds.), *Women's Rights, Human Rights. International Feminist Perspectives* (New York: Routledge, 1995), pp. 103 – 113.

Charlesworth, Hilary, Chinkin, Christine and Wright, Shelley, "Feminist Approaches to International Law" (1991) 85 *The American Journal of*

International Law 613 – 645.

Charlesworth, Hilary and Chinkin, Christine, *The Boundaries of International Law A Feminist Analysis* (Manchester: Manchester University Press, 2000).

Childs, Sarah and Krook, Mona L., "Critical Mass Theory and Women's Political Representation" (2008) 56 *Political Studies* 725 – 736.

Childs, Sarah and Krook, Mona L., "Theorizing Women's Political Representation: Debates and Innovations in Empirical Research" (2008) 17 *Femina Politica* 20 – 30.

Chinkin, Christine, "Reservations and Objections to the Convention on the Elimination of All Forms of Discrimination against Women", in J. P. Gardner (ed.), *Human Rights as General Norms and a State's Right to Opt Out: Reservations and Objections to Human Rights Conventions* (London: British Institute of International and Comparative Law, 1997), pp. 64 – 84.

Chinkin, Christine and Wright, Shelley, "The Hunger Trap: Women, Food and Self-Determination" (1993) 4 *Michigan Journal of International Law* 262 – 321.

Chadorow, Nancy J., *Feminism and Psychoanalytic Theory* (New Haven: Yale University Press, 1989).

Clapham, Andrew, *Human Rights Obligations of Non-State Actors* (Oxford: Oxford University Press, 2006).

694 Clark, Belinda, "The Vienna Convention Reservations Regime and the Convention on Discrimination against Women" (1991) 85 *American Journal of International Law* 281, 283.

Sir Coke, Edward, "Institutes of the Laws of England" (1797) Vol I cited in Lois G. Forer, *Unequal Protection Women, Children, and the Elderly in Court* (New York: WW Norton & Co. 1991).

Combacau, Jean and Sur, Serge, *Droit international public* (6th edn., Paris: Montchrestien, 2004).

Conaway, Camille Pampell and Shoemaker, Jolynn, "Women in United

Nations Peace Operations: Increasing the Leadership Opportunities" (Washington, DC: Georgetown University, *Women in International Security*, 2008).

Connors, Jane, "Non-Governmental Organizations and the Human Rights of Women", in Peter Willets (ed.), *The Conscience of the World: The Influence of Non-Governmental Organizations in the United Nations Systems* (1996).

Connors, Jane, "Violence against Women", Background Paper, United Nations Fourth World Conference on Women, 1995, reprinted in Hilaire Barnett, *Sourcebook on Feminist Jurisprudence* (London, Sydndy: Cavendish Publishing, 1997), pp. 558 – 575.

Connors, Jane, "The Women's Convention in the Muslim World", in J. P. Gardner (ed.), *Human Rights as General Norms and a State's Right to Opt Out* (London: B. I. I. C. L., 1997), pp. 85 – 103.

Connors, Jane, "United Nations Approaches to 'Crimes of Honour'", in Lynn Welchman and Sara Hossain (eds.), *"Honour" Crimes, Paradigms and Violence against Women* (London: Zed Books, 2005), pp. 22 – 41.

Cook, Rebecca J., "Reservations to the Convention on the Elimination of all Forms of Discrimination against Women" (1990) *Virginia Journal of International Law* 643.

Cook, Rebecca J., "State Accountability under the Convention on the Elimination of all Forms of Discrimination against Women", in Rebecca J. Cook (ed.), *Human Rights of Women: National and International Perspectives* (Philadelphia: University of Pennsylvania Press, 1994), pp. 228 – 256.

Cook, Rebecca J., "Obligations to Adopt Temporary Special Measures under the Convention on the Elimination of all Forms of Discrimination against Women", in Ineke Boerefijn, Fons Coomans, Jenny Goldschmidt, Rikki Holtmaat and Ria Wolleswinkel (eds.), *Temporary Special Measures: Accelerating de facto Equality of Women under Article* 4 (1) *UN Convention on the Elimination of all Forms of Discrimination against Women* (New York: Transnational Publishers, 2003), pp. 119 – 142.

Cook, Rebecca J. and Cusack, Simone, *Gender Stereotyping: Transnational Legal Perspectives* (Philadephia: University of Pennsylvania Press, 2009).

Coomans, Fons and Kamminga, Menno T., *Extraterritorial Application of Human Rights Treaties* (Antwerp: intersentia, 2004).

Cooper, Joel, "The Digital Divide: The Special Case of Gender" (2006) 22 *Journal of Computer-Assisted Learning* 320 – 323.

Copelon, Rhonda, "Intimate Terror: Understanding Domestic Violence as Terror", in Rebecca J. Cook (ed.), *Human Rights of Women: National and International Perspectives* (Philadelphia: University of Pennsylvania Press, 1994), pp. 116 – 152.

Cowell-Meyers, Kimberly, "Gender, Power, and Peace: A Preliminary Look at Women in the Northern Ireland Assembly" (2001) 23 *Women & Politics* 55 – 88.

695 Craven, Matthew, *The International Covenant on Economic, Social and Cultural Rights: A Perspective on its Development* (Oxford: Oxford University Press, 1995).

Creighton, William B., *Working Women and the Law* (London: Mansell, 1979).

Crenshaw, Kimberle, "Demarginalizing the Intersection of Race and Sex, a Black Feminist Critique of Antidiscrimination Doctrine, Feminist Theory, and Antiracist Politics", in *University of Chicago Legal Forum* (1989), pp. 139 – 167 (Special Issues: Feminism in the Law: Theory, Practice and Criticism); Reprinted in Katharine T. Bartlett and Rosanne Kennedy (eds.), *Feminist Legal Theory* (Boulder/San Francisco/Oxford: Westview Press, 1991), pp. 57 – 80.

Cusack, Simones and Cook, Rebecca J., "Combating Discrimination Based on Sex and Gender", in Catarina Krause and Martin Scheinin (eds.), *International Protection of Human Rights: A Textbook* (Turku: Abo Akademi University Institute for Human Rights, 2009), pp. 205 – 226.

Dahlerup, Drude, "Conclusion", in Drude Dahlerup (ed.), *Women, Quotas and Politics* (New York: Routedge, 2006), pp. 293 – 307.

De Feyter, Koen and Gomez Isa, Felipe, "Privatisation and Human Rights", in Id. (eds.), *Privatisation and Human Rights in the Age of Globalisation* (Maastricht: Intersentia, 2005).

DeGroot, Gerard J., "A Few Good Women: Gender Stereotypes, the Military and Peacekeeping", in Louise Olsson and Torunn L. Tryggestad, *Women and International Peacekeeping* (London: Frank Cass Publishers, 2001), pp. 23 – 38.

Detrick, Sharon, "Article 41", in Sharon Detrick (ed.), *A Commentary on the United Nations Convention on the Rights of the Child* (The Hague/London: Martinus Nijhoff Publishers, 1999), pp. 712 – 718.

Diwan, Paras, *Law of Adoption, Minority Guardianship and Custody* (Allahabad: Wadhwa & Co, 1989).

Doehring, Karl, *Volkerrecht* (2nd edn., Heidelberg: C. F. Muller, 2005).

Donders, Yvonne, *Towards a Right to Cultural Identity?* (Antwerp: Intersentia, 2002).

Dowell-Jones, Mary, *Contextualising the International Covenant on Economic, Social and Cultural Rights: Accessing the Economic Deficit* (Leiden/Boston: Martinus Nijhoff Publishers, 2004).

Dusing, Sandra, *Traditional Leadership and Democratisation in Southern Africa. A Comparative Study of Botswana, Namibia and South Africa* (2002).

Edwards, Alice, *Violence against Women under International Human Rights Law* (Cambridge: Cambridge University Press, 2011).

Eide, Asbjorn, *Right to Adequate Food as a Human Right*, U. N. Sales No. E. 89. XIV. 2, (United Nations: New York, 1989).

Eide, Asbjorn, "Economic, Social and Cultural Rights as Human Rights", in Asbjorn Eide et al. (eds.), *Economic, Social and Cultural Rights: A Textbook* (1st and 2nd edn., Dordrecht: Martin Nijhoff Publishers, 1995 and

2001), pp. 9 – 28.

Elson, Diane, *Budgeting for Human Rights* (New York: UNIFEM, 2006).

Erdman, Joanna N, "Human Rights in Health Equality: Cervical Cancer and HPV Vaccines" (2009) 35 *American Journal of Lifestyle Medicine* 365 – 387.

Evatt, Elizabeth, "Finding a Voice for Women's Rights: The Early Days of CEDAW" (2002 – 2003) 34 *George Washington International Law Review* 515 – 553.

696 Evatt, Elizabeth, "Private Global Enterprises, International Trade and Finance", in Hanna B. Schöpp-Schilling and Cees Flinterman (eds.), *The Circle of Empowerment: Twenty-Five Years of The UN Committee on the Elimination of Discrimination against Women* (New York: Feminist Press, 2007), pp. 106 – 123.

Facio, Alda and Morgan, Martha, "Equity or Equality for Women? Understanding CEDAW's Equality Principles", *IWRAW Asia Pacific Occasional Papers Series*, No 14, Kuala Lumper (2009).

Facio, Alda and Morgan, Martha, "Equity or Equality for Women? Understanding CEDAW's Equality Principles" (2009) 60 *Alabama Law Review* 1133, 1160 – 1165.

Farha, Leilani, "Women and Housing", in Askin Kelly Dawn and Dorean M. Koenig (eds.) *Women and International Human Rights Law*, Vol. 1 (Ardsley, NY: Transnational Publishers, 1999), p. 483.

Farha, Leilani, "Is there a women in the house? Reconceiving the human right to housing" (2002) 14 *Canadian Journal of Women and the Law* 118 – 141.

Farha, Leilani, "Women Claiming Economic, Social and Cultural Rights—The CEDAW Potential", in Malcolm Langford (ed.), *Social Rights Jurisprudence Emerging Trends in International and Comparative Law* (Cambridge: Cambridge University Press, 2008), pp. 553 – 568.

Fawcett, James, Carruthers, Janeen and North, Peter (eds.), Cheshire, North, & Fawcett: *Private International Law* (14th edn., Oxford: Oxford University Press, 2008).

Fiske, Susan T., Bersoff, Donald No., Borgida, Eugene, Deaux,

Kayand Heilman, Madeline, "Social Science Research on Trial: Use of Sex Stereotyping Research in Price Waterhouse v. Hopkins" (1991) 46 *American Psychologist* 1049 – 1060.

Fitzpatrick, Joan, "The Use of International Human Rights Norms to Combat Violence against Women", in Rebecca J. Cook (ed.): *Human Rights of Women National and International Perspectives* (Philadelphia: University of Pennsylvania Press, 1994), pp. 532 – 572.

Flinterman, Cees, "Strengthening Women's Human Rights Through Individual Complaints", in Hanna B. Schöpp-Schilling and Cees Flinterman (eds.), *The Circle of Empowerment: Twenty-Five Years of The UN Committee on the Elimination of Discrimination against Women* (New York: Feminist Press, 2007), pp. 286 – 297.

Fogiel-Bijaoui, Sylvie, "Familism, Post-Modernity and the State: The Case of Israel", in Jaipaul L. Roopnarine and Uwe P. Gielen (eds.), *Families in Global Perspective* (Boston: Allyn and Bacon, 2005), pp. 38 – 62.

Forer, Lois G., *Unequal Protection: Women, Children, and the Elderly in Court* (New York: WW Norton & Co. 1991).

Fournier, Pascale, "The Reception of Muslim Family Law in Western Liberal States" (2005) *Dossier 27: Muslim Minorities* (*Women Living Under Muslim Laws*).

Fraser, Arvonne S., "The Convention on the Elimination of All Forms of Discrimination against Women (The Women's Convention)", in Anne Winslow (ed.), *Women, Politics and the United Nations* (Westport: Greenwood Press, 1995), pp. 77 – 94.

Fraser, Arvonne S., "Becoming Human: The Origins and Development of Women's Human Rights", (1999) 21 *Human Rights Quarterly* 853.

Fredman, Sandra, *Discrimination Law* (Oxford: Oxford University Press, 2002).

Fredman, Sandra, "Beyond the Dichotomy of Formal and Substantive Equality: Towards a New Definition of Equal Rights", in Ineke Boerefijn, Fons

Coomans, Jenny Goldschmidt, Rikki Holtmaat and Ria Wolleswinkel (eds.), *Temporary Special Measures: Accelerating de facto Equality of Women under Article 4 (1) UN Convention on the Elimination of All Forms of Discrimination against Women* (Antwerp/Oxford/New York: Intersentia, 2003), pp. 111 - 118.

697 Fredman, Sandra, "Providing Equality: Substantive Equality and the Private Duty to Provide" (2005) 21 *South African Journal on Human Rights* 163 - 190.

Freeman, Marsha, "The Committee on the Elimination of All Forms of Discrimination against Women and the Role of Civil Society in Implementing International Women's Human Rights Norms" (2010) 16 *New England Journal of International and Comparative Law* 25.

Freeman, Michael, *A Commentary on the United Nations Convention on the Rights of the Child: Article 3, The Best Interests of the Child* (Leiden: Martinus Nijhoff Publishers, 2007).

Fries, Michaela, *Die Bedeutung von Art. 5 (f) der Rassendiskriminierungs konvention im deutschen Recht* (Berlin/Heidelberg: Springer, 2003).

Frowein, Jochen, "The UN Anti-Terrorism Administration and the Rule of Law", in Pierre M. Dupuy, Bardo Fassbender, Malcolm N. Shaw and Karl P Sommermann (eds.), *Volkerrecht als Wertordnung/Common Values in International Law: Festschrift fur/Essays in Honour of Christian Tomuschat* (Kehl am Rhein: N. P. Engel, 2006), pp. 785 - 795.

Frowein, Jochen, "De Facto Regimes", in Rudiger Wolfrum (ed.), *The Max Planck Encyclopedia of International Law* (2008), Para. 1, onine edition 〈http: //www. mpepil. com〉 accessed 31 December 2010.

Frowein, Jochen and Peukert, Wolfgang, *Europäische Menschenrechts-konvention: EMRK Kommentar* (Kehl am Rhein: N. P. Engel, 2009).

Fudge, Judy and Owens, Rosemary (eds.), *Precarious Work, Women, and the New Economy: The Challenge to Legal Norms* Owens (Oxford: Hart, 2006).

Galey, Margaret E., "International enforcement of women's rights" (1984) 6 *Human Rights Quarterly* 463 – 490.

Galey, Margaret E., "Promoting Non-Discrimination against Women: The UN Commission on the Status of Women" (1979) 23 *International Studies Quarterly* 273.

Gallagher, Anne, "Human Rights and the New UN Protocols on Trafficking and Migrant Smuggling: A Preliminary Analysis" (2001) 23 *Human Rights Quarterly* 975 – 1004.

Gallagher, Anne, "Recent Legal Developments in the Field of Human Trafficking: A Critical Review of the 2005 European Convention and Related Instruments" (2006) 8 *European Journal of Migration and Law* 163 – 189.

Gallagher, Anne, *The International Law of Human Trafficking* (Cambridge: Cambridge University Press, 2010).

Gallagher, Anne and Pearson, Elaine, "Detention of Trafficed Persons in Shelters: A Legal and Policy Analysis" (2008) *Asia Regional Trafficking in Persons Project* (*ARTIP*).

Gallagher, Anne and Pearson, Elaine, "The High Cost of Freedom: A Legal and Policy Analysis of Shelter Detention for Victims of Trafficking" (2010) 74 *Human Rights Quarterly* 73 – 114.

Gardam, Judith and Charlesworth, Hilary, "Protection of Women in Armed Conflict" (2000) 22 *Human Rights Quarterly* 148 – 166.

Gardam, Judith and Jarvis, Michelle, *Women, Armed Conflict, and International Law* (The Hague: Kluwer Law International, 2001).

Gardiner, Richard K., *Treaty Interpretation* (Oxford: Oxford University Press, 2008).

Gaspard, Francoise, "Unfinished Battles: Political and Public Life", in 698
Hanna Beate Schöpp-Schilling and Cees Flinterman (eds.), *The Circle of Empowerment: Twenty-Five Years of the UN Committee on the Elimination of Discrimination against Women* (New York: Feminist Press, 2007), pp. 145 – 158.

Gherardi, Silvia, "The Gender We Think, the Gender We Do in our Everyday Organizational Lives" (1994) 6 *Human Relations* 591 - 610.

Gierycz, Dorota, "Human Rights of Women at the Fiftieth Anniversary of the United Nations", in Wolfgang Benedek, Esther M. Kisaakye and Gerd Oberleitner (eds.), *Human Rights of Women International Instruments and African Experiences* (London: Zed Books, 2002), pp. 30 - 49.

Glendon, Mary Ann, *A World Made New: Eleanor Roosevelt and the Universal Declaration of Human Rights* (New York: Random House, 2001).

Goldman, Alan H., "Affirmative Action", in Marshall Cohen, Thomas Nagel and Thomas Scanlon (eds.), *Equality and Preferential Treatment* (Princeton, N. J.: Princeton University Press, 1977), pp. 192 - 209.

Gondek, Michal, *The Reach of Human Rights in a Globalising World: Extraterritorial Application of Human Rights Treaties* (Antwerp: Intersentia, 2009).

Gonzalez Martinez, Aida, "Rights of Rural Women: Examples from Latin America", in Hanna B. Schöpp-Schilling and Cees Finterman (eds.), *The Circle of Empowerment: Twenty-Five Years of The UN Committee on The Elimination of Discrimination against Women* (New York: Feminist Press, 2007), pp. 212 - 222.

Goodman, Ryan, "Human Rights Treaties, Invalid Reservations, and State Consent" (2002) 96/531 *American Journal of International Law* 531.

Goonsekere, Savitri, "Colonial Legislation and Sri Lankan Family Law: The Legacy of History", in K. M. de Silva et al. (eds.), *Asian Panorama* (New Delhi: Vikas Publishing House, 1990).

Goonsekere, Savitri, "The Conceptual and Legal Dimensions of a Rights-Based Approach, and its Gender Dimensions", in *A Rights-Based Approach to Women's Empowerment and Advancement and Gender Equality*, Workshop Report, UN Division for the Advancement of Women, (October 1998), pp. 52 - 67.

Goonsekere, Savitri (ed.), *Violence, Law and Women's Rights in South Asia* (New Delhi: Sage, 2004).

Goonsekere, Savitri, "Family Support and Maintenance: Emerging Issues in Some Developing Countries with Mixed Jurisdictions" (2006) 44 *Family Court Review* 361.

Goonsekere, Savitri, "Universalizing Women's Human Rights through CEDAW", in Hanna B. Schöpp-Schilling and Cees Flinterman (eds.), *The Circle of Empowerment: Twenty-Five Years of The UN Committee on The Elimination of Discrimination against Women* (New York: Feminist Press, 2007), pp. 52 – 67.

Gorga, Camine, "Toward the Definition of Economic Rights" (1999) 2 *Journal of Markets & Morality* 88 – 101.

Gosepath, Stefan, "Equality" (March 2001, revised June 2007), in Edward N. Zalta (ed.), Stanford Encyclopedia of Philosophy 〈http://plato.stanford.edu/archives/spr2009/entries/equality〉 accessed 31 December 2010.

Grey, Sarah, "Does Size Matter? Critical Mass Theory and New Zealand's Women MPs" (2002) 55 *Parliamentary Affairs* 19 – 29.

Groenman, Louise, van Vleuten, Tineke, Holtmaat, Rikki, van Dijk, Ite and de Wildt, Jeroen, *Het Vrouwenverdrag in Nederland anno* 1997 (The Hague: Ministerie van, SZW, 1997) (First Dutch Independent Expert Report on the basis of Article 3 of the Act According the Ratification of CEDAW).

Gross, Aeya M., "Sex, Love, and Marriage: Questioning Gender and 699
Sexuality Rights in International Law" (2008) 21 *Leiden Journal of International Law* 235 – 253.

Hahlo, Herman R. and Kahn, Ellison, *The South African Law of Husband and Wife* (5th edn., Cape Town: Juta & Co, 1985).

Hammouya, Messaoud, *Statistics on Public Sector Employment. Methodology, Structures and Trends* (Geneva: International Labour Office, 1999).

Harris, David J., O'Boyle, Michael, Bates, Ed P. and Buckley, Carla

M., *Law of the European Convention on Human Rights* (2nd edn., Oxford: Oxford University Press, 2009).

Hayes, Ceri, "Out of the Margins: The MDGs though a CEDAW Lens", 13 *Gender and Development* (Oxford: Oxfam, 2005), p. 67.

Hellum, Anne, "Engendering the Right to Water and Sanitation: A Women Focused and Crounded Approach", in Malcolm Langford and Anna Russell (eds.), *The Right to Water: Theory, Practice and Prospects* (Cambridge, forthcoming 2011).

Hellum, Anne, Stewart, Julie, Ali, S. Sardar and Tsanga, Amy (eds.), *Human Rights, Plural Legalities and Gendered Realities: Paths are Made by Walking*, Southern and Eastern African Regional Centre for Women's Law (Harare: Weaver Press, 2007).

Hepple, Bob, Coussey, Mary and Choudhury, Tugyal, *Equality: A New Framework: Report of the Independent Review of the Enforcement of UK Anti-discrimination Legislation* (Oregon: Hart Publishing, 2000).

Hertel, Shareen, "Why Bother? Measuring Economic Rights—The Research Agenda" (2006) 7 (3) *International Studies Perspectives* 215 – 230.

Hertel, Shareen and Minkler, Lanse P., "Introduction", in Shareen Hertel and Lanse P. Minkler (eds.), *Economic Rights: Conceptual, Measurement, and Policy Issues* (Cambridge: Cambridge University Press, 2008), pp. 1 – 35.

Hevener Kaufman, Natalie, "International Law and the Status of Women: An Analysis of International Legal Instruments Related to the Treatment of Women" (1978) 1 *Harvard Women's Law Journal* 131.

Hevener Kaufman, Natalie, and Lindquist, Stefanie A. "Critiquing, Gender-Neutral Treaty Language: The Convention on the Elimination of All Forms of Discrimination against Women", in Julie Peters and Andrea Wolper (eds.), *Women's Rights, Human Rights* (New York: Routledge, 1995), pp. 114 – 125.

Hirose, Kasuko, "Article 1: Definition of Discrimination against Women", in Japanese Association of International Women's Rights (ed.), *Convention on the Elimination of All Forms of Discrimination against Women: A Commentary* (Bunkyo: Japanese Association of International Women's Rights, 1995), pp. 39 – 58.

Hofbauer, Helena, "Gender-Sensitive Budget Analysis: A Tool to Promote Women's Rights" (2004) 14 *Canadian Journal of Women and the Law* 98 – 117.

Hogan, Gerard, Whyte, Gerry and Kelly, J. M. (eds.), *The Irish Constitution* (3rd edn., Dublin: Butterworths Ltd., 1994).

Hogg, Peter W., *Constitutional Law of Canada* (4th edn., Scarborough: Carswell, 1997).

Holtmaat, Rikki, "The Power of Legal Concepts: the Development of a Feminist Theory of Law" (1989) 5 *International Journal of the Sociology of Law* 481 – 502.

Holtmaat, Rikki, "Towards Different Law and Public Policy: The Significance of Article 5a CEDAW for the Elimination of Structural Gender Discrimination", Ministerie van Sociale Zaken en Werkgelegenheid (Doetinchem: Reed Business Information, 2004).

Holtmaat, Rikki and Naber, Jonneke, *Women's Human Rights and Culture*: 700
From Deadlock to Dialogue (Antwerp/Oxford/New York: Intersentia, 2010).

Honda, Makoto, "Article 27: Entry into Force", in Japanese Association of International Women's Rights (ed.), *Convention on the Elimination of All Forms of Discrimination against Women: A Commentary* (Bunkyo: Japanese Association of International Women's Rights, 1995), pp. 397 – 401.

hui, tan beng., "Exploring the Potential of the UN Treaty Body System in Addressing Sexuality Rights" (2007) International Women's Rights Action Watch Asia Pacific Occasional Paper Series, No 11.

Hunter, Rosemary, *Indirect Discrimination in the Workplace* (Sydney: Federation Press, 1992).

Ilic, Zagorka and Corti, Ivanka, *UNITAR Manual on Human Rights Reporting* (New York: United Nations, 1991).

International Law Association, Committee on Feminism and International Law, "Final Reports on Women's Equality and Nationality in International Law", in *Report of the Sixty Ninth Conference* (London: International Law Association, 2000).

Iwasawa, Yuji, *International Law, Human Rights, and Japanese Law: The Impact of International Law on Japanese Law* (Oxford: Oxford University Press, 1998), pp. 61 -63.

Jalal, Imrana, "The Campaign for Gender Equality in Family Law" (2005) in *Dossier 27: Muslim Minorities* (*Women Living Under Muslim Laws*) (Nottingham: The Russell Press, 2005).

Japanese Association of International Women's Rights (ed.), *Convention on the Elimination of All Forms of Discrimination against Women: A Commentary* (Bunkyo: Japanese Association of International Women's Rights, 1995).

Jenefsky, Anna, "Permissibility of Egypt's Reservations to the Convention on the Elimination of All Forms of Discrimination against Women" (1991) 15/2 *Maryland Journal of International Law and Trade* 199.

Jolls, Christine, "*Antidiscrimination Law's Effects on Implicit Bias*", Yale Law School, Public Working Paper No. 148, 〈http://ssrn.com/abstract=959228〉 accessed 31 December 2010.

Junko, Torii, "Article 9: Equality with Respect to Nationality", in Japanese Association of International Women's Rights (ed.), *Convention on the Elimination of All Forms of Discrimination against Women: A Commentary* (Bunkyo: Japanese Association of International Women's Rights, 1995), pp. 163 -174.

Kadelbach, Stefan, "The Transformation of Treaties into Domestic Law" (1999) 42 *German Yearbook of International Law* 66 -83.

Kagi-Diener, Regula, "Die Bedeutung internationaler Diskriminierungsverbote, insbesondere von CEDAW, fur die schweizerische Rechtsprechung", *Frauenfragen* 1.2009, 42.

Kaiser, Karen, "Treaties, Direct Applicability", in Rudiger Wolfrum (ed.), The *Max Planck Encyclopedia of International Law* (2008) online edition ⟨http://www.mpepil.com⟩ accessed 31 December 2010.

Kameri-Mbote, Patricia, "Gender Dimensions of Law, Colonialism and Inheritance in East Africa: Kenyan Women's Experience," International Environment Law Research Centre (Geneva, 2002).

Kamir, Orit, "Honor and Dignity Cultures: The Case of *Kavod* and *Kvod* 701
Ha-Adam in Israeli Society and Law", in David Kretzmer and Eckart Klein (eds.), *The Concept of Human Dignity in Human Rights Law* (Amsterdam: Kluwer Press, 2002), pp. 231 – 262.

Kasemsup, Preedee, "Reception of Law in Thailand-a Buddhist society", in Masaji Chiba (ed.), *Asian Indigenous Law in Interaction with Received Law* (New York and London: KPI, 1986).

Kawamata, Kazuko, "Article 7: Equality in Political and Public Life", in Japanese Association of International Women's Rights (ed.), *Convention on the Elimination of All Forms of Discrimination against Women: A Commentary* (Bunkyo: Japanese Association of International Women's Rights, 1995), pp. 139 – 150.

Keller, Helen, "Special Representative", in Rudiger Wolfrum (ed.), *TheMax Planck Encyclopedia of International Law* (2008), online edition ⟨http://www.mpepil.com⟩ accessed 31 December 2010.

Khadiagala, Lynn S., "The failure of popular justice in Uganda: Local councils and women's property rights" (2001) 32 *Development and Change* 55 – 76.

King, Richard and Sweetman, Caroline, *Gender Perspectives on the Economic Crisis* (Oxford: Oxfam, 2010).

Kitajima, Takae, "Article 26: Revision", in Japanese Association of International Women's Rights (ed.), *Convention on the Elimination of All Forms of Discrimination against Women: A Commentary* (Bunkyo: Japanese Association of International Women's Rights, 1995), pp. 393 - 396.

Klabbers, Jan, "Accepting the Unacceptable? A New Nordic Approach to Reservations to Multilateral Treaties" (2006) 69 *Nordic Journal of International Law* 179 - 193.

Klabbers, Jan, "Treaties, Amendment and Revision", in Rudiger Wolfrum (ed.), *TheMax Planck Encyclopedia of International Law* (2008), online edition 〈http://www.mpepil.com〉 accessed 31 December 2010.

Klot, Jennifer F., "Women and Peace Processes—an Impossible Match?", in Louise Olsson (ed.), *Gender and Peace Processes—an Impossible Match?* (Uppsala: Collegium of Development Studies, 2003), pp. 17 - 25.

Knop, K. and Chinkin, C., "Remembering Chrystal Macmillan: Women's Equality and Nationality in International Law" (2001) 22 *Michigan Journal of International Law* 523 - 585.

Kohona, Palitha, "Some Notable Developments in the Practice of the UN Secretary-General as Depositary of Multilateral Treaties: Reservations and Declarations" (2005) 99/2 *American Journal of International Law* 433.

Koukoulis-Spiliotopoulos, Sophia, "The Limits of Cultural Traditions" (2008) *Annuaire International des Droits de l' Homme* Ⅲ 411 - 433.

Kouvo, Sari, "The United Nations and Gender Mainstreaming: Limits and Possibilities", in Doris Buss and Ambreena Manji (eds.), *International Law: Modern Feminist Approaches* (Oxford: Hart, 2005), pp. 237 - 252.

Krause, Catarina and Scheinin, Martin, "The Right Not to be Discriminated against: The Case of Social Security", in Theodore S. Olin, Allan Rosas and Martin Scheinin (eds.), *The Jurisprudence of Human Rights Law. A Comparative Interpretive Approach* (Turku: Institute for Human Rights, 2000), pp. 253 - 286.

Krivenko, Ekaterina Yahyaoui, *Women, Islam and International Law* (Leiden/Boston: Martin Nijhoff Publishers, 2009).

Lamarche, Lucie, "Le Pacte international relatif axu droits économiques, 702
sociaux et culturels, les femmes et le droit à la sécurité sociale: des considerations et des propositions pour un droit《universel》a la securité sociale" (2002) 14: 1 *Canadian Journal of Women and the Law* 53 – 97.

Landau, Eve C. and Beigbeder, Yves, *From ILO Standards to EU Law: The Case of Equality Between Men and Women at Work* (Boston: Martinus Nijhoff Publishers, 2008).

Landsberg-Lewis, Ilana (ed.), *Bringing Equality Home: Implementing the Convention on the Elimination of All Forms of Discrimination against Women* (New York: UNIFEM, 1999). 〈http: //www. unifem. undp. org/cedaw/indexen. htm〉 accessed 31 December 2010.

Langford, Malcolm (ed.), *Social Rights Jurisprudence* (Cambridge: Cambridge University Press, 2008).

Langford, Malcolm, "Poverty in Developed States: International Human Rights Law and the Right to a Remedy" (2008) 51 *German Yearbook of International Law* 251 – 289.

Larserud, Stina and Taphorn, Rita, *Designing for Equality: Best-fit, Medium-fit and Non-favourable Combinations of Electoral Systems and Gender Quota*s (Stockholm: International IDEA, 2007).

Lauterpacht, Hersch, "Foreward to the First Edition", in Paul Weis (ed.), *Nationality and Statelessness in International Law* (2nd edn., Alphen aan den Rijn: Sijthoff & Noordhoff, 1979), p. 11.

Lawson, Rick, "Life After *Bankovic*: On the Extraterritorial Application of the European Convention on Human Rights", in Alphonsus Coomans and Menno Kamminga (eds.), *Extraterritorial Application of Human Rights Treaties* (Maastricht: Maastricht Centre for Human Rights, Intersentia, 2004), pp. 83 – 123.

Lee, Robert Warden, *An Introduction to Roman-Dutch Law* (5th edn., Oxford: Oxford Clarendon Press, 1953).

Lijnzaad, Lisbeth, "Over rollenpatronen en de rol van het Verdrag", in

Aalt Willem Heringa, Joyce Hes and Liesbeth Lijnzaad (eds.), *Het Vrouwenverdrag. Een beeld van een verdrag* (Antwerp/Apeldoorn: MakluPublishers, 1994), pp. 43 – 57.

Lijnzaad, Lisbeth, *Reservations to UN-Human Rights Treaties: Ratify and Ruin?* (Dordrecht: Martinus Nijhoff Publishers, 1995).

Lindblom, Anna-Karin, *The Legal Status of Non-Governmental Organisations in International Law* (Cambridge: Cambridge University Press, 2001).

Lippincott, Amy, "Is Uganda's 'No Party' System Discriminatory of Women and a Violation of International Law?" (2002) 3 *Brooklyn Journal of International Law* 1137 – 1166.

Mackie, Gerry and LeJeune, John, "*Social Dynamics of Abandonment of Harmful Practices*", UNICEF Innocenti Working Papers Series, IWP – 2009 – 06 (New York: UNICEF, 2009).

Mackinnon, Catherine A., "On Torture: A Feminist Perspective on Human Rights", in Kathleen E. Mahoney and Paul Mahoney (eds.) *Human Rights in the 21st Century: A Global Perspective* (1993), pp. 21 – 32.

Mackinnon, Catherine A., *Feminism Unmodified* (Cambridge: Harvard University Press, 1987).

Mansbridge, Jane, "The Descriptive Political Representation of Gender: An Anti-Essentialist Argument", in Jytte Klausen and Charles S. Maier (eds.), *Has Liberalism Failed Women?* (New York: Palgrave, 2001), pp. 19 – 38.

Marks, Susan, "Nightmare and Noble Dream: The 1993 World Conference on Human Rights" (1994) 53 *Cambridge Law Journal* 54 – 62.

703 Matland, Richard E., "Enhancing Women's Political Participation: Legislative Recruitment and Electoral Systems", in Julie Ballington and Azza Karam (eds.), *Women in Parliament: Beyond Numbers* (Stockholm: International IDEA, 2005), pp. 93 – 111.

Matz-Luck, Nele, "Treaties, Conflict Clasues", in Rudiger Wolfrum (*ed.*), *TheMax Planck Encyclopedia of International Law* (2008), online edition 〈http：//www. mpepil. com〉 accessed 31 December 2010.

Mayer, Ann E, "Reform of Personal Status Laws in North Africa: A Problems of Islamic or Mediterranean Laws?" (1995) 49 *Middle East Journal* 432 - 446.

McCrudden, Christopher, "Human Dignity and Judicial Interpretation of Human Rights" (2008) 19 *European Journal of International Law* 655 - 724.

McGoldrick, Dominic, "*Human Rights and Religion: The Islamic Headscarf Debate*" (Oxford: Hart Publishing, 2006).

McKean, Warwick A., *Equality and Discrimination under International Law* (Oxford: Clarendon Press, 1983).

MaLachlan, Campell, "The Principle of Systemic Integration and Article 31 (3) of the Vienna Convention" (2005) 54 *International and Comparative Law Quarterly* 279 - 319.

Megret, Frederic and Hoffmann, Florian, "The UN as a Human Rights Violator? Some Reflections on the United Nations Changing Human Rights Responsibilities" (2003) 25 *Human Rights Quarterly* 314 - 342.

Mendez, Emilio Garcia, "A Comparative Study of the Impact of the Convention on the Rights of the Child: Law Reform in Selected Civil Law Countries", in *Protecting the World's Children* (Cambridge: Cambridge University Press UNICEF, 2007).

Meron, Theodor, *Human Rights Law-Making in the United Nations: A Critique of Instruments and Process* (Oxford: Clarendon Press, 1986).

Meron, Theodor, "Enhancing the Effectiveness of the Prohibition of Discrimination against Women" (1994) 84 *American Journal of International Law* 213 - 217.

Merry, Sally E., "Rights Talk and the Experience of Law: Implementing Women's Human Rights to Protection from Violence" 25 *Human Rights Quarterly* (2003) 343 - 381.

Merry, Sally E., *Human Rights and Gender Violence: Translating*

International Law into Local Justice (Chicago/London: University of Chicago Press, 2006).

Merry, Sally E., *Gender Violence: A Cultural Perspective* (London: Wiley-Blackwell, 2009).

Meyer, Birgit, "Much Ado About Nothing? Political Representation Policies and the Influence of Women Parliamentarians in Germany" (2003) 20 *Review of Policy Research* 401 - 421.

Minow, Martha, *Making All the Difference: Inclusion, Exclusion and American Law* (New York: Cornell University Press, 1999).

Moore, Catherine, "Women and Domestic Violence: The Public/Private Dichotomy in International Law" (2003) 7 *International Journal of Human Rights* 93 - 128.

Morsink, Johannes, *Universal Declaration of Human Rights* (Philadelphia: University of Pennsylvania Press, 1999).

Morsink, Johannes, "Women's Rights in the Universal Declaration" (1991) 13 *Human Rights Quarterly* 229 - 256.

Morvai, Krisztina, "Personal Reflection: Rethinking Prostitution and Trafficking", in Hanna B. Schöpp-Schilling and Cees Flinterman (eds.), *The Circle of Empowerment: Twenty-Five Years of The UN Committee on The Elimination of Discrimination against Women* (New York: Feminist Press, 2007).

704 Motiejunaite, Jurate, *Women's Rights: the Public/Private Dichotomy* (New York: International Debate, 2005).

Mowbray, Alastair, "The Consideration of Gender in the Process of Appointing Judges to the European Court of Human Rights" (2008) 8 *Human Rights Law Review* 549 - 559.

Muria, Sir John, "Personal Common Law Conflicts and Women's Human Rights", in Andrew Byrnes, Jane Connors and Lum Bik (eds.), *Advancing the Human Rights of Women: Using International Human Rights in Domestic Litigation*

(Commonwealth Secretariat, 1997).

Neuwirth, Jessica, "Women and Peace and Security: The Implementation of UN Security Council Resolution 1325" (2009) 9 *Duke Journal of Gender Law and Policy* 253 - 260.

Nijman, Janne E. and Nollkaemper, Andre, *New Perspectives on the Divide between National and International Law* (Oxford: Oxford University Press, 2007).

Nose, Kumiko, "Article 8: Participation in International Activities", in Japanese Association of International Women's Rights (ed.), *Convention on the Elimination of All Forms of Discrimination against Women: A Commentary* (Bunkyo: Japanese Association of International Women's Rights, 1995), pp. 151 - 162.

Novikova, Elvira, "Poverty, Prostitution, and Trafficking", in Hanna B. Schöpp-Schilling and Cees Flinterman (eds.), *The Circle of Empowerment: Twenty-Five Years of The UN Committee on The Elimination of Discrimination against Women* (New York: Feminist Press, 2007), pp. 124 - 144.

Nowak, Manfred, "Civil and Political Rigths", in Janusz Symonides (ed.), *Human Rights Concepts and Standards* (Paris: UNESCO, 2000).

Nowak, Manfred, *UN Covenant on Civil and Political Rights: CCPR Commentary* (2nd revised edn., Kehl am Rhein: N. P. Engel, 2005).

Nowak, Manfred and McArthur, Elizabeth, *The United Nations Conventions Against Torture: A Commentary* (New York: Oxford University Press, 2008).

Nussbaum, Martha, *Sex and Social Justice* (New York: Oxford University Press, 1999).

Nussbaum, Martha, *Women and the Human Rights to Development: The Capabilities Approach* (New York: Cambridge University Press, 2000).

Nyamu, Celestine I., "Rural Women in Kenya and the Legitimacy of the Human Rights Discourse and Institutions", in Edward K. Quashigah and Obiora C. Okafor (eds.), *Legitimate Governance in Africa* (The Hague: Kluwer Law

International, 1999), pp. 263 - 308.

Nyamu, Celestine I., "The International Human Rights Regime and Rural Women in Kenya" (2000) 6 *East African Journal of Peace and Human Rights* 1 - 33.

Nyamu, Celestine I., "How Should Human Rights and Development Respond to Cultural Legitimization of Gender Hierarchy in Developing Countries?" (2004) 41 *Harvard International Law Journal* 381 - 418.

Nyamu-Musembi, Celestine, "Are local Norms and Practices Fences or Pathways? The Example of Property Rights", in An-Na'im, Abullahi A. (ed.), *Cultural Transformation and Human Rights in Africa* (London: Zed Books Ltd., 2002), pp. 126 - 150.

OHCHR, *UNRPG: Commentary* (2009).

O'Connell Davidson, Julia and Andersen, Bridget, "Is Trafficking in Human Beings Demand Driven? A Multi-Country Pilot Study" [2003] International Organization for Migration (IOM) Migration Research Series, No 15.

705 Okin, Susan Moller, "Is Multiculturalism Bad for Women?" (1997) 22/5 *Boston Review* 25 - 28.

Oomen, Barbara, *Chiefs in South Africa: Law, Power and Culture in the Post-Apartheid Era* (Oxford: James Currey, 2005).

Otto, Dianne, "Rethinking the 'Universality' of Human Rights Law" (1997 - 1998) 29 *Columbia Human Rights Law Review* 1 - 46.

Overy, Clare and White, Robin C. A., *Jacobs & White: The European Convention on Human Rights* (4th edn., Oxford: Oxford University Press, 2006).

Packer, Corinne, *Using Human Rights to Change Tradition* (Antwerp/Oxford/New York: Intersentia, 2002).

Paglione, Giulia, "Domestic Violence and Housing Rights" (2006) 28 *Human Rights Quarterly* 120 - 147.

Patten, Paramila, Opportunities and Traps—The Informal Labor Market, in

Hanna B. Schöpp-Schilling and Cees Flinterman (eds.), *The Circle of Empowerment: Twenty-Five Years of The UN Committee on The Elimination of Discrimination against Women* (New York: Feminist Press, 2007), pp. 179 – 182.

Pearl, David, *A Textbook on Muslim Personal Law* (2nd edn., London: Croomhelm, 1987).

Peter, Anne, *Women, Quotas, and Constitutions: A Comparative Study of Affirmative Action for Women under American, German, EC, and International Law* (Boston: Kluwer Law International, 1999).

Petersen, Niels, "Human Dignity", in Rudiger Wolfrum (ed.), *Max Planck Encyclopedia of International Law* (2008), online edition 〈http://www.mpepil.com〉 accessed 31 December 2010.

Phillips, Anne, "Defending equality of outcome", (2004) 12 *Journal of Political Philosophy* 1 – 19 〈http://eprints.lse.ac.uk/533/1/equality_of_outcome.pdf〉 accessed 5 May 2009.

Phillips, Anne, *Multiculturalism Without Culture* (Princeton: Princeton University Press, 2007).

Phillips, Anne, "Religion: ally, threat or just religion", in Jose Casanova and Anne Phillips, *A Debate on the Public Role of Religion and its Social and Gender Implication*, *Programme on Gender and Development*, Paper No 5 (Geneva: UNRISD, 2009).

Phuong, Catherine, "The Relationship Between the European Court of Human Rights and the Human Rights Committee: Has the 'Same Matter' Already Been Examined?" (2007) 7 (2) *Human Rights Law Review* 385 – 395.

Pietila, Hilkka, *The Unfinished Story of Women and the United Nations* (Geneva: UN Non-Governmental Liaison Service, 2007).

Pimentel, Silvia, "Education and Legal Literacy", in Hanna B. Schöpp-Schilling and Cees Flinterman (eds.), *The Circle of Empowerment: Twenty-Five Years of The UN Committee on The Elimination of Discrimination against Women* (New York: Feminist Press, 2007), pp. 90 – 103.

Pisillo-Mazzeschi, Ricardo, "The Due Diligence Rule and the Nature of the International Responsibility of States" (1992) 35 *German Yearbook of International Law* 9 –51.

Plata, Maria Isabel, "Reproductive Rights as Human Rights: The Colombian Case", in Rebecca J. Cook (ed.), *Human Rights of Women: National and International Perspectives* (Philadephia: University of Pennsylvania Press, 1994).

Polyviou, Polyvios G., *The Equal Protection of the Laws* (London: Duckworth & Co Ltd., 1980).

706 Pruitt, Lisa R., "Migration, Development and the Promise of CEDAW for Rural Women" (2009) 30 *Michigan Journal of International Law* 707 –761.

Quenivet, Noelle, *Sexual Offenses in Armed Conflict and International Law* (Ardsley, New York: Transnational Publishers, 2005).

Raday, Frances, "Culture, Religion, and Gender" (2003) 1 *International Journal of Constitutional Law* 663 –715.

Raday, Frances, "Systematizing the Application of Different Types of Temporary Special Measures under Article 4 of CEDAW" in Ineke Boerefijn, Fons Coomans, Jenny Goldschmidt, Rikki Holtmaat and Ria Wolleswinkel (eds.), *Temporary Special Measures: Accelerating de fecto Equality of Women under Article 4 (1) UN Convention on the Elimination of All Forms of Discrimination against Women* (New York: Transnational Publishers, 2003) 35 –44.

Raday, Frances, "Culture, Religion, and CEDAW's Article 5 (a)", in Hanna B. Schöpp-Schilling and Cees Flinterman (eds.), *The Circle of Empowerment: Twenty-Five Years of The UN Committee on The Elimination of Discrimination against Women* (New York: Feminist Press, 2007), pp. 68 –85.

Raday, Frances, "Traditionalist Religious and Cultural Challengers: International and Constitutional Human Rights Responses" (2008) 41 *Israel Law Review* 596 –634.

Rae, Isabella, *Women and the Right to Food* (Rome: FAO, 2008).

Rathberger, Eva, M., "WID, WAD, GAD: Trends in Research and Practice", *Journal of Computer-Assisted Learning* 320 – 323.

Rees, Teresa, *Mainstreaming Equality in the European Union: Education, Training and Labour Market Policies* (New York: Routledge, 1998).

Redgwell, Catherine J., "Reservations to Treaties and Human Rights Committee General Comment No. 24 (52)" (1997) 46 *International Comparative Law Quarterly* 390 – 412.

Rehof, Lars A., *Guide to the Travaux Preparatoires of the United Nations Convention on the Elimination of All Forms of Discrimination against Women* (Dordrecht/Boston/London: Martinus Nijhoff Publishers, 1993).

Reidel, Laura, "What are Cultural Rights? Protecting Groups with Individual Rights" (2010) 9 *Journal of Human Rights* 65 – 80.

Riddle, Jennifer, "Making CEDAW Universal: A Critique of CEDAW's Reservation Regime under Article 28 and the Effectiveness of the Reporting Process" (2002) 34 *George Washington Law Review* 605 – 638.

Risse, Mathias, "*A Right to Work? A Right to Leisure? Labor Rights as Human Rights*" (2009) 3 *Journal of Law and Ethics of Human Rights* 1 – 39.

Rittich, Kerry, "The Properties of Gender Equality", in Philip Alston and Mary Robinson, *Human Rights and Development Towards Mutual Reinforcement* (Oxford: Oxford University Press, 2005).

Rittich, Kerry, "Social Rights and Social Policy—Transformation of the International Landscape", in Daphne Barak-Erez and Aeyal A. Gross (eds.), Exploring Social Rights (Oxford and Portland: Hart, 2007).

Romany, Celina, "State Responsibility goes Private: the Feminist Critique of the Public/Private Distinction in International Human Rights Law", in Rebecca J. Cook (ed.), *Human Rights of Women: National and International Perspectives* (Philadephia: University of Pennsylvania Press, 1994), pp. 85 – 115.

Rosenne, Shabtai, "Final Clauses", in Rudiger Wolfrum (ed.), *Max* 707
Planck Encyclopedia of International Law (2008), online edition 〈http://

www. mpepil. com〉 accessed 31 December 2010.

Roth, Kenneth, "Domestic Violence as an International Human Rights Issue", in Rebecca J. Cook (ed.), *Human Rights of Women: National and International Perspectives* (Philadephia: University of Pennsylvania Press, 1994), pp. 326 – 339.

Roy, Nicole, *De Facto Union in Quebec* (2005) 〈http://www.canada – justice. org/eng/pi/icg – gci/dfu – ufu – udf. pdf〉 accessed 31 December 2010.

Rubenstein, Michael, "*The Dignity of Women at Work: A Report on the Problem of Sexual Harassment in the Member States of the European Communities*" (Luxembourg: Office for Offical publications of the European Communities, 1987).

Rubio-Marin, Ruth (ed.), *The Gender of Reparations* (New York: Cambridge University Press, 2009).

Rubin, Neville (ed.), *Code of International Labour Law: Law, Practice and Jurisprudence, Volume I* (New York: Cambridge University Press, 2005).

Rudolf, Beate, "European Union: Compulsory Military Service" (2005) 3 *International Journal of Constitutional Law* 673 – 679.

Russell, Ruth B., *A History of the United Nations Charter: The Role of the United States* 1940 – 1945 (Washington, DC: Brookings Institution, 1958).

Rwezaura, Bart, "Gender Justice and Children's Rights: A Banner for Family Law Reform in Tanzania", in Andrew Bainham (ed.), *International Survey of Family Law* (The Hague: XX Publishers 1997), pp. 413 – 443.

Sacchet, Teresa, "Political Parties: When do They Work for Women?" EGM/EPWD/2005/E10 (12 December 2005), 〈http://www. un. org/womenwatch/daw/egm/eql – men/docs/EP. 10_ rev. pdf〉 accessed 31 December 2010.

Sadat-Akhavi, Ali, *Methods of Resolving Conflicts between Treaties* (New York: Kluwer Law International, 2003).

Saeki, Tomiki, "Article 23: Preferential Application of National and

International Legislation of Higher Levels of Protection than the Present Convention", in Japanese Association of International Women's Rights (ed.), *Convention on the Elimination of All Forms of Discrimination against Women: A Commentary* (Bunkyo: Japanese Association of International Women's Rights, 1995), pp. 366 - 372.

Sardar Ali, Shaheen (ed.), *Conceptualising Islamic Law, CEDAW and Women's Human Rights in Plural Legal Settings* (New Delhi: UNIFEM South Asia Regional Office, 2006).

Sardar Ali, Shaheen, "A Comparative Perspective of the Convention on the Rights of the Child and the Principles of Islamic Law", in *Protecting the World's Children* (Cambridge University Press and UNICEF, 2007).

Schoiswohl, Michael, *Status and (Human Rights) Obligations of Non-Recognized De Facto Regimes in International Law: The Case of Somaliland* (Leiden/Boston: Martinus Nijhoff Publishers, 2004).

Schöpp-Schilling, Hanna Beate, "Reflections on a General Recommendation on Article 4 (1) of the Convention on the Elimination of All Forms of Discrimination against Women", in Ineke Boerefijn et al. (eds.), *Temporary Special Measures: Accelerating de fecto Equality of Women under Article* 4 (1) *UN Convention on the Elimination of All Forms of Discrimination against Women* (New York: Transnational Publishers, 2003) 15.

Schöpp-Schilling, Hanna Beate, "Reservation to the Convention on the 708
Elimination of All Forms of Discrimination against Women: An Unresolved Issue or (No) New Development?", in Ineta Ziemele (ed.), *Reservations to Human Rights Treaties and the Vienna Convention Regime: Conflict, Harmony or Reconciliation* (Leiden/Boston: Martinus Nijhoff Publishers, 2004), pp. 3 - 40.

Schöpp-Schilling, Hanna Beate, "The Nature and Mandate of the Committee", in Hanna Beate Schöpp-Schilling and Cees Flinterman (eds.), *The Circle of Empowerment: Twenty-Five Years of The UN Committee on The*

Elimination of Discrimination against Women (New York: Feminist Press, 2007), pp. 248 – 361.

Schöpp-Schilling, Hanna Beate, "The Nature and Scope of the Convention", in Hanna B. Schöpp-Schilling and Cees Flinterman (eds.), *The Circle of Empowerment: Twenty-Five Years of The UN Committee on The Elimination of Discrimination against Women* (New York: Feminist Press, 2007), pp. 10 – 29.

Schöpp-Schilling, Hanna Beate, "Impediments to Progress: The Formal Labor Market", in Hanna B. Schöpp-Schilling and Cees Flinterman (eds.), *The Circle of Empowerment: Twenty-Five Years of The UN Committee on The Elimination of Discrimination against Women* (New York: Feminist Press, 2007).

Von Schorlemer, Sabine, "Article 8", in Bruno Simma (ed.), *The Charter of United Nations: A Commentary* (Oxford: Oxford University Press, 2002), pp. 230 – 246.

Schwelb, Egon, "The International Convention on the Elimination of All Forms of Racial Discrimination" (1996) 15 *International and Comparative Law Quarterly* 996 – 1068.

Sen, Amartya, *Development as Freedom* (Oxford: Oxford University Press, 1989).

Sen, Gita and Ostlin, Piroska (eds.), *Gender Equity in Health: The Shifting Frontiers of Evidence and Action* (New York: Routledge, 2010).

Sepper, Elizabeth, "Confronting the 'Sacred and Unchangeable': The Obligation to Modify Cultural Patterns under the Women's Discrimination Treaty" (2008) 30 *University of Pennsylvania Journal of International Law* 585 – 639.

Sepulveda, Magdalena, *The Nature of the Obligations under the International Covenant on Economic, Social, and Cultural Rights: Assessing the Economic Deficit* (Utrecht: Intersentia, 2003).

Shachar, Ayelet, "The Worth of Citizenship in an Unequal World" (2007)

8 *Theoretical Inquiries in Law* 367 – 388.

Shin, Heisoo, "CEDAW and Violence against Women: Providing the 'Missing Link'", in Hanna B. Schöpp-Schilling and Cees Flinterman (eds.), *The Circle of Empowerment: Twenty-Five Years of The UN Committee on The Elimination of Discrimination against Women* (New York: Feminist Press, 2007), pp. 223 – 233.

Shivdas, Meena and Coleman, Sarah (eds.), *Without Prejudice: CEDAW and the Determination of Women's Rights in a Legal and Cultural Context* (London: Commonwealth Secretariat, 2010).

Simma, Bruno, "Reservations to Human Rights Treaties: Some Recent Developments", in G Hafner et al. (eds.), *Liber Amicorum: Professor Ignaz Seidl-Hohenveldern—in Honour of his* 80th *Birthday* (The Hague: Kluwer, 1998), pp. 659 – 682.

Simma, Bruno, Khan, Daniel-Erasmus, Zoeckler, Markus and Geiger, Rudolf, "The role of German courts in the Enforcement of International Human Rights", in Benedetto Conforti and Francesco Francioni (eds.), *Enforcing International Human Rights in Domestic Courts* (Leiden: Martinus Nijhoff Publishers, 1997), pp. 71 – 109.

Skogley, Sigrun, I. and Gibney, Mark, "Transnational Human Rights 709
Obligations" (2002) 24 *Human Rights Quarterly* 781 – 798.

Smart, Carol, "The Women in Legal Discourse", (1992) 1 *Social and Legal Studies* 29 – 44.

Sood, Avani Mehta, "Gender Justice through Public Interest Litigation: Case Studies from India" (2008) 41 *Vanderbilt Journal of Transnational Law* 833.

Spiro, Erwin, *Law of Parent and Child* (4th edn., Cape Town: Juta & Co, 1985).

Ssenyonjo, Manisuli, "Non-State Actors and Economic, Social and Cultural Rights", in Mashood Baderin and Robert McCorquodale, *Economic, Social and Cultural Rights in Action* (Oxford: Oxford University Press, 2007), pp. 109 –

135.

Stamatopoulou Elsa, *Cultural Rights in International Law* (Leiden/Boston: Martinus Nijhoff Publishers, 2007).

Steiner, Henry, J., "Social Rights and Economic Development: Converging Discourses" (1998) 4 *Buffalo Human Rights Law Review* 25 - 42.

Steiner, Henry, J., Alston, Philip, Goodman, Ryan, *International Human Rights in Context: Law, Politics, Morals* (3rd edn., Oxford: Oxford University Press).

Subedi, Nutan Chandra, "Elimination of Gender Discriminatory Legal Provision by the Supreme Court of Nepal with Reference to Women's Rights to Property" (2009) 26 (1) *Tribhuvan University Journal* 37, 37 - 54.

Sullivan, Donna J., "Women's Human Rights and the 1993 World Conference on Human Rights" (1994) 88 *American Journal of International Law* 152.

Sullivan, Donna J., "The Public/Private Distinction in International Human Rights Law", in Julie S. Peters and Andrea Wolper (eds.), *Women's Rights, Human Rights. International Feminist Perspectives* (New York: Routledge, 1995), pp. 126 - 133.

Sullivan, Donna J., "Overview of the Rule Requiring Exhaustion of Domestic Remedies under the Optional Protocol to CEDAW OP", CEDAW Technical Papers 1 (2008).

Sunder, Madhavi, "Piercing the Veil" (2002 - 2003) 112 *Yale Law Journal* 1399 - 1472.

Sweeney, Shawna E., "Government Respect for Women's Economic Rights", in Shareen Hertel and Lanse Minkler (eds.), *Economic Rights Conceptual, Measurement and Policy Issues* (Cambridge: Cambridge University Press, 2007), pp. 233 - 266.

Swiebel, Joke, "What Could the European Union Lear from the CEDAW Convention?", in Ineke Boerefijn, Fons Coomans, Jenny Goldschmidt, Rikki

Holtmaat and Ria Wolleswinkel (eds.), *Temporary Special Measures: Accelerating de fecto Equality of Women under Article* 4 (1) *UN Convention on the Elimination of All Forms of Discrimination against Women* (New York: Transnational Publishers, 2003), pp. 51 – 61.

Tadaakira, Jo, "Article 12: Elimination of Discrimination against Women in Health Care", in Japanese Association of International Women's Rights (ed.), *Convention on the Elimination of All Forms of Discrimination against Women: A Commentary* (Bunkyo: Japanese Association of International Women's Rights, 1995), pp. 241 – 253.

Tang, Kwong-Leung, "Internationalizing Women's Struggle against Discrimination: The UN Women's Convention and the Optional Protocol" (2004) 34 *British Journal of Social Work* 1173 – 1188.

Tavares da Silva, Maria R. and Ferrer-Gomez, Yolanda, "The Juarez Murders and the Inquiry Procedure", in Hanna Beate Schöpp-Schilling and Cees Flinterman (eds.), *The Circle of Empowerment: Twenty-Five Years of The UN Committee on The Elimination of Discrimination against Women* (New York: Feminist Press, 2007), pp. 298 – 308.

Thomas, Dorothy O. and Beasley, Michele E., "Domestic Violence as Human Rights Issue" (1993) 15 *Human Rights Quarterly* 36 – 62.

Thomas, Sue, "The Impact of Women on State Legislative Policies" 710
(1991) 53 *Journal of Politics* 958 – 976.

Tomasevski, Katarina, *Human Rights Obligations in Education* (Nijmegen: Wolf Legal Publishers, 2005).

Tomoko, Arisawa, "Article 15: Equality of Men and Women before the Law", in Japanese Association of International Women's Rights (ed.), *Convention on the Elimination of All Forms of Discrimination against Women: A Commentary* (Bunkyo: Japanese Association of International Women's Rights, 1995), pp. 281 – 291.

Tran, My Van, "The Position of Women in Traditional Vietnam", in K. M.

de Silve et al. (eds.), *Asian Panorama* (New Delhi: Vikas Publishing House, 1990).

UN Food and Agriculture Organization, "'De Facto Unions': The legal status of rural women in 19 Latin American Countries" (Rome: FAO 1994) 〈http://www.fao.org/DOCREP/U5615e/u5615e03.htm#P457_72830〉 accessed 17 December 2010.

United Nations, *Summary of Practice of the Secretary-General as Depositary of Multilateral Treaties* (1999), ST/LEG/7/Rev. 1. 〈http://untreaty.un.org/English/summary.asps〉 accessed 31 December 2010.

United Nations, *The Optional Protocol: Text and Materials* (New York: Division for the Advancement of Women, 2000).

United Nations, *Final Clauses of Multilateral Treaties: Handbook* (New York: United Nations Publications, 2003).

United Nations, *Treaty Handbook* (New York: United Nations Publications, 2003).

United Nations, *Legislative History of the Convention on the Rights of the Child* (New York and Geneva: Office of the High Commissioner for Human Rights, 2007).

United Nations, *UN* 1999 *World Survey on the Role of Women in Development* (New York: United Nations Publications, 1999).

Urban Walker, Margaret, "Gender and Violence in Focus: A Background for Gender Justice in Reparations", in Ruth Rubio-Marin (ed.), *The Gender of Reparations* (New York: Cambridge University Press, 2009), pp. 18-62.

Villiger, Mark E., *Commentary on the* 1969 *Vienna Convention on the Law of Treaties* (Leiden/Boston: Martinus Nijhoff Publishers, 2009).

Vogel-Polsky, Elinae, *Positive Action and the Constitutional and Legislative Hindrances to its Implementation in the Member States of the Council of Europe* (1989) [note: this is a monograph published by the Council of Europe].

Volpp, Leti, "Blaming Culture for Bad Behaviour", (2000) 12 *Yale*

Journal of the Humanities 89 – 115.

Volpp, Leti, "Feminism versus Multiculturalism" (2001) 101 *Columbia Law Review* 1181 – 1218.

Wadstein, Margareta, "Implementation of the UN Convention on the Eliminaiton of all Forms of Discrimination against Women" (1988) 10 *Human Rights Quarterly* 5 – 21.

Westdickenberg, Gerd, "Holy See", in Rudiger Wolfrum (ed.), *Max Planck Encyclopedia of International Law* (2008), online edition 〈http://www.mpepil.com〉 accessed 31 December 2010.

Westendorp, Ingrid, *Women and Housing, Gender Makes a Difference* (Antwerp, Oxford: Intersentia, 2008).

Wilson, Barbara, "Le droit a un logement suffisant au sens du Pacte international relatif aux doits economiques, sociaux et culturels des Nations Unis (Pacte I)" (2008) 18 *Revue Suisse de Droit International et Europeen* 431 – 456.

Wyttenbach, Judith, "Violence against Women, Culture/Religious 711
Traditions and the International Standard of Due Diligence", in Carin Benninger-Budel (ed.), *Due Diligence and its Application to Protect Women from Violence* (Boston: Martinus Nijhoff Publishers, 2008), pp. 225 – 239.

Yamashita, Takeshi, "Article 24: The Full Realization of the Rights Recognized in the Convention", in Japanese Association of International Women's Rights (ed.), *Convention on the Elimination of All Forms of Discrimination against Women: A Commentary* (Bunkyo: Japanese Association of International Women's Rights, 1995), pp. 373 – 384.

Yamashita, Yasuko, "Article 2: Obligations of States Parties to Eliminate Discrimination against Women", in Japanese Association of International Women's Rights (ed.), *Convention on the Elimination of All Forms of Discrimination against Women: A Commentary* (Bunkyo: Japanese Association of International Women's Rights, 1995), pp. 59 – 82.

Yassin, El Sayed, "Development of plural structures of Law in Egypt", in

Masaji Chiba (ed.), *Asian Indigenous Law in Interaction with Received Law* (New York and London: KPI, 1986).

Zimmermann, Andreas, "State Succession in Treaties", in Rudiger Wolfrum (ed.), *Max Planck Encyclopedia of International Law* (2008), online edition 〈http://www.mpepil.com〉 accessed 31 December 2010.

索　引

一切适当办法/措施

概念　77～78，87

消除对妇女的歧视　77～78

恪尽职守标准　88～90

就业权　307

预防卖淫剥削　183～184

保健　327～329

国际事务，228～229

作为适当措施的立法　108

婚姻　415～416

政治权利　214

预防卖淫　183～184

预防贩运　183～184

妇女人权　107～108

　作为适当措施的立法　108

　承担积极义务　107

北京《行动纲领》　26，28

就业和职业权　282

CEDAW，见《消除对妇女一切形式歧视公约》

儿童，另见婚姻、产假、国籍、怀孕

离婚监护　428～429

婚姻　436～438

　儿童定义　436～437

　订婚或结婚　437

　没有法律效力　437～438

　最低年龄　438

　登记　438

国籍　234，236，237，238～239，243～244

对数量和间隔的决定权　429～430

父母权利　427～429

未婚父母　429

妇女地位委员会

委员会报告

　接收　525～526

成立　4

任择议定书

　起草过程　613～616

拟议公约工作组　7

　第1条起草提案　58～59

　2013年优先议题，对妇女的暴力　449

消除对妇女歧视委员会（委员会） 475～487，509～512，513～518，519～526
额外成员
选举 483
年度报告 520～525
评估国家报告 522～523
同意 521～522
妇女地位委员会接收 525～526
实践 497～500，517
临时空缺 484
来文
接收和审查的权限 619～621
国家报告
评估 522～523
审查 497～500，517
妇女地位委员会
接收年度报告 525～526
宣言 481
便利
联合国秘书长提供 485～487
一般性建议
制定 523～524
没有酬金 484
独立性 480～481
解释事项 480～487，491～507
作为解释机构 13～14
介绍 476
用语 486
缔约国会议 482～483
地点 517～518
周期性 514～517
保留 5791
会议时间 487
修改 558
成员 480～482
提名程序 482
任期 483
监督《消除对妇女一切形式歧视公约》2，11～12，609～613
成员提名 482
官员
定期选举 512
任择议定书
据其工作 617～618
实践 513～518
审议国家报告 517
会议地点 517～518
定期会议 514～417
程序 509～512
制定自己的规则 509～511
报告
年度报告 520～525
国家报告 497～500，517
妇女地位委员会接收 525～526
定期报告要求 500～505
专门机构 527～530
保留 581～591
作用 497～500
秘书处
联合国秘书长提供 484～485
职员
联合国秘书长提供 485～487

声明

制定　524～525

辅助机构　478～479

成员任期　483

条约机构改革　479～480

联合国系统

互动　479

联合国秘书长

提供职员和便利的职责　484～487

来文，另见《任择议定书》

可受理性标准　632～647

滥用提交权　644

用尽国内救济　634～640

不符合《公约》　641～642

明显没有根据或证据不足　643

书面请愿，不得匿名　631～632

请愿者处于缔约国管辖范围内　628～629

同一事项业经审查　640～641

时间限制　644～647

违反《公约》的受害人　626～628

《公约》范围内的违反　629～630

委员会

年度报告　670

接收和审议来文的权限　619～621

议事规则　672～673

审议　653～656

后续程序　653，656～659

资料

为获得提供便利的义务　671～672

调查程序　659～666

临时措施　647～649

促进义务　671～672

缔约国

通知　650～653

书面解释　650

提交程序　621～630

个人或个人联名　622～626

处于缔约国管辖范围内的请愿者　628～629

侵犯的受害者　626～628

时间限制　644～647，652

预防请愿者受害　669～670

书面要求　631～632

社区活动

农村妇女参加　373

结论性意见

国家报告　501～505

起草程序　501，503～504

后续　504～505

格式　501～503

作为解释机制　22

卖淫　173

贩运　173

谴责歧视　75～76

公约规范

适用　25～32

解释　25～32

《消除对妇女一切形式歧视公约》(CEDAW) 547～556，557～559，561～563，565～595，597～601，603～605，***另见*《任择议定书》；来文**
加入　554～556，562～563
通过　6～7，548
适用　2
适用于武装冲突时期　461
效力　603～605
核心概念　17～19
文化
　对《公约》的挑战　30～31
生效日期　561～563
定义　14～17
保存机关　552～553，604～605
克减　28
争端解决条款　597～601
　保留　599
国内效力　79～82，563
域外适用　94～96
全球化　31～32
教廷
　适用于　551
中国香港
　适用于　550～551
人权文书，作为　25～26
执行规定　11～13
创新型人权条约，作为　8
国际文书
　关系　26～28
导论　2～33
里程碑式的条约，作为　2
荷兰
　适用于　550
新西兰
　适用于　550
未加入国　7
未批准国　7
缔约国反对　575～579
正式语文　603～605
开放签字　548～549
起源　25
批准　553～554，562～563
宗教
　对《公约》的挑战　30～31
保留　565～595
　受影响的条款　569～575
　委员会的作用　581～591
　结论　591
　概括性保留　568～569
　概述　561～562
　缔约国会议　579～581
　修改　591～595
　缔约国的反对　575～579
　撤回　591～595
修正条款　557～559
　修正程序　558～559
　联合国大会的作用　559
美国，加利福尼亚州，旧金山
　适用于　552

巴西，圣保罗州
适用于　552
保留条款　531～538
争端解决条款　597～601
签署　548～552
国家继承　554～556
实质规定　10～11
结构　8～13
领土适用　93，549～554
皇家属地，海外领土，前殖民统治地区　549～551
事实上的政权　551～552
平等、发展与和平主题　36～37
21世纪　32～33
英国
适用于　549～550
撤回条款
缺乏　556

公司董事会
妇女代表　209

国家报告*见*缔约国报告

文化，*另见*性别刻板印象：固定的父母角色
在第5条下的概念　150，155～161
文化本质主义　155～156
作为歧视的理由　159～161
做法和观念的范围　156～159
养家糊口者模式　158
教育和媒介中的性别刻板印象　159
大男子主义　157
保护性生育立法　157～158
分担家庭责任　158
传统的有害做法和观念　156～157

十年世界大会　6

决定
对《公约》的解释　23

《消除对妇女歧视宣言》，1967（DEDAW）
5，448
文化　151
法律面前的平等　389～390
移徙自由　391
保健　314
未提供　315
激励性用语　6
结婚　412～413
国籍规定　235
序言　38，41，42，43，44，45，48，49
国家义务　73，78

DEDAW，*见*《消除对妇女歧视宣言》，1967

定义
儿童　436
对妇女的歧视　2，7，57
国内执行　16～17
卖淫剥削　170，176～178，178～180
性别　5～16
对妇女基于性别的暴力　452～453
卖淫，剥削　170，176～177，178～180
贩运　170～171，177～178
妇女　14～16

发展计划
农村妇女
参与　365～366
对妇女的歧视，*另见*平等
背景　52～53
概念　52～53
定义　2，7
与其他文书的比较　57
直接歧视
对妇女的歧视　65～66
教育　273
就业　303
保健　326
国际事务　228
卖淫　182
农村妇女　383
贩运　182
歧视性做法和法律　90～92
有效保护，以防　84～85
消除
公约的潜在概念　8～9
间接歧视
对妇女的歧视　65～66
教育　273
就业　303～304
获得金融工具　351
保健　326
国际事务　228
政治和公共生活　212～213
卖淫　182
农村妇女　381
贩运　182
国际事务　228
解释问题
基于［性别］而作的任何区分、排斥或限制　59
平等的概念　64～66
委员会的一般做法　62～63
“妨碍或否认妇女承认、享有或行使”　60
“不论已婚未婚”　61
“在政治、经济、社会、文化、公民或任何其他方面的人权和基本自由”62
“在男女平等的基础上”　61
适用于《公约》的权利和自由　67～68
性别与社会性别区分　64
“性别、社会性别和性”　59～60
性/性取向　64
与特别措施的关系　67
“其影响或其目的”　60
交叉性　68～70
概述
立法实施　78～79
非国家行为者　86～90
刑法　92
政策
推行的义务　76～77
政治和公共生活　212～213
禁止　83
对第1条的保留　70
适用于《公约》的权利和自由　67～68

制裁 83
性别和社会性别区分 64
性/性取向 64
结构性歧视
废除和修改法律/政策 163～164
制定新法/公共政策 164
就业权 304
获得金融工具 351～352
消除措施 163～164
性质 9
揭示 163
家庭暴力
作为一种歧视形式 454～456
提高妇女地位司 27
离婚
有权获得过程和程序 426～427
解除婚姻 425
理由 425～426
财产权 433～435
国内执行
定义 16～17
直接纳入《公约》 78～82

经济和社会生活
获得资源和机会 341～342
适当生活水准权 345～346
农村妇女的权利 377～378
参与所必需的公民和政治权利 340
通信权 349
食物权 342～343
住房权 344～345
农村妇女的权利 377～378
执行国家义务 354～355
解释问题 337～354
“银行贷款、抵押和其他形式的金融信贷” 351～352
“家庭津贴” 349～351
“经济和社会生活的其他方面” 337～338，339
“娱乐生活、运动和文化生活的各个方面” 352～354
概述 336
对第13条的保留 355
农村妇女
享有 370～380
卫生权利 347～348
自雇经济活动的权利 342
社会生活参与权 348～349
国家义务 354～355
执行 354～355
性质 354
税法
平等的影响 348
不受保护的权利 339～340
水权 346～347
妇女的平等 335～355
教育 254～278
鼓励男女同校教育 265
歧视
直接 273
间接 273～274
平等 260～272

形式平等　271
实质平等　271 ~ 272
变革性平等　272
性别刻板印象
消除　263 ~ 264
健康教育
获得　269 ~ 270
作为人权　255 ~ 256
执行国家义务　275 ~ 278
解释问题
为男女提供“相同”教育　260 ~ 270
“采取一切适当措施”　259 ~ 260
交叉性　274 ~ 275
概述　254 ~ 255
生命周期模式　260 ~ 261
读写能力教育
接受机会　266 ~ 267
过早离开学校　267 ~ 269
质量　262 ~ 263
宗教着装规范　273
对第 10 条的保留　278
农村妇女
提供　370 ~ 372
奖学金
提供　265 ~ 266
性教育
获得　269 ~ 270
运动
获得　269

教育（续）

国家义务　275 ~ 278
执行　275 ~ 278
性质　275
实现的义务　276 ~ 278
保护的义务　276
尊重的义务　275 ~ 276
暂行特别措施　274

就业权，*另见*生育、社会保障

一切适当措施　285
体面劳动
可得性与可及性　287
发展
各经济体的不同观点　283
消除对妇女的就业歧视　281 ~ 309
就业机会　288 ~ 289
同等报酬　292 ~ 293
平等待遇　290，292 ~ 293
平等　303 ~ 307
形式平等　303
实质平等　303
变革性平等　304 ~ 305
家庭责任　283
自由选择职业和就业　289 ~ 290
充分就业
实现　286 ~ 287
性别刻板印象　304
健康和安全保护　296 ~ 298
安全和健康的工作条件　296 ~ 297
保障生育机能　297
工作环境中的性暴力　297 ~ 298
人权文书

类似的 281～282
解释问题 284～302
体面劳动的可得性和可及性 287～288
“基于男女平等” 285
概念 284
“以结婚或生育为由对妇女的歧视” 298
“有效的工作权” 299
就业条件的平等对待 290
自由选择专业和就业 289～290
“健康和安全的工作条件” 296～298
带薪产假或同等社会福利 299～301
“禁止以怀孕或产假为由予以解雇的措施” 299
兼职工作 291～292
“促进……育儿设施” 301～302
“审查……保护性立法” 302
实现充分就业 286～287
“获得同等报酬的权利” 286～287
“社会保障权” 294～296
“工作权作为不可剥夺的权利” 285～286
“相同的甄选标准” 289
“相同的就业机会” 288～289
性骚扰 290～291
“孕期对妇女的特殊保护” 291
交叉性 305～307
概述 281～282
休假
有权带薪休假 295～296
立法
审查保护性立法 302
兼职工作 284，291～292
退休年龄 284
妇女的生育机能 283
对第11条的保留 309
工作权作为不可剥夺的人权 285～286
农村妇女
提供自助团体与合作社 372
就业甄选 289
性骚扰 290～291
培训 291
职业培训 291

法律的平等保护，*见*法律面前的平等

平等，*另见*对妇女的歧视
根据第4条加速《公约》 124～125，130～131
实现《公约》的潜在概念 8～9
银行贷款、抵押和其他形式的金融信贷 351～352
概念 53～56
事实上 9
对妇女的歧视 65
经济和社会生活 350
特别措施 124～125
暂行特别措施 130～131
法律上 9
对妇女的歧视 65
经济和社会生活 350

对妇女的歧视
  解释　64～66
经济和社会生活　350
教育　260～272
机会平等
  对妇女的歧视　66
公正　18～19
  第1条　66
家庭福利　350～351
固定的父母性别角色　145
形式平等　53～54
  对妇女的歧视　64～65
  教育　271
  就业　303
  法律面前的平等　400～403
  保健　323～324
  国际事务　227
  结婚　438～439
  国籍　245
  政治与公共生活　209
  卖淫　180～181
  娱乐活动、运动和文化生活各个方面　353
  农村妇女　380
  贩运　180～181
  对妇女的暴力　463～464
  妇女的人权　114～115
性别刻板印象　145
  政治和公共生活　211～212
国际事务　227～228
法律承诺　6
法律保障　82
立法实施　78～79
国籍　245～247
机会　56
  对妇女的歧视66
结果
  对妇女的歧视　66
政治和公共生活　209～214
实际保护　82
结果　56
  对妇女的歧视　66
实质平等　54～55
  对妇女的歧视　64～65
  教育　271
  就业　303
  法律面前的平等　400～403
  保健　324～325
  国际事务　227
  结婚　439
  国籍　246～247
  政治和公共生活　209～211
  卖淫　180～181
  娱乐活动、运动和文化生活各个方面　353
  农村妇女　380～381
  贩运　180～181
  对妇女的暴力　463～464
  妇女人权　114～115
《公约》的主题　36～37
贩运　180～183
变革性平等　55～56，143

法律面前 400 ~ 401
教育 304 ~ 305
就业 304 ~ 305
保健 325 ~ 326
国际事务 227 ~ 228
政治和公共生活 211 ~ 212
卖淫 181 ~ 182
结婚 439
国籍 271
娱乐活动、运动和文化生活各个方面 353 ~ 354
农村妇女 381
贩运 181 ~ 182
对妇女的暴力 463 ~ 464
妇女人权 114 ~ 115

法律面前的平等 387 ~ 407，***另见*****，移徙自由、法律行为能力**
缔结 406 ~ 407
法律的平等保护 388 ~ 389
平等 400 ~ 403
形式平等 400
实质平等 400 ~ 401
变革性平等 401
性别刻板印象 401
执行国家义务 404 ~ 405
解释问题 392 ~ 400
签订合同的权利 396 ~ 397
刑事司法 392 ~ 395
“法律面前的平等” 392 ~ 395
“移徙自由” 399 ~ 400
“法律行为能力” 395 ~ 396

法律面前的平等（续）
“任何种类的私人文书” 398 ~ 399
程序平等 398
财产权 396 ~ 397
交叉性 402 ~ 403
概述 388 ~ 389
国家的义务 404 ~ 405
执行 404 ~ 405
性质 404
对第 15 条的保留 405 ~ 406

平等模式 17 ~ 18

公正
对妇女的歧视 66
平等 18 ~ 19

卖淫剥削***见*****卖淫**

计划生育，***另见*****保健、怀孕**
获得 320 ~ 323

家庭关系，***另见*****结婚**
姓
选择权 431 ~ 432

固定的父母性别角色 147 ~ 148 ***另见*****，文化、性别刻板印象**

FLS，***见*****内罗毕前瞻性战略**

第四次世界妇女大会（北京，1995）6，26

移徙自由，*另见*法律面前的平等
住所　399～400
解释　399～400

妇女的充分发展和进步
作为《公约》的目的　108～112
要求积极行动　114～115

性别
定义　15～16
妇女的健康
维度　315～317

对妇女基于性别的暴力，*见*对妇女的暴力
性别主流化　30
性别视角
纳入联合国系统　29～30

性别刻板印象　146～150，***另见*文化、固定的父母性别角色**
尊严　145
对妇女的歧视
关系　144～145
多样性　145
教育　159，272
就业　304
平等　145
法律面前　400～403
执行国家义务　161～167
立即或逐步　165
基于性别而分尊卑　146
国际事务　227～228
交叉性　149～150
概述　142～151
含义　147
媒体　159
改变的义务　161～162
对公共表达的干预义务　162
顽固性　148～149
在《公约》中的位置和功能　142～145
国家义务
一切适当措施　161
影响刻板印象的改变　161～162
结构性歧视　163～164
范围　165～167
执行　161～167
干预对性别刻板印象的公共表达　162
措施的可诉性　166
影响公共和私人生活　166
暂行特别措施　164

一般性建议
委员会
通过　20～21
制定　523～524
第19号一般性建议　443～474 *另见*对妇女的暴力
背景　444～447
结论　473～474
平等　463～465

基于性别的暴力，武装冲突 461～462
基于性别的暴力，社区 456～460
基于性别的暴力，定义 452～453
基于性别的暴力，家庭 454～456
基于性别的暴力，概述 453～454
基于性别的暴力，国家 460
后续国际文件 447～450
解释 450～453
概述 443～444
国家义务 465～473
第21号一般性建议 415
结婚 415
卖淫 173～174
贩运 173～174

全球化

对《公约》的挑战 31～32
贩运 171
妇女人权 109

政府

农村妇女
参与 366

政府政策

概念 203

保健，*另见*计划生育、怀孕

获得 311～333
障碍 319～320
结论 332～333
歧视
直接歧视 326
间接歧视 326
平等 323～327
形式平等 323～324
实质平等 324～325
变革性平等 325～326
解释问题 315～323
获得保健服务 317～320
获得“计划生育、怀孕、分娩及产后期间”的适当服务 320～323
“性别视角处于……妇女健康的核心” 317
“健康” 315
健康的性与性别维度 315～317
性和生殖健康 320～321
交叉性 326～327
对第12条的保留 332
农村妇女
获得 366～369
国家义务 327～332
一切适当措施 327～329
执行 329～330
性质 327～330
实现的义务 332
保护的义务 331～332
尊重的义务 330
特定和非特定的服务 330
暂行特别措施 327

保健服务，*另见*保健、生育、怀孕

获得 317~320

健康权，*见*保健

教廷

《公约》的领土适用 551

中国香港

《公约》的领土适用 550~551

住房

农村妇女

获得 377~378

人权，*另见*妇女人权

武装冲突 461~462

发展 3

教育 255~256

保护 10

个人来文，*另见*《任择议定书》 621~626

对《公约》的解释 22~23

调查程序 659~666，*另见*《任择议定书》

后续程序 666~668

对《公约》的解释 22~23

美洲妇女委员会

成立 4

国际事务

歧视 228

平等

形式平等 227

性别刻板印象 227~228

结构性障碍 227~228

实质平等 227

变革性平等 227~228

政府代表

参与机会 223~224

执行国家义务 229~230

国际公务员

机会平等规定 225~226

国际组织

参与机会 223~225

解释问题

“对国际组织工作的参与机会” 223~224

“代表”本国政府的“机会” 223

交叉性 228

国际事务（续）

概述 221~222

可诉性 230~231

参与 221~231

维和

接纳妇女 226

对第8条的保留 231

国家义务 228~231

“一切适当措施” 228~229

执行 229~230

可诉性 230～231
性质 228～229
实现的义务 230
保护的义务 230
尊重的义务 229～230
暂行特别措施 229
联合国代表
接纳妇女 224～225

国际妇女理事会 3

国际人权文书
《公约》 25～26

国际劳工组织 3，281～282

国际法
习惯国际法
基于性别的非歧视原则的地位 28
序言中反映的问题 37
国际组织
国家义务
当缔约国是参加者时适用 96～97

提高妇女地位研究和培训国际学院（INSTRAW） 27

国际妇女年，1975 6

交叉性 19
对妇女的歧视 68～69
教育 274
经济和社会权利 342，352，353
就业 305～307
法律面前的平等 402～403
性别刻板印象 149
保健 326～327
国际事务 228
移徙工人 183
国籍 246～247
政治和公共生活 213～214
卖淫 183
农村妇女 382
暂行特别措施 136
贩运 182～183
对妇女的暴力 464～465

国际联盟 3～4

法律行为能力，*另见*法律面前的平等
解释 395～396

结婚，*另见*儿童、就业权、家庭关系
包办婚姻 423～425
童婚 436～438
同居关系 417～418
未登记的婚姻 418～419
离婚
获得过程和程序 426～427
婚姻的解除 425
理由 425～426
财产权 433～435

就业权　298
平等　409～442
　形式平等　438～439
　实质平等　439
　变革性平等　439
姓氏
　自由选择　431～432
家庭关系　416～417
强迫婚姻　423～425
第 21 号一般性建议　415
历史背景　412～413
继承权　435～436
执行国家义务　439～441
解释问题　415～438
　“以婚姻或生育为由歧视妇女”　298
　“解除婚姻”　425
　“婚姻存续”　425
　“婚姻和家庭关系”　416～417
　“夫妻相同的个人权利”　431～432
　“相同的缔婚权”　422
　“相同的自由选择配偶的权利”　422～423
　“作为父母相同的权利和责任”　431～432
　“婚姻存续期间和解除婚姻时相同的权利和责任”425～427
　“在监护、看管、受托和收养方面相同的权利和责任”430～431
　“相同的财产权”　432～436
　“自由决定子女数量和生育间隔的相同权利”　429～430
概述　410～412
多重法律制度　420～422
个人身份法　420～422
一夫多妻制　419～420
选择专业/职业的权利　432
财产权
　婚姻或同居关系的解除　433～435
　婚姻存续期间　432～433
国家义务　439～442
　执行　439～440
　实现的义务　440～441
　保护的义务　440
　尊重的义务　439～440
对第 16 条的保留　441～442
　任择议定书　442
　撤回　442
未登记的实事婚姻　418～419

生育，*另见*子女、就业权、怀孕
提供托幼设施　301～302
育儿的非生理方面　137～139
成本　284
解雇
　禁止的理由　299
就业权　291，284，298～301
就业状况　301
有效的工作权　284，298
解释　136～139
立法
　审查保护性立法　302
产假

概述　299～300
积极价值　142
怀孕
孕期保护　302
生殖的生理方面　136～137
根据第4条保护　124，125～126
生殖
保障功能　297
提供社会福利　300

墨西哥城世界行动计划，1975　7

移民
女性化　171～172

服兵役　204～205

千年发展目标（MDGs）　27，113，282

关于妇女经济、社会和文化权利蒙特利尔原则，2004　24

关于妇女和女童获得救济和赔偿的权利的内罗毕宣言，2007　24

内罗毕前瞻性战略（FLS）　6

民族
含义　234

国籍，*另见*儿童、婚姻　233～251
儿童　234，236，238～239，243～244
与公民身份的区别　233～234
后代　238～239
歧视　238～241
赋权
相联系　237
平等　238～243，245～247
儿童　243～244
形式平等　245
实质平等　246
基于性别的国籍法　234～235
性别中立的用语　235，238
国际法
概念　233～234，235
国际标准
发展　235
解释问题　237～243
消除依附性国籍　241～243
交叉性　246～247
概述　233～235
已婚妇女的依附性国籍　234～235
消除　241～243
民族
含义　234
归化　239～240
护照
权利　245
对第9条的保留　249～251
国家义务　247～251
性质　247～248
实现的义务　248～249

尊重和保护的义务 248

荷兰

《公约》的领土适用 550

国际经济新秩序(NIEO) 31, 46

新西兰

《公约》的领土适用 550

NGO, *见*非政府组织

NIEO, *见*国际经济新秩序

不受基于性别的歧视

习惯国际法 28

联合国宪章 3~4

非政府组织(NGO)

解释《公约》

贡献 24~25

国家报告

提供信息 505~507

性别问题与提高妇女地位特别顾问办公室(OSAGI) 27

《任择议定书》 607~679, **另见来文、调查程序**

加入 673~674

修正 676~677

效力 679

背景 608~618

《公约》谈判 608~609

委员会的工作 627~618

起草过程 613~616

争取监督程序的运动 609~613

评注 618~679

退约 677~678

起草过程 613~616

生效 674~675

概述 608

婚姻

保留 442

通知联合国秘书长 678~679

正式语文 679

序言 618~619

卖淫 174~175

批准 673~674

保留 675~676

选择姓氏的权利 442

签署 673~674

结构 13

贩运 174~175

护照

权利 245

和平

维持和平

妇女参与 226

冲突后重建

妇女参与 206, 226

作为《公约》的主题 36～37

政治和公共生活

“相关的协会” 207～208

公司董事会 209

选举制度的选择 202～203

平等 209～214

直接歧视 212～213

形式平等 2091

性别刻板印象 211

间接歧视 212～213

交叉歧视 213～214

结构性障碍 212

实质性平等 209～211

变革性平等 211～212

执行缔约国义务 215～218

解释问题

“有关政治和公共生活的协会” 207～208

“各级” 204

引文 201

选举制度的选择 202～203

“政府政策” 203

非政府组织 206～207

“本国的政治和公共生活” 201

政治制度的形式 202

冲突后重建 206

私有化 205

“公职” 203～204

“公共职能” 204

“民选机构” 202

进入传统形式的权力 205～206

军队中的妇女 204～205

妇女有意义地存在 199

服兵役 204～205

非政府组织

参与 206～207

参与 198～200

《公约》的目标 199

社会变革的先决条件 200

“本国的政治和公共生活” 201

政党 208

政治制度的形式 202

冲突后重建

妇女的作用 206

私有化 205

“公职” 203～204

“公务” 204

对第7条的保留 218

选举权 202

农村妇女

参与 366

国家确保政治权利的义务 214～219

一切适当措施 214

执行 218

暂行特别措施 214～216

可使用的暂行特别措施 214～216

工会

加入 208～209

传统形式的权力

进入 205～206

政党*另见*政治和公共生活
妇女代表　208

妇女的政治权利　200，***另见*政治和公共生活**
选举制度的选择　202～203
政党　208
政治制度的形式　202
选举权　202
国家义务　214～219
一切适当措施　214
执行　215～218
可诉性　218
实现的义务　217～218
保护的义务　216
尊重的义务　216～217
暂行特别措施　214～216

贫穷
女性化　171～172

怀孕，*另见*计划生育、保健、生育
保健服务
获得　312，317～320
解释问题
获得保健服务　317～320
获得“计划生育、怀孕、分娩及产后期间的服务”　320～323
“将性别视角置于妇女健康的核心”　317
健康的性与性别维度　315～317
性与生殖健康　320～321
保护　302
生殖健康服务　320～323
国家义务　327～332
一切适当措施　327～329
执行　329～330
性质　327～330
特定和非特定服务　330
暂行特别措施　327

私有化
土地改革　374～376
公共职能　205
农村妇女　375～376

卖淫，*另见*贩运
《公约》
相关规定的简洁性　175～176
委员会的做法　173～175
相关概念　170～171
结论性意见　173
定罪　178～179
歧视
直接歧视　182
间接歧视　182
交叉歧视　182～183
反对卖淫　187～188
卖淫的原因　182
平等　180～183
形式平等　180～181
实质平等　180～181

变革性平等　181～182
“卖淫剥削”　170，176～177
定义　178～180
一般性建议　173～174
历史背景　170～171
相比较的人权文书　171～172
执行国家义务　184
解释问题　177～180
“卖淫剥削”　178～180
“其他伤害”　177
该条在《公约》第一部分的位置　175～176
卖淫
“剥削”的定义　170，176～177，178～180
消除对妇女歧视委员会方法的不一致　173
抑制　170
范围　176～177
国家义务　183～196
“一切适当措施”　183～184

卖淫（续）
立即执行　184
性质　183～184
实现的义务　192～196
保护的义务　188～192
尊重的义务　186～188
特定和不特定　184
国家的禁止义务　183～196
立即执行　184
性质　183～184
特定和非特定义务　184

公共生活，*见*政治和公共生活

公职，*见*政治和公共生活

公共职能，*见*政治和公共生活

救济
有义务提供　83～85

报告，*见*缔约国报告

生殖和性健康服务，*另见*保健
获得　320～323

尊重，保护，实现
国家义务　19～20

受到平等对待的权利
《联合国宪章》　4

投票权　202

农村妇女　387～407
农业改革与重新安置　375～376
社区活动
参加　373
概念化方法　360
结论　406～407

信贷设施
  获得　374
描述　359～360
歧视
  直接　381
  间接　381
经济权利　364～366，372
教育
  获得　370～372
电力
  获得　379～380
平等
  形式平等　380
  实质平等　380～381
  变革性平等　381
性别刻板印象　401
保健
  获得　366～369
住房
  获得　377～378
执行国家义务　404～405
解释问题
  “获得充分的保健……包括知识”　366～369
  “土地改革和重新安置”　375～376
  “适当措施”　364
  获得“适当的技术”　374
  “通信”　379～380
  “社区活动”　373
  信贷设施　374
  “通过受雇获得经济机会”　372
  “电力”　379～380
  “土地方面的平等对待”　374～375
  “住房”　377～378
  方法的不一致性　363～364
  “参与……发展规划”　365～366
  “农村”　359
  “在经济及家庭生计中的重要作用”　364～365
  “社会保障”　369～370
  “培训和教育”　370～372
  “交通”　379～380
  “水供应”　378～379
交叉性　382
概述　388～389
适当的生活 377～380
财产权　374～375，377～378
对第14条的保留　385
社会保障
  提供　369～370
国家义务　382～385
  执行　404～405
  实现的义务　383～384
  保护的义务　383
  尊重的义务　383
技术
  获得　374
暂行特别措施
培训
  获得　370～372
交通
  获得　379～380

联合国结构中　361
水供应
获得　378～379

美国加利福尼亚州旧金山
《公约》的领土适用　552

巴西圣保罗州
《公约》的领土适用　552

保留条款　531～537
解释问题
一般方法　536～537
国际法　535～536
“一缔约国的立法”　533～534
“对该国生效的其他国际公约、条约或协定”　534～535
概述　532～533
对第 23 条的保留　537

性别歧视
《联合国宪章》　3～4

性骚扰　290～291
工作场所的暴力　459～460

性健康服务
获得　320～323

社会生活，*见*经济和社会生活

社会保障
计划的覆盖范围　294～295
退休年龄　284
退休　295
权利　294～296
农村妇女
提供　369～370

特别措施，*另见*暂行特别措施（TSMs）
背景　124～126
能力方法　124
概念框架　126～129
事实平等　124～127
平等
加速　125～125，129，130～131
财政支持　128
可比的人权文书　129
解释　131
概述　124～125
才干要求　134
非歧视性　131
“特别”
解释　127
适用的时间范围　129

专门机构　527～530
委员会的历史发展
做法　528～530
概述　527
缔约国报告
提供信息　527

国家义务　78，539～545

废除歧视性做法和法律　90～92
适用
　一致性　93
　域外性　94～96
　相关问题　93～97
　参加国际组织　96～97
　批准其他文书　97
　领土范围　93
改变性别刻板印象　161～162
委员会的方法　74～92
歧视
　不歧视的义务　85～86
　消除　74
国内法
　将《公约》纳入　79～82
恪尽职守标准　88～90
经济和社会生活　354～355
　执行　354～355
　性质　354
　保留　355
教育　275～278
　执行　275～278
　性质　275
　实现的义务　276～278
　保护的义务　276
　尊重的义务　275～276
　保留　278
消除非国家行为者的歧视　86～90
就业　307～309
　执行　307～309
　性质　307
　实现的义务　307～308
　保护的义务　307
　尊重的义务　308～309
　保留　309
法律面前的平等　404～405
　执行　404～405
　性质　404
　保留　405
禁止卖淫剥削　183～183
域外性　94～96
家庭关系*见*婚姻
性别刻板印象　74
　改变　161～162
　干预公共表达　162
保健　327～332

国家义务（续）

　一切适当措施　327～329
　执行　329～330
　性质　327～330
　特定和非特定服务　330
在国内法中执行《公约》　541～545
　保留　545
参与国际事务　228～231
　执行　229～230
　可诉性　230
　实现的义务　230
　保护的义务　230
　尊重的义务　229～230
　保留　231
解释问题　540～545

"协议立即用一切适当办法，推行政策，消除对妇女的歧视" 76
"一切适当办法" 77～78
"一切适当措施" 77～78
"并以法律或其他适当方法，保证实现这项原则" 82
"为此目的，承担" 78
引文 76～78
"缔约国谴责对妇女一切形式的歧视" 75～76
概述 72～73
干预性别刻板印象的公共表达 162
法律义务 72
婚姻
执行 439～441
实现的义务 440～441
保护的义务 440
尊重的义务 439～440
保留 441～442
修改歧视性的法律和做法 90～92
国籍
执行 248～249
性质 247～248
实现的义务 248～249
尊重和保护的义务 248
保留 249～251
不得歧视的义务 85～86
消除非国家行为者的歧视的义务 86～90
废除/修改歧视性刑法的义务 92
刑法
废除/修改 92
政治权利 214～219
执行 216～218
可诉性 218
实现的义务 217～218
保护的义务 216
尊重的义务 216～217
保留 218
禁止卖淫剥削 183～184
禁止贩运 183～184
禁止卖淫 183～184
对第2条的保留 97～99
尊重、保护、实现 19～20，85～86
农村妇女 382～385
实现的义务 383～384
保护的义务 383
尊重的义务 383
禁止贩运 183～183
对妇女的暴力 465～473
适当和有效的措施 465～466
恪尽职守的义务 466
恪尽职守标准 466～467
执行 467～473
实现的义务 472～473
促进的义务 471～472
保护的义务 469～471
尊重的义务 468～469
妇女
事实情况的改善 74
妇女人权 115～121

缔约国报告 489 ~ 507
合并报告 492 ~ 493
委员会审议 500 ~ 505
结论性意见 501 ~ 505
委员会的作用 497 ~ 500
审议 497
建设性对话 499 ~ 500
与缔约国对话 497 ~ 499
结论性意见 501 ~ 505
通过程序 501，503 ~ 504
后续行动 504 ~ 505
格式 501 ~ 503
重复报告 491 ~ 492
形式和内容 495 ~ 496
解释问题 491 ~ 507
委员会审议 500 ~ 505
委员会的作用 497 ~ 500
定期报告要求 500 ~ 505
报告准备要求 494 ~ 497
其他实体的作用 505 ~ 507
承担提交报告的义务 491 ~ 494
概述 489 ~ 490
国家人权机构（NHRIs）
提供信息 505
NGOs
来自 NGO 的信息 505 ~ 507
参与准备 497
定期报告要求 500 ~ 501
报告准备要求 494 ~ 497
形式和内容 495 6
非政府组织参与 497
提交报告 491 ~ 492
合并报告 492 ~ 493
重复报告 491 ~ 492
劝说提交 493 ~ 494
联合国秘书处
作用 507

声明
委员会
制定 524 ~ 525
解释《公约》 23

建议
解释《公约》 23

暂行特别措施（TSMs），*另见*特别措施
加速事实平等 124 ~ 125，130 ~ 131
歧视
非歧视性 131
教育 274
保健 327
国际事务 229
解释 133 ~ 134
交叉性 136
概述 124 ~ 125
强制性质 128
母性
育儿 137 ~ 139
经济发展和可持续性 127
解释 136 ~ 139
生殖 136 ~ 137

保护 124，125～126
才干要求 134
产生影响的政策问题 134～135
政治权利 214～216
范围 135
在不同背景下的系统化 131～133
指定受益人 134
“暂行”
解释 133
第三方
责任 135
适用的时间范围 129
农村妇女 382

领土适用 549～554

工会
妇女代表性 208～209

交通
农村妇女
获得 379

贩运，*另见卖淫*
“一切形式的贩运”
定义 177～178
反贩运规范的发展 185
《公约》
有关规定的简洁性 175～176
作用 171～172
定义 170～171
平等 180～183
形式平等 180～181
实质平等 180～181
变革性平等 181～182
对妇女基于性别的暴力 174，180
一般性建议 173～174
历史背景 170～171
可比的人权文书 171～172
执行国家义务 185～196
解释问题
“一切形式的贩运” 177～178
“其他伤害” 177
概述 170～175
国际联盟 3～4
移徙工人 183，191
任择议定书 174～175
规定的范围 176～177
国家义务
实现的义务 192～196
保护的义务 188～192
尊重的义务 186～188
禁止 183～196
根据第6条禁止 170～171
贩运人口议定书，2000 178，185

准备工作
第1条 57～59
第2条 73～74
第3条 100
第4条 130
第5条 151～155

第 6 条　175～177
第 7 条　200～201
第 8 条　222～223
第 9 条　235～236
第 10 条　256～259
第 11 条　283～284
第 12 条　314～315
第 13 条　337
第 14 条　361～363
第 15 条　389～391
第 16 条　413～415
第 17 条　477～478
第 18 条　490～491
第 19 条　509～512
第 20 条　514
第 21 条　520
第 22 条　527～528
第 23 条　532～533
第 24 条　540
第 25 条　548
第 26 条　557
第 27 条　561～562
第 28 条　566～567
第 29 条　598
第 30 条　603～604
序言　38

《联合国宪章》　4～5

联合国妇女十年，1975～1985　6，33

联合国妇女发展基金（UNIFEM）　27

联合国妇女署　27

英国
《公约》的领土适用　549～550

联合国
委员会
互动　470
代表
接纳妇女　224～225
保存机关
《公约》552～553，604～605
加入文书　554
秘书处
在审议缔约国报告中的作用　507
向委员会提供人员和设备中的作用　484～487
秘书长
有责任向消除对妇女歧视委员会提供人员和设备　484～487
联合国大会
修正程序中的作用　559
妇女人权
纳入联合国系统　29～30

促进妇女人权的原则的维多利亚瀑布宣言，1994　17

维也纳世界人权大会，1993　13，29

对妇女的暴力 443 ~ 474，**另见一般性建议** 国家纵容或实施的暴力 460

结论 473 ~ 474

对妇女的暴力宣言 448

作为一种歧视形式 450 ~ 451

平等 463 ~ 464

对妇女基于性别的暴力

定义 452 ~ 453

第 19 号一般性建议 444 ~ 450

历史背景 444 ~ 447

解释问题 450 ~ 453

平等范式 450 ~ 451

国际文书 447 ~ 450

交叉性 464 ~ 465

概述 443 ~ 444

基于权利的方法 450 ~ 451

国家义务 465 ~ 473

采取适当和有效的措施 465 ~ 466

恪尽职守的义务 466

恪尽职守标准 466 ~ 467

执行 467 ~ 473

实现的义务 472 ~ 473

促进的义务 471 ~ 472

保护的义务 469 ~ 471

尊重的义务 468 ~ 469

对妇女施加的不成比例的暴力 452 ~ 453

国家纵容或实施的暴力 460

武装冲突时期的暴力 461 ~ 462

社区中的暴力 456 ~ 460

家庭中的暴力 454 ~ 456

国家纵容或实施的暴力 460

武装冲突中的暴力 461 ~ 462

《公约》

在武装冲突时期的适用 461

侵犯人权 461

社区中的暴力 456 ~ 460

剥削 458

有害做法 458 ~ 459

身体暴力 456 ~ 457

工作场所 459 ~ 460

家庭中的暴力 454 ~ 456

作为一种歧视形式 454

未界定的家庭暴力 454 ~ 455

水

农村妇女

获得 378 ~ 379

妇女，*另见农村妇女*

定义 14 ~ 15

法律地位

调查委员会 3

多重身份 19

妇女人权 101 ~ 122，***另见人权***

结论 121 ~ 122

发展 3

妇女赋权 113

平等 114 ~ 115

将妇女充分发展与进步作为目标　108～112
　积极行动要求　114～115
全球化　109，110～111
保障妇女人权和基本自由　102，110，112～113
　生命周期方法　111
　逐步发展　112
执行国家义务　115～116
纳入联合国系统　29～30
解释问题
　“一切适当措施”　107～108
　“所有领域”　104
　“以保证她们行使和享有人权和基本自由”　112～114
　“特别是政治、经济、社会和文化领域”　105～107
　“包括立法”　108
　“在与男子平等的基础上”　114
　“缔约国应在所有领域采取”　103～105
　“保证妇女得到充分发展和进步”　108～112
概述　101～103
逐步发展　112
保护　10
基于权利的方法　110
国家义务　115～121
　执行　115～116
　促进和实现的义务　120～121
　保护的义务　119
　尊重的义务　116～119
普遍人权　26
妇女作用世界概览，1999　19

图书在版编目(CIP)数据

《消除对妇女一切形式歧视公约》评注：上下 /
（美）玛莎·A. 弗里曼，（英）克莉丝蒂娜·钦金，（德）
贝亚特·鲁道夫主编；戴瑞君译. -- 北京：社会科学
文献出版社，2020.6（2026.1 重印）

（国际人权公约评注译丛）

书名原文：The UN Convention on the Elimination
of All Forms of Discrimination against Women：A
Commentary

ISBN 978-7-5201-6306-4

Ⅰ.①消… Ⅱ.①玛… ②克… ③贝… ④戴… Ⅲ.
①妇女-人权-国际条约-研究 Ⅳ.①D440

中国版本图书馆 CIP 数据核字（2020）第 039099 号

国际人权公约评注译丛
《消除对妇女一切形式歧视公约》评注（上下）

主　　编 / ［美］玛莎·A. 弗里曼（Marsha A. Freeman）
［英］克莉丝蒂娜·钦金（Christine Chinkin）
［德］贝亚特·鲁道夫（Beate Rudolf）
译　　者 / 戴瑞君

出 版 人 / 冀祥德
责任编辑 / 芮素平
文稿编辑 / 李娟娟
责任印制 / 岳　阳

出　　版 / 社会科学文献出版社·法治分社（010）59367161
地址：北京市北三环中路甲 29 号院华龙大厦　邮编：100029
网址：www.ssap.com.cn
发　　行 / 社会科学文献出版社（010）59367028
印　　装 / 唐山玺诚印务有限公司

规　　格 / 开　本：787mm×1092mm　1/16
印　张：65.25　字　数：1035 千字
版　　次 / 2020 年 6 月第 1 版　2026 年 1 月第 2 次印刷
书　　号 / ISBN 978-7-5201-6306-4
著作权合同登记号 / 图字 01-2017-5955 号
定　　价 / 368.00 元（上下）

读者服务电话：4008918866